2025 정보직 9급/7급

이동훈

정보사회론 이기론

기본서

이동훈 하이클래스군무원

정보사회론 이기론 기본서

3판 1쇄 2024년 9월 10일

편저자_ 이동훈
발행인_ 원석주
발행처_ 하이앤북
주소_ 서울시 영등포구 영등포로 347 베스트타워 11층
고객센터_ 02-6332-6700
팩스_ 02-841-6897
출판등록_ 2018년 4월 30일 제2018-000066호
홈페이지_ army.daebanggosi.com

ISBN_ 979-11-6533-503-8

정가_ 47,000원

Preface
머리말

「이동훈 정보사회론 이기론(理技論) 기본서」를 출간하면서 가졌던 목표는 행정법이나 행정학처럼 정보사회론 시험을 커버할 수 있는 진정한 기본서를 만들어 보자는 것이었다. 2019년 이후 정보사회론 시험에서 기존의 기본서로 대비할 수 있는 문제가 3~4개밖에 되지 않는 현실을 고려한 것이다. 만족할 만한 수준에 도달했다고 할 수는 없지만 어느 정도의 성과는 있었다고 자부한다. 「이동훈 정보사회론 이기론(理技論) 기본서」는 시중의 정보사회론 기본서들 중에서 유일하게 수험서의 기본을 갖춘 제대로 된 수험서이다. 본 책의 모든 문장들은 학계의 저명한 교수님들의 주옥 같은 문장을 참고하여 기술하였기 때문에 잘 읽힐 뿐 아니라 개념 및 이론 설명이 정확하고 풍부하여 회독수가 늘어날수록 실력을 늘려줄 수 있는 유일한 정보사회론 이론서이다. 「이동훈 정보사회론 이기론(理技論) 기본서」에는 「이동훈 정보사회론 이기론 문제집」이 그대로 녹아 있다고 해도 과언이 아니다. 최신 기출 문제는 물론 출제 가능성이 높은 예상문제들을 엄선하여 빠짐없이 수록하였기 때문이다.

본 교재의 특징 및 장점

(1) 이동훈 정보사회론 기본서의 도서명을 「이동훈 정보사회론 이기론(理技論) 기본서」라고 정한 이유는 기본 이(理)론은 물론 4차 산업혁명의 전략 기(技)술 그리고 최신 논(論)문들을 망라하여 정보사회론의 기본을 쌓을 수 있는 책이기 때문이다. 한자는 다르지만 원래 이기론(理氣論)은 이(理)와 기(氣)의 원리를 통해 자연 · 인간 · 사회의 존재와 운동을 설명하는 성리학의 이론 체계를 일컫는 말이다. 「이동훈 정보사회론 이기론(理技論) 기본서」도 이기론(理氣論)처럼 기본 이론, 전략 기술, 최신 논문을 바탕으로 정보사회론 시험에 출제되는 문제들의 존재 이유와 본질을 꿰뚫고 출제원리를 밝힐 수 있는 기본서를 목표로 하고 있음을 분명히 한 것이다.

(2) 「이동훈 정보사회론 이기론(理技論) 기본서」는 저명한 교수님들의 주옥 같은 문장을 참고하여 기술하였고 어떤 기본서들보다 개념 및 이론 설명이 정확하고 풍부하다. 또한 교수님들의 논문을 담고 있기 때문에 본 책에서 기술한 내용들과 유사한 문장들이 실제 시험에서 제시문이나 선지로 활용될 가능성이 높다.

(3) 「이동훈 정보사회론 이기론(理技論) 기본서」는 출제 가능한 주제들을 무리하게 단원별로 묶는 대신 단원에 상관없이 테마별로 정리하여 관련 테마들을 한 번에 정리할 수 있도록 하였을 뿐 아니라 기출 문제나 예상 문제를 이론이나 개념 설명 바로 아래 배치하여 이론이나 개념들이 어떻게 문제화될 수 있는지를 바로 확인할 수 있도록 하였다. 그리고 문제 밑에 바로 해설을 붙여서 그 문제의 중요성을 한 눈에 파악할 수 있도록 하였다. 답을 쉽게 찾을 수 있는 문제라도 엄청난 분량의 해설이 달려 있으면 해설을 주의 깊게 읽어야 한다. 본 책의 최대 장점은 문제마다 필자가 직접 해설을 썼기 때문에 해설만 읽어도 필자의 강의를 듣고 있는 느낌이 들어서 해설이 정말로 잘 읽힌다는 것이다.

(4) 「이동훈 정보사회론 이기론(理技論) 기본서」는 편집상 군더더기를 제거하여 가독성을 높였다. 가독성은 단순히 디자인만으로는 확보할 수 없는 것이다. 개념이나 이론이 체계적으로 정리되어 있을 때만 가독성 높은 기본서가 될 수 있다. 「이동훈 정보사회론 이기론(理技論) 기본서」는 정보사회론 시험에 출제될 가능성이 있는 방대한 양의 주제들을 관련 테마별로 정리하였을 뿐만 아니라 필자가 세부 목차를 직접 달아서 체계적으로 정리하였기 때문에 그 어떤 정보사회론 기본서들보다 가독성이 높다. 읽어도 무슨 말인지 알 수 없다면 아무리 화려한 디자인을 붙였다고 하더라도 가독성을 확보할 수는 없는 것이다.

(5) 「이동훈 정보사회론 이기론(理技論) 기본서」에는 출제 가능성 있는 모든 주제들이 빠짐없이 정리되어 있다. 이는 정보사회론 문제가 아무리 어렵게 출제되더라도 완벽히 대비할 수 있는 유일한 기본서라는 뜻이다. 시험에 출제될 가능성 있는 주제들을 모두 수록하였을 뿐 아니라 출제 가능성이 높은 주제들은 풍부하고 정확하게 설명하여 기본서를 입체적으로 구성하였다. 또한 출제 가능성은 떨어지지만 이론의 완결성이나 다른 중요한 개념들과 연관성을 가지는 주제들은 어떤 식으로든 중요한 이론이나 개념들과 연결시켜 수험 적합성을 높였다.

(6) 「이동훈 정보사회론 이기론(理技論) 기본서」에는 필자가 필자의 제자들과 정성스럽게 복원한 최신 기출 문제는 물론, 정보사회론을 강의하면서 수년간 심혈을 기울여 만들어 놓은 문제들 중에서도 출제 가능성이 높은 문제들을 엄선하여 수록하였다. 시중의 정보사회론 기본서들이 기출 문제라는 미명하에 더 이상 출제될 가능성이 없는 20년 전 문제들을 수록하고 있는 것과 큰 차이가 있다. 상황이 이러하기 때문에 기존의 기본서로는 정보사회론 시험을 대비할 수 없었던 것이다. 정보사회론 시험에 실제로 출제될 가능성이 있는 문제들을 엄선하여 수록한 기본서는 본 책이 유일하다.

(7) 「이동훈 정보사회론 이기론(理技論) 기본서」는 시험에 자주 출제되는 중요한 개념들을 한 곳에 모아 "찾아보기"로 정리하였다. 현존하는 정보사회론 기본서 중에서 색인이 있는 기본서도 「이동훈 정보사회론 이기론(理技論) 기본서」가 유일하다. 이는 수험생들이 효율적으로 이 책을 활용하는 데 큰 도움이 될 것이다.

감사의 말

책을 출간함에 있어 이루 열거할 수 없을 만큼 많은 분들이 조언과 도움을 주셨다. 이 자리를 빌려 진심으로 감사를 드린다. 특히 한국교육학술정보원의 최윤정 선임 연구원이 바쁜 일정 속에서도 꼼꼼하게 교정을 보아준 것은 정말 큰 힘이 되었다. 최윤정 선임 연구원은 필자의 아내이다. 그럼에도 불구하고 남은 오류는 전적으로 필자의 몫이다.

책의 구성 단계부터 출간에 이르기까지 필요한 모든 일을 맡아 필자의 기대 이상으로 좋은 책을 만들어 준 하이앤북 편집팀과, 언제나 변함없는 마음으로 지원과 독려를 아끼지 않는 하이클래스군무원 원석주 대표님께 큰 감사의 인사를 드린다.

이 동 훈

군무원이란?

군무원은 군에서 일하는 비전투 공무원입니다.
군이라는 조직에서 근무할 뿐 대우는 공무원과 같거나 거의 유사합니다.
급여는 공무원 봉급표를 기준으로 하며 호봉이 올라갈수록 연봉도 계속 늘어납니다.
이러한 이유로 군무원의 인기는 계속 높아지고 있습니다.

일반 공무원과 동일한 대우! 동일한 혜택과 복지!
☞ 공무원 봉급표 기준, 호봉에 따른 연봉 상승, 60세까지 근무 시 평생 연금 지급
☞ 공무원 복지+군인 혜택

일반적으로 공무원에 비해 경쟁률이 낮고 문제의 난이도가 쉬운 편이어서
최근 가장 관심이 몰리는 분야이기도 합니다.
군무원은 영어, 한국사 시험은 공인성적으로 대체하고 9급의 경우 총 3과목(국어+직렬2과목)만 시험을 치르기 때문에 일반 공무원에 비하여 투자시간도 적은 편입니다.

적은 과목! 쉬운 시험! 일반 공무원과 병행 가능!
☞ 영어, 한국사의 부담 없이 단 3과목 응시
☞ 행정법, 행정학 등 군무원 행정직은 9급 행정직과 비슷한 시험과목

또한 군대라는 특성상 남성이 많이 지원할 것이라는 편견과는 달리 군무원을 준비하는 여성도 많고 실제로 성별구분 없이 인재중심으로 채용하고 있습니다.

누구나 응시 가능한 폭넓은 기회!
☞ 성별구분 없는 동등한 인재채용
☞ 행정직, 군수직은 면허, 자격 등의 조건 없이 응시 가능

군무원의 오해와 진실

오해? 선천적으로 체력이 약한데, 군무원 시험을 통과할 수 있을까요?

진실!! 군무원은 군인이 아닙니다. 장교, 부사관처럼 체력검정시험을 보지 않습니다. 체력이 약하다는 이유로 떨어지진 않지만 면접 시 소극적인 태도나 힘없는 말투는 감점요인이 될 수 있으니 주의하세요.

오해? 전투 훈련에 참여하고 체력적으로 힘든 일이 많은가요?

진실!! 무기를 직접 다루는 훈련에 군무원 참여하지는 않지만 훈련이나 전시에 직렬에 맞는 지원이나 행정 업무를 수행할 수 있습니다. 군무원은 규모가 큰 상급부대에 근무하기 때문에 직접적인 전투훈련보다는 행정 및 지원업무가 우선입니다.

오해? 군대라는 특성상 채용 시 남성을 선호하는 것 아닌가요?

진실!! 성별 구분 없이 인재중심의 채용이 이루어집니다. 최근에는 군무원에 관심을 가지고 실제로 준비하는 여성의 비율도 상당히 높아지고 있습니다. 군대는 이미 금녀의 구역이 아닙니다.

오해? 군복을 입고 근무하나요?

진실!! 단정한 사복 착용이 원칙이며 군복을 지급하지 않습니다. 직렬에 따라 작업복을 착용할 수는 있습니다.

오해? 전방이나 산속 같은 오지에서 근무하나요?

진실!! 군부대의 특성상 도심에서 떨어진 곳에서 근무하게 될 수도 있습니다. 또한 순환근무를 하므로 근무지가 계속 변경될 수 있습니다. 근무예정지는 채용공고에 함께 공지되므로 이 부분을 꼭 확인하세요.

1. 주관/시행

국방부	육군	해군	공군
국방부 정책과	인사사령부	인사참모부	인사참모부

2. 응시자격

8급 이하 18세 이상, 7급 이상 20세 이상 응시가능

3. 응시요강

(1) 시험과목

① 계급별 시험과목

9급	7급
국어, 국가정보학, 정보사회론	국어, 국가정보학, 정보사회론, 심리학

② 한국사능력검정시험 성적 필요

9급	7급
4급 이상	3급 이상

③ 영어공인인증시험 성적 필요

시험 종류	9급 응시	7급 응시
지텔프(G-TELP)	Level 2 (32점 이상)	Level 2 (47점 이상)
토익(TOEIC)	470점 이상	570점 이상
토플(TOEFL)	PBT 440점 이상 CBT 123점 이상 IBT 41점 이상	PBT 480점 이상 CBT 157점 이상 IBT 54점 이상
펠트(PELT)	PELT main 171점 이상	PELT main 224점 이상
탭스(TEPS)	400점 이상	500점 이상
플렉스(FLEX)	400점 이상	500점 이상

(2) 시험전형

1차			2차
필기시험	유형	객관식 4지선다	면접 시험
	문항수	과목당 25문항	
	시험 시간	과목당 25분(9급 75분, 7급 100분)	

4. 선발인원

매년 필요한 인원만큼 상대평가 방식으로 선발(필기합격자: 선발예정인원의 130% 범위 내로 선발)

5. 합격 후 근무처

국방부 직할부대(정보사, 기무사, 국통사, 의무사 등), 육군 · 해군 · 공군본부 및 예하부대

1. 출제이유를 꿰뚫고 출제원리를 밝히는 유일한 기본서

"정보사회론" 과목에서 다루는 기본 이론, 전략 기술, 최신 논문을 바탕으로 시험에 출제되는 문제들의 존재 이유와 본질을 꿰뚫고 출제원리를 밝혀 집필한 수험서로, 정보사회론의 기본과 최신의 이론을 탄탄히 쌓을 수 있도록 구성하였습니다.

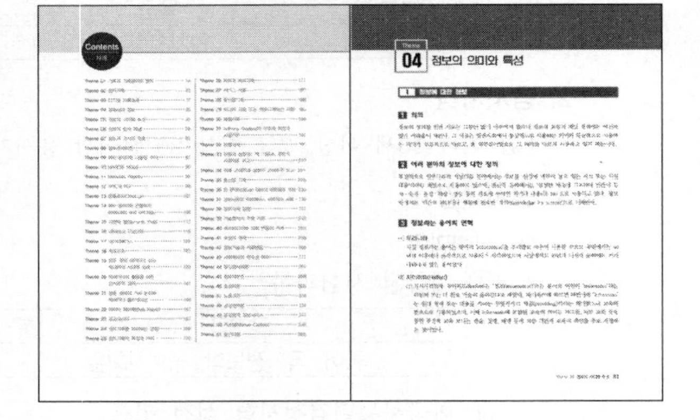
Contents
Theme 04 정보의 의미와 특성

2. 방대한 이론을 테마로 구분하여 체계적으로 정리

이 책은 출제 가능한 주제들을 테마별로 정리하여 관련 테마들을 한 번에 정리할 수 있도록 하였습니다. 출제 가능성 있는 모든 주제들을 빠짐없이 정리하였고, 출제 가능성이 높은 주제들은 풍부하고 정확하게 설명하여 기본서를 입체적으로 구성하였습니다. 또한 출제 가능성이 떨어지는 주제들도 중요한 이론이나 개념들과 연결시켜 수험 적합성을 향상시켰습니다.

Theme 17 모든 것이 데이터가 되는 빅데이터 시대의 이해
Theme 18 빅데이터의 활용을 위한 인식론적 과제
Theme 19 정동 경제의 가치 논리와 빅데이터 폴리네이션

3. 저명한 교수진의 논문을 활용한 정확하고 풍부한 설명

학계의 저명한 교수진들의 주옥 같은 논문을 최대한 활용하였기 때문에 개념 및 이론 설명이 정확하고 풍부합니다. 또한 실제 시험에 활용될 가능성이 높은 교수진들의 논문을 담고 있기 때문에 합격에 더욱 가깝게 다가갈 수 있습니다.

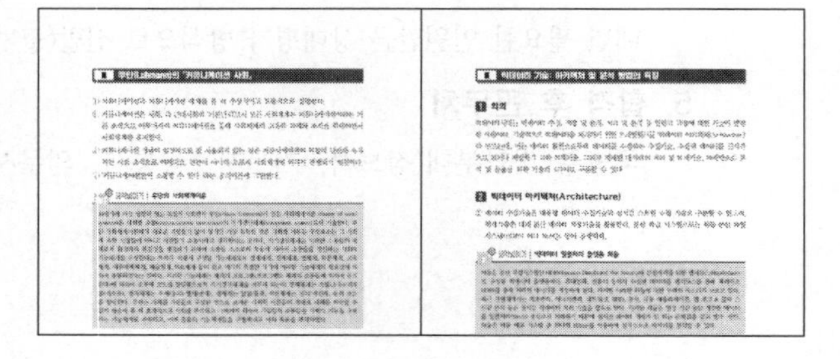

4. 최신 기출문제와 적중률 높은 예상문제 수록

이 책에는 저자가 심혈을 기울여 복원한 최신 기출문제와 출제가능성이 높은 예상문제를 엄선하여 수록하였습니다. 기출문제나 예상문제를 관련 이론 바로 아래 배치하여 어떻게 문제화될 수 있는지를 바로 확인할 수 있도록 하였습니다. 그리고 문제 밑에 바로 해설을 붙여서 그 문제의 중요성을 한 눈에 파악할 수 있도록 하였습니다.

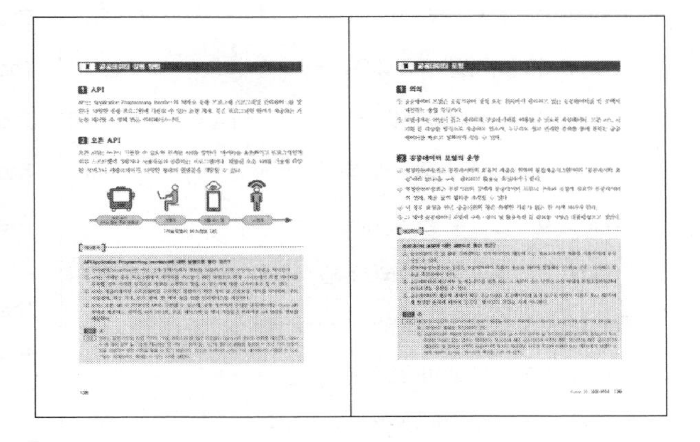

5. 효율성과 가독성을 높인 편집과 색인을 통한 편리한 학습

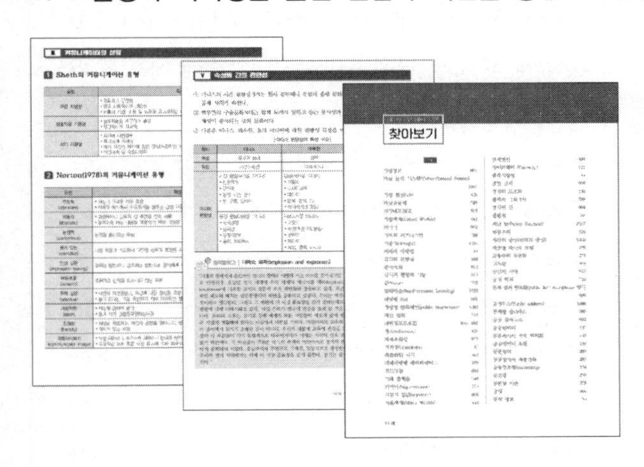

편집상 군더더기를 제거하고 개념과 이론을 체계적으로 정리하여 가독성을 높였습니다. 시험에 출제될 가능성이 있는 방대한 내용을 세부 목차별로 정리하였기 때문에 그 어떤 정보사회론 기본서들보다 가독성이 높고, 효율적인 학습을 유도합니다.

또한 자주 출제되는 중요한 개념들을 모아 권말에 “찾아보기”로 정리하였습니다. 어렵고 혼동되는 용어와 개념들을 “찾아보기”를 통하여 더 편리하게 학습하세요.

6. 동영상 강의로 합격 플러스

개념과 실전을 동시에 준비하는 이해 중심의 강의로 합격의 가능성을 높이세요. 머리에 쏙쏙 들어오는 명쾌한 강의는 수강생들의 꿈을 여는 열쇠가 될 것입니다.

Contents

차례

Contents
차례

Theme

01 기록과 기록관리의 원칙

I 기록

1 정의

① 개인이나 기업 또는 정부기관에 의해 일상적인 업무과정에서 생산되는 것으로 물리적 형태·특성과 상관없이 법적인 의무에 따라 그 본래의 업무상 조치와 관련하여 작성되거나 입수되고, 기능·정책·결정·절차·수행 등 기타 행위들의 증거로서, 또는 그 안에 포함된 자료의 정보적 가치 때문에, 그 기관이나 그것의 합법적인 계승자에 의해 보존되거나 보존하게 된 모든 서적·서류·지도·사진이나 기타 형태의 문서자료들이다(Schellenberg).

② 쉘렌버그의 정의를 보면 기록이 공적행위가 반영된 결과물이라는 기본적 특성을 명확히 하고 있고, 또 활동에 대한 '증거로서의 가치'와 포함된 자료의 '정보적 가치'를 말하고 있음을 볼 수 있다.

2 기록의 다양한 의미

기록은 레코드, 아카이브, 도큐먼트, 데이터, 정보 등의 의미로 사용된다.

(1) 레코드(Records)

① 기록을 레코드(Records)라는 의미로 사용할 때는 형식이나 매체에 상관없이, 법적 의무를 이행하거나 업무를 수행하는 과정에서 생산되는 기록을 말한다.

② 그러므로 이를 구성하거나 증거를 제공하는 조직이나 개인에 의해서 생산, 이관, 수집, 보존, 활용되는 기록을 말한다. 우리나라는 생산자가 속해 있는 처리과 단위에서 이루어지는 기록과 관련된 활동을 포함하여 현재 사용하는 기록물이라는 의미에서 현용기록물이라고 말한다.

③ 따라서 현용 기록물의 경우에는 업무에 대한 증거로서의 가치가 강조된다.

(2) 아카이브(Archives)

① 기록을 아카이브(Archives)라는 말로 사용하는 경우에는 영구기록물이라는 의미와 영구기록물을 보존하는 곳으로서의 기록보존소라는 의미 두 가지로 사용된다.

② 영구기록물이라는 의미는 기록물을 생산한 기관이나 생산자가 현재는 활용하지 않는 기록물이라는 것이 내포되어 있다.

③ 그리고 영구보존을 위해서 평가·선별된 영속되는 가치를 가진 기록(레코드에서 선별된 기록)이라는 의미로 쓰인다.

④ 그러나 현재의 업무에 직접적으로 활용되지는 않고 참고적 가치, 연구적 가치, 역사적 가치를 지니는 비현용 기록물이라는 의미로 사용된다.

(3) 도큐먼트(Document)

① 기록을 도큐먼트(Document)로 사용할 때는 하나의 분리된 단위로 취급되는 기록정보나 객체, 즉 기록물 자체를 말하는 의미가 된다.

② 기록을 만들고 이를 정리하여 하나의 관리단위로 만드는 과정을 기록화라고 한다.

(4) 데이터(Data)

① 데이터(Data)는 아직 가공되지 않은 사실이나 형태의 것을 말한다.

② 대개 일정한 형식을 갖추고 있는 경우가 많다.

③ 일반적으로는 컴퓨터와 같이 정보처리 시스템 안에서 정보를 전달하고 해석하며 처리하는 데 적합한 형식적 방법으로 정보가 표시된 것을 말한다.

(5) 정보(Information)

정보(Information)는 인간이 감각기관을 통해서 지각하게 되는 지식이나 그 과정에서 전달되고 소통되는 지식을 말한다.

[예상문제]

기록의 다양한 의미에 대한 설명으로 틀린 것은?

① 기록을 레코드(Records)라는 의미로 사용할 때는 형식이나 매체에 상관없이, 법적 의무를 이행하거나 업무를 수행하는 과정에서 생산되는 기록을 말한다.
② 기록을 아카이브(Archives)라는 말로 사용하는 경우에는 영구기록물이라는 의미와 영구기록물을 보존하는 곳으로서의 기록보존소라는 의미 두 가지로 사용된다.
③ 기록을 도큐먼트(Document)로 사용할 때는 기록을 만들고 이를 정리하여 하나의 관리단위로 만드는 과정을 말한다.
④ 기록을 데이터라는 의미로 사용할 때는 아직 가공되지 않은 사실이나 형태의 것을 말한다.

정답 ③

해설 기록을 도큐먼트(Document)로 사용할 때는 하나의 분리된 단위로 취급되는 기록정보나 객체를 말한다. 즉, 기록물 자체를 말하는 의미가 된다. 그래서 기록을 만들고 이를 정리하여 하나의 관리단위로 만드는 과정을 기록화(Documentation)라고 한다.

3 기록의 4대 속성

(1) 진본성(authenticity)

① 기록이 그 취지와 맞는지, 그 기록을 생산하거나 보내기로 되어 있는 사람에 의해 생산되거나 보내졌는지, 명시된 시점에서 생산되거나 보내졌는지를 증명할 수 있는 것을 말한다.

② 진본성을 보장하기 위하여 기록의 생산, 수령, 전달, 유지 또는 처분을 통제하는 정책 및 절차 등이 문서로 만들어 져야 한다.

③ 기록의 생산자가 확인될 수 있고 인가를 받았는지 증명할 수 있게 하며 기록이 인가받지 않은 접근에 의해 부가, 삭제, 변경, 이용 및 은폐되는 것을 막아줄 수 있다.

(2) 신뢰성(reliability)

① 의의

기록의 내용이 업무처리, 활동 혹은 사실을 충분히 명확하게 표현하고 있다고 믿을 수 있는지, 그리고 이후의 업무처리나 활동을 수행하는 과정에서 근거로 할 만한 것인지를 의미한다.

② 기록의 신뢰성을 판정하는 구체적인 기준

㉠ 업무활동에 대한 직접적인 지식을 가진 개인, 즉 그 기록과 관련된 업무활동의 담당자가 생산하였는가를 확인하여야 한다.

㉡ 업무처리를 위하여 일상적으로 사용하는 도구에 의해서 생산되었는가를 확인하여야 하는데, 예를 들어 어떤 정책의 실행을 지시하는 공문서가 그 조직이 공문서를 기안하고 결재하는 데 일상적으로 사용하는 전자문서시스템으로 생산되었다면 신뢰성 있는 기록이라고 볼 수 있다.

㉢ 기록과 관련된 업무활동이 수행된 바로 그 시점이나 직후에 생산된 기록이어야만 신뢰성을 확보한 기록이라고 판단할 수 있다.

(3) 무결성(integrity)

① 무결성은 기록의 완전함과 변경되지 않았음을 의미한다.

② 무결성은 기록이 인가받지 않은 변경으로부터 보호되었을 때 충족될 수 있다.

③ 인가를 받은 어떠한 주석, 추가 혹은 삭제도 명백하게 드러나야 하고 추적할 수 있어야 한다.

④ 기록을 수정할 때에 취해야 하는 정책과 업무절차를 규정할 필요가 있다.

⑤ 기록이 생산된 이후의 변경에 대한 정보를 포함하게 함으로써, 기록물의 무단변경에 대한 추적이 가능하게 해야 한다.

(4) 이용가능성(usability)

① 기록의 위치를 찾을 수 있고, 기록이 검색될 수 있으며, 보일 수 있고, 해석될 수 있음을 의미한다.

② 기록과 그 기록을 생산한 업무처리, 행위 등이 연결되어 보일 수 있어야 하며, 일련의 활동의 과정에서 생산된 기록들 사이의 연계성도 유지되어야 한다.

③ 기록을 이용하려면 볼 수 있고, 이해할 수 있어야 한다. 특히, 전자기록의 이용 가능성을 유지하기 위해서는 기술환경의 변화에도 보거나 이해할 수 있는 방식으로 기록을 유지해야 한다.

기출문제

기록에 대한 설명으로 틀린 것은? [2021]

① 조직이나 개인이 법적 의무를 수행하거나 업무를 처리하는 과정에서 증거와 정보로써 생산, 접수, 유지하는 정보이다.

② 기록의 4대 속성으로 진본성, 신뢰성, 무결성, 이용가능성이 있다.

③ 기록의 무결성 보장 업무는 정보기록자가 담당하는 것이 효과적이다.

④ 비현용 기록은 현재 업무에는 더 이상 필요하지 않지만, 이차적 활용을 위해 보존되는 기록으로 기록물의 행정적 가치, 증빙적 가치, 역사적 가치 등을 종합적으로 검토하여 폐기 또는 보존 여부를 결정한다.

정답 ③

해설 진본성에 대한 설명이다. 진본성을 보장하기 위하여 기록의 생산, 수령, 전달, 유지 또는 처분을 통제하는 정책 및 절차 등이 문서로 만들어 져야 한다. 이를 통해 기록의 생산자가 확인될 수 있고 인가를 받았는지 증명할 수 있게 하며 기록이 인가받지 않은 접근에 의해 부가, 삭제, 변경, 이용 및 은폐되는 것을 막아줄 수 있다. 반면에 무결성은 기록의 완전함과 변경되지 않았음을 의미한다. 즉, 무결성은 기록이 인가받지 않은 변경으로부터 보호되었을 때 충족될 수 있다. 인가를 받은 어떠한 주석, 추가 혹은 삭제도 명백하게 드러나야 하고 추적할 수 있어야 한다. 이를 위해서는 기록을 수정할 때에 취해야 하는 정책과 업무절차를 규정할 필요가 있다. 기록이 생산된 이후의 변경에 대한 정보를 포함하게 함으로써, 기록물의 무단변경에 대한 추적이 가능하게 해야 한다.

예상문제

기록의 4대 속성에 대한 설명으로 틀린 것은?

① 진본성을 보장하기 위하여 기록의 생산, 수령, 전달, 유지 또는 처분을 통제하는 정책 및 절차 등이 문서로 만들어 져야 한다.

② 신뢰성은 기록의 내용이 업무처리, 활동 혹은 사실을 충분히 명확하게 표현하고 있다고 믿을 수 있는지를 의미한다.

③ 무결성은 기록이 그 취지와 맞는지, 그 기록을 생산하거나 보내기로 되어 있는 사람에 의해 생산 되거나 보내졌는지, 명시된 시점에서 생산되거나 보내졌는지를 증명할 수 있는 것을 말한다.

④ 이용가능성은 기록의 위치를 찾을 수 있고, 기록이 검색될 수 있으며, 보일 수 있고, 해석될 수 있음을 의미한다.

정답 ③

해설 진본성에 대한 설명이다. 무결성은 기록의 완전함과 변경되지 않았음을 의미한다.

Ⅱ 기록관리의 원칙(퐁 존중의 원칙)

1 의의

① 퐁 존중이라는 개념은 오랫동안 고수되어 온 기록관리 원칙 중 하나이다.

② 원래 프랑스어 용어인 '레스펙 데 퐁'(respect des fonds)은 단순히 '기록 생산자에 대한 존중' 정도로 정의되곤 했다.

③ 퐁 존중의 원칙은 '출처'(provenance)와 '원질서'(original order)라는 두 개의 연관된 개념으로 구성되어 있다.

④ 출처는 기록을 '원래 생산한 부서'를 말한다.

⑤ 원질서는 기록을 원래 생산한 부서에서 기록이 생산되고 보관된 순서와 조직을 지칭한다.

2 출처별 원칙

① 출처별 원칙은 기록의 물리적 성질보다는 그 개념적 성질을 강조한다. 즉, 기록의 물리적 형태보다는 바로 기록의 '증거적' 성질이 기록을 다른 정보와 구별시켜 준다. 또한, 출처는 기록으로부터 정보를 검색하는 기초를 제공한다.

② 누가, 어디서, 언제, 왜 기록을 생산하고 사용했는가를 아는 것은 기록의 형태, 주제나 내용보다도 검색에 더욱 효과적인 핵심 사항이다. 따라서 출처별 원칙은 하나의 출처가 다른 기록물들을 혼합하여 관리해서는 안 된다는 것이다.

③ '출처'라는 용어가 의미하는 것은 기록물을 생성시킨 주체로서의 조직 및 생산자 등과 함께 기록물의 생성사유가 되는 기능 및 목적 등을 포함한다. 이 원칙의 핵심은 기록물의 생성배경이나 유래 · 연원 등이 반드시 기록물 실물과 함께 관리되어야 한다는 것을 의미한다는 것이다.

3 원질서 존중의 원칙

(1) 의의

① '기록은 반드시 원질서에 의해 유지 · 관리되어야 한다.'는 원칙이다.

② 기록은 기관의 효과적인 기록관리 프로그램에 따라 기관에서 수립한 기록철, 분류, 검색 방법에 따라서 관리되어야 한다.

③ 기록관은 논리적이고 체계적인 기록관리 업무절차에 따라 기록을 생산, 관리, 보존해야 한다.

④ 영구기록물관리기관은 기록이 이관되었을 때의 원본 기록물에 부여된 질서를 변경시키지 않아야 한다.

⑤ 기록이 생산되고 사용된 방식을 반영한 원질서가 유지되도록 해야 한다.

(2) 특징

① 원질서 원칙은 기록물을 편철하거나 보존하면서 기록 생산자가 정한 배열순서, 번호부여 체계 등을 흐트러트리지 말아야 한다는 원칙이다.

② 기록물 편철순서나 등록번호 등은 업무처리 과정의 논리적 과정에 의한 것이므로 이를 기록관 등에서 주관적 판단으로 흐트러트리는 것은 바람직하지 않다.

③ 기록물의 기본구성 즉 원질서 부여는 기록물 생산부서의 고유책임이 된다.

④ 처리과 기록물관리 책임자나 기록관의 담당자는 원질서 부여가 정확하게 이루어지는지 지도 · 점검을 해야 한다.

⑤ 이 과정을 통해서 기록물관리에 적합하도록 일정한 수준이 유지되도록 하는 것이 중요하다.

[예상문제]

'레스펙 데 퐁'(respect des fonds)에 대한 설명으로 틀린 것은?

① 단순히 '기록 생산자에 대한 존중' 정도로 정의되곤 했다.
② 출처는 기록으로부터 정보를 검색하는 기초를 제공한다.
③ 출처별 원칙은 기록의 개념적 성질보다는 그 물리적 성질을 강조한다.
④ 기록은 반드시 '원질서'에 의해 유지 · 관리되어야 한다는 원칙을 포함한다.

정답 ③
해설 출처별 원칙은 기록의 물리적 성질보다는 그 개념적 성질을 강조한다.

Ⅲ 기록관리의 기초이론

1 기록의 생애 주기 개념(The Life cycle Concept)

(1) 의의

① 기록의 생애 주기 개념은 태어나서 살다가 죽는 생물 유기체의 생애에서 유추한 개념이다. 즉, 기록물도 생성, 성장, 소멸의 과정을 거친다고 보는 개념이다.

② 다시 말해서 기록이 생산되고 난 후 필요할 때까지 사용되다가, 활용의 필요성이 소멸하거나 정해진 시점이 되었을 때에 폐기되거나 기록물관리기관에 이관되는 방식으로 처분(disposal)이 이루어진다.

(2) 특징

① 기록은 시간이 지남에 따라 활용의 내용과 방법, 가치가 변화한다.

② 생애 주기 이론은 이런 변화를 일정한 시기에 따라 기록관리 단계로 구분하고 있다.

③ 기록관리 단계에 따라 기록물관리기관과 기록관리 주체의 역할과 책임 또한 달라진다고 보는 관점이다.

(3) 현용 기록, 준현용 기록, 비현용 기록

[기록관리 단계별 기록의 개념, 가치 변화]

단계	현용 단계	준현용 단계	비현용 단계
기록	현용 기록 (활용기록)	준현용 기록 (준활용 기록)	비현용 기록 (비활용 기록)
개념	조직이나 개인의 현재 업무에 정기적으로 이용되는 기록	현재 업무와 관련하여 요구 빈도는 낮으나 참고 되는 기록	현재 업무에는 더 이상 필요하지 않지만, 이차적 활용을 위해 보존되는 기록
담당기관	생산기관 (처리과)	레코드센터 (기록관 · 특수기록관)	아카이브즈 (영구기록물관리기관)
기록의 가치	일차적 가치 > 이차적 가치	일차적 가치 < 이차적 가치	이차적 가치
관리 주체	업무 담당자	레코드 매니저	아키비스트

① 기록은 업무에 활용되는 현용 단계, 업무활용 빈도가 낮은 준현용 단계, 그리고 마지막으로 업무 활용가치는 전혀 없지만, 다른 목적에 필요한 비현용 단계로 나눌 수 있다.

② 이 모델은 기록이 처음에는 기관의 목표를 위해 보존되며, 시간이 지남에 따라 업무활용 가치가 조직에서 감소하게 될 때 영구기록물관리기관으로 이관될 것을 전제로 한다.

③ 종이 기록은 대체로 그 생애 주기 각 단계에 맞춰서 해당하는 기록물관리기관으로 물리적 이동을 하게 된다.

④ 각 기록물관리단계에서 더 이상의 활용이나 보존할 필요성이 소멸한 기록이 폐기된다.

⑤ 현용, 준현용, 비현용이라는 전통적인 종이 기록물의 생애 주기와는 달리, 전자기록물은 시공을 넘나드는 속성상 시간의 흐름에 따른 이러한 단계의 구분이 모호해진다.

⑥ 우리나라도 생산 단계(전자문서시스템) → 준현용 단계(기록관시스템) → 비현용 단계(영구기록물 관리기관시스템)라는 3단계의 생애 주기 체계가 구축되어 있으나, 전자기록관리에서는 '생산 이전단계'라는 가상의 관리단계가 매우 중요하다.

⑦ 이 단계에서 관리를 위한 전산시스템 구축, 진본성, 무결성을 지닌 기록관리가 시작되고, 조직 업무분석, 분류체계 확립, 가치평가를 통한 처리일정의 확립 등이 이루어지기 때문이다.

2 기록관리 연속체 개념(The Continuum Concept)

(1) 의의

① 생애 주기 이론은 기록이 생산, 관리, 사용되고 나서, 쓸모없는 기록으로서 폐기 처리되거나 지속적인 가치를 가진 보존기록으로서 보존되어 최종 처분된다는 것을 인정한다.

② 기록관리 연속체 개념은 기록의 식별, 기록의 지적 통제, 기록의 이용을 위한 가공작업, 기록의 물리적 통제라는 네 가지 활동이 기록의 생애 주기 동안 연속적으로 일어나거나 반복 발생한다는 사실을 제시한다.

(2) 연혁

기록의 연속체 개념은 1980~1990년대 전자기록의 등장과 더불어 생애 주기 이론의 문제점을 비판하며 나온 것으로, 기록이 생산됨과 동시에 영구보존의 가치를 지니는 것과 그렇지 않은 것으로 구분되며, 영구보존의 가치를 지니는 기록은 생산시점부터 관리가 된다는 것이다.

(3) 특징

① 연속체 이론에서는 생산, 획득, 저장, 이용, 처리가 동시에 이루어진다. 기록의 연속체 관리방식은 종전에 기록관리자(처리과별 기록물관리책임자, 레코드센터 관리자)의 기능과 아키비스트의 기능을 구분해 왔던 방식이 이제는 존재하지 않는다는 관점에서 제기된 것을 의미한다.

② 기록 생애 주기에 따르면 기록관리의 특정한 단계에서 기록관리의 책임을 지는 사람은 그 단계에 요구되는 전문 지식과 기술이 있어야 한다.

③ 생애 주기의 다른 단계의 기록관리를 책임지는 사람에게도 그 지식과 정보가 필요하다. 처리과, 기록관, 영구기록물관리기관의 종사자는 여전히 각자의 업무를 수행할 것이지만, 그들의 업무는 통합된 구조 안에서 수행될 것이며 전문가적 협력과 개발을 제한하는 어떠한 경계도 없을 것이다.

(4) 우리나라의 기록관리 체계

① 우리나라는 기록관리 체계를 구축하면서 생애 주기 모델에 따른 처리과, 기록관, 영구 기록물관리기관의 3단계를 반영했다.

② 실제 기록의 관리단계를 체계화하는 업무 프로세스는 전자기록의 생산과 관리를 의무화함으로써 연속체적 관점에서 관리가 이루어지는 것을 반영했다.

③ 우리나라의 기록관리 모델은 생애 주기 이론과 기록 연속체론의 혼합 형태라고 할 수 있다.

[예상문제]

기록의 생애 주기 개념에 대한 설명으로 틀린 것은?

① 기록물도 생성, 성장, 소멸의 과정을 거친다고 보는 개념이다.

② 기록관리 단계에 따라 기록물관리기관과 기록관리 주체의 역할과 책임 또한 달라진다고 보는 관점이다.

③ 기록은 업무에 활용되는 현용 단계, 업무활용 빈도가 낮은 준현용단계, 그리고 마지막으로 업무 활용 가치는 전혀 없지만, 다른 목적에 필요한 비현용단계로 나눌 수 있다.

④ 기록의 식별, 기록의 지적 통제, 기록의 이용을 위한 가공작업, 기록의 물리적 통제라는 네 가지 활동이 기록의 생애 주기 동안 연속적으로 일어나거나 반복 발생한다는 사실을 제시한다.

정답 ④

해설 기록관리 연속체 개념은 기록의 식별, 기록의 지적 통제, 기록의 이용을 위한 가공작업, 기록의 물리적 통제라는 네 가지 활동이 기록의 생애 주기 동안 연속적으로 일어나거나 반복 발생한다는 사실을 제시한다.

Theme

02 전자기록

I 의의

① 공공기록물 관리에 관한 법률 제5조(기록물관리의 원칙)에서는 '기록물의 생산부터 활용까지의 모든 과정에 걸쳐 진본성, 무결성이 보장될 수 있도록 관리하여야 한다.'라고 명시하고 있다.

② 전자기록(데이터)에 대한 일반적 인식은 내용의 위 · 변조에 대해 신뢰할 수 없으며, 사법제도 하에서 법정에 제출된 전자기록물의 증거능력에 관해 명확히 규정된 바 없는 것이 현실이다.

③ 그럼에도 불구하고 기록 관리의 현실은 종이기록물에서 전자기록물로의 본격적 변화를 앞두고 있으며, 기록 관리자들은 여러 가지 방법으로 기록물의 획득, 유통, 처리 등에 관여하게 될 것이다.

④ 이런 과정에서 전자기록의 진본성과 무결성을 보장하기 위해서는 수집 및 이관 도구로 사용되는 전자매체에 대한 이해와 새로운 방법론으로 대두되는 디지털포렌식에 대한 준비가 필요할 것으로 생각된다.

⑤ 아울러 디지털포렌식은 단순히 전자기록의 진본성과 무결성 보장을 위한 수단에서 기록 관리 분야를 산업전반에 확대 · 적용시킬 수 있는 기회를 제공할 수 있을 것으로 판단된다.

Ⅱ 전자기록의 다양성

① 과거에서부터 현재에 이르기까지 전통적인 기록물은 문서, 도면, 대장류, 카드류와 같은 종이기록물과 인화사진, 사진필름, 영화필름과 같은 시청각기록물 등 다양한 유형으로 생산, 보존되고 있다.

② 기록물의 수집, 이관을 위해서는 기록물의 유형과 특성에 맞는 보존상자 및 필요한 보호대책을 강구한 후 이송을 하게 되며, 서고에 보존하고자 할 때에는 기록물 유형에 맞는 환경조건(온도, 습도 등)을 고려하여야 한다.

③ 컴퓨터에 의해 전자적 기반으로 생성되는 전자기록물은 콘텐츠 유형 면에서는 오히려 종이기록물 보다 더 다양해졌음을 알 수 있다.

④ 특히 인터넷의 발전으로 인해 풍부해진 웹(Web), SNS가 있으며 그 외에도 시청각기록물로 분류할 수 있는 3D, 멀티미디어가 있다.

⑤ 전자기록물을 이관 관점에서 본다면 유형에 관계없이 파일(File)이라고 하는 컴퓨터 기반의 객체로 볼 수 있으며, 이관 방법은 네트워크에 의한 온라인 이관 방법과 오프라인 매체인 디지털 기록매체에 의하여 이관할 수 있다.

⑥ 종이기록물을 보존하는 서고에 비교할 수 있는 전자서고, 즉 스토리지 시스템은 저장하는 콘텐츠의 유형과 무관하게 항상 일정한 온도 및 습도 조건을 갖는 환경에서 24시간 운용되도록 하여야 한다.

⑦ 국가기록원 및 각급기관의 기록관리 측면에서 살펴보면 모든 기록들은 전자적 기반하에서 생산되며, 네트워크와 디지털기록매체를 이용하여 이관된 후, 국가기록원의 영구기록물관리시스템(CAMS) 및 대통령기록물관리시스템(PAMS)에 보존 · 관리된다.

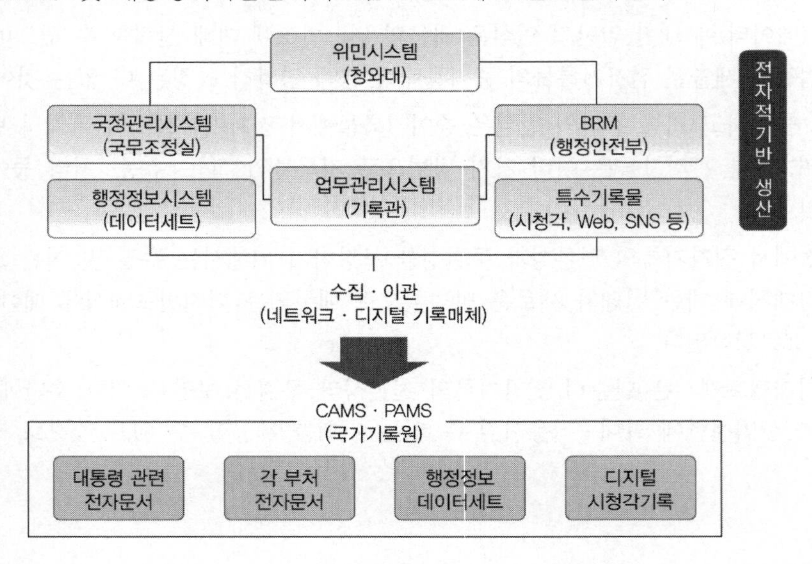

관련법조항 **대통령기록물 관리에 관한 법률 중요 조문**

제16조(공개)

① 대통령기록물은 공개함을 원칙으로 한다.

② 대통령기록물생산기관의 장은 관할 기록관으로 대통령기록물을 이관하려는 때에는 해당 대통령기록물의 공개 여부를 분류하여 이관하여야 한다.

③ 대통령기록관의 장은 비공개로 분류된 대통령기록물에 대하여는 이관된 날부터 5년이 경과한 후 1년 내에 공개 여부를 재분류하고, 그 첫 번째 재분류 시행 후 매 2년마다 전문위원회의 심의를 거쳐 공개 여부를 재분류하여야 한다.

④ 비공개 대통령기록물은 생산연도 종료 후 30년이 경과하면 공개함을 원칙으로 한다.

⑤ 제4항에도 불구하고 대통령기록관의 장은 공개될 경우 국가안전보장에 중대한 지장을 초래할 것이 예상되는 대통령기록물에 대하여는 전문위원회의 심의를 거쳐 해당 대통령기록물을 공개하지 아니할 수 있다.

제17조(대통령지정기록물의 보호)

① 대통령은 다음 각 호의 어느 하나에 해당하는 대통령기록물(이하 "대통령지정기록물"이라 한다)에 대하여 열람 · 사본제작 등을 허용하지 아니하거나 자료제출의 요구에 응하지 아니할 수 있는 기간(이하 "보호기간"이라 한다)을 따로 정할 수 있다.

1. 법령에 따른 군사 · 외교 · 통일에 관한 비밀기록물로서 공개될 경우 국가안전보장에 중대한 위험을 초래할 수 있는 기록물
2. 대내외 경제정책이나 무역거래 및 재정에 관한 기록물로서 공개될 경우 국민경제의 안정을 저해할 수 있는 기록물
3. 정무직공무원 등의 인사에 관한 기록물
4. 개인의 사생활에 관한 기록물로서 공개될 경우 개인 및 관계인의 생명 · 신체 · 재산 및 명예에 침해가 발생할 우려가 있는 기록물
5. 대통령과 대통령의 보좌기관 및 자문기관 사이, 대통령의 보좌기관과 자문기관 사이, 대통령의 보좌기관 사이 또는 대통령의 자문기관 사이에 생산된 의사소통기록물로서 공개가 부적절한 기록물
6. 대통령의 정치적 견해나 입장을 표현한 기록물로서 공개될 경우 정치적 혼란을 불러일으킬 우려가 있는 기록물

② 보호기간은 제1항 각 호의 기록물별로 세부기준을 수립하여 지정하되, 대통령기록관으로 이관하기 전까지 지정을 완료하여야 한다. 이 경우 지정 절차 등에 관하여 필요한 사항은 대통령령으로 정한다.

③ 보호기간은 15년의 범위 이내에서 정할 수 있다. 다만, 개인의 사생활과 관련된 기록물의 보호기간은 30년의 범위 이내로 할 수 있다.

④ 보호기간 중에는 다음 각 호의 어느 하나에 해당하는 경우에 한하여 최소한의 범위 내에서 열람, 사본제작 및 자료제출을 허용하며, 다른 법률에 따른 자료제출의 요구 대상에 포함되지 아니한다.

1. 국회재적의원 3분의 2 이상의 찬성의결이 이루어진 경우
2. 관할 고등법원장이 해당 대통령지정기록물이 중요한 증거에 해당한다고 판단하여 발부한 영장이 제시된 경우. 다만, 관할 고등법원장은 열람, 사본제작 및 자료제출이 국가안전보장에 중대한 위험을 초래하거나 외교관계 및 국민경제의 안정을 심대하게 저해할 우려가 있다고 판단하는 경우 등에는 영장을 발부하여서는 아니 된다.
3. 대통령기록관 직원이 기록관리 업무수행상 필요에 따라 대통령기록관의 장의 사전 승인을 받은 경우

예상문제

기록관리시스템에 대한 설명으로 틀린 것은?

① CAMS는 Cloud archival Management System의 약어로 영구기록물 관리시스템에 속한다.
② PAMS는 Presidential Archives Management System의 약어로 대통령 기록물의 영구 보존 및 관리를 위한 대통령기록관리시스템이다.
③ 표준 RMS는 표준 Records Management System의 약어로, 기록관리 법령 및 표준에서 정하는 방식과 절차에 따라 각급 기관이 기록물 관리 업무를 전자적으로 수행할 수 있도록 표준화된 기록관리시스템이다.
④ 영문으로 Standard of Government Function Classification으로 표기되는 정부기능분류체계는 대한민국 정부의 업무의 기능을 분류하여 참조를 목적으로 표준화 한 업무참조모델(Business Reference Model, BRM)로서 표준 RMS는 BRM을 기록물 분류체계로 활용한다.

정답 ①
해설 CAMS는 Central archival Management System의 약어로 중앙영구기록물 관리시스템이다.

PAMS(대통령기록관리시스템)에 대한 설명으로 틀린 것은?

① PAMS 역시 CAMS와 같이 '지정/비밀 보호' 기능이 추가되어 있다.
② PAMS의 경우 MMO(Metadata Mapping Organizer)를 추가로 탑재하여 행정정보시스템의 데이터를 PAMS에도 등록하고 있다
③ 대통령기록관은 대통령 기록물의 영구보존 및 관리를 위해 2007년 PAMS(Presidential Archives Management System)을 신규 구축하여 운영하고 있다
④ PAMS에는 대통령 임기 동안 생산한 모든 기록물이 임기 종료와 동시에 일괄적으로 시스템에 등록되기 때문에 타 기관에서 단계별로 작업하는 기록물 프로세스를 병렬처리가 가능하도록 하고 있다는 특징이 있다.

정답 ①
해설 PAMS 역시 중앙영구기록관리시스템(Central Archives Management, CAMS)와 같이 아카이브의 일반적인 업무 흐름을 따라 '입수', '처리/보존', '제공' 기능으로 구성된다. 여기에 특징적으로 '지정/비밀 보호' 기능이 추가되어 있는데, 이는 비밀기록물을 포함하여 최고의 보호 조치가 필요한 '대통령지정기록물'을 철저히 관리하기 위한 기능이다.

대통령기록물에 대한 설명으로 틀린 것은?

① 대통령기록물은 공개함을 원칙으로 한다.
② 비공개 대통령기록물은 생산연도 종료 후 15년이 경과하면 공개함을 원칙으로 한다.
③ 법령에 따른 군사 · 외교 · 통일에 관한 비밀기록물로서 공개될 경우 국가안전보장에 중대한 위험을 초래할 수 있는 기록물은 15년의 범위 이내에서 자료제출의 요구에 응하지 아니할 수 있다.
④ 관할 고등법원장이 해당 대통령지정기록물이 중요한 증거에 해당한다고 판단하여 발부한 영장이 제시된 경우 최소한의 범위 내에서 열람, 사본제작 및 자료제출을 허용한다.

정답 ②
해설 비공개 대통령기록물은 생산연도 종료 후 30년이 경과하면 공개함을 원칙으로 한다.

Theme

03 디지털 기록매체

I 의의

InterPARES(International Research on Permanent Authentic Records in Electronic Systems) 프로젝트에서는 전자기록을 아날로그기록과 디지털기록으로 분류하고 있다. 이에 기초하여 전자기록매체(이후 '전자매체'라 한다)를 아날로그 기록매체와 디지털 기록매체로 분류한다.

구분		기준
전자 기록 매체	아날로그 기록 매체	아날로그 전기신호를 사용하여 정보를 수록하는 매체
	디지털 기록 매체	Binary 형태의 전기 · 전자 신호를 사용하여 정보를 수록하는 매체

1 아날로그 기록매체

① 아날로그 기록매체의 대부분은 현재는 거의 사용하지 않고 있으며, 주로 테이프의 형태로 우리 주변에서 흔하게 볼 수 있었던 가정용 비디오테이프(VHS 테이프)와 음악 등을 수록하였던 카세트테이프가 있다.

② 이외에도 방송용에 사용되었던 방송 전용의 비디오테이프가 있으나 현재는 디지털 방식의 비디오테이프 및 디지털파일로 직접 생산하는 방식에 밀려 점차 사라지고 있는 추세이다.

③ 따라서 여전히 아날로그 테이프에 기록이 수록되어 있는 경우 빠른 시간 내에 매체이전을 하는 것이 바람직하다.

④ 자기테이프의 특성은 아날로그 또는 디지털에 관계없이 유사한 면이 있다.

2 디지털 기록매체

① 디지털 기록매체의 가장 큰 특징은 컴퓨터에 내장 또는 간단하게 직접 연결하여 사용할 수 있거나, 별도의 외부장치를 통하여 간접적으로 연결되어 사용된다는 점이다.

② 컴퓨터의 등장과 함께 사용된 디지털 기록매체의 종류는 무수히 많으나, 보편적으로 사용되고 있는 디지털 기록매체에는 디지털 자기테이프(비디오, 오디오, LTO 등), 하드디스크, 플로피디스크, 광디스크(CD, DVD, Blu-ray), 반도체 계열 저장매체(USB, SSD, CF), 스토리지 등이 있다.

Ⅱ 디지털 자기테이프

① 디지털 자기테이프는 특성과 구조면에서는 아날로그 자기테이프와 유사하나, 연속적인 신호를 기록하는 아날로그에 비해 바이너리(binary) 패턴의 신호를 기록한다는 것이 가장 큰 특징으로 컴퓨터의 정보를 직접 수록할 수 있는 매체가 등장하였다.

② 전산실에서 자료 백업용으로 사용하는 LTO(Linear Tape Open) 테이프가 대표적인 예이다. 아날로그 자기테이프가 주로 방송용으로 사용된 것처럼 디지털 자기매체도 방송용으로 많이 사용되고 있으며, 그 종류는 수를 헤아릴 수 없을 만큼 다양하다.

③ 아날로그 및 디지털 자기테이프의 가장 큰 단점은 해당 내용을 찾기 위해서는 앞에서부터 순차적으로 접근하여야 하므로 속도가 느리며, 강한 자기장의 영향을 받으면 수록된 정보가 훼손될 수 있으며, 오랜 시간 동안 보존하고자 하는 경우 주기적으로 되감기를 하여야 하는 불편함이 있을 수 있다. 이러한 점 때문에 기록물의 장기보존보다는 임시 저장용으로 사용하는 것이 적합하다고 여겨졌다.

④ 그러나 최근 들어 테이프 스토리지에 대한 개념이 변하면서 전자기록의 장기보존매체로서의 평가에 대한 해석을 달리할 수 있다는 주장이 제기되었다. 기술의 발달로 인해 테이프 스토리지를 장기보존매체 사용할 수 있는지에 대해서는 보다 구체적 검토가 필요한 사안이다.

Ⅲ 플로피디스크

① 개인용 컴퓨터의 등장과 함께 사용된 대표적인 저장매체로 지금은 거의 사용되고 있지 않다.

② 가장 많이 사용된 것으로 3.5인치 및 5.25인치 매체로, 읽고 쓰기위한 장치(드라이브라고 함) 역시 거의 구형화되어 찾아보기 어려운 실정이다.

③ 정보를 수록한 상태로 오랫동안 방치할 경우 주변의 습도조건에 의해 먼지 등이 달라붙어 드라이브가 있다 하더라도 읽을 수 없는 경우가 많다.

④ 따라서 여전히 플로피디스크에 중요한 기록을 수록한 경우라면 빠른 시간 내에 다른 매체로 이전하는 것이 바람직하다.

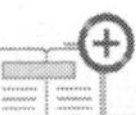 생각넓히기 | 디스크(Disc)

얇고 평평한 플라스틱이나 금속 원판으로, 디지털 형식, 즉 2진 형식으로 정보를 기록할 수 있는 기억 매체이다. 디스크는 원판의 재질, 기록 방식과 구조 등에 따라 여러 가지로 분류된다. 먼저 원판의 재질과 기록 방식에 따라, 디스크 표면에 입혀진 자성 물질을 전기적으로 자화(磁化)하여 데이터 비트를 미소한 점으로 기록하는 자기 디스크와 플라스틱 보호막이 입혀진 매끈한 금속 원판의 표면에 빛을 비추어 데이터 비트를 미소한 구멍(pit)으로 기록하는 광 디스크의 2가지로 분류된다. 자기 디스크는 원판의 재질과 구조에 따라 유연한 플라스틱 원판으로 된 플로피 디스크와 딱딱한 금속 원판(platter)으로 된 하드 디스크로 분류된다. 플로피 디스크는 4각형의 종이나 플라스틱 케이스에 들어 있는 형태인데, 현재는 잘 사용되지 않는다.

Ⅳ 하드디스크

1 의의

① 하드디스크는 자성체로 코팅된 알루미늄 기판에 정보를 저장할 수 있게 만든 저장장치이다.

② 하드디스크는 내장형 하드디스크와 외장형 하드디스크로 구분된다. 외장형 하드디스크는 기본적으로 일반적인 내장형 하드디스크에 휴대용 케이스를 씌운 구조이므로, 동작원리나 데이터 기록방식은 일반적인 내장형 하드디스크와 다르지 않다.

③ 하드디스크의 내부에는 플래터(Platter)라고 하는 자기 디스크가 들어 있으며, 헤드(Head)라는 장치가 플래터 위를 움직이며 데이터를 읽거나 쓴다. 다만 외장형 하드디스크는 내장형 하드디스크와 달리 컴퓨터 내부가 아닌, 필요시 분리하여 이동할 수 있다는 것이 가장 큰 특징이다.

④ 컴퓨터의 하드웨어 중 가장 중요한 부분 중의 하나는 하드디스크라고 말할 수 있다. 이렇게 하드디스크가 중요한 것은 디스크에 저장해 놓은 정보 때문이다.

⑤ 정보저장장치의 핵심 요소인 하드디스크는 정보 지식 기반 강화에 의한 저장의 필요성 증가, 네트워크 고속화 및 휴대성 등에 대한 사회적 요구의 급격한 증대로 시장 확대가 증가하고 있다.

⑥ 하드디스크는 메모리 분야에서 용량, 성능 및 가격 등의 모든 면에서 우세를 보이면서 가장 뛰어난 경쟁력을 갖추고 있다고 본다.

2 하드디스크의 구조

① 디스크의 주요 부분은 어떤 오염물도 들어가지 않도록 하기 위해 외부 공기가 차단된다.

② 하드디스크 어셈블리(Hard Disk Assembly, HDA)는 하드디스크를 구성하는 장치와 부품을 일컫는다.

③ 여기에는 플래터, 헤드, 암, 액추에이터, 스핀들, 스핀들 모터, PCB 등이 있다.

- 플래터: 데이터를 저장하는 원판형의 금속판
- 스핀들 모터: 플래터를 회전 시키는 역할
- 헤드: 플래터에 데이터를 기록하거나 읽음
- 액추에이터 암: 헤드를 받치는 역할
- 액추에이터: 액추에이터 암을 움직이게 함
- 전자회로 케이블: 암과 헤드를 보드와 전자적으로 연결함

V 광디스크

① 광디스크는 자기매체(테이프, 하드디스크 등)에 비해 충격, 자기장 등의 영향을 받지 않는 오프라인 매체로 비교적 기록물의 장기보존에 적합한 것으로 인식되고 있다.

② WORM 방식의 광디스크에 사용되는 물질(dye type)에 따라 광디스크의 수명이 달라진다고 알려져 있으나, 이러한 물질은 단지 매체의 수명을 결정하는 하나의 요소일 뿐 절대적인 것은 아니다. 기록층(dye layer)을 구성하기 위하여 사용된 물질의 양에 따라 고배속 및 많은 기록을 수록하는 정도를 나타내는 고밀도의 정도가 달라진다.

③ 광디스크의 기록속도는 1배속(×1)에서부터 52배속(×52)으로 증가되어 왔으며, 기술의 발전에 따라 배속은 계속 증가하고 있는 추세이며, 기록밀도 역시 CD-R의 경우 650MB에서 800MB로 증가되었다. 고배속 용도의 디스크는 기록층을 구성하는 물질의 양을 적게 사용하기 때문에 기대수명이 짧다는 한계가 있다. DVD-R은 기록층의 물질을 상당히 적게 사용하기 때문에 CD-R보다 수록 시 데이터 속도가 훨씬 높다.

④ 디스크의 수명을 늘리기 위해 속도를 줄인다고 해서 해결될 문제는 아니다. 기록층의 구성 물질을 많게 하여 저속 기록에 적합한 디스크라 하더라도 고배속으로 기록한다면, 기록 시 많은 에러가 발생하게 된다.

⑤ 제조사가 광디스크의 최대 배속을 하였다고 해서 최대속도의 기록이 최적의 결과를 얻는 것은 아닐 수 있다. 일반적으로 업계에서는 4배속일 때 가장 최적의 기록품질을 얻는다고 얘기하고 있다.

Ⅵ 반도체 저장매체

1 의의

플래시 메모리(flash memory)란 데이터를 저장, 보관할 수 있는 반도체의 일종이다. 일단 데이터를 저장하면 삭제나 수정이 불가능한 롬(ROM)이나 삭제, 수정은 가능하지만 전원이 차단되면 모든 데이터가 사라지는 램(RAM)과 달리, 자유롭게 데이터를 저장하거나 삭제할 수 있으면서 전원이 꺼져도 데이터가 그대로 보존되는 특징이 있다. 이러한 반도체 메모리의 특징을 이용하여 정보를 저장하도록 만든 것이 반도체 저장매체이이다.

2 USB 저장매체

① USB(Universal Serial Bus)란 컴퓨터와 주변기기 사이에 데이터를 주고받을 때 사용하는 버스(bus: 데이터가 전송되는 통로) 규격 중 하나이다.

② 1990년대 후반부터 대부분의 개인용 컴퓨터에 USB 장치를 꽂을 수 있게 됨에 따라 USB는 현재 다른 규격 버스에 비해 보급률이 매우 높다. 또한, USB는 컴퓨터 전원이 켜진 상태에서도 자유롭게 장치를 꽂고 뺄 수 있어 편의성이 높다는 장점도 있다.

③ 이와 같은 USB와 플래시 메모리, 이 두 가지 요소를 결합해 하나의 제품으로 만든 것이 바로 'USB 플래시 드라이브(USB flash drive)', 흔히 말하는 'USB 메모리'다.

④ USB 메모리는 대개 손가락 하나 정도의 크기의 막대형 본체에 USB 커넥터가 노출된 형태다.

⑤ 내부는 데이터를 저장하는 플래시 메모리 칩, 그리고 커넥터와 메모리 칩 사이에서 데이터 전송을 제어하는 컨트롤러(controller: 제어기)로 구성되어 있다.

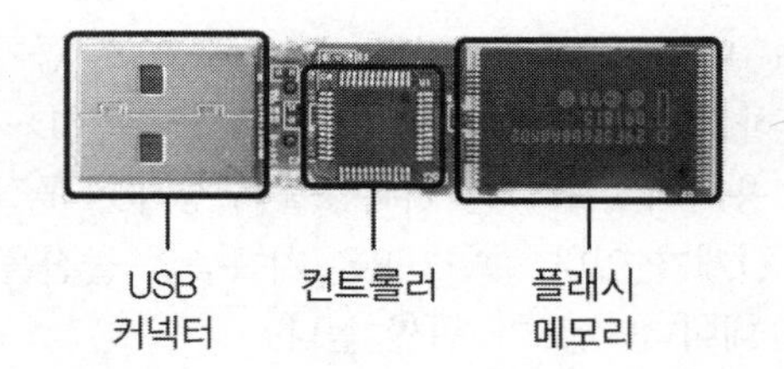

기출문제

다음의 디지털 기록 매체와 그 예를 바르게 연결한 것은? [2021]

① 자기디스크-비디오테이프
② 자기테이프-CD
③ 광디스크-하드디스크
④ 반도체 저장매체-USB 저장매체

정답 ④

해설 ① 자기디스크의 예로는 하드디스크가 있다.
② 디지털 자기테이프의 예로는 비디오, 오디오, LTO 등이 있다.
③ 광디스크의 예로는 CD, DVD, Blu-ray(BD) 등이 있다.
④ 반도체 저장매체의 예로는 USB, SSD 등이 있다.

3 SSD(Solid State Device)

(1) 의의

SSD는 Solid State Drive의 약자로 글자 그대로 해석해보면 반도체를 이용한 디바이스라 할 수 있다. 하드디스크(HDD)는 자성체를 입힌 알루미늄의 원판들로 이루어진 플래터라는 기기를 회전시키고 그 위에 헤드를 움직여 데이터를 읽고 쓰는 구조로 이루어져 있다. 반면 SSD의 내부 구조는 기존의 HDD와 매우 다르다. SSD는 USB 저장매체를 생각하면 되는데 플래시 메모리로 이루어진 거대한 USB 저장매체를 하드디스크 대신 장착시킨 형태로 이해하면 된다.

[Hard disk drive]

[Solid state drive]

(2) 빠른 속도와 내구성

하드디스크는 기계식이라 외부 충격에 약한데 반해 SSD는 충격에 강한 장점이 있다. 또한 원판을 빠르게 회전시켜 데이터를 읽고 쓰는 하드디스크와 달리 SSD는 전력을 공급하지 않아도 그 내용이 지워지지 않는 플래시 메모리를 모아서 만든 저장 장치이기 때문에 직접 기계적으로 헤드를 움직여 정보를 저장하거나 꺼내는 하드디스크에 비해 디지털화된 정보를 전기 신호로 찾으므로 데이터에 접근하는 시간(access time)이 거의 존재하지 않는다.

(3) 낮은 소음과 전력소모량

하드디스크의 경우 물리적으로 원판을 계속 돌려야 하므로 그 과정에서 소음과 전력 공급량이 많이 발생하게 된다. 하지만 디지털화된 SSD의 경우 소음이 없으며, 전력소모 역시 하드디스크가 최소 3W 이상인 것에 비해 1W 미만의 매우 적은 수준이다. 결국 같은 배터리 사용시, 훨씬 오래 이용할 수 있는 장점이 있다.

Ⅶ 스토리지

① 스토리지(Storage)는 저장매체로 분류하는 것보다는 일반서고에 비유되는 전자서고로 보는 것이 타당할 수 있다.

② 전통적인 종이기록물도 분류, 정리 및 소독과정을 거치기 전 임시서고에 보관되고 이후 최종 보존서고로 배치되듯이, 전자기록물 역시 여러 가지 디지털 기록매체 또는 네트워크에 의해 이관되어 온 후, 안전한 관리를 위하여 임시서고에 해당하는 일반 스토리지로 옮겨지게 된다. 이때 일반 스토리지는 정보의 쓰기, 수정 및 삭제 등이 가능한 기능을 갖고 있어야 한다.

③ 일반 스토리지에서 여러 기록관련 절차를 거친 최종 전자기록물은 불가피한 경우를 제외하고는 더 이상 수정 또는 삭제가 불가능한 저장매체로 옮겨져야 하는데, 이러한 저장장치는 일정 기간 동안 수정 및 삭제 기능이 불가능하며, 접근 및 정보의 주기적 자동 검사 등 다양한 부가기능을 갖추어야 하는데, 이러한 조건을 갖춘 장치가 아카이빙 전용의 스토리지, 즉 아카이빙 스토리지이다.

④ 아카이빙 스토리지는 한번 생성이 되면 변경되지 않는 고정 콘텐츠를 장기간 위·변조 없이 안정적으로 보관할 수 있는 스토리지라고 정의할 수 있다. 즉, 스토리지 플랫폼 자체에서 WORM(Write Once Read Many) 기능을 제공함으로써 아카이빙 스토리지에 데이터가 저장된 후에는 절대로 데이터를 수정할 수 없도록 하여 저장된 데이터에 대한 무결성과 신뢰성을 보장할 수 있다.

예상문제

디지털 저장매체 스토리지(Storage)에 대한 설명으로 틀린 것은?

① 스토리지는 전자서고로 보는 것이 타당할 수 있다.
② 전자기록물은 이관되어 온 후 임시서고에 해당하는 일반 스토리지로 옮겨지게 된다.
③ 일반 스토리지는 일정 기간 동안 수정 및 삭제 기능이 불가능하며, 접근 및 정보의 주기적 자동 검사 등 다양한 부가기능을 갖추어야 한다.
④ 아카이빙 스토리지는 WORM 기능을 제공함으로써 저장된 데이터에 대해 무결성과 신뢰성을 보장할 수 있어야 한다.

정답 ③

해설 전자기록물은 여러 가지 디지털 기록매체 또는 네트워크에 의해 이관되어 온 후, 안전한 관리를 위하여 임시서고에 해당하는 일반 스토리지로 옮겨지게 된다. 이때 일반 스토리지는 정보의 쓰기, 수정 및 삭제 등이 가능한 기능을 갖고 있어야 한다.

④ 일반 스토리지에서 여러 기록관련 절차를 거친 최종 전자기록물은 불가피한 경우를 제외하고는 더 이상 수정 또는 삭제가 불가능한 저장매체로 옮겨져야 하는데, 이러한 저장장치는 일정 기간 동안 수정 및 삭제 기능이 불가능하며, 접근 및 정보의 주기적 자동 검사 등 다양한 부가기능을 갖추어야 하는데, 이러한 조건을 갖춘 장치가 아카이빙 전용의 스토리지, 즉 아카이빙 스토리지이다. 아카이빙 스토리지는 한번 생성이 되면 변경되지 않는 고정 콘텐츠를 장기간 위 · 변조 없이 안정적으로 보관할 수 있는 스토리지라고 정의할 수 있다. 즉, 스토리지 플랫폼 자체에서 WORM(Write Once Read Many) 기능을 제공함으로써 아카이빙 스토리지에 데이터가 저장된 후에는 절대로 데이터를 수정할 수 없도록 하여 저장된 데이터에 대해 무결성과 신뢰성을 보장할 수 있는 기능을 제공한다.

Theme

04 컴퓨터와 정보

I 컴퓨터와 디지털 데이터

1 의의

현재 우리가 사용하고 있는 컴퓨터의 종류는 각자 다를 수 있지만, 거의 모든 컴퓨터는 디지털 방식으로 구동된다는 공통점이 있다. 디지털 방식으로 구동되는 컴퓨터를 디지털 컴퓨터라고 부르며, 디지털 컴퓨터는 데이터 표현, 처리, 전송 등의 모든 작업을 이산적(discrete)으로 처리한다는 특징이 있다. 이는 데이터를 연속적인 상태로 나타내는 아날로그 방식과 상반되는 방식이다.

2 디지털과 아날로그

① 아날로그(analog) 방식은 사물이나 개념을 연속적인 값으로 표현한다. 예를 들어, 자동차 계기판은 변화하는 자동차의 속력을 끊임없이 측정하여 운전자에게 보여준다.

② 반면, 디지털(digital) 방식은 사물이나 개념을 특정 단위로 끊어서 표현하는 방식이다. 디지털이라는 용어는 손가락을 뜻하는 영어의 'digit'에서 파생되었다. 무엇인가를 손가락으로 하나씩 가리켜 가며 셈을 하는 방식과 디지털적 데이터 표현방식이 유사하기 때문이다.

③ 두 방식은 데이터 전송과정에서도 두드러진 차이를 보인다. 아날로그 방식에서는 매시간마다 0과 1 사이의 실수값을 전송하는 반면, 디지털 방식에서는 0 또는 1의 값만 전송한다.

④ 아날로그 방식과 비교했을 때 디지털 방식은 외부로부터 간섭을 덜 받는다는 장점이 있다. 반면, 연속적인 값을 끊임없이 전송해야 하는 경우 디지털 방식으로는 한계가 있다. 이를테면 매시간 도체에 흐르는 전류량을 전송해야 할 경우, 디지털 방식보다는 아날로그 방식이 적합하다.

⑤ 하지만 이러한 작업을 디지털 방식으로 처리하는 것이 아예 불가능하지는 않다. 아날로그 신호를 일정 시간마다 값을 측정(샘플링)한 후, 샘플링한 값을 디지털화하여 전송한다면, 손실되는 데이터는 있을지라도 원본과 비슷한 데이터 전송이 가능하기 때문이다. 실제로 음성 데이터나 이미지 데이터는 디지털 방식의 컴퓨터에서 샘플링되어 처리된다.

[예상문제]

디지털(digital)에 대한 설명으로 틀린 것은?

① 사물이나 개념을 특정 단위로 끊어서 표현한다.
② 손가락을 뜻하는 영어의 'digit'에서 파생되었다.
③ 데이터 전송과정에서 매 시간마다 0과 1 사이의 실수값을 전송한다.
④ 매시간 도체에 흐르는 전류량을 전송해야 할 경우, 아날로그 방식에 비해 디지털 방식이 불리하다.

정답 ③

해설 아날로그 방식에서는 매시간마다 0과 1 사이의 실수값을 전송하는 반면, 디지털 방식에서는 0 또는 1의 값만 전송한다.

Ⅱ 디지털 컴퓨터

1 의의

① 디지털 컴퓨터는 디지털 방식, 그 중에서도 2진법을 사용하여 데이터를 표현 및 처리하는 컴퓨터이다. 즉, 1(전기가 흐르는 상태)과 0(전기가 흐르지 않는 상태)으로 모든 데이터를 표현하고, 표현된 데이터를 처리하게 된다.

② 디지털 컴퓨터의 데이터 처리과정은 사람의 두뇌가 정보를 처리하는 과정과 유사하다. 사람의 두뇌에는 천억 개 정도의 신경세포가 존재하며, 이들은 서로 신호를 주고받음으로써 기억, 추론과 같은 작업을 수행한다. 마찬가지로, 복잡한 전기회로들로 구현되는 오늘날의 컴퓨터에서는 1억 개 이상의 트랜지스터들이 1초에 10억 개 이상의 신호를 주고받음으로써 복잡한 연산을 수행하게 된다.

2 컴퓨터에서 2진법이 사용되는 이유

① 오늘날 사람들이 보편적으로 이용하는 수 표현법은 10진법이다. 역사적으로도 10진법은 많은 지역에서 이용되어 왔다. 이러한 까닭은 사람이 10개의 손가락을 이용해 셈을 해 왔기 때문이라는 설이 유력하다. 아이들에게 간단한 사칙연산 문제를 풀게 하면, 아이들은 열 손가락을 이용해 계산을 하는 것을 볼 수 있다. 이처럼 인간은 직관적으로 10진법을 받아들일 수 있다.

② 그런데 컴퓨터는 전기적 신호를 바탕으로 수를 표현하고 처리한다. 이때 전기적 신호로서 10진법을 표현하는 것이 불가능하지는 않지만, 전압을 10단계로 구분하는 과정에서 모호성이

생길 여지가 많으며, 기술적으로 실현하기가 매우 어렵다. 이 때문에 전기적 구현의 난이도가 낮은 2진법을 사용한다.

3 양자 컴퓨터

① 우리가 사용하는 전자 디지털 컴퓨터에서는 비트(bit) 단위로 데이터를 표현한다. 이때 비트는 도체에 전기가 흐르거나, 흐르지 않거나 둘 중 하나만 가능하듯, 0 또는 1 중 하나의 값을 갖는다.

② 반면 양자 컴퓨터(quantum computer)에서는 0, 1보다 다양한 종류의 상태를 사용한다. 양자 컴퓨터에서는 트랜지스터 대신 양자를 이용하여 연산을 수행하는데, 양자의 회전(spin) 방향을 기준으로 양자에 대한 값을 산정한다. 즉, 왼쪽으로 회전하면 0, 오른쪽으로 회전하면 1이라는 값을 산정한다. 그런데 미시적 세계에서의 양자는 양쪽(왼쪽, 오른쪽 모두) 방향으로 동시에 회전하는 것이 가능하다. 자연현상으로는 이해될 수 없지만, 이는 중첩이라 불리는 양자역학적 개념이다.

Ⅲ 2진법을 이용한 데이터 표현

1 의의

현대의 디지털 컴퓨터는 0과 1이라는 신호만으로 동작하기 때문에, 데이터 및 명령문 또한 0과 1로 표현되어야 한다. 이 때문에 컴퓨터에서는 내부적으로 수를 10진법이 아닌 2진법으로 표현하며, 문자나 명령어 또한 2진법의 수로 표현하는데, 숫자와 구분하기 위해 코드로 암호화한다.

2 컴퓨터에서의 수 표현

① 사람은 컴퓨터에 10진법의 형태로 수를 입력한다. 내부적으로 2진법으로 수를 표현하는 컴퓨터는 사람이 입력한 수를 2진법으로 바꾸어 받아들인다. 컴퓨터는 입력을 바탕으로 2진법 수를 연산회로를 이용하여 처리한 후, 다시 10진법으로 바꾸어 사람에게 보여준다.

② 자연수의 경우, 10진법을 2진법으로 바꾸거나, 2진법을 10진법으로 바꾸는 것이 어렵지 않다. 음수 또한 2의 보수(2's complement) 개념을 이용하여 2진법으로 표현하는 것이 가능하다. 그러나 실수의 경우, 10진법의 실수를 컴퓨터 내부에서 2진법으로 완벽하게 바꾸는 것이 불가능하다. 이로 인해 컴퓨터는 10진법 실수를 2진법으로 최대한 근사하여서 표현하는데, 이러한 이유로 컴퓨터의 실수연산은 약간의 오차를 낼 수 있다.

3 컴퓨터의 문자 표현

(1) 의의

① 디지털 컴퓨터에서는 수를 2진법 형태로 변형하여 표현할 수 있다. 반면, 문자의 경우 2진수밖에 사용할 수 없는 컴퓨터에 곧바로 표현하는 것이 불가능하다. 이 때문에 문자는 특정 숫자로 '암호화'되어 표현할 수 있는 방법이 고안되었다. 예를 들어, 'A'는 65로, 'B'는 66으로 암호화하여 표현한다면, 'ABBBA'와 같은 문자열은 '65 66 66 66 65'와 같이 표현된다.

② 이러한 문자 암호화 방법은 1986년 '아스키(ASCII, American Standard Code for Information Interchange, 미국 정보교환표준부호)'라는 이름으로 표준화되어 전 세계적으로 사용되고 있다. 한글의 경우 EUC-KR을 사용하며, 전 세계 문자를 표현하기 위한 유니코드(unicode)가 있다.

(2) Baudot 코드

Baudot 코드는 1874년경 전신업에 종사했던 프랑스 기술자의 이름으로부터 유래되었다. 또한, 이 분야에 종사했던 미국인 머레이(Marray)의 이름을 따서 Murray 코드라고도 한다. Baudot 코드는 5비트로 구성되어 있고, 5비트 코드로는 32글자밖에 나타낼 수 없으므로 이 글자 중 2개를 코드 확장 기능을 갖는 글자로 이용함으로써 표현할 수 있는 문자를 확장시키고 있다.

(3) ASCII 코드

ASCII 코드(American Standard Code for Information Interchange)는 7비트의 정보와 패리티(parity) 검사를 위한 1비트로 구성된 8비트 코드이다. 이 코드에는 특정 지역에서만 특별히 사용하고 있는 특수 문자(special character)도 포함하고 있다. 예를 들어, ₩는 우리나라에서 사용하는 화폐 표시 기호이다.

예상문제

7비트의 정보와 패리티(parity) 검사를 위한 1비트로 구성된 8비트 코드로 옳은 것은?

① 유니코드
② ASCII 코드
③ Baudot 코드
④ Murray 코드

정답 ②

해설 ASCII 코드(American Standard Code for Information Interchange)는 7비트의 정보와 패리티(parity) 검사를 위한 1비트로 구성된 8비트 코드이다. 이 코드에는 특정 지역에서만 특별히 사용하고 있는 특수 문자(special character)도 포함하고 있다. 예를 들어, ₩는 우리나라에서 사용하는 화폐 표시 기호이다.

다음에서 설명하는 개념으로 옳은 것은?

> 데이터가 저장장치 내의 한 장소에서 다른 장소로 이동되거나, 컴퓨터들 간에 전송될 때, 데이터가 유실 또는 손상되었는지 여부를 점검하는 기술과 관련된 용어이다. 여분의 비트 한개는 비트열 내에 추가되어 함께 이동된다. 이 비트는 오직 전송된 비트들이 성공적으로 도착하였는지를 식별하는 목적으로만 사용된다.

① Parity
② Packet
③ Checksum
④ Cyclic Redundancy Chcek

정답 ①

해설 패리티(Parity)에 대한 설명이다. 참고로 Packet은 패킷은 제어 정보와 사용자 데이터로 이루어지며, 이는 페이로드라고도 한다. 패킷을 지원하지 않는 컴퓨터 통신 연결은 단순히 바이트, 문자열, 비트를 독립적으로 연속하여 데이터를 전송한다. 데이터가 패킷으로 형식이 바뀔 때, 네트워크는 장문 메시지를 더 효과적이고 신뢰성 있게 보낼 수 있다.

(4) 유니코드(unicode)

기존 컴퓨터의 문자처리 체계는 8비트 단위로 이루어져 26개의 알파벳의 조합으로 문장을 완성할 수 있는 영어권에서는 문제되지 않지만, 한국, 중국, 일본 등의 국가에서는 영어권보다 훨씬 복잡하고 많은 문자 체계를 가지기 때문에 16비트 단위로 데이터를 표현해야 하는 문제가 있었다. 이러한 문자 코드의 길이 차이는 외국어로 된 디지털 데이터를 자국의 언어로 변환하는 어려움이 있고, 다양한 프로그램에서 서로 동일하거나 비슷한 의미의 문자를 서로 다른 인코딩 방식을 사용함으로써 데이터, 프로그램, 시스템의 호환성과 확장성에 문제를 일으키게 되었다. 이를 해결하기 위한 방법으로 대두된 것이 통합된 하나의 문자 세트를 이용하는 유니코드(unicode)이다.

[예상문제]

ASCII 코드에 대한 설명으로 틀린 것은?

① 미국정보교환표준부호(American Standard Code for Information Interchange)의 약어이다.
② 전 세계의 모든 문자를 컴퓨터에서 일관되게 표현하고 다룰 수 있도록 설계된 산업 표준이다.
③ 7비트 인코딩으로, 33개의 출력 불가능한 제어 문자들과 공백을 비롯한 95개의 출력 가능한 문자들로 총128개로 이루어진다.
④ 출력 가능한 문자들은 52개의 영문 알파벳 대소문자와, 10개의 숫자, 32개의 특수 문자, 그리고 하나의 공백 문자로 이루어진다.

정답 ②

해설 유니코드(Unicode)에 대한 설명이다. ASCII 코드는 영문 알파벳을 사용하는 대표적인 문자 인코딩이다.

Ⅳ 컴퓨터와 프로그램

1 의의

대다수의 현대인은 정보를 처리하기 위하여 컴퓨터를 사용한다. 그런데 컴퓨터 하드웨어는 2진법 체계로 구동되어 0과 1로 구성된 명령문만을 받아들이기 때문에 컴퓨터 전문가가 아닌 이상, 대부분의 사용자들은 복잡하고 난해한 2진 코드 명령문을 직접 사용 하는 것은 불가능하다. 이 때문에 일반 사용자들은 2진법 체계의 명령을 대신해 주는 '프로그램'을 설치하여 사용한다.

2 프로그램

① 프로그램(program)이란 컴퓨터가 어떠한 작업을 자동으로 처리할 수 있도록, 처리방법 및 순서를 컴퓨터 언어 형태로 기술해 놓은 것을 뜻한다. 논리적 · 산술적 연산만이 가능한 컴퓨터 하드웨어는 프로그램에서 지시한 일련의 명령들을 순차적으로 수행함으로써 복잡한 작업을 처리하게 된다.

② 프로그램은 비상상황에서 사용되는 '대응절차'와 유사한 개념이다. 홍수 경보발생 시 대응절차를 참조하여 행동한다면, 대응방안에 대해 전문지식이 없는 시민일지라도 안전하고 적절하게 위기를 모면할 수 있다. 사람이 홍수 발생 상황에 대응하기 위해 '대응절차'의 지시사항을 차근차근 이행하는 것과 같이, 컴퓨터는 '특정 작업을 처리'하기 위해 '프로그램'에 기술된 '명령어'를 차례대로 이행하게 된다.

3 알고리즘

(1) 의의

① 프로그램은 컴퓨터 전문가인 프로그래머에 의해 제작된다. 프로그래머(programmer)는 컴퓨터 전문지식을 바탕으로 사용자가 컴퓨터를 편리하게 이용할 수 있는 프로그램을 구현한다. 그러나 프로그래머는 단순히 데이터 결과만을 고려하는 것이 아니라 처리과정의 효율성을 위해 알고리즘이라는 개념을 사용한다.

② 알고리즘(algorithm)은 페르시아의 수학자인 알-콰리즈미의 이름에서 유래된 용어로, 문제를 풀기 위한 단계별 절차를 수학적으로 기술한 것을 뜻한다. 프로그램은 알고리즘이라는 수학적 개념을 컴퓨터가 이해할 수 있는 형태로 구현한 것이다. 즉, 알고리즘은 프로그램의 수학적 모형이라고 할 수 있다. 알고리즘은 일정한 조건을 만족하는 단계별 절차로 구성된다.

핵심정리 **알고리즘이 되기 위한 조건**

(1) **입력**: 알고리즘은 외부에서 0개 이상의 데이터를 입력받는다.
(2) **출력**: 알고리즘은 외부에 하나 이상의 결과를 출력한다.
(3) **명확성**: 각 수행 단계는 명확해야 하며, 모호하게 해석될 여지가 없어야 한다.
(4) **유한성**: 알고리즘은 유한 번의 단계를 수행하고 종료되어야 한다.
(5) **효율성**: 각 수행 단계는 사칙연산과 같이, 간단명료한 연산으로 구성되어야 한다.

(2) 알고리즘의 표현

① 알고리즘은 순서도나 의사코드(pseudo-code) 형태로 표현된다. 순서도는 알고리즘의 각 단계를 도형 내부에 표현한 후, 도형 간의 순서를 명시하는 방식으로 기술된다. 이를테면 1부터 자연수 N까지 더하는 알고리즘은 순서도로 표현할 수 있다. 순서도나 의사코드를 이용하면 알고리즘을 간단명료하게 표현하는 것이 가능하다.

② 그러나 순서도나 의사코드를 만들었다고 해서, 프로그래밍 작업이 모두 완료된 것은 아니다. 2진 명령만 받아들일 수 있는 컴퓨터의 경우, 순서도나 의사코드를 실행시킬 수 없기 때문이다. 따라서 완전한 프로그램을 제작하기 위해서는 문제를 해결하는 알고리즘 개발뿐만 아니라, 해당 알고리즘을 프로그래밍 언어 형태로 번역하는 작업이 필요하다.

[예상문제]

알고리즘에 대한 설명으로 틀린 것은?

① 페르시아의 수학자인 알-콰리즈미의 이름에서 유래된 용어이다.
② 수학적 개념을 컴퓨터가 이해할 수 있는 형태로 구현한 것이다.
③ 알고리즘은 유한 번의 단계를 수행하고 종료되어야 한다.
④ 각 수행 단계는 간단명료한 연산으로 구성되어야 한다.

정답 ②

해설 프로그램에 대한 설명이다. 알고리즘은 문제를 풀기 위한 단계별 절차를 수학적으로 기술한 것을 뜻한다. 프로그램은 알고리즘이라는 수학적 개념을 컴퓨터가 이해할 수 있는 형태로 구현한 것이다. 즉, 알고리즘은 프로그램의 수학적 모형이라고 할 수 있다. 알고리즘은 다음과 같은 조건을 만족하는 단계별 절차로 구성된다.

4 프로그래밍 언어

(1) 의의

프로그래머는 알고리즘을 구현하여 프로그램 작성 시, 특정 문법을 갖는 명령어 체계를 사용하는데, 이를 프로그래밍 언어(programming language)라고 한다. 즉, 프로그램은 어떠한 목적을 수행하는 프로그래밍 언어의 집합이라고 할 수 있으며, 프로그래밍 언어를 사용하여 프로그램을 제작하는 과정을 프로그래밍(programming)이라고 한다.

(2) 기계어(machine language)

초기의 프로그래밍 언어는 기계가 곧바로 해석할 수 있는 0과 1만으로 이루어졌다. 이러한 언어들을 기계어(machine language)라고 한다. 기계어로 작성된 프로그램은 가독성이 매우 떨어지며, 프로그래밍 과정에서 많은 실수를 유발한다는 단점이 있다.

(3) 어셈블리어(assembly language)

① 기계어의 가독성을 높이고자 각각의 명령과 일대일로 대응되는 영단어를 사용하는 언어가 개발되었는데, 이를 어셈블리어(assembly language)라고 부른다. 어셈블리어는 'push, mov, and'와 같은 영단어를 이용하여 기계어를 표현함으로써, 기계어보다 향상된 가독성을 제공한다.

② 그러나 어셈블리어 또한 컴퓨터 하드웨어 전문가가 아닌 이상 사용하기 힘든 언어이다. 어셈블리어는 기계어에 비해 가독성이 조금 높을 뿐, 언어 자체의 구조는 기본적으로 기계어와 다르지 않기 때문이다.

③ 따라서 이후에 개발된 프로그래밍 언어들은 어셈블리어보다 더 추상화되어, 인간이 사용하는 자연어에 가까운 형태로 제공되었다. 이러한 언어를 '고급언어(high-level language)'라 부르며, 기계어와 어셈블리어는 '저급언어(low-level language)'라고 부른다.

(4) 고급언어

현재 대다수의 프로그래머들은 C, C++, Java와 같은 고급언어를 이용하여 프로그램을 만든다. 고급언어를 이용하면 프로그램 제작시간을 단축시킬 수 있으며, 특정 기계어 형태에 종속적이지 않아 범용적인 환경에서 실행될 수 있는 프로그램을 만들 수 있다.

[예상문제]

숫자와 프로그래밍 언어에 대한 설명으로 틀린 것은?

① 숫자와 기술적 형상(프로그래밍 언어)의 경우 통역이나 번역이 필요 없다는 점에서 구두 언어 · 문자와 뚜렷하게 구별된다.

② 인간의 언어가 인간끼리의 소통을 위해 만들어진 기호체계라면 프로그래밍 언어는 인간과 기계의 상호 소통을 위해 만들어진 언어이다.

③ 구두 언어와 문자가 인간의 육체가 지배하는 구체적 삶 안에서 연결해주는 소통 도구라면, 숫자와 기술적 형상은 지역이나 문화를 초월한 세계인의 공통된 교육을 통해서 접근할 수 있는 추상적 도구이다.

④ 컴퓨터가 이해할 수 있는 언어는 기계어인데, 기계어는 컴퓨터 하드웨어에서 데이터 표현의 기본 단위인 비트의 값 0과 1을 그대로 표기하는 언어이고, 기계어와 인간이 사용하는 언어의 중간적 위치에서 프로그램 작성을 쉽게 할 수 있는 인공 언어가 프로그래밍 언어이다.

정답 ②

해설 프로그래밍 언어는 컴퓨터가 일을 수행할 수 있는 프로그램(작업)을 작성할 수 있도록 하는 기호체계이다. 인간의 언어가 인간끼리의 소통을 위해 만들어진 기호체계라면 프로그래밍 언어는 인간이 기계에 명령을 내리기 위해 만들어진 언어이다. 명령 역시 소통이다. 한 방향으로 흐르는 소통이다.

프로그래밍 언어에 대한 설명으로 틀린 것은?

① 특정 문법을 갖는 명령어 체계이다.

② 기계어는 기계가 곧바로 해석할 수 있는 0과 1만으로 이루어진다.

③ 어셈블리어는 영단어를 이용하여 기계어를 표현함으로써, 기계어 보다 향상된 가독성을 제공한다.

④ 자연어에 가까운 형태로 제공되는 저급언어(low-level language)의 발전은 프로그래밍에 대한 진입장벽은 낮추었다.

정답 ④

해설 고급언어(high-level language)는 어셈블리어보다 더 추상화되어, 인간이 사용하는 자연어에 가까운 형태로 제공되며 현재 대다수의 프로그래머들은 C, C++, Java와 같은 고급언어를 이용하여 프로그램을 만든다.

5 프로그램의 실행

(1) 의의

고급 프로그래밍 언어로 작성된 소스 코드(source code)는 기계어가 아니기 때문에, 컴퓨터에 의해 곧바로 실행될 수 없다. 이를 실행하기 위해서는 번역 프로그램을 이용하여 소스 코드를 컴퓨터가 이해할 수 있는 저급언어 형태로 번역해야 한다.

(2) 컴파일러(compiler)와 인터프리터(interpreter)

① 컴파일러(compiler)나 인터프리터(interpreter)는 이러한 번역을 담당하는 프로그램이다. 두 프로그램은 모두 고급언어를 저급언어로 번역하는 역할을 수행하지만, 구동되는 방식이 조금 다르다.

② 컴파일러의 경우 소스 코드를 모두 읽어 들인 후, 한꺼번에 저급언어로 번역하여 실행 파일을 생성한다. 사용자는 이 실행 파일을 실행시켜 프로그램을 이용할 수 있다. 반면, 인터프리터의 경우 소스 코드를 한 줄 한 줄 읽어 들여 차례대로 번역 및 실행한다. 컴파일러와는 달리 이 과정에서 따로 실행 파일이 생성되지는 않는다.

③ 컴파일러 방식의 장점은 빠른 실행이 가능하다는 점이다. 그러나 소스 코드의 크기가 방대하다면 실행 파일을 생성하는 과정에서 많은 시간이 소요된다는 단점이 있다. 반면, 인터프리터 방식의 경우, 소스 코드를 한 줄씩 읽어 번역 및 실행하므로 소스 코드 크기에 영향을 덜 받는다. 그러나 컴파일러 방식보다 실행 속도가 느리다. 고급언어를 컴파일러 방식으로 번역할 것인가, 인터프리터 방식으로 번역할 것인가는 언어를 설계하는 시점에서 결정된다. 그러나 어떤 언어들은 이 두 가지 방식이 모두 가능한 형태로 설계되기도 한다.

예상문제

프로그램 번역과 실행 과정에 대한 설명으로 틀린 것은?

① 사용자가 원시프로그램을 작성하면 번역 과정을 거쳐 목적프로그램이 생성된다.
② 어셈블러는 저급언어에 포함되는 어셈블러언어를 기계어로 번역하는 프로그램이다.
③ 인터프리터는 목적 프로그램을 생성하지 않고 필요할 때마다 기계어로 번역하여 실행하는 방식으로 대화식 언어로 작성된 프로그램을 한 줄씩 차례대로 번역한다.
④ 컴파일러는 저급언어를 고급언어로 번역하는 번역기이며, 프로그램 전체영역을 한 번에 번역하여 실행속도가 빠르고, 목적프로그램을 생성하는 특징이 있다.

정답 ④

해설 컴파일러는 고급언어를 저급언어로 번역하는 번역기이다. 저급언어는 어감상, 질이 나쁜 언어라고 해석될 여지가 있다. 그러나 저급이라는 뜻은 추상화되지 않은 언어라는 뜻일 뿐, 언어 자체가 저급하다는 의미는 아니다. 현재에는 많은 사람들이 고급언어를 이용하여 프로그램을 만들지만, 저급언어는 컴퓨터 전문가나, 초창기 컴퓨터 연구자들에 의해 꾸준히 사용되고 있다. 저급언어에는 기계어와 어셈블리어가 있다.

Theme

05 정보의 의미와 특성

I 정보에 대한 정보

1 의의

정보의 정의를 위한 시도는 그동안 많이 이루어져 왔으나 정보의 포괄적 개념 정의에는 여전히 많은 어려움이 따른다. 그 이유는 일반사회에서 통상적으로 사용하는 의미와 학술적으로 사용하는 의미가 부분적으로 다르고, 또 학문분야별로도 그 의미를 다르게 사용하고 있기 때문이다.

2 여러 분야의 정보에 대한 정의

통상적으로 일반사회와 저널리즘 분야에서는 정보를 '실정에 대하여 알고 있는 지식 또는 사실 내용'이라는 개념으로 사용하고 있으며, 전산학 분야에서는 '일정한 약속에 기초하여 인간이 문자 · 숫자 · 음성 · 화상 · 영상 등의 신호에 부여한 의미나 내용(㉵ bit)'으로 사용하고 있다. 정보학에서는 '인간의 판단이나 행동에 필요한 지식(Knowledge for action)'으로 이해한다.

3 정보라는 용어의 연혁

(1) 우리나라

사실 정보라는 용어는 영어의 'information'을 우리말로 바꾸어 사용한 것으로 국내에서는 60년대 이후에야 본격적으로 사용되기 시작하였으며 서양에서도 40년대 이전의 문헌에는 거의 나타나지 않는 용어였다.

(2) 자이퍼트(Seiffert)

① 지식사회학자 자이퍼트(Seiffert)는 '정보(information)'라는 용어의 어원이 "informatio"라는 라틴어 또는 더 위로 거슬러 올라간다고 하였다. 자이퍼트에 따르면 라틴어의 "informatio"는 원래 형태 또는 내용을 지니는 무엇인가의 제공(providing)이라는 의미였으나 교육의 뜻으로도 사용되었으며, 이때 informatio에 포함된 교육의 의미는 가르침, 지도 교화 등을 통한 주관적 교육 보다는 진술, 설명, 해명 등에 의한 객관적 교육의 측면을 주로 지칭하는 것이었다.

② 그런데 정보(information)라는 용어가 오랫동안 중요하게 여겨지지 않았고 또 40년대 이전의 문헌에 거의 나타나지 않았던 이유는 바로 이 "information"의 교육적 의미와 "education"의 의미가 부분적으로 동일했기 때문이며, 또 주관적인 교육 측면에 집중하던 당시의 교육 상황에서는 "education"이라는 용어로 충분했기 때문에 정보라는 용어에 담겨있던 객관적 측면의 교육이라는 의미는 별로 필요하지 않았다는 것이다.

(3) 번역어로서의 情報

① 일본에서는 메이지 시대에 독일에 유학 중이던 森鷗外(모리오가이)가 독일어의 inform이라는 단어를 번역하기 위해 1890년경 "情報"라는 말을 처음으로 사용하였다. 그는 "情"은 사정이나 실정의 뜻을, "報"는 보도 또는 보고라는 뜻으로 파악하여, 실정을 정확히 파악하여 전달하는 방법이라는 뜻으로 情報라는 말을 새로이 만들어냈다.

② 이후 1927년 岡創由三(오카쿠라유조)의 新英和辭典에서 information이 처음으로 情報로 번역되었다. 우리나라에서는 1938년에 文世榮이 발행한 朝鮮語辭典에서 정보를 "사정의 통지"라는 의미로 수록한 것이 최초로 나타난다.

③ 6 · 70년대만 해도 정보라는 말은 우리나라에서 두려운 의미로 받아들여졌는데, 그것은 당시의 시대 상황에서 "중앙정보부(Central Intelligence Agency)"라는 기관의 비정상적 행태의 업무에서 연상되는 의미로 받아들여졌기 때문이다. 그러나 이때의 정보는 일본에서 1902년(메이지 35년) 간행된 Dictionary of Military Terms and Expression이라는 英和辭典 또는 1936년 간행된 模範英和辭典에서 intelligence를 情報로 번역한 것을 가져다 쓴 것으로 유추된다.

④ 지금의 "국가정보원(National Intelligence Agency)"의 정보도 마찬가지다. 우리나라에서 information을 정보로 이해하여 전문분야에 확산시키는 데는 60년대 이후 수입된 학문인 정보학과 전산학의 역할이 컸으며, 일반사회에서의 통용과 확산에 결정적 역할을 한 것은 인터넷이다. 오늘날에는 인터넷에서 제공되는 모든 서비스들이 "정보"라는 이름으로 수용되어도 별 저항 없이 받아들여지는 정도가 되었다. 그런데 이처럼 다양하기도 하고 혼돈스럽기도 하지만 어쨌든 작동하는 것, 이것이 바로 (포스트모던)세상이자 정보사회이다.

Ⅱ 어원과 의미

① 정보라는 낱말은 영어인 information의 역어이다. information은 동사 inform의 명사형으로써 inform은 다시 라틴어인 informare에서 유래되었다. 그 뜻은 'give form to', 'give character to furnish with knowledge' 등으로 풀이되고 있으며, information은 'action of informing'으로 풀이된다.

② 정보는 14세기 후반까지는 지시, 가르침의 의미로 사용되었다. 15세기에 이르러 사건, 사실, 뉴스의 통지, 보고, 전달, 소식 등 지금과 같은 일차적 용법이 출현하였고, 부차적으로 formation of mind(or character)로서 좀 나은 조건을 의미하는 잔여적 용법도 남아 있었다. 또 견문이 넓은, 정보에 근거한, 소식통 등 질이 좋다는 의미도 형용사형(예 informed person)의 용법도 남아있었다. 20세기 중반 '정보이론'이 출현하며 공학적 의미가 출현하였다. 구문적(의미론적) 맥락 없이 기호 · 신호화의 가능성과 그 발생 · 수량 등을 의미하였다. 20세기 말 '정보사회' 등 '새롭게 출현'하는 사회의 본질적 특성을 지칭하기 위한 용어로 사용되고 있다.

기출문제

정보(information)에 대한 설명으로 틀린 것은? [2020]

① 형태 또는 내용을 지니는 무엇인가의 제공(providing)이라는 의미를 지니는 라틴어 'informatio'에서 유래하였다.
② inform은 영향을 미치다라는 의미로도 사용되며 inform에 명사형 접미사 ation을 붙인 information은 형성 또는 교육 등 가치지향적인 속성을 가지고 있었다.
③ 지시, 가르침의 의미로 사용되다가 16세기 후반에 이르러 사건, 사실, 뉴스의 통지, 보고, 전달, 소식 등 지금과 같은 일차적 용법이 출현하였다.
④ 컴퓨터공학에서 특정 목적을 위하여 광(光) 또는 전자적 방식으로 처리되어 부호, 문자, 음성, 음향 및 영상 등을 표현하는 모든 종류의 자료 또는 지식을 말한다.

정답 ③

해설 14세기에 지시, 가르침의 의미로 사용되었고, 15세기에 사건, 사실, 뉴스의 통지, 보고, 전달, 소식 등 지금과 같은 일차적 용법이 출현하였다.

Ⅲ 정보의 의미

1 자료(Data), 정보, 지식

① 주어진 자료를 분류 · 가공하여 어떤 의미를 전달하게 될 때 정보가 되며, 이를 다시 취사선택하여 문제 해결에 실질적 도움이 되는 가치를 갖게 될 때 지식이 된다.
② 따라서 가치의 측면에서 볼 때 가장 낮은 수준은 자료이며, 그 다음이 정보이며, 최종 단계가 지식이라고 할 수 있다.

2 자료(Data)

① 개인이 이용할 수 있거나, 특정 상황에서 특정인에게 그것이 지닌 가치가 평가되지 않은 메시지이다(McDonough).

② 세계에 관한 '사실'을 특정 숫자나 상징으로 표현한 것으로 자연 세계의 사실을 기술한다(Perrolle).

③ 자료가 현실성을 지니기 위해서는 어떤 형식이든 부호화되어야 한다(Kubler).

3 정보

① 자료를 조직화해서 의미를 부여한 것이다(Kubler).

② 특정 상황에서 평가된 자료에 대한 표시로 어떤 특정 용도에 대해서 평가되었다는 의미를 함축한다(McDonough).

③ 정보는 사실의 수가 아니라 사실을 유용하게 선정, 조직화한 사실들 간의 관계를 포함하는 데이터의 구조적 특징을 말하나 사실의 집합이 곧 정보는 아니다(Perrolle).

④ 정보는 아직 완전한 형태로 축적된 하나의 구성체가 아니라는 점에서 지식과 구별된다(Perrolle).

⑤ 정보는 넓은 의미에서 자료처리를 뜻한다(Bell).

4 지식

① 지식이란 정보의 개념을 일반화하여 표현한 것으로 정보의 광범한 시간, 공간의 관계를 의미한다(McDonough).

② 지식은 정보를 이해하고 평가하는 행위를 포함하여 인간의 이해관계나 목적, 가치에 관한 정보를 의미한다. 즉 인간의 관심 및 목적과 관련한 정보의 의미를 파악하는 작업이다. 지식은 중장기적으로 영향을 미치며 항상적인 의미를 지니고 있는데 반해 정보는 지식보다 쉽게 새로운 정보에 대체될 수 있는 가능성을 지난다. 지식은 '사고되어지는 것'인 반면에 정보는 '알려지는 것'이라고 할 수 있다(Perrolle).

③ 지식은 정보나 데이터가사용자의 인식, 해석, 분석 및 이해 등 인지적 활동을 거치면서 경험이나 적실성의 상황과 결합함으로써 창출된다. 따라서 지식은 경험한 기억 없이는 만들어질 수 없다. 정보가 데이터에서 추출한 한 가지 맥락이나 공통점과 같은 단순한 사실 그 자체를 의미하는 것이라면, 지식은 정보를 토대로 새로운 것을 추론하는 것을 말한다(Kubler).

핵심정리

- 데이터＝평가되지 않은 메시지
- 정보＝데이터＋특정 상황에서의 평가
- 지식＝정보＋장래의 일반적인 사용의 평가

생각넓히기 | **지식 경영의 지식 분야**

- 노후(Know-Who)는 특정 주제를 조직 내에서 가장 잘 아는 사람에 관한 정보이다.
- 노왓(Know-What)은 실질적 기술 지식 및 생각이다.
- 노하우(Know-how)는 어떤 행동을 하는 방법을 다루는 절차 지식이다.
- 노웨어(Know-Where)는 특정 주제에 관한 도움, 지침, 전문성을 얻기 위해 나아가야 할 방향을 다루는 지식이다.
- 노와이(Know-Why)는 생각, 행동, 절차, 서비스의 바탕이 되는 논리 설명이다.
- 노웬(Know-When)은 행동을 취하거나 억제하기에 가장 좋은 시점을 통찰하는 능력이다.

생각넓히기 | **노하우(know-how)와 노웨어(know-where)**

세계가 하나가 되고 정보화 되어 갈수록 노하우(know-how) 보다는 노웨어(know-where) 시대가 될 것이다. 요즘은 노웨어를 조금 더 세분화해서 노후(know-who)와 구분하기도 한다. 비용과 시간을 들여서 노하우를 축적하기 보다는 내게 필요한 'how'를 어디에, 누가 가지고 있는지를 찾아내어 최적의 결과물을 만들어 내는 능력이 더 중요한 시대이다.

기출문제

지식과 정보의 차이에 대한 설명으로 틀린 것은? [2019]

① 정보는 자료처리를 의미하는 반면, 지식은 사실이나 견해에 대한 진술이 조직화된 체계이다.
② 정보는 메시지의 흐름을 나타내는 개념인 반면 지식은 주로 이 흐름으로 생성되는 축적이다.
③ 정보는 단편적이고 특정한 반면, 지식은 구조적이고 결합적이며 때로는 보편적이다.
④ 지식은 '사고되어지는 것'이라는 의미에서 수동적이라면 정보는 '알게 되는 것'으로 능동적 성격을 가진다.

정답 ④

해설 지식은 '사고되어지는 것'이라는 의미에서 능동적인 반면, 정보는 '알려지는 것'이라는 의미에서 수동적이라는 성격을 가진다.

[예상문제]

DIKW hierarchy에 대한 설명으로 틀린 것은?

① Data-Information-Knowledge-Wisdom의 모델을 계층구조로 간주한다.
② 데이터(Data)는 현실 세계에서 일어난 사건들에 대한 단순한 평가에 불과한 것으로 그 자체로는 현실에 대한 사실 전달 이외의 의미를 가지고 있지 않다.
③ 정보(Information)는 데이터 혹은 다른 정보들 간에 상호 연관되어 있는 관계에서 나타난다.
④ 지식(Knowledge)은 데이터와 정보의 응용으로 '어떻게'라는 질문에 대한 대답이다.

정답 ②

해설 데이터(Data)는 현실 세계에서 일어난 사건들에 대한 단순한 사실에 불과한 것으로 그 자체로는 현실에 대한 사실 전달 이외의 의미를 가지고 있지 않다.

지식 경영의 지식 분야에 대한 설명을 틀린 것은?

① 노하우(Know-how)는 실질적 기술 지식 및 생각이다.
② 노와이(Know-Why)는 생각, 행동, 절차, 서비스의 바탕이 되는 논리 설명이다.
③ 노후(Know-Who)는 특정 주제를 조직 내에서 가장 잘 아는 사람에 관한 정보이다.
④ 노웨어(Know-Where)는 특정 주제에 관한 도움, 지침, 전문성을 얻기 위해 나아가야 할 방향을 다루는 지식이다.

정답 ①

해설 실질적 기술 지식 및 생각은 노왓(Know-What)에 대한 설명이다. 노하우(Know-how)는 어떤 행동을 하는 방법을 다루는 절차 지식이다.

Ⅳ 정보와 지식의 차이

1 Bell

① 정보는 넓은 의미에서 자료처리를 뜻한다.
② 지식은 사실이나 견해에 대한 진술이 조직화된 체계로서 사유된 판단이나 실험결과를 제시하며, 통신매체를 통하여 체계적 형태로 다른 사람들에게 전달된다.

2 Machlup

① 정보는 단편적이고 특정한 반면, 지식은 구조적이고 결합적이며 때로는 보편적이다.
② 정보는 적시적이며 일시적이고 때로는 수명이 짧은 반면, 지식은 영속적인 중요성을 갖는다.

③ 정보는 메시지의 흐름을 나타내는 개념이다. 그러나 정보의 입수로 인해 지식이 추가되고, 재구성되며, 변화된다는 점에서 지식은 주로 이 흐름으로 생성되는 축적이다.

④ 정보는 의사소통에 의해 획득되고, 지식은 사고에 의해 획득된다.

3 Teskey

정보는 '데이터의 구조화된 집합' 이며, 지식은 '새로운 정보에 의해 생산되거나 수정될 수 있는 실세계에 대한 모형'이다.

V 관점에 따른 정보의 개념 분류

1 Schiller

정보이론, 정보사회론, 정치경제학적 관점으로 정보의 개념을 분류하였다.

예상문제

쉴러(Schiller)가 분류한 정보의 관점에 포함되지 않는 것은?

① 정보이론적 관점
② 정보사회론적 관점
③ 정치경제학적 관점
④ 의미론적 관점

정답 ④

해설 쉴러(Schiller)는 정보이론, 정보사회론, 정치경제학적 관점으로 정보를 바라보는 관점을 분류하였다.

2 Webster

의미적론(질적) 관점과 비의미적(정보이론, 정보사회, 경제학적) 관점으로 분류하였다.

예상문제

웹스터(Webster)가 분류한 정보를 보는 관점 중 그 성질이 다른 것은?

① 정보이론적 관점
② 정보사회론적 관점
③ 경제학적 관점
④ 의미론적 관점

정답 ④

해설 웹스터(Webster)는 의미론적(질적) 관점과 비의미적(정보이론, 정보사회론, 경제학적) 관점으로 정보를 바라보는 관점을 분류하였다.

Ⅵ 정보를 바라보는 관점

1 정보이론적 관점

(1) 의의

① 컴퓨터가 등장한 이래 정보에 대한 관심이 증가하면서 1950년대 출현한 관점으로 정보의 흐름을 중시하여 통계적으로 표현하는 수학적 이론에 근거한다.

② 정보를 의미 중심이 아닌 시그널(signal) 중심으로 해석함으로써 정보의 양은 '비트(bit)'로 측정 가능하고, 상징이 발생할 확률의 관점에서 정의한다.

③ Wiener의 사이버네틱스 이론과 Shannon의 '수학적 커뮤니케이션 이론'이 기본적 토대가 되었다.

④ 정보는 내용과 상관없이 정의되고 에너지나 물질과 마찬가지로 물리적 요소로 간주된다.

(2) 대표적 학자

① Shannon

모든 정보는 bit 즉 'either-or'의 선택 상황(컴퓨터에서는 0과 1로 표현)으로 나누어질 수 있다. 따라서 bit가 정보를 구성하는 기본단위이고, 모든 정보는 bit라는 공통된 단위로 계량화될 수 있다.

② Wiener

정보란 기호로 전달되는 메시지가 가진 인공적 의미 형식의 구조, 질서의 크기라고 할 수 있다.

③ Shannon and Weaver

정보는 불확실성을 감소시켜주는 요인으로 엔트로피의 감소를 가져온다.

(3) 특징

① 정보를 내용적 · 질적 측면이 아닌 형식적 · 양적 측면에서 정의한다.

② 정보를 사상의 불확실성을 감소시켜 주는 요인으로 정의한다.

③ 정보의 팽창에 대한 낙관론적 견해와 긍정적 의미 부여의 원천을 제공한다.

④ 정보는 의미 내용과 무관계, 중립적 개념으로 정보의 형식이나 문법에만 주목한다.

⑤ 정보는 사회적 불확실성을 관리하기 위하여 대량으로 생산, 가공, 저장, 전달한다.

⑥ 정보는 새로운 지식을 의미하므로 불확실성으로 인한 사회적 비용의 감소를 가져온다.

⑦ 정보와 통신의 기술적 측면과 형식적 측면에만 관심을 가진다.

⑧ 정보 및 통신공학의 발달에 이론적 기틀을 제공하였다.

2 정보사회론적 관점

(1) 의의

① 1960년대 말과 1970년대 초에 등장한 정보사회(information society)론 혹은 탈산업사회론적 관점이다.

② 지식이 사회의 주된 재화 또는 생산요소로 등장하는 사회로 사회변화의 추세를 묘사하고 예측한다는 측면에서 일반인들에게 가장 친숙한 관점이다.

③ 정보자원은 기존 자원의 한계, 저성장, 실업, 스태그플레이션, 석유파동과 에너지 위기, 환경오염 등의 문제들을 극복하게 하는 자원으로 많은 사람들에게 저렴한 비용으로 커다란 혜택을 제공할 것이라고 주장한다.

(2) 대표적 학자

① Cleveland

정보자원의 생산 및 재생산은 열역학의 법칙을 따르지 않기 때문에 확대하거나 압축할 수 있고 대체 및 이동이 기능하며 누설되기 쉽고 공유할 수 있다.

② Thompson

정보는 고정비용이 큰 반면에 가변비용은 거의 없다.

(3) 특징

① 정보가 가장 중요한 재화, 수단, 요소, 자원으로 등장하였다.

② 정보의 생산 및 재생산은 확대 · 압축할 수 있고 대체 및 이동이 가능하며, 누설되기 쉽고 공유가 가능하다.

③ 정보가 사회에서 가장 중요한 공공재적 성격을 가진다.

④ 물질적 재화가 부의 원천이 아니라 지식 · 정보와 같은 정신적 재화가 부의 원천이다.

⑤ 산업사회의 양대 생산요소였던 노동과 자본이 정보사회에서는 지식에 의해 대체된다.

3 정치경제학적 관점

(1) 의의

① 정보를 단순한 자원이 아니라 상품으로 취급한다.

② 정보가 어떠한 가치를 가지고 있느냐에 관심을 둔다.

③ 누가 정보를 어떻게 이용하느냐에 따라 부와 빈곤, 지배와 굴욕의 명암이 엇갈리고, 보다 많은 사회적 · 정치적 갈등이 생성되기도 한다고 본다.

(2) 대표적 학자

① Harrington

정보는 의사결정자의 행동 선택에 도움을 줄 때 그 효율성(utility)을 지닌다.

② Davis and Olson

정보의 가치는 의사결정 행위 변화의 가치 정도에 따라 결정된다.

③ Robinson

정보는 상대적으로 낮은 비용으로 무한 생산이 가능하며, 사용기간에 따라 감가상각되지 않는다.

(3) 특징

① 정보는 공공재적 성격과 사유재적 성격을 동시에 소유한다.

② 자원이 강조되면 공공재적 성격, 상품이 강조되면 사유재적 성격이 부각된다.

③ 사회적 생산관계의 구조가 정보기술의 발전과 그에 따른 사회변동을 결정한다.

④ 기본적 생산관계 동질성을 강조함으로써 정보사회 가능성 측면을 과소평가할 우려가 있다.

⑤ 정치적 · 사회적 현상으로 연장시켜 포괄적으로 분석하는 시각을 제시할 수 있다.

⑥ 구체적인 삶에 기반하여 정보사회의 의미를 분석하는 데 가장 적절한 관점을 제공할 수 있다.

⑦ 평가할 수 없는 것에 대하여 값을 매기고, 정보의 내용을 돈의 잣대로 대체함으로써 인상적인 통계치를 만들어 낼 수 있지만, 그 과정에서 정보가 어떤 것에 관한 것이라는 사고를 상실하게 될 우려가 있다.

4 의미론적 관점

(1) 의의

① 더 많은 양의 정보는 새로운 유형의 사회라는 주장에 반대하는 관점이다.

② 정보에 대한 상식적 이해에 기반한 의미론적(semantic) 개념으로 특정 쟁점, 분야 및 특정한 경제적 과정에 대한 정보가 새로운 시기를 구성한다는 것을 의미한다.

(2) 대표적 학자

① Daft

정보는 의미 있는 자료로서 수신자의 행위를 바꾸는 자료이다.

② Bartol and Martin

정보는 의사결정자에게 의미 있는 형태로 분석 · 처리된 자료이다.

③ Webster

정보는 의미가 있으며 주제를 가지고 있고, 사물이나 사람에 대한 지침이나 지시를 제시한다.

④ Roszak

㉠ 문명화 과정에서 중심을 차지하는 핵심적 사고(master ideas)는 정보에 기반을 둔 것이 결코 아니기 때문에 사고와 그에 필수적으로 수반되는 질적(의미론적) 관여가 정보에 대한 양적 접근에 앞선다는 견해를 제시한다.

㉡ '정보는 의미론적 내용에 관계없이 송신자와 수신자를 연결하는 채널을 통해 전달되기 위하여 부호화된 모든 것을 지칭하는 것이다.'라는 방식으로 정보를 탈의미화시켜 다루는 방식이 갖는 위험성을 지적한다.

㉢ 정보이론이 양적 처리에 치중한 나머지 질적 중요성을 간과하는 치명적 오류를 지닌다고 경고한다.

(3) 특징

① 정보를 내용적, 질적, 의미론적 측면에서 정의한다.

② 기존 일반론적 · 양적 정의에 대한 비판을 통해 로작(Roszak)에 의해 제기된 개념이다.

③ 데이터, 자료, 정보, 지식 · 지혜와 같은 현상을 차별화하여 구별한다.

④ 정보에 대하여 소유하는 것과 알게 되는 것을 구별한다.

⑤ 일상생활에서 정보를 주고받을 때 사람들의 주요 관심사는 그 의미와 가치에 있다.

Ⅶ 정보의 특성

1 자원으로서의 정보

① 정보자원 자체의 가치보다 다른 자원들과 결합하여 그 가치가 배가된다.

② 자원으로서의 정보는 분배해도 감소되지 않고 새로운 사용자에 의해 그 가치가 더욱 증대된다.

③ 정보는 생산, 가공, 판매가 가능한 하나의 상품으로 취급이 가능하다.

④ 정보는 역동적 자원으로 정보교환을 통제하는 것은 어렵다.

⑤ 정보는 자기 규제적이고 자체 조직적이므로 정보 간의 융합이 용이하다.

⑥ 한 사회 내에서 정보를 통제하고 분배하는 사람들은 세력을 가진 집단으로 새로운 정보 계층을 생성한다.

⑦ 정보는 소멸되거나 완전하게 통제할 수 없는 새로운 정보와 지식 개발에 재사용되는 무한한 성장가능성을 지닌다.

2 상품으로서의 정보(Robinson)

① 공익적 목적의 무료정보에서 지적재산권이 인정되는 유료정보까지 다양하다.

② 상대적으로 낮은 비용으로 무한 생산이 가능하다.

③ 사용기간에 따라 감가상각되지 않는 특징이 있다.

④ 저장을 통하여 장기간 보존이 가능하다.

3 일반재화와 구별되는 정보

① 무형성

정보 자체는 일정한 형태를 갖추고 있지 않으며 유동적이다.

② 적시성

모든 정보는 전달속도와 획득시점이 매우 중요하다.

③ 독점성

공개정보보다는 반공개, 반공개보다는 비공개정보가 더 큰 가치를 가진다.

④ 비소모성

타인에게 이전해도 여전히 남아 하나의 정보를 여러 사람이 이용할 수 있다.

⑤ 가치의 다양성

정보이용자의 필요성에 따라 여러 가지 가치가 존재한다.

⑥ 자기조직성

정보는 결합 · 가공되어 보다 높은 차원의 정보가 형성되는 정보 간 융합이 발생한다.

⑦ 누적가치성

정보는 생산 · 축적되어 누적되면 될수록 그 가치가 증가한다.

⑧ 비분할성

정보는 항상 데이터의 집합체로 전달되고 사용될 때에만 의미를 지닌다.

⑨ 결과지향성

정보는 노력의 세계가 아니고 결과의 세계이다.

⑩ 매체의존성

정보는 어떤 형태를 갖지 못하고, 전달매체를 통해서만 전달이 가능하다.

⑪ 무한 재생산성

대부분 복제를 통해 매우 낮은 가격으로 무한 재생산이 가능하다.

⑫ 무한 가치성

정보는 여러 사람이 공유하면 할수록 그 총 가치는 무한히 증가한다.

4 정보재로서의 특징

① 비경합성과 비배제성의 특성을 지니는 공공재이다.

② 생산량이 증가할수록 평균비용이 감소하는 규모의 경제가 나타난다.

③ 파괴불가능성으로 한번 생성되면 영원히 존재한다.

④ 재생산가능성으로 일단 한번 생성되면 두 번째 이후의 단위를 생산하기가 매우 용이하다.

⑤ 경험재로 실제 사용하기 전에는 그 가치를 판단하기 어렵다.

⑥ 수정 또는 보완이 매우 용이하다.

[예상문제]

다음 정보의 특성에 대한 설명으로 틀린 것은?

① 적시성: 모든 정보는 전달속도와 획득시점이 중요하다.
② 자기조직성: 정보는 결합·가공되어 보다 높은 차원의 정보가 형성되는 정보 간 융합이 발생한다.
③ 매체의존성: 정보는 어떤 형태를 갖지 못하고, 전달 매체를 통해서만 전달 가능하다.
④ 무한 가치성: 정보는 생산·축적되어 누적되면 될수록 그 가치가 증가한다.

정답 ④
해설 누적가치성에 대한 설명이다. 무한가치성은 여러 사람이 공유하면 할수록 그 총가치가 무한히 증가하는 것을 성질을 말한다.

다음 정보의 특성에 대한 설명으로 옳은 것은?

① 자기조직성: 정보는 결합·가공되어 보다 높은 차원의 정보가 형성되는 정보 간 융합이 발생한다.
② 비분할성: 타인에게 이전해도 여전히 남아 하나의 정보를 여러 사람이 이용 가능하다.
③ 무한 가치성: 정보는 생산·축적되면 그 가치가 계속 증가한다.
④ 누적 가치성: 정보는 여러 사람이 공유하면 할수록 그 총가치가 증가하는 성질을 말한다.

정답 ①
해설 ② 비소모성에 대한 설명이다. 비분할성은 정보는 항상 데이터의 집합체로 전달되고 사용될 때에만 의미를 지닌다는 것이다.
③ 누적 가치성에 대한 설명이다.
④ 무한 가치성에 대한 설명이다.

Theme

06 정보의 법적 개념

I 의의

① 정보는 일반적으로 데이터, 지식 또는 기록된 사항이라고 할 수 있는데, 법률이 정보의 개념을 어떻게 정의하는지 살펴보는 것이 필요하다. 정보의 발생, 유통, 소멸에 이르는 일련의 과정에서 정보를 어떻게 법적 규율 대상으로 할 것인지는 매우 중요하다. 정보라는 용어는 많은 법률에서 각각의 입법목적에 따라 다양하게 정의되고 있다.

② 정보가 이와 같이 정의되더라도, 여전히 정보가 법적으로 어떤 성격과 지위를 가지는가 하는 문제는 남는다. 이를 해결하는 방법은 먼저 기존 법률의 해석을 통하는 것이고, 해석이 어려운 경우에는 이를 입법적으로 해결하게 된다. 예컨대 매매계약의 대상이나 객체를 물건이라고 하는데, 민법에서 물건은 '유체물 및 전기 기타 관리할 수 있는 자연력'이라고 정의된다. 그러면 정보를 매매할 경우 계약의 대상으로 삼으려면 물건에 해당하는 것으로 보아야 하는데, 이때 정보는 물건에 해당되는지가 문제된다. 이에 대하여 긍정설과 부정설이 대립하지만, 관리 가능한 자연력이 단순한 자연력을 말하는 것이 아니라 자연계의 작용이나 힘으로서 경제적 가치를 지니는 것이라고 합목적적으로 해석한다면, 정보도 물건에 포함된다고 보는 것이 타당하다고 하겠다.

③ 정보의 개념을 둘러싼 문제는 민법상 물건의 개념 여부뿐만 아니라 형법에서도 많은 변화를 요구한다. 이를테면 인터넷게임 중에 게임 아이템을 절취하는 경우, 아이템은 정보에 해당될 뿐 형법상 절도죄의 객체인 재물에 해당되지 아니하므로 절도죄로 처벌할 수는 없다. 인터넷게임 회사의 서비스를 방해했다는 점에서 업무방해죄가 될 수 있을 뿐이다. 또한 인터넷을 통해 음란한 문언 · 음향 · 사진 · 영상을 배포한 경우, 음란한 물건을 대상으로 하는 형법상 음란물 반포죄로 처벌할 수 있는지 여부가 논란이 되자 아예 「정보통신망 이용 촉진 및 정보보호 등에 관한 법률」상에 음란한 정보 배포를 처벌하는 범죄를 신설했다.

생각넓히기 | 각 법률에서의 정보의 정의

「지능정화기본법」상 정보: 광(光) 또는 전자적 방식으로 처리되는 부호, 문자, 음성, 음향 및 영상 등으로 표현된 모든 종류의 자료 또는 지식

「공공기관의 정보공개에 관한 법률」상 정보: 공공기관이 직무상 작성 또는 취득하여 관리하고 있는 문서(전자문서 포함) · 도면 · 사진 · 필름 · 테이프 · 슬라이드 및 그 밖에 이에 준하는 매체 등에 기록된 사항

Ⅱ 정보사회에서 정보기본권의 보장

1 의의

정보사회에서는 전통사회와 비교하여 새롭거나 두드러지는 기본권을 볼 수 있다. 2018년 3월 26일 대통령이 제출한 헌법개정안에 의하면 정보사회에 걸맞은 새로운 정보기본권으로 알권리, 개인정보 자기결정권 등을 규정하였다.

2 알권리

알권리란 자유롭게 정보를 수집하거나 정보공개를 청구할 수 있는 권리로서 현행 헌법상 명문 규정은 없지만 일반적으로 인정되고 있었다. 공공기관에 대한 정보공개 청구제도가 알권리를 보장하기 위한 대표적 제도이다. 국민은 누구나 국가나 지방자치단체 등 공공기관에 정보를 청구할 수 있는데, 이는 국민주권주의의 실현을 위하여 불가결한 기본권으로 인식되고 있으며, 공개청구를 받은 공공기관은 원칙적으로 정보를 공개하도록 규정되어 있다. 이 권리를 헌법에 명시하자는 것이다.

3 개인정보 자기결정권

개인정보 자기결정권은 자신에 관한 정보가 언제 누구에게 어느 범위까지 알려지고 또 이용되도록 할 것인지를 그 정보주체가 스스로 결정할 수 있는 권리인데, 이 기본권은 2005년 헌법재판소의 결정에서 최초로 등장하였다. 헌법 재판소는 경찰청장이 보관한 지문 정보를 전산화하고 이를 범죄수사 목적에 이용하는 행위가 기본권 침해에 해당 되는지에 대한 헌법소원 사건에서 개인정보 자기결정권을 기본권으로 최초로 인정하였다(헌재 2005. 5. 26. 99헌마513외). 그 이후 개인정보 자기결정권은 개인정보 보호의 중요성과 더불어 정보사회의 핵심적 기본권으로 자리잡았다.

4 정보격차

① 정보사회에서 정보격차로 인한 문제는 전통사회의 빈부격차와 비교될 정도로 중요성을 가진다. 정보의 접근과 이해의 차이에 따른 정보격차는 개인의 정보생활은 물론이고 사회적 · 경제적 생활의 격차를 가져온다. 이를 해소하기 위하여 인터넷접속의 보편적 서비스, 통신 요금 감면제도 등이 도입되고 있다.

② 정보사회에서 정보격차 해소는 인간다운 생활을 보장하기 위한 복지 제도에 해당된다. 「전기통신사업법 시행령」 제2조는 과학기술정보통신부장관이 이용 현황, 보급 정도 및 기술 발전 등을 고려하여 속도 및 제공대상 등을 정하여 고시하는 인터넷 가입자접속 서비스를 보편적 서비스로 규정하고 있다. 또한 장애인 · 저소득층 등에 대하여 인터넷접속 서비스, 휴대인터넷 서비스 의 요금을 감면하도록 규정하고 있다.

생각넓히기 | **정보기본권 관련 헌법개정안**

헌법개정안 제22조

① 모든 국민은 알권리를 가진다.

② 모든 사람은 자신에 관한 정 보를 보호받고 그 처리에 관하여 통제할 권리를 가진다.

③ 국가는 정보의 독점과 격차로 인한 폐해를 예방하고 시정하기 위하여 노력해야 한다.

Ⅲ 정보사회를 지탱하는 주요 법률

1 「정보통신망법」

① 「정보통신망법」은 정보통신망 이용 촉진, 이용자보호, 정보통신망 안전을 목적으로 하는 법률로, 1987년 「전산망 보급 확장과 이용 촉진에 관한 법률」이란 이름으로 최초 제정되었다가 이후 오늘의 명칭으로 변경되었다.

② 이 법에서는 정보통신망을 「전기통신사업법」 제2조 제2호는 전기통신설비를 이용하거나 전기통신설비와 컴퓨터 및 컴퓨터의 이용기술을 활용하여 정보를 수집 · 가공 · 저장 · 검색 · 송신 또는 수신하는 정보통신체제로 정의하며, 정보통신서비스는 「전기통신사업법」 제2조 제6호는 전기통신역무와 이를 이용하여 정보를 제공하거나 정보 제공을 매개하는 것으로 정의한다.

③ 이 법은 현대 정보사회를 연결하는 정보통신망의 이용, 안전을 확보하고 정보통신망을 통한 서비스를 가능케 하는 정보사회의 기본법이며, 특히 인터넷의 기반과 활용, 서비스의 근거가 되는 법률이라고 할 수 있다. 이 법의 주요 내용을 보면, 대한민국의 전산망 보급을 확장하고 정보통신망 이용을 촉진하기 위하여 기술 개발 및 보급, 정보통신망의 표준화, 정보사업 등을 규정하고, 정보통신망에서 이용자 및 청소년을 보호하기 위한 각종 대책, 정보통신망의 안전성을 확보하기 위한 다양한 정책 수단을 포함한다. 특히 인터넷 규제 또는 정책의 대표적 제도라고 할 수 있는 인터넷심의제도, 명예훼손정보에 대한 임시조치 등을 들 수 있다.

④ 이 법은 원래 온라인상 개인정보 보호법의 역할도 하였다. 그러다가 2020년 통합 「개인정보 보호법」의 제정으로 개인정보 보호규정은 모두 「개인정보 보호법」으로 통합, 이관되어 개인정보 보호법제로서의 역할은 종료되었다. 그러나 정보통신망, 특히 인터넷의 보호·규제 등 다양한 내용이 담긴 법률로서 사실상 인터넷의 근거법이라고 할 정도의 중요성을 가지고 있다.

2 「개인정보 보호법」과 데이터 3법

(1) 의의

① 「개인정보 보호법」은 정보사회에서 개인정보 보호를 위한 기본적이고 일반적인 법률이다. 개인정보 보호와 관련하여 개별법의 규정들이 많이 존재하므로 개별법은 「개인정보 보호법」과의 관계에서 특별법의 지위를 가진다.

② 원래 개인정보 보호법제는 공공 영역과 민간 영역, 의료나 신용, 공간 등 개별 영역에서 다양하게 구분하여 발전되었다. 그러다가 2011년 3월 29일 개인정보 보호에 관한 법제 통합이 결실을 맺어 일반법으로서 「개인정보 보호법」이 제정되어 2011년 9월 30일자로 시행됨에 따라 일반적 개인정보 보호규범이 완성되었다.

③ 이 법의 제정으로 「공공기관의 개인정보 보호에 관한 법률」 전부와 정보통신망법의 일부 조항은 흡수되어 폐지되었다. 그러나 온라인상 개인정보 보호는 여전히 정보통신망법에 남아 있어 이원적으로 운영됨에 따라 통합의 필요성이 계속해서 제기되었다. 그러다가 2020년 2월 4일 온라인상의 개인정보 보호도 「개인정보 보호법」에 통합하는 통합 「개인정보 보호법」이 개정되어 2020년 8월 5일부터 시행되고 있다.

④ 한편, 「개인정보 보호법」, 「정보통신망 이용촉진 및 정보보호 등에 관한 법률」, 「신용정보의 이용 및 보호에 관한 법률」을 합하여 '데이터 3법'이라고 하는데, 이는 4차 산업혁명, 데이터경제시대의 핵심 자원이라고 할 수 있는 데이터 이용 활성화가 중요하다는 차원에서 함께 부르는 용어이다.

(2) 주요 내용

① 「개인정보 보호법」은 개인정보의 처리 및 보호에 관한 다양한 사항을 정하고 있다. 주요 내용을 보면, 제1장 총칙에서는 개인정보의 개념, 개인정보 보호원칙, 정보주체의 권리, 국가의 책무를 규정했다.

② 제2장에서는 개인정보 보호의 거버넌스를 규정했는데, 가장 중요한 것이 개인정보 보호 감독기관인 개인정보보호위원회 관련 사항이다. 국제적으로 거버넌스의 원칙은 개인정보 보호 감독기관의 독립성이라고 할 수 있는데, 독립성이란 다른 중앙부처로부터 독립한 개인정보 보호정책에 관한 중앙행정기관의 지위를 의미하고, 2020년 개정에서 이를 달성했다.

③ 제3장에서는 개인정보의 처리에 관한 제반 사항을 규정하였는데, 개인정보의 수집 · 이용 · 제공 관련 사항, 민감정보 · 고유식별정보 등의 처리 제한, 가명정보의 처리 특례규정으로 구성되어 있다. 특히 가명정보의 처리 특례규정은 개인정보의 일부를 삭제하거나 일부 또는 전부를 대체하는 등의 방법으로 추가 정보가 없이는 특정 개인을 알아볼 수 없도록 처리하는 것을 가명처리로 정의하고, 이 경우 정보주체의 동의 없이도 과학적 연구, 통계작성, 공익적 기록보존 등의 목적으로 정보를 이용할 수 있는 근거를 마련하였다. 가명정보의 도입은 그동안 개인정보 보호 일변도에서 탈피하여 개인정보의 활용에도 중요한 가치를 부여한 것으로 평가받는다.

④ 제4장에서는 개인정보의 안전한 관리를 위하여 안전조치 의무, 개인정보처리방침의 수립, 개인정보 영향평가, 개인정보 유출통지 등의 규정을 두었다.

⑤ 제5장에서는 정보주체의 권리를 보장하기 위해 개인 정보의 열람, 정정 · 삭제, 처리정지 등에 대한 상세한 근거를 두었다.

⑥ 기타 개인정보 관련 분쟁과 관련해서는 징벌적 손해배상, 법정 손해 배상의 특칙을 두었으며, 분쟁해결제도로는 개인정보 분쟁조정, 개인정보 단체소송 등의 특별한 제도를 운영하고 있다.

(3) 문제점과 개선 과제

① 현행법에 대하여 지적되는 문제점과 개선 과제를 보면 다음과 같다. 첫째, 2020년 「개인정보 보호법」의 통합 과정에서 온라인상 개인정보 보호, 즉 「정보통신망법」을 통합하면서 정보통신서비스 제공자에 관한 특례를 그대로 존치시킴으로써 불완전한 통합에 그쳤다는 비판이 있다.

② 개인정보 보호에 치중한 나머지 빅데이터, 인공지능시대 에 개인정보의 활용 관점의 정책이 미흡하다는 것이다.

③ 개인정보의 수집, 이용, 제공 등 처리에는 6가지의 적법성 근거가 있는데(동의, 법령, 공공업무, 계약, 긴급한 필요, 정당한 이익), 그중 하나에 불과 한 동의가 원칙적 근거로 인식됨에 따라 형식적 동의 남발과 동의제 의 엄격성 문제가 대두되고 있다.

④ 법 위반에 대한 제재 수단이 형벌 중심이기 때문에 형벌의 과잉 문제가 나타나고 있고 집단적 개인정보 유출 등의 사고를 일거에 해결할 수 있는 집단소송제도가 없고, 현행법상 단체소송은 요건이 엄격하여 이용사례가 없기 때문에 실질적 권리구제의 관점에서 분쟁해결제도의 보완이 필요하다.

3 「지능정보화 기본법」

① 이 법은 지능정보화 관련 정책의 수립, 추진에 필요한 사항을 규정한 법률로, 2020년 6월 9일 개정에서 현재의 제명으로 변경되었다. 원래 1995년 「정보화촉진 기본법」으로 최초 제정되었다가, 2009년 「국가 정보화 기본법」으로 변경되고, 다시 지능정보사회를 맞이하여 「지능정보화 기본법」으로 변경된 것이다. 이 법은 지능정보사회의 구현과 관련하여 일반법의 성격을 가지므로 지능정보사회에서 정부 정책의 기본방향을 담고 있다.

② 이 법에서는 지능정보사회 기본원칙, 지능정보기술, 지능정보화의 개념을 정의하고 지능정보사회의 기반을 조성하기 위한 각종 정책사 항을 규정하고 있다. 특히 지능정보사회의 개념을 "지능정보화를 통하여 산업 · 경제, 사회 · 문화, 행정 등 모든 분야에서 가치를 창출하고 발전을 이끌어가는 사회"로 정의하고, 지능정보화는 "정보의 생산 · 유통 또는 활용을 기반으로 지능정보기술이나 그 밖의 다른 기술을 적용 · 융합하여 사회 각 분야의 활동을 가능하게 하거나 그러한 활동 을 효율화 · 고도화하는 것을 말한다."고 정의하였다.

생각넓히기 | 「지능정보화 기본법」에 나타난 지능정보사회 기본원칙

1. 국가 및 지방자치단체와 국민 등 사회의 모든 구성원은 인간의 존엄 · 가치를 바탕으로 자유롭고 개방적인 지능정보사회를 실현하고 이를 지속적으로 발전시킨다.
2. 국가와 지방자치단체는 지능정보사회 구현을 통하여 국가경제의 발전을 도모하고, 국민생활의 질적 향상과 복리 증진을 추구함으로써 경제 성장의 혜택과 기회가 폭넓 게 공유되도록 노력한다.
3. 국가 및 지방자치단체와 국민 등 사회의 모든 구성원은 지능정보기술을 개발 · 활용 하거나 지능정보서비스를 이용할 때 역기능을 방지하고 국민의 안전과 개인정보의 보호, 사생활의 자유 · 비밀을 보장한다.
4. 국가와 지방자치단체는 지능정보기술을 활용하거나 지능정보서비스를 이용할 때 사회의 모든 구성원에게 공정한 기회가 주어지도록 노력한다.
5. 국가와 지방자치단체는 지능정보사회 구현시책의 추진 과정에서 민간과의 협력을 강화하고, 민간의 자유와 창의를 존중하고 지원한다.
6. 국가와 지방자치단체는 지능정보기술의 개발 · 활용이 인류의 공동발전에 이바지할 수 있도록 국제협력을 적극적으로 추진한다.

4 인공지능 관련 법률

① 인공지능(AI)은 정보사회의 핵심 과학기술이고, 이를 통한 사회의 변혁을 목전에 두고 있다. 이에 따라 인공지능 관련 법률이나 인공지능 윤리 가이드라인이 속속 만들어지고 있다. 인공지능과 관련하여 주된 법적 논의는 기계에 불과한 인공지능에 대하여 사람과 유사한 권리주체성 또는 인격주체성을 인정할 수 있는가 하는 문제이다. 이는 사고 발생 시 그 책임을 인공지능에게 부과할 것인지에 대한 문제와 직결된다. 아직 인공지능에게 책임을 부여하는 권리주체성을 인정하는 것은 시기상조이고, 과학기술의 발전 정도와 사회적 수용성에 따라 논의가 발전할 수 있을 것으로 생각된다.

② 인공지능을 상용화하는 최초의 서비스는 자율주행차로 예상되는데, 세계 각국에서는 자율주행차의 운행에 대비한 법제를 마련하고 있다. 우리나라도 「자동차관리법」에서 자율주행차의 개념을 정의하고 실험 목적의 임시운행을 위한 근거를 마련하였으며, 자율주행차의 권리주체성 권리 · 의무가 귀속되는 주체를 말하는데, 현행법상 권리주체는 사람인 자연인과 법인에게만 인정된다. 권리주체성 논쟁은 사람이 아닌 인공지능 또는 동물에게 이를 인정할 수 있는가 하는 것으로서, 최근에는 인공지능의 책임 인정과 관련하여 논의가 되고 있다.

③ 핵심 기술이라고 할 수 있는 '자율주행 시스템(ADS)'의 안전 기준을 별도로 마련하는 입법을 하기도 하였다. 2019년 4월 30일에는 「자율주행자동차 상용화 촉진 및 지원에 관한 법률」을 제정해 2020년 5월 1일부터 시행하고 있다. 동법은 비록 자율주행차의 시범운행을 위한 법적 근거로 마련된 것이지만, 자율주행차가 도로에서 안전하게 운행되기 위하여 어떤 법적 문제를 해결해야 하는지 다양한 관점에서 법적용의 특례를 마련함으로써 장차 자율 주행차의 상용화에 대비한 실험입법으로서 의미가 있다. 즉, 아직 우리나라에서는 자율주행차 운행을 위한 완전한 입법이 이루어진 상태는 아니라고 할 것이다.

④ 자율주행차가 육지 도로에서 운행되는 인공지능 이동수단이라면, 공중에서 이 역할을 하는 것이 드론(drone)이다. 2019년 4월 30일 「드론 활용의 촉진 및 기반조성에 관한 법률」이 제정되어 2020년 5월 1일부터 시행되고 있는데, 동법은 드론 활용의 촉진 및 기반 조성, 드론 시스템 운영, 관리에 관한 사항을 규정하였다. 이 법도 드론 운행에 관한 일반적 근거라기보다 드론 산업을 육성하기 위한 법제라는 한계를 가지지만, 드론의 법적 정의, 드론 시범사업 구역 지정 등 향후 드론 운행을 준비한다는 점에서 보면 상당한 의의가 있다고 할 것이다.

Theme

07 정보의 가치와 유형

I 정보의 속성과 성질

1 정보의 속성(McGarry)

① 정보는 사실(fact)과 동의어로 간주되기도 한다.

② 알고 있는 것, 알고 있다고 생각하는 것의 변화나 강화에 영향을 미친다.

③ 정보는 의사결정을 지원하는 하나의 도구로 사용할 수 있다.

④ 메시지 선택에 있어 정보는 인간이 가지는 선택의 자유 중 하나이다.

⑤ 필요한 정보량의 결정은 문제의 복잡성 정도에 의존한다.

⑥ 정보는 지식을 생성하는 원재료이다.

⑦ 정보는 단지 수신되는 것이 아니고 외부 세계와 교류하는 콘텐츠이다.

2 정보의 성질

① 복제의 용이성

정보는 저비용 · 저에너지로 복제가 가능하다.

② 공유의 용이성

정보는 복제 · 유포로 짧은 시간에 많은 사람이 공유한다.

③ 전달의 용이성

통신 미디어의 발달에 따라 빛과 같은 속도로 정보전달이 가능하다.

④ 보존의 용이성

저비용으로 장시간 보존이 가능하다.

⑤ 가치의 상대성

같은 정보라도 정보 수용자에 따라 가치가 다르다.

⑥ 누적성에 의한 가치 증가

양적으로 증가되면 될수록 반대로는 가치가 증가한다.

⑦ 순환성

이용되고 그 결과가 새로운 정보에 융합되어 다음 단계의 의사결정에 영향을 미친다.

⑧ 매매의 거래성

정보는 매매가 가능한 상거래의 대상이 될 수 있다.

Ⅱ 정보의 질적 요건(Webster)

1 적합성(relevance)

의사결정이 필요한 사안에 있어 정보가 어느 정도 관련성이 있는가를 나타내는 것으로 정보가 의사결정에 기여하는 정도에 따라 그 적합성의 정도를 판단한다.

2 적시성(timeliness)

① 정보의 시간적 효용성을 나타내는 것으로 정보는 시간에 따라 그 가치가 변화하여 의사결정이 행해지는 시점에서 정보의 효용성이 가장 극대화된다.

② 정보는 의사결정이 이루어지는 적시에 제공되어야 가장 가치가 높게 된다.

3 정확성(accuracy)

정보의 내용이 어느 정도 사실과 부합되는가를 나타내는 것으로 정보의 정확성에 따라 의사결정의 방향과 대응방안이 달라지기 때문에 정확성은 정보의 생명이라고 할 수 있다.

4 객관성(objectivity)

① 정보가 주관에 좌우되지 않고 언제 누가 보아도 그러하다고 인정되는 것으로서 의사결정에 필요한 판단 근거를 제공하는 매우 중요한 역할을 한다.

② 정보의 객관성이 상실되면 적합성, 적시성, 정확성은 모두 무용지물이 된다.

Ⅲ 정보의 가치

1 정보의 가치 변화

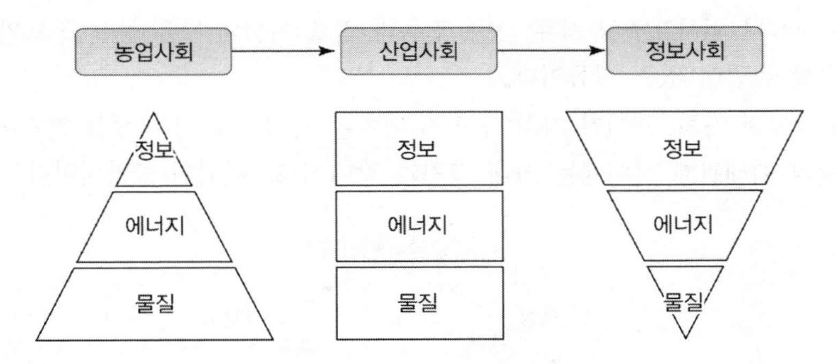

① 농업사회에서는 '물질>에너지>정보' 순으로 물질이 가장 중요한 가치를 지닌다.

② 산업사회는 '물질=에너지=정보'가 유사한 가치를 지닌다.

③ 정보사회로 이행됨에 따라 '정보>에너지>물질' 순으로 가치가 변화한다.

2 정보의 가치 분류(Stephen)

(1) 상업적 가치

① 정보의 '상품성'을 특별히 강조한다. 정보의 상품화는 서적이나 신문, 방송사업과 관련한 미디어 산업의 전개과정에서 잘 보여준다.

② 미디어를 통해 정보를 '팔고 사는' 경제활동이 이루어지며 미디어 기술의 발전과 함께 사회체제의 미디어 의존도가 높아갈수록 정보의 상업적 가치는 증가하게 된다.

(2) 개인적 가치

① 정보는 개인적 가치로서 자산(property)의 성격으로 특허나 저작권과 같은 법적 보호의 형식을 취한다.

② 개인적 가치는 개인 사생활에서도 적용되어 사적 정보가 외부에 남용될 불이익에서 보호받을 권리가 부여된다.

③ 정보사회의 한 특성으로 개인적 가치가 더욱 부각되는 현상이 나타나고 있다.

(3) 공공적 가치

① 정보는 본질적으로 공공적 가치를 내재하고 있다.

② 정보의 공공적 가치를 실현하는 일환으로 공공시설에서 자유로운 정보 유통 체제를 확립 · 장려하는 경우가 있다.

③ 언론의 자유나 의사표현의 자유, 정보 접촉과 정보 이용의 자유 등은 정보의 공공적 가치와 밀접한 관련이 있는 활동이다.

④ 정보의 상업적 가치, 개인적 가치, 공공적 가치는 각기 고유의 속성을 가지며, 현실적으로 각 가치의 이해관계 사이에는 아래 그림과 같이 상호 대립이 불가피하다.

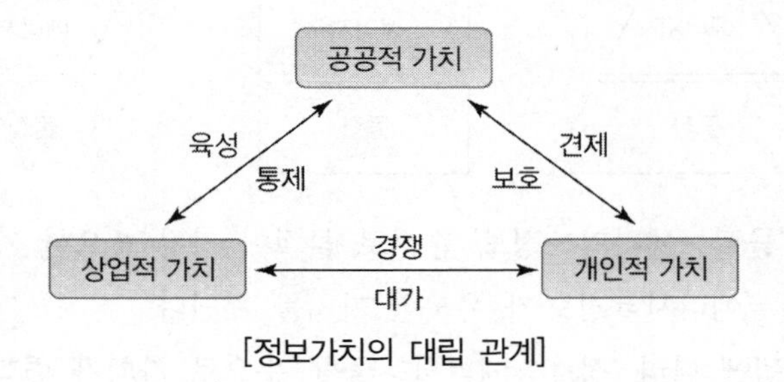

[정보가치의 대립 관계]

예상문제

Stephen이 분류한 정보의 가치에 포함되지 않는 것은?

① 수단적 가치　② 상업적 가치
③ 개인적 가치　④ 공공적 가치

정답 ①

해설 수단적 가치는 Stephen이 분류한 정보의 가치에 포함되지 않는다.

정보의 상업적 가치와 개인적 가치의 관계를 바르게 짝지은 것은?

① 경쟁 – 대가　② 육성 – 통제
③ 보호 – 견제　④ 통제 – 대가

정답 ①

해설 상업적 가치와 개인적 가치의 대립관계는 경쟁과 대가 관계이다.

Ⅳ 정보의 유형

1 특성에 따른 분류

(1) 발생원인 기준

① 외부 정보

정보 이용 주체(개인, 조직)의 외부에서 발생(생산)하여 축적된다.

② 내부 정보

정보 이용 주체(개인, 조직)의 내부에서 발생(생산)하여 축적된다.

(2) 양적 · 질적 기준

① 정량 정보

수량으로 기술되는 정보이다.

② 정성 정보

수량이 아닌 정성적으로 기술되는 정보이다.

(3) 시계열 기준

① 과거 정보

과거에 관한 정보이다.

② 현재 정보

현재에 관한 정보이다.

③ 미래 정보

미래에 관한 정보이다.

(4) 발생 빈도 기준

① 항상 정보

지속적이고 정기적으로 발생하고 있는 정보이다.

② 수시 정보

임시적이고 불연속적으로 수시 발생하고 있는 정보이다.

2 이용 목적에 따른 분류

(1) 기호정보

① 실시간 정보

목적이 달성되고 나면 가치가 없어지는 정보이다(㉥ 일기예보 등).

② 증거 정보

시간이 경과해도 가치가 변화되지 않는 정보로서 증명 또는 증거로 후세에 전승되는 정보이다(예 영수증 등).

③ 지적 정보

인류가 만들어낸 기술 지식 노하우, 도면 등의 지적인 문명 정보이다.

④ 역사적 정보

과거의 사실을 기록한 역사서 등의 역사적 사실을 기록한 정보이다.

[예상문제]

다음 중 이용 목적에 따라 정보를 범주화한 유형이라고 볼 수 없는 것은?

① 기호 정보 ② 정서 정보
③ 전문 정보 ④ 의미 정보

정답 ④

해설 의미 정보는 이용 주체에 따른 분류에 해당한다.

(2) 정서정보

① 감각이나 정서를 문자, 소리, 형상으로 나타내는 것으로 감각적 · 예술적 정보가 여기에 해당한다.

② 음악의 경우 리듬이나 선율 · 가락 혹은 소리를 기호로 표현한 음표 · 악보 등이 여기에 해당한다.

③ 미술품의 가치는 그 형상이나 색채 등 미적인 것으로서 그 재료보다 비교할 수 없을 만큼 크다.

④ 정서적 · 예술적 가치는 부가가치가 되어 예술작품으로 그 평가가 커진다.

(3) 제어정보

① 전체를 통제하거나 지령을 내리거나 명령을 내리는 정보이다.

② 어떤 결과가 보고 형태로 피드백되어 그것이 다음 계획 책정의 자료가 되는 정보이다.

(4) 전문정보

① 경기 정보

각종 경제지표, 거시예측, 산업기상도, 경기예측, 내외 시장지표, 경제신문의 속보판 등

② 투자 정보

시장 환경 분석, 주식시장 지표, 상품선택 랭킹, 상품 차트, 업적 예상, 재무속보, 주가속보, 주가전송 서비스 등

③ 금융 외환정보

외환 금리 속보, 외환 금리 예측, 무역지표, 외환 금리 관련 지표, 금융 외환 리포트 등

④ 경영 정보

업계 동향, 기업 동향, 회사분석, 경영진단, 생산성 분석, 재무제표, 신용 관리 등

⑤ 뉴스 텔레콤

기사검색, 잡지색인, 업계 근황 등

⑥ 상품 정보

상장 속보, 주요상표 지표, 개발상품 상장예측, 선물 상장 차트, 주요 상품 시장 분석 등

⑦ 지역 정보

각 지방자치제 현황, 주요 경제지표, 경기예측, 지방재정 분석, 지역별 기업일람, 선거속보, 지역호재 등

⑧ IC(Integrated Circuit) 정보

시장동향, 일렉트로닉스 시장 동향과 예측, IC 메이커별 생산출하 순위, 신제품 정보, 전자업체 파일 등

3 이용 주체에 따른 분류

(1) 목적기준

① 형식 정보

특정 목적에 대한 적합성이 평가되지 않고 정보의 이용 주체에게 의미를 주지 않는 단순한 사실이다. ㉔ 컴퓨터 프로그램(일반인), 단순한 수치 나열 등

② 의미 정보

특정 목적을 달성하는 데 유용하며, 이용 주체에게 의미가 있는 사실로서 정보 자체의 가치 유무와는 무관하다. ㉔ 컴퓨터 프로그램(프로그래머), 색이나 모양 등(패션분야)

(2) 가치기준

① 가치 있는 정보

정보의 이용 주체에게 직·간접적으로 효용을 가져다주는 정보이다.

㉠ 수단적 정보

운전 시 도로 정보와 같이 정보의 이용 주체에게 불확실성을 감소시켜 효용을 증대시켜주는 정보이다.

㉡ 목적적 정보

회화, 소문 등과 같은 정보 자체가 정보의 이용주체에게 효용을 가져다주는 정보로 그 자체가 목적이 되는 비교적 개인적인 정보이다.

㉢ 서비스재적 정보

음악 애호가의 음악 등과 같이 정보 자체가 정보의 이용 주체에게 효용을 가져다주는 것으로 비교적 공적인 정보이다.

② 가치 없는 정보

정보의 이용주제에게 직·간접적으로 아무런 영향을 주지 못하는 정보이다.

(3) 비용기준

① 정보통신산업은 정보 획득에 비용을 지불함으로써 성립하고 발달하였다.

② 정보통신산업은 정보 획득에 소요되는 비용을 절감시켜 주는 방향으로 발전한다.

③ 일상적 경제활동 중에 아무런 비용을 들이지 않고 획득할 수 있는 다양한 정보가 존재한다.

④ 특정 의도가 있는 경우 많은 비용을 지불해도 획득하기 어려운 정보가 존재한다.

⑤ 정보의 구입비용이나 정보의 가격 개념은 상품의 경우와 달리 형성된다.

⑥ 정보서비스는 거래단위를 명확하게 구분하기 어렵다.

⑦ 정보는 공적 측면이 복합되어 있으므로 구입비용(가격결정)에 관한 일반적 이론 확립이 어렵다.

(4) 제공시점 기준

① 사전적 정보

불확실한 환경에서 의사결정 전에 참고할 수 있도록 사전에 제공되는 정보이다.

② 사후적 정보

미래의 불확실한 상태에 대비하기 위하여 의사결정을 내린 이후에 주어지는 정보이다.

[예상문제]

다음 중 정보의 특성에 따라 범주화한 유형에 대한 설명으로 옳은 것은?

① 발생 원인을 기준으로 분류하면 공식 정보와 비공식 정보로 구분할 수 있다.
② 양적·질적 기준으로 분류하면 정량 정보와 정성 정보로 구분할 수 있다.
③ 시계열을 기준으로 분류하면 사전적 정보와 사후적 정보로 구분할 수 있다.
④ 발생 빈도를 기준으로 분류하면 실시간 정보와 수시 정보로 구분할 수 있다.

정답 ②

해설 ① 발생 원인을 기준으로 분류하면 외부 정보와 내부 정보로 구분할 수 있다. 공식 정보와 비공식 정보는 조직 특성을 기준으로 분류한 것이다.
③ 시계열을 기준으로 분류하면 과저 정보, 현재 정보, 미래 정보로 구분할 수 있다. 사전적 정보와 사후적 정보는 이용 주체에 따른 분류 중 제공 시점을 기준으로 분류한 것이다.
④ 발생 빈도를 기준으로 분류하면 항상 정보와 수시 정보로 구분할 수 있다. 실시간 정보는 이용 목적에 따른 분류 중 기호 정보에 해당한다.

다음 중 특성을 기준으로 분류한 정보라고 볼 수 없는 것은?

① 정성 정보 ② 정서 정보
③ 수시 정보 ④ 현재 정보

정답 ②

해설 정서 정보는 이용 목적을 기준으로 분류한 유형에 해당한다. 감각이나 정서를 문자, 소리, 형상으로 나타내는 것으로 감각적 · 예술적 정보가 여기에 해당한다.

4 정보의 전달 대상, 조직 특성, 매체에 의한 분류

(1) 전달 대상 기준

① 공적 정보

정보의 이용주체들이 공통적으로 보유하고 있는 동질적인 정보이다.

㉠ 일상적으로 접하는 정보 중 많은 부분이 공적 정보의 성격을 가진다.

㉡ 누구나 접할 수 있는 TV나 신문 등을 통해 얻는 뉴스 등이 이에 속한다.

② 사적 정보

정보의 이용주체에 따라 서로 다른 정보를 보유함으로써 정보의 가치가 달라지는 정보이다.

(2) 조직특성 기준

① 공식 정보

정보를 전달하는 조직이 공식적인 조직에 의해 제공되는 정보이다.

② 비공식 정보

정보를 전달하는 조직이 사적인 조직에 의해 제공되는 정보이다.

(3) 매체기준

① 매스컴 정보

신문, 잡지, 라디오, 텔레비전 등의 매스미디어를 통해 넓은 지역의 많은 사람들에게 전달되는 정보이다.

② 비매스컴 정보

개인이나 특정 사람들에게 전달되는 정보이다.

5 기능에 따른 분류

(1) 기술 정보

규칙 묘사, 상태 기록, 상태 변화 기술 등 사실 정보

(2) 예측 정보

미래세계의 예측을 위한 정보

(3) 추론 정보

관찰 · 측정으로부터 논리적 결론을 도출하는 정보

(4) 모형 정보

현실세계의 행위를 실험으로 묘사하는 정보

(5) 설명 정보

원인과 결과를 설명하는 정보

(6) 평가 정보

주관적이고 직관적인 납득에 기초한 판단 정보

6 표현 형식에 따른 분류

(1) 시각 정보

시각적으로 볼 수 있는 정보로서 주로 영상 정보 ㉮ 영화, TV, 비디오, CD-ROM 등

(2) 청각 정보

청각으로 들을 수 있는 정보로서 주로 음성 정보 ㉮ 레코드, 사운드테이프, 라디오 등

(3) 문자 정보

서류나 컴퓨터에 문자 형태로 나타내는 텍스트 정보 ㉮ 도서, 잡지, 회의록 등

(4) 동영상 정보

시각 · 청각 · 문자 정보를 융합하여 제공하는 뉴미디어 정보

7 생성 가공에 따른 분류

(1) 1차 정보

한 저자의 독창적인 산물인 창작물이나 새로운 결과의 보고서 등 처음으로 창안된 정보나 기록물 ㉮ 기술보고서, 회의록, 학술잡지, 논문 등

(2) 2차 정보

1차 정보를 번역 · 해설 · 비평하여 새로운 작품을 만들거나 1차 정보를 효과적으로 검색될 수 있도록 작성된 서지나 색인 ㉮ 색인, 초록, 목록 등

(3) 3차 정보

1차 정보나 2차 정보를 토대로 주제별 개요나 개념을 정리한 정보

㉥ 교과서, 백과사전, 해설요약, 참고자료 해제 등

[예상문제]

정보를 생성 가공에 따라 분류할 때 1차 정보에 해당한다고 볼 수 없는 것은?

① 기술보고서 ② 교과서
③ 학술잡지 ④ 논문

정답 ②

해설 교과서는 3차 정보이다.

정보를 생성 가공에 따라 분류할 때 2차 정보에 해당한다고 볼 수 없는 것은?

① 색인 ② 해제
③ 초록 ④ 목록

정답 ②

해설 해제는 책의 저자 · 내용 · 체제 · 출판 연월일 따위에 대해 대략적으로 설명한 것으로 3차 정보에 해당한다.

V 정보의 유통

1 정보의 순환 과정

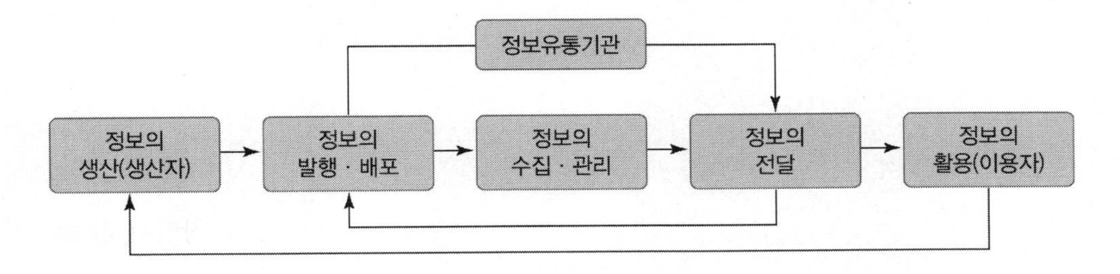

(1) 정보의 생산

정보생산자가 지적 활동을 통하여 새로운 정보를 창출하는 단계이다.

(2) 정보의 발행 · 배포

생산된 정보를 출판하고 배포하는 단계이다.

(3) 정보의 수집 · 관리

정보를 수집 · 조직 · 가공 · 관리하는 단계이다.

(4) 정보의 전달

이용자에게 정보를 전달하는 단계이다.

(5) 정보의 활용

이용자가 수집한 정보를 활용하거나 응용하는 단계이다.

2 정보 유통 관련 기관

(1) 편집 · 출판기관

정보의 생산에 관여하는 기관이다. ㉮ 출판사, 미디어 전문기관, 학회, 협회 등

(2) 도서관, 학술정보센터, 평생학습교육관

정보의 유통을 촉진하기 위한 정보의 수집 · 축적, 가공과 이용자의 정보 요구에 적절한 정보 서비스를 제공하는 기관이다. ㉮ 색인, 초록, 목록 등 2차 정보 생성

(3) 초록 · 색인지 작성기관

전문 분야의 자료를 수집, 서지, 색인, 초록 등 2차 자료를 정기적으로 간행하는 기관이다.

(4) 클리어링 하우스

광범위한 정보원의 안내 서비스를 수행하는 기관이다.

(5) 정보 에이전트 · 브로커

다른 정보 서비스 기관의 서비스를 이용하여 특정 이용자에게 적합한 자료를 분석 · 평가하여 그 결과를 제공하는 조직이나 사람이다.

Theme

08 정보경제이론

Ⅰ 경제재로서의 정보(information)

① 사람들은 정보를 갖고자 하지만 희소하다는 의미에서 정보도 통상 재화와 마찬가지로 경제적 자원이다. 따라서 합리적 선택을 위한 정보의 구입에 상당한 대가를 지불할 용의가 있는 것이 보통이다.

② 정보경제이론에서는 정보가 완비되지 못한 상황을 감안하여 좀 더 현실적인 경제모형을 설정한다.

③ 최근의 정보경제이론들은 정보가 한쪽에만 존재하고, 다른 한쪽에는 존재하지 않는, 정보의 비대칭성에 대해 주로 관심을 가지고 있다.

Ⅱ 정보의 비대칭성(asymmetric information)

1 의의

① 비대칭정보(asymmetric information)란 정보가 완전히 구비되어 있지 못한 상황에서 거래자 중 한쪽만 정보를 가지고 있고 나머지 한쪽은 정보가 없거나 부족한 상황을 의미한다.

② 비대칭정보하에서는 정보가 없거나 부족한 측에서 상대방의 특성과 행동을 파악할 수 없다. 감추어진 사전적 특성(hidden characteristics)은 역선택(adverse selection)을 유발하고, 감추어진 사후적 행동(hidden action)은 도덕적 해이(moral hazard)를 유발한다.

③ 현실에서 비대칭정보(asymmetric information)의 상황은 구체적으로 다음의 두 가지 형태로 나타나는데, 감추어진 특성(hidden characteristics)은 예를 들어 중고차시장에서 구입자가 그 차가 좋은 차인지 그렇지 않은 차인지 잘 알지 못할 때, 그에게 그 차의 속 내용은 하나의 감추어진 특성이고, 감추어진 행동(hidden action)은 예를 들어 고용주(주인)가 어떤 근로자(대리인)의 노력정도를 잘 알지 못할 때, 고용주에게 그 근로자의 노력정도는 하나의 감추어진 행동이다.

2 역선택(adverse selection)

(1) 의의

역선택이란 정보가 비대칭적으로 분포된 상황에서 정보를 갖지 못한 측의 입장에서 볼 때 바람직하지 못한 상대방과 거래를 할 가능성이 높아진 현상이다.

(2) 역선택의 특성

① 역선택의 문제는 감추어진 특성 때문에 발생한다.

② 역선택의 현상은 정보를 가진 측의 자기선택(self-selection) 과정에서 생기는 현상이다. 예를 들어 나쁜 차의 보유자는 자발적으로 팔려고 내놓고, 좋은 차의 보유자는 스스로 판매를 포기하기 때문에 역선택의 상황이 발생한다.

생각넓히기 | **보험 시장에서의 역선택**

역선택이 존재하는 보험시장에서 평균적 사고발생 확률에 기초하여 보험료를 책정하면 평균 이상의 사고발생 확률자만 주로 가입하기 때문에 보험회사는 반드시 손실을 보게 된다. 보험회사가 손실을 막기 위해 보험료를 인상하면 평균 이하의 사고 발생 확률자는 가입하지 않고 사고발생 확률이 높은 사람만 보험에 가입하게 되어 보험 회사는 손실을 피할 수 없다. 대응책으로는 사전 신체검사 요구, 탄력적 보험료 제도, 단체의료보험 프로그램 등이 있다.

(3) 역선택의 대책으로써 신호 발송과 선별

① 신호(signal)는 정보가 비대칭적으로 분포된 상황에서 정보를 가진 측이 자신의 감추어진 특성을 상대방에게 적극적으로 알리고자 발송(전달)하는 정보(지표)이다.

② 선별(screening)은 정보가 비대칭적으로 분포된 상황에서 정보를 갖지 못한 측이 상대방의 감추어진 특성을 판별하고자 하는 노력이다.

[예상문제]

역선택(adverse selection)에 대한 설명으로 틀린 것은?

① 감추어진 사전적 특성은 역선택을 유발한다.
② 역선택의 현상은 정보를 가지지 못한 측의 자기선택 과정에서 생기는 현상이다.
③ 신호(signal)는 정보가 비대칭적으로 분포된 상황에서 정보를 가진 측이 자신의 감추어진 특성을 상대방에게 적극적으로 알리고자 발송(전달)하는 정보(지표)이다.
④ 선별(screening)은 정보가 비대칭적으로 분포된 상황에서 정보를 갖지 못한 측이 상대방의 감추어진 특성을 판별하고자 하는 노력이다.

정답 ②

해설 ① 역선택의 현상은 정보를 가진 측의 자기선택(self-selection) 과정에서 생기는 현상이다. 예를 들어 나쁜 차의 보유자는 자발적으로 팔려고 내놓고, 좋은 차의 보유자는 스스로 판매를 포기하기 때문에 역선택의 상황이 발생한다.

3 도덕적 해이(moral hazard)

(1) 의의

도덕적 해이는 정보가 비대칭적으로 분포된 상황에서 정보를 가진 측은 정보를 갖지 못한 측에서 보면 바람직하지 않은 행동을 취할 가능성이 있는데 이와 같은 행동이 나타나는 현상이다.

(2) 도덕적 해이의 특성

① 도덕적 해이는 감추어진 행동 때문에 발생한다.

② 정보를 가진 측은 자신의 이익을 추구하기 위해 정보를 갖지 못한 측의 이익에 위배되는 행동을 할 가능성이 있다.

생각넓히기 | 금융시장에서의 도덕적 해이

금융기관으로부터 대출을 받은 이후 원리금변제에 대한 노력의 정보는 오직 대출자만 갖고 있는데, 그는 정보를 갖고 있지 못한 금융기관의 관점에서 볼 때 바람직하지 않은 행동을 하게 된다. 대응책으로는 담보부 대출 또는 연대보증 대출 등이 있다.

기출문제

정보 비대칭성에 대한 설명으로 틀린 것은? [2021]

① 경제활동에 필요한 완전한 정보를 보유하지 못한 때, 특히 거래의 한쪽이 다른 쪽보다 적은 정보를 보유하고 있을 때 발생하는 현상이다.

② 계약이 이루어진 후 한쪽에서 자신의 이익을 추구하는 와중에 반대 측에 이롭지 못한 행동을 하더라도 이를 알아차리지 못하는 상황(숨겨진 행동)에서 역선택 문제가 발생한다.

③ 상품에 대한 정보를 구매자가 적게 알고 있는 상황(숨겨진 특성)에서는 정보가 부족한 측이 불리한 선택을 하게 되는 역선택 문제가 발생한다.

④ 거래대상인 중고차에 대해 판매자와 구매자가 보유한 정보에 차이에서 역선택의 문제가 발생한다.

정답 ②

해설 거래 당사자나 거래 상품의 특성을 한 쪽만 알고 있는 경우 즉 숨겨진 특성의 경우에는 역선택의 문제가 발생한다. 반면에 어느 한 당사자의 행동을 다른 쪽에서 관찰할 수 없는 경우 즉 숨겨진 행동의 경우에는 도덕적 해이가 발생한다. 역선택이나 도덕적 해이 모두 정보의 비대칭성으로 발생하는 문제이다.

(3) 본인-대리인 문제(principal-agent problem)

① 행동의무자인 대리인이 행동 감시자인 본인(주인)의 이익을 위해 최선의 노력을 기울일 유인이 결여되어 있기 때문에 발생하는 문제이다.

② 따라서 본인이 어떤 적절한 유인 구조를 제공함으로써 대리인의 행동을 바람직한 방향으로 유도할 수 있다.

③ 유인설계(incentive design)란 대리인의 도덕적 해이를 예방할 수 있는 장치를 고안하는 방안이고 그 사례로는 성과급, 특별보너스, 스톡옵션, 승진, 포상, 징계 등이 있다.

Ⅲ 정보재(information goods)의 이론

1 의의

① 경제생활에서 정보재가 차지하는 비중은 날로 커지고 있다.

② 정보재 역시 상품의 일종이긴 하지만, 일반 상품과는 다른 독특한 성격을 갖고 있다.

③ 정보재는 정보가 하나의 상품으로서 특성을 결정하는 재화이다(예 책, 영화, 음악, 소프트웨어, 데이터베이스, 웹페이지 등).

2 정보재의 기본적 특성

(1) 잠김효과(lock-in effect)
일단 한 가지를 선택해 쓰기 시작하면 다른 것으로 바꾸기 어렵다.

(2) 전환비용(switching cost)
새로운 정보재에 익숙해지기 위해 소요되는 비용이다(예 노력과 시간 등).

(3) 네트워크효과(network effect)
같은 상품을 사용하는 소비자들의 네트워크가 커질수록 소비자들은 더욱 편리함을 느끼게 된다.

(4) 긍정적 피드백 효과(positive feedback effect)
정보재는 어떤 단계에 이르면 수요가 폭발적으로 증가하여 시장 전체를 석권하는 단계로 진입한다.

(5) 경험재(experience goods)
소비자가 직접 사용해 봐야 그 품질을 알 수 있다.

기출문제

구글, 페이스북, 이베이의 공통된 성공 요인으로 볼 수 없는 것은? [2020]

① 네트워크효과 ② 선점효과
③ 락인 ④ 음의 피드백

정답 ④

해설 생물의 개체수와 먹이의 관계가 전형적인 음의 피드백 현상이다. 먹이가 풍부한 환경에 있는 생명체는 빠르게 개체수를 늘려나가고 그 개체수 증가는 필연적으로 먹이 부족을 초래하여 다시 개체 수 증가를 억제하는 요인으로 작용하게 된다. 결국 개체수는 원래의 상태로 환원하게 된다는 이론이다. 구글, 페이스북, 이베이의 공통된 성공 요인이라고 할 수 있는 네트워크 효과는 긍정적인 피드백을 형성한다.

오답 ① 유저가 유저를 위해 가치를 창출하는 것을 네트워크 효과라 한다. 유저가 참여해서 가치를 창출하고 이는 또 다른 유저를 참여하도록 유인한다. 참여자들은 수요자 입장에서 긍정적인 피드백을 형성한다.

3 정보재의 가격결정

① 정보재는 개발초기에 많은 고정비용이 들지만 추가적인 한계비용은 매우 낮다. 따라서 생산량이 증가함에 따라서 평균비용이 계속 하락하면서 자연독점이 발생하고, 정보재의 생산자는 가격결정자가 된다.

② 정보재에 대한 소비자들의 가치평가가 매우 다양해서 공급측면보다 수요측면이 훨씬 더 중요하게 고려된다. 따라서 판매과정에서 전략적인 고려가 매우 중요하다(예 무료견본, 한정판매 등).

기출문제

일반적으로 시장 점유율이 높다고 반드시 영업이익률이 높다고 할 수는 없다. 하지만 마이크로소프트의 윈도우즈 운영체제는 시장 점유율은 90%에 달하고 영업이익률은 85%를 넘는다. 이러한 사례와 가장 밀접한 정보의 특성으로 옳은 것은? [2020]

① 비배재성
② 매체의존성
③ 재생산 가능성
④ 경험재

정답 ③

해설 재생산 가능성으로 일단 한번 생성되면 두 번째 이후의 단위를 생산하기가 매우 용이하다. 복제의 용이성도 비슷한 의미이다. 정보는 저비용 · 저에너지로 복제가 가능하다. 영업이익률은 매출액 대비 이익의 비율로서 원가를 낮출 수 있었기 때문이다.

Theme

09 메타데이터와 더블린 코어

I 메타데이터

1 정의

① 메타데이터는 '데이터에 대한 데이터'라는 추상적 개념으로 정의된다.

② 메타데이터가 구체적인 의미를 갖고 사용되기 위해서는 메타데이터를 활용하는 기관, 단체에서 생산하고 관리되는 기록정보를 분류하는 데 필요한 요소들로 메타데이터의 정의를 정확하게 내릴 필요가 있다.

③ ISO 15489에서는 메타데이터를 '기록의 맥락과 내용, 구조와 기록관리 전 과정을 기술한 데이터'로 정의하고 있다.

2 메타데이터의 4가지 영역

(1) 의의

ISO 15489에서는 메타데이터를 기록에 대하여 맥락, 내용, 구조, 관리내역의 4가지 영역을 기술하는 데이터라고 정의한다.

(2) 맥락

① 맥락(Context)이란 기록은 반드시 그것이 생성되고 사용된 환경에 관한 정보에 의해 입증되어야 한다는 의미다.

② 기록을 생성하는 활동과 그 활동이 부분을 형성하는 보다 넓은 기능, 그리고 그 활동에 참여한 사람들의 정체와 역할을 포함하는 행정적인 맥락에 대한 정확한 지식이 없이는 기록을 완전하게 이해할 수 없다.

③ 맥락은 기록 자체에서 혹은 그것을 유지하기 위해서 사용하는 시스템 내에서 획득돼야 한다.

(3) 내용

① 내용(Content)이란 기록은 활동에 관한 사실을 반영해야 한다는 의미다.

② 신뢰할 만한 기록이 되기 위해서, 내용은 정확해야 하고 완벽해야 한다.

③ 중요한 모든 것이 기록되어야 한다.

(4) 구조

① 구조(Structure)란 기록의 물리적 특성, 내용의 내적 체계를 의미한다.

② 기록물의 구조는 기록된 내용을 명백하게 이해할 수 있도록 해주는 형식이라고 할 수 있다.

③ 기안문(시행문)과 같은 공식적으로 만들어지는 기록의 경우, 머리글(행정기관명, 수신자, 경유), 본문(제목, 내용, 붙임), 맺는 글(발신 명의, 결재 경로, 생산등록번호와 시행 일자 등)이라는 형식적인 구조를 가진다.

④ 하나의 파일이나 폴더에 있는 문서들 사이에 그리고 시리즈 내 기록 간에도 구조적 관계가 존재한다.

(5) 관리내역

① 관리내역(History)이란 기록의 생산부터 최종처리까지의 전체 과정을 알 수 있도록 해야 한다는 의미이다.

② 기록이 생산된 때로부터 관리과정 중, 또는 모든 과정을 마치고 최종적인 처리에 이르기까지 기록의 내용과 관리상의 변화를 확인할 수 있어야 한다.

③ 이력관리를 함으로써 허가받지 않은 접근을 방지할 수 있고, 기록물의 내용에 대한 변화를 추적할 수 있게 된다.

[예상문제]

ISO 15489에서 정의한 메타데이터의 4가지 영역에 포함되지 않는 것은?

① 맥락　　② 형식
③ 구조　　④ 관리내역

정답 ②

해설 ISO 15489에서는 메타데이터를 기록에 대하여 맥락, 내용, 구조, 관리내역의 4가지 영역을 기술하는 데이터라고 정의한다.

Ⅱ 더블린 코어

1 연혁

① 더블린 코어(Dublin Core, 이하 DC) 메타데이터는 1995년 3월 미국 오하이오주에서 개최된 워크숍을 계기로 탄생하였다.

② 이 워크샵을 계기로 '데이터에 대한 데이터'를 뜻하는 '메타데이터'라는 용어가 전 학문 분야에서 사용되었다.

③ 이 워크샵은 OCLC(Online Computer Library Center)과 NCSA(National Center for Supercomputing Applications)가 후원하였고, 52명의 사서를 비롯하여 기록관리자, 인문학자, 웹 전문가들이 모여 범 주제적인 전자 정보에 적용 가능하면서 간단한 요소가 필요하다는 합의가 이루어졌다.

④ 전자 정보에 적용 가능한 기술 방식에는 검색 엔진을 위한 색인 구축 방식이나 MARC(Machine Readable Cataloging)와 같은 전문화된 목록 레코드 기술 방식만 있었는데, 두 방식 모두 구현 용이성이나 비용을 고려할 때 방대한 양의 웹 자원을 기술하기에는 현실적으로 적용하기 어려웠다.

2 특징

① DC는 웹 자원의 발견(discovery)에 필수적이면서도 비전문가가 이해할 수 있을 정도의 수준으로 요소를 단순화시키는 데 주력했다.

② 설계 원칙은 간결성, 호환성, 확장성으로 모든 영역에서 사용이 가능하고, 어떤 유형의 자원에도 적용할 수 있으면서, 시스템과 관계없이 확장이 가능한 것이 강점이다.

③ 더블린 코어 메타데이터 요소세트(DCMES)는 15개 요소로 정의되어, 미국(ANSI/NISO Standard Z39.85-2007) 및 국제표준(ISO 15836)이 되었다.

④ 2000년부터 요소의 의미적 정확성을 높이기 위해 한정어(qualifier)를 도입하였다.

⑤ 이후 '한정어' 대신 '상세구분(refinement)'이란 용어를 사용하였고, 2003년 이후 상세구분 요소들이 'DCMI Metadata Terms'의 속성(properties)으로 정의되었다.

⑥ 2017년에는 국제 ISO 표준 규격을 핵심 요소와 속성인 두 부분으로 분리시켰다.

기출문제

메타데이터에 대한 설명으로 틀린 것은? [2020]

① "데이터를 위한 데이터", 혹은 "데이터를 설명하기 위한 데이터"라고 할 수가 있다.
② 정보자료원에서 생산하고 관리되는 기록정보를 분류하는 데 필요한 요소들로 정의할 수 있다.
③ ISO 15489는 17개의 메타데이터 요소로 이루어지는 단순 더블린 코어와 한정적 더블린 코어(Dublin Core)로 구성되는데 기초적인 관례들을 표준화하여 검색 및 처리하는 데 사용된다.
④ MODS는 디지털 객체의 서지정보 표준 메타데이터로써 미국의회도서관에서 표준을 개발하였다.

정답 ③

해설 ISO 15836은 15개의 메타데이터 요소로 이루어지는 단순 더블린 코어와 한정적 더블린 코어(Dublin Core)로 구성된다.

예상문제

더블린 코어 메타데이터 요소 집합에 대한 설명으로 틀린 것은?

① 자원의 발견을 위한 기본 요소 15개로 구성되었다.
② 15개 요소들은 위계적인 구조로 설계되어 계층성이 있고, 재량적이며 반복 가능하고 어떤 순서로든 사용할 수 있다.
③ 요소들은 내용, 지적재산권, 인스턴스화 세 가지 범주로 구분할 수 있다.
④ 구조가 단순하고 요소가 간단해서 목록 비전문가도 메타데이터를 쉽게 작성할 수 있다는 장점이 있다.

정답 ②
해설 15개 요소들은 평면적인 구조로 설계되어 계층성이 없고, 재량적(optional)이며 반복 가능하고 어떤 순서로든 사용할 수 있다.

3 더블린 코어 이니셔티브(DCMI)

① 더블린 코어 메타데이터는 '더블린 코어 이니셔티브(DCMI)'에서 관리한다.
② DCMI는 DCMES를 국제 표준으로 제정하고 다른 메타데이터와의 상호운용성과 확장성을 연구하는 국제 메타데이터 전문가 단체이다.
③ 핀란드, 영국, 캐나다, 싱가포르, 뉴질랜드, 한국, 말레이시아, 미국, 일본 등의 국가 도서관과 대학 및 연구 도서관, 메타데이터 관련기관들이 DCMI에 가입하였고, 국립중앙도서관은 한국 대표로 2006년 4월 가입하였다.

4 DCMES 특징

(1) 의의

① 초기의 DCMES(Dublin Core Metadata Element Set, 더블린 코어 메타데이터 요소 집합)는 자원의 발견을 위한 기본 요소 15개로 구성되었다.
② 15개 요소들은 평면적인 구조로 설계되어 계층성이 없고, 재량적(optional)이며 반복 가능하고 어떤 순서로든 사용할 수 있다. 요소들은 세 가지 범주로 구분할 수 있다.

(2) 메타데이터 요소의 범주

① 내용

표제, 주제, 유형, 설명, 그리고 출처 요소가 자원의 내용에 관한 범주에 해당된다.

② 지적 재산권

자원의 지적 재산권과 관련된 범주로, 창작자와 기여자, 발행자 등의 요소가 있다.

③ 인스턴스화

㉠ 자원의 구현형(manifestation) 속성을 기술하는 인스턴스화 범주로, 날짜(date), 형식(format), 언어(language), 그리고 식별자(identifier) 요소가 해당된다.

㉡ 이러한 요소들은 내용은 동일하지만 물리적 · 언어적 특성이 다양한 전자자원의 특성을 기술하기 위해 만들어졌다.

㉢ 예를 들어, 내용이 동일한 보고서라도 HTML, PDF, 워드 파일과 같이 다양한 형식으로 생성될 수 있고, 각기 다른 날짜에 다른 URI를 가지게 된다.

㉣ 또한 국제기관의 웹사이트는 여러 언어로 구축되는 경우가 많은데 내용이 동일하지만 언어별로 다른 인스턴스(자원)이 된다.

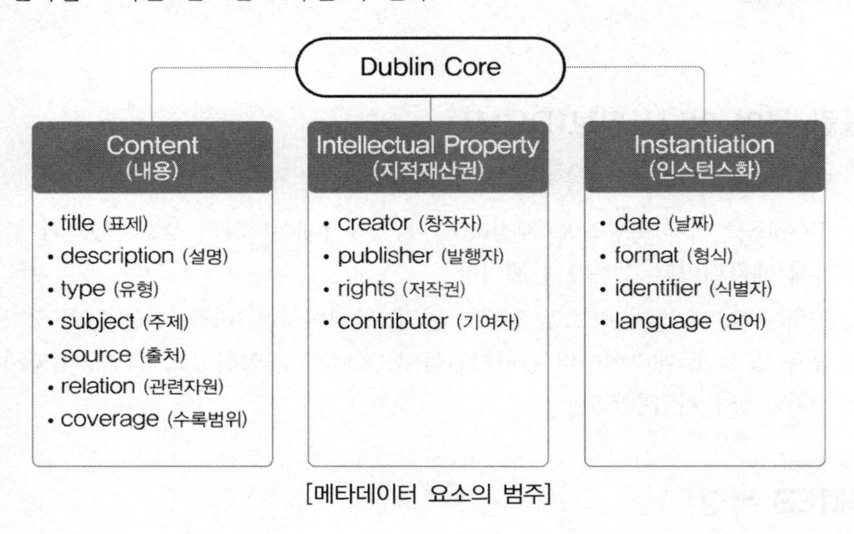

[메타데이터 요소의 범주]

(3) 더블린 코어 메타데이터 15개 요소

① Title(표제)

자원에 부여된 제목이다.

② Creator(창작자)

자원의 내용에 주된 책임을 가진 개체이다.

③ Subject(주제)

자원의 내용적 주제(topic)이다.

④ Description(설명)

자원의 내용에 대한 설명이다.

⑤ Publisher(발행자):

자원을 현재의 형태로 이용가능하게 만든 실체이다.

⑥ Contributor(기여자)

제작자 요소에 명시된 개체 이외에 자원의 내용에 기여한 책임이 있는 기타 개체이다.

⑦ Date(날짜)

자원의 존재 기간 동안 어떠한 사건이 발생한 날짜, 자원의 제작일 또는 자원이 현재의 형태로 이용가능하게 된 시점과 관련된다.

⑧ Type(유형)

자원의 내용이 가지는 성격 또는 장르로, 내용의 일반적인 범주, 기능, 장르 등을 표현한다.

⑨ Format(형식)

자원의 물리적 표현형식 및 디지털 표현 형식이다.

⑩ Identifier(식별자)

자원을 식별하기 위한 식별기호로 공인된 식별체계(URI, URL, DOIS, ISBN 등)를 따르는 문자/숫자열을 사용할 것을 권장한다.

⑪ Source(출처)

현재 자원의 출처가 되는 원 정보 자원으로의 참조이다.

⑫ Language(언어)

자원의 지적인 내용을 기술하고 있는 언어이다.

⑬ Relation(관련자원)

관련 자원에 대한 참조이다.

⑭ Coverage(수록범위)

자원의 내용이 다루는 범위로 공간적 위치나 시간적 범위(시대)가 해당된다.

⑮ Rights(이용조건)

자원이 가지고 있는 권리나 자원에 대한 권리에 관한 정보이다.

5 DCMES의 장점

① DCMES(Dublin Core Metadata Element Set)는 구조가 단순하고 요소가 간단해서 목록 비전문가도 메타데이터를 쉽게 작성할 수 있다는 장점이 있다.

② DCMES는 웹 자원을 기술하는 데 이용될 뿐 아니라 Dspace, Eprints, PEN-DOR, dCollection, Ohio University의 Knowledge Bank 등과 같이 국내외 기관 레포지터리의 메타데이터로 활발히 활용되고 있다.

③ 국립중앙도서관에서는 국가 레포지터리 OAK(Open Access Korea)에 DC를 확장 적용하고 있다.

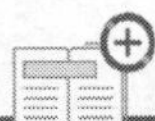

생각넓히기 | 국제 표준 기구(ISO)

국제 표준화 기구(International Organization for Standardization, ISO) 또는 영어 약어로 ISO는 여러 나라의 표준 제정 단체들의 대표들로 이루어진 국제적인 표준화 기구이다. 1947년에 출범하였으며 나라마다 다른 산업, 통상 표준의 문제점을 해결하고자 국제적으로 통용되는 표준을 개발하고 보급한다. ISO는 1926년에 ISA(International Federation of the National Standardizing Associations)라는 이름으로 시작하였다. 제2차 세계 대전 기간 중에 활동은 1942년에 멈추었다가 전쟁 이후에 최근에 형성된 UNSCC(United Nations Standards Coordinating Committee)에 의해 새로운 세계 표준화 기구의 형성이 제안되면서 ISA에 접근하기 시작했다. 1946년 10월, ISA와 UNSCC의 25개국 대표들은 런던에서 모임을 갖고 새로운 표준화 기구를 창설하기 위해 하나가 되기로 동의하였다. 즉, 새로운 기구는 공식적으로 1947년 2월에 운영을 시작하였다. 스위스 민법에 의해 설립된 비정부 기구 민간 기구로서, ISO가 정한 표준은 보통 국제 협약이나 국가 표준 제정 시 광범위하게 인용, 활용되기 때문에 국제적인 영향력이 크며 실질적으로 각국 정부의 표준 정책과 깊은 유대 관계에 있다. 특히 유럽연합의 지역표준화 기구인 CEN과의 Vienna Agreement의 체결로 유럽의 표준이 ISO 국제표준으로 채택되는 가능성이 높아, 유럽의 영향이 매우 크다. 각국의 대표 기관을 지정하고 이 기관으로부터 추천받은 전문가들이 표준 개발에 참가한다. 의사 결정은 회원 기관에게 부여되는 1표의 투표권 행사로써 결정하는 방식을 채택하고 있다. ISO는 전기 기기에 관한 국제 표준화를 담당하는 국제 전기 표준 회의(International Electrotechnical Commission, IEC)와는 표준 개발의 지침이 되는 ISO/IEC Directives를 공동으로 활동하는 등, 상호 보완적인 협조 관계를 유지하고 있다. ISO 라는 명칭은 International Standards Organization 또는 그 비슷한 정식 명칭을 줄인 것이라는 오해가 많지만 ISO는 머리글자를 딴 약칭이 아니고 그리스어의 ι σ ο ς(로마자: isos, 이소스), 즉 "같다, 동일하다"라는 단어에서 따온 것이다. 따라서 ISO의 발음은 "아이에스오"가 아니라 아이소(또는 이소)로 읽는 것이 맞다.

기출문제

ISO에 대한 설명으로 틀린 것은? [2020]

① ISA와 UNSCC의 25개국 대표들이 미국 뉴욕에서 모임을 갖고 국제표준화기구(ISO)를 창설하였다.
② 상품 및 서비스의 국제적 교환을 촉진하고, 지적, 과학적, 기술적, 경제적 활동 분야에서의 협력 증진을 위하여 세계의 표준화 및 관련 활동의 발전을 촉진시키는데 있다.
③ ISO 표준 제정 절차는 일반적으로 제안부터 발행까지 6단계로 구성되며, ISO/IEC 기술작업지침서를 준수한다.
④ 기구의 가입은 한 나라 당 하나의 기관에 한하여 허용되고 3년마다 총회를 개최하며, 여기서 이사회의 심의를 거쳐 ISO 권고가 규격으로서 공표된다.

정답 ①, ④

해설 ① ISO는 ISA와 UNSCC의 25개국 대표들이 런던에서 모임을 갖고 1947년 창설하였으며, 스위스 제네바에 본부를 두고 있다.
④ 총회는 연 1회 개최를 원칙으로 하며 ISO 최고 의결기구이다. 각 회원기관은 한 개의 투표권을 가지며 과반수 참석, 과반수 찬성에 의해 의안을 결정한다.

예상문제

국제표준화기구(ISO)에 대한 설명으로 틀린 것은?

① ISO라는 명칭은 International Standards Organization의 머리글자를 딴 약칭이다.
② 의사 결정은 회원 기관에게 부여되는 1표의 투표권 행사로써 결정하는 방식을 채택하고 있다.
③ 스위스 민법에 의해 설립된 비정부 기구 민간 기구로서, ISO가 정한 표준은 보통 국제 협약이나 국가 표준 제정 시 광범위하게 인용, 활용된다.
④ ISO는 전기 기기에 관한 국제 표준화를 담당하는 국제 전기 표준 회의(IEC)와는 표준 개발의 지침이되는 ISO/IEC Directives를 공동으로 활동하는 등, 상호 보완적인 협조 관계를 유지하고 있다.

정답 ①

해설 ISO라는 명칭은 International Standards Organization 또는 그 비슷한 정식 명칭을 줄인 것이라는 오해가 많지만 ISO는 머리글자를 딴 약칭이 아니고 그리스어의 ισος(로마자: isos, 이소스), 즉 "같다, 동일하다"라는 단어에서 따온 것이다. 국제 표준화 기구의 영어 명칭은 International Organization for Standardization이다.

Theme

10 MARC와 MODS

I MARC(Machine Readable Cataloging)

1 의의

컴퓨터가 목록 데이터를 식별하여 축적 · 유통할 수 있도록 코드화한 일련의 메타데이터의 표준 형식의 하나이다.

2 연혁

도서관 간에 목록 레코드를 상호 교환하기 위해 미국 의회 도서관이 개발하였다.

3 특징

문헌정보학을 전공한 사람들이라면 자주 접하는 용어로, 도서관의 자동화된 목록 작성에 사용되는 대표적인 메타데이터 형식 표준이다.

II MODS(Metadata Object Description Schema)

1 의의

① MODS(Metadata Object Description Schema)는 미국의회도서관(LC)의 네트워크 개발 표준 부서에서 개발한 서지 기술 스키마를 기반으로 하는 XML로 구성된 디지털자원을 기술하기 위한 표준 메타데이터 스키마이다.

② 다양한 형태의 자원에 대한 서지레코드를 생성할 수 있도록 하였을 뿐만 아니라, 도서관에서 주로 사용하는 MARC(Machine Readable Catalog)과 비교적 단순한 DC(Dublin Core)를 절충하여 기존의 MARC 레코드를 변환할 수 있도록 고안되었다.

2 연혁

① MODS는 디지털 객체의 서지정보 표준 메타데이터로써 미국의회도서관(Library of Congress, LC)의 네트워크 개발 및 MARC 표준 사무국(Network Development and MARC Standards Office)에서 도서관의 다양한 목적에 사용될 수 있도록 표준을 개발 및 유지하고 있다.

② XML로 표현된 MODS는 데이터 요소가 더블린 코어(Dublin Core) 보다 풍부하고, ONIX(Online Information eXchange)보다 도서관 데이터에 적합하며, MARC 레코드에서 추출된 데이터를 표현할 수 있고, 데이터 요소가 간단하다.

③ 각 태그가 숫자 형태인 MARC와 달리 누구나 이해할 수 있는 문자 기반 태그를 사용하여 보다 이용자 편의적이며 사용이 편리하다.

생각넓히기 | 마크업 언어(markup language)

원래 마크업(markup)이란 신문사나 잡지사의 교정 기자들이 쓰는 특수 목적의 표기법으로, 문서의 논리적 구조와 배치 양식에 대한 정보를 표현하는 언어를 말한다. 마크업 언어는 문서에 포함된 문장이나 그림, 표, 소리 등과 같은 문서 내용에 대한 정보가 아니라 그 문장과 그림, 표는 어떻게 배치되고 글자는 어떤 크기와 모양을 가지며, 들여쓰기와 줄 간격, 여백 등에 대한 정보를 의미한다.

생각넓히기 | 하이퍼텍스트 기술 언어(Hyper Text Markup Language, HTML)

텍스트 정보 처리에 관한 국제 표준인 ISO 8879. SGML(Standard Generalized Makerup Language)에 의한 Data Type Difintion(DTD)이다. 이 SGML은 언어를 규정하는 언어인 메타 언어이다. 구조화된 형식을 가지며 HTML브라우저를 통해서 초보자들에게도 쉽게 인터넷에 접근하도록 한다.

생각넓히기 | 확장성 생성 언어(extensible markup language, XML)

확장성 생성 언어로 번역되며, 1996년 W3C(World Wide Web Consortium)에서 제안하였다. HTML보다 홈페이지 구축 기능, 검색 기능 등이 향상되었고 클라이언트 시스템의 복잡한 데이터 처리를 쉽게 한다. 또한 인터넷 사용자가 웹에 추가할 내용을 작성, 관리하기 쉽게 되어 있다. 이밖에 HTML은 웹 페이지에서 데이터베이스처럼 구조화된 데이터를 지원할 수 없지만 XML은 사용자가 구조화된 데이터베이스를 뜻대로 조작할 수 있다. 구조적으로 XML 문서들은 SGML(standard generalized markup language) 문서 형식을 따르고 있다. XML은 SGML의 부분집합이라고도 할 수 있기 때문에 응용판 또는 축약된 형식의 SGML이라고 볼 수 있다. 1997년부터 마이크로소프트사(社)와 넷스케이프 커뮤니케이션스사(社)가 XML을 지원하는 브라우저 개발을 하고 있다.

3 MODS의 개발배경

① 수년에 걸쳐 많은 사람들이 MARC 데이터 요소의 개수 및 복잡성에 대해 의견을 제시해왔고, 일부는 더블린 코어(DC) 메타데이터 요소 세트의 사용을 제안했다.

② 이러한 우려를 해결하기 위해서 미국의회도서관(LC)은 MARC 21에서 파생된 데이터 요소의 하위 집합을 포함하고, 언어 기반의 태그와 XML 스키마를 가지는 MODS를 개발하게 되었다. MODS는 2002년에 처음 소개되었고, 2017년 현재 version 3.7에 이르고 있다.

③ MODS는 DC의 단순함과 MARC의 복잡함을 절충해서 도서관에서 점차 증가하고 있는 디지털 콘텐츠의 기술요구를 지원하는 메타데이터이다.

4 MODS의 특징

① MODS는 더블린 코어나 MARC 등 다른 메타데이터 포맷을 보완하기 위해 제안된, 구조적이고 복잡한 데이터 요소나 매우 세밀한 형식 필드가 거의 없거나 전혀 없는 간단한 메타데이터 형식이다.

② MARC 참고문헌 형식으로 상응하는 데이터 요소의 의미를 상속하기 때문에 MODS와 MARC의 호환성은 높은 수준이다.

③ 그러므로 MODS는 DC나 ONIX보다 도서관 데이터와 호환성이 높으면서, 전체 MARC 형식보다는 간단하다.

④ MODS는 구조상 MARC의 데이터 필드를 재구성하거나 통합하여 새로운 형식으로 구현되었다.

⑤ 강점으로는, 멀티미디어 객체를 표현하기에 가장 적합하며, 기존도서관의 표준인 MARC와의 양방향 변환 및 상호운영성이 가장 뛰어나고, XML기반으로 확장성이 우수하다.

[예상문제]

MODS(Metadata Object Description Schema)에 대한 설명으로 틀린 것은?

① 미국의회도서관(LC)의 네트워크 개발 표준 부서에서 개발한 서지 기술 스키마를 기반으로 하는 XML로 구성된 디지털자원을 기술하기 위한 표준 메타데이터 스키마이다.

② 다양한 형태의 자원에 대한 서지레코드를 생성할 수 있도록 하였을 뿐만 아니라, 도서관에서 주로 사용하는 MARC(MAchine Readable Catalog)와 비교적 단순한 DC(Dublin Core)를 절충하여 기존의 MARC 레코드를 변환할 수 있도록 고안되었다.

③ 각 태그가 숫자 형태인 DC(Dublin Core)와 달리 누구나 이해할 수 있는 문자 기반 태그를 사용하여 보다 이용자 편의적이며 사용이 편리하다.

④ MARC 참고문헌 형식으로 상응하는 데이터 요소의 의미를 상속하기 때문에 MODS와 MARC의 호환성은 높은 수준이다.

정답 ③

해설 각 태그가 숫자 형태인 MARC과 달리 누구나 이해할 수 있는 문자 기반 태그를 사용하여 보다 이용자 편의적이며 사용이 편리하다.

핵심정리 Fedora

(1) 정의

Fedora는 유연하고 확장 가능한 디지털 객체 저장소의 구조를 의미하는 Flexible Extensible Digital Object Repository Architecture의 약자이다. 따라서 Fedora의 구조(framework)는 기존의 시스템 및 서비스와 쉽게 통합하거나 연동할 수 있으며, 접근 및 관리의 용이성과 웹 서비스를 포함한 확장성을 지향한다.

(2) 연혁

Fedora는 1997년 DARPA와 NSF 연구 기금을 받아 코넬 대학(Cornell University)에서 진행한 프로젝트이다. 1999년 버지니아 대학(University of Verginia)에서 Fedora 소프트웨어를 이용해 10만 개의 객체를 대상으로 실험을 수행해 디지털 도서관용 프로토타입을 개발하였다. 이후 2002년 Andrew W. Mellon의 기금 지원을 통해 XML을 사용한 프로젝트를 진행하였고 2003년 5월에 Fedora 1.0 오픈소스 소프트웨어를 발표하였다. 2004년 6월부터 Andrew W. Mellon 기금을 지원받은 코넬대학과 버지니아 대학의 협업으로 2005년 10월에 Fedora 2.1 베타 버전을 발표하였고 이후 꾸준히 버전 업을 통해 2015년 현재까지 v4.3까지 발표되었다.

(3) 목표

① 복합적인 객체로 이루어진 다양한 컬렉션을 쉽게 이용하되 상호운용이 가능하게 한다.
② 복합적인 디지털 객체를 일반화하는 동시에 특징을 잃지 않는 형식이 되도록 고안한다.
③ 디지털 객체들은 서비스 및 프로그램과 결합하여 다른 형태로 표현하거나 내용을 변경할 수 있다.
④ 차별화되고 안정적인 접근을 제공한다.
⑤ 디지털 객체의 장기적인 관리 및 보존을 고려한다. 이를 위해서 Fedora 프로젝트는 식별 능력, 객체 관계 표현, 콘텐츠 관리, 통합관리, 상호운용 가능한 접근성, 확장성, 보안, 보존, 콘텐츠 탐색과 같은 구체적인 연구 목적에 따라 진행되었다.

(4) 특징

① 기관 리포지터리, 디지털 아카이브, 콘텐츠 관리 시스템, 학술 출판사, 디지털 도서관을 비롯해 디지털 자산 관리 등에 다양하게 사용할 수 있다.
② 디지털 객체 모형을 도입하여 분산형 리포지터리를 지원하는 까닭에 통합과 연동이 자유로우며 저장과 보존, 콘텐츠 변경, 웹 서비스 제공 및 다른 어플리케이션과의 시스템 통합이 가능하다.
③ 오픈소스 소프트웨어로 Java와 Apache를 기반으로 하고 있으며, 데이터베이스는 MySQL과 연동한다.
④ SOAP, WSDL을 이용한 웹 서비스 기능을 제공하고 있어 웹상에서 저장소의 관리 및 접근이 가능하다.
⑤ 상세한 콘텐츠 관리를 목적으로 하는 디지털 객체 모형(digital object model)을 지원하고 있다.
⑥ 각각의 디지털 객체는 고유의 식별번호(PID)를 부여받고 메타데이터가 수록되어 관리되기 때문에 복합적인 컬렉션의 관리와 보존이 가능하다.

예상문제

Fedora에 대한 설명으로 틀린 것은?

① 유연하고 확장 가능한 디지털 객체 저장소의 구조를 의미하는 Flexible Extensible Digital Object Repository Architecture의 약자이다.
② 기관 리포지터리, 디지털 아카이브, 콘텐츠 관리 시스템, 학술 출판사, 디지털 도서관을 비롯해 디지털 자산 관리 등에 다양하게 사용할 수 있다.
③ 디지털 객체 모형을 도입하여 분산형 리포지터리를 지원하는 까닭에 기존의 시스템 및 서비스와의 호환성에 문제가 발생할 수 있으나 저장과 보존, 콘텐츠 변경, 웹 서비스 제공 및 다른 어플리케이션과의 시스템 통합이 가능하다.
④ Fedora 프로젝트는 디지털 객체의 장기적인 관리 및 보존을 고려하여 식별 능력, 객체 관계 표현, 콘텐츠 관리, 통합관리, 상호운용 가능한 접근성, 확장성, 보안, 보존, 콘텐츠 탐색과 같은 구체적인 연구 목적에 따라 진행되었다.

정답 ③

해설 Fedora의 구조(framework)는 기존의 시스템 및 서비스와 쉽게 통합하거나 연동할 수 있으며, 접근 및 관리의 용이성과 웹 서비스를 포함한 확장성이 높다.

미국의 국가 디지털도서관 프로젝트에 적용하고 있는 모형으로 옳은 것은?

① 분산형 디지털 객체 모형
② 에이전트 기반 모형
③ 전통적 도서관 구조 기반 모형
④ 서지-목록 구조 기반 모형

정답 ①

해설 디지털 도서관이란 전 세계 분산 네트워크로 연결된 이질적인 정보저장소의 정보들을 이용자중심 인터페이스를 통해 시 · 공간에 구애됨이 없이 탐색 · 접근 · 이용할 수 있도록 설계된 멀티미디어 정보시스템으로서 디지털정보를 수집 · 조직 · 추적 · 탐색 · 검색하여 원격지로 배포하고 저작권을 관리할 수 있는 시스템이다. 미국의 국가 디지털도서관 프로젝트에는 분산형 디지털 객체모형이 적용되고 있다.

Theme
11 Metadata Registry

I 의의

① 최근 디지털 환경이 본격화되고 전자기록 관리에 대한 문제가 심도 깊게 연구되면서 기록으로서의 속성을 부여하는 메타데이터에 대한 논의가 활발히 진행되고 있다.

② 메타데이터(Metadata)는 문자적으로는 '데이터에 관한 데이터(Data about Data)'라고 정의되지만 일반적 개념으로는 다양한 업무를 지원하기 위해 사용되는 정보자원에 대한 구조화된 데이터를 의미하는 것으로 해석된다. 즉, 메타데이터는 이를 활용하는 집단에 의해 다시 정의될 수 있을 때 비로소 구체적인 의미를 가지게 된다.

③ 기록이 행위의 증거로서 진본성을 유지하기 위해서는 기록의 내용과 구조뿐만 아니라 기록이 생산 · 관리되어온 맥락이 온전히 보존되어야 할 것이다. 따라서 ISO 15489에서는 메타데이터를 "기록의 맥락과 내용, 구조와 기록관리 전 과정을 기술한 데이터"로 정의하고 있다. 이렇듯 전자기록 관리로의 방향전환을 위한 핵심 관건인 메타데이터를 제정하려는 활발한 활동이 전개되고 있는 한편, 다양한 기록관리기관 · 유사시스템 · 유관기관 간 기록정보 통합 활용체계를 구축함으로써 범국가적 기록정보 지식자원화를 혁신의 한 축으로 추진하기 위한 움직임이 동시에 진행되고 있다.

④ 국가기록원은 기록관리 분야의 표준을 제정 · 운영해야 하는 주무기관으로서 기록정보의 상호공유를 위한 표준화된 메타데이터 체계와 이를 유지 · 관리하기 위한 메커니즘 구현이라는 중차대한 역할이 부여되어 있기도 하다. 따라서 앞으로 제정 · 관리될 메타데이터는 기관 간, 시스템 간 서로 다르게 기술되지 않고 통일되고 일관성 있게 기술될 수 있는 시스템을 구축해야 한다.

핵심정리

Metadata Registry, MDR

ISO 11179(Metadata Registry, MDR)는 메타데이터의 의미와 내용에 대한 공유를 촉진하기 위한 국제표준이다.

Ⅱ 메타데이터 표준화

① 급속한 정보통신기술 발달과 인터넷 환경의 확산은 사회 각 분야와 분야별 정보시스템들 사이의 데이터 교환을 통한 정보공유에 대한 심각한 문제를 발생시키고 있다.

② 각 이기종의 시스템들 사이의 통합과 정보 공유의 가장 큰 문제점은 시스템적 통합방법뿐만 아니라 시스템의 내용을 구성하는 데이터의 의미, 구문, 표현의 불일치에 의해 시스템이 담는 정보내용을 공유하기 어렵다는 데 있다. 이를 해결하기 위하여 모든 형태의 네트워크 자원을 하나의 표준적인 메타데이터로 표현하려는 움직임이 일고 있다.

③ 다양한 정보자원과 메타데이터를 기존 시스템 틀 안에서 통합하여 조직할 수 있는 가장 효율적인 메타데이터를 선정하고, 이를 표준적인 통합 메타데이터 포맷으로 사용하는 MARC(MAchine Readable Cataloging)와 인터넷 정보자원의 메타데이터 표준화를 위해 구축된 더블린 코어(Dublin Core) 메타데이터 세트가 대표적인 예라 할 수 있다.

④ 국제표준화기구에서는 데이터의 교환 및 관리표준화를 담당하는 ISO/IEC JTC1/SC32(Data Management and Interchange)에서는 데이터의 의미, 구문, 표현을 표준화 할 수 있는 프레임워크를 제시하기 위하여 "ISO/IEC 11179-메타데이터 레지스트리"를 제정하였는데, 이 표준을 사용하면 메타데이터의 등록과 인증을 통하여 메타데이터를 유지·관리함으로써 메타데이터의 명세와 의미를 공유하여 정보공유, 검색활용을 촉진할 수 있다.

⑤ 기록관리분야는 현용·준현용·비현용 단계라는 기록의 단계별 흐름이 처리과·기록관(특수기록관)·영구기록물관리기관(지방기록물관리기관/중앙기록물관리기관) 등 서로 다른 위계와 역할을 갖는 다양한 기록관리기관들을 통해 나타나는 복잡한 양상을 띠고 있다. 그럼에도 불구하고 서로 다른 단계, 다른 종류의 기록 간·기관 간·시스템 간 전자기록 정보의 공유와 활용이라는 중차대한 임무를 수행하기 위해서는 메타데이터 표준의 제정뿐만 아니라 이를 표준 형태로 유지·관리하여 언제든 발생할 수 있는 메타데이터의 불일치를 해소함으로써 기록정보의 공유가 가능하도록 하는 시스템, 절차, 지침의 마련이 필요할 것이다.

[예상문제]

데이터의 교환 및 관리표준화를 담당하는 ISO/IEC JTC1/SC32에서 메타데이터의 의미와 내용에 대한 공유를 촉진하기 위하여 제정한 프레임 워크로 옳은 것은?

① IRI
② RIF
③ RDF
④ MDR

정답 ④

해설 MDR에 대한 설명이다.

Ⅲ ISO 11179 개요

1 제정 목적

① ISO/IEC JTC1 WG2-Data Management and Interchange에서는 데이터 공유 및 교환을 위한 근본적인 해결방안으로 메타데이터 레지스트리에 대한 표준화를 진행하고 있으며 그 결과물로서 ISO/IEC 11179(메타데이터 레지스트리)에서는 데이터의 의미, 구문, 표현을 표준화하기 위한 프레임워크를 제시하고, 메타데이터 레지스트리 의미 일관성을 유지하기 위한 절차는 ISO/IEC 20943-Information Technology에서 제시하고 있다.

② ISO/IEC 11179는 메타데이터를 명명 · 식별 · 관리하는 방법에 대한 권고안이며, 메타데이터 레지스트리(Metadata Registry; MDR)라는 메타데이터 관리시스템을 활용하여 메타데이터를 명명 · 식별 · 관리할 수 있도록 제안하고 있다.

2 MDR의 개요

① 데이터 요소(메타데이터)의 생성 · 등록 · 관리를 지원함으로써 시스템 간, 조직 간의 정보공유를 지원한다.

② 데이터의 사용자들이 데이터의 의미 · 표현 · 식별 등에 대하여 쉽게 이해할 수 있도록 한다.

③ 메타데이터 수집의 일관적 모델을 제공한다.

3 MDR의 기능

① 데이터에 대한 명확한 기술, 목록관리, 분석, 분류가 가능하도록 한다.

② 데이터 표준 개발 프로세스와 보급을 지원한다.

③ 명확하게 정의된 데이터 요소와 값 영역의 원천을 제공한다.

④ 데이터의 공유, 통합, 비교를 가능하게 한다.

⑤ 메타데이터의 중앙저장소 역할을 한다.

Theme

12 W3C와 RDF

I W3C(World Wide Web Consortium)

1 의의

① W3C(World Wide Web Consortium, 축약형은 WWW 또는 W3)는 월드와이드웹을 위한 표준을 개발하고 장려하는 조직으로 팀 버너스리를 중심으로 1994년 10월에 설립되었다.

② W3C는 회원기구, 정직원, 공공기관이 협력하여 웹 표준을 개발하는 국제 컨소시엄이다. W3C의 설립취지는 웹의 지속적인 성장을 도모하는 프로토콜과 가이드라인을 개발하여 월드와이드웹의 모든 잠재력을 이끌어내는 것이다.

2 웹 표준과 가이드라인 개발

① W3C는 설립목적인 웹 표준과 가이드라인 개발을 수행하고 있으며, 지금까지의 결과로 지난 10년간 80여개의 W3C 권고안을 발표하였다.

② W3C는 또한 교육과 소프트웨어 개발에 관여해 왔고, 그리고 웹에 관하여 토론할 수 있는 열린 포럼을 개최해 왔다. 웹의 모든 잠재력을 이끌어내기 위해서 가장 기본적인 웹 기술은 상호 간의 호환성이 있어야 한다는 것, 그리고 어떤 소프트웨어나 하드웨어에서도 웹에 접근할 수 있어야 한다는 것이다. W3C의 이러한 목표를 "웹 상호운용성(Web Interoperability)"이라고 한다. W3C는 웹 언어와 프로토콜에 대한 공개(반독점적인) 표준을 제정하여 시장 분열과 웹의 분열을 피하고자 한다.

③ 팀 버너스리(Tim Berners-Lee)와 운영진은 W3C를 웹 기술에 대한 컨센서스를 이끌어내는 산업 컨소시엄으로 발전시켜 왔다. 유럽 핵물리 연구기관(European Organization for Nuclear Research, CERN)에서 근무하던 1989년에 월드와이드웹을 개발한 팀 버너스리는 W3C가 창립된 1994년부터 현재까지 W3C Director 직책을 맡고 있다. W3C는 2004년 12월에 창립 10주년을 기념하여 웹과 W3C의 과거와 미래에 관한 심포지엄을 보스턴에서 개최했다.

3 국제적인 컨소시엄인 W3C

① 전 세계 곳곳에 위치한 다양한 분야의 기관들은 웹 표준화를 위해 벤더에 중립적인 기구인 W3C에 참여한다. 웹 표준 제정에 큰 공헌을 한 W3C의 기술전문직원과 회원은 국제적인 인정을 받고 있다.

② 점점 다양해지는 하드웨어, 소프트웨어 그리고 사람들의 요구사항을 충족시키면서, 웹이 미래에도 지속적으로 성공하기 위해 W3C의 회원(테스티모니알 샘플), 직원, 초청전문가들은 함께 힘을 모아 기술을 설계해 나가고 있다.

③ W3C의 국제적인 활동은 또한 세계적으로 40여개가 넘는 국가, 지역, 국제 기관과의 관계(liaison)를 활성화 하는 것을 포함하며, 이는 W3C의 월드와이드웹 개발의 국제적인 참여를 유지하는 데 도움을 준다.

Ⅱ 자원 기술 프레임워크(Resource Description Framework, RDF)

1 의의

① 자원 기술 프레임워크(Resource Description Framework, RDF)는 웹상의 자원의 정보를 표현하기 위한 규격이다. 상이한 메타데이터 간의 어의, 구문 및 구조에 대한 공통적인 규칙을 지원한다.

② 웹상에 존재하는 기계 해독형(machine-understandable)정보를 교환하기 위하여 월드와이드웹 컨소시엄에서 제안한 것으로, 메타데이터 간의 효율적인 교환 및 상호호환을 목적으로 한다. 메타데이터 교환을 위해서 명확하고 구조화된 의미표현을 제공해 주는 공통의 기술언어로 XML(eXtensible Markup Language)을 사용하기도 한다.

2 더블린 코어에서의 RDF 적용

① 더블린 코어 제5차 워크숍에서 다양한 형식의 메타데이터를 지원하기 위한 구조로 RDF를 채택하였으며, 특히 더블린코어 메타데이터를 RDF로 구현하였다.

② RDF를 이용하여 더블린 코어를 기술하기 위해 우선 더블린코어의 15가지 기술 요소를 더블린 코어 스키마로 정의하고, Namespace기법을 이용하여 더블린 코어를 선언한 후에 실제 정보자원의 기술을 위한 더블린 코어 레코드를 작성한다.

예상문제

다음 글에서 설명하고 있는 개념으로 옳은 것은?

> 웹상의 자원의 정보를 표현하기 위한 규격이다. 상이한 메타데이터 간의 어의, 구문 및 구조에 대한 공통적인 규칙을 지원한다. 웹상에 존재하는 기계 해독형(machine-understandable)정보를 교환하기 위하여 월드와이드웹 컨소시엄에서 제안한 것으로, 메타데이터 간의 효율적인 교환 및 상호호환을 목적으로 한다. 메타데이터 교환을 위해서 명확하고 구조화된 의미표현을 제공해 주는 공통의 기술언어로 XML(eXtensible Markup Language)을 사용하기도 한다.

① IRI ② RIF
③ RDF ④ MDR

정답 ③
해설 RDF에 대한 설명이다.

Theme

13 온톨로지(Ontology)

Ⅰ 의의

① 온톨로지(Ontology)란 사람들이 세상에 대하여 보고 듣고 느끼고 생각하는 것에 대하여 서로 간의 토론을 통하여 합의를 이룬 바를, 개념적이고 컴퓨터에서 다룰 수 있는 형태로 표현한 모델로, 개념의 타입이나 사용상의 제약조건들을 명시적으로 정의한 기술이다.

② 온톨로지는 일종의 지식표현(knowledge representation)으로, 컴퓨터는 온톨로지로 표현된 개념을 이해하고 지식처리를 할 수 있게 된다. 프로그램과 인간이 지식을 공유하는 데 도움을 주기 위한 온톨로지는, 정보시스템의 대상이 되는 자원의 개념을 명확하게 정의하고 상세하게 기술하여 보다 정확한 정보를 찾을 수 있도록 하는 데 목적이 있다.

③ 온톨로지는 시맨틱 웹을 구현할 수 있는 도구로서, 지식개념을 의미적으로 연결할 수 있는 도구로서 RDF, OWL, SWRL 등의 언어를 이용해 표현한다. 온톨로지는 일단 합의된 지식을 나타내므로 어느 개인에게 국한되는 것이 아니라 그룹 구성원이 모두 동의하는 개념이다. 그리고 프로그램이 이해할 수 있어야 하므로 여러 가지 정형화가 존재한다.

Ⅱ 어원

① 온톨로지(Ontology)는 '존재론'이라 하며 원래 사물의 존재 의미를 논의하는 철학적인 연구영역을 뜻하는 말이다. 이 존재론은 "이 세계에는 어떤 종류의 존재자들(물리적, 현상적, 개념적, 추상적, 감성적)이 존재하는가, 그들의 본성(본질)은 무엇인가, 그들 존재자들 사이에는 어떤 관계가 있는가, 그들 존재자들로부터 어떻게 세계가 구성될 수 있는가"를 다루는 분야이다. 또 온톨로지는 '실재'라는 의미의 그리스어 'onto'와 학문 또는 강연 등의 의미를 갖는 'logia'의 합성어로부터 유래되었다.

② 최근의 시맨틱 웹, 지식공학, 인공지능, 자연어처리 등 정보기술 분야에서의 온톨로지는 각각의 지식(혹은 단어, 개념)이 전체 지식 체계 중에서 어디에 위치하는지를 밝히는 연구 분야를 의미하는데, 어떤 단어와 단어 사이의 상관관계를 보다 빠르고 편하게 검색할 수 있도록 돕는 연구 분야를 의미한다.

Ⅲ 개요

① 전산학과 정보 과학에서 온톨로지란 특정 분야를 기술하는 데이터 모델로서 특정한 분야(domain)에 속하는 개념과 개념 사이의 관계를 기술하는 정형(formal) 어휘의 집합으로 이루어진다. 예를 들어 "종-속-과-목-강-문-계"로 분류되는 생물과 생물 사이의 분류학적 관계나 혹은 영어 단어 사이의 관계를 정형 어휘로 기술하면 각각 온톨로지라고 할 수 있다. 정형 언어(formal language)로 기술된 어휘의 집합인 온톨로지는 연역과 추론에 사용된다.

② 온톨로지는 시맨틱 웹을 구현할 수 있는 도구로서 여러 지식 개념들을 의미적으로 서로 연결할 수 있는 도구이다. 웹 정보 검색은 웹을 통해 접근할 수 있는 모든 전자자원을 대상으로 하는 검색을 가능하게 하였다. 웹의 급속한 발달로 인해 검색 대상 범위가 확대됨에 따라 보다 정교한 검색을 필요로 하게 되었으며, 지능화된 정보 검색 시스템 개발을 촉진하는 계기가 되었다. 이런 계기를 바탕으로 웹 자원을 효과적으로 관리할 수 있는 정보 검색의 새로운 도구의 필요성이 대두되었고, 온톨로지가 각광을 받게 되었다.

③ 온톨로지는 자연어의 기계 번역과 인공지능 분야에서 활용되며, 최근에는 특정 분야의 인터넷 자원과 그 사이의 관계를 기술하는 온톨로지를 사용하는 시맨틱 웹과 이것에서 파생된 시맨틱 웹 서비스 등의 핵심 요소로서 주목받고 있다.

④ 주로 인용되는 온톨로지에 대한 정의는 '어떤 관심 분야를 개념화하기 위해 명시적으로 정형화한 명세서'이다. 즉, 각 사물에서 공통점을 찾아내고 이를 하나의 집합 또는 범주로 나타내기 위해 의미, 지식의 쓰임새 등을 분명하고 자세하게 설명하는 것을 말한다. 또 보스트(Borst)는 온톨로지를 '공유된 개념의 정형화된 명세'라고 정의하고 있다. 그루버의 정의 위에 '공유'의 개념이 추가되었는데, 이는 하나의 잘 정의된 개념을 각 분야에서 공통적으로 사용한다는 의미로 볼 수 있다.

Ⅳ 온톨로지의 필요성

① 예전부터 사람들은 표준을 만드는 노력을 지속적으로 해왔다. 간단한 척도(거리, 시간, 온도 등)부터 용어 등을 표준화하는 작업을 지속적으로 하고 있었다. 그러나 일반적인 지식들을 이러한 표준화 작업을 통해서 용어를 정의해 나가는 데는 너무 많은 노력과 합의가 있어야 한다.

② 그래서 사람들이 방법을 바꾸게 된다. "각자가 다른 용어를 쓰더라도 같은 대상(존재)을 이야기한다면, 그 속성이 같지 않겠는가"라는 생각에서 출발한 것이 온톨로지이다. 예를 들어, board가 있는데, 그 속성에 '눈'과 관련이 있으면 '스노보드'로 인식하는 것이고, 음식과 관련이 있으면 '식탁'으로, 인터넷과 관련이 있으면 '온라인 게시판'으로, 학교 및 학부모 등과 관

련이 있으면 '학교 등의 위원회' 또 회사 등이면 '이사회' 등으로 인식할 수 있다. 이렇게 사람이 문맥을 보고 그 단어의 의미를 찾아가는 것과 비슷한데, '개념', '관계', '구조', '공리(axiom)', '제약' 등 좀 더 복잡한 관계를 가지고 웹에 기계가 이해할 수 있는 방식으로 정보를 제공하려고 한다.

③ 기계가 의미에 따라 정보를 추론하여 사용자에게 제공하는 환경을 시맨틱 웹이라고 한다면 그 중 이렇게 기계가 의미를 해석하는 데 도움이 되는 뼈대를 온톨로지라고도 할 수 있다. 정보 기술에서의 온톨로지(Ontology)는 지식의 어떤 특정 영역 내에 있는 '실체'와 '그 실체가 의미하는 것'(또는 데이터와 그 데이터가 뜻하는 '의미') 사이의 상호작용의 작업 모델을 말하며, 실체와 가상(그것의 웹 표현) 사이의 윤활유가 필요하다. 이것을 웹상에서 공유하기 위한 표준들과 Best Practice들의 집합체를 말한다고도 볼 수 있다.

V 역할과 기능

① 시맨틱 웹 기술은 사람의 머릿속에 있는 언어에 대한 이해를 컴퓨터 언어로 표현하고 이것을 컴퓨터가 사용할 수 있게 만드는 것인데, 특별한 분산 환경을 갖춘 웹에 구현하자는 것이다. 이것은 기계가 정보검색과 같은 사람의 요구를 더 잘 이해하고 적절하게 반응하도록 만들기 위해서이다. 사람과 기계 사이에 진정한 커뮤니케이션이 가능하기 위해서는 사람이 이해하는 수준으로 기계도 언어를 이해할 수 있어야 한다.

② 그러나 HTML 형태의 문서들로 이뤄진 현재의 웹은 사람에게 정보를 주는 역할은 하고 있지만 컴퓨터 프로그램이 각 문서의 내용을 정확히 파악할 수 없다. 온톨로지는 이러한 문제의식에서 출발한다. 세상에 있는 각각의 사물이나 사건들을 경험하면서 이들 속에 들어있는 특징을 파악해서 이해하는 방식을 개념화라고 하는데, 온톨로지는 컴퓨터에서도 사람이 가지고 있는 개념과 같은 것을 일종의 데이터베이스와 같은 형태로 만드는 기술이라 할 수 있다.

③ 프로그램과 인간이 지식을 공유하는데 도움을 주기 위한 온톨로지는, 정보시스템의 대상이 되는 자원의 개념을 명확하게 정의하고 상세하게 기술하여 보다 정확한 정보를 찾을 수 있도록 하는데 목적이 있다. 온톨로지 기반의 시스템은 정보 콘텐츠 구조에 대한 명세서로서의 역할, 해당 분야의 지식 공유와 재사용, 해당 영역의 제약과 가정에 대한 명시, 지식과 프로세스의 분리 등의 장점을 가진다.

Ⅵ 온톨로지의 속성

1 의의

온톨로지는 일단 합의된 지식을 나타내므로 어느 개인에게 국한되는 것이 아니라 그룹 구성원이 모두 동의하는 개념이다. 그리고 프로그램이 이해할 수 있어야 하므로 여러 가지 정형화가 존재한다.

2 정형화 요건

① formal은 일단 온톨로지가 formal(형식적인)이어야 한다는 것을 의미한다. 사람의 개입 없이 기계가 읽을 수 있는 언어로 작성되어야 한다.

② explicit는 온톨로지가 explicit(명백한)해야 한다는 것을 의미한다. 여러 가지 뜻을 가진 단어를 상황에 맞는 뜻으로 해석할 수 있어야 한다.

③ shared는 가장 중요한 조건 중에 하나이다. 온톨로지를 만들었다고 해도 모든 사람들이 그 온톨로지를 사용하지 않는다면 쓸모가 없다. 온톨로지는 모든 사람(혹은 사물)들에게 shared(공유)되어야 한다.

④ conceptualization는 온톨로지는 표현하고자 하는 대상 세계의 개념들을 특정 모델로 추상화해야 한다는 것을 의미한다.

⑤ domain은 온톨로지는 표현하고자 하는 특정 영역이 존재해야 한다는 것을 의미한다.

3 공유

특정 영역이나 세계를 개념과 개념 간의 관계로 표현한 것이고, 이 표현은 사람이 아닌 컴퓨터가 이해하도록 구현되어야 한다. 또한 이러한 관계는 컴퓨터가 이해하고 추론을 하기 위하여는 애매하지 않고 명백하게 정의해 주어야 한다. 마지막으로 이와 같은 절차를 통하여 온톨로지가 구성되어도 이들이 반드시 가져야 하는 속성은 공유이다.

Ⅶ 온톨로지의 구성 요소

1 의의

온톨로지의 구성 요소는 클래스(class), 인스턴스(instance), 관계(relation), 속성(property)으로 구분할 수 있다.

2 클래스(Class)

클래스는 일반적으로 우리가 사물이나 개념 등에 붙이는 이름을 말한다고 설명할 수 있다. “키보드”, “모니터”, “사랑”과 같은 것은 모두 클래스라고 할 수 있다.

3 인스턴스(Instance)

인스턴스는 사물이나 개념의 구체물이나 사건 등의 실질적인 형태로 나타난 그 자체를 의미한다. 즉, “LG전자 ST-500 울트라슬림 키보드”, “삼성 싱크마스터 Wide LCD 모니터”, “로미오와 줄리엣의 사랑”은 일반적으로 인스턴스라 볼 수 있다. 이와 같은 클래스와 인스턴스의 구분은 응용과 사용목적에 따라서 매우 달라질 수 있다. 즉, 같은 표현의 개체가 어떠한 경우에는 클래스가 되었다가 다른 경우에는 인스턴스가 될 수 있다.

4 속성(Property)

속성은 클래스나 인스턴스의 특정한 성질, 성향 등을 나타내기 위하여 클래스나 인스턴스를 특정한 값(value)과 연결시킨 것이다. 예를 들어, “삼성 싱크마스터 Wide LCD 모니터는 XX인치이다.”라는 것을 표현하기 위하여, hasSize와 같은 속성을 정의할 수 있다.

5 관계(Relation)

(1) 의의

관계는 클래스와 인스턴스 간에 존재하는 관계들을 칭하며, 일반적으로 taxonomic relation과 non-taxonomic relation으로 구분할 수 있다.

(2) Taxonomic Relation

Taxonomic Relation은 클래스와 인스턴스들의 개념 분류를 위하여 보다 폭넓은 개념과 구체적인 개념들로 구분하여 계층적으로 표현하는 관계이다. 예를 들어, “사람은 동물이다”와 같은 개념 간 포함관계를 나타내기 위한 “isA” 관계가 그것이다.

(3) Non-taxonomic relation

Non-taxonomic relation은 Taxonomic Relation이 아닌 관계를 말한다. 예를 들어, "운동으로 인해 건강해진다."는 것은 "cause" 관계(인과관계)를 이용하여 표현한다.

예상문제

온톨로지의 구성 요소로 볼 수 없는 것은?

① 클래스(class)
② 내용(Content)
③ 관계(relation)
④ 인스턴스(instance)

정답 ②

해설 온톨로지의 구성 요소는 클래스(class), 인스턴스(instance), 관계(relation), 속성(property)으로 구분할 수 있다.

온톨로지(Ontology)의 구성 요소 중 관계(Relation)에 대한 옳은 설명만을 있는 대로 고른 것은?

ㄱ. 클래스와 인스턴스 간에 존재하는 관계를 의미한다.
ㄴ. "isA" 관계는 클래스와 인스턴스들의 개념 분류를 위한 것이다.
ㄷ. "cause" 관계(인과관계)는 Taxonomic Relation에 포함된다.
ㄹ. Non-taxonomic relation은 폭넓은 개념과 구체적인 개념들로 구분하여 계층적으로 표현하는 관계이다.

① ㄱ, ㄴ
② ㄱ, ㄷ
③ ㄴ, ㄹ
④ ㄷ, ㄹ

정답 ①

해설 ㄱ. 관계는 클래스와 인스턴스 간에 존재하는 관계들을 칭하며, 일반적으로 taxonomic relation과 non-taxonomic relation으로 구분할 수 있다.
ㄴ. Taxonomic Relation은 클래스와 인스턴스들의 개념 분류를 위하여 보다 폭넓은 개념과 구체적인 개념들로 구분하여 계층적으로 표현하는 관계이다. 예를 들어, "사람은 동물이다"와 같은 개념 간 포함관계를 나타내기 위한 "isA" 관계가 그것이다.
ㄷ. Non-taxonomic relation은 Taxonomic Relation이 아닌 관계를 말한다. 예를 들어, "운동으로 인해 건강해진다."는 것은 "cause" 관계(인과관계)를 이용하여 표현한다.
ㄹ. 폭넓은 개념과 구체적인 개념들로 구분하여 계층적으로 표현하는 관계는 Taxonomic Relation이다.

Ⅷ 온톨로지 언어

① 온톨로지에서 주로 사용하는 언어에는 RDF, OWL, SWRL 등이 있다.

② RDF(Resource Description Framework)는 XML에서 발전한 형태이며, subject, object, predicate로 이루어지며, 단순하게 개념 혹은 인스턴스 사이의 관계를 나타낸다. 일반적으로 복잡한 제약조건이 필요 없는 일반 응용을 산정할 경우에 RDF를 많이 사용한다.

③ OWL(Web Ontology Language)은 관계들 간의 hierarchy, 관계 인스턴스 내에서의 논리적 제약조건 등을 포함한 언어이다. 정밀하고 논리적인 추론을 필요로 하는 경우에 사용한다.

④ SWRL(Semantic Web Rule Language)은 추론을 위한 규칙을 정의하기 위하여 사용한다.

기출문제

온톨로지(Ontology)에 대한 설명으로 틀린 것은? [2020]

① 단어와 단어 사이의 상관관계를 보다 빠르고 편하게 검색할 수 있도록 돕는 연구 분야를 의미한다.
② 온톨로지의 구성 요소는 클래스(class), 인스턴스(instance), 관계(relation), 속성(property)으로 구분할 수 있다.
③ 원래 사물의 존재 의미를 논의하는 철학적인 연구 영역을 뜻하는 말이다.
④ 대표적인 온톨로지 언어로 WOL(Web Ontology Language)이 있다.

정답 ④
해설 대표적인 온톨로지 언어로 OWL이 있다.

Theme

14 메타데이터와 온톨로지(Metadata and Ontology)

I 메타데이터와 온톨로지의 관계

1 상황

서로 다른 데이터베이스가 같은 개념에 대해 서로 다른 식별자(태그)나 서로 다른 단어를 사용하는 경우가 점점 많아지고 있다.

2 문제점

전문 분야가 같은 경우 데이터베이스 간의 상호 교환에 많은 문제가 야기되며, 장기적으로는 전문 분야가 다른 경우에도 문제가 누적될 것이다.

3 해결방안

(1) 온톨로지 구축에 의한 방법

① 공유되는 개념화를 정형적, 명시적으로 명세화 하는 도구로서 해결할 수 있다.

② 메타데이터 세트 또는 메타데이터 요소 간의 호환성을 온톨로지로 유지할 수 있다.

(2) 메타데이터 레지스트리(MDR) 구축에 의한 방법

① 표준화된 방법론에 의해 메타데이터 요소의 등록, 승인, 삭제 등을 수행한다.

② 메타데이터 레지스트리 구축에서도 서로 다른 형식의 메타데이터 세트와 요소의 호환을 위해서는 온톨로지가 필요하다.

Ⅱ 온톨로지 용어의 유래

① 철학의 일부분으로 존재론 또는 존재학(存在學)이라고도 한다.

② 라틴어로는 'ontoligia'라고 하며, 이것은 그리스어의 'on(存在子/존재하는 것)'과 'logos(논)'로 이루어진 합성어로 데카르트파의 철학자 J. 클라우베르크(Johannes Clauberg, 1622~1665)가 처음으로 사용하였다.

③ 존재와 존재자(존재하는 것)의 본성을 연구하는 형이상학의 일부분으로 세상의 구성 요소에 대한 명확한 이해를 연구하는 철학의 일부분이다.

④ 어떤 존재자(존재하는 것)에 대한 우리의 모든 이해와 태도를 이끌어가는 본질에 대한 연구이다.

⑤ 존재적 진리(Ontisch Wahrheit), 즉 존재하는 것에 대한 이해는 존재하는 것의 존재 방식에 대한 이해에 의해 유도된다.

Ⅲ 온톨로지의 언어학적 전이

① 존재론(Ontology)의 학문적 연구 결과물을 온톨로지, 즉 존재하는 것들에 대한 개념 체계(개념의 범주화 혹은 분류)로 전이해서 사용한다.

② 공유된 개념(화)의 정형적, 명시적 명세는 사람의 마음속에 존재하는 내재적 생각이나 외재적 세계의 현상에 대하여 공유하고 있는 개념을 명확하고 명시적으로 정의하고 규정하는 것이다.

③ 온톨로지는 용어의 의미 관계와 연결 정보를 보다 유동적이고 상세하게 기술하기 위해 시소러스의 확장 개념으로 사용된다.

④ 시소러스는 계층적이고 고정된 형식으로 용어의 정의와 개념 간의 관계를 설정한다.

Ⅳ 언어학 분야에서의 온톨로지 개발

1 시소러스(Thesaurus)

① 의미망 구축의 기초이다.

② 문헌정보학의 전통적 연구 영역이다.

2 의미망(Semantic Network)

① 형식적인 면에서 시소러스와 유사하나, 한 어휘가 가지고 있는 다른 어휘들 간의 관계를 망(network)으로 나타낸 것이다.

② 단어의 의미, 개념 간의 연상관계 등을 표현하는 네트워크로서 노드와 링크, 관계 표시 등의 결합으로 이루어진 도식적인 표현(diagrammatic representation)으로 이루어진다.

③ 지식표현의 관리 알고리즘을 이용한 다양한 추론 기술 및 데이터베이스와 같은 역할을 고려한 전산적 표현(computational representation)으로 이루어진다.

핵심정리

언어학(자연어 처리 분야) + 전산학 → 인공지능 분야 연구 영역

V 메타데이터 분야에서의 온톨로지 개발

1 의의

① 온톨로지 서로 다른 데이터베이스가 같은 개념에 대해 서로 다른 식별자(태그) 혹은 서로 다른 단어를 사용할 경우 이를 해결해 주기 위해 공유되는 개념화를 정형적, 명시적으로 명세화한 집합체이다.

② postal code와 zip code를 사용하는 두 개의 DB에 들어있는 정보를 비교하거나 통합하려는 프로그램에서는 postal code와 zip code가 같은 의미를 지칭하는 메타데이터 요소/식별자라는 것을 알아야 한다.

2 메타데이터 레지스트리(MDR) 구축

① MARC, 더블린코어와 같은 메타데이터 세트의 호환을 위한 메타데이터 레지스트리(MDR) 구축에 중점을 두고 있다.

② 사전 예방에 의한 문제 해결을 지향하며, 최근 확장 메타데이터 레지스트리(XMDR)에 대한 연구가 진행 중이다.

Ⅵ 시맨틱 웹 분야에서의 온톨로지 개발

1 시맨틱 웹

① 웹의 창시자인 팀 버너스리가 1998년 제안했고, 2001년 2월 공식적으로 Semantic Web Activity가 시작되어 현재 W3C에 의해 표준화 작업이 진행 중이다.

② 시맨틱 웹은 웹상에 존재하는 자료에 의미를 부가하고 사람이 관여하지 않아도 컴퓨터가 자동으로 처리할 수 있는 차세대 지능적인 웹이다.

③ 시맨틱 웹은 웹상에 존재하는 정보들을 사람뿐만 아니라 컴퓨터 프로그램 같은 기계들이 해독하고 작업하기 용이하게 표현하고 나아가 정보 간의 유기성까지 체계적으로 표현하여 정보 공유 체제를 마련하는 것을 목표로 한다.

④ 시맨틱 웹은 자연어 위주의 기존 웹 문서와 달리 컴퓨터가 해석하기 쉽도록 의미를 부여한 계층을 가진다. 웹에 의미(Semantic)를 부여한다는 것은 사용자 인터페이스를 위한 자연어 처리 기능을 부가하고자 하는 것이 아니라 컴퓨터가 처리하기 용이하게 하고자 선언적인 추가 정보를 부여하는 것을 뜻한다.

Ⅶ 웹 온톨로지

① 메타데이터 온톨로지의 일종으로서 시맨틱 웹의 중심 개념 중 하나이다.

② 웹 문서를 생성하는 마크업 언어에서 정의된 동일 의미의 다른 명칭 식별자(태그) 또는 같은 내용을 다른 구조로 정의하는 식별자 등에 의해 발생되는 호환상의 문제를 해결하기 위해 공유되는 개념화를 정형적, 명시적으로 명세화한 집합체이다.

③ 온톨로지 언어(XML 기반의 RDF, DAML+OIL, OWL, Topic Map 등)의 개발에 중점을 두고 있고, 사후 처방에 의한 문제 해결을 지향한다.

Theme

15 시맨틱 웹(Semantic Web)

I 의의

시맨틱 웹(Semantic Web)은 '의미론적인 웹'이라는 뜻으로, 현재의 인터넷과 같은 분산 환경에서 리소스(웹 문서, 각종 파일, 서비스 등)에 대한 정보와 자원 사이의 관계-의미 정보(Semanteme)를 기계(컴퓨터)가 처리할 수 있는 온톨로지 형태로 표현하고, 이를 자동화된 기계(컴퓨터)가 처리하도록 하는 프레임워크이자 기술이다. 웹의 창시자인 팀 버너스리가 1998년 제안했고 현재 W3C에 의해 표준화 작업이 진행 중이다.

Ⅱ 시맨틱 웹과 현재 웹의 차이

① 기존의 HTML로 작성된 문서는 컴퓨터가 의미정보를 해석할 수 있는 메타데이터보다는 사람의 눈으로 보기에 용이한 시각정보에 대한 메타데이터와 자연어로 기술된 문장으로 가득 차 있다.

② 예를 들어 '<em>바나나</em>는 <em>노란색</em>이다.'라는 예에서 볼 수 있듯 <em>이라는 태그는 단지 바나나와 노란색이라는 단어를 강조하기 위해 사용된다. 이 HTML을 받아서 처리하는 기계(컴퓨터)는 바나나라는 개념과 노란색이라는 개념이 어떤 관계를 가지는지 해석할 수 없다. 단지 <em> 태그로 둘러싸인 구절을 다르게 표시하여 시각적으로 강조를 할 뿐이다. 게다가 바나나가 노란색이라는 것을 서술하는 예의 문장은 자연어로 작성되었으며 기계는 단순한 문자열로 해석하여 화면에 표시한다.

③ 시맨틱 웹은 XML에 기반한 시맨틱 마크업 언어를 기반으로 한다. 가장 단순한 형태인 RDF는 〈Subject, Predicate, Object〉의 트리플 형태로 개념을 표현한다. 위의 예를 트리플로 표현하면 〈urn:바나나, urn:색, urn:노랑〉과 같이 표현할 수 있다. 이렇게 표현된 트리플을 컴퓨터가 해석하여 urn:바나나라는 개념은 urn:노랑이라는 urn:색을 가지고 있다는 개념을 해석하고 처리할 수 있게 된다. 시맨틱 웹은 이러한 트리플 구조에 기반하여 그래프 형태로 의미정보인 온톨로지를 표현한다.

용어해설 **태그(tag)**

어떤 정보를 검색할 때 사용하기 위해 부여하는 단어 혹은 키워드를 의미하며, 꼬리표라고도 부른다. 인터넷 정보들 중에 사진이나 동영상과 같은 멀티미디어 정보의 등장에 따라 태그(tag)의 필요성이 늘어나게 되었다. 이러한 멀티미디어 정보들은 텍스트로 작성된 정보와 달리 '키워드'를 가지고 검색하는 것이 불가능하므로 정보 검색을 위하여 계층적으로 분류(Taxonomy)하여 검색하기도 한다. 그러나 가령 여행 중에 촬영한 사진의 경우 '여행'이라는 분류도 가능하지만, 촬영한 도시에 따라서 분류할 수도 있고, 사진의 이벤트 종류에 따라서 분류할 수도 있으므로 하나의 정보가 여러 분야에 복수로 속하게 된다. 이러한 경우 계층적인 분류가 불가능하게 되며 또한 분류체계가 방대해져서 검색에 많은 시간이 소요된다. 그래서 여러 개의 텍스트로 만든 태그를 부여하여 검색하는 데 사용한다. 즉 모든 사용자들에게 표준화된 분류체계를 유지하는 것이 실제로는 불가능한 현실에서, 특정한 정보에 적합한 단어(태그)들을 모두 나열하게 함으로써 태그의 집합으로 정보를 검색하고 분류하는 것이다. 웹 2.0의 중심 기능으로 사용자들의 참여에 의해서 중앙에서 통제되지 않고 분류된다고 해서, 이를 폭소노미(Folksonomy)라고 부르게 되었다. 트위터, 페이스북, 인스타그램 등 소셜 네트워크(SNS)에서 관심 있는 글을 검색하는 데 태그를 사용하기도 하고, 태그를 일종의 공동관심사를 표현하는 키워드로 간주하여 설정하기도 한다. 태그가 일종의 커뮤니티 역할을 맡고 있으며, 소셜 네트워크에서 사진을 올리고 서로 공유하는 데 태그의 활용이 증대되고 있는 것이다. 또한 2015년 출시된 네이버의 폴라(Pholar)에서는 친구를 팔로우하는 것이 아니라 취미에 해당하는 태그를 팔로우하는 시스템을 적용하여 태그의 활용이 더 높아졌다.

Ⅲ 시맨틱 웹의 개념

1 의의

① 웹 기술은 정보표현과 전달에 간편한 방법을 제공하여 인터넷이 실생활까지 확산되는 기폭제 역할을 하였다. 그러나 웹상에 축적된 정보가 방대해 짐에 따라 많은 문제에 봉착하게 되었다.

② 웹 기술은 축적된 방대한 데이터에 대하여 키워드(keyword)에 의한 정보 접근만을 허용하고 있어, 정보 검색 시 무수히 많은 불필요한 정보가 돌출하여 정보 홍수를 가중시키고 있다. 또한, 컴퓨터가 필요한 정보를 추출, 해석, 가공할 수 있는 방법이 없어, 모든 정보를 사용자가 직접 개입해서 처리하여야 하는 문제가 있다. 이러한 문제들의 근본 원인은 컴퓨터가 정보자원의 의미를 이해하지 못하는 데 원인이 있다. 이러한 웹 기술은 팀 버너스리가 초창기에 구상하였던 웹과도 거리가 있다.

③ 2001년 팀 버너스리 등에 의해 웹 기술의 비전으로 시맨틱 웹이 제시되었다. 시맨틱 웹은 기존 웹을 확장하여 컴퓨터가 이해할 수 있는 잘 정의된 의미를 기반으로 의미적 상호 운용성(semantic interoperability)을 실현하여, 다양한 정보자원의 처리 자동화, 데이터의 통합 및 재사용 등을 컴퓨터가 스스로 수행하여, 인간과 컴퓨터 모두 잘 이해할 수 있는 웹을 만드는 것이 목표이다.

2 온톨로지로 주석화된 웹(semantically annotated Web)

정보 자원은 일종의 지식베이스를 형성한다. 시맨틱 웹에서는 온톨로지의 의미적 상호 운용성을 기반으로 인터넷의 분산 정보 자원을 의미적으로 통합한 거대한 지식 베이스를 구축할 수 있다.

3 에이전트

인간(사용자)을 대신하여 정보 자원을 수집, 검색하고 추론하여, 온톨로지를 이용해서 다른 에이전트와 상호 정보 교환 등의 일을 수행하는 지능형 에이전트(agent)이다. 지능형 에이전트는 시맨틱 웹 기반 응용 서비스의 핵심 요소라 할 수 있다.

Ⅳ 시맨틱 웹 언어

시맨틱 웹에서 Subject, Predicate, Object는 XML의 URI 형태로 표현되며, 이는 웹 환경에 산재한 자원에 대한 온톨로지를 기술하는 데 목적이 있다. 현재 시맨틱 웹 온톨로지를 기술하는 표준 언어로는 W3C에서 제안한 RDF와 OWL이 가장 많이 쓰이며 이 외에도 ISO에서 제안한 TopicMaps와 N-Triple 그리고 인공지능 분야에서 예전부터 쓰이던 KIF 형태로도 온톨로지가 작성되기도 한다.

[예상문제]

토픽맵(Topic Maps)에 대한 설명으로 틀린 것은?

① 정보자원의 구성, 추출, 내비게이션에 관련한 새로운 web 3.0의 패러다임이다.
② 분산 환경하에서 지식구조를 정의하고 정의된 구조와 지식자원을 연계하는 데 쓰이는 기술표준이다.
③ 대용량의 정보를 분류하고 구조화하며 의미론적인 연관관계를 설정하여, 비구조화되고 분산되어 있는 정보를 효율적으로 통합, 검색하고 내비게이션하기 위한 해결책으로 제시되었다.
④ 토픽맵은 지식층과 정보층의 이중 구조로 구성되는데, 정보층은 기존의 정보 리소스 위에 구축하는 정보의 구조로서 특정 주제를 나타내는 Topic과 Topic들 간의 연관관계를 나타내는 Association으로 구성된다.

정답 ④

해설 토픽맵은 지식층과 정보층의 이중 구조로 구성된다. 지식층은 기존의 정보 리소스 위에 구축하는 지식의 구조로서 특정 주제를 나타내는 Topic과 Topic들 간의 연관관계를 나타내는 Association으로 구성된다. 정보층은 정보 리소스를 나타내며, 지식층과 정보층은 Occurrence를 통해 상호 연결되어 지식의 위치정보를 표현한다. 따라서 기존의 홈페이지나 데이터의 변경 없이 토픽간의 연관정보를 이용하여 원하는 정보로의 경로를 보다 빠르고 정확하게 안내할 수 있다.

V 시맨틱 웹 기술과 표준

1 시맨틱 웹 기술

시맨틱 웹은 다음과 같은 기술들로 구성되어 있다.

(1) 명시적 메타데이터(explicit metadata)

명시적 메타데이터(explicit metadata)는 메타데이터와 추론에 필요한 규칙 등을 XML(eXtensible Markup Language), RDF(Resource Description framework)와 같은 언어 기술을 통해 표현한다.

(2) 온톨로지(ontologies)

온톨로지(ontologies)라는 지식 표현 기술을 이용하여 데이터의 의미와 관계 정보를 체계적으로 표현한다.

(3) 논리적 추론(logical reasoning)

논리적 추론(logical reasoning)은 온톨로지와 함께 결합된 관계 정보들로부터 새로운 정보를 도출해 내는 것을 가능하게 한다.

[예상문제]

시맨틱 웹을 구성하는 기술에 대한 설명으로 틀린 것은?

① 온톨로지(ontologies)라는 지식 표현 기술을 이용하여 데이터의 의미와 관계 정보를 체계적으로 표현한다.
② OWL(Web Ontology Language)은 특정 도메인에 대한 공유되는 일반적인 이해와 개념, 개념과의 관계를 표현하기 위한 언어이다.
③ 논리적 추론(logical reasoning)은 온톨로지와 함께 결합된 관계 정보들로부터 새로운 정보를 도출해 내는 것을 가능하게 한다.
④ 명시적 메타데이터(explicit metadata)는 메타데이터와 추론에 필요한 규칙 등을 HTML(HyperText Markup Language), RDF(Resource Description framework)와 같은 언어 기술을 통해 표현한다.

정답 ④

해설 명시적 메타데이터(explicit metadata)는 메타데이터와 추론에 필요한 규칙 등을 XML, RDF와 같은 언어 기술을 통해 표현한다.

2 시맨틱 웹 표준

W3C는 시맨틱 웹 액티비티 그룹 산하의 워킹그룹을 통하여 다음과 같은 관련 표준을 개발하였다.

① RDF(Resource Description Framework)

② RDFa in XHTML

③ SPARQL Query Language for RDF

④ OWL(Web Ontology Language)

3 시맨틱 웹의 기술 계층 구조

시맨틱 웹의 기술 계층 구조는 다음과 같다.

(1) URI

① Uniform Resource Identifier의 약어이다.

② 웹상의 자원을 식별하기 위한 객체의 명칭, 위치 등의 표현이다.

(2) IRI

① International Resource Identifier with UNICODE의 약어이다.

② URI와 마찬가지로 웹 정보 자원 서술과 식별을 위한 표준 체계이다.

(3) XML

① eXtensible Markup Language의 약어이다.

② 메타 정보 표현 언어인 XML, XML 상에서의 동일한 요소나 속성을 구분하기 위해 쓰이는 이름인 Namespace, XML 문서의 마크업 방식에 대한 정의인 XML Schema 등과 같은 다양한 표준을 의미한다.

(4) RDF

① Resource Description Framework의 약어이다.

② RDF는 정보 자원이나 자원의 구조를 표현하는 언어이다.

(5) RDFS

RDF의 Schema 정보로 경량의 온톨로지를 표현한다.

(6) SPARQL

RDF 질의를 위한 언어이다.

(7) RIF

① Rule Interchange Format의 약어이다.

② 규칙의 정의와 교환을 위한 계층이다.

(8) OWL

① Web Ontology Language의 약어이다.

② 특정 도메인에 대한 공유되는 일반적인 이해와 개념, 개념과의 관계를 표현하기 위한 언어이다.

(9) 로직(Logic)

기존에 정의된 정보들을 바탕으로 새로운 결론을 도출하는 추론 기능 등을 의미한다.

(10) 증거/신뢰(Proof/Trust)

웹의 정보에 대한 신뢰를 말한다.

기출문제

시맨틱 웹에 대한 설명으로 옳은 것은? [2020]

① 키워드 기반으로 최적화된 검색 결과를 보여준다.
② 컴퓨터와 인간 언어 사이의 상호작용하는 기술이다.
③ 자연어 분석, 자연어 이해, 자연어 생성 등의 기술이다.
④ 컴퓨터가 스스로 정보의 의미를 파악하고 정보를 처리, 추론할 수 있는 환경을 구축한다.

정답 ④

해설 웹상에서 데이터의 의미를 컴퓨터가 이해하고 처리할 수 있게 하는 것으로 웹이 사용자들이 직접 인지하고 처리하는 정보만을 제공하는 것이 아니라, 기계가 추론하고, 정제하여 사용자가 이용할 수 있는 연마된 정보를 제공하는 것을 목표로 한다.

① 웹 2.0을 대표하는 페이지랭크는 키워드 기반 검색 엔진이다. 반면에 시맨틱 웹에서는 4세대 검색엔진을 사용한다. 4세대 검색엔진은 키워드 기반이 아닌 의미 기반의 검색방법 사용
② 자연어 처리(Natural Language Processing)에 대한 설명이다.
③ 자연어 처리에는 연어 분석, 자연어 이해, 자연어 생성 등의 기술이 사용된다. 자연어 분석은 그 정도에 따라 형태소 분석, 구문 분석, 하나로써 문장의 의미에 기저(基底)하여 그 문장을 해석하는 시맨틱 분석과 문장이 실제로 무슨 의미를 내포하는지 결정하는 실용 분석 등으로 크게 나누어 구분할 수 있다.

Theme

16 데이터의 구성단위

I 의의

① 컴퓨터를 이용하여 처리하고자 하는 것을 통틀어 '데이터'라고 한다. 이와 같은 데이터들은 다양한 방법으로 표현되어 컴퓨터에 입력되기도 하고 출력되기도 한다.

② 그런데 어떠한 형태로 데이터가 입 · 출력되더라도 모든 데이터는 반드시 기억장치와 산술 논리장치를 거쳐야 한다.

③ 데이터 구성의 단위에는 물리적 단위와 논리적 단위가 있다. 물리적 단위에는 비트, 니블, 바이트, 워드가 있고, 논리적 단위에는 필드, 레코드, 파일, 데이터베이스가 있다.

Ⅱ 데이터의 물리적 단위

1 의의

실제 물리적 장치(메모리, 저장 장치 등)에서 사용되는 단위이다.

2 종류

(1) Bit(비트)

① 2진법의 OFF · ON 개념의 0과 1로 구성된다.

② 0, 1의 내용만 저장할 수 있는 비트(bit)가 최소 단위이다.

(2) Nibble(니블)

니블(nibble)은 1바이트의 절반으로 보통 4비트를 가리킨다.

(3) Byte(바이트)

Byte(바이트)는 문자 표현의 최소단위로써 8bit로 구성된다.

(4) Word(워드)

Word(워드)는 컴퓨터가 한 번에 처리할 수 있는 명령 단위로, 운영체제에 따라 1 Word가 달라진다.

Ⅲ 데이터의 논리적 단위

1 의의

정보를 저장 및 처리하는 데 사용되는 단위이며 그 내부는 물리적 단위로 구성되고 디지털포렌식 관점에서 분석 대상이 되는 단위이다.

2 종류

(1) 필드(Field)

다수의 물리적 표현 단위(바이트, 워드)로 이루어진 의미 있는 정보를 표현하는 최소 단위이다.

(2) 레코드(Record)

프로그램이 처리하는 자료의 기본 단위이다(논리적 레코드).

(3) 블록(Block)

저장매체에 입·출력될 때의 기본 단위이다(물리적 레코드).

(4) 파일(File)

① 관련된 레코드의 집합으로 프로그램을 구성하는 기본 단위이다.

② 포렌식 분야의 주요 대상이다.

(5) 데이터베이스(Database)

파일(레코드)의 집합으로 계층적 구조를 가지는 자료 단위이다.

핵심정리

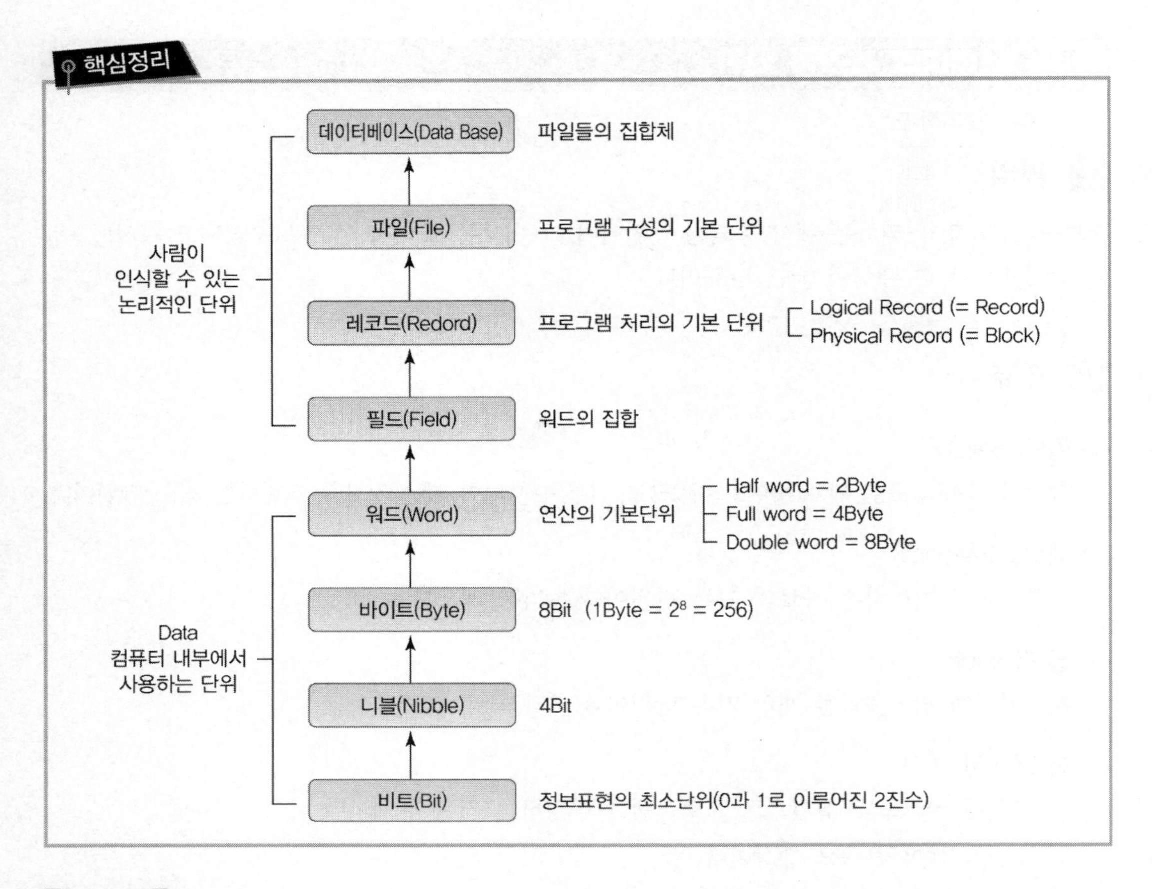

기출문제

의미를 파악하는 데이터의 최소 단위로 옳은 것은? [2021]

① 필드 ② 파일
③ 레코드 ④ 데이터베이스

정답 ①

해설 데이터의 물리적 단위로 실제 물리적 장치에서 사용되는 최소 단위는 bit이다. 모든 물리적 단위는 비트로 표현하지만 최근에는 저장 장치의 용량이 증가하면서 바이트(byte) 단위를 주로 이용한다. 참고로 1바이트는 8비트이다. 반면에 데이터의 논리적 단위는 정보를 저장 · 처리하는데 사용된다. 포렌식의 관점에서 분석 대상이 되는 최소 단위이며, 그 내부는 물리적 단위로 구성된다. 논리적 단위에는 필드, 레코드, 파일, 데이터베이스가 있다.
① 필드는 의미 있는 정보를 표현하는 최소 단위이다.
② 파일은 프로그램 구성의 기본 단위로서, 여러 레코드가 모여서 구성된다.
③ 레코드는 프로그램 내의 자료 처리 단위로서 일반적으로 레코드는 논리 레코드를 의미한다. 정보 저장 및 처리하는데 사용된다.
④ 데이터베이스는 여러 개의 관련된 파일의 집합이며, 관계형, 계층형, 망형 데이터베이스가 있다.

예상문제

데이터의 논리적 단위에 대한 설명의 개수로 옳은 것은?

ㄱ. 파일은 프로그램을 구성하는 기본 단위이다.
ㄴ. 블록은 저장매체에 입 · 출력될 때의 기본 단위이다.
ㄷ. 필드는 의미 있는 정보를 표현하는 최소 단위이다.
ㄹ. 레코드는 프로그램이 처리하는 자료의 기본 단위이다.

① 1개
② 2개
③ 3개
④ 4개

정답 ④

해설 ㄱ, ㄴ, ㄷ, ㄹ 모두 옳은 설명이다.

Theme

17 데이터베이스

I 의의

① 데이터베이스(database, DB)는 여러 사람이 공유하여 사용할 목적으로 체계화해 통합·관리하는 데이터의 집합이다.

② 작성된 목록으로써 여러 응용 시스템들의 통합된 정보들을 저장하여 운영할 수 있는 공용 데이터들의 묶음이다. 데이터베이스에 속해 있는 모델은 다양하다.

Ⅱ 연혁

① 1950년대에 데이터베이스라는 용어가 미국에서 처음 사용되었으며, 본래는 군비의 집중적·효율적 관리를 위해 컴퓨터를 활용한 도서관 개념을 개발하면서 이를 '데이터의 기지'라는 뜻의 데이터베이스로 일컬었다. 이후 1965년 시스템 디벨로프사가 2차로 개최한 '컴퓨터 중심 데이터베이스 시스템'이라는 심포지엄에서 처음 사용하였다.

② 프로세서, 컴퓨터 메모리, 컴퓨터 스토리지, 컴퓨터 네트워크 분야에서 기술이 진전됨에 따라, 등급 순으로 데이터베이스 및 각 DBMS(DataBase Management System)의 크기, 기능, 성능이 상승해왔다.

③ 데이터베이스 기술의 발전은 데이터 모델이나 구조에 따라 세 개의 시대로 나뉜다(내비게이셔널 데이터베이스, SQL/관계형 데이터베이스, 관계형 이후 데이터베이스).

Ⅲ 종류

1 내비게이셔널 데이터베이스(Navigational Database)

(1) 계층형 데이터 모델(Hierarchical Database, HDB)

① 계층형 데이터베이스(Hierarchical Database, HDB)는 트리구조를 기반으로 하는 계층형 데이터 모델을 사용한다. 계층형 데이터모델에서 데이터는 트리 형태로 구성되며, 각 데이터 요소(개체)들은 상하 관계를 나타내는 링크로 구성된다.

② IBM의 IMS(Information Management System)는 대표적인 계층형 데이터 모델이다.

(2) 네트워크형 데이터베이스(Network Database, NDB)

① 네트워크형 데이터베이스(Network Database, NDB)는 그래프 구조를 기반으로 하는 네트워크형 데이터 모델을 사용한다. 네트워크형 데이터 모델은 개체와 개체 관계를 그래프 구조로 연결하는 데이터 모델이다. 이는 계층형 데이터 모델과 유사하나, 부모(상위 개체)를 여러 개 가질 수 있다는 점이 다르다.

② IDMS(Integrated Database Management System)와 같은 수많은 제품들에 구현된 CODASYL (Conference On Data SYstems Languages) 모델은 네트워크형 데이터베이스 모델에 속한다.

2 관계형 데이터베이스(Relational Database, RDB)

(1) 의의

① 관계형 데이터베이스(Relational Database, RDB)는 1970년 Codd가 제안한 데이터베이스로서 관계형 데이터 모델을 사용한다.

② 관계형 데이터베이스는 현재까지 가장 안정적이고 효율적인 데이터베이스로 알려져 있어서 주로 사용되고 있다.

③ 관계형 데이터 모델은 개체를 테이블로 사용하고 개체들 간의 공동 속성을 이용하여 서로 연결하는 독립된 형태의 데이터 모델이다.

(2) 특징

① 데이터를 계층 구조가 아닌 단순한 표(관계)로 표현하는 형식의 데이터베이스이다.

② 종래 CODASYL형의 데이터베이스의 경우, 데이터끼리 관계 지은 포인터 등을 더듬어 찾지만, 관계형 데이터베이스에서는 그럴 필요가 없고, 표(table)로 자유롭게 가로 세로의 항목(item)을 액세스할 수 있도록 되어 있다.

③ 이용자는 '표'의 분할 · 결합을 자유롭게 할 수 있고, 표의 추가, 변경도 다른 영향을 받지 않게 행할 수 있다.

④ 종래의 데이터베이스에서는 논리적 데이터 구조(logical data structure)를 의식해서 프로그램을 만들었지만, 관계형 데이터베이스에서는 데이터 항목의 그룹은 집합론이라는 '관계'의 개념에 따라서 정의된다.

⑤ 데이터 독립성이 높으며 결합(join), 제약(restriction), 투영(projection) 등 관계 조작에 의해서 비약적으로 표현 능력을 높게 할 수 있다. 또 이들의 관계 조작에 의해서 자유롭게 구조를 바꿀 수 있는 것이 관계형 데이터베이스의 특징이다.

사원릴레이션

이름	연령	급료	부문
정경자	35	10	A
정은미	40	16	B
이무경	45	18	A

부문릴레이션

부문	명칭	주소
A	과장	인천
B	사원	광주

이름	연령	급료	부문	명칭	주소
정경자	35	10	A	사원	과천
정은미	40	16	B	사원	광주
이무경	45	18	A	과장	인천

생각넓히기 | SQL

SQL(Structured Query Language)은 관계 데이터베이스를 위한 표준 질의어로 많이 사용되는 언어이다. SQL은 사용자가 처리를 원하는 데이터가 무엇인지만 제시하고 데이터를 어떻게 처리해야 하는지를 언급할 필요가 없어 비절차적 데이터 언어의 특징을 띤다고 할 수 있다.

3 객체지향형 데이터베이스(Object-Oriented Database, OODB)

객체 지향형 데이터베이스(Object-Oriented Database, OODB)는 1980년대 후반에 등장한 데이터베이스로서, 객체 지향 프로그래밍 개념에 기반을 두고 있다. 이 모델은 데이터와 프로그램을 독립적인 객체의 형태로 구성하여 복잡한 데이터 유형을 처리하기 용이하고 객체들을 이해하기 쉽다는 장점이 있다. 그러나 이 모델은 다소 개념적인 형태로서 실제로는 사용하기 어려운데 아직까지는 완전한 형태의 객체 지향형 데이터베이스를 구현하고 못하고 있는 실정이기 때문이다.

Theme

18 자료구조

I 의의

① 자료구조(data structure)는 컴퓨터 과학에서 효율적인 접근 및 수정을 가능케 하는 자료의 조직, 관리, 저장을 의미한다.

② 더 정확히 말해, 자료 구조는 데이터 값의 모임, 또 데이터 간의 관계, 그리고 데이터에 적용할 수 있는 함수나 명령을 의미한다. 신중히 선택한 자료구조는 보다 효율적인 알고리즘을 사용할 수 있게 한다.

③ 이러한 자료구조의 선택문제는 대개 추상 자료형의 선택으로부터 시작하는 경우가 많다. 효과적으로 설계된 자료구조는 실행 시간 혹은 메모리 용량과 같은 자원을 최소한으로 사용하면서 연산을 수행하도록 해준다.

[예상문제]

데이터 값의 모임, 또 데이터 간의 관계, 그리고 데이터에 적용할 수 있는 함수나 명령 등, 컴퓨터 과학에서 효율적인 접근 및 수정을 가능케 하는 자료의 조직, 관리, 저장을 의미하는 것으로 옳은 것은?

① MySQL
② Database
③ Data Structure
④ Database Management System

정답 ③

해설 자료 구조(Data Structure)에 대한 설명이다.
① MySQL은 세계에서 가장 많이 쓰이는 오픈소스의 관계형 데이터베이스 관리 시스템(RDBMS)이다.
② 데이터베이스(database, DB)는 여러 사람이 공유하여 사용할 목적으로 체계화해 통합 · 관리하는 데이터의 집합이다.
④ 데이터베이스 관리 시스템(database management system, DBMS)은 다수의 사용자들이 데이터베이스 내의 데이터를 접근할 수 있도록 해주는 소프트웨어 도구의 집합이다.

Ⅱ 자료 구조의 중요성

1 의의

① 자료구조와 알고리즘은 프로그램을 구성하는 가장 핵심적인 요소이다. 프로그램 개발을 집을 짓는 것에 비유한다면 흙이나 모래, 시멘트, 목재와 같은 자재들이 바로 '자료구조'에 해당되고, 이러한 자재들을 이용해서 집을 짓는 것이 '알고리즘'에 해당한다.

② 자료구조에는 여러 종류가 있으며, 이러한 각각의 자료구조는 각자의 연산 및 목적에 맞추어져 있다. 예를 들어 B-트리는 데이터베이스에 효율적이며, 라우팅 테이블은 네트워크(인터넷, 인트라넷)에 일반적이다.

2 자료 구조와 알고리즘의 관계

① 다양한 프로그램을 설계할 때, 어떠한 자료구조를 선택할지는 가장 우선적으로 고려되어야 한다. 이는 큰 시스템을 제작할 때 구현의 난이도나 최종 결과물의 성능이 자료구조에 크게 의존하기 때문이다.

② 일단 자료구조가 선택되면 적용할 알고리즘은 상대적으로 명확해지기 마련이다. 때로는 반대 순서로 정해지기도 하는데, 이는 목표로 하는 연산이 특정한 알고리즘을 반드시 필요로 하며, 해당 알고리즘은 특정 자료구조에서 가장 나은 성능을 발휘할 때와 같은 경우이다. 어떠한 경우든, 적절한 자료구조의 선택은 필수적이다.

Ⅲ 분류

1 의의

자료구조는 크게 단순구조, 선형구조, 비선형구조, 파일구조의 4개 종류로 분류할 수 있다.

2 단순구조(Simple Structure)

단순구조는 자료 값을 사용하기 위한 기본 형태로서 C/C++, Python, Java와 같은 프로그래밍 언어에서 제공하는 정수, 실수, 문자, 문자열 등의 자료형(Data Type)을 뜻한다.

3 선형구조(Linear Structure)

선형구조는 자료들 간의 관계가 1:1인 자료로서 순차리스트, 연결리스트, 스택, 큐, 데크 등이 있다.

4 비선형구조(Nonlinear Structure)

비선형구조는 계층구조(Hierarchy)나 망구조(Network Structure)를 갖는 자료구조로서 트리(Tree)와 그래프(Graph)가 있다.

5 파일구조(File Structure)

① 파일구조는 서로 관련 있는 필드로 구성된 레코드 집합인 파일에 대한 자료구조로 보조 기억 장치에 데이터가 실제로 기록되는 형태이다.

② 파일의 구성 방식에 따라 순차파일, 색인파일, 직접파일 등이 있다.

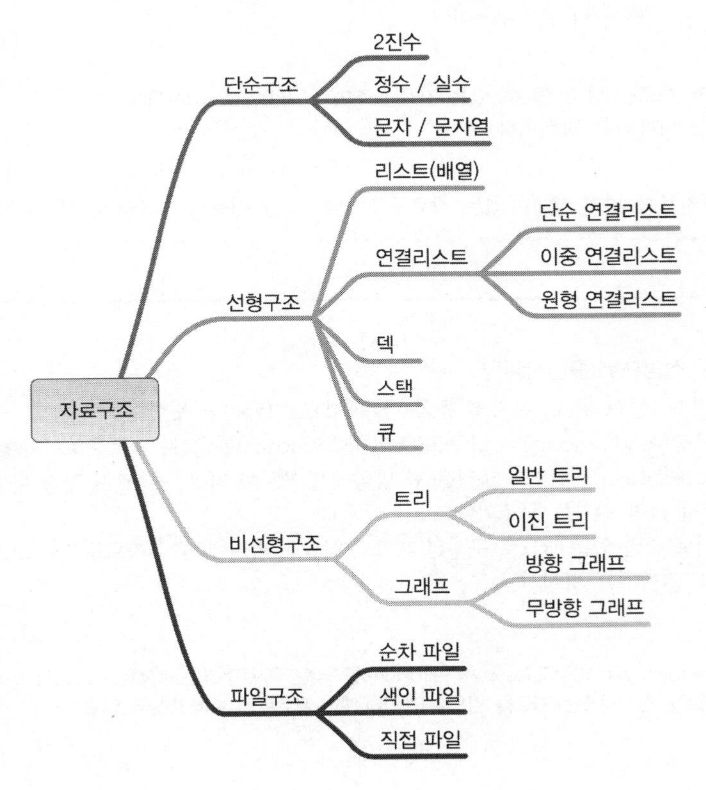

핵심정리 **데이터베이스와 자료구조**

(1) 데이터베이스
데이터베이스는 잘 정돈한 데이터의 모음을 포함하여 그 데이터 모음을 관리하는 시스템이나 소프트웨어를 통틀어 부르는 말이다.

(2) 자료구조
자료구조는 데이터를 효과적으로 쓸 수 있도록 정리하는 방법이다.

(3) 차이점
데이터베이스는 디스크에 저장하는 반영구적 데이터를 다루고, 자료구조는 주로 프로그램이 실행되는 동안 메모리에 있는 데이터를 다룬다.

핵심정리 **스택, 큐, 덱**

(1) 스택(Stack)
입력과 출력을 한 방향에서 제한한 자료 구조이다. LIFO(Last in First Out)으로 가장 나중에 들어온 데이터가 제일 먼저 빠져 나가는 구조이다.

(2) 큐(Queue)
한쪽 끝에서만 자료를 넣고 뺄 수 있는 자료구조이다. FIFO(First in First Out)구조로 처음으로 저장된 데이터를 처음 사용하는 방식이다.

(3) 덱(Deque)
양쪽 끝에서 자료를 넣고 뺄 수 있는 자료구조이다. 덱을 이용하면 스택과 큐를 구현할 수 있다.

예상문제

자료 구조에 대한 설명으로 틀린 것은?

① 단순구조는 정수, 실수, 문자, 문자열 등의 자료형(Data Type)을 뜻한다.
② 선형구조는 계층구조(Hierarchy)나 망구조(Network Structure)를 갖는 자료구조이다.
③ 선형구조 중 스택(Stack)은 입력과 출력을 한 방향에서 제한한 자료 구조로서 가장 나중에 들어온 데이터가 제일 먼저 빠져 나가는 구조이다.
④ 파일구조는 서로 관련 있는 필드로 구성된 레코드 집합인 파일에 대한 자료구조로 보조 기억장치에 데이터가 실제로 기록되는 형태이다.

정답 ②

해설 계층구조(Hierarchy)나 망구조(Network Structure)를 갖는 자료구조는 비선형구조로서 트리(Tree)와 그래프(Graph)가 있다. 선형구조는 자료들 간의 관계가 1:1인 자료로서 순차리스트, 연결리스트, 스택, 큐, 데크 등이 있다.

Theme

19 모든 것이 데이터가 되는 빅데이터 시대의 이해

I 빅데이터 시대의 도래: 역사적 흐름, 빅데이터의 정의 및 특성

1 의의

① 집적회로가 장착된 마이크로칩의 발달로 시작된 전자기기의 혁명은 정보통신기술의 발전을 가져왔다. 이렇게 시작된 정보통신기술의 발전은 후기 산업사회의 모습을 정보사회로 탈바꿈시켰다. 정보사회는 정보의 생산과 유통이 급격히 증가하면서 사회의 생산과 소비가 정보를 중심으로 이루어지는 사회를 말하는데, 이후 인터넷의 발달과 함께, 네트워크사회라는 개념으로 이어졌다(Castells).

② 네트워크 사회는 자본과 노동, 사람과 지식, 정보 등이 컴퓨터 네트워크를 통해 서로 연결되면서 정보 유통의 범위와 속도가 획기적으로 확장된 사회를 말한다. 빅데이터시대는 이 흐름의 연장선상에 존재한다.

③ 빅데이터 시대는 빅데이터라 부르는 방대한 크기의 데이터를 저장 및 처리, 분석하는 기술이 발전하면서, 이를 활용한 새로운 가치의 창출이 확산된 시대를 말한다. 빅데이터 시대로 발전하는 데에는 대용량의 데이터를 저장하기 위해 필요한 비용의 지속적인 감소와 컴퓨터 연산 능력을 일컫는 컴퓨팅 기술의 비약적 발전이 크게 영향을 미쳤다.

④ 인류는 매일매일 많은 양의 데이터를 생산하는데, 실제로 에릭 슈미트(Eric Schmidt) 전 구 글 CEO는 인류가 인류문명의 시작부터 2003년까지 축적한 데이터의 양이 2010년을 기준으로 불과 이틀 동안 생산된 데이터에 불과하다고 언급한 바 있다. 이후 이틀이 아니라 일주일이라는 논쟁이 있었으나, 인류가 2천여 년 간 생산해 낸 정도의 데이터를 불과 며칠마다 생산하고 또한 저장하고 있다는 점이 핵심이다. 그만큼 막대한 양의 데이터를 생산, 유통, 저장할 수 있는 서비스와 인프라가 발전했다는 의미이며, 또한 이를 처리하고 새로운 가치를 창출할 수 있는 방법의 혁신이 이루어지고 있다고 이해할 수 있다.

2 빅데이터

① 빅데이터는 단순히 데이터의 크기가 커진 것만을 의미하진 않는다. 데이터의 크기는 가장 기본적인 빅데이터의 특성에 불과하다. 최근의 흐름은 빅데이터 자체가 가진 속성에 주목하는 정의에서 벗어나, 빅데이터를 처리하여 활용하면서 만들어 내는 결과까지 빅데이터 정의에 포함하는 경향이 있다.

② 가장 기초적인 3V, 즉 크기(Volume), 속도(Velocity), 다양성(Variety)으로서의 특성을 보면, 우선 빅데이터는 일반적인 데이터베이스 소프트웨어로 저장, 관리, 분석할 수 있는 범위를 초과하는 규모의 데이터로 여겨진다. 여기서 일반적인 데이터베이스로 관리될 수 있는 데이터의 규모가 얼마인지 정의하기는 쉽지 않다. 일반적인 데이터베이스의 성능 향상뿐만 아니라, 클라우드를 활용한 저장 서비스도 활성화되고, 데이터 규모도 지속적으로 커지고 있기 때문이다.

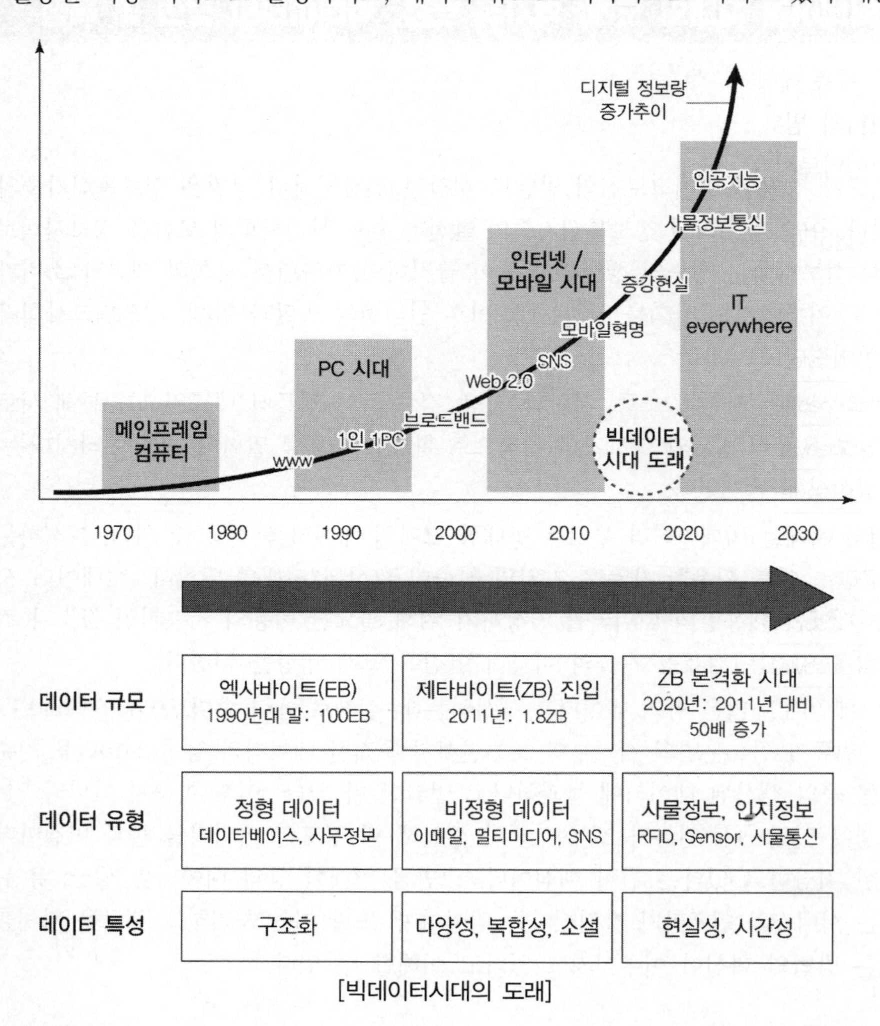

데이터 규모	엑사바이트(EB) 1990년대 말: 100EB	제타바이트(ZB) 진입 2011년: 1.8ZB	ZB 본격화 시대 2020년: 2011년 대비 50배 증가
데이터 유형	정형 데이터 데이터베이스, 사무정보	비정형 데이터 이메일, 멀티미디어, SNS	사물정보, 인지정보 RFID, Sensor, 사물통신
데이터 특성	구조화	다양성, 복합성, 소셜	현실성, 시간성

[빅데이터시대의 도래]

③ 예를 들어, 2020년 현재 테라바이트(terabyte), 페타바이트(petabyte)를 넘어 제타바이트(zettabyte), 그리고 컴퓨터 저장 단위 중 가장 큰 단위로 요타바이트(yottabyte)까지 데이터의 크기를 측정하고자 하고 있다. 이렇게 데이터의 양이 많다 보니 데이터를 축적 및 처리하는 속도가 자연스럽게 높아져야 한다는 점에서 데이터의 속도 또한 이해할 수 있다.

④ 빅데이터의 다양성은 데이터 형식과 종류에 따라 생각할 수 있는데 형식으로는 구조화된 형태의 표와 같은 테이블 형식으로 표현할 수 있는 정형 데이터와 음성, 텍스트 영상 등의 비정

형 데이터가 대표적이며, 최근에는 센서에 의해 감지되는 사물 정보, 인지 정보 형태의 데이터를 포함한다. 초기 빅데이터가 언급될 때에는 전통적인 정형 데이터를 넘어선 매우 다양한 양식으로 존재하는 비정형 데이터가 각광받았는데, 인공지능을 활용하는 지능형 서비스가 대두되면서 위치 및 센서 기반의 사물인터넷 데이터의 활용도가 높아지고 있다.

⑤ 데이터의 종류는 데이터의 내용이 무엇인지와 연관되는데 기본적으로 모든 종류의 데이터를 망라한다. 일상적인 우리의 소비, 이동, 활동과 관련된 인간 행위 데이터를 비롯해, 지구 환경과 우주 관측 데이터까지 모두 빅데이터로 볼 수 있다. 그러나 통상적으로 빅데이터라 할 때에는 데이터의 범위를 한정하여 이해하고자 한다. 예를 들어, 경영학에서는 의사결정에 도움을 주는 데이터로서 빅데이터를 바라보면서 인간 활동과 관련 있는 데이터를 빅데이터로 본다.

생각넓히기 |

단위	데이터양	십진수
킬로바이트(Kilobyte, KB)	1024 B $=2^{10}$B	1000
메가바이트(Megabyte, MB)	1024 KB $=2^{20}$B	1000 000
기가바이트(Gigabyte, GB)	1024 MB $=2^{30}$B	1000 000 000
테라바이트(Terabyte, TB)	1024 GB $=2^{40}$B	1000 000 000 000
페타바이트(Petabyte, PB)	1024 TB $=2^{50}$B	1000 000 000 000 000
엑사바이트(Exabyte, EB)	1024 PB $=2^{60}$B	1000 000 000 000 000 000
제타바이트(Zettabyte, ZB)	1024 EB $=2^{70}$B	1000 000 000 000 000 000 000
요타바이트(Yottabyte, YB)	1024 ZB $=2^{80}$B	1000 000 000 000 000 000 000 000

Ⅱ 빅데이터의 사회적 영향: 사회주체들의 빅데이터 활용

1 의의

대규모의 데이터를 수집하고 처리 및 활용할 수 있는 기회가 많아지면서 빅데이터를 어떻게 활용할 것인지에 대한 관심이 많아졌는데, 각 사회주체별로 상이한 강조점을 가진다.

2 기업

① 무엇보다 빅데이터는 기업의 혁신과 경쟁력을 제고하고 생산성을 향상시킬 수 있는 원천으로 여겨진다.

② 풍부한 양의 데이터는 '21세기의 원유'라 불릴 정도로 생산비용 절감 및 제품 차별화에 상당한 혜안을 제공할 수 있으며, 데이터 분석에 기반한 새로운 비즈니스 모델을 만들어 경쟁력을 확보하는 등 기업의 의사결정 활동에 매우 긍정적인 도움을 줄 수 있다는 것이다.

③ 이 과정에서 기업은 빅데이터를 활용하여 업무와 관련해 발생한 문제의 내용을 파악하고, 문제의 본질을 분석한 후, 앞으로 예상되는 일과 해결책을 동시에 모색할 수 있다.

3 정부와 같은 공공기관

(1) 의의

정부와 같은 공공기관은 환경 탐색, 상황 분석, 미래 대응의 3가지 영역에서 빅데이터를 활용하여 사회에 긍정적 영향을 가져올 수 있다.

(2) 환경 탐색과 상황 분석

환경 탐색은 정부 본연의 기능을 수행하기 위해 수집되는 사회 인구변화, 재해 등 여러 가지 데이터를 통해 추세를 탐색하는 것이며, 상황 분석은 현재 모습에 대한 분석을 의미한다.

(3) 미래 대응

미래 대응은 이러한 탐색과 분석에 기반해 앞으로 필요한 정책적 대응을 선제적으로 제시하고 대비하는 과정을 의미한다.

(4) 데이터 기반정책 결정 및 실행

빅데이터시대에 발맞추어 데이터 기반정책결정, 데이터 기반정책 모형 및 실행 등이 강조되면서 이러한 활동을 뒷받침하고자 하는 흐름이 나타나기도 하였다. 정부는 또한 업무 수행 중에 수집한 공공 데이터를 민간에 개방하여 산업 성장을 지원하기도 한다.

4 시민사회

① 시민사회는 이전에 구할 수 없었던 빅데이터를 분석하여 정부 활동을 감시하거나 데이터 기반 시민운동인 데이터 액티비즘(data activism)의 사회적 실천으로 연결하기도 한다.

② 국제 탐사보도 언론인협회는 약 1,150만 건에 달하는 조세 회피처 데이터 파나마 페이퍼스를 전 세계적인 협업 취재를 통해 분석하여 각종 불법행위를 보도한 바 있다.

③ 또한 공개된 데이터를 활용해 시민들이 직접 데이터 기반 서비스를 구축하고 사회 변화를 이끌기도 한다.

④ 유럽으로 진입하기 위해 해상에서 떠도는 난민들의 보트가 안전할 수 있도록, 과거 데이터를 분석해 보트가 있을 만한 곳을 인공지능으로 탐색하고 구조 사업에 활용하는 식이다.

Ⅲ 빅데이터 기술: 아키텍처 및 분석 방법의 특징

1 의의

빅데이터시대는 빅데이터 수집, 저장 및 관리, 처리 및 분석 등 일련의 과정에 대한 기술이 발전한 시대이다. 기술적으로 빅데이터를 처리하기 위한 프레임워크를 '빅데이터 아키텍처(Architecture)'라 부르는데, 이는 데이터 원천으로부터 데이터를 수집하는 수집기술, 수집된 데이터를 실시간으로 읽거나 저장하기 위한 적재기술, 그리고 적재된 데이터의 처리 및 탐색기술, 마지막으로 분석 및 응용을 위한 기술의 4가지로 구분할 수 있다.

2 빅데이터 아키텍처(Architecture)

① 데이터 수집기술은 대용량 데이터 수집기술과 실시간 스트림 수집 기술로 구분할 수 있으며, 적재기술은 대개 분산 데이터 저장기술을 활용한다. 분산 파일 시스템으로는 하둡 분산 파일 시스템(HDFS)이나 NoSQL 등이 유명하다.

생각넓히기 | 빅데이터 일괄처리 플랫폼 하둡

하둡은 분산 파일시스템인 HDFS(Hadoop Distributed File System)와 분산처리를 위한 맵리듀스(MapReduce)로 구성된 빅데이터 플랫폼이다. 휴대전화, 컴퓨터 등에서 수집된 데이터를 맵리듀스를 통해 처리하고 HDFS를 통해 처리된 데이터를 저장하게 된다. 하지만 이러한 하둡에 대한 우려의 목소리가 나오고 있다. 최근 산업계에서는 제조관리, 에너지관리, 네트워크, RFID, 통신, 금융 애플리케이션, 웹 로그 & 클릭 스트림 분석 등은 실시간 빅데이터 처리 기술을 필요로 한다. 하지만 하둡은 일정 기간 동안 저장한 데이터를 일괄처리(Batch) 방식으로 처리하기 때문에 실시간 데이터 처리가 안 되는 문제점을 갖고 있다. 다만, 하둡은 하둡 에코 시스템 중 하나인 HBase를 이용하여 실시간으로 데이터를 분석할 수 있다.

[예상문제]

㉠에 들어갈 오픈소스 소프트웨어로 옳은 것은?

> [㉠]은 2006년 야후의 더그 커팅(Doug Cutting)이 '너치(Nutch)'라는 검색엔진을 개발하는 과정에서 대용량의 비정형 데이터를 기존의 RDB 기술로는 처리가 힘들다는 것을 깨닫고, 새로운 기술을 찾던 중 구글의 분산 파일 시스템(GFS) 논문을 참고하여 개발하였습니다. 이후 아파치 재단의 오픈소스로 공개 되었습니다. [㉠]은 하나의 성능 좋은 컴퓨터를 이용하여 데이터를 처리하는 대신, 적당한 성능의 범용 컴퓨터 여러 대를 클러스터화하고, 큰 크기의 데이터를 클러스터에서 병렬로 동시에 처리하여 처리 속도를 높이는 것을 목적으로 하는 분산처리를 위한 오픈소스 프레임워크라고 할 수 있습니다.

① Hadoop ② Datameer
③ Hypertable ④ Apache Cassandra

정답 ①

해설 Hadoop에 대한 설명이다.

② 데이터 처리 및 탐색기술은 저장된 데이터를 활용하여 분석할 수 있도록 하는 기술로 맵리듀스(MapReduce), 하이브(Hive) 등이 있다.

생각넓히기 | 일괄처리 플랫폼 Hive

Hive는 Hadoop의 분산 처리 프레임 워크 맵리듀스를 프로그래밍 없이 쉽게 개발할 수 있는 툴이다. 특히 SQL과 유사한 쿼리 언어 HiveQL을 이용할 수 있다는 장점이 있다. HiveQL은 자동으로 맵리듀스 작업으로 변환돼 기존 SQL을 사용했던 엔지니어도 쉽게 맵리듀스의 이점을 얻을 수 있다. 이처럼 Hadoop Hive 등의 주변 기술과 결합해 종래와 같이 정기적으로 실행되는 전형적인 일괄처리뿐만 아니라 방대한 데이터의 일괄처리도 가능하다.

③ 빅데이터 분석 방법은 데이터의 성격에 따라 매우 다양한 방법을 활용하는데, 전통적인 통계 분석을 비롯하여 데이터 마이닝, 텍스트 마이닝, 기계학습 방법 등이 있다.

기출문제

다음 글에서 설명하고 있는 개념으로 옳은 것은? [2020]

많은 데이터 가운데 숨겨져 있는 유용한 상관관계를 발견하여, 미래에 실행 가능한 정보를 추출해 내고 의사 결정에 이용하는 과정을 말한다.

① 증강분석
② 데이터마이닝
③ 시민데이터과학
④ 인공지능 주도 개발

정답 ②

해설 데이터마이닝에 대한 설명이다.

3 빅데이터 분석의 특징

(1) 전수 조사

① 빅데이터 분석은 이전 시대와 상당히 다른 성격을 지닌다. 그 이유는 여러 가지인데, 무엇보다 데이터의 성격이 변화하였기 때문이다.

② 통계 분석은 표본을 추출함으로써 전체 모수에 대해 추론하는 방법을 기본으로 하지만 빅데이터 분석은 전수 조사를 기본으로 한다.

③ 물론, 데이터의 크기가 워낙 크거나 데이터 접근성 또는 수집기술의 한계로 존재하는 모든 데이터를 수집한다고 보기는 어렵지만, 분석하고자 하는 대상이 특정되면 해당 대상을 표본 추출이 아닌 전수 조사를 통해 분석하고자 한다.

(2) 상관관계 중심의 분석

① 두 번째 이유는 분석 목표가 변화하였기 때문이다. 이 과정에서 기존의 인과관계 중심이 아닌 상관관계 중심의 분석을 중시하는 것으로 변화하였다.

② 대개 빅데이터 분석의 목표는 특정한 현상을 설명하기보다는 실용적인 문제를 해결하기 위한 것으로 설정된다.

③ 단적으로 수많은 유튜브 시청 패턴을 분석하여 사용자가 원하는 동영상을 추천하는 것이 목표이지, 왜 사용자가 그러한 시청 패턴을 보이는지 알아내는 것이 분석의 목표가 아니라는 뜻이다.

(3) 분류와 예측

① 세 번째는 분석 전략이 변화하면서 분류와 예측이 중요해졌기 때문이다. 수많은 대규모의 데이터를 통해 혜안을 얻기 위해서는 해당 데이터를 작은 단위로 쪼개어 의미를 추출해야 한다. 그 과정에서 원데이터인 빅데이터의 의미 수준을 높이는 추상화 작업이 필요하다. 이는 결과적으로 분석하고자 하는 데이터의 크기를 줄이고, 지속적인 분류와 예측을 진행하는 과정이다.

② 예를 들어 1천만 명의 1년간 독서 기록을 분석해 신간이 나왔을 때 누구에게 추천해야 하는지를 알고 싶어 한다고 가정하자. 이때, 가장 먼저 할 일은 1천만 명의 독서 기록을 직관적으로 이해할 수 있는 독서 유형으로 구분하여 분류하는 것이다. 예를 들어 100가지의 독서 유형으로 분류하고 유형에 이름을 붙이는 추상화 작업을 진행했다면, 신간이 나왔을 경우 이 유형들 중에서 어떤 유형에 속한 사람들에게 추천하는 것이 유용한지 알 수 있다. 즉, 1천만 명의 기록을 100개 단위의 유형으로 축소시키는 추상화 및 분류 작업이 필요하며, 그 결과에 기반하여 새로운 데이터에 대한 예측을 하게 된다.

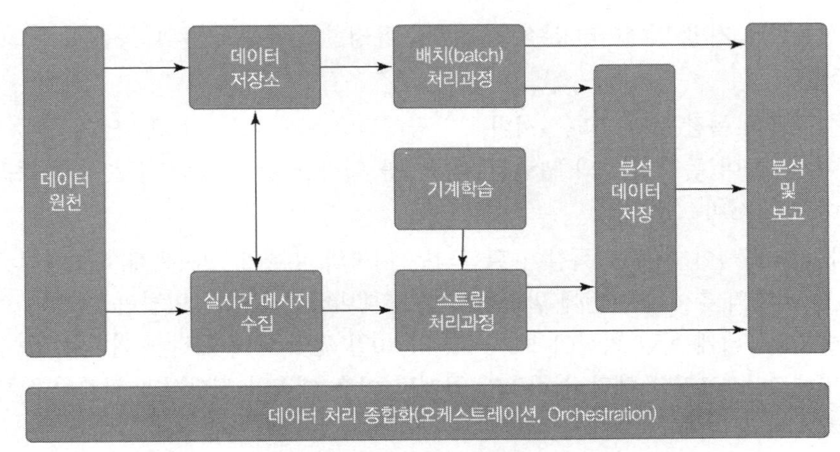

[빅데이터 아키텍처 구성 요소]

생각넓히기 | Batch

배치(Batch)는 컴퓨터의 데이터 처리 형태의 하나로써 처리해야 할 데이터를 일정 기간 또는 일정량 정리하여 처리하는 것을 의미한다. 즉, 컴퓨터 시스템에서는 처리의 대상이 되는 데이터를 일 단위나 월 단위마다 모아두고 그것을 하나로 종합하여 처리하는 것을 배치(Batch) 처리 또는 일괄처리라고 한다. 데이터 발생 직후에 처리하는 즉시 처리 혹은 실시간 처리의 상대어이다.

일괄 처리는 처리의 대상이 되는 작업들을 종합하고 일정량을 나눈 다음 처리 작업을 실행한 후에 처리된 데이터들을 통합한다. 초기 컴퓨터는 지금과 같이 통신망으로 연결할 수 없어 자료가 발생하는 대로 처리하기가 어려웠으며, 운영체제 또한 즉각적인 처리방법을 지원하지 않았기 때문에 일괄처리 방식만을 사용했다. 일괄처리 방식은 컴퓨터 이용 형태로서 오래된 방법이지만, 컴퓨터의 처리 효율을 높일 수 있고, 일정 시점 단위로 처리해야 하는 업무에는 여전히 유용한 방법으로 이용되고 있다.

Ⅳ 빅데이터 분석 사례

1 의의

초기 빅데이터 분석을 활용한 사례는 단순한 상관관계를 기반으로 한 혜안 찾아내기에 중점을 두었으나, 이후 빅데이터 분석이 활성화되면서 최적화된 문제 해결을 위한 예측으로 무게중심이 옮겨 가고 있다.

2 구글의 '독감 트렌드(Flu Trends)' 서비스

① 초기 상관관계 기반 빅데이터 분석으로 가장 유명한 사례는 구글의 '독감 트렌드(Flu Trends)' 서비스였다.

② 2008년 구글의 독감 트렌드라는 서비스가 공개되었는데, 이는 엄청난 양의 구글 검색 데이터에서 이용자들이 독감 징후와 관련된 검색어를 얼마나 찾아보는지를 분석해 독감 전파 추세를 알아내는 서비스였다.

③ 이용자들의 검색어 추세가 독감이 확산되는 지역의 추세와 연관관계가 있다는 점에 착안하여, 독감 전파의 추이를 사전에 발견하고 이를 대비하고자 하는 방법인 셈이다. 이 방법은 미국 질병통제센터에 독감 확산이 보고되기 약 10일 전에 미리 독감의 확산을 알 수 있는 것으로 유명해졌다. 그러나 해당 서비스가 공개된 이후 예측의 정확성과 관련된 오류에 대한 문제가 제기되고, 이후 예측에 실패하면서 서비스가 중단되었다.

3 소비자 구매행동 패턴을 통한 예측

(1) 미국의 대형마트 업체 타깃(Target)

① 소비자 구매행동 패턴을 통한 예측의 가장 유명한 사례는 미국의 대형마트 업체 타깃(Target)이다.

② 타깃은 소비자의 소비 패턴을 분석하여 임신한 경우의 소비라 판단하고 우편으로 아기 침대 및 아기 옷 등 유아용품 할인쿠폰을 발송하였다. 그러나 할인쿠폰을 받은 수신자 중 10대 미성년 소녀가 포함되어 있는데, 해당 소녀의 아버지가 마트를 직접 방문하여 임신을 부추긴다고 항의했다. 딸에게 보낸 쿠폰의 내용이 적절하지 않음을 항의하고 직원이 사과했으나, 이후 딸이 실제 임신한 것으로 밝혀져서 딸의 아버지가 역으로 마트 측에 사과하는 일이 벌어졌다.

③ 이는 소비자들의 구매행동 패턴을 분석해서 임신과 출산 상황을 추론하고 이 경우 필요한 물품에 대한 할인쿠폰을 사전에 먼저 보낸 사례인데, 빅데이터를 통해 고객의 현재 상황을 예측한 대표적인 경우라 볼 수 있다.

(2) 미국의 전자상거래 업체인 아마존닷컴

이와 같은 예측 방식이 일반화되고, 예측의 정확성이 높아지면서 미국의 전자상거래 업체인 아마존닷컴은 아예 고객이 주문할 물품을 해당 고객이 거주하는 지역의 물류창고(warehouse)에 옮긴 다음 고객이 주문하기도 전에 이미 집 앞에 배송되는 예측 시스템에 대한 특허를 제출하기도 했다.

4 A/B 테스트

빅데이터는 선거에 이용되기도 했는데, 미국 대통령 선거에서 빅데이터 전문가를 고용해 A/B 테스트를 통해 선거자금을 모금한 것은 빅 데이터와 실험 방식을 결합한 고전 사례이다.

생각넓히기 | A/B 테스트

분할 테스팅(split testing)이라고도 불리는 방법으로 동일한 웹사이트의 구성 요소만 변경해 상이한 집단에 보여주고 그 효과를 측정하는 방법이다. 2012년 미국 대통령 선거에서 당시 오바마 후보는 웹페이지의 사진 변경과 클릭 버튼 변경을 통해 가장 많은 확률로 뉴스레터를 구독하는 웹페이지를 알아내 이를 수행하여 성공적인 선거 캠페인에 기여했다.

5 특정한 문제 혹은 서비스를 최적화하는 방안

① 최근에는 빅데이터 자체를 활용하여 특정한 문제 혹은 서비스를 최적화하는 방안을 제시하거나 예측하는 것 이상으로, 수집된 빅데이터를 기반으로 한 인공지능 서비스를 개발하는 데도 박차를 가하고 있다. 즉, 빅데이터가 인공지능을 개발하기 위한 학습 데이터로 제공되는 것이다.

② 예를 들어, 전기 차 생산업체인 미국의 테슬라는 자율주행 자동차 서비스를 개발하기 위해 자동차에 설치된 카메라로 주변 정보를 감지 및 수집하고 신경망을 통한 심층학습을 수행하는 컴퓨터 비전기술을 개발하여 물체를 인식한다. 그리고 이러한 학습 데이터를 바탕으로 인공지능이 완전한 자율주행을 할 수 있도록 개발하고 있다.

V 빅데이터 분석의 맹점: 오류 가능성

1 의의

빅데이터를 활용하는 사례가 점차적으로 증가하고, 빅데이터를 통해 새로운 가치가 창출되기는 하지만, 빅데이터가 모든 문제를 풀 수 있는 해결책으로 제시되기는 어렵다. 빅데이터 역시 오류가 일어나기 때문이다.

2 데이터의 과거 지향적 오류

① 다양한 오류가 있지만 가장 먼저 과거 데이터가 미래를 정확히 반영하지 않는다는 데이터의 과거 지향적 오류를 지적할 수 있다. 수집된 빅데이터는 이미 어떤 이벤트(사건)가 발생한 다음에 모인 것으로 해당 데이터는 필연적으로 과거 데이터이다. 그런데 과거의 일들이 미래에 똑같이 나타난다는 보장이 없다. 과거와 전혀 다른 상황, 즉 새로운 일이 끊임없이 발생한다.

② 예를 들어, 2018년 월드컵 축구 우승자를 예상하기 위해 과거 데이터를 학습하여, 독일이 가장 우승확률이 높은 데이터라고 제시했지만, 정작 독일은 조별예선에서 우리나라에 져서 탈락했다. 학습한 데이터에서 독일은 지난 80년간 조별예선에서 떨어진 적이 없었기 때문에, 데이터에 기반한 예측이 모두 오류가 된 것이다. 학습한 데이터 때문에 새로운 상황에 대한 예측력이 떨어지는 경우를 과적합(overfitting)이라 부르기도 한다.

3 데이터 자체의 오류

① 두 번째 오류는 데이터 자체의 오류이다. 예를 들어, 수집된 빅데이터의 크기가 아무리 크더라도 전체가 아닌 부분만을 대표할 때 나타나는 대표성 오류로 '모집단 산정 오류'가 있다.

② 미국의 IBM이 개발한 인공지능 왓슨(Watson)은 암을 진단하는 예측력이 높은 것으로 알려져, 초기 국내 병원들이 도입한 바 있다. 그러나 주로 미국을 중심으로 수집된 데이터에 기반한 진단 서비스였기 때문에 국내에서는 진단율의 정확성이 현격히 떨어져서 실효성이 없는 것으로 나타났다. 또한 구글은 이미지 찾기 서비스에서 흑인을 고릴라로 분류하는 오류를 범하고 사과했는데, 이는 이미지 학습 데이터에 흑인의 데이터가 적었기 때문에 나타난 결과였다.

③ 이러한 결과들은 빅데이터가 어떤 맥락으로 수집됐는지에 따라 빅데이터 분석이 오류로 이어질 수 있다는 점을 잘 보여주는 사례이다. 데이터의 오류는 흔히 좋지 않은 데이터가 입력 데이터일 경우 좋지 않은 출력 데이터 결과가 나온다는 GIGO(Garbage In, Garbage Out) 격언으로 불리기도 한다.

4 분석 오류

① 세 번째 오류는 알고리즘이나 통계적 분석 방법을 잘못 적용했을 때 나타날 수 있는 분석 오류이다. 종종 인공지능과 관련된 빅데이터 분석에서 나타나는 오류로 상황에 맞지 않는 결과가 분석 결과로 제시된다. 예를 들어, 질병이 가장 호전되는 상황을 알아내어 치료법을 개발하고자 하였으나, 데이터를 분석한 인공지능이 질병이 이미 심각해져서 집중치료실에서 치료받고 나오는 시점을 가장 호전되는 상황이라고 제시하는 식이다.

② 이는 데이터 자체의 오류 또는 새로운 현상을 예측할 때 나타나는 오류가 아닌, 빅데이터 분석을 수행하는 알고리즘이 확률적인 가능성이 높은 상황만을 염두에 두고 분석하기 때문에 나타나는 고전적인 오류이다. 이세돌 9단과 인공지능 알파고의 제4국 대결에서, 알파고는 대결 중 승리확률이 일정 수준 이하로 떨어지고 난 후, 상대방이 실수하는 경우 승률이 가장 높아지는 방향으로만 사고하여, 수준 이하의 패착만을 두는 오류에 빠진 적이 있는데 이 역시 알고리즘이 잘못된 방향으로 적용된 예라 할 수 있다.

Ⅵ 빅데이터시대의 어두운 그림자

1 의의

빅데이터 활용이 가진 장점에도 불구하고, 개인정보 보호와 관련된 프라이버시 침해 및 빅데이터 활용과 관련된 불평등은 빅데이터시대에 해결해야 할 문제점이다.

2 개인정보 노출로 인한 프라이버시 침해

① 먼저 빅데이터시대는 개인정보 노출로 인한 프라이버시 침해가 나타나기 쉽다. 통상 개인의 정보를 보호하기 위해 빅데이터는 익명화를 기본으로 하며 데이터의 출처를 특정할 수 없도록 하는 비식별 조치를 취한다. 그러나 여러 가지 다양한 데이터를 결합하여 처리하는 과정에서 해당 데이터가 어떤 사람의 데이터인지 식별할 수 있는 재식별화 가능성이 존재한다.

② 온라인 동영상 서비스 업체인 넷플릭스는 영화 추천 알고리즘을 개선하기 위해 비식별 조치 이후 이용자 50만 명의사용 내역을 공개하고 백만 달러 상금이 주어지는 경진대회를 개최하였는데, 개인이 재식별화가 가능하다는 점이 알려져 해당 대회 전체가 취소되기도 했다.

③ 프라이버시 침해 우려는 데이터의 민감성과 더불어 증가하는 경향이 있는데, 보건 의료 기록을 타인이 열람하는 등 개인 정보가 침해될 우려가 높은 편이다.

3 빅데이터 활용과 관련된 불평등의 문제

① 빅데이터를 특정한 플랫폼 사업자가 독점하는 문제 및 데이터 제공자와 수익자가 다른 문제 등 빅데이터 활용과 관련된 불평등의 문제가 존재한다. 특히, 세계적으로 서비스를 제공하고 정보를 구축하는 구글이나 페이스북과 같은 글로벌 IT 회사들이 정보를 독점하면서 새로운 서비스를 개발하고, 이를 발판으로 시장 지배력을 강화하여 시장을 독점하는 문제는 전 세계적인 이슈이다.

② 또한 이들 플랫폼이 자신들의 정보에 접근 가능한 사람이나 기관을 선택적으로 고를 수 있는 권한을 갖게 되는데, 정보를 제공한 주체들은 그러한 권한까지 이들 기관에 넘긴 것은 아니라는 비판이 있다.

Theme

20 빅데이터의 활용을 위한 인식론적 과제

I 의의

해마다 발표하는 글로벌 미래 기술 예측으로 우리에게도 잘 알려져 있는 시장조사업체 가트너(Gartner)는 빅데이터를 "초대용량의 데이터양, 다양성, 빠른 생성속도를 가지는 정보자산으로, 비용 효과적이고 혁신적인 형태의 정보처리를 통해 향상된 통찰과 의사결정을 할 수 있는 원자료"라고 표현한다. 즉, 자료의 양이 방대하고 비정형적인 속성을 포함하고 있어서 기존의 기술이나 방법으로 수집, 저장, 검색, 분석하기 힘든 대용량자료를 가리킨다.

II 빅데이터의 공통적 특징

1 의의

빅데이터의 특징은 3V로 요약하는 것이 일반적이다. 즉 데이터의 양(Volume), 데이터 생성 속도(Velocity), 형태의 다양성(Variety)을 의미한다. 최근에는 가치(Value)나 복잡성(Complexity)을 덧붙이기도 한다.

기출문제

빅데이터에 대한 세 가지 특성으로 옳은 것은? [2021]

① 데이터 양(Volume), 데이터 생성 속도(Velocity), 형태의 다양성(Variety)
② 데이터 양(Volume), 데이터의 가치(Value), 형태의 다양성(Variety)
③ 데이터 생성 속도(Velocity), 데이터의 복잡성(Complexity), 데이터 양(Volume)
④ 데이터 양(Volume), 데이터의 가치(Value), 데이터의 복잡성(Complexity)

정답 ①

해설 빅데이터의 공통적 특징은 3V로 설명할 수 있다. 속도는 대용량의 데이터를 빠르게 처리하고 분석할 수 있는 속성이다. 융복합 환경에서 디지털 데이터는 매우 빠른 속도로 생산되므로 이를 실시간으로 저장, 유통, 수집, 분석처리가 가능한 성능을 의미한다. 다양성(Variety)은 다양한 종류의 데이터를 의미하며 정형화의 종류에 따라 정형, 반정형, 비정형 데이터로 분류할 수 있다. 빅데이터의 특징은 3V로 요약하는 것이 일반적이다. 즉 데이터의 양(Volume), 데이터 생성 속도(Velocity), 형태의 다양성(Variety)을 의미한다. 최근에는 가치(Value)나 복잡성(Complexity)을 덧붙이기도 한다.

2 속도(Velocity)

속도(Velocity)는 대용량(Volume)의 데이터를 빠르게 처리하고 분석할 수 있는 속성이다. 융복합 환경에서 디지털 데이터는 매우 빠른 속도로 생산되므로 이를 실시간으로 저장, 유통, 수집, 분석처리가 가능한 성능을 의미한다.

기출문제

빅데이터에 대한 설명으로 틀린 것은? [2019]

① 빅데이터는 멀티미디어 등의 비정형데이터를 포함한 다양한 유형의 구조화 되지 않은 데이터를 포함한다.

② 전통적인 관계형 데이터베이스 관리 시스템(RDBMS)과는 달리 NoSQL 등 비관계형(non-relational) DBMS로 처리된다.

③ 막대한 양과 종류의 데이터에 관한 수집, 저장, 관리, 분석 등을 위해 일괄처리 방식을 주로 사용한다.

④ 트위터와 페이스북, 스마트폰의 메신저 앱, 인스타그램, 유투브 등에서 엄청난 양으로 쏟아져 나오고 공유되는 텍스트, 이미지, 동영상 데이터가 연속 생성된다.

정답 ③

해설 빅데이터 시대에는 수집, 저장, 분석의 대상이 되는 데이터의 양이 방대하고, 매우 빠르게 데이터가 생성되는데, 이러한 빅데이터를 빠르고 정확하게 분석하여 활용하기 위해서는 데이터 처리 속도가 매우 중요하다. 따라서 막대한 양과 종류의 데이터에 관한 수집, 저장, 관리, 분석 등 일련의 데이터 처리과정이 실시간으로 이루어져야 한다.

3 다양성(Variety)

다양성(Variety)은 다양한 종류의 데이터를 의미하며 정형화의 종류에 따라 정형, 반정형, 비정형 데이터로 분류할 수 있다.

4 미래 경쟁력의 우위를 좌우하는 중요한 자원

① 다양하고 방대한 규모의 데이터는 미래 경쟁력의 우위를 좌우하는 중요한 자원으로 활용될 수 있다는 점에서 주목받고 있다.

② 대규모 데이터를 분석해서 의미 있는 정보를 찾아내는 시도는 예전에도 존재했다. 그러나 현재의 빅데이터 환경은 과거와 비교해 데이터의 양은 물론 질과 다양성 측면에서 패러다임의 전환을 의미한다.

③ 이런 관점에서 빅데이터는 산업혁명 시기의 석탄처럼 IT와 스마트혁명 시기에 혁신과 경쟁력 강화, 생산성 향상을 위한 중요한 원천으로 간주되고 있다.

Ⅲ 정형화 정도에 따른 분류

① 빅데이터는 정형화 정도에 따라 데이터베이스에 저장된 정형데이터, 웹문서와 같은 반정형, 오디오, 텍스트문서, 이미지, 비디오 등과 같은 비정형데이터의 유형으로 분류된다. 즉, 빅데이터는 멀티미디어 등의 비정형데이터를 포함한 다양한 유형의 구조화되지 않은 데이터를 포함한다.

② 최근의 빅데이터는 기존의 ERP, SCM, CRM 등 관계형의 정형화된 데이터뿐만 아니라 멀티미디어 등 구조화되지 않은 비정형데이터가 90% 이상을 차지하고 있으며, 그 비중은 점점 높아지고 있다.

구분	내용	종류
정형 데이터	고정된 필드에 저장된 데이터	데이터베이스 스프레드시트
반정형 데이터	고정된 필드에 저장되어 있지는 않지만 메타데이터나 스키마를 포함하는 데이터	XML HTML
비정형 데이터	고정된 필드에 저장되어 있지 않은 데이터	텍스트 문서 이미지/동영상

[예상문제]

빅데이터는 정형화 정도에 따라 정형데이터, 반정형데이터, 비정형데이터의 유형으로 분류되는데 정형데이터로 볼 수 없는 것은?

① ERP
② HTML
③ 데이터베이스
④ 스프레드시트

정답 ②

해설 HTML은 반정형 데이터이다.

용어해설

- **ERP(Enterprise Resource Planning) 전사적 자원 관리**

  기업 내 생산, 물류, 재무, 회계, 영업과 구매, 재고 등 경영 활동 프로세스들을 통합적으로 연계해 관리해 주며, 기업에서 발생하는 정보들을 서로 공유하고 새로운 정보의 생성과 빠른 의사결정을 도와주는 전사적 자원관리시스템 또는 전사적 통합시스템을 말한다.

- **SCM(Supply Chain Management) 공급망 관리**

  기업에서 원재료의 생산·유통 등 모든 공급망 단계를 최적화해 수요자가 원하는 제품을 원하는 시간과 장소에 제공하는 '공급망 관리'를 뜻한다. SCM은 부품 공급업체와 생산업체 그리고 고객에 이르기까지 거래관계에 있는 기업들 간 IT를 이용한 실시간 정보공유를 통해 시장이나 수요자들의 요구에 기민하게 대응토록 지원하는 것이다.

- **CRM(Customer Relationship Management) 고객 관계 관리**

  기업이 고객과 관련된 내외부 자료를 분석·통합해 고객 중심 자원을 극대화하고 이를 토대로 고객특성에 맞게 마케팅 활동을 계획·지원·평가하는 과정이다. CRM은 최근에 등장한 데이터베이스 마케팅(DB marketing)의 일대일 마케팅(One-to-One marketing), 관계마케팅(Relationship marketing)에서 진화한 요소들을 기반으로 등장하게 되었다. 고객데이터의 세분화를 실시하여 신규고객획득, 우수고객 유지, 고객가치증진, 잠재고객 활성화, 평생고객화와 같은 사이클을 통하여 고객을 적극적으로 관리하고 유도한다.

기출문제

빅데이터에 대한 설명으로 틀린 것은? [2020]

① 빅데이터의 특성을 설명하기 위해 3V(Volume, Variety, Velocity)라는 개념이 사용되고 있는데, 3V에서 Volume은 데이터의 양, Variety는 형식의 다양성, Velocity는 자료의 생성 및 처리 속도를 의미한다.

② 빅데이터는 디지털 환경에서 생성되는 데이터로 그 규모가 방대하고, 생성 주기도 짧고, 형태도 수치 데이터뿐 아니라 문자와 영상 데이터를 포함하는 대규모 데이터를 말한다.

③ 빅데이터는 기존의 기술이나 방법으로 수집, 저장, 검색, 분석하기 힘든 일정한 형식이 없는 대용량 자료로서 구조화되지 않은 형식이 없는 데이터로만 구성된다.

④ 빅데이터 환경은 과거에 비해 데이터의 양이 폭증했다는 점과 함께 데이터의 종류도 다양해져 사람들의 행동은 물론 위치정보와 SNS를 통해 생각과 의견까지 분석하고 예측할 수 있다.

정답 ③

해설 빅데이터는 정형화 정도에 따라 데이터베이스에 저장된 정형데이터, 웹문서와 같은 반정형데이터, 오디오, 텍스트문서, 이미지, 비디오 등과 같은 비정형데이터의 유형으로 분류된다. 즉, 빅데이터는 멀티미디어 등의 비정형데이터를 포함한 다양한 유형의 구조화 되지 않은 데이터를 포함한다. 최근의 빅데이터는 기존의 ERP, SCM, CRM 등 관계형의 정형화된 데이터뿐만 아니라 멀티미디어 등 구조화 되지 않은 비정형데이터가 90% 이상을 차지하고 있으며, 그 비중은 점점 높아지고 있다. 즉 비정형 데이터의 비중이 높아지고 있는 것은 사실이지만 반드시 비정형데이터만이 빅데이터가 된다고 할 수는 없다.

Ⅳ 방대한 데이터의 상관관계를 파악할 수 있는 강력한 원자료

① 빅데이터는 사후 처리와 귀납적 접근으로 이론과 연역에 의존하는 기존의 분석 방법론에 비해 보다 경험 지향적(empirical)이고 데이터의 전수조사를 가능케 해 불완전한 샘플링보다 신뢰성이 높으며 방대한 데이터의 상관관계를 파악함으로써 숨겨져 있는 맥락들을 파악할 수 있는 강력한 원자료이다.

② 빅데이터가 예전엔 수집 불가능했던 크기의 데이터를 모아 그 상관관계를 파악함으로써 숨겨져 있는 맥락들을 파악할 수 있는 강력한 원자료가 되었다는 주장은 그 자체론 타당하다. 여기서 한 가지 짚고 넘어갈 사실은, 빅데이터로부터 추출한 정보가 광의의 의미에서 통계적 유용성을 가짐에도 불구하고 현재 국가통계로 승인된 사례는 극히 제한적이라는 점이다. 그 이유는 각국 통계청 내의 보수성도 있으나 기본적으론 아직 빅데이터를 기반으로 한 통계자료가 국가통계로 인정받기 위해 필요한 여러 품질 기준, 특히 인과관계를 유도할 만한 안정적인 상관관계의 요건을 충족하지 못하고 있기 때문이다.

예상문제

빅데이터에 대한 설명으로 틀린 것은?

① 초대용량의 데이터양, 다양성, 빠른 생성속도를 가지는 정보자산으로 비용 효과적이다.
② 사후 처리와 귀납적 접근으로 이론과 연역에 의존하는 기존의 분석 방법론에 비해 보다 경험 지향적이다.
③ 데이터의 전수조사를 가능케 해 불완전한 샘플링보다 신뢰성이 높다.
④ 방대한 데이터의 인과관계를 파악함으로써 숨겨져 있는 맥락들을 파악할 수 있는 강력한 원자료이다.

정답 ④

해설 빅데이터가 예전엔 수집 불가능했던 크기의 데이터를 모아 그 상관관계를 파악함으로써 숨겨져 있는 맥락들을 파악할 수 있는 강력한 원자료가 되었다.

빅데이터에 대한 설명으로 틀린 것은?

① 빅데이터 개념을 구성하는 핵심 특징으로, Gartner(2012)는 3V를, 즉 방대성(volume), 속도(velocity), 다양성(variety)을 제시하였다.
② 빅데이터에 의거한 분석은 귀납적인 연구에 보다 친화성을 갖는다.
③ 빅데이터는 예전엔 수집 불가능했던 크기의 데이터를 모아 그 상관관계를 파악함으로써 숨겨져 있는 맥락들을 파악할 수 있는 강력한 원자료가 될 수 있다.
④ 빅데이터로부터 추출한 정보는 인과관계를 유도할 만한 안정적인 상관관계의 요건을 충족하는 것이 일반적이다.

정답 ④

해설 빅데이터가 예전엔 수집 불가능했던 크기의 데이터를 모아 그 상관관계를 파악함으로써 숨겨져 있는 맥락들을 파악할 수 있는 강력한 원자료가 되었다는 주장은 그 자체론 타당하다. 여기서 한가지 짚고 넘어갈 사실은 빅데이터로부터 추출한 정보가 광의의 의미에서 통계적 유용성을 가짐에도 불구하고 현재 국가통계로 승인된 사례는 극히 제한적이라는 점이다. 그 이유는 각국 통계청 내의 보수성도 있으나 기본적으론 아직 빅데이터를 기반으로 한 통계자료가 국가통계로 인정받기 위해 필요한 여러 품질 기준, 특히 인과관계를 유도할 만한 안정적인 상관관계의 요건을 충족하지 못하고 있기 때문이다.

빅데이터에 대한 설명으로 옳은 것은?

① 빅데이터 개념을 구성하는 핵심 특징으로, Gartner(2012)는 3V를, 즉 방대성(volume), 가변성(variability), 다양성(variety)을 제시하였다.

② 빅데이터에 의거한 분석은 연역적인 연구에 보다 친화성을 갖는다.

③ 빅데이터는 예전엔 수집 불가능했던 크기의 데이터를 모아 그 상관관계를 파악함으로써 숨겨져 있는 맥락들을 파악할 수 있는 강력한 원자료가 될 수 있다.

④ 빅데이터로부터 추출한 정보는 인과관계를 유도할 만한 안정적인 상관관계의 요건을 충족하는 것이 일반적이다.

정답 ③

해설 ① 가변성(variability)이 아니라 속도(velocity)이다.

② 귀납적인 연구에 보다 친화성을 갖는다.

④ 빅데이터가 예전엔 수집 불가능했던 크기의 데이터를 모아 그 상관관계를 파악함으로써 숨겨져 있는 맥락들을 파악할 수 있는 강력한 원자료가 되었다는 주장은 그 자체론 타당하다. 여기서 한 가지 짚고 넘어갈 사실은, 빅데이터로부터 추출한 정보가 광의의 의미에서 통계적 유용성을 가짐에도 불구하고 현재 국가통계로 승인된 사례는 극히 제한적이라는 점이다. 그 이유는 각국 통계청 내의 보수성도 있으나 기본적으론 아직 빅데이터를 기반으로 한 통계자료가 국가 통계로 인정받기위해 필요한 여러 품질기준, 특히 인과관계를 유도할 만한 안정적인 상관관계의 요건을 충족하지 못하고 있기 때문이다.

용어해설 데이터 마이닝 알고리즘

데이터 마이닝 알고리즘에는 다음과 같은 알고리즘 유형이 포함되어 있다.

- **분류 알고리즘** – 데이터 집합의 다른 특성을 기반으로 하나 이상의 불연속 변수를 예측하는 알고리즘이다.
- **회귀 알고리즘** – 데이터 집합의 다른 특성을 기반으로 수익 또는 손실과 같은 하나 이상의 연속 변수를 예측하는 알고리즘이다.
- **세그먼트화 알고리즘** – 데이터를 속성이 유사한 항목의 그룹 또는 클러스터로 나누는 알고리즘이다.
- **연결 알고리즘** – 데이터 집합에 있는 여러 특성 사이의 상관관계를 찾는 알고리즘이다. 이러한 종류의 알고리즘은 시장바구니 분석에 사용할 수 있는 연결 규칙을 만드는 데 가장 일반적으로 적용된다.
- **시퀀스 분석 알고리즘** – 웹 경로 흐름과 같이 데이터에서 자주 사용하는 시퀀스 또는 에피소드를 요약하는 알고리즘이다.

기출문제

빅데이터와 관련이 없는 것은? [2019]

① 분류 알고리즘 ② 세그먼트화 알고리즘
③ 데이터 마이닝 ④ 블록체인

정답 ④

해설 ①, ②, ③은 데이터 마이닝 알고리즘이다. 블록체인은 빅데이터와 관련이 없다.

예상문제

데이터 마이닝 알고리즘에 대한 설명으로 옳은 것은?

① 분류 알고리즘은 데이터 집합의 다른 특성을 기반으로 하나 이상의 연속 변수를 예측하는 알고리즘이다.
② 회귀 알고리즘은 데이터 집합의 다른 특성을 기반으로 수익 또는 손실과 같은 하나 이상의 불연속 변수를 예측하는 알고리즘이다.
③ 세그먼트화 알고리즘은 데이터를 속성이 유사한 항목의 그룹 또는 클러스터로 나누는 알고리즘이다.
④ 연결 알고리즘은 웹 경로 흐름과 같이 데이터에서 자주 사용하는 시퀀스 또는 에피소드를 요약하는 알고리즘이다.

정답 ③

해설 ① 분류 알고리즘은 데이터 집합의 다른 특성을 기반으로 하나 이상의 불연속 변수를 예측하는 알고리즘이다.
② 회귀 알고리즘은 데이터 집합의 다른 특성을 기반으로 수익 또는 손실과 같은 하나 이상의 연속 변수를 예측하는 알고리즘이다.
④ 시퀀스 분석 알고리즘에 대한 설명이다. 연결 알고리즘은 데이터 집합에 있는 여러 특성 사이의 상관관계를 찾는 알고리즘이다. 이러한 종류의 알고리즘은 시장바구니 분석에 사용할 수 있는 연결 규칙을 만드는 데 가장 일반적으로 적용된다.

Theme

21 정동 경제의 가치 논리와 빅데이터 폴리네이션

I 의의

① 주로 정부와 기업이 생산하고 언론이 대중적으로 전파하는 빅데이터 담론은 크게 '새로운 성장동력', '상관성의 과학', '맞춤형 서비스와 혜택 제공', '산업화 조건 구축' 등의 논리를 중심으로 조직된다.

② 우선, '새로운 성장동력'이라는 폴리네이션을 살펴보면, 빅데이터는 공공부문과 민간부문 모두에 걸쳐 정치, 경제, 사회, 문화적으로 매우 커다란 혁신을 창출할 성장 동력이라는 전망과 평가가 강조된다.

Ⅱ 21세기의 천연자원으로서의 빅데이터

1 의의

① 빅데이터가 "에너지, 교통, 유통, 헬스, 제조업, 도시 등" 다양한 분야에서의 혁신을 약속하는 기술로 자리매김 되고 있다. 새로운 성장 동력으로서의 빅데이터의 중요성이 강조되고 있다.

② 그런데 여기에서 주목할 점은 빅데이터가 "21세기의 천연자원"에 비유되고 있다는 사실이다. '원유', '석유', '석탄', '금' 등과 같은 명명과 함께 언론에 자주 등장하는 이러한 비유는 궁극적으로 빅데이터가 누구라도 자유롭게 채취하고 활용할 수 있는 마치 자연적 대상인 것처럼 인식되는 효과를 낳는다. 그리하여 빅데이터가 수십억 인구의 비물질 노동의 산물이라는 사실은 그만큼 간과되거나 은폐되기 쉽다.

2 네트워크 속 인구들의 비물질 노동

① 하지만 빅데이터는 천연물이 아니다. 그것은 웹을 검색하고, 상품을 구매하고, 이동 기기를 사용하고, 교통수단을 이용하는 것 등과 같은 수많은 개인의 다양한 비물질 노동에 의해 창출된 것이다. 물론, 그러한 데이터로부터 유의미한 패턴을 추출하고 분석하는 작업은 고용된 지식 노동자들에 의해 수행되지만, 그러한 지식의 주요 원천은 여전히 네트워크 속 인구들의 비물질 노동임이 분명하다.

② 또한 "새로운 생산라인"으로서의 "소셜 네트워크"라는 통찰력도 소셜 네트워크를 비물질 노동이 수행되는 생산의 장으로 보는 것보다는 "무용지물"을 처리하여 가치를 추출하는 작업라인으로 보는 관념과 더욱 가깝게 연결되어 있다는 점에서, 네트워크 속 인구들의 비물질 노동이 가치 창출의 원천이라는 사실을 제대로 부각시키지는 않는다.

③ 결과적으로, '빅데이터는 새로운 성장을 추동할 천연자원이며 소셜 미디어는 새로운 생산라인'이라는 빅데이터 폴리네이션은 오늘날의 정동 경제가 사회적 · 공통적으로 생산된 가치와 부를 사적으로 포획하고 전유하는 데 필요한 조건과 환경의 형성에 적지 않은 기여를 하는 담론작업으로 볼 수 있다.

Ⅲ 빅데이터 분석이 제공하는 상관관계

1 의의

① 빅데이터 분석이 제공하는 상관관계가 기존의 과학이 추구하던 인과관계보다 더 과학적인 미래 예측을 가능하게 해준다는 이른바 '상관관계가 인과관계를 대체할 수 있다.'라는 담론은 빅데이터 폴리네이션의 또 다른 주요 구성 요소이다.

② 기존의 과학 모델이 추구했던 인과성이 아니더라도 빅데이터를 통해 찾아낸 변수들 사이의 상관성만으로도 미래를 정확히 예측하고 적절한 대응책을 찾을 수 있다는 사실이 강조된다.

③ 설사 빅데이터가 드러내 보이는 패턴의 형성 원인은 모를지라도, 그것이 방대한 데이터에 토대를 두고 있기 때문에(즉, '숫자가 말해 주기 때문에') 충분히 신뢰할 만하다는 것이다.

④ '상관관계로도 충분하다.'는 논리에서는 사람들이 어떤 일을 왜 하는지는 알 수 없을지라도, 어쨌든 그 일을 하고 있다는 사실이 중요하다.

⑤ 데이터가 충분하기 때문에 사람들이 어떤 일을 하고 있다는 사실에 대한 우리의 확신은 전례 없이 큰 것이 된다.

2 사회현상의 규칙성을 알려주는 빅데이터

① 빅데이터는 사회현상에 대한 새로운 시각이나 사회현상의 규칙성을 알려주는 획기적인 기술로 자리 잡는다. 이처럼 빅데이터가 드러내는 상관성이 이전의 그 어떤 과학적 예측보다도 더 정확성을 갖는다는 사실이 강조된다.

② 빅데이터는 과학에 대한 전통적 접근을 진부한 것으로 만들고, 빅데이터의 통계 알고리즘은 기존의 과학이 밝혀내지 못했던 '의미 있는 패턴들' 혹은 그동안 존재했지만 포착할 수 없었던 사람들의 속마음을 잡아낸다는 것이다. 과학이 제공해주지 못했던 미래 예측 능력을 빅데이터가 제공해준다는 말이다.

③ 그리고 이러한 관념은 종종 정부나 기업의 의사결정 과정이 종래의 '표본선정-데이터수집-데이터분석-의사결정'의 4단계에서 '데이터 전수 조사-의사결정'의 두 단계로 압축될 수 있다는 주장과도 연결된다.

3 빅데이터의 효율성 브랜딩

① 하지만 이러한 빅데이터 폴리네이션에서도 네트워크 속 인구들이 창출하는 데이터 그 자체는 "복잡"하고 "난해"하며 "들쑥날쑥"하여 "거의 쓸모가 없는" 것으로 규정하는 반면, 빅데이터의 "효과적인 분석 방법"은 이러한 '쓰레기통'에서 '세상을 바꿀 지혜'를 도출해 줄 기술로 칭찬하는 행태를 확인할 수 있다.

② 아울러, 빅데이터 분석의 주요 관리와 통제 대상은 네트워크 속 인구들 사이의 실시간 정동 파동과 흐름임에도 불구하고, '과학보다도 더 과학적인' 빅데이터의 '실시간전송' 능력에 대한 강조는 그들의 관심과 정동이 전반적인 감시 시스템의 고도화보다는 빅데이터의 효율성 브랜딩에 더 많이 기울어지게 하는 결과를 낳는다.

③ 빅데이터가 기존의 과학을 대체할 정도로 과학적인 미래 예측 능력을 제공해 준다는 믿음과 더불어, 빅데이터가 정부 · 기업 · 개인 모두에게 유익한 맞춤형 서비스 혜택을 준다는 주장도 빅데이터 폴리네이션의 또 다른 주요 구성 요소이다.

④ 기업에게 빅데이터는 소비자들에 대한 실시간 미세 개입의 토대를 제공하고 맞춤형 광고와 판촉 능력을 향상시켜주는 것으로 제시된다. 그리고 정부에게는 국가 미래 전략과 과학적인 정책 수립의 결정적 토대를 제공해주는 것으로 간주되며, 개인에게는 커다란 양의 경제적 잉여를 획득할 수 있도록 해주는 것으로 강조된다.

4 빅데이터 개인정보 보호안

① 다른 한편으로는, 공공 기관과 대기업의 데이터 보유량을 획기적으로 증대시킬 수 있도록 하기 위한 개인정보 보호 관련 규제 철폐가 시급한 과제로 뒤따라온다. 이러한 빅데이터 폴리네이션에서, 개인정보 보호 요구는 빅데이터라는 디지털 자원의 무궁무진한 활용을 가로막는 장애물로 취급되곤 한다.

② 실제로, 최근 방송통신위원회는 빅데이터 산업 발전을 위한다는 명분으로 인터넷에 공개된 거의 모든 개인정보를 '공개된 정보'로 간주하여 정부와 기업이 자유롭게 수집하고 활용할 수 있도록 하는 '빅데이터 개인정보 보호안'을 만들었다.

③ 페이스북이나 트위터와 같은 소셜 미디어에 게시된 모든 글을 기업주가 자유롭게 소유하고 활용할 수 있는 '공개된 정보'로 규정한 것이다. 그 결과, 빅데이터의 대부분을 차지하는 '사용자-창출 데이터'에 대한 자본의 통제권과 소유권은 훨씬 더 강화되고, 자신이 산출한 데이터가 자신의 일상 활동을 상업적으로 관리하고 조종하기 위한 자본의 자료가 되어 자신에게 적용되고 시험되는 네트워크 속 인구들의 소외와 착취 상황은 더욱 심화된다.

④ 아울러, '사용자-제작 콘텐츠'와 '사용자-창출 데이터'와 같이 사회적 · 공통적으로 생산된 부와 가치에 대한 자본의 사적 전유를 용이하게 하는 질서는 더욱 견고해진다.

예상문제

빅데이터에 대한 담론으로 볼 수 없는 것은?

① 상관관계가 인과관계를 대체할 수 있다.
② 빅데이터는 새로운 성장을 추동할 천연자원이며 소셜 미디어는 새로운 생산라인이다.
③ 정부나 기업의 의사결정 과정이 종래의 '데이터 전수 조사-의사결정'의 두 단계에서 '표본선정-데이터 수집-데이터 분석-의사결정'의 4단계로 세분화될 수 있다.
④ 기존의 과학을 대체할 정도로 과학적인 미래 예측 능력을 제공해 빅데이터가 정부 · 기업 · 개인 모두에게 유익한 맞춤형 서비스 혜택을 준다.

정답 ③

해설 종종 정부나 기업의 의사결정 과정이 종래의 '표본선정-데이터수집-데이터 분석-의사결정'의 4단계에서 '데이터 전수 조사-의사결정'의 두 단계로 압축될 수 있다.

Theme

22 데이터 패브릭(Data Fabric)

I 의의

데이터 패브릭(Data Fabric)은 분산 데이터 환경에서 데이터의 처리, 분석, 저장, 전송 등을 가능케 하는 혁신적인 기술이다. 이를 통해 기업은 데이터의 전체 생명주기를 효과적으로 관리하고, 데이터 소스 간의 통합, 상호운용성, 신속한 검색, 분석, 이동 등을 쉽게 구현할 수 있다.

II 데이터 패브릭의 주요 기능

1 데이터 통합

다양한 데이터 소스에서 수집한 데이터를 통합하여 중복성을 줄이고, 데이터의 일관성과 정확성을 보장한다.

2 데이터 상호운용성

데이터 패브릭은 다양한 데이터 형식과 프로토콜을 지원하여 데이터를 상호운용 가능한 형태로 전환한다.

3 데이터 검색 및 분석

데이터 패브릭은 검색 및 분석 기능을 제공하여 데이터를 신속하게 검색하고 분석할 수 있다.

4 데이터 이동성

데이터 패브릭은 데이터를 쉽게 이동할 수 있도록 하여, 다양한 분석 도구와 애플리케이션에서 사용할 수 있다.

Ⅲ 데이터 패브릭의 주요 특징

1 분산 아키텍처

데이터 패브릭은 분산 아키텍처를 사용하여 다수의 데이터 노드에서 데이터를 처리하고 저장한다.

2 실시간 데이터 처리

데이터 패브릭은 실시간 데이터 처리를 지원하여, 빠른 데이터 처리와 분석이 가능하다.

3 스케일 아웃 가능성

① 스케일 아웃(Scale-out)은 컴퓨팅 시스템이나 소프트웨어의 처리 능력을 늘리기 위해 여러 개의 독립적인 컴퓨팅 리소스(서버, 스토리지, 네트워크 등)를 추가하는 것을 말한다. 즉, 시스템의 성능을 높이기 위해, 기존 시스템에 다른 시스템을 연결하여 하나의 대형 시스템으로 구성하는 것이다.

② 스케일 아웃은 스케일 업(Scale-up) 방식과 대조되는 개념이다. 스케일 업은 기존 시스템의 성능을 높이기 위해, 단일 서버의 성능을 증가시키는 것이다. 스케일 업 방식은 비교적 간단하고 빠르게 구성할 수 있지만, 서버의 물리적 한계로 인해 확장성이 제한적이다.

③ 데이터 패브릭은 수평적으로 스케일 아웃이 가능하며, 대규모 데이터 처리를 지원한다.

4 보안

데이터 패브릭은 데이터 보안을 강화하며, 데이터의 안전한 전송과 저장을 보장한다.

Ⅳ 데이터 패브릭의 하위 기술

1 데이터 가상화(Virtualization)

데이터 가상화는 데이터를 복제하거나 이동시키지 않고, 원본 데이터 소스에서 데이터를 사용할 수 있도록 만드는 기술이다. 데이터 가상화는 데이터 레이크, 데이터 웨어하우스, 패스트 데이터 등 다양한 데이터 소스에서 데이터를 추출하고 통합하는 데 사용된다.

2 데이터 엔진(Engine)

데이터 엔진은 데이터를 처리하고 분석하는 데 사용되는 소프트웨어이다. 데이터 엔진은 다양한 데이터 형식과 데이터 소스에서 데이터를 추출하고, 처리하고, 저장하는 데 사용된다. 데이터 엔진은 대규모 분산 시스템에서 실행되며, 다양한 데이터 처리 작업을 수행할 수 있다.

3 데이터 브로커(Broker)

데이터 브로커는 다양한 데이터 소스에서 발생하는 데이터를 수집하고, 처리하며, 저장하는 데 사용되는 소프트웨어이다. 데이터 브로커는 대규모 데이터를 처리하고, 분석하는 데 필수적인 기술이다. 데이터 브로커는 데이터 가상화와 데이터 엔진을 연결하여, 데이터 처리를 효율적으로 수행할 수 있도록 한다.

4 분산 컴퓨팅(Distributed Computing)

분산 컴퓨팅은 여러 개의 컴퓨터 노드가 하나의 작업을 수행하는 방식이다. 데이터 패브릭은 분산 컴퓨팅 기술을 이용하여, 대규모 데이터 처리와 분석을 수행한다. 분산 컴퓨팅은 스케일 아웃 방식으로 시스템을 확장할 수 있으며, 시스템의 안정성과 가용성을 높일 수 있다.

V 다양한 데이터 저장 및 처리 방식

1 데이터 레이크(Data Lake)

데이터 레이크는 비정형 데이터, 반정형 데이터, 정형 데이터 등 다양한 유형의 데이터를 대규모로 저장하는 저장소이다. 데이터 레이크는 데이터의 높은 용량을 지원하며, 데이터를 수집하고 저장하는 것에 중점을 둔다. 데이터 레이크는 대규모 비정형 데이터의 분석에 적합하며, 데이터 패브릭의 데이터 가상화 기술을 이용하여 데이터 레이크에서 데이터를 추출할 수 있다.

2 데이터 웨어하우스(Data Warehouse)

데이터 웨어하우스는 비즈니스 인텔리전스와 의사 결정을 지원하기 위한 중앙 집중형 데이터 저장소이다. 데이터 웨어하우스는 정형 데이터를 중심으로 구성되며, 데이터의 가공, 변환, 집계, 분석 등을 수행한다. 데이터 웨어하우스는 데이터 패브릭의 데이터 엔진 기술을 이용하여, 분산 아키텍처에서 실행되는 데이터 웨어하우스를 구축할 수 있다.

3 패스트 데이터(Fast Data)

패스트 데이터는 실시간으로 발생하는 대량의 데이터를 처리하고 분석하는 것을 말한다. 패스트 데이터는 기업의 실시간 의사 결정에 중요한 역할을 한다. 데이터 패브릭은 데이터 레이크와 데이터 웨어하우스의 단점을 보완하며, 패스트 데이터 처리와 분석을 위한 기능을 제공한다.

[예상문제]

데이터 웨어하우스에 대한 설명으로 틀린 것은?

① 원칙적으로 분석 가능한 정형, 반정형 및 비정형 등 모든 데이터의 중앙 리포지토리이다.
② 데이터 웨어하우스에는 여러 개의 데이터베이스가 포함될 수 있다. 각 데이터베이스 내에서 데이터는 테이블 및 열로 구성된다.
③ 데이터 과학자 등은 비즈니스 인텔리전스(BI) 도구, SQL 클라이언트 및 기타 분석 응용 프로그램을 통해 데이터 웨어하우스의 데이터에 액세스할 수 있다.
④ 데이터 웨어하우스는 데이터 분석을 위해 특별히 설계되었으며, 여기에는 대량의 데이터를 읽어 데이터 전반에 걸친 관계와 추세를 파악하는 작업이 포함된다.

정답 ①

해설 데이터 웨어하우스와 달리, 데이터 레이크는 정형, 반정형 및 비정형 데이터를 비롯한 모든 데이터에 대한 중앙 리포지토리이다. 데이터 웨어하우스에서는 데이터를 테이블 형식으로 구성해야 하며, 여기서는 스키마가 중요한 역할을 한다. 테이블 형식은 SQL을 사용하여 데이터를 쿼리하기 위해 필요하다. 그러나 일부 애플리케이션에서는 데이터가 테이블 형식일 필요가 없다. 빅 데이터 분석, 전체 텍스트 검색 및 기계 학습과 같은 일부 애플리케이션에서는 '반정형' 또는 비정형인 경우에도 데이터에 액세스할 수 있다.

데이터 소스를 언제 어디서든 유연하고 신속하게 사용할 수 있도록 비즈니스 플랫폼에서 '구조화'하는 기술로 옳은 것은?

① Data lake
② Fast Data
③ Data Fabric
④ Data Warehose

정답 ③

해설 ① 데이터 레이크는 대규모의 다양한 원시 데이터 세트를 기본 형식으로 저장하는 데이터 리포지토리 유형이다.
② 패스트 데이터는 빅데이터가 생기기 이전에 실시간으로 빠르게 흘러들어오는 필터링 되지 않은 데이터이다.
③ Data Fabric에 대한 설명이다.
④ 방대한 조직 내에서 분산 운영되는 각각의 데이터베이스 관리 시스템들을 효율적으로 통합하여 조정 · 관리하기 위해 공통의 형식으로 변환해서 관리하는 데이터베이스이다.

패스트 데이터(fast data) 그리고 그와 관련된 개념 또는 기술로 볼 수 없는 것은?

① 패스트 데이터는 빅데이터가 생기기 이전에 실시간으로 빠르게 흘러들어오는 필터링 되지 않은 데이터이다.

② 패스트 데이터는 막대한 양의 원시 데이터를 본연의 형식 그대로 필요해질 때까지 보관하는 일종의 저장소이다.

③ 들어오는 속도로 이벤트를 전달할 수 있는 스트리밍 시스템은 패스트 데이터에 있는 다양한 이벤트의 가치를 발견하기 위한 핵심 요소 기술이다.

④ CEP(Complex Event Processing)는 이벤트가 발생하는 다양한 소스들을 조합하고 연관관계를 맺어 최대한 빠른 조치(Response or action)를 취하도록 한다.

정답 ②

해설 데이터 레이크(Data lake)에 대한 설명이다.

다음에서 설명하고 있는 개념으로 옳은 것은?

> 다양한 컴퓨터 네트워크 운영을 통해 얻는 데이터이지만 의사 결정이나 이해를 위한 수단으로 사용되지는 않는다. 데이터를 수집하는 조직의 능력은 조직이 데이터를 분석할 수 있는 스루풋을 초과할 수 있다. 일부의 경우 조직은 데이터가 수집되고 있는 것조차 모를 수 있다. IBM은 센서와 아날로그-디지털 변환회로가 수집한 데이터의 대략 90%가 사용되지 않는다고 추산한다.

① Big Data
② Data Hub
③ Fast Data
④ Dark Data

정답 ④

해설 Dark Data에 대한 설명이다. 다크 데이터(dark data)는 다양한 컴퓨터 네트워크 운영을 통해 얻는 데이터이지만 의사 결정이나 이해를 위한 수단으로 사용되지는 않는다. 데이터를 수집하는 조직의 능력은 조직이 데이터를 분석할 수 있는 스루풋을 초과할 수 있다. 일부의 경우 조직은 데이터가 수집되고 있는 것조차 모를 수 있다. IBM은 센서와 아날로그-디지털 변환회로가 수집한 데이터의 대략 90%가 사용되지 않는다고 추산한다. 산업 부문에서 다크 데이터는 센서와 텔레매틱스가 수집한 정보를 포함할 수 있다. 여러 이유로 조직은 다크 데이터를 보유하며 대부분의 기업은 자신들의 데이터 중 1%만을 분석하고 있다고 추산된다. 규제 순응과 기록 유지를 위해 저장되기도 한다. 일부 조직은 정보 처리를 위해 더 나은 분석 및 비즈니스 인텔리전스 기술을 보유한다면 다크 데이터가 미래에 유용할 것으로 믿는다. 스토리지의 가격이 저렴하기 때문에 데이터 저장은 쉬운 편이다. 그러나 데이터를 저장하고 확보하는 일은 보통 잠재적인 이익보다는 더 큰 비용(심지어는 리스크)이 잇따를 수 있다. 참고로 스루풋(throughput) 또는 처리율은 통신에서 네트워크상의 어떤 노드나 터미널로부터 또 다른 터미널로 전달되는 단위 시간당 디지털 데이터 전송으로 처리하는 양을 말한다. 예를 들어 데이터 링크에서는 스루풋 단위로 초당 비트 수(bit/s 또는 bps)가 주로 사용된다. 시스템 스루풋 또는 애그리게이트 스루풋(aggregate throughput)은 네트워크 안의 모든 터미널에 전달되는 데이터 속도의 총합이다. 스루풋은 디지털 대역 소비량과 동의어이다.

생각넓히기 | 다크웹(Dark Web)

일반인들이 접근하는 웹을 토대로 TOR와 같은 특수한 통신 프로토콜을 추가 설치함으로써 이를 설치한 사람들끼리 익명으로 정보를 주고받을 수 있도록 한 웹이다.

Theme

23 공공데이터

I 공공데이터

① 공공데이터는 정부, 지방자치단체, 공공기관이 생성, 보유하고 있는 데이터이다.

② 정부는 공공데이터 개방 및 이용활성화를 통해 국민의 공공데이터 이용권을 보장하고, 혁신성장을 통한 일자리 창출 및 사회발전에 기여하는 가치 구현을 하고자 한다.

③ 각 공공기관이 보유한 공공데이터 목록과 국민에게 개방할 수 있는 공공데이터를 포털에 등록하면 모두가 공유할 수 있는 양질의 공공데이터로 재탄생하게 된다.

④ 이에 「공공데이터 개방 및 이용활성화에 관한 법률」을 제정하고, 공공데이터의 전면 개방을 의무화하여 다양한 정책을 추진하고 있다.

기출문제

공공데이터 포털에 대한 설명으로 틀린 것은? [2021]

① 공공데이터 포털에서 원하는 공공데이터를 제공하지 않는 경우 공공데이터 제공 신청서를 기재하여 청구할 수 있다.

② 우리나라는 2013년부터 「공공데이터의 제공 및 이용 활성화에 관한 법률」을 시행하여 공공데이터를 제공하고 있다.

③ 공공데이터는 공공데이터 포털을 통해 파일데이터, 오픈API, 시각화 등 다양한 방식으로 제공되고 있다.

④ 공공데이터는 누구나 자유롭게 이용 할 수 있지만 공공복리를 위한 목적으로만 사용될 수 있고 사적 이용은 허용되지 않는다.

정답 ④

해설 공공데이터는 누구나 자유롭게 공공복리를 위해서는 물론 사적 이용도 가능하다. 예를 들어 오픈스퀘어-D는 공공데이터에 대한 창의적인 아이디어를 가진 사람들이 경험과 기술을 교류하고, 사업화, 창업으로 성장할 수 있도록 종합적으로 지원하는 열린 공간이다.

Ⅱ 공공데이터 활용 방법

1 API

API는 Application Programming Interface의 약자로 응용 프로그램 프로그래밍 인터페이스를 말한다. 다양한 응용 프로그램에 사용할 수 있는 운영 체제, 혹은 프로그래밍 언어가 제공하는 기능을 제어할 수 있게 만든 인터페이스이다.

2 오픈 API

오픈 API는 누구나 사용할 수 있도록 공개된 API를 말한다. 데이터를 표준화하고 프로그래밍해 외부 소프트웨어 개발자나 사용자들과 공유하는 프로그램이다. 개방된 오픈 API를 이용해 다양한 서비스나 애플리케이션, 다양한 형태의 플랫폼을 개발할 수 있다.

[서울특별시 버스정보 DB]

예상문제

API(Application Programming Interface)에 대한 설명으로 틀린 것은?

① 인터페이스(Interface)란 어떤 기계(장치)끼리의 정보를 교환하기 위한 수단이나 방법을 의미한다.
② API는 어떠한 응용 프로그램에서 데이터를 주고받기 위한 방법으로 특정 사이트에서 특정 데이터를 공유할 경우 어떠한 방식으로 정보를 요청하고 받을 수 있는지에 대한 규격이라고 할 수 있다.
③ API는 애플리케이션 소프트웨어를 구축하고 통합하기 위한 정의 및 프로토콜 세트를 의미하며, 주로 파일제어, 화상 처리, 문자 제어, 창 제어 등을 위한 인터페이스를 제공한다.
④ API는 오픈 API 와 프라이빗 API로 구분할 수 있는데, 보통 정부에서 수집한 공공데이터는 Open API 형태로 제공되고, 네이버, 다음 카카오, 구글, 페이스북 등 영리 기업들은 프라이빗 API 형태로 정보를 제공한다.

정답 ④

해설 정부는 물론 네이버, 다음 카카오, 구글, 페이스북 등 영리 기업들도 Open API 형태로 정보를 제공한다. Open API를 통해 정보 및 기능을 제공하면 앱 개발 시 들어가는 시간을 줄이고 비용을 절감할 수 있고, 더욱 양질의 앱을 개발하여 많은 이익을 얻을 수 있기 때문이다. 참고로 프라이빗 API는 기업 내부에서만 사용할 수 있고, 기업이 최대한으로 제어할 수 있는 API를 말한다.

Ⅲ 공공데이터 포털

1 의의

① 공공데이터 포털은 공공기관이 생성 또는 취득하여 관리하고 있는 공공데이터를 한 곳에서 제공하는 통합 창구이다.

② 포털에서는 국민이 쉽고 편리하게 공공데이터를 이용할 수 있도록 파일데이터, 오픈 API, 시각화 등 다양한 방식으로 제공하고 있으며, 누구라도 쉽고 편리한 검색을 통해 원하는 공공데이터를 빠르고 정확하게 찾을 수 있다.

2 공공데이터 포털의 운영

① 행정안전부장관은 공공데이터의 효율적 제공을 위하여 통합제공시스템(이하 "공공데이터 포털"이라 한다)을 구축 · 관리하고 활용을 촉진하여야 한다.

② 행정안전부장관은 공공기관의 장에게 공공데이터 포털의 구축과 운영에 필요한 공공데이터의 연계, 제공 등의 협력을 요청할 수 있다.

③ 이 경우 요청을 받은 공공기관의 장은 특별한 사유가 없는 한 이에 따라야 한다.

④ 그밖에 공공데이터 포털의 구축 · 관리 및 활용촉진 등 필요한 사항은 대통령령으로 정한다.

[예상문제]

공공데이터 포털에 대한 설명으로 틀린 것은?

① 공공기관의 장 및 활용 지원센터는 공공데이터의 제공에 드는 필요최소한의 비용을 이용자에게 부담시킬 수 있다.
② 과학기술정보통신부 장관은 공공데이터의 효율적 제공을 위하여 통합제공시스템을 구축 · 관리하고 활용을 촉진하여야 한다.
③ 공공데이터의 제공거부 및 제공중단을 받은 자는 그 처분이 있은 날부터 60일 이내에 분쟁조정위원회에 분쟁조정을 신청할 수 있다.
④ 공공데이터의 제공에 관하여 해당 공공기관은 공공데이터의 품질 등으로 인하여 이용자 또는 제3자에게 발생한 손해에 대하여 민사상 · 형사상의 책임을 지지 아니한다.

정답 ②

해설 행정안전부장관은 공공데이터의 효율적 제공을 위하여 통합제공시스템(이하 "공공데이터 포털"이라 한다)을 구축 · 관리하고 활용을 촉진하여야 한다.
④ 공공데이터의 제공에 관하여 해당 공공기관과 그 소속의 공무원 및 임직원은 공공데이터의 품질(고의 또는 중대한 과실이 있는 경우는 제외한다), 제20조에 따른 공공데이터 목록의 제외, 제28조에 따른 공공데이터 제공중단 및 업무상 사유의 공공데이터 일시적 제공중단 등으로 인하여 이용자 또는 제3자에게 발생한 손해에 대하여 민사상 · 형사상의 책임을 지지 아니한다.

Ⅳ 공공데이터 전략 위원회

공공데이터전략위원회(Open Data Strategy Council)는 '공공데이터 개방 및 이용활성화에 관한 법률'에 따라 2013년 12월에 발족하여 공공데이터의 개방 및 활용에 관한 정부의 주요 정책과 계획을 심의, 조정하고 그 추진사항을 점검하고 평가하는 등 공공데이터에 관한 범정부 컨트롤타워 역할을 수행하고 있다. 특히, 민간의 의견을 적극 반영하고자 민간위원을 50% 포함하고 있다.

Ⅴ 오픈스퀘어-D

① 오픈스퀘어-D는 공공데이터에 대한 아이디어를 가진 사람들이 모여 경험과 기술을 서로 교류하고, 사업화와 창업으로 성장할 수 있도록 종합적으로 지원하는 공간이다.

② 공공데이터 기반의 아이디어 구체화, 창업부터 지속성장까지, 공공데이터 활용 전(全)주기에 대한 지원 프로그램을 제공한다.

Ⅵ 오픈데이터포럼

① 오픈데이터는 모든 사람이 차별 없이 데이터를 사용하고 자유롭게 수정할 수 있으며, 다른 데이터와 결합하여 재사용 및 재배포가 가능한 데이터를 말한다. 일반적으로 오픈데이터는 인터넷을 통해 다운로드 받을 수 있는 형태로 제공되어야 한다.

② 오픈데이터포럼은 공공데이터 관련 다자간 소통 채널을 일원화하고, 데이터 기반의 사회적 가치를 창출하기 위해서 출범한 '민 · 관 협력 데이터 활용 소통 협의체'이다.

③ 오픈데이터포럼은 오픈데이터 생태계 조성을 위하여 다양한 이해관계자 간의 참여와 협력을 목적으로 한다.

④ 오픈데이터포럼은 시민사회, 산업계, 정부 및 공공기관, 학계, 언론계 등 사회 각 부문의 이해관계자로 구성한다.

기출문제

공공데이터 관련 다자간 소통 채널을 일원화하고, 데이터 기반의 사회적 가치를 창출하기 위해서 출범한 '민 · 관 협력 데이터 활용 소통 협의체'로 옳은 것은? [2021]

① 공공데이터 포털
② 공공데이터전략위원회
③ 오픈데이터포럼
④ 오픈스퀘어-D

정답 ③

해설 오픈데이터포럼에 대한 설명이다.

① 공공데이터 포털은 공공기관이 생성 또는 취득하여 관리하고 있는 공공데이터를 한 곳에서 제공하는 통합 창구이다. 포털에서는 국민이 쉽고 편리하게 공공데이터를 이용할 수 있도록 파일데이터, 오픈API, 시각화 등 다양한 방식으로 제공하고 있으며, 누구라도 쉽고 편리한 검색을 통해 원하는 공공데이터를 빠르고 정확하게 찾을 수 있다.

② 공공데이터전략위원회는 「공공데이터 개방 및 이용활성화에 관한 법률」에 따라 2013년 12월에 발족하여 공공데이터의 개방 및 활용에 관한 정부의 주요 정책과 계획을 심의, 조정하고 그 추진사항을 점검하고 평가하는 등 공공데이터에 관한 범정부 컨트롤타워 역할을 수행하고 있다.

④ 오픈스퀘어-D는 공공데이터에 대한 아이디어를 가진 사람들이 모여 경험과 기술을 서로 교류하고, 사업화와 창업으로 성장할 수 있도록 종합적으로 지원하는 공간이다. 공공데이터 기반의 아이디어 구체화, 창업부터 지속성장까지, 공공데이터 활용 전(全)주기에 대한 지원 프로그램을 제공한다.

Theme

24 정보사회를 바라보는 관점

I '정보화 사회'와 '정보사회'

1 정보화 사회

정보화 사회는 '정보화가 진행 중인 사회'의 동태적인 측면을 강조하는 개념으로 사용된다.

2 정보사회

① 정보사회는 '정보화가 이루어진 사회'라는 정태적인 측면을 강조한 표현이다.

② 정보사회와 함께 탈산업사회, 후기 자본주의 사회, 탈근대사회, 지식사회 등 개념이 제기되어 왔다.

③ 거시적 사회변동의 흐름에 초점을 맞추어 사회변동 현상을 '제3의 물결(The Third Wave)', '거시 경향(Mega Trends)', '불연속성의 시대(The age of discontinuity)' 등으로도 표현하고 있다.

Ⅱ 정보사회를 바라보는 관점

1 기술적 관점

(1) 의의

① 1970년대 후반부터 등장한 일련의 기술혁신에 기초를 두고 정보 및 정보기술의 생산과 유통에 초점을 두고 있는 관점이다.

② 신기술을 새로운 시대를 보여주는 가장 가시적인 지표 중의 하나로 간주함으로써 새로운 기술이 체계적 사회변동을 초래하는 것으로 간주한다.

③ 따라서 정보통신기술의 거대한 발전을 새로운 유형의 사회에 대한 증거로 인식한다.

(2) 특징

① 풍부한 정보를 저장, 유통시킬 수 있으며, 정보의 분배와 변형이 신속하고 효율적이며 사회의 모든 구성원이 값싸게 정보에 접근할 수 있는 사회이다.

② 정보기술이 급속히 진보함으로써 다방면에 커다란 영향을 미치고 많은 정보가 대량으로 유통되는 사회이다.

③ 저장과 유통에 있어서 풍부한 정보의 균형, 그리고 사회의 모든 구성원에 의한 용이한 정보의 접근이 특징이 되는 사회이다.

④ 노동방식이나 사람들의 생활양식, 가치체계, 관습, 사회제도 등이 정보와 지식, 그리고 컴퓨터와 통신망을 바탕으로 하는 정보기술에 의하여 새롭게 형성된 사회, 농경사회나 산업사회와 비교되는 개념이다.

⑤ 특정 사회 내의 정보유통량이 팽창함에 따라 그 정보를 효율적으로 처리 · 전달할 수 있는 정보기술의 고도화가 불가피해지며, 이에 따른 정보의 사회-경제적 가치가 높게 부여되는 사회이다.

⑥ 영국의 한 학파에서 주요한 기술혁신은 '창조적 파괴'를 초래한다는 슘페터의 주장과 경제발전에 대한 콘트라티예프의 '장기파동' 이론을 결합하여 정보통신 기술이 새로운 시대의 도래를 나타낸다는 변동에 대한 네오슘페터적(Neo Schumpeterian)접근을 제시했다.

(3) 기술적 관점에 대한 비판

① 기술적 관점은 정보와 정보기술의 생산 유통의 확대가 어떠한 사회적 귀결을 가져오거나, 그 결과의 변화된 사회적 특징을 담아내지 못한다는 단점이 있다.

② 특히 정보사회에서 이러한 현상은 왜 일어나며 어떠한 원리에 따라 정보흐름이 규정되는지도 설명하지 않는다.

2 경제적 관점

(1) 의의

① 정보사회에서 이루어지는 정보활동에 대한 소득 산업 및 취업구조 등 경제지표의 변화에 주목하는 정의이다.

② 국민계정에서 차지하는 정보산업의 비중이나 전체 노동인구 중 정보 상품을 생산 · 처리 · 분배 · 전달에 종사하는 노동력의 비중 등을 통하여 정보사회로의 변화를 제시하는 관점이다.

③ 경제적 관점의 특징은 정보활동을 경제적 가치의 증가로 도식화하는 것이다.

④ '국민 총생산(GNP)에서 정보활동의 비율증가를 도식화할 수 있다면, 논리적으로 정보경제의 달성을 선언할 수 있는 지점에 도달한다.'고 본다.

⑤ '경제활동이 농업이나 제조업보다 정보활동에 의해 더 많이 수행된다면 이를 정보사회로 거론할 수 있다.'고 주장한다.

⑥ 경제활동 영역이 상품제조에서 정보와 지식을 제조하는 영역으로 이동하고 전문화된 정보와 새로운 테크놀로지의 효율적 이용에 관한 분야가 각광을 받는 사회이다.

⑦ 경제체제에 있어 제조업이나 농업의 보조 활동으로 정보의 생산과 교환이 움직여지기보다는 정보의 생산과 교환 그 자체가 주된 활동으로 이루어지는 사회이다.

(2) 매클럽(Machlup)

정보 관련 산업을 50개 하위 영역으로 분리되는 5개의 대산업군(교육, 통신 매체, 정보기기, 정보 서비스, 기타 정보활동)으로 나누고, 그 영역의 경제적 가치가 GNP에서 차지하는 정도를 산출하였다.

(3) 포랫(Porat)

① 포랫은 매클럽의 접근법이 다른 산업의 내부에 포함되어 있는 경우와 같이 잘 드러나지 않는 정보활동은 설명하지 못한다는 점에 착안하여 지식산업 부문을 계산하기 위해 1차 정보부문, 2차 정보부문, 비정보부문 등 세 분야로 나누어 정보의 경제적 중요성을 강조하였다.

② 특히 1차 정보부문은 귀속시킬 수 있는 시장가격을 가지고 있어 경제적 평가가 용이한 반면, 2차 정보부문은 가격을 매기기가 어려운 기업이나 국가기구의 정보적 활동으로 예를 들면 기업의 인사부서나 연구개발 등으로 현대의 모든 조직체에 필수적이라고 보았다.

(4) 일본의 정보통신경제연구소(RITE)

RITE(Research Institute of Telecommunication and Economics)는 정보사회로의 진입 여부를 측정할 수 있는 정량적 지표를 다음과 같이 개발하여 제시하였다.

① 서비스 노동인구가 전체 노동인구의 50% 상회

② 대학생의 수가 해당 연령집단 전체의 50% 상회

③ 1인당 소득이 4,000달러 이상

④ 정보비(총지출 중 정보부문의 비율)가 35% 이상인 경우 정보사회로 간주

(5) Kahn and Wiener

1인당 국민소득 수준은 산업사회가 600~1,500달러, 대량 소비사회가 1,500~4,000달러, 산업화 이후의 사회는 4,000~20,000달러에 달하는 사회이다.

(6) Deutsch

국가경제에서 정보지향 직업 종사자가 반 이상이고, 이 분야 종사자의 가치 창조가 총 국민생산의 반 이상인 사회이다.

(7) 경제적 관점에 대한 비판

① 경제적 가치의 객관적인 통계치를 추정하는 과정에서 주관적인 가치 판단이 개입될 소지가 많다.

② 집합적 자료가 불가피하게 매우 상이한 경제활동을 동질화하는 경향, 정보사회의 양적 지표와 질적 지표를 구별하지 않고 동일하게 취급하는 등의 문제점이 나타날 수 있다.

3 직업적 관점

(1) 의의

① 사회학자들이 선호하는 관점으로 시간에 걸친 직업구조 변화로 다수의 직업이 정보노동에서 발견되는 경우 정보사회가 성취된다고 보는 견해이다.

② 제조업 고용의 쇠퇴와 서비스 부문의 고용 증가는 육체노동의 소멸과 정보노동의 증가로 이어진다.

③ 벨(Bell)은 탈산업사회 직업의 지배적 집단이 정보노동자로 구성된다고 주장하였다.

④ 라이시(Reich), 드러커(Drucker), 카스텔(Castells) 등은 '상징적 분석가', '지식전문가', '정보노동자' 등 직업명을 제시하였는데, 이들의 공통점은 정보를 창조하고 활용하는 것과 관련된 노동을 하는 사람들이라는 점이다.

(2) Perkin

① 정보노동자 집단을 질적으로 구분하는 것이 필요하다.

② 1880년대 이후의 영국 역사는 대체로 교육에 의해 창조되고 비자격자의 배제에 의해 제고되는 인간자본을 이용하여 통치하는 '전문가'들의 우세화로 기록될 수 있다.

③ 전문성이 '전후사회의 조직원리'가 되었으며, 전문가들은 과거에 지배적이었던 집단(노동계급, 자본주의적 기업가 그리고 토지귀족)과 낡은 이상(협동과 연대, 재산과 시장, 가부장적 신사)을 서비스, 자격 그리고 효율성이라는 전문가적 에토스로 대체하고 있다.

④ 사적 부문에 있는 전문가들과 공적 부문에 있는 전문가들 사이에 갈등이 있는 것은 사실이지만, 퍼킨은 이것이 중요한 참여로부터 비전문가들을 결정적으로 배제하고 기본적인 가정(특히 훈련된 전문성의 우세와 능력에 기초한 보상)을 공유하는, '전문가 사회' 내부의 대결전이라고 주장한다.

[예상문제]

퍼킨(Perkin)의 전문가 집단에 대한 설명으로 틀린 것은?

① 20세기 자본주의의 중요한 특징 가운데 하나로 임금노동자의 범주에 포함시킬 수 없는 새로운 형태의 직업집단인 전문가 집단이 출현하였다.
② 전문가 집단의 출현은 국민국가의 사회통제 수준이 높아지는 것과 밀접한 관련을 맺고 있다.
③ 전문가 집단은 지주나 자본가와는 달리 전문화된 훈련, 전문성에 기초한 보상과 사회적 신분을 요구하는 집단이다.
④ 20세기 들어서 더욱 발전된 교육제도의 결과로 전문화가 촉진되었다.

정답 ①

해설 전문가 집단도 임금노동자이다.

다음을 주장한 연구자의 이름으로 옳은 것은?

> 1880년 이후의 영국 역사는 대체로 교육에 의해 창조되고 비자격자의 배제에 의해 제고되는 인간자본을 이용하여 통치하는 '전문가'들의 우세화로 기록될 수 있다. 인정된 전문성이 '전후사회의 조직원리'가 되었으며, 전문가들은 과거에 지배적이었던 집단(노동계급, 자본주의적 기업가 그리고 토지귀족)과 낡은 이상(협동과 연대, 재산과 시장, 가부장적 신사)을 서비스 자격 그리고 효율성이라는 전문가적 에토스로 대체하고 있다.

① Robert Reich ② Harold Perkin
③ Peter Drucker ④ Alvin Gouldner

정답 ②

해설 Harold Perkin의 주장이다.

(3) Gouldner

① 굴드너는 20세기 들어서 팽창한 새로운 유형의 노동자를 밝혀내는데, 이 새로운 계급은 지식인과 기술적 인텔리겐치아로 구성된다.

② 새로운 계급은 부분적으로는 자기본위적인 동시에 때로는 권력집단에 종속적이며, 기성 기업가나 정당 지도자의 통제에 저항할 수도 있다.

③ 새로운 계급의 핵심적 분화는 기술주의적이고 동조적인 사람들과, 그 성향이 비판적이고 해방적인 인본주의 지식인 사이에서 나타난다.

[예상문제]

지식인과 기술적 인텔리겐치아로 '새로운 계급'이 구성되고 이들은 부분적으로는 자기본위적인 동시에 때로는 권력집단에 종속적이며, 기성 기업가나 정당 지도자의 통제에 저항할 수도 있다고 본 연구자의 이름으로 옳은 것은?

① Robert Reich ② Harold Perkin
③ Peter Drucker ④ Alvin Gouldner

정답 ④

해설 Alvin Gouldner의 주장이다.

(4) Leadbeater

레드베터는 현 시대 기본적인 것은 정보라는 통찰을 강조하는 저서 '밑천 없이 살아가기'(Living on Thin Air)에서 정보사회 부의 생산은 육체적 노력이 아니라 아이디어, 지식, 숙련, 재능, 창의성에서 나오므로 현명한 사고, 창의성, 통신망을 발전시키고, 활용할 수 있는 능력 배양 등이 요구되는 디자이너, 중개사, 이미지 창조가, 음악가, 생명기술자, 유전공학자, 틈새시장 개척자 등 직업을 성공적 사례로 제시하였다.

(5) Machlup

① 지식의 운반자(예 신문배달원, 우편집배원 등)

② 지식의 변형자(예 속기사, 자서전, 집필자 등)

③ 지식의 처리자(예 회계사 등)

④ 지식의 해석자(예 통역원 등)

⑤ 지식의 분석자(예 신문사 논설위원 등)

⑥ 지식의 창조자(예 학자 · 연구자 등)

4 공간적 관점

(1) 의의

① 지역을 연결하고 시간과 공간의 조직화에 중대한 영향을 미치는 정보통신망의 중요성을 강조하는 관점이다.

② 전 세계적인 차원의 연결망 사회를 작동시키는 정보 송수관 제공으로 더 많은 사람들이 점차 통신망에 연결되고, 통신망 자체의 범위와 성능도 기하급수적으로 확장된다.

(2) Castells

① 정보 유통의 양과 속도 증가로 얻어지는 '시공 축약'은 정보사회를 이전 사회와 구별시키는 하나의 구성요소가 된다.

② 전자고속도로 발전에 따른 정보 흐름의 새로운 현상은 시간 · 공간 관계의 근본적 변화로 통신망 사회를 형성한다.

③ 통신망 사회는 시간과 거리의 제약이 급격히 약화되어 기업은 물론 개인까지도 세계적 차원의 문제를 효과적으로 관리할 수 있게 된다.

④ 지식정보 역할의 증가보다 그 증가가 가져오는 사회적 결과, 즉 자아와 사회 사이의 관계의 변화가 중요하며 사회구조가 극소전자 기반의 정보와 커뮤니케이션 기술로 추진되는 네트워크로 구성된 통신망 사회가 된다.

(3) Wellman

정보통신망이 현대사회의 중요한 특징으로 위성을 이용하여 지구상 어디에서든 직접 통신과 접근이 가능한 일상적 부분으로 정보통신망을 통해 지구촌 사람들이 온라인으로 연결됨으로써 신체적으로 대면하지 않고서도 실시간 관계를 지속할 수 있는 사회이다.

5 문화적 관점

(1) 의의

① 많은 사람들에게 가장 쉽게 인정되면서 측정이 가장 적게 이루어지는 개념으로 일상생활 양식을 통한 사회적 순환에서 급격히 증가한 정보의 양에 착안하는 관점이다.

② 현대 문화는 과거 어느 때보다 더 많은 정보와 미디어로 가득 찬 사회이고, 새로운 매체들이 우리 주위를 감싸고 있다.

③ 현대 문화는 삶의 본질적 상징화(symbolization)에 대한 것, 즉 우리 자신과 다른 사람들에 대한 메시지의 교환과 수용을 기반으로 한다.

④ 우리가 정보사회로 진입했다고 인식하는 것도 바로 이러한 의미화의 폭발적 증가에 대한 인정으로 과거 어느 때보다 더 풍부한 기호의 홍수 속에 놓인 삶의 분명함에서 출발한다.

(2) Baudrillard

① 의미화의 폭발적인 증가로 인하여 의미의 붕괴가 나타나는데, 정보가 더 많아질수록 의미는 더 적어지는 사회이다.

② 사람들은 모든 것이 정보관리와 조작의 문제라는 것을 알아차려 진실이라는 것이 더 이상 존재하지 않는다는 것을 인정하기 때문에 어떤 진실한 기호를 갈구하지 않는다.

③ 기호의 인공성을 인지하고 자신들을 구성하기 위해 사용하는 기호의 비진정성을 인정하는 볼거리의 시대로 진입한 사회이다.

(3) Poster

① 기호는 의미를 상실하고 사람들은 접하는 기호로부터 자신이 좋아하는 것만 받아들인다.

② 의미 덩어리는 서로 교환되지만 아무런 의미를 가지고 있지 않다.

[예상문제]

정보를 바라보는 관점에 대한 설명으로 틀린 것은?

① 정보이론적 관점에서 정보는 내용에 상관없이 정의되고 에너지나 물질과 마찬가지로 물리적 요소로 간주된다.
② 정보사회론적 관점은 정보를 단순한 자원이 아니라 상품으로 취급한다.
③ 정치경제학적 관점에서 정보는 공공재적 성격과 사유재적 성격을 동시에 가진다.
④ 의미론적 관점은 기존 일반론적·양적 정의에 대해 비판하는 과정에서 형성되었다.

정답 ②

해설 정보를 단순한 자원이 아니라 상품으로 취급하는 것은 정치경제학적 관점이다.

정보를 바라보는 관점에 대한 옳은 설명을 있는 대로 고른 것은?

> ㄱ. 정보를 바라보는 관점은 기술적 관점, 경제적 관점, 직업적 관점, 공간적 관점, 문화적 관점 등으로 구분할 수 있다.
> ㄴ. 현대 사회를 정보사회 또는 탈산업사회로 보는 관점에서는 지식이 상품 또는 생산요소로 등장한다고 본다.
> ㄷ. 정보는 상대적으로 낮은 비용으로 무한 생산이 가능하며, 사용기간에 따라 감가 상각되지 않는다고 보는 관점에서는 정보를 단순한 자원이 아니라 상품으로 취급한다.
> ㄹ. 더 많은 양의 정보는 새로운 유형의 사회라는 주장에 반대하는 관점도 존재한다.

① ㄱ, ㄴ　　② ㄴ, ㄷ
③ ㄷ, ㄹ　　④ ㄱ, ㄴ, ㄹ

정답 ③

해설 ㄱ. 정보사회를 바라보는 관점이다.
ㄴ. 정보사회론적 관점에서 정보는 재화 또는 생산요소이다.

정보사회를 바라보는 관점에 대한 설명으로 틀린 것은?

① 정보이론적 관점, 경제적 관점, 직업적 관점, 공간적 관점, 문화적 관점 등으로 구분할 수 있다.
② 매클럽과 포랫의 입장은 경제적 관점으로 분류할 수 있다.
③ 직업적 관점은 사회학자들이 선호하는 정의로 직업 구조의 변화를 중시한다.
④ 공간적 관점은 정보 유통의 양과 속도 증가로 얻어지는 '시공 축약'을 이전 사회와 구별되는 정보사회의 구성요소로 본다.

정답 ①

해설 정보이론적 관점은 정보를 바라보는 관점이다.

Theme 25 정보사회의 특징과 가치

I 정보사회의 특징

1 사회 운영 원리의 특징

(1) 질적 사회

육체적 노동량이 가치를 결정하던 시대에서 정신적 노동의 질, 즉 기술의 질적 차이가 가치를 결정하는 시대로 전환된다.

(2) 거리의 소멸

정보통신망 연결이 기하급수적으로 확장되어 공간적 차원, 시간적 차원, 인식적 차원 등에서 거리의 소멸이 발생한다.

(3) 경계의 모호화

모든 사회영역 간 경계가 모호해지는 무경계 사회현상이다.

(4) 소프트화

① 고정된 사회가 아니라 변화하면서 흘러가는 사회를 형성한다.

② 공간적 거리의 축소와 경계의 소멸로 인해 시스템 내 요소 간 상호작용이 기하급수적으로 증가하는 사회로 시스템의 복잡성이 증가하고, 변화의 복잡성은 불확실성을 증가시킨다.

③ 사회 적응을 위해 유연성이 요구되며 유연성은 정보활동의 증가와 불가분의 관계를 나타낸다.

④ 산업구조는 물질적 상품의 생산업인 제조업보다 정보통신 산업 비중이 증가하고, 조직구조는 계층질서나 폐쇄체제에서 평등한 개방체제로 변화한다.

(5) 네트워크화

① 의의

㉠ 수평적 협력에 의해 움직이는 구조이고, 위계제보다 민주적인 사회를 형성한다.

㉡ 네트워크사회란 네트워크 규모가 확장되는 사회를 의미하며, 각종 네트워크를 타고 흐르는 정보의 통합이 이루어지는 현상을 뜻한다.

② 특징

㉠ 정보의 분산처리가 이루어지고 있는 사회이다.

㉡ 개인은 조직의 구성원이라는 정체성을 상실하고 자신의 능력과 전문성을 파는 세일즈맨이 되는 사회이다.

㉢ 사회적 네트워크 현상으로 대규모 외부경제 효과를 갖는 사회이다.

(6) 자동화

사회 전체가 하나의 망으로 연결되고 운영되는 사회자동화를 의미한다.

[예상문제]

다음 정보사회의 특징 중 네트워크화에 포함시킬 수 없는 것은?

① 정보통신망의 연결이 기하급수적으로 확장되어 공간적 차원, 시간적 차원, 인식의 차원 등에서 거리의 소멸이 발생한다.

② 수평적 협력에 의해 움직이는 구조이고, 위계제보다 민주적인 사회를 형성한다.

③ 정보의 분산 처리가 이루어지고 있는 사회이다.

④ 개인은 조직의 구성원이라는 정체성을 상실하고, 자신의 능력과 전문성을 파는 세일즈맨이 되는 사회이다.

정답 ①

해설 거리의 소멸에 대한 설명이다.

2 구조적 특징

(1) 앨빈 토플러의 「제3의 물결」(The Third Wave)

① 정보사회 조직 원리는 컴퓨터와 커뮤니케이션 기술 등의 발달에 의한 산업의 소프트화, 다품종 소량생산원리 등 산업조직을 포함한 모든 사회구조의 조직원리가 산업사회와 차별화된다.

② 다양한 소비자의 기호에 맞추어 다양한 상품을 생산해서 공급할 수 있을 뿐 아니라 대량생산에의 의존도가 낮은 정보산업이 산업의 주종을 이룰 것이다.

③ 사회 조직의 원리도 위계적인 피라미드형 구조에서 네트워크형으로 전환되며, 분권화와 소규모화가 조직 원리로 자리 잡는다.

④ 변화에 빠르게 현장 적응능력이 높은 조직형태가 자리 잡게 되고 전문성을 지닌 구성원들이 수평적 네트워크를 구성하게 될 것이다.

핵심정리

'제3의 물결' 키워드
비표준화 혹은 탈대중화, 분산화, 분권화, 소규모화

예상문제

앨빈 토플러의 「제3의 물결」에서 부각된 내용으로 볼 수 없는 것은?
① 제도적 복지사회에서 자조(自助)사회로 진전한다.
② 매체의 탈대중화는 동시에 인간정신의 탈대중화를 가져온다.
③ 다양한 소비자의 기호에 맞추어 다양한 상품을 생산해서 공급할 수 있게 된다.
④ 분권화와 소규모화를 통해 현장 적응력이 높은 조직 형태가 자리 잡게 되고 전문성을 지닌 구성원들의 수평적 네트워크를 구성하게 될 것이다.

정답 ①
해설 제도적 복지사회에서 자조(自助)사회로의 진전을 강조한 학자는 존 나이스비트(John Naisbitt)이다.

(2) 앨빈 토플러의 「권력이동」(Power Shift)

① 의의

㉠ 우리는 지금까지 세계를 결집시켰던 권력 구조 전체가 붕괴되는 시기에 살고 있다.
㉡ 권력이동을 수행하는 권력의 세 가지 원천은 폭력, 부, 지식이다. 폭력은 저품질 권력, 부는 중품질 권력, 지식은 고품질 권력이다.
㉢ 21세기 전 세계적 권력투쟁의 핵심문제는 지식의 장악이며, 이 지식이야말로 진정한 권력의 수단이 될 것이다.
㉣ 지식은 결코 소진되는 법이 없으며 약자나 가난한 자도 소유할 수 있는 지식의 생산성으로 폭력과 부의 파괴적이고 편향적인 비민주성의 낭비와 횡포를 제어할 수 있다.

② 「권력이동」에 나타난 정보사회의 구조적 특징

㉠ 새로운 부의 창출 체제는 데이터, 정보 및 지식의 교환에 의존한다.
㉡ 대량생산이 아닌 탄력적 주문생산, 즉 탈대량화 생산으로 이동한다.
㉢ 토지 · 노동 · 원료 · 자본 등 생산요소가 기호화된 지식으로 대체됨에 따라 그 중요성이 감소한다.
㉣ 전통적 화폐 대신에 전자화폐가 교환수단으로 확산된다.
㉤ 재화와 서비스를 모형화하고 표준화하는 과정의 시스템이 확산된다.
㉥ 관료적 조직화는 흐름이 자유로운 정보체제로 대체된다.
㉦ 조직단위의 수와 다양성이 증가함으로써 더욱 많은 정보가 생성 · 전달된다.
㉧ 새로운 주역은 창의적 지식을 행동과 결합시키는 혁신자이다.

㉨ 부의 창출은 폐기물이 생산 사이클의 투입물로 재생되는 하나의 순환과정으로 인식된다.

㉩ 구매자와 공급자가 데이터 · 정보 · 지식을 공유하고, 소비자와 생산자가 '생산소비자(프로슈머)'로 융합된다.

㉪ 새로운 부의 창출체제는 지역적이면서 세계적이다.

기출문제

엘빈 토플러(Alvin Toffler)에 대한 설명으로 틀린 것은? [2019]

① '미래쇼크'로 미래학자로서의 지위를 확고히 다졌다.
② 정보화 혁명은 80~90년 내 이루어질 것이라고 주장했다.
③ 생산자와 소비자가 합쳐진 '프로슈머'(Prosumers)는 스스로가 자신의 니즈를 충족시키려고 하고 있다고 주장했다.
④ '제3의 물결'에서 처음으로 재택근무 · 전자정보화 가정 등의 새로운 용어를 사용하였다.

정답 ②

해설 엘빈 토플러(Alvin Toffler)는 '제3의 물결'에서 제1의 물결인 농업혁명은 수천 년에 걸쳐 진행되었지만, 제2의 물결인 산업혁명은 300년밖에 걸리지 않았으며, 제3의 물결인 정보화혁명은 20~30년 내에 이루어질 것이라고 주장하였다.

(3) 다니엘 벨의 「탈산업사회의 도래」

① 의의

㉠ 사회의 진화, 인구 추이의 변화, 국제관계의 변화 등에 관심을 갖는 21세기는 인간에 초점을 맞춘 인간 중심 시스템으로 인간의 시대(내적 · 정신적 욕구를 희구하려는 경향이 팽배하고 자아 확립으로 표출), 환경의 시대(지구 환경문제 해결에 관심), 정보의 시대(정보에 새로운 가치를 부여하여 정보시대가 꽃을 피우게 됨)이다.

㉡ 정보의 시대 과제로는 정보의 입수 용이성, 정보의 내용 충실, 정보의 개별화 등이 있다.

㉢ 아울러 21세기 새로운 사회의 특징으로 개성화, 고령화, 정보화, 글로벌화 등을 제시하였다.

② 탈산업사회의 차별성

㉠ 문명사적 전환론적 관점에서 산업사회와 탈산업사회의 차별성을 제시하였다.

㉡ 제조업 중심에서 서비스업 중심의 산업구조로 이행한다.

㉢ 권력 원천이 지식으로 이동함으로써 고급인력 전문기술직 분야가 성장하는 직업분포로 전환된다.

㉣ 이론적 지식이 중심을 이루는 사회이다.

㉤ 미래지향적인 기술통제와 평가가 불가피하다.

㉥ 최상의 의사결정을 지원하는 지적 기술이 창출된다.

(4) 존 나이스비트의 「메가트렌드」(Megatrends)

정보사회로의 구체적 변화를 10개의 변혁차원으로 나누어 설명하였다.

① 산업사회에서 정보사회로의 이행

② 인위적 기술사회에서 고도 기술사회로의 변천

③ 국가경제체제에서 세계경제체제로의 변화

④ 단기적 정책사회에서 장기적 비전정책을 수행하는 사회로 재편

⑤ 중앙집권체제에서 지방분권체제로 변화

⑥ 제도적 복지사회에서 자조(自助)사회로 진전

⑦ 대의 민주주의에서 참여 민주주의로의 이행

⑧ 위계조직에서 네트워크 조직으로 변화

⑨ 북(반구) 중심에서 남(반구) 중심으로 이동(도시에서 교외로)

⑩ 양자택일 사회에서 다원선택 사회로의 변혁

기출문제

존 나이스비트의 '메가트렌드' 내용으로 볼 수 없는 것은? [2019]

① 제도적 복지사회에서 자조 사회로 진전한다. ② 국가경제체제에서 세계경제체제로 변화한다.
③ 대의민주주의에서 참여민주주의로 이행한다. ④ 남반구 중심에서 북반구 중심으로 이동한다.

정답 ④

해설 존 나이스비트는 '북반구 중심에서 남반구 중심으로 이동한다.'고 본다.

생각넓히기 | **하이테크, 하이터치**

'하이테크, 하이터치'는 존 나이스비트가 메가트랜드 이후에 저술한 책이다. 하이테크는 최첨단 기술을 의미하고 하이터치는 삶의 모든 것들을 수용하고 공감하는 능력이다. '하이테크 하이터치'에서 존 나이스비트가 주장하는 바는 하이테크에서 하이터치로 변화한다는 것이 아니라 삶에 하이테크 기술이 더 많이 적용될수록 더 많은 하이터치로 균형을 찾아야 한다는 것이다.

기출문제

존 나이스비트가 '하이테크 하이터치'에서 주장한 내용으로 틀린 것은? [2019]

① 현대인들은 기술 중독 상태에 있다.
② 기술의 진화는 인간의 본능에 배치된다.
③ 기술을 신학, 종교, 예술의 감성의 잣대로 받아들여야 한다.
④ 하이테크로 피폐해지는 인간의 감성을 어루만질 '하이터치'의 필요가 절실해졌다.

정답 ②

해설 기술의 진화는 거의 인간의 본능과 같기 때문에 거부할 수도 없다.

(5) 쉬멘트(Schement)의 「정보사회 조망」

① 정보유물론 혹은 경제상품으로 교환되는 정보의 중요성 증대

② 정보 노동력의 확대

③ 개인과 기관의 상호연관성의 증대

④ 과학적 기술의 사회적 지위 증대

⑤ 다양한 메시지와 채널로 구성된 사회환경의 형성

⑥ 정보기술의 광범위한 확산

Ⅱ 정보사회의 가치체계

1 가치체계의 변화에 대한 관점

(1) 주체성 지향

연대성과 자립성이 더욱 풍부한 활력 있는 열린사회로 이행된다.

(2) 자폐주의 지향

사람들 간 연대의식이 약해져 활력 없는 폐쇄사회로 이행된다.

2 열린사회로 이행에 따른 원리

(1) 개성화의 원리

욕구가 다양화되어 획일적 생활양식에서 개성적 생활양식으로 이행한다.

(2) 분권화의 원리

다양한 쌍방향 뉴미디어의 출현으로 집권적 시스템에서 네트워크적 · 분산적 시스템으로 이행한다.

(3) 자유화의 원리

선택의 범위가 확대되어 개인의 창의성이 최대로 발휘되는 자유로운 사회로 이행한다.

(4) 탈이데올로기의 원리

정보처리능력의 고도화로 이데올로기의 영향력이 약화되고 인간의 사회문제 처리방법은 보다 실용적 · 실무적으로 이행한다.

(5) 국제화의 원리

국가 간 정보유통의 원활화로 국가 간 정치 · 경제 · 문화적 의존관계가 심화된다.

(6) 인간화의 원리

기계에 의한 정보처리능력의 고도화는 기계 의존에 대한 반발과 함께 인간성 회복운동으로 전환되어 인간 자신의 행복추구와 인권존중의식이 강조된다.

Ⅲ 정보사회의 조직

1 정보와 의사결정이 조직의 상층부로 집중화

① 생산노동자의 지위는 조직에서 비본질적인 존재로 전락한다.

② 전통적인 정치적 관료제가 사라지고 기술 관료들이 지배하는 능력주의 체제가 형성된다.

③ 정보를 통제하는 연구조직이나 기업 지식센터가 성공적인 국제화나 국제경제에서의 경쟁력 확보 과정을 통제한다.

2 조직의 유연성 증가

고용관계에서 변형근로시간제, 파트타임 근무, 계약제, 재택근무, 임시직 등 비정규직이 증가한다.

3 분산화된 그물망조직으로 변화

권한이 최고위층에 집중된 관료조직이 분산화되고 다양한 규모와 형태로 구성되는 그물망 형태의 조직단위들로 구성되는 조직으로 변화한다.

Theme

26 지식과 지식사회

I 지식사회

1 의의

① 지식의 가치가 부가가치를 창출하는 사회이다.

② 지식이 발전의 기본축이며 그 자체가 경쟁력이 되는 사회이다.

③ 암묵적 · 명시적으로 정보사회를 계승 · 발전시켜 산업시대를 교체하는 구조변동의 핵심에 위치하는 사회이다.

2 특징

① 지력과 연결된 제품을 생산할 수 있는 하부구조를 갖춘 사회이다.

② 지식사회에서 생산되는 제품은 지식 집합적 과정을 통해 생산, 분배, 판매되는 제품으로 기업자문이나 전자마케팅이 그 사례이다.

③ 사회조직은 지식기반 조직으로 변환되어야 하고 지식기반조직이란 조직구성원이 유용한 지식을 공유할 수 있도록 조직의 규칙체계나 지침서의 형태로 유형화되는 조직을 의미한다.

3 지식 사회의 구성원

사회구성원은 비교적 긴 전문교육을 받고, 노동시장은 세 계층으로 분류된다.

(1) 창조적 전문가

① 전체 노동자의 20%를 차지한다.

② 지식을 효과적이고 창조적으로 사용하는 능력을 소유한 사람들로 전 지구적으로 이동할 수 있고, 특정한 국민국가의 틀에 구속받지 않는다.

③ 새로운 문제를 해결하고 인식하고 중재하는 관점에서 세계적 경쟁력이 있는 사람들이다.

(2) 전문직업인

① 전체 노동자의 60%로 높은 자질을 갖추고 있지만 끊임없이 새로운 과제에 도전받고 있는 집단이다.

② 지식사회에서 더 이상 평생 직업을 가질 수 없기 때문에 상당히 이동적이다.

③ 창조적 전문가 집단보다 창조적인 관점에서 뒤진 사람들로 구성된다.

(3) 그 외의 사람들

① 나머지 20%는 지식사회의 요구를 수용하기 버거운 사람들이다.

② 자격과 능력을 갖추지 못하여 지식사회의 요구에 적응할 기회를 갖지 못하는 사람들이다.

Ⅱ 지식의 분류

1 매클럽(Machlup)

(1) 실용적 지식(practical knowledge)

일하는데 유용한 직업적 지식, 사업적 지식, 노동적 지식, 정치적 지식, 가사용 지식, 기타 실용적 지식 등

(2) 지적 지식(intellectual knowledge)

인간의 지적 호기심을 충족시키는 진취적 지식, 인문학과 과학의 연구, 일반 문화 같은 지적 지식 등

(3) 잡담용 지식과 과거 지식(small talk and past time knowledge)

비학구적 호기심이나 개인의 욕구를 충족시키는 사고 소식, 통속소설, 농담, 게임 혹은 놀이 등 감정을 자극하고 기분을 좋게 하는 지식

(4) 정신적 지식(spiritual knowledge)

영적 세계와 관련된 도덕적 지식, 종교적 지식 등 신과 영혼의 구원에 대한 지식

(5) 원하지 않는 지식(unwanted knowledge)

흥미 밖의 지식, 우연히 취득하게 된 지식, 아무 목적 없이 얻게 된 지석

2 폴라니(Polanyi)

(1) 암묵지

학습과 체험을 통해서 개인이 습득하지만 외부적으로 드러나지 않고 언어로 상술되지 않은 지식이다.

(2) 형식지

외부로 표출되어 한 개인뿐만 아니라 사회 내 타인이 공유할 수 있게 언어나 문자로 정리된 지식이다.

(3) 암묵지와 형식지의 관계

지식의 사회적 활용 측면에서는 많은 암묵지를 형식지화 시켜서 많은 사람이 활용하게 하는 것이 필요하다.

[예상문제]

폴라니(Polanyi)의 암묵지와 형식지에 대한 설명으로 틀린 것은?

① 암묵지는 학습과 체험을 통해서 개인이 습득하지만 외부적으로 드러나지 않고 언어로 상술되지 않은 무의식중에 있는 지식이다.
② 형식지는 외부로 표출되어 한 개인뿐만 아니라 사회 내 타인이 공유할 수 있게 언어나 문자로 정리된 지식이다.
③ 지식의 사회적 활용 측면에서는 많은 암묵지를 형식지화 시켜서 많은 사람이 활용하게 하는 것이 필요하다.
④ 스펜더(Spender)의 습관화 된 지식은 개인이 활용하고 있는 지식이지만 스스로도 잘 인식하지 못하고 사용하는 지식이라는 점에서 암묵적 지식에 속한다.

정답 ①
해설 암묵지가 외부적으로 드러나지 않고 언어로 상술되지 않았다고 해서 무의식중에 있는 지식은 아니다.

자료, 정보, 지식에 대한 설명으로 틀린 것은?

① 주어진 자료를 분류 · 가공하여 어떤 의미를 전달하게 될 때 정보가 된다.
② 정보를 취사선택하여 문제 해결에 실질적 도움이 되는 가치를 갖게 될 때 지식이 된다.
③ 가치의 측면에서 볼 때 가장 낮은 수준은 자료이며, 그 다음이 정보이며, 최종 단계가 지식이라고 할 수 있다.
④ 지식의 사회적 활용의 측면에서는 많은 형식지를 암묵지화 시켜서 많은 사람이 활용하게 하는 것이 필요하다.

정답 ④
해설 지식의 사회적 활용의 측면에서는 많은 암묵지를 형식지화 시켜서 많은 사람이 활용하게 하는 것이 필요하다.

3 스펜더(Spender)

스펜더는 폴라니의 분류에 사회적 활용과 개인적 활용 측면을 부가하여 지식을 분류하였는데, 이 분류에 의하면, 암묵적 지식을 형식적 지식으로 그리고 개인적 활용을 사회적 활용으로 변화시키는 것이 사회적 과제라고 할 수 있다.

(1) 습관화된 지식

개인이 활용하고 있는 지식으로 스스로 잘 인식하지 못하고 사용하는 지식이다.

(2) 의식하고 있는 지식

개인이 의식하면서 활용하는 지식이다.

(3) 집단화된 지식

집단적으로 활용되고 있는 지식이지만 명시적으로 표출되지 않은 지식이다.

(4) 객관화된 지식

많은 사람이 활용하면서도 언어적 · 체계적으로 잘 기술된 지식이다.

[스펜더의 지식 분류]

구분	개인적 활용	사회적 활용
형식적 지식	의식하고 있는 지식	객관화된 지식
암묵적 지식	습관화된 지식	집단화된 지식

4 니코 스테어(Stehr)

(1) 사상

디지털 시대에서의 사회통합을 이룰 수 있도록 사회적 기반을 만들어 나가는 것이 필요하다.

(2) 지식 3단계 유형론

① 유의미한 지식

이해의 증진을 위한 계몽주의 지식 이념

② 생산적 지식

산업에 적용되는 지식

③ 행위 지식

지능형 장치의 도입 등으로 지식이 생산과 밀접하게 연결되고 지식이 사람들의 일상생활의 수행에 영향을 미치는 단계

Ⅲ 노나카 이쿠지로(Nonaka Ikujiro)의 「지식경영」

1 지식사회의 도래 배경

① 지식, 정보량의 폭발적 증가

② 정보의 유통, 가공, 처리할 수 있는 정보통신기술의 발달

③ 물적 자원 의존의 산업사회에서 지식과 지적기술 의존 탈산업사회로 전환

④ 지구촌의 공동체적 의식 확산과 세계화가 점차 심화

2 지식 변화 모형(SECI)

(1) 사회화(Socialization)

① 암묵지에서 암묵지로의 변환으로 경험을 공유함으로써 정신분석 틀이나 기술적 스킬 등과 같은 암묵지를 창출해 나가는 과정이다.

② 암묵지를 획득하는 과정은 업무를 추진하는 중에 직접경험인 체험을 통하여 스스로 지식과 정보를 획득하게 되는 것으로, 획득한 암묵지를 축적하는 과정은 획득한 지식과 정보를 자신의 생각과 연결시켜 기억하는 과정이다.

(2) 외부화(Externalization)

① 암묵지에서 형식지로의 변환으로 암묵지를 분명한 개념과 언어의 형태로 표출해 내는 과정이다.

② 암묵지가 은유나 추론, 개념과 분석틀 등을 통해 형식화된다는 측면에서 전체 지식창조 프로세스의 매우 중요한 역할을 담당하는 과정이다.

(3) 종합화(Combination)

① 형식지에서 형식지로의 변환으로 언어나 숫자와 같은 심벌을 통해 다양한 개념을 조합하고 체계화시키는 과정이다.

② 새로운 형식지의 획득과 통합과정으로 형식지화된 지식 혹은 공표된 데이터 등을 수집, 결합시키는 과정이다.

(4) 내면화(Internalization)

① 형식지가 암묵지로 변환되는 과정이다.

② 경험학습과 매우 밀접하게 연관되어 종합화를 통해 창출된 새로운 지식을 개인의 암묵지로 내재화하는 과정이다.

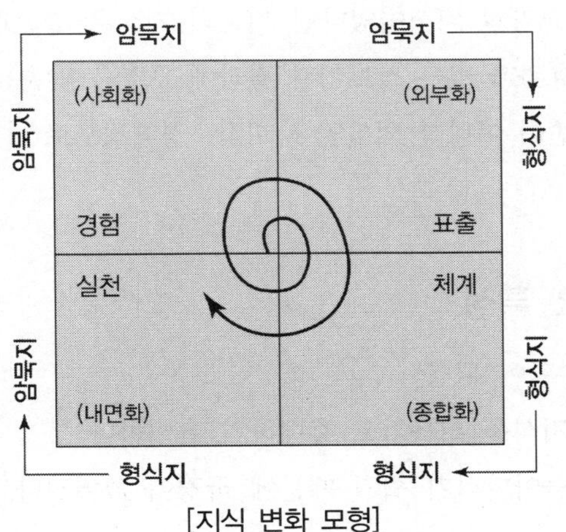

[지식 변화 모형]

[예상문제]

노나카 이쿠지로(Nonaka Ikujiro)의 지식변화모형에 대한 설명으로 틀린 것은?

① 사회화: 암묵지에서 암묵지로 변화되는 과정이다.

② 외부화: 암묵지를 분명한 개념과 언어의 형태로 표출해 내는 과정이다.

③ 종합화: 새로운 형식지의 획득과 통합 과정으로 형식지화된 지식 혹은 공표된 데이터 등을 수집, 결합시키는 과정이다.

④ 내면화: 경험을 공유함으로써 정신분석 틀이나 기술적 스킬 등과 같은 암묵지를 창출해 나가는 과정으로 지식과 정보를 자신의 생각과 연결시켜 기억하는 과정이다.

정답 ④

해설 내면화는 형식지가 암묵지로 변화되는 과정으로 종합화를 통해 창출된 새로운 지식을 개인의 암묵지로 내재화하는 과정이다. 경험을 공유함으로써 정신분석 틀이나 기술적 스킬 등과 같은 암묵지를 창출해 나가는 과정으로 지식과 정보를 자신의 생각과 연결시켜 기억하는 과정은 사회화이다.

Ⅳ 피터 드러커(Peter Drucker)의 '지식사회'

1 사상

① 「내일의 이정표」에서 '지식사회'라는 용어를 처음 사용하였다.

② 가장 중요한 자원이 된 지식과 더불어 정보와 돈 등 많은 것들이 세계화 추세를 형성한다.

③ 지식사회의 두 가지 인프라는 고등교육을 받은 지식근로자와 컴퓨터와 인터넷의 보급이다.

④ 새로운 의미의 지식은 실용성으로서의 지식이고, 사회적 지위와 경제적 성과를 얻을 수 있는 수단으로서의 지식이다.

⑤ 전통적 지식이 일반 교양적 지식이었다면 지금의 지식은 전문적 지식이다.

⑥ 지식은 행동하는 데 효과가 있는 정보이자 결과에 초점을 맞춘 정보로 행동으로써 증명한다.

⑦ 그 결과는 개인의 내면이 아니라 외부인 사회적 · 경제적으로 나타나며, 그 자체의 진보로 나타난다.

2 지식사회의 주요 특성

① 지식과 정보가 생산수단이 된다.

② 직무 수행에 필요한 지식을 획득하고 휴대하기 용이하다.

③ 지식이 돈보다 훨씬 돌아다니기 쉽기 때문에 국경이 없어진다.

④ 손쉽게 정규교육을 받을 수 있기 때문에 신분 상승 이동이 용이하다.

⑤ 지식을 세계적 범위로 제공할 수 있고, 전 세계 어떤 조직이든 속할 수 있다.

⑥ 세계적 범위로 아웃소싱 업무를 하청 받을 수 있어서 성공뿐 아니라 실패할 가능성도 높다.

3 지식혁명의 속성

① 생산요소가 지식이 된다.

② 이전의 산업혁명, 노동생산성 혁명과는 달리 지식 확산에는 저항도 규제도 없다.

③ 지식혁명은 '피를 흘리지 않는 혁명'이다.

[예상문제]

다음 중 정보사회와 관련된 책의 저자와 제목의 연결이 옳은 것은?

① 맥루한(Herbert Marshall McLuhan) – 네트워크 사회의 도래

② 피터 드러커(Peter Drucker) – 내일의 이정표

③ 카스텔(Manuel Castells) – 구텐베르크 은하계

④ 웹스터(Frank Webster) – 이데올로기의 종언

정답 ②

해설 ① 맥루한(Herbert Marshall McLuhan) – 구텐베르크의 은하계
③ 카스텔(Manuel Castells) – 네트워크 사회의 도래
④ 웹스터(Frank Webster) – 정보사회이론

피터 드러커(Peter Drucker)의 '지식사회'에 대한 설명으로 틀린 것은?

① '내일의 이정표'에서 지식사회라는 용어를 처음 사용하였다.

② 전통적 지식이 전문적 지식이었다면 지금의 지식은 일반 교양적 지식이다.

③ 지식은 행동하는 데 효과가 있는 정보이자 결과에 초점을 맞춘 정보로 행동으로써 증명한다.

④ 이전의 산업혁명, 노동생산성 혁명과는 달리 지식 확산에는 저항도 규제도 없다는 의미에서 지식 혁명을 '피를 흘리지 않는 혁명'이라고 부를 수 있다.

정답 ②

해설 전통적 지식이 일반 교양적 지식이었다면 지금의 지식은 전문적 지식이다.

피터 드러커의 '프로페셔널의 조건'으로 볼 수 없는 것은?

① 신들이 보고 있다.

② 목표와 비전을 가져라.

③ 소중한 것부터 먼저 하라.

④ 끊임없이 새로운 주제를 공부하라.

정답 ③

해설 피터 드러커는 시대의 변화에 낙오하지 않고 자신의 일과 인생에서 성공하는 사람이 되려면 다음과 같이 하라고 조언한다.

생각넓히기 | 피터 드러커의 '프로페셔널의 조건'

1. **목표와 비전을 가져라.**: 자신의 삶이 추구하는 바가 무엇인지 그리고 이를 달성하기 위한 목표가 무엇인지를 설정해야 한다.
2. **신들이 보고 있다.**: 주위에 아무도 없더라도 '신'이 보고 있다고 생각하며 완벽을 추구해야 한다.
3. **끊임없이 새로운 주제를 공부하라.**: 새로운 주제와 새로운 시각 그리고 새로운 방법에 대해 개방적인 자세를 가져야 한다.
4. **자신의 일을 정기적으로 검토하라.**: 잘한 일, 잘하지 못했으나 잘하려고 노력한 일, 잘하려고 노력도 하지 않은 일, 잘못된 것이나 실패한 일이 무엇인지 늘 되돌아 보아야 한다.
5. **새로운 일이 요구하는 것을 배워라.**: 새로운 직무에서 효과적인 사람이 되려면 새로운 일이 요구하는 것을 배워야 한다.
6. **피드백 활동을 하라.**: 피드백 활동은 자신의 장점이 무엇인지를 밝혀주고, 한 개인이 무엇을 개선해야 될 것인지, 또 어떻게 개선해야 하는지를 알려준다.
7. **어떤 사람으로 기억되기를 바라는가?**: 자신이 어떤 사람으로 기억되기를 바라는가? 세월이 흐르면서 그 대답은 바뀌게 되지만, 정말로 중요한 것은 주위 사람들의 삶의 변화에 기여할 수 있어야 한다는 것이다.

핵심정리 방법지, 사물지, 사실지

1. 지식의 의미

앎, 지식, 안다는 말의 의미는 다양하다. 우선 앎의 사례를 제시하고 지식의 의미에 따라 지식 유형을 분류해 보자.

(1) 나는 광화문으로 가는 길을 안다.
(2) 나는 원주율의 소수 여섯째 자리까지 값을 안다.
(3) 나는 운전을 할 줄 안다.
(4) 나는 전주시를 안다.
(5) 나는 박찬욱, 영화 「올드 보이」와 「친절한 금자 씨」의 감독을 안다.
(6) 나는 나의 어머니와 아버지에 관해서 안다.
(7) 나는 뇌의 전두엽과 사고력 사이에 상관관계가 있다는 것을 안다.
(8) 나는 네 말이 참이라는 것을 안다.
(9) 나는 "몇몇 포유류는 바다에 산다."는 문장이 참이라는 것을 안다.

2. 방법지

(1)부터 (3)까지 '안다'는 말은 어떤 일을 할 능력을 갖추고 있거나 방법을 소유하거나 실천할 힘이 있다는 뜻으로 쓰였다. (1)에서 나는 광화문에 갈 수 있거나 누가 물으면 광화문으로 가는 길을 알려줄 능력을 갖추고 있다. (2)에서 나는 원주율의 소수 다섯째 자리까지 수를 기억하거나 외울 능력이 있다. (3)에서 나는 자동차 운전석에 앉아 시동을 걸고 운전대를 조정해 도로 주행을 하여 목적지로 간 다음 주차하고 차에서 내리는 절차를 밟을 수 있다. 이렇게 어떤 사람이 어떤 것을 어떻게 하는지 안다고 말할 때 앎은 능력지, 방법지, 실천지, 절차지라고 부른다.

3. 사물지

(4)부터 (6)까지 '안다'는 말은 어떤 사물이나 사람을 직접 겪어 보아 익숙하다는 뜻으로 쓰였다. (4)에서 나는 전주시에 가본 적이 있고 그것에 대한 표상을 머릿속에 저장하고 있어 다시 그곳에 갔을 때 익숙함을 느낄 수 있다. (5)에서 나는 박찬욱을 대학 시절에 만난 적이 있고, 당시에 얻은 표상을 통해 박찬욱이 과거에 마른 체격이었음을 기억한다. (6)에서 나는 어린 시절과 청소년 시절 함께 산 어머니와 아버지에 대한 기억이 있고, 현재 두 분이 늙어 쇠약한 모습까지 기억하며 만날 때마다 친숙한 느낌을 받는다. 이렇게 어떤 것을 직접 겪어 보고 익숙하다는 느낌을 동반한 앎을 익숙지, 사물지, 대상지, 또는 표상지라고 부른다.

4. 사실지

(7)부터 (9)까지 '안다'는 말은 특정한 생각이나 정보를 담은 명제를 파악한다는 뜻으로 쓰였다. (7)에서 나는 뇌의 전두엽과 사고력 사이에 상관관계를 보여주는 신경생리학과 두뇌과학의 정보를 가지고 있다. (8)에서 나는 타인이 하는 말이 문법 구조에 맞는지, 그가 하는 말이 사실에 부합하는지, 어떤 생각을 담고 있는지 분별해 파악한다. (9)에서 나는 해당 문장이 동물 분류 방식에 따라 참이라고 판단한다. 이렇게 생각이나 정보를 담은 명제나 진술, 문장과 관련된 앎을 사실지 또는 명제지라고 부른다.

5. 명제지의 중요성

그런데 능력지와 익숙지, 명제지는 따로따로 존재하지 않고 서로 의존하는 것처럼 보인다. 내가 광화문으로 가는 길을 안다면, 나는 광화문의 위치와 그곳으로 가는 방법과 수단에 관한 정보를 명제 형태로 이미 가져야 한다. 또 내가 전주시를 안다면, 그 도시에 관한 특정한 정보를 가지고 있어야 한다. 게다가 명제지 또는 사실지를 가지려면, 문법 구조에 맞게 말하는 능력과 맥락을 고려할 줄 아는 능력이 있어야 한다. 세 유형의 지식 가운데 어떤 지식이 근본이냐는 문제는 돌고 도는 문제로 해결하기 어렵지만, 발생적 관점에서는 능력지와 익숙지가 우선하고, 논리적 관점에서는 명제지가 우선한다고 결론지을 수 있다. 인간의 고등한 인지 활동에 근본이 되면서 이론적 사변이나 실질적인 탐구 활동에서 모두 필요한 지식은 명제지 또는 사실지다. 명제지 또는 사실지는 생각이나 정보를 담고 있는 명제와 진술, 문장이 어떤 맥락에서 참인지 거짓인지, 옳은지 그른지, 다시 말해 정당한 근거로 뒷받침되는지 따져 판단한 결과로 얻은 지식이다. 이런 지식은 단순한 정보 소유와 다르다. 오늘날 수많은 정보가 책과 인터넷에 넘친다. 떠도는 정보들 가운데 필요한 정보를 얻는 것만으로 알았다고 할 수는 없다. 우리는 정보를 담은 명제들이 올바른 것인지 따져볼 필요가 있다.

예상문제

방법지로 볼 수 없는 것은?

① 나는 광화문으로 가는 길을 안다.
② 나는 원주율의 소수 여섯째 자리까지 값을 안다.
③ 나는 운전을 할 줄 안다.
④ 나는 박찬욱, 영화 「올드 보이」와 「친절한 금자 씨」의 감독을 안다.

정답 ④

해설 이렇게 어떤 것을 직접 겪어보고 익숙하다는 느낌을 동반한 앎을 익숙지, 사물지, 대상지, 또는 표상지라고 부른다.

지식의 유형에 대한 설명으로 옳은 것은?

① '안다'는 말이 어떤 일을 할 능력을 갖추고 있거나 실천할 힘이 있다는 뜻으로 쓰일 때의 앎이 방법지이다.
② '안다'는 말이 어떤 사물이나 사람을 직접 겪어 보아 익숙하다는 뜻으로 쓰일 때의 앎은 사실지이다.
③ '안다'는 말이 특정한 생각이나 정보를 담은 명제를 파악한다는 뜻으로 쓰일 때의 앎은 사물지이다.
④ 발생적 관점에서는 방법지와 사실지가 우선하고, 논리적 관점에서는 사물지가 우선한다.

정답 ①

해설 ② 사물지에 대한 설명이다.
③ 사실지에 대한 설명이다.
④ 발생적 관점에서는 방법지와 사물지가 우선하고, 논리적 관점에서는 사실지가 우선한다.

Theme

27 서비스 사회

I 서비스사회

1 의의

① 새로운 사회구조와 경제부문을 표현하는 '서비스 사회'는 20세기 초 시작되어 제2차 세계대전이 끝난 20세기 중반까지 널리 통용되었던 개념이다.

② 상품과 재화의 생산이 경제활동의 중심이었던 공업사회에 대비하여 지식 · 정보, 비물질적 편익의 생산이 중심이 되는 사회를 의미한다.

2 푸라스티에(Fourastie)의 「20세기 위대한 희망」

① 20세기의 위대한 희망을 서비스 사회로 예견하였다.

② 서비스 사회의 노동 형태는 합리화되거나 기계에 의해 수행될 수 없다는 특징 때문에 결국 대량 실업의 문제가 해결되어 향후 50년 내에 완전고용이 가능하다는 낙관론적 전망이다.

[예상문제]

다음 학자들이 제시한 이론 또는 주장으로 볼 수 없는 것은?

① 푸라스티에(Jean Fourastie): 정보통신 기술의 발전은 질 낮은 서비스업을 합리화하거나 기계로 대체할 수 있다.

② 브루디외(Pierre Bourdieu): 문화자본은 예술과 문화에 대한 객관적인 지식, 문화적 취향과 선호 등 문화적 기술과 실제적인 지식, 스스로를 차별화하고 좋고 나쁨을 구분하는 능력 등 여러 측면을 가진다.

③ 카이저(Martin Seeleib-Kaiser): 경제성장은 무한정 계속될 수 없고 재정운용 효율화에도 한계가 있다

④ 라투르(Latour): 네트워크를 건설한(이를 '번역'이라 부른다) 행위자는 권력을 갖게 된다.

정답 ①

해설 푸라스티에는 서비스 사회의 노동 형태는 합리화되거나 기계에 의해 수행될 수 없다고 본다. 하지만 그렇기 때문에 결국 대량 실업의 문제가 해결되어 향후 50년 내에 완전고용이 가능하다고 본다.

3 리스먼(Riesman)의 「여가 사회」

미래에 많은 사람들이 노동문제를 해결하는 것보다 여가 문제를 해결하는 것이 더 힘들 것으로 주장하면서 '여가 사회'의 도래를 예고하였다.

4 에치오니(Etzioni)의 「활동 사회」

① 탈근대사회로서의 현대사회를 '활동 사회'로 명명하였다.

② 이 사회는 전통 세력보다 혁신 세력에게 더 큰 위협을 받고 있기 때문에 가치 구조의 우위를 쟁취하기 위해 투쟁이 필요하다고 주장하였다.

③ 한 사회가 스스로 창조한 기술에 종속되는가 혹은 극복하는가에 따라 활동 사회의 성패가 좌우된다.

④ 활동사회는 대중 참여의 사회가 될 것이며, 20년 후 대중 참여의 패러다임을 공동체주의 이론으로 발전시켰다.

5 드러커(Drucker)의 「단절의 시대」

① 미래사회에는 경제계와 노동계에서 멈추지 않는 사회적 변혁이 일어날 것으로 예측하였다.

② 구조적 조정자로서 새로운 조직, 지식노동자와 같은 새로운 형태의 취업노동 및 실무적 · 경제적 잠재력으로서 새로운 형태의 지식 등이 경제계와 노동계에서 형성될 것으로 예상하였다.

[예상문제]

다음 서비스 사회에 대한 사상가들의 입장으로 옳은 것은?

① 푸라스티에(Sirpa Fourastie): 서비스 사회의 노동 형태가 합리화되거나 기계에 의해 수행될 수 없기 때문에 완전 고용이 실현될 수 있다.

② 리스먼(David Riesman): 미래 사회는 경제계와 노동계에서 멈추지 않는 사회적 변혁이 일어날 것이다.

③ 에치오니(Amitai Etzioni): 미래에 많은 사람들이 노동문제를 해결하는 것보다 여가 문제를 해결하는 것이 힘들 것이다.

④ 피터 드러커(Peter Ferdinand Drucker): 활동사회는 대중 참여의 사회가 될 것이다.

정답 ①

해설 ② 드러커의 입장이다.
③ 리스먼의 입장이다.
④ 에치오니의 입장이다.

Theme

28 탈산업사회

I 의의

① 탈산업사회는 마르크스주의나 기능주의가 사회를 분석하는 데 사용한 '총체론적' 접근방법론으로 파악될 수 없다.

② 이 사회는 '단일한 체계'로 분석될 만큼 유기적이거나 통합되어 있지 않다고 보았다.

③ 벨(Bell)이 제시하는 사회 구성의 세 영역은 사회구조(기술 · 경제적 영역), 정체, 문화영역으로 이들은 각기 상이할 뿐 아니라 각 영역이 서로 다른 변화의 리듬을 가지고 있다.

④ 이들 각 영역의 변화는 그 영역 내에서 규범적인 표준이자 정당성의 기준이 되는 행위의 중추 원리가 따로 있고, 각 영역 내의 변화는 연속적이지 않고 대체나 양자택일(단절)을 하기 때문에 산업사회와 구별되는 새로운 사회가 도래한다.

Ⅱ 「탈산업사회의 도래」에 나타난 특징

① 경제영역의 상품생산 중심에서 서비스 중심으로 전환된다.

② 직업구조에서 전문직과 기술직이 급속히 증가한다.

③ 산업사회의 가장 큰 직업군인 반숙련/미숙련 노동자에서 서비스업의 정신노동자와 고등교육을 필요로 하는 전문직과 기술직이 급격히 증대된다.

④ 사회혁신과 정책형성의 근원으로 이론적 지식이 중심적 역할을 한다.

⑤ 기술의 창조 · 관리 · 계획 등 일련의 기술통제가 강화된다.

⑥ 정보이론, 인공두뇌학, 게임이론 등 고도의 연산 · 논리 · 확률 · 수리 · 통계에 기반을 둔 새로운 지적 기술들이 창출된다.

Theme

29 미디어 사회 또는 커뮤니케이션 사회

I 의의

생활주변에 다양한 미디어가 많은 영향을 미치는 사회이며, 아울러 사회 전반에 걸쳐 커뮤니케이션의 중요성이 강조되는 사회이다.

Ⅱ 뮌히(Munch)의 「커뮤니케이션 사회」

1 사상

① 산업사회의 비동시적 발전, 모험, 모순, 위기에 대한 비판적 시각을 제시한다.

② 커뮤니케이션의 폭발적인 증가, 가속, 밀집화와 세계화, 그리고 커뮤니케이션에 의한 사회의 관통을 주장한다.

③ 지금까지의 유래가 없을 정도로 커뮤니케이션에 의해 활력을 얻으므로 산업사회의 계승으로 커뮤니케이션 사회를 확신하였다.

2 사회적 커뮤니케이션의 법칙

(1) 사회에 대한 의사소통적 침투

사회적 사건은 의사소통적 과정과 그 법칙성을 통해 규정된다.

(2) 커뮤니케이션의 조밀화

점점 더 많은 커뮤니케이션 주체들이 점차 더 조밀하게 짜이고 경계 없이 커뮤니케이션 네트워크를 통해 서로 연결된다.

(3) 커뮤니케이션의 가속화

사람들은 점점 더 많은 것들에 대해 점점 더 빨리 알게 된다.

(4) 커뮤니케이션의 지구화

커뮤니케이션은 점점 더 멀리 제도적, 사회적, 문화적 경계를 넘나든다.

Ⅲ 루만(Luhmann)의 「커뮤니케이션 사회」

① 커뮤니케이션과 커뮤니케이션 매체를 좀 더 추상적이고 보편적으로 설명한다.

② 커뮤니케이션은 사회, 즉 근대사회의 '기본단위'로서 모든 사회체계는 커뮤니케이션이라는 기본 조작으로 이루어지며 커뮤니케이션을 통해 사회체계의 고유한 관계와 조직을 확대하면서 사회체계를 유지한다.

③ 커뮤니케이션 개념이 일상적으로 잘 사용되지 않는 것은 커뮤니케이션이 복합적 단위와 독자적인 사회 조작으로 이해되고, 인간이 아니라 오로지 사회체계에 의해서 진행되기 때문이다.

④ '커뮤니케이션만이 소통할 수 있다.'라는 공리이론에 기반한다.

생각넓히기 | 루만의 사회체계이론

20세기에 가장 영향력 있는 독일의 사회학자 루만(Niklas Luhmann)이 만든 사회체계이론(theory of social systems)은 사회를 소통(communicative interaction)의 자기생산체계(autopoietic system)로서 기술한다. 루만 사회체계이론에서 새로운 개념들이 많이 있지만 가장 독특한 점은 사회를 이루는 구성요소는 그 사회에 속한 사람들이 아니고 사람들의 소통이라고 생각한다는 것이다. 자기생산체계는 이러한 소통들의 체계로써 환경과의 복잡성을 해결하기 위하여 소통들 스스로의 작동에 의하여 소통들을 생산하는 사회의 기능체계를 구성한다는 것이다. 이렇게 구성된 기능체계로써 경제체계, 정치체계, 법체계, 학문체계, 교육체계, 대중매체체계, 예술체계, 의료체계 등이 있고 역사의 특정한 시기에 이러한 기능체계의 필요성에 의하여 출현하였다는 것이다. 이러한 기능체계는 체계의 프로그램(프로그램도 체계의 소통들에 의하여 동작한다)에 의하여 소통에 코드를 할당함으로써 자기생산체계를 이루게 되는데 경제체계는 지불(소유)/비지불(비소유), 정치체계는 우세(통치)/열세(반대), 법체계는 합법/불법, 학문체계는 진리/비진리 등의 코드를 할당한다. 루만은 사회를 사람들로 구성된 것으로 보아 온 사회학 이론들이 제대로 사회를 파악할 수 없기 때문에 좀 더 효과적으로 사회를 분석하고 이해하기 위하여 사람들의 소통들을 사회의 기능을 구현하는 기능체계로 파악하고, 여러 종류의 기능체계들을 구별해 내고 이의 작동을 분석하였다.

핵심정리 체계 이론의 주요 개념

(1) 이항 코드

경제, 정치, 학문, 법 등은 제 각기 특정의 커뮤니케이션 매체들에 의거하여 전혀 상이한 사회적 기능들을 수행하는 사회의 주요 부분체계들이다. 서로서로를 환경으로 간주하는 이러한 기능체계들은 '자동생산'이라고 불리는 조작적 폐쇄를 통해 출현하고 재생산되며, 이른바 이항(binar) 코드의 구성을 통해 자신의 정체성을 확보한다. 기능적으로 구체화된 이항코드는 개별 커뮤니케이션이 어느 기능체계에 속하는지를 결정하는데, 정치체계에서의 여-야, 경제체계에서의 소유-비소유, 학문체계에서의 진-위 등이 대표적인 예이다.

(2) 프로그램

이항도식으로서의 코드가 주로 큰 틀에서 가능성을 방향 짓는 역할을 수행한다면, 프로그램은 올바른 동작들의 질서, 다시 말해, 올바른 행위와 올바르지 못한 것의 구분을 가능하게 한다. 학문 영역에서의 이론, 법영역에서의 법률이나 계약, 예술영역에서의 개별예술작품, 경제 영역에서의 기업 투자 등이 대표적인 예이다.

(3) 커뮤니케이션 매체

루만에게서 높은 이론 구성 전략적 가치를 갖는 또 다른 개념은 커뮤니케이션 매체이다. 이항 코드나 프로그램처럼 커뮤니케이션 매체도 사회적 진화의 산물이다. 한 사회체계가 기능적으로 분화되면 될수록, 그리고 현실구성이 더욱 덜 집합적으로 이루어지면 질수록, 다시 말해 "공동으로 경험된 체험들의 비중이 줄어드는 데 비해 타자(他者)의 체험적 행위들의 비중이 늘어나면 날수록 커뮤니케이션 매체의 중요성도 증대되기 때문이다. 루만은 현대사회의 도래와 함께 한층 더 중요성을 갖게 된 커뮤니케이션 매체로 '화폐' '진리' '사랑' '권력' 등을 들고 있다.

(4) 소통

사회는 소통사건들의 연쇄이며, 사회가 존속하기 위해서는 하나의 소통이 후속 소통으로 연결되어야 한다. 후속 소통으로 연결되지 못하면 사회는 더 이상 존속하지 못하게 된다. 매체는 소통의 연계를 가능하게 하는 장치 중 하나이다.

예상문제

매스미디어체계에 대한 다음과 같은 입장을 가지는 사상가로 옳은 것은?

이원적 코드인 정보/비정보를 통해 매스미디어체계가 자기 생산한다. 매스미디어체계는 기계를 매개로 작동하기 때문에 상호작용은 매스미디어체계에서는 논리적으로 배제될 수밖에 없다.

① 마셜 맥루한(Marshall McLuhan)
② 자크 라캉(Jaques Lacan)
③ 빌렘 플루서(Vilem Flusser)
④ 니클라스 루만(Niklas Luhmann)

정답 ④

해설 니클라스 루만(Niklas Luhmann)의 견해이다.

니클라스 루만(Niklas Luhmann)의 체계이론에 대한 설명으로 틀린 것은?

① 커뮤니케이션의 구성요소를 정보, 전달 그리고 이해로 구분한다.
② 매스미디어체계는 기계를 매개로 작동하기 때문에 상호작용은 매스미디어체계에서는 논리적으로 배제될 수밖에 없다.
③ 행위능력과 언어능력이 있는 행위자는 서로 커뮤니케이션을 통해 상호이해에 도달할 수 있다
④ 매스미디어체계에서는 다른 기능체계보다 행위자가 더욱 소홀히 다루어지고 있다는 비판으로부터 자유롭지 못하게 된다.

정답 ③

해설 행위능력과 언어능력이 있는 행위자는 서로 커뮤니케이션을 통해 상호이해에 도달할 수 있다고 본 사상가는 하버마스이다.

루만의 체계 이론에 대한 설명으로 틀린 것은?

① 전체와 부분의 구별에 관한 이론이다.
② 체계는 기계 · 유기체 · 사회체계 · 의식체계로 구분된다.
③ 사회는 사회체계와 사회체계 밖의 환경으로 구성된다.
④ 체계는 각 체계에 고유한 이항 코드, 프로그램, 매체를 통해 기능을 수행한다.

정답 ①

해설 루만의 체계 이론은 전체와 부분의 구별에 관한 이론이 아니라 체계와 환경의 구별에 관한 이론이다. '환경'은 흔히 사용되는 환경운동에서 가리키는 자연을 가리키는 것이 아니라 체계가 아닌 모든 것이다. 그리고 기능체계들은 서로에게 닫힌 체계로서 작동하며, 따라서 서로는 서로에게 환경이다.

루만(Niklas Luhmann)의 체계에 대한 설명으로 틀린 것은?

① 체계는 고유한 매체, 코드, 프로그램을 통해서 고유한 기능을 담당한다.
② 심리적 체계와 사회적 체계는 기호체계이며, 기호 중에서도 특히 기표를 경계로 구분된다.
③ 기계체계는 고유한 작동, 고유한 경계 작동상의 폐쇄성을 가지고 있지만 자기생산을 이루어내지는 못하는 체계이다.
④ 생물학적 유기체는 특정한 신체적인 경계를 가지고, 자기생산을 이루어내는 체계이다.

정답 ②

해설 기계, 유기체와는 다르게 심리적 체계와 사회적 체계는 의미체계이며, 의미를 경계로 구분된다.

루만의 체계 이론에 대한 설명으로 틀린 것은?

① 사회는 소통으로 구성되어 있다.
② 소통의 본질은 후속 소통을 위한 연계 능력이다.
③ 소통의 목적은 합의에 이르는 것이고, 합의에 도달했을 때 성공하는 것이다.
④ 소통은 전달, 정보, 이해의 종합으로서, 타자가 정보를 전달했음을 자아가 이해하는 것이다.

정답 ③

해설 하버마스를 비롯한 소통에 대한 관습적 정의 및 일상적 이해와 달리, 루만은 성공적으로 내용 합의에 이르는 것을 소통의 목적으로 보지 않았다. 소통은 합의에 도달했을 때 성공하는 것이 아니라 후속 소통을 이끌어 낼 때 성공하는 것이다.

Ⅳ 야렌(Jarren)의 「미디어 사회」

① 미래사회에 출판매체는 양적 · 질적으로 점점 더 팽창하고, 목표 집단 학술지, 전문 분야 케이블, 네트미디어 등의 뉴미디어 형식은 전통적 매스미디어와 병행하여 미디어 사회를 형성할 것으로 예견하였다.
② 미디어를 통한 편성의 중계 능력과 속도가 증가하고, 미디어가 점점 더 강화되고 소형화되어 모든 사회 영역에 침투하여 미디어 사회가 달성된다.
③ 조직은 끊임없는 미디어 뉴스를 고려하여 수요에 지속적으로 대비하거나 PR 작업을 강화하여 뉴스를 제작한다.
④ 미디어의 이용 가치가 높아져 사회 전체의 주목과 인정을 받게 되면, 조직 구성원은 중요한 객관적 판단과 인사 결정에 대해 먼저 미디어에서 소식을 접하는 경우가 빈번하게 된다.

Ⅴ 머텐(Merten)의 「미디어 사회」

① 커뮤니케이션 체계나 미디어 체계를 정치 · 경제 · 종교와 같은 부분 체계 외에 지도적인 사회의 부분 체계로 설명한다.
② 미디어 경제의 다양한 생산부문을 고려하면 국민총생산 중 차지하는 비율을 계산할 때도 어떠한 항목을 어떤 부문으로 계산할 것인가에 대해 다양한 양식이 존재한다.
③ 미디어 체계가 주체화할 수 있는 범위와 용량이 끊임없이 증대되고, 그 특수한 조건과 원칙에 따라 모든 사회 영역의 광대한 관찰체계로 발전한다.
④ 디지털화와 월드와이드웹에 의한 네트워크화와 확산이 이루어지면서 미디어 형식은 기술적 · 질적 측면에서 새로운 전 방위적 잠재력을 갖추고 성찰력이 커지면서 시청자의 자연적 · 시간적 · 재정적 한계는 붕괴될 것이라고 주장한다.

Theme

30 체험사회

I 의의

① 1970년대 중반 이후 문화사적 변동으로 특화된 사회현상이다.

② 재화와 서비스의 충족에서 벗어나 일상생활의 미학화라는 관점에서 전개되었다.

③ 사회적 상황과는 무관하게 삶 자체가 체험 프로젝트를 양식화하는 체험 지향의 행위 유형으로 감지된다.

④ 일상생활의 심미화 과정을 통해 개인적인 미적 취향을 개발하게 되는 체험시장이 형성된다.

Ⅱ 슐츠(Schulze)의 「체험사회」

1 의의

① 인생관의 최소 공통분모가 아름답고, 재미있고, 주관적으로 보람 있다고 느껴지는 삶을 만들어 가고자 하는 생각에서 출발하였다.

② 변화과정 속에 있는 우리 사회의 순간포착으로서 과도기적 상태를 나타내는 표현이다.

③ 체험사회는 행운에 대한 질문에 집합적인 해답을 찾는 시도로 인간에게 더 적합한 더 좋은 생활철학의 형태를 탐색하는 체험 지향적 생활양식을 의미한다.

2 사회적 환경 구성

(1) 수준환경

① 비교적 높은 수준의 교육을 받은 40살 이상의 집단이다.

② 급상승한 경력, 자랑할 만한 부 그리고 삶의 질에 가치를 둔다.

(2) 통합환경

① 중간 정도 수준의 교육을 받은 40살 이상의 집단이다.

② 안락함과 사색을 기본원리로 삼으면서 조화와 완전성을 통합시키고자 한다.

③ 사회적 기대에 부응하고 거기에 적응하면서 사는 것이 특징이다.

(3) 조화환경

① 비교적 낮은 수준의 교육을 받은 40살 이상의 집단이다.

② 안전함, 단순성, 질서 등에 대한 추구를 최상의 원리로 삼는다.

③ 조화를 위협하는 것에 대한 항시적인 방어를 우선적인 목표로 삼는다.

(4) 자기성취환경

① 비교적 높은 수준의 교육을 받은 40살 미만의 집단이다.

② 자기도취와 실험정신을 특징으로 한다.

(5) 사교환경

① 비교적 낮은 수준의 교육을 받은 40살 미만의 집단이다.

② 행동과 긴장으로 가득 찬 상황을 항구적으로 추구한다.

3 사회적 환경을 구성하는 기호의 범주

(1) 개인적 스타일

일상생활의 미학적 관심이다.

(2) 연령

특정한 상황 역사(세대소속)의 지표이자 동시에 주관적 발달의 특정 단계(생활주기)의 지표로 기능한다.

(3) 교육

상황에 대한 추론이 가능하다.

(4) 상황관리의 유형과 방식

① 상황관리는 주체 자신이 제안·발생을 조정하는 것을 의미한다.

② 즉, 상황관리는 '어떤 상황에 타자가 들어가는가?, 그는 누구와 같이 살고, 어디에 살고, 직업은 무엇인가?, 어떤 계획을 갖고 있는가?' 등에 관한 문제이다.

예상문제

슐츠(Schulze)의 '체험사회'에 대한 설명으로 틀린 것은?

① 행운에 대한 질문에 집합적인 해답을 찾는 시도이다.
② 변화과정 속에 있는 사회의 순간포착으로서 과도기적 상태이다.
③ 사회적 환경은 '수준환경', '통합환경', '조화환경', '자기성취환경', '사교환경'으로 구성된다.
④ 교육은 특정한 상황 역사(세대소속)의 지표이자 동시에 주관적 발달의 특정단계(생활주기)의 지표로 기능한다.

정답 ④

해설 특정한 상황 역사(세대소속)의 지표이자 동시에 주관적 발달의 특정단계(생활주기)의 지표로 기능하는 것은 연령이다.

슐츠(Schulze)의 '체험사회'를 구성하는 사회적 환경에 대한 설명으로 틀린 것은?

① 수준 환경은 급상승한 지위와 자랑할 만한 부에 가치를 두는 40세 이상의 집단을 말한다.
② 통합 환경은 중간 정도의 교육 수준을 보여주는 40세 이상의 사람들을 포괄하는 집단이다.
③ 조화 환경은 비교적 낮은 교육 경력의 40세 이상의 변화와 개혁을 요구하는 사람들의 집단이다.
④ 40세 이하의 젊은 층은 교육 정도에 따라 자기성취환경과 사교환경으로 구성된다.

정답 ③

해설 조화환경은 안정성 추구와 갈등회피 요구가 지배적인 집단이다.

4 체험사회의 행위자 특성

① 모든 '객관적인 것이 단지 감성을 만족시키는 결정체에 불과한 것'으로 순환적 삶으로부터 자신을 분리 '자기 자신을 넘어, 어떤 다른 것에 개입'하는 것을 배우는 데 요구되는 능력이 필요하다.

② 자신을 위해 외적 행동 목표를 정의하고, 일상생활에서 반복을 즐기고, 없는 것을 가지고 노는 것, 즉 창의적이고 공상적으로 현존 여건을 다루는 것이다.

Theme

31 Anthony Giddens의 구조화 이론과 시공간론

I 앤서니 기든스(Anthony Giddens)

① 앤서니 기든스(Anthony Giddens, 1938~)는 「제3의 길」로 널리 알려져 있는 영국의 사회학자이다. 기든스는 1997년부터 2003년까지 런던 정치경제대학의 학장으로 재직했으며, 토니 블레어 수상의 고문으로 일하고 있다. 2004년에는 학술적 공로를 인정받아 귀족 작위를 수여받았다. 현존하는 사회과학자 중에서 기든스만큼 대중적으로 알려졌으며, 현실정책에 논리를 제공해 주는 학자가 많지 않다고 할 만큼 수십 권의 저서와 논문, 세계적인 강연 활동이 많은 학자이다.

② 1998년에는 우리나라를 방문했고, '생산적 복지'라는 신자유주의적인 정책형성에 저작권을 가지고 있다고 할 수 있다. 기든스에 대해서는 우리나라에도 수많은 번역서와 평전, 논문들이 있고, 학술적 논의도 풍성하다.

II 학문적 배경

① 기든스는 1938년 1월 18일 영국 런던 북부의 노동계급 거주지역인 에드먼튼(Edmonton)에서 태어났다. 그는 노동자를 아버지로 둔 2남 중 장남이었다. 기든스는 가족 중 유일하게 대학에 진학한 집안의 희망이었다. 기든스는 헐(Hull) 대학에서 사회학과 심리학을 전공하고, 1961년 런던 정치경제대학에서 사회학 석사학위를 받았다. 그 후 레스터(Leicester) 대학 사회학과에 직을 두었으며, 1970년 이후로 케임브리지 대학 교수, 런던 정치경제대학장을 거쳐 현재 런던 정치경제대학 명예교수로 봉직하고 있다. 당시 영국 대학에는 사회학과가 많지 않았으며, 케임브리지 대학에도 사회학과가 없었다. 이 점을 감안한다면 기든스가 영국의 사회학 발전에 큰 공을 세웠다고 할 수 있다. 기든스는 1972년에 박사학위를 받고 본격적으로 연구와 저작에 집중했다.

② 기든스는 30권이 넘는 책을 출간했으며, 「New Statesman」에 정기 기고를 하는 등 저널리즘 활동도 왕성하게 해 왔고, 1985년에는 폴리티(Polity Press)라는 출판사를 설립하여 이사로 활동하고 있다. 폴리티 프레스는 매년 80권 이상의 책을 발간하면서 영국에 하버마스, 부르디외, 보드리야르 등과 같은 독일과 프랑스 지식인들을 소개하는 등 활발한 활동을 하고 있다. 기든스는 뛰어난 연구업적으로 인해 명예박사학위를 14개나 수여받았으며, 2004년에는 영국

정부로부터 영구 귀족 작위(Baron)를 받았다. 기든스의 저서 「사회학개론(Sociology)」은 30개 언어로 번역되어서 60만 부 이상이나 판매되는 기록을 세웠다.

Ⅲ 구조화 이론

기든스의 학문 세계는 3기로 나누어 볼 수 있다.

1 제1기

제1기는 기든스의 초기 저작들이 출판된 1970년대로서, 유럽의 전통적인 사회이론에 대한 비판적인 분석과 재구성에 초점을 두었다. 기든스는 이제까지 정통파의 사회이론은 의식 있는 개인 행위자(human agency)들이 스스로 선택하고 행동하는 힘이 있는 주체라는 것을 무시하고, 단지 수동적인 수용자로 인식했다고 주장한다. 이로써 기든스는 독창적이고 혁신적인 사회이론가로서 자리 잡게 되었다.

2 제2기

(1) 의의

제2기는 오늘날 사회과학에서 널리 알려진 구조화 이론(theory of structuration)이 제시된 1980년대이다. 구조화 이론은 구조주의와 기능주의의 단선적인 사회관을 비판하고, 인간의 인식과 지각능력을 중시하는 인본주의적이고 행태적인 방법론이다.

(2) 구조주의

구조주의는 사회변화에 있어서 인간행위의 동기, 목적, 의식보다는 사회구조의 중요성을 강조한다. 마르크스의 "개인들은 단지 경제적 범주의 인격화, 즉 특정한 계급관계 및 이해의 담지자인 한에서만 다루어진다."라는 표현은 인간행위자는 구조의 법칙에 따르기 때문에 행위의 자율성이 없다는 뜻을 내포하고 있다.

(3) 기능주의

또한 구조주의와 다른 한 축을 형성하고 있는 기능주의는 인간의 행위를 개별적인 사회적 행동으로 바라보는 대신, 그 행위가 가지는 기능적 역할을 강조하며, 사회 시스템을 이해하기 위해 조직체의 기능과 상호작용에 대한 이해를 중시한다. 따라서 기능주의 이론에서는 사회 시스템을 이루는 각각의 기능들이 서로 유기적으로 연결되어 전체 시스템의 안정성과 유지를 위한 기능을 수행한다는 것이다.

(4) 구조화 이론(theory of structuration)

① 하지만 기든스는, 인간행위자의 '다르게 행동할 개연성'을 강조하면서, "우리가 마주하고 있는 세계는 열린 가능성의 세계이며, 이 세계에 대한 우리의 앎이 이 가능성이 어떠한 것이고, 사회변동의 방향의 현실적인 대안을 제시해 준다."라고 주장한다. 이때 제도란 '장기지속 동안 넓은 공간적 범위에서 구조화된 사회적 관습'을 의미한다.

② 기든스는 구조와 행위의 통합, 즉 행위에 의해서 구조가 계속해서 재조직되고 규칙(rules)과 자원(resources)으로 개념화되는 구조의 이중성을 지적한다. 사회구조는 지속적으로 조직되고 재조직되는 사회적 실천의 매개물이자 결과로서 이중성을 가지고 있다는 것이다.

③ 사회체계는 일상생활에서 연속되는 재생산을 통해 구조화된다. 여기에서 행위자의 역량(capability)과 지적 능력(knowledgeability)은 항상 구조에 의해서 제한받는 것은 물론이다. 따라서 구조화 이론은 사회구조를 사회적 실천의 매개이자 결과로 본다.

④ 행위자는 규칙과 자원으로부터 성찰적 감시(reflexive monitoring)를 받는 존재이지만, 동시에 규칙과 자원을 이용할 수 있는 능력을 가진 존재이다. 행위자는 관례화(routinization)를 통해 일상 사회생활을 영위하고, 새로운 구조를 창출해 나가는 것이다.

(5) 기든스의 공헌

① 기든스의 공헌은 이처럼 관례화되고 반복적인 행위의 상호연계가 장기 지속되고 광범위하게 제도화된다는 것을 강조한 것이다. 즉, 문화를 삶의 양식 또는 총체적 습득행태라는 추상적 관념에서 벗어나, 일상생활의 사회화 과정에서 습득하는 규칙과 자원, 즉 무엇이 정상적인 것이고 무엇이 중요한 것인가 등을 사회적 맥락에서 결정해 주는 상식이자, 동시에 구조를 형성하는 제도로 정의 내린다. 이렇게 함으로써 사회관계의 거시적인 구조와 일상생활의 미시적인 행위가 상호연결된다는 것이다.

② 기든스의 다른 공헌은, 인간행위자가 주어진 전통적인 논리나 기능적 반사작용으로 생활하기보다는 역량과 지적 능력을 바탕으로 하여 능숙하게 생산과 재생산을 하는 사회적 삶의 양식을 담지하고 있다는 '성찰성(reflexivity)'의 개념을 제시한 것이다. 현대는 전통사회와는 달리 전문가가 생산한 정보가 더 이상 특정 집단에 한정되어 있지 않고, 보통 사람들의 일상생활에서 해석되며 운영되고 있기 때문에 개인행위자가 자신의 삶의 조건과 연관된 다양한 정보를 여과하여 행위를 하는 것이다.

[예상문제]

다음에서 설명하는 연구자의 이름으로 옳은 것은?

> 인간행위자가 주어진 전통적인 논리나 기능적 반사작용으로 생활하기보다는, 역량과 지적 능력을 바탕으로 하여 능숙하게 생산과 재생산을 하는 사회적 삶의 양식을 담지하고 있다는 '성찰성(reflexivity)'의 개념을 제시하여, 현대는 전통사회와는 달리 전문가가 생산한 정보가 더 이상 특정 집단에 한정되어 있지 않고, 보통 사람들의 일상생활에서 해석되며 운영되고 있기 때문에, 개인행위자는 자신의 삶의 조건과 연관된 다양한 정보를 여과하여 행위를 한다고 본다.

① 부탕(Boutang)
② 퍼킨(Harold Perkin)
③ 기든스(Anthony Giddens)
④ 굴드너(Alvin Gouldner)

정답 ③

해설 기든스(Anthony Giddens)에 대한 설명이다.

3 제3기

(1) 포스트 전통사회인 후기 모던사회(late modernity)

① 제3기는 근대성(modernity)의 문제에 천착한 1990년대 이후이다. 기든스는 현대를 포스트모던 사회라고 지칭하지 않고, 포스트 전통사회인 후기 모던사회(late modernity)라고 정의내린다.

② 전통사회는 이미 주어진 방식에 따라 행동하면 되기 때문에 개인에게 선택의 자유가 없고, 진리는 의례적으로 인지되는 공식적인 것이었다.

③ 하지만 근대사회는 전통의 권위가 상실되고, 스스로를 돌아보게 되는 성찰성이 강조된다. 전통사회와는 달리 자본주의, 산업사회, 군사조직, 정보감시체제 등의 제도의 발전과 세계적 확산은 사회체계의 안정성과 위험성을 동시에 보여주는 이중성을 나타낸다.

④ 나아가 개인의 이전의 정체성, 행위의 규범 등에 대한 의문을 제기하게 된다. 기든스는 현대의 상황을, 전통은 사라졌지만 근대성은 아직 극복하지 못하고 급진적으로 구조화되는 상황, 즉 근대적 제도와 문화가 새로운 방식으로 조직화되어 있지도 않고, 기존의 근대성과도 완전히 단절되지 않은 상황으로 인식한다.

⑤ 따라서 현대는 포스트모던 사회가 아니라, 앞서 지적한 근대의 제도적 문제에 대응하여 후기절약체제, 기술의 인간화, 다층적 · 민주적 참여, 탈군사사회로 나아가야 하는 후기 모던사회의 상황인 것이다.

(2) 제3의 길

① 우리나라에 가장 널리 알려진 기든스의 정치적 제안은 아마도 '제3의 길'이라는 정책적 용어일 것이다.

② 기든스는 현대를 신뢰와 위험, 기회와 위협이 공존하는 불확실성의 시대로 진단하고, 새로운 진로를 모색한다. 포괄적 복지국가를 목표로 한 사회민주주의가 제시한 '제1의 길'도 아니요, 시장원리를 극대화하고 국가의 개입을 최소화하는 신자유주의 프로젝트인 '제2의 길'도 아닌 '제3의 길'은 양자의 변증법적인 통합을 목표로 한 사회적 평등을 부각시키는 프로그램이다.

③ 여기에는 손상된 연대의 회복, 공식적 · 비공식적 영역에서의 삶의 정치의 확산, 참여민주주의를 확장하는 발생적 정치(generative politics)의 확장, 대화민주주의, 적극적 복지(positive welfare), 폭력의 부정을 통해 포괄적 공동체를 추구하는 것이다.

④ 이를 위해서는 소득의 재분배 보다는 노동의 재분배를 강조한다. 기든스는 취업기회를 확대하고, 직업 안전성이 높은 기업에 감세조치를 취해주고, 노동시장 수급 조절 차원에서의 고등교육을 확대하고, 직업재교육을 강화하고, 남녀차별을 없애는 것이 중요하다고 주장한다.

⑤ 결과적으로 제3의 길은 정부와 시장경제라는 두 주체를 연결하는 길을 모색하는 것이다. 정부와 시장 간의 파트너 관계를 새롭게 설정하는 일이 중요해졌으며, 역동적으로 움직이는 경제와 사회적 틀 간의 화해를 모색하는 것이 기든스의 핵심 주장이다. 제3의 길을 추구하는 정책의 핵심 목표는 역동적인 경제를 창조하는 한편, 그 과정상 나타나는 폐해들을 효과적으로 걸러낼 수 있는 사회적 틀을 만들어내는 것이라고 할 수 있다.

Ⅳ 시공간론과 지역화론

1 의의

① 기든스의 이론은 지리학과 공간학문 분야에 많은 영향을 주었다. 전후의 지리학계에서는 논리실증주의가 퇴조하면서, 구조주의와 인간행위자에 초점을 두는 인본지리학적 방법론 간의 논쟁이 심화되었다. 이러한 미시 · 거시적 방법론의 대립이라는 간극을 기든스의 구조화 이론이 효과적으로 해결해 주었다.

② 기든스는 오래전부터 지리학에서 정착된 시공간의 수렴(Janelle)이나 시공간의 압축(Harvey)이라는 개념을 원용해 시공간의 원격화라는 개념을 제시해 공간의 중요성을 부각시켰다.

2 시공간의 원격화

(1) 의의

① 기든스의 시공간 개념은 칸트적인 인식, 즉 사물을 한 자리에서 제거하면 공간 자체가 비워지게 되고, 시간은 과거 → 현재 → 미래의 연속선상에서의 사물의 위치를 가리킨다는 명제를 비판한다. 시간은 단순한 사건의 순서가 아니라, 일상생활의 지속, 제도의 지속으로 설명되는 것으로 역사적으로 파악해야 한다는 것이다.

② 기든스는 나아가 공간도 수동적 환경이 아니라 사회적 상호작용의 틀을 형성하는 중요한 계기로 작용한다고 지적하여 비공간적인 사회이론에 공간과의 상호작용과 제도의 정착을 중요한 명제로 정립했다.

③ 시공간의 원격화란 사회체계가 시공간상에 전개되고 확장되는 양상을 의미한다. 이는 기든스의 구조화 이론의 전개에서 시간의 압축과 공간의 확장을 통한 시스템 통합을 지칭한다.

(2) 시공간의 원격화

① 기든스는 '시공간의 압축과 수렴'이라는 지리학적 개념을 기반으로 하여 논의를 진행한다.

② 첫째, 전통적인 사회이론은 기능주의적 관점을 취함으로써 사회는 안정적이고 경계가 뚜렷한 시스템으로서 내재적 완결성을 가진 시스템으로 본다. 하지만 기든스는 이러한 관점을 비판한다. 사회의 정치, 경제, 군사 등 다양한 관계망은 사회의 본질과 특성에 맞게 통합된다. 따라서 사회적 삶의 시공간적 전개를 통해 전통적인 사회이론의 '전체주의적' 틀을 해체하게 된다.

③ 둘째, 시공간의 원격화의 역사적 궤적을 분석한다. 전통 부족사회에서는 시공간의 거리화가 상당히 낮은 수준으로 전개되어서 대부분의 상호작용이 국지적으로 한정되었다. 계급이 형성되기 시작한 중세 봉건시대에는 국가의 권위적인 자원의 배분에 있어서 정치 · 경제적인 권력의 행사를 통해 시공간의 원격화가 증가했다. 또한 산업화의 진전과 함께 자본주의 사회로 진입하자 시공간의 원격화가 현저하게 증가했다고 주장한다.

④ 기든스는 20세기 이후 근대성의 증대와 시공간의 원격화의 과정이 일반화되었고, 시공간의 분리가 근대성을 형성하는 데 결정적 계기가 되었다고 주장한다. 근대 이전에는 일상생활의 장소를 통해서 시간과 공간을 연계시켰으나, 사회적 상호작용의 범위가 확장된 사회체계를 갖춘 근대 이후에는 시간과 공간을 장소에 고정시키지 않는다고 주장한다.

⑤ 따라서 근대의 사회조직은 장소귀속성의 탈피(disembedding)를 특성으로 한다. 즉, 예전에는 일상생활의 사회적 실천이 집적되었던 국지적 장소의 연계(tie)가 세계화를 통해 시공간의 넓어진 범역 속에서 재결합되는 힘이 약해진다고 주장한다.

(3) 근대 이후의 일반화 과정 요약

① 기든스는 근대 이후의 이러한 일반화 과정을 두 가지로 요약한다. 먼저, 기술진보와 지식확산으로 인해 시공간을 묶어둘 수 있는 전문가 시스템(expert system)의 발달이 전개되었다.

② 다음으로 다양한 맥락에서 상호교환이 가능한 표준적인 가치를 전달해 주는 매체인 상징적 표상(symbolic tokens)의 발전이 있어 왔다.

③ 이러한 일반화 과정을 통해 일상생활에서 국지적 일상과 장소에 대한 지식의 중요성은 상실되고, 일상적 삶이 훨씬 더 확장된 시공간의 범위에서 교환되고 연계된다. 세계화도 이러한 측면의 한 양상이라고 할 수 있다.

3 시공간의 관례화(routinization)

① 구조는 사회적 관계의 틀을 이루는 체계의 조직화를 담당한다. 구조는 인간행위자가 행위를 할 때까지는 현전(presence)하지 않는다. 구조가 현전하는 것은 행위들이 체계를 구성할 때이다.

② 구조적 속성에 의해서 규정되는 행위들은 반복성과 정규성을 주요 특징으로 하며, 이러한 상호작용의 반복성을 통해 시공간은 관례화(routinization)된다.

③ 기든스는 이러한 다양한 양식의 상호작용의 일어나는 공간범역이 있는 물리적 환경을 로케일(locale)이라고 규정한다. 즉, 로케일은 인간행위자의 사회적 상호작용이 시공을 엮어서 발생하는 장소로서, 그 범위는 가정의 방, 거리, 공장, 도시, 국가 등 상당히 신축적으로 나타난다. 따라서 스리프트(Thrift)가 지적하는 것처럼 로케일이 국지적일 필요는 없다.

4 지역화

마지막으로 기든스는 지역화(regionalization)의 개념을 제시한다. 지역화는 사회적 삶이 상호작용하면서 시공간상에 공현전(co-presence)하게 하는 연속성의 장이다. 즉, 시공간의 관례화와 원격화를 통해서 사회적 행위가 장소에 들어가고 나가는 통로에 의해 규정되어지는 지구화(zoning)의 양식, 구조화의 과정을 의미한다.

예상문제

기든스의 시공간에 대한 설명으로 틀린 것은?

① 시간은 단순한 사건의 순서가 아니라, 일상생활의 지속, 제도의 지속으로 설명되는 것으로 역사적으로 파악해야 한다.

② 공간은 수동적 환경이 아니라 사회적 상호작용의 틀을 형성하는 중요한 계기로 작용한다.

③ 시공간의 원격화란 시간의 확장과과 공간의 압축을 통한 시스템 통합을 지칭한다.

④ 근대의 사회조직은 장소귀속성의 탈피(disembedding)를 특성으로 한다.

정답 ③

해설 시공간의 원격화란 사회체계가 시공간상에 전개되고 확장되는 양상을 의미한다. 이는 기든스의 구조화 이론의 전개에서 시간의 압축과 공간의 확장을 통한 시스템 통합을 지칭한다.

기든스의 시공간론과 지역화론에 대한 설명으로 틀린 것은?

① 구조는 사회적 관계의 틀을 이루는 체계의 조직화를 담당하고, 구조는 인간행위자 외부에 존재하며 독자적 특성을 지니고 있기 때문에 인간행위자가 행위를 하지 않을 때에도 현전(presence)한다.

② 구조적 속성에 의해서 규정되는 행위들은 반복성과 정규성을 주요 특징으로 하며, 이러한 상호작용의 반복성을 통해 시공간은 관례화(routinization)된다.

③ 다양한 양식의 상호작용의 일어나는 공간범역이 있는 물리적 환경을 로케일(locale)이라고 하는데. 로케일은 인간행위자의 사회적 상호작용이 시공을 엮어서 발생하는 장소로서, 그 범위는 가정의 방, 거리, 공장, 도시, 국가 등 상당히 신축적으로 나타난다.

④ 지역화는 사회적 삶이 상호작용하면서 시공간상에 공현전(co-presence)하게 하는 연속성의 장으로, 시공간의 관례화와 원격화를 통해서 사회적 행위가 장소에 들어가고 나가는 통로에 의해 규정되어지는 지구화(zoning)의 양식, 구조화의 과정을 의미한다.

정답 ①

해설 구조는 사회적 관계의 틀을 이루는 체계의 조직화를 담당한다. 구조는 인간행위자가 행위를 할 때까지는 현전(presence)하지 않는다. 구조가 현전하는 것은 행위들이 체계를 구성할 때이다.

Theme

32 위험사회

Ⅰ 위험사회

위험사회는 선택의 여지없이, 사전지식 없이 당하는 위험, 종종 돌이킬 수 없거나 본질적으로 보이지 않는 위협 상황이 사회 · 경제 · 정치의 모든 분야에 다양한 영향을 미치고 있는 사회이다.

Ⅱ 울리히 벡(Beck)의 「위험사회」

1 의의

① 격렬한 근대화 과정은 필연적으로 파괴력이 잠재하고 잠재된 파괴력은 부자든 가난하든 상관없이 모두를 위협하기 때문에 영토적 경계와 계급을 초월하는 현상이다.

② 위험사회는 재앙사회로써 재앙의 방어와 조정이 권력과 관할을 재편하고, 비상상태를 정상상태로 받아들이도록 위협한다.

③ 위험사회는 산업사회의 자체동력에 의한 결과물로써 발전하는 근대화로 어쩔 수 없이 '다른 근대'인 제2근대를 생성하고, 이는 이전의 사회발전 단계와는 확연히 다른 사회이다.

④ 제1근대가 농업사회를 벗어나게 되는 단순한 근대화 과정인 산업사회적 근대라면 제2근대로의 변화는 위험사회로의 이행으로 성찰적 근대화를 의미한다.

⑤ 제1근대에서는 주로 자연, 인간 그리고 사회 등 주어진 세계가 과학적 연구 대상이었지만 산업사회에서 위험사회로 이행되면서 위험의 과학화로 그 위험의 잠재성이 드러난다.

⑥ 자연파괴는 더 이상 환경문제로 축소되지 않고, 산업사회 보편화에 따른 체제 내재적인 사회적, 정치적, 경제적, 문화적 모순 등 총체적 문제로 인식된다.

예상문제

울리히 벡(Ulrich Beck)의 '위험사회'에 대한 설명으로 틀린 것은?

① 위험은 근대화에 실패하는 경우에 자연적으로 발생한다.
② 산업사회의 평등요구에 위험사회의 안전요구가 대응한다.
③ 위험은 인간의 즉각적인 인식능력을 벗어난 과학적 지식의 영역에 해당한다.
④ 불안이 증가함에 따라 안전은 물이나 전기처럼 공적으로 생산되는 소비재가 된다.

정답 ①

해설 위험사회의 새로운 위험은 자연적 재난과 대비되는 것으로 성공적 근대화 과정에서 인위적으로 만들어진 것이다.

위험사회(Risk Society)에 대한 설명으로 틀린 것은?

① 울리히 벡이 1986년 출간한 '위험사회'에서 제시한 개념이다.
② 벡이 '위험사회'에서 주창한 핵심적인 내용은 "현대 산업사회가 무모한 모험을 체계적으로 재생산하고 있다."는 점이다.
③ 후기 근대의 무모한 모험은 부를 위해 감수해야 하는 부수적 요인이다.
④ 벡은 위험이 과학기술과 이에 기반을 둔 군사-경제력에서 초래된다고 지적하였다.

정답 ③

해설 전기 근대에서 모험은 부를 위해 감수해야 하는 부수적 요인이었지만, 후기 근대로 가면서 체제 자체가 무모한 모험인 시대가 되고 말았다. 근대 초기의 무모한 모험은 용기와 생산성을 뜻했으나 후기 근대의 모험은 모든 생명의 자기 파멸의 위협을 의미한다.

울리히 벡이 '위험사회(Risk Society)'에서 주장한 내용으로 볼 수 없는 것은?

① 현대 산업사회가 무모한 모험을 체계적으로 재생산하고 있다.
② 과학기술과 이에 기반을 둔 군사경제력에서 초래되었다.
③ 물질적 생활수준 향상과 사회적 안정을 배경으로 사회적 불평등이 완화된다.
④ 아래로 향하는 엘리베이터 효과로 인해 노동시장에서 실업자의 수가 증가한다.

정답 ③

해설 위험사회는 사회의 불평등 구조를 망라한 위협 혹은 위험 상황이 특징적이다.

2 위험사회의 구조

① 부를 취득한다는 것은 일반적으로 추구할 만한 것으로 여겨지는데 반해 근대화 위험은 가능한 한 그 위험이 실재화 되는 것을 막아야 하는 위협이다.

② 산업사회에서 위험은 부와 반비례하여 건강위험, 실업위험, 궁핍 등 사회 위계 서열 맨 밑에 있는 사람들을 가장 심각하게 위협하나, 근대화 위험은 그 위험을 생산하거나 그 위험으로 이익을 얻었던 사람들도 피할 수 없게 된다.

③ 산업사회에서는 부의 생산논리가 지배적이나 위험사회는 분배 · 생산논리와 모든 사람들을 점점 더 위협하는 위험 생산논리가 병행하여 사회적 영향력을 갖기 위해 서로 경쟁한다.

④ 산업사회의 갈등원인이 물질적 재화의 불평등한 분배라면 위험사회는 물질적 재화의 부정적 결과로 인한 갈등이 생성된다.

⑤ 산업사회의 평등 요구에 위험사회의 안전 요구가 대응한다.

⑥ 산업사회적 부의 분배에는 계급상태가 불평등을 형성했으나 위험사회는 사회의 불평등 구조를 망라한 위협 혹은 위험상황이 특징적이다.

[산업사회와 위험사회 비교]

구분	산업사회	위험사회
사회구성 기본원칙	집단주의, 전통	개인주의, 성찰성
불평등형성	사회 계급, 지위	사회적 위험 인지
핵심논쟁	부(추구할 가치가 있는 희소자원)	위험(저지할 가치가 있는 잉여의 근대성의 부산물)
개인적 경험	배고픔	공포
집단적 경험	계급인식	위험인식
유토피아지향점	희소성의 제거	위험의 제거

3 위험사회의 성격

① 위험사회의 새로운 위험은 자연적 재난과 대비되는 것으로 성공적 근대화 과정에서 인위적으로 만들어진 것으로 근대화 과정의 급진화에서 초래된 정치적, 경제적, 사회적, 기술적 변화의 산물이다.

② 위험은 인간의 즉각적인 인식 능력을 벗어난 과학적 지식의 영역에 해당되는데, 과학기술은 위험의 생산자이자 그 위험을 정의하는 지식 정치의 핵심적인 권력기관으로 카슨(Rachel Carson)의 '침묵의 봄'(silent spring)은 살충제라는 화학의 산업화 결과가 지구 생태계에 미치는 파괴적 영향을 경고하며 특정한 과학에 맞서는 저항 과학의 모습을 보여주고 있다.

③ 위험사회 위험은 지구화 경향을 보이며 보편성을 띠는데, 체르노빌 원전 폭발사고로 초래된 방사능 낙진은 우크라이나를 넘어 북유럽 지역을 강타하고 당시 피폭 피해자뿐 아니라 후세대에까지 영향을 미치며, 가난한 이들과 부유한 권력자들을 포함한 모든 이들에게 영향을 미친다.

④ 안전이라는 가치가 평등이라는 가치를 몰아내서, 삶의 느낌을 규정하고, 시민들의 불안이 증가함에 따라 안전은 물이나 전기처럼 공적으로 생산되는 소비재가 된다.

4 위험의 종류

(1) 지구화

거대 위험과 전 지구적인 위험은 연결되어 불확실성과 예측 불가능성이 공존한다.

(2) 개인화

개인은 사회구조로부터 덜 제약받고 더 독립적이지만 이러한 독립성은 대가가 요구되어 각 개인 삶은 기존의 의사결정 상태로부터 벗어나 개인의 손으로 이전한다.

(3) 고용감소(실업)

① 아래로 향하는 엘리베이터 효과로 노동시장에서 수요 부족과 실업자 수의 증가라는 압력에 의해 사회부조의 절감과 사회복지의 변화과정에서 엘리베이터가 한층 더 내려가게 되는 현상이 발생한다.

② 복지국가의 축소, 사회 불평등 심화, 계급의식이 형성되지 않는다는 점에서 계급이 아닌 다양한 집단이 출현한다.

③ 계급사회를 움직이는 힘이 '배고프다'라면 위험사회를 움직이는 힘은 '무섭다'로 표현된다.

(4) 생태적 위기(환경위기)

가난에 국한된 생태적 파괴와 기술 산업적 위협, 즉 빈곤, 불평등, 불이익, 억압과 환경파괴 사이에는 다각적인 면에서 밀접한 연관성이 있다는 것이 입증된다.

(5) 대량살상무기(화생방무기)의 위협

동·서 냉전이 잠잠해진 뒤에도 중부유럽의 국지전에 등장하고, 국제 테러리즘 조직도 이러한 무기로 위협을 가한다.

5 위험의 과학 의존성

① 위험의 피해여부 판단은 과학적 정의에 따르며 전문가 없이 위험의 유무는 물론 얼마나 위험한지조차 알 수 없는 경우도 발생한다.

② 피해여부와 그로 인해 갖게 되는 위험에 관한 인식은 어쩔 수 없이 추상적인 지식에 머무를 수밖에 없다.

③ 위험은 과학적 혹은 비과학적 위험에 관한 지식에 의해서만 비로소 생긴다.

④ 위험은 사회적 정의 과정에 상당히 내맡겨져 있다.

⑤ 위험은 객관적으로 묘사될 수 있지만 진실이 알려지는 것을 통제할 가능성이 전혀 없는 상태에서 피해 당사자들에게 별것 아닌 것으로, 경우에 따라서는 극단적으로 묘사될 가능성도 있다.

예상문제

울리히 벡(Ulrich Beck)의 '위험'의 과학 의존성에 대한 설명으로 틀린 것은?

① 위험은 위험에 관한 지식에 의해서만 비로소 생긴다.
② 위험의 피해 여부 판단은 과학적 정의에 따르며, 전문가 없이 위험의 유무는 물론 얼마나 위험한지조차 알 수 없는 경우도 발생한다.
③ 과학 의존성과 미디어 의존성으로 인해 교육 수준이 낮은 집단이 위험에 민감하게 반응한다.
④ 위험사회는 과학사회이고 미디어사회이고 정보사회이다.

정답 ③

해설 교육 수준이 높은 집단이 위험을 민감하게 인식한다.

6 위험의 미디어 의존성

① 위험은 저널리스트들과 대중매체에 의해 소개되는데, 이들은 일반인들에게 이해하기 어려운 과학적 지식을 해석해 주거나 다른 한편으로는 공공 여론이 다룰 수 있게 하는데, 전파미디어가 없다면 위험지식은 과학 영역에 머무른다.
② 과학 의존성과 미디어 의존성으로 인해 교육수준이 높고 생생히 정보에 접하는 집단이 위험에 노출됨을 인식하지만 비슷하거나 또는 더 심한 위협에 처해 있는 다른 사회집단은 이들과 같은 정도로 위험을 느끼지 않는다.
③ 이런 의미에서 위험사회는 과학사회이고 미디어사회이고 정보사회이다.

7 위험과 연관된 과학의 세 가지 관점

① 과학은 자연지배 인식을 기술적, 경제적으로 산업에 전환함으로써 위험을 생산한다.
② 과학은 위험을 정의하고 처음으로 그것을 드러낸다.
③ 과학은 기술적, 경제적 생산과 그에 따른 의도하지 않은 결과와의 인과관계에 관한 지식을 환경기술로 전환함으로써 위험을 제거한다.

기출문제

위험사회에 대한 설명으로 틀린 것은? [2019]

① 위험사회는 사회의 불평등 구조를 망라한 위협 혹은 위험 상황이 특징적이다.
② 카슨(Rachel Carson)의 '침묵의 봄'은 특정한 과학에 맞서는 저항 과학의 모습을 보여주고 있다.
③ 위험사회의 위험은 지구화의 경향을 보이며 보편성을 띤다.
④ 위험은 과학적 지식의 영역을 벗어난 인간의 즉각적인 인식능력에 해당한다.

정답 ④

해설 위험은 인간의 즉각적인 인식능력을 벗어난 과학적 지식의 영역에 해당한다.

Theme

33 위험과 성찰성: 벡, 기든스, 루만의 사회이론 비교

I 위험

1 의의

① 위험은 영어나 독일어에서 여러 개의 개념으로 사용된다. 국내에서는 위험, 위협, 위난, 위해 등으로 나뉘어 번역되기도 했는데, risk는 위험성으로, danger는 위험으로 번역하는 것이 가장 합당하다.

② 리스크는 유럽에서도 상대적으로 매우 최근에서야 등장한 단어이다. 즉 그것은 근대적 합리성과 불가분의 관계에 있는 표현이다. 한국어에서 리스크와 관련된 가장 분명한 표현은 '위험성 평가', '위험성분석' 등이다. 이것은 위험이 어느 정도인지 그 성질 또는 크기를 측정하고 예측하고자 하는 시도를 의미한다. 즉 '합리적 계산의 대상이 된 위험'으로 risk 개념을 사용한다.

③ 이처럼 근대적 합리성을 인식론적 배경으로 해서 계산 가능하다고 여겨지는 위험을 리스크라고 하는데, 이것은 벡, 기든스, 루만 모두에게서 공통적이다.

2 울리히 벡

벡은 가장 협의의 리스크 개념을 사용한다. 즉 근대적 합리성의 구성요소인 '위험의 계산가능성' 뿐만 아니라 그것이 누적되어 현대 시점에서 나타난 결과, 즉 현대의 고도 과학기술 위험에 제한하여 리스크 개념을 사용한다.

생각넓히기 | **울리히 벡의 '위험사회'**

벡은 독일 변방에서 해군 장교의 아들로 태어났다. 그는 산업화와 가족에 대해 연구하다가 '위험사회'를 통해 인상적인 현대사회이론을 제시했다. 이를 계기로 단숨에 세계적인 학자의 반열에 올랐다. 특히 이 책이 출간되던 해에 발발한 체르노빌 원전사고는 그의 주장을 한층 설득력 있게 뒷받침했다. 오늘날 그는 기든스, 부르디외, 바우만 등과 더불어 대표적인 현대사회 이론가로 손꼽히고 있다. 여기서 말하는 '위험'은 danger가 아니라 risk이다. danger는 단순한 불가측적 위험이다. 이에 반해 risk란 어느 정도 통제 가능한 확률적 위험을 가리킨다. 이것은 본래 '위험을 감수하고 암초를 뚫고 나가다.'라는 항해 용어이다. 즉 성공과 부는 위험을 감수해야 주어진다는 뜻이다. 하지만 과학기술의 발달로 그런 낭만적 생각은 곧 사라졌다. 산업사회는 합리주의와 과학기술을 앞세워 오로지 부의 생산 및 분배에 골몰했다. 그 과정에서 '위험을 감수한다.'는 개념 따위는 아예 고려되지도 않았다. 오로지 과학과 기술이 모든 것을 해결해준다고 믿었다. 그러나 그것은 오판이었다. 산업이 고도화됨에 따라 재화의 생산은 필연적으로 위험의 생산을 수반할 수밖에 없다. 이렇게 생산, 축적된 위험이 오늘날 우리의 삶을 전 방위적으로 위협하고 있다.

이로 말미암아 벡은 현대사회를 '위험사회'라고 진단한다. 물론 역사적으로 전통적 위험(danger)은 늘 존재했다. 하지만 그것은 개인적 · 우연적이었다. 반면 오늘날 우리를 엄습하는 현대적 위험(risk)은 성격상 전혀 새로운 것이다. 그것은 전면적 · 무차별적이다. '빈곤은 위계적이지만 스모그는 민주적'이라는 그의 주장에 현대적 위험의 특징이 잘 드러나 있다. 전통적 산업사회와 현대적 위험사회는 제도나 원리도 각각 다르다. 산업사회는 분명한 성별 분업, 견고한 가족구성, 완전고용, 생애적 직업 등으로 특징지어졌다. 거기에서는 개인의 삶의 경로가 어느 정도 정해져 있었다. 반면 위험사회에서는 성별 분업이 모호해지고 노동이나 직업은 유동화 되어 불안정해지고 있다. 전통적 가족은 해체되고 완전고용이나 생애적 직업도 점차 허물어지고 있다. 이처럼 개인과 사회 사이의 끈이 느슨해짐에 따라 위험사회에서는 개인주의화가 가속적으로 진행된다. 과거에 계급적으로 규정되던 불평등이나 분배 문제가 이제는 개인적 성공이나 실패로 해석된다. 따라서 오늘날에는 누구나 위험 앞에 홀로 서서 자기 삶을 스스로 선택하고 스스로 꾸려가야 한다. 한마디로, 위험도 개인이 각자 부담해야 하는 것이다.

[예상문제]

울리히 벡(Ulrich Beck)의 '위험'의 특징으로 볼 수 없는 것은?

① 인위적으로 만들어진 것
② 지구화 경향을 보이는 보편적인 것
③ 인간의 즉각적인 인식능력을 벗어나는 것
④ 인종, 성별, 계급 등 사회구조에 영향을 받는 집단적인 것

정답 ④

해설 개인은 사회구조로부터 덜 제약받고 더 독립적이지만 이러한 독립성은 대가가 요구되어 각 개인 삶은 기존의 의사결정 상태로부터 벗어나 개인의 손으로 이전된다.

3 더글러스

더글러스는 매우 광의의 '보편적' 개념으로 리스크 개념을 사용했다. 즉 리스크는 '계산'이 아닌 '인식'의 문제로 확대된다. 따라서 합리성 개념이 존재하지 않는 사회에서도 리스크는 존재한다. 모든 '위험 인식'을 리스크로 이해한 것이다. 이와 같이 보편적 현상을 지칭하는 리스크 개념을 사용했기 때문에, 더글러스는 문화상대주의에서 출발할 수 있었다.

4 루만

루만은 어떤 피해가 사회적 결정의 결과로 출현하는 경우를 risk, 사회적 결정과 무관하게 발생하는 경우를 danger라고 구별한다. 그러나 이 둘은 명확하게 구별되지 않는데, 위험을 감수하려는 결정이 내려졌을 때, 그 결정을 내린 편에게 그것은 risk이지만, 스스로 그 결정에 관여하지 않고 그 피해를 겪어야 하는 '당사자'들에게 그것은 danger가 되기 때문이다. 그리하여 결국 risk와 danger의 구별은 결정자와 당사자 간의 차이로 나타난다. 그리하여 결국 루만은 위험을 '인류' 차원의 문제가 아니라 결정권을 가진 자와 갖지 못한 자 사이의 대립으로 설명한다.

예상문제

다음을 주장한 연구자의 이름으로 옳은 것은?

> 어떤 피해가 사회적 결정의 결과로 출현하는 경우가 risk이고, 사회적 결정과 무관하게 발생하는 경우를 danger라고 한다. 그러나 이 둘은 명확하게 구별되지 않는다. 위험을 감수하려는 결정이 내려졌을 때, 그 결정을 내린 편에게 그것은 risk이지만, 스스로 그 결정에 관여하지 않고 그 피해를 겪어야 하는 '당사자'들에게 그것은 danger가 된다. 그리하여 결국 risk와 danger의 구별은 결정자와 당사자 간의 차이로 나타난다. 그리하여 결국 위험을 '인류' 차원의 문제가 아니라 결정권을 가진 자와 갖지 못한 자 사이의 대립으로 설명한다.

① Niklas Luhmann ② Ulrich Beck
③ Anthony Giddens ④ Gunther Anders

정답 ①
해설 Niklas Luhmann의 주장이다.

위험(Risk)에 대한 설명으로 틀린 것은?

① 유럽에서도 상대적으로 매우 최근에서야 등장한 단어이다.
② 근대적 합리성을 인식론적 배경으로 해서 계산 가능하다고 여겨진다.
③ danger가 단순한 불가측적 위험이라면 risk는 어느 정도 통제 가능한 확률적 위험을 가리킨다.
④ 루만은 어떤 피해가 사회적 결정의 결과로 출현하는 경우를 danger, 사회적 결정과 무관하게 발생하는 경우를 risk로 구별한다.

정답 ④
해설 루만은 어떤 피해가 사회적 결정의 결과로 출현하는 경우를 risk, 사회적 결정과 무관하게 발생하는 경우를 danger라고 구별한다. 그러나 이 둘은 명확하게 구별되지 않는데, 위험을 감수하려는 결정이 내려졌을 때, 그 결정을 내린 편에게 그것은 risk이지만, 스스로 그 결정에 관여하지 않고 그 피해를 겪어야 하는 '당사자'들에게 그것은 danger가 되기 때문이다. 그리하여 결국 risk와 danger의 구별은 결정자와 당사자 간의 차이로 나타난다. 그리하여 결국 루만은 위험을 '인류' 차원의 문제가 아니라 결정권을 가진 자와 갖지 못한 자 사이의 대립으로 설명한다.

Ⅱ 리스크와 근대 과학기술 문명

1 의의

벡이 risk와 danger를 구별한 데에는 더글러스의 위험 사회이론에 대한 비판적 평가가 매우 강하게 작용했다.

2 더글러스는 문화상대주의의 관점

① 더글러스는 문화상대주의의 관점에서, 모든 사회에는 리스크가 존재하며 그것의 속성은 도덕적이고 정치적인 것이라고 했다. '무엇을 위험으로 인식하는가?'가 리스크와 관련된 가장 중요한 문제인데, '위험하다/위험하지 않다'는 '청결/불결'의 개념과 마찬가지로 한 사회의 도덕적 · 문화적 구성물에 불과하다는 것이다.

② 따라서 리스크는 객관적으로 존재하는 위험과 본질적인 연관 관계를 갖지 않는다. 리스크란 일정한 문화를 공유하는 집단의 도덕적 · 문화적 표현이자, 정치적 요구에 불과하다는 것이다. 현대사회의 고도 기술 위험이나 생태 위험 역시 그와 다르지 않다고 본다.

3 벡의 현대사회의 위험

① 벡은 현대 사회의 위험이 더글러스가 말하는 '보편적으로 존재하는 인식 구조이지만 문화에 따라 상이한 내용을 갖는' 리스크 인식과는 다른 차원의 문제라고 설명한다. 이것은 과학에 대한 관점의 차이에서 유래한다.

② 더글러스는 과학의 패러다임 변화를 짧게 언급했을 뿐인데, 벡은 과학의 패러다임 변화가 현대사회의 위험에 핵심적 작용을 하는 것으로 본다. 즉 중요한 것은, 확실성을 생산하는 것이 목적이었던 과학이 현대에 와서 오히려 불확실성을 생산한다는 사실이다.

③ 그리고 과학이 생산하는 불확실성은 과학이 작용하지 않던 시대의 자연재해와는 비교가 되지 않는 위협적인 결과를 가져올 수 있다. 그것은 '가능성'과 '확률'로 계산될 뿐이고 과학자마다 상이하게 추정되지만, 결코 가능성 0은 아니다. 다시 말해서 아직 발생하지 않았을 뿐 이미 위험은 객관적으로 존재한다는 것이다. 여기서 '객관적으로 존재'한다는 것은 그것이 발생할 경우 실제적으로 피해를 가함을 의미한다. 즉 그것은 계산된 위험성일 뿐만 아니라, 실제로 위험하다(dangerous).

4 루만의 생태적 위협

(1) 의의

① 루만 역시 현대사회에서 합리성과 과학의 발전으로 새로운 생태적 위협이 등장한다는 사실을 부정하지 않는다. 그러나 그는 더글러스와 마찬가지로, 현대사회의 위험에 대한 여론이 지나치게 도덕적으로 윤색되어 있고 불필요하게 과열되어 있다고 비판한다. 그러나 이와 같은 판단의 근거로 더글러스가 경제적으로 부유하지만 도덕적으로는 분파적인 신중간계급의 등장을 꼽는 데 반해, 루만은 현대사회의 기능 분화 체계 자체의 속성을 지적한다.

② 1986년에 출판된 그의 책의 부제가 '현대사회는 생태적 위협에 대처할 수 있는가?'이듯이, 현대사회의 체계는 그와 같이 과열된 여론에 만족스러운 대답을 줄 수 없다는 것이다. 그

가 제시하는 해결책은, 현대사회체계의 성격을 정확히 이해하여 그에 맞는 냉철한 제안을 하라는 것이다. 그래야만 현실적인 극복 방안을 마련할 수 있다는 것이다.

(2) 신사회 운동 비판

① '생태위협'이라는 종합적 관점으로 접근할 경우, 그러한 관점 자체가 현대의 기능 분화된 사회체계와 어울리지 않는 도덕적 관점일 뿐이라고 루만은 비판한다.

② 모든 사회적 체계에 편재하는 어떤 '총체성'을 상정하는 것 자체가 근대 기능분화 논리와 배치될 뿐만 아니라, 그러한 총체성을 별도의 기능 체계 형식으로 제도화하는 것 역시 불가능하기 때문이다.

③ 1986년 저작에서 루만은 생태위험을 제기하는 신사회운동이 예컨대 노조와 달리 사회적 실체가 될 수 없다고 판단했다. 신사회운동의 특징은 실제 경험과 제도 간에 괴리가 크다는 것이다. 그리고 신사회운동에서는 모든 문제를 사회 탓으로 돌리는데 비해서, 구체적인 인과관계는 설명하지 못한다는 것이다. 즉 그들에게는 이데올로기 또는 이론이 없기 때문에 신사회운동은 노조와 같은 독자적 체계를 발전시킬 수 없고, 일종의 기생적인 형태로만 존재할 수 있을 뿐이라고 보았다.

5 기든스의 근대성에 내재한 불확실성으로서의 리스크

(1) 의의

① 기든스 역시 리스크 개념을 상당히 산업사회적인 방식으로 이해한다는 점에서, 루만과 일맥상통하는 지점이 있다. 기든스는 '확신'과 '신뢰'에 대한 루만의 구별을 기초로 리스크를 신뢰의 문제와 연결시킨다.

② 확신과 달리 신뢰란 근대성에 내재한 불확실성, 즉 리스크를 전제로 할 때 가능한 개념이라는 것이다. 여기서 리스크는 벡이 말하는 고도 기술위험을 의미하는 것이 아니라, 근대적 합리성에 애초부터 내장되어 있던 불확실성, 즉 루만의 개념을 빌리면 비필연적인 '선택 가능성'의 결과를 의미한다.

(2) 신뢰

① 루만의 개념에 기초한 만큼, 1990년 저서(포스트모더니티)에서 설명하는 신뢰의 개념은 루만의 '기능 분화' 또는 '일반화된 상징적 매체' 개념과 크게 다르지 않다.

② 기능 분화란 분화와 조정을 이루는 어떤 중심적 원리(예컨대 '합리성')도 존재하지 않은 채, 분화와 조정이 가능한 형태를 의미한다. 즉 완전히 개인주의적인 도덕에 기초한 사회구성을 의미한다. 이것은 역사적으로 '매우 비개연적'인 돌연변이 같은 형태이다. 도덕이 개인의 양심 수준에서만 작동하기 때문에, 사회의 분화 및 조율이 도덕적 차원과 무관하게 순수하게 기능적으로만 가능해진 것이다.

③ 루만과 달리 의사소통의 호혜성을 강조하는 기든스는 루만의 '기능' 개념을 '신뢰'의 개념으로 대치한다. 사회분화를 단순히 유기체적 기능 분화의 결과가 아니라, 추상적 매체에 기초한 신뢰의 제도화 과정으로 이해할 수 있다는 것이다. 또한 루만과 달리 기든스는 벡의 리스크 개념 역시 수용하며 그것을 후기 근대성 특유의 문제, 즉 "질주하는 세계(juggernaut)"의 문제로 이해한다.

(3) 외부적 리스크와 제조된 리스크

① 이렇게 서로 반목하는 벡과 루만의 개념들을 수용하는 데서 나타날 수 있는 문제를, 기든스는 '유형화'의 차원에서 해결한다. 그리하여 '외부적 리스크'와 '제조된 리스크'를 구별하는데, 뒤의 것이 벡이 말하는 리스크이고, 앞의 것은 전통이나 자연에서 오는 리스크이다.

② 흥미롭게도 '외부적 리스크' 개념을 설명하면서 기든스는 근대성의 테두리를 떠나 '모든 전통문화'로까지 리스크 개념을 확대하는데, 이것은 루만의 리스크 개념 사용 방식과 매우 유사하다

③ 루만의 경우 리스크를 '의사결정' 및 '통제'의 문제로 설명하면서 이러한 혼동을 야기했는데, 그것은 의사결정과 통제가 근대성에 이르러 개인 단위로 분산되었을 뿐, 근대성에서만 고유하게 관찰되는 현상은 아니기 때문이다. 기든스 역시 외부적 리스크로 자연재해를 의미하는데, 자연재해에 대한 나름대로의 인식과 대비는 더글러스가 설명하듯이, 근대성 이전에도 존재했기 때문이다.

(4) 기든스, 루만, 더글러스의 위험에 대한 관점의 유사성

① 기든스, 루만, 더글러스의 위험에 대한 관점의 유사성은 리스크에 긍정적 측면과 부정적 측면이 있다는 기든스의 판단을 통해 다시 한 번 확인된다. 기든스는 "리스크의 적극적 용인은 근대 경제에서 부를 창출하는 원천"이라고 본다.

② 루만과 더글러스가 현대사회의 리스크 커뮤니케이션이 도덕적 과잉 반응이라고 비판한 이유 역시 근대성의 사회에서 리스크가 부의 창출 원천이기 때문이다. 마찬가지로 기든스는 독일에서 유래한 유럽의 '예방원칙'에 대해서도 제한적으로만 평가한다. 중요한 것은 리스크 자체가 아니라, 위험과 혜택 간의 균형이기 때문이다.

③ 결국 위험 자체가 아니라 위험과 혜택 간의 관계론에서 출발해야 한다는 입장에서 루만, 기든스, 더글러스는 의견의 일치를 보인다. 그리하여 위험정치는 "겁주기 좋아하는 사람들"과 "은폐한 사람들" 간의 도덕적 비방이라는 "선악 판단의 새로운 정치 풍토"를 초래한다는 것이다.

(5) 기든스와 벡의 유사성

① 도덕정치를 분파적 또는 전근대적이라고 단정하는 더글러스나 루만과 달리, 기든스는 그것을 새로운 정치형태의 창출로 본다는 점에서 벡과 유사하다. 다만 벡은 기든스에 비해서 위험과 혜택의 관계보다는 위험 자체를 더욱 강조한다. 아무리 발생 확률이 낮아도 현대과학문명의 리스크는 인류의 생존을 결정짓는 특성을 갖기 때문이다. 즉 어떤 혜택도 생명의 가치보다 우선적일 수 없다는 입장을 견지한다.

② 벡과 기든스는 새롭게 등장하는 도덕적 이슈가 '기능'에서 '도덕'으로 회귀하는 근대화의 역방향이 아니라, 오히려 근대성의 구조변동이라는 새로운 방향을 취한다고 설명한다. 이런 점에서 벡과 기든스는 공히 '성찰적 근대화' 논자들이다.

(6) 기든스의 구조화 이론과 벡의 개인화 이론

① 한편 기든스는 선진 산업사회에서 부의 확대를 통해 계급구조가 변화했고, 그럼으로써 '구조'가 아닌 '행위'와 '규범' 차원에서 변화의 원동력이 새롭게 발생한다고 설명하는 반면, 벡은 일차적으로 리스크에 의해 구조 변동이 야기되고, 리스크가 수반하는 개인들의 불안에 의해 제도 변화가 이루어진다고 설명한다.

② 그리하여 기든스가 '구조화 이론'이라는 보다 추상적 형태의 일반이론을 제시한다면, 벡은 '개인화 이론'을 통해 사회변동의 방향을 진단한다. 즉 현대사회에 이르러 행위가 구조 변화에 한층 더 구성적으로 작용할 뿐만 아니라, 그런 과정을 통해 일정한 방향으로 규범의 변화가 진행되고 있다는 것이다. 말하자면 미시적 차원에서는 개인화의 규범이 한 단계 더 도약하고, 거시적 차원에서는 세계시민주의 규범이 발현한다. 벡은 이렇게 '위험'을 규범 및 제도수준의 변화를 야기하는 해방적 계기로 해석한다.

[예상문제]

기든스의 위험에 대한 설명으로 틀린 것은?

① 확신과 달리 신뢰란 근대성에 내재한 불확실성, 즉 위험을 전제로 할 때 가능한 개념이다.
② 위험은 근대적 합리성에 애초부터 내장되어 있던 불확실성 즉 필연적 선택의 결과이다.
③ 현대사회의 개인들은 위험을 실재하는 것보다 더 크게 인식한다.
④ 위험이 과거에 그랬던 것보다 반드시 현저하게 증가한 것은 아니다.

정답 ②

해설 기든스에게 위험은 벡이 말하는 고도 기술 위험을 의미하는 것이 아니라, 근대적 합리성에 애초부터 내장되어 있던 불확실성, 즉 비필연적인 '선택 가능성'의 결과를 의미한다. 기든스는 위험이 과거에 그랬던 것보다 반드시 현저하게 증가한 것이 아니라 그것이 정체성에 미치는 영향이 보다 심대해진 것으로 본다. 우리는 위험을 실재하는 것보다 더 크게 인식한다. 현대사회에서 개인은 실제로 위험과 기회 사이에서 위험한 줄타기를 한다. 일상적 삶이 위험계산의 집합체나 다름없다는 점에서, 개인은 무수히 많은 일련의 생활양식의 선택지들 사이에서 선택을 강요받는다.

Ⅲ 리스크와 개인화

1 더글러스와 루만

더글러스는 현대사회에서 특징적으로 나타나는 리스크 커뮤니케이션을 신중간계급의 분파주의 도덕과 관련된 현상이라고 보고, 루만 역시 기능 분화 체계의 언어로 번역될 수 없는 도덕적 소음에 불과하다고 판단한다.

2 기든스

반면에 기든스는 '도덕적 상호비방에 기초한 정치풍토'가 한층 업그레이드된 불확실성 또는 그의 개념을 빌리면 탈주(disembedding)의 결과라고 본다. 즉 현대에 이르러 과학과 친밀성의 영역에까지 불확실성이 확대된 결과라는 것이다.

과학은 위험에 대해 더 이상 확증된 판단을 제시하지 못하고, 부의 증가와 계급현실의 변화로 정치적 갈등의 영역은 산업에서 생활로 이동했다. 그리하여 정치적 갈등의 원천이 분배 요구에서 새로운 가치에 대한 요구로 변질된 것이다. 기든스는 이것을 '생활 정치'라는 개념으로 표현한다.

3 울리히 벡

① 벡 역시 리스크 커뮤니케이션의 대두가 불확실성의 증가 또는 제도 탈피의 양상과 관련된다고 보지만, 기든스와 달리 그것을 근대적 성찰성이 지속적으로 확대됨으로써 이루어진 결과라고 설명하지는 않는다.

② 벡은 성찰성의 확대가 아니라, 개인화의 확대로 불확실성이 증가했다고 설명한다. 말하자면 근대성의 구성적 특성을 기든스는 성찰성으로 보는데 반해서, 벡은 개인화와 합리성 사이의 변증법적 관계로 본다.

[예상문제]

울리히 벡(Ulrich Beck)의 '개인화'에 대한 설명으로 틀린 것은?

① 위험사회는 지구적인 것인 동시에 개인적인 것으로 분산된다.
② 개인은 위험의 주체이면서 생애사적 자기 관리의 대상으로 부상한다.
③ 개인화는 근대성과 합리성의 실패, 미완성된 과제 그리고 맹목적 소비를 지향하게 하는 무능력하고 비효율적인 것이다.
④ 포드주의적 생산방식으로부터 유연한 생산방식으로의 변화 속에 지식 집약성의 축적이 요구되는데, 이 과정에서 성찰적인 노동자가 구성되고, 이들에게는 정보적 생활양식이 중요해진다.

정답 ③

해설 개인화를 근대성과 합리성의 실패, 미완성된 과제 그리고 맹목적 소비를 지향하게 하는 무능력하고 비효율적인 것으로 보는 사상가는 바우만이다.

4 벡의 근대성의 급진화

(1) 의의

① 벡은 성찰성의 확대가 아니라 근대성의 급진화를 통해 위험사회(또는 기든스의 경우 후기 근대)에 도달했다고 말하는데, 여기서 근대성은 근대적 합리성을 의미한다. 즉 그것은 자본주의의 효율성 또는 과학기술합리성을 의미한다.

② 예컨대 벡은 위험사회에서 노동유연화는 테일러주의를 포기한 것이 아니라 오히려 급진적으로 적용한 결과라고 설명한다. 테일러주의의 급진화가 유연노동제도를 낳았듯이 과학기술 합리성의 급진화는 불확실성과 리스크를 생산한다. 노동시장 논리의 급진화는 여성을 전업주부라는 고정된 이미지로부터 분리시켜, 이전까지 자본주의의 본질로 설명되었던 '사적 가부장제'에 타격을 가했다.

(2) 산업사회의 개인화

① 뒤르켐이 설명하듯이 근대사회는 '개인'을 발견함으로써 전근대사회로부터 탈피해서 자신의 고유한 연대 형태를 창출했다.

② 그러나 시장합리성과 과학기술합리성을 골조로 삼아 근대적합리성이 제도화됨으로써, '개인'의 이미지는 부르주아 남성 가장의 형태로 고정되었다.

③ 마르크스가 설명하듯이 자본 형성의 합리성은 '핵가족'을 세포로 삼았고, 푸코가 설명하듯이 과학합리성은 양성 간의 생물학적 관계를 사회적 운명으로 법제화했기 때문이다.

④ 그 결과 산업사회의 합리성은 '자기실현적 예언'(Merton)이 되어 노동자계급에게까지 핵가족을 확대했고, 그러한 과정을 거치면서 핵가족은 '보편적' 현상으로 공고해졌다.

⑤ 그러나 이와 같은 과정은 단순한 진화의 과정이 아니라 역사적 과정이었다. 즉 그것은 계급대립을 통해 가능했다. 다시 말해서 산업사회에서 개인화는 동시에 계급정체성과 생물학적 핵가족주의를 구성하는 과정이었다.

(3) 일반화된 피고용자의 사회

① 2차 대전 이후 서구에서 역사적 유례가 없는 번영과 평화의 시대를 경험하고 조합주의에 기초한 복지제도가 확립되면서, 개인의 이미지는 모든 '피고용자'의 형태로 변화했다.

② '피고용자'라는 범주는 계급론의 기초인 노동시장 분화와 가부장제이론의 기초인 성별분업(전업주부 개념)을 상쇄하는 통합적 방향의 개념이다.

③ 위험사회에서 명시적으로 밝히듯이, 벡은 현대사회를 흔히 계급론에서 표현하는 '신중간계급' 중심의 사회로 이해하지 않고, '일반화된 피고용자의 사회'로 이해한다. 이것은 그가 노동시장뿐만 아니라 그로부터 파생한(조합주의에 기초한) 복지제도 역시 현대사회의 근간으로 이해하고 있음을 보여준다. 그리고 이러한 과정을 개인화의 원리가 재도약하는 계기라고 설명한다.

(4) '근대성의 급진화'가 초래한 세 가지 역설

① '근대성의 급진화'가 초래한 세 가지 역설이 '일반화된 피고용자의 사회'라는 역사적 배경과 맞물려서, 각각의 영역에서 개인화를 급진화한 것이다.

② 노동유연화를 부른 경영합리성의 급진화는 노동계급을 개인 생애별로 분해하여 계급정체성을 개인화했다.

③ 리스크를 생산하는 과학기술합리성은 정치를 개인화하여 제도 밖의 하위정치를 발생시켰다.

④ 여성을 사적 가부장제로부터 해방시킨 노동시장의 합리성은 가족 결속력을 개인화했다.

(5) 근대성 급진화의 결과

① 과학기술영역에서는 생태위험이, 노동시장 및 가족의 차원에서는 생애 위험이 새로운 사회적 결속력을 촉구하는 현실로 등장하게 되었다고 벡은 설명한다.

② 이와 같이 근대적 합리성의 귀결인 리스크가 새로운 사회적 결속력을 촉구하는 이유는, 산업사회의 기능 분화 프레임(정치/경제/과학/가족 등의 분화) 및 조합주의 계급정치에 맞추어진 제도영역에서는 리스크를 인지하지 못하기 때문이다.

③ 리스크는 '개인'을 통해서만 인식되기 때문에, 개인이 산업사회의 제도들과 대치하는 새로운 정치적 형세가 등장하는 것이다.

④ 위험사회에서 벡은 이것을 새로운 '시투아엥의 정치'라고 표현한다. 개인들은 두 가지방식으로 새로운 사회적 결속을 촉구하는데, 하나는 제도 밖의 '신사회운동'이고 다른 하나는 소비자 위치에서의 결속이다.

5 기든스의 '생활정치'와 벡의 '위험사회의 정치'

(1) 생활정치

① 기든스의 '생활정치' 개념 역시 신사회운동과 소비자 위치에서의 결속의 두 가지의 특성을 묶어서 표현한다. 그러나 이것은 '제도 밖'이라는 의미의 '하위정치' 개념보다 도식적으로 이해될 위험이 있고, 실제로 그렇게 이해되어 왔다.

② '산업 대 생활'이라는 이분법으로 정치의 영역이 분할된 것으로 이해되었다. 또는 기든스의 표현대로 '해방정치 대 생활정치'의 이분법으로 이해되었다.

③ 생활 정치는 무엇보다 '친밀성의 구조 변동'이나 '생활양식의 선택' 또는 '삶의 질'과 같은 문제로 이해되었다. 빈곤의 절박함으로부터 해방되어 보다 고차원적인 가치를 추구하는 자아실현의 정치라는 것이다.

(2) 생애 위험

① 그러나 생애 위험은 새로운 라이프 스타일의 창출과 같은 생활문화의 변화뿐만 아니라 노조에 의해 대변되지 않는 노동문화의 변화로도 연결될 수 있다. 벡은 복지제도의 변화를 통해 이러한 과정이 가능하다고 보았다. 예컨대 취업 상태가 아닌 경우에도 위험사회의 정치적 활성화에 참여할 경우, 그것을 노동으로 규정하여 국가가 생계를 지원할 수 있다는 것이다.

② 기후변화의 파국 속에서 '문화노동'의 정치적 의미를 강조한 최근의 입장 역시 노동에 대한 새로운 개념 규정으로 이해할 수 있다. 벡은 거기서 기든스가 산업사회 정치의 특징이라고 설명한 '해방'의 개념을 사용한다. 말하자면 위험사회의 정치 역시 '해방'의 정치라는 것이다.

(3) 위험사회의 정치

① 위험사회의 정치는 '삶의 질'이나 고차원적 '가치'와 관련된 '부유한 사회'만의 문제가 아니라, 기든스가 말하는 '해방 정치'와 마찬가지로 절박한 문제임을 표현하는 것으로 해석될 수 있다.

② 벡은 특히 이와 관련해서 세계수준에서 존재하는 불평등의 현실을 강조한다. 말하자면 여기서 '해방'을 외치는 절박함은 먹고사는 '생존'의 절박함이 아니라, 길게 볼 때 '생존'의 전제가 되는 '생명'을 침해받지 않는 절박함인 것이다. 생명이 위협받는 상황은 생존이 위협받는 상황보다 사실 더 원초적인 문제이다. 생명이 보장되지 않는다면 생존 역시 무의미해질 수밖에 없기 때문이다.

③ 단지 산업사회의 합리성 패러다임이 지배적이기 때문에, 생존은 절박하나 생명은 '질적'이고 '탈물질주의적'이라고 생각하기 쉬울 뿐이다. 그러나 생존 문제가 '경제적'이라는 의미에서 물질적이라면, 생명의 존재 양식은 '유기체적'이라는 의미에서 물질적이다. 그러한 존재 양식을 떠난 생명은 유령이나 에너지에 불과할 것이다.

(4) 벡의 제2근대성과 기든스의 후기 근대성

성찰적 근대성을 '제2근대성'이라고 표현하는 벡과 달리 기든스는 '후기근대성'의 용어로 설명한다. '2차적'이라는 표현은 연속과 단절의 변증법을 강조하는데 반해서, '후기(late)'는 연속성을 한층 더 강조한다.

Theme

34 액체 근대론과 성찰적 근대화론 비교

I 바우만의 액체 근대론

1 의의

액체는 가볍고 유동적이며 다양한 형태로 구성될 수 있다. 바우만의 액체 사회나 액체 구조도 같은 특성을 공유한다. 위해를 받더라도 큰 영향 없이 원상 복귀할 수 있는 특성을 지닌 것이다. 또한 이는 다양한 연계 가능성을 내포하는데, 바우만은 이러한 특성이 한 지역에서의 위험을 다른 지역으로 분산 해결할 수 있는 의미가 있다고 본다.

2 '사냥터지기', '정원사', '사냥꾼'

① 바우만은 '사냥터지기', '정원사', '사냥꾼'이라는 비유를 들어 시대의 근본 특징을 묘사하기도 한다.

② 전근대 사회는 자연환경을 사냥터로, 인간 자신을 그 사냥터를 지키는 존재로 생각한 사회였다. '자연의 균형'을 유지하는 것이 인간의 사명인 시대였다.

③ 반면에 근대는 '정원사'의 시대다. 세계는 일종의 정원이며, 사람들은 자신이 디자인한 모습으로 정원을 꾸민다. 바우만은 정원사의 시대를 '유토피아의 꿈'을 실현하려고 노력하던 시대라고 말한다. 그 시대가 끝나고 말았다.

④ 지금은 사냥터야 어찌 되든 짐승만 많이 잡으면 된다는 사냥꾼의 시대다. 사람들은 사냥꾼이 되느냐, 사냥감이 되느냐 하는 가혹한 이분법의 처지에 놓였다. 사냥꾼에겐 유토피아지만 사냥감에겐 지옥이다. 바우만은 결론에서 지옥을 거부하고 저항하라고 말한다. "(이 지옥을) 받아들이라고 강요하는 온갖 종류의 압력에 맞서 용감하게 싸워야만 한다."

[예상문제]

다음을 주장한 사상가의 이름으로 옳은 것은?

> 액체는 가볍고 유동적이며 다양한 형태로 구성될 수 있다. 액체 사회나 액체 구조도 같은 특성을 공유한다. 위해를 받더라도 큰 영향 없이 원상 복귀할 수 있는 특성을 지닌 것이다. 또한 이는 다양한 연계 가능성을 내포하는데, 이러한 특성이 한 지역에서의 위험을 다른 지역으로 분산 해결할 수 있는 의미가 있다. 「액체 시대(liquid time)」에서 '사회는 구조보다는 네트워크라는 관점으로 점점 인식되고 네트워크로 모든 것이 이루어진다.'라고 제시했다. 즉, 액체근대를 지나 액체시대에는 삶의 지배적인 양식이 이동통신수단에 의해 네트워크화가 이뤄지며, 새로운 패러다임으로서 탈근대의 특성을 전유하고 있다.

① 울리히 벡(Ulrich Beck)　② 폴 비릴리오(Paul Virilio)
③ 마누엘 카스텔(Manuel Castells)　④ 지그문트 바우만(Zygmunt Bauman)

정답 ④

해설 바우만의 액체 근대에 대한 설명이다.

바우만(Zygmunt Bauman)의 액체 근대론에 대한 설명으로 틀린 것은?

① 사회는 구조보다는 네트워크라는 관점으로 점점 인식되고 네트워크로 모든 것이 이루어진다.
② 액체성은 위계적인 사회조직을 녹이는 동시에 자본과 노동의 이동, 유동하는 개인화를 만들었다.
③ 신뢰의 상실과 관계 단절로 인한 고통의 증가, 또 탐욕적인 경제 논리의 세계화가 보편적 가치가 됨으로써 사회불안을 야기하고 있다.
④ 자신의 존재적 구조를 의식하고, 문제점을 자기 대면적으로 인식할 수 있는 능력을 소유한 이를 '성찰적 행위자'라고 명명할 수 있는데, '성찰적 행위자'는 구조적 조건을 변화시킬 수 있는 적극적인 능력이 잠재되어 있는 사람이다.

정답 ④

해설 벡의 성찰적 근대화론에서 성찰성이란 '근대화 과정에서 생산된 부수적 산물에 대한 체계적 진단'을 의미한다. 성찰성은 자기반성이라기보다는 자기 대면적인 것이다. '성찰적 행위자'는 자신의 존재적 구조를 의식하고, 문제점을 자기대면적으로 인식할 수 있는 능력을 소유한 사람이다. 벡의 '성찰적 행위자'는 구조적 조건을 변화시킬 수 있는 적극적인 능력을 잠재하고 있는 사람이다.

바우만(Zygmunt Bauman)의 액체 근대에 대한 설명으로 틀린 것은?

① 정원사의 시대이다.
② 개인화가 매우 깊이 진행된 사회이다.
③ 공적 영역보다 사적 영역이 중요해지는 시기이다.
④ 의지도, 욕망도, 관계도, 정신도 계속해서 흘러가게 된다.

정답 ①

해설 바우만은 '사냥터지기', '정원사', '사냥꾼'이라는 비유를 들어 시대의 근본 특징을 묘사하기도 한다. 전근대 사회는 자연환경을 사냥터로, 인간 자신을 그 사냥터를 지키는 존재로 생각한 사회였다. '자연의 균형'을 유지하는 것이 인간의 사명인 시대였다. 반면에 근대는 '정원사'의 시대다. 세계는 일종의 정원이며, 사람들은 자신이 디자인한 모습으로 정원을 꾸민다. 바우만은 정원사의 시대를 '유토피아의 꿈'을 실현하려고 노력하던 시대라고 말한다. 그 시대가 끝나고 말았다. 지금은 사냥터야 어찌 되든 짐승만 많이 잡으면 된다는 사냥꾼의 시대다. 사람들은 사냥꾼이 되느냐, 사냥감이 되느냐 하는 가혹한 이분법의 처지에 놓였다. 사냥꾼에게겐 유토피아지만 사냥감에겐 지옥이다. 바우만은 결론에서 지옥을 거부하고 저항하라고 말한다. "(이 지옥을) 받아들이라고 강요하는 온갖 종류의 압력에 맞서 용감하게 싸워야만 한다."

3 네트워크화

바우만은 액체 근대에서 네트워크를 강조한다. 좀 더 자세히 살펴보면 그는 「액체 시대(liquid time)」에서 '사회는 구조보다는 네트워크라는 관점으로 점점 인식되고 네트워크로 모든 것이 이루어진다.'라고 제시했다. 즉, 액체 근대를 지나 액체 시대에는 삶의 지배적인 양식이 이동통신 수단에 의해 네트워크화가 이뤄지며, 새로운 패러다임으로서 탈근대의 특성을 전유하고 있다고 보는 것이다.

4 모던적 프로젝트의 실시

바우만에 따르면 모던적 프로젝트의 실시는 기존의 견고한 사회를 서서히 녹이는 과정이며 이 과정에서 구성된 것이 액체근대이다. 이 액체성은 위계적인 사회조직을 녹이는 동시에 자본과 노동의 이동, 유동하는 개인화를 만들었다. 그런데 이는 다시 양극화를 불러왔다는 점에서 바우만은 결정적인 모순을 발견한다.

Ⅱ 벡의 성찰적 근대화론

① 벡의 성찰적 근대화론은 근대성의 연속선상에서 논의되고 있다. 우리는 '성찰성'이란 주요 키워드에 주목해야 한다. 여기서 성찰성이란 '근대화 과정에서 생산된 부수적 산물에 대한 체계적 진단'을 의미한다. 벡은 이 성찰성 개념이 자기반성이라기보다는 자기 대면적인 것이라고 본다. 그런 의미에서 자신의 존재적 구조를 의식하고, 문제점을 자기 대면적으로 인식할 수 있는 능력을 소유한 이를 '성찰적 행위자'라고 명명할 수 있다. 벡의 '성찰적 행위자'는 구조적 조건을 변화시킬 수 있는 적극적인 능력이 잠재되어 있는 사람이다.

② 성찰적 근대화는 포드주의적 생산방식으로부터 유연한 생산방식으로의 변화 속에 지식 집약성의 축적을 요구한다. 이 과정에서 성찰적인 노동자가 구성되는데, 이들에게는 정보적 생활양식이 중요해진다. 이때 부상한 새로운 지식엘리트는 정보적 생산도구와 이동수단으로 노동계급보다 경쟁력 우위를 점령해 새로운 부를 독점하게 된다. 동시에 이들이 소비적이고 개인화된 삶을 지향하면서 시장 주도적 경제가 초래되고, 성찰적 개인과 소비는 전문가체계에 의존하게 된다.

Ⅲ 바우만과 벡의 결정적 차이

① 현대사회라는 큰 주제를 벡과 바우만은 '개인화'와 '위험사회'라는 주제로 접근한다는 점에서 공통점이 있다. 그러나 자세히 들어가면 개인화와 위험사회에 대한 관점이 상반된다는 것을 알 수 있다.

② 가령 벡이 성찰적 개인화로 위험사회의 극복 가능성을 제시했다면, 바우만은 개인화에 의해서 위험사회가 증가된다고 보았다. 벡이 보기에 개인화는 노동시장의 산물이지만, 바우만에게 개인화는 근대성과 합리성의 실패, 미완성된 과제 그리고 맹목적으로 소비를 지향하게 하는 무능력하고 비효율적인 것이다. 그러므로 벡은 제도적 개인주의로 문제를 해결할 수 있다고 보는 반면, 바우만은 새로운 집합주의와 동질성을 제안함으로써 개인 혹은 집단으로 문제를 해결할 수 있다고 본다.

③ 개인화에 이어 위험사회에 대한 의견에도 차이가 있다. 벡은 위험사회를 근대성과 산업화 과정에서 발생해 전 지구적으로 체계화된 것으로 본다. 이 '위험사회'는 지구적인 것과 동시에 개인적인 것으로 분산됨으로써, 개인은 위험의 주체이면서 생애사적 자기 관리의 대상으로 부상한다. 과학이 위험을 제대로 예상하지 못하고, 법이 위험을 합법화함으로써 위험에 대한 관심은 증폭되었으며, 이와 함께 불안이 광범위하게 형성되었다는 것이다. 이러한 상황에서 벡은 위험을 개인 혹은 시민운동이나 전 지구적인 협의체를 통해서 함께 극복해야 한다는 견해를 피력한다.

④ 반면, 바우만의 위험사회는 벡의 위험사회와 달리 고정되거나 지역적, 계층적으로 제한되는 것이 아니라, 인간의 제어 능력을 초월하고 있는 것이다. 즉 액체근대의 위험은 기존의 위험과 함께 새로운 위험들이 분출되고 있다는 것이다. 바우만이 액체근대의 위험에 대해 전하는 메시지는 신뢰의 상실과 관계 단절로 인한 고통의 증가, 또 탐욕적인 경제 논리의 세계화가 보편적 가치가 됨으로써 사회불안을 야기하고 있다는 점이다. 이에 따라 개인을 위한 복지시스템을 더 이상 사회가 책임지지 않으며, 지도자의 역할을 상담자가 대체해 생활정치가 힘을 가지게 된다. 또한 공적 이슈는 사적 이슈의 테두리 안에서 토론되어 제도화된 지식은 거부되고 지배당하는 방식은 새롭게 형성된다. 이는 앞서 말했듯 새로운 집합주의로 극복 가능한 것이다.

⑤ 요약하면, 근대성 프로젝트 과정에서의 부수적 실패를 두고 벡은 성찰적 행위자에서 대안을 발견한 반면 바우만은 근대성 프로젝트와 탈근대성 프로젝트 어느 한 곳에도 안착할 수 없는 사회를 제시한다. 또 벡이 전문가 지식에서부터 일상생활의 지식까지 포괄적으로 수용하려는 반면, 바우만은 입법자와 지도자들에 의해 새롭게 구축된 아고라로 새로운 사회질서를 모색한다. 전자는 위험을 외부까지 연장시키려는 반면 후자는 위험의 자가 증식에 대처할 방안을 추구하는 것이다.

Theme

35 통신망 사회

Ⅰ 의의

① 수직적 사회가 아닌 수평적 관계를 중심으로 형성되는 사회를 의미한다.

② 인간관계에서도 개인을 중심으로 통신망(네트워크)이 형성되는 사회이다.

③ 통신망 그 자체가 권력이 되며, 전통적인 엘리트의 권력은 점차 쇠퇴할 것이라는 주장이다.

④ 통신망 사회는 기본적으로 자유를 지향하며, 그 중심에는 개인이 존재한다.

⑤ 통신망이 주도적으로 개인주의를 창조하는 것이 아니라, 통신망 발전이 개인주의 확산을 위한 적절한 물질적 자원을 제공한다.

⑥ 개인의 욕구가 기술의 발전방향을 유도하는 것으로 기술적 변인보다는 사회적 수요의 측면이 강조된다.

Ⅱ 카스텔(Castells)의 「통신망 사회」

1 의의

① 사회변동의 역사적 분석을 통해 억압되어 왔던 정체성들의 부상에 중요한 의미를 둔다. 억압되어 왔던 정체성들은 고립되기보다는 수평적 네트워크로 연결되어 과거 엘리트들에 의해 부여된 정체성을 거부한다.

② 21세기 통신망 사회에서는 억눌려 왔던 정체성들의 혁명이 사회구조의 변화를 이끌 것이다. 정체성 혁명의 주역인 공동체 및 개인들은 전자적 커뮤니케이션 네트워크라는 물질적·기술적 토대를 기반으로 사회변화를 이끄는 원동력이 된다.

2 통신망 사회

① 통신망 사회는 지역적·국가적·전 지구적 차원에서 개인, 집단, 정부 등이 각기 하나의 노드로서 연결되어 있는 사회를 의미한다.

② 카스텔은 '네트워크 사회의 도래', '정체성의 힘', '밀레니엄의 종언' 3부작을 통해 근대 사회를 지탱했던 정치·경제·문화의 원리가 총체적으로 붕괴하고 인터넷에 기반을 둔 네트워크가 모든 것을 지배하는 사회로 이행하고 있다는 것을 입증했다.

③ 카스텔은 통신망에 존재하는 콘텐츠에는 거의 관심을 두지 않고 심층적인 정보통신기술의 영향에 초점을 두어 텔레비전이 인쇄시대의 종말과 새로운 문화형태로의 교체를 예고한다는 통찰력을 제시한 맥루한의 견해를 계승했다.

④ 카스텔은 우리가 현재 기존 관계를 흔들어 놓는 지리적 불연속성을 경험하고 있지만 여전히 지역이나 지방은 중요하고 모든 것은 궁극적으로 통신망 사회로 통합되어 갈 것이라고 주장한다.

예상문제

카스텔(Manuel Castells)이 '네트워크 사회의 도래'에서 주장한 내용이라고 할 수 없는 것은?

① 정보주의와 자본주의 양자를 결합하여 만들어 낸 '정보자본주의'라는 개념을 사용하여 현대사회를 설명하였다.

② 정보주의는 지식에 대한 지식의 작용 자체가 생산성의 주요 원천이 되었다는 의미이다.

③ 자본주의는 이윤 추구, 사적 소유, 시장 원칙 등 친숙한 형태의 경제 관계를 의미한다.

④ 정보시대는 자본주의의 냉혹함이 지속되는 시대로서 새로운 경제, 새로운 사회로의 심층적 변동이 일어났다고는 볼 수 없다.

정답 ④

해설 카스텔(Manuel Castells)은 정보시대를 새로운 경제, 새로운 사회로 심층적 변동을 강조하는 것과 함께 자본주의가 지속되는 과거보다 더 대담하고 견고하다는 점을 강조한다.

카스텔(Manuel Castells)의 네트워크 사회론의 근간을 이루는 정보적 발전 양식에서 생산성의 원천으로 볼 수 없는 것은?

① 지식생산
② 정보처리
③ 인적 · 지적 네트워크
④ 상징 커뮤니케이션 기술

정답 ③

해설 카스텔은 그의 네트워크 사회론의 근간을 이루는 정보적 발전양식에서 생산성의 원천은 바로 지식생산, 정보처리, 상징 커뮤니케이션 기술에 있다고 주장한다. 이 양식에서 특이한 것은 생산의 주요 원천이 지식 자체에 대한 지식의 활동이라는 점이다. 정보적 발전양식하에서는 기술적 생산함수를 결정하는 지식과 정보를 추구하게 된다.

마누엘 카스텔(Manuel Castells)의 네트워크 사회에 대한 설명으로 틀린 것은?

① 지역적 · 국가적 · 전지구적 차원에서 개인, 집단, 정부 등이 각기 하나의 노드로서 연결되어 있는 사회를 의미한다.

② 카스텔은 '네트워크 사회의 도래', '정체성의 힘', '커뮤니케이션 권력' 3부작을 통해 근대 사회를 지탱했던 정치 · 경제 · 문화의 원리가 총체적으로 붕괴하고 인터넷에 기반을 둔 네트워크가 모든 것을 지배하는 사회로 이행하고 있다는 것을 입증했다.

③ 카스텔은 통신망에 존재하는 콘텐츠에는 거의 관심을 두지 않고 심층적인 정보통신기술의 영향에 초점을 두어 텔레비전이 인쇄시대의 종말과 새로운 문화형태로의 교체를 예고한다는 통찰력을 제시한 맥루한식 견해를 계승했다.

④ 카스텔은 우리가 현재 기존 관계를 흔들어 놓는 지리적 불연속성을 경험하고 있지만 여전히 지역이나 지방은 중요하고 모든 것은 궁극적으로 통신망 사회로 통합되어 갈 것이라고 주장한다.

정답 ②

해설 카스텔은 '네트워크 사회의 도래', '정체성의 힘', '밀레니엄의 종언' 3부작을 통해 근대 사회를 지탱했던 정치 · 경제 · 문화의 원리가 총체적으로 붕괴하고 인터넷에 기반을 둔 네트워크가 모든 것을 지배하는 사회로 이행하고 있다는 것을 입증했다.

3 통신망 사회의 출현 변인

① 산업화주의에서 정보화주의로의 이양

② 정체성 혁명을 통한 사회구조의 변혁

③ 정보통신기술의 발달

4 정보화주의

① 산업화주의(industrialism)의 다음 단계인 정보화주의는 경제적 행위 및 사회 조직의 새로운 물질적 · 기술적 토대이다.

② 산업화주의 단계에서 경제 발전이 에너지에 의존했다면 정보화주의는 지식 창출의 기술, 정보처리, 그리고 상징적 커뮤니케이션 등에 의존하는 발전 양식으로 변환된다.

③ 산업화주의가 성장에 목표를 두는 것과 달리 정보화주의는 지식의 축적 및 고난도 정보처리 기술의 축적을 지향한다.

④ 정보화주의의 근간인 지구촌 차원의 인터렉티브 커뮤니케이션 체제는 가치체계와 권력 관계에 변화를 가져오는데 이것이 바로 통신망 사회 출현을 가능하게 한 요인 중 하나이다.

⑤ 정보화주의는 지식과 정보가 경제 분야는 물론 정치 사회 제반 분야에서 가장 근원적인 물질 기반으로 위치한다.

5 정체성

① 수많은 주체들 간에 이루어지는 커뮤니케이션 과정에서 개인들 간 상호작용이 확대된다.

② 지식과 정보, 의미 있는 가치들이 보통사람들의 교류과정에서 생성되므로 수많은 개인 및 집단들의 수평적 상호작용의 과정은 통신망 사회의 정체성 중 하나이다.

③ 사회의 다양한 정체성들의 부상이 통신망 사회의 핵심 변인 중 하나로 그동안 억압받던 정체성들의 부상으로 다원주의적 가치관이 보편적 문화를 형성한다.

④ 정체성 혁명은 20세기 후반 들어 개인주의가 공유문화와 접목되어 사회변화를 가속시키고, 나아가 통신망을 통한 개인, 집단 간 연결은 사회변동을 촉진시킨다.

⑤ 대다수 참여자들은 온라인상에서 개인들의 의견을 개진하고 교환하면서 타자와 공감대는 물론 차이점까지 공유하는 방식으로 현실을 통찰한다.

⑥ 통신망 사회에서 타자는 과거와 같이 더 이상 두려움의 대상이 아니다.

[예상문제]

카스텔의 통신망 사회에서 정체성에 대한 설명으로 틀린 것은?

① 통신망을 통한 개인, 집단 간 연결은 사회 변동을 촉진시킨다.
② 사회의 다양한 정체성들의 부상이 통신망 사회의 핵심 변인 중의 하나이다.
③ 수많은 개인 및 집단들의 수직적 상호작용의 과정은 통신망 사회의 정체성 중 하나이다.
④ 정체성 혁명은 20세기 후반 들어 개인주의가 공유문화와 접목되어 사회변화를 가속시킨다.

정답 ③

해설 수직적 상호작용이 아니라 수평적 상호작용의 과정이 통신망 사회의 정체성 중 하나이다.

Ⅲ 웰먼(Wellman)의 연결망(Networked)

1 의의

사람들이 관계 맺기를 원하는 상대와 접촉하기 위해 오늘날의 이동성(통신기술뿐 아니라 교통도 포함)을 활용할 수 있는 상황의 출현을 포착하기 위한 것으로 '연결망 개인화'(networked individualism)라는 용어를 창안했다.

2 공동체의 3단계 발전 유형

공동체를 '사회성, 지원, 정보, 소속감, 사회적 정체성을 제공하는 인간 유대의 연결망'으로 간주하고, 시계열적으로 발전한 3단계 유형의 공동체를 제시했다.

(1) 1단계(집 대 집)

① 정착된 공동체에 대한 일반적 이미지로 생활양식이 고정되고, 주변의 이웃과 관계를 형성한다.

② 사람들은 주어진 장소에서 일하고 살아가는 동조가 강요되는 생활양식을 가진다.

(2) 2단계(장소 대 장소)

① 사람들이 가까운 이웃과 맺는 관계가 상대적으로 드물게 된 변화를 포착하였다.

② 사람들은 다른 곳에 사는 가족이나 친구들과 관계를 유지하는데 대개는 자동차를 타고 친지와 친척이 사는 곳을 방문한다.

③ 이 단계에서는 가족과 가정이 중심적이고, 새로운 관계 유지를 위해 공동체를 떠나기도 하지만 직접적 이웃이 유지하던 사회적 관계에 대한 독점적 지위는 상실하게 된다.

(3) 3단계(개인 대 개인)

① '연결망 개인화'를 의미하며 매우 개인화되면서도 개인들이 누구와 어디에서 관계를 맺을지를 선택할 수 있게 하는 것으로 간주한다.

② 정보통신기술의 발전에 따라 사람들은 멀리 떨어진 개인들과 지금까지는 상상하지 못했던 정도로 다양한 관계를 맺고 유지할 수 있게 됨으로써 삶의 다양한 측면을 쉽게 즐길 수 있게 된다.

③ 사람들은 집단 속에 배태되어 있기보다는 점점 더 연결망 개인이 되고, 연결망 개인의 세계에서 초점이 되는 것은 개인이지, 가족도, 직장도, 이웃도, 사회집단도 아니다.

[예상문제]

웰먼(Wellman)의 연결망에 대한 설명으로 틀린 것은?

① 통신기술뿐만 아니라 교통도 포함한다.
② 시계열적으로 발전한 3단계 유형의 공동체를 제시했다.
③ 공동체를 '사회성, 지원, 정보, 소속감, 사회적 정체성을 제공하는 인간 유대의 연결망'으로 간주한다.
④ 3단계(개인 대 개인)는 '연결망 개인화'를 의미하며 이 단계에서는 가족과 가정이 중심이고, 개인들이 누구와 어디에서 관계를 맺을지를 선택할 수 있게 된다고 간주한다.

정답 ④

해설 3단계(개인 대 개인)는 '연결망 개인화'를 의미하며 이 단계에서는 가족도, 직장도, 이웃도, 사회집단 등 그 무엇도 아닌 개인이 중심이 된다.

Ⅳ 캠벨과 파크(Camell and Park)의 '개인 커뮤니케이션 사회'

① '개인 커뮤니케이션 사회'는 관계가 개인적 선호를 중심으로 형성된다는 점을 강조한다.

② 오늘날 관계는 지리적으로 훨씬 더 확장되어 있지만, 반드시 일상적으로 유지되지는 않는다는 점에서 약한 것이기는 하지만 개인들에게 상당한 수준의 만족을 주는 정보통신기술에 의해 매개되고 유지되는 이동성 높은 관계이다.

Theme

36 얀 판데이크(van Dijk)의 네트워크 사회

I 의의

① 판데이크는 20세기를 거치면서 현대 사회는 정보 사회로 이행되어 가고 있는 것과 마찬가지로, 대중사회에서 네트워크 사회로 변환 중에 있다고 말했다. 그러한 변화 과정에서 인간 상호 간의 매개커뮤니케이션을 통합하고 상호작용성을 크게 증가시킨 미디어 기술의 발전이 매우 중요한 역할을 하게 되었음을 강조했다. 바로 사람과 사람, 조직과 조직, 지역과 지역, 국가와 국가 사이를 연결하는 미디어 네트워크의 확장과 발전이 새로운 유형의 사회를 탄생시켰다고 본 것이다.

② 판데이크는 네트워크를 사회적 네트워크와 미디어 네트워크로 구분하여 이들 양자의 결합 양식을 통해 사회적 특성과 그 변화를 규명하고 있다. 그에 따라 그는 현대 네트워크 사회를 "면대면 커뮤니케이션의 사회적 네트워크를 점차 대체시키거나 보완하고 있는 미디어 네트워크 속에서 사회적 관계를 더욱 조직화하게 되는 사회 형태"라고 정의했다. 즉 현대 사회에서 미디어 네트워크의 역할이 더욱 증대되고 중요하게 되었다는 것이다.

③ 판데이크의 입장에서는 그러한 네트워크 사회의 등장은 커뮤니케이션 기술혁명과 매우 밀접한 관계에 있다. 미디어 기술 혁신을 통하여 사람들 간의 소통을 매개하는 여러 가지 미디어들이 서로 통합되고 그러한 미디어를 통한 상호작용성이 크게 증대되었다는 것이다. 그는 통합과 상호작용성을 현대 커뮤니케이션 혁명의 본질로 보았다. 즉 디지털화를 통해 텔레커뮤니케이션, 데이터 커뮤니케이션 및 매스 커뮤니케이션 등이 점차 하나의 단일 미디어로 융합되고 이러한 융합 미디어를 통한 다양한 영역과 수준에서의 상호작용성이 비약적으로 증가하게 되었다는 것이다.

④ 판데이크는 바로 이러한 미디어 네트워크를 통한 커뮤니케이션의 통합과 상호작용성의 증대가 시간과 공간의 의미를 근본적으로 바꾸어 놓게 되었고, 현대 사회의 모든 수준과 모든 국면에서 시간과 공간의 확장과 축소, 혹은 규모의 확장과 축소를 동시에 가능하게 만들었다고 보았다. 그러면서 판데이크는 네트워크의 확장, 커뮤니케이션의 통합과 상호작용성 증대에 따른 정치와 권력, 법률, 사회 구조, 문화, 심리 등 사회 여러 분야에서의 변화 혹은 변화 가능성을 나름대로 짚어 나가고 있다.

Ⅱ 네트워크에서의 정보 유통 패턴의 통합

1 의의

① 판데이크는 자신의 네트워크 사회 분석을 위해 여러 미디어들의 정보 유통 패턴을 몇 가지로 모델링하고, 기술 발전에 따른 미디어 융합과 상호작용성 증대 현상을 그러한 정보 유통 패턴들이 통합 네트워크로 발전해 나가는 과정으로 설명한다.

② 그는 정보 유통 패턴을 훈시(allocution), 상담(consultation), 등록(registration), 대화(conversation) 등 네 가지 모델로 구분하고, 과거에는 각각 분리되어 존재하던 이러한 모델들이 네트워크 사회에서는 서로 연결되면서 하나로 통합되는, 즉 통합 네트워크로 발전한다고 보았다. 정보 유통 패턴과 관련하여 판데이크는 정보 흐름에 있어서의 모델 판단 근거로 센터(central unit)와 지역 단위(local unit), 소스 정보(source information)와 결정 정보(decision information) 등을 제시하고 있다.

2 훈시 모델

훈시 모델은 센터에서 제공할 소스 정보를 가지고 있고 또 그것의 주제, 시간 및 속도에 대한 결정도 센터가 주로 하게 되는 경우를 말한다. 제한된 채널만을 공급하는 라디오, 텔레비전과 같은 전통적인 방송 미디어가 여기에 속한다고 보면 될 것이다.

3 상담 모델

상담 모델은 제공할 소스 정보는 센터가 가지고 있는데, 어떤 것을 제공받을지는 센터가 아닌 지역 단위에서 결정한다는 것이다. 콘텐츠는 센터가 가지고 있고 선택권은 지역이 가지고 있는 셈이다. 책, 신문, 잡지, 오디오와 비디오, 텔레텍스트나 비디오텍스, 오디오텍스, 인터렉티브 TV 등이 여기에 속한다. 여러 콘텐츠를 언론사나 제작자가 만들어 제공하지만 그 주제나 시간, 속도 등은 수용자, 즉 소비자가 결정한다는 모델이다.

4 등록 모델

등록 모델은 제공하는 소스 정보는 지역 단위에서 센터로 흘러가고, 어떤 콘텐츠 혹은 정보를 취할 것인지, 언제, 어떻게 그러한 정보를 받아들일 것인지는 센터가 결정하는 모델을 말한다. 여기에 속하는 것으로는 케이블을 통한 조사나 투표, 전자 예약, 텔레쇼핑이나 텔레뱅킹, 또는 원격 전자 감시 등을 그 예로 든다.

5 대화 모델

대화 모델은 센터가 따로 없고 둘 이상의 지역 단위가 서로 정보 교환을 하며 커뮤니케이션을 위한 주제나 시간, 속도 등을 각자 스스로 결정하게 되는 경우를 말한다. 전통적으로 전신 및 전화가 제한된 범위에서나마 이러한 경우에 속했고, 보다 최근에는 컴퓨터 네트워크, 즉 인터넷과 같은 경우가 여기에 속한다고 할 수 있다. 각 지역에서 서로 연결된 컴퓨터끼리는 각종 문자, 데이터, 음성, 그래픽 정보는 물론 동영상 정보까지도 서로 교환 가능하며, 관련 주제나 시간, 속도 등에 대한 결정도 네트워크에 연결된 각각의 컴퓨터가 하게 되는 것이다.

6 결론

이러한 네 가지 모델의 정보 유통 패턴이 과거에는 미디어에 따라 각각 달리 적용되었으나 커뮤니케이션 혁명에 의한 미디어 융합과 상호작용성 증대는 이들 네 가지 모델이 통합된 하나의 네트워크로서 작동할 수 있도록 했다. 바로 이처럼 통합된 네트워크가 네트워크 사회의 하부 구조를 형성한 셈이다.

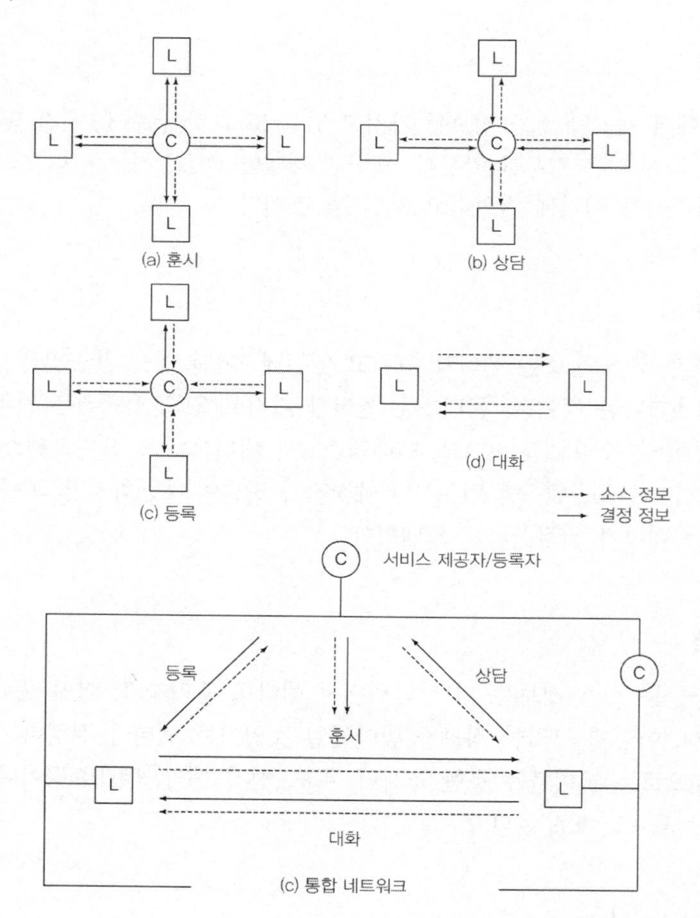

Ⅲ 규모의 확대와 축소의 결합

1 의의

통합된 네트워크가 네트워크 사회의 기본적인 하부 구조가 되면서 현대 사회의 모든 수준과 모든 국면에서 한편에서는 규모의 확장이, 그리고 다른 한편에서는 규모의 축소가 동반적으로 진행되는 양상이 두드러지게 되었다.

2 경제 조직

경제 조직의 경우 한편으로는 네트워크를 통해 국제적인 기업으로 확장되어 나가는가 하면, 다른 한편으로는 기업 활동의 도급과 하도급, 민영화와 탈중심화를 통해 평균적인 회사 규모는 계속 줄어들고 있다. 정부와 공공 행정 기관은 갈수록 협력과 공조의 필요성이 커진다.

3 국가 및 지역 단위

국가 및 지역 단위에서는 자결 움직임도 커져가고 있다. 네트워크에 의해 범죄의 국제화 · 세계화가 확대되면서 이에 대한 정치적 · 법적 대응이 강조되는 한편으로 국가적 단위에서의 문제 해결의 어려움 때문에 자율 규제를 강조한다.

4 개인

확장되는 네트워크 속에서 한편으로는 개인들이 더욱 광범하고 이질적인 사회적 네트워크에 참여하면서도 다른 한편으로는 개개인이 보다 작은 가족 단위 속으로 혹은 더욱 사적인 영역으로 고립되어 간다.

5 매스미디어 및 문화적 표현물

① 네트워크를 통해 한편으로는 매스미디어 및 문화적 표현물들이 전 세계로 확산되어 나가지만 다른 한편으로는 보다 작은 규모로의 축소를 지향하면서 문화적 표현을 통한 자기 정체성 찾기에 골몰하고 있기도 하다.

② 확장되는 네트워크를 통해 외부 환경에 대한 풍부하고 다양한 자극을 받음으로써 한편으로는 지각의 규모가 확대되기도 하지만, 다른 한편으로는 네트워크를 통해 홀로 이용하는 미디어에서 얻는 무수히 많고 다양한 인상들을 나름대로 처리하고 결합하려 들기 때문에 때로는 지각이 한정된 범위 속으로 축소되기도 한다.

③ 네트워크로 인한 여러 영역의 규모 확장과 규모 축소가 동전의 양면처럼 동시에 일어난다는 것이다.

Ⅳ 대중사회에서 네트워크 사회로

1 의의

판데이크는 규모의 확장 및 축소 과정의 상호연관성과 미디어 네트워크의 역할 증가로 인해 새로운 유형의 사회가 등장하게 되었다고 본다. 이를 '네트워크 사회'라고 명명하면서, 20세기를 거치면서 이러한 네트워크 사회가 이른바 기존의 '대중사회'를 대체해 버렸다고 했다.

2 대중사회

① 대중사회는 산업 혁명 시기를 거치면서 많은 사람들이 산업화된 도시와 교역 중심지로 몰려들면서 발전하게 된 하나의 사회 유형을 말한다. 이러한 대중사회에서는 이웃과 마을에 이미 존재하던 전통적인 공동체가 대규모 도시나 국가와 결합되는 경우에도 대개 그 특성이 그대로 유지되었다.

② 대중사회의 기본 요소는 마을이나 도시의 이웃들과 강한 결속력을 이루고 있는 공동체의 대가구나 대가족들이다. 큰 회사의 경우에도 부서 간에 밀접히 서로 협력하고 있는 대규모의 연대 모임이 있음을 볼 수 있다.

③ 대중사회의 구성원들은 물리적으로 같은 장소에서로 공존하며, 주로 면대면 커뮤니케이션과 긴밀한 사회적 네트워크를 통해 서로 소통한다. 대중사회의 가구나 가족 내부 혹은 그들 상호 간의 커뮤니케이션을 위해서는 편지나 전화 같은 대인 미디어와 함께 신문과 방송 같은 매스미디어가 이용되기도 한다.

④ 대중사회에서 대부분의 공동체는 매우 제한된 매스미디어에만 접근할 수 있다. 판데이크의 입장에서 보면, 개발도상국가들은 대부분 이러한 대중사회 단계에 머물러 있으며, 일부 선진국들도 부분적으로는 그러하다.

3 유기적 공동체와 가상공동체

① 판데이크는 20세기를 거치면서 전통적인 공동체는 점차 사라져 가고, 그 자리에 새로운 공동체가 등장하고 있다고 했다. 유기적 공동체와 가상공동체가 그런 것들이다.

② 그러한 새로운 공동체의 등장은 사회적 네트워크와 미디어 네트워크의 동반 확장에 따른 국가화 및 국제화와 같은 규모 확대와 보다 작은 것을 지향하는 생활 및 작업 환경 같은 규모의 축소가 동시에 일어나고 있기 때문이라고 보았다.

4 네트워크 사회

① 판데이크는 네트워크 사회에서는 한편으로는 자신의 가족, 이웃, 조직 속에서 계속 같이 살고 일하면서, 다른 한편으로는 대규모의 사회적 네트워크에 자주 참여하는 사람들로 구성된 새로운 공동체, 즉 유기적 공동체들이 등장하고 있다고 했다.

② 또한 한편에서는 분업과 대인 커뮤니케이션 및 매스미디어가 확대되는 반면, 일상생활과 작업 환경은 더욱 소규모화되고 더욱 이질적으로 변하고 있다고도 했다. 이러한 유형의 공동체에 제대로 적응하기 위해서는 사회적 네트워크와 미디어 네트워크의 확장이 모두 필요하다고 본 것이다.

③ 규모의 확대와 규모의 축소가 결합되어 나타나는 네트워크 사회에서는 기존의 면대면 커뮤니케이션이 점차 매개된 커뮤니케이션에 의해 대체되거나 보완되며, 다양한 대인 커뮤니케이션 미디어와 매스커뮤니케이션 미디어가 그러한 매개 커뮤니케이션 목적에 이용된다고 했다. 그러한 과정에서 특히 정보 통신 기술(ICT)의 발전은 대인 커뮤니케이션과 매스 커뮤니케이션 사이에 이른바 가상공동체로 이끄는 새로운 유형의 커뮤니케이션 형식이 생겨나게 되었다고도 했다.

5 전통적 공동체에서 네트워크 사회로의 이행

① 판데이크는 사회적 네트워크와 미디어 네트워크의 확장에 따라 전통적 공동체가 점차 해체되고, 네트워크를 통한 새로운 유기적 공동체와 사이버공동체가 새롭게 생성, 발전함으로써 보다 복잡해진 네트워크 사회의 사회적, 의사소통적 하부 구조를 통해 현대적 공동체가 유기적 공동체와 가상공동체를 서로 연결한다.

② 유기적 공동체는 물리적으로 같이 공존하는 상황에서 주로 면대면 커뮤니케이션을 이용하는 개인 간, 가구 간 그리고 생활 및 작업 연대 모임 간에 계속 유지되는 직접적인 관계들로 이루어져 있는 반면, 가상공동체는 사람들 간의 관계가 어떤 특정한 시간과 장소 및 여타 물리적 조건들에 얽매이지 않는다는 점에서 가상적이라는 것이다.

V 네트워크 사회의 사회 변화

1 의의

① 판데이크는 현대 사회에서 네트워크 구조의 확산은 사회적 네트워크와 미디어 네트워크의 결합에 의해 더욱 촉진되고 있다고 본다. 또한 판데이크는 미디어 네트워크는 단순히 커뮤니케이션 채널이나 통로가 아닌 현대 사회의 중요한 사회적 환경이 되어 가고 있음도 강조한다.

② 그리고 새로운 환경으로서의 미디어 네트워크의 발전과 확산은 사람들 간의 직접적인 면대면 커뮤니케이션보다는 미디어 네트워크에 의해 매개되는 커뮤니케이션을 더욱 확대시키고 있다고 본다. 미디어 네트워크와 매개 커뮤니케이션이 사회적 네트워크와 면대면 커뮤니케이션을 대체하는 것이 아니라 그에 추가시키고 있다는 것이다.

2 변화의 속도와 정도

(1) 의의

「네트워크 사회」에서 판데이크는 커뮤니케이션 혁명에 의한 네트워크의 확장과 그에 따른 사회 변화를 대중사회에서 네트워크 사회로의 이행이라고 한 바 있다. 정보사회로의 이행을 네트워크 측면에서 조망하면서 새로운 유형의 사회가 등장하고 있음을 강조했다.

(2) 진화적 변화

① 향후의 정책을 논하는 책의 후반부 결론에서는 "변화는 혁명적이 아니라 진화적이며, 네트워크 사회는 전적으로 다른 유형의 사회가 되지는 않을 것"이라고 했다.

② 그는 미디어 발전 그 자체는 혁명적인 것이었지만, 미디어가 사회에 미치는 효과나 영향은 결코 혁명적인 것이 아니라고 했다.

③ 그러면서 새로운 미디어가 사회에 미칠 수 있을 것 같은 잠재적 결과가 아무리 인상적이고 광범위할지라도 새로운 미디어가 현재의 선진 사회의 기초를 바꾸지는 않을 것 이라고 덧붙였다.

3 네트워크 사회에서의 부문별 변화

(1) 의의

① 판데이크는 네트워크 사회에서의 정치, 법, 경제, 사회, 문화, 심리 등 각 부문별 변화에 관한 전망에서 전반적으로 상당히 유보적인 입장을 취하고 있다.

② 네트워크화의 진전이 많은 경우 반드시 긍정적이지만도, 그렇다고 부정적이지만도 않다는 것이다. 양쪽의 가능성이 모두 열려 있으며 그것은 사회 구성원의 선택과 보다 나은 가치 지향을 위한 정책적 대응과 투쟁의 여부에 달려 있다는 입장이다.

(2) 네트워크 구조의 이중성

① 네트워크 구조가 갖는 이중성, 즉 네트워크에 의한 규모의 확장과 규모의 축소의 결합은 중앙집중화와 탈중앙집중화, 중앙의 통제와 지역의 자율성, 통합과 파편화, 사회화와 개별화 등 서로 반대되는 사회적 결과를 둘 다 초래할 수 있다.

② 예컨대 네트워크들은 정치권력의 집중을 통해 보다 강력한 국가로 이끌 수도 있고 반대로 정치적 권력의 분산을 통해 시민과 이익 단체들에게 보다 많은 권력을 부여할 수도 있다는 식이다.

③ 마찬가지로 네트워크는 국가에 의한 중앙집중화된 감시와 등록에 이용될 수도 있지만 동시에 지방 자치와 정치적 의사 결정에 있어서의 시민 참여를 위해서도 사용될 수 있다고 했다.

④ 또한 네트워크는 인간과 조직 및 사회 전반의 안전을 증가시키는 데 도움을 줄 수도 있지만, 네트워크 기술의 사용으로 인해 개인과 조직과 사회에 대한 위험을 증가시킬 수도 있다고 했다.

⑤ 네트워크는 또한 시간과 공간의 장벽을 넘어 그것을 확대할 수도 있고 축소할 수도 있기 때문에 경험의 폭을 넓힐 수도 있지만, 시각적 모델과 상징체계를 통한 경험과 학습에 의존하기 때문에 직접적인 경험을 줄이거나 약화시킬 수도 있다.

(3) 인간 지각과 정신에 영향을 미치는 네트워크의 효과

① 네트워크가 인간 지각과 정신에 미치는 효과와 관련해서는 그것을 보다 복잡하게 할 수도 있고 반대로 보다 단순하게 만들 수도 있다는 양쪽 가능성을 모두 열어 놓고 있기도 하다.

② 물론 네트워크의 확장에 따른 사회 집단 간의 새로운 정보 격차 확대의 위험성과 네트워크에 의한 개인의 자율성과 프라이버시 침해 가능성, 그리고 커뮤니케이션의 양적 증가에도 불구하고 우려되는 커뮤니케이션의 질적 저하 가능성 등을 강조하면서 그에 대한 정책적 대응이 필요하다는 점도 역설하고 있다.

③ 그러나 판데이크는 "기술적 가능성이 자동적으로 사회적 현실이 되는 것은 아니다."라는 점을 강조한다. 그것이 긍정적인 가능성이든 부정적인 가능성이든 기술에 의해 자동 결정되는 것은 아니라는 입장이다. 그런 점에서 그는 스스로 기술결정론자와 거리를 뒀다.

④ 판데이크는 전반적으로 기술, 즉 네트워크 기술을 포함한 새로운 미디어 기술이 초래할 수 있는 잠재적인 사회 변화의 가능성에 대해서는 어느 정도 인정하지만, 그것은 대응하기에 따라 긍정적 혹은 부정적인 결과를 초래할 수 있는 유동성이 있는 것이므로 복지, 안전, 민주주의, 사회적 평등, 개인의 자율성, 합법성, 커뮤니케이션의 양과 질, 인간 정신의 풍요 등과 같은 네트워크 사회에서의 바람직한 사회적 가치 구현을 위한 정책적 대응과 적절한 교육의 필요성을 강조했다.

Theme

37 정보사회와 유비쿼터스 네트워크 사회

I 의의

① 사회학에서는 1960~70년대의 '공업화 이후 사회', 1980~90년대의 '정보사회' 또는 '지식정보사회' 논의에 이어, 2000년 이후에는 '유비쿼터스 네트워크 사회'(ubiquitous network society)의 등장에 주목하고 있다.

② 유비쿼터스 네트워크 사회의 기조가 되는 '유비쿼터스 컴퓨팅'(ubiquitous computing) 또는 '유비쿼터스 네트워크'(ubiquitous network)에서 '유비쿼터스'라는 단어는 "보편적으로 존재하는", 즉 "언제 어디서나 존재하는"이라는 의미를 갖고 있다.

③ 유비쿼터스 컴퓨팅 환경은 인간을 둘러싸고 있는 모든 사물에 '무선인식 기술을 기반으로 한 지능화된 전자식별 칩(radio frequency identification, RFID)'을 삽입함으로써 구현할 수 있다. 전자식별 칩의 도움을 받아, 인간은 언제 어디서나 의식하지 않고 자연스러운 환경처럼 컴퓨터기술을 이용 가능하게 되는 것이다. 그러한 점에 정보사회와 유비쿼터스 네트워크 사회의 차이가 있다.

II 정보사회와 유비쿼터스 네트워크 사회

1 정보사회

① 정보사회는 우리가 기존의 사회에서 활동의 기초로 삼았던 물리공간의 모든 것들을 가능한 한 정보공간 속으로 집어넣으려는 "사이버 사회"(cyber society)라 할 수 있다.

② 물리공간에서 정보공간으로의 이주라 할 만한 이 현상은, 근대화 · 도시화, 공업화 시기에 수많은 사람들이 농촌사회에서 도시사회로 이주한 것에 비유할 수 있다.

② 한국의 경우, 정보공간의 대중화와 자생적인 정보문화의 형성을 고려할 때, 대략 1995년에 정보사회에 진입하여 2000년 이후 정보사회가 본격화된 것으로 본다.

2 유비쿼터스 네트워크 사회로의 변화

① 미래학자 글렌(Glenn)은 정보사회 이후의 사회가 '의식기술사회'의 모습을 띨 것으로 진단하였다.

② 농업사회의 주요 생산품은 식품이었고, 공업사회에서는 기계였으며, 정보사회에서는 정보서비스였지만, 유비쿼터스 네트워크 사회에서는 "인간과 컴퓨터 등 모든 것이 하나로 연결되는 현상"이 일어나 그러한 연결성 자체가 엄청난 경제적 기회를 제공한다.

③ 농업사회에서 '종교'가 가지고 있던 권력은 공업사회에서는 '국가'로 이전되었고, 정보사회에서는 기업'과 '사회단체'가 권력을 장악하였으며, 유비쿼터스 네트워크 사회에서는 '개인'이 그 자리를 차지하게 된다.

④ 부(富, wealth)의 원천은 농업사회에서는 토지였지만, 공업사회에서는 자본이었고, 정보사회에서는 접속(access)이었으며, 유비쿼터스 네트워크 사회에서는 존재(being) 자체로 바뀐다.

⑤ 인간이 삶을 영위하는 핵심공간은 농경시대의 땅에서, 공업사회의 공장을 거쳐, 정보사회에서는 사무실로 바뀌어 왔으나, 유비쿼터스 사회에서는 현실과 사이버 공간 간의 경계가 모호해지며 모든 곳을 하나의 공간으로 인식하게 되기 때문에 공간 자체보다는 그 안에서 일어나는 '움직임'(motion)이 중요해진다.

⑥ 나라들 사이에서 전쟁이 발생하는 동기도 변화하였는데, 농업사회에서는 '영토'가 핵심이었고, 공업사회에서는 '자원'이 중요하였고, 정보사회에서는 '인식'(perception)의 차이가 강조되었다면, 유비쿼터스 네트워크 사회에서는 '정체성'(identity)의 차이가 무엇보다 중요해진다.

⑦ 농업사회에서의 시간은 순환적(cyclical)이었지만, 공업사회에서는 순차적(linear)인 것으로 바뀌었고, 정보사회에서는 유연하고 탄력적인(flexible) 것으로 변모하였다면, 유비쿼터스 네트워크 사회에서는 창의적(invented)인 것으로 바뀐다.

3 유비쿼터스 네트워크 사회의 특징

① 정보사회가 물리공간을 정보공간 속에 집어넣으려고 하는 사회라면, 유비쿼터스 네트워크 사회는 거꾸로 물리공간으로 회귀하여 물리공간에다 컴퓨터를 집어넣음으로써 현실세계의 사물들을 컴퓨터 네트워크로 연결시키려는 사회라 할 수 있다.

② 유비쿼터스 네트워크 사회에서는, 사물의 지능화를 통해 인간뿐 아니라 사물도 자율적인 판단능력을 갖추어 인간과 상호작용을 하게 된다. 그 점을 강조하여 유비쿼터스 네트워크 사회를 '지능사회'라고도 한다.

③ 유비쿼터스 네트워크 사회는 정보사회의 확대 · 심화 단계라 할 수 있지만, 정보사회는 유비쿼터스 사회의 필요조건이지 충분조건은 아니며, 그 둘을 동일한 것으로 볼 수는 없다. 한국의 경우 정보사회가 정점에 도달한 2005년을 전후로 유비쿼터스 네트워크 사회에 대한 준비를 시작하여, 2015년경에 유비쿼터스 컴퓨팅이 대중화 · 본격화되어 유비쿼터스 네트워크 사회가 도래할 것으로 예측하고 있다.

예상문제

유비쿼터스 네크워크 사회에 대한 설명으로 틀린 것은?

① '유비쿼터스'라는 단어는 "보편적으로 존재하는", 즉 "언제 어디서나 존재하는"이라는 의미를 갖고 있다.
② 유비쿼터스 컴퓨팅 환경은 인간을 둘러싸고 있는 모든 사물에 '무선인식 기술을 기반으로 한 지능화된 전자식별 칩'을 삽입함으로써 구현할 수 있다.
③ 사물의 지능화를 통해 인간뿐 아니라 사물도 자율적인 판단 능력을 갖추어 인간과 상호작용을 하게 된다.
④ 물리공간을 정보공간 속에 집어넣음으로써 현실세계의 사물들을 컴퓨터 네트워크로 연결시켜려는 사회라 할 수 있다.

정답 ④

해설 정보사회가 물리공간을 정보공간 속에 집어넣으려고 하는 사회라면, 유비쿼터스 네트워크 사회는 거꾸로 물리공간으로 회귀하여 물리공간에다 컴퓨터를 집어넣음으로써 현실세계의 사물들을 컴퓨터 네트워크로 연결시키려는 사회라 할 수 있다.

Theme

38 정보사회 담론

I 의의

① 현대사회를 어떻게 볼 것인가는 정치 · 경제 · 사회 · 문화 등 사회구조 전반에 걸쳐 주목할 만한 변화가 현대사회의 변동을 보여주는 대표적인 추세인지 아니면 현대사회의 변동을 이끌어가는 동인인지를 구분한다.

② 정보사회가 이전의 사회와 전혀 다른 새로운 사회인지, 단지 기존 사회 체제 내에서 일어나는 중요한 변화인지를 규명한다.

③ 정보사회변화 전망을 낙관적 혹은 비관적인 시각으로 바라보는가의 관점에 따라 수많은 담론들이 논의되고 있다.

II 담론의 3가지 축

1 기술과 사회변동의 관계

정보기술의 힘과 영향력을 어떻게 보는가의 시각으로 정보기술의 급속한 발전이 사회변동을 가져온다는 입장과 사회구조의 틀 속에서 기술의 발전을 설명하려는 입장의 담론이다.

2 사회체제 연속성 여부

정보사회가 이전의 사회와 질적으로 다른 사회인가의 관점에서 정보사회가 이전 사회와 '체제 단절'을 의미하는가 아니면 '연속성'을 보이느냐가 담론의 주축이다.

3 사회변화 전망

정보사회의 변화에 대한 전망을 어떻게 보는가에 따라 정보기술에 의해 사회문제가 해소되는 컴퓨토피아(computopia)적 견해와 기존 사회 권력과 지배의 문제, 이에 따른 억압이 여전히 유지 혹은 강화된다는 견해가 담론의 사안이다.

Theme

39 기술철학의 주요 이론

I 기술철학

1 의의

① 기술철학은 크게 도구론, 기술결정론, 사회구성론으로 구분될 수 있다. 노만빅(NormanVig) 역시 기술에 대한 견해를 기술이 인간의 목적에 어떻게 연관되어 있는가에 따라 도구론, 사회적 또는 상황적 결정론, 자율적 기술론 또는 기술결정론의 세 흐름으로 나누어 설명하고 있다.

② 최근 학계의 경향은 다소 기술결정론과 사회구성론 간의 논쟁 구도로 흐르는 듯하고, 또 모든 이론이 이러한 범주에 정확하게 들어맞는 것은 아니지만, 기술의 어떤 측면을 더욱 강조하느냐에 따라 이러한 분류는 유용하게 사용될 수 있으리라 본다.

2 기술철학의 세 가지 관점

① 도구론은 기술이란 단지 목적에 대한 수단일 뿐이라는 전통적인 관점이다. 즉 기술 자체는 가치중립적이며, 기술이 어떻게 사용되는가는 인간이 기술을 어떻게 사용하는가에 전적으로 달려 있다는 것이다.

② 기술결정론은 기술이 자율성을 가지고 그 자체의 내적 논리에 따라 발전하며, 인간이 아닌 기술이 오히려 사회의 발전 방향을 규정한다는 것이다. 이는 기술의 발전이 곧 사회의 진보를 가져올 것이라는 낙관적인 입장과 인간은 기술에 대한 통제력을 상실했다며 기술의 비인간적 요소를 강조한 비관적인 입장으로 나누어서 볼 수 있다.

③ 사회구성론은 기술이 사회적 상황이나 사회집단의 영향에 의해 변화한다고 주장한다. 즉 기술은 사회적 조건과 사회집단 간의 상호작용에 따라 정치 · 사회 · 문화적으로 구성된다는 것이다.

II 도구론

① 도구론은 기술이란 단지 목적에 대한 수단이며, 기술 자체는 가치중립적인 것이라는 전통적인 관점이다. 메스딘(Emmanuel Mesthene)은 “기술이 어떤 결과를 초래하며 어떤 목적에 봉사할 것인가에 대한 문제는 기술 그 자체에 내재한 것이 아니라 인간이 기술을 가지고 무엇

을 하느냐에 달린 문제이다."라는 전형적인 도구론적 견해를 표명한다. 즉 그는 사회적 혜택을 위해 기술을 관리할 수 있는 인간의 능력을 신뢰하고 있다고 볼 수 있다.

② 야스퍼스(K.Jaspers) 역시 기술은 그것을 사용하는 인간에 의해 다르게 사용될 수 있으므로 중립적이라고 주장했다. 그는 "어떻든 분명한 것은 기술이란 수단일 뿐이지 그 자체는 선도 아니고 악도 아니라는 사실이다. 중요한 것은 인간이 기술에서 어떤 것을 끄집어내는가이며, 기술이 인간에게 어떻게 봉사하고 인간이 기술을 어떤 조건 아래 놓는가이다."라고 말한다.

③ 이러한 관점은 산업혁명 이래 인간은 기술을 효과적으로 통제할 수 있으며, 기술의 발전이 곧 사회적 풍요와 진보로 직결된다는 자유주의 및 계몽주의 사상과 결부되어 있다.

Ⅲ 기술결정론

1 의의

① 기술결정론은 기술의 발전이 사회변화를 추동하는 주된 요인이라는 관점을 가지고 있다. 즉 기술은 그 자체의 내적 논리에 따라 발전하며, 인간이 아닌 기술이 오히려 사회의 발전 방향을 규정한다는 것이다.

② 랭던 위너(Langdon Winner)에 의하면, 강한 의미의 기술결정론은 다음과 같은 두 가설들에 기반하고 있다. 첫째는 한 사회의 기술적 기반은 사회적 존재의 모든 유형에 영향을 미치는 근본적인 조건이라는 것이고, 둘째는 기술상의 변화는 사회에 있어서 단일의 가장 중요한 변화의 원천이라는 것이다. 이러한 가정에 의하면 인간의 주체성과 자율성은 기술의 발달 과정에 큰 영향을 미치지 못한다.

2 낙관적 기술결정론

(1) 의의

① 낙관적 기술결정론은 기술의 발전 방향이 곧 사회적 진보의 방향이라는 관점을 가지고 있다.

② 이 입장은 기술의 긍정적 발전 가능성을 신뢰하며, 기술의 발전은 곧 인간 삶의 풍요를 보장한다는 유토피아적 전망을 제시한다. 특히 컴퓨터와 통신기술의 결합으로 비약적으로 발전한 정보통신기술은 사회 전반에 급격한 변화를 초래할 것으로 보고 있다.

③ 정보통신기술과 정치의 관계에 대하여 낙관적 기술결정론자들은 정보통신기술이 정치적 발전을 촉진하여 직접 또는 참여민주주의를 가능하게 할 것이라고 본다. 이러한 입장을 견지하는 대표적인 학자로는 토플러(Alvin Toffer)와 나이스비트(John Naisbitt) 등이 있다.

④ 정보통신기술은 현대 대의제의 위기를 보완하거나 해결하고, 새로운 형태의 참여민주주의를 가능하게 한다.

⑤ 정보통신기술이 기존의 시공간적 한계를 극복하고 정치정보의 증가와 공유, 쌍방향적 의사소통의 확대, 정책결정과정에의 참여 등을 촉진할 것이다.

(2) 토플러(Alvin Toffer)

① 의의

㉠ '물결(wave)'은 인간의 삶에 근본적인 변화를 일으킨 역사의 흐름이다. 인류의 역사는 세 번의 커다란 물결을 거치면서 발전해 왔다.

㉡ 제1의 물결은 농업혁명이고, 제2의 물결은 산업혁명이며, 제3의 물결은 지금의 우리가 겪고 있는 정보통신혁명을 의미한다.

㉢ 제3의 물결이 산업사회에서 발생하는 에너지 자원의 고갈, 환경오염 및 자연파괴 등의 문제를 해결하고, 인류의 미래에 풍요와 발전을 가져올 것이다.

㉣ 정보사회에서 권력과 부의 원천은 지식과 정보가 되고, 사회 전반에 걸쳐 다양성이 형성되고 탈집중화, 탈극대화, 분권화가 이루어질 것이다.

㉤ 산업사회의 정치체제는 엘리트 지배체제, 즉 전문적인 지식과 능력을 갖춘 기술 관료에 의한 지배체제였다.

㉥ 현대 대의민주주의는 투표율 저하, 무소속 의원의 증가, 정치적 무기력증, 정치적 무관심 및 냉소주의의 증대 등 위기에 직면하고 있다.

예상문제

엘빈 토플러의 '제3의 물결'에서 제2의 물결인 산업사회를 지배해온 기본 원리 6가지에 포함되지 않는 것은?

① 표준화
② 전문화
③ 비동시화
④ 중앙집권화

정답 ③

해설 엘빈 토플러는 '제3의 물결'에서 제2의 물결인 산업사회를 지배해온 기본 원리로 표준화, 전문화, 동시화, 집중화, 극대화, 중앙집권화의 6가지를 꼽았다. 토플러는 전자정보산업혁명이 이끄는 '제3의 물결'로 이러한 6가지 원리가 붕괴되며, 인간관과 노동, 가족, 사회, 정치 형태가 근본적으로 달라진다고 주장했다.

② 정보시대의 세 가지 정치원리

㉠ 산업사회의 정치 논리가 다수결인 반면, 다가올 시대의 정치는 소수파의 힘이 적극적으로 반영되는 형태가 될 것이다.

㉡ 기존의 의회 중심의 대의제 정치가 시민들이 직접 정치에 참여하는 '반(半)직접민주주의(semi-direct democracy)'로 될 것이다.

㉢ 다수가 정치적 영향력을 확대함으로써 다수의 대중과 소수의 정치 엘리트라는 정치적 위계가 무의미해질 것이다.

③ 정보통신기술에 의한 직접민주주의의 실현

㉠ 소수 권력가에 의한 정치적 결정이 불가능해지고, 이슈에 따라 결정권이 분산되는 정치가 될 것이다.

㉡ 대의민주주의와 비교하여 직접민주주의가 더욱 바람직하고, 정보통신기술의 발달로 직접민주주의에 대한 제약이 거의 사라졌다.

㉢ 정보사회의 복잡성과 다양성과 함께 정치적 결정의 양도 증대할 것인데, 정치엘리트들이 이러한 결정을 모두 부담하는 것은 불가능하고 바람직하지도 않다.

(3) 나이스비트(John Naisbitt)

① 지방분권제

㉠ 정보사회는 소규모 기구, 하부 기구 등이 변혁적으로 활동하고 훌륭한 성과를 가져오는 상향식 사회로 진입하고 있다.

㉡ 이는 사회가 더욱 다원화되고 복잡하게 되어 단순한 집권체제로는 더 이상 효율성을 보장받을 수 없게 되었음을 의미하며, 따라서 중앙집권제에서 지방분권제로 변화할 것이다.

② 참여민주주의

㉠ 오늘날 대의민주제는 이미 낡은 제도가 되었으며, 과학기술의 발달로 인해 전 국민이 정보를 동시에 공유하고 참여하는 참여민주주의 시대에 돌입했다.

㉡ 1970년대 미국에서 국민투표와 국민발의권의 행사가 유례없이 늘어나면서 정치에 있어서 참여의 시대를 열었으며, 이를 통해 식견 있고 교육수준이 높은 시민들은 원하는 정치적 결정에 참여할 수 있게 되었다.

2 비관적 기술결정론

(1) 의의

① 비관적 기술결정론은 현대기술의 발전 방향에 대해 부정적이다. 기술의 발전은 물질적 풍요의 환상을 양산하고, 오히려 인간으로 하여금 기술의 노예가 되게 만들어 비인간화를 초래한다는 것이다.

② 이러한 주장은 주로 양차 세계대전 이후 기술문명에 비판적 시각을 가지게 된 1960~70년대 기술철학자들에 의해 제기되었다.

(2) 하이데거

① 하이데거는 현대를 "원자력 시대"라고 하면서, 현대기술에 대한 비판과 철학적 탐구를 통해 현대 기술철학의 근간을 마련했다. 그는 「기술과 전향」에서 현대기술의 본질은 '닦달(Ge-stell)'이며, 인간으로 하여금 존재에 대한 물음을 상실하게 하였다고 주장한다.

② 그는 도구론적 입장에 대해 "우리가 기술을 열정적으로 긍정하건 부정하건 관계없이 우리는 어디서나 부자유스럽게 기술에 붙들려 있는 셈이다. 그러나 최악의 경우는 기술을 중립적인 것으로 고찰할 때이며, 이 경우 우리는 무방비 상태로 기술에 내맡겨진다."는 신랄한 비판을 가한다.

③ 하이데거에 있어 현대의 기술은 그저 하나의 수단만은 아니며, 탈은폐(Entbergen)의 한 방식이다. 그것은 그 자체로 채굴되어 저장될 수 있는 에너지를 자연에게 내놓으라고 무리하게 요구한다. 이제 우리는 어느 한 지역을 석탄과 광석을 캐내기 위해 도발적으로 굴착한다. 이로써 지구는 이제 한낱 채탄장으로, 대지는 한낱 저장고로 전락하게 된다.

④ 그에 의하면 인간은 닦달에 의해 도발적 요청을 받게 되며, 현대기술의 본질은 인간을 하나의 부품 주문자로 만들어 버린다. 그리하여 인간은 오늘날 어느 곳에서든 더 이상 자기 자신을, 다시 말해 자신의 본질을 대면하지 못하게 된다. 즉 닦달의 지배는 인간이 원초적 진리의 부름을 경험할 기회를 놓쳐 버리게 할 가능성을 갖고 위협해 오고 있다는 것이다.

(3) 엘륄(Jacques Ellul)

① 엘륄은 기술이란 "인간 활동의 모든 분야(주어진 발전단계)에서 합리적으로 도달될 수 있는 방법과 절대적 효율성을 갖는 총체성"이라고 정의한다.

② 엘륄에 의하면 오늘날의 '기술사회'는 기술적인 요소가 지배적이고 결정적이며, 사회의 모든 측면을 조건지우는 사회이며, 기술이 오히려 인간의 자유를 억압하고 있다. 결국 이러한 기술지배현상은 전체주의적 또는 권위주의적인 사회를 만들어내게 된다.

③ 그는 「기술의 역사」에서 현대기술의 특징으로 다음의 6가지 특징, 즉 기술적 선택의 자동성, 자기 확장성, 일원주의, 기술의 결합 필요성, 기술의 보편성, 기술의 자율성을 제시한다. 이 중에서도 '기술의 자율성'은 엘륄의 기술이론에서 가장 핵심적인 개념이다.

④ 그는 기술은 정치 및 경제와 관련하여 자율적이라고 주장한다. 그에 의하면 "기술은 그 자신의 특별한 법칙 및 결정력을 지닌 그 자체로 하나의 실재"가 되었다. 더 나아가 기술적 자율성은 도덕적 및 정신적 가치와 관련하여서도 명백하다. 기술은 어느 것으로부터의 판단을 허용치 않으며, 어떠한 제재도 받아들이지 않는다. 즉 기술적 자율성 앞에 인간의 자율성은 허용되지 않는다.

Ⅳ 사회구성론

1 의의

① 사회구성론은 기술이 사회적 상황이나 사회집단의 영향에 의해 변화한다는 관점을 제시한다.

② 빅은 이러한 시각을 사회적 결정론 또는 상황적 접근론으로 구분하는데, 이에 따르면 기술이란 문제 해결을 위한 중립적 도구가 아니라 정치 · 사회 · 문화적 가치의 표현이며, 기술은 그것을 고안하고 이용하는 사람들의 훨씬 광범위한 사회적 가치와 이해관계를 구현한다는 것이다.

③ 사회구성론은 다양한 분파로 이루어져 있는데, 대체로 핀치(T.Pinch)와 바이커(W.E.Bijker)의 기술의 사회적 구성론, 웹스터(F.Webster)와 로빈스(K.Robins)의 기술정치이론, 핀버그(A. Feenberg)의 기술의 민주화 이론, 라투르(B.Ratour), 칼롱(M.Callon), 로(J.Law)등의 행위자-연결망 이론 등을 포함한다고 볼 수 있다.

기출문제

기술과 사회구조에 대한 이론에 대한 설명으로 틀린 것은? [2022]

① 기술적 효율성이 뛰어나도 사회구성원들이 사용하지 않으면 사장되는 것처럼 기술과 인공물의 변화는 단순히 기술의 내적 요인과 더불어 기술에 대한 평가 또한 관련 사회집단과의 상호 작용을 통해 결정되는 관계로 기술이 우연적으로 발생하는 것으로 간주하는 것은 상호작용론적 관점이다.

② 기술을 독립적, 자체통제적, 자체결정적, 자체발생적, 자체추진적, 자체영속적, 자체확장적인 힘으로 간주하여, 기술이 그 자체 의지를 갖고 있는 것으로 인식하게 되면 기술 발전은 중단될 수 없는 것으로 기술적 진보는 필연적이며 불가피하고 불가역적인 것으로 간주된다.

③ 정보와 커뮤니케이션 영역에서 중대한 변동을 겪고 있는 이 사회는 자본주의 사회로 집중화되고 국내 · 외 범세계적 조직을 갖고 있는 기업조직에 의해 지배되는 사회라고 보는 관점은 단절론이 아닌 연속론이다.

④ 지능정보사회는 고도화된 정보통신기술 인프라를 통해 생성, 수집, 축적된 데이터와 인공지능(AI)이 결합한 지능정보기술이 경제, 사회, 삶 모든 분야에 보편적으로 활용됨으로써 새로운 가치가 창출되고 발전하는 사회이다.

정답 ①

해설 사회구성론에 대한 설명이다.

2 형성 과정

(1) 의의

① 사회구성론은 주로 1980년대 이후 기술결정론의 한계를 지적하면서 등장했다. 이 이론은 기술의 개발과정에는 사회집단 간의 갈등과 합의가 중요한 역할을 하며, 기술은 사회적 조건에 의해 영향을 받으면서 형성된다는 입장을 제시한다.

② 사회구성론자들은 기술에 대한 기존의 추상적이고 관념론적인 접근 방식에서 벗어나 실제적이고 구체적인 문제를 다루는 경험적 전환이 필요하다고 주장하였다.

(2) 핀치와 바이커

① 먼저 사회구성론의 선구자격인 핀치와 바이커는 과학지식사회학에서 비롯된 상대주의의 경험적 프로그램을 기술의 영역으로 확장하여, 기술적 인공물도 사회적으로 구성된다고 주장한다.

② 그들은 유명한 자전거의 변천과정 연구를 통해 처음에는 레저 위주의 앞바퀴가 훨씬 큰 자전거가 개발되었다가, 후에 안전성이나 이동수단으로서의 자전거의 용도를 중시한 사람들이 늘어나면서 지금의 자전거 형태가 정착되었다고 본다.

③ 즉 각각의 관련 사회집단은 '해석적 유연성(interpretative flexibility)'을 가지고 자신의 이해관계에 따라 해당 기술이 가진 문제점을 다르게 파악하며, 기술의 형태는 사회집단과의 상호작용에 의해 우연적으로 결정된다는 것이다.

(3) 웹스터와 로빈스

① 웹스터와 로빈스는 마르크스적 기술관을 기반으로 기술을 생산관계에서 비롯되는 것으로 파악한다. 빅은 마르크스의 기술관을 사회구성론으로 간주하는데, 마르크스는 기술을 새로운 생산력을 창조하는 혁명적인 힘으로 파악했지만, 결국 기술의 결과는 사회적 생산관계에 의해 좌우된다고 보았다는 것이다.

② 이에 따라 웹스터와 로빈스는 정보사회론자들의 낙관적 전망을 비판하면서 정보기술이 정치적으로 이용되고, 감시와 통제 수단으로 사용될 위험성을 제기한다. 그들에 따르면 정보는 사회적 관계의 산물이며, 현대 자본주의 사회에서 권력의 속성과 지배적인 관계를 표현한다.

③ 웹스터와 로빈스는 이른바 '정보혁명'에서 야기되는 변화를 정보의 통제와 관리를 둘러싼 문제로 인식하며, 기술 발전 과정 자체를 정치화하여 볼 것을 요구한다. 그들에 의하면 오늘날의 정보혁명은 20세기 초 테일러주의의 과학적 경영에서 시작된 과정의 확대와 심화에 불과하다.

④ 또한 웹스터와 로빈스는 정부의 국민에 대한 전체주의적 감시는 이미 19세기 영국의 공리주의자 벤담(J.Bentham)의 파놉티콘 구상에 의해 기획되었으며, 근대 국민국가에서도 감시와 정보 수집은 규제의 핵심적 수단이었다고 주장한다. 그들은 정보통신혁명 역시 이러한 역사적 맥락 속에서 나타난 것이라고 본다.

⑤ 따라서 웹스터와 로빈스는 정보통신기술의 발전은 자본주의 사회의 재생산과 응집력에 필수적인 사회적 계획과 관리 및 감시, 통제 전략과 긴밀히 연결되어 있다. 현대 국민국가의 규모와 복잡성은 정보통신기술을 정치적 응집력을 유지하게 하는 중심기술로 만들었다는 것이다.

(4) 라투르의 '행위자-연결망 이론(Actor-Network Theory)'

① 의의

라투르는 1980년대 후반에 자신의 이론을 사회구성론과 구분하고자 '구성주의' 또는 행위자-연결망 이론으로 정식화하였다. 그러나 그의 기술과 사회가 고정된 실체가 아니며 동시에 변화하고 구성된다는 주장 역시 기술에 대한 사회의 영향력을 강조한다는 점에서 일반적으로 사회구성론의 맥락 속에 분류된다.

생각넓히기 | 사회 구성주의

(1) 의의

사회 구성주의(Social Constructionism)은 사회적 현상이나 의식이 사회적 문맥에 있어서 어떻게 발전되어 오는지를 연구하는 사회학의 이론이다. 사회학의 지식론으로, 사회의 현실이나 실재가 어떤 방식으로 사회 구성원들에 의해 이해되고 만들어지며 발전하는지에 대한 연구를 진행하는 학문이다. 사회의 어떤 요소나 특정 사태가 가지는 의미, 개념, 함축 등에 대해서 연구하며, 나아가 사회 구성원들이 이 요소나 사태를 어떤 방식으로 받아들이고 바라보는지에 대하여 탐구하는 사조이다. 사회구성주의는 개개인들이나 집단이 바라보는 사회의 현실을 어떻게 구성해내는지에 집중한다. 곧 사회적 현상이 어떻게 만들어지고 체계화되며 사람들에게 알려지고 전통으로 받아들여지는지를 연구하는 것이다. 그러나 사회구성주의에서 제시하는 설명들은 그 사회에 속하지 않은 사람들이 바라보는 현실이나 실재를 반영하지 않을 수도 있으며, 그 사회에서 단순하게 잘못 만들어낸 가짜 설명일 수도 있다.

(2) 역사

사회학자 피터 버거(Peter Berger)와 토마스 루크만(Thomas Luckman)의 「실재의 사회적 구성(The Social Construction of Reality)」(1966)이 출판된 이후로, 사회구성주의라는 개념이 사용되기 시작하였다. 사회구성주의자들은 사회 구성원들이 사회와 문화적 세계를 만드는 동시에, 이 세계가 사회 구성원들을 만들기도 한다는 생각을 공유한다. 사회구성주의에 따르면, 사회는 실재를 만들기도 하고 파괴하기도 하며, 진실을 드러내 보이기도 하고 가리기도 한다. 우리가 현실이나 실재로 믿고 있었던 것들은 사실 사회적 구성원들 간의 상호 작용을 통해 만들어지며, 이 실재는 어떤 과학적 방법을 통해 밝혀지는 객관적인 진리를 담고 있는 것이 아니라 다만 다양한 현실들을 반영하는 것이다. 사회구성주의는 언어와 소통의 기본적인 역할을 긍정하기에 담론학(discourse theory)으로의 전환이 이루어지기도 하였다. 사회구성주의자들이 받아들이는 입장은 언어가 현실을 그대로 비추는 것이 아니라 실재를 구성해내거나 만든다는 것이다. 사회구성주의의 발전을 이끈 대표적인 학자들은 후설, 모리스 메를로 퐁티, 마르틴 하이데거, 한스 게오르크 가다머, 미셸 푸코 등이 있다.

예상문제

기술과 사회에 관한 상호작용론적 관점에 대한 설명으로 틀린 것은?

① 기술은 사회적 산물이며, 사회적 상황의 반영이다.
② 기술과 사회는 서로를 조건 지으면서 진화하는 관계에 있다.
③ 미디어 기술이 기존 사회에 미치는 영향은 상당히 선택적이며 또한 부분적이다.
④ 특정한 계기에 있어서는 기술이 사회 변화에 지배적인 요인으로 작용하기도 한다.

정답 ①

해설 사회구성론적 관점의 입장이다.

② 비인간 행위자(non-human actor)

㉠ 라투르는 기술에 대한 더욱 급진적인 시각을 제공하는데, 그것은 기술과 같은 '비인간(non-human)'을 행위자(actor)로서 인간과 '대칭적으로(symmetrical)'보는 것이며, 이것이 그의 이론의 핵심이다.

㉡ '비인간 행위자(non-human actor)'란 인간이 아닌 자연물을 의미한다. 이 중에서 가장 중요한 비인간 행위자는 바로 기술 또는 인공물(artifact)이다. 물론 라투르가 기술을 살아있는 생명체로 간주하는 것은 아니다. 이는 어떤 사람들의 행동이 다른 사람들의 행동에 영향을 미칠 수 있듯이, 기술 역시 사람에게 영향을 미쳐서 사람들의 행동을 바꿀 수 있다는 것이다. 이런 의미에서 라투르는 기술은 단지 수동적인 존재가 아니며, 어느 정도의 능동성을 가진 행위자로 간주될 수 있다고 주장한다.

③ 번역 과정

㉠ 라투르는 1988년 「나에게 실험실을 달라, 그러면 세상을 들어 올리리라.」라는 논문에서 실험실의 비인간 행위자들이 다른 사회적 공간에 어떻게 영향력을 행사하는지 분석한 이후, 1980년대 초반부터 칼롱과 함께 행위자-연결망 이론을 발전시키기 시작했다.

㉡ 행위자-연결망 이론에서는 한 행위자가 다른 행위자와 결합해서 네트워크를 건설하는 과정을 '번역(translate)'이라고 칭했다. 번역은 어떤 행위자가 다른 행위자들의 문제를 떠맡고 기존의 네트워크를 교란시키는 '문제 제기(problematization)', 다른 행위자들의 관심을 끌고 새로운 협상을 진행하는 '관심 끌기(interessement)', 다른 행위자들로 하여금 새롭게 주어진 역할을 맡게 하는 '등록하기(enrollment)', 그리고 이들을 자신의 네트워크로 포함시키는 '동원하기(mobilization)'등의 과정으로 이루어진다.

기출문제

행위자-네트워크 이론에서 번역의 네 단계에 해당하지 않는 것은? [2019]

① 문제 제기 ② 관심 끌기

③ 해독하기 ④ 동원하기

정답 ③

해설 미셸 칼롱에 따르면, 번역은 문제제기-관심끌기-등록하기-동원하기의 네 단계로 이루어진다.

④ 핵심 개념

㉠ 어떤 행위자가 기존의 네트워크를 교란시키고 많은 행위자들을 자신의 네트워크로 끌어들이기 위해서는 다른 행위자들을 자신이 만든 어떤 것에 의존하게끔 하는 것이 중요하다. 이렇게 다른 행위자들이 네트워크상에서 반드시 거쳐가게 함으로써 행위자들을 자신의 편으로 끌어들이는 존재를 '의무통과점(obligatory passage point, OPP)'이라고 하며, 이 의무통과점을 만드는 것이 바로 번역의 핵심과정이다.

㉡ 또 번역의 과정에서는 기록을 하고, 이런 기록의 결과나 다른 행위자를 여기저기로 이동시키는 과정이 필요한데, 이를 '치환(displacement)'이라고 한다.

㉢ 마지막으로, 어떤 하위 네트워크(sub-network)가 충분히 안정화되면 이는 다른 행위자들에게 하나의 개체로 보이는데, 이를 블랙박스화(black-boxing)라고 하며, 이렇게 하나의 개체로 작동하는 네트워크를 블랙박스라고 한다.

⑤ '인간-비인간의 집합체(human-nonhuman collective)'

㉠ 라투르는 인간-비인간의 끊임없는 결합이 사회적 관계를 구성한다고 본다. 그에게 있어 사회란 '인간-비인간의 집합체(human-nonhuman collective)'와 같다. 그는 인간과 비인간이 합쳐지면 새로운 행위자가 만들어지며, 그 존재는 새로운 목표를 가지게 된다고 본다.

㉡ 예를 들어 "총이 사람을 죽이는가? 사람이 사람을 죽이는가?"라는 논쟁에서 그는 두 입장 모두를 비판한다. 그에 의하면 총과 사람이 만나게 되면, 사람도 바뀌고 총도 바뀐다. 총을 가진 사람은 총을 가지지 않았을 때에 비해 더 많은 일을 할 수 있으며, 총 역시 사람의 손에 쥐어짐으로써 옷장 속에 있던 총과는 다른 존재가 된다. 즉 총과 사람의 합체라는 '잡종(gun-gunmanhybrid)'이 새로운 행위자로 등장하며, 이것은 이전과 다른 새로운 목표를 가지게 된다. 마치 원래는 다른 사람에게 겁만 주려 했는데, 총이 손에 쥐어져 있어서 우발적으로 살인을 하게 되는 식이다.

㉢ 이처럼 인간과 비인간은 서로 관계를 맺고 살아가며, 서로를 조건 지운다. 또한 현대사회는 기술 없이는 구성될 수도 유지될 수도 없다. 그러므로 라투르는 어떤 종류의 인간-비인간 복합체가 문제가 되는가와 우리가 이것들과 함께 어떻게 살아갈 것인가에 대한 고민이 중요하다고 말한다. 현대사회의 문제를 해결하기 위해서 인간은 기술과 같은 비인간과 함께 살아갈 수밖에 없다는 사실과 그에 의한 강제성을 인식하고 이해하는 것이 필요하다는 것이다. 이는 오늘날 사회의 모든 영역에서 광범위하게 사용되는 정보통신기술이 어떠한 효과와 강제성을 가지는가를 이해하기 위해 노력해야 함을 알게 한다.

㉣ 권력의 문제와 관련해서 그는 특히 비인간 행위자에 주목한다. 그에 의하면 모든 인간 행위자들은 본질적으로 거의 차이가 없는 존재이며, 누가 더 많은 비인간 행위자들을 포섭하느냐에 따라서 권력과 지위가 달라진다. 즉, 인간들 사이의 권력의 차이는 누가 더 강력한 네트워크를 구축했는가에서 나온다.

㉤ 라투르는 큰 힘을 가진 "거대 행위자들은 수많은 블랙박스 위에 앉아 있는 미소행위자"에 불과하다고 말한다. 블랙박스는 네트워크상에서 더 오래 지속되고, 더 광범위하게 퍼져 있기 때문이다. 이런 의미에서 현대사회의 과학기술은 권력을 가지고 있으며, 그 자체가 다른 의미의 정치이다. 라투르는 인간-비인간의 경계를 무너뜨리는 자신의 프로젝트가 주체-객체의 이분법을 강조하는 서양 근대철학의 근간을 해체함으로써 과학기술이 가진 권력을 무력화하고 실질적 민주주의를 구현하려는 의도를 가지고 있다고 주장한다.

예상문제

기술철학의 사회구성론에 대한 설명으로 틀린 것은?

① 기술이 사회적 상황이나 사회집단의 영향에 의해 변화한다는 관점을 제시한다.
② 기술이란 문제 해결을 위한 중립적 도구로서 정치 · 사회 · 문화적 가치의 표현이며, 기술은 그것을 고안하고 이용하는 사람들의 훨씬 광범위한 사회적 가치와 이해관계를 구현한다는 것이다.
③ 기술의 개발과정에는 사회집단 간의 갈등과 합의가 중요한 역할을 하며, 기술은 사회적 조건에 의해 영향을 받으면서 형성된다는 입장을 제시한다.
④ 관련 사회집단은 '해석적 유연성(interpretativeflexibility)'을 가지고 자신의 이해관계에 따라 해당 기술이 가진 문제점을 다르게 파악하며, 기술의 형태는 사회집단과의 상호작용에 의해 우연적으로 결정된다는 것이다.

정답 ②

해설 기술이란 문제 해결을 위한 중립적 도구가 아니라 정치 · 사회 · 문화적 가치의 표현이며, 기술은 그것을 고안하고 이용하는 사람들의 훨씬 광범위한 사회적 가치와 이해관계를 구현한다는 것이다.

Theme

40 매스미디어와 사회 변동의 관계

I 의의

미디어와 사회 변화의 관계에 대한 상당히 고전적인 유형 분류의 하나로 유명한 미디어 사회학자인 데니스 매퀘일(Denis McQuail)의 모델을 빼놓을 수 없다. 그는 기존의 문화와 사회구조 간의 관계에 관한 칼 에릭 로젠그렌(Karl Eric Rosengren)의 모델을 원용하여 문화를 매스미디어로 대치시켜 일찍이 미디어와 사회변화의 관계에 관한 이론적 접근을 4가지 유형으로 분류한 바 있다. 그는 문화(미디어)가 사회구조에 영향을 미친다고 보는 이론적 견해들을 관념론(idealism), 사회구조가 문화(미디어)에 영향을 미친다고 보는 관점을 유물론(materialism), 사회구조와 문화(미디어)가 서로 영향을 주고받는 관계로 보는 관점을 상호의존론 (interdependence)으로 구분하였다. 그리고 서로 간에 별다른 관계가 없다고 보는 관점을 자율론(autonomy)이라 했다. 주로 매스미디어와 사회구조의 관계에 초점을 맞춘 매퀘일의 분류 중 관념론은 기술결정론, 유물론은 사회구성론적 관점에 대응한다. 상호의존론은 상호작용론적 관점 혹은 공진화론적 관점과 유사다. 기술이 사회적 진공 상태에서 생겨나는 것도 아니고 또 기술이 사회에 아무런 영향을 미치지 않는다거나 기술과 사회가 아무런 관련이 없다는 것은 현실적으로 불가능하다.

핵심정리 Charles R. Wright의 매스미디어의 사회적 기능

1. 의의

Charles R. Wright는 매스미디어나 매스 커뮤니케이션의 기능을 가장 체계적으로 분류해서 제시한 학자로 알려져 있다. 그는 Harold D. Lasswell이 제시한 환경감시 기능, 사회유산전수 기능에 오락 기능을 추가하였고, 이를 위해 Robert K. Merton의 기능 분석 방법을 참고하였다.

2. 매스미디어의 사회적 기능

(1) 감시(Surveillance) 기능

매스미디어는 사회에서 발생하는 일들에 대해 감시하고 정보를 제공하는 역할을 한다. 이는 사회, 정치, 경제, 문화 등의 다양한 분야에서 일어나는 변화와 사건에 대한 정보를 사람들에게 제공하고, 이를 통해 개인이나 집단이 그에 대응할 수 있다.

(2) 해석(Correlation) 기능

매스미디어는 단순히 사실을 전달하는 것뿐만 아니라 그 사실의 의미와 중요성을 해석하고, 사람들이 그 정보를 이해하고 처리할 수 있게 도와준다. 또한 이러한 해석을 통해 사람들의 의견이나 태도를 형성하는 데에도 영향을 미친다.

(3) 전수(Transmission) 기능

매스미디어는 사회의 가치, 규범, 문화, 전통 등을 한 세대에서 다음 세대로 전달하는 역할을 한다. 이를 통해 사회의 지식과 문화유산을 보존하고 전승할 수 있다.

(4) 오락(Entertainment) 기능

매스미디어는 사람들에게 오락과 즐거움을 제공하는 역할을 한다. 이를 통해 사람들은 스트레스를 해소하고, 일상생활에서 잠시나마 휴식을 취할 수 있다.

Ⅱ 매퀘일(Denis McQuail)의 분류

1 관념론(기술결정론)

사회가 매스미디어에 미치는 영향보다는 사회에 대한 매스미디어의 영향력을 강조하는 견해에는 여러 가지가 있다. 기술결정론적 관점에 비교적 가까운 기존의 '관념론'적 이론으로는 매체결정론, 발전미디어론과 문화제국주의론, 그리고 미디어가 사회 혹은 개인에게 상당히 큰 영향을 미친다고 보는 미디어 대(大)효과론 등을 들 수 있다.

2 유물론(사회구성론)

사회에 대한 매스미디어의 영향력이나 효과를 강조하는 관점들은 대개 미디어를 사회 속에 새로운 틀을 만드는 어떤 주형자(moulder)로 보는 경향이 있다. 이에 비해 사회구성론적 관점에서는 매스미디어가 기존 사회의 특성을 드러내거나 그에 따라 일정한 방향 혹은 방식으로 규정되는 사회의 반영물(mirror) 혹은 반사체로 보는 경향이 있다. 따라서 사회구성론적 관점에서는 기존의 사회체계가 그 사회의 미디어 체계를 조건 짓거나 특성화하는 것으로 본다. 따라서 매스미디어에 의한 사회 변화보다는 매스미디어가 기존의 사회 질서를 반영하거나 기존의 사회 질서 혹은 지배 구조의 유지에 기여하는 것으로 본다. 이는 그 사회체계의 특성에 따라 미디어 특성도 규정된다고 보는 미디어 유형론이나 자본주의 경제 체제하에서 자본가에 의해 소유, 통제되는 미디어는 그러한 사회의 지배 관계를 생산 및 재생산하는 데 기여한다고 보는 마르크스주의 경향의 비판 미디어 이론들이 포함된다.

핵심정리 사회체계와 미디어 유형론

1. 의의
   사회의 정치 · 경제 · 사회 체계 등의 특성에 따라 매스미디어나 언론을 몇 가지로 유형화시키는 논의들이 있다. 그 대표적인 예로서는 기존 사회의 정치 체제가 갖는 특성에 따라 언론을 권위주의, 자유주의, 사회책임주의, 소비에트 전체주의 언론으로 나누어 논의한 프레드 시버트(Fred Sibert), 시어도어 피터슨(Theodore Peterson), 슈람 등의 언론의 4이론이나, 서구 자본주의 국가(제1세계)와 공산주의 국가(제2세계), 그리고 개발도상국(제3세계)에서의 매스미디어의 위상과 역할이나 미디어의 소유와 통제 관계, 그리고 언론 자유나 뉴스 미디어를 보는 관점 등을 비교한 논의들(Martin & Chaudhary)을 들 수 있다.
2. 언론의 4이론
   ① 언론의 4이론은 1950년대 냉전 체제에서 나온 사회 체계와 미디어 체계에 관한 고전 이론으로, 각 이론이 적용되는 사회 체계에 따라 매스미디어의 주된 목적과 미디어에 대한 소유 및 통제 권한 미디어에 대한 규제의 범위 등이 각각 다르다고 보았다.
   ② 또한 아직도 많은 나라들이 정부의 특허에 의해 미디어를 소유하고 종종 검열을 받으며 정부나 권력에 대한 비판이 금지되고 정부의 정책을 지지해야 하는 권위주의 언론 체제하에 있다고 보았다.

③ 이러한 권위주의 언론의 특성은 주요 당원에게 언론에 대한 소유와 통제권이 주어져 있고 당에 대한 비판을 금지하며, 사회주의 체제와 당 독재에 기여해야 하는 소비에트 전체주의 언론에서도 비슷하게 나타난다는 것이다.

④ 반면, 자유주의 언론 이론은 경제적인 수단을 지닌 누구나 미디어를 소유할 수 있고 '자가 수정의 원리(self-righting principle)'와 '사상의 자유 공개 시장(free market place of ideas)' 원리에 의해 미디어가 스스로 통제된다고 보았다.

⑤ 또 이는 20세기 미국에서 보다 발전적으로 수정되어 개인의 사적 권리와 주요한 사회적 이익을 심각하게 침해하지 않는 한 말할 것이 있는 누구에게나 미디어를 이용할 수 있는 권한을 부여하며 미디어에 대한 통제는 공동체의 의견과 소비자 행동, 그리고 언론인의 직업적인 윤리 의식에 의해 이루어진다고 보는 사회책임이론으로 발전했다고 보았다.

⑥ 이처럼 언론의 4이론은 기존 사회의 정치 체제가 갖는 특성이 그 사회의 언론 체계의 특성을 규정짓는 데 영향을 미치는 것으로 본다는 점에서 다분히 사회구성론적 관점에 서 있다. 다만 당시 냉전 체제하에서 소련 체제와 그 언론을 비판하고, 미국 사회와 미국의 언론이 갖는 상대적 우월성을 강조하려 했다는 점에서 다분히 이념적인 편향이 있었다.

3. 존 마틴(John Martin), 안주 차우다리(Anju Chaudhary), 알철(Altschull)의 논의

① 존 마틴(John Martin)과 안주 차우다리(Anju Chaudhary)는 그 후 전 세계의 미디어 체계를 서방 세계, 공산주의 세계, 제3세계 등으로 나누어 이들 세 세계가 매스미디어의 역할과 언론의 자유를 어떻게 보고 있으며, 미디어의 소유와 경제적 통제 양상은 어떠하고, 미디어를 통한 뉴스 보도와 오락물 제공, 교육과 설득 및 여론 형성 등은 어떻게 이루어지는지 등을 비교 분석하고자 했다.

② 알철(Altschull) 역시 서구 자본주의(제1세계), 사회주의(제2세계), 개발도상국(제3세계)의 언론을 시장 언론 모델, 마르크스주의 언론 모델, 발전 언론 모델 등으로 유형화하여 이들 세 모델이 각각 언론의 목적, 위상과 역할, 그리고 언론 자유 등을 서로 어떻게 보고 있는지를 비교 고찰하였다. 이들은 제1세계, 제2세계, 제3세계 간에 존재하는 차이를 드러냄으로써 기존의 사회 체계가 갖는 특성에 따라 미디어 체계의 특성이 규정된다는 점을 강조한다. 특히 알철(Altschull)의 경우, 이들 상이한 세계의 미디어들은 나름대로의 차이에도 불구하고, 기존 정치 · 경제 체계의 기본 가치들을 지지할 뿐 아니라 미디어의 재원을 공급해 주는 쪽(paymasters)의 이데올로기를 반영하는 경향이 있다는 점에서 매한가지라고 본다.

4. 마르크스주의적 관점의 비판적 미디어론

(1) 의의

① 언론의 4이론의 저자들이 자유주의 체제, 나아가 자본주의 체제하의 사회 책임 언론이 소비에트 공산주의 언론에 대해 갖는 우월성을 강조하는 경향이 있다면, 마르크스주의적 비판 미디어론은 자본주의 언론의 모순과 문제점을 지적하고 비판하는 데 초점을 맞춘다는 점에서 차이를 보인다. 그럼에도 불구하고 이들 양자는 기존의 사회 체제가 그 사회의 미디어가 갖는 성격과 특성을 규정한다고 보는 관점에서는 유사하다.

② 어느 시대에서나 지배 계급의 사상이 지배적인 사상이다. 다시 말해서 사회의 지배적인 물질적 세력인 지배 계급이 동시에 그 사회의 지배적인 정신적 세력이라는 말이다. 물질적인 생산적 수단을 통제하는 계급은 그 결과, 정신적인 생산의 수단도 통제하고 있으며, 그에 따라 정신적인 생산 수단을 가지지 못한 계급의 사상은 대체로 그에 종속된다.

③ 이는 정통 마르크스주의 미디어관과 그것을 계승한 미디어 정치경제학적 관점에서 미디어와 사회의 관계를 엿볼 수 있게 하는 고전적인 문구의 하나이다.

(2) 정통 마르크스 주의

① 초기 마르크스주의는 자본주의 비판 과정에서 물질적 생산 수단을 지배하는 계급이 정신적 생산 수단도 지배한다고 했다. 정신적 생산 수단으로서의 매스미디어는 지배 계급의 통제하에 있으며, 따라서 미디어란 지배 계급으로 하여금 그들의 권력을 계속 지탱해 나가기 위해 구축해 놓은 도구적 수단에 불과하다는 것이다. 즉 자본주의 사회의 지배 계급인 자본가들은 사회 내의 미디어를 장악하고 통제함으로써 사회적 모순을 은폐하고 그들의 언어로 사건과 사안을 해석하고 평가하여 제공한다. 그 결과, 피지배계급은 지배 계급의 언어로 세상을 읽고 이해하게 됨으로써 지속적으로 허위의식에 사로잡히게 되고, 그로 인해 기존의 지배－피지배 관계는 계속적으로 재생산됨으로써 지배 계급의 지배력은 더욱 공고하게 되고 기존의 자본주의 질서가 계속 유지된다는 것이다.

② 그래서 정통 마르크스주의자의 한 사람인 로버트 킬로이실크(Robert Kiloy－Silk) 같은 이는 매스미디어가 "허위의식의 원천"이며 동시에 "자본가의 병기창에서 없어서는 안 될 무기"라고까지 단언하였다. 정통 마르크스주의적 관점에서 보면, 상부 구조로서의 미디어의 능동성은 부정되며, 다만 지배 계급의 이익을 위해 허위의식을 생산 및 재생산하는 이데올로기적 도구에 불과하다. 요컨대, 자본주의 사회에서 자본가들의 소유와 통제하에 있는 미디어는 사회 변화와 변혁의 수단이 아니라, 기존의 지배 체제를 더욱 공고히 하는 이데올로기적 국가기구(ISA)로서 역할하게 된다는 것이다.

(3) 미디어 정치경제학

① 미디어 정치경제학의 경우도 미디어 양식과 그 표현들이 기존의 사회관계 구조에 의해 결정된다는 입장을 취한다. 특히 자본주의 사회에서 물질적 생산 수단을 소유한 자본가 계급이 사상의 생산과 배포를 가능하게 하는 미디어와 같은 정신적 생산 수단도 역시 소유, 통제하기 때문에 이러한 미디어를 통해 자신들의 세계관과 설명을 지속적으로 알림으로써 노동자 집단의 사고를 지배하게 되고, 그러한 이데올로기적 지배가 기존의 계급 간 불평등 구조를 계속 유지시키는 핵심적 역할을 하게 된다는 것이다.

② 따라서 미디어 정치경제학자들은 자본주의 사회의 미디어 산업 저변에 깔려 있는 경제 구성체와 그 과정을 구체적으로 분석함으로써 미디어 산업이 이윤 극대화와 자본주의 체제 정당화를 위해 작동하는 방식을 밝히고자 하였다. 이들은 자본주의 체제 하에서의 기존의 지배 관계나 소유관계, 혹은 기존 지배 계급의 이윤 극대화 동기와 같은 경제적인 요인들에 의해 미디어의 성격을 규정하는 법적 · 제도적 장치나 미디어의 형식과 내용 등이 구성되고 결정된다는 것이다.

3 상호작용론

① 기술결정론과 사회구성론은 미디어와 사회의 관계에서 각각 어느 쪽을 다른 쪽에 비해 상대적으로 더 비중 있는 규정자(definer)로 보는가의 차이로 구분한 것이다. 관념론, 즉 기술결정론적 관점은 미디어 기술이 사회에 더 큰 영향을 주고 나아가서는 사회의 성격이나 구조까지도 바꾸어 놓는다는 입장에 가깝고, 반대로 유물론, 즉 사회구성론적 관점은 사회적 필요나 목적에 따라 특정 미디어가 생성되거나 수용되고, 사회체계의 특성에 따라 미디어의 특성이 규정되고 그에 따라 사회체계가 다르면 미디어 체계도 달라질 수 있다고 보는 입장이다. 어느 쪽을 더욱 강조하는가에 따라 하나는 미디어 중심적 관점이라고 할 수 있고, 다른 하나는 사회 중심적 관점이라고 할 수 있다.

② 그러나 우리가 경험하는 실제 생활에서 보면, 매스미디어와 사회의 관계는 어느 한쪽에 압도적인 비중을 줄 만큼 그렇게 일방적인 것 같지는 않다. 매스미디어가 사회에 크고 작은 영향을 준다는 사실도 부정하기 어렵고, 또한 사회적 상황이나 요소들에 의해 매스미디어의 성격이나 특성이 정해지는 경우도 얼마든지 있기 때문이다.

③ 미디어와 사회의 이러한 상호작용론적 관계는 미디어 의제(media agenda)와 공중 의제(public agenda)의 관계, 미디어 프로그램 편성과 시청률의 관계, 그리고 미디어와 스타 시스템의 관계에서도 쉽게 발견할 수 있다. 미디어 효과론 중에서 널리 알려지고 비교적 오랫동안 연구가 이루어져 온 것 중에 의제 설정 기능(Agenda-setting function)이란 것이 있다. 이는 미디어가 강조하거나 비중 있게 다루는 뉴스 아이템이나 쟁점, 즉 미디어 의제가 일반 사람들의 화젯거리, 즉 공중 의제가 되는 경향이 있다는 주장에서 출발한 미디어 효과론이다.

4 자율론

자율론(autonomy)은 매스미디어와 사회변화 간에 별다른 관계가 없다고 본다.

[예상문제]

미디어와 사회변화의 관계에 관한 데니스 매퀘일(Denis McQuail)의 모델에 대한 설명으로 틀린 것은?

① 관념론은 문화(미디어)가 사회구조에 영향을 미친다고 본다.
② 유물론은 사회구조가 문화(미디어)에 영향을 미친다고 본다.
③ 자율론은 문화(미디어)와 사회구조 서로 간에 별다른 관계가 없다고 본다.
④ 매체결정론은 가장 극단적인 기술결정론적인 관점의 하나로 유물론에 속한다.

정답 ④

해설 관념론은 사회가 매스미디어에 미치는 영향보다는 사회에 대한 매스미디어의 영향력을 강조하는 견해로 기술결정론에 가까운 입장이다. 매체결정론은 가장 극단적인 기술결정론적인 관점의 하나로 관념론에 속한다.

Theme

41 포털과 권력

I 포털

1 의의

포털(portal)을 문자 그대로 표현하면 관문 또는 입구로서, 포털에 대한 여러 가지 정의를 종합해 보면 인터넷에 처음 접속할 때 반드시 거쳐야 하거나 적어도 최초로 들어가게 되는 사이트를 의미한다. 인터넷은 적어도 이론적으로는 100% 완전하게 개방된 공간이므로 원하는 정보를 찾으려면 그 정보가 있는 위치를 알아야 하는데, 광활한 인터넷 공간에서 원하는 정보를 정확히 찾기란 너무나 어려운 일이다. 따라서 우리는 인터넷을 좀 더 효율적으로 활용하기 위해서 어떠한 정보가 어디에 있는지 알 수 있게 도와주는 가이드가 필요한데, 이 역할을 하는 것이 바로 포털이다. 이러한 이유에서 포털은 "웹에서 사용자 들이 인터넷에 접속할 때 기본적으로 통과하도록 만들어진 사이트로 사용자들이 필요로 하는 정보 또는 그에 대한 메타데이터를 종합적으로 제공하는 서비스"로 정의되고 있다.

2 검색 엔진

① 사실 포털이라는 말은 우리나라에서 주로 사용되는 다소 독특한 용어이다. '포털 사이트' 혹은 '인터넷 포털'은 '웹 포털(web portal)'이라는 공식적 용어로 사용되기는 하지만, 이때의 웹 포털은 이메일이나 블로그, 카페, 검색엔진과 같은 다양한 정보들을 일관된 방식으로 가져올 수 있게 설계된 웹사이트로 볼 수 있다. 이와 같은 정의에 해당되는 사이트는 네이버, 다음, 네이트, 야후, 구글 등이 있으며, 구글 크롬이나 익스플로러, 파이어폭스와 같은 웹 브라우저도 여기에 포함될 수 있다.

② 구글이나 야후 등은 우리에게 익숙한 포털이란 표현보다는 '검색엔진(search engine)'이라는 용어를 사용한다. 웹 포털은 일반적인 검색엔진 기능과는 달리 이메일이나 기상정보, 주식시세 등 각종 데이터베이스로부터 다양한 정보 서비스를 제공하는데, 최근에는 이러한 서비스들을 구글이나 야후와 같은 검색엔진에서도 제공하고 있으므로 포털과 '검색엔진' 간에 사실상 서비스의 차이가 없다고 볼 수 있다.

③ 우리나라에서는 검색엔진보다 포털이라는 용어가 더 광범하게 사용되는 이유는 포털이 제공하는 서비스가 지닌 독특함 때문이라고 할 수 있다. 포털 사이트는 이용자가 찾고자 하는 정보의 유형과 성격에 따라 다양하게 존재할 수 있다. 가령, 게임, 음악, 법률, 정부 민원 등 분야별로 포털 사이트는 존재할 수 있는데, 이들을 목적 사이트(destination site)라고 부른다.

반면에 우리가 일반적으로 포털 사이트라고 지칭하는 사이트는 일반적인 정보 모두를 취급하므로 종합 포털 사이트로 구분한다. 포털과 권력에 관해 이 장에서 다루는 포털은 목적 사이트가 아닌 종합 포털 사이트에 해당된다.

생각넓히기 | **검색 엔진(search engine)**

월드와이드웹(www)상에서 검색하고자 하는 특정 정보를 체 계적으로 찾을 수 있도록 설계된 소프트웨어를 의미한다. 검색엔진은 인터넷에서 사용자가 원하는 정보와 데이터를 신속하고 정확하게 찾을 수 있도록 다양한 기능을 갖추고 검색의 실행을 지원한다.

Ⅱ 포털의 권력

1 포털의 긍정적 기능

포털 사이트는 이용자들에게 긍정적 기능을 제공하기도 한다. 무엇보다 포털 사이트는 인터넷 이용자들에게 유용성과 용이성, 편의성을 제공한다. 포털 이용자들은 포털 사이트를 통해 쉽고 편리하게 정보를 검색하고 활용할 수 있어, 포털 사이트만 이용해도 인터넷상에서 원하는 목적을 대부분 달성할 수 있다. 또한 포털 사이트에서 제공하는 다양한 상호작용 도구들을 활용하면 이용자들이 일방적 소비자가 아닌 능동적 참여자 또는 생산자로서 참여할 수 있는 폭이 넓어지고, 컴퓨터에 익숙하지 않은 초보 이용자들에게 인터넷의 접근성을 높여줌으로써, 웹2.0 환경의 참여와 공유, 개방이라 는 특성을 구현하는 데에도 긍정적 기능을 한다.

2 포털의 문제점

① 포털 사이트는 인터넷 서비스를 제공하는 사업자(Internet Service Provider)로서 수익을 극대화하는 사업화 전략을 가진 민간 사업자이다. 문제는 포털 사이트가 민간 사업자로서 판매하는 정보 상품과 서비스가 개인적 성격과 공공의 성격을 동시에 갖고 있다는 점이다. 이 때문에 포털의 전반적인 콘텐츠 서비스는 미디어 정치경제학적 논쟁을 불러일으킨다.

② 포털 사이트의 영향력이 과거와는 달리 너무나 막대해졌다는 점이다. 특히 검색엔진과 콘텐츠를 모두 제공하는 종합 서비스 제공자로서 정치, 사회, 문화적 주요 현안이 발생할 때마다 여론을 형성하는 데 막대한 영향력을 행사하고 있다. 이는 주로 포털의 정보 상품 및 서비스의 판매와 관련되는 것으로서 의견과 여론 형성의 지배력이라는 저널리즘 차원의 쟁점이 제기된다.

생각넓히기 | **웹 2.0**

참여와 공유, 개방이 핵심 특징인 인터넷 환경의 변화를 의미한다. 2004년 이전 까지는 인터넷 환경이 데이터의 체계적 분류와 디렉토리를 통한 데이터검색 환경을 마련하는 데 초점을 맞췄다. 1990년대 후반 야후가 대표적인 서비스로서 이를 웹 1.0으로 구분한다. 2004년 이후의 인터넷은 이용자가 콘텐츠를 함께 생산하고, 이를 공유하는 방향으로 변화가 일어났다. 이른바 이용자제작 콘텐츠(User-Generated Content, UGC)가 유행하면서 이용자들이 자발적으로 생산, 공유할 수 있도록 인터넷 환경을 더욱 개방적으로 운영하는 특징을 보인다. 이를 웹 1.0과 구분해 웹 2.0으로 지칭한다. 최근에는 웹 2.0에 알고리즘과 기계학습을 통해 인터넷에 지능이 부여되면서 이전과는 달리 개인별 상황 맞춤형 미디어 서비스 환경이 조성되고 있는데, 이를 웹 3.0으로 구분하기도 한다. 일부에서는 전송 속도에 따라 웹 1.0과 2.0, 3.0을 구분하기도 한다.

Ⅲ 포털 서비스

1 의의

포털 사이트가 권력 논쟁에서 자유롭지 못하다는 것은 포털 사이트가 어떤 형태로든 권력을 쥐고 있고, 그 권력을 과도하게 행사한다고 받아들여진다는 의미일 것이다. 일반적으로 권력이란, 타인의 의사와 무관하게 자신의 의도를 관철하는 힘이라고 할 수 있다. 어떠한 경우에도 자신의 의도를 관철하는 데 타인의 영향을 받지 않거나 적어도 무력화할 수 있는 힘이 바로 권력의 핵심 속성이라는 사실은 변하지 않는다.

2 미디어와 권력

① 미디어 정치경제학이라는 학문에서는 이러한 미디어와 권력관계에 대해 주요 개념을 제시하고 연구했다. 대표적인 미디어 정치경제학자인 빈센트 모스코(Vincent Mosco)는 미디어 정치경제학을 "미디어를 통한 자원의 생산과 유통, 소비를 상호적으로 구성하는 사회적 관계를 연구하는 학문"으로 정의하고, 상호적으로 구성된 여러 사회적 관계 가운데 특히 권력관계에 초점을 맞춘다.

② 권력관계는 사회적으로 다양한 층위에서 형성되는 것이므로, 미디어를 둘러싼 권력관계가 구체적으로 눈에 보이는 형태로 드러나지 않는 경우가 많기 때문이다. 경제적 측면에서 권력관계를 파악하는 가장 손쉬운 방법은 미디어 생산, 유통, 소비를 담당하는 주체들을 도식으로 표현하는 것으로, 간단하게 정리하면 아래의 그림과 같다. 이 그림을 통해 이해할 수 있는 권력관계는 재화와 서비스 제공자와 소비자 간의 권력관계, 재화와 서비스 제공자들 간의 권력관계, 전체 구조 속에서 개별 행위자들 간의 권력관계의 3가지가 있다. 이 3가지 유형은 모스

코가 미디어와 권력관계를 연구하기 위한 진입점으로 제시한 '상품화', '공간화', '구조화'라는 핵심 개념을 통해 조금 더 자세히 이해할 수 있다.

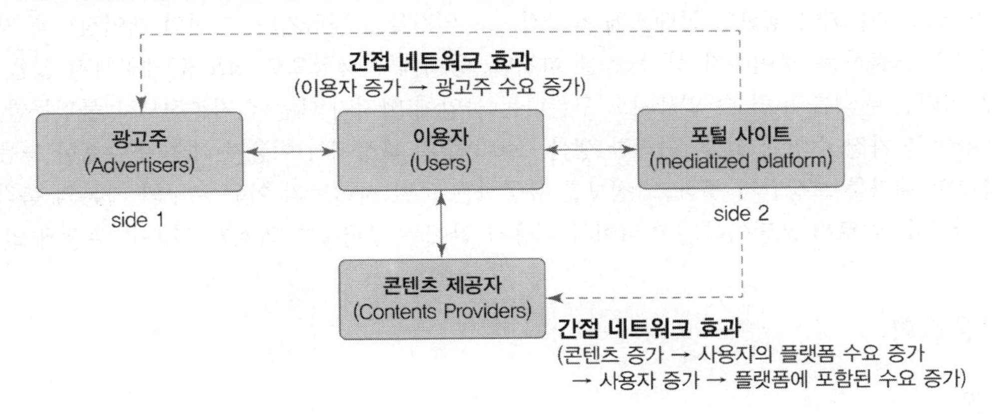

3 상품화

① 모스코가 제시한 첫 번째 진입점인 '상품화'는 사용가치를 교환가치로 바꾸는 과정을 의미한다. 따라서 상품화는 자본주의 시스템에서 미디어 기업이 사용가치를 교환가치로 전환해 가치를 얻는 자본주의 이윤 축적의 원리와 방식을 이해하는 것이 목적이다.

② 포털 사이트가 수용자에게 정보 상품을 판매한다. 그런데 이용자들은 포털 사이트에서 정보 상품을 구매하기 위해 값을 지불하지 않는다. 물론 돈을 내고 보는 콘텐츠가 점점 늘어나고 있기는 하지만, 여전히 인터넷상에서 정보를 검색하거나 정보를 이용하는 데 돈을 내지는 않는다. 그렇다면 정보 재화나 서비스가 이용자들이 직접 돈을 내고 구매하는 상품은 아닌 것이다. 미디어는 광고로 먹고 사는 기업이고, 광고주에게 이용자라는 상품을 판매한다. 이렇게 본다면, 포털 사이트는 이용자들의 주목을 조회수와 페이지뷰, 방문자수, 체류시간으로 계산하여 이를 광고주에게 판매한다고 볼 수 있다.

③ 스마이드(Smythe)는 이러한 원리를 '수용자 상품'이라는 개념으로 처음 제시한 바 있다. 스마이드는 미디어가 메시지를 판매한다는 것은 환상이고 본질은 메시지를 본 수용자들의 시청 행위를 시청률과 같은 지표로 환산하여 광고주에게 판매하는 것으로 보았다. 미디어 이용자들은 텔레비전 프로그램과 같은 상품을 공짜로 시청한다고 착각하지만, 실제로는 광고를 시청하는 일종의 노동 행위를 통해 상품을 구매하는 것이 된다. 포털 사이트의 경우 이용자들이 정보를 검색하고 활용하는 행위, 블로그에 글을 올리거나 댓글을 다는 생산 행위, 퍼 나르기, 해시 태깅과 같은 공유 행위 등 모든 이용 행위들이 조회수와 방문자수, 체류시간으로 기록되어 광고주에게 판매된다.

④ 문제는 이러한 상품화 과정에서 포털 이용자들이 불평등한 권력관계에 놓일 수밖에 없다는 점이다. 이용자들은 참여와 개방, 공유라는 웹 2.0의 가치에 호응하면서 스스로 생비자(Prosumer)가 되어 생산된 콘텐츠에 적극적으로 의견을 표명하거나, 자신의 개인정보를 자발적으로 노출하는 '보여주기 식' 노동을 하지만, 동시에 적극적으로 정보를 제공하지 않을 경우 이러한 편의를 누릴 수 없을지도 모른다는 불안에 빠지기 때문에 기본적으로 불평등한 권력관계를 가질 수밖에 없다. 이러한 생산－소비 행위 과정에서 이용자 개인이 수행한 노동은 충분한 대가를 보상받지 못하고, 정보를 유통하는 포털 사이트의 이윤 추구와 자본의 축적에 동원된다. 이로써 포털이라는 미디어와 이용자 간에는 불평등한 관계가 지속될 수밖에 없다.

4 공간화

(1) 의의

두 번째 진입점은 '공간화'이며, 이 개념은 유연한 자원으로서 시간과 공간의 변화에 관심을 기울인다. 좀 더 구체적으로 설명하면 공간화는 보통 비즈니스 목적으로 발생하는 기업 간 전략적 제휴나 수직적 통합, 수평적 결합, 교차 소유와 같은 미디어 기업의 사업 확장 전략을 연구하기 위해 고안된 개념이다. 미디어 정치경제학은 소유 구조를 분석하면 어떠한 미디어 상품이 생산, 유통, 소비되는지에 대해 파악 할 수 있다고 보기 때문에, 전통적으로 누가 미디어를 소유하는지에 대해 관심을 가져왔다. 빈센트 모스코에 따르면, 공간화라는 개념에 생산 논리와 권력 논리를 동시에 포함하기 때문에 거대 미디어 기업의 소유구조를 분석하면 기업이 경제 영역, 나아가 사회 전반에 미치는 영향력을 파악할 수 있다고 본다. 즉, 미디어 기업이 지닌 경제 권력의 속성을 이해할 수 있다는 것이다.

(2) 경제 권력

규모가 큰 기업은 동원할 수 있는 자금이 풍부하고, 시장 지배력이 크므로 가격 경쟁력을 확보하기가 용이하다. 이는 공정한 경쟁을 저해하고 특정 기업의 독과점을 야기하는데, 이렇게 시장질서가 형성되면 소수의 특정 사업자가 부를 독점하고, 가격 결정권이나 서비스 제공 권한 등이 특정 기업에 종속됨으로써 소수의 대기업이 시장 전체를 비효율적으로 통제하게 될 우려가 있다.

5 구조화

① 세 번째 진입점인 '구조화'는 "구조가 인간과 상호적으로 구성되는 과정" 또는 인간 행위자가 매개 작용을 함으로써 구성되는 구조를 설명하기 위해 고안된 개념이다. 구조화는 젠더, 인종, 계급 등 여러 사회 행위자들이 조직하는 사회적 관계와 권력 작용이 포함되는 다소 광범한 사회적 관계를 다룬다.

② 미디어 정치경제학은 기든스의 구조화이론을 미디어 영역에 접목하여 특정 구조를 결정주의 시각으로 보는 경향을 배제하고 사회변동을 행위-구조의 상호적 관계 속에서 살펴보고자 한다. 어떠한 권력관계도 고정적으로 재생산되지 않으므로, 구조화 개념을 활용하면 다양한 포털 사이트의 상품과 서비스가 포털 이용자들의 사회적 삶과 사회적 관계에 미치는 영향을 분석할 수 있다. 따라서 미디어가 매개하는 사회 구조와 인간 행위의 상호적 구성을 출발점으로 다양한 사회적 권력관계를 이해하는 데까지 나아갈 수 있다.

③ 일반적으로 미디어 상품과 서비스는 인간의 의식에 관여한다고 본다. 대표적으로 독일 프랑크푸르트학파는 문화 산업이 대중의 비판 의식이 형성되는 것을 가로막고 체제에 순응하게 만드는 이데올로기적 기능을 수행한다고 보았다. 비판이론이 아니더라도, 정보 상품과 서비스가 인간의 의식에 관여한다는 점에는 대체로 동의한다. 왜냐하면 인간이 정보를 소비하는 행위는 그 정보를 기초로 견해를 형성하고, 견해를 표출하는 행위와 연관되기 때문이다.

④ 비판이론과 초기 미디어 정치경제학은 이러한 정보를 생산하는 통제주체가 정치적 · 경제적 지배 권력이라고 보고 이들의 계급적 · 정치적 재생산을 위한 이데올로기적 영향력을 특히 강조하였다. 그러나 이후에 비판이론을 계승한 사람들은 특정 지배 권력이 미디어의 정보 생산을 통제하는 것이 유일한 힘은 아니라고 판단하고, 다양한 사회적 권력관계 속에서 정보 헤게모니를 두고 벌이는 투쟁의 양상을 보는 것이 중요하다는 입장을 취했다. 구조화라는 개념은 바로 이런 맥락에서 등장했다고 볼 수 있다.

⑤ 구조화 개념이 특히 유용하게 활용되는 분야가 있는데, 바로 의견을 교류하고 여론을 형성하는 과정이다. 그리고 여론의 형성과정은 이어서 다룰 주제인 '언론으로서 포털 사이트가 지닌 기능'과 밀접하게 연관되어 있다.

Ⅳ 포털 저널리즘

① 포털의 권력화와 관련된 두 번째 쟁점은 바로 뉴스 소비의 핵심 창구가 된 포털이 뉴스를 취사선택하고 그 결과를 노출하는 데 임의로 권한을 행사한다는 비판에서 비롯된다. 포털을 둘러싼 이 같은 논란은 포털 사이트가 여러 형태의 정보 가운데 가장 공신력 있는 정보 상품인 뉴스를 제공하면서부터 시작되었다. 포털 서비스에서 이루어지는 뉴스 소비가 급증하면서 포털의 뉴스 서비스에 대한 논쟁이 시작되었다.

② 포털 사업자는 뉴스를 직접 생산하지 않기 때문에 저널리즘 생산자로 볼 수는 없지만, 포털 사이트가 뉴스의 생산, 소비 환경을 새롭게 만들어감에 따라 포털을 저널리즘으로 간주해야 한다는 주장이 많아졌다. 예를 들어, 포털이 독립적인 뉴스 서비스 환경을 만들고 실질적인 저널리즘 기능을 수행한다는 의미에서 '포털 저널리즘'이라는 용어가 새롭게 등장했고, 이후 많은 언론학자들이 포털이 저널리즘 기능을 수행하는지에 관한 연구들을 수행했다.

③ 여론형성 과정에서 포털이 갖고 있는 가장 큰 영향력은 의제를 설정하는 데 있다고 본다. 미디어에는 뉴스를 반복해서 보도함으로써 이용자들에 게 이슈가 중요하다고 인식하도록 하는 의제설정(agenda setting) 기능이 있다. 의제설정 기능은 미디어가 '무엇을 생각하도록 하는지'보다 '무엇에 대해 생각해야 하는지'를 제시한다는 점에서 매우 큰 영향력을 행사한다고 볼 수 있다. 나아가 의제설정 연구자들은 더 나아가 미디어가 이슈보다는 이슈에 관한 속성을 제시한다는 '2단계 의제설정 기능'을 제시한다. 이는 어떤 이슈에 대해 뉴스가 가진 관점이나 프레임을 제시하는 것이므로, 언론이 어떤 속성을 현저하게 드러내도록 함으로써 이슈를 '어떻게 생각할 것인가'에도 영향을 미친다고 본다. 포털의 권력화를 제기하는 입장에서는 포털이 뉴스를 유통하는 과정에서 편집, 배열하는 큐레이션 기능에 주목한다. 포털의 뉴스 큐레이션 서비스가 포털이 용자들로 하여금 특정 이슈에 주목하게 만들고, 그 이슈에 대해 생각하는 방식에 영향을 미치므로 강력한 의제설정 기능을 수행한다고 지적한다.

생각넓히기 | 의제설정(agenda setting)

의제설정에는 미디어 의제(media agenda)와 공중 의제 (public agenda)라는 두 개의 변인이 있다. 미디어 의제란 뉴스미디어가 다루는 뉴스 아이템을 의미하고, 공중 의제란 미디어 이용자들이 중요하다고 인식하고 있는 이슈가 된다. 의제설정 연구자인 매콤과 쇼(McComb & Shaw)는 1968년 대통령 선거에서 이 둘 간의 강력한 상관관계를 입증하였고, 후속 연구를 통해 미디어 의제가 공중 의제에 인과적 영향을 미친다는 연구결과를 제시했다. 의제설정은 미디어가 이용자들에게 무엇에 대해 어떻게 생각할 것인지의 관점과 프레임을 제시한다는 점에서 영향력이 크다고 설명한다. 즉, 미디어가 특정한 방식으로 이용자의 인지와 정서에 동시에 관여한다는 점에서 틀짓기 효과(framing)와 점화 효과(priming)가 함께 발생하게 된다.

V 포털 공론장

1 의의

① 포털의 뉴스서비스에 대해 처음부터 비판이 거세게 일어난 것은 아니다. 처음에는 뉴스에 달린 댓글과 다음 '아고라'와 같은 커뮤니티형 대시보드가 공론장으로서의 기능을 수행하면서 새로운 형태의 의견 교류와 이용자들의 참여가 기반이 되는 여론 형성이 가능해질 수 있다고 보았다. '댓글 달기'나 '퍼 나르기'와 같은 인터넷의 상호작용성이 레거시 미디어(legacy media)에서 불가능했던 뉴스의 생산과 유통, 소비 과정에 이용자들의 양방향적인 참여를 증진할 것이라고 기대한 것이다.

② 포털이 전통적 공론장과 달리 큰 호응을 받았던 것은 공론장으로서의 기능에 충실할 수 있었기 때문이다. 우리가 일반적으로 공론장이라 부르는 의견 교류와 표현의 공간은 비배제성, 동등성, 합리성이라는 3가지 제도적 기준을 충족시켜야 한다. 이러한 공론장의 기준이 포털 사이트에서 얼마나 잘 준수되었는지에 대해서는 판단이 엇갈릴 수 있으나, 적어도 초기에는 포털 사이트가 이러한 기준에 맞게 새로운 공론장으로 기능할 것이라는 기대가 높았다. 그러나 포털 사이트의 이용자수가 급증한 것과 달리 공론장으로서의 포털은 위축되어 왔다.

생각넓히기 | 공론장

공론장의 3가지 제도적 기준 공론장과 의사소통 합리성으로 널리 알려진 독일 사회학자 위르겐 하버마스는 공론장의 공통된 제도적 기준을 비배제성과 동등성, 합리성으로 제시한다. 비배제성이란 모든 사적인 개인이 공중의 일원으로 참여할 수 있어야 한다는 것이고, 동등성은 제도적 지위나 서열이 토론이나 의견 개진에 개입되면 안 된다는 것이 다. 그리고 어떤 이슈든 합리적인 토론의 주제로 다뤄져야 하고, 이때 참여자들은 이성적인 언어로 토론에 참여해야 한다.

2 포털의 상업화와 공론장 기능의 위축

(1) 의의

포털의 공론장 기능이 상당히 위축된 이유는 포털의 상업화와 관련이 있다. 개방과 공유, 참여로 상징되는 인터넷 공간이 상업화되어감에 따라 긍정적인 공론장 기능보다는 상업화로 인한 공론장의 재봉건화라는 비판이 제기된 것이다.

(2) 포털의 상업화

① 포털의 상업화와 관련한 이슈로는 크게 정보 제공의 공정성, 정보의 편향, 정보의 연성화와 선정성으로 정리해 볼 수 있다.

② 포털 사이트는 정보를 제공하고 이를 광고주와 연계하여 수익을 얻는 사업 모델을 갖고 있다. 그런데 검색 결과에 제휴사업자나 광고주와 연계된 것만 나오거나, 우선 배치된다면 정보에 접근하는 이용자들의 정보 선택권을 제한하게 되고 이는 특정 이슈에 대한 공중 의 참여를 제약하는 결과를 야기할 수 있다.

③ 포털에서 제공하는 정보, 특히 뉴스의 경우 정보 왜곡이나 편향성으로 인해 여론이 왜곡되고 사회적 혼란이 가중될 우려가 있다. 포털 뉴스의 편집과 배열에 대한 편향성 문제는 알고리즘과 기계학습을 통해 해결을 시도하고 있지만, 정보의 편향은 합리적 의견 개진과 토론을 제약하여 의사소통의 합리성을 저해할 수 있다는 점에서 공론장의 기능을 저해하는 요인이 된다.

④ 포털이 제공하는 뉴스는 알고리즘에 의한 이용자 선호를 반영하고 있어 연예, 스포츠와 같은 연성화된 뉴스의 비중이 증가할 수밖에 없다. 그에 반해 정치사회적인 토론과 견해의 형성이 필요한 주제는 비중이 줄어들 수밖에 없다. 이는 포털의 정보 제공이 알고리즘에 의한 자동화 방식으로 이뤄진다고 해도, 숙의가 필요한 의제의 비중이 축소되고 흥미와 오락적 내용의 비중이 증가한다는 것은 토론거리보다 구경거리가 늘어난다는 의미이므로 이용자들이 시민으로서 합리적 토론에 참여하기보다 오락을 즐기는 구경꾼으로 전락할 가능성 이 높아진다.

⑤ 포털 사이트는 효율적 정보검색을 지원하는 역할을 하기도 하지만, 검색 서비스는 광고수익과 직결되고, 그 밖의 서비스들, 가령 4C(커뮤니티, 콘텐츠, 커머스, 커넥션)로 대표되는 커뮤니티와 엔터테인먼트 서비스를 제공함으로써 이용자들을 포털 사이트에 오랫동안 머무르게 하도록 유인하여 기업의 사적 이익을 추구하는 데 몰두하고, 공공의 책임을 수행하는 데는 소극적인 모습을 보인다. 이 때문에 포털 사이트는 상업권력으로서 공론장의 기능을 저하하고 결과적으로 시민의 사회참여를 제약한다는 비판을 받는다.

생각넓히기 | 공론장의 재봉건화

하버마스는 자본주의사회에서 대중매체가 공론장의 잠재력을 갖는다고 보았으나, 실제로는 시민들을 구경꾼으로 전락시킴으로써 정치적 참여를 제한하는 결과를 가져왔고, 전반적인 공론장의 쇠퇴를 초래하였다고 보고, 이를 공론장의 재봉건화라는 말로 설명했다.

Ⅵ 종합 및 요약

① 미디어 정치경제학 측면에서 포털은 광고주에게 이용자 상품을 판매하는 과정에서 이용자의 자발적 참여행위를 이윤추구에 동원함으로써 이용자를 상품으로 판매하는 양면시장의 수익을 독점함으로써 강력한 경제 권력으로서 입지를 구축해 왔다.

② 포털의 이러한 수익화 전략은 양면시장이라는 플랫폼 경제의 특성으로 정당화된다. 그래서인지 포털 사업자는 스스로를 포털보다는 플랫폼 사업자로 규정하고자 한다. 그러나 포털이든 플랫폼이든 기본적으로 정보 상품과 서비스를 판매하기 위해 이용자를 확보하고 이들을 계속 포털에 머무르게 함으로써 경제적 이윤을 추구한다.

③ 그런데 정보라는 재화는 사적인 동시에 공적인 속성도 있으므로, 정보재화 및 서비스와 관계된 다양한 행위를 단순히 경제적 측면에서만 이해할 수는 없다. 구조화 개념은 저널리즘, 공론장 차원의 포털과 권력관계를 이해하는 핵심 연결고리가 된다.

④ 포털이 의도적으로 특정 정파적 이익을 대변하지는 않겠지만, 상업화가 과도해지면서 이용자에게 필요한 정보보다 선호하는 정보를 위주로 제공하게 됨으로써 이용자 정보 선택권을 제한하게 되고, 주요 사회적 의제에 관한 시민적 참여를 제약하는 결과를 가져온다.

⑤ 포털은 이용자에게 유용성과 편의성을 제공하는 긍정적인 기능을 수행한다. 그렇지만 포털은 재화와 서비스를 독점하는 강력한 경제 권력인 동시에 이용자 의식과 여론에 영향력을 행사하는 막대한 미디어 권력으로서 이중적 지위를 누리고 있으므로, 포털의 기능과 영향력에 대한 종합적인 이해와 평가가 필요하다.

Theme

42 정보기술과 사회변동

I 기술결정론적 관점

1 의의

① 사회변동의 배후에 있는 주요 추진력으로 정보기술의 급속한 발전과 확산은 정보경제라는 새로운 경제 부문을 급부상시켰다.

② 정보기술의 급속한 발전과 확산이 고용구조를 변화시키고, 정부나 기업조직의 작동방식까지도 변화시킴으로써 사회구조의 기본원리 자체를 변화시킨다고 보는 관점이다.

③ 사회변동의 기본 동인을 정보통신기술로 간주하면서 기술이 사회변동에 대해 자율적이고도 역동적인 힘을 행사한다고 주장한다.

2 기술적 기반 강조

① 정보사회를 규정하는 사회변동의 배후에 있는 추진력의 핵심적인 원인이 기술적 진보라고 보는 견해이다.

② 사회적 · 경제적 · 정치적 속성들을 거의 배제할 정도로 기술적 기반을 강조한다.

③ 핵심개념은 정보처리 · 저장 · 전달에서의 비약적인 발전으로 말미암아 모든 사회영역에서 정보기술의 이용이 가능하다.

④ 주된 관심은 컴퓨터 비용이 크게 감소하고 용량이 급격히 증가됨에 따라 언제 어디서나 컴퓨터를 이용할 수 있게 된 환경을 중시한다.

⑤ 디지털 네트워크의 확산은 생산성의 증대, 노동시간의 감소, 여가시간의 증대 효과를 가져오고, 실업의 증대와 경제적 곤궁은 정보사회에서 찾아볼 수 없게 된다는 낙관론적 관점이다.

3 경제구조의 변화

정보생산에 초점을 맞추는 입장과 정보소비에 초점을 맞추는 입장으로 구분한다.

(1) 정보생산에 초점을 맞추는 관점

① 의의

정보사회의 도래를 주장하는 거의 모든 사람이 산업화된 사회에서의 서비스 부문의 성장과 제조업의 고용감소를 지적하는 등 경제의 전반적인 고용구조의 변화를 정보사회로의 이행과 연관시켜 설명한다.

② 포랫(Porat)

㉠ 정보활동이란 정보 상품과 정보 서비스를 생산 · 처리 · 분배하는 데 소비된 모든 자원을 포함하는 것이라고 정의한다.

㉡ 1차적 정보 부문은 시장에서의 정보 상품과 정보 서비스의 교환과 연관된 모든 사업활동을 포함한다.

㉢ 2차적 정보 부문은 경제의 여타 영역에서 이루어지는 정보작업을 포함한다.

[예상문제]

포랫(Marc Porat)에 대한 설명으로 틀린 것은?

① 정보사회를 경제적 관점에서 정의하였다.
② 매클럽(Fritz Machlup)의 접근법이 다른 사업의 내부에 포함되어 있는 경우와 같이 잘 드러나지 않는 정보활동은 설명하지 못한다고 보았다.
③ 지식산업 부문을 계산하기 위해 1차 정보 부문, 2차 정보 부문, 3차 정보 부문으로 구분하였다.
④ 정보활동이란 정보 상품과 정보 서비스를 생산 · 처리 · 분배하는 데 소비된 모든 자원을 포함하는 것이라고 정의하였다.

정답 ③

해설 지식산업 부문을 계산하기 위해 1차 정보 부문, 2차 정보 부문, 비정보 부문으로 구분하였다.

③ 다니엘 벨(Bell)

화이트칼라, 특히 정보노동자의 출현과 산업노동의 쇠퇴 속에서 사회구조의 근본적 변화를 설명한다.

④ 특징

㉠ 정보사회의 존재보다 정보경제에 초점을 맞춘다.

㉡ 사회변혁에 대한 확인과 관찰보다는 정보부문의 규모에 따른 국민경제적 데이터의 재분류에 기초한다.

㉢ 정보사회에 대한 대부분의 사고는 현재의 추세를 확인하는 데 중점을 두고 이론적 수준에서 가능한 결과를 추정한다.

(2) 정보 소비에 초점을 맞추는 관점

① 정보의 생산보다는 정보 상품과 정보 서비스의 소비에 관심을 두는 관점은 주로 정보화의 정도를 측정하는 것으로 주로 일본에서 사용한다.

② 정보계수 또는 정보비는 전체 가구의 지출에 대한 다양한 정보 관련 활동에 대한 가구의 지출비를 의미한다.

③ 정보화 지수는 정보비뿐만 아니라 전화 통화 수, 구독 신문 수, 서적 구입 수 등의 정보의 양, 전화기, 라디오, TV 등 커뮤니케이션 매체의 보급, 서비스 노동자와 학생의 비율 등 정보활동의 질이라는 세 범주의 데이터에 의해 구성되는 복합적인 측정치이다.

④ 고용구조를 넘어 사람들의 커뮤니케이션 행동 및 정보 행동을 정보사회에 대한 정의에 통합한다.

4 사회구조의 변화

(1) 의의

기술 발전에 의한 생산력 증대가 새로운 사회구조를 만든다는 논리에 기초한 사회이론으로 발전하였다.

(2) 다니엘 벨(Bell)의 「탈산업사회론」

① 기술혁신에서 오는 생산성의 증대로 인해 농업에서 산업, 그리고 산업에서 서비스로 이동이 발생한다.

② 탈산업사회는 재화 생산 경제보다는 서비스 경제라는 특성을 지닌다.

③ 정보와 지식이 탈산업사회에서의 핵심 자원이다.

(3) 마스다(Masuda)

① 기술, 사회경제적 구조, 가치 등의 측면에서 정보사회를 산업사회와 비교하기 위한 다차원적 틀을 개발하여 정보사회에 대한 유토피아적 모형을 제시하였다.

② 사회활동의 가장 중요한 장인 기업이 시너지와 사회적 이득의 원칙을 지향하는 자발적 공동체로 대체한다.

③ 의회 민주주의가 참여적 민주주의에 의한 정치적 지배로 대체된다.

④ 물질주의적 가치가 목표 달성적 가치로 대체된다.

⑤ 시민운동에 의해 사회변동이 일어나는 사회이다.

⑥ 정보사회 틀은 정보사회에 대한 일반적인 정의라기보다는 일종의 이념적 모형이다.

5 기술결정론에 대한 비판적 시각

(1) 기술적 자율성의 문제

① 기술을 독립적, 자체통제적, 자체결정적, 자체발생적, 자체추진적, 자체영속적, 자체확장적인 힘으로 간주하여, 기술이 그 자체 의지를 갖고 있는 것으로 인식한다.

② 기술을 신비화하여 대중들을 정치적으로 무력화시키고, 비전문가들이 기술 발전에 개입할 수 있는 여지를 주지 않는 문제점이 있다.

③ 전문가의 의견은 중립적인 것으로 간주되며, 대중들은 전문가들의 판단을 신뢰하도록 요구받는다.

④ 대중들이 취할 수 있는 것이라고는 새로운 기술을 현실로 받아들이고 그에 신속하게 적응하는 일뿐이다.

(2) 기술적 필연성의 문제

① 기술 발전은 중단될 수 없는 것으로 기술적 진보는 필연적이며 불가피하고 불가역적인 것으로 간주된다.

② 대중들로 하여금 기술의 발전에 대한 윤리적 판단을 유보하고 맹목적인 추종을 요구한다.

③ 기술의 발전이 사회적 요구를 충족시키지 못하고 갈등을 가져올 경우, 그것은 기술발전이 아직 채 완성되지 못했기 때문이라고 해석한다.

④ 사회적 갈등은 궁극적으로 기술적 해결책을 필요로 하는 기술적 문제로 주장한다.

⑤ 기술적 필연성에 관한 이러한 주장은 대중들을 탈이념화, 탈정치화시켜 수동적인 피지배자로 길들이는 논리로 이용될 가능성이 높다.

(3) 보편주의(universalism)의 문제

① 전자매체와 같은 특정한 기술은 보편적으로 동일한 기본적인 사회 유형을 창출한다.

② 특정한 사회 · 문화적 · 역사적 맥락을 무시하는 보편주의는 서구에서 발생한 기술결정론이 다른 사회에 수용될 때 가장 심각한 문제가 된다.

③ 기술결정론에 극단적으로 상반되는 입장은 사회문화결정론인데, 기술의 발전이 특정한 사회 정치적 · 역사적 · 문화적 맥락에 의해 결정된다는 주장이다.

④ 대자본의 이해가 정보기술의 발명 · 도입 · 활용에 의해 관철된다.

⑤ 정보기술은 결국 자본주의 체제를 유지하는 데 기여할 것이다.

⑥ 주요 정보기술의 발전과 확산이 자본의 이윤획득, 시장 장악, 노동 통제에 기여한다.

[예상문제]

기술결정론에 대한 설명으로 틀린 것은?

① 사회 변동의 핵심적인 원인은 기술적 진보라고 본다.
② 정보 기술의 비약적 발전을 사회 변동의 매개변수로 본다.
③ 정보 생산에 초점을 맞추는 입장과 정보 소비에 초점을 맞추는 입장으로 구분할 수 있다.
④ 국민 계정에서 정보 관련 산업이 차지하는 비중을 중시하는 매클럽(Machlup)의 경제적 관점도 기술결정론으로 분류할 수 있다.

정답 ②

해설 정보 기술의 비약적 발전을 사회 변동의 독립변수로 본다.

기술결정론에 대한 설명으로 옳은 것은?

① 정보 기술의 비약적 발전을 사회 변동의 매개변수로 본다.
② 정보사회의 도래를 주장하는 거의 모든 학자가 서비스 부문의 성장과 제조업의 고용 증가를 전망하였다.
③ 정보의 소비보다 생산에 관심을 두는 관점은 주로 정보화의 정도를 정보계수 또는 정보비로 측정한다.
④ 국민 계정에서 정보 관련 산업이 차지하는 비중을 중시하는 매클럽(Machlup)의 경제적 관점도 기술결정론으로 분류할 수 있다.

정답 ④

해설 ① 독립변수로 본다.
② 제조업의 고용 감소를 지적하였다.
③ 정보화의 정도를 정보계수 또는 정보비로 측정하는 것은 정보의 생산보다 소비에 관심을 두는 관점이다.

Ⅱ 사회구조론적 관점

1 의의

① 정보기술의 비약적인 발전을 부인하는 것은 아니지만 기술은 독립변수가 아니라 일종의 매개변수이다.

② 기술 자체는 중립적일 수 있지만 기술의 이용방식은 중립적일 수 없다는 주장이다. 누가, 무엇을 위해 어떤 방향으로 기술을 이용하느냐가 중요하다는 관점이다.

③ 중요한 것은 사회관계나 사회구조이므로 사회구조 속에서 기술이 어떻게 개발, 이용되고 각종 사회변동을 어떻게 매개하고 있는가에 초점을 맞추는 사회구조 중심론 혹은 기술의 사회적 구성론이다.

기출문제

기술자체는 중립적일 수 있지만 기술의 이용방식은 중립적일 수 없다는 주장으로, 누가 무엇을 위해 어떤 방향으로 기술을 이용하느냐가 중요하다고 보는 관점으로 옳은 것은? [2020]

① 기술결정론
② 사회구조론
③ 탈산업사회론
④ 사회적 구성주의

정답 ②

해설 사회구조론은 정보기술의 비약적인 발전을 부인하는 것은 아니지만 기술은 독립변수가 아니라 일종의 매개변수로 본다. 기술자체는 중립적일 수 있지만 기술의 이용방식은중립적일 수 없다고 본다. 누가 무엇을 위해 어떤 방향으로 기술을 이용하는냐가 중요하다는 관점으로 중요한 것은 사회관계나 사회구조이므로 사회구조 속에서 기술이 어떻게 개발, 이용되고 각종 사회변동을 어떻게 매개하고 있는가에 초점을 맞추는 사회구조 중심론이라고 할 수 있다.

2 자본주의와 정보기술의 발전

(1) 의의

① 정보통신기술이 아닌 자본의 논리를 독립변수로 본다.

② 자본주의 경제의 내적 변화 속에서 정보기술의 발전과 정보화의 진전을 바라보는 관점이다.

(2) 쉴러(Schiller)

① 1970년대 오일쇼크 등의 자원위기, 중화학공업 등 제조업에서의 이윤 하락과 생산성 저하, 실업률 상승 등 전반적인 경기침체로 자본주의가 일종의 체제위기에 봉착했다고 본다.

② 체제 위기를 극복하는 방법으로 정보통신산업을 육성하고 정보통신산업을 지탱하는 기술적 기초가 바로 정보기술이라고 본다.

(3) 스마이드(Smythe)

① 정보사회 논의를 하드웨어와 소프트웨어의 판매촉진에 고안된 수사(修辭)로 간주한다.

② 기술은 기본적으로 부자를 더욱 부유하게 빈자를 더욱 가난하게 만드는 소득 재분배에 활용된다.

③ 정보사회는 경제적 불평등, 정보격차, 실업, 탈숙련화, 다국적 조직에 의한 정부의 지배를 특징으로 한다.

3 산업의 정보화와 정보의 산업화

(1) 의의

① 정보기술 자체가 높은 부가가치를 창출할 수 있는 새로운 상품이고, 기존 산업의 생산성을 높이는 유효한 수단이다.

② 정보기술은 체제위기에 봉착했던 선진 자본주의 국가들에게 구원의 잠재력을 지닌 기술로 평가되었다.

③ 1970년대 침체된 경제력을 회복하려고 했던 정책적 선택이 정보통신산업의 지원, 육성으로 연결된다.

④ 1980년대 들어 미국, 일본, 유럽 여러 국가들이 정보통신산업을 국책사업으로 설정하였다.

⑤ 각국 정책의 기본 내용은 정보기술의 개발과 응용을 통해 산업조직의 정보화와 정보의 상품화를 동시에 추구하였다.

⑥ 정보사회는 생산과 기술에 정보기술을 도입함으로써 자본축적의 효율성과 안정성을 도모하고, 정보와 관련된 하드웨어와 소프트웨어를 상품화함으로써 이윤 획득의 원천을 다양화한 것을 이데올로기적으로 채색하는 데 불과하다.

(2) 산업의 정보화

산업의 정보화는 공장자동화(FA)와 사무자동화(OA)로 대표된다. 기존 산업체가 정보기술을 수용, 생산 공정 및 관리 업무를 자동화함으로써 노동인력을 전자화 기계로 대체, 국내외 시장통제를 더욱 용이하게 하려는 일련의 경향을 산업의 정보화라고 한다.

(3) 정보의 산업화

정보의 산업화는 고도화된 정보통신기기로 가공, 처리, 저장, 송 · 수신되는 정보를 판매 가능한 상품으로 만들고 그 상품의 생산, 유통, 소비영역을 더욱 확대해 나가는 일련의 과정을 말한다.

4 사회구조론 시각

① 기술 변화를 곧바로 사회관계의 근본적 변화로 연결시키는 것은 위험한 발상으로 기술의 획기적인 발전이 사회관계의 변화에 영향을 미치지만 그것이 유일한 결정적 요인이나 가장 핵심적인 결정요인으로 보기 어렵고 모든 사회관계 변화의 중심에는 정치적 · 경제적 권력이 자리하므로 기술은 그러한 권력이 동원하는 자원에 불과한 매개변수이다.

② 자본주의 사회구조에서 출발하여 정보기술의 발전을 설명하는 사회구조론적 입장은 자본주의 사회의 기축원리와 세력관계를 통해 정보기술의 개발, 이용과정을 설득력 있게 묘사하나 기술발전으로 발생 가능한 이익에 대한 고려가 미흡하다.

③ 정보화 과정에서 생겨날 수 있는 시민사회의 성장과 활성화, 교육적 장치 및 제도를 통한 정보 불평등과 격차의 완화, 국제연대에 의한 대항운동의 가능성, 정부의 보편적 서비스 정책에 따른 개선 등을 고려하지 못하고 있다.

핵심정리 보편적 서비스

보편적 서비스는 최소한의 기본이 되는 전기통신 서비스를 모든 국민들이 언제 어디서나 적정한 요금으로 이용할 수 있도록 보장하기 위한 제도이다.

예상문제

사회구조론적 관점의 입장으로 볼 수 없는 것은?

① 정보기술의 비약적인 발전을 부인하는 것은 아니지만 기술은 독립변수가 아니라 일종의 매개변수이다.
② 정보사회는 경제적 불평등과 정보 불평등, 대중들 사이에서 실업, 노동자의 권력을 약화시키는 직무의 탈숙련화 등을 그 특징으로 가지는 사회이다.
③ 정보기술 자체가 높은 부가가치를 창출할 수 있는 새로운 상품으로 기존 산업의 생산성을 높이는 유효한 수단이다.
④ 산업의 정보화는 고도화된 정보통신기기로 가공, 처리, 저장, 송·수신되는 정보를 판매가능한 상품으로 만들고 그 상품의 소비영역을 더욱 확대해 나간다.

정답 ④
해설 정보의 산업화에 대한 설명이다. 산업의 정보화는 공장자동화와 사무자동화 등을 의미한다.

사회구조론적 관점의 입장으로 옳은 것은?

① 정보기술의 비약적인 발전을 부인하는 것은 아니지만 기술은 독립변수가 아니라 일종의 종속변수이다.
② 정보사회는 경제적 불평등과 정보 불평등, 대중들 사이에서 실업, 노동자의 권력을 약화시키는 직무의 숙련화 등을 그 특징으로 가지는 사회이다.
③ 정보기술 자체가 높은 부가가치를 창출할 수 있는 새로운 상품으로 기존 산업의 생산성을 높이는 유효한 수단이다.
④ 산업의 정보화는 고도화된 정보통신기기로 가공, 처리, 저장, 송·수신되는 정보를 판매가능한 상품으로 만들고 그 상품의 소비영역을 더욱 확대해 나간다.

정답 ③
해설 ① 기술은 일종의 매개변수이다.
② 정보사회는 노동자의 권력을 약화시키는 직무의 탈숙련화 등을 그 특징으로 가지는 사회이다.
④ 정보의 산업화에 대한 설명이다. 산업의 정보화는 공장자동화와 사무자동화 등을 의미한다.

사회구조론적 관점의 입장에 대한 설명으로 옳은 것은?

① 정보의 산업화는 공장자동화(FA)와 사무자동화(OA)로 대표된다.
② 정보기술의 급속한 발전과 확산이 사회구조의 기본원리 자체를 변화시킨다고 보는 관점이다.
③ 자본주의 경제의 내적 변화 속에서 정보기술의 발전과 정보화의 진전을 바라보는 관점이다.
④ 정보 및 통신영역에서 거대한 변동을 겪고 있는 사회에서는 계급에 상관없이 정보를 얻을 수 있다고 보았다.

정답 ③
해설 ① 산업의 정보화에 대한 설명이다. 정보의 산업화는 고도화된 정보통신기기로 가공, 처리, 저장, 송·수신되는 정보를 판매 가능한 상품으로 만들고 그 상품의 소비영역을 더욱 확대해 나간다.
② 기술결정론의 입장이다.
④ 사회구조론적 관점에서는 계급이 누가 무슨 정보를 얻고 어떤 종류의 정보를 얻을 수 있는가를 결정한다고 본다.

사회구조론적 관점의 입장에 대한 설명으로 틀린 것은?

① 정보통신 기술이 아닌 자본의 논리를 독립변수로 본다.
② 자본주의 경제의 내적 변화 속에서 정보기술의 발전과 정보화의 진전을 바라본다.
③ 정보화 논의는 하드웨어와 소프트웨어의 판매촉진에 고안된 수사(修辭)로 간주한다.
④ 정보의 산업화는 공장자동화(FA)와 사무자동화(OA)로 대표된다.

정답 ④

해설 공장자동화(FA)와 사무자동화(OA)로 대표되는 것은 산업의 정보화이다.

사회구조론에 대한 설명으로 틀린 것은?

① 정보통신기술이 아닌 자본의 논리를 독립 변수로 본다.
② 정보기술의 급속한 발전과 확산이 사회구조의 기본원리 자체를 변화시킨다고 보는 관점이다.
③ 자본주의 경제의 내적 변화 속에서 정보기술의 발전과 정보화의 진전을 바라보는 관점이다.
④ 정보기술 자체가 높은 부가가치를 창출할 수 있는 새로운 상품이라는 특성을 가진다고 본다.

정답 ②

해설 정보기술의 급속한 발전과 확산에도 불구하고 자본주의의 우선 순위와 압력은 그대로 남아 있다.

Theme

43 사회체제의 연속성 여부

I 의의

① 정보사회는 과연 새로운 사회인가? 정보사회를 추동하는 힘은 산업사회의 그것과는 다른 힘인가? 정보사회의 기원은 우선 자본주의의 영향력 측면에서 산업사회의 현상에 필수불가결한 역할을 수행한 자본주의가 정보사회에 미치는 영향력에 따라 후기산업사회 대 탈산업사회의 문제를 규명하여야 한다.

② 다른 하나는 변동의 틀로 탈산업사회가 산업사회의 계승자로 간주될 수 있다면, 산업사회를 움직였던 일차적인 사회적 힘, 즉 기업의 이윤추구와 사적 소유 등 자본주의 원리가 탈산업사회를 조형하는 상이한 원리로 대체되었다는 것을 보여주어야 한다(Schement).

Ⅱ 정보사회 이행의 두 관점

1 정보사회를 탈산업사회로 보면서 완전히 새로운 사회로 보는 관점

① 정보사회는 새로운 사회이다.

② 명시적으로 정보사회 개념을 사용하면서 탈산업사회로 보는 시각이다.

2 자본주의와의 연속성에서 정보사회를 파악하는 관점

① 정보가 현대사회에서 핵심적인 중요성을 갖는다는 사실은 인정한다.

② 그 형태와 기능은 지금까지 존속했던 자본주의 원칙과 관행에 종속된 것으로 보는 견해이다.

③ 기존 사회관계가 연속되는 것으로 정보사회라는 개념보다는 정보화라는 용어를 사용한다.

④ 정보기술과 정보통신산업의 발달을 자본주의와의 연속성에서 보는 시각이다.

3 정보사회 이행 관점

[정보사회 이행에 대한 관점]

구분	경제	사회구조	문화 · 지배
단절론	정보경제론	정보사회론	정보양식론
연속론	산업경제론	자본주의 산업사회론	지배양식론

Ⅲ 단절론

1 의의

① 정보사회는 자본주의 산업사회와 다른 새로운 부류의 사회이다.

② 단절론의 단초를 이루는 정보경제론은 경제 측면에서 새로운 정보사회의 도래를 주장한다.

③ 경제구조에서 정보경제의 비중 증대에 초점을 맞추고 정보소비에 중점을 두고 있는 관점이다.

④ 정보기술의 획기적 변화가 기존 경제구조의 주된 변화요인으로 작용한다는 점을 강조한다.

⑤ 대부분이 새로운 사회변동을 주요 요인으로 간주하고 미래사회 전망에서도 유토피아적 견해를 피력하고 있다는 점이 공통점이다.

2 정보경제론

① 정보 관련 산업이 국가경제에서 차지하는 비중의 변화를 근거로 새로운 정보경제의 도래를 주장한다.

② 매클럽(Machlup)은 지식산업에 교육, 연구개발, 커뮤니케이션 미디어, 정보기기, 정보서비스 등 다섯 가지를 포함시키고 이 지식산업이 GNP에서 차지하는 비중을 조사한다.

③ 포랫(Porat)은 정보산업을 정보재나 정보서비스를 직접 생산, 공급하는 1차 정보부문과 비정보기업이나 정부에서 정보서비스를 내부에서 생산하여 자체적으로 소비하는 2차 정부부문으로 분류한다.

3 정보사회론

① 정보산업부문의 증대가 기존의 사회구조와는 질적으로 다른 새로운 사회질서를 구축한다.

② 새로운 정보기술을 사회변동의 제1요인으로 간주한다.

③ 벨의 탈산업사회론, 토플러의 제3의 물결, 마쓰다 정보사회론 등은 정보사회론에 속한다.

4 정보양식론(Poster)

① 정보기술의 발달로 새로운 언어적 경험이 가능하고 사회관계에 근본적인 변화가 일어난다고 보는 견해이다.

② 정보양식은 "상징적 기호들을 매개로 의미를 소통하고 주체를 구성하는 방식"이다.

③ 전자적 커뮤니케이션은 사회적 커뮤니케이션의 시 · 공간 관계를 변화시키고 주체와 객체, 즉 송신자와 수신자의 관계를 와해시킴으로써 기존의 여러 사회관계를 대체하고 새로운 사회적 관계망을 형성한다.

5 탈산업사회론(Bell)

(1) 의의

① 새로운 정보사회가 산업사회를 대체하였다는 개념을 토대로 형성되었다.

② 기술적 · 사회적 변동의 속도가 증대되어 진정한 불연속성이 발생할 정도로 사회변동이 발생하였다고 보는 견해이다.

③ 특정 단계에서의 고용의 지배적 유형에 의거하는 사회의 유형학을 제공한다.

④ 전(前)산업사회는 농업노동, 산업사회는 공장작업, 탈산업사회는 서비스 고용이 지배하는 사회이다.

⑤ 산업사회 이전은 자연에 대한 게임, 산업사회에서는 인위적인 자연에 대한 게임, 탈산업사회에서는 사람들 사이의 게임이 진행된다.

⑥ 사람들 사이의 게임은 필연적으로 정보가 기초자원인 게임이며, 서비스 노동은 일종의 정보노동이다.

⑦ 각 단계의 사회에서 노동의 전형적인 유형은 각각 추출활동(농업조동), 제조활동(공장작업), 정보활동(서비스 고용)이다.

⑧ 산업사회에서 자본과 노동이 전략적이고 변혁적인 자원이었던 것과 마찬가지로 탈산업사회에서 결정적으로 중요한 것은 지식과 정보가 사회의 전략적이고 변혁적인 자원이다.

(2) 한계

① 과도하게 협소한 산업사회관을 기반으로 한다.

② 관련 문헌에서 산업사회를 대개 초창기의 기술에 의해 정의하고 컴퓨터와 위성 등 20세기의 발명들을 탈산업사회적인 것으로 간주하는 경향이 있다.

③ 벨은 전문가의 증가가 새로운 시대의 도래를 이끄는 내재적 이유라고 주장하지만, 이는 설득력이 부족하다.

6 단절론을 주장하는 대표적인 담론

① 단절론을 주장하는 대표적인 담론들은 벨의 「탈산업사회론」, 토플러의 「제3의 물결」, 마스다의 「정보사회론」, 포스터의 「정보양식론」, 피오레와 세이블의 「유연전문화론」, 카스텔의 「정보적 발전양식론」 등이 있다.

② 단절론의 정의들은 대부분 화이트칼라 노동자의 수, 정보에 관련된 산업이 GNP에서 차지하는 비율 등 양적인 기준을 제공하고 있으나 이론적으로 단순히 양적 기준인 더 많은 정보 그 자체가 이전 체계와의 단절을 확정할 수 없다는 비판이 제기되고 있다.

Ⅳ 연속론

1 의의

① 새로운 정보통신기술의 발전을 시장 확대를 꾀하는 자본주의 기업의 통제위기 해소를 위한 것으로 보는 산업경제론적 시각이다.

② 경제부문에서 정보의 중요성이 부각되고 정보 상품과 정보 서비스의 상품화가 진전된 산업화 현상이 지속되고 있을 뿐이라는 견해로 산업사회적 관점이다.

③ 정보기술의 발전을 정보사회 이행의 주된 요인으로 보기보다는 자본주의 축적과정의 안정화나 기존 지배계급의 현상 유지 및 입지의 강화를 위한 자본주의의 자기 적용 과정에 불과하다고 보는 시각이다.

2 산업경제론(산업주의)

① 정보기술을 자본주의 기업이 통제위기를 해소하기 위해 발전시킨 것으로 보는 시각이다.

② 정보혁명으로 일컬어지는 정보통신기술의 발전이 새로운 사회구조 및 사회관계를 형성하지 못하고, 단지 경제부문에서 정보의 중요성이 부각되면서 정보 상품 및 서비스의 상품화가 산업화 현상을 지속한다.

3 자본주의 산업사회론

(1) 의의

① 정보통신기술의 발전은 자본주의 축적과정의 안정화 수단이다.

② 정보화는 자본주의 체제유지를 위한 전략적 선택일 뿐이다.

(2) 도구주의

정보통신기술의 발전은 자본가 계급의 총체적 이익의 단순 반영에 불과하다.

(3) 구조주의

정보통신기술의 발전을 경제뿐만 아니라 정치, 이데올로기 등 다양한 층위의 상호연관 속에서 파악한다.

4 지배양식론

① 정보기술이 지배관계와 연계되는 관련성에 주목한다.

② 더욱 구체적으로 정보기술이 감시 · 통제의 메커니즘과 연계되는 관련성에 주목한다.

③ 정보기술이 지배의 유지나 강화를 위한 새로운 지배양식으로 존재한다.

④ 지배양식의 질적 변화에 동의하지만 그 결과로 구조적이고 질적인 사회변동이 일어난다는 것에는 다분히 부정적인 입장이다.

5 쉴러(Schiller)의 정보 발전과정

① 시장기준(market criteria)이 철저하게 적용된다.

② 시장원칙들은 정보의 상품화를 향한 강력한 중심 추진력이다.

③ 계급불평등은 정보의 분배, 정보에 대한 접근 정보를 창출할 수 있는 능력을 결정하는 주요 요인이다.

④ 정보와 커뮤니케이션 영역에서 중대한 변동을 겪고 있는 이 사회는 자본주의 사회로서 중앙 집권적이고 국내 · 외 범세계적 조직을 갖고 있는 기업조직에 의해 지배되는 사회이다.

⑤ 정보기술의 발전으로 일어날 현상을 공상적으로 기술하는 것이 아니라, 실제 세계에서 무엇이 진행되고 있는가를 조명한다는 점에서 설득력을 지닌다.

6 연속론을 주장하는 대표적인 담론

① 연속론을 주장하는 대표적인 담론으로는 Schiller의 「네오맑시즘」, Aglietta의 「조절이론」, Harvey의 「유연적 축적론」, Habermas의 「공공영역론」, Giddens의 「민족 국가와 폭력」 등이 있다.

② 연속론은 정보기술의 발전이 새로운 사회를 가져오는 것이 아니라는 점을 강조하다 보니, 적극적 견해의 개진보다는 정보사회론에 대한 소극적 비판으로 정보화가 가지고 있는 가능성의 영역, 즉 정보기술이 가져올 수 있는 이익의 측면을 배제하고 있는 점이 문제점으로 지적되고 있다.

[예상문제]

사회체제의 연속성을 바라보는 관점에 대한 설명으로 틀린 것은?

① 단절론은 정보사회를 자본주의 산업사회와 다른 새로운 부류의 사회라고 본다.

② 정보기술의 발달로 새로운 언어적 경험이 가능하고 사회관계에 근본적인 변화가 일어난다고 보는 정보양식론은 단절론에 속한다.

③ 정보통신기술의 발전을 자본주의 축적과정의 안정화 수단으로 보는 자본주의 산업사회론은 연속론에 속한다.

④ 연속론은 정보가 현대사회에서 핵심적인 중요성을 가진다는 사실을 인정하지 않고 그 형태와 기능이 자본주의 원칙과 관행에 종속된 것이라고 본다.

정답 ④

해설 연속론에서도 정보가 현대사회에서 핵심적인 중요성을 가진다는 사실을 인정한다.

V 사회변화의 전망

1 의의

① 사회변화의 과정을 바라보는 시각은 기술적, 정치적, 사회적 측면 등에서 낙관적 혹은 비관적 관점이 공존한다.

② 낙관적 관점은 기술의 발전에 따라 정치, 경제, 사회 등 여러 부문에 걸쳐 개인의 삶의 질이 높아질 것이라는 긍정적 견해가 지배적이며, 비관적 관점은 기술발전이 가져올 악영향과 산업사회 이후 나타난 자본주의 문제점들이 더욱 심화될 것이라고 전망한다.

2 기술적 측면

(1) 낙관적 관점

① 컴퓨터와 통신기술의 발달을 기반으로 홈쇼핑 · 홈뱅킹 등 일상생활의 편리함을 향유할 수 있다.

② 전화 · 텔레비전 · 오디오 등 미디어의 발달, 네트워크로 연결된 방대한 정보 등 발전하는 기술로 점점 더 편리한 생활을 향유할 수 있다.

③ 생산성의 향상과 노동시간이 감소되는 등 여가시간이 증대된다.

(2) 비관적 관점

① 환경오염과 환경파괴가 더욱 심화된다.

② 생명존엄성의 가치가 훼손되는 도덕적 문제가 대두된다.

③ 노동시장의 불안정성, 직업의 대량 도태, 직무 스트레스 등이 점차 심화된다.

3 정치적 측면

(1) 낙관적 관점

① 사회구성원의 민주적 참여기회가 확대되어 진정한 민주주의의 실현이 가능하다.

② 정보통신기술의 보편화로 분권적 · 수평적인 다원적 사회로 구성된다.

③ 국민 의견수렴과 다양한 분야 지식전문가의 정책참여로 합리적 정책수립이 가능하다.

④ 토론 참여기회의 확대로 기존 사회의 한계를 극복할 수 있다.

⑤ 산업사회의 대의제 민주주의에 비해 더욱 민주화된 전자민주주의 형성이 가능하다.

⑥ Naisbitt는 대의 민주주의에서 참여 민주주의로의 변화를 주장한다.

⑦ Masuda는 의회 민주주의와 물질만능주의를 넘어 참여 민주주의 실현이 가능하다고 본다.

⑧ Toffler는 소수의 의사결정과 엘리트 민주주의, 대의 민주주의 정당정치의 폐해를 극복하고, 모두 제 목소리를 내는 세상이 도래할 것이라고 주장했다.

(2) 비관적 관점

① 사회구성원에 대한 정보 파악과 통제가 용이하고, 이를 감시체계로 악용된다.

② 고도 정보기술을 이용한 교묘한 대중조작을 통치에 악용하는 사례가 발생한다.

③ 지적 엘리트의 영향력이 지나치게 강화된다.

4 사회적 측면

(1) 낙관적 관점

① 더욱 창의적이고 능동적인 활동으로 지적 수준이 향상된다.

② 사회적 네트워크를 통한 협력이 증대된다.

③ 다양한 채널을 통한 의사소통 기회가 증가한다.

④ 정보 접근 용이성이 점차 증가한다.

⑤ 성 역할 개념이 퇴색되고 여성의 사회진출 증대와 여가선용 기회가 확대된다.

(2) 비관적 관점

① 대중을 통제하거나 이윤축적을 극대화하는 도구로 이용 가능하다.

② 정보를 소유한 자와 적게 소유한 자 간의 정보격차가 심화된다.

③ 경제적 계층구조의 고질적인 불평등을 심화시키는 결과를 초래한다.

④ 실업과 숙련되지 못한 노동자 계급 등 경쟁 낙오자의 사회문제가 심화된다.

⑤ 프라이버시 침해, 정보통제와 컴퓨터 범죄 등 사회문제가 발생한다.

5 정보적 측면

정보사회의 변화 전망은 거대한 권력(자본)의 집중이 생겨나는가, 집중화된 권력이나 자본을 통해 불평등이 지속되는가, 권력의 집중과 분산이 사회의 다른 영역에 미치는 파급 효과는 무엇인가의 질문에 따라 정보 접근성, 정보생산의 주체, 정보 상품으로 구분한다.

[정보적 측면의 전망]

구분	낙관론	비관론
정보 접근성	• 공유적 정보 • 누구나 언제 어디서나 접근 가능	• 배타적 정보 • 사적 소유로 타인 사용 배제
정보생산 주체	• 분산된 다수에 의한 정보생산 • 다수에 의한 정보생산으로 인한 불평등 감소	• 소수에 의한 정보생산 • 소수에 집중된 배타적 정보로 인한 사회적 불평등과 권력집중 심화
정보 상품	• 정보 상품에는 규모의 경제가 작동하지 않음 • 창의성을 가진 소규모 회사도 경쟁력을 가져 독점기업이 존재하지 않음	• 정보 상품에도 규모의 경제가 작동함 • 대량생산체제로 인한 독점기업이 존재함

6 사회변화 전망의 요점

(1) 낙관론적 관점

① 기술결정론과 단절론에 입각하여 정보사회의 긍정적 측면을 부각한다.

② '쌍방향성'으로 인해 가상공간은 치우치는 방향성이 없다.

③ 해체적 · 탈중심적 구조로 정보의 독점이나 정보의 지배가 허용되지 않으므로 기술만 있으면 누구나 정보의 생산자가 될 수 있고, 정보의 주인이 될 수 있다.

④ 의사 결정의 분권화로 인해 개개인의 권력이 강화된다.

⑤ 컴퓨터와 통신망의 획기적 발전으로 정책 결정 과정에 일반 시민의 참여 가능성이 높아져 참여 민주주의의 확대 가능성이 증가한다.

⑥ 가상공간의 쌍방향성은 국민 의사를 제대로 반영할 수 없었던 간접 민주주의의 결함을 보완한다.

⑦ 고도의 기술발전으로 생산력이 향상되어 경제적 빈곤 문제가 완화된다.

⑧ 자동화로 사람 노동력에 의존하던 일이 정보시스템으로 대체됨으로써 단순반복업무가 감소하여 창조적인 일에 종사할 수 있으므로 문화를 향유할 수 있는 여가가 증대된다.

⑨ 대표적인 학자로 다니엘 벨, 토플러, 맥루한, 나이스비트, 네그로폰테 등이 있다.

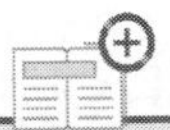

생각넓히기 | 네그로폰테(Nicholas Negroponte)의 '디지털이다(Being Digital)'

과거는 물질, 즉 아톰의 시대였다. 아톰 간의 소유의 변동과 이동이 주요관심사였다. 하지만 미래는 비트의 시대이다. 물질이 아닌 정보가 보다 중요한 가치를 지닌다. 비트는 0과 1로 구분된 정보를 의미한다. 산업사회에서 탈산업시대, 정보시대로의 변화를 넘어서 현재는 탈정보화시대로 이전하고 있다. 탈정보화시대의 주요 특징은 정보의 극단적인 개인화와 공간 없는 장소이다. 이제 전달되는 정보는 나를 위한 것이며, 내가 정보를 받는 주소는 물리적인 주소가 아니라 나의 위치가 된다.

- 앞으로 세상의 최소단위는 원자(atom)가 아니라 비트(bit)이다.
- 아톰에서 0과 1의 연산체계인 비트로 변화하는 것은 막을 수도, 돌이킬 수도 없다.
- '디지털화'란 단순히 아날로그의 반대 개념으로 쓰이는 것은 아니다.
- 탈중심화(decentralizing), 세계화(globalizing), 조화력(harmonizing), 분권화(empowering) 등 디지털 세상의 강력한 네 가지 특질로 말미암아 궁극적인 승리를 얻을 것이다.
- 'Being Digital'이란 존재론적인 원제가 시사하듯 '디지털시대의 존재론'으로 일컬어진다. 저자는 훗날 굳이 제목에 Being이란 단어를 쓴 이유를 "단순히 기술이 아니라 생활방식이 중요하다는 것을 부각하기 위해서"라고 설명하였다.

예상문제

네그로폰테(Nicholas Negroponte)가 '디지털이다(Being Digital)'에서 주장한 내용으로 옳은 것은?

① 생활방식이 아니라 기술이 중요하다.
② 현대세계에서 기술은 속도를 발전시키고, 속도의 진보는 기술의 진보이다.
③ 앞으로 세상의 최소단위는 원자(atom)가 아니라 비트(bit)이다.
④ 제도적 복지사회에서 자조(自助)사회로 진전한다.

 정답 ③

해설 ① 네그로폰테는 훗날 굳이 제목에 Being이란 단어를 쓴 이유를 "단순히 기술이 아니라 생활방식이 중요하다는 것을 부각하기 위해서"라고 설명한다.
② 폴 비릴리오(Paul Virilio)의 입장이다.
④ 제도적 복지사회에서 자조(自助)사회로의 진전을 강조한 학자는 존 나이스비트(John Naisbitt)이다.

다음 중 정보사회와 관련된 책의 저자와 제목의 연결이 바르지 않은 것은?

① 맥루한(Herbert Marshall McLuhan) – 구텐베르크 은하계
② 네그로폰테(Nicholas Negroponte) – 이데올로기의 종언
③ 카스텔(Manuel Castells) – 네트워크 사회의 도래
④ 웹스터(Frank Webster) – 정보사회이론

정답 ②

해설 '이데올로기의 종언'은 다니엘 벨(Daniel Bell)이 쓴 책이다. 네그로폰테는 '디지털이다(Being Digital)'를 썼다.

(2) 비관론적 관점

① 사회구조결정론, 연속론과 동일한 맥락의 관점이다.

② 정보화 혜택을 누리는 정도는 계층별 · 지역별 · 성별 · 연령별 불균형이 심해 정보의 '부익부 빈익빈' 현상이 새로운 사회문제로 대두하여 비인간화와 정보 불평등이 심화된다.

③ 중앙 관리 조직 시스템의 부재로 열린 공동체의 형성은 현실적으로 어렵다.

④ 원격 민주주의로는 진솔한 의사소통을 기대하기 어렵다.

⑤ 인터넷 상업화로 가상공간은 전 세계적 차원에서 욕망을 주조해 내고 소비 이데올로기를 전파하는 네트워크로 전락해 갈 위험이 크다.

⑥ 정보의 상품화로 인터넷 개방성에 위협을 가하는 사태가 발생할 수 있다.

⑦ 가상공간은 이전보다 더 획일적으로 특정한 패션이나 음악의 유행에 사람들을 복종시킴으로써 사람들의 취향이나 판단이 획일화되는 역설적인 결과가 출현할 수 있다.

⑧ 대표적 학자로 마르크와 로빈스, 쉴러, 하바마스, 기든스 등이 있다.

기출문제

정보사회 담론에 대한 설명으로 틀린 것은? [2019]

① 정보 기술의 힘과 영향력을 어떻게 보는가에 따라 기술결정론과 사회구조론으로 구분할 수 있다.
② 정보사회가 이전의 사회와 질적으로 다른 사회인가에 따라 연속론과 단절론으로 구분할 수 있다.
③ 정보사회의 변화에 대한 전망을 어떻게 보는가에 따라 컴퓨토피아적 낙관적 견해와 비관적 견해로 구분할 수 있다.
④ 경제 구조의 변화를 강조하는 입장은 비관론으로 분류될 수 있다.

정답 ④

해설 경제 구조의 변화를 강조하는 입장은 낙관론으로 분류된다. 비관론은 기존 사회 권력과 지배의 문제, 이에 따른 억압이 여전히 유지 강화된다는 견해에 입각해 있기 때문에 경제 구조의 변화를 강조하지 않는다.

Theme

44 탈산업사회론

I 의의

① 벨은 1950년대 말부터 후기산업사회라는 용어를 사용하다가 1980년 무렵 컴퓨터와 통신기술의 발달에 대한 관심이 고조되면서 미래학에 대한 열의의 물결이 일기 시작하자 후기산업이라는 접두사 대신에 정보와 지식이라는 용어를 사용하면서 새롭게 출현하는 사회체계에 정보와 지식의 중심적 역할을 강조하였다.

② 1973년에 출간된 「탈산업사회의 도래」는 태동하는 미래에 대한 정교한 사회학적 분석으로 학문적으로 풍부하고 대담하게 구성한 독창성 있는 대작으로 인정받고 있다.

③ 탈산업사회의 두드러진 특징으로 정보와 지식이 양과 질 양면에서 결정적으로 중요하다고 주장한다.

④ 탈산업주의에서 사용되는 정보의 양적 증가는 탈산업사회에서 질적 변화로 나타나는 이론적 지식으로 단지 정보가 많은 것만이 아니라 과거와 다른 종류의 정보와 지식을 사용한다.

II 진화론적 관점

① 미국은 탈산업사회라고 하는 새로운 체계로 이어지는 경로에 따라 세계를 이끌어가며, 탈산업사회는 전(前)산업사회에서 산업사회를 거쳐 탈산업사회로 이동해 가는 흔적을 추적하는 것이 가능하다.

② 18세기 초반 영국은 전(前)산업사회인 농업사회였고, 19세기 말엽에는 분명한 산업사회인 제조업이 중시되는 사회였고, 21세기에 진입함에 따라 탈산업주의의 징후들이 곳곳에 드러나는 사회로 서비스가 지배하는 사회로 변동하였다.

③ 벨은 역사의 동력기가 완전한 탈산업사회를 향해 끊임없이 진행되도록 자동적으로 설정되어 있는 것과 같은 진화론적 관점을 기반으로 사회변동의 과정을 설명한다.

Ⅲ 독립적 영역구조

1 의의

① 탈산업사회는 정체(polity)나 문화(culture)가 아닌 사회구조의 변동을 통해 출현한다.

② 사회변동은 대부분 정체(政體)와 문화적 영역에 대하여 문제를 제기하기 마련이지만, 벨은 변동이 어느 한 영역에서 기인하여 사회의 다른 모든 차원으로 영향을 미치는 것으로 볼 수 없다는 점을 강조한다.

③ 선진사회들은 '근본적으로 분절적이다.' 즉, 사회구조, 정치, 문화 등 독립적 영역들이 존재하며, 자율성을 가지고 있어서 한 영역에서 발생하는 것이 다른 것에 영향을 주는 것으로 가정될 수 없다.

④ 반 총제주의자로서 사회가 단일한 체계로 분석될 수 있을 만큼 유기적이거나 통합되어 있지 않다고 주장한다.

⑤ 진보이론이나 보수주의 이론이나 모든 전체적 · 총체적 사회이론을 거부한다.

2 한계

① 현대 세계에서 분리된 독립 영역의 존재에 대한 논리적 근거를 제시하지 않고 분리된 영역은 단지 존재하며, 그 사실을 인정하지 않는 사회학자는 오류라고 주장한다.

② 분리된 독립 영역을 설정함으로써 현상적으로 모순된 견해들을 동시에 주장한다.

③ 근본적으로 영역을 구분함으로써 한 영역의 발전이 다른 영역에 어느 정도까지 영향을 미치는가하는 까다로운 질문을 회피한다.

④ 자신의 출발점을 정당화해 주는 어떠한 증거나 논거 제시가 부족하다.

⑤ 정보사회는 세 영역(사회구조, 정체, 문화) 간의 분절이 점점 더 증가하고 있다고 주장한다.

Ⅳ 사회변동과정

1 의의

① 탈산업사회는 사회구조가 근본적으로 정체와 분리되어 있고 탈산업사회는 단지 사회구조상 변동으로부터 출현한다.

② 탈산업사회의 도래는 단지 사회의 한 분야에서 일어나고 있는 변동으로 누구도 이러한 변동이 가장 중대한 부분이라고 가정해서는 안 된다.

2 사회변동의 결정적 요인

① 생산성 증가를 변동의 열쇠로 간주하면서 왜 이러한 변화들이 일어나야 했는가를 설명한다.

② 일정 단계의 사회에서 다른 사회로 이행하는 데 결정적 요인으로 합리화(효율성) 원칙을 적용함으로써 '더 적은 것으로 더 많은 것을 얻는 것'이 가능해진다.

3 지배적인 고용양식에 따른 사회 유형론

① 일정 단계에서 지배적인 고용양식에 따라 결정되는 사회에 대한 유형론을 제시하였다.

② 가장 일반적인 노동의 유형이 그 사회를 규정하는 특징이 되기 때문에 전(前)산업사회에서는 농업노동, 산업사회에서는 공장노동, 탈산업사회에서는 서비스 노동이 지배적인 것이 될 것이다.

4 탈산업사회 진입 결과

① 산업노동자의 감소로 궁극적으로 극소수의 사람만이 공장에서 일하게 되는 상황(로봇공장, 완전 자동화의 시대)이 도래한다.

② 산업노동자의 감소에도 불구하고 계속되는 합리화에 따라 연속적이고 지속적인 산업적 산출물은 증가한다.

③ 산업적 산출물에서 이전된 부가 새로운 욕구(병원시설, 마사지 등) 충족을 위해 지속적으로 증가한다.

④ 산업적 직업에 고용된 사람들이 지속적으로 방출되고, 증가된 부가 창출되는 새로운 욕구 충족을 위한 서비스업에서는 끊임없이 새로운 취업기회를 공급한다.

⑤ 부유해진 사람들은 새로운 소비대상을 발견하고, 그로 인해 서비스 노동자 수요가 증가한다.

⑥ 전(前)산업시대와 산업시대에 걸쳐 결정적 영향력을 행사했던 진화적 과정은 성숙된 탈산업사회에 진입함에 따라 그 힘을 상실하고, 탈산업사회의 도래와 더불어 기술 혁신으로 인한 직무 재배치의 역사는 종말을 맞이하고 그에 따라 고용이 안정된다.

[예상문제]

다니엘 벨(Daniel Bell)의 '탈산업사회론'에 대한 설명으로 틀린 것은?

① 진화론에 입각한 이론이다.
② 탈산업사회에서는 서비스 노동이 지배적이 될 것이라고 본다.
③ 탈산업사회에서의 생활은 사람들 간의 게임으로 중요한 것은 근력이나 에너지가 아니라 정보라는 점을 강조한다.
④ 산업사회에서 탈산업사회로의 변동은 어느 한 영역에서 기인하여 사회의 다른 모든 차원으로 영향을 미치는 것으로 보아야 한다.

정답 ④

해설 다니엘 벨(Daniel Bell)은 사회구조가 정체와 분리되어 있고, 탈산업사회는 단지 사회구조상의 변동으로부터 출현하다고 본다.

다니엘 벨(Daniel Bell)의 '탈산업사회론'에 대한 설명으로 옳은 것은?

① 서구사회의 핵심을 합리화로 본다.
② 공동체보다는 자율적 개인이 중심이 되는 사회로 변화한다.
③ 산업사회에서 탈산업사회로의 변동은 어느 한 영역에서 기인하여 사회의 다른 모든 차원으로 영향을 미치는 것으로 보아야 한다.
④ 각 사회들은 역사와 전통이 다를 뿐 아니라 기술적 · 공학적 지식도 다르기 때문에 모든 산업사회가 탈산업사회에 이르게 되는 것은 아니라고 본다.

정답 ①

해설 ② 지식 전문가가 자유방임주의를 계획으로 대체하여 개인주의적 경제효율적 태도보다 공동체 중심의 사회적 태도가 중시되는 사회로 변화한다.
③ 다니엘 벨(Daniel Bell)은 사회구조가 정체와 분리되어 있고, 탈산업사회는 단지 사회구조상의 변동으로부터 출현하다고 본다.
④ 모든 산업사회는 기술이 동일하고, 한 분야의 기술적 · 공학적 지식도 동일하며, 직업과 기술에 대한 분류도 대체로 비슷하다는 공통된 특성이 있기 때문에 필연적으로 모든 사회는 결국에는 탈산업사회에 이르게 되는 동일한 발전과정을 따르도록 되어 있다.

다니엘 벨의 탈산업사회에 대한 설명으로 틀린 것은?

① 제조업 중심의 사회에서 서비스업 중심의 사회로 변화한다.
② 가공된 자연과의 게임에서 인간 상호 간의 게임이 중심이 되는 사회로 변화한다.
③ 기계기술에서 지적기술, 이론적 지식이 중심이 되는 사회로 변화한다.
④ 공동체보다는 자율적 개인이 중심이 되는 사회로 변화한다.

정답 ④

해설 지식 전문가가 자유방임주의를 계획으로 대체하여 개인주의적 경제효율적 태도보다 공동체 중심의 사회적 태도가 중시되는 사회로 변화한다.

V 정보와 정보노동자

1 의의

① 탈산업사회를 정보사회로 명명하고, 서비스 경제가 탈산업주의의 도래를 의미한다.

② 토지로부터 생계수단을 얻어내고, 근력과 전통적 방법에 의존해 일했던 전(前)산업사회나 기계에 의존했던 산업사회와는 달리 탈산업사회의 출현으로 대부분의 노동 재료는 정보가 된다.

2 탈산업사회의 인간 상호 간의 게임

① 전(前)산업사회에서의 생활은 사람들이 순전히 근력으로 하게 되는 자연에 대한 게임이다.

② 산업사회에서의 생활은 기술적이고 합리화된 존재양식 속에서 기계가 지배적이었던 인공적 자연에 대한 게임이다.

③ 서비스에 기반한 탈산업사회에서의 생활은 사람들 간의 게임으로, 여기에서 중요한 것은 근력이나 에너지가 아니라 정보이다.

④ 탈산업사회 사람들 간의 게임은 정보가 기본적 자원이 되는 게임으로, 금융가는 돈거래를 하고, 심리치료사는 환자와 대화하고, 광고대행업자는 이미지와 상징을 만들어 전달하며, 교사는 지식을 전수하는 등 서비스 노동은 분명한 정보노동이다.

⑤ 사람들 간의 게임은 정보의 양적 증가로 이어지게 되므로 탈산업사회에서 지배적인 직업집단은 정보노동자로 구성된다.

기출문제

다니엘 벨의 입장으로 틀린 것은? [2021]

① 탈산업사회에는 노동의 합리화 및 효율화를 통해 생산성이 증가한다.
② 탈산업사회의 기술은 계속 진화한다.
③ 모든 사회는 결국에는 탈산업사회에 이르게 된다.
④ 산업사회 이전까지는 기계가 지배적인 사회였다.

정답 ④

해설 기계가 지배적이었던 인공적 자연에 대한 게임은 산업사회에서의 생활이다. 전(前)산업사회에서 생활은 사람들이 순전히 근력으로 하게 되는 자연에 대한 게임이다.

3 탈산업사회의 모습

① 정보노동은 물건보다 사람을 다루는 것으로, 대부분 화이트칼라 노동에 해당하고 직업 만족도가 높다.

② 서비스 부문에서는 전문직이 번창함에 따라 1980년대 말에는 노동력의 30% 이상이 전문직으로 구성되고, 탈산업사회는 교육과 훈련을 통해 점점 더 많은 기술을 제공할 수 있는 전문직 종사자가 중심이 된다.

③ 탈산업사회의 핵심 집단은 전문기술 서비스직으로 과학자나 엔지니어들이 주축을 이룬다.

④ 탈산업사회에서는 대학, 연구단체, 전문 직종 그리고 정부 등에서 새로운 인텔리겐치아가 증가하는 특정한 영역의 서비스가 결정적으로 중요하다.

Ⅵ 탈산업사회 구성과 주요 특징

1 탈산업사회의 구성 요소

(1) 경제적 측면

제조업에서 서비스로의 이동을 의미한다.

(2) 기술적 측면

과학을 기반으로 한 새로운 산업이 중심을 이루는 것을 의미한다.

(3) 사회적 측면

새로운 기술 엘리트의 부상과 새로운 계층화 원리의 출현을 의미한다.

2 탈산업사회 주요 특징

(1) 인간 상호 간의 게임이 중심이 되는 사회

① 가공된 자연과의 게임에서 인간 상호 간의 게임이 중심이 되는 사회로 변화한다.

② 사회구성원들이 생존을 위해 자연과 투쟁했던 시기는 전(前)산업사회이고, 자연에서 에너지를 취해 기계에 공급하던 시기가 산업사회라면, 탈산업사회는 인간 상호 간의 게임이 주가 되는 사회이다.

(2) 서비스업이 중심이 되는 사회

① 제조업 중심의 사회에서 서비스업 중심의 사회로 변화한다.

② 전(前)산업사회의 가사보조 서비스나 산업사회의 재화 생산보조서비스, 개인서비스(미용사, 요식업소, 종업원 등)와는 달리 탈산업사회 서비스는 보건, 교육 등과 같이 사회의 생산성을 증대시키는 인간서비스 영역이 주로 팽창한다.

(3) 전문직과 기술적 고용이 증가하는 사회

① 전문직과 기술적 고용이 크게 증가하고 확산된다.

② 직업구조에서 숙련·반숙련 노동자의 비중이 상대적으로 쇠퇴하고 기술직 전문직 계급이 가장 빠르게 성장한다.

(4) 인적자본과 사회적 자본이 힘을 발휘하는 사회

① 사회 이동 통로로서 교육의 중요성이 커지고 사회적 힘을 이해하는 특징의 하나로 인적·사회적 자본이 부상한다.

② 전통적으로 지위나 특권이 상속되었던 것과 달리 전문 기술직의 팽창과 교육이 사회이동의 통로가 되고, 인적 자본과 사회적 자본이 사회적 삶에서 새로운 자원으로 힘을 발휘한다.

(5) 지적기술, 이론적 지식이 중심이 되는 사회

① 기계기술에서 지적기술, 이론적 지식이 중심이 되는 사회로 변화한다.

② 산업사회의 토대가 기계기술이었다면, 통신체계의 융합과 제조업 부문에서의 컴퓨터설계의 확산 등 수학과 언어학이 전면에 등장한 지적기술과 함께 이 기술은 컴퓨터 프로그램이나 수치제어 공작 기구로 구체화되고 인간의 판단이 알고리즘(algorithm)으로 대체되는 새로운 지적기술을 이용하여 합리적 해결책을 도식화하는 이론적 지식의 축적에 의존한다.

(6) 사회 하부구조의 중심이 통신으로 전환되는 사회

① 사회 하부구조의 중심이 운송에서 통신으로 전환되는 사회이다.

② 산업사회의 하부구조가 항구, 철도, 화물차, 고속도로, 공항 등과 같은 운송이었다면 탈산업사회의 하부구조는 케이블 TV, 광섬유네트워크, 팩스, e-메일, ISDN, 인터넷 등과 같은 통신이 중심이 된다.

(7) 새로운 결핍이 존재하는 사회

① 탈산업사회는 결핍이 사라진 사회가 아니라 이전 시기와는 다른 새로운 결핍이 존재하는 사회이다.

② 생산성 향상으로 결핍의 상당부분을 해소할 수 있는 분배재와 달리 다른 사람과 구별되고자 하는 욕망의 추구와 연계된 지위재를 둘러싼 경쟁과 갈등으로 새로운 결핍에 시달리는 사회이다.

(8) 공간적 차원에서 이전 사회와 구별되는 지역에 분포하는 사회

① 탈산업사회는 공간적 차원에서 전(前)산업사회나 산업사회와 구별되는 지역에 분포한다.

② 1970년대 초 전(前)산업사회가 널리 퍼져 있는 지역은 아프리카나 남미 및 아시아 지역 등이었다.

③ 1970년대 초 산업사회의 특징을 갖고 있는 지역은 서유럽 국가들과 소련, 일본 등이었다.

④ 1970년대 초 탈산업사회에 속하는 국가는 미국이 유일했으나 1990년대 이르러 미국을 필두로 일본, 서유럽 지역의 대다수 국가들과 한국의 일부분이 탈산업사회로 진입하였다.

Ⅶ 지적 보수주의와 수렴이론

1 의의

① 정보노동이 증가하고 지식기반 자격을 바탕으로 활동하는 전문 직업이 더 많아졌다.

② 과거보다 더 많은 정보와 정보의 사용이 급상승하고 있기 때문에 탈산업사회는 이전의 사회로부터 체제적으로 단절되어 있다.

③ 사회변동의 원인으로 근로자들이 농업과 공업에서 서비스업으로 이동하는 것을 가능하게 한 것은 생산성의 증가이다.

④ 생산성의 증가는 더 적은 수의 농부와 노동자가 더 많은 식량과 재화를 생산할 수 있게 한 기술혁신 때문이다.

⑤ 생산성의 증가가 있어야 모든 서비스 직업이 유지될 수 있기 때문에 탈산업사회의 기반이 된 것은 생산성이다.

2 평가

① 사회변동의 원인으로 생산성의 증가를 드는 것은 사회학적 설명방식으로 기술결정론을 의미한다.

② 벨의 이론은 고전 사회학의 주요 선구자인 막스 베버(Max Weber)의 사상에 크게 의존하고 있다.

③ 벨은 서구사회의 핵심을 합리화로 보고 '더 적은 것으로 더 많은 것을' 의미하는 성장과 사회구조의 주된 원칙인 경제화는 최소비용, 대체성, 적정화, 극대화 등 원칙에 따라 자원을 분배하는 방식을 채택한다고 본다.

④ 탈산업사회의 거의 모든 측면은 서구 산업사회 합리화 과정에 대한 베버의 설명을 확장하고 정교화한 지적 보수주의를 채택하고 있다.

⑤ 모든 산업사회가 더 적은 것으로 더 많은 것을 얻고 더욱 합리적인 행위 노선을 선택하는 것을 목적으로 하는 기능적 효율성의 원칙에 입각하여 조직화된다고 주장함으로써 벨은 불가피하게 정치, 문화 그리고 역사의 차이를 무시하거나 적어도 이러한 합리화에 종속시키는 발전의 수렴이론을 지지한다.

⑥ 수렴이론에 따라 모든 산업사회에는 공통된 특성인 '기술이 동일하고 한 분야의 기술적 · 공학적 지식도 동일하며, 직업과 기술에 대한 분류도 대체로 비슷하다.'고 주장함으로써 필연적으로 모든 사회는 결국에는 탈산업사회에 이르게 되는 동일한 발전과정을 따르도록 되어 있다고 본다.

생각넓히기 | **맥도널드화**

사회학자 조지 리처(George Ritzer)는 베버(M. Weber)의 합리화이론(theory of rationalization)을 현대 미국 사회에 적용하면서, 패스트 푸드점인 맥도널드를 20세기 전반에 걸쳐 진행된 일련의 합리화 과정의 절정을 상징하는 모델로 삼았다. 맥도널드화란 효율성. 예측가능성, 계산가능성, 인간을 통제하는 무인기술의 지배 등을 특징으로 하는 패스트푸드점의 원리가 노동, 교육, 의료, 여가, 정치를 막론하고 사회의 전 부문을 지배해가는 과정을 말한다.

[예상문제]

맥도널드화에 대한 설명으로 틀린 것은?

① 조지 리처(George Ritzer)가 마르크스의 합리화 이론을 현대 미국 사회에 적용하였다.
② 패스트푸드점인 맥도널드를 20세기 전반에 걸쳐 진행된 일련의 합리화 과정의 절정을 상징하는 모델로 삼았다.
③ 효율성, 예측가능성, 계산가능성, 인간을 통제하는 무인 기술의 지배 등을 특징으로 한다.
④ 패스트푸드점의 원리가 노동, 교육, 의료, 여가, 정치를 막론하고 사회의 전 부문을 지배해가는 과정이다.

정답 ①
해설 조지 리처(George Ritzer)가 베버의 합리화 이론을 현대 미국 사회에 적용하였다.

Ⅷ 탈산업사회의 서비스업

1 의의

탈산업사회의 도래에 대한 명백한 증거는 경제에서 공업과 농업부문이 감소하는 반면, 서비스부문이 확장되는 것으로서, 미국에서 1947년 노동력의 절반 이상은 재화 생산부문에, 49%는 서비스부문에 종사하였지만, 1980년 각각 32%와 68%로 변화된 것은 이전 사회를 토대로 형성된 새로운 탈산업사회를 인식하는 것이 가능하다.

2 고용 구조

① 고용구조를 1차(농업), 2차(제조업), 3차(서비스업) 등 3개의 독립된 영역으로 구분한다.

② 농업과 제조업이 자원을 생산하고, 서비스업이 그것을 소비하기 때문에 서비스는 다른 두 부문으로부터 나오는 산출에 의존한다.

③ 중요한 점은 1차 부문과 2차 부문에서의 생산성의 증가로 서비스가 지배적인 탈산업시대로 움직이는 동력이다.

3 서비스업 분류

[벨의 서비스업 분류]

제1집단	청소부, 세탁소, 미용실과 같은 개인적 서비스(personal service)
제2집단	금융, 보험, 부동산과 같은 기업적 서비스(business service)
제3집단	운수, 통신, 설비업
제4집단	의료, 교육 등 인간적 서비스(human service)와 연구, 정부 등 전문적 서비스(professional service)

① 상품생산 중심에서 서비스 중심으로 전환되면서 직업구조도 전문직과 기술직이 급속히 증가한다.

② 사회혁신과 정책형성의 근원으로 이론적 지식이 중심적 역할을 하면서 기술의 창조, 관리, 계획 등 일련의 기술통제가 강화되고, 정보이론, 인공두뇌학, 게임이론 등 고도의 연산, 논리, 확률, 수리, 통계에 기반을 둔 새로운 지적 기술들이 창출된다.

③ 제4집단이 탈산업사회의 대표적인 집단으로 새로운 지식계층으로 확장된다.

Ⅸ 이론적 지식

1 의의

① 탈산업사회에서의 정보는 질적으로 독특한 다른 특성을 지닌 사회의 중심적 원리로 '이론적 지식'이다.

② 전문직 종사자의 확산으로 이론적 지식을 사용하고 그것을 만드는 사람의 수가 증가됨으로써 이론적 지식은 탈산업사회를 다른 체제와 구별시켜 주며 중대한 영향을 미치는 특징이 있다.

③ 이론적 지식은 생활의 모든 측면에 중요한 영향을 미친다.

2 경험주의에 대한 이론의 우위

① 근본적으로 새로운 것은 이론적 지식의 부호화로써 경험주의에 대한 이론의 우위이다.

② 상이하고 다양한 영역의 경험을 설명하는 데 사용될 수 있는 추상적 상징체계로서의 지식의 부호화는 새로운 지식과 경제적 재화 및 용역의 혁신에 중요성을 가진다.

③ 모든 영역에서 이론의 우세로 탈산업사회는 과거 사회보다 수준 높은 미래를 계획할 수 있고, 그에 따라 통제하는 능력을 갖게 된다.

3 미래를 계획하고 통제하는 전문가들의 능력

① 미래를 계획하고 통제하는 능력은 생활을 조직하고 조정하려는 전문직 종사자들의 성향과 일치한다.

② 이론은 정보기술을 통해 보다 다용도적으로 활용 가능하다.

③ 컴퓨터화는 '조직화된 복합성'의 관리가 가능하여 프로그래밍을 통해 지식(법칙, 절차 등)을 통합하고 이론적 지식에 기초한 혁신을 촉진시키는 '기능적 기술' 창출이 가능하다.

Theme

45 정보자본론

I 의의

① 허버트 쉴러(Herbert Schiller)는 현대사회에서 정보의 중요성이 커지고 있다는 것을 인식하고 지속적 발전에 따른 정보의 중심적 역할을 강조하였다.

② 정보와 통신이 우리가 이미 친숙한 자본주의적 활동의 기본적 요소가 된 것으로써 어떤 척도로 보든 정보의 생산과 분배가 전체 체계에서 중요하고 필수불가결한 활동이 되었다는 것을 인정하는 것을 넘어 힘을 주어 강조하는 것은 마르크스주의 사상이다.

③ 이러한 관점의 학자들은 허버트 쉴러를 중심으로 영국에서는 피터 골딩(Peter Golding), 그레이엄 머독(Graham Murdock), 니콜라스 간햄(Nicholas Garnham), 네덜란드에서는 시즈 햄링크(Cees Hamelink), 프랑스에서는 아르망 마텔라르(Armand Mattelart), 핀란드에서는 카를 노스뎅스트렝(Kaarle Nordenstreng), 그리고 북미에서는 빈센트 모스코(Vincent Mosco), 제럴드 서스만(Gerald Sussman), 스튜어트 유언(Stuart Ewen) 등이 있다.

④ 이들은 정보자본론적 관점에서 정보와 정보기술에 대한 선진 자본주의의 의존과 그 발달에 대한 체계적이고 일관된 분석을 제시하고 있다.

Ⅱ 정보자본주의

1 쉴러(Shiller)

(1) 정보의 배후에 대한 관심

① 신문기사나 텔레비전 대본 등 미디어의 메시지 배후에 놓인 구조적 특징을 보아야 한다.

② 전형적으로 이것들은 소유양식, 광고수입의 원천, 청중의 지출능력 등과 같은 경제적 특성들로써 경제학자 시각으로 볼 때 이러한 구조적 요인들은 제작되는 텔레비전 뉴스의 내용이나 컴퓨터 프로그램의 유형 등을 크게 좌우한다.

(2) 정보 · 통신에 대한 체계적 분석

① 유선 TV 방송이나 소프트웨어 회사 등 특정 현상을 전체 사회경제체제 기능이라는 맥락 속에서 설명하려고 노력한다.

② 이러한 맥락은 변함없는 자본주의이며, 경제학자들은 자본주의 체제의 운영에서 출발하여 정보적 영역에서의 발전이 가지는 중요성과 그 가능한 경로를 평가해야 한다.

③ 이 접근은 총체론적 분석의 중요성을 강조하는 것으로 제3의 주요 특징으로 역사, 즉 추세와 발전의 시대 구분에 중점을 두고, 자본주의 발전의 다양한 시기와 각 시기가 보여주는 특정한 제약과 기회의 중요성에 관심을 기울여야 한다.

(3) 커뮤니케이션의 현대적 추세에 대한 관심

① 현 자본주의에서는 정보와 통신이 경제체제의 안정 및 번영에 상당한 중요성을 지닌다.

② 현대사회의 핵심 산업은 정신 산업(mind industry)으로 과거 어느 때보다도 더 많은 정보가 만들어지고, 이러한 정보를 생성, 저장, 검색, 배포시키는 기계도 과거 사용하지 않았던 속성과 특징을 지니고 있다.

③ 정보의 생산, 저장, 분배를 위한 실제 하부구조는 놀라운 것으로 모든 추가적 정보와 엄청난 기술에도 불구하고 자본주의의 우선순위와 압력은 그대로 남아있다.

④ 여전히 오랫동안 지배적이었던 시장경제 요구는 그대로 남아서, 기술 및 정보영역에서 일어나고 있는 변환과정에서 결정적 요인으로 작용한다.

(4) 새로운 정보기술의 특성과 전망

① 새로운 정보기술의 특성과 그 전망에 관한 중심적 문제는 우리에게 친숙한 기준, 즉 그것이 누구의 이익을 위해서, 그리고 누구의 통제하에서 수행되는가이다.

② 이 질문은 '누가 기술혁신을 시도하고, 개발하고, 응용하는가?', '그것을 이용하거나 적용하는 데 특정한 사람들은 어떤 기회를 가지거나 가지지 못하는가?', '무슨 목적으로, 어떤 이익이 있기 때문에 변화가 옹호되는가?', '정보영역이 확장되는 목적과 그것이 다른 영역에 미치는 영향은 무엇인가?' 등이다.

2 더글러스 켈너(Kellner)

① 현대 자본주의는 근본적이고 극적인 변동이 진행되었다.

② 새로운 기술, 전지공학, 컴퓨터가 기계화를 대체하고, 정보와 지식이 생산과정 및 사회와 일상생활의 조직화에 점점 더 중요한 역할을 수행하게 되는 시기로 기술자본주의라는 개념을 자주 사용한다.

③ 실제로 체제는 근본적으로 그대로 남아 있어서 초기 마르크스주의 학자들이 사용했던 개념인 계급, 자본, 상품화, 이윤 등이 여전히 중요하다.

④ 정보영역에 대한 자본주의의 절박한 요구가 갖는 중요성으로 마르크스적 관심의 핵심적 요소는 권력, 통제, 이해관계의 역할이다.

Ⅲ 정보와 시장원리

1 쉴러의 핵심 논지

(1) 정보 · 통신 혁신에 대한 시장의 압력

정보 발달과 시장원리의 관련성에 주의를 기울이는 것으로 정보 · 통신의 혁신은 이윤을 위해 구매 · 판매 · 거래되는 시장압력에 결정적 영향을 받는다.

(2) 상품화를 향한 강한 추동력

① 시장원리의 핵심으로 정보의 상품화를 향한 강한 추동력을 들 수 있다.

② 정보의 상품화는 정보가 점점 더 시장성이 있는 조건하에서만 만들어진다는 것이다.

③ 정보가 자본주의 사회에서 상품으로 취급된다.

(3) 계급 불평등과 정보생산 · 접근의 불평등

① 계급불평등이 정보의 생산능력 분배 접근에 중요한 요인이다.

② 계급이 누가 무슨 정보를 얻고 어떤 종류의 정보를 얻을 수 있는가를 결정한다.

③ 계층구조 안에서 그 사람의 위치에 따라 정보혁명의 수혜자나 피해자가 된다.

(4) 기업 자본주의 사회의 변동

① 기업 자본주의 사회는 정보 및 통신영역에서 거대한 변동을 겪고 있다.

② 현대 자본주의는 독특한 특성을 가진 기업적 제도에 의해 지배되는 자본주의이다.

③ 기업은 전국적 또는 국제적 범위를 가진 집중적이고 과점적인 종종 독점적인 조직체이다.

2 기업의 경제 지배

(1) 의의

① 현대 자본주의는 몇 백 개의 기업이 경제를 지배하면서 경제 수준을 결정한다.

② 기업 자본주의 우선순위가 정보영역에서 특히 많은 영향력을 행사한다.

③ 우선순위표의 맨 처음에 있는 것은 정보와 정보통신기술이 공적 목적보다도 사적 목적을 위해 개발된다는 점이다.

④ 자본주의 초기부터 시장원리와 계급불평등은 기업 자본주의의 주요 핵심요소였다.

⑤ 기업 자본주의는 한 세기가 넘는 역사를 지속하면서 자본주의 체제를 형성하고 장기적으로 형성된 자본주의 체제의 구조적 요소와 운영의 절대 조건이 정보사회의 특징적 요소로 이어진다.

(2) 필연적으로 자본주의 요구를 반영하는 정보사회

① 기업과 계급의 관심, 시장의 우선순위가 새로운 컴퓨터 통신시설에 대하여 결정적인 영향력을 행사한다.

② 정보적 발전은 자본주의를 지지하고 지원한다.

③ 정보와 통신기술의 중요성에 대하여 자본주의 발전의 역사가 어떻게 정보적 영역에 영향을 미쳤는가와 정보가 어떻게 역사적 발전에 필수적 기초가 되었는가를 규명할 필요가 있다.

3 시장원리

(1) 이윤 최대화

① 자본주의 사회의 전 영역에서와 같이 정보적 영역에서도 시장원리, 특히 이윤 최대화의 추구가 많은 영향력을 미친다.

② 정보는 이윤을 남기면서 판매될 수 있는 곳에서만 생산되고 상품화되며, 이득의 기회가 매우 분명한 곳에서만 양질의 정보가 대량 생산된다.

③ 어떤 종류의 정보가 누구를 위해 어떤 조건으로 생산될 것인가를 결정하는 데는 시장의 압력이 결정적이다.

④ 정보산업을 지배하는 기업도 엄연히 시장원리에 따라 운영된다.

⑤ 기업은 이윤 최대화를 위해 생산을 조정하여 최대수익에 대한 전망이 있는 분야로만 한정한다.

(2) 비용과 가격

① 시장경제에서 비용과 가격은 구축되는 데이터베이스의 종류와 활용의 범주, 비용을 지불할 주체를 결정한다.

② 정보서비스의 필요성이나 시장성이 데이터베이스에 들어가는 정보를 선별한다.

③ 주가정보, 상품가격, 통화정보 등 매우 정교한 수준의 정보가 생산된다.

④ 대규모 기업의 자료 생산자, 많은 종류의 중개인 등은 정보시스템을 통하여 매우 전문적인 정보를 수집한다.

(3) 정보 수요

정보사회에서 개인적, 국가적, 사회적, 상업적, 경제적, 군사적 할 것 없이 모든 종류의 문제에 매우 많은 양의 자료가 생산, 처리, 전달되는데 그 대부분은 선진 산업국가의 거대 기업, 정부 관료 조직체 및 군사조직이 가진 특정 요구를 충족시키기 위해서 생산된다.

(4) 민영화와 탈규제화

① 능률과 효율을 제고하는 방법으로 과거 독점적이었던 영역에 경쟁을 도입했다.

② 공기업 민영화나 국가조직에 대한 탈규제 프로그램을 통해 공개적으로 시장관행을 그대로 적용하는 정책을 실시하였다.

③ 유럽, 미국, 극동에 이르기까지 지역 여건과 역사에 따라 약간의 차이는 있지만, 정보적 영역을 시장원리에 대응시키고, 그에 적용하는 전략은 1980년대 초반과 1990년대 중반 사이에 발생했다.

④ 민영화와 탈규제화라는 두 가지 요소가 그 토대로 작용했다.

(5) 시장 원리를 정보영역에 적용한 결과

① 시장이 우선시됨에 따라 오랫동안 공적 지원에 의지했던 핵심적 정보기관들에 대한 지원이 감소하였다.

② 박물관, 미술관, 도서관, 정부통계서비스, BBC, 교육기관 등 공적 제도들은 모두 정보 폭발에도 불구하고 시장지향적 정책이 선호됨에 따라 지속적인 기금의 감축에 직면하였다.

③ 정보의 상업화를 사회영역의 모든 곳에 확장시키려는 노력이 사회적 · 공적 영역의 점진적 궁핍화를 초래하였다.

Ⅳ 정보의 상품화

1 정보의 상품화

① 쉴러와 그와 유사한 사상가들의 지속적 관심사는 정보가 점점 더 상품화된다는 것이었다.

② 정보가 시장주의 사회에서 만들어지고, 공개되기 때문에 정보도 자본주의 사회의 다른 모든 것과 마찬가지로 취급되어야 한다.

③ 정보는 판매가능하고 가격기제의 영향을 받으며, 매매 당사자들 간에 거래될 수 있는 상품으로 간주된다.

2 정보의 지적 재산 보호

(1) 의의

① 상품화에 수반되어 나타나는 현상으로 지적 재산과 그 보호에 대한 관심이 고조된다.

② 지적 재산은 저작권과 특허를 통해 보호되는데 모두 정당한 소유자를 확인하고 정보의 가치를 극대화시키기 위한 방안이다.

(2) 자유 문화 운동

① 자유 문화 운동은 창조적 저작물을 인터넷과 그 밖의 매체를 이용해 자유 콘텐츠로 배포하고 수정하는 자유를 증진하는 사회 운동으로 과도한 저작권법에 반대한다.

② 이 운동에 참여하는 많은 사람은 일부 제한적인 저작권법이 창조적 행위를 방해한다고 주장하며 이러한 체제를 '허가 문화'라고 부른다.

③ 크리에이티브 커먼즈는 로렌스 레식(Lawrence Lessig)이 시작한 단체로서, 이 단체의 웹사이트에서는 다양한 조건에 따라 공유할 수 있게 하는 라이선스를 제시하며 그 라이선스를 따르는 저작물을 온라인에서 찾아볼 수도 있게 하고 있다.

④ 자유 문화 운동에 반대하는 입장은 과학적 지식은 독점적이고 소유권의 적용 대상으로 정당한 대가를 지불해야 한다고 주장한다.

예상문제

정보공유운동에 대한 설명으로 틀린 것은?

① 정보공유운동은 크게 소프트웨어와 콘텐츠 분야로 대별될 수 있다.
② 리처드 스톨먼(Richard Stallman)이 시작한 '창조적 공유재 운동'에서 시작되었다.
③ Copyright가 사유저작권이라면 Copyleft는 공유저작권을 의미한다.
④ 정보공유운동에서 정부의 역할보다 사적 영역의 자발적 활동이 훨씬 더 중요하다.

정답 ②

해설 리처드 스톨먼(Richard Stallman)이 시작한 운동은 '자유소프트웨어 운동'이다.

(3) 저작권

① 저작권은 저작자나 창안자의 권리와 공적 이해 간의 균형을 위해 도입되었다.

② 보호 기간이 18세기 말 14년에서 1998년 저작자 사망 후 70년, 법인의 경우 출판 후 95년으로 증가하였다.

(4) 인터넷 사용 프로그램을 둘러싼 논쟁

① 마이크로소프트는 소유권자를 대표하는 주자이다.

② 오픈소스 코드로 리눅스나 아파치를 통해 자유롭게 이용할 수 있게 개발된 것이 빌 게이츠의 모델에 중대한 도전을 제기했다.

(5) 정보의 상품화 방향

정보통신기술에 따라 촉진되는 정보의 상품화 방향은 우리가 현재 당연시하고 있는 문화적 활동의 상당부분, 즉 공공도서관에서의 자료 이용, 친구에게 전공 교재 팔기, 가족을 위한 음악 복사 등 우리 문화의 점점 더 작은 부분에 대한 권리에서도 보상이 이루어지는 정교한 지불체계를 거쳐 전달되는 사회를 향해 움직이고 있다고 전망한다.

V 계급불평등

1 정보영역에서 시장의 역할

① 정보와 정보기술이 그에 대한 대가를 치를 수 있는 사람을 위해서 생산되고 그들만이 이용할 수 있도록 생성되는 것을 의미한다.

② 정보기술이 전적으로 배타적이라는 것을 의미하지는 않는다.

③ 여전히 대부분의 사회구성원은 정보 산물 및 서비스에 대해 일정한 접근이 가능한데, 그 대표적인 사례가 텔레비전, 라디오 그리고 신문 등이다.

2 정보와 지불능력

① 시장은 모든 소비자에게 개방된 곳으로 원칙적으로 모든 사람, 즉 지불능력이 있는 모든 사람이 이용 가능하다.

② 시장이 분배기제라는 사실은 그것이 소득과 부에 의해 차별화된 사회에 대한 대응이다.

③ 사회의 위계적 분화인 계급불평등이 정보사회에서 중심적인 힘을 행사한다.

④ 이러한 입장이 제시하는 일반적 방식은 정보시대가 정보격차(digital divide)를 양산한다.

⑤ 최근 몇 년 동안 인터넷을 기반으로 정보격차에 대하여 많은 우려가 제기된다.

⑥ 부유한 사람들이 가장 빨리 연결된다는 많은 증거가 존재한다.

3 빈센트 모스코(Mosco)의 유료사회

① 정보의 생산과 접근에 결정적인 것으로 지불능력 요인을 강조한다.

② 자본주의 초기부터 정보가 상품으로 존재했지만, 새로운 기술은 정보를 판매 가능한 형태로 포장하는 데 갖는 시공간적 한계를 초월함으로써 정보를 상품화할 기회를 확장 · 심화시킨다.

③ 계급체계 속에서 상층에 있는 사람일수록 더욱 풍부하게 더욱 활용성이 높은 정보에 접근하여 정보 부자가 될 수 있지만, 사회계급 아래로 내려올수록 정보 상품에 아예 접근하지 못하거나 무가치한 정보 상품에만 접근할 수 있는 정보 빈자가 됨으로써 지불능력에 따라 정보부자와 정보 빈자의 불평등구조가 형성된다.

④ 정보 상품은 지불능력의 보유자만 취득할 수 있고 계급의 지불능력을 기준으로 정보 상품이 생산 · 제공되기 때문에 결국 계급불평등은 '정보 고속도로'를 '자유이용도로'가 아니라 현실의 고속도로처럼 '유료도로'가 된다.

4 쉴러의 정보계층 체계

① 정보혁명의 주요 실행자로 정보통신기술 및 정보산업이 만들어 내는 가장 값비싼 최첨단 상품을 구입할 수 있는 능력을 기준으로 군대, 대기업, 정부를 제시한다.

② 지불능력이라는 기준의 중요성, 특히 계급불평등에 대해 가지는 밀접한 관계에 따른 정보계층체계를 강조한다.

③ 국가 내부 및 국가 간의 정보 부자와 정보 빈자를 구분, 정보에 대한 접근이 부와 소득의 함수 관계로 일반 국민과 국가 자체는 점점 더 배제되고 사회 내부의 정보 부자와 정보 빈자 간의 분화가 국가 간에서와 같이 심화된다.

④ 정보시대에 압도적 다수를 의미하는 저발전 집단이나 국가는 점점 더 정보생산자, 처리자, 전송자에 의존한다.

5 정보격차의 확대

① 정보혁명이 계급사회 속에서 진행됨에 따라 기존의 불평등에 의해 영향을 받은 후에 한 단계 더 악화될 수 있기 때문에 정보격차가 확대된다.

② 경제적으로 부유하고 교육을 받은 특권층은 온라인 데이터베이스나 발달된 컴퓨터 통신시설 등과 같은 정교한 통신자원을 이용하여 자신들의 이득을 확대한다.

③ 계급구조의 하층을 점하는 사람들은 기분전환, 즐거움, 잡담거리를 제공받지만 정보적 가치가 거의 없는 쓰레기 정보를 점점 더 많이 접근한다.

④ 정보에 대한 접근 및 그 공급을 결정하는 중요한 결정인자는 지불능력으로 정보의 증가 자체가 반드시 사람들의 삶을 윤택하게 하는 것은 아니라고 주장한다.

Ⅵ 정보자본주의

1 기업 자본주의

① 정보혁명의 주된 수혜자는 기업 자본주의로 가장 매력적인 시장이 선진 자본주의의 기업부문이기 때문이다.

② 기업이 정보통신망을 이용할 수 있게 됨으로써 발생하는 힘으로 경제적 영향력이 가장 큰 기업부문이 주요 정보서비스를 제공받게 된다.

③ 정보사회는 선진 자본주의의 시장원리, 그 불평등 구조, 그 기업적 조직에 의해 형성되며 선진 자본주의에 가장 이로운 것이다.

④ 상당량의 정보는 일단 구입하고 나면 사적으로 소유되므로 일반인들은 접근이 차단된다. 대표적인 예로 시장조사 회사에서 수집하는 정보와 기업부문에서 수행하는 연구개발 결과물 등이 있다.

⑤ 기업 자본은 단순히 정보통신기술과 정보가 도입되는 외적 환경만이 아니다. 정보혁명이 기업 자본 자체에 의해 관리되고 개발되며, 정보산업은 기업의 사업영역 중 가장 독점적이고, 방대하며 국제적인 것 중 하나이다.

2 소비자 자본주의

(1) 의의

① 소비자 자본주의는 매우 사적 생활양식으로 시장에서 구입함으로써 충족될 수 있는 개인적 욕구에 의해 대체된다.

② 자본주의는 바람직하고 불가피한 생활양식으로 사람들을 설득함으로써 정보의 발달이 소비주의 확산에 중심적 역할을 담당한다.

(2) 오스카 간디(Oscar Gandy)

① 감시에 대한 주체와 감시과정의 계급적 · 자본주의적 차원이 결합한다.

② 독특한 자본주의의 계급이해 속에서 정보화는 시민에 대한 감시를 강화한다.

③ 국가는 자본주의로 반대세력을 보다 효과적으로 통제하기 위하여 노동운동가, 정치적 위험인물, 급진주의 사상가에 대한 자료를 수집하는 등의 방법으로 종속적 계급을 통제하는 감시의 수단으로 활용한다.

④ 정보혁명은 사람들의 일상생활 속으로 더 깊숙이 파고들어 소비자 자본주의를 만들어내고 강화시킴으로써 자본주의 체제를 확장한다.

(3) 린과 한슨(Lynd and Hanson)

① 소비자 자본주의란 개인주의적 생활양식, 즉 자신이 원하는 것에 대하여 개별적으로 대가를 지불함으로써 사람들이 생활을 구매하는 방식이다.

② 시민관계를 손상시키는 가정 중심적 생활양식을 수반한다.

③ 사람들은 대부분 수동적이며, 쾌락주의와 자기몰두가 만연하게 조장한다.

④ 이웃과의 연대, 책임감, 사회적 관심 등 공적 미덕은 감성적으로 치부된다.

(4) 소비자 자본주의가 정보혁명에 의해 조장되고 있다고 주장되는 이유

① 텔레비전은 개별 구매자들에게 재화와 용역을 판매하는 이전보다 더 철저한 수단이 됨과 동시에 소비주의 생활양식을 지원한다.

② 광고를 제외하더라도 방대한 프로그램 자체가 소비주의 생활양식을 조장한다.

③ 정보통신기술은 시장이 자아와 공동체적 조직을 대체시키는 경향을 강화한다.

④ 새로운 기술을 이용하여 기업은 더 많은 사람을 더 잘 감시할 수 있게 되며, 그에 따라 사람들을 설득할 수 있는 메시지를 전달하는 더욱 좋은 입지를 확보한다.

Ⅶ 초국적 제국

1 초국적 제국 형성

(1) 의의

① 쉴러는 기업 자본주의가 규모와 범위 면에서 증가하고 초국적 제국을 형성한다는 사실에 주목하여, 정보와 기술이 이들의 발전을 촉진, 지속시키는 데 필수적이라고 보았다.

② 활동 범위가 세계적인 기업은 그 일상적 활동을 위해서 정교한 컴퓨터 통신 하부구조가 반드시 필요하다.

(2) 컴퓨터 통신 하부 구조

① 뉴욕에 본점을 두고 있는 회사가 신뢰성 있고 정교한 정보통신망의 도움 없이 50여 개국에 분산된 활동을 조정 · 통제하는 것은 불가능하다.

② 초국적 기업은 매일 일상적 운영과정에서 무수한 통신데이터와 문자메시지를 교신한다.

③ 정보통신망은 특정기업 내부에서뿐만 아니라 세계시장의 운영에 필수적인 사업서비스와 연결시키기 위해서도 결정적으로 중요하다.

④ 초기부터 커뮤니케이션 설비는 유리한 형태로 서비스가 개발될 수 있도록 지속적으로 압력을 행사하는 기업의 이해관계가 선호하는 방식으로 발전한다.

(3) 초국적 기업의 정보 통신망

① 국제적 차원에서도 초국적 기업은 정보통신망을 갖게 되고, 이러한 통신망이 기업의 요구에 맞게 설계되고 작동된다.

② 미국의 주요 사적 기업은 유럽에서 자신들이 필요로 하는 최신 서비스를 제공할 수 있는 정보통신망을 자신들의 요구대로 공급하도록 압력을 행사한다.

③ 초국적 기업은 다른 어떤 집단보다 강력하게 자유화, 탈규제화, 민영화 압력을 행사한다.

④ 초국적 기업의 요구는 주류가 되어 점점 더 개방적 사업 지향적 서비스에 의해 보상된다.

⑤ 정보영역이 초국가적 자본주의 기업의 목적과 이해를 신장시키기 위하여 발전되는 또 하나의 방식은 판매기제로서의 역할이다.

⑥ 방대한 양의 미디어 형상화 이미지는 시장기준에 따라 나타나며, 동시에 특히 미국 상품의 판매를 보조한다.

2 쉴러의 신세계 정보 질서(NWIO)

① 미디어가 표현하는 기저에는 세계의 인구를 갈라놓는 불평등한 구조적 관계가 존재한다는 전제에서 출발한다.

② 부국과 빈국 간 격차의 지속적 증가에 대한 관심이 필요하다고 주장한다.

③ 세계 불평등 쟁점은 서구 자본주의 세계경제에 대한 지배에서 비롯되는 것으로 서방 미디어가 지지하는 사고와 이미지를 제공함으로써 이러한 지배를 지원한다.

④ 자신들의 삶을 보다 향상시키려는 가난한 국가들의 투쟁을 적극적으로 표명하기 위한 전제조건은 정보 제국주의에 도전해야 한다는 것이다.

⑤ 현재 세계 정보환경은 압도적으로 서방국가, 특히 미국으로부터 나오는 것이라고 지적한다.

⑥ 비급진적 분석가들조차도 서방에 대한 미디어 종속이 존재한다는 것을 시인한다.

⑦ 쉴러는 이 모든 것은 문화적 제국주의, 즉 경제적 및 정치적 사안에 대한 서구의 지배를 존속시키는 정보적 수단에 의해 구성된다고 주장한다.

⑧ 제3세계 국가로 향하는 정보에 대한 통제력을 얻고 그들 국가의 문화에 대한 통제를 유지하려는 노력이다.

생각넓히기 | **신세계정보질서**

신세계정보질서의 정식명칭은 신세계 정보커뮤니케이션 질서이다. 신세계정보질서는 세계 정보 질서의 형태에 반대하는 제3세계의 새로운 세계 질서에 대한 요구 또는 원칙이라고 할 수 있다. 국제적인 정보의 흐름에 국가를 개입시켜 제3세계가 선진국에 대항해야 한다는 것이다. 즉 신세계정보질서는 세계 4대 신문·통신사가 정보를 독점하고 있고, 제3세계에 대한 서방측 보도가 쿠데타나 전쟁 등 특수한 측면에만 치우쳐 있어서 불공정하다는 판단 아래 제3세계의 새로운 세계 질서에 대한 요구 또는 원칙을 제정한 것이라고 할 수 있다.

Theme

46 조절이론

I 의의

① 우리가 산업사회에서 탈산업사회로의 변화를 경험하고 있다고 주장하는 견해를 가진 학자들은 저마다 강조점이 다르다.

② 그들은 의미와 중요성에 대해서도 현저하게 다른 해석을 내리고 있지만, 모두 동일한 현상에 대한 설명을 시도하고 있다는 점에서 공통점을 찾을 수 있다.

③ 이를 두 개의 상호 관련된 분야로 나누어 보면, 한 진영에서는 사회변동을 이해하기 위해 포드주의에서 탈포드주의 · 신포드주의 시대로 이행한다는 관점과 다른 진영에서는 대량생산 시대를 지나 유연전문화가 지배하는 시기로 진입하고 있다고 보는 관점이다.

II 조절이론의 출현

1 조절이론

① 조절이론은 한 프랑스 지식인 집단으로부터 유래하였다. 이들은 초기 마르크스주의 경제사상에 영향을 받아 특정 시기의 사회 전반적 특성을 파악하려고 시도하는 사회관계에 대한 총체적 관점을 추구한다.

② 사회 지속을 가능하게 하기 위하여 상호연결되는 방식을 강조하고 이들 변동을 이해하는 방식으로 작업장이나 가정의 기술혁신을 넘어서 기술적 발전은 국가의 역할, 계급구성, 기업의 추세, 소비유형 변화된 성별관계 그리고 기능적 체계의 기타 측면들을 포함하는 다양한 요인들 속에서의 맥락으로 이해한다.

2 근본적 질문

(1) 자본주의가 그 연속성을 어떻게 보장하는가?

성공적인 이윤의 성취와 지속적인 자본 팽창을 전제로 하는 체계가 어떻게 안정을 이루어 내는가가 문제에 중점을 둔다.

(2) 자본주의적 축적이 어떻게 보장되는가?

자본주의는 스스로 균형을 찾아가는 경향이 있다는 주장을 거부하며, 사회질서를 유지하기 위해서는 시장의 '보이지 않는 손'보다 훨씬 더 많은 것이 요구된다고 주장한다.

3 자본주의 본질적 요소로서의 불안전성

① 근로자들은 언제나 고용주가 주고자 하는 것보다 더 많은 것을 원한다는 것과 기업 간 경쟁은 혁신을 위하여 항구적으로 필요하다는 것이다.

② 자본주의가 어떻게 지속해나가는가라는 지속적인 문제 제기로 조절학파는 변화 속에서 연속성을 확보할 수 있도록 불안정성이 관리되고 규제되는 방식을 밝히려고 노력한다.

4 조절이론의 주요 연구 과제

① 조절이론가들은 주어진 한 시점에서 지배적인 축적체제를 검토한다.

② 지배적인 생산의 조직화, 소득이 분배되는 방식, 경제의 다양한 부문들이 조정되는 방식 그리고 소비가 이루어지는 방식 등을 규명한다.

③ 조절양식은 축적과정의 통일성을 보장하는 규범, 습관, 규칙 그리고 조절망 등을 의미한다.

④ 조절이론들은 축적체제와 조절양식 간의 관계를 규명하는 것을 목표로 하고 있으나, 실제적으로 이 학파에서 이루어진 대부분의 연구는 조절양식에 초점에 둔다.

[예상문제]

조절이론에 대한 설명으로 틀린 것은?

① 마르크스주의 경제사상에 영향을 받은 이론이다.
② 자본주의는 스스로 균형을 찾아가는 경향이 있다고 본다.
③ 특정 시기의 사회 전반적 특성을 파악하려고 시도하는 총체적 관점을 추구한다.
④ 조절 양식이란 축적 과정의 통일성을 보장하는 규범, 습관 규칙 그리고 조절망 등을 의미한다.

정답 ②

해설 조절이론은 자본주의 경제 체제를 본질적으로 불안정한 체제로 본다.

Ⅲ 포드주의 축적체제(1945~1973)

1 포드주의-케인즈주의 시대

① 대량생산과 소비가 적절한 균형을 이루었던 시기이다.

② 국가의 경제문제 개입이 이들의 조화가 이루어지도록 지원한다.

③ 정부의 복지조치는 사회적 안정성의 유지뿐만 아니라 이러한 균형을 지원한다.

④ 포드는 대중소비가 가능한 가격으로 상품을 생산한 생산기술의 선구자이고, 동시에 상품구매를 촉진하는 높은 임금을 지급하는 선두주자였기 때문에 그 이름이 전체적인 체제를 지칭하는 데 사용된다.

⑤ 케인즈도 그의 정책이 산업문제에 대한 국가의 개입과 가장 밀접한 관련이 있는 경제학자이기 때문에 케인즈라는 용어를 사용한다.

2 포드주의-케인즈주의 시대의 특징

(1) 상품의 대량생산

① 공학, 전자제품, 자동차 같은 분야에서는 공통된 과정인 조립라인 체계에 따라 제조한다.

② 거의 차별화되지 않는 양식으로 대량생산된 표준화된 상품이 특징이다.

③ 대표적 상품으로는 냉장고 · 청소기 · 텔레비전 · 의류 등이 있다.

④ 전형적인 제조공장은 대규모로 많은 근로자를 고용한다.

⑤ 모든 곳에서 비용 효율이 높은 대량생산은 크기에 좌우되는 규모의 경제를 필요로 한다.

(2) 고용구조에서 지배적 집단으로서의 산업노동자

① 제조업과 일부 추출산업에 고용된 남성 블루칼라 노동자들이다.

② 정치적 성향과 태도가 반영되어 나타나는 강한 지역적 · 계급적 연대의식을 가진다.

③ 1951년 영국노동력의 거의 70%를 구성했던 남성 육체노동자들은 20년이 지난 후에도 여전히 전체 노동력의 거의 60%를 차지한다.

④ 자본주의 역사상 가장 오랜 기간 동안 호황으로 지속적인 경제성장과 많은 노동자에게 완전고용의 노동형태가 유지되었던 시기이다.

(3) 대중소비의 일반화

① 상대적으로 높고 점점 상승하는 임금, 소비재 가격의 실질적 감소, 완전고용, 할부판매의 급속한 확산, 신용판매시설 그리고 광고, 유행, 텔레비전 등 자극제 역할을 한다.

② 대량으로 공급되는 상품을 노동자들이 이용할 수 있는 상품의 최대시장이 바로 사회의 압도적 다수를 구성하는 노동자들이었다는 점이다.

③ 완만하고 지속적인 상품의 대중소비는 생산기반의 확대를 위한 전제조건이 되었고, 이는 다시 완전고용을 보장한다.

④ 포드주의 시대 경제의 건강은 소비자 구매력에 의해 결정된 소비가 미덕이다.

⑤ 대중소비와 대량생산 간에 일정한 조정, 즉 일정한 상호 균형을 이룬다.

⑥ 소비의 지속적 성장이 급격한 소비자 확대를 위한 완전고용과 일자리를 지원하는 일종의 선순환 구조를 제공한다.

(4) 국민국가라는 경제활동의 중심 영토 내에서 전국적인 소수독점에 의한 지배

① 산업계는 전자, 의류, 소매 또는 공학 등에 상관없이 각 분야별로 몇 개의 지배적 기업이 지배한다.

② 경쟁자가 거의 없이 서서히 성장하는 안전한 시장에서 수직적 · 수평적 통합이 점차 이루어져 이해관계에 대한 통제와 조정이 극대화된다.

(5) 계획에 의한 역할

① 복지국가의 성장에서 가장 분명하게 드러난다.

② 국가의 경제 개입은 케인즈주의적 정책의 정당성에 대한 광범위한 합의로 표출된다.

③ 국가가 제공한 교육과 보건이 자신들에게 큰 이익이라고 생각했던 많은 사람들에게 압도적인 지지를 받는다.

④ 생활의 많은 영역에서 광범위한 계획을 뒷받침함으로써 포드주의 체제 전체를 통하여 안정성 유지에 기여한다.

[예상문제]

포드주의-케인즈주의 시대에 대한 설명으로 틀린 것은?

① 포드는 낮은 임금으로 대중 소비가 가능한 가격으로 상품을 생산할 수 있었다.
② 대량생산과 소비가 적절한 균형을 이루었던 시기이다.
③ 국가의 경제문제 개입이 생산과 소비의 균형을 이루도록 지원했다.
④ 자본주의 역사상 가장 오랜 기간 호황이 유지되었던 시기였다.

정답 ①

해설 포드는 포드자동차회사의 노동자들에게 당시 업계 최고 수준의 임금을 지불하였다.

포드주의와 탈포드주의에 대한 설명으로 틀린 것은?

① 포드주의는 인간에 대한 불신을 전제로 한 '저신뢰 체계'의 작업 방식이라고 할 수 있다.
② 포드주의는 생산과정에 대한 노동자의 참여를 이끌어내는 데 실패하였다.
③ 탈포드주의는 자동화 · 집단생산 · 유연생산의 세 가지 방향으로 이루어졌다.
④ 탈포드주의는 포드주의의 특징적 형태인 '범위의 경제'를 '규모의 경제'로 대체하였다.

정답 ④

해설 탈포드주의는 포드주의의 특징적 형태인 '규모의 경제'를 '범위의 경제'로 대체하였다.

아글리에타(Michel Aglietta)의 조절 이론에 대한 설명으로 틀린 것은?

① 자본주의를 안정적이고 균형적인 상태의 '닫힌' 시스템이 아니라, 자신의 불안정성을 때로는 억누르고 또 때로는 폭발적으로 드러내면서 끊임없이 새로운 모습으로 탈바꿈해가는 '열린' 가능성으로 본다.
② 특정 시기의 자본주의는 반드시 특정 형태의 조절양식을 통해서만 현실적으로 존재할 수 있다.
③ 노동력과 화폐는 다양한 형태의 제도로부터 직접적인 영향을 받기 때문에 시장에서 거래되는 일반 상품과는 달리, 그 자체가 하나의 일반 상품이면서, 동시에 '상품이 아닌 것'이 되기도 한다.
④ 조절양식은 다양한 제도들이 일관적으로 유지되면서 일정 기간 동안 규칙적인 경제성장을 가능하게 만드는 상태이다.

정답 ④

해설 다양한 제도들이 일관적으로 유지되면서 일정 기간 동안 규칙적인 경제성장을 가능하게 만드는 상태는 성장체제이다.

Ⅳ 탈포드주의

1 포드주의 한계

① 국민국가의 주권, 주어진 영토 내에서 정책을 입안·수행할 수 있는 정부의 능력, 국내 기업의 외국 경쟁기업으로부터의 상대적 자유, 국민적 기업으로의 정체성이 갖는 실용성 등에 기반한 포드주의로 세계화 추진은 한계에 봉착한다.

② 초국적 기업이 현저하게 성장함에 따라 국민국가는 주어진 국가가 소유하는 바에 대한 경계가 불분명하다.

③ 투자자들과 초국적 기업이 전 세계에 걸쳐 자신들의 투자 자본에 대한 최대한 높은 회수율을 추구함에 따라 기업의 의사결정에 국민국가의 관련성이 점점 감소한다.

④ 자본주의의 새로운 국제적 현실 속에서 개별국가는 그 완전성을 유지하는 것이 매우 어렵다. 국제적 기업 전략을 개발해야 하는 절박한 필요, 초국적 거대기업들 간의 전례 없는 경쟁심화, 금융문제의 세계화에 따른 국가주권의 훼손 등 1970년대 선진 자본주의가 겪었던 불황과 함께 새로운 축적체제의 창출을 자극한다.

2 기업조직의 변화

① 새로운 환경에 잘 적응하기 위해 기업조직의 철저한 구조조정을 통한 변화를 추구한다.

② 중대한 변화의 전제조건은 노동조합운동을 무력화하는 노사관계의 정책이다.

③ 노동력을 축소하려는 움직임은 정체된 시장에 대한 기업의 반응이다.

④ 많은 성공적 기업들은 일자리 없는 성장 가능성을 제시한다.

3 탈포드주의 특징

① 근로자의 연장근무나 노동력을 축소하면서도 경제적 팽창이 일어날 수 있을 정도로 새로운 기술을 응용함으로써 생산성을 향상시킬 수 있는 능력이 제고된다.

② 탈포드주의 조직화의 독특한 측면에서 기업이 점점 수직적으로 해체되기 시작한다. 단일조직 안에서 가능한 한 많은 것을 생산하기보다는 회사의 다양한 요구를 위해 외부와 계약체결 경향이 증가한다.

③ 외주전략은 규모축소의 방안으로 중앙조직체에서 상대적으로 적은 인력을 필요로 하고 과잉이 있는 경우 처리가 용이하다.

④ 수직적 해체는 분산된 활동을 조정하고 통제할 수 있을 정도로 정교한 통신과 컴퓨터 설비라는 적절한 하부구조가 있을 때에만 실행이 가능하다.

4 정보 하부구조의 특징

(1) 세계화된 생산과 판매 전략의 조정

① 세계적으로 확산된 생산, 분배, 판매를 관리할 필요가 있다.

② 10여 개의 국제적 지역에 분산된 자회사를 조정할 수 있는 초국적 기업에 의해 감독이 이루어져야 한다.

③ 세계적 기업전략도 정교한 정보통신망의 기반에서만 실행이 가능하다.

(2) 세계 금융거래의 처리

세계화된 경제의 필수적 부분인 세계 금융거래의 처리와 그에 따른 정보서비스가 결정적으로 중요하다.

(3) 상품 및 생산과정의 개선

① 보다 정확한 감시와 보다 좋은 제어기능을 제공한다.

② 향상된 효용성과 효율을 가져다주고 비용을 절감시켜 품질개선을 가능하게 하는 새로운 기술을 도입할 수 있는 기회도 제공한다.

(4) 경쟁력 제고

점점 더 치열해지는 경쟁상황에서 경쟁력을 높이는 과정에 필수적인 요소가 된다.

5 대량생산에서 소비지향적 체제로의 전환

① 대중적 산업노동자들이 쇠퇴하고 개인주의적이고 소비지향적인 개인이 출현한다.

② 정보는 생활 속에서 보다 큰 역할을 담당하는데, 그 이유는 소비자가 자신이 이용 가능한 소비대상을 찾아야 하고, 개인화된 생활에서 사람들이 소비를 통하여 자신을 표현하기를 더욱 원하게 되었기 때문이다.

③ 소비지향적 개인의 출현이 광고와 재화 및 용역의 판촉에 영향을 미치게 되었고, 정보의 역할 증대는 소비의 상징적 차원과 관련되어 사람들이 자신을 표현하고 주장하는 대상이나 관계를 이용함으로써 더 많은 정보를 생산하도록 한다.

V 초국적 기업의 세계화

1 세계화

① 포드주의 붕괴를 가져온 가장 중요한 요인 중의 하나는 세계화이다.

② 자율적인 국민국가 간 상호작용의 증가를 넘어 세계의 사회경제 생활의 통합 증대와 인간관계에서 상호의존과 상호침투의 현상이 증가한다.

③ 세계화를 주로 시장, 화폐 그리고 기업조직의 통합에서 드러나는 경제적 문제로 인식하려는 경향이 존재한다.

④ 세계화를 선도한 사회 형태인 자본주의는 스스로 성공적임을 증명하는데, 자본주의 활동은 전 세계적이며 동시에 아동보육, 개인위생, 식료품 보급 등 일상적인 영역에 이르기까지 침투한다.

⑤ 세계화 과정을 통하여 자본주의는 전 세계를 관계의 망으로 묶음으로써 어떤 나라는 커피와 술을 수입하고, 어떤 나라는 텔레비전과 의류를 수입하는 등 모든 활동이 세계를 통합시키는 상호연결을 통해 개인적 생활경험이 아무리 국지적이고 특수하게 보일지라도 세계가 관계를 형성하는 맥락을 제공한다.

⑥ 세계화 과정에서 결정적으로 주요한 기초를 제공했던 것은 초국적 기업의 확장이다.

2 세계화의 특징

(1) 시장의 세계화

① 주요 기업들에게 시장은 전 세계에 걸쳐 있다.

② 참여하려는 자원과 의지를 가진 모든 경제적 주체에게 개방되어 있다는 가정을 바탕으로 한다.

③ 세계화는 점점 더 국제적 활동을 지원할 만한 거대 자원을 가진 기업의 영역으로 국한된다.

④ 활동영역을 세계적으로 넓힐 수 있는 자원을 가진 거대 기업들이 과거보다 더 치열하게 경쟁하는 상태가 된다.

⑤ 과거에는 국내시장이 토착기업의 소수독점에 의해 지배되었지만, 해를 거듭할수록 이 시장은 점점 국외 기업이 침범한다.

(2) 생산의 세계화

① 기업이 점점 세계시장에 관여하게 됨으로써 기업은 사업을 세계적 차원에서 조정된다.

② 세계적 생산전략은 그러한 과정의 핵심적 특징이다.

③ 초국적 기업은 본사는 뉴욕에, 설계시설은 버지니아에 제조공장은 극동에 두면서 판촉활동은 런던의 사무실에서 조정한다.

④ 세계화는 초국적 기업들이 자신들의 비교우위를 최대화하기 위한 전략 수립을 요구한다.

⑤ 세계화와 함께 정보의 문제가 전면에 대두, 정교한 정보서비스 없이는 시장전략과 세계 도처에 흩어진 제조시설 조직화가 불가능하다.

⑥ 생산의 세계화는 생산체계의 다양한 부분을 연결시키는 순환활동으로 성장을 촉진한다.

⑦ 생산의 세계화에 대한 필수적 조건은 출현 중인 세계적 하부구조를 제공하는 광고, 은행, 보험 그리고 자문서비스 등과 같은 정보서비스의 세계화이다.

(3) 금융의 세계화

① 은행이나 보험회사 같은 정보서비스가 세계적으로 확산된다.

② 금융의 세계화로 점점 더 통합된 세계금융시장이 발달한다.

③ 정교한 정보통신기술 체계가 이용 가능하여, 주식시장 규제완화, 외환통제 철폐에 따라 지속적인 실시간 화폐정보의 유통과 주식, 채권, 통화의 종일 거래를 위한 설비를 구비할 수 있다.

④ 국제 금융거래의 속도와 양을 크게 증가시켰고 화폐시장에 대한 국민경제의 취약성을 부각시키는 결과를 초래한다.

(4) 커뮤니케이션의 세계화

① 전 지구상으로 뻗어가는 커뮤니케이션 통신망이 확산된다.

② 위성체계, 통신시설 등과 같은 기술적 차원이 존재하며, 지구상을 포괄하여 미디어 초국적 기업에 의해 조직화되는 상징적 환경이 구성된다.

③ 커뮤니케이션의 세계화는 그 자체가 주요한 표현 중 하나인 세계시장체계에서 지원적 역할을 수행한다.

④ 상품과 기업, 미디어 산업을 통해 선전되는 이미지와 결합시키는 브랜드화는 현대 마케팅 전략의 중요한 요소이다.

(5) 정보처리방식과 정보 흐름의 기반이 되는 정보 하부구조의 주된 요소

① 은행 , 금융, 보험, 광고등서비스의 세계적 확산과 팽창은 세계화의 필수적 구성요소이다.

② 컴퓨터와 통신기술의 형성과 발달이 필요하다.

③ 정보적 하부구조에 따라 정보유통이 매우 놀라운 속도로 성장한다.

Ⅵ 수평 조직

1 로버트 라이시(Robert Reich)

(1) 의의

① 세계화는 정보를 처리, 분석, 분배하는 데 정보통신기술보다 사람들의 능력에 더 많은 비중을 둔다.

② 과거 기업의 생산은 국가 내부에 집중되어 미국 기업에 이득이 되는 것은 미국 사람들에게 일자리를 제공한다는 측면에서 미국에도 이득이 된다고 보았지만, 세계화는 이러한 상황에 변화를 초래하여 오늘날은 어떤 나라의 국민경제라고 정확하게 지칭하는 것이 더 이상 불가능하다.

③ 자본과 생산의 유동성이 증가됨에 따라 한 국가경제라는 사고 자체가 무의미하다. 경제는 국가적 경계와는 상관없이 작동하고, 다양하고 분산된 이해 당사자들이 소유하는 기업들 사이의 관계 혹은 기업 내부의 관계, 심지어 여러 기업에 걸친 관계의 세계적 웹(global web)이라고 묘사한다.

④ 세계화의 압력을 받아 기업은 수직적으로 해체되고, 관료제 차원의 탈계층화가 진행된다. 이러한 과정의 경험적 증거는 재설계된 기업에서 중간 관리층을 제거하는 많은 규모축소의 사례가 발생한다.

(2) 대량생산에서 고가치 생산과 서비스로의 변화

① 대량생산에서 고가치 생산과 서비스로의 변화가 발생한다. 이것은 차별화, 혁신, 경제적 문제, 구체적인 노동에 대한 지식 기여를 촉진한다.

② 전문화된 시장이 지속적으로 추구되고 새로운 상품이 계속 개발된다.

③ 상품의 상징적 중요성과 기술적 정교함이 지속적으로 증가한다.

④ 포드주의 대량생산에서 세계화되고 더 전문화된 시장의 유연적 고객 맞춤화로 변화한다.

⑤ 상품은 점점 더 지식과 정보 집약적으로 변화한다.

⑥ 세계적 시장운영은 세계적 차원에서 틈새시장을 찾아내거나 기회를 제때에 포착하거나 회계나 관리기술을 통해 비용을 절감시킬 수 있는 주자들에게 혜택을 준다.

(3) 상징적 분석가(symbolic analyst)

① 기업통신망을 유지하고 발전시키는 사람들이다.

② 관리적 사고에 끊임없이 관여하는 사람들이다.

③ 21세기 성공을 위해 필수적인 지적 자본을 보유한 사람들이다.

④ 상징을 조작함으로써 문제를 해결 · 식별 · 조정하며 추상, 체계적 사고, 실험, 협업을 강조하는 직업을 대표하는 사람들이다.

⑤ 은행, 법률, 공학, 컴퓨터, 회계, 미디어, 관리, 학계 등 직업에 종사하는 문제해결사, 문제식별가, 전략구상가들이다.

⑥ 전체 직업의 20%를 차지하며, 이러한 모든 직업의 공통점은 정보적이다.

⑦ 특정 영역에 전문성을 가지고 지속적으로 급격한 변동이 진행되는 세계에서 활동한다.

⑧ 가장 중요한 장점은 유연성, 즉 자신들의 일반적 능력을 새로운 상황에 맞게 적응시키는 능력이다.

⑨ 정보노동자는 항상 재훈련을 할 수 있고, 자기 분야의 최신 사고에 주의를 기울이며, 유동적인 시장변화를 세심하게 꾸준히 관찰하며 소비자의 변화를 주목하면서 끊임없이 제품을 개선한다.

2 프랜시스 후쿠야마(Francis Fukuyama)

① 성공적 수평 조직이 근로자들에게 힘을 부여해 자율성에 대한 만족감 제공한다.

② 조직에 대한 헌신은 점차 감소할 수 있지만 고숙련 자유계약직 종사자들이 특정 프로젝트와 관련해 유사한 사람들과 결합하는 것으로 그들 간의 충성심이라는 윤리적 · 직업적 유대가 존재하므로 실제로는 사회적 자본을 촉진한다.

핵심정리 후쿠야마(Fukuyama)의 정보사회

1. 의의
   ① 정보사회는 '무절제한 개인주의'로부터 야기되는 병폐가 존재
   ② 의심할 여지없이 더 많은 자유와 더 높은 생활수준을 유지하고 있지만, 사회적 자본(social capital)은 쇠퇴하는 경향이 있으며, 그와 더불어 권위에 대한 존경, 공익에 대한 헌신, 소속감이 저하
2. 정보사회에서 사회적 붕괴가 발생하는 이유
   ① 지속적으로 가속화되는 변동의 속도로 인한 자동화와 재조직화는 모든 공동체를 불안정하게 만들며 위협
   ② 지리적(온라인 포함)이동과 그에 수반되는 관계의 일시성이 강조되면서 장소의 고정성이 약화됨으로써 사람들은 점점 더 자기만의 방식대로 살아가면서 스스로에 대해서만 신뢰
   ③ 정보노동으로의 이행은 두뇌에 비해 근력의 기여도가 낮아짐으로써 노동력의 여성화가 촉진되고, 고용된 여성들은 남성들의 속성을 취하면서 경쟁적이고 자기지향적이며 계산적으로 되어 전통적으로 이웃과의 상호관계, 사회화와 양육에서 차지하는 여성들의 역할이 약화, 이에 따라 유대의 탄력 쇠퇴 경향이 촉진된다고 주장
   ④ 출산과 관련된 현대적 피임은 점점 생활양식의 선택 문제로 신체에 대한 여성들의 통제의 중요성에 주목

3 톰 프리드먼(Tom Friedman)

톰 프리드먼도 수평조직의 출현은 사람들에게 독립성을 주고, 그에 따라 유사한 사람들 간 헌신을 촉진한다고 주장한다.

Ⅶ 노동의 유연성

1 의의

노동의 유연성은 '노동시장의 유연성'과 '노동과정의 유연성' 이라는 두 가지 차원으로 구분할 수 있다.

2 노동시장의 유연성

첫째, '노동시장의 유연성'은 '외적 · 양적 유연성'으로도 불리는데, 고용형태 · 노동시간 · 아웃소싱 등 노동투입량을 유연하게 조정하는 '수량적 유연성'과, 임금을 노동시장 및 개별 기업의 상황에 따라 신축적으로 조정하는 '임금유연성'으로 나눌 수 있다.

(1) 수량적 유연성

우선, 수량적 유연성에는 세 가지 하위유형이 있다.

① 고용량의 유연화

고용량의 유연화로, 노동시장에 대한 규제완화를 통해 정리 · 해고 절차를 보다 용이하게 하고, 상용 정규직 고용을 줄이는 대신, 해고가 용이한 단기계약 노동, 임시직 노동, 시간제노동, 일일고용 등 비정규직 고용형태를 확대하는 방식이다.

② 노동시간의 유연화

'노동시간의 유연화'로. '변형노동시간제', '변형노동일제도', 다양한 형태의 교대근무제, 야간노동, 여성노동자 생리휴가 권리의 폐지 · 축소 등으로 나타난다.

③ 노동력의 아웃소싱

노동력의 아웃소싱(outsourcing)을 통한 유연화로, 외주 · 하청, 소사장제, 파견노동제, 자영업자의 활용 등이 가능하다.

(2) 임금유연성

① 임금유연성은 단체교섭에 의해 결정되던 임금구조를 개인 또는 집단의 능력과 성과에 연계하는 임금구조로 전환하는 것이다.

② 임금의 '물가연동제'는 폐지 · 축소되고, 최저임금제 · 사회 보장적 간접임금 등은 시장원리에 맡겨지며, 능력주의적 임금관리의 도입으로 경쟁원리가 확대되고 있다.

3 노동과정의 유연성

① 노동과정의 유연성 또는 내적 · 질적 유연성은 소품종 · 대량생산을 지양하고 다품종 · 소량생산이 가능하도록 생산방식을 유연화하고, 노동자를 다기능공으로 육성하는 것을 핵심내용으로 한다.

② 노동자의 직업능력을 개발하여 노동력의 질을 향상시킨다는 점에서 기능적 유연성이라고도 한다. 노동의 유연성 전략은 각국의 전통, 경제상황, 노사관계, 그리고 위기의 원인에 대한 상이한 인식에 따라 제각각 추진되고 있다.

예상문제

노동의 유연성에 대한 설명으로 틀린 것은?

① 노동의 유연성은 '노동시장의 유연성'과 '노동과정의 유연성'이라는 두 가지 차원으로 구분할 수 있다.
② '노동시장의 유연성'은 노동투입량을 유연하게 조정하는 '수량적 유연성'과 임금을 신축적으로 조정하는 '임금유연성'으로 나눌 수 있다.
③ 수량적 유연성에는 '고용량의 유연화', '노동시간의 유연화', '노동력의 아웃 소싱을 통한 유연화'가 있다.
④ 노동과정의 유연성 또는 '내적 · 질적 유연성'은 '다품종 · 소량생산'을 지양하고 '소품종 · 대량생산'이 가능하도록 생산방식을 유연화하고, 노동자를 다기능공으로 육성하는 것을 핵심 내용으로 한다.

정답 ④

해설 '다품종 · 소량생산'이 가능하도록 생산방식을 유연화 한다.

노동의 유연성에 대한 설명으로 옳은 것은?

① '노동시장의 유연성'은 노동투입량을 유연하게 조정하는 '수량적 유연성'과 임금을 신축적으로 조정하는 '임금유연성'으로 나눌 수 있다.
② 수량적 유연성에는 '고용량의 유연화', '노동과정의 유연성', '노동력의 아웃 소싱을 통한 유연화'가 있다.
③ 고용량의 유연화는 생산방식을 유연화하는 것이다.
④ 노동과정의 유연성 또는 '내적 · 양적 유연성'은 '소품종 · 대량생산'을 지양하고 '다품종 · 소량생산'이 가능하도록 생산방식을 유연화하고, 노동자를 다기능공으로 육성하는 것을 핵심 내용으로 한다.

정답 ①

해설 ② 수량적 유연성에는 '고용량의 유연화', '노동시간의 유연화', '노동력의 아웃 소싱을 통한 유연화'가 있다.
③ 고용량의 유연화는 노동시장에 대한 규제완화를 통해 정리 · 해고 절차를 보다 용이하게 하고 상용 정규직 고용을 줄이는 대신, 해고가 용이한 단기계약 노동, 임시직 노동, 시간제 노동, 일일고용 등 비정규직 고용 형태를 확대하는 방식이다.
④ 노동과정의 유연성 또는 '내적 · 질적 유연성'은 '소품종 · 대량생산'을 지양하고 '다품종 · 소량생산'이 가능하도록 생산방식을 유연화하고, 노동자를 다기능공으로 육성하는 것을 핵심 내용으로 한다.

Ⅷ 유연전문화

1 의의

유연전문화를 둘러싼 견해는 다양하다. 일반적으로 자본주의 발전은 노동의 점진적 탈숙련화를 초래한다고 보지만, 일부 이론가들은 유연전문화가 노동자들의 기술을 향상시켜 줄 수 있는 새로운 시대의 도래를 예고하고 있다.

2 출현 배경

① 1960년대와 70년대 초 노동 불안으로 기업들은 하청을 늘리고, 기업 내 생산설비를 줄여 활동을 분권화하였다.

② 소비자들의 기호가 현저한 차별화를 추구함으로써 시장수요가 변화한다. 이러한 변화가 유연전문화에 잘 적응했던 고급의 소량생산 시장구조에 기회를 제공한다.

③ 새로운 기술로 인해 소규모 기업들이 경쟁력 있는 생산성을 보유한다.

3 정보의 역할

① 정보가 유연전문화에 중점적 역할을 한다.

② 과거 노동자들은 평생 동안 몇몇 업무만 습득했다.

③ 정보기술시대에는 새로운 기술이 도입되는 것에 맞추어 계속적으로 자신의 기술을 향상시킬 준비가 필요하다.

④ 숙련의 폭은 노동자들이 일상적으로 교육과 재교육을 받아야 한다는 것을 의미한다.

⑤ 노동자들은 정보노동자로 예측할 수 없는 상황에 제대로 대응하기 위해 전체 업무 과정에 대해 이해하고 개관할 수 있어야 한다.

4 유연성 축적체제의 특성

(1) 노동 과정의 유연성

① 노동 과정의 유연성으로 탈포드주의 노동자들은 엄격한 업무지침이 불필요하다.

② 과거 노동활동 중 가졌던 직업에 대한 규제화된 태도가 불필요하다.

③ 적응성이 중심적 속성으로 다중 숙련이 표준이 되었다.

④ 평생훈련 이미지가 제시된다.

⑤ 새로운 시대에는 변동이 연속적인 것이고, 노동자들이 무엇보다도 유연적 업무훈련을 필요로 한다. 이러한 관점은 노동의 유연성의 한 측면으로, 고용량의 유연화, 노동시간의 유연화, 노동력의 아웃소싱, 임금유연성 등 노동시장의 유연성과 연계되어 공존한다.

(2) 생산유연성

생산유연성으로 정보통신망으로 인하여 적시체제와 같은 보다 융통성 있고 비용절감적인 생산이 확산된다.

(3) 소비유연성

소비의 유연성으로 첨단기술로 인하여 공장은 획일적인 포드주의 시대보다 더욱 많은 다양성을 가진 생산이 가능하다.

5 탈포드주의와 유연성

① 정보통신기술 하부구조의 기반 구축에 따라 시공축약이 가능하고, 이는 탈포드주의가 강조하는 특징 중 하나인 유연성을 제공할 수 있는 환경을 제공한다.

② 탈포드주의 시대에는 거대하고 중앙집중적인 공장 대신에 한 작업장에 몇 백 명만이 고용되는 세계적으로 분산된 고도 기술설비를 갖춘 공장들이 존재한다.

③ 세계적으로 확산되어 있지만 이를 조직화 하는 모기업은 과거보다 훨씬 더 많은 지역을 통제할 수 있는 정보통신기술의 하부구조를 구축한다.

④ 노동자에 있어서도 서비스 부문에서 일정기간 계약으로 고용되는 시간제 여성노동자들이 대거 등장한다.

⑤ 1970년경부터 제조업에 속한 기업은 점진적으로 쇠퇴하고 유연노동력에 진입한 여성들이 증가한다.

Theme

47 노동과정

I 노동과정의 의미

① 노동과정이란 "원료 또는 다른 투입물들이 사용가치를 갖는 생산물로 변화되는 과정"으로 정의할 수 있다. 노동과정은 인간노동 · 노동대상 · 노동도구의 결합으로 이루어진다(Marx). 인간노동은 "노동을 지향하는 인간의 목적적 행위"를 가리키고, 노동대상(object of labor)은 "자연물 또는 원료 · 재료 등의 형태"를 띠고 있으며, 노동도구(instruments of labor)는 "작업 도구 또는 기술적 하드웨어(hardware)"를 의미한다. 노동대상과 노동도구를 합하여, 생산수단(mean of production)이라 한다.

② 노동과정에서는 자본가와 노동자의 상호관계가 전제된다. 자본가는 정해진 노동 시간 내에서 최대한의 잉여가치를 뽑아내기 위해 노동자에 대한 감시와 통제를 고도화하려 한다. 노동자는 작업 강도와 속도를 가능한 한 늦추고, 작업에서의 재량권을 유지하려 한다. 그 결과, 노동과정에는 노동통제(labor control)를 둘러싼 노동자와 자본가의 상호관계가 존재한다. 뷰러워이(Burawoy, 1985)는 생산과정 내부에서 노동통제를 둘러싸고 노동자와 자본가 사이에서 벌어지는 일련의 대립과 타협을 '생산의 정치'(politics of production)라고 불렀다. 마치 일반 정치공간처럼, 작업장 안에서 노동자와 자본가가 서로 노동통제의 주도권을 잡기 위한 힘겨루기를 지속해 오고 있다.

기출문제

노동과정의 의미에 대한 설명으로 틀린 것은? [2018]

① 원료 또는 다른 투입물들이 사용가치를 갖는 생산물로 변화되는 과정으로 정의할 수 있다.
② 인간노동은 노동을 지향하는 인간의 목적적 행위를 가리킨다.
③ 노동대상은 자연물 또는 원료 · 재료 등의 형태를 띠고 있다.
④ 노동도구는 작업 도구 또는 기술적 하드웨어를 의미하며 생산수단이라 한다.

정답 ④

해설 노동도구는 작업 도구 또는 기술적 하드웨어를 의미한다. 노동대상과 노동도구를 합하여, 생산수단이라고도 한다.

예상문제

마르크스가 분류한 노동소외에 포함되지 않는 것은?

① 노동 생산물로부터의 소외
② 노동 과정으로부터의 소외
③ 생산 수단으로부터의 소외
④ 자기 자신으로부터의 소외

정답 ③

해설 생산수단의 소유와 노동의 분리가 이루어져 있는 자본제 경영체제하에서 기계제에 의한 생산이 접차 늘어나고, 다시 경영조직의 대규모화가 진행됨에 따라 노동자가 인간적 가치를 상실하게 되어 무력감이나 좌절감을 갖게 되는 현상을 말한다. 마르크스는 이를 세 가지로 분류해 설명했다. 첫째가 노동 생산물로부터의 소외이고, 둘째가 노동 과정으로부터의 소외이고, 셋째가 자기 자신으로부터의 소외이다.

Ⅱ 자본주의 노동과정의 역사적 전개

1 아담 스미스와 배비지의 분업이론

(1) 의의

아담 스미스는 「국부론」에서 핀 생산 공장의 사례를 통해, 기술적 분업'을 통한 놀라운 생산성 향상 효과를 논하였다. 그에 따르면, 분업의 도입으로 노동자 1인당 생산량이 20개에서 4,800개로 증가하였다. 분화된 작업을 하는 개별 노동자는 고립되어 혼자 일하는 노동자의 무려 240배를 생산하였다는 것이다.

(2) 아담 스미스의 분업의 효과

스미스는 분업의 효과를 노동자의 작업 기교의 향상, 즉 반복을 통한 작업숙달, 한 작업에서 다른 작업으로 이동할 때 소요되는 이동비용의 감소, 생산의 기계화 확대라는 세 가지 점에서 찾았다. 여기서, 기계화란 노동자가 기계 · 도구를 사용하여 작업하는 것을 일컫는다.

(3) 배비지(Babbage)의 「기계 및 공장의 원리에 관하여」

① 배비지(Babbage)는 「기계 및 공장의 원리에 관하여」에서 아담 스미스의 분업 이론을 공장을 운영하기 위한 미시적 원리로 적용하였다. 그에 따르면, '한 공장의 경제가 의존하는 가장 중요한 원리'는 작업을 수행하는 사람들 사이의 분업이다.

② 그는 아담 스미스보다 좀 더 상세하게 분업의 이점을 설명하였는데, 분업이 생산력을 높이는 까닭을 기술습득에 필요한 시간 절약, 기술을 배울 때 원료낭비의 절감, 작업 전환에 따른 시간손실 방지, 작업 전환에서 도구를 바꾸면서 걸리는 시간 절약, 반복활동에 의해서 얻어지는 신속성, 각 공정에 적절한 기계의 활용 등 여섯 가지에서 찾았다. 그것을 '배비지 원리'(Babbage principle)라 한다.

예상문제

분업에 대한 설명으로 틀린 것은?

① 생산과정에서 많은 사람들이 서로 협동하여 노동하는 생산형태를 말한다.
② 분업은 기술적 분업과 사회적 분업으로 구분된다.
③ 기술적 분업은 생산 공정을 여러 개로 분할하여 각각을 여러 개인 또는 집단이 분담하는 것을 뜻한다.
④ 사회적 분업은 하나의 생산부문이 특정 개인 또는 집단에 의하여 전담되는 것을 말한다.

정답 ①

해설 협업에 대한 설명이다. 분업은 노동비용을 저렴화하고 노동과정을 통제하기 위하여 작업을 더 작은 부분으로 단순화시키고 단편화시키는 것을 말한다.

2 테일러의 '과학적 관리' 이론

(1) 의의

① 배비지의 생각은 미국에서 기업의 경영 컨설턴트로 일하던 테일러(Taylor)에 의하여 더욱 발전되었다. 테일러는 역사상 최초로 생산 공정을 과학적으로 분석하고 체계적으로 관리하는 기법을 고안해 냈다.

② 그는 주물공장에서의 경험에서 체득한 생산과정에서의 작업조직에 관한 자신의 견해를 체계화하여, 「과학적 관리의 원리」를 저술하였다. 그는 시간 · 동작연구 기법을 제안하였고, 작업들을 정확하게 시간이 부여되고 조직화되는 단순조작들로 세분하였으며, 그 결과를 토대로 노동자의 작업 · 동작 · 행동 · 도구 · 공구 등을 표준화시킬 것을 주장하였다.

(2) 테일러리즘의 세 가지 구성 원리

① 의의

테일러리즘(Taylorism)은 테일러가 창안한 방식의 노동과정의 관리 · 통제 전략을 가리킨다. 테일러리즘은 다음 세 가지 원리로 구성된다.

② 노동자로부터 숙련기술의 분리 · 제거

노동자로부터 숙련기술을 분리 · 제거한다. 노동자를 그 자신이 숙지하고 있는 기술 · 전통 · 지식으로부터 분리시켜 경영자로부터 하달되는 지침만을 완벽하게 따르도록 한다.

③ '구상'(conception)과 '실행'(execution)의 분리

'구상'(conception)과 '실행'(execution)을 분리한다. 구상 또는 계획의 기능을 노동자로부터 제거하여 경영자에게 집중시킨다. 다시 말해, 경영자들은 '구상'을 하고, 노동자들은 작업의 '실행'만 담당한다.

④ 노동자의 행위양식을 통제

지식에 대한 독점의 힘을 바탕으로 노동자의 행위양식을 통제한다. 구상기능을 담당하는 부서가 업무에 관한 지식을 독점하고, 노동자들은 규칙 · 규정에 의하여 모든 행동을 철저하게 통제받으면서 지시받은 단순작업을 수행한다. '인간기계'(humachine: human과 machine의 합성어)가 된 노동자는 결국 머리를 비우고 경영자의 지시내용을 충실히 따르기만 하면 된다.

⑤ 결론

테일러리즘은 '정신노동'과 '육체노동'을 정밀하게 측정 · 분석한 후, 양자를 분리하여 '작업과정을 단순화하는 것'을 목표로 삼은, 체계적 관리 이론이자 실천이다. 테일러의 시도는 노동자의 강력한 저항에 직면하였지만, 그가 창안한 작업조직의 원리는 경영 관리의 기본 원리로 널리 확산되었다.

예상문제

다음 글에서 설명하고 있는 개념으로 옳은 것은?

> 일상생활에서 이루어지는 사회 구성원의 지식과 정보가 문화 산업체로 수렴되어 그곳에서 일방적인 규칙과 법칙을 만들어내어 대중의 여가와 취미를 일률적으로 조정하고 조작하는 방식이다.

① 사회적 테일러리즘
② 사회적 포디즘
③ 파놉티시즘
④ 소셜 그래프

정답 ①

해설 사회적 테일러리즘에 대한 설명이다. 작업장의 테일러리즘이 포디즘으로 이어지면서 상품 생산과 관련된 자동화와 탈숙련화를 낳았다면, 사회적 포디즘은 대량생산-대량소비의 매스미디어를 통해 문화와 의식의 영역에서 그 지배력을 획득한다.

3 포디즘

(1) 의의

① 테일러는 산업 효율성 향상에 관심을 기울인 반면, 생산품이 어떻게 팔려야 할 것인가는 거의 고려하지 않았다. 대량생산은 대규모 시장을 필요로 하는데, 헨리 포드(Henry Ford)는 그러한 사실에 주목하였다.

② 그는 1903년 동업자와 함께 자본금 10만 달러로 포드 자동차회사를 설립하였고, 그 회사에서는 1908년 세계 최초의 양산(量産) 대중차 T형 포드(Model T Ford)를 생산하기 시작하였다. 또, 포드 자동차회사에서는 1913년 조립 라인(assembly line) 방식에 의한 자동차 제작 방식을 확립하였고, 그밖에 수많은 기술상의 새로운 토대와 계획 · 조직 · 관리에서 합리적 경영방식을 도입하였다. 그 회사는 1914년에 최저임금 일급(日給) 5달러, 1일 8시간 노동이라는 당시로서는 획기적인 임금정책을 폈다.

(2) 대량생산 · 대량소비의 시대

① 포드(Ford)의 산업철학은 제품가격의 인하로 판매량을 확대하고, 작업조직을 재편하여 생산효율을 높이며, 생산을 증대하여 가격을 더욱 낮추는 데 있었다.

② 그는 그러한 방식을 통해 얻은 막대한 이익을 노동자의 임금에 반영하여, 포드 자동차회사의 노동자들에게 당시 업계 최고수준의 임금을 지불하였다.

③ 고소득을 얻은 포드 자동차회사 노동자들은 자기 회사에서 만든 자동차를 구입할 수 있는 소비자로 등장하였고, 그것은 결국 20세기의 대량생산 · 대량소비의 시대를 열었다.

(3) 컨베이어벨트(conveyor belt)를 이용한 조립생산

포디즘(Fordism)은 컨베이어벨트(conveyor belt)를 이용한 조립생산에 기조하여 제조업 생산기술을 확장시키는 것을 의미하는데, 헨리 포드(Ford)가 자본주의적 생산의 보편적 단계를 지칭하는 범주로 그 단어를 사용하면서 발전된 개념이다.

(4) 사회학에서의 포디즘

① 의의

사회학에서는 포디즘을 포드자동차 회사에서 적용한 생산방식, 일상생활로 침투한 생활양식, 생산성 임금제라는 노사타협에 매개된 대량생산 · 대량소비의 축적체계의 세 용례로 사용한다.

② 생산방식으로서의 포디즘

㉠ 생산방식으로서의 포디즘은 컨베이어벨트를 활용하여 반자동화된 조립 라인에서 제품을 생산하는 방법이다. 그것은 이동하는 컨베이어벨트 주위에 노동자와 기계를 배치하여, 노동자의 이동시간을 제거하고, 작업 리듬을 완전히 기계의 리듬에 종속시켜 높은 생산성을 성취하기 위한 작업방식이다.

㉡ 기술적으로 작업을 단순화 · 표준화 · 전문화시킴으로써, 노동자는 이틀이면 숙달할 수 있는 단순반복 작업만 담당하였다. 그로 인해 생산량은 비약적으로 증가하였지만, 또한 노동자의 소외 또한 증가하였다,

㉢ 브레이버만(Braverman)은 테일러리즘과 포디즘의 도입으로 작업현장에서 '구상'과 '실행'이 분리되었고, 그 결과 정신노동과 육체노동의 분리가 일어났으며, 작업의 세분화가 진행되어, 노동자들은 일에 대한 자기 통제력을 상실하였다고 주장하였다. 작업과정에서 노동자들의 자율성은 완벽히 제거되었고, "그들의 숙련은 해체되었다"는 것이다.

[예상문제]

정보사회에서 고용과 노동의 변화에 대한 설명으로 옳은 것은?

① 브레이버만(Braverman)은 자동화와 노동 소외 사이에 역 U자 가설을 제기하였다.
② 블라우너(Blauner)는 독점자본주의 생산노동에서 사무노동에 이르기까지 탈숙련화가 진행될 것이라고 주장했다.
③ 케른과 슈만은 생산직 노동자들이 시스템 컨트롤러로 바뀌는 경향이 있다고 본다.
④ 서비스업 취업자가 증가하게 된 주된 이유는 서비스 산업의 노동생산성의 발전 속도가 빠르기 때문이다.

정답 ③

해설 ① 블라우너(Blauner)의 입장이다.
② 브레이버만(Braverman)의 입장이다.
④ 제조업은 기계화나 자동화가 쉬운 반면 서비스산업 노동생산성의 발전 속도가 느리기 때문이다.

정보화 과정에서 나타나는 노동의 질적 변화에 대한 설명으로 틀린 것은?

① 기술 혁신이 노동자의 숙련 수준을 높일 것이라고 보는 견해가 지배적이다.
② 케른과 슈만은 생산직 노동자들이 시스템 컨트롤러로 바뀌는 경향이 있다고 본다.
③ 브레이버만은 생산노동에서 사무노동에 이르기까지 탈숙련화가 진행될 것이라고 주장했다.
④ 블라우너는 자동화의 정도가 높아짐에 따라 노동 소외도 증가한다는 가설을 주장했다.

정답 ④

해설 블라우너는 역 U자 가설을 제기하면서 자동화의 정도가 높아짐에 따라 처음에 노동 소외가 증가하나 자동화의 정도가 더 높아지면 노동 소외가 낮아지고, 기술이 노동의 내용을 결정한다고 보는 기술결정론을 주장하였다.

③ 생활양식으로서의 포디즘

㉠ 이탈리아의 그람시(Gramsci)는 포디즘을 가치관 · 관습 · 습속 · 일상생활 등과 같은 문화적 현상 내지 생활양식으로 파악하였다. 그는 포디즘을 전례 없는 속도와 목적의식을 갖고 새로운 노동자와 인간형을 만들어 내는 문화적 흐름으로 이해하였다.

㉡ 그에 따르면, 포디즘은 노동자의 지성 · 상상력 · 창의성을 파괴하였고, 생산적 활동을 기계적 · 신체적 측면으로 환원시켰다. 그러한 태도는 작업장뿐 아니라 일상생활에서도 조장되었다. 즉, 작업장에서의 규율이 사회 전체로 확산되어, 주류 판매 금지, 성적 타락 금지 등의 규율로 나타났으며, 사람들의 일상생활을 지배하는 규범체계로 자리잡았다는 것이다.

④ 표준화된 제품의 대량생산 · 대량소비의 축적체계

㉠ 프랑스 조절학파(regulation school) 경제학자들은 포디즘을 "표준화된 제품의 대량생산 · 대량소비의 축적체계"를 일컫는 말로 사용하였다(Aglietta).

㉡ 1926~29년 세계 대공황으로 표출된 유효수요의 한계는 테일러리즘 · 포디즘에 의한 대량생산체계의 위기를 가속화하였다.

㉢ 케인즈(Keynes)는 그 위기탈출의 대안으로 '유효수요 확보'를 강조하였고, 미국 정부는 뉴딜(New Deal) 정책을 실시하였으며, 포드 자동차회사에서는 노동자의 '고임금 정책'을 채택하였다.

㉣ 포디즘은 노사협조 체계의 구축을 의미하는 것이었고, 미국 의회에서는 상원의원 와그너(Robert F. Wagner)가 발의한 '전국노사관계법'(National Labor Relations Act of the Wagner Act of 1935)을 통과시킴으로써 호응하였다. 와그너법은 '뉴딜' 정책의 일환으로 제정된 미국의 노동조합보호법으로, 그 법에서는 노동자의 단결권과 단체교섭권을 보호하기 위하여 부당노동행위제도와 교섭단위제도를 설정하였다.

㉤ 조절학파 경제학자들은 포디즘 축적체계를 다음과 같이 요약하고 있다. 포디즘의 생산과정은 '테일러리즘의 작업편성 원리'와 '컨베이어벨트에 의한 일관조립공정'을 도입해 생산성을 비약적으로 향상시켜 표준화된 상품을 대량생산하였다. 그리고 그 생산방식에서 발생한 생산성 향상의 이익의 분배를 통한 대량생산 · 대량소비'의 조화, '규모의 경제'(economy of scale)의 실현, 케인즈식 총수요관리정책과 소비자 신용의 정비가 결합되었다.

㉥ 즉, 포디즘은 '생산성 상승-실질임금의 상승-임금노동자의 소비수요 증대-생산 · 투자의 증대-생산성 상승'이라는 축적의 '선순환'을 가능하게 하였다. 제2차 세계 대전 이후 선진 자본주의 경제의 고도성장은 '포디즘'이라는 축적체계를 통한 '생산과 소비의 선순환'에 의해 이루어졌다.

[예상문제]

다음 글에서 설명하고 있는 개념으로 옳은 것은?

> 대량 생산-대량 소비의 매스미디어를 통해 문화와 의식의 영역에서 그 지배력을 획득한다.

① 사회적 테일러리즘
② 사회적 포디즘
③ 파놉티시즘
④ 소셜 그래프

정답 ②

해설 사회적 포디즘에 대한 설명이다.

Ⅲ 포스트포디즘

1 의의

① 영국의 사회학자 폭스(Fox)는 테일러리즘과 포디즘을 인간에 대한 불신을 전제로 한 '저신뢰 체계'(low-trust system)의 작업방식으로 보았다. 저신뢰 체계에서, 노동자의 업무는 경영자에 의하여 지정되고, 기계에 의하여 수행된다. 기계를 작동하는 일을 수행하는 노동자는 관리자의 엄격한 감독을 받을 뿐, 그의 업무자율성은 거의 없다.

② 1960년대 말, 1970년대 초에 이르러 테일러리즘+포디즘의 경영관리 기법과 관련되어 노사갈등이 빈번히 발생하였고, 노동자의 높은 결근율, 낮은 사기 등이 문제로 등장하였다. 포디즘은 생산과정에 대한 노동자의 참여를 이끌어내는 데 실패했고, 노동의 파편화, 단조로움, 노동 강도 강화 및 노동의 위계적 차별을 진전시켜 '노동의 비인간화'를 초래하였다. 그리고 극단적인 표준화에 의한 경직성, 부품 생산과 최종 조립의 불균형, 부품의 과잉생산, 노동의 세분화, 구상기능의 박탈에 의한 노동규율의 저하를 피할 수 없었다.

2 저신뢰 조직을 대체하기 위한 실험

(1) 의의

포드주의의 위기상황을 반영하여, 몇몇 기업에서는 저신뢰 조직을 대체하기 위한 실험을 시작하였다. 그것은 자동화 · 집단생산 · 유연생산의 세 가지 방향에서 이루어졌다(Giddens).

(2) 자동화 또는 프로그램할 수 있는 기계의 도입

① 자동화 또는 프로그램할 수 있는 기계가 도입되었다. 자동화는 모든 노동자의 육체노동이 사라지고, 인간노동은 부분적인 감독이나 기계 조작 또는 통계로 대체된 생산형태를 지칭한다.

② 자동화는 자동화된 조립생산, 수치제어, 연속과정 생산 등 다양한 형태를 포괄하는 것으로, 단순한 기계화'와는 질적으로 다른 단계를 가리킨다.

③ 산업용 로봇이 도입되면서. '노동자가 전혀 없는 공장'도 등장하였다. 앞으로 로봇의 가격은 하락할 것이고, 그 기능은 향상될 것이므로, 자동화 생산은 더욱 빠르게 확산될 것으로 예측된다.

(3) '협업작업팀'에 의한 '집단생산'

① 컨베이어벨트를 이용한 조립생산 대신 '협업작업팀'에 의한 '집단생산'을 시도하는 기업이 나타났다. 노동자들이 하루 종일 단순 반복적 업무를 하는 것보다는, 집단적으로 생산과정에서 같이 일하게 함으로써 노동자들의 작업의욕 향상을 꾀하려는 시도였다.

② 집단생산의 한 가지 사례는 5~20명의 노동자들이 정기적으로 만나 생산 관련 사항을 공부하고 해결하는 집단인 품질관리조(quality control circle, QC)다. QC는 노동자들이 자신의 업무에 대한 정의와 방법에 대한 전문성을 보유하는 것을 인정하는 것이므로, 테일러리즘의 원칙을 파괴한 것으로 이해된다. 하지만 QC를 도입한 기업에서도 컨베이어벨트는 유지하는 게 일반적이다. 그런데 컨베이어벨트를 없앤 실험을 한 기업도 있다. 스웨덴 볼보(Volvo) 자동차회사의 칼마르(Kalmar) 공장과 우데발라(Uddevalla) 공장이 그렇다. 1970년대 칼마르 공장에서는 작업설계를 자율경영팀 형식으로 바꾸었다.

③ 기계적 운반 장치를 이용하여 자동차를 팀으로 실어 나르면, 그 팀의 작업자들이 전기장치나 변속기 같은 부품을 부착하여 완제품을 조립하는 형태로 운영하였다. 1980년대 말 우데발라 공장에서도 조립 라인을 모두 없애는 대신, 중앙 부품창고를 중심으로 조직된 여섯 개의 작업장(workshop)으로 구성되는 설비를 갖추도록 하였다.

④ 그것들은 '노동자의 경영참가'와 '노동의 인간화' 프로그램을 통하여, 기업경쟁력을 확보한 사례로 간주된다. 경영자에 의한 '노동의 인간화' 프로그램의 다른 예로는 직무충실을 들 수 있다. 직무충실은 직무확대 · 직무순환 · 집합노동 등 다양한 과정을 포괄적으로 지칭할 때 사용하는 개념으로, 경영자가 단순화 · 파편화된 작업으로 인해 야기된 노동자의 소외감 · 지루함을 최소화하기 위해 도입한 직무재편성 방법의 하나로 이해할 수 있다.

(4) 유연생산

① 일본의 자동차회사들이 채택하고 있는 '유연생산'도 대안이다. 일본의 도요타 자동차회사에서는 '불량률 제로' 운동을 벌였다. 도요타 자동차회사의 노동자는 조립 라인에서 불량이 발견되면 즉시 기계를 멈추고 그 원인을 철저히 조사할 수 있는 권한을 갖고 있다.

② 그 회사에서는 '카이젠'(改善)에는 타협도 끝도 없다는 것을 강조하여, 노동자들의 적극적 참여를 유도하고 있다. 그처럼 기업에서 숙련노동자 양성을 강조하는 것은 포디즘과는 대비되는 방식이다. 일본 기업들은 그러한 생산방식을 이용하여 '다품종 소량생산'을 실현하는 데 성공하였다. 다품종 소량생산은 '컴퓨터를 이용한 설계'와 같은 정보통신기술의 발전에 힘입어 그 적용 가능성이 더욱 확대되고 있다.

(5) 결론

① 자동화 · 집단생산 · 유연생산의 세 가지 방향은 모두 포디즘의 생산방식과는 대조된다. 그러한 일련의 흐름을 총칭하여 포스트포디즘이라 한다.

② 포스트포디즘은 포디즘의 특징적 형태인 '규모의 경제'를 '범위의 경제'로 대체하였다. '규모의 경제'가 대량생산의 이점을 가리킨다면, '범위의 경제'는 동일한 고객에게 여러 가지 상품과 다양한 서비스를 제공함으로써 수익 극대화를 꾀하는 것을 뜻한다.

③ 포스트포디즘 생산방식의 특징은 노동의 유연성 증대, 기계와 노동자의 시간적 · 공간적 분리 가능성, 생산의 탈사회화 가능성, 노동자의 개인주의화, 중심-주변 노동시장의 분리, 공공서비스 상품화 · 사유화 경향의 증대 등이다.

④ 포스트포디즘은 '노동의 인간화'를 강조한다. 포스트포드주의자들은 노동의 인간화가 이루어지면, 노동조합의 저항과 파업활동이 격감하거나 종식되어, 노동자들이 신기술 도입에 적극적으로 협조한 것으로 기대하다. 신기술과 노동력의 유연한 이용이 생산성을 향상시켜 자본주의적 축적의 위기를 극복할 수 있다는 것이다.

Theme

48 공공영역론

I 의의

① 공공영역은 국가가 담당하는 비영리적 활동의 영역으로 단일한 사회적 기능을 가진 동일체가 아니라 여러 관료기구의 조합으로 사회적 기능들의 집합체이자 강제력의 장치이다.

② 정보의 공공영역은 정보사회를 시장원리로부터 보호하는 최후의 보루이다.

③ 완전한 시장원리에 정보산업을 맡겨 두게 되면 지불능력이 현저히 떨어지는 사람은 정보서비스를 누릴 수 없게 되어 정보의 격차가 심화된다.

④ 정보의 공공영역은 공공의 이익을 위해 국가가 개입하여 정보 취약 집단들을 포함한 모든 국민들이 무비용 또는 일정하게 낮은 비용으로 정보에 접근할 수 있도록 하기 위한 것이다.

II 이론적 배경

1 하버마스(Habermas)

(1) 공공영역

① 공시적 수준에서 개인적 생활, 노동, 가족 등 친밀한 인간관계를 의미하는 사적영역과 구분되는 초개인적으로 구조화된 사회적 행위와 의사소통 관계의 영역을 의미한다.

② 통시적 수준에서 서구 자유민주주의 정치질서의 조직 원리로 이해한다.

③ 국가와 사회가 통합되어 있던 전(前)자본주의 사회에서는 볼 수 없었던 근대 자본주의사회 특유의 산물로 간주한다.

④ 18세기 및 19세기 영국에서 자본주의 확산으로 출현하여, 20세기 중반에서 말기 사이 쇠퇴하였다.

⑤ 근대적 공공영역은 자본주의 전개와 결부된 역사적 현상이자 구체제를 넘어서려는 새로운 집단적 주체들에 의한 사회적 현상이다.

⑥ 국가의 자금지원을 받지만 정부로부터 독립적이고, 당파적 경제세력으로부터도 자율성을 누리는, 이해관계에 결부되지 않고 위장이나 조작되지 않은 논쟁과 토론 등 합리적인 논쟁의 장을 의미한다.

(2) 공론장

① 부르주아 공론장이란 여론이 형성되는 영역으로서, 시민들이 관심을 기울이고 있는 사안 및 정치적인 문제들을 자유롭게 논의할 수 있는 영역이다. 부르주아 공론장은 따라서 전통적인 권위가 아닌, 이성적 합리적 토의에 의해 공적 사안이 합의 · 결정되는 시민의 정치참여가 이루어지는 영역이다.

② 역사적으로 보면 18～19세기에 유럽사회에서 등장한 근대적 부르주아 공론장은 '공중으로 결집된 사적 개인들의 영역'으로 형성되었다. 공론장과 사적 영역의 이러한 연관은 특히 신문과 잡지 등을 중심으로 결집된 근대적 시민인 사적 개인들로 구성된 독서 공중의 클럽과 조직형식에서 나타나고 있다.

③ 문자 매체에 바탕을 둔 시민들의 대화와 토론의 장이었던 근대적 공론장은 점차 그 영향력을 강화해 나갔다. 그리고 급기야는 전통적인 전제군주의 권력에 대항하는 부르주아의 정치적 영향력 확대에 기여했고, 부르주아 시민의 권력이 혁명을 통해 마침내 전제군주를 몰아내게 되었다. 이로써 근대의 부르주아 공론장은 부르주아만의 이익을 대변하는 것을 넘어서서 이제는 전체 사회의 의지를 상징적으로 대변하는 일반의지를 표방하기에 이르렀다. 아울러 정치적으로도 자유주의에 입각한 시민적 대의민주주의 체제를 채택해 이를 공고히 하는 데 성공했다.

④ 근대사회의 정치적 향방을 좌우했던 부르주아 공론장의 정치적 기능은 그러나 20세기 후반에 들어와서 산업사회의 비약적 발전에 따라 시장기능의 확대와 국가권력의 지속적인 확장에 의해 점차 축소되지 않을 수 없게 된다. 시장의 확대와 국가권력의 확장은 역으로 일반의지를 표방했던 근대적 공론장의 보편적인 특성이 붕괴됨을 의미했고, 이제 공론장은 대중소비사회의 특성에 발맞추어 사적인 이해관계를 둘러싼 각축장으로 전락하게 되었다.

⑤ 즉 정치적 정당성의 발원지였던 공론장은 대중조작 및 대중 소비문화의 진원지이자 선전장으로 퇴락했고, 정치는 공개성이 아닌 밀실정치로, 그리고 시민은 비판적 합리적 시민 공중이 아닌, 무비판적이고 수동적인 시민 대중으로 대체되었다. 공론장의 이러한 변화추세는 가속화되었고, 급기야는 정치적 정당성을 위한 대중동원의 수단으로 전락하게 된다.

⑥ 공론장의 쇠퇴와 함께 후기 자본주의 사회의 국가권력은 근대 초기의 자유방임주의적 국가기능에서 이탈하여 적극적으로 경제체계에 개입하게 된다. 경제에 대한 국가의 개입은 보다 많은 기술관료제, 즉 행정권력의 비대화를 초래하는 결과를 낳게 되었다. 행정체계의 급속한 확대에 발맞춰 공론장은 그 정치적 중요성을 상실해 탈정치화되었다. 복지국가의 기술관료적 분배정책은 시민들이 자신들의 개인적인 복지혜택 수혜에만 몰두하고, 사생활중심주의에 빠져들게 해 결과적으로는 정치적 무관심의 확산과 공론장의 붕괴를 초래한 것이다. 근대사회의 정치적 정당성의 토대였던 공론장의 몰락은 동시에 후기 자본주의적 국가체제의 정치적 정당성의 기반이 위기에 봉착했음을 의미한다.

⑦ 현대의 민주적 법치국가의 헌법은 특히 사적인 자율성, 즉 개별 시민의 사적인 자유권과 아울러 시민사회를 구성하는 각종 결사체들의 공적인 자율성을 보장하는 기본권들을 보호하고 있다. 헌법에 의해 보장된 개인 프라이버시의 확보는 사적 생활영역의 불가침성을 천명한다. 개별 시민들에게 보장되는 집회 및 결사의 자유는 자유로운 결사체들의 형성을 보장하고 또한 이들의 운동공간을 규정한다. 나아가 출판, 신문, 라디오, 텔레비전 등을 통한 자유로운 표현의 권리는 경쟁하는 다양한 의견들을 대변함으로써 개방성을 보장하고 있다.

예상문제

하버마스의 공론장 이론에 대한 설명으로 틀린 것은?

① 공론장이란 여론에 접근하는 어떤 것이 형성될 수 있는 사회적 삶의 영역이다.
② 누구나 공론장에 무제한적으로 참여할 수 있어야 하고 사회적 가치와 권위 등 어떠한 특권도 배제된다.
③ 공론장에서 일반적 규범과 합리적 정당성을 도출할 수 있어야 한다.
④ 전자투표를 통한 대의제의 대체를 주장하는 원격민주주의론은 하버마스의 공론장 이론과 일맥상통한다.

정답 ④

해설 하버마스의 공론장 이론과 일맥상통하는 것은 숙의민주주의 모형이다.

하버마스(Habermas)의 '공론장의 구조 변동'에서 공론장의 재봉건화와 관련이 없는 것은?

① 자본의 집중과 국가개입의 확대　② 대중사회의 등장
③ 관료제와 이익집단　④ 시민 상호 간의 다원적 갈등

정답 ④

해설 하버마스는 근대적 입헌국가를 탄생시킨 근대부르주아 공론장의 역할과 그 구조변화를 역사적인 관점에서 고찰하고, 나아가 20세기를 풍미했던 자본의 집중과 국가개입의 확대, 대중사회의 등장, 관료제와 이익집단, 사당화된 정당, 거대 기업화된 대중전달매체 등이 시민들을 정치의 영역에서 격리시킴으로써 공론장의 재봉건화를 초래하게 되었다고 진단한다.

다음 중 하버마스의 '공론장의 형성과 그 변동'의 내용으로 볼 수 없는 것은?

① 18세기, 19세기 영국에서 자본주의 확산으로 출현하여 20세기 중반에서 말기 사이 쇠퇴하였다.
② 공공영역은 일반 시민들이 자유롭게 참여할 수 있으며, 동시에 정부의 검열을 받는 영역이다.
③ 국가와 기업체의 후원을 받지만 정부나 기업체로부터 독립적이고, 당파적 경제세력으로부터도 자율성을 누리는 이해관계에 결부되지 않는다.
④ 공공영역의 핵심에는 정보가 있고, 공공영역 내에 행위자들은 분명한 논의를 통하여 자신의 입장을 표명하고, 일반인들이 그 절차에 완전한 접근을 할 수 있도록 광범위하게 일반인들에게 공개된다.

정답 ②

해설 국가의 자금지원을 받지만 정부로부터 독립적이고, 당파적 경제세력으로 부터도 자율성을 누리는, 이해관계에 결부되지 않고 위장이나 조작되지 않은 논쟁과 토론 등 합리적인 논쟁의 장을 의미한다.

공공영역에 대한 설명으로 틀린 것은?

① 사적영역과 구분되는 초개인적으로 구조화된 사회적 행위와 의사소통 관계의 영영을 의미한다.
② 국가가 사회가 통합되어 있던 전(前)자본주의 사회에서는 볼 수 없었던 근대 자본주의 사회 특유의 산물이다.
③ 18세기 및 19세기 영국에서 자본주의 확산으로 출현하여, 20세기 중반에서 말기 사이에 쇠퇴하였다.
④ 19세기 부르주아 공공영역은 국가통제로부터는 독립적이었으나 부르주아의 경제적 이해관계로부터는 자유롭지 못했다.

정답 ④

해설 19세기 부르주아 공공영역은 국가통제로부터 뿐만 아니라 경제적 이해관계로부터도 행위의 자율성을 가지고 있었다.

2 매디슨(Madison)

① 공공 정보가 없는 대중적 정부는 희극이나 비극 또는 둘 모두의 서막에 지나지 않는다,
② 지식은 영원히 무지를 지배할 것이고, 자기 스스로에 대한 지배자인 사람들은 지식이 제공하는 능력으로 무장을 해야만 한다.

3 홀룹(Holub)

① 일반시민들이 자유롭게 참여할 수 있으며, 동시에 그들에 의해 검열을 받는 영역으로 여론이 형성되는 곳이 바로 공공영역이다.
② 공공영역의 핵심에는 정보가 있는데, 공공영역 내에서 행위자들은 분명한 논의를 통하여 자신의 입장을 표명하고 일반인들이 그 절차에 완전한 접근을 할 수 있도록 행위자들의 견해가 광범위하게 일반인들에게 공개되기 때문이다.
③ 대중매체, 도서관, 각종 통계기관의 역할이 중요한 요인으로 간주되지만 가장 기초적 형태인 의회토론과 의사록을 통한 의사진행에 대한 자세한 기록의 공개는 공공영역의 핵심적 측면을 보여주는 사례이다.

Ⅲ 공공영역의 변화

① BBC나 공공도서관 연계망과 같이 공적 서비스제도에 대하여 시장지향적이고 조직화된 운영으로 변화시키려는 시도로 말미암아 이들 제도의 정보적 기능이 잠식당하고 있다.
② 정보 상품화의 부정적 영향으로 정보가 이윤을 위해 거래될 수 있는 것으로 간주되는 한, 정치적 담론의 질적 악화와 참여수준의 쇠퇴로 공공영역에 대한 해로운 결과를 초래한다.
③ 현대 커뮤니케이션이라는 광범위한 맥락으로서 신뢰성 없고 왜곡된 정보가 점점 더 많이 생산되고 전달된다.

Ⅳ 역사적 변화의 기류

① 18세기 영국 신흥자본가들이 부를 축적함에 따라 귀족에 대한 의존성을 줄이고 전통적 권력으로부터 분리된 비판영역을 형성하면서 부르주아 공공영역이 등장하였다.
② 자본주의가 확장되고 공공화됨에 따라 국가로부터 더 많은 자율성이 확보되고, 국가의 변화에 대한 요구도 확대되면서 결과적으로 언론의 자유와 의회개혁에 대한 지원이 강화(재봉건화)되기 시작했다.

Ⅴ 19세기 부르주아 공공영역의 주요 특징

① 공개적 논쟁, 비판적 검토, 완전한 보도, 확장된 접근성, 국가통제로부터뿐만 아니라 경제적 이해관계로부터 행위의 자율성 등을 특징으로 한다.
② 국가로부터 독립하기 위한 투쟁이 부르주아 공공영역을 구성하는 필수요인이었다.
③ 초기 자본주의는 기존의 국가에 대하여 저항하지 않을 수 없었고, 그에 따라 언론자유, 정치적 개혁, 대표성 증대 등을 위한 투쟁이 중요했다.

Ⅵ 공공영역의 재봉건화

1 지속적인 자본주의 확대

① 사유재산과 공공영역 사이에 오랫동안 상호침투가 진행되다 19세기 마지막 10년 동안 불안정한 균형이 사유재산 쪽으로 기울게 되었다.

② 자본주의 세력과 영향력이 성장함에 따라 그 추종자들은 기존 국가의 개혁에 대한 요구에서 나아가 국가를 인수하고 자신들의 목적을 달성하는 데 사용하였다.

③ 20세기 동안 홍보활동과 로비문화의 확산은 실제로 공공영역의 지속적 중요성에 대한 증거이며, 정당성을 얻기 위한 정치적 논쟁이 반드시 이루어져야 하는 토론의 장에 대한 인정이었다.

④ 공개적 논쟁을 시작하는 과정에서 홍보활동은 그것이 대변하는 이해를 위장함으로써 현대의 논쟁을 진정한 공공영역의 가짜 판으로 만들었다. 이런 의미에서 재봉건화라는 용어를 사용하는데 이것은 공적 문제가 다양한 정책과 전망 간의 경쟁의 영역이기보다는 권력가들의 전시를 위한 행사로 전락하는 방식을 표현한 것이다.

2 매스 커뮤니케이션 체계 내부의 변화

① 매스 커뮤니케이션 체계 내부의 변화에서 유래하였다.

② 우리는 대중매체를 통해 공적 문제에 대한 접근과 면밀한 검토가 가능하기 때문에 매스 커뮤니케이션이 공공영역의 효과적 운영에 중심적이라는 사실을 기억해야 한다.

③ 20세기 동안 매스미디어는 독점적 자본주의 조직으로 발전하였고, 그에 따라 공공영역에 대한 신뢰성 있는 정보의 확산자로서의 핵심적 기능이 약화되었다.

④ 미디어의 기능이 변화되어 점차 자본주의적 이해의 일익이 되어감에 따라 그 역할이 정보의 제공자에서 여론의 형성자로 바뀌었다.

⑤ 이는 언론이 광고기능을 포함하게 되고 보도에서조차 점점 더 선전적 입장을 표현함에 따라 공공영역이 상당한 정도로 쇠퇴한 것으로 사회적 관계에 대한 자본주의 장악력의 확산과 강화를 의미한다.

⑥ 근대사회에서 공적 서비스 윤리의 생성과 확산에 중요한 기여를 한 집단은 교수, 법률가, 일부 공무원 등 전문직 종사자들로 초기 부르주아 공공영역은 시장과 정부, 즉 경제와 정책 사이에 위치하는 사람들을 위한 공간을 제공한다.

Ⅶ 공공영역의 국가 개입

1 의의

① 자본주의 소유권의 취득 경향으로 경쟁력 있는 공공영역을 위한 정보적 하부구조를 보장하기 위해 국가 개입이 필요하다는 주장은 공공도서관, 정부통계 서비스, 박물관과 미술관, 고등교육 기관 등 공공영역의 핵심 제도의 특성을 설명하는 것으로 확대된다.

② 사람들의 지불능력에 관계없이 가능하면 많은 사람들에게 정보와 지식을 냉정하고 중립적으로 제시하는 데 헌신적인 전망을 제시하는 공적 서비스 윤리는 공공영역이 효과적으로 기능하는 데 필수적인 지향과 매우 일치하는 것으로 간주한다.

2 하버마스(Habermas)

① 보통 선거권으로 사람들이 정치적 영역으로 진입했지만 그것은 합리적 논의의 질적 내용보다는 여론을 우선시하는 경향을 초래하였다.

② 쟁점의 타당성에 대한 평가 없이 투표 결과를 중요시하는 경향보다 더 좋지 않은 점은 모든 사람에 대한 선거권의 확장이 근대적 선전, 즉 제조된 공공영역 속에서 여론을 관리할 수 있는 능력의 출현과 동시에 진행되었다는 것이다.

③ 이는 계몽주의의 어두운 면을 보여주는 것으로 무엇을 위해 투표하는지를 평가할 수 있는 수단이 결여되어 있다면, 사람들이 투표권을 가진다 한들 아무 소용이 없다.

④ 정보가 기만을 위한 것이라면 사람들이 더 많은 정보를 가진다 한들 아무 소용이 없다.

⑤ 여기에는 계몽과, 통제 정보와 광고, 교육과 조작이라는 야누스의 얼굴이 공존한다.

Theme

49 공공영역 정보서비스

I 라디오와 텔레비전

1 의의

① 공익방송조직은 대부분의 국가에서 중요한 공공 정보서비스 제도이다.

② 공익방송은 그 일상적 기능의 수행에서 정치가, 기업가, 시청자라는 외부적 압력으로부터 제도적으로 분리된 유형으로 간주한다.

③ 상업적 운영 필요에 의해 영향을 받지 않으며, 서비스에 대가를 지불할 능력이 있거나 광고주 및 후원자로부터 수입을 끌어들일 수 있는 사람들의 이익보다 공동체 전체의 이용 및 이익을 위해서 만들어지는 방송이다.

④ 공익방송은 가능한 한 고품질의 포괄적 서비스를 다양한 소수집단으로 구성된 공중에게 제공하는 데 헌신적이다.

2 공익방송의 건전성 악화

① 현재 공익방송의 건전성이 현저하게 악화되었다.

② 새롭게 출현하는 대안적 매체들은 공중에게 정보제공보다 오락판매에 몰두하고, 광고와 후원 또는 개인 가입비로 지원되는 프로그램에 대해 강조한다.

③ 비용을 부담하는 사람이 결정할 권리가 있기 때문에 공적으로 기금을 받는 조직은 쉽게 정부의 도구로 전락할 가능성이 높다.

Ⅱ 도서관

1 공공영역으로서의 특징

(1) 의의

① 정보는 전유하거나 사적으로 소유하는 것이 아니라 모든 사람에게 속하는 것이라는 관념을 기반으로 공공도서관이 형성되고 발전하였다.

② 정보와 지식은 배타적으로 소유될 수 있는 것이 아니기 때문에 그것을 이용하고자 하는 모든 사람에게 무료로 제공한다.

③ 사람들이 정보를 원하는 경우, 그것을 얻을 수 있도록 당연히 도움을 받을 수 있고, 정보의 검색과정에서 어떠한 불이익을 당해서는 안 된다는 것이 공공도서관의 근본 철학이다.

(2) 비용부담 없는 접근 보장

① 정보가 모든 사람에게 제공되며 개인적인 비용부담 없이 접근이 보장된다.

② 이용자는 해당지역에 거주하거나 직장에 다니거나 학교에 다니는 사람만이 이용이 가능하나 일부 도서관들은 지역에 제한 없이 모든 사람에게 서비스를 제공한다.

③ 공공도서관은 도서 및 전자 자료를 무료로 열람 · 대출하고 참고문헌을 제공하며, 사람들이 이용하기 편리한 개관 시간으로 운영된다.

(3) 정치적 독립성 보장

① 공공도서관 서비스는 국가 및 지방자치단체로부터 지원받지만, 그 운영은 정치적 이해관계로부터 독립적으로 운영된다.

② 공공도서관은 이용하고자 하는 모든 사람들에게 포괄적이고 효율적인 도서관서비스를 제공하는 것이 목적이다.

(4) 대중의 정보욕구 충족

① 공공도서관은 대중적으로 가장 많이 이용하는 공간이다.

② 이용자가 찾는 정보가 해당 도서관에 없는 경우에도 타도서관과 상호 대차서비스를 통하여 이용자의 정보욕구를 충족한다.

③ 공공도서관의 전문사서들은 특정 개인에 대한 편견이나 숨겨진 의도 없이 이용자들에게 전문적인 참고봉사 서비스를 제공한다.

(5) 19세기 중반 이후 영국 공공도서관 성장 요인

① 상류계급의 박애주의에서 가부장적 동정심에 기인하였다.

② 교육을 받지 못한 대중에 대한 두려움이 있었다.

③ 문맹률을 낮추려는 열망이 있었다.

④ 사회적 약자에게 학습자원을 제공해줌으로써 교육기회를 열어주려는 소망이 있었다.

2 시장원리의 침투

① 상업적 목적으로 고안된 정보기술이 도서관에 적용되면서 도서관은 정보관리의 효율성을 위해 전산화를 시행하고, 그 경비를 충당하기 위해 사용자에게 수수료를 징수하여 결국 도서관은 점차 영리적 성격을 띠기 시작하면서 지불능력에 따라 도서관의 정보서비스가 결정되는 상황을 초래하였다.

② 도서관은 점차 공공분야의 위상을 잃고 상업적 정보산업을 위한 보조자나 촉진자 역할을 하게 된다(Shiller).

③ 이제 도서관은 공공성과 평생학습의 상징이기보다는 세금의 낭비로 간주되어 예산이 줄고 장서가 줄며, 도서의 대출통계로 운영을 평가함으로써 대중적 도서를 우선시하는 블록버스터형 도서관이 등장하였다(Webster).

④ 공공도서관의 시장원리 침투는 정보에 대한 평등하고 자유스러운 접근을 보장하기 위한 최후의 보루가 무너짐으로써 빈부의 격차보다 심각한 정보의 격차로 결국 민주주의의 최소한 토대는 심각한 손상을 입게 되었다.

Ⅲ 박물관과 미술관

1 의의

19세기 박물관은 교육과 진보의 원천으로 무료 제공을 원칙으로 하였다.

2 미술관, 박물관의 공공영역 특성

① 무료입장의 원칙은 오랫동안 영국의 박물관과 미술관을 운영하는 핵심 정책이다.

② 박물관과 미술관을 위한 기금은 처음에는 부유한 기부자들로부터 나왔지만 오늘날에는 압도적으로 국고로부터 충당된다.

③ 공적 서비스 윤리가 박물관과 미술관으로 확산되어 소장품 관리자나 다른 직원들이 일반 공공의 이득을 위하여 소장품을 제공하고 보호한다는 헌신적 직업의식을 가지고 업무를 수행한다.

3 박물관 미술관의 변화

① 박물관이나 미술관이 정부지원의 축소를 보충하는 자금을 지원하는 후원자들은 이타주의적 이유로 후원을 하는 것이 아니라 특정한 전시나 기관을 사업적 이유 때문에 지원하기로 결정하는 경우가 대부분이다.

② 박물관과 미술관이 예술적 귀중품과 역사적 유물을 보관하기 위한 장소에 오락물을 채우는 경향이 증가한다.

Ⅳ 정부정보서비스

1 의의

① 영국에서 정보서비스를 위한 핵심기관은 통계청인데 이는 1996년 중앙통계국과 인구센서스 및 조사국이 통합되었다.

② 정부 정보서비스는 공공영역의 개념에 가장 적합하다.

③ 신뢰할 만한 통계적 정보가 없는 상황에서 의미 있는 정치, 구호의 교환을 뛰어넘는 정치는 생각할 수 없다.

④ 19세기와 20세기에 걸쳐 모든 성격의 정치적 심의를 위한 예비적 작업으로 정확하고 체계적으로 수집된 정보가 정부에 의해 만들어져야 한다는 견해가 등장하였다.

⑤ 정보를 수집하고 이용할 수 있도록 하는 정부 통계관들 사이의 공적 서비스 윤리와 정보가 면밀하고 공평하게 수집되고 분석되어야 한다는 점을 강조했다.

⑥ 통계관들은 정치적으로 중립적이어야 하고 동시에 정확성, 세밀한 방법론적 실행, 객관성 그리고 증거를 왜곡하거나 없애려는 것에 대한 완고한 거부 등과 같은 직업적 가치에 대해 매우 헌신적이었다(Phillips).

2 클라우스 모저(Claus Moser)의 고전적 공적 서비스 철학

① 정부 통계관들은 방대한 영역의 국가정보를 다루며 전체 공동체의 이익을 위하여 이것을 개발하는 것이 그들의 의무이다.

② 정부를 위해, 정부에 의해 수집된 정보는 비밀의 제약을 받지 않기 때문에 그들은 그것을 쉽게 이용할 수 있도록 해야 하며, 필요한 경우 자료에 대한 안내를 제공해야 한다.

③ 다양한 사용자 공동체들은 공적기금에 의해 수집 제공되는 정보에 대한 권리를 가지고 있을 뿐만 아니라 가용한 정보가 광범위하게 순환되고 이용되어야 한다는 것은 어떠한 경우에도 민주적 사회 및 열린 정부의 필수적인 부분이다.

3 정부 정보서비스의 전통적 역할 훼손 요인

① 정보를 상품으로 취급하는 경향이다.

② 통계자료의 충실성을 위협하는 정부 그리고 보다 일반적으로는 정치인들의 개입증가 경향이다.

③ 레이너(Rayner)는 정부정보에 대한 비용을 삭감하고, 그 업무를 공적 서비스로부터 이관시켜 정보를 필요로 하는 사람들에게 상업적 비용을 부과하는 방식으로 변경해야 한다고 주장했다.

4 레이너의 추천 내용

① 통계 간행물에 대한 보조를 신속히 감축해야 하고 기업을 위한 정보는 상업적으로 요금을 부과해야 하며 정부에서 보관하는 통계들은 공중이 이용할 수 있도록 더욱 유연성 있는 수단을 사용해야 한다.
② 시설에 대한 비용은 정보를 사용하는 개인이나 기관이 내는 적절한 요금으로 충당해야 한다.
③ 시장기준으로 정보를 다루는 추세의 결과로 정부보조금의 삭감과 공중들에게 부과되는 자료 이용 비용의 대폭적 인상이 필요하다.

[예상문제]

정부정보서비스에 대한 설명의 총 개수로 옳은 것은?

ㄱ. 영국에서 정보서비스를 위한 핵심기관은 통계청인데 이는 1996년 중앙통계국과 인구센서스 및 조사국이 통합되었다.
ㄴ. 모저(Claus Moser)는 정부를 위해, 정부에 의해 수집된 정보는 비밀의 제약을 받지 않기 때문에 그들은 그것을 쉽게 이용할 수 있도록 해야 한다고 주장했다.
ㄷ. 레이너(Rayner)는 정부정보에 대한 비용을 삭감하고, 그 업무를 공적 서비스로부터 이관시켜 정보를 필요로 하는 사람들에게 상업적 비용을 부과하는 방식으로 변경해야 한다고 주장했다.
ㄹ. 19세기와 20세기에 걸쳐 모든 성격의 정치적 심의를 위한 예비적 작업으로 정확하고 체계적으로 수집된 정보가 정부에 의해 만들어져야 한다는 견해가 등장하였다.

① 1개
② 2개
③ 3개
④ 4개

정답 ④

해설 ㄱ, ㄴ, ㄷ, ㄹ 모두 옳은 설명이다.

Theme

50 카스텔(Manuel Castells)

I 의의

① 마르크스주의 흔적은 현대 세계를 설명하는 데 총체주의적 관점을 제시한다. 세계의 움직임을 제대로 설명하기 위해 가장 중요한 사회적, 경제적 정치적 특징을 서로 연관된 요소로 검토해야 한다는 가정을 전제로 한다.

② 카스텔은 우리가 현재 기존 관계를 흔들어 놓는 지리적 불연속성을 경험하고 있지만 여전히 지역이나 지방은 중요하고 모든 것은 궁극적으로 통신망 사회로 통합되어 갈 것이라고 주장한다.

③ 이 중 광역 통신망의 연결점이 되는 혁신환경의 도시는 특별히 중요성을 가지면서 고유한 특성을 지니게 된다.

④ 세계도시는 장소를 넘어서 정보흐름을 만들어가는 과정에서 중요성을 가진다.

II 생애

① 마누엘 카스텔은 본래 라만차에서 자랐지만 훗날 바르셀로나로 이주해 법과 경제학을 공부하였다.

② 반 프랑코 학생운동에서 정치적으로 활발히 활동했던 그는 그로 인해 스페인에서 프랑스로 도망쳐야만 했다.

③ 파리에서 그는 20세의 나이에 학사 학위를 얻은 뒤 파리 대학교에 진학해 사회학 박사 학위를 취득하였다. 처음에 파리 제10대학교 낭테르에서 근무하였고 여기서 다니엘 콘 벤디트를 가르쳤으나, 1968년 학생 시위로 해고되었다. 그 뒤, 그는 사회과학고등연구원에서 1970년부터 1979년까지 근무하였다.

④ 1979년 그는 캘리포니아 버클리 대학의 사회학 및 도시 및 지역계획학의 교수로 임명되어 2003년까지 재직하였다. 2008년부터 그는 유럽혁신기술연구소 집행위원회의 구성원으로 재직하고 있다.

Ⅲ 학문적 배경

1 네트워크 사회의 기원

사회학에서 그의 저작들은 경험적 연구와 도시사회학, 조직학, 인터넷 연구, 사회 운동, 문화사회학, 그리고 정치경제학을 결합한 것들이라고 할 수 있다. 카스텔은 "동적 네트워크에 기반한 사회구조 개념을 기준으로 할 경우에 사회에 대한 관점은 전통적으로 사회를 기구와 조직들로 이루어진 '기계'로 보는 '기계적 관점'과 사회를 각각의 특정한 기능을 가진 유기조직의 통합체로 보는 '유기주의 관점'이 있었으나, 분자생물학적 움직임을 보이는 상호작용적 네트워크로 보는 관점 또한 적용될 수 있다."고 보았다.

생각넓히기 | 네트워크에 의한 사회공간의 재구성

(1) 카스텔에 의하면, 네트워크는 '상호 연관된 결절의 집합'으로 정의된다. 여기서 결절이 무엇인가는 네트워크의 구체적 형태에 따라 달라진다. 예로 지구적 금융 흐름의 네트워크에서 결절은 주식시장과 그와 관련된 고차서비스의 중심지이다. 네트워크의 특성으로 중요한 점은 우선 네트워크로 규정되는 어떤 위상은 "두 지점(혹은 사회적 위치)간의 거리(혹은 상호작용 밀도나 빈도)를 짧게(혹은 더 빈번하거나 조밀하게)" 해주며, 반면 "한 네트워크 내부에서 흐름은 결절 간 거리를 없애버리거나 결절 사이에 동일한 거리를 유지한다."는 점이다. 이러한 네트워크는 그 속에서 동일한 코드로 커뮤니케이션할 수 있는 한 "새로운 결절을 통합하여 무한히 뻗어나갈 수 있는 개방구조"이다. 그리고 이러한 네트워크는 경제적, 문화적, 정치적 목적을 위해 "공간의 폐기와 시간의 절멸을 목적으로 하는 사회조직을 위해 필요"하지만 또한 "네트워크 형태는 권력관계를 역동적으로 다시 조직하는 원천이기도 하다."

(2) 정보기술을 매개로 한 이러한 네트워크의 출현은 자본주의 생산양식 내 기술경제체제의 전환, 즉 산업적 발전양식에서 정보적 발전양식으로의 전환을 추동한다. 특히 정보기술에 기초한 네트워크 사회에서 전통적 의미의 '장소의 공간'은 '흐름의 공간'으로 전환한다. 흐름의 공간은 정보적 발전양식에서 경제적, 기능적 조직의 공간적 논리가 되며, 사회는 장소로부터 분리되어 흐름의 공간의 논리에 의해 재구성된다. 사람들의 일상생활은 장소에서 이루어지지만, 자본은 네트워크의 흐름을 통해 재생산되고, 권력은 네트워크의 흐름을 통해 지배한다. 일상생활의 시간 기준이 되었던 기계적 시계 시간(clock time) 개념을 대체하여 컴퓨터로 매개되는 네트워크 속에서 의미를 가지는 즉시적 시간(instant time) 개념이 만들어진다. 24시간 끊임없이 유동적으로 작동하는 세계금융시장 네트워크처럼, "시간이 존재하면서도 존재하지 않는 것 같은 무시간적 시간(timeless time)" 개념이 중심을 이루게 된다.

(3) 카스텔이 제시한 '흐름의 공간' 개념에서 공간은 '사회의 표현', '사회의 복사물이 아니라 사회 그 자체'로 정의된다. 특히 "공간은 물질적 산물이며, 공간에 형태, 기능, 사회적 의미를 부여하는 (역사적으로) 결정된 사회관계와 관여하는 다른 물질적 산물과 관련이 있다."고 주장된다. 이러한 점에서 공간, 특히 그가 주창하는 흐름의 공간 또는 네트워크 공간은 사회화된 물질적 공간으로서, 사회적 공간이라고 할 수 있다. 카스텔에 의하면, 이러한 흐름의 공간을 구성하는 네트워크의 물질적 기반은 다음과 같은 세 가지 층의 조합으로 설명된다. 첫 번째 층은 전자파 회로로서 컴퓨터와 정보통신망과 같은 기술적 하부구조이다. 두 번째 층은 결절과 허브(hubs)로 구성된다. 흐름의 공간은 비장소(placeless)가 아니며, 전자네트워크에 기반하여 특정 장소들에 연결되어 있다. 몇몇 장소는 이러한 네트워크로 모든 요소를 통합하는 상호작용의 조정 역할을 하는 허브기능을 하며, 또 몇몇 장소는 네트워크상에서 전략적으로 중요한 장소인 결절기능을 한다. 이 점은 네트워크 속에서도 상대적 비중이 다른 조직적 위계가 존재함을 의미한다. 세 번째 층은 지배 및 관리 엘리트의 사회 공간적 조직이다. 사회에서 지배적 위치에 있는 기술, 금융, 관리 엘리트들은 또한 그들의 이익을 물리적 공간상에서 뒷받침하는 특수한 공간적 요구를 전제로 한다.

생각넓히기 | 흐름의 공간

흐름의 공간은 흐름을 통해 작동하는 시간을 공유하는 사회적 실천의 물질적 조직이다. 카스텔은 정보사회의 시대의 특수성에 대해서 논의하며 사회에 대해서 공간이 의미를 가지게 되는 것은 시간상 동시적인 사회적 실천들을 그 공간이 공유하고 있다는 사실을 말한다. "나는 흐름을 사회의 경제적 · 정치적 · 상징적 구조하에서 사회행위자의 물리적으로 분리된 지위들 간에 목적적이고 반복적이며 프로그램 가능한 사회작용이나 교환의 연속으로 이해한다." 이 흐름의 공간이 정보사회의 유일한 공간은 아니다. 이는 네트워크 사회를 지배하고 형성하는 사회적 실천들을 특징짓는 새로운 공간적 형태로서 지배적인 공간이다. 이 흐름의 공간은 적어도 3가지 층위의 물질적 토대를 조합함으로서 설명될 수 있다. 첫 번째 층위는 사실상 전자충격회로로 구성되어 있다. 정보테크놀로지에 기초한 마이크로전자, 텔레커뮤니케이션, 컴퓨터 프로세싱, 방송시스템의 혁신, 고속 수송체계 등 전자의 힘에 의해서 구성되는 것이다. 정보테크놀로지에 의해 가능해진 상호작용의 네트워크에서 오늘날 사회의 지배적인 기능들의 공간적 분절이 일어난다. 네트워크 사회에서 지점들은 흐름에 의해 규정되고 있는 한에서 어떠한 장소도 홀로 존재하지는 않는다. 두 번째 층위는 전자네트워크에 기반하고 있지만, 이 네트워크는 사회 · 문화 · 자연 · 기능적 특성을 지닌 특정한 장소와 연결되어 있다. 몇몇 장소들은 교환자, 즉 커뮤니케이션 허브로서, 네트워크에 통합되어 있는 요소들 모두 간의 원활한 상호작용을 위하여 조정자 역할을 담당한다. 또 다른 장소들은 네트워크의 결절로 네트워크 내에서 핵심 기능을 수행하기 위하여 일련의 지역 기반 활동과 조직을 구축하는 전략적인 중요성을 갖는 기능들이 입지하여 있다. 결절 내 입지는 어떤 지역을 전체 네트워크와 연결시킨다. 결절과 허브 모두 네트워크에서의 상대적 중요성에 따라 위계적으로 조직된다. 그러한 위계는 네트워크에서 수행되는 활동들의 진화에 따라 달라질 수 있다. 세 번째는 지배적인 관리 엘리트들의 공간적 조직과 관련된다. 이 엘리트들은 공간이 접합되는 방식을 결정하는 지시 기능을 행사한다. 흐름의 공간은 우리 사회의 유일한 공간적 논리는 아니다. 그러나 그것은 우리 사회에서 지배적인 이익/기능의 공간적 논리이므로 지배적인 공간적 논리가 된다. 하지만 그러한 지배는 완전히 구조적인 것은 아니다. 그것은 사회적 행위자들에 의해 집행되고, 인지되고, 결정되고, 완수되는 것이다. 따라서 우리사회에서 지도급 지위를 차지하고 있는 기술관료적, 금융적인, 관리(경영)적인 엘리트도 그들 자신의 이해와 실천의 물질적/공간적 지지와 관련된 특정한 공간적 요구를 가지고 있다. 이 정보 엘리트의 공간적 현시는 흐름의 공간의 또 다른 근본적인 차원을 구성한다.

카스텔이 사용한 개념에 대한 설명으로 옳은 것은?

① 네트워크는 '상호 연관된 흐름의 집합'이다.
② 흐름의 공간은 흐름을 통해 작동하는 시간을 공유하는 사회적 실천의 상징적 조직이다.
③ 네트워크 내부에서 흐름은 결절 간 거리를 없애버리거나 결절 사이에 동일한 거리를 유지한다.
④ 자본의 유연성이 증가하는 자본 재구조화 과정에서 사회적 측면뿐만 아니라 공간적 측면에서도 중산계층과 도시 하위계층이 분리되는 정보도시가 발생한다.

정답 ③

해설 ① 카스텔에 의하면, 네트워크는 '상호 연관된 결절의 집합'으로 정의된다. 여기서 결절이 무엇인가는 네트워크의 구체적 형태에 따라 달라진다. 예로 지구적 금융 흐름의 네트워크에서 결절은 주식시장과 그와 관련된 고차서비스의 중심지이다.
② 흐름의 공간은 흐름을 통해 작동하는 시간을 공유하는 사회적 실천의 물질적 조직이다.
④ 자본의 유연성이 증가하는 자본 재구조화 과정에서 정보기술이 도구적으로 활용되면서, 자본의 힘은 더욱 강화되는 반면 노동의 힘은 약화되는 경향 속에서 결과적으로 사회적 측면뿐만 아니라 공간적 측면에서도 중산계층과 도시 하위계층이 분리되는 이중도시가 발생한다.

카스텔의 네트워크 사회에 대한 설명으로 틀린 것은?

① 네트워크 형태는 권력관계를 역동적으로 다시 조직하는 원천이기도 하다.
② 성찰적 정체성의 가능성은 개인 혹은 특정 집단의 성찰적 의지와 능력이 아니라, 권력의 흐름에 의해 좌우될 가능성이 높아진다.
③ 네트워크는 그 속에서 동일한 코드로 커뮤니케이션할 수 있는 한 새로운 결절을 통합하여 무한히 뻗어나갈 수 있는 개방구조이다.
④ 네트워크는 이미 프로그램 된 목표에 따라 작동되는 권력관계로 사람들의 의지와 상관없이 자신들의 삶을 결정하고 지배하는 요소가 된다.

정답 ②

해설 자신이 맺고 있는 링크와의 상호작용 속에서 정체성을 (재)구성하는 네트워크 사회에서는 성찰적 정체성의 가능성 역시 개인 혹은 특정 집단의 성찰적 의지와 능력이 아니라, 흐름의 권력에 의해 좌우될 가능성이 높아진다.

2 마르크스주의에 기반한 도시사회학

① 1970년대 카스텔은 국가의 간섭 속에서 경제적 측면에서 정치적 측면에 반영되는 다양한 범위의 사회적 투쟁을 포함하는 "대중 소비"(대중교통, 공공주택 등등)라는 개념을 제시하였다.
② 1980년대 초에 카스텔은 마르크스주의 구조를 넘어서 경제 재구성 과정에서의 새로운 기술의 역할에 집중하였다. 1989년 그는 세계 정보 네트워크에서 경제가 실시간으로 장거리에서 조정되는 과정의 물질 및 비물질적 구성요소인 "흐름의 공간"이라는 개념을 도입하였다.
③ 1990년대에 그는 정보시대 경제, 사회, 문화의 두 가지 연구 갈래를 결합해 정보시대 3부작인 「네트워크 사회의 도래(1996)」, 「정체성 권력(1997)」, 「밀레니엄의 종언(1998)」을 출판하였다.

핵심정리 정보지형론

- 도시의 공간적 지형 변화와 정보기술 혁신 간의 동적 관계를 분석하는 이론이다.
- 정보 네트워크의 확장이 지역이라는 한정된 공간 영역의 개념을 희석시킨다.
- 정보와 도시환경의 변동을 분석한다.
- 구조주의적 마르크스주의(알뛰세)의 영향을 받아 도시에 대한 정치경제학적 접근을 시도한다.
- 도시에 관한 기존의 도시사회학적 설명을 모두 이데올로기로 규정한다.
- 기술혁신에 의한 자본주의적 재구조화가 도시, 사회, 지역 구조를 변화시키는 요인이다.
- 정보생산자들이 수적으로 소수임에도 문화적으로 도시를 지배한다.
- 정보 기술의 발달로 세계경제를 지배하는 고도의 장악력이 소수의 대도시로 집중된다.
- 계급 간 갈등의 주요인을 도시화, 정보화의 인과관계를 중심으로 접근할 필요성이 대두한다.

예상문제

카스텔(Manuel Castells)의 정보지형론에 대한 설명으로 틀린 것은?

① 과학적 마르크스주의 이론적 핵심에서 도출하였다.
② 생산관계와 생산력의 개념적 차이를 분명히 인식하는 데서 출발하였다.
③ 생산관계는 계급투쟁과 같은 정치적, 사회적 영역에서, 생산력은 노동, 공장, 자본과 같은 기술적 영역에서 관찰되어야 하는 차이점이 존재한다고 인식하였다.
④ 농업적 발전 양식, 산업적 발전 양식, 정보적 발전 양식 중 어떤 발전 양식에 속하는지의 여부는 정치적 가치, 사회적 가치, 기술적 배열 등을 총체적으로 고려하여 결정한다.

정답 ④

해설 농업적 발전 양식, 산업적 발전 양식, 정보적 발전 양식 중 어떤 발전 양식에 속하는지의 여부는 생산성 수준을 높이기 위한 기술적 배열만을 고려하여 결정한다.

지형적 분산과 정보흐름 관리에 대한 카스텔의 입장으로 볼 수 없는 것은?

① 정보기술 통신망이 발전함에 따라 경제 · 사회 조직에 대한 정보흐름의 중요성이 커지면서 특정 장소에 대한 중요성도 증가하였다.
② 정보경제에서 조직체의 주요 관심사로 떠오르는 것은 정보의 흐름에 대한 관리 및 대응이다.
③ 정보통신망의 발달로 조직의 분권화가 촉진되는 효과가 나오는 한편 의사결정 과정의 집중성을 제고할 수 있다.
④ 정보통신망을 구축하고 운영하는 것은 중요한 지리학적 의미를 지닌다.

정답 ①

해설 정보기술 통신망이 발전함에 따라 경제 · 사회 조직에 대한 정보흐름의 중요성이 커지고 특정 장소에 대한 중요성은 감소하였다.

핵심정리 정보도시

정보시대는 새로운 도시 형태인 정보화 도시를 몰고 왔다. 그러나 전 세계의 정보화 도시가 실리콘 밸리를 그대로 복사한 것은 아니다. 산업화 시대에서처럼, 정보화 도시 역시 상당히 다양한 문화적 맥락하에서 근본적인 공통점을 가지고 있다. 새로운 정보화 시회는 지식에 기반하고 네트워크를 중심으로 조직되며 부문적으로는 흐름들로 구성되는 특성이 있기 때문에 형태로 파악하기 보다는 과정으로 파악되어야 한다. 이 과정은 흐름의 공간이라는 구조적 지배를 특징으로 한다.

핵심정리 세계도시

세계도시를 정보화 경제, 지구적 경제의 생산 현장으로서 분석하는 것은 이 세계도시들이 우리 사회에서 갖는 결정적인 역할과 다른 지역사회와 경제가 이러한 도시들이 갖고 있는 지시기능에 의존하고 있음을 잘 설명해준다. 그러나 주요 세계도시들 너머에는, 대륙 범위의, 국가 범위의, 그리고 지역범위의 경제가 자신만의 결절을 갖고 있으며, 그 결절은 지구적 네트워크에 접속되어 있다. 이 결절들에는 각기 적절한 기술적 하부구조, 지원서비스를 제공하는 보완적인 기업체계, 전문화된 노동시장, 그리고 전문직 노동자들이 필요로 하는 서비스체제 등이 있어야 한다. 세계도시 분석은 결절과 허브로 구성된 흐름의 공간에서 장소에 기반하고 있는 지향성들을 가장 직접적으로 예시해 줄 수 있는 동시에, 이러한 논리를 단순히 자본흐름으로만 제한되지 않도록 해준다.

핵심정리 이중도시

(1) 의의

카스텔에게 도시공간이란 잉여가치를 창출하는 집단이 지배하는 공간이며, 이러한 고부가가치 창출집단의 재생산에 의해 점점 부유해지는 공간과 점점 가난해지는 공간 사이의 이중화가 심화되는 특징을 지닌다. 카스텔은 LA나 뉴욕같은 메가시티 분석을 통해 이들 대도시를 반숙련 노동자가 급격히 쇠퇴하면서 사업서비스나 첨단기술분야의 산업이 성장하고 동시에 저임금 탈숙련 이민노동자가 메가시티로 유입되면서 고용구조가 양극화되는 이중 도시(dual city)로 규정한다. 그리고 이 메가시티에서 고부가가치 창출 집단은 정보네트워크를 통해 전지구적 경제를 접합시키고 세계적 힘을 집중시킨다. 반면 이들 고부가가치창출집단은 탈숙련 저임금 지역주민과 연결되지 않는다. 같은 도시에 살면서도 사회문제를 일으킬 수 있는 이민자, 빈곤층 지역과 단절되는 것이다. 메가시티의 특징은 물리적, 사회적으로 전세계와 네트워크로 연결되는 반면 내부적으로는 연결되지 않는 새로운 도시의 형태, 즉 이중도시인 것이다.

(2) 특징

① 고부가가치 창출 집단과 기능, 다른 한편으로는 평가 절하된 사회집단과 격하된 공간 사이의 사회적 · 공간적으로 분극화한 도시 시스템을 가진다. 이런 분극화는 도시 시스템의 사회와 공간 중핵의 통합 증대를 유발하는 동시에 평가 절하된 집단 공간을 파편화하고, 그런 공간이 사회적으로 맞지 않을 우려가 있다. 정보시대에 불평등, 도시빈곤, 사회배제가 결합된 것이다.

② 카스텔은 정보기술의 발달이 도시의 고용 및 직업 구조에 미치는 영향을 뉴욕과 로스앤젤레스의 사례 연구를 통하여 분석하였다. 그는 이들 대도시의 산업구조에서 나타나는 변화, 즉 반숙련 노동자가 고용된 산업은 쇠퇴하는 반면, 선진 서비스 산업이나 첨단기술 산업은 급격히 성장하고 있고, 이와 아울러 저임금 저기술의 이민노동자나 소수인종, 여성 등을 활용하는 비공식 · 반공식 제조활동이나 서비스 활동 역시 성장하고 있는 경향 속에서 고용구조의 양극화가 이루어진다.

③ 자본의 유연성이 증가하는 자본 재구조화 과정에서 정보기술이 도구적으로 활용되면서, 자본의 힘은 더욱 강화되는 반면 노동의 힘은 약화되는 경향 속에서 결과적으로 사회적 측면뿐만 아니라 공간적 측면에서도 중산계층과 도시 하위계층이 분리되는 이중도시가 발생한다.

④ 사회적 양극화와 공간적 단절은 문화양식의 이원화와 단절을 초래한다. 같은 대도시 내에서도 계층과 지역별로 아주 상이한 문화양식이 공존한다. 경제적 · 사회적 · 문화적 · 공간적 양극화 현상의 결과 대도시는 정치적으로도 양극화 된다. 결국 최근의 경향은 대도시의 내부를 사회적 · 공간적 · 문화적 · 정치적으로 이원화 · 분절화 시키고 있으며 이러한 현상은 이중도시라는 개념으로 설명될 수 있다.

기출문제

카스텔의 정보자본주의에 대한 설명으로 틀린 것은? [2022]

① 새로운 사회는 정보통신기술로 가능해진 통신망의 발전에 따라 등장한 정보의 흐름이 우선시되는 사회이다.
② 정보자본주의는 냉혹하고 약탈적인 자본주의 형태로 정보자본주의가 통신망을 통해 엄청난 유연성과 세계적 범위를 통합시키기 때문이다.
③ 지식에 대한 지식의 작용 자체가 생산성의 주요 원천으로 새로운 사회뿐만 아니라 새로운 경제의 등장을 예고하는 것으로 간주한다.
④ 전자적 흐름이 국경과 상관없고, 마케팅 · 생산 · 분배가 점점 국가적 경계를 뛰어넘어 발생하기 때문에 세계적 정보통신망의 확산이 중앙집권화된 국민국가의 종말을 예고한다.

정답 ④

해설 카스텔은 통신망이 국민국가의 종말을 의미하는 것은 아니나 약화되어 세계시장 속에 편입되어 그 역할이 중요하게 지속될 것이라고 주장한다.

카스텔의 네트워크 사회에 대한 설명으로 틀린 것은? [2022]

① 사회 변화 속에서의 사회 운동의 역할을 강조하는 마르크스주의의 영향을 받았다.
② 정보통신망의 연결점이라고 할 수 있는 정보도시는 세계적으로 통합되는 경제활동의 중심으로서 지휘소 역할을 한다.
③ 글로벌 경제의 연결성과 정보자본주의의 유연성의 핵심에는 새로운 조직 형태라 할 수 있는 기업의 네트워크가 존재하고 이는 네트워크 기업과는 다른 것이다.
④ 대도시(Megacity)에서 고부가가치 창출 집단은 정보네트워크를 통해 전지구적 경제를 접합시키고 세계적 힘을 집중시키는데, 탈숙련 저임금 지역주민과 연결되지 않은 채 상층부에서만 나타난다.

정답 ③

해설 글로벌 경제의 연결성과 정보자본주의의 유연성의 핵심에는 새로운 조직 형태라 할 수 있는 네트워크 기업이 존재한다. 이는 기업의 네트워크(network of enterprise)와 다른 것이다. 네트워크 기업은 서로 상이한 일단의 기업이나 업무 부서들을 서로 연결시켜서 구체적인 프로젝트 수행을 위해 특별히 조직하는 것으로, 과업 완수 후에는 대개 해체하거나 재구성하게 된다.

3 생산, 권력, 그리고 경험이라는 세 가지 사회적 차원을 포함하는 정보시대

① 경제, 사회, 문화는 경제의 조직과 국가, 그리고 그것의 기관들과 사람들이 집단행동을 통해 삶 속에서 의미를 만들어 나가는 방법들이 사회 역학에서 바꿀 수 없는 요인임을 강조하였다. 즉, 이것들이 서로 구별되어 있는 것과 동시에 상호 간에 연결되어 있는 존재로 이해되어야 한다는 것이다.

② 또한, 그는 인터넷 발전 분석에서 각자의 이해관계에 따라서 경제적 하부구조를 형성하는 데에서의 국가의 역할(군사 및 학술 분야에서), 사회운동의 역할(해커와 사회 운동가), 그리고 비즈니스의 역할을 강조해 인정받는 인터넷 문화 이론가가 되었다.

③ 정보시대 3부작은 그의 주장의 핵심이라 할 수 있다. "사회는 네트와 자아에 대한 양극구조를 중심으로 급속도로 형성되어가고 있다." 여기서 "네트"는 사회적 조직에서 수직적으로 통합된 위계를 대신해 지배적인 형태로 나타나는 네트워크 조직을 의미하고, "자아"는 지속적으로 변화하는 문화적 환경 속에서 사람들이 사회적 정체성을 재확인할 때 사용하는 방법과 의미를 뜻한다.

Ⅳ 정보자본주의

1 카스텔의 정보시대

(1) 의의

① 정보시대를 통해 새로운 사회의 등장을 예고하고, 이 새로운 사회는 정보통신기술로 가능해진 통신망의 발전에 따라 등장한 정보의 흐름이 우선시되는 사회이다.

② 모든 사회는 정보를 이용하였기 때문에 현 시기의 특성에 관한 한 정보사회라는 용어는 분석적 가치가 거의 없다고 주장한다.

(2) 정보시대의 특성

① 정보주의는 지식에 대한 지식의 작용 자체가 생산성의 주요 원천으로 새로운 사회뿐만 아니라 새로운 경제의 등장을 예고하는 것으로 간주한다.

② 자본주의는 친숙한 형태의 경제관계(이윤추구, 사적소유, 시장원칙 등)이다.

③ 정보자본주의는 냉혹하고 약탈적인 자본주의 형태로 정보자본주의가 통신망을 통해 엄청난 유연성과 세계적 범위를 통합시키기 때문이다.

④ 정보시대는 새로운 경제와 사회로의 심층적 변동을 가져왔다. 이러한 변화 속에서 자본주의는 과거보다 더 대담하고 견고한 모습을 보이고 있다.

⑤ 1970년대 후반 자본주의 발전과 정보통신기술의 등장이 결합되어 정보자본주의가 가능하게 되었다고 주장함으로써 정보사회의 태동에 관하여 연속성과 변동 모두를 추구한다.

⑥ 현 시기에 자본주의가 주도적 역할을 한다는 인식하에 통신망사회의 형성에 따라 근본적 변화가 일어나고 앞으로는 이러한 통신망이 모든 사회적 조직화에 필수적인 부분이 될 것이라고 주장한다.

⑦ 진정으로 새로운 사회를 표현하는 것은 통신망 사회의 출현으로 보고 우리가 정보사회에 있는 것이 아니라 우리는 통신망 사회에 살고 있는 것이며, 이는 근본적이고 형태학적인 사회의 변형이라고 주장한다.

V 통신망 사회

1 정보시대의 변동

① 카스텔은 우리는 정보시대의 변동을 경험하고 있으며, 정보시대의 핵심적 특성은 사람-제도-국가를 연결시키는 통신망의 확산이라고 주장한다.

② 변동의 결과는 다양하지만, 가장 주목할 만한 것은 통신망 사회가 지구적 차원에서 증대되는 통합과 두드러진 사회적 분리 간의 간극을 더 크게 만든다는 것이다.

③ 세계화가 사람과 과정을 통합시키는 방식을 검토하는 동시에 그와 관련된 파편화와 해체를 평가하는 것이라고 지적한다.

④ 정보시대의 출발은 1970년대, 즉 '전후 정착'(완전 고용, 생활수준 향상, 국가 복지체계 등)이라고 지칭되는 시기의 종말을 보여주는 자본주의 위기 시대로 거슬러 올라간다.

⑤ 자본주의 위기는 이전보다 더 치열한 경쟁에 직면한 기업들이 구조 조정을 통해 이윤창출을 추구하기 때문이다.

⑥ 이러한 구조조정 과정은 정보통신기술의 발전과 밀접한 관련이 있는 현상으로 카스텔이 정보적 발전양식이라고 부르는 것의 출현과 동시적으로 발생한 것으로 간주한다.

2 통신망 사회의 특성

① 통신망 사회는 전 세계에서 공간적 제약 없이 자본주의 활동이 이루어지는 사회이다.

② 많은 논자들은 세계적 정보통신망의 확산이 국민국가의 종말을 예고한다고 주장하는데 이는 전자적 흐름이 국경과 상관없고, 마케팅 · 생산 · 분배가 점점 국가적 경계를 뛰어넘어 발생하기 때문이다.

③ 통신망이 국민국가의 종말을 의미하는 것은 아니나 약화되어 세계시장 속에 편입되어 그 역할이 중요하게 지속될 것이라고 주장한다.

3 통신망의 형태

(1) 고가치 생산국(정보노동에 기초)

북미, 서유럽, 일본에 집중된 지역이다.

(2) 대량 생산국(저임금 노동에 기초)

중국이 특히 중요한 지역이다.

(3) 원자재 생산국(자연자원에 기초)

석유 및 가스 생산이 중요한 지역이다.

(4) 잉여노동 생산국(저가치 노동으로 전략)

자본과 자원이 거의 없고 정부가 불안정하여 하부구조가 빈약한 지역이다.

Ⅵ 통신망 기업

1 출현 배경

① 자본주의와 정보혁명의 결합으로 통신망 사회가 출현하였다. 통신망 사회는 단순히 세계화만의 문제가 아니라 조직의 형태도 근본적으로 변화하고 통신망의 성장에 따라 이루어진 지구적 통합으로 조직운영의 탈관료제화가 진행된다.

② 기업의 권력은 통신망을 통해 실제적으로 활동하는 정보 노동자로 이동한다. 이들 정보노동자들은 여기저기 거래를 성사시키고 틈새시장을 찾아내는 프로젝트를 수행하며 자신들을 일시적으로 고용하는 특정 기업보다는 자신들과 유사한 사람들에 대한 헌신도가 더 높다.

2 통신망과 초국적 기업

① 통신망 사회에서 초국적 기업이 출현되었지만 이러한 기업도 통신망 사회에서 중대한 위기에 직면, 스스로 변화하지 않으면 붕괴의 위험을 감수해야 한다.

② 초국적 기업은 수직적으로 통합된 존재에서 수평적 기업으로의 변형을 위해 분해되는 존재로 변화해야 한다는 것을 의미한다.

③ 통신망 사회는 모두 지구적 시장의 대응속도와 적응성의 문제이므로 다른 어떤 것보다도 중요한 것은 통신망이라는 것이 핵심이며, 이는 형식적 의미에서 기업이 아무리 집중화되고 위계적으로 조직화되어 있다 하더라도 제품과 서비스를 적시에 적정가격으로 전달하는 것은 회사 내부 및 외부의 행위자들에 의해 끊임없이 만드는 통신망이라는 것이다.

④ 정보경제에서 대기업은 더 이상 독립적이거나 자족적인 존재가 아니라 분권화 · 참여 · 협동에 기초하여 스스로 프로그램하고 스스로 통제하는 단위인 통신망에 대한 접근을 가진 사람들에게 권력을 이양해야 한다.

3 통신망 사회의 탈포드주의 색채

① 탈포드주의의 핵심용어인 유연성이 카스텔의 저서에서도 반복적으로 출현한다.

② 오늘날 기업 패러다임의 전형을 보여주는 기업은 시스코(Cisco)로 기업 활동 80%정도가 웹사이트를 통해 이루어지는 회사이다.

③ 포드의 거대한 제조공장, 표준화된 생산 공정, 위계적 관리구조는 산업자본주의 시대를 보여주는 것에 대비, 시스코를 정보시대의 전형적인 통신망 기업으로 제시한다.

4 정보주의

① 현대 자본주의가 여전히 존재하지만 이전과는 매우 다른 새로운 형태로 그 중심에는 정보주의 정신이 있으며, 이러한 정신은 정보교환을 즐겨하고 통신망에 매우 효과적으로 연결되어 있어서 사이버 공간참여자들이 세상을 주도할 수 있다.

② '창조적 파괴'(슘페터가 제시한 용어)의 물결 속에 세계 도처의 생활과 사건을 근본적으로 변화시키는 통신망을 통한 의사결정을 하는 사람들은 고용주뿐만 아니라 통신망에 재능 있는 모든 사람들에게 해답을 줄 수 있는 새로운 유형의 사람들이다.

③ 통신망 기업으로 이루어진 사이버 공간은 슘페터가 베버를 만나는 곳으로, 급격한 변동, 창조성, 개인적 충동 등이 절묘하게 결합된 사람들을 필요로 한다.

④ 정보노동은 사회 전반에 걸쳐 확산되었으며 과거의 노동보다 대체로 더 만족도가 높으며, 과거보다 훨씬 더 개인화된다.

⑤ 통신망 사회의 변화된 환경으로 인해 사람들은 정보자본주의의 전반적 변동성 속에서 생존하기 위해 자신들이 현재 하고 있거나 장차 하게 될 것으로 예상되는 일에 유연하게 적응해야 한다.

Ⅶ 통신망 국가(=네트워크 국가)

1 출현배경

① 국가가 자주적이지 않고, 권력은 있되 그것을 독자적으로 행사할 수 없게 됨으로써 통신망 사회에서 제시된 개념이다.

② 지구화된 세계에서 정치 관리의 실제적인 운영 단위가 국민국가, 국제기구, 국민국가의 연합제, 지방정부, 비정부기구에 의해 형성된 것을 개념화하였다.

③ 전 지구적, 국가적, 지방적 쟁점들을 협상하고 관리하며 결정을 내리는 다양한 수준의 거버넌스 유형들이 통신망 국가의 특성이다.

2 국민국가와 통신망 국가

① 국민국가는 서로 연합해 국가 네트워크를 형성하며, 그 대표적 사례로 NAFTA, NATO, EU, ASEAN, APEC, 동아시아 정상회의, 상하이 협력기구 등이 있다.

② 국민국가는 지구적 이슈를 다루기 위해 유엔과 같은 일반 목적의 기관부터 WTO, IMF, 세계은행, 국제형사재판소 등 전문기관에 이르기까지 국제기구와 초국가기관들이 네트워크를 구축한다.

③ 국민국가가 권력을 지역정부와 지방정부로 이양하고 NGO 참여 채널을 개방하는 현상으로 정치적 의사결정과정이 국가적, 초국가적, 국제적, 공동 국가적, 지역적, 지방적 기관들 사이의 상호작용 네트워크를 넘어 시민사회까지 영역이 확장된다.

④ 새롭게 등장한 통신망 국가는 상이한 국가와 정부 수준 사이에서 주권과 책임이 공유되고, 거버넌스 절차가 유연하며, 정부와 시민 사이의 관계에서 시간과 공간의 다양성이 더욱 확대된다.

⑤ 위기에 처한 국가는 새로운 연결고리를 만들어 '통신망 국가'가 되고, 여전히 사람들에게 영향력을 행사하지만, 지구화된 통신망 사회에서 국가는 자주적 독립체라기보다는 전략적 행위자로 받아들여진다.

3 통신망 사회에서의 권력(Castells)

(1) 의의

① 네트워크는 이미 프로그램된 목표에 따라 작동되는 권력관계로 사람들의 의지와 상관없이 자신들의 삶을 결정하고 지배하는 요소가 된다.

② 네트워크 사회의 권력은 네트워크를 통하여 행사되고 이러한 사회적 · 기술적 조건 아래에서 네 가지 형태로 존재한다.

(2) 권력의 유형

① 네트워킹 권력(networking power)

글로벌 네트워크 사회의 핵심을 이루는 행위자와 조직들이 글로벌 네트워크에 포함되지 못한 사람들에게 행사하는 권력이다.

② 네트워크 권력(network power)

네트워크 안에서 사회적 상호작용을 조정 · 통합하기 위해 필요한 표준으로부터 도출되는 권력이다. 이러한 경우에 권력은 네트워크로부터의 배제가 아닌 네트워크에 포함되기 위한 조건을 규정한 규칙 부과의 형태로 행사된다.

③ 네트워크화된 권력(networked power)

네트워크 안에서 사회적 행위자들이 다른 사회적 행위자들에게 행사하는 권력이다. 네트워크화된 권력이 행사되는 형태들과 과정들은 각각의 네트워크의 사정에 따라 다르게 구체화된다.

④ 네트워크를 구축하는 권력(Network-making Power)

카스텔이 가장 중요하게 생각하는 권력 형태이다. 네트워크를 구축하는 권력은 프로그래머들의 이익과 가치에 따라 구체적인 네트워크를 프로그램하는 권력과 다양한 네트워크들의 주요 행위자들이 전략적 협력을 통해 기존의 네트워크를 변화시키는 권력을 포함한다.

생각넓히기 |

Power in the network society is exercised through networks. There are four different forms of power under these social and technological conditions:

- Networking Power: the power of the actors and organizations included in the networks that constitute the core of the global network society over human collectives and individuals who are not included in these global networks.
- Network Power: the power resulting from the standards required to coordinate social interaction in the networks. In this case, power is exercised not by exclusion from the networks but by the imposition of the rules of inclusion.
- Networked Power: the power of social actors over other social actors in the network. The forms and processes of networked power are specific to each network.
- Network-making Power: the power to program specific networks according to the interests and values of the programmers, and the power to switch different networks following the strategic alliances between the dominant actors of various networks.

[예상문제]

카스텔의 '커뮤니케이션 권력'에 대한 설명으로 틀린 것은?

① 국가는 점차 새로운 형태인 네트워크 국가로 진화한다.
② 네트워크 국가에서는 동일한 수준의 국가와 정부들이 주권과 책임을 공유한다.
③ 권력의 네트워크에서 국가는 여전히 중요하긴 하지만 유일한 노드는 아니다.
④ 국가는 권력관계에서 여전히 중요한 행위자이지만 근대 국민 국가의 힘이 이전보다 약화되고 있다.

정답 ②

해설 네트워크 국가에서는 상이한 수준의 국가와 정부들이 주권과 책임을 공유한다.

Ⅷ 정보발전양식

1 정보자본주의 출현

① 카스텔은 정보 발전양식과 자본주의 생산양식을 구별하였다. 생산양식은 마르크스주의 전통에서 나온 것으로 시장경제, 이윤을 위한 생산, 사적 소유 등을 지칭하고, 발전양식은 주어진 수준의 부를 생산하는 수단을 지칭한다.

② 산업주의도 하나의 발전양식으로 우리는 현재 새로운 사회 기술적 패러다임인 정보발전양식에 진입한 것이다.

③ 이는 부를 창출하는 새로운 방식으로 지식 자체에 대한 지식의 작용이 생산성의 주요 원천이 되는 곳에서 등장하였다.

④ 1970년대 위기에 처했던 자본주의와 정보혁명의 역사적 동시 발생을 통해 오늘날의 정보 자본주의가 출현하였다.

2 생산양식, 발전양식, 기술 패러다임

① 발전양식(mode of development)은 마르크스주의 사회학의 주요 개념인 생산양식(mode of production)을 원용해 카스텔이 창안한 개념으로 둘은 대립적인 개념이 아니라 보완적 개념으로 생산력과 생산관계에 의해 결정된다.

② 발전양식은 생산성 수준을 높이기 위한 기술적 배열이며, 궁극적으로 잉여수준을 결정하는 것으로 생산의 사회적 관계가 생산양식을 규정하고 생산의 기술적 관계가 발전양식을 규정한다.

③ 카스텔의 발전양식 개념은 기술혁명을 핵심동력으로 한 역사의 변천과정을 기술하기 위한 나름의 전략이며, 궁극적으로 정보통신기술이 주도하는 현대문명의 특성을 설명하기 위한 도구이다.

[카스텔의 발전양식과 기술 패러다임]

구분	농업문명	산업문명	정보문명
발전양식	농업적 발전양식	산업적 발전양식	정보적 발전양식
잉여 증가요인	생산수단의 양적 수단증가	신에너지원 도입과 에너지 사용의 질	지식의 질(지식생산, 정보처리, 상징 커뮤니케이션)
기술 패러다임	전산업주의	산업주의	정보주의
수행 원리	더 많은 노동량과 생산수단 동원 지향	경제 성장(산출 극대화) 지향	지식과 정보 지향

예상문제

카스텔(Manuel Castells)의 발전 양식에 대한 설명으로 틀린 것은?

① 생산력과 생산관계에 의해 결정된다.
② 생산의 기술적 관계에 의해 규정되고 잉여 수준을 결정한다.
③ 기술혁명을 핵심동력으로 한 역사의 변천 과정을 기술하기 위한 도구 개념이다.
④ 정보적 발전 양식에서 잉여 증가 요인은 지식 생산, 정보 처리, 상징 커뮤니케이션 등 지식의 양적 증가이다.

정답 ④

해설 정보적 발전 양식에서 잉여 증가 요인은 지식 생산, 정보 처리, 상징 커뮤니케이션 등 지식의 질적 발전이다.

카스텔(Manuel Castells)의 발전양식에 대한 설명으로 틀린 것은?

① 마르크스의 생산양식을 원용하여 고안하였다.
② 생산양식을 구성하는 생산관계와 생산력의 차이에 주목하였다.
③ 생산관계는 정치 · 사회적 영역을 결정하며, 생산력은 노동, 공장, 자본과 같은 기술적 영역을 결정한다고 본다.
④ 자본주의의 정치적 · 사회적 지배 구조가 발전 양식을 결정하며, 발전 양식이 잉여의 소유와 이용 방식을 결정한다.

정답 ④

해설 카스텔에 의하면 생산양식이 잉여의 전유와 이용 방식을 결정한다. 반면 잉여 수준은 특정한 생산 과정의 생산성에 의하여 결정된다. 생산성 수준은 노동과 물질간의 관계에 따라 달라지며, 이 관계는 에너지와 지식을 이용하는 생산수단의 함수로 표현될 수 있다. 이 과정의 특징은 기술적 생산관계, 즉 발전양식에 의해 결정된다. 즉 발전 양식은 노동이 제품을 생산하기 위해 물질에 작용하는 기술적 배열이며, 궁극적으로는 잉여의 수준과 품질을 결정한다.

3 카스텔이 제시하는 정보기술 패러다임의 특징

① 정보가 기술에 영향을 줄 뿐만 아니라 정보에 영향을 미치는 기술이 출현한다는 점에서 정보를 패러다임의 원재료로 인식한다.

② 새로운 기술 매체에 의해 개인적, 집합적 존재의 모든 과정이 형성되는 신기술 효과의 파급성을 그 특징으로 한다.

③ 복잡성 증가와 관련된 네트워킹 논리를 그 특징으로 한다.

④ 재구성 능력에서 드러나는 유연성을 그 특징으로 한다.

⑤ 고도로 통합된 시스템으로서 개별 기술들이 수렴되는 재료나 방법론적 측면에서 상호의존 관계를 그 특징으로 한다.

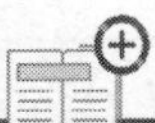

생각넓히기 | 패러다임(paradigm)

어떤 한 시대 사람들의 견해나 사고를 지배하고 있는 이론적 틀이나 개념의 집합체이다. 미국의 과학사학자이자 철학자인 토머스 쿤(Thomas Kuhn)이 그의 저서 「과학혁명의 구조(The Structure of Scientific Revolution)」(1962)에서 새롭게 제시하여 널리 통용된 개념이다. '패러다임'은 '사례 · 예제 · 실례 · 본보기' 등을 뜻하는 그리스어 '파라데이그마(paradeigma)'에서 유래한 것으로, 언어학에서 빌려온 개념이다. 즉 으뜸꼴 · 표준꼴을 뜻하는데, 이는 하나의 기본 동사에서 활용(活用)에 따라 파생형이 생기는 것과 마찬가지다. 이런 의미에서 쿤은 패러다임을 한 시대를 지배하는 과학적 인식 · 이론 · 관습 · 사고 · 관념 · 가치관 등이 결합된 총체적인 틀 또는 개념의 집합체로 정의하였다. 쿤에 따르면, 과학사의 특정한 시기에는 언제나 개인이 아니라 전체 과학자 집단에 의해 공식적으로 인정된 모범적인 틀이 있는데, 이 모범적인 틀이 패러다임이다. 그러나 이 패러다임은 전혀 새롭게 구성되는 것이 아니라 기존의 자연과학 위에서 혁명적으로 생성되고 쇠퇴하며, 다시 새로운 패러다임으로 대체된다. 쿤은 이러한 과정을 다음과 같이 설명한다. 즉 하나의 패러다임이 나타나면, 이 패러다임에서 나타나는 갖가지 문제점들을 해결하기 위해 과학자들은 계속 연구 · 탐구 활동을 하는데, 이를 정상과학(normal science)이라고 한다. 이어 정상과학을 통해 일정한 성과가 누적되다 보면 기존의 패러다임은 차츰 부정되고, 경쟁적인 새로운 패러다임이 나타난다. 그러다 과학혁명이 일어나면서 한 시대를 지배하던 패러다임은 완전히 사라지고, 경쟁관계에 있던 패러다임이 새로운 패러다임으로 자리를 대신하게 된다. 따라서 하나의 패러다임이 영원히 지속될 수는 없고, 항상 생성 · 발전 · 쇠퇴 · 대체되는 과정을 되풀이한다. 본래 패러다임은 자연과학에서 출발하였으나 자연과학뿐 아니라 각종 학문 분야로 파급되어 오늘날에는 거의 모든 사회현상을 정의하는 개념으로까지 확대되어 사용되고 있다.

4 문화적 결과

① 카스텔은 통신망에 존재하는 콘텐츠에는 거의 관심을 두지 않고 심층적인 정보통신기술의 영향에 초점을 두어 텔레비전이 인쇄시대(구텐베르크 은하)의 종말과 새로운 문화형태로의 교체를 예고한다는 통찰력을 제시한 마셜 맥루한의 견해를 계승했다.

② 오늘날 정치에서 TV의 중요한 측면은 특정한 콘텐츠가 아니라 정치인이 되기 위해서는 TV에 출연해야 한다는 사실인 것처럼 통신망 사회의 가장 중요한 점은 통신망에 어떤 것이 떠도는가가 아니라 통신망에 대한 접근 자체라는 사실을 강조하며, 통신망에 접속할 수 없다면 통신망 사회에서 온전한 역할을 수행할 수 없다고 주장한다.

③ 컴퓨터 통신망은 개인화되고 상호작용을 가능하게 하기 때문에 TV로 집약되는 매스커뮤니케이션 체제의 종말을 예고한다. 따라서 가장 중요한 문화적 영향은 통신망에 대한 접속의 문제이며 통신망을 통해 정보에 접근할 수 있고 자신이 필요할 때는 언제나 누구하고도 상호작용이 가능하다.

④ 카스텔은 맥루한의 '매체는 메시지다.'라는 견해를 지지하며, 지금까지 국가 단위의 TV 방송에서 존재했던 공통문화의 상실을 예고한다. 미디어가 전 지구적으로 상호연결되지만, 반면에 우리는 지구촌에 살고 있는 것이 아니라 지역적으로 생산되고 분배되는 맞춤형 오막살이에 살고 있다.

⑤ 인터넷은 기술적 · 문화적으로 배태된 상호작용성과 개인화라는 속성을 가지므로 인터넷은 사람들을 분리하는 것이 아니라 서로 연결시키는 전자 공동체의 형성을 가능하게 하고 전자적 광장을 확대시켜 상호작용성 사회가 될 것이라고 전망한다.

⑥ 카스텔은 수용자들이 메시지를 있는 그대로 수용하지 않는다는 '적극적 수용자 이론을 인정하는 것에서 한 걸음 더 나아가 자신에게 전달되는 것을 해석하여 메시지와 상호작용하면서 도전, 확대, 거부, 포용한다는 '창의적 수용자' 개념을 창안했다.

기출문제

카스텔에 대한 설명으로 틀린 것은? [2019]

① 카스텔은 맥루한의 '매체는 메시지다.'라는 견해를 지지한다.
② 수용자들이 메시지를 있는 그대로 수용하지 않는다는 '적극적 수용자' 이론을 인정하는 것에서 한 걸음 더 나아가 '창의적 수용자' 개념을 창안했다.
③ 발전 양식은 궁극적으로 잉여 수준을 결정하는 것으로 생산의 기술적 관계를 규정한다.
④ 정보주의와 자본주의 양자를 결합하여 만들어 낸 '정보자본주의'라는 개념을 사용하여 현대사회를 설명하였다.

정답 ③

해설 발전 양식이 생산의 기술적 관계를 규정하는 것이 아니라 생산의 기술적 관계가 발전 양식을 규정한다.

Ⅸ 노동계급의 소멸

1 전통적 노동계급의 종말

① 모든 급진적 정치운동의 주축이 되었던 노동계급은 수적으로 감소, 비육체 노동, 특히 여성 노동력에 의해 대체된다.

② 노동계급의 사회에 대한 기여가 감소하고, 노동가치론은 정보(또는 지식)가치론으로 대체된다.

2 정보노동자 출현

① 지식과 정보가 새로운 생산과정에서 본질적 재료이다.

② 교육은 노동의 핵심적 자질이어서 정보 자본주의의 새로운 생산자는 경제에 대한 기여가치가 매우 높은 지식 창출자와 정보처리자들이다.

③ 정보노동자라는 새로운 계급이 출현하여 과거의 노동계급을 쓸모없게 만든다.

④ 정보노동자는 사회에서 누가 가장 중요한가를 매우 분명하게 만드는 방식으로 일반노동자들에게 영향을 미치는데, 그것은 자동화를 통해 일반노동자들을 필요 없게 만들거나, 생산을 세계 다른 지역으로 이전하거나 고정되고 고착된 일반노동자들이 적응할 수 없는 새로운 산물을 창출하는 등 다양한 방식으로 나타난다.

⑤ 카스텔은 얼굴 없는 집합적 자본가가 있는데 이는 특정 계급을 초월하는 것으로 예를 들면, 세계 주식시장이나 외환시장에서의 지속적 거래는 자본주의 기업의 주류와 어긋나게 선택할 수 있는 여지가 거의 없다는 것을 의미한다.

⑥ 유산 자본가들이 아닌 시스템의 기능자들이 존재하는데 이들은 정보노동자로서 회계사, 시스템 분석가, 금융가, 투자가, 광고업자 등이다.

⑦ 정보자본주의와는 무관한 비숙련 노동자들이 존재하는데 이들은 '제4세계'라고 부르는 자들로서 세계화된 자본주의의 매력적인 자본이나 기술이 없기 때문에 담당할 역할이 없다.

⑧ 미국의 도시빈곤층으로 새로운 세계 체제에서 중심적인 정보노동자들의 주변에 붙어서 살아가는 하류층 사람들로 웨이터, 보모, 청소부 등이 '제4세계'에 속한다.

Theme

51 탈근대론

I 의의

① 탈근대론은 두 가지 측면에서 '탈' 세계에서 정보의 역할을 강조한다.

② 하나는 탈근대 사상가들이 새로운 시기의 성격을 규정하면서 정보 및 커뮤니케이션을 강조하는 것이고, 다른 하나는 대표적인 '탈'이론가인 장 보드리야르(Jean Baudrillard)나 롤랑 바르트(Roland Barthes) 등이 흥미롭게도 다른 정보사회 이론가들과 상이한 방식으로 정보에 초점을 두고 있다는 점이다.

③ 그들이 정보를 중요시하는 것은 경제적 관점도 직업적 변화의 측면도 시공간에 걸친 정보의 흐름 측면도 아닌 상징과 기호의 확산이라는 측면이다.

II 지적 운동으로서의 탈근대주의

1 탈근대주의

① 탈근대주의는 지적 운동인 동시에 우리 개개인이 텔레비전을 시청하거나 외출하기 위해 옷을 갈아입거나 아니면 음악을 들을 때처럼 일상생활에서 접하게 되는 현상 중 하나로 나타난다.

② 사회과학 내에서 근대성은 일반적으로 유럽에서 봉건제와 농업사회를 종식시키고 세계의 거의 모든 곳에 영향을 미쳤던 일련의 변동으로 과학, 산업, 계몽주의 사고방식이다. 탈근대성은 이러한 것들과의 단절을 의미한다.

③ 일부 논자들은 탈근대주의가 이론으로 이해되기보다는 문화의 문제로 간주되어야 한다고 주장하는데, 그 이유는 탈근대주의의 관심이 주로 예술 미학, 음악, 건축, 영화 등에 관한 것이기 때문이다.

④ 근대주의와 탈근대주의라는 짝은 근대성과 탈근대성의 구별보다 덜 포괄적인데, 정보사회를 이러한 문화적 영역에 국한시켜 생각한다면 근대주의와의 단절을 선언할 의도는 약해진다.

2 탈근대주의 논의의 문제점

(1) 연대기의 문제

① 근대성은 17세기 중반 유럽에서 시작된 반면, 모더니즘은 그보다 훨씬 더 최근의 것으로 모더니즘이 반대했던 것, 즉 고전주의 문화 그 자체도 근대성의 시기에 나타난 산물이라는 것이다.

② 근대성은 시간적으로 모더니즘에 앞서고 공장생산에서 사고방식에 이르는 매우 광범위한 변화들을 포괄하는 개념으로 근대성과 모더니즘의 관계에 대한 질문은 논쟁거리가 되고, 심각한 개념적 혼란의 소지가 될 수 있기 때문이다.

(2) 재현적 문화에 대한 거부

① 탈근대주의 핵심에는 재현적 문화에 대한 거부가 존재한다.

② 탈근대주의를 문화적 개념으로 국한시키면 '탈'이라는 지시어가 의미하는 바가 적어서 매우 좁은 생활영역에 국한되고 본질적으로 모더니즘의 가정을 전제로 성립된다는 주장이 가능하나 이러한 개념은 근대성을 단호히 거절하는 탈근대성 선언에 미치지 못한다.

3 지성적 특성

(1) 의의

① 탈근대주의를 지적 현상으로 간주할 때, 탈근대 학자들의 주된 특성은 사회발전이나 인간행위의 근저에 놓인 합리성을 밝히고자 하는 사상적 전통으로 계몽주의에 반대한다.

② 프리드리히 니체로부터 많은 영향을 받은 탈근대주의는 세계발전을 근대화라는 기본적 과정의 관점에서 이해할 수 있다는 설명에 매우 회의적이고, 인간의 동기에 대한 근본적 원인을 밝혀낼 수 있다고 주장하는 개인행위의 설명방식에도 적대적이다.

③ 근대 세계의 형성을 설명하면서 문명의 성장, 자본주의 동인 그리고 진화의 힘과 같이 발전의 주요 원인을 파악할 수 있다고 주장하는 모든 입장을 거부한다.

④ 탈근대 사상은 진실을 밝혀낼 수 있다는 주장에 대해 특히 회의적이다.

⑤ 탈근대주의는 상대주의 원칙을 지지하고, 세계에 대한 설명방식의 다양성을 강조하며, 진리는 존재하지 않고, 단지 진리에 대한 견해만 존재할 뿐이라는 주장을 내세우면서 그 모든 서사를 거부한다.

⑥ 탈근대주의자들은 각 사회는 그 자체의 진리체계와 진리에 대한 그 자체의 일반 정치, 즉 그 사회가 받아들이고 진실로 통하게 만드는 담론의 유형을 가지고 있다고 인정한다.

⑦ 탈근대 사상가들은 진리를 탐색하는 계몽주의 구속복을 벗어버리고 그 대신 분석 · 설명 · 해석의 차이가 있는 해방적 의미를 강조한다.

(2) 탈근대 사상가들이 근거 분석에 대해 거부하는 이유

① 근거는 역사적 과정에 대한 정확한 연구라기보다는 이론가들의 구성이기 때문에 학자들은 자신이 보는 것만을 해석하고, 이 해석과정에서 불가피하게 지식의 구성에 관여함으로써 지식의 타당성에 대한 모든 외부적 주장은 근거를 잃게 된다.

② 근거는 사소한 철학적 반대가 아니기 때문에 발전에 대한 진리를 보여준다고 주장하는 대서사들은 그들 연구의 논리적 결과가 사회변동을 따르거나 따를 것으로 보이는 특정 방향에 대한 추천이라는 점에서 그 자체 편향성을 보이고, 나아가 사회변동에 대한 총체적 설명은 현재와 미래를 계획하고 조직화하려는 전조라는 비난과 이러한 설명들은 20세기 역사과정에서 철저하게 그 신뢰성이 부정되었던 것이라는 견해이다.

[예상문제]

탈근대주의의 지성적 특징에 대한 설명으로 틀린 것은?

① 세계발전을 근대화의 과정으로 이해하는 진화론을 거부한다.
② 사회발전이나 합리성을 밝히고자 하는 사상적 전통에 반대한다.
③ 진리의 보편성에 대한 신뢰를 바탕으로 세계에 대한 설명방식의 다양성을 강조한다.
④ 계몽주의에 반대하고, 분석 · 설명 · 해석의 차이가 있는 해방적 의미를 강조한다.

정답 ③

해설 탈근대주의는 상대주의 원칙을 지지한다.

다음 중 탈근대주의의 지성적 특성으로 가장 적절한 것은?

① 진리에 대한 견해만 존재할 뿐이라고 본다.
② 세계발전을 근대화라는 기본적 과정의 관점으로 이해할 수 있다고 본다.
③ 사회발전이나 인간행위의 근저에 놓인 합리성을 밝히고자 하는 사상적 전통을 따른다.
④ 문명의 성장, 자본주의의 동인 그리고 진화의 힘과 같이 발전의 주요 원인을 파악할 수 있다고 본다.

정답 ①

해설 탈근대주의는 상대주의 원칙을 지지하고, 세계에 대한 설명방식의 다양성을 강조하며, 진리는 존재하지 않고, 단지 진리에 대한 견해만 존재할 뿐이라는 주장을 내세우며 그 모든 서사를 거부한다.

4 사회적 특성

(1) 의의

① 탈근대주의는 위로부터의 판단을 대수롭지 않게 여기고 대다수의 사람들이 따라야하는 기준을 정하는 사람들을 서슴없이 거부한다.

② 이는 민주주의적 방종의 색채가 강하고, 특히 미학에서 품위나 위대한 전통에 대한 기존의 판단에 대한 반감이 두드러진다.

③ 진정한 사상가들의 가식을 벗김으로써 탈근대 문화는 미학적 상대주의인 생활의 모든 영역에서 차이가 고취되어야 한다는 원칙을 모든 곳에 적용한다.

④ 탈근대 문화의 중심에는 삶을 살아가는 올바른 기준을 정하는 모든 것을 거부하고, 이들에 대항하여 탈근대 문화는 다양함, 야단스러움 그리고 무한한 차이를 기반으로 번창한다.

(2) 근대주의자들의 진리 탐구에 대한 거부

① 탈근대 충동의 배후에는 근대주의자들의 진리 탐구에 대한 거부가 자리한다.

② 탈근대주의가 그것을 거부하는 이유는 진리를 정의하는 사람들의 동기가 솔직하지 못할 수 있으며, 그들 전문가들 사이에서도 많은 의견의 불일치가 있기 때문이다.

③ 이는 유일하고 논쟁의 여지가 없는 진리를 발견할 수 있다고 믿는 사람은 아무도 없으며, 진리에 대한 정의가 쉽게 횡포로 전락할 수 있다는 것을 모두가 잘 알기 때문이다.

④ 탈근대 정신은 진리란 존재하지 않으며, 단지 진리에 대한 견해들만이 있다는 사실을 강조한다.

⑤ 진리에 대한 탐구가 무의미한 대신 차이, 다원주의, 어떠한 것도 괜찮다는 사고를 옹호한다.

⑥ 가장 주목할 만한 것은 탈근대 문화는 진정성에 대한 탐구를 거부, 즉 참된 것, 의미, 실제적인 것 등을 거부한다.

⑦ 진실한 의미란 존재하지 않고, 단지 다양한 해석들만이 존재한다는 것을 알게 되면, 논리적으로 의미 그 자체에 대한 탐구를 포기할 수 있게 된다.

⑧ 탈근대주의는 이러한 무의미한 탐구에 절망하지 않으며, 탐구를 포기하는 대신 존재의 경험을 만끽한다.

⑨ 무엇에 대하여 특별한 의미를 부여하지 말고, 그냥 보이는 것을 즐기면 된다는 것이다.

(3) 자아의 존재에 대한 부정

① 열성적 근대주의자들은 그 모든 것이 의미하는 바에 대하여 걱정하는 반면, 탈근대주의자들은 그러한 열정을 포기하고 다양하게 펼쳐지는 즐거움을 경험하는 것에 만족한다.

② 탈근대문화는 모순을 해결하려고 노력하는 대신 본질적이고 진실된 자아의 존재를 부정한다.

③ 탈근대적 정서에서도 실제적인 나에 대한 추구는 기저적 의미인 진정한 존재를 전제로 하지만 그러한 것은 존재하지 않기 때문에 그에 대한 추구는 가치 없다고 주장한다.

④ 탈근대주의는 보다 넓은 사회와 개인의 존재 안에서 차이와 더불어 사는 것이다.

⑤ 충실성과 도덕성 같은 규제적 개념을 버리고 즐거움을 선택함으로써 의미에 대한 불안감을 떨쳐버리고 살아가는 것이다.

⑥ 자아의 파편화를 우려하는 사람들은 지식인뿐이라는 것이 탈근대주의에서 지속적으로 강조하는 주장이다.

(4) 근대주의 원리와 관행 거부

① 사회적 영역에서 탈근대주의의 출발점은 근대주의적 원리와 관행이라고 불리는 것에 대한 적대감에서 출발한다.

② 계획, 조직, 기능성과 같은 것이 담고 있는 개념은 자신들이 선호하는 합리성을 다른 사람들에게 강요하기 위한 것이다. 따라서 전문지식, 고등지식, 진리에 대한 권리를 주장하는 집단인 기획가, 관료, 정치인이 조작한 흔적이 보이는 모든 것에 대하여 반대한다.

③ 대표적으로 유행을 만들고 옷을 입는 방식과 스스로를 표현하는 방식에 대한 기준을 제시해줄 수 있는 것으로 간주되는 디자이너의 특권적 지위는 탈근대 문화에 의해 도전받는다.

④ 기능성도 거부하는데, 집을 짓는 가장 효율적인 방법은 기술적으로 숙달된 건축가나 도시계획가의 합리성 반영이 아니다. 이것은 주제넘은 전문가들이 자신들의 가치를 다른 사람에게 강요하려는 시도를 반영하는 것이기 때문이다.

(5) 탈근대주의가 진정한 것에 대한 추구와 거리가 먼 이유

① 하나의 진실된 의미를 주장하는 것은 분명한 환상이기 때문이다.

② 진정한 조건이란 그것을 찾고자 하는 사람의 상상을 떠나서는 존재하지 않기 때문에 우리가 아무리 찾아도 발견할 수 없다는 것이다.

Ⅲ 탈근대주의와 정보

1 언어

① 탈근대주의는 언어를 통해서만 세계를 알 수 있다고 주장한다.

② 계몽주의 사상가들은 언어란 단어와는 구별되는 객관적 실체를 기술하는 수단이라고 생각하지만, 탈근대주의자들은 이것을 투명성의 신화라고 주장한다.

③ 계몽주의 언어관인 상징과 이미지는 정보가 우리에게 유일한 실체라는 사실을 보지 못하게 한다.

④ 이는 우리가 언어를 통하여 실체를 보는 것이 아니라 언어가 우리가 보는 실체라는 것이다.

⑤ 미셸 푸코는 "실체는 존재하지 않으며, 언어가 존재하는 모든 것이고, 우리가 말하는 대상이며, 우리는 언어 속에서 말한다."고 지적하였다.

예상문제

언어에 대한 관점으로 그 입장이 다른 것은?

① 언어를 통해서만 세계를 알 수 있다.
② 객관적 실체를 기술하는 수단이다.
③ 경험하고, 접하고, 알고 있는 모든 것은 정보적인 것이다.
④ 언어를 통하여 실체를 보는 것이 아니라 언어가 실체이다.

정답 ②

해설 ①, ③, ④는 탈근대주의의 설명이고, ②는 계몽주의의 입장이다.

2 정보

① 실체가 언어의 문제라면 우리가 경험하고, 접하고, 알고 있는 모든 것은 정보적인 것이다.
② 모든 것은 언어 속에서 구성되고 반드시 언어 속에서 이해되어야 하기 때문에 투명하거나 깨끗한 것은 아무것도 없다.
③ 따라서 정보를 고려함에 있어 탈근대주의가 갖는 관심은 우리가 정보의 대상이 되는 세계 속에서 살고 있는 것이 아니라 우리 자체가 정보적인 세계 속에 살고 있다는 것이다.

Ⅳ 기호의 문화

1 기호의 문화(Baudrillard)

(1) 극사실(hyper-reality)

① 현대문화는 기호(signs)의 문화이며, 기호는 극사실(hyper-reality)이다.
② 사물이 기호로 대체되고 현실의 모사나 이미지인 시뮬라크르들이 실재를 지배하고 대체한다.
③ 재현과 실재의 관계가 역전되어 더 이상 흉내낼 대상인 원본이 없는 시뮬라크르들이 더욱 실재 같은 '극사실'을 만든다.
④ 모든 사물이 실재가 아닌 유사 실재, 그 자신을 가리키는 독립적인 기호뿐인 사회이다.

(2) 의미화(signification)

① 오늘날 모든 것은 의미화(signification)의 문제이다.

② 그것은 미디어의 폭발적 성장과 분명하게 연관될 뿐만 아니라 일상생활에서의 변화, 도시화, 이동의 증가와도 관련되어 우리는 모든 곳에서 기호와 의미화의 양식에 둘러싸여 있다.

③ 이처럼 우리 사회에 기호가 만연한다는 것은 우리 시대와 그 이전 시대 간의 범주적 차이를 보여주는 것이다.

2 기호의 끊임없는 순환

(1) 뉴스에 대한 기호

세계적으로 발생하는 사건에 관한 것이다.

(2) 자아에 대한 기호

개인이 투사하기를 원하는 정체성의 유형에 관한 것이다.

(3) 지위와 위신의 기호

자신의 위치에 관한 것이다.

(4) 건축물의 기호

건축물의 목적에 관한 것이다.

(5) 벽 · 탁자 · 보조대에 대한 기호

미학적 선호에 관한 것이다.

생각넓히기 | **파노플리 효과**

파노플리 효과란 사람들이 특정 제품을 소비하면서 유사하거나 같은 급의 제품을 소비하는 소비자와 같은 집단, 같은 부류라고 여기는 환상을 가지게 되는 현상을 일컫는 용어이다. 파노플리(panoplie)는 프랑스어로 한 세트(set), 집합을 뜻하는 단어이다. 본래 기사의 갑옷과 투구 한 세트(set)를 가리키는 말이었으나, 소비 중심 사회에서는 사람들이 어떤 특정 집단과 연대감을 과시하기 위해 소비하는 특정 제품, 특히 명품 브랜드 제품의 쇼핑 목록을 의미하는 용어로 사용되고 있다. 이 단어는 보드리야르가 제시한 개념으로 특정 상품을 구입함으로써 특정 계층에 속한다고 생각하며 이를 과시하는 것을 의미한다. 예를 들어, 어린아이가 역할 놀이 시간에 장난감 의사놀이세트를 사용하면서, 마치 자신이 의사가 된듯한 기분을 느끼는 것과 같은 현상이다. 일반적으로 사람들은 제품을 구매할 때, 일반적으로 실용성 등의 가치를 고려하게 되지만, 제품이 가진 이미지를 소비하며 심리적인 만족을 얻는 것 또한 상당하기 때문이다. 파노플리 효과는 이처럼 구매한 물건을 통해서 자신의 지위와 경제적 부를 드러내고자하는 과시 욕구에서 비롯된 것이다. 예를 들어 명품백을 구매하면서 자신을 명품백을 사용하는 사람들과 동일시하는 경향이 대표적인 사례라고 볼 수 있다.

예상문제

다음에서 ㉠에 들어갈 말로 옳은 것은?

> [㉠]란 사람들이 특정 제품을 소비하면서 유사하거나 같은 급의 제품을 소비하는 소비자와 같은 집단, 같은 부류라고 여기는 환상을 가지게 되는 현상을 일컫는 용어이다. 예를 들어, 어린아이가 역할놀이 시간에 장난감 의사놀이세트를 사용하면서, 마치 자신이 의사가 된 듯한 기분을 느끼는 것과 같은 현상이다.

① Veblen effec
② Panoplie Effect
③ Snob Effect
④ Diderot effect

정답 ②

해설 파노플리(panoplie)는 프랑스어로 한 세트(set), 집합이라는 뜻하는 단어이다. 본래 기사의 갑옷과 투구 한 세트(set)를 가리키는 말이었으나, 소비 중심 사회에서는 사람들이 어떤 특정 집단과 연대감을 과시하기 위해 소비하는 특정 제품, 특히 명품 브랜드 제품의 쇼핑 목록을 의미하는 용어로 사용되고 있다. 이 단어는 1980년대 프랑스의 철학자이자 사회학자인 장 보드리야르 특정 상품을 구입함으로써 특정 계층에 속한다고 생각하며 이를 과시하는 것을 가리켜 '파노플리 효과'라고 제시한 개념이다.

① 베블렌 효과(Veblen effect)는 소비자들이 남들보다 돋보이고 싶은 심리에서 이른바 명품만을 소비하는 것을 말한다.
③ 속물 효과(Snob Effect)는 특정 제품에 대한 소비가 증가하게 되면 그 제품의 수요가 줄어드는 현상을 일컫는다. Snob은 영어로 속물이라는 뜻인데, 다른 사람과 차이를 두고 싶은 속물처럼 타인과의 차별화를 위해 소비하는 현상을 말한다.
④ 디드로 효과(Diderot effect)는 "디드로 통일성" 혹은 "제품 간 연결성"이라고 불리는 물체간의 상호작용의 결과가 소비자에게 느껴지는 사회현상이다. 디드로 통일성은 어떤 하나가 다른 하나와 문화적 연결성을 가지고 묶음으로서 어울리는 경향이다.

다음에서 설명하는 효과로 옳은 것은?

> 제품 간 연결성이라고 불리는 물체간의 상호작용의 결과가 소비자에게 느껴지는 사회현상이다. 제품 간 연결성은 어떤 하나가 다른 하나와 문화적 연결성을 가지고 묶음으로서 어울리는 경향이다. 예를 들어 어떤 복장, 가구, 자동차 등등에서 나타난다. 맥크레켄은 소비자가 이러한 연결성을 통해 자신의 주변환경을 구축해나가는 방향으로 사회적 활동 특히 소비활동을 하는 것으로 보았다.

① Veblen effec
② Panoplie Effect
③ Snob Effect
④ Diderot effect

정답 ④

해설 디드로 효과(Diderot effect)는 "디드로 통일성" 혹은 "제품 간 연결성"이라고 불리는 물체 간의 상호작용의 결과가 소비자에게 느껴지는 사회현상이다. 디드로 통일성은 어떤 하나가 다른 하나와 문화적 연결성을 가지고 묶음으로서 어울리는 경향이다.

보드리야르(Baudrillard)의 입장에 대한 설명으로 틀린 것은?

① 현대인은 소비 활동 과정에서 주체성을 상실하게 된다.
② 현대인은 생산 질서에 좌우되지 않는 소비 활동을 한다.
③ 현대인은 소비를 통해 사회적 지위를 과시하고자 한다.
④ 현대 사회에서 소비의 대상은 상품의 이미지에 불과하다.

정답 ②

해설 사람들은 상품의 구입과 사용을 통해 자신을 돋보이게 하며 동시에 사회적 지위와 위세를 드러내고자 한다. 하지만 실제로는 욕구의 체계를 발생시키고 관리하는 생산 질서의 지배를 받고 있다.

3 시뮬라시옹(simulation)

(1) 의의

① 근대주의 비평가들은 기호의 배후에 어떤 실제가 있다고 주장하지만, 보드리야르는 단지 기호만이 존재한다고 주장한다.

② 그는 탈근대 문화에서는 기호의 비진정성이 공공연한 비밀이며, 그 기호가 그 뒤에 있는 어떤 실체를 가리킨다는 점에서 재현적인 것이라고 믿었을지라도, 오늘날 모든 사람이 기호는 모사인 시뮬라시옹에 불과하다는 것을 알고 있다고 주장한다.

(2) 광고

① 보드리야르는 사람들은 실제로 광고를 즐기는데 그것은 광고주들이 전하고자 하는 어떤 메시지 때문이라거나 광고를 보고 어떤 것을 사려고 나설 만큼 설득을 당했기 때문이 아니다.

② 단지 광고가 즐거움을 가져다줄 수 있기 때문으로 광고는 볼거리와 매혹으로 작용할 뿐, 사람들은 단지 기호를 보는 경험을 즐길 뿐이라고 주장한다.

(3) 정치

① 보드리야르는 정치와 정치인들이 정확한 방식으로 표현하는 기호를 꿈꾸는 것은 일종의 환상으로 미디어는 불가피하게 특정 쟁점들인 인물이나 제한된 범위의 정당만을 보여줄 수 있다.

② 다른 이유가 없더라도 시간상 제약은 정치적 보도가 특정 쟁점과 정치적 입장에 제한된다는 것을 의미한다.

③ 미디어가 공중을 위해 정치에 대한 하나의 보도를 만들어야 한다는 사실 그 자체도 또 다른 모사에 불과하다. 전자미디어 시대에 우리는 단지 모사된 정치를 접할 수밖에 없다.

④ 정치적 메시지가 인공적이라는 것은 모두가 알고 있으며, 그들이 텔레비전에 으레 나오는 정치인들에 불과하다고 생각하고 단지 그 볼거리를 즐길 뿐이며 메시지는 무관하다는 것이다.

(4) 탈근대 세계

① 사람들이 기호가 모사에 불과하다는 것과 인식할 수 있는 모든 것이 또 다른 모사에 불과하다는 것을 인식하게 된다면, 의미 없는 기호의 만연 속에 남게 되고, 의미 없는 기호, 즉 볼거리로 의미 없이 보여지고 경험되기 위한 즐기기 위한 기호, 의미를 가지지 않는 기호를 갖게 되는데 이것이 바로 탈근대 세계이다.

② 탈근대 시대는 실제적인 것과 비실제적인 것, 진정한 것과 진정하지 못한 것, 진실된 것과 거짓된 것 간의 구분이 무너진다.

③ 근대주의자들이 런던 타워나 블랙풀 타워에서 찾을 것으로 기대되는 실제를 찾아 나서는 것은 어리석은 일인데, 이러한 기호의 배후에 진정성이 존재하지 않기 때문이다.

④ 진정하지 않은 이 기념비들이 존재하는 모든 것으로 그것들은 극사실적인 것이고 원형이나 실체가 없이 실제를 모형으로 하여 만들어진 것이다.

⑤ 디즈니랜드는 "시뮬라시옹의 모든 얽히고 설킨 질서를 보여주는 완벽한 모형"으로 디즈니랜드는 현대 미국 자체가 모사라는 것을 인정하는 하나의 수단으로, 조그만 마을의 대로에서 도시의 대기업 사무실까지 미국에 관한 모든 것은 가공이자 구성이고, 창조이며, 이 모든 것은 극사실적이며, 여기서 기호는 그 자체만을 지칭할 뿐이라고 주장한다.

⑥ 디즈니랜드는 그 외부세계가 실제적인 것이라고 믿게 하기 위하여 상상적으로 제시되지만, 사실은 로스앤젤레스와 그것을 둘러싼 미국은 더 이상 실제적인 것이 아니며, 모두 극사실(hyper reality)과 모사이다.

생각넓히기 |

보드리야르의 시뮬레이션 개념은 의미화와 기호학의 영역을 넘어서서 가상적인 것과 실제적인 것 사이의 경계가 점차 희석되고 있는 오늘날의 문화적 현상 일반에 적용될 수 있는 잠재성을 가지고 있다. 실제로 많은 연구자들은 보드리야르의 시뮬레이션 개념과 인터넷 문화의 특징 사이에 존재하는 연관성에 주목하고 있다. 터클(1996)은 인터넷 문화에서 우리는 세 가지 주요한 시뮬레이션 효과를 발견할 수 있다고 주장한다. 첫 번째는 '디즈니랜드 효과'라고 부를 수 있는데, 우리가 비디오 게임이나 엠유디와 같은 역할 놀이 게임에 참여할 때 경험하는 "탈자연의 인공적인 경험을 실제적인 것처럼 느끼게 만드는" 효과를 말한다. 두 번째는 '인공악어 효과'라고 할 수 있는데, 그것은 "모조품이 실재보다 더 선명하게 느껴지는 것"을 일컫는다. 세 번째 효과는 인터넷 사용자들이 대화방과 같은 온라인 그룹에서 자신의 실제 성(남성 혹은 여성)과 다른 성의 역할을 경험할 때 흔히 느낄 수 있는 것처럼 "가상적 경험이 너무나도 강렬해서 우리가 가지고 있는 것보다 더 많은 것을 성취했다고 생각하게끔 하는 효과"이다.

예상문제

보드리야르(Baudrillard)의 '시뮬라시옹(Simulation)'에 대한 설명으로 틀린 것은?

① '시뮬라시옹(Simulation)'은 실재가 실재 아닌, 즉 파생실재로 전환되는 작업이다.
② 파생실재는 '시뮬라시옹(Simulation)'에 의해 새로이 만들어진 실재로서 전통적인 실재가 갖고 있는 사실성에 의해 규제되지 않는다.
③ '시뮬라크르(Simulacra)'는 실제로는 존재하지 않는 대상을 존재하는 것처럼 만들어 놓은 인공물을 지칭한다.
④ 정보생산에 근거를 두는 현대 자본주의 사회는 원본을 복제한 이미지가 그 자체로서 현실을 대체하며, 그 이미지가 현실보다 더 현실적인 '시뮬라크르(Simulacra)'의 시대이다.

정답 ④

해설 '시뮬라크르(Simulacra)'의 시대에는 원본과 복제물의 구분 자체가 무의미하고 원본 없는 이미지가 그 자체로서 현실을 대체한다.

보드리야르(Baudrillard)의 기호와 문화에 대한 설명으로 틀린 것은?

① 실재를 죽임으로써 생산되는 이미지가 이제 그 자체로 실재가 된다.
② 시뮬라크르(Simulacra)는 실재가 실재 아닌, 즉 파생실재로 전환되는 작업이다.
③ 파생실재는 전통적인 실재가 갖고 있는 사실성에 의해 규제되지 않는다.
④ 재현과 실재의 관계가 역전되어 더 이상 흉내 낼 대상인 원본이 없는 복제물들이 더욱 실재 같은 하이퍼 리얼리티를 만든다.

정답 ②

해설 실재가 실재 아닌, 즉 파생실재로 전환되는 작업은 '시뮬라시옹(Simulation)'이다.

인터넷 문화에서 주요한 시뮬레이션 효과 중 '모조품이 실재보다 더 선명하게 느껴지는 것'을 일컫는 말은 무엇인가?

① 인공악어 효과
② 디즈니랜드 효과
③ 상호작용
④ 시뮬라시옹

정답 ①

해설 보드리야르의 시뮬레이션 개념은 의미화와 기호학의 영역을 넘어서서 가상적인 것과 실제적인 것 사이의 경계가 점차 희석되고 있는 오늘날의 문화적 현상 일반에 적용될 수 있는 잠재성을 가지고 있다. 실제로 많은 연구자들은 보드리야르의 시뮬레이션 개념과 인터넷 문화의 특징 사이에 존재하는 연관성에 주목하고 있다. 터클(1996)은 인터넷 문화에서 우리는 세 가지 주요한 시뮬레이션 효과를 발견할 수 있다고 주장한다. 첫 번째는 '디즈니랜드 효과'라고 부를 수 있는데, 우리가 비디오 게임이나 엠유디와 같은 역할 놀이 게임에 참여할 때 경험하는 "탈자연의 인공적인 경험을 실제적인 것처럼 느끼게 만드는" 효과를 말한다. 두 번째는 '인공악어 효과'라고 할 수 있는데, 그것은 "모조품이 실재보다 더 선명하게 느껴지는 것"을 일컫는다. 세 번째 효과는 인터넷 사용자들이 대화방과 같은 온라인 그룹에서 자신의 실제 성(남성 혹은 여성)과 다른 성의 역할을 경험할 때 흔히 느낄 수 있는 것처럼 "가상적 경험이 너무나도 강렬해서 우리가 가지고 있는 것보다 더 많은 것을 성취했다고 생각하게끔 하는 효과"이다.

4 시뮬라크르(simulacre) 시대

(1) 의의

① 원본이 없는 복제품이라는 기호를 지칭하기 위해 환영, 즉 시뮬라크르(simulacre)이라는 용어를 사용했다.

② 우리가 CD를 사는 경우처럼 원본의 개념은 무의미하다는 것인데, 그것이 라이브 공연 CD라 하더라도 실제 공연과는 연관 없는 스튜디오에서 세밀하게 혼합되고 다듬어진 것이라는 점이다.

③ 이처럼 환영의 시대에 실제나 원본의 측면에서 생각하는 것은 더 이상 의미가 없다.

④ 현대사회가 상품생산에 기반을 둔 사회에서 정보생산에 근거를 두는 사회로 정보화 사회는 원본과 복제물의 구분 자체가 무의미한 시뮬라크르(simulacre)의 시대이다.

⑤ 이 사회는 원본 없는 이미지가 그 자체로서 현실을 대체하며 그 이미지가 현실보다 더 현실적인 시대이다.

(2) 시뮬라시옹

① 오리지널과 복사물의 구분 자체가 소멸하는 과정을 시뮬라시옹이라 한다.

② 사람들은 하나의 시뮬라크르에서 다른 시뮬라크르에 이르기까지 끝없는 복사와 재현의 나선형을 따라 결국 더 이상 지시형태가 없는 대상의 소멸에 이르게 된다.

③ 보드리야르는 더 이상 현실과 시뮬라시옹이 아무런 차이가 없이 존재하며, 단지 시뮬라크르의 원형 궤도만이 존재할 뿐이라고 주장한다.

(3) 시뮬라크르

① 시뮬라크르는 무언가를 닮으려 하지 않고, 그 자체로 자신의 실재성을 자랑하며, 더 나아가 실재 자체의 형이상학적 가치마저도 폐기해 버린다.

② 보드리야르는 '이미지는 자기 자신의 순수한 시뮬라크르' 이외에는 그 어떤 것도 아니라고 강조한다.

③ 우리는 시뮬라크르의 현실 속에서 살아가며, 우리도 모르게 여기에 지배받고 살아간다.

④ 보드리야르는 이러한 관계를 '생활 속에 TV의 용해'와 'TV 속에 생활의 용해'라고 표현한다.

⑤ 보드리야르는 탈근대적 의사소통의 조건을 설명하기 위해 하이퍼리얼리티와 시뮬라크르 등을 도입하여 개념화한다.

(4) 하이퍼리얼리티

① 하이퍼리얼리티가 현실보다 더 현실적인 이미지의 '극사실'이다.

② 시뮬라크르는 존재하지 않는 인공현실이다.

③ 이들은 미디어 기술이 기술자체를 넘어 한계 없는 버추얼리티(limitless virtuality)가 되었기 때문에 발생한다.

기출문제

가상현실과 관련된 개념에 대한 설명으로 틀린 것은? [2021]

① 시뮬라시옹: 오리지널과 복사물의 구분 자체가 소멸하는 과정
② 원격현전: 커뮤니케이션 매체에 의해 어떤 환경 속에 실재하고 있음을 경험하게 되는 것
③ 하이퍼리얼리티: 현실보다 더 현실적인 이미지의 '극사실'
④ 시뮬라크르: 실제로 존재하는 대상을 복사하여 재현한 것

정답 ④

해설 시뮬라크르는 실제로 존재하는 대상을 복사하여 재현한 것이 아니라 원본 없는 복제품이다. 보드리야르는 '이미지는 자기 자신의 순수한 시뮬라크르' 이외에는 그 어떤 것도 아니라고 강조하였다.

5 이미지와 시뮬라시옹

(1) 의의

① 실제를 죽임으로써 생산되는 이미지가 이제 그 자체로 실재가 된다.
② 이처럼 또 다른 실재를 끊임없이 만들어가는 파생 실재의 현실이 시뮬라크르이다.
③ 시뮬라시옹은 실재의 반영인 재현과는 달리 지시체를 부정하는 것으로 자신이 실재이자 이미지의 연속일 뿐이다.

(2) 이미지 구분의 단계

보드리야르는 이미지를 다음 네 단계로 구분하여 시뮬라시옹의 계열과 구분을 시도한다.

① **이미지는 실재의 반영이다.**
㉠ 전통적인 개념인 미메시스(mimesis), 즉 실재에 대한 모방이다.
㉡ 이미지는 실재를 그대로 반영하는 선량한 외양을 갖춘다.

② **이미지는 실재를 감추고 변질시킨다.**
㉠ 이미지에 대한 부정적 의미는 실재를 변질시키고 감추는 작용이다.
㉡ 이미지가 실재에 대한 거짓된 환상(phantasma)을 가져다준다.

③ **이미지는 실재의 부재를 감춘다.**
㉠ 사실성의 부재를 감추고 마치 실재의 외양을 가지고 있는 것처럼 하는 마법이다.
㉡ 이미지가 진리를 가지고 있지 않으면서 마치 진리를 은폐하고 있는 듯이 포장한다.

④ **이미지는 그것이 무엇이건 간에 어떠한 실재와도 관계를 갖지 않는다.**
㉠ 사실성과는 어떠한 관계도 가지지 않는 그 자체의 이미지인 시뮬라시옹 계열이다.
㉡ 그 동안 이미지가 실재에 대하여 무언가를 감추고 있었던 기호에서 기호 그 자체로서의 전환이다.

Theme

52 뉴미디어의 확산

I 미디어의 성장(Vattimo)

① 탈근대주의를 선도하는 데 미디어의 성장이 매우 중요하게 작용한다.

② 미디어의 확산이 다양한 집단, 지역, 국가에 대해 목소리를 낼 수 있는 기회를 제공해주었다.

③ 청중들은 쟁점과 사건에 대한 많은 실체와 시각을 접하게 되는데, 즉 사건에 대한 해석이 다양하고, 어떤 사건이 생각해 볼 가치가 있는지에 대한 정의가 다양하다는 것을 미디어가 날마다 보여주는 상황이다.

④ 방송에서 다중적(성적, 종교적, 문화적, 인종적 정치적, 미학적 등) 실체가 많이 등장함에 따라 차이가 모든 사람들의 관심의 전면에 등장한다.

⑤ 기호의 다양성에 휩싸여 사람들은 어떤 것에 대해서도 확신을 가지지 못하고 혼란스러워 하고 동요하지만 그 결과 실제로 해방적이고 확실히 탈근대적으로 사람들의 경험은 동요, 혼미, 유희의 특색을 띤다.

⑥ 바티모는 보드리야르와 매우 유사한 입장에서 기호의 다중성은 역설적으로 그 기호가 가진 의미화의 능력을 빼앗아버리고 사람들은 볼거리, 비의미, 진리로부터 자유를 얻는다고 주장한다.

Ⅱ 제2미디어의 시대(Poster)

1 의의

① 포스터는 보드리야르의 제자로 「제2미디어 시대」에서 정보가 모든 것을 결정한다고 주장하면서 정보양식이라는 개념을 제시한다.

② 포스터는 마르크스의 생산양식 개념을 변용하여 상징의 교환구조가 역사를 어떻게 변화시키는가를 기준으로 시대를 구분하였다.

③ 정보기술과 전자적 매개 정보의 확산이 사회적 관계의 연결망을 변화시킴으로써 생활방식과 사고방식에 중대한 영향을 미친다고 보고 그 시기를 기준으로 상징적 교환에 기초한 변화 모형을 제시하였다.

2 정보양식

(1) 구술(oralism)의 시기

① 상호작용이 대면적이다.

② 생활방식은 고정 · 불변이다.

③ 자아는 집단속에 숨겨져 있다.

④ 기호는 고착화된 생활방식에 상응한다.

⑤ 상징적 교환은 공동체의 집단적 의식과 전통 등으로 개인의 정체성을 결정한다.

(2) 문자교환(written exchange)의 시기

① 기호는 재현적(representational) 역할을 한다.

② 자아가 합리적인 독립 개체라는 인식을 중심으로 구성한다.

③ 개인은 이성의 독립적 판단에 따라 스스로의 존재를 타인과 철저하게 구별하는 개인적 책임이 강조된다.

(3) 전자매개(electronic mediation)의 시기

① 기호는 정보적 모사의 문제이다.

② 기호의 비재현적 특질이 중요하다.

③ 자아는 끊임없이 불안정 속에서 탈중심화되고 분산되고 다중적인 것이 된다.

④ 주어진 대상을 나타내는 기호가 아니라 기표(signifiers)의 흐름이 주된 특징이 되기 때문에, 다중적 자아 형성의 지속적 과정이라는 소용돌이에 휩싸인다.

(4) 정보 양식의 지리적 범위

이러한 커뮤니케이션 방식은 각 단계에 따라 공동체 규모도 촌락에서 민족단계로, 그리고 지구촌 단계로 확장되어 왔다고 주장한다.

3 제2미디어 시대의 특징

① 과거 사람들은 그들에게 기대되는 바를 말하고 생각했다.

② 그 이후 자율성에 대한 강한 감각을 발달시키고, 그들 외부의 세계에서 일어나는 일을 기술하기 위해 기록을 이용했다.

③ 탈근대시대는 모사의 확산으로 과거의 확실성이 붕괴되고 기호의 배후에 있는 실체에 대한 믿음을 더 이상 가질 수 없어 자아는 파편화되고 중심을 잃어 객관적 실제를 분별할 수 없게 되었다.

④ 이러한 혼란에도 포스터는 보드리야르나 바티모와 마찬가지로 재현의 위기가 의미하지 않은 기호의 풍부함을 가져와 마침내 진리의 폭정으로부터 사람들을 자유롭게 할 수 있는 것이기 때문에 이것을 해방적인 것으로 간주한다.

예상문제

포스터(Poster)의 '제2미디어의 시대'에 대한 설명으로 틀린 것은?

① 마르크스(Marx)의 생산양식을 변용하여 정보양식이라는 개념을 제시하였다.
② '상징의 교환 구조'의 변화를 기준으로 시대를 구분하였다.
③ 역사는 구술의 시기, 문자교환의 시기, 전자매개의 시기로 발전해 왔다.
④ 탈근대시대에는 현실의 모사나 이미지의 확산으로 과거의 확실성이 붕괴되고 객관적 실제를 분별할 수 없게 되어 진리의 폭정은 더욱 심화된다.

정답 ④

해설 포스터(Poster)는 탈근대시대의 현실의 모사 또는 이미지의 확산이 기호의 풍부함을 가져와 진리의 폭정으로부터 사람들을 자유롭게 할 수 있다고 본다.

4 진리체제(truth regimes)에 대한 탈근대주의의 저항

① 포스터는 진리체제(truth regimes)에 대한 탈근대주의의 저항을 지지한다.
② 인터넷에서 방해받지 않고 마음대로 움직이는 인터넷 사용자들에게도 근대 시기 국민국가에 의한 권리 및 의무가 강요된다.
③ 이러한 시민의 권리와 의무를 발전시켰던 계몽의 시대는 식민주의와 제국주의를 지지한 서구적 담론이다.
④ 이제 세계화가 국민국가를 전도시키고, 인터넷이 더 많은 해방을 약속하기 때문에 이러한 시민의 권리와 의무에 대한 주장을 거부한다.

5 제1미디어와 제2미디어 시대의 비교

[제1미디어와 제2미디어 시대 비교]

제1미디어 시대(방송)	제2미디어 시대(상호작용성)
• 중심적(소수가 다수에게)	• 탈중심적(다수가 다수에게)
• 일방향 커뮤니케이션	• 양방향 커뮤니케이션
• 국가 통제를 받기 쉬움	• 국가 통제를 벗어나는 경향
• 계층화와 불평등 체제의 도구	• 민주화: 보편적 시민권을 촉진
• 참여자는 흩어져 있고 대중으로 구성	• 참여자는 자신의 개인성을 유지
• 의식(consciousness)에 영향을 미침	• 공간과 시간의 개인적 경험에 영향을 미침

Theme

53 리오타르의 지식과 정보의 상대주의

Ⅰ 의의

① 정보적 추세에 관심을 가지고, 탈근대 문화를 특징짓는 것은 진리 주장에 대한 회의주의를 초래하는 정보적 추세의 변화라고 주장한다.

② 보드리야르, 바티모, 포스터가 기호를 강조한 반면, 리오타르는 보다 더 일반적이고 동시에 더 심층적인 수준에서 정보와 지식의 역할과 기능의 변화에 대하여 관심을 갖고 분석을 진행한다.

③ 지식과 정보는 점점 더 효율과 효용의 기준으로 정당화될 수 있는 수행성 원칙이 우세한 곳에서만 생산되는데, 이는 정보가 유용성의 기준에서 정당화되는 경우에만 수집, 분석되고 만들어진다는 것을 의미한다.

④ 지식과 정보가 일종의 상품으로 취급되는 경향이 점점 커져서 정보가 점점 더 거래할 수 있는 현상으로 수행성의 판단에 결정적 영향을 미치는 시장 기제를 따르게 된다고 주장한다.

Ⅱ 수행성 원칙(principle of performativity)

1 수행성 원칙의 적용

① 수행성 원칙이 적용된다는 것은 곧 효율과 효용 관점에서 정당화될 수 없는 정보와 지식은 폄하되거나 파기된다는 것을 의미한다.

② 미학이나 철학은 성과의 측면에서 쉽게 정당화될 수 없는 반면, 금융이나 관리는 쉽게 정당화됨으로써 전자는 퇴락의 길을 걷고 후자는 상승한다.

③ 연구지원기관의 임무는 지원하는 연구가 산업경쟁력 제고에 기여할 것을 요구하고, 관심분야가 수행성 기준으로 판단하여 이색적이거나 비실용적인 사회과학자들은 배제된다.

2 지식 발전에 대한 대학의 지배에 대한 도전

① 지식 발전이 진리 추구가 소명인 엘리트 중심 대학에서 점차 벗어난다.

② 종합연구소(Think Tank), 기업의 연구개발부 등 효율과 효용을 위해 정보와 지식을 사용하고 만들어내는 압력집단들이 전통적인 대학의 지배에 도전한다. 선진 고등 교육의 발전 추세를 보면 실용적 학문 분과는 발전하는 반면, 유용성을 강조하는 '성과지표'를 따라잡지 못하는 학문 분과는 퇴조한다.

③ 리오타르 관점에서 수행성 기준의 의미는 인생에서 일정 수준의 지식을 습득하는 특정시기로 인식되었던 교육이 직업과 노동의 요구에 따라 평생 동안 계속되는 지속교육으로 변화한다는 관점에서 '지식은 더 이상 한꺼번에 일괄적으로 전달되지 않을 것이며, 이미 직장을 가지고 있거나 가질 것으로 예상되는 성인들에게 숙련을 향상시키고 승진 기회를 확대하려는 목적으로 선택적으로 제공될 것이다.'

3 진리에 대한 기성관념의 붕괴

① 진리에 대한 기성관념이 붕괴하고, 수행성과 상품화에 따라 진리를 유용성의 관점에서 정의한다.

② 진리를 제도에 부과되는 실용적 요구에 따라 정의함으로써 유일한 진리가 복수의 진리로 대치되고, 진리 그 자체에 대한 정당한 결정권자가 더 이상 존재하지 않는다는 것을 의미한다.

③ 많은 지식인들은 수행성과에 따라 정의되는 전문지식의 우세를 거부하고, 정보와 지식의 발전과정에서 실용성을 추구하는 사람들을 '단순 기술자'로 비난하면서, 지식인들은 훨씬 더 많은 사람을 위한 연구, 저술, 교육을 추구한다.

④ 지식인들이 과거 '기술자'를 천대했던 토대가 무너지고 계몽주의적 관점의 교육을 받음으로써 더 나은 시민이 된다는 것을 지지하는 사람은 더 이상 존재하지 않게 된다.

⑤ 오늘날 교육이 보다 계몽된 시민을 양성할 것이라고 기대하는 사람은 아무도 없으며, 성과가 좋은 전문가만이 지식습득으로 더 많은 소득이 약속되는 '전문가적 자격'을 가진다고 주장한다.

4 교육받은 사람에 대한 관념의 변화

① 수행성 기준이 정보와 지식에 적용되어 교육받은 사람에 대한 관념이 변화한다.

② 오랫동안 교육을 받는다는 것은 일정 정도의 지식을 습득하는 것을 의미했으나, 컴퓨터화의 진행에 따라 교육은 개인이 내용을 머리에 기억하는 것보다 적절한 데이터뱅크 접근 방법을 아는 것을 중시한다.

③ 데이터뱅크가 미래의 백과사전으로 인식됨에 따라 '키보드 기술'이나 '정보검색' 등과 같은 능력이 진리에 대한 전통적 관념을 대체한다.

④ 데이터뱅크와 그 사용 능력은 전통적 엘리트들의 진리 주장에 손상을 초래하며 '교수시대의 종말'을 선언하는데, 이는 '기성지식을 전수하는 데 교수가 기억장치보다 뛰어난 것이 아니며, 지식을 응용하고 다목적으로 사용하는 방법에서도 노동현장에서 점점 더 많이 요구되는 팀보다 뒤진다.'고 주장한다.

Ⅲ 지식과 정보의 상대주의

① 리오타르의 관점에서 수행성, 상품화 그리고 대서사의 명백한 실패 등은 진리에 대한 특권적 접근이라는 관념을 거부하는 지식과 정보의 상대주의를 의미한다.

② 보편적 관념의 쇠퇴는 총체적 집착으로부터 사고와 삶을 자유롭게 해줄 수 있기 때문에 책임의 다중성과 독립성은 그것을 책임지는 사람들이 유연하고 관용적이며 매력적이 되도록 강요할 것이라고 주장한다.

Theme

54 커뮤니케이션의 이해

I 의의

① 인간이 사회적 삶을 영위하는 데 없어서는 안 될 필수적인 행위인 커뮤니케이션은 상징을 통해 정보나 의견을 주고받는 행위이다.

② 상징은 언어적 요소뿐 아니라 몸짓이나 표정과 같은 비언어적 요소까지 포함한다.

③ 상징을 이용할 수 있는 능력을 갖춘 인간들은 커뮤니케이션을 통해 의미를 공유하고 공동체 의식을 느끼게 된다.

④ 인류는 공동체 생활을 시작하면서부터 커뮤니케이션을 위해 여러 가지 매체와 수단을 동원하였다.

⑤ 언어가 발명되기 이전에는 몸짓이나 표정으로, 문자가 발명되기 이전에는 구두로, 종이가 발명되기 이전에는 가죽이나 벽에 글자를 새김으로써 나름대로 정보전달 기술을 고안했다.

⑥ 현대사회가 거대해지고 복잡해짐에 따라 인간들은 보다 많은 사람에게 보다 많은 정보를, 보다 빠른 시간에 전달할 필요성이 생겼고, 보다 효율적인 정보전달 기술을 이용하려는 욕구를 느끼게 되었다.

⑦ 이러한 욕구는 산업사회의 등장과 더불어 도래하였는데 커뮤니케이션 기술의 획기적인 발달로 충족될 수 있었다.

⑧ 인쇄술의 발달로 매스미디어의 성격을 지닌 인쇄매체가 등장한 이후 커뮤니케이션 기술의 발달속도는 한층 가속화되어 라디오, 텔레비전, 케이블TV 그리고 위성방송 등 방송매체 및 최근 인터넷을 비롯한 디지털 기술을 이용한 다양한 뉴미디어가 보급되었다.

II 커뮤니케이션을 바라보는 관점

커뮤니케이션은 '공통' 또는 '공유'라는 의미로 일반적으로 '의사소통'으로 번역하여 사용하고 있다. 어원의 의미대로 '하나 또는 그 이상의 생물개체가 다른 개체와 지식, 정보, 감정 등을 공유하는 행동의 과정' 혹은 다양한 커뮤니케이션의 정의들을 통합하여 '의미 있는 정보를 전달하는 과정'으로 정의할 수 있다.

1 구조적 관점

(1) 정의

① 커뮤니케이션을 정보 또는 메시지의 단순한 송·수신과정으로 '송신자-메시지-수신자'에 비중을 두는 견해이다.

② 정보나 메시지를 보내고 받는 과정이다.

③ 정보가 한 곳에서 다른 곳으로 흐르는 과정이다.

④ 정보나 메시지 유통과정에 비중을 두고, 의미나 유발하는 결과는 경시하는 것이 특징이다.

⑤ 어떤 경로를 통하여 정보가 흐르며, 어떻게 하면 그것을 신속, 정확하게 한 곳에서 다른 곳으로 보낼 수 있느냐의 기술적 문제를 중시한다.

⑥ 대표적 학자로 정보이론학자인 섀넌과 위버(Shannon and Weaver), 위너(Wiener), 레이즈벡(Raise beck) 등이다.

(2) 모형

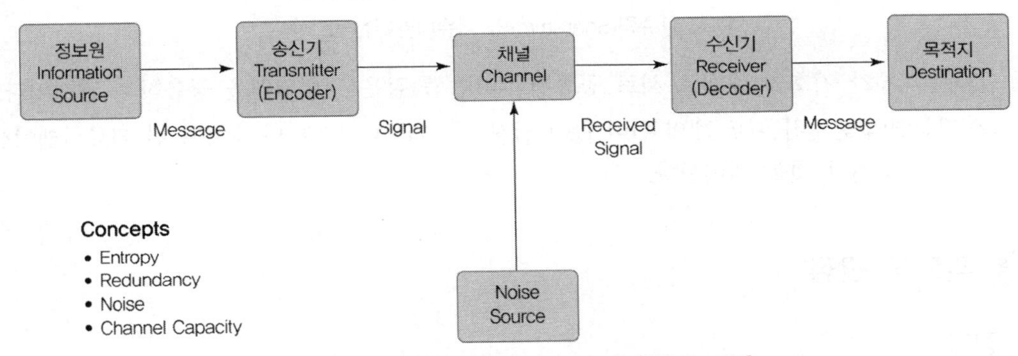

[섀넌(Shannon)과 위버(Weaver)의 수학적 모형]

① 커뮤니케이션은 정보원에서 목적지까지 메시지를 전달하는 과정이다.

② 정보원이 전달정보를 취사선택하여 메시지를 만들고, 송신기(transmitter)로 보내면 송신기는 그 메시지를 음파나 광파 등 신호(signal)로 바꾸어 채널(channel)을 통하여 다시 메시지로 환원하여 목적지(destination)에 전달한다.

③ 채널 잡음(noise)이 생기면 신호의 송신방해로 커뮤니케이션의 효율성이 저하된다.

2 기능적 관점

(1) 정의

① 커뮤니케이션을 인간들의 기호사용 행위 자체로 보고 그 기호화 및 해독과정에 중점을 둔다.

② 어떻게 인간들이 기호를 사용해서 서로 의미를 창조하고 공통의미를 수립하는가의 기능적인 측면에 중점을 둔다.

③ 커뮤니케이션을 인간의 본능적 · 비의도적 행위로 인지한다.

④ 스티븐스(Stevens)는 어떤 자극에 대한 한 생물체의 분별적 반응으로 정의한다.

⑤ 대표적 학자는 언어심리학자나 일반 의미론학자들로 오스굿(Osgood), 수시(Susi), 탄넨바움(Tannenbaum), 콜지브스키(Korzybski), 리이(Lee), 하야까와(Hayakawa), 리차즈(Richards) 등이다.

(2) 모형

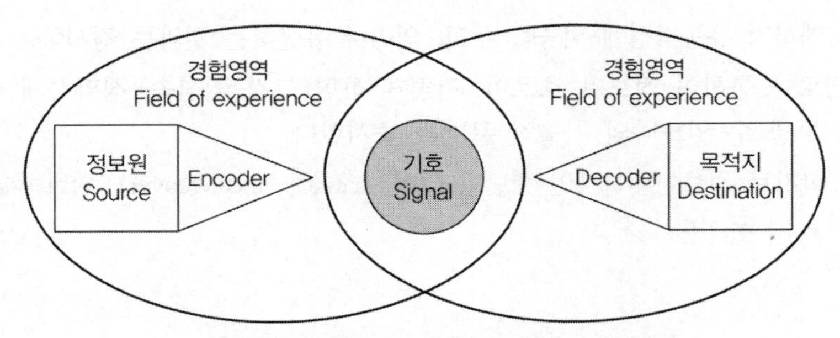

[슈람(Schramm)의 커뮤니케이션 모형]

① 두 개체가 기호를 매개로 서로 공통된 의미, 즉 같은 경험영역을 공유하는 과정이다.

② 경험영역을 뜻하는 두 개의 원이 많이 겹칠수록 커뮤니케이터와 수용자 간 커뮤니케이션이 잘 이루어진 것을 의미한다.

3 의도적 관점

(1) 정의

① 한 인간이 다른 인간에게 영향을 미치기 위하여 의도적으로 계획된 행위이다.

② 한 개인 커뮤니케이터가 다른 사람들인 수용자의 행동을 변화시키기 위하여 자극(대체로 언어적 자극)을 보내는 과정이다(Hovlan).

③ 커뮤니케이션 행위자(source)가 수용자의 행동에 영향을 미치려는 의식적인 의도를 가지고 수용자에게 메시지를 보내는 행위이다(Miller).

④ 대표적 학자로 호블랜드(Hovland), 체리(Cherry), 아이젠슨(Eiexenson), 오우어(Auer), 어윈(Irwin) 등이 있다.

(2) 모형

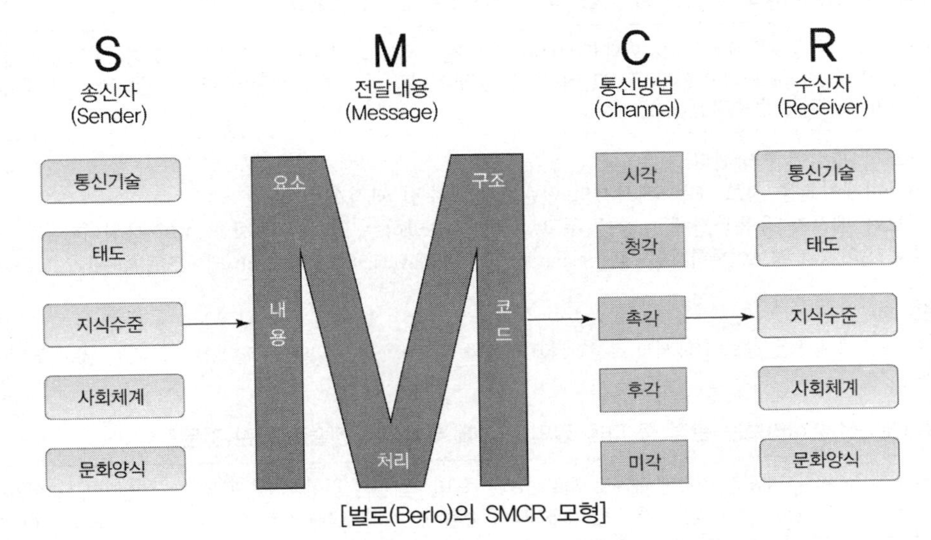

[벌로(Berlo)의 SMCR 모형]

① 송신자란 한 개인뿐 아니라 신문사, 방송국 또는 국가 등 어떤 목적을 가지고 커뮤니케이션 행위를 시도하는 모든 것을 포함한다.

② 송신자 또는 커뮤니케이터는 주어진 목적을 달성하기 위하여 메시지를 고안한다.

③ 메시지는 구체적으로 내용(content), 처리(treatment), 코드(code)로 구성한다.

④ 처리란 메시지의 조직, 배열, 문제 등을 의미하고 코드란 언어, 그림 등 기호를 의미한다.

⑤ 고안된 메시지는 채널을 통해 수신자(receiver)에게 전달된다.

예상문제

섀넌(Shannon)의 입장으로 틀린 것은?

① 커뮤니케이션은 기호화 및 해독과정이다.
② 커뮤니케이션은 정보원에서 목적지까지 메시지를 전달하는 과정이다.
③ 정보는 불확실성을 감소시켜주는 요인으로 엔트로피의 감소를 가져온다.
④ 정보는 정보원에서 발생 가능한 모든 메시지나 기호의 집합으로부터 하나의 메시지나 기호를 선택할 때 부여되는 선택의 자유이다.

정답 ①

해설 기능적 관점이다.

커뮤니케이션을 바라보는 관점 중 다음 글의 관점에 부합하는 진술로 틀린 것은?

> 커뮤니케이션은 정보원에서 목적지까지 메시지를 전달하는 과정이다. 정보원이 전달 정보를 취사선택하여 메시지를 만들고, 송신기로 보내면 송신기는 그 메시지를 음파나 광파 등 신호로 바꾸어 채널을 통하여 다시 메시지로 환원하여 목적지에 전달한다.

① 구조적 관점에 해당한다.
② 커뮤니케이션을 정보 또는 메시지의 단순한 송·수신 과정으로 본다.
③ 정보나 메시지 유통과정에 비중을 두고, 의미나 유발하는 결과를 중시한 것이 특징이다.
④ 대표적 학자로 정보이론학자인 섀넌(Shannon), 위버(Weaver), 위너(Wiener), 레이즈벡(Raisebeck) 등이 있다.

정답 ③

해설 구조적 관점은 정보나 메시지 유통과정에 비중을 두고, 의미나 유발하는 결과는 경시하는 것이 특징이다.

커뮤니케이션을 바라보는 관점 중 다음 글의 관점에 부합하는 진술로 틀린 것은?

> 커뮤니케이션은 두 개체가 기호를 매개로 서로 공통된 의미, 즉 같은 경험영역을 공유하는 과정이다. 경험영역을 뜻하는 두 개의 원이 많이 겹칠수록 커뮤니케이터와 수용자 간 커뮤니케이션이 잘 이루어진 것을 의미한다.

① 커뮤니케이션을 본능적·비의도적 행위로 인지한다.
② 커뮤니케이션 과정에서 기호화 및 해독과정을 중시한다.
③ 메시지는 구체적으로 내용(content), 처리(treatment), 코드(code) 요소로 구성된다.
④ 경험영역을 뜻하는 두 개의 원이 많이 겹칠수록 커뮤니케이터와 수용자 간 커뮤니케이션이 잘 이루어진 것을 의미한다.

정답 ③

해설 메시지가 구체적으로 내용(content), 처리(treatment), 코드(code) 요소로 구성된다고 보는 관점은 의도적 관점이다.

Ⅲ 커뮤니케이션의 목적(Devito)

① 자신과 타인 그리고 주위의 세상에 관해 배우거나 알기 위해서이다.
② 타인과 관계를 맺기 위해서이다.
③ 타인을 설득시키거나 타인에게 어떠한 방식으로 영향을 미치기 위해서이다.
④ 타인과 놀이를 하거나 즐기기 위해서이다.
⑤ 타인을 돕기 위해서이다.

Ⅳ 커뮤니케이션의 일반원칙(Redfield)

1 명료성

이상적 의사전달을 위해서는 그 의미가 명확하고 최적의 통로를 선택해야 하므로 어려운 단어나 복잡한 배경 설명, 어색한 문장구조, 진부성, 불필요한 전문용어, 지나친 미사여구 등은 오히려 커뮤니케이션의 명료성을 훼손시킬 수 있다.

2 일관성

커뮤니케이션 통로를 타고 전달되는 과정에서 수정이 반복되거나 가감이 되면 일관성을 잃게 되므로 어떤 커뮤니케이션이든 커뮤니케이터 주체의 목표와 부합되는 것이어야 한다.

3 적기적시성

아무리 좋은 커뮤니케이션 내용이라도 적절한 시기와 시간을 맞추지 못하면 불필요한 것이 된다.

4 분포성

커뮤니케이터 주체의 커뮤니케이션은 명확하게 PR객체에게 전달되어야 한다.

5 적당성

과대한 양과 지나친 정도의 횟수로 커뮤니케이션을 하려는 것은 오히려 역효과를 가져온다.

6 적응성과 통일성

적응성이란 커뮤니케이션의 융통성, 개별성, 현실성 등을 말한다. 통일성은 각 커뮤니케이션이 전체로서 일관된 정책이나 목표의 표현이 되게 하는 것을 의미한다.

7 관심과 수용

커뮤니케이션은 관심과 수용 가능성이 있는 경우에 그 가치가 있고, 능률이 있는 것으로 수용에는 어떠한 권위도 배제되어야 한다.

V 커뮤니케이션의 장애요인(Axley)

1 지각 장애

실제 사물(현실, 실재)에 대한 관점을 의미하는 지각 작용은 개인에 따라 보고 해석하는 내용이 다르므로 사물 그대로를 보지 못하는 데서 문제가 발생한다.

2 언어 장애

언어(language) 혹은 어의(semantic) 측면에서 빈번하게 발생하는 것으로 개인에 따라 정확한 뜻이 모두 다를 수 있기 때문에 커뮤니케이션 상호 오해와 문제가 발생한다.

3 하향식-상향식-횡적 의사소통의 장애

① 하향식 의사소통은 공간적, 심리적인 거리가 장애요소로 작용하나 상향식 의사소통은 관리자가 메시지를 의도했던 대로 받아들이지 않거나 부하가 정보를 전달할 기회를 갖지 못하거나 전달할 정보를 선택하지 않는 경우 장애 요인이 된다.

② 아울러 상향식 의사소통은 상위적 수신자의 지위를 의식하여 좋지 않은 정보는 신속, 정확하게 전달하지 않으려는 경향이 있을 수 있다.

③ 횡적 의사소통의 경우는 견해의 차이, 상호 간의 경쟁, 지위 간의 격차 등이 장애요인이 된다.

4 보호적 여과작용(filtering)

하의상달의 경우 조직내 모든 구성원들은 제각기 직무상 그들의 의견, 불편, 불만을 토론해서 경영에 반영, 개선하기를 바라나 일선직원의 의사나 건의는 상사들에게 전달되는 과정에서 상사의 감정을 해칠 우려가 있어 자기에게 불리한 의견은 삭제(여과)되어 결국, 하부의 의사는 극소부분만 전달되어 본래의 기능을 다하지 못한다.

5 신뢰성의 부족

① 전달자가 보유한 전문지식, 신용, 의향, 온화, 행동적 특성, 평판 등 전달자의 신뢰성이 영향을 미친다.

② 특정 전달자에 대한 평판이나 전달자에게 겪은 과거 경험을 통하여 형성된 선입관에 따라 전달자에게 내리는 평가적 경향을 갖게 된다.

6 준거의 틀(frame of reference)

① 개인마다 모두 다른 준거 체계를 가지고 그것을 기반으로 같은 상황을 놓고도 저마다 다르게 해석한다.

② 사회적 지위, 신분, 소득이 유사한 사람들은 같은 준거집단을 형성하고 동질적인 상호이해를 할 가능성이 높고, 교양, 취미, 학력수준, 사고, 판단과 태도 및 신념체계가 판이하게 다를 경우 준거의 틀이 상이하므로 공감대가 형성되기 어렵다.

[예상문제]

Axley가 지적하는 커뮤니케이션의 장애요인에 대한 설명으로 틀린 것은?

① 지각 장애는 사회적 지위, 신분, 소득이 다를 경우 공감대의 형성이 어려운 경우에 발생한다.
② 개인에 따라 정확한 뜻이 모두 다른 경우 언어 장애가 발생한다.
③ 보호적 여과 작용 때문에 하부의 의사는 극소수만 전달될 수 있다.
④ 특정 전달자에 대한 평판이나 전달자에게 겪은 과거 경험은 전달자의 신뢰성에 영향을 미친다.

정답 ①

해설 '준거의 틀'에 대한 설명이다. 지각 장애는 실제 사물에 대한 관점을 의미하는 지각작용은 개인에 따라 보고 해석하는 내용이 다르므로 사물 그대로를 보지 못하는 데서 발생하는 문제이다.

Theme

55 커뮤니케이션의 유형

I 전통적 커뮤니케이션

1 자아 커뮤니케이션

① 인간의 내부에서 일어나는 자신과의 커뮤니케이션이다.

② 한 인간이 메시지의 발신인인 동시에 수신인이 된다.

2 대인 커뮤니케이션

① 인간 상호 간의 커뮤니케이션이다.

② 두 사람이 대화하는 과정에서 일어나는 정보전달 현상이다.

③ 대화가 가능할 정도로 근접한 상황에 적어도 2인 이상이 정보교환 과정에 참여한다.

④ 사용 메시지의 상징적 의미를 이해할 수 있는 문화적 · 사회적 · 심리적 공감대를 형성한다.

⑤ 비교적 자유스러운 분위기에서 내용이나 유형도 특정 공식에 구애받지 않는다.

3 집단 커뮤니케이션

① 집단적 상황에서 일어나는 인간 상호 간의 커뮤니케이션의 한 유형이다.

② 가족이나 동료집단 내에서 이루어지는 대화나 토론 등이 집단 커뮤니케이션에 속한다.

4 조직 커뮤니케이션

① 사회구조적 환경에서 일어나는 인간 상호 간의 커뮤니케이션이다.

② 조직 환경의 특정 목적달성에 필요한 커뮤니케이션은 독특한 특징을 가진다.

③ 조직 내 정보의 흐름이나 의사전달은 정해진 규범, 규칙에 의한다.

④ 공식적 통로와 비공식적 통로로 구분된다.

⑤ 공적 업무수행 정보는 주로 문서나 회의 등 공식적 통로로 전달한다.

5 매스 커뮤니케이션

① 신문, 방송, 영화, 서적 등 매스미디어를 매체로 대중에게 정보가 전달되는 사회적 과정이다.

② 일반적으로 전달자, 수용자, 내용인 메시지, 매체 채널, 전달정보가 영향을 미치는 효과 등 5가지 요소로 구성된다.

[전통적 커뮤니케이션 유형별 특성 비교]

구분	자아	대인	집단	조직	매스
참여자수	1인	2~3인	3~10인	10인 이상	대중
친밀/공식적	가장 친밀	대체로 친밀	친밀/공식적	대체로 공식적	공식적
피드백	100%	많은	중간	적음	적고 지연적
메시지 계획성	전혀	약간	약간	대체로 계획적	100% 계획적
송/수신자 역할	동시적	교대로	교대로	1 : 다수	1 : 다중

예상문제

커뮤니케이션의 유형에 대한 설명 중 옳지 않은 것은?

① 대인 커뮤니케이션은 대화가 가능할 정도로 근접한 상황에 적어도 2인 이상이 정보를 교환하는 과정이다.
② 집단 커뮤니케이션은 공식적 통로와 비공식 통로로 구분할 수 있다.
③ 매스 커뮤니케이션은 매스미디어를 매체로 대중에게 정보가 전달되는 사회적 과정이다.
④ 뉴 커뮤니케이션은 동시적·비동시적 커뮤니케이션이 모두 가능하다.

정답 ②
해설 조직 커뮤니케이션에 대한 설명이다.

커뮤니케이션의 유형에 대한 설명으로 옳은 것은?

① 대인 커뮤니케이션에는 가족이나 동료집단 내에서 이루어지는 대화나 토론 등이 포함된다.
② 집단 커뮤니케이션은 대화가 가능할 정도로 근접한 상황에 적어도 2인 이상이 정보를 교환하는 과정이다.
③ 조직 커뮤니케이션은 공식적 통로와 비공식 통로로 구분할 수 있다.
④ 정보 전달과 정보 소비의 동시성의 정도는 뉴 커뮤니케이션이 가장 높다.

정답 ③
해설 ① 대인 커뮤니케이션은 대화가 가능할 정도로 근접한 상황에 적어도 2인 이상이 정보를 교환하는 과정이다.
② 집단 커뮤니케이션은 가족이나 동료집단 내에서 이루어지는 대화나 토론 등을 말한다.
④ 정보 전달과 정보 소비의 동시성 정도는 매스 커뮤니케이션 중 방송이 가장 높다.

Ⅱ 뉴 커뮤니케이션

1 의의

① 네트워크 커뮤니케이션으로 주로 정보통신망인 컴퓨터망을 통해 시 · 공간 제약 없이 상호 커뮤니케이션이 가능하다.

② 서로가 원하는 시간에 정보를 보내거나 받고, 동시에 주고받을 수 있어 사이버 공간에서 새로운 공동체 형성이 가능하다.

③ 미디어의 융합이 끊임없이 진행되고 인터넷이 현대 정보사회의 중심 매체로 자리매김하였지만, 벌로(Berlo)를 비롯한 초기의 학자들이 수십 년 전에 제안한 SMCR모형에서 송 · 수신자, 채널, 메시지의 개념이 더 복잡해졌을 뿐 동일한 모형이 여전히 적용된다.

2 뉴 커뮤니케이션의 특성

(1) 상호작용적(interactive) 양방향(two-way) 커뮤니케이션

송신자가 수신자로부터 받은 환류(feedback)를 수용하면서 지속적으로 그 내용을 수정하여 수신자에게 수정된 내용을 발송할 수 있는 상황을 의미한다.

(2) 동시적 · 비동시적 커뮤니케이션

수용자 모두가 거의 동시에 메시지를 받을 수 있고, 자신이 원하는 시간에 프로그램을 즐길 수 있게 되어 모든 수용자들이 특정시간에 시청할 필요가 없게 됨으로써 비동시적 커뮤니케이션도 가능하다.

(3) 커뮤니케이션 범주들 간 구분이 사라진 새로운 유형

① 기술 융합과 문화적 관습 변화로 커뮤니케이션 범주들 간 구분이 사라진 새로운 유형이다.

② 인터넷이나 모바일을 통한 커뮤니케이션은 대중, 대집단, 소집단, 대인 간 커뮤니케이션을 자유롭게 오가며 수용자들이 원하는 자유로운 커뮤니케이션이 가능하다.

Ⅲ 커뮤니케이터의 성향

1 Sheth의 커뮤니케이션 유형

유형	특성
과업 지향형	• 집요하고 근면함 • 목표 지향적이며 과단성 • 능률과 시간, 비용 및 노력을 최소화하는 데 관심
상호작용 지향형	• 상호작용을 추구하며 즐김 • 인간적이며 사교적
자기 지향형	• 자기에 대한 몰두 • 적극성과 지배성 • 자기 자신의 복지에 많은 관심(직접적인 보상과 인정) • 타인에게 덜 감정이입적

2 Norton(1978)의 커뮤니케이션 유형

유형	특성
주도적 (dominant)	• 자신의 생각을 자주 표현 • 사회적 위치에서 주도하기를 원하는 강한 유형
역동적 (dramatic)	• 과장하거나 은유적인 표현을 많이 사용 • 말하고자 하는 내용을 표현하기 위해 다양한 유사언어를 구사하는 유형
논쟁적 (contentious)	논쟁을 좋아하는 유형
생기 있는 (animated)	다른 유형과 비교하여 다양한 신체적 표현을 사용하는 유형
인상 깊은 (impression leaving)	말하는 방법이나 강조하는 방법으로 청자에게 각인되는 유형
여유로운 (relaxed)	조용하고 긴장을 드러내지 않는 유형
주의 깊은 (attentive)	• 타인의 의견을 듣고, 의견에 대한 관심을 표현 • 듣고 있다는 것을 표현하기 위해 자의적인 행동을 취하는 유형
개방적인 (open)	• 자신에 관하여 공개 • 쉽게 자기 감정을 표현하는 유형
친절한 (friendly)	• 타인을 위로하고, 타인의 공로를 알아주고, 상대방에 대한 존경을 공개적으로 표현 • 재치가 있는 유형
대화자 이미지 (communicator image)	• 낯선 사람이나, 소수계층 사람이나 반대의 성향을 가진 사람들과도 쉽게 대화를 나누는 유형 • 독립적인 요소 혹은 다른 요소에 의해 좌우되는 결과적 요소로 작용

Ⅳ 사이버 공간에서의 커뮤니케이션

1 의의

① 사이버 공간(cyber space)이라는 개념은 1984년에 출간된 윌리엄 깁슨의 소설 「뉴로맨서」에서 처음 사용되면서 기술적으로 가상현실 기술 기반 컴퓨터 네트워크를 지칭하는 개념이다.

② 멀티미디어 환경에서 문자, 음성, 데이터, 영상 등이 통합되어 있는 의미 전달의 수단을 통하여 정보와 오락이 서비스된다.

③ 최첨단 정보통신기술을 활용한 정보와 오락을 담고 있는 프로그램과 사용자 간 상호작용 혹은 사용자끼리의 정보교류는 마치 사람들이 만나서 나누는 대화처럼 쌍방향성 커뮤니케이션으로 이루어진다.

④ 커뮤니케이션 수단으로서 사이버 공간은 개개인의 컴퓨터뿐만 아니라 그 컴퓨터를 이용하고 있는 개인들의 의사소통까지도 연결시킨다.

⑤ 네트워크로 연결된 디지털 데이터뿐 아니라 인간들의 감정과 정서, 의견과 사상까지도 비트 단위로 흘러 다닌다.

⑥ 사이버는 네티즌들 간의 의사소통이 이루어지는 공간으로 사이버 속에서 네티즌들은 전자우편을 통해 서로의 의사를 전달하고 뉴스그룹을 통해 관심 있는 현안을 토론하고, 채팅을 통해 실시간으로 대화를 나눈다.

⑦ 사이버 커뮤니티는 인간이 이전에 경험해보지 못했던 새로운 의사소통 수단이다.

⑧ 지금까지 인류가 가졌던 어떠한 의사소통도 비동시적이고, 쌍방향적인 방식으로 시·공간을 초월하며 익명성이 유지되는 다수 대 다수의 의사소통을 가능하게 해 주지는 못했다.

⑨ 그러나 사이버 공간은 이러한 모든 조건들을 동시에 충족시켜 줄 수 있는 의사소통 수단이다.

예상문제

사이버 공간(Cyberspace)에 대한 설명으로 틀린 것은?

① 윌리엄 깁슨이 1984년에 쓴 과학 소설 '뉴로맨서'에서 최초로 등장했다.
② 인공두뇌학(Cybernetics)을 뜻하는 Cyber와 공간을 뜻하는 Space의 합성어로 현실이 아니라 두뇌 속에 펼쳐지는 또 다른 우주를 뜻한다.
③ 사이버공간의 독립 운동가로 불리는 존 길모어가 의사전달 공간이라는 개념으로 사용하면서부터 일상적인 용어가 되었다.
④ 기술적으로는 가상현실 기술 기반 컴퓨터 네트워크를 지칭하는 개념이다.

정답 ③

해설 사이버공간의 독립 운동가로 불리는 존 P. 발로우가 의사전달 공간이라는 개념으로 사용하면서부터 일상적인 용어가 되었다.

2 커뮤니케이션 수단으로서 사이버가 갖는 특성

① 권위적이고 불평등한 현실세계의 장벽이 제거된 상태에서 자유로운 의사 개진과 활발한 토론을 통한 자발적 여론형성이 가능하다.

② 거시적 정치에서 사사로운 연예계 뒷소문까지 사회적 현안들에 대해 제한 없이 공론화가 가능하다.

③ 시·공간적 제약, 성별, 연령, 계층, 인종 등 사회적 조건을 초월하여 개인의 관심과 이해를 중심으로 사이버 공동체가 결성된다.

3 사이버 공간의 다양한 의미

① 컴퓨터와 네트워크를 통한 커뮤니케이션 공간이다.

② 시간, 거리, 국가, 영토, 현실과 같은 물리적 구조로는 존재하지 않는 컴퓨터와 인터페이스의 영역에서만 존재하는 공간이다.

③ 비트(bit)와 네트(net)가 만나서 형성되는 사회적 공간이다.

④ 컴퓨터 미디어를 통한 커뮤니케이션 자체가 아니라 그것이 만들어 내는 상황으로, 인터페이스 영역을 확정하는 기술적 수단으로서의 가상현실과 구별된다.

⑤ 컴퓨터 매개 커뮤니케이션(CMC) 기술 이용으로 언어 인간관계, 자료, 부, 권력 등이 현재화되는 개념적 공간이다.

⑥ 수많은 사람들이 컴퓨터 게시판과 네트워크를 매개로 말과 생각을 교환하는 가상공동체이다.

⑦ 컴퓨터 테크놀로지가 만들어 내는 공간, 기술을 매개로 한 사회적 공간이다.

⑧ 디지털 정보와 인간의 지각이 만나는 지점이며, 문명의 매트릭스이다.

⑨ 기술적으로 네트워크 기술과 가상현실 기술을 매개한 공간이다.

⑩ 사이버 공간은 실제 세계의 시뮬레이션을 발달시키고, 한 걸음 더 나아가 가상현실의 세계를 창조하는 열린 공간이다.

Theme

56 비언어적 의사소통

I 의의

의사소통은 언어공동체에 있어서 발신자와 수신자가 상호 공유하고 있는 공통부호(code)를 전제할 때 원활하게 이루어진다. 이러한 공통 부호는 언어적, 준언어적, 비언어적 범주로 실현되는데 이들이 의사소통의 구성요소에 해당한다고 할 수 있다.

Ⅱ 의사소통의 구성요소

1 언어적 요소

언어적 요소는 말과 문자로 구성되어 있다.

2 준언어적 요소

① 준언어적 요소는 메타커뮤니케이션 기능을 담당하는 것으로 언어적 요소에 수반하는 모든 성대음으로 음성의 크기, 높이, 길이를 비롯하여 잔기침, 콧소리, 신음 소리와 같은 모든 소리가 여기에 해당한다.

② 그리고 문장 자체가 표현하는 정보 그 자체와는 무관하지만 발화체에 문맥과 상황에 부합된 적절한 해석을 제공하는 한편 화자나 저자에 대한 여러 추론을 위한 기초를 제공한다는 특징도 있다.

3 비언어적 요소

① 비언어적 요소는 의사소통의 과정에서 대개 시각적으로 인지되는 것으로 화자의 동작, 자세, 시선, 표정을 비롯하여 공간이나 시간의 사용, 접촉, 그리고 외모 등을 포괄한다.

② 그리고 의사소통상에서 언어적 요소에 정확한 의미를 제공하거나 이해를 돕는 데 크게 기여한다. 참여자 간에 의사소통이 원만하게 이루어지기 위해서는 발신자가 부호화하여 메시지를 작성하고 수신자가 그 메시지를 해석하는 과정에서 활용하는 다양한 요소들을 이해하여야 한다.

③ 그 요소들이 생리적, 심리적, 사회적, 문화적 특성 등인데 이 중에서도 의사소통의 적절성에 가장 크게 작용하는 것은 문화적 특성이다.

[예상문제]

의사소통의 구성요소에 대한 설명으로 틀린 것은?

① 언어적 요소는 음성의 크기, 높이, 길이 등을 포함한다.
② 언어적 요소는 청각적 음성 언어와 시각적 문자 언어로 구성된다.
③ 비언어적 요소는 의사소통의 과정에서 대개 시각적으로 인지된다.
④ 화자의 동작, 자세, 시선, 표정 등은 의사소통상에서 언어적 요소에 정확한 의미를 제공하거나 이해를 돕는 데 크게 기여한다.

정답 ①

해설 언어적 요소는 말과 문자로 구성되어 있으며 준언어적 요소는 메타 커뮤니케이션 기능을 담당하는 것으로 언어적 요소에 수반하는 모든 성대음으로 음성의 크기, 높이, 길이를 비롯하여 잔기침, 콧소리, 신음 소리와 같은 모든 소리가 여기에 해당한다.

③ 비언어적 요소는 의사소통의 과정에서 대개 시각적으로 인지되는 것으로 화자의 동작, 자세, 시선, 표정을 비롯하여 공간이나 시간의 사용, 접촉, 그리고 외모 등을 포괄한다. 그리고 의사소통상에서 언어적 요소에 정확한 의미를 제공하거나 이해를 돕는 데 크게 기여한다.

범주	언어적 요소		준언어적 요소	비언어적 요소		
	청각적	시각적	청각적	시각적		
예	음성 언어	문자 언어	음성 크기, 높이, 길이 등	동작/행동, 자세, 시선, 얼굴표정	공간/시간, 사용, 개인 간 거리, 접촉	외모, 화장, 향수
연구 분야	언어학		준언어학	동작학	근접학	

Ⅲ 비언어적 행위의 특성과 기능

1 의의

① 비언어적 행위의 특성은 구조적, 의미적, 문화상황적 측면을 고려하여 정리할 수 있다.
② 비언어적 의사소통 행위는 의사소통의 과정에서 다양한 기능을 갖는다. 그 중 대표적인 것이 언어적 표현에 수반되어 발신자의 내적 감정을 부가적으로 드러내는 기능과 발신자가 비언어적 표현으로 언어적 표현을 대체하여 자기의 의사를 간접적으로 전달되게 하는 기능을 가지고 있다.

2 비구조성

비언어적 의사소통 행위는 언어 형식과 달라 이를 구조화하는 데 일정한 규칙이나 통제할 제약이 없을 뿐만 아니라 일정한 의미에 대한 일정한 형식을 반드시 갖추어야 한다는 제약 따위가 없다. 이것이 비언어적 행위의 비구조성이다.

3 비분절성과 총체성

언어 표현이 분절성을 가진다면 비언어적 의사소통 행위는 분절할 수 없으며 행위의 전체가 하나의 의미를 담는 총체성을 지닌다.

4 의미단위의 개체성

의미단위의 개체성은 총체성과 관련 있는 것으로 비언어적 의사소통행위는 구조 전체가 하나의 개체가 되어 하나의 의미와 대응한다.

5 상황 의존성

상황 의존성은 동일한 언어표현이 상황에 따라 달리 해석되는 것과 동일한 것으로 비언어적 의사소통 행위도 동일한 형식이 상황에 따라 다른 의미를 지닌다.

6 문화 의존성

비언어적 의사소통 행위는 문화적 요소에 의해 그 해석이 달라진다. 물론 표정이나 감정의 표현 등은 문화 보편적인 것이지만 대부분의 것들은 문화 의존적이다.

7 시각 의존성과 가시성

언어적 의사소통 행위가 발성과 청취에 의해 의미 구성을 하는 청각 중심적 특성을 지니는 반면 비언어적 의사소통 행위는 담화 장면 현장이라는 가시적인 환경에서 시각을 통해 인지하여 의미 해석이 이루어진다.

예상문제

비언어적 행위의 특성으로 틀린 것은?

① 구조적
② 비분절적
③ 상황 의존적
④ 시각 의존적

정답 ①

해설 비언어적 의사소통 행위는 언어 형식과 달라 이를 구조화하는데 일정한 규칙이나 통제할 제약이 없을 뿐만 아니라 일정한 의미에 대한 일정한 형식을 반드시 갖추어야 한다는 제약 따위가 없다. 이것이 비언어적 행위의 비구조성이다.

② 언어 표현이 분절성을 가진다면 비언어적 의사소통 행위는 분절할 수 없으며 행위의 전체가 하나의 의미를 담는 총체성을 지닌다.
③ 동일한 언어표현이 상황에 따라 달리 해석되는 것과 동일한 것으로 비언어적 의사소통 행위도 동일한 형식이 상황에 따라 다른 의미를 지닌다.
④ 언어적 의사소통 행위가 발성과 청취에 의해 의미 구성을 하는 청각 중심적 특성을 지니는 반면 비언어적 의사소통 행위는 담화 장면 현장이라는 가시적인 환경에서 시각을 통해 인지하여 의미해석이 이루어진다.

Ⅳ 신체언어의 특성 및 종류와 문화

1 의의

① 언어는 하나의 약호로 언어공동체 구성원들의 언어 사용에 구속력을 발휘한다. 신체언어 또한 약호로서 문화적 지배를 받는다. 곧 신체 언어는 상이한 문화적 해석 규범에 따라 다양한 의미를 전달하는 비언어적 의사소통 행위로 해석된다. 이것은 동일한 몸짓이라도 문화적 배경에 따라 달리 해석될 수 있으며 동일한 의미가 동일한 몸짓으로 나타날 수 없음을 의미한다.

② 그러나 신체언어란 그 표현이 '인간의 몸'에 한정되어 실현되는 것이기 때문에 인류 보편적인 것 곧, 문화독립적인 것(표정, 감정표현 등)이 있으나 대체로 문화 의존적이다. 언어의 의미범주가 문화에 따라 다르고 성별이나 계급에 따라 언어 사용이나 표현이 차이가 있듯이 비언어적 표현인 신체언어에도 이러한 차이가 있을 것으로 판단된다.

③ 가령 상대방에게 자기 앞으로 다가오라고 할 때 한국어 문화권에서는 손등을 위로 향하게 해서 손가락 전체를 붙여 위아래로 까닥거리는 반면 영어 문화권에서는 손바닥이 위로 향하게 해서 검지를 까닥거린다. 이것이 동일한 개념에 대해 문화권에 따라 다른 형식의 신체언어가 실현되는 예에 해당한다. 이처럼 신체언어는 언어공동체의 문화에 따라 그 형식과 의미관계가 다를 수 있다.

2 신체언어의 특성

(1) 의의

① 신체 언어는 인간의 신체를 통해서 나타나는 의사 표시의 한 형식이다. 따라서 신체언어의 범위는 인간의 머리끝에서 발끝까지 모든 인체 기관을 통해 보일 수 있는 모든 물리적인 동작뿐만 아니라 심리적인 현상이 드러나는 얼굴의 표정이나 몸짓, 자세 등 모두가 해당한다.

② 그리고 이들은 모두 일정한 의미개념을 지니면서 사회 구성원 간에 약호로서의 자격을 갖는다. 이러한 신체언어는 언어적 표현이나 준언어적 표현, 그리고 비언어적 표현의 하나인 '침묵'과 다른 특성이 있다.

(2) 언어대체성

신체언어의 특성 중 가장 두드러지는 것은 언어대체성이다. 이는 의사소통상에 발신자가 순수한 신체언어만을 사용할 경우에 해당하는 것으로 언어적 표현을 완전히 대체하여 발신자가 자기의 의사를 드러내는 것이다.

(3) 언어표현의 보완

언어표현과 더불어 실현되는 신체언어의 특성으로 언어표현을 보완하는 것이다. 담화현장에서 담화 참여자는 다양한 메시지를 사용하는데, 효과적으로 의사를 전달하기 위해 언어적 표현과 더불어 신체언어를 사용한다. 이때 신체언어는 준언어적 요소와도 유사한 역할을 하여 언어표현을 보완한다.

(4) 함축성

함축성은 신체언어가 언어표현보다는 그 의미적 폭이 크다는 점을 이르는 것이다.

(5) 시각 의존성

① 대체로 비언어적 요소에 해당하는 것이 시각에 의해 의미가 수용되지만 신체언어는 다른 것에 비해 시각 의존도가 절대적이다. 신체언어가 의사소통에 크게 작용하는 것은 약호로서 사회 구성원 간에 통용되기 때문이다.

② 신체언어는 발신자 측면에서 보면 생리적으로 실현되는 것이지만 수신자는 우선 시각에 의존하여 신체언어의 형식을 수용하고 이어 학습한 문화에 의존하여 신체언어의 형식을 해독하는 과정을 거친다. 이는 음성 언어가 청각영상에 의존한다는 점과의 차이가 있다.

③ 신체언어가 공간적 제약을 받는다는 것도 바로 이 시각 의존성과 관련이 있다. 신체언어는 시각이 미치는 공간 내에서만 의사소통의 행위로서 가치를 지님과 동시에 음성 언어를 통한 의사소통이 제한되는 공간이나 환경에서 적절히 사용되기도 한다.

3 신체언어의 종류

(1) 의의

시각 의존성이 중심이 되어 성립되는 신체언어는 인간의 신체부위 모두에 의해서 그 형식이 표현된다. 곧, 신체언어의 구성요소는 신체부위 모두가 해당한다는 것이다. 이러한 신체부위를 이용하여 생성하는 신체언어의 종류에는 '표정, 시선, 몸짓(gesture), 자세, 상징(emblem)'을 들 수 있다.

(2) 표정

① 표정은 얼굴에 있는 근육과 기간을 통해 나타나는 것으로 다분히 생리적인 현상에 해당한다. 의사소통 과정에서 발신자는 표정을 통해 심리 현상과 감정을 드러내고 수신자는 이를 통해 발신자의 심리나 감정을 전달받는다.

② 표정을 통해 드러난 심리현상이나 감정은 대개 '기쁨, 슬픔, 노여움, 즐거움, 혐오, 경멸, 당혹, 관심, 결심 등'을 들 수 있는데 이들은 생리적인 반응으로 비교적 문화독립적이다.

(3) 시선

① 표정은 얼굴에 나타나는 것인 반면 눈, 입과 같은 얼굴의 부분을 통한 신체언어가 있다. 얼굴의 부분 중에서 눈과 입은 그 움직임에 능동성이 있기 때문에 다양한 움직임을 통해 여러 의미의 신체언어를 연출할 수 있는데 그 대표적인 것이 시선이다.

② 시선은 눈의 동작이나 위치에 따라 다양한데 시선의 양상에 따라 발신자가 나타내고자 하는 의미는 다르다. 시선은 부분적으로 신분이나 성별에 따라 제약이 주어지는데 이 점이 문화 의존적이다.

(4) 몸짓

① 신체언어의 대부분을 차지하는 것은 몸짓이다. 인체의 모든 부위 머리, 목, 몸통, 손, 팔, 허리, 다리, 발' 등의 움직임이 여기에 해당한다.

② 이들의 움직임이 의사소통상에서 일정한 의미를 가지기 위해서는 언어공동체 구성원 간에 약호로서 인정되어야 하며 그 과정에 해당 문화환경이 작용한다. 따라서 몸짓에 의한 신체언어는 다소 문화 의존적이다.

(5) 자세

① 자세는 몸짓의 한 부분에 해당하나 관습이나 전통에 의해 학습되는 과정을 거치면서 형성된 신체언어이다.

② 문화, 개인, 종교, 직업, 사회계층, 성별, 나이 등에 따라 다르게 나타나며 그 의미도 문화환경 속에서 파악된다.

(6) 상징

① 상징 또한 몸짓 신체언어의 일종인데 이는 문화적으로 관습적인 의미를 지니고 있으며 언어표현과 함께 사용되지 않는다. 상징의 존재 이유는 말을 대신하기 위해 쓰이며 때로는 금기어를 지칭하기 위해서 사용된다.

② 상징이 지니는 또 하나의 특징은 그것의 형태에 대해 언어 공동체 구성원 간 동의가 이미 이루어져 있다는 것이다. 따라서 이는 문화특징적이다.

기출문제

다음 글에서 설명하고 있는 비언어적 의사소통의 요소로 옳은 것은? [2020]

> 다른 비언어적 표현들에 비해 감정 표현의 기능은 제한적이라고 할 수 있지만 전체적인 상대방의 상태를 보다 정확히 알 수 있는 단서를 제공하고 사회적 역할이나 지위의 차이를 드러낼 수 있다.

① 표정 ② 몸짓
③ 자세 ④ 가공적 행위

정답 ③

해설 자세는 사람의 인상을 결정짓는 데 중요한 역할을 한다. 따라서 상황에 적절치 않은 자세는 본인의 의도와 상관없이 부정적인 이미지를 만들게 된다. 자세는 얼굴표정이나 몸짓보다 전체적인 상대방의 상태를 보다 정확히 알 수 있는 단서를 제공하는데, 구부정한 자세는 침울함 또는 열등감이나 주목받고 싶지 않은 느낌의 표시이며 똑바른 자세는 강한 자신감이나 개방성을 나타낸다. 메러비안(Albert Mehrabian)은 역할이나 지위에 따른 자세를 관찰하였는데, 지위가 높은 사람은 보다 편안하고 여유 있는 자세를, 지위가 낮은 사람은 좀 더 꼿꼿하고 긴장된 자세, 혹은 균형 잡힌 자세를 취한다고 했다. 따라서 자세는 다른 비언어적 행위와 마찬가지로 사람의 판단기준으로도 작용하는데 머리를 들고, 어깨를 펴고, 턱을 들고, 모든 동작을 자신 있게 하는 사람은 신뢰도에 높은 평가를 받는 반면, 어깨를 축 늘어진 채 시선을 아래로 향하고 움츠린 사람은 자신감 없는 사람으로 신뢰도가 낮은 평가를 받는다.

예상문제

다음 ㉠, ㉡에 들어갈 신체언어를 바르게 짝지은 것은?

> 의사소통 과정에서 발신자는 [㉠]을(를) 통해 심리 현상과 감정을 드러내고 수신자는 이를 통해 발신자의 심리나 감정을 전달받는다. [㉠]을(를) 통해 드러난 심리현상이나 감정은 대개 '기쁨, 슬픔, 노여움, 즐거움, 혐오, 경멸, 당혹, 관심, 결심 등'을 들 수 있다. 또한 [㉠]은(는) 얼굴에 나타나는 것인 반면 눈, 입과 같은 얼굴의 부분을 통한 신체언어가 있다. 얼굴의 부분 중에서 눈과 입은 그 움직임에 능동성이 있기 때문에 다양한 움직임을 통해 여러 의미의 신체언어를 연출할 수 있는데 그 대표적인 것이 [㉡]이다. [㉡]은(는) 눈의 동작이나 위치에 따라 다양한데 시선의 양상에 따라 발신자가 나타내고자 하는 의미는 다르다. [㉡]은(는) 부분적으로 신분이나 성별에 따라 제약이 주어진다.

	㉠	㉡		㉠	㉡
①	상징	표정	②	표정	시선
③	자세	시선	④	몸짓	자세

정답 ②

해설 표정과 시선에 대한 설명이다.

다음에서 설명하는 신체언어로 옳은 것은?

몸짓의 한 부분에 해당하나 관습이나 전통에 의해 학습되는 과정을 거치면서 형성된 신체언어로서, 문화, 개인, 종교, 직업, 사회계층, 성별, 나이 등에 따라 다르게 나타난다.

① 표정
② 시선
③ 자세
④ 상징

정답 ③

해설 자세에 대한 설명이다.

다음에서 설명하는 신체언어로 옳은 것은?

신체언어의 대부분을 차지하는 것으로서, 인체의 모든 부위(머리, 목, 몸통, 손, 팔, 허리, 다리, 발 등)의 움직임이 여기에 해당한다. 이들의 움직임이 의사소통상에서 일정한 의미를 가지기 위해서는 언어공동체 구성원 간에 약호로서 인정되어야 한다.

① 표정
② 몸짓
③ 자세
④ 상징

정답 ②

해설 몸짓에 대한 설명이다.

[㉠]에 들어갈 신체언어로 옳은 것은?

[㉠]은(는) 몸짓의 일종으로 이는 문화적으로 관습적인 의미를 지니고 있으며 언어표현과 함께 사용되지 않는다. [㉠]의 존재 이유는 말을 대신하기 위해 쓰이며 때로는 금기어를 지칭하기 위해서 사용된다. [㉠]이(가) 지니는 또 하나의 특징은 그것의 형태에 대해 언어 공동체 구성원 간 동의가 이미 이루어져 있다는 것이다.

① 표정
② 시선
③ 자세
④ 상징

정답 ④

해설 상징에 대한 설명이다.

Theme

57 커뮤니케이션과 미디어 편향성

I 커뮤니케이션 미디어 생태학

1 의의

① 미디어를 환경으로 보는 관점은 각 미디어가 인간 의식과 사회변동의 동인으로 작용하는 미디어 자체의 본질적 속성에 주목하는 것이다.

② 미디어가 지닌 본질적 속성에 따라 인간은 특정 방향으로 세상을 지각, 상호작용하도록 유도된다고 보는 관점으로 미디어 자체에 관심을 둔 생태학적 시각의 등장은 사회문화의 급격한 변동과 직접 관련된다.

③ 새로운 미디어가 출현하여 그 사회의 주도적인 커뮤니케이션 미디어가 되면 그 미디어가 가진 속성에 따라 이전과는 다른 새로운 사회적 인식이 나타나고 그와 함께 사회문화적인 변동이 초래된다.

④ 예를 들면, 문자와 인쇄문화의 등장이 종교개혁과 산업혁명이라는 엄청난 사회변화의 원동력이었던 것처럼 전자 미디어의 등장, 특히 인터넷을 기반으로 한 첨단미디어의 등장이 근대적 권위주의를 넘어 개방과 참여, 공유로 상정되는 부족적 구술문화를 복원시켰다고 보는 관점이다.

⑤ 미디어는 정보를 실어 나르는 빈 그릇이 아니며, 저마다 내재된 본질적인 속성, 즉 편향적 구조를 가지고 있다. 이러한 편향적 구조가 편향적인 의식과 사회문화적 양상을 만들어낸다는 시각이 미디어 생태학의 핵심 주제이다.

2 미디어 생태학의 이론적 명제

① 미디어는 자료나 정보를 한 장소에서 다른 장소로 옮기는 중립적이고 투명하고 객관적 연결관이 아니다.

② 각 미디어의 물리적 · 상징적 특성이 일련의 본질적인 편향성을 수반한다.

③ 미디어 편향성이 다양한 사회 · 경제 · 정치 · 문화적 결과를 촉진한다.

예상문제

'미디어 생태학(media ecology)'에 대한 설명으로 틀린 것은?

① 맥루한(Marshall McLuhan)은 '미디어의 이해'에서 '미디어 생태학'이란 용어를 처음 사용하였다.
② 미디어를 환경으로 보는 관점으로 미디어가 인간 의식과 사회 변동의 동인으로 작용하는 미디어 자체의 본질적 속성에 주목한다.
③ 미디어는 정보를 실어 나르는 빈 그릇이 아니며, 저마다 내재된 본질적인 속성, 즉 편향적 구조를 가지고 있다.
④ 미디어의 편향성이 다양한 사회 · 경제 · 정치 · 문화적 결과를 촉진한다.

정답 ①

해설 포스트만(Neil Postman)은 미국의 교육자, 미디어 이론가, 그리고 사회평론가로서, 1968년 '미디어 생태학(media ecology)'이란 용어를 처음 사용했다.

3 미디어 편향성

학자	속성	편향성에 따른 미디어 구분
이니스 (Innis)	물리적 내구성	• 공간 편향적 미디어(종이, 파피루스, 전자미디어 등)는 한 지역에서 다른 지역으로 메시지를 운반, 현재와 미래 지향적이고 정치권력의 신장과 세속적인 제도 확대에 기여, 제국건설, 복잡한 관료제도, 군사제도의 팽창이 가능 • 시간 편향적 미디어(양피지, 진흙, 돌 등)는 관습 권위, 공동체, 영속성, 역사성, 신성화 등이 강조되는 전통적 사회체계에서 주로 활용, 세대에서 세대로의 메시지 전수에 상대적으로 용이
맥루한 (McLuhan)	감각 참여	• 미디어가 특정한 감각을 확장하거나 강조함으로써 새로운 감각 배합의 비율 발생, 감각이 참여하는 비율과 사용방식에 의해 인간 경험을 결정 • 뜨거운 미디어(hot media)는 사진, 책, 영화 등 정세도가 높고 정보의 양이 많아 감각을 밀어내거나 특정 감각의 불균등한 확장이 발생 • 차가운 미디어(cool media)는 만화, 전화, 텔레비전 등 정세도가 낮고 정보량이 적어 다양한 감각을 참여시켜 공감각적인 감각조건 형성
옹 (Ong)	언어	• 구술문화와 문자문화가 가진 정신역학을 연구 • 제1구술문화와 제2구술문화로 구분하는 말과 쓰기의 차이 • 제2구술성은 인쇄와 문자에 기반한 구술성
포스트만 (Postman)	종합적 관점	• 이니스, 맥루한, 옹의 편향성 개념을 더욱 확장 • 정보를 코드화 하는 상징적 형태에 따른 정서적 · 지적 편향성 • 정보를 코드화, 저장, 전송하는 물질적 형태에 따른 시간적 · 공간적 · 감각적 편향성 • 상징적 형태에 대한 접근 가능성에 따른 정치적 편향성 • 참여양상에 따른 사회적 편향성 • 서로 다른 시 · 공간적 편향성에 따른 형이상학적 편향성 • 미디어의 상징적 혹은 물질적 형태에 따른 내용적 편향성 • 인식적 · 이념적 편향성 제시

Ⅱ 시간과 공간 편향성

① 이니스의 커뮤니케이션의 편향성이다.

② 특정 시기 역사적 사건들은 지배적으로 사용된 미디어의 편향적인 속성과 관련된다.

③ 시간과 공간 편향성 매체를 비교하면 다음과 같다.

시간 편향성 매체	공간 편향성 매체
양피지, 진흙, 돌	종이, 파피루스
위계질서	분권
수축	팽창
구어적 전통	문어 문화
역사 및 전통에 대한 관심 배양	제국적 성장
비세속적 권위(종교)에 기여	세속적, 정치권력 수립에 기여
윤리와 형이상학 강조	과학과 기술 강조
과거 지향	현재, 미래 지향

Ⅲ 감각의 편향성

1 의의

① 맥루한은 「미디어의 이해」에서 미디어가 일으키는 감각적 편향을 소개하고 있다.

② 인간의 미디어 사용에 감각을 편향적으로 이용한다는 사실에 초점을 둔다.

③ 특정 지각, 의식에 대한 미디어의 기술적 편향성이 전달 내용보다 더 강력한 효과를 발생시킨다.

④ 미디어가 인간의식에 미치는 영향과 그에 따른 사회적 변화에 주목한다.

2 뜨거운 미디어와 차가운 미디어 개념 제시

① 미디어 구별의 기본적 원리로 미디어 유형이 이용자에게 발생시키는 효과는 참여의 정도이다.

② 정세도 차이는 인간이 내용을 이해하는 데 쏟아야 하는 참여의 정도이다.

③ 정세도의 높고 낮음은 미디어 간 상대적 개념이다.

④ 뜨거운 미디어는 고(高)정세 정보를 가지고 특정 감각만을 확장시키는 미디어이다.

⑤ 차가운 미디어는 직관적 · 감성적 관여 경향, 정보의 양이 빈약하고 불분명하여 수용자의 적극적 참여가 요구된다.

⑥ 뜨거운 미디어는 듣는 쪽이 참가 정도가 낮고 차가운 미디어는 참가 정도가 높다.

⑦ 라디오는 텔레비전에 비해 뜨거운 미디어지만 인쇄매체보다 차가운 미디어로 상대적 개념이다.

생각넓히기 | 임플로전(Implosion)

임플로전(Implosion)이란 물체가 스스로 무너지거나 압착됨으로써 파괴되는 과정으로 폭발(explosion)의 상대어이다. 임플로전은 부피를 줄여 물질과 에너지를 집중시킨다. 진정한 임플로전은 보통 낮은 내부 압력 및 높은 외부 압력, 또는 내부 및 외부 힘 사이의 차이와 관련이 있다. 즉 구조 그 자체가 안쪽으로 붕괴하는 것이다. 맥루한은 사이버 공간 속에서 시공(時空)이나 공사(公私) 혹은 말과 글 그리고 실재와 가상의 경계가 파괴된다는 의미로 임플로전을 사용하였다.

생각넓히기 | 차가운 미디어와 뜨거운 미디어

- "뜨거운 미디어란 단일한 감각을 '고밀도로' 확장시키는 미디어이다. 여기서 '고밀도'란 데이터로 가득 찬 상태를 말한다. 사진은 시각적인 면에서 '고밀도'다. 반면 만화는 제공되는 시각적 정보가 극히 적다는 점에서 '저밀도'이다. 전화는 차가운 미디어, 혹은 저밀도의 미디어이다. 왜냐하면 귀에 주어지는 정보량이 빈약하기 때문이다. 그리고 주어지는 정보량이 적어서 듣는 사람이 보충해야 하는 연설은 저밀도의 차가운 미디어이다. 반면에 뜨거운 미디어는 이용자가 채워 넣거나 완성해야 할 것이 별로 없다. 따라서 뜨거운 미디어는 이용자의 참여도가 낮고, 차가운 미디어는 참여도가 높다."
- "우리 시대는 '뜨거운 형식이 배타적이고 차가운 형식이 포괄적이다.'라는 원리를 입증해 주는 사례들로 가득 차 있다."
- "전통적인 종족이 가진 부족 중심의 전통적인 봉건적 위계질서가 기계적이고 일양적이고 반복적인 성격을 가진 뜨거운 미디어를 만나자마자 곧 붕괴해 버린 것이다. 화폐, 바퀴, 쓰기 등의 미디어처럼 교환과 정보 제공을 전문적으로 가속화하는 형태의 미디어들은 하나의 부족적인 구조를 세분화하고 파편화하는 데 기여할 것이다."

생각넓히기 | 뜨거운 미디어 / 차가운 미디어

- 라디오 / 전화
- 영화 / 텔레비전
- 알파벳 문자 / 상형문자나 표의문자
- 선진국 / 후진국
- 선형적, 인과적 / 모자이크적
- 뜨거운 폭탄 / 차가운 전쟁(냉전)
- 라디오 / 텔레비전
- 신문 / 텔레비전
- 종이 / 돌
- 왈츠 / 트위스트
- 문자 문화 / 비문자(구술) 문화
- 과밀 도시 / 구조화된 도시
- 뜨거운 재즈(영화와 라디오 시대) / 차가운 재즈(영화와 라디오가 준 충격을 흡수한 이후 등장)

예상문제

사회생활의 여러 가지 경계들이 점점 허물어져 가는 현대 전자문화의 성격을 규정하는 개념으로 옳은 것은?

① Implosion
② Melting pot
③ Disembodied
④ Multitudes

정답 ①

해설 임플로전에 대한 설명이다.

Ⅳ 옹의 구술문화적 사고와 표현의 특징

1 의의

① 구술문화 속에 사는 사람들은 말에는 마술적인 힘이 있다고 생각한다.
② 말이란 반드시 발화되는 것이며 소리로서 울리는 것이며 그러므로 힘에 의해서 말해지는 것이다.
③ 활자에 깊이 영향을 받고 있는 사람들은 말이란 우선 첫째로 목소리이며 사건이며 그러므로 필연적으로 힘에 의해 생기는 것이라는 사실을 잊고 있다.
④ 왜냐하면 그들은 오히려 말을 어떤 평면상에 내던져진 사물과 같이 생각하는 경향이 있기 때문이다.

2 종속적이라기보다 첨가적이다.

① 글에서는 이야기 진행 방식이 and, when, then, thus, while로 바뀌어져 분석적이고도 추론적인 종속관계라는 특징을 나타낸다.
② 그러나 구술문화에서는 and를 덧붙여 나가는 첨가적 구조가 나타난다.

3 분석적이라기보다는 집합적이다.

① 구술문화에 입각한 사고와 표현의 구성 요소들은 뿔뿔이 흩어져 있다기보다 한데 모여서 덩어리가 되는 경향이 있다.
② 예컨대 병렬적인 단어나 구나 절, 대비적인 단어나 구나 절, 형용구와 같은 것이 있다.

4 장황하거나 다변적이다.

① 장황스러운 말투, 즉 직전에 말해진 것의 되풀이는 화자와 청자 양쪽을 이야기의 본 줄거리에서 벗어나지 않도록 단단히 비끄러매 둔다.

② 구술문화는 유창함, 거친 말투, 다변을 촉발한다. 중세에서 르네상스에 걸쳐 쓰인 초기의 쓰기 텍스트는 종종 부연되어 부풀어 올라 있어서 현대의 잣대로 재 보면 지루할 만큼 장황스럽다.

③ 이런 영향은 낭만주의 시대까지 혹은 그 이후까지도 남아 있었다.

5 보수적이거나 전통적이다.

① 구술사회에서는 여러 세대에 걸쳐서 끈기 있게 습득된 것을 몇 번이고 되풀이해서 입으로 말하는 데 대단한 에너지를 투입하지 않으면 안 된다.

② 그 결과 응당 지적인 경험들이 유산으로 남겨져 정신을 이루는데, 그래서 이 정신은 매우 전통주의적이고도 보수적인 틀을 취하게 된다.

③ 당연히 지식은 습득하기 어려운 것이어서 고귀해짐으로써 전문적으로 지식을 보존하고 있는 박식한 노인들이 이 사회에서 높이 평가된다.

④ 그들은 옛 시대의 이야기를 알고 있어서 말할 수 있기 때문이다.

6 인간의 생활세계에 밀착하게 된다.

① 쓰기는 생활경험으로부터 일정한 거리를 두고서 지식을 구조화한다.

② 그리고 세련된 분석적인 카테고리라는 것은 그러한 쓰기에 의존하고 있다.

③ 그런데 구술문화는 그 세련된 분석적인 카테고리가 결여되어 있어서, 그 모든 지식을 인간 생활세계에 다소라도 밀접하게 관련시키는 방식으로 개념화하고 언어화하지 않을 수 없다.

④ 그리고 그러한 개념화와 언어화는 외적이고도 객관적인 세계를 더욱 직접적으로 가까이 알고 있는 인간끼리의 상호관계를 본떠서 이루어진다.

⑤ 필사문화(쓰기) 나아가서 활자문화(인쇄)는 그러한 인간적인 관계로부터 거리를 두며, 심지어는 그러한 인간적인 것의 성질까지 바꿔버리기도 한다.

7 논쟁적인 어조가 강하다.

① 쓰기는 추상을 기르는데, 추상은 사람들이 서로 논쟁하는 곳으로부터 지식을 분리해낸다. 쓰기는 아는 주체를 알려지는 객체로부터 떼어 놓는다.

② 구술성은 지식을 인간 생활세계 속에 파묻힌 채로 놓아둠으로써 지식을 사람들의 투쟁 상황에 놓아둔다.

③ 속담이나 수수께끼는 지식을 쌓기 위해서 사용하는 게 아니고 언어로 상대방과 지적인 대결을 하기 위해서이다.

④ 즉 속담이나 수수께끼 하나를 말하는 것은 상대에게 그 이상으로 더욱 딱 들어맞거나 혹은 그것과 정반대되는 다른 속담이나 수수께끼를 내놓으라고 하는 도전인 것이다.

8 객관적 거리 유지보다는 감정이입적 혹은 참여적이다.

구술문화에서는 연행자와 연행되는 대상이 하나가 된다.

9 항상성이 있다.

① 구술사회는 늘 현재에 살기에, 이제는 필요 없게 된 기억을 지움으로써 평형 혹은 항상성을 유지한다.

② 구술사회는 현재를 중심으로 과거의 기억을 재편한다는 것이다. 그들이 지금 필요 없는 기억을 지워버려도 되는 것은, 물론 글과 달리 말은 발화되는 순간 사라져 버리기 때문이다.

③ 즉 '구조적 기억상실'을 통해 항상성을 유지한다.

10 추상적이라기보다는 상황 의존적이다.

① 구술문화에서 개념들은 상황 의존적이며 생활세계와 밀착되어 있어서 추상이 낮다.

② 즉 구체적인 맥락 속에서 그것의 용례를 통해서 이해된다.

[예상문제]

다음은 월터 옹(Walter J. Ong)의 '구술문화와 문자문화'의 일부이다. ㉠에 들어갈 말로 옳은 것은?

구술사회는 문자사회와 비교해보면 [㉠]이 유지된다고 특징지을 수 있다. 다시 말하면, 구술사회는 이미 현재와 관련이 없어진 기억을 버림으로써 균형상태 또는 [㉠]을 유지하는 현재 속에 영위된다.

① 항상성　　② 현재성
③ 적응성　　④ 상호의존성

정답 ①

해설 ㉠에 들어갈 말은 항상성이다.

월터 옹(Walter J. Ong)의 구술문화의 특징으로 볼 수 없는 것은?

① 집합적　　② 항상성
③ 추상적　　④ 감정이입적

정답 ③

해설 구술문화에서 개념들은 상황 의존적이며 생활세계와 밀착되어 있어 추상이 낮다. 즉 구체적인 맥락 속에서 그것의 용례를 통해서 이해된다.

V 속성들 간의 관련성

① 이니스의 시간 편향성에는 원시 공동체나 유럽의 중세 공화정의 토론이 지배하는 열린 공동체 사회가 속한다.

② 맥루한의 구술문화시대는 함께 모여서 말하고 듣는 동시성과 오감으로 세계를 인식하는 총체성이 중시되는 귀의 문화이다.

③ 다음은 이니스, 맥루한, 옹의 미디어에 대한 편향성 특성을 비교한 것이다.

[미디어 편향성의 특성 비교]

학자	이니스	맥루한	옹
속성	물리적 내구성	감각	언어 문화
유형	시간 & 공간	Cool & Hot	구술 & 문자
미디어 편향성	시간 편향(무거운 미디어) • 전통위계 • 구어적 • 동일 시간, 장소 • 돌, 점토, 양피지	Cool(차가운 미디어) • 저밀도 • 모자이크적 • 내파적 • 만화, 전화, TV • 참여(감각 & 행동)	구술문화(구술성) • 청각적 • 참여적 • 탈중심 • 과거
	공간 편향(가벼운 미디어) • 제국성장 • 문자성 • 분권/팽창 • 종이, 파피루스	Hot(뜨거운 미디어) • 고밀도 • 비참여(감각 & 행동) • 선형적 • 외파적 • 사진, 영화, 라디오	문자문화(문자성) • 시각적 • 객관적 • 작가중심 • 현재

생각넓히기 | **내파와 외파(Implosion and explosion)**

"기계적 형태에서 순간적인 전기의 형태로 이행해 가는 속도를 증가시키면 외파(explosion)가 내파(Implosion)로 반전된다. 오늘날 전기 시대에 우리 세계의 에너지를 내파(Implosion)시키거나 압축하는 일은 외파(explosion)에 기초한 과거의 전통적 조직 패턴들과 충돌하고 있다. 최근까지도 서구의 정치, 사회, 경제적인 제도와 배치는 일방통행식의 패턴을 공유하고 있었다. 우리는 여전히 그 패턴이 외파적이거나 팽창적이라고 생각한다. 그리고 그 패턴이 더 이상 유효성을 갖지 못하는데도 계속해서 인구 폭발이나 교육의 팽창에 대해 이야기하고 있다. 사실 우리가 인구에 관심을 쏟게 된 것은 결코 그 숫자의 증가 때문이 아니다. 오히려 그것은, 전기로 인해 세계의 모든 사람들이 서로의 삶에 개입하게 되었고, 그 결과 서로 아주 가깝게 생활해야 한다는 사실에서 비롯된 것이다. 마찬가지로 교육의 경우에도 배우려는 사람들의 수가 증가해서 위기가 초래된 것이 아니다. 우리가 새롭게 교육에 관심을 갖는 이유는, 지금까지는 교과 과정의 각 부문들이 각기 독립적으로 다루어지다가 이제는 지식의 상호 관련성이 중시되는 방향으로 바뀌었기 때문이다. 각 학문들의 주권은 국가의 주권과 마찬가지로 전기의 순간적 속도라는 조건하에서 급속하게 융해되어 버렸다. 중심부에서 주변부로 기계적, 일방적으로 팽창한다는 낡은 패턴에 집착하는 것은 우리의 전기 시대에서는 이제 더 이상 중요성을 갖지 못한다. 전기는 중앙집권화시키지 않고 탈중심화시킨다."

예상문제

맥루한의 내파와 외파(Implosion and explosion)에 대한 설명으로 틀린 것은?

① 내파란 물체가 스스로 무너지거나 압착됨으로써 파괴되는 과정으로 외파 또는 폭발의 상대어이다.

② 사이버 공간 속에서 실재와 가상의 경계가 파괴된다는 의미로 내파를 사용하였다.

③ 기계적 형태에서 순간적인 전기의 형태로 이행해 가는 속도를 증가시키면 외파(explosion)가 내파(Implosion)로 반전된다.

④ 서구의 정치, 사회, 경제적인 제도와 배치는 일방통행식의 패턴을 공유하고 있고, 그 패턴은 내파적이거나 압축적이다.

정답 ④

해설 오늘날 전기 시대에 우리 세계의 에너지를 내파(Implosion)시키거나 압축하는 일은 외파(explosion)에 기초한 과거의 전통적 조직 패턴들과 충돌하고 있다. 최근까지도 서구의 정치, 사회, 경제적인 제도와 배치는 일방통행식의 패턴을 공유하고 있었다. 우리는 여전히 그 패턴이 외파적이거나 팽창적이라고 생각한다.

Theme

58 현대 매체이론에서 문자의 개념과 역할

I 의의

① 매체이론의 관점에서 문자는 우선 가장 기본적인 1차적 매체 중의 하나로 간주된다. 1차적 매체란 정보를 전달하는 가장 기본적인 매개형식을 의미하며, 문자와 함께 이미지(Bild)와 소리(Ton)가 여기에 해당한다.

② 그렇지만 '매체' 개념 자체가 쓰고 있는 학자에 따라 달라지는 것과 마찬가지로, 1차적 매체로 분류되는 문자 또한 각각의 이론에서 차지하고 있는 역할과 의미가 상이하다 할 수 있다.

예상문제

매체이론의 관점에서 1차적 매체에 해당하지 않는 것은?

① 문자 ② 구술
③ 소리 ④ 이미지

정답 ②

해설 매체이론의 관점에서 문자는 우선 가장 기본적인 1차적 매체 중의 하나로 간주된다. 1차적 매체란 정보를 전달하는 가장 기본적인 매개형식을 의미하며, 문자와 함께 이미지(Bild)와 소리(Ton)가 여기에 해당한다.

Ⅱ 최근 문자와 관련된 매체연구의 특징

① 그럼에도 최근 문자와 관련된 매체연구에 있어 뚜렷하게 나타나는 공통된 경향을 찾아볼 수 있다면, 무엇보다도 그동안 관습적으로 여겨졌던 문자에 대한 통념, 즉 문자란 음성 언어의 재현 수단에 불과하다는 생각으로부터 이탈하고자 하는 시도가 두드러지게 나타난다는 점이다.

② 문자를 저장과 전달 역할에 한정하고 음성 언어에 비해 부차적으로 여기는 전통적 시각을 정면으로 반박하는 이러한 연구 경향은 지난 세기말 서구의 철학사에서 주도적으로 등장했던 탈구조주의적인 경향, 즉 기의에 대한 중시로부터 기표에 대한 관심으로의 전환과도 그 궤를 같이 한다.

③ 또한 매체이론 속에서 차지하던 문자의 개념과 역할도 이와 함께 확장되었으며, 지금까지는 주목받지 못했던 문자의 외형적 특징과 물질성도 함께 고찰되었다. 이와 연관되어 있는 또

다른 공통점으로는 이렇게 부차적인 것으로부터 격상된 문자를 중심으로 인류의 문화사를 재편성하려는 시도가 마치 현대 매체학자들의 중심과제처럼 보일 정도로 빈번히 등장한다는 점이다.

④ 이러한 현상을 가장 뚜렷하게 관찰할 수 있는 장소는 현대 매체이론의 직접적인 시작으로 여겨지는 캐나다 학파의 이론과, 이를 비판적으로 계승하여 발전시키고 있는 플루서(Flusser)와 키틀러(Kittler)가 펼치는 동시대 매체이론이다.

Ⅲ 문자의 새로운 역할: 언어기호에서 매체이론의 중심으로

① 언어를 가장 근본적인 매체로 여기고, 언어모델로서 매체이론을 발전시켰던 전통적 시각으로부터 문자적 매체개념으로의 전환은 무엇보다 1950년대부터 시작하여 70년대 초반에 그 정점을 이룬 캐나다 학파의 이론형성과정과 함께 일어났다.

② 철학과 인문학에서 진행되었던 언어학적 전환과 비슷한 시기에 나란히 전개된 문자에 대한 집중적인 연구는, 현대 매체학이 전자적 매체에 대한 분석을 표방하면서도 상당부분 그 토대로서의 문자 연구에 천착해 있음을 보여주는 방증이기도 하다.

③ 캐나다 학파의 뒤를 이어 플루서와 같은 유럽의 매체연구가들은 매체로서의 문자를 매체연구의 출발점으로 삼았으며, 문자를 중심으로 하여 각각의 주도매체와 결부된 기술문화사를 구성하는 데 주력했다. 이는 문자 이외의 주도매체가 무엇이든 간에 시대사를 '문자 이전-문자-문자 이후'로 나누는 하나의 표준을 형성하게 된다.

④ 문자를 중심으로 하는 매체사 구성의 측면에 있어서는 20세기 아날로그 기술매체의 등장 이후 문자매체의 가치하락과 지위상실을 기술한 키틀러의 저작 「기록체계들 1800 · 1900」도 이러한 표준에서 크게 벗어나지 않는다. 문자가 이처럼 매체연구의 중심적인 위치를 획득하고 유지하게 된 과정을 문자가 가진 물질적인 측면을 조명하면서 고찰해보고자 한다.

Ⅳ 캐나다 학파: 구술문화와 문자문화

1 의의

① 우리가 편의상 캐나다 학파라고 부르고 있는 이 매체연구가들의 그룹은 실제로 어떤 '학파'를 형성하고 있는 것은 아니지만, 캐나다 토론토 대학의 문화 기술 센터(Centre of Culture and Technology)를 중심으로 하여 서로 영향을 주고받으며 연구하던 일군의 이론가들을 지칭한다.

② 여기에는 마셜 맥루한(McLuhan)과 해롤드 이니스(Innis), 에릭 하벨록(Havelock), 잭 구디(Goody), 월터 옹(Ong) 등이 속한다. 종합하여 말하자면 이들 연구의 주안점은 인류의 문자화(정확히 말하자면 '알파벳화')에 대한 것이며, 특히 이 과정이 시대적인 변화를 어떻게 견인해내었는가 하는 것이다.

2 이니스(Harold A. Innis)

(1) 의의

① 주도매체가 각인하는 특성에 따른 사회의 발달이라는 이론적 토대를 마련한 것은 캐나다 학파의 학자 중 시대적으로 가장 앞서 있던 이니스(1894~1952)가 이루어 놓은 업적이었다.

② 토론토 대학 정치경제학부 교수였던 이니스는 경제사를 연구하는 데 있어 하나의 사회조직에 안정성을 가져다주거나, 또는 변화를 불러일으키는 근본원인은 무엇인지 규명하고자 했다. 여기에서 그는 말하기와 쓰기의 차이를 원시적 사회와 발달된 사회가 가지는 주요한 차이로 기술하면서, 이전과는 달리 경제수단이 아닌 의사소통의 매체를 중심으로 시대구분을 시도했던 것이다.

(2) 문자의 공간적 확산 가능성

① 이러한 작업에서 그가 주목한 것은 바로 쓰기의 매체인 문자가 가지고 있는 경제적 측면이었으며, 그중에서도 '가볍고 운반에 용이하다.'는 물질적 성격에 기반하고 있는 공간적 확산 가능성이었다.

② 모든 소통의 도구들은 시간과 공간과 관련하여 지식의 확산에 중요한 역할을 담당한다. 따라서 그들이 각각의 문화적 무대에서 어떠한 영향력을 행사하였는지 판단하고자 한다면, 우선 그들이 가진 특성에 대해서 다루어야 하는 것이 필수적이다. 그 특성에 따라 어떤 매체들은 무겁고 지속성을 가지며 운반하기 어려워서 지식의 공간적 확산보다는 시간적 확산에 더 적합하고, 또 어떤 매체는 반대로 가볍고 운반에 용이하여 지식의 시간적 확산보다는 공간적 확산에 더 적절할 수가 있다. 시간과 공간 중 어느 쪽에 상대적으로 더 비중을 두는가를 통해 매체는 그것이 속해 있는 문화에 대한 자신의 방향설정을 드러낸다.

(3) 주도매체가 하나의 문화를 조건지으며 또한 변화시킨다.

① 이니스의 관찰에 따르면, 새롭게 출현하는 소통의 매체는 새로운 유형의 결속을 만들어내고, 새로운 형태의 지식을 촉진하며, 이에 따라 권력의 중심부를 변화시킨다. 이렇게 '주도매체가 하나의 문화를 조건지으며 또한 변화시킨다.'는 캐나다 학파의 중심명제가 탄생하게 되었다.

② 이니스는 이러한 경제문화사의 모델을 구술사회로부터 문자가 중심이 되는 사회로의 역사적 전환을 통해 흥미롭게 설명해낸다. 구술사회가 장소에 결부되어 있어서 지역적이고 조망가능한 구조를 지니고 있었다면, 그 이후 등장한 문자적 소통은 매체가 가진 탁월한

이동성을 바탕으로 더 큰 지역에 대한 지배(예를 들자면 로마의 지배 및 중세 카톨릭 교회의 지배)를 가능하게 했다는 것이다.

③ 또한 새로운 주도매체인 문자의 공간적 확산은 이로 인한 파생효과를 낳게 되는 바, 우리가 맥루한의 주장이라고 알고 있는 인쇄문화의 영향력과 이에 대한 비판적 성찰은 대부분 이미 이니스가 내놓은 것들이다.

④ 즉, 서적인쇄의 발명이 중세시대의 문자독점세력의 지위를 약화시키며 계몽주의를 낳았고, 지식의 대중적 확산이라는 시대의 긍정적 변화를 견인해 낸 것은 사실이지만, 다른 한편으로는 추상적 사고와 인과법을 가능하게 했고, 더 나아가 노동분업, 자유시장과 대량생산이라는 경제적인 제도를 양산했으며, 마침내 이것이 인간의 삶을 파괴하는 방식으로까지 발전했다는 주장이 그것이다. 이러한 문자문화가 야기한 현대의 부정적 측면을 극복하는 방법으로 이니스는 문자 이전의 사회, 즉 구술사회로의 복귀를 제시하고 있다. 이니스의 이러한 바램은 캐나다 학파의 다른 학자들에게도 이어지게 된다. 문자성에 대한 비판적 성찰과 그에 대한 대안으로서 구술성의 복원이 중심화두가 되었다는 것이다.

생각넓히기 |

"구술적 대화는 개인적인 대면과 타자의 감정에 대한 배려를 전제로 한다. 나는 구술적 전통, 특히 그것이 그리스 문명에서 나타났던 방식을 선호하며, 그 정신의 한 부분이나마 재생할 수 있는 가능성이 있다면 그것을 지지하겠다."

예상문제

다음을 주장한 연구자의 이름으로 옳은 것은?

> 구술적 대화는 개인적인 대면과 타자의 감정에 대한 배려를 전제로 한다. 나는 구술적 전통, 특히 그것이 그리스 문명에서 나타났던 방식을 선호하며, 그 정신의 한 부분이나마 재생할 수 있는 가능성이 있다면 그것을 지지하겠다.

① 이니스(Innis)　② 옹(Ong)
③ 맥루한(McLuhan)　④ 플루서(Flusser)

정답 ①
해설 이니스(Innis)의 주장이다.

이니스(Innis)의 미디어 결정론의 입장으로 볼 수 없는 것은?

① 기술의 혁신이 사회의 변화를 초래하는 원동력이다.
② 역사적으로 새로운 기술의 도입과 발전은 커뮤니케이션 관련 영역에서 우선적으로 이루어진다.
③ 진정한 권력이란 시간과 공간을 통제하는 능력에 달려 있으며, 이는 오로지 커뮤니케이션 기술의 통제를 통해서만 달성할 수 있다.
④ 라디오나 TV같은 전자매체의 사회 · 문화적 의미는 저장과 전달 형식에 있는 것이 아니라, 오락과 정보의 제공이라는 미디어의 내용물에서 찾아야 한다.

정답 ④

해설 라디오나 TV같은 전자매체의 사회 · 문화적 의미는 오락과 정보의 제공이라는 미디어의 내용물에 있는 것이 아니라, 그 속도와 거리에서 찾아야 한다.

해롤드 이니스(Harold A. Innis)에 대한 설명으로 틀린 것은?

① 이니스는 경제사를 연구하는데 있어 하나의 사회조직에 안정성을 가져다주거나, 또는 변화를 불러일으키는 근본원인은 무엇인지 규명하고자 했다.

② 이니스는 말하기와 쓰기의 차이를 원시적 사회와 발달된 사회가 가지는 주요한 차이로 기술하면서, 이전과는 달리 경제수단이 아닌 의사소통의 매체를 중심으로 시대를 구분하였다.

③ 이니스가 주목한 것은 쓰기의 매체인 문자가 가지고 있는 정치적 측면이었으며, 그중에서도 '가볍고 운반에 용이하다.'는 물질적 성격에 기반하고 있는 공간적 확산 가능성이었다.

④ 이니스의 관찰에 따르면, 새롭게 출현하는 소통의 매체는 새로운 유형의 결속을 만들어 내고, 새로운 형태의 지식을 촉진하며, 이에 따라 권력의 중심부를 변화시킨다.

정답 ③

해설 이니스가 주목한 것은 쓰기의 매체인 문자가 가지고 있는 경제적 측면이었으며, 그중에서도 '가볍고 운반에 용이하다.'는 물질적 성격에 기반하고 있는 공간적 확산 가능성이었다.

3 에릭 하벨록(Eric A. Havelock)

① 고대문헌학자였던 에릭 하벨록은 이니스의 성과를 수용하여 구술성과 문자성의 상호 대비되는 관계를 주요 연구대상으로 삼는다. 특히 구술시대의 임의적이고 연출적인 기억술과는 달리 문자의 정보처리방식은 이성적 지식형태를 열어준다고 보았다.

② 문자를 통한 쓰기의 기술은 지식의 객체로부터 지식의 주체를 분리해 냄으로써 점점 더 분절적인 활동을 가능하게 했다는 것이다. 형식적으로 불연속적인 구조, 추상성과 분절의 특성을 갖는 문자는 마침내 문법, 수사학, 변증법을 거쳐 담론적 사유를 가능케 하는 도구로서 발전한다.

4 월터 옹(Walter J. Ong)

(1) 의의

① 하벨록이 수행했던 구술성과 문자성에 대한 면밀한 탐구는 맥루한을 거쳐 그의 제자였던 영문학자 월터 옹에 이르러 종합되기에 이른다.

② 옹의 저서 「구술성과 문자성」에서는 이니스와 하벨록을 통해 언급된 발전 단계의 도식들이 드디어 '구술문화-문자문화-제2차 구술문화(전자기술시대)'라는 형식으로 완성된다.

(2) 제2차 구술시대

① 옹은 구술성과 문자성의 대립이 20세기의 주도매체로 새로이 등장한 전자기술로 인해 새로운 전기를 맞이한다고 보았다.

② 옹 스스로 "포스트-활자(Post-Typographie)"라고 부르고 있는 제2차 구술시대는 문자로부터 전자매체로 주도적인 의사소통의 매체가 이행되는 시대이다. 전화, 라디오, TV, 다양한 녹음기구 및 전자기술은 인류에게 새로운 구술성의 시대를 열어주었다는 것이다.

③ 참여와 공동체 의식의 촉구, 현재성, 관용어구의 반복된 사용 등의 새로운 구술문화는 옛 시대와의 많은 유사성을 보여준다. 이로써 다시 한 번 문자의 등장 이전으로의 회귀를 꿈꾸었던 이니스의 소망이 실제로 이루어지는 듯이 보였다.

④ 그러나 옹은 바로 이 지점에서 첫 번째 구술문화와 제2의 구술문화 사이에 존재하는 분명한 경계를 보여주는 바, 이러한 불연속적인 측면의 이면에는 바로 오랜 시간 강력한 주도매체로 지배해 왔던 문자의 영향력이 놓여있다.

생각넓히기 |

"이 새로운 구술성은 예전 구술성과의 놀라운 유사성을 보여준다. 그러나 이것은 그 본질에 있어서는 우연적이고 스스로를 의식하는 구술성인데, 왜냐하면 이 구술성은 언제나 쓰기와 인쇄의 사용에 기반하고 있는 것이기 때문이다. 즉, 전자 장치의 생산과 적용, 사용에 있어서 쓰기와 인쇄는 반드시 필요한 것이다. 다시 말하면, 이미 문자의 세례를 받은 인류는 다시 문자가 없던 순수한 구술의 시대로 간단히 돌아갈 수는 없다는 것이다. 제2차 구술성의 시대는 이미 문자로 사고하는 인간의 기술에 의해 구성된 것이며, 기술 속에는 이미 이로 인해 구현된 변화가 깊이 각인되어 있기 때문이다. 이 새 구술성은 예전의 그 구술성이 아니다. 제1차 구술성은 첨가적, 과잉적이고, 섬세하게 조화됨과 동시에 매우 전투적인 양식에서 그 특징을 알아볼 수 있다. 또한 화자와 청자 사이의 집중된 상호작용을 보여준다. 주요 정치인들과 벌이는 오늘날의 TV토론은 이러한 옛 구술적 세계와는 아무런 공통점도 가지지 않는다. 관객은 부재하고, 보이지도 않고 들리지도 않으며, 구경거리로 세워진 후보자들은 짧은 소감을 밝힐 뿐이다."

5 마셜 맥루한(Marshall McLuhan)

(1) 의의

① 현대의 매체이론을 증폭시킨 주인공인 맥루한에게서 이러한 캐나다 학파의 이론은 막대한 대중적인 영향력을 얻게 되며, 문자는 현재 우리의 모습을 다각도로 만들어 낸 원인으로서 부각된다.

② 인류의 시작으로부터 현재까지 서양문화사를 매체기술로서 재구성하려는 맥루한 이론의 핵심 중 하나는 바로 문자에 대한 고찰이다.

(2) 구텐베르크 은하계

① 맥루한은 문자, 특히 인쇄 문자가 지배하는 시대를 '구텐베르크 은하계'라고 불렀는데, 이러한 명명은 이후 시대에서 일반적인 것으로 받아들여졌다.

② 맥루한에게 있어 문자의 가장 큰 특징은 문자가 가진 물질적이고 외형적인 특징, 즉 선형적 구조였다. 이는 동시에 문자가 가진 시각성에 대한 관심이기도 한데, 문자시대에서는 이전의 문화에서 지배적인 인간의 기관이었던 '귀'가 부차적인 것이 되고 시각기관인 '눈'이 우세하게 되었다는 지적도 여기에서 비롯되었다 할 수 있다.

③ 또한 문자의 선형성은 의미전달 이외의 문자의 기능을 표시해주는 바, 선형성이란 구술문화의 다층적인 의미를 하나의 단일한 논리로 바꾸며 세계를 재조직하는 문자의 막강한 영향력을 설명해준다.

생각넓히기 |

"단지 문자문화들만이 논리적으로 서로 결합된 선형적인 연속들을 사회적이고 심리적인 조직화의 수단으로 투입하는 데 최초로 성공했던 것이다. 타자와 자기 자신의 환경에 대해서 서구인들이 가졌던 권력의 비밀은, 그가 모든 종류의 경험들을 단일하고 연속적인 단위들로 분할할 수 있는 위치에 있었다는 데 있다."

생각넓히기 | 맥루한의 인간 몸의 확장

맥루한은 매체가 인간의 몸을 확장한 것으로 본다. 맥루한은 매체 또는 매체 기술을 '인간의 확장'이라고도 하고, '감각의 확장'이라고도 하고, '우리 자신의 확장'이라고도 하고, '몸의 확장'이라고도 한다. 그런데 맥루한은 매체 또는 매체 기술을 의식의 확장이라거나 정신의 확장이라고 하지는 않는다. 맥루한이 정신/몸 이분법을 받아들이는 것으로는 보이지 않는다. 그렇다고 해서 맥루한이 인간 존재를 몸 일원론에 입각해서 보는 것이라고 확정할 수도 없다. 중요한 것은 이러한 매체 존재론에 입각해서 오늘날의 전기 시대를 우리의 중추 신경 조직이 바깥으로 확장되어 나타나는 것으로 본다는 점이다. "전기 기술의 시대가 도래했을 때 인간은 중추 신경 조직 그 자체라는 살아 있는 모델을 확장했다. 즉 그 모델을 자신의 외부에 설치했던 것이다. 이 정도까지, 다시 말해 마치 중추 신경 조직이 더 이상 광폭한 기계주의의 투석과 화살에 맞서 보호 완충기로서의 몸 기관에 의존할 수 없는 것처럼 보이게 된 것은 절망적이고 자살에 가까운 자기 단절을 생각게 하는 발전이다."라거나 "감각 마비의 원리는 다른 경우와 마찬가지로 전기 기술의 경우에도 적용된다. 우리는 중추 신경 조직이 확장되고 노출될 때, 그것을 마비시켜야 한다. 그렇게 하지 못하면 우리는 죽고 말 것이다. 따라서 불안으로 가득 찬 전기 미디어의 시대는 무의식과 무감각의 시대이기도 하다."라거나 "컴퓨터가 의식의 과정을 모방할 수 있게끔 만들어질 수 있다는 건 분명하다. 오늘날 전기에 의한 지구 전체의 네트워크가 중추 신경 조직을 모방하기 시작한 것과 마찬가지로 말이다. 그러나 망원경이 우리 눈의 확장이고 복화술용 인형이 복화술사의 확장인 것처럼, 의식을 가진 컴퓨터는 어디까지나 우리 의식의 확장일 것이다."이라고 말한다.

[예상문제]

맥루한(Mashall McLuhan)이 '미디어의 이해'에서 주장한 내용으로 틀린 것은?

① 미디어는 눈을 대신하는 것이 아니라 눈을 멀게 한다.
② 인간은 전통적인 공간과 시간개념을 제거하며 중추신경 조직 자체를 전 지구적 규모로 확장해 왔다.
③ 미디어는 내용을 통해서가 아니라 오직 자신의 현존을 통해서 스스로가 접촉하는 모든 삶의 형식을 변형시킨다.
④ 어떤 종류의 미디어든, 어떤 종류의 인간이 제작한 확장물이든 그것을 사용할 때 우리 감각들 사이의 비율이 바뀌듯이 사람들 간의 상호의존의 패턴들도 바뀐다.

정답 ①

해설 맥루한은 미디어를 인간 몸의 확장으로 이해한다.

6 캐나다 학파의 문자성에 대한 관심

캐나다 학파의 문자성에 대한 관심은 현대의 매체이론의 근간을 이루는 토대가 되었다. 문자를 인간에게 체계적인 사고를 가능하게 한 전환점으로 간주하며, 또한 문자가 자신의 물질적이고 형식적인 특성을 기반으로 역사진행의 원동력으로 기능했다고 보는 이러한 시각은 이전의 협소한 언어학적 문자개념을 탈피하고 매체연구의 주요 대상을 문자로 만드는 데 가장 큰 공로를 세웠다. 여기에서 부여한 문자의 새로운 개념과 역할은 문자가 단순히 말하기, 즉 음성 언어의 부속물이라는 관점을 단호히 거부하는 것이다.

생각넓히기 |

"쓰기와 문자를 통해서 코드화된 시각적인 표시는 단어들을 확정한다. 그러한 시각적인 기록으로 인해 훨씬 복잡한 구조들과 지시체계가 산출될 수 있었다. 쓰기는 말하기의 단순한 부속물이 아니다. 왜냐하면 쓰기는 말하기를 구술적인 청각적인 세계에서 새로운 감각의 세계, 즉 시각의 세계로 이동시킴으로써, 말하기와 사고를 함께 변화시켰기 때문이다."

V 플루서(Flusser): 문자와 기술적 이미지

1 의의

① 맥루한과 옹이 새로운 전자시대에 많은 관심을 보였지만 캐나다 학파의 활동시대와 주 탐구대상은 여전히 문자의 시대와 문자였다. 이와는 달리 1970년과 1980년을 중심으로 하여 유럽에서 진행된 매체이론은 보다 철학적인 성찰을 바탕으로 하여 당시 확산되고 있던 정보사회의 발전과 그로 인한 시대상의 변화를 중점적으로 탐구했다.

② 따라서 문자와 문자 이전 사회의 대립이 캐나다 학파가 이루어 놓은 연구 성과였다면, 이제는 문자와 문자 이후 사회의 대립이 토론의 중심에 서게 되었다. 이들은 캐나다 학파의 매체문화사 구성을 받아들여 더욱 급진적으로 확장하게 되는데, 그 중에서도 범람하는 '기술적 이미지(Techno-Bilder)'와 문자 간의 관계에 천착하여 연구한 현대 매체이론의 선구자는 빌렘 플루서(1920~1991)였다.

2 플루서의 세 가지 코드

① 플루서에게 있어서 인류의 역사는 서로 다른 코드에 의해 구성되어 있는 것으로 여겨졌는데, 그렇다면 역사의 진보는 각각의 매체의 의해 운반되는 새로운 코드가 야기한 인간의 의식변화에서 비롯되는 것이다.

② 플루서는 역사적 관점에서 인류가 크게 세 가지 코드를 사용해 왔다고 서술하는데, 선사시대의 코드였던 이미지, 역사시대의 문자, 마지막으로 현재의 기술적 이미지가 그것이다. 따라서 그가 구성하고 있는 매체의 문화사는 캐나다 학파와 마찬가지로 문자 시대가 중심에 놓이게 된다.

③ 플루서에 따르면, 선사시대의 인간이 이미지라는 코드를 사용한 것은 다른 생명체와 차별을 시도하는 하나의 비약이었다. 또한 동시에 이러한 발전의 과정은 인류가 입체적인 현실인 '실제'를 떠나 '추상'으로 가는 인위적 과정이기도 했다. 빌렌도르프의 비너스로 대표되는 조상은 (아직 입체 형태이기는 했지만) 추상에 대한 최초의 시도였다.

④ 인류의 문화가 발전하게 되면서 입체는 점차 평면 이미지로 바뀌었고, 이는 다시 선형적인 연속으로 변화하게 되었다는 것이다. 이미지 코드는 상징성을 표면에 담고 있는 것이며, 이에 반해 문자 코드는 이미지 코드를 행으로 변화시키고 장면을 이야기로 전환시킨다. 플루서가 '선의 세계'로 표현하는 이 시기가 가진 시각적 선형성은 인류가 맞이한 두 번째 비약의 동력이었다.

기출문제

플루서의 입장으로 옳은 것은? [2019]

① 정보양식의 첫 단계는 대면적 · 구어적으로 매개된 의사소통이 이루어지는 구어적 정보양식, 두 번째는 인쇄된 문자를 매개로 한 문자적 정보양식, 세 번째는 전자적으로 매개된 의사소통이 중심을 이루는 전자적 정보양식이 그것이다.

② 인류문화사적 관점에서 볼 때, 인간의 전형적인 코드는 크게 세 단계, 즉 선사시대의 그림, 문자시대의 텍스트 그리고 탈문자시대의 기술적 형상 혹은 이미지로 변화, 발전해 왔다.

③ 시대마다 각기 다른 형태의 이미지들을 논리적 측면에서 세 단계로 구분할 수 있는데 '형식논리'의 시대 '변증법적 논리'의 시대 그리고 '모순의 논리'가 작동하는 시대가 그것이다.

④ 커뮤니케이션 테크놀로지가 구어 형식에서, 인쇄 형식을 거쳐, 전자 형식으로 변천함에 따라 각각 인간 집단을 부족화에서, 탈부족화를 거쳐, 재부족화시켜 나간다.

정답 ②

해설 ① 포스터의 입장이다.
③ 비릴리오의 입장이다.
④ 맥루한의 입장이다.

예상문제

플루서(Vilem Flusser)의 주장으로 틀린 것은?

① 선사시대의 인간이 이미지라는 코드를 사용한 것은 인류가 입체적인 현실인 '실제'를 떠나 '추상'으로 가는 인위적 과정이었다.

② 인류의 문화가 발전하게 되면서 입체는 점차 평면 이미지로 바뀌었고, 이는 다시 선형적인 연속으로 변화하게 되었다.

③ 선사시대의 코드였던 이미지는 구체적인 것에서 벗어나 추상적인 것을 향한 움직임의 결과다.

④ 현대의 기술적 이미지는 구체적인 것으로부터 마지막 추상을 향한 움직임의 결과다.

정답 ④

해설 선사시대의 이미지가 현실에 존재하는 입체를 추상화하며 등장한다면, 문자 이후의 이미지는 선을 추상화한 점의 조합을 통해 조직되어 구체를 향한다. 평면은 어떤 것의 표면이다: 그것은 피부다. 전통적인 평면은 입체의 표면이다. 새로운 평면은 개념들의 표면이다. 전통적인 평면은 구체적인 것에서 벗어나 추상적인 것을 향한 움직임의 결과다. 새로운 평면은 마지막 추상적인 것으로부터 구체적인 것을 향한 움직임의 결과다.

3 선형적인 텍스트로서의 문자

플루서에게 있어서도 문자는 선형적인 텍스트를 구성함으로써 인간이 의미를 생산하고 축적해 나가는 역사적 활동을 가능하게 만들어주는 주역으로 등장한다. 문자가 지배적인 시대에 맥락과 논리, 과정 등이 중요한 요소로 등장하여 이에 적합한 사회구조와 상업경제가 탄생했다고 본 것이다.

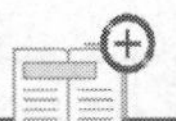

생각넓히기 | **선형적인 텍스트로서의 문자**

"쓰기의 관찰에 있어서 가장 인상적인 것은 기호들이 선형적으로 이루어진 행이다. 이처럼 기호를 행의 형태로 나란히 나열하는 문자는 역사에 대한 자의식을 가능하게 했다. 행으로 글을 쓰게 되면서 인간은 비로소 논리적으로 사고하고 계산하고 비판하며 학문을 수행하고 철학을 하고, 이에 적합하게 행동할 수 있게 되었다는 말이다."

4 기술적 이미지

(1) 의의

① 전자매체로 둘러싸여 있는 우리의 시대는 어떠한 코드의 시대이며 이것은 어떠한 의미를 가질까? 마치 캐나다 학파가 구술성으로의 회귀를 논한 것처럼, 플루서는 다시 이미지가 주도적인 시대로의 전환을 언급한다.

② 기능성과 프로그램이 중심인 시대, 문자가 정보를 주도하지 못하고 각종 전자기계에서 이미지가 쏟아지는 시대는, 입체에서 평면으로, 평면에서 선을 거쳐, 이제는 점으로 향하는 추상의 마지막 단계이다. 디지털이라는 점으로 이루어진 감추어진 모자이크가 바로 기술적 이미지이기 때문이다.

③ 따라서 플루서는 우리의 시대를 선의 세계에서 점의 세계로의 진입을 앞두고 있는 시점으로 정의하면서, 문자로 인해 익숙해져 있는 인과논리의 선형적 사고방식으로부터 우연과 조합이라는 '점-세계'의 사고방식으로의 세 번째 비약이 필요하다고 주장한다.

(2) 기술적 이미지로의 전환

① 기술적 이미지로의 전환이 그대로 문자 이전의 시기에 있던 이미지로의 회귀를 뜻하는 것은 아니다. 옹의 통찰과 마찬가지로 여기에도 그 사이를 잠식하고 있는 문자 코드의 영향력이 놓여 있다.

② 기술적 이미지는 선사시대의 이미지와는 완전히 다른 성질을 지니는 바, 기술적 이미지 안에는 이미 문자의 상징체계와 기호체계가 모두 보이지 않는 코드로서 내재되어 있기 때문이다. 기술적 이미지는 문자로 된 텍스트로부터 정보를 공급받으며, 자신 속에 텍스트를 투영한다.

③ 선사시대의 이미지와 기술적 이미지는 평면위에 세계를 표현한다는 공통점이 있기는 하지만, 이것은 사실 서로 반대되는 운동의 결과로서 나타나기 때문이다. 선사시대의 이미지가 현실에 존재하는 입체를 추상화하며 등장한다면, 문자 이후의 이미지는 선을 추상화한 점의 조합을 통해 조직되어 구체를 향한다.

④ 평면은 어떤 것의 표면이다. 그것은 피부다. 전통적인 평면은 입체의 표면이다. 새로운 평면은 개념들의 표면이다. 전통적인 평면은 구체적인 것에서 벗어나 추상적인 것을 향한 움직임의 결과다. 새로운 평면은 마지막 추상으로부터 구체적인 것을 향한 움직임의 결과다. 이 두 가지 상반된 피부가 만나는 곳에 우리가 서 있다. 그러므로 플루서에게 있어 문자는 그가 시도하는 의사소통이론인 '코무니콜로기(Kommunikologie)'의 중심을 이루며, 문화기술의 문화인류학을 구성해 내는 역할을 수행한다.

⑤ 여기에서도 문자는 음성 언어의 기록체계가 아니라 입체와 평면에 대립되는 물질적 성격을 가지고 있는 선형적 코드이다. 인류는 이미지에서 문자로, 그리고 문자를 내포하고 있는 기술적 이미지, 말하자면 코드화된 '문자-이미지'의 시대로 이동 중인 것이다. 이로써 문자의 미래에 대해서도 새로운 예측이 가능해지는데, 디지털 시대에도 문자는 기술적 이미지 속에 삽입된 코드로서 존속한다는 것이 그것이다.

Ⅵ 키틀러: 문자와 기록체계들

1 의의

① 현대 매체이론을 형성하는 가장 급진적인 한 갈래는 바로 독일의 매체학자 프리드리히 키틀러로부터 나온다. 키틀러의 급진성은 그가 매체사를 구성할 때 캐나다 학파로부터 이미 정형화된 '문자 이전의 시기'를 아예 상정하지 않는다는 데 있다. 다시 말하자면 그에게 최초의 매체는 문자이다.

② 키틀러에게 있어 매체는 "정보의 저장, 전달, 처리로서 제시되며, 그중에서도 가장 중요한 매체의 기능은 바로 '저장'이다. 따라서 발화되자마자 사라지는 언어는 키틀러에게 한 번도 매체로 간주된 적이 없다.

③ 키틀러가 중시하는 것은 인간 삶의 가장 근본적인 조건을 구성하는 매체의 물질적 형식이다. 그가 구축하고 있는 시대 구분인 '기록체계'는 '문화적 정보를 저장, 전달, 재현할 수 있는 기술의 네트워크'를 뜻하며, 이러한 섬세하고 복잡한 체계를 전달하는 주요매체에 문자 이전에 존재하던 이미지는 해당되지 않는다.

[예상문제]

프리드리히 키틀러(Friedrich Kittler)의 주장으로 틀린 것은?

① 정보를 저장, 전달, 재현하는 방식이 매체이며 문자가 최초의 매체이다.
② 문자는 숭고한 내면의 소리, 즉 어머니의 목소리를 그 이면에 담고 있다고 여겨진다.
③ 정치 제도, 사상 등의 상부 구조는 역사의 단위를 구성하지 않는다.
④ 매체의 정신세계의 표상은 인간 삶의 가장 근본적인 조건을 구성할 수 있다.

정답 ④

해설 20세기 초반은 매체사에 중요한 변화가 벌어진 시기다. 문자를 대신하는 새로운 정보 처리 기술이 등장했기 때문이다. 과학 기술의 발달과 함께 축음기, 영화, 타자기가 발명됐고, 이로써 소리, 이미지, 기호라는 정보를 따로따로 기록할 수 있게 됐다. 키틀러는 아날로그 기술 매체가 처음 등장한 이 시대를 '기록 체계 1900'이라고 일컬었다. 기록 체계 1900에서도 키틀러는 인간에게 관심을 두지 않는다. 키틀러가 중시하는 것은 인간 삶의 가장 근본적인 조건을 구성하는 매체의 물질적 형식이다.

다음 중 프리드리히 키틀러(Friedrich Kittler)의 주장으로 옳은 것을 고른 것은?

ㄱ. 최초의 매체는 구술이다.
ㄴ. 가장 중요한 매체의 기능은 '전달'이다.
ㄷ. 기록체계는 주어진 문화에 중요한 정보의 위치지정과 저장, 처리를 가능하게 하는 기술의 네트워크를 뜻한다.
ㄹ. 키틀러가 기록체계를 통해 재구성하고 있는 역사는 크게 두 단계로 나눌 수 있다.

① ㄱ, ㄴ
② ㄱ, ㄷ
③ ㄴ, ㄷ
④ ㄷ, ㄹ

정답 ④

해설 ㄱ. 키틀러의 급진성은 그가 매체사를 구성할 때 캐나다 학파로부터 이미 정형화된 '문자 이전의 시기'를 아예 상정하지 않는다는 데 있다. 다시 말하자면 그에게 최초의 매체는 문자이다.
ㄴ. 키틀러에게 있어 매체는 "정보의 저장, 전달, 처리로서 제시되며, 그중에서도 가장 중요한 매체의 기능은 바로 '저장'이다. 따라서 발화되자마자 사라지는 언어는 키틀러에게 한 번도 매체로 간주된 적이 없다.

2 기록체계

(1) 의의

① 키틀러가 기록체계를 통해 재구성하고 있는 역사는 크게 두 단계로 나눌 수 있는데, 바로 문자 매체의 시대인 '기록체계 1800'과 아날로그 기술매체의 시대인 '기록체계 1900'이다. 또한 그가 기록체계로서 공식화시키지 않았지만, 컴퓨터가 실제로 투입되어 작전을 수행한 제2차 세계대전부터 시작된 '튜링 기계(Turing-Maschine)'의 시대는 디지털 매체가 주도하고 있는 우리 시대를 지시한다.

② 따라서 동시대 매체이론가로서 키틀러의 주된 관심은 철저히 문자의 시대와 문자 이후의 시대라고 할 수 있다. 키틀러는 그의 주저인 「기록체계들 1800 · 1900」과 「축음기, 영화, 타자기」에서 문자가 모든 감각을 통합하여 독점적으로 전달하던 시대로부터 정보의 저장과 전달, 재현방식이 어떻게 각각 다른 아날로그 매체로 분화되었는지, 또한 이와 함께 우리가 믿고 있는 '인간'이라는 형이상학적 개념이 어떻게 해체되었는지를 매우 상세하게 기술하고 있다.

(2) 기록체계 1800

① 키틀러가 기록체계 1800(정확히 보자면 1785～1815)이라고 명명한 시대는 다름 아닌 문자와 낭만주의의 시대로서, 이 시기의 기록양식은 문자를 가르치는 '어머니의 발화'에 기반하고 있다는 특징을 지닌다.

② 당시 신흥 부르주아 계층의 가족모델에서 어머니의 역할은 이전 가부장제 시대와 비교하여 크게 확대되었고, 어머니는 아이들에게 문자의 읽기와 쓰기라는 최초의 교육을 담당했던 것이다.

③ 아이들에게 읽기를 가르치는 어머니의 목소리는 문자와 함께 듣는 최초의 소리로서 근원적 소리의 상징이 되며, 문자란 단순한 기호가 아니라 이러한 내면의 정신을 담고 있는 것으로 간주되었다. 자연의 상징이자 순수한 정신세계의 표상이 된 것이다.

④ 이러한 교육을 받은 아이들은 성장해서 독서를 할 때 문자 속에서 어머니라는 영혼의 목소리를 기억하게 된다. 이것은 글을 쓰는 남성 작가에게도 그대로 해당되었다. 이들이 쓰는 글은 애정 어린 어머니의 목소리로 상기되는 내면의 소리에 대한 기록이다.

⑤ 괴테의 낭만주의 문학이 바로 이 시기의 기록양식을 대표한다. 파우스트는 자신을 만족시켜주는 진리를 찾아 방황하지만, 결국 그를 구원하는 것은 '영원히 여성적'인 것, 모성적인 정신을 대표하는 그레트헨이다. 파우스트에게 로고스라는 초월적 기표를 부여하는 정신의 자리를 이제 '모성적인 정신'이 대신하게 된다.

예상문제

프리드리히 키틀러(Friedrich Kittler)의 기록체계 1800에 대한 설명으로 틀린 것은?

① 문자가 자의적인 기호가 아니다.
② 기록양식은 '어머니의 발화'에 기반한다.
③ 기록되는 것은 보편적인 가치들로 평가받는다.
④ 초월적 가치를 추구하기보다는 매체의 물질성을 강조한다.

정답 ④

해설 20세기의 시작을 전후로 급변하게 되었다. 문자의 독점은 새롭게 등장한 매체기술에 의해 깨지게 되며, 이제 문자와 함께 소리와 빛이라는 새로운 질료를 저장하는 방식들이 기록체계를 새로이 구성한다. '기록체계 1900'(1885~1915)은 이전 세기 낭만주의 패러다임과의 완전한 결별을 의미한다. 이로 인한 예술에서의 가장 뚜렷한 변화는 시문학 자체가 눈에 보이지 않는 초월적 가치를 추구하기보다는 전달하고 있는 문자라는 매체의 물질성을 강조하기 시작했다는 점이다.

(3) 기록체계 1900

① 의의

㉠ 기록체계 1800은 문자가 자의적인 기호가 아닌 어머니 혹은 자연에서 비롯된 초월적인 기의를 담고 있다는 전제에서 성립하고 있으며, 기록되는 것은 바로 이러한 보편적인 가치들로 평가받았다. 이때는 모든 예술이 문자 혹은 시학을 지향하고 있었다는 것이다.

㉡ 문자가 저장을 독점하는 시대라는 뜻의 문자의 독점은 여기에서 유래한다. 이러한 상황은 20세기의 시작을 전후로 급변하게 되었다.

② 축음기

문자의 독점은 새롭게 등장한 매체기술에 의해 깨지게 되며, 이제 문자와 함께 소리와 빛이라는 새로운 질료를 저장하는 방식들이 기록체계를 새로이 구성한다. 다시 말하면, 빛과 소리는 각각 사진과 녹음기라는 새로운 기술조건들과 조우하게 되었으며, 이것이 20세기의 지배적인 문화적 기록양식인 영화와 축음기이다.

③ 타자기

㉠ 문자의 기록방식 또한 타자기의 발명으로 커다란 전환을 맞이하게 된다. 개인의 내면적인 모든 특성이 외면화되는 개성적인 필사의 방식과는 달리 타자기는 모든 것이 규격화된 새로운 기록방식을 제시한다.

㉡ 내면의 목소리를 따른 필사 방식에서 독립된 개별자로 인식될 수 있는 시민적 개인이 탄생했다면, 분절된 알파벳을 불연속적으로 기입하는 타자기로 글을 쓰면서 개인은 익명화된 존재로 해체된다.

④ 문자라는 매체의 물질성

㉠ 이러한 맥락에서 '기록체계 1900'(1885~1915)은 이전 세기 낭만주의 패러다임과의 완전한 결별을 의미한다. 이로 인한 예술에서의 가장 뚜렷한 변화는 시문학 자체가 눈에 보이지 않는 초월적 가치를 추구하기보다는 전달하고 있는 문자라는 매체의 물질성을 강조하기 시작했다는 점이다.

㉡ 19세기 후반과 20세기 초반에 등장했던 아방가르드 실험예술과 다다, 칼리그람과 비주얼 포엠들은 문자가 가진 시각성을 강조하고 근원적 목소리와의 연결고리를 끊는 역할을 하게 된다.

㉢ 문자는 공간적으로 재배치되어 자기 자신의 물질성에 몰두하게 되며, 자연과의 연관성 안에서 실재를 포착하거나 상상을 통해 환영을 만들어 내는 임무는 다른 기술매체에게 내어주게 된다.

3 기록체계 1900에서 중심이 되는 매체

(1) 의의

① 이제 기록체계 1900에서 중심이 되는 매체는 축음기, 영화, 타자기이며, 각각 근대의 음향기술, 광학 기술, 문자 처리 기술 전반을 대표한다.

② 이 부분에서 키틀러는 라캉이 정신분석을 위해 제시한 세계구분을 차용하는데, 1900년대 이후 전개된 매체의 발달사는 라캉의 실재계(현실적인 것), 상상계(상상적인 것), 상징계(상징적인 것)에 각각 대응한다.

(2) 축음기(실재계)

① 예를 들면, 축음기는 상징적인 것을 실재적인 것으로 대체하는 기록매체가 된다. 이전까지 모든 소리는 기호화되어 문자로 저장되었으며 인간의 언어가 아닌 소음은 진지한 기록의 대상이 되지 못했다.

② 그러나 음을 등가적인 상징, 즉 기호로 번역한 알파벳 문자와는 달리, 음을 그대로 저장하는 축음기의 발명으로 모든 소리는 실제의 소리 그 자체로 기록·녹음되게 되었고, 그 안에는 우리가 그전까지 소리로 인식하지 못하던 것들도 포함된다.

③ 기계의 소음이나 일상의 잡음도 이제는 기호화되어지지 않은 실제의 상태 그대로 저장되어 전달 및 재현할 수 있게 된 것이다. 이처럼 새로운 기록 체계에서는 이전에는 무의미하다고 여겨진 것들이 기록된다.

④ 이와 함께 기록되는 것의 지위도 변화한다. 아날로그 기술매체로 이루어진 기록체계는 이전까지 숭고한 의미를 담고 있다고 여겨졌던 시문학의 가치를 하락시킨다. 이제 문학은 내면의 목소리를 찾아가는 영혼의 작업이라기보다는 부분적으로만 해독 가능한 소음의 기록으로 간주된다.

[예상문제]

다음을 주장한 사상가의 이름으로 옳은 것은?

> 축음기는 상징적인 것을 실재적인 것으로 대체하는 기록매체가 된다. 이전까지 모든 소리는 기호화되어 문자로 저장되었으며 인간의 언어가 아닌 소음은 진지한 기록의 대상이 되지 못했다. 그러나 음을 등가적인 상징, 즉 기호로 번역한 알파벳 문자와는 달리, 음을 그대로 저장하는 축음기의 발명으로 모든 소리는 실제의 소리 그 자체로 기록/녹음되게 되었고, 그 안에는 우리가 그전까지 소리로 인식하지 못하던 것들도 포함된다. 기계의 소음이나 일상의 잡음도 이제는 기호화되어지지 않은 실제의 상태 그대로 저장되어 전달 및 재현할 수 있게 된 것이다. 이처럼 새로운 기록 체계에서는 이전에는 무의미하다고 여겨진 것들이 기록된다.

① 키틀러(Friedrich Kittler) ② 해롤드 이니스(Harold A. Innis)
③ 빌렘 플루서(Vilem Flusser) ④ 마셜 맥루한(Marshall McLuhan)

정답 ①

해설 키틀러(Friedrich Kittler)의 주장이다.

(3) 영화(상상계)

① 시각적 기억을 축음기와 마찬가지로 그대로 저장/전달/재현할 것과 같은 영화는 이와는 다른 길을 걷는다.

② 키틀러에 따르자면 영화는 한 번도 우리에게 실재를 보여준 적이 없다. 영화는 우리에게 기술적 효과를 통해 1초에 24번의 스틸컷을 제시하면서 그것이 실재처럼 보이도록 조작한다.

③ 영화가 실재의 정보를 그대로 보여주지 못하는 이유는 음성과 달리 영상의 파장이 너무나 큰 단위이기 때문이다. 광학적 파장은 테라헤르츠 범위에 속하는데, 이는 음성의 파장보다 몇 조배 이상 빠르다는 것을 의미하며, 프로세싱 용량의 기하급수적 확장을 요구한다.

④ 따라서 영화는 물리적 파장을 기록하는 대신, 네거티브 필름에 화학적 효과를 저장하고, 이것을 잔상효과와 스트로브스코프 효과를 통해 실재처럼 조작하는 방식을 택했다. 이렇게 본다면, 영화는 오히려 실재적인 것을 상상적인 것으로 대체하고 있는 기제가 된다.

⑤ 이제 문학작품이 보여주었던 상상의 세계는 어머니의 근원적 음성과 연관 없는 영상들이 대체하게 된다. 음성이 들리지 않는 무성영화는 이러한 관점에서 매우 시사적인 것이었다. 상상계는 과거에는 영혼의 깊은 곳으로부터 나온 꿈이었지만, 이제는 단순한 시각적 트릭이다.

(4) 타자기(상징계)

① 의의

㉠ 키틀러에게 타자기는 상징계를 대표하는 기제가 된다. 타자기 이전에도 문자 매체로 이루어진 모든 것은 상징 질서의 대상에 해당하는데, 문자는 기표라는 매우 좁은 틈을 통과한 정보만을 기록해 왔던 것이다.

㉡ 그러나 타자기는 무엇보다 기록체계 1800이 가지고 있었던 가장 근원적인 믿음, 문자에 내포된 선험적 기의에 대한 믿음을 해체하고 문자의 물질적인 특성을 인식시키는 데 기여한다.

② 공간적 분리

20세기 초 기계적 문서편집기인 타자기의 사용이 본격화되면서 글쓰기 작업은 이전과는 완전히 다른 성격을 가지게 되는 것이다. 필사의 유려하게 계속되는 글쓰기와는 달리, 타자기에서는 분리되고 자간과 행간을 통해 격리되는 요소들이 공간적으로 들어서게 된다.

③ 글쓰기와 작가의 분리

㉠ 기록체계 1800의 대표적 글쓰기로 낭만주의 작가의 작품들을 예로 들었듯이, 키틀러는 기록체계 1900의 대표적 글쓰기로 니체를 지목한다. 당시 널리 보급되었던 말링한젠 타자기는 타자를 치는 사람조차 자신이 쓴 글을 볼 수 없었다.

㉡ 필사를 할 때 일어나는 눈과 손의 호응은 더 이상 발생하지 않으며, 글쓰기 과정에서 눈과 손, 글자는 서로 격리된 채 연결되지 않았다. 더구나 남성 작가가 불러주는 글을 여성 타이피스트가 받아 타이핑하는 것이 일반화되면서 글쓰기 행위와 의식 사이에는 큰 간극이 발생하며, 글의 성격도 파편화된다.

㉢ 작가의 내면을 담은 발화는 타이핑되는 과정에서 변화를 겪는다. 구술하는 자와 저술하는 자가 분리되고, 글쓰기가 작가의 손을 떠나 자동화되는 것이다. 타이핑된 텍스트에 있어서 이제 저자의 위치는 불명확해진다.

㉣ 니체는 "우리가 쓰는 문서기계는 우리의 생각에 함께 작동한다"라고 서술한다. 철학적으로 스캔들을 일으키는 이 주장, 즉 매체기술로의 대체라는 언급과 함께 모든 가치의 전복을 일으킨 사람은 바로 니체였다. 인간의 자리에, 인간의 생각과 저자의 자리에 1882년 이제 다른 것이 들어선다. 그것은 바로 두 개의 성별, 하나의 텍스트, 그리고 볼 수 없는 눈먼 문서기계였다.

④ 문자의 상업적이고 물질적 차원으로의 위치 이동

㉠ 글자당 얼마라는 가격으로 타이피스트에 대한 보수가 책정되면서 문자는 상업적이고 물질적 차원으로 위치를 이동한다.

㉡ 다시 말하면, 기록체계 1800에서 어머니의 음성을 통해 구축된 문자의 관념성은 기록체계 1900의 타자기라는 새로운 기술조건하에서는 더 이상 유지되지 않는 것이다.

㉢ 텍스트는 분당 몇 백 타라는 기술적 규준으로 수량화되어 대량생산이 가능해지며, 작가가 불러주는 음성은 가격이 매겨진 낱말로 분화되어 그 개성과 영혼을 상실한다.

4 아날로그 기술매체들의 도전

① 키틀러의 기록체계들은 문자매체가 아날로그 기술매체들의 도전으로 어떠한 변화를 겪었는가를 상세히 기술해준다.

② 인상적인 것은 여기에서 문자가 최초의 매체이자 동시에 모든 매체들의 어머니로 여겨지고 있다는 점이다. 예를 들면 키틀러는 축음기와 영화 카메라의 이름이 우연히 문자로부터 유래된 것이 아니라는 점을 언급하고 있다.

③ 축음기와 영화와 같은 아날로그 기술매체는 청각적, 광학적 정보의 시간적 흐름을 기록하고 저장할 수 있게 해주었으며, 여기에서는 저장된 정보에 개입하여 그것을 조작하는 작업이 창작의 구성 원칙으로 기능한다. 이러한 매체의 기능은 바로 모든 기술매체의 어머니인 문자로부터 유래된 것이다.

④ 문자는 언어의 발화라는 시간적 흐름을 종이의 지면이라는 공간과 결부시켜 각 단어에 자리를 부여했기 때문이다. 즉, 인쇄의 발명은 시간 축을 변화시키는, 합리적으로 공간을 조직하는 기초를 만들어 낸 최초의 기술이다. 그렇지만 기록체계 1900을 주도했던 아날로그 기술매체의 시대는 키틀러에게 있어서는 어디까지나 과도기적인 것이었다.

5 컴퓨터의 탄생 이후로 기록체계

① 컴퓨터의 탄생 이후로 기록체계는 완전히 다른 조건을 맞이하게 되는 것이다. 아날로그 기술매체의 가장 큰 어려움은 상호 간의 호환성이 떨어진다는 점이었으며, 이러한 호환성문제가 완전히 해결되는 것은 바로 컴퓨터의 출현과 함께 일어났다.

② 이제 정보의 저장 · 전달 · 재현에 있어 컴퓨터로 대표되는 디지털 매체는 완전한 표준과 정보단위의 궁극적 해체를 제공한다. 디지털 매체의 세계에서 모든 문화적 형식과 기억 형식은 0과 1이라는 이진법 코드로 전환되며, 아날로그 매체에 의해 분화되어 저장되었던 음성 · 영상 · 문자라는 정보는 다시 컴퓨터 안에서 숫자로 치환된다. 실제로는 (숫자 외에는) 아무것도 존재하지 않는 것이다.

③ 컴퓨터 안에서는 모든 것이 숫자이다. 이미지도 없고, 소리도 없고, 단어도 없는 양적인 존재. 그리고 회로의 접속이 지금까지 분리되었던 정보의 흐름을 한꺼번에 디지털로 표준화된 수열로 가지고 온다면 모든 매체는 다른 모든 매체로 전환하는 것도 가능하다. 숫자로는 모든 것이 가능하다. 변조, 변환, 동시녹음, 느리게 하기, 저장하기, 전환하기, 혼합화, 스캐닝, 맵핑 등 디지털을 기반으로 한 전면적인 매체연합이 매체 개념 자체를 흡수한다.

④ 이 지점에서 키틀러의 매체이론은 매우 비관적인 색채를 가지게 된다. 키틀러는 삶을 실제로 규정하는 하드웨어들이 시야에서 사라지고, 그 효과들만을 누리고 있는 우리 시대가 '매우 친절하다'고 설명해준다. 그러나 이러한 친절함은 문자라는 핵심기술을 일반에게 알려주지 않기 위해 성서를 삽화로 설명해 주던 중세시대와 같은 친절함이다.

⑤ 우리가 이 친절한 사용자 환경에서 볼 수 있는 것은 마치 양파 껍질과도 같은 표면뿐이며, 우리가 접근하지 못하는 이면에는 먼저 발명되고, 연산되고, 최적화되어야 하는 기나긴 기술의 행렬이 자리하고 있다.

⑥ 우리의 디지털 일상을 지배하고 있는 '사용자 환상'이란 우리가 실제로는 그에 대해 아무것도 모르는 컴퓨터를 컨트롤하고 있다고 믿고 있는 것을 뜻한다. 키틀러의 우울한 진단은, 실제로는 시청각 매체와 디지털 매체는 우리를 새로운 문맹상태, 새로운 암흑기로 이끌고 있다는 것이다.

[예상문제]

키틀러(Friedrich Kittler)의 주장으로 틀린 것은?

① 타자기는 상징계를 대표하는 기제가 된다.
② 축음기는 상징적인 것을 실재적인 것으로 대체하는 기록매체가 된다.
③ 영화는 상상적인 것을 실재적인 것으로 대체하고 있는 기제가 된다.
④ 1900년대 이후 전개된 매체의 발달사는 라캉의 실재계, 상상계, 상징계에 각각 대응한다.

정답 ③

해설 키틀러에 따르자면 영화는 한 번도 우리에게 실재를 보여준 적이 없다. 영화는 우리에게 기술적 효과를 통해 1초에 24번의 스틸컷을 제시하면서 그것이 실재처럼 보이도록 '조작한다.' 영화는 오히려 실재적인 것을 상상적인 것으로 대체하고 있는 기제가 된다. 이제 문학작품이 보여주었던 상상의 세계는 어머니의 근원적 음성과 연관 없는 영상들이 대체하게 된다.

① 키틀러에게 타자기는 상징계를 대표하는 기제가 된다. 타자기 이전에도 문자 매체로 이루어진 모든 것은 상징 질서의 대상에 해당하는데, 문자는 기표라는 매우 좁은 틈을 통과한 정보만을 기록해 왔던 것이다. 그러나 타자기는 무엇보다 기록체계 1800이 가지고 있었던 가장 근원적인 믿음, 문자에 내포된 선험적 기의에 대한 믿음을 해체하고 문자의 물질적인 특성을 인식시키는 데 기여한다.
② 축음기는 상징적인 것을 실재적인 것으로 대체하는 기록매체가 된다. 이전까지 모든 소리는 기호화되어 문자로 저장되었으며 인간의 언어가 아닌 소음은 진지한 기록의 대상이 되지 못했다. 그러나 음을 등가적인 상징, 즉 기호로 번역한 알파벳 문자와는 달리, 음을 그대로 저장하는 축음기의 발명으로 모든 소리는 실제의 소리 그 자체로 기록/녹음되게 되었고, 그 안에는 우리가 그전까지 소리로 인식하지 못하던 것들도 포함된다.
④ 기록체계 1900에서 중심이 되는 매체는 축음기, 영화, 타자기이며, 각 각 근대의 음향 기술, 광학 기술, 문자 처리 기술 전반을 대표한다. 이 부분에서 키틀러는 라캉이 정신분석을 위해 제시한 세계구분을 차용하는데, 1900년대 이후 전개된 매체의 발달사는 라캉의 실재계(현실적인 것), 상상계(상상적인 것), 상징계(상징적인 것)에 각각 대응한다.

컴퓨터의 탄생 이후의 기록체계에 대한 키틀러의 설명으로 틀린 것은?

① 삶을 실제로 규정하는 하드웨어들이 시야에서 사라지고, 그 효과들만을 누리고 있다.
② 모든 문화적 형식과 기억 형식은 0과 1이라는 이진법 코드로 전환되며, 디지털 매체에 의해 분화되어 저장된다.
③ 정보의 저장 · 전달 · 재현에 있어 컴퓨터로 대표되는 디지털 매체는 완전한 표준과 정보 단위의 궁극적 해체를 제공한다.
④ 변조, 변환, 동시녹음, 느리게 하기, 저장하기, 전환하기, 혼합화, 스캐닝, 맵핑 등 디지털을 기반으로 한 전면적인 매체연합이 매체 개념 자체를 흡수한다.

정답 ②

해설 디지털 매체의 세계에서 모든 문화적 형식과 기억 형식은 0과 1이라는 이진법 코드로 전환되며, 아날로그 매체에 의해 분화되어 저장되었던 음성 · 영상 · 문자라는 정보는 다시 컴퓨터 안에서 숫자로 치환된다. 실제로는 (숫자 외에는) 아무것도 존재하지 않는 것이다.

Theme

59 키틀러의 매체 이론

I 매체유물론

1 매체의 선험성

① 키틀러의 매체유물론의 주요테제는 매체의 물질성과 선험성을 강조하는 데 있다. 키틀러는 매체가 인간의 의식을 결정한다는 매체선험성을 강조함으로써 유물론적 시각을 견지하고 있다.

② 매체선험성은 기술과 분리된 인간고유의 존재방식을 배제하고 오로지 매체가 인간의 삶을 결정한다는 키틀러 매체이론의 핵심개념이라고 할 수 있다. 문화학 학자 빈클러(Winkler)는 키틀러의 매체유물론을 두고 '인식의 코페르니쿠스적 전환'이라고 평가한다. 인간이 매체를 도구적으로 사용하는 것이 아니라 매체가 인간의 상황을 결정한다는 발상의 전환을 통해 인간의 정신과 형이상학에 집중했던 인문학이 그 인식을 기술의 영역으로 확장하는 계기가 되었다는 것이다.

③ '매체가 우리의 상황을 결정한다.'는 키틀러의 말은 기술적 조건이 사회의 구조와 제도, 인간의 의식과 사유방식을 형성하는 결정적 조건이 된다는 것을 의미한다. 이것은 마치 기후가 그 지역의 사람들의 생활습관과 방식에 영향을 주는 것과 같은 원리이다. 예를 들어 키틀러는 무더운 남부지방과 추운 북부지방 사람들의 태도와 문화가 다를 수밖에 없듯이 기술적 조건이 다른 사회의 문화와 의식구조는 분명 다를 수밖에 없다고 본다. 기후가 그 지역 사람들의 생활습관과 삶의 방식을 결정하듯이 기술이 그 사회 구성원의 시회제도와 사유의 방식을 결정한다고 보는 것이다.

④ 키틀러를 반대하는 비판자들은 기후와 달리 기술은 인간에 의해서 만들어진 점을 분명히 한다. 기술은 인간이 결정할 수 있지만 기후는 인간이 결정할 수 없는 요소이기 때문이라는 것이다. 하지만 키틀러는 인간이 기술을 만드는 주체라는 의식에 강력하게 반박한다. 마이크로 생산기술의 발전 이후 기술은 더 이상 인간의 손에 의해서 만들어지는 도구적 개념을 떠나 스스로 증식하고 있으며 인간을 앞질러 가고 있다고 주장한다. 하나의 기술력이 또 하나의 기술력을 창출하여 스스로 진화하고 있으며 이에 따라 기술에 대한 인간의 종속성도 뚜렷해지고 있다고 그는 주장한다.

2 소통의 물질성

(1) 의의

키틀러의 매체유물론은 또한 소통의 물질성을 강조하고 있다. 키틀러는 물질만이 실체이며 정신을 물질의 반영으로 보는 맑스의 유물론을 매체에 대입시켜 매체의 물질성을 역사의 결정적인 동력으로 보고 있다. 매체가 역사의 결정적인 동력이며 인간의 사유방식과 사회의 구조를 바꾸어 놓는다는 근거를 키틀러는 그의 「기록시스템들」에서 상세하게 다루고 있다. '정신'을 상징하는 근대의 인문학이 이미 문자 및 '기술'을 상징하는 인쇄술 발전의 산물이었다고 전제함으로써 소통의 물질성에 근거한 문명사를 서술하고 있다.

(2) 기록시스템

① 기록시스템이란 한 문화가 적절한 데이터를 선택하고 저장하며 생산하도록 하는 기술 및 제도의 네트워크를 말한다. 영혼과 정신의 산물로 간주된 문학이나 인문학을 인쇄술이라는 기술과 대학 및 연구소와 같은 제도적 시스템의 산물로 새롭게 분석하는 것이 바로 기록시스템이다. 여기서 키틀러는 인문학에 기반하고 있는 기존의 전통적 해석학을 정보(Information)라는 새로운 차원에서 접근한다. 작가의 의도를 해석하고 역사적 맥락에서 의미를 재구성하여 시대적 정신을 읽고자 했던 해석학 대신 정보를 어떤 방식으로 저장하여 유통하게 하는지 소통매체의 물질성에 주목한다.

② 예를 들어 1800년대의 기록시스템은 인쇄기술의 발전으로 문자문화 중심이었다. 문자문화란 "알파벳에 의해 시간과 공간으로 확장된 시각중심의 문화가 획일적으로 진행되는 과정"을 뜻한다. 1800년대의 근대사회에서는 인쇄매체가 정보의 저장과 유통을 주도하면서 문학과 해석학이 지배하는 문자중심주의 시대를 주도하였다. 하지만 1900년대 기록시스템에서는 축음기, 전화기, 타자기 등의 새로운 기술매체가 발명되면서 문자를 넘어서 소리와 영상이라는 새로운 물질성의 시대가 개막되었다.

(3) 축음기

① 키틀러에 따르면 축음기라는 매체는 단순한 과학적 발명물이 아니라 소리에 대한 인간의 근본적인 인식의 변화를 담고 있다. 축음기의 발명 이후 간격과 비례중심의 근대음악은 초당 진동수를 나타내는 주파수(배음)의 음렬에 의해 대체된다. 축음기의 진동은 소리가 물질로 소급되는 과정을 명백하게 보여준다. 축음기는 소리를 파장으로 기록함으로써 소리가 진동의 결과라는 단순한 물리적 사실을 통해 소리를 물질로 보는 새로운 패러다임을 창출한다. 그리고 소리의 진동을 재생하는 축음기의 기술적 과정은 음성이 영혼의 울림이라는 근대음악의 사고를 해체시킨다. 이제 축음기 이후로 음악은 비례와 정수비로 표현되는 로고스의 음을 넘어 진동을 야기하는 모든 소리(소음)를 음악의 대상으로 삼게 되고, 소음은 과학적 연구의 대상이 된다. 진동의 음역을 다양하게 수용하고 소음의 영역을 음악의 영역으로 끌어들임으로써 축음기는 현대음악의 탄생을 주도하는 역할을 하게 된 것이다.

② 키틀러는 음이 이상적인 비례관계가 아닌 주파수일 뿐이라는 축음기의 원리를 생리학의 뇌의 체계와 비교한다. 축음기에 사람의 목소리를 저장할 경우, 소리의 진동이 축음기의 금속판에 새겨지는데 이 진동으로 새겨진 선은 목소리의 크기, 높이, 굵기에 따라 불균등한 주름 혹은 홈을 형성한다. 주목할 만한 것은, 이렇게 새겨진 주름을 다시 진동으로 바꾸면 이전의 소리와 똑같은 소리를 내는 것이다. 뇌의 기억들은 바로 금속판에 새겨진 정보의 주름선을 다시 재생하는 것으로 키틀러는 보고 있다. 기억이란 축음기의 재생과정과 마찬가지로 뇌에 새겨진 주름선을 재생하는 것에 불과하다는 것이다. "영혼은 축음기 녹음에 의하여 만들어진 노트일 뿐이다."라는 주장을 통해 키틀러는 전통적 해석학이나 문학에서에서 사용한 영혼이나 정신이라는 개념과 결별하고 뇌의 활동을 철저하게 물질적 과정으로 소급시키고 있다.

③ 키틀러는 축음기의 진동의 원리를 정신분석학에도 적용한다. 축음기의 속도를 빨리하면 옥타브나 멜로디의 음역이 변한다. 여기서 음만 변하는 것이 아니라 함께 녹음된 소음도 그 스펙트럼이 변한다. 속도를 빨리하여 음을 올리면 소음도 이에 따라 함께 증가하기에 평소에 들을 수 없는 음도 들리게 된다. 인간의 귀에는 들리지 않지만 분명 존재하고 있는 이런 소음을 키틀러는 정신분석학의 무의식과 비교한다. 축음기가 음성이 아닌 소음을 기록하듯이 정신과 의사는 평소에는 들리지 않는 환자의 소리인 소음(무의식)을 기록한다. 이 소음은 기계를 통해 드러났지만 분명 미세한 소리의 진동 결과이며 허구가 아니라 실재라고 이야기 한다. 키틀러에 따르면 축음기를 통한 소리의 전달은 기존의 문자문화와는 완전히 다른 방식으로 사물을 인지하도록 한다. 인쇄기술의 문자문화는 눈으로 읽을 수 있지만 저자의 소리를 담을 수 없었기 때문에 그 소리는 오로지 독자의 상상으로만 채워져야 했다. 하지만 문자와 더불어 소리를 듣게 됨으로써 시각중심의 문자문화에서 상상해야 했던 목소리는 축음기를 통해서 실재가 된다.

(4) 문자만의 독특한 상상력은 해체

① 사진, 영화, 레코드판의 출현은 문자텍스트에서 단지 상상에만 의존했던 시각과 청각 이미지를 영상적, 음성학적 현실이 되게 만들었다. 이로써 음성의 물질성(소리:축음기)과 대상의 물리적 정확성(그림:사진기)이 지배하면서 문자만의 독특한 상상력은 해체된다. 문자에서 음성과 영상을 제공하는 기술적 질서의 새로운 변화는 커뮤니케이션을 변형시키고 인간 의식의 구조마저 변화시킨다. 이때, 정확성을 산출하기 위해 기술이 발전되는 과정과 휴머니즘 사이에는 관계가 없다고 키틀러는 강조한다.

② 가령, 사진이 문자보다 정보의 방식에 있어서 우위에 있다고 해서 그것이 휴머니즘에 더 가까운 것은 아니라는 것이다. 키틀러는 인간의 어떤 본질적인 내용을 전달하기 위해 매체가 도구적으로 발전한 것이 아니라 매체에 따라 소통의 방식이 달라진 것이라고 본다. 사실 매체의 작용은 그 실제적인 유용성과는 무관하다는 것이다. 매체는 내용에 의해 결정되거나 평가될 수 없다. '매체가 곧 메시지'라는 맥루한의 말처럼 키틀러는 모든 커뮤니케이션이 커뮤니케이션 수단에 의존한다는 의미에서 소통의 물질성을 소통의 핵심으로 본다. 즉 매개가 다르면 전달 내용도 달라진다. 매체에 따라 우리의 감각의 비율도 달라진다. 우리가 매체로부터 어떠한 정보를 이끌어냈는가에 상관없이 매체의 영향은 우리의 존재를 변화시킨다.

Ⅱ 키틀러와 새로운 인간학

1 정보기계로서의 인간

(1) 의의

① 키틀러의 매체유물론은 독일 근대철학의 전통적 의미의 '주체' 개념을 거부한다. 인간을 세상의 중심에 놓는 인본주의 관점에서 비켜서서 인간의 주체성을 물질과 기술, 그리고 이를 통해 구성된 문화의 산물로 보고자 한다.

② 키틀러의 인간학은 주체성의 형식들이 시대적으로 생산되며 구성된 주체성은 다시 그 형식들을 구성하고 있는 담론영역 안에서 재구성된다는 푸코의 이론에서 출발하고 있다. 이제 키틀러는 본질적, 실천적 주체를 상정한 인문학의 전통을 거부하고, 인간을 '정보기계'라고 부르기에 이른다.

(2) 물리적 · 생리학적 과정의 총체

① 인간을 정보기계로서 정의하는 키틀러의 논의는 19세기 후반 생리학의 발전과 매체의 발전의 상호관계를 추적하면서 이루어진다. 그는 인간의 생리학적 과정을 물리적으로 측정 가능한 것으로 여기며, 인간을 물리적 생리학적 과정의 총체로 정의한다.

② 예를 들어 인간의 뇌는 신경조직이 작용하는 정보의 공간이며 신체외부 및 내부의 정보를 수집하고 저장하며 생리적 기능을 처리하도록 명령하는 곳이다. 인간의 뇌는 정신의 영역을 관장하는데, 형이상학적 관념도 뇌의 생리학적인 정보 처리 과정에서 발생할 뿐이다. 뇌의 기능 또한 절대 우위의 독보적 기능이 존재하지 않는다. 뇌의 공간에서는 여러 기능이 분리되어 각각은 다른 기능을 갖고 있다. 읽기, 쓰기, 말하기, 듣기 등은 뇌의 분화된 기능으로써 각각 작용하는 뇌 부위가 서로 다르다. 각기 다른 기능 중 설사 어떤 기능이 문제를 일으켜도 한 기능이 다른 기능에 자동적으로 영향을 주지는 않는다. 가령, 말하기 기능에 문제가 생긴다고 해서 자동적으로 쓰기의 기능까지 결손을 가져오지 않는다.

③ 여기서 키틀러의 핵심논의는 뇌의 작용이 영혼이나 정신이라는 추상적 차원이 아닌 정보의 저장과 기능, 실행 등 물질계의 작용이며 각 기관의 관계는 독립적이라는 것이다. 각 독립된 기계들을 합쳐서 서로 유기적 관계가 성립하는 것이 결국 인간 '정보기계'의 개념이다. 청각의 장애를 갖고 있던 에디슨이 축음기를 만들고, 청각장애아동 교사였던 벨이 전화기를 만들고, 최초의 타자기가 시각장애자를 위해 고안된 것이라는 것을 감안할 때, 매체는 쓰기, 읽기, 말하기, 듣기 등 뇌의 기계적 결손을 보완하고 대체하는 과정에서 발전하였다.

(3) 생리적 신체기능과 매체의 발전의 변증법

① 키틀러의 이러한 인간학에 따르면 이제 매체의 발전은 인간의 고매한 이상과 휴머니즘의 실현 속에서 이루어진 것이 아니라 신경체계의 물리적 기능의 결손을 보완하는 과정에서 발전하였다. 키틀러는 인간고유의 정신과 영혼을 배제하고 뇌의 활동을 정보처리라는 기능적 차원으로 환원시키면서 생리적 신체기능과 매체의 발전을 변증법적으로 설명하고 있는 것이다. 인공적 입의 기능으로써 전신기가, 인공적 귀의 기능으로써 전화기가 만들어지면서 축음기가 발명되는 데 이제 아무런 문제가 없게 되었다. 신경체계의 기능들은 기술적으로 보완되었다.

② 키틀러는 맑스가 헤겔을 뒤집듯 기술과 인간의 유기체적 결합을 언급했던 매체학의 인공신체이론을 완전히 거꾸로 뒤집어 해석한다. 맥루한 등이 대표적으로 주장한 인공신체이론은 인간이 기술을 통해 자기신체의 기능을 확장한다는 내용으로써 기술이 인간의 경험과 한계를 극복하도록 인간의 신체와 결합되고 있다는 내용을 담고 있다. 예를 들어 Ernst Kapp은 「기술철학 개론」에서 기술이 인간의 신경체계를 모방하며 발전하고 있다는 것을 언급한다. 기술이 인간의 신체구조와 기능을 투사하며 점차 인간이 지닌 신체적 한계를 뛰어넘는 새로운 방향으로 발전하고 있다는 것이다. 가령, 망치는 주먹을, 사진기는 눈과

유비되면서 신체 각 기관들의 기능을 모방하여 인간 신체기관의 능력을 확대시키면서 기술은 발전했다는 것이다. 이런 인공신체이론은 20세기 카시어러(Ernst Cassierer)에게 이어져 그는 기술매체가 현실을 인식하게 하는 도구이며 인간의 경험을 인식하게 하는 매개라고 평가한다. 현실을 인식하고 파악하게 하는 매체는 이제 인간 존재의 일부분으로 간주된다. 프로이드는 인간을 '의족한 신'이라고 명명하는데 이때의 '의족한 신'이란 기술을 통해 인간이 자신의 신체적 한계를 극복하고 그 능력을 확장시키는 것을 말한다. 더 나아가 맥루한은 모든 기술이 인간의 신체기관과 신경체계의 확장 자체이며 또한 기술은 권력과 속도를 극대화시키고 있다고 진단한다.

③ 이렇듯 기존의 인공신체이론이 매체를 통해 인간의 능력이 확장되는 것에 초점을 맞추었다면 키틀러는 매체가 심지어 인간의 경험을 결정한다고 보는 점에서 기술과 인간의 주종적 관계를 아예 뒤집어 생각한다. 매체의 주도적 역할을 강조하는 키틀러에 따르면 카메라나 영화그래픽은 단지 인간의 눈을 대신하여 현실의 모형을 비춰주거나 인간의 미학적 시각을 확장시키는 역할을 하는 데 그치는 것이 아니다. 오히려 매체는 인간의 눈이 포착할 수 없는 어떤 상태나 조직을 정보처리해서 그 결과를 인간에게 넘겨주는 역할까지 하는 것으로 분석한다. 여기서 기술은 인간의 사고나 경험과 연관된 신경조직이 더 발달하도록 지원하기도 하며 심지어 신경조직의 활동범위와 능력을 시뮬레이션해서 제시해 주기도 한다. 따라서 매체기술을 인간신체의 확장으로 본 맥루한과는 달리, 키틀러는 오히려 인간을 기술에 종속된 존재로 규정한다.

④ 키틀러는 매체를 사용하는 인간의 존재방식을 회로체계와 기술적 배치의 문제로 바꾸어 버림으로써 매체의 관념적 측면을 완전히 제거하려 한다. 그에 따르면 소프트웨어(정신)는 하드웨어(물질성)의 효과일 뿐이다. 물론 소프트웨어의 탄생은 물질의 비물질성을 보여주는 계기가 되었다. 따라서 우리는 소프트웨어의 진화를 통해 비물질성(정신)이 물질성을 규정하는 것으로 착각하기 쉽다. 하지만 소프트웨어의 실행은 결정적으로 하드웨어의 용량(Speicherplatz)과 계산속도(Rechenzeit)에 달려 있다. 하드웨어는 소프트웨어의 작동범위를 결정하는 구조를 이미 갖고 있는 셈이다. 하드웨어 A가 하드웨어 B와 똑같이 작용하도록 스스로 복사할 수 있는 프로그램까지 개발되면서 기술매체는 스스로 증식하는 단계에까지 이르렀다. 키틀러에게 인간은 주체적 창조자가 아니라 객관적 구조에 의해 작용하며 기술과 함께 통합되고 구성되는 존재로 새롭게 정의 될 필요가 있는 것이다.

2 매체와의 접속을 통해 구성되는 존재

① 디지털 시대에 직면한 인간에 대한 키틀러의 정의는 '접속되어지는 존재'로 요약할 수 있다. 인간은 모두 핸드폰, 컴퓨터와 같은 디지털전자기에 접속되어야 하고, 그것도 매번 새로운 규칙과 원리를 익혀서 접속되어야 하는 존재가 되었다. 한 디지털 기기와의 관계도 유동적이라서 불과 사용한지 얼마 되지 않아서 새로운 기술 앞에 사용자의 경험이 기습적으로 무효화되기도 하며, 디지털전자기의 복잡한 가상현실에 항상 적응해야 하는 존재가 되었다. 기술세계의 통찰할 수 없는 시뮬레이션 속으로 들어가게 된 것이다.

② 키틀러는 하이덴라이히 (Heidenreich)와의 인터뷰에서 기술매체 시대의 인간을 기술에 대한 '종속 변수'로 규정하면서도 이것에 대해 비관적일 필요는 없다고 덧붙인다. 인간이 자신들 이론의 주체라는 기존의 인식 대신에 인간과 기술이 기술사회에서 동등하게 통합되는 지체가 되었다고 본다면 그리 비관적 차원은 아니라는 것이다. 그는 결국 인간이 더 이상 자연적, 주체적 인간이 아니라 넷서버나 프로그램 구조의 일부가 되는 것을 받아들여야 한다고 본다. 인간은 컴퓨터의 수 백 가지 프로그램과 서로 혼합되며 따라서 매체를 도구로 사용했던 기존의 근대적 주체개념은 해체될 것으로 그는 진단한다.

③ 이제 키틀러는 실천적 주체를 상정한 인문학적 전통을 거부하고, 인간을 '정보기계'3라고 부르면서 인간과 기술프로그램, 프로세서(실행 장치)가 하나로 어우러진 문화의 탄생을 기정사실로 받아들인다. 그는 이러한 문화에 거부감을 갖고 있는 유럽의 전통적 윤리학을 오히려 비판하며 인간을 만물의 영장으로 정의하던 윤리학적 전통을 기억하는 것이 무의미함을 역설하고 있다.

④ 기술매체와 접속되어 진화하는 인류의 운명은 결국 앞으로의 기술 프로그램 및 하드웨어의 발전에 달려있을 뿐이기 때문이다. 그는 이제 미래사회에서 인간이 유일한 문화적 존재로 남을 거라고 생각하지 않는다. 로봇의 발전은 분명 인간보다 더 문화적인 존재의 탄생을 예고하고 있다.

⑤ 그렇다고 키틀러가 인간 주체의 종말을 얘기하며 기술이 지배하는 고도의 기계문명 사회를 그저 낙관적으로만 기대하고 있는 것은 아니다. 또한 그의 기술에 대한 낙관적 태도를 두고 기술결정론자에 불과하다는 비판도 타당하지 않다.

Theme

60 탈문자시대의 영상문화에 관한 담론 연구 (포스터, 플루서, 비릴리오의 입장을 중심으로)

I 전자적 정보양식의 시대: 포스터

1 의의

포스터가 설파한 역사적 시대 구분의 중심에는 '정보양식' 개념이 자리하고 있다. 이 정보양식 개념의 대두 배경에는 두 가지 문제의식이 전제되어 있다. 하나는 생산양식 개념에 대한 비판이고, 다른 하나는 기술 발전과 미디어 문화에 대한 비관주의적 관점에 대한 비판이다.

2 생산양식 개념에 대한 비판

① 포스터가 자인하듯이 정보양식이라는 용어는 맑스의 생산양식 개념을 '흉내낸 것'이다. 하지만 포스터는 두 개념 간의 차이를 명확히 한다. 그 차이란 생산양식이 인간의 욕구를 충족시키는 대상물을 만들어내고 교환하는 방식이라면, 정보양식은 "상징적 기호들을 매개로 의미를 소통하고 주체를 구성하는 방식"(Poster)이라는 점에 있다.

② 이러한 정의에는 생산양식에 대한 비판적 관점이 전제되어 있다. 즉 노동패러다임에 기반한 생산양식 개념은 새롭게 부상하는 지식과 정보, 그리고 정보이용자의 의사소통 방식을 간과할 수 있다는 것이다.

3 비관주의적 관점에 대한 비판

① 다른 하나의 문제의식은 기술 발전과 미디어 문화에 대한 비관주의적 관점을 비판하는 측면이다. 예컨대, 비판이론의 두 거장인 호르크하이머와 아도르노가 기술과 미디어 문화 간의 관계를 자율성/타율성이라는 이항대립으로 봄으로써 전자적 단계의 새로운 주체 구성 과정을 간과하고 있다는 것이다.

② 이 점이 문제가 되는 이유는 기술 지배력을 과도하게 강조하면서 노동자계급과 대중세력들을 수동적이고 무력한 존재로 규정하기 때문이다.

4 정보양식의 역사적 단계

(1) 의의

① 포스터는 조심스럽게 '역사적 특수성'이라는 단서를 붙이면서 정보양식의 역사적 단계를 설정하고 있다. 그래서 포스터가 강조하는 바, 정보양식이란 용어는 현 시대의 전체 윤곽을 확정하거나 서술하려는 의도를 갖는, 총체적이거나 본질주의적인 범주가 아니다. 그것은 여러 부분 요소들로 이루어지기 때문이다.

② 요컨대, 여러 정보양식들이 있는데 이들은 각기 그 역사적 특수성을 지니고 있다. 이처럼 포스터의 견지에 따르면, 정보양식이라는 상징적 소통의 장은 역사적 특수성을 가지며 한 시대의 총체적이거나 본질주의적 범주로서 정보양식을 보려는 것은 아니다. 정보양식 연구가 동굴 벽화와 점토판에서부터 컴퓨터의 데이터베이스와 통신위성에 이르기까지 모든 형태의 정보 저장 및 검색에 대한 연구를 포함해야 하는 이유도 여기에 있다. 정보를 보존하고 전달하는 각 방법은 사회를 구성하는 관계들과 밀접하게 연관되어 있기 때문이다.

③ 그에 따르면 역사는 상징적 소통구조의 변형방식에 따라 시대구분이 가능하며, 게다가 현대 문화에서 '정보'는 마치 숭배나 헌신의 대상일 정도로 그 비중이 커지고 있다.

(2) 정보양식의 세 가지 발전 단계

① 의의

포스터는 정보양식의 발전 단계를 크게 세 가지로 구분한다. 즉 정보양식의 첫 단계는 대면적·구어적으로 매개된 의사소통이 이루어지는 구어적 정보양식, 두 번째는 인쇄된 문자를 매개로 한 문자적 정보양식, 세 번째는 전자적으로 매개된 의사소통이 중심을 이루는 전자적 정보양식이 그것이다. 이중에서도 전자적 정보양식은 새로운 언어유형, 즉 아날로그나 디지털 부호에 기반한 전자적 커뮤니케이션에 의해 매개되는 사회관계를 지칭하는 것이다.

② 각 정보양식의 발전단계에 따른 수용자의 특징

㉠ 각 정보양식의 발전단계에 따른 수용자의 특징을 보면, 우선 구어적 의사소통의 단계에서 수용자는 대면적 관계에 둘러싸인 채 발화(enunciation)의 소재지로 규정되고, 두 번째 문자단계의 수용자는 가상의 합리적 자율성을 중심축으로 하기에 주체로 자처하나 실은 주어진 기능을 담당할 뿐인 수행자(agent)로 위치한다.

㉡ 마지막으로 전자적 단계에서는 수동적/능동적 수용자가 혼재된 상태인 아날로그 단계의 수용자로부터 능동적, 복수적, 노마드적 이용자의 형태로 변화하는 디지털 단계의 수용자 위치를 들 수 있다. 제2미디어 시대로 지칭되기도 하는 이 마지막 단계에서 미디어 이용자는 특정 수용자 집단으로 고정되어 있지 않고 끊임없이 탈중심화되고 분산되어 자유롭게 이동하는 노마드적 존재의 특성을 지니게 된다.

[정보양식의 역사적 발전 단계]

구분	구어적 단계	문자적 단계	전자적 단계	
			아날로그 단계 (제1미디어 시대)	디지털 단계 (제2미디어 시대)
소통방식	구어적	문자적	전자적	컴퓨터 매개
정보형식	상징적 유사물	기호의 재현	아날로그 정보의 시뮬레이션	디지털 정보의 시뮬레이션
소통관계	대면적	가상의 합리성 자율성 기반	일방향적인 주체-객체 관계	불안정, 탈중심화, 분산적 관계
수용자	발화의 소재지	수행자	수동적/능동적 수용자의 혼재	능동적, 복수적, 노마드적 이용자
정보의 흐름	쌍방향+일방향	일방향	일방향	쌍방향
미디어	입, 상징물	인쇄신문, 종이잡지	TV, 라디오, 비디오	PC통신/인터넷 신문, 인터넷 방송/웹진

㉢ 물론 이러한 정보양식의 변화가 진화론적 발전으로 나타난 것은 아니다. 현재까지도 구어적, 문자적 단계의 정보양식은 전자적 단계와 함께 공존하고 있고, 상호보완적으로 발전하고 있기 때문이다.

㉣ 즉 정보양식은 통시적 차원에서 역사적인 수직적 시공간의 질서 속에서 발전해 왔을 뿐 아니라 공시적 차원에서 동시대적으로 공존하고 있는 것이다. 이러한 균형적인 관점이 중요한 이유는 매체의 변화 및 역사발전의 결정 원리를 기술패러다임에 과도하게 의존하는 기술중심주의적 편향에서 벗어날 수 있도록 하기 때문이다.

기출문제

전자적인 커뮤니케이션 시스템에 의해 매개된 사회관계로서 유동적이고 불안정하고 탈중심화되고, 분산되며, 다중화되고, 그 준거점을 찾지 못한 채 방황하는 주체를 특징으로 하는 것은? [2020]

① 정보양식
② 탈근대론
③ 정보사회론
④ 탈산업사회론

정답 ①

해설 포스터가 자인하듯이 정보양식이라는 용어는 맑스의 생산양식 개념을 '흉내낸 것'이다 하지만 포스터는 두 개념 간의 차이를 명확히 한다. 그 차이란 생산양식이 인간의 욕구를 충족시키는 대상물을 만들어내고 교환하는 방식이라면, 정보양식은 "상징적 기호들을 매개로 의미를 소통하고 주체를 구성하는 방식"이라는 점에 있다. 이러한 정의에는 생산양식에 대한 비판적 관점이 전제되어 있다. 즉 노동패러다임에 기반한 생산양식 개념은 새롭게 부상하는 지식과 정보, 그리고 정보이용자의 의사소통 방식을 간과할 수 있다는 것이다. 정보를 보존하고 전달하는 각 방법은 사회를 구성하는 관계들과 밀접하게 연관되어 있기 때문이다. 그에 따르면 역사는 상징적 소통구조의 변형방식에 따라 시대구분이 가능하며, 게다가 현대 문화에서 '정보'는 마치 숭배나 헌신의 대상일 정도로 그 비중이 커지고 있다.

예상문제

포스터(Poster)의 정보양식에 대한 설명으로 틀린 것은?

① 생산양식이 인간의 욕구를 충족시키는 대상물을 만들어내고 교환하는 방식이라면, 정보양식은 "상징적 기호들을 매개로 의미를 소통하고 주체를 구성하는 방식"이다.

② 정보양식이라는 상징적 소통의 장은 역사적 특수성을 가지며 한 시대의 총체적이거나 본질주의적 범주로서 현 시대의 전체 윤곽을 확정하고 서술하려는 의도를 갖는다.

③ 역사는 상징적 소통구조의 변형방식에 따라 시대구분이 가능하며, 게다가 현대 문화에서 '정보'는 마치 숭배나 헌신의 대상일 정도로 그 비중이 커지고 있다.

④ 정보양식의 첫 단계는 대면적 · 구어적으로 매개된 의사소통이 이루어지는 구어적 정보양식, 두 번째는 인쇄된 문자를 매개로 한 문자적 정보양식, 세 번째는 전자적으로 매개된 의사소통이 중심을 이루는 전자적 정보양식이 그것이다.

정답 ②

해설 포스터는 조심스럽게 '역사적 특수성'이라는 단서를 붙이면서 정보양식의 역사적 단계를 설정하고 있다. 그래서 포스터가 강조하는 바, "정보양식이란 용어는 현 시대의 전체 윤곽을 확정하거나 서술하려는 의도를 갖는, 총체적이거나 본질주의적인 범주가 아니다. 그것은 여러 부분 요소들로 이루어지기 때문이다. 요컨대, 여러 정보양식들이 있는데 이들은 각기 그 역사적 특수성을 지니고 있다." 이처럼 포스터의 견지에 따르면, 정보양식이라는 상징적 소통의 장은 역사적 특수성을 가지며 한 시대의 총체적이거나 본질주의적 범주로서 정보양식을 보려는 것은 아니다.

Ⅱ "기술적 형상 혹은 이미지"의 시대: 플루서

1 의의

① 플루서는 그의 주저인 「코무니콜로기(Kommunikologie)」에서 '코드화된 세계'의 변화에 대해 역사적 탐구를 행한다. 여기서 코무니콜로기란 '코드화된 세계'의 커뮤니케이션 방식이 어떻게 변화해 왔는지를 고찰하는 그의 독특한 학문적 개념이다. 그가 말하는 '코드(code)'에는 상징의 과정이 전제되어 있다.

② 즉 일정한 합의에 따라 서로 다른 현상에 일정한 의미를 부여하는 것이 상징이라면, 코드는 합의된 상징들의 조작을 일정한 방식으로 정돈하는 모든 체계를 뜻한다. 이러한 정의를 통해 플루서가 강조하고자 하는 바는 코드의 혁명이 탈문자시대 이후의 '기술적 형상 혹은 이미지'를 생산하게 되었다는 점이다. 이것은 인류문화사적 관점에 기반한 정보전달 방식의 역사적 단계 구분을 통해 설명할 수 있다. 여기서 '기술적 형상 혹은 이미지'의 생산 과정에 대한 문제의식은 코드화된 세계가 점차 '제1의 자연'의 세계를 망각하게 한다는 점에서 출발한다.

생각넓히기 | 미디어철학의 코무니콜로기(Kommunikologie)

- 플루서는 인간이 소통하는 기본 테제를 죽음으로부터 설명하였다. 죽음에 대한 인식에서 멀어지기 위해 소통한다는 것이다. 소통하는 인간의 삶 자체가 죽음이라는 한계를 극복하려는 반(反)엔트로피적 행위라는 것이다. 플루서는 '죽음의 허무함을 잊기 위해 소통한다'는 기본 테제로부터 인류사를 다음과 같이 정리했다.
- 인류는 그림(벽화), 말(구두언어), 문자를 활용해 소통했고, 각 소통 도구들은 각각을 코드화하여 독특한 관점, 세계관을 만들어냈다.
- 그림과 감성, 자연신 중심주의가 관계되어 있으며, 그림을 구체적으로 설명하려는 노력이 말(구두 언어)의 탄생으로 이어졌다.
- 말과 지성, 유일신 중심주의가 관련되어 있으며, 말을 그대로 저장, 전달 하고자 하는 노력이 문자의 탄생으로 이어졌다.
- 문자와 이성, 인간 중심주의가 관련이 있으며, 문자를 자유롭게 쓰기 위한 노력이 학교의 탄생과 분과학문, 인간 중심주의의 인간을 더 자유롭게 하고자 하는 노력과 결합되어 기술적 형상(숫자와 컴퓨터 프로그래밍 언어로 이루어 진 것)으로 이어졌다고 보았다.
- 플루서의 코무니콜로기는 대화와 담론으로 분류 · 구조화하고 있으며, 코무니케메(kommunikcme) 개념을 제시하며, 소통을 체계화하고 있다. 대화는 두 가지, 담론은 네 가지로 분류하고 있다. 코무니케메는 소통이 이루어지도록 하는 소통 분자로 볼 수 있으며, 명령법, 원망법(願望法), 직설법(直說法), 3가지가 있다. 명령법은 'A는 B여야 한다', 원망법은 'A는 B일 수 있다', 직설법은 'A는 B이다'라 할 수 있다. 이러한 플루서의 대화와 담론의 구조, 코무니케메는 경계와 방향으로 이루어져 있다는 것으로 유추할 수 있다.

예상문제

문자에 대한 다음과 같은 입장을 가지는 사상가로 옳은 것은?

> 문자는 '코무니콜로기(Kommunikologie)'의 중심을 이루며, 문화기술의 문화인류학을 구성해 내는 역할을 수행한다. 여기에서도 문자는 음성 언어의 기록체계가 아니라 입체와 평면에 대립되는 물질적 성격을 가지고 있는 선형적 코드이다. 인류는 이미지에서 문자로, 그리고 문자를 내포하고 있는 기술적 이미지, 말하자면 코드화된 '문자-이미지'의 시대로 이동 중인 것이다. 이로써 문자의 미래에 대해서도 새로운 예측이 가능해지는데, 디지털 시대에도 문자는 기술적 이미지 속에 삽입된 코드로서 존속한다는 것이 그것이다.

① 마셜 맥루한(Marshall McLuhan)
② 자크 라캉(Jaques Lacan)
③ 빌렘 플루서(Vilem Flusser)
④ 월터 옹(Walter J. Ong)

정답 ③
해설 플루서의 입장이다.

인간은 '죽음의 허무함을 잊기 위해 소통한다'는 기본 테제로부터 설명하면서, 죽음에 대한 인식에서 멀어지기 위해 소통하고, 소통하는 인간의 삶 자체가 죽음이라는 한계를 극복하려는 반엔트로피적 행위라고 주장한 연구자의 이름으로 옳은 것은?

① 플루서(Vilem Flusse)
② 비릴리오(Paul Virilio)
③ 리프킨(Jeremy Rifkin)
④ 키틀러(Friedrich Kittler)

정답 ①
해설 인간이 소통하는 기본 테제를 죽음으로부터 설명한 연구자는 플루서(Vilem Flusse)이다.

플루서의 입장에 대한 설명으로 틀린 것은?

① 소통하는 인간의 삶 자체가 죽음이라는 한계를 극복하려는 반(反)엔트로피적 행위이다.
② 그림과 감성, 자연신 중심주의가 관계되어 있으며, 그림을 구체 적으로 설명하려는 노력이 말(구두 언어)의 탄생으로 이어졌다.
③ 말과 지성, 유일신 중심주의가 관련되어 있으며, 말을 그대로 저장, 전달 하고자 하는 노력이 문자의 탄생으로 이어졌다.
④ 컴퓨터 프로그래밍 언어를 코무니콜로기에 대입해 보면, 한 방향의 코무니케메(kommunikcme)인 '원망법'과 반드시 실행하라는 태도인 '명령법'으로 이루어져 있다.

정답 ④

해설 컴퓨터 프로그래밍 언어를 코무니콜로기에 대입해 보면, 한 방향의 코무니케메인 '직설법'과 반드시 실행하라는 태도인 '명령법'으로 이루어져 있다.

플루서가 정리한 인류사에 대한 설명으로 틀린 것은?

① 그림은 감성, 자연신 중심주의와 밀접한 관련을 가진다.
② 그림을 구체적으로 설명하려는 노력이 말의 탄생으로 이어졌고, 말은 인간 중심주의와 관련을 가진다.
③ 말을 그대로 저장, 전달하고자 하는 노력이 문자의 탄생으로 이어졌고, 문자는 이성 중심주의와 밀접한 관련을 가진다.
④ 문자를 자유롭게 쓰기 위한 노력이 학교의 탄생과 분과 학문의 발전을 가능하게 하였고 여기에 인간을 더 자유롭게 하고자 하는 노력이 더해져 기술적 형상으로 이어졌다.

정답 ②

해설 말은 유일신 중심주의와 관련이 있다. 인간중심주의는 문자와 관련이 있다.

플루서의 코무니콜로기에 대한 설명으로 틀린 것은?

① 담론적 매체는 코드화된 메시지를 송신자의 기억에서 수용자의 기억으로(일방적으로) 흐르게 한다.
② 대화형 매체는 메시지가 다양한 기억들 간에 교환되도록 하는 매체들이기 때문에 포괄적으로 규정된다.
③ 대화의 목적은 기존의 정보를 분명하게 흐르도록 하기 때문에 기능적으로 진보적이다.
④ 담론 중심의 매체 상황을 대화적 매체 상황으로 전환시키는 것이 소비사회에서 유일하게 가능한 혁명의 성공 조건이다.

정답 ③

해설 대화의 목적은 새로운 정보를 창조하는 데 있고, 담론의 목적은 기존의 정보를 배분하는 것이다. 또한 담론들은 정보를 분명하게 흐르도록 하기 때문에 기능적으로 진보적이며 가끔은 폭력적으로 진보적인 특징을 가질 수 있다. 오늘날의 교회, 기업 조직, 과학 연구 기관, 공공 기관, 초등학교, 영화관, 서커스, 텔레비전, 신문 등이 바로 담론적 매체의 성격을 띠고 있다. 오늘날의 담론 중심의 매체 상황을 대화적 매체 상황으로 전환시킬 수 있는지가 소비사회의 변혁을 가져올 수 있는 혁명의 유일하고도 절대적인 성공 조건이다.

2 인간의 전형적인 코드 3단계

(1) 의의

인류문화사적 관점에서 볼 때, 인간의 전형적인 코드는 크게 세 단계, 즉 선사시대의 그림, 문자시대의 텍스트 그리고 탈문자시대의 기술적 형상 혹은 이미지로 변화·발전해 왔다.

(2) 각 단계의 특성

① 최초의 인간이 3차원적 현실 세계의 이미지와 마주한 이후, 선사시대(기원전 4000~1500년)는 동굴벽화와 같은 2차원적 이미지의 정보수단이 이용됨으로써 상상의 관계들이 형성된 단계이다.

② 그림으로부터 텍스트로의 비약적 발전이 이루어진 문자시대(기원전 1500~서기 1900년)는 1차원적 이미지가 중시된, 상상의 관계들이 개념적 관계들로 대체되는 단계이다.

③ 세 번째 질적 비약이 이루어진 탈문자시대(1900년 이후)는 인간의 정보가 어떤 깊이와 공간도 결여한 0차원의 형태, 즉 '기술적 형상 혹은 이미지'의 생산이 이루어진 단계이다. 여기서 0차원적 이미지로서 기술적 이미지란 공간의 제약이 없다는 것을 함축하는데, 이것은 곧 역설적으로 어떤 공간에도 침투할 수 있다는 것을 암시한다.

(3) 요약정리

① 요컨대, 기술적 이미지의 창조자인 인간은 이제 '이미지 창조자 혹은 상상가'가 되는 것이다.

② 긍정적으로 볼 때, 붐(Boom)이 강조하듯이 탈문자 시대의 인간은 디지털 매체를 통해 시·공간을 자유롭게 넘나들 수 있고 새로운 현실을 창조함으로써 완전히 새로운 주체가 될 수 있다.

③ 반면, 부정적으로 볼 때 플루서가 비판하듯이 탈문자시대의 새로운 이미지 생산은 미학적으로 대중화된 선정주의, 스테레오 타입에 기초한 태도 모델, 즉시적 정보의 수동적 수용 등의 '탈역사적 파시즘'도 간과하기 어려운 문제이다.

④ 플루서는 담론형 커뮤니케이션은 정보의 손실을 제한할 수 있지만 엘리트주의적 개입이 크고, 대화형 커뮤니케이션은 송수신자 간의 경계 없이 해석과 개입이 가능하나 대중적 기만에 노출되어 있다고 본다.

⑤ 0차원의 시·공간은 TV와 디지털 매체를 통해 미학적인 실험과 창조를 가능케 하지만, 또 다른 한편 현실 세계와 먼 기술적 이미지를 생산함으로써 현실의 문제를 왜곡하거나 배제할 수 있기 때문이다.

생각넓히기 | 플루서의 커뮤니케이션 이론

1. 담론과 대화

① 플루서는 인간의 커뮤니케이션은 담론과 대화에 같은 비중을 둘 때만, 서로 고독을 극복하고 인생에 의미를 부여할 수 있다고 한다. 그는 커뮤니케이션의 형태를 담론과 대화로 구분하였다. 플루서가 말하는 담론은 자연의 엔트로피 작용으로부터 정보를 보존하기 위해 사용가능한 정보를 분배하는 방법으로, 송신자의 기억에서 수신자의 기억으로 일방적인 정보 분배를 말한다. 대화는 주어진 정보를 교환하면서 새로운 정보가 합성될 수 있도록 다양한 정보를 주고받는 것을 의미한다.

② 대화가 생성되기 위해서는 대화에 참가하는 구성원들이 이전의 담론의 축적된 정보를 사용해야만 대화가 이루어진다. 반대로 담론이 생성되기 위해서는 정보를 전달하는 송신자가 이전의 대화에서 생성된 정보를 소유해야만 담론이 이루어진다. 즉 대화와 담론 중 어느 것이 더 우세한가를 평가할 수는 없다는 것이다.

③ 플루서는 이러한 담론과 대화가 공존하는 사회가 가장 이상적이라고 이야기했다. 담론이 지배적이라면 인간은 '정보원'과 끊임없이 접촉하더라도 고독을 느낀다. 반면에 대화가 담론보다 우세할 때는 대화가 있음에도 불구하고 역사로부터 단절되기 때문에 고독을 느끼게 된다.

④ 플루서는 담론형 커뮤니케이션의 구조를 네 가지로, 대화형 커뮤니케이션의 구조를 두 가지로 설명하고 있다. 미디어는 담론 혹은 대화형 커뮤니케이션 형태를 지니고 있고 각각의 구조는 개별적으로 발전해왔지만 지금 우리시대의 커뮤니케이션에는 공존하고 있다. 물론 어떤 매체가 담론적으로 기능하느냐 대화적으로 작용하느냐는 매체의 존재론적 특성만으로 해명되지 않는다. 이는 매체가 작동하는 상황, 목적, 장소 등이 복합적으로 고려되어야 한다. 플루서의 말을 빌리자면 커뮤니케이션의 '구조'와 '메시지'를 동시에 보아야 하는 것이다. 이는 결국 매체의 사회적 맥락 안에서의 용법과 관련된 문제이기도 하다. 담론형 매체는 그것의 기능과 관련하여 대화형 매체가 될 수 있고, 거꾸로 대화형 매체 역시 담론형 매체로 변질될 수 있다.

2. 담론형 커뮤니케이션

(1) 의의

① 플루서는 자연의 엔트로피 작용이 정보에도 적용이 된다고 보았다. 담론은 이러한 엔트로피적 작용, 즉 정보의 소멸에 대항하고 정보를 보존하기 위해 수행된다. 담론을 수행하기 위해서는 두 가지의 주의사항이 필요한데 첫 번째로는 정보를 분배할 때 정보가 변형되지 않도록 주의해야 하는 것이다. 분배 과정 속에서 외부로부터의 잡음이 침투할 시에는 정보가 변형될 가능성이 있기 때문이다. 두 번째로는 담론의 송신자는 정보를 수신 받은 수신자를 미래의 송신자로 만들어야 한다는 것이다.

② 이러한 행위는 정보의 흐름을 생산함으로써 사용 가능한 정보를 전달 받게 하고 이를 통해 정보가 발전할 수 있게 된다. 요약하자면 이를 정보가 가지고 있는 내용 자체의 충실함과 정보의 흐름을 통한 발전가능성을 의미한다. 이 두 가지의 요소를 동시에 조화시키기는 어렵기 때문에 이를 수행하려는 일이 문제로 떠오르게 된다. 플루서는 담론의 형태를 네 가지로 분류하였다.

(2) 극장형 담론

극장형의 구조는 현실에서 흔히 볼 수 있는 형태, 극장 그 자체일 뿐만 아니라 학교의 교실, 콘서트홀 등으로 나타나며, 뒤가 막혀있고 앞이 개방된 모습을 가지고 있다. 극장형 담론은 분배된 정보를 받는 수신자들을 미래의 송신자로 만드는 기능을 수행하는데 탁월한 구조다. 뒤의 벽은 외부의 소음을 차단하고 있으며, 송신자와 수신자가 마주보고 있다. 이러한 구조는 '충실함'보다는 '정보의 흐름'의 가능성을 더욱 내포하고 있다. 왜냐하면 외부의 소음은 잘 차단하지만 구조의 내부에서 잡음을 허용하기 때문이다. 다른 측면에서 보자면, 송신자의 송신에 대해 직접 응답, 혹은 항의를 용납하기 때문에 언제라도 대화로 발전할 수 있는 가능성을 지니고 있다.

(3) 피라미드형 담론

피라미드형은 군대, 교회, 조직체가 해당되며, 파시즘과 공산주의 형태의 정당 그리고 특정한 형태의 공적 및 사적 행정 기관에서 발견된다. 피라미드형 커뮤니케이션은 통제를 최우선시 하며 위계질서를 강요한다. 송신자(플루서는 이를 작가라고 한다)와 릴레이 간의 의사소통은 채널 1을 통해 주고 받는다. 릴레이는 작가가 송신한 정보를 수신자에게 전달하기 위해 잡음을 제거하고 재코드화하는 역할을 맡는다. 채널 2는 수신자들에게 정보를 전달하는 통로이지만 수신자들로부터의 재송출은 허락하지 않는다. 극장형 담론과는 반대로 피라미드형 담론은 송신된 정보를 받는데 적합하다. 정보의 '충실함'에 탁월하지만, 수신자를 송신자로 전환하는 것에는 부적합하다.

(4) 나무형 담론

나무형 담론은 피라미드형 담론의 권위자들을 대화로 대체한다. 수직적인 피라미드형 담론과 달리 수평적인 특징을 지니고 있으며, 그림에서도 볼 수 있듯이 최종수신자가 없다. 과학과 기술의 담론이 이에 속하며, 소위 '진보적인' 산업 조직, 예술계 등도 포함된다. 나무형 담론의 송신자는 특정되지 않는다. 정보의 '원천'으로 표현하며 이 정보는 오직 담론의 추론을 통해서만 가시화된다. 또한 코드의 재코드화는 권위적이거나 잡음을 제거하는 형태가 아닌, 정보를 발전적으로 분해하고 새로운 정보를 끊임없이 창조하는 재코드화이다. 이러한 경향은 정보의 폭발을 통해 정보 파편들이 흩어지는 방향을 교차시키게 된다. 그 과정에서 최종 수신자는 존재하지 않게 된다. 정보들의 파편들이 흩어지면서도 그 수신을 완벽히 보장함과 동시에 그러한 흩어짐은 분배될 정보의 발전적 변형으로 파악될 수 있다. 따라서, 나무형 담론 구조는 정보의 흐름에 있어서 가장 이상적인 담론 구조이다. 그러나 '충실'의 측면에서는 정보의 통합이 이루어지지 않는다. 위에서 언급한 것처럼 정보가 파편화되기는 하지만 그 정보들이 다시 통일되지는 않고 변화하기 때문이다.

(5) 원형극장형 담론

원형극장형 담론은 극장형 담론 구조에 나타나는 벽을 제거함으로써 접촉할 수 있는 수신자의 수를 늘린 것을 특징이라 할 수 있다. 이 담론 구조의 예로는 당연히 신문, 텔레비전과 같은 대중매체가 있다. 이 구조는 송신자와 수신자가 연결되지 않는다. 단지 송신자는 정보를 전송할 뿐이다. 수신자는 이 구조에서 벗어나있는 요소이며, 그는 우연하게 한 채널을 알게 되어 그 채널을 통해 전달된 정보를 수신할 뿐이다. 이러한 특징들은 충실함과 정보의 흐름, 두 가지 의도에 가장 좋은 형식이다. 매우 적고 매우 간단하며 매우 획일화된 코드를 이용해 정보를 송출하고, 모든 사람은 이 코드를 언제 어디서나 해독할 수 있기 때문에 정보 자체가 송신자가 원하는 코드 그대로 보존된다. 또한 수신자는 이 구조에서 벗어나 있는 요소이기 때문에 수신자를 송신자로 전환시키는 것이 필요 없게 된다.

3. 대화형 커뮤니케이션

(1) 의의

담론 구조는 먼저 대화에 대한 환기가 이루어져야 그 성공 여부가 판가름 나게 되며 가장 가까운 미래를 위해 예측이 가능하다. 대화는 다양하게 존재하는 정보를 새로운 정보로 합성하는 방법이다. 대화의 방법에는 브레인스토밍이나 집단이 지니고 있는 역학적인 성질을 파악하고 이를 통제, 활용하여 생산성을 높이는 그룹다이내믹스 등이 있다. 그러나 특이하게도 인간 커뮤니케이션을 결정적으로 체계화하는 대화 구조는 원형과 망형 두 가지 뿐이다.

(2) 원형 대화

원형 대화는 원탁의 구조를 가지고 있으며 이는 위원회, 실험실, 회의, 의회 등이며 대화에 참여한 사람들의 기억 속에 저장된 정보의 공통분모를 발견하는 것이다. 그러나 개별 사람들의 능력이 다르듯이 가지고 있는 정보의 양이나 정보를 저장하는데 사용한 코드, 그리고 의식수준과 관련되어서도 차이가 난다. 따라서 그들이 추구하는 '공통분모'는 실제로 대화 이전에 이미 모든 참가자가 가지고 있는 공통된 기본 정보가 아니라, 하나의 합, 곧 새로운 정보라고 볼 수 있다. 원형 대화의 기본적인 문제는 참가자들의 숫자에 있다. 원형 대화는 극장형 담론과 같이 폐쇄적인 구성이며, 이는 일종의 엘리트 커뮤니케이션 형식이라고 볼 수 있다. 또한 참가자들의 제한적인 숫자는 파급력이 약하다는 단점을 지닌다. 그러나 플루서는 원형 대화가 성공할 경우, 이는 인간의 능력으로 도달할 수 있는 최고의 커뮤니케이션 형식 중 하나라고 보고 있다.

(3) **망형 대화**

망형 대화는 분산적인 형태를 띠고 있으며 여타의 모든 인간 커뮤니케이션 형식을 뒷받침해주고 종국에는 인간이 완성시킨 모든 정보를 수용하는 기본망을 형성한다. 여기에는 잡담, 수다, 욕설, 소문의 확산이 그 예이다. 이 구조에서는 모든 사람이 송신자인 동시에 수신자이기도 하다. 앞의 원형대화가 폐쇄 회로의 성격을 지니고 있었다면 망형 대화는 열린 회로, 개방된 체계이다. 인류는 오래전부터 망형대화가 모든 커뮤니케이션의 토대이고, 이 대화를 통해 죽음에 저항한 인간적 참여의 기초를 형성한다는 사실을 알고 있었다. 현대 시대로 들어와서 이러한 망형 대화는 인터넷을 통해 그 범위가 확산되었다.

4. 정리

플루서는 극장형 담론과 원형 대화는 더 이상 제대로 작동할 수 없는 것처럼 보이며, 위기에 빠져있다고 보았다. 또한 피라미드형 담론은 우리가 한 세대 전에 극복했다는 인상을 가졌음에도 불구하고 여전히 중요한 커뮤니케이션 형식이다. 나무형 담론은 좌중을 압도한 것처럼 보이나 이를 의심하게 하는 과정들이 나타난다고 하였다. 남은 것은 원형극장형 담론과 망형 대화인데, 이는 서로의 협연, 즉 대중매체와 합의의 동시화와 합의를 통해 세계의 코드가 전환되고 새로운 존재 형식이 나타난다고 보았다. 특히 이 코드의 전환은 나무형 담론으로부터 시작되는 엘리트적이고 특수화된 코드가 스테레오타입의 코드로 변했으며, 우리가 이를 알고 코드를 재창조하기 위해서는 코드의 원리를 알 필요가 있다고 말한다.

기출문제

다음 학자들이 제시한 핵심 개념으로 틀린 것은? [2021]

① 시몽동(Gilbert Simondon) – 인간 기계 앙상블
② 비릴리오(Paul Virilio) – 피크노렙시
③ 키틀러(Friedrich Kittler) – 정보 기계
④ 플루서(Vilem Flusser) – 엘리트 기만

정답 ④

해설 플루서는 담론형 커뮤니케이션은 정보의 손실을 제한할 수 있지만 엘리트주의적 개입이 크고, 대화형 커뮤니케이션은 송수신자 간의 경계 없이 해석과 개입이 가능하나 대중적 기만에 노출되어 있다고 본다. 대중적 기만을 엘리트 기만으로 바꿔서 틀린 선지로 한 것으로 보인다.

Ⅲ 속도의 시대: 비릴리오

1 의의

① 탈문자시대의 기술적 이미지, 즉 영상문화에 대한 플루서의 비판적 입장은 비릴리오에게 와서 더욱 강력히 나타난다.

② 그의 견해는 이전과 다른 새로운 기술이 새로운 지각방식과 세계질서를 만들지만 결국 파국적인 변화를 필연적으로 가져올 수밖에 없다는 것이다.

③ 이러한 새로운 기술에 대한 비판적 관점은 '속도'와 '정치'의 결합이 가져올 파괴력에 대해 강조하고 있는 그의 주저 「속도와 정치」와 피크노렙시, 기억 부재증 혹은 빈번한 중단의 용어를 바탕으로 속도의 가속화가 낳은 기술문명에 대한 비판과 사라지는 것들에 대한 관심을 표명하고 있는 「소멸의 미학」에서 일관되게 유지되고 있다.

생각넓히기 | 속도의 네 가지 양태

(1) 비릴리오에게 속도는 모든 동물의 생존, 그리고 종의 보존을 위한 경쟁에 필수적인 요소다. 포식동물의 위협에서 벗어나기 위해 빨리 달려야 했던 태곳적부터, 적군의 동향을 앞서 포착해 기습할 수 있는 기동력을 갖춰야 했던 시기, 타인보다 더 많은 정보를 빨리 수집하고 활용해야 성공을 거둘 수 있는 오늘날에 이르기까지 이 사실은 변하지 않았다. 인류는 끊임없이 자신의 속도를 가속화해왔고 이로써 역사적으로 네 가지 양태의 속도가 등장한다.

(2) 먼저 '생체(혹은 동물적) 속도'와 '기술적 속도'가 있다. 생체 속도는 인간의 생리적 특성(가령 근육의 단련, 반사 신경 정도)이나 심리적 특성(감정, 정서 등)에 의해 제한된다. 이런 한계를 인공적으로 보완하는 과정에서 인류가 획득한 것이 기술적 속도인데, 이 속도는 기계적 속도와 시청각 속도로 나뉜다. 전자를 가능케 한 것은 자동구동(동력) 장치의 발명이며, 후자를 가능케 한 것은 전자기파의 발견이다. 전자는 운송 혹은 이동 수단으로서의 인간이나 동물을 대체했으며(가장 상징적인 것으로는 자동차가 있다), 후자는 인간의 감각 기관을 대체했다. 가령 원격-청각으로서의 라디오와 원격-시각으로서의 텔레비전, 그리고 그 종합이자 결정체로서의 인터넷 혹은 가상현실이 이에 해당한다.

(3) 비릴리오는 속도의 역사에서 일어난 세 가지 혁명을 언급한 적이 있는데, 그 중 18세기 중반부터 시작된 첫 번째 혁명인 '운송 혁명'(흔히 '산업 혁명'으로 알려진 그 혁명)을 통해 비로소 인류에게 기술적 속도의 신세계가 펼쳐진다. 그러나 한 번 가속화된 속도는 멈추기보다는 한층 더 가속화돼, 19세기 말부터는 두 번째 혁명인 '전송 혁명'이 일어나고, 20세기 중반에 이르러서는 세 번째 혁명인 '이식 혁명'이 본격화된다. 운송 혁명이 속도의 가속화의 본격적인 개시(기계적 속도의 획득)를 알렸다면, 전송 혁명은 이제 인류가 절대적 속도, 즉 빛의 속도에 근접하게 됐음(시청각 속도의 획득)을 보여준다(이론적으로, 진공 상태에서 전자기파의 속도와 빛의 속도는 동일하다).

(4) 비릴리오가 말하길, 인간이 빛의 속도에 근접했다는 것은 신의 세 가지 속성인 편재성, 동시성, 즉각성을 획득했다는 것과 같다. 그러나 인류는 신의 영역에 근접한 데 만족하지 않고 마지막 혁명인 이식 혁명을 통해 생체 속도와 기술적 속도를 융합하기 시작한다. 이로써 생체-기계적 속도와 생체-시청각 속도가 등장하게 되는데, 이 두 속도는 아예 빛의 속도를 인간에게 '이식'하는 것을 가능케 해줬다. 바야흐로 인류는 이 두 속도를 통해 신 자체가 되려고 하는 중이라는 것이다.

[예상문제]

비릴리오의 기술적 속도에 대한 설명으로 틀린 것은?

① 기술적 속도는 인간의 생리적 특성(가령 근육의 단련, 반사 신경 정도)이나 심리적 특성(감정, 정서 등)에 의해 제한된다.
② 기계적 속도는 자동구동(동력) 장치의 발명에 의해 가능해졌다.
③ 시청각 속도는 전자기파의 발견에 의해 가능해졌다.
④ 라디오, 텔레비전, 인터넷, 가상현실 등은 시청각 속도가 인간의 감각기관을 대체한 예라고 할 수 있다.

정답 ①

해설 비릴리오에게 속도는 모든 동물의 생존, 그리고 종의 보존을 위한 경쟁에 필수적인 요소이다. 비릴리오는 속도를 생체(동물적) 속도와 기술적 속도로 구분하고, 기술적 속도는 다시 기계적 속도와 시청각 속도로 구분된다. 인간의 생리적 특성이나 심리적 특성에 의해 제한되는 것은 생체 속도이다.

비릴리오에 의하면 인간은 빛의 속도에 근접하면서 신의 세 가지 속성을 획득하게 된다. 여기서 말하는 신의 세 가지 속성으로 볼 수 없는 것은?

① 순간성
② 즉각성
③ 편재성
④ 무한성

정답 ④

해설 속도와 관련된 신의 속성은 순간성, 즉각성, 편재성이다. 비가시적인 초월적 속도로, 즉 인간의 시감각적 인지능력의 한계 안에서는 이미 속도라고 말할 수도 없는 속도로 즉각적으로 도처에서 동시에 현현한다. 참고로 편재성(Ubiquity)은 즉가적으로 도처에서 동시에 존재할 수 있다는 말이다.

2 이식혁명

① 비릴리오는 속도의 혁명이 이행되는 과정을 1차 혁명인 운송혁명(이동수단의 진보), 2차 혁명인 전자매체의 혁명(통신기술의 진보), 그리고 3차 혁명인 이식혁명으로 설명한다.

② 이식혁명 단계는 속도와 시각에 대한 지향이 궁극적으로 도달하는 지점이자, 인간의 신체와 기술을 구분해 주었던 경계가 거의 붕괴한 상황을 뜻한다. 다시 말해 기술 향상으로 인해 신체 일부분을 소형화된 기계 장치로 대체할 수 있게 된 단계이다.

③ 비릴리오는 이러한 극소기계가 삽입된 인간의 신체는 속도에 동화되어 인간의식의 주체성이 사라진 채 신체 내부의 식민화를 야기할 것이라고 경고한다. 속도와 시각에 대한 기술적 경도는 급기야 육체의 정복까지 달성하면서 외부 세계의 종말과 함께 인간 존재 자체도 부정된다.

[예상문제]

다음을 주장한 연구자의 이름으로 옳은 것은?

> 극소기계가 삽입된 인간의 신체는 속도에 동화되어 인간의식의 주체성이 사라진 채 신체 내부의 식민화를 야기할 것이라고 경고한다. 속도와 시각에 대한 기술적 경도는 급기야 육체의 정복까지 달성하면서 외부 세계의 종말과 함께 인간 존재 자체도 부정된다.

① Zygmunt Bauman ② Paul Virilio

③ Norbert Bolz ④ Fredric Jameson

정답 ②

해설 비릴리오는 속도의 혁명이 이행되는 과정을 1차 혁명인 운송혁명(이동수단의 진보), 2차 혁명인 전자매체의 혁명(통신기술의 진보), 그리고 3차 혁명인 이식혁명으로 설명한다. 이식혁명 단계는 속도와 시각에 대한 지향이 궁극적으로 도달하는 지점이자, 인간의 신체와 기술을 구분해 주었던 경계가 거의 붕괴한 상황을 뜻한다. 다시 말해 기술 향상으로 인해 신체 일부분을 소형화된 기계 장치로 대체할 수 있게 된 단계이다. 비릴리오는 이러한 극소기계가 삽입된 인간의 신체는 속도에 동화되어 인간의식의 주체성이 사라진 채 신체 내부의 식민화를 야기할 것이라고 경고한다. 속도와 시각에 대한 기술적 경도는 급기야 육체의 정복까지 달성하면서 외부 세계의 종말과 함께 인간 존재 자체도 부정된다.

3 피크노렙시와 드로몰로지

(1) 피크노렙시(picnolepsie)

① 빈번한, 자주를 뜻하는 피크노스와 발작을 뜻하는 렙시스의 합성어로 '자주 일어나는 신경 발작'이라는 의미이다.

② 피크노렙시는 개인의 의식 차원뿐 아니라 사회 각 분야에 일어나는 현상을 조명하므로 빈번한 중단, 사고, 장애, 시스템 오류 등의 다양한 함의를 갖게 된다.

③ 비릴리오의 피크노렙시를 한 마디로 정의하자면, '기억 부재증'이다. 이러한 상태는 '감각은 깨어 있더라도 외부로 향한 느낌은 닫혀 있는 상태'로 정의될 수 있다.

④ 이와 같은 기억 부재의 상태에서 우리는 연속적인 시간으로부터 벗어날 수 있다. 기억 부재의 상태에서는 연속적인 시간으로부터 벗어나 체험한 시간으로부터 사물을 뜯어내어, 사물을 느끼는 시간을 속도로 바꾸는 것이 가능하다.

⑤ 점차 빠른 속도로 질주하는 시간전쟁에서 벗어나 매개적 시간의 불안정한 구조에 의해 다른 누구의 시간도 아닌 나만의 시간을 살 수 있도록 한다.

핵심정리

(1) 드로모크라티(dromocratie, 질주정치)
드로모크라티는 절대적 속도에 다다른 권력을 정점으로 사회의 모든 계급적 질서가 짜여진 세계, 즉 속도의 위계질서가 확립된 정치체제이다.

(2) 디지털 속도 시스템
체감되지 않을 정도로 빠른 속도 때문에 시간적 차원이 아니라 공간적 차원으로 전화한 디지털 정보 환경을 의미한다.

(3) 테크노 디스토피아
기계문명 속도에 쫓겨 자본 축적을 위해 톱니바퀴 도구로 전락한 인간의 암울한 모습을 의미한다.

[예상문제]

피크노렙시(pyknolepsy)에 대한 설명으로 틀린 것은?

① 빈번한, 자주를 뜻하는 피크노스와 발작을 뜻하는 렙시스의 합성어로 '자주 일어나는 신경발작'이라는 의미이다.
② 피크노렙시는 개인의 의식 차원뿐 아니라 사회 각 분야에 일어나는 현상을 조명하므로 빈번한 중단, 사고, 장애, 시스템 오류 등의 다양한 함의를 갖게 된다.
③ 피크노렙시를 한 마디로 정의하자면, '기억 부재증'인데, 이러한 상태는 '무감각한 상태가 되어 외부로 향한 느낌은 닫혀 있는 상태'로 정의될 수 있다.
④ 기억 부재의 상태에서는 연속적인 시간으로부터 벗어나 체험한 시간으로부터 사물을 뜯어내어, 사물을 느끼는 시간을 속도로 바꾸는 것이 가능하다.

정답 ③

해설 비릴리오의 피크노렙시를 한 마디로 정의하자면, '기억 부재증'이다. 이러한 상태는 '감각은 깨어 있더라도 외부로 향한 느낌은 닫혀 있는 상태'로 정의될 수 있다. 이와 같은 기억 부재의 상태에서 우리는 연속적인 시간으로부터 벗어날 수 있다.

폴 비릴리오의 피크노렙시에 대한 설명으로 옳은 것은?

① 기계문명 속도에 쫓겨 자본 축적을 위해 톱니바퀴 도구로 전락한 인간의 암울한 모습을 의미한다.
② 절대적 속도로 인해 다다른 권력을 정점으로 사회의 모든 계급적 위계질서가 확립된 세계를 의미한다.
③ 체감되지 않을 정도로 빠른 속도 때문에 시간적 차원이 아니라 공간적 차원으로 전화한 디지털 정보 환경을 의미한다.
④ 무한 가속도로 질주하는 드로몰로지 세계 안에서 정상적인 흐름이 끊기는 빈번한 중단, 사고, 장애, 시스템 오류 등 현상을 의미한다.

정답 ④

해설 ① 테크노 디스토피아에 대한 설명이다.
② 드로모크라티(dromocratie, 질주정치)에 대한 설명이다.
③ 디지털 속도 시스템에 대한 설명이다.

(2) 드로몰로지(Dromology, 질주학)

① 의의

㉠ 비릴리오는 기계의 속도로부터 전기의 속도, 전자의 속도까지 전체 인류에 역사적인 변화를 가져오는 속도를 정의함은 물론 역사적으로 속도가 어떻게 창출되어 왔는지에 대해 주목하였다.

㉡ 비릴리오는 19세기 교통혁명과 20세기 광속의 전자미디어의 혁명 그리고 미래의 이식 혁명 등 3대 속도혁명으로 속도의 다양한 질서들을 시대별로 구분하였다. 이동수단의 발전된 속도에 의해 실제적인 공간이 소멸하는데, 여기서의 소멸은 현상의 소멸이 아니라 개인의 자유 더 나아가 개인의 실존을 인식할 수 있는 의식의 소멸이다.

㉢ 비릴리오는 자신의 주요 저서인 「속도와 정치」에 '드로몰로지에 관한 시론'이라는 부제를 붙였다. 이 드로몰로지는 비릴리오 자신이 창안한 용어인데, 경주를 뜻하는 그리스어 드로모스(dromos)에서 유래한다. 비릴리오는 드로몰로지—속도의 논리이기 보다는 경주의 논리—를 현상들 간의 관계를 다루는 지식 체계 혹은 학문분야, 방법론적인 활동의 의미로 사용되고 있는 듯하다. 실제로 그는 오랜 기간 동안 이 새로운 학문과 자신의 사유관계를 규정하려고 했다.

② 질주정(dromocratie) 혁명

㉠ 비릴리오의 질주학은 속도의 생산과 진보가 어떻게 사회적 정치적 생활에 영향을 미치는가에 집중되는 경향이 있다. 그래서 비릴리오에게 질주정 혁명은 증기기관 등 속도를 생산하는 수단과, 오늘날 핵무기와 즉각적 통신의 형태를 포함한다. 질주정 혁명은 운송 수단과 전송 수단의 속도로 실현된다. 특히 그의 질주학은 속도를 가속화하고 증대시키는 수단들에 초점이 맞추어져 있다.

㉡ 그는 현대 사회가 가속화의 벽에 부딪혔다고 지적하면서 다음과 같은 견해를 밝힌다. "사회는 지금까지 운송과 전송의 속도가 끊임없이 가속화된다는 논리대로 발전해왔다. 각 시대가 이전의 시대에 비해 이룩한 진보는 새로운 기술 수단이 제공하는 전송의 가속화란 특성을 함축한다." 예컨대 비행기의 속도는 열차의 속도를 능가하고(공간의 확대), 디지털 데이터 전송은 그 이전의 기술이 달성한 전송속도를 앞지른다(시간의 축소).

㉢ 여기서 비릴리오의 분석은 현대 사회가 더 이상 가속화를 허용할 수 없는 임계점에 이른다는 것이다. 인터넷 또는 위성통신 시대에 정보를 전 세계로 즉각 전송할 수 있다면, 초음속 비행기가 곧 지구를 두 시간 정도에 횡단한다면, 앞으로 가속화란 진보가 불가능한 상황에 이르게 된다. 비릴리오는 이런 상황으로 인한 사고와 파국을 우려하는데, 이것이 바로 그가 가속화의 벽에 도달한 현대 사회가 제기하는 문제다.

기출문제

비릴리오의 드로몰로지(Dromology)에 대한 설명으로 틀린 것은? [2021]

① 비릴리오는 기계의 속도로부터 전기의 속도, 전자의 속도까지 전체 인류에 역사적인 변화를 가져오는 속도를 정의함은 물론 역사적으로 속도가 어떻게 창출되어 왔는지에 대해 주목하였다.
② 비릴리오는 19세기 교통혁명과 20세기 광속의 전자미디어의 혁명 그리고 미래의 이식 혁명 등 3대 속도혁명으로 속도의 다양한 질서들을 시대별로 구분하였다.
③ 이동수단의 발전된 속도에 의해 실제적인 공간이 소멸하는데, 여기서의 소멸은 현상의 소멸이 아니라 개인의 자유 더 나아가 개인의 실존을 인식할 수 있는 의식의 소멸이다.
④ 점차 빠른 속도로 질주하는 시간전쟁에서 벗어나 매개적 시간의 불안정한 구조에 의해 다른 누구의 시간도 아닌 나만의 시간을 살 수 있도록 한다.

정답 ④

해설 피크노렙시에 대한 설명이다. 비릴리오의 피크노렙시를 한 마디로 정의하자면, '기억 부재증'이다. 이러한 상태는 '감각은 깨어 있더라도 외부로 향한 느낌은 닫혀 있는 상태'로 정의될 수 있다. 이와 같은 기억 부재의 상태에서 우리는 연속적인 시간으로부터 벗어날 수 있다. 기억 부재의 상태에서는 연속적인 시간으로부터 벗어나 체험한 시간으로부터 사물을 뜯어내어, 사물을 느끼는 시간을 속도로 바꾸는 것이 가능하다.

예상문제

비릴리오의 드로몰로지(Dromology)에 대한 설명으로 틀린 것은?

① 경주를 뜻하는 그리스어 드로모스(dromos)에서 유래한다.
② 속도를 가속화하고 증대시키는 수단들에 초점이 맞추어져 있다.
③ 증기기관 등 속도를 생산하는 수단과, 오늘날 핵무기와 즉각적 통신의 형태를 포함한다.
④ 연속적인 시간으로부터 벗어나 체험한 시간으로부터 사물을 뜯어내어, 사물을 느끼는 시간을 속도로 바꾸는 것이 가능하다.

정답 ④

해설 비릴리오의 피크노렙시를 한 마디로 정의하자면, '기억 부재증'이다. 이러한 상태는 '감각은 깨어 있더라도 외부로 향한 느낌은 닫혀 있는 상태'로 정의될 수 있다. 이와 같은 기억 부재의 상태에서 우리는 연속적인 시간으로부터 벗어날 수 있다. 기억 부재의 상태에서는 연속적인 시간으로부터 벗어나 체험한 시간으로부터 사물을 뜯어내어, 사물을 느끼는 시간을 속도로 바꾸는 것이 가능하다.

4 시대마다 각기 다른 형태의 이미지들

① 비릴리오는 시대마다 각기 다른 형태의 이미지들을 논리적 측면에서 세 단계로 구분한다. 즉 '형식논리'의 시대, '변증법적 논리'의 시대 그리고 '모순의 논리'가 작동하는 시대가 그것이다.
② 구체적으로 보면, 18세기까지의 이미지는 '형식 논리'에 근거한 것으로서 회화, 수예, 건축 등을 들 수 있고, 19세기까지의 이미지는 '변증법적 논리'에 기초한 것으로서 사진, 영화, 포토그램 등이 대표적이다. 그 이후 20세기 말에 이르러 근대의 종말과 함께 공적인 이미지의

모순적 논리가 완성되는데, 이 시기는 비디오, 컴퓨터, 홀로그래피의 발명과 함께 '모순의 논리'가 시작된 시점이다.

③ 형식논리의 이미지가 '현실성'에 그리고 영화나 사진 등의 변증법적 논리는 '현재성'에 기반한다면, 홀로그램이나 비디오그램, 디지털 코드에 의해 창조되는 이미지는 '잠재성'에 기반한 논리적 모순을 만들어낸다. 논리적 모순은 기본적으로 사물이라는 실재 대상이 없이도 이미지가 존재할 수 있다는 것, 혹은 축구 경기장 내의 관람 행위를 TV 중계방송의 시청자가 대체하듯이 원격행위가 현존을 대체하는 것을 말한다.

생각넓히기 |

잠재성은 가능성과는 달리 현실적인 것을 가능케 하며 그것을 정초하는 토대가 되는 동시에 현실적인 것의 차이를 낳는 것으로서 제시된다. 들뢰즈는 현실적인 것과 잠재적인 것을 묶어 실재적인 것이라고 이름붙이고, 가능적인 것을 현실적인 것과 닮았지만 실재하지 않는 것으로 규정하며 잠재적인 것과 가능적인 것을 구분한다.

5 '모순의 논리'가 작동하는 새로운 전자정보매체의 혁명과 세계질서의 변화

(1) 의의

① '모순의 논리'가 작동하는 새로운 전자정보매체의 혁명과 세계질서의 변화에 대해 비릴리오는 '속도'라는 범주로 접근한다.

② 성의 정치학을 설파했던 빌헬름 라이시(Wilhelm Reich)가 "당신은 몸을 가지고 있지 않다. 당신 자신이 바로 몸이니까!"라고 외쳤다면 비릴리오는 "당신은 속도를 갖고 있지 않다. 당신이 바로 속도니까!"라고 응수한다.

③ 전자정보매체는 빛의 속도로까지 발전함으로써 '지금 여기'라는 시간과 공간의 일상적인 지각의 속도를 넘어서며 신체적 감각의 거리에서 벗어나게 하고 있다는 것이 비릴리오의 입장이다.

(2) '사라짐의 미학'과 디지털 이미지 혹은 가상현실과 현실 간의 혼합 · 혼동

① 의의

광속의 매체는 오늘날 인간이 생활하고 있는 물질적 현실에 대한 새로운 관계를 구성한다. 기본적으로 '모순의 논리'에 기반하는 전자 정보 시대의 이 새로운 관계는 두 가지 측면에서 포착되는데, 하나가 TV와 영화 등의 영상 매체 이용에서 나타나는 '사라짐의 미학'과 연관된다면 다른 하나는 디지털 이미지 혹은 가상현실과 현실 간의 혼합 · 혼동의 문제와 연관된다.

② 사라짐의 미학

㉠ 시각기계의 핵심은 눈을 대신하는 것이 아니라 눈을 멀게 만드는 것에 있다. 즉 절대 속도에 의존하는 시각 매체, 즉 시각기계(Vision machine)는 인간의 눈을 멀게 만들 뿐 아니라 현실에 대한 마비감과 비현실감을 강화한다. 그 이유는 매체기술의 발전으로 인해 '여기 지금'이라는 시공간적 물질세계의 현존성이 효과적으로 제거되거나 망각되기 때문이다.

㉡ 예컨대, 미국의 대 이라크 전, 아프리카의 기아와 사망, 중국과 인도네시아의 천재지변 등으로 인한 대량참사는 TV생중계와 반복되는 동일한 자료 화면으로 인해 뉴스 특종거리거나 흔히 있는 일로 치부된다. 즉 현실감의 마비 증세가 광속의 매체 기술에 의해 더욱 심각해지는 것이다.

㉢ 어머니와 아버지의 등과 같이 느린 운반체일수록 폭력과 전쟁을 지연시키고, 결국 속도의 승리는 인간에 대항하는 폭력으로 변할 수밖에 없다는 것이 비릴리오의 입장이다. 요컨대, 맥루한이 매체는 인간 몸의 확장이라고 단언했지만, 비릴리오에게 매체기술은 인간의 현실 지각능력을 사라지게 만드는 것이다.

③ 디지털 이미지 혹은 가상현실과 현실 간의 혼합 · 혼동

한편, 디지털 이미지나 가상현실을 사실적인 것으로 오인하는 것이다. 즉 디지털 이미지가 가리키는 실재 대상 혹은 사물이 부재함에도 불구하고, 인터넷 이용자와 디지털 시뮬레이션 게임 참여자들은 그 이미지를 실재하는 것으로 착각할 수 있다. '모순의 논리'가 작동하는 전자정보시대, 즉 탈문자시대에서 인간은 매체 유형에 따른 '속도의 변조와 조정'에 의해 실재와 가상의 경계를 혼합하거나 혼동할 수밖에 없다는 부정적 결론이 도출된다.

[예상문제]

비릴리오의 사상에 대한 설명으로 틀린 것은?

① 시대마다 각기 다른 형태의 이미지들을 논리적 측면에서 세 단계로 구분하는 데, 형식논리의 시대, 변증법적 논리의 시대, 모순의 논리가 작동하는 시대가 그것이다.

② 형식논리의 이미지가 현실성에 그리고 영화나 사진 등의 변증법적 논리는 잠재성에 기반한다면, 홀로그램이나 비디오그램, 디지털 코드에 의해 창조되는 이미지는 현재성에 논리적 모순을 만들어낸다.

③ 논리적 모순은 기본적으로 사물이라는 실재 대상이 없이도 이미지가 존재할 수 있다는 것, 원격행위가 현존을 대체하는 것을 말한다.

④ 모순의 논리가 작동하는 새로운 전자정보매체의 혁명과 세계질서의 변화에 대해 비릴리오는 속도라는 범주로 접근한다.

정답 ②

해설 형식논리의 이미지가 현실성에 그리고 영화나 사진 등의 변증법적 논리는 현재성에 기반한다면, 홀로그램이나 비디오그램, 디지털 코드에 의해 창조되는 이미지는 잠재성에 논리적 모순을 만들어낸다.

비릴리오의 입장에 대한 설명으로 틀린 것은?

① 18세기까지의 이미지는 '형식 논리'에 근거한 것으로서 회화, 수예, 건축 등을 들 수 있다.

② 19세기까지의 이미지는 '변증법적 논리'에 기초한 것으로서 사진, 영화, 포토그램 등이 대표적이다.

③ 20세기 말에 이르러 근대의 종말과 함께 공적인 이미지의 모순적 논리가 완성되는데, 이 시기는 비디오, 컴퓨터, 홀로그래피의 발명과 함께 '모순의 논리'가 시작된 시점이다.

④ 형식논리의 이미지가 '현재성'에 그리고 영화나 사진 등의 변증법적 논리는 '현실성'에 기반한다면, 홀로그램이나 비디오그램, 디지털 코드에 의해 창조되는 이미지는 '잠재성'에 기반한 논리적 모순을 만들어낸다.

정답 ④

해설 형식논리의 이미지가 '현실성'에 그리고 영화나 사진 등의 변증법적 논리는 '현재성'에 기반한다면, 홀로그램이나 비디오그램, 디지털 코드에 의해 창조되는 이미지는 '잠재성'에 기반한 논리적 모순을 만들어낸다. 논리적 모순은 기본적으로 사물이라는 실재 대상이 없이도 이미지가 존재할 수 있다는 것, 혹은 축구 경기장 내의 관람 행위를 TV 중계방송의 시청자가 대체하듯이 원격행위가 현존을 대체하는 것을 말한다.

6 비릴리오에 대한 평가

① 영국의 사회학자 닉 스티븐슨은, "그가 공공연하게 드러내는 기술 공포증이야말로 비릴리오의 접근법에서 가장 두드러진 한계"라고 지적하며 비릴리오의 주장은 "기술의 전체주의적 야망에 저항할 수 있는 유일한 방법은 기술에 대한 금욕밖에 없다"는 식으로 들린다고 비판하고 있다. 또한 스티븐슨은 시각문화, 그리고 시각문화가 문자문화를 점진적으로 잠식하고 있는 상황을 다루는 비릴리오의 분석이 너무 피상적이라고 지적한다.

② 이에 대해 「속도와 정치」의 서문을 쓴 존 아미티지는 기본적으로 비릴리오를 옹호하는 입장을 편다. 이를테면, 비릴리오가 기술 공포증과 같은 비관주의적 입장에 치우치기보다는 원격통신 기술이나 핵에너지 등의 절대적 속도와 힘 같은 전 세계적 차원의 문제에 관심을 갖고 있다는 점, 또한 문자문화의 파괴와 시각문화를 음울하게 접근하는 비릴리오의 묘사는 속도가 가져온 과학문화를 총체적으로 비판하고자 하는 신념에서 비롯된 것이라는 점이 그것이다.

③ 그럼에도 불구하고 아미티지 역시 비릴리오의 미디어 문화에 대한 기술 공포증에 대해서는 비판적 입장이다. 비릴리오의 저작들이 동시대의 기술과 미디어 문화의 부정적 측면뿐 아니라 긍정적 측면까지도 모두 인정하는 것은 사실이다. 하지만, 비릴리오가 자신의 정치이론을 펴면서 현대 기술이 제공해준 영상문화의 새로운 가능성에 대해 긍정적인 측면보다는 부정적 입장에 더 치우치고 있기 때문이다.

Theme

61 뉴미디어와 소셜 미디어

I 뉴미디어의 이해

① 기존 미디어에 새로운 정보처리 및 정보 전달기술이 부분적으로 융합되어 독립적으로 존재하면서 기능을 발휘하던 기존 매체가 다른 매체나 다양한 매체들의 기술적 특성의 일부나 아주 새로운 기술과 결합하여 개별 미디어의 상호 경계 영역에 위치해 보다 편리하고 진보된 새로운 기능을 갖게 되는 미디어이다.

② 전자기술발전으로 정보교환 및 통신수단이 지배적 대중매체가 되는 미디어가 출현한다.

II 텔레마틱스(telematics) 혹은 컴퓨티케이션(computication)

① 텔레마틱스(telematics) 혹은 컴퓨티케이션(computication)현상과 같이 컴퓨터와 정보 통신기술이 결합된 새로운 형태의 커뮤니케이션 기술이나 이들 기술을 기반으로 하는 새로운 사회환경이 도래하였다.

② 텔레마틱스(telematics)는 프랑스 시몽 노라(Simon Nora)와 알랭 밍크(Alain Minc)가 처음으로 사용한 용어로 컴퓨터와 원거리 통신이 결합된 현상이다.

③ 컴퓨티케이션(computication)은 안토니 웨팅거(Anthony Oettinger)가 컴퓨터와 커뮤니케이션이라는 용어를 결합시켜 만든 용어로서 디지털 부호에 의하여 컴퓨터, 전화, 텔레비전이 결합됨으로써 발생하는 새로운 정보전달 현상이다.

[예상문제]

뉴미디어에 대한 설명으로 틀린 것은?

① 기존의 미디어에 새로운 정보처리 및 정보 전달 기술이 융합되어 새로운 기능을 갖게 되는 미디어이다.
② 전자 기술 발전으로 정보 교환과 통신 수단이 지배적 대중매체가 되는 미디어가 출현하였다.
③ 텔레마틱스(telematics)는 시몽 노라(Simon Nora)와 그루신(Richard Grusin)이 처음으로 사용한 용어로 컴퓨터와 원거리 통신이 결합된 현상이다.
④ 컴퓨티케이션(computication)은 안토니 웨팅거(Anthony Oettinger)가 컴퓨터와 커뮤니케이션을 결합시켜 만든 용어로서 디지털 부호에 의하여 컴퓨터, 전화, 텔레비전이 결합된 정보 전달 현상이다.

정답 ③

해설 텔레마틱스(telematics)는 시몽 노라(Simon Nora)와 알랭 밍크(Alain Minc)가 처음으로 사용한 용어이다.

Ⅲ 미디어의 발달 과정

1 제1기: 활자미디어 시대

최초로 정보 기록의 저장 · 전달이 가능해졌다.

2 제2기: 전파미디어 시대

거리와 시간을 초월한 정보전달이 가능해졌다.

3 제3기: 영상미디어 시대

음성 위주 정보전달에서 영상메시지 전달이 가능해졌다.

4 제4기: 뉴미디어 시대

기존의 미디어를 복합적으로 활용하는 것이 가능해졌다.

Ⅳ 뉴미디어의 특성

1 종합화(integration)

지금까지 개별 영역으로 존재했던 미디어들을 하나의 정보망으로 종합하고, 디지털화를 통하여 모든 매체를 하나의 매체로 통합 가능하게 함으로써 아날로그 시대에는 각기 개별적으로 존재했던 매체들이 디지털 시대에는 통합미디어, 즉 멀티미디어화 되는 것을 의미한다.

2 영상화(visualization)

문자, 음성, 음향, 영상 기호 등 다양한 정보형태들이 영상화된 정보전달 형태로 변화되어 하나의 디지털 단말기를 통해 다양한 종류의 신호와 정보를 용이하게 송 · 수신하고 이용이 가능하다.

3 상호작용성(interactivity)

압축 기술에 의해 채널 용량이 크게 증대됨으로써 리턴 채널(return channel) 설정이 가능하고 송·수신자 간 커뮤니케이션이 보다 활성화된 양방향 커뮤니케이션을 지원하는 송신자와 수용자, 메시지와 수용자 사이의 상호작용성이 크게 향상된다.

4 비동시화(asynchronocity)

수용자가 원하는 시간에 원하는 프로그램을 원하는 곳에서 이용하고, 수용자가 메시지를 적극적으로 선택할 수 있도록 제공하는 것으로 VOD(Video on Demand)나 PVR(Personal Video Recorder) 등이 이용된다.

5 탈대중화(demassified)

매스미디어가 이질·익명·다수의 대중을 상대로 하는 데 반해 뉴미디어는 다품종 소량주의, 특정 계층을 목표 수용자로 한다.

예상문제

전통적 매체와 구별되는 뉴미디어의 특성으로 볼 수 없는 것은?

① 종합화 ② 동시화
③ 탈대중화 ④ 상호작용성

정답 ②

해설 비동시화가 뉴미디어의 특징이다.

뉴미디어의 특성에 대한 설명으로 옳은 것은?

① 대중화(massified)는 매스미디어가 이질·익명·다수의 대중을 상대로 하는 것을 의미한다.
② 비동시화(asynchronocity)는 디지털 단말기를 통해 다양한 종류의 신호와 정보를 용이하게 송·수신하고 이용이 가능한 것을 말한다.
③ 종합화(integration)는 아날로그 시대에 개별적으로 존재했던 매체들이 멀티미디어화 되는 것을 의미한다.
④ 상호작용성(interactivity)은 수용자가 메시지를 적극적으로 선택할 수 있도록 제공하는 것을 의미한다.

정답 ③

해설 ① 대중화는 뉴미디어의 특성이 아니다. 오히려 뉴미디어는 탈대중화의 특성을 가진다.
② 비동시화는 수용자가 원하는 시간에 원하는 프로그램을 원하는 곳에서 이용하고, 수용자가 메시지를 적극적으로 선택할 수 있도록 제공하는 것을 의미한다.
④ 상호작용성은 압축기술에 의해 채널 용량이 크게 증대됨으로써 리턴 채널 설정이 가능하고 송·수신자 간 커뮤니케이션이 보다 활성화된 양방향 커뮤니케이션을 지원하는 것을 의미한다.

V 뉴미디어의 분류

1 정보형태를 기준으로 한 분류

(1) 문자계

전자신문, 전자사서함, 문자다중 TV방송, 문자라디오방송, 무선호출기 등

(2) 음성계

디지털오디오테이프(DAT), 오디오CD, 디지털라디오방송, AM스테레오방송, 문자라디오방송, 발신전용휴대전화(CT-2), 개인휴대전화(PCS), 위성개인휴대통신(GMPCS), 음성사서함전화서비스 등

(3) 영상계

비디오CD, 주문형비디오서비스(VOD), 저출력TV, 가입형TV, 다채널 마이크로웨이브방송(MMDS), 직접위성방송, HDTV, 디지털텔레비전, CATV, 비디오텍스, 원격영상회의, 정지화방송, 전자신문 등

(4) 멀티미디어계

디지털비디오디스크(DVD), 디지털종합케이블 TV 서비스망, 인터넷망, 미래공중육상이동통신 등

2 정보전달수단에 따른 분류

(1) 유선계

광통신, 케이블TV, 비디오텍스, 데이터베이스, 전자신문, 전자게시판, 팩스신문, 인터넷망, 주문형비디오서비스, 디지털종합케이블방송, LAN, VAN, ISDN 등

(2) 무선계

마이크로웨이브, 가입자 TV, 저출력 TV, 다채널마이크로웨이브방송(MMDS), 디지털라디오방송, 문자다중방송, 문자라디오방송, 차량이동전화, 셀룰러전화, 발신전용휴대전화(CT-2), 개인휴대통신(PCS), HDTV, 정지화방송, PCM방송, FAX방송, 화상회의, 코드데이터방송, 무선호출 등

(3) 위성계

직접위성방송(DBS), SMATV, VSAT네트워크이동통신, HDTV 등

(4) 패키지계

비디오텍스, 콤팩트디스크, 비디오카세트, 디지털오디오테이프(DAT), 디지털비디오디스크(DAD) 등

Theme

62 정보사회에서 인간의 연결과 고립

I 스마트 혁명: 이동성 확장과 연결성의 진화

① 이동성이 확장된 스마트폰으로 연결된 세상은 연결의 양적 확장은 물론 일상생활에 질적 변화를 가져왔다. 이러한 결과는 사람은 다른 사람과 연결됨을 추구한다는 것을 의미한다. 그리고 오늘날 모바일 환경은 특정 온라인 플랫폼에 로그인을 한 후에야 상대방과 연결됨을 확인할 수 있었던 PC 환경과 달리 항시 연결되어 있음을 전제로 한다는 점에서 연결성이 진화하였으며, 이로 인해 오프라인 생활공간과 온라인 생활공간의 경계는 더욱 모호해졌다.

② 스마트폰으로 촉발된 스마트 혁명은 사람과 사람의 연결만을 도운 건 아니다. 사람과 정보의 연결에도 상당 부분 기여했다. 날씨나 미세 먼지를 확인하기 쉬워졌고, 길 찾기나 실시간 대중교통 정보 역시 손 안의 스마트폰으로 확인할 수 있게 됨으로써 일회성의 일상적 접촉 기회가 불필요해진 측면도 있다. 뉴스의 실시간 소비가 가능해졌고, 영화표나 기차표의 실시간 예매, 모바일 뱅킹 등이 가능해진 것 또한 피상적 대면 접촉을 감소시켰다. 한편 소셜 미디어는 개인이 포스팅한 일상과 생각, 사진, 정치적 의견 등 이용자 콘텐츠를 실시간으로 공유 하며 불특정 다수에게 확산시킨다.

Ⅱ 연결됨을 추구하는 관계적 인간

1 연결망의 확장

사람 사이의 연결은 다른 말로 사회관계의 형성을 의미한다. 인간은 문명이 발달하기 전부터 모여 살았다. 독일 사회학자 퇴니스는 인간은 본질적으로 생활이나 목적을 같이하는 이들과 공동체를 이루며, 그 예로 가족, 촌락 등이 있다고 제시했다. 이후 고전 사회학자 뒤르켐(Emile Durkheim)은 농경사회와 산업사회의 공동체의 특성을 살펴 사회적 관계, 즉 연결망이 확산하는 이유를 설명했다. 근대 이전의 사회에서는 가족 단위, 혹은 촌락 단위로 생활하며 자급자족이 가능했다. 따라서 마을 단위의 연결은 필요하지 않았다. 그러나 산업사회에서는 생활의 모든 영역이 분화되면서 상호의존성이 강해졌다. 마을 단위는 물론, 국가 단위의 연결이 증대되었고, 교통수단, 정보통신기술 등의 발달은 상호작용을 촉진시키며 연결망의 확장에 기여했다.

2 기계적 연대와 유기적 연대

뒤르켐은 동질성에 기초한 근대 이전의 공동체를 '기계적 연대', 필요에 따라 자발적으로 협동하는 공동체를 '유기적 연대'로 설명한다. 인터넷으로 연결된 정보사회는 물리적 공간뿐 아니라 가상의 공간에서도 연결을 가능하게 하면서 시공간의 장벽을 상당 부분 허물었고, 이로 인해 인간관계의 폭을 넓혔다. 개인의 생활 반경 내에서 대면 만남을 통해 사회적 관계를 형성할 수 있었던 과거와 달리 온라인 공간에서도 사회적 관계 형성이 가능해진 것이다. 예를 들면, 개인의 관심 분야를 매개로 인터넷 커뮤니티(가상공동체)에 가입하고 유사한 관심사를 가진 사람들과 상호작용할 수 있다. 온라인에서는 사회경제적 지위에 관한 단서가 없고 관계망 내에서도 중요하지 않기 때문에 수평적 인간관계가 형성된다. 온라인 공간에서만 관계를 유지할 수도 있고, 실제 오프라인 공간에서 대면 만남으로 확장할 수도 있다.

3 사회적 관계의 형성과 유지

① 한편 오프라인 공간에서 형성된 사회적 관계의 유지 방식도 온라인으로 확장된다. 온라인 공간은 바쁜 일상 속에서 자주 만나지 못하는 사람들에게 소통의 공간이 되어 상호작용의 빈도를 높인다. 서로 다른 공간에 있지만 즉각적으로 개인과 개인 또는 다수의 사람과 소통이 가능하며 실시간 소통뿐만 아니라 시차를 두고 게시판을 통해 소통하기도 한다. 그리고 현재는 음성, 텍스트, 이미지 위주의 소통을 넘어 화상 소통도 일상화되고 있다.

② 오프라인과 온라인의 중첩된 관계 유지 방식은 사회연결망의 특성으로 표현하면 강한 연결이다. 가족, 학교 친구, 동료 등이 이에 해당된다. 물리적 공간에서의 상호작용뿐 아니라 온라인 공간에서도 상호작용의 빈도를 증가시키기 때문이다. 온라인에서 형성된 관계가 오프라인 만남으로 이어지기도 하는데, 취미 기반의 온라인 커뮤니티나 지역 기반의 맘카페 등을 그 예로 들 수 있다. 한편, 사회적 관계가 온라인에서 형성되고 온라인으로만 관계를 유지하는 연결망은 관심사가 바뀌면 언제든지 관계를 쉽게 끊을 수 있는 약한 연결이다.

생각넓히기 | 사회연결망(social network)

관계적 인간관에 입각하여 인간 행위와 사회구조의 효과를 설명하려는 시도로, 사회학에서 개인, 집단, 사회의 관계를 네트워크로 파악하는 개념이다. 개인, 집단, 국가가 각각 하나의 노드(node)이며, 사회연결망은 각 노드들 간의 상호의존적인 관계(tie)에 의해 만들어지는 사회적 관계 구조를 의미한다. 행위자의 관계는 연결의 강도에 따라 강한 연결과 약한 연결로 구분하며, 강한 연결은 동질적 집단의 구성원 간 상호작용을 통해 '신뢰' 효과를 기대할 수 있고, 이질적 집단의 구성원 간 상호작용인 약한 연결은 '정보'의 효과를 기대할 수 있다.

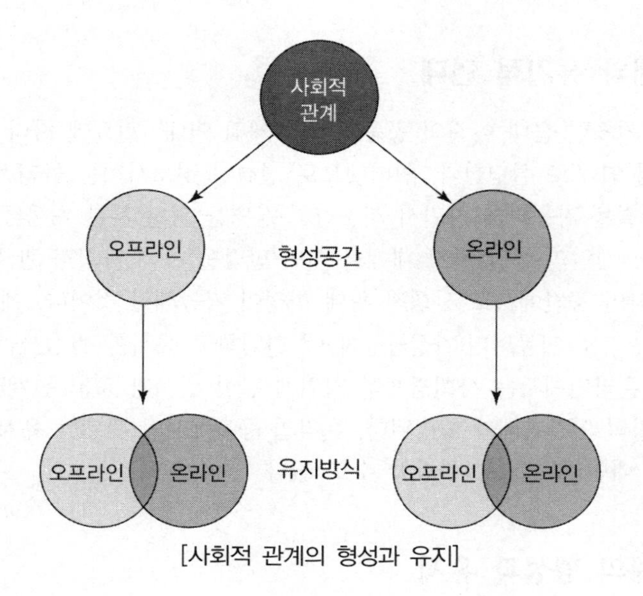

[사회적 관계의 형성과 유지]

Ⅲ 소셜 플랫폼

소셜 플랫폼은 인간의 연결하고자 하는 욕구를 충족시키는 서비스로, 소셜 네트워킹 서비스 또는 소셜 미디어로 불린다. 소셜 네트워킹 서비스는 1997년 서비스를 시작한 식스디그리즈닷컴(SixDegrees.com)이 시초이다. 1999년에는 국내의 싸이월드와 아이러브스쿨이 큰 인기를 끌었다. 이후로도 다양한 서비스가 생겼으며, 모바일 환경에 적응하지 못해 이용자가 빠져나가 조용히 사라진 서비스도 다수이다. 페이스북과 트위터는 각각 2004년과 2006년에 서비스를 시작해 오랜 기간 인기를 누리고 있는 대표적 소셜 미디어이다. 한편 모바일 기반 메신저도 많이 사용되고 있는데, 미국의 왓츠앱, 페이스북 메신저, 중국의 위챗, 일본의 라인 그리고 국내에서는 카카오톡이 개인과 개인, 개인과 집단의 연결을 돕고 있다.

생각넓히기 | 소셜 네트워킹 서비스(Social Network Service, SNS)

개인이 속한 준거집단이나 공통의 관심사를 매개로 개인 간의 사회적 관계를 유지하고 확장시키는 것을 용이하게 하는 서비스다. 2010년 이후로는 사회적 관계망 유지 및 확장의 기능에서 나아가 이용자가 스스로 콘텐츠를 생산하고 공유하여 공론화되는 미디어로서 역할을 조망받으며 소셜 미디어와 혼용되어 사용한다. 페이스북, 트위터, 인스타그램 등이 대표적이다.

Ⅳ 사회자본

1 의의

① 사회적 관계는 개인에게 유무형의 혜택을 준다. 소셜 미디어가 인기 있는 이유이다. 사회학자 퍼트넘(Putnam)은 사회자본을 서로에게 이익이 되고 협력을 용이하게 하는 네트워크나 규범, 신뢰와 같은 사회조직화의 특성으로 정의했다.

② 사회자본의 가장 큰 특징은 재화, 소득과 같이 형태가 있는 물적 자본이나 교육 수준과 같은 인간자본처럼 개인 내부에 체화된 것이 아니라는 점이다. 즉 사회자본은 개인이 아닌 관계에서 발생한다는 차이가 있다.

생각넓히기 | 사회자본(social capital)

사람들의 사회참여나 사회연결망에서 끌어낼 수 있는 자원을 말한다. 연결망 안에서 지속적인 상호작용은 신뢰와 규범을 발생시키며 결과적으로 사회적 거래비용을 감소시킨다. 따라서 연결망(network), 신뢰, 사회규범을 사회자본의 구성요소로 본다.

예상문제

퍼트넘(Putnam)의 정의(定義)를 따를 때 사회적 자본의 구성 요소로 틀린 것은?

① 신뢰
② 규범
③ 네트워크
④ 공유된 가치

정답 ④

해설 퍼트넘은 사회적 자본은 규범, 네트워크 및 신뢰의 세 가지 구성요소로 정의한다.

기출문제

퍼트넘의 사회자본에 대한 설명으로 틀린 것은? [2021]

① 사회자본은 사람들의 사회참여나 사회연결망을 끌어낼 수 있는 자원을 말한다.
② 퍼트넘은 사회자본은 규범, 네트워크 및 신뢰의 세 가지 구성요소로 정의한다.
③ 사회자본은 재화, 소득과 같이 형태가 있는 물적자본이 아니라 교육 수준과 같은 인간자본처럼 개인 내부에 체화된 자본이다.
④ 개인 수준에서 사회자본은 사회적 지지로 인한 정서적 효과와 자원, 정보 등의 도구적 효과로 요약할 수 있다.

정답 ③

해설 사회자본의 가장 큰 특징은 재화, 소득과 같이 형태가 있는 물적 자본이나 교육 수준과 같은 인간자본처럼 개인 내부에 체화된 것이 아니라 개인이 아닌 관계에서 발생한다.

2 개인 수준에서 사회자본

① 개인 수준에서 사회자본은 사회적 지지로 인한 정서적 효과와 자원, 정보 등의 도구적 효과로 요약할 수 있다.

② 도구적 효과는 사회적 관계를 통하여 다른 사람이 가진 자원을 동원하는 것이다. 예를 들어 의료 인공지능 기업의 관계자와 인터뷰할 일이 생겼다고 가정하자. 보통 인터넷으로 해당 기업을 검색하고 홈페이지에서 담당자를 찾고 인터뷰를 부탁할 것이다. 그러나 만약 의료 데이터센터에 종사하는 지인이 있을 경우, 연락을 취하면 해당 기업을 취사선택해 줄 수 있고, 알고 있는 담당자가 있다면 소개해 줄 수도 있다. 후자의 경우 시간을 상당히 줄일 수 있고, 해당 담당자가 인터뷰에 응할 가능성도 높다. 이외에도 희귀병에 관한 커뮤니티는 동병상련의 정서적 효과와 질병과 병원, 치료법 등에 정보 효과를 기대할 수 있는 사례이다.

3 인터넷이 사회자본에 미치는 영향

(1) 의의

사회학자 웰먼(Wellman)은 인터넷이 사회자본에 어떠한 영향을 미치는지에 대해 흥미로운 질문을 던졌다. 이 질문에 대해서는 3가지 시각이 있다.

(2) 사회자본 강화론

온라인 상호작용은 소통의 빈도를 증가시켜 서로를 더 잘 알게 하고, 음악이나 사진, 파일 등을 공유하면서 오프라인 관계를 증진시킨다는 것이다. 결과적으로 인터넷 사회자본의 증진은 개인 간의 만남과 조직 참여, 커뮤니티에 대한 헌신 등을 동반한다는 입장이다.

(3) 사회자본 축소론

시간이란 자원은 한정되어 있기 때문에 온라인에서 형성된 약한 연결은 증가할 수 있으나 가정에서의 상호작용이나 사회적-정치적 관여가 감소하리라는 입장이다.

(4) 사회자본 보완론

사회자본 보완론은 인터넷 사용이 사회자본의 증가나 감소 없이 오프라인 대인 관계를 보완한다는 입장이다. 연구자들은 실증분석 결과 온라인 상호작용이 대면 접촉이나 전화통화를 증가시키거나 감소시키지 않았으며 보완한다는 것을 발견했다.

(5) 결론

① 정리하면, 사람은 관계적 존재로서 연결을 추구한다. 정보통신기술의 발전은 이러한 인간의 욕구를 반영하듯 사회자본의 형성과 유지가 용이한 사회연결망 서비스를 내놓았고, 이로써 사회적 관계를 형성할 수 있는 공간이 확장되고, 유지할 수 있는 수단이 다양해졌다.

② 개인 수준에서 온오프라인 상호작용은 신뢰를 형성하고, 약한 연결인 온라인 상호작용에서는 정보를 얻는다. 온라인 커뮤니티를 통한 참여 네트워크는 사회적 수준에서의 효과로 나타나는데, 국내외의 정치적 사안이나 사회적 이슈와 관련된 촛불집회가 대표적이다.

[예상문제]

사회자본에 대한 설명으로 틀린 것은?

① 사회자본은 개인이 아닌 관계에서 발생한다는 차이가 있다.
② 퍼트넘은 사회자본은 규범, 네트워크 및 신뢰의 세 가지 구성요소로 정의한다.
③ 개인 수준에서 사회자본은 사회적 지지로 인한 정서적 효과와 자원, 정보 등의 도구적 효과를 가진다.
④ 사회자본 보완론은 인터넷 사용이 사회자본을 증가시켜 오프라인 대인 관계를 보완한다는 입장이다.

정답 ④

해설 사회자본 보완론은 인터넷 사용이 사회자본의 증가나 감소 없이 오프라인 대인 관계를 보완한다는 입장이다. 인터넷 사용이 사회자본을 증가시킨다는 입장은 사회자본 강화론이다.

V 정보사회에서 고립의 다면성

1 의의

① 정보사회는 인간이 정보 또는 타인과 연결하기 용이하게 만들었다. 그러나 모두가 연결의 혜택을 누리는 것은 아니다. 정보사회에서 인간은 고립되기도 하는데, 그 양상은 다양하다. 고립의 사전적 의미는 '다른 사람과 어울리어 사귀지 아니하거나 도움을 받지 못하여 외톨이로 됨'이다. 인터넷 활용 수준을 기준으로 사회로부터의 고립과 정보로부터의 고립 등 두 가지 차원으로 생각할 수 있다.

② 첫 번째 고립의 유형은 디지털 소외이다. 즉 인터넷을 이용하지 못해 발생하는 소외다. 이 유형에 속하는 사람들의 사회적 관계는 일상생활 반경 내로 제한된다는 점에서 정보사회 이전의 사회관계망과 다르지 않다. 중요한 점은 이들이 정보망 및 디지털 서비스에서 배제되어 사회적으로 고립될 수 있다는 점이다.

③ 두 번째 고립의 유형은 인터넷을 지나치게 사용하여 스스로를 고립시키는 디지털 과의존이다. 디지털 소외가 경제적 이유로 인터넷을 이용할 수 없거나 디지털 역량이 부족하여 비자발적 고립이 발생한 것이라면, 디지털 과의존은 스스로를 자발적으로 고립시킨다는 점에서 차이가 있다. 특정 온라인 행위나 정보에 중독된 혹은 지나치게 의존하는 사람들은 자신이 몰두하는 것 이외에 새로운 정보를 바라보는 관점과 시각이 좁아져 다른 정보망과 사회관계를 차단한다.

2 디지털 소외: 비자발적 고립

① 인터넷이 가능한 디지털 기기가 없거나, 있어도 사용방법을 모르는 정보취약 계층이 존재한다. 장애인, 저소득층, 고령층, 농어민, 북한이탈주민, 결혼이민자 등이 정보취약 계층에 포함된다. 이들은 사람과 정보, 사람과 사람, 사람과 사회 간의 연결이 가져다주는 혜택을 누리지 못한다. 그리고 그 결과는 디지털 소외로 나타난다.

② 디지털 소외는 비자발적 고립을 의미한다. 정보취약 계층은 디지털 기기를 사용하지 못함으로써 불편함을 겪고 나아가 불이익을 경험한다. 그리고 오프라인 서비스가 온라인으로 이동하는 시대에 디지털 서비스를 이용하지 못하는 것은 디지털로 전환된 사회에서 고립되는 결과를 낳는다.

3 디지털 과의존: 자발적 고립

(1) 의의

정보사회에서 고립의 또 다른 양상은 디지털 과의존이다. 예전에는 인터넷 중독, 스마트폰 중독이란 용어로 사용되었지만 현재 국내에서는 질병이라기보다는 지나치게 의존하는 문제적 행위에 초점을 두고 과의존이라는 용어를 사용한다.

(2) 성립 요소

① 한국지능정보사회진흥원에서는 디지털 과의존을 "과도한 스마트폰 이용으로 스마트폰에 대한 현저성이 증가하고, 이용 조절력이 감소하여 문제적 결과를 경험하는 상태"로 정의한다.

② 현저성(salience)이란 개인의 삶에서 스마트폰을 이용하는 생활 패턴이 다른 형태보다 두드러지고 가장 중요한 활동이 되는 것을 의미한다.

③ 조절실패(self-control failure)는 이용자의 주관적 목표 대비 스마트폰 이용에 대한 자율적 조절능력이 떨어지는 것을 의미한다.

④ 문제적 결과는 스마트폰 이용으로 인해 신체적-심리적-사회적으로 부정적인 결과를 경험함에도 불구하고 스마트폰을 지속적으로 이용하는 것을 말한다.

(3) 사례

① 디지털 과의존의 대표적인 예는 온라인게임이다. 현실과는 관련 없는 가상공간의 놀이이지만 실제 돈으로 아이템을 구입하여(현질) 캐릭터의 능력치를 상승시킨다. 경쟁하는 구도는 이기고자 하는 심리를 자극하여 게임을 자주 하고, 아이템을 많이 사도록 유도한다.

② 최근에는 소셜 미디어에 과의존하는 양상도 두드러지게 나타난다. 소셜 미디어가 이윤 창출이라는 특정 목적하에 이용자가 소셜 미디어에 오래 머물도록 설계된 측면이 있기 때문인데, 가령 친구의 '좋아요'나 '코멘트'는 즉각적으로 얻을 수 있는 보상이며, 이용자의 취

향을 파악하여 선호하는 정보를 추천하는 알고리즘이나 푸시, 태그 등은 이용자가 자주 사용하도록 디자인되었다. 그러나 소셜 미디어는 오프라인 사회적 관계의 연장선이란 점에서 과의존 상태임을 간과하기 쉽다.

(4) 특징

① 디지털 과의존은 디지털 소외와는 달리 자발적 고립이라는 특징이 있다.

② 디지털 과의존은 인터넷으로 인한 사회자본 축소론의 근거가 되는 사례라 할 수 있다. 즉, 인터넷 사용으로 인해 물리적 환경에 있는 주변인들과의 관계가 소홀해진다는 것이다. 온라인에서 맺어진 유대는 공통의 관심사로 연결된 동질적(homogeneous) 집단이기 때문에 새로운 정보를 바라보는 관점과 시각이 좁아진다는 특성이 있다.

③ 따라서 디지털 과의존은 특정 콘텐츠의 지나친 사용으로 타인과 사회, 그리고 다른 다양한 정보로부터 스스로를 고립시킬 뿐 아니라 일상생활에 지장을 준다는 점에서 사회적 문제로 다뤄진다.

기출문제

디지털 소외, 디지털 과의존 등 정보사회의 고립에 대한 설명으로 틀린 것은? [2021]

① 인터넷 활용 수준을 기준으로 사회로부터의 고립과 정보로부터의 고립 등 두 가지 차원으로 생각할 수 있다.

② 인터넷을 이용하지 못해 발생하는 소외는 사회로부터의 고립에 해당한다.

③ 디지털 과의존은 자율적 조절 능력이 떨어짐에 따라 신체적 · 심리적 · 사회적으로 부정적인 결과를 경험함에도 불구하고 어쩔 수 없이 수동적으로 고립되는 현상이다.

④ 정보격차는 사람과 정보, 사람과 사람, 사람과 사회 간의 연결이 가져다주는 혜택을 누리지 못하게 함으로써 디지털 소외로 나타난다.

정답 ③

해설 디지털 과의존은 디지털 소외와는 달리 자발적 고립이라는 특징이 있다. 인터넷으로 인한 사회자본 축소론을 주장하는 입장이 지지하는 사례라고 할 수 있는데, 인터넷 사용으로 인해 물리적 환경에 있는 주변인들과의 관계가 소홀해진다는 것이다.

예상문제

정보사회에서의 고립에 대한 설명으로 틀린 것은?

① 디지털 서비스에서 배제되어 사회적으로 고립될 때 디지털 소외가 나타난다.

② 인터넷 중독이나 스마트폰 중독은 디지털 과의존의 대표적 사례이다.

③ 디지털 소외와 디지털 과의존 모두 비자발적 고립을 특징으로 한다.

④ 디지털 과의존은 인터넷으로 인한 사회자본 축소론을 지지하는 사례라 할 수 있다.

정답 ③

해설 디지털 과의존은 디지털 소외와는 달리 자발적 고립이라는 특징이 있다.

Ⅵ 지능정보사회에서 인간의 연결과 고립

① 정보사회에서 연결의 핵심이 인터넷을 기반으로 사람과 정보, 사람과 사람을 이어준 것이라면, 지능정보사회에서는 사람과 사물, 사물과 사물을 이어주는 새로운 양상이 화두가 될 것이다. 그러나 사람과 사물의 연결은 앞서 얘기한 사회적 관계와는 다른 차원의 이야기이다. 사회적 관계 맺음을 통해 사회연결망이 생기고, 연결망 내에서 반복적 상호작용 과정에서 사회자본이 생긴다. 개인 수준의 효과인 신뢰와 규범은 사회의 지속 성장을 위해 중요하다. 그러나 사람과 사물의 관계에서 사회자본은 다른 세상 이야기다.

② 현재 사람과 사물의 연결 사례는 돌봄 서비스에서 찾을 수 있다. 사물인터넷 센서를 활용하는 헝겊 인형 형태의 '효돌'은 인간을 대신해 고령층의 심리적 고독감을 덜어준다. 인공지능 스피커는 음성인식을 기반으로 대화나 음악 감상 등의 기능을 통해 적적함을 달랜다. 이처럼 사람과 사물의 연결은 인간의 심리적 안녕감 향상에 도움을 주기도 하고, 복약시간 알림이나 병원 가는 날짜 알림 등 맞춤형 정보 제공으로 도움을 줄 것이다.

③ 그러나 우리는 지능정보기술을 활용한 사물과의 연결 이외에 사람과 사람의 연결, 상호작용을 통한 신뢰 형성 등의 가치를 기억하고 사회자본 형성을 위해 노력해야 한다. 한편, 지능정보사회에서는 디지털 소외나 디지털 과의존처럼 인터넷 이용 정도에서 오는 고립 이외에도 개인이 접하는 정보에 따른 은밀한 고립이 발생할 수 있다. 개인의 취향에 최적화된 콘텐츠를 제공하는 유튜브의 알고리즘이 확증편향을 만드는 것이 대표적 예이다.

④ 다수가 같은 플랫폼을 보고 있지만, 모두 다른 정보에 노출된다. 그리고 그 정보는 기기 소유자의 입맛에 맞는 정보로 가득 차 있다. 하지만 주로 개인 미디어를 사용하기에 서로 다른 정보에 노출된다는 것을 인지하지 못하고, 타인도 나와 같은 정보를 습득하고, 대다수가 나와 같은 생각이나 신념을 가지고 있을 것이라 믿는다는 점에서 문제가 된다. 선호하는 정보에 의해 사람들이 저마다의 틀에 고립되어 정치적 양극화나 사회갈등이 심화될 수 있다는 양상에 대해 비판적 이해능력이 더욱 중요한 시기이다.

생각넓히기 | **확증편향(confirmation bias)**

원래 가지고 있는 생각이나 신념을 확인하려는 경향성이다. 뉴스 관련 유튜브의 경우 이용자가 좋아할 만한 영상만을 추천해줘 다른 시각에 노출 되지 않음으로써, 자신이 지니고 있는 신념을 더욱 확고히 하는 경향이 나타나고 있다.

Theme

63 소셜 미디어에서의 자기 전시주의

I 의의

소셜 미디어는 단지 정보를 빠르게 그리고 널리 공유시키는 것을 넘어 사람들의 만남을 빠르게 그리고 넓게 확장시킨다. 소셜 미디어는 현실에서의 인간관계를 유지시키는 기능을 한다.

Ⅱ 사회 자본과 비밀 공유

① 소셜 미디어는 인간관계를 보다 신뢰할 수 있는 관계로 만들어주며, 사회 자본을 생성한다. 사회 자본은 한 인간이 갖고 있는 여러 자본 중 하나이며, 자산으로 대표되는 경제자본, 학력과 같은 인간자본, 예술 취향과 이해도를 의미하는 문화자본과 함께, 한 개인이 신뢰할 수 있고 친근감을 경험할 수 있는 다른 개인들의 관계를 의미한다.

② 그런데 친밀한 관계를 형성하기 위해 필요한 것이 하나 있다. 바로 '비밀'을 공유하는 것이다. '비밀'을 공유하면 그 관계는 보다 소중해진다. 이때 '비밀'은 다른 사람이 모르는 나의 은밀한 사생활에 대한 것이 대부분이다. 특히 다른 이가 알지 못하는 나의 원래 모습이 행한 일들이 이 비밀을 만든다. 비밀을 공유하는 것은 쉽지 않다. 사회적 비난을 받을 위험성이 크기 때문이다. 그러나 인간은 비밀을 누군가와 공유함으로써 비밀을 혼자 간직하는 데에 따른 정신적 불안감을 극복한다.

③ 이 '비밀'은 사생활, 즉 프라이버시로 표현된다. 근대 이후 개인화가 진행될수록 프라이버시는 나만 알고 있어야 하는 것, 다른 사람들이 침해하면 안 되는 것으로 인식되어 왔고, 법과 제도도 그에 따라 발전되었다.

Ⅲ 자기전시주의

① 소셜 미디어 중에서 자신의 존재감을 드러내는, 즉 자기전시주의를 보여주는 대표적인 것은 페이스북이다. 글, 사진, 영상의 조합으로 만들어진 자신의 일상에 대한 콘텐츠는 페이스북을 통해 다른 이들에게 업로더의 존재감을 알려준다. 이때 페이스북에 올리는 자신의 일상에 대한 글, 사진, 영상은 '타인을 위한 일기'이다. 원래 일기는 '자신의 일상에 대해 자신만을 위해 쓴, 비밀성을 지니는 글'이다. 하지만 페이스북 콘텐츠는 다른 이들의 반응과 판단, 특히 '좋아요' 아이콘의 클릭을 기대하며 작성된다.

② 이 소셜 미디어 공간은 나만의 은밀한 공간이 아니라, 타인들에게 자신을 노출시키면서 인정받고자 하는 공간으로 기능한다. 프라이버시가 노출되는 것 같지만, 이 프라이버시는 타인의 인정을 받기 위해 사전적으로 연출되고 사후적으로 편집된 준프라이버시에 해당한다. 페이스북의 경우, 나와 밀접한 관계에 있는 사람들뿐만 아니라 그들과 약간의 관계만 있는 많은 사람들에게도 나의 모습이 노출된다. 소셜 미디어의 확장성으로 인해 내 모습의 노출이 확장되는 것이다.

생각넓히기 | 프라이버시

프라이버시는 근대 이후 개인이 소리를 내지 않고 책을 읽는 문화가 발달하면서 생긴 개념으로, 다른 사람에게 방해받지 않는 자신만의 삶의 영역을 의미한다. 나의 정체성, 나의 가족, 나의 집 공간, 나의 친구 관계, 나의 직업 등 나에 대한 모든 정보들을 의미하며, 기본적으로 나의 허락 없이는 다른 사람들이 함부로 침해할 수 없는 것으로 제도화되어 있다.

생각넓히기 | 준프라이버시

준프라이버시(pseudo)는 완전히 그 모습을 지닌 것도 아니면서 그 모습이기도 한 것을 의미한다. 쉽게 말해 진짜와 가짜 사이, 실재와 허구 사이를 의미한다. 준프라이버시는 완전히 자신이 감추어야 할 은밀한 프라이버시가 아니면서, 그렇다고 모든 이들에게 완전히 공개되어 있는 정보도 아닌, 자신에게는 프라이버시이기도 하면서 사실은 타인에게 노출하기 위해 연출된 프라이버시를 의미한다.

Ⅳ 소셜 미디어 자기전시와 프라이버시에 대한 논쟁

① 자신의 일상의 모습을 소셜 미디어를 통해 타인들에게 전시하는 사람들이 늘어나면서 아이러니컬하게도 프라이버시 침해 문제도 발생하고 있다. 자신의 프라이버시를 자발적으로 공개하는데 왜 프라이버시 침해가 성립되냐는 의문 또한 제기되고 있다.

② 한편에서는 자발적으로 자신의 모습을 노출한 것이기 때문에 익명의 사람들이 그 사생활 모습 등을 수집하거나 활용해도 프라이버시 침해라고 볼 수 없다는 주장과, 또 다른 한편에서는 아무리 자발적으로 노출했더라도 한 개인의 사진 등을 수집하는 행위 자체가 프라이버시 침해에 해당한다는 주장이 맞설 수 있다.

Ⅴ 현실 공간에서의 고독과 소셜 미디어에서의 자기전시

① 현대사회에서 개인은 공동체로부터 점점 분리된다. 개인은 그 공동체로부터 멀어지게 된다. 하지만 그 결과 공동체가 가져다 주었던 감정적 지지 등의 경험 또한 감소하면서 개인은 고독을 경험할 수밖에 없다.

② 프라이버시 노출 위험에도 불구하고 우리는 페이스북에 업로드되는 수많은 사적인 삶의 모습을 보게 된다. 유저 역시 프라이버시 노출의 위험이 있다는 것을 안다. 그러나 위험에 대한 불안보다 자신의 사적인 삶의 모습을 타인들에게 전시하고, 그로 인해 타인에게 받는 지지가 가져다주는 자기만족감이 더 큰 것이다.

③ 고독의 주된 원인 중 하나는 '타인으로부터의 시선과 관심의 결여'이다(Jun). 인간은 살아가면서 자신이 주인공이 되는 삶을 살아가고 싶어 한다. 그러나 치열한 경쟁상황과 이미 존재하는 불평등 구조 속에서 주인공이 되어 타인에게 시선과 관심을 받는 삶을 살아가기란 쉽지 않다. 바우마이스터(Baumeister)는 현대사회에서 타인의 시선과 관심을 받지 못하는 상황과 자살의 증가 간에 밀접한 상관관계가 있다고 설명한 바 있다. 주인공이 되고 싶은 욕구와 그렇게 되기 어려운 현실 간의 간격이 극대화될 때 좌절로 인한 아노미상태가 오는 것이다.

④ 결핍은 여러 가지 형태로 존재한다. 사람과의 관계 자체가 결핍되어 있을 수도 있으며, 관계 속에서의 존재감에 결핍이 생길 수도 있다. 주위에 친구가 없어도 고독하지만, 친구들이 많이 있어도 그 가운데 존재감이 없을 때는 고독해진다. 후자의 경우는 특히 정체성의 문제와 연결된다. 하지만 자신의 존재감을 인간관계 속에서 드러내기란 쉽지 않다. 사람들과 자주 만날 수 있는 것도 아니고, 만나더라도 자신의 존재감을 보여주는 기회를 찾기가 쉽지 않다. 그러나 소셜 미디어의 등장은 이러한 문제들을 해결해 주었다. 소셜 미디어에 항상 접속되어 있기 때문에 직접 만나지 않더라도 관계 안에 항상 있게 된다. 그리고 자신의 존재감을 보여주는 글, 사진, 동영상을 언제든지 소셜 미디어 공간에 업로드해 자신에게 연결된 다른 사람에게 노출시킬 수 있게 된 것이다. 인류 역사상 자신의 존재감을 드러내기가 이렇게 손쉬운 적은 없었다.

⑤ 사회학이론 중 하나인 상호작용론에 따르면, 개인은 자신의 정체성을 다른 사람과의 관계를 통해 형성한다. 자신의 모습에 대해 다른 사람이 내리는 평가를 통해 그 모습을 수정해 가면서 정체성이 만들어진다는 것이다. 그런데 정보사회에서 다른 사람과의 사회적(소셜) 관계의 형성과 유지는 소셜 미디어를 통해 이루어지는 측면이 대단히 크며, 결국 소셜 미디어는 한 개인의 정체성에 대단히 중요한 영향을 미친다.

생각넓히기 | 상호작용론

사회학이론 중 하나이며, 개인과 개인, 개인과 집단, 집단과 집단 간에 상호적으로 이루어지는 말, 행위를 중심으로 그 개인의 특성, 집단의 특성, 그리고 관계의 특성을 설명하는 이론이다. 조지 허버트 미드에 의해서 발전되었으며, 정보사회론에서는 특히 소셜 미디어에서 유저들 간의 관계를 설명하는 데 유용하게 활용된다.

Ⅵ 소셜 미디어의 자기전시와 사회적 지지

1 의의

① 소셜 미디어에서는 개인의 정체성뿐 아니라 취향, 인간관계, 개인의 고민이 타인에게 공개된다. 이 공개는 타인의 지지를 가장 큰 목적으로 한다. 나의 정체성에 타인이 매료되고, 내 취향을 높이 평가하며, 내 인간관계의 다양함에 부러움을 보내고, 내 개인의 고민에 공감할 때 나에 대한 지지가 이루어진다. 한편, 나의 모습을 전시했음에도 불구하고 그 지지가 기대만큼 이루어지지 않을 때 나는 불안해진다. 글과 사진을 업로드하면 얼마나 '좋아요'를 눌러줄지, 댓글은 얼마나 달릴지에 신경이 쓰인다.

② 이러한 불안을 해소하기 위한 방법은 하나밖에 없다. 더 많은 지지와 댓글을 가져올 수 있는 '나의 모습'을 생산해 내는 것이다. 더 멋진 식당에 가고, 더 멋진 옷을 입으며, 더 멋진 여행지에 가서 사진을 찍고 편집을 정성스럽게 해서 '지지받을 수 있는 이미지'를 만들어 내야 한다.

생각넓히기 | 사회적 지지(social support)

특정 개인의 모습이나 행동에 대해 그 개인에게 연결되어 있는 다른 개인들이 보내는 긍정적 메시지들의 총합이다. 가족공동체나 친구관계에서 사회적 지지는 개인이 그 공동체에 속해 있는 가장 큰 원인이 되며, 사회적 지지가 제대로 이루어지지 않을 경우 그 공동체로부터 소외되거나 자발적으로 이탈하게 된다. 현대사회가 점점 치열한 경쟁사회가 되어가면서 타인에게 보내는 이 사회적 지지는 점점 줄어드는데, 이러한 사회적 지지의 감소는 개인들의 자긍심 하락으로 이어지는 경우가 많다.

2 스타의 지지와 일반인 지지

① 사회적 지지를 가장 많이 필요로 하는 이들은 사실 스타들이다. 배우, 가수 등 연예인들은 사회적 지지를 많이 받을 때 비로소 스타로서 존재한다. 이미 스타인 이들도 지속적으로 사회적 지지가 필요하며, 더욱 많은 사회적 지지를 받기 위해 이미지를 만들어 낸다. 하지만 과거 스타들에게 사회적 지지를 보내던 이들이 소셜 미디어의 등장으로 인해 자신들도 사회적 지지를 받을 수 있게 되었다.

② 특히 한국의 경우 청년세대는 현실 공간에서 실업 등으로 인해 사회적 지지를 받을 기회가 줄어드는데, 이러한 상실감을 만회하는 하나의 방식으로 소셜 미디어를 통해 사회적 지지를 받고자 한다. 그리고 이 사회적 지지를 위해서는 자신의 모습을 있는 그대로가 아니라, 최대한 미장센느화하여 '전시'할 필요가 있는 것이다.

생각넓히기 | **미장센느**

프랑스어 Mise en Scene에서 나온 단어로서 장면(scene)을 만들기 위한(mise en) 모든 장치와 방법들을 의미한다. 연극, 영화, 공연 등에서 배우들의 연기를 최대한 현실감 있게 하기 위해 동원되는 수많은 장치들과 배우분장 등이 모두 미장센느에 포함된다. 소셜 미디어에서는 식당에서 음식 사진을 잘 찍기 위해 각도와 조명을 잘 파악하여 음식배치를 하는 것, 여행지 사진을 찍은 전후에 특정한 앱을 사용하여 더 멋진 모습의 사진으로 만드는 것 모두가 일종의 미장센느에 해당된다.

Ⅶ 소셜 미디어의 자기전시와 고프먼의 연극이론

① 사회학자 어빙 고프먼(Erving Goffman)의 연극이론은 소셜 미디어의 자기 전시를 설명하는 데 대단히 유용하다. 그는 저서 「일상생활에서의 자아 연출」에서 "삶은 연극 무대와 같다. 연극 무대에서 배우들이 역할을 수행하면서 관객을 만족시키기 위해 최고의 연기를 하려고 노력하는 것처럼, 우리도 일상생활에 각자에게 주어진 역할을 수행하면서 자신들이 만나는 타인들을 만족시키기 위해 최고의 연기를 하려고 노력한다."고 설명한다.

② 고프먼은 배우들이 자신의 모습을 있는 그대로 보여주는 것이 아니라 관객의 기대에 최대한 부합하기 위해 그 모습을 변형시키고 꾸미며, 심지어 스스로 관객이 기대하는 사람이라고 거의 믿으면서 새로운 모습을 창조해 낸다고 한다. 이를 고프먼은 '자아 이미지의 재연출'이라고 말한다. 즉, 자신의 원래 모습은 사라지고, 관객들이 기대하는 모습들로 재탄생되는 것이다. 이때 모습을 완벽하게 만들수록 그 배우는 관객들에게 커다란 지지를 얻게 된다.

③ 페이스북의 자아전시는 고프먼의 이론으로 다음과 같이 설명된다. 현실 공간에서 사회적 지지를 제대로 받지 못하는 현대사회의 개인들은 페이스북 공간에서 사회적 지지를 받을 수 있다. 하지만 그러기 위해서는 자신의 일상생활 모습을 있는 그대로 보여주어서는 안 된다. 연극배우가 자신의 원래 모습을 숨기고 관객들이 기대하는 모습으로 무대 위에 나타나듯이, 페이스북에서도 자신의 원래 모습을 그대로 보여주는 것이 아니라, 그 공간에 연결된 타인들이 기대하는 모습으로 나타나야 하는 것이다. 그래야 배우가 관객에게 큰 박수와 지지를 받고 스스로에게 만족하듯이, 페이스북 유저 역시 타인에게 큰 지지를 받아 자기 전시를 성공하여 스스로에게 만족하게 되는 것이다.

④ 고프먼의 개념 중 또 하나 의미 있는 것은 '공모(共謀)'이다. 무대에서 배우의 연기에 대해 관객들은 때론 크게 만족하지 못하지만, 그 무대가 성공한 무대라고 스스로 여기고 타인도 그렇게 여기도록 하기 위해 무대의 배우들에게 지지를 보낸다. 배우 역시 마찬가지다. 그 무대를 관람하러 온 관객들에게 최고의 관객이라는 메시지를 보내야 한다. 이러한 공모관계를 통해 배우와 관객도 그 무대에 대해 만족하게 된다. 페이스북의 경우를 설명해 보면, 나의 모습에 '좋아요'를 누르며 지지를 보내는 타인은 사실 언젠가는 나도 그의 글과 이미지에 '좋아요'를 눌러야 하는 존재다. 설령 그의 글과 이미지가 그렇게 멋져 보이지 않아도 '좋아요'를 눌러야 나 또한 또다시 그에게 '지지'를 받을 수 있는 것이다. 이러한 공모관계를 통해 페이스북에서는 사회적 지지가 재생산된다.

기출문제

어빙 고프만의 연극이론에 의할 때 인스타그램의 자기 전시 행위에 대한 설명으로 틀린 것은? [2021]

① 현실 공간에서 사회적 지지를 제대로 받지 못하는 현대사회의 개인들은 인스타그램 공간에서 사회적 지지를 받을 수 있다.

② 자신의 모습을 있는 그대로 보여주는 것이 아니라 그 모습을 변형시키고 꾸미며 새로운 모습을 창조한다.

③ 사회적 지지는 특정 개인의 모습이나 행동에 대해 그 개인에게 연결되어 있는 다른 개인들이 보내는 긍정적 메시지들의 총합인데, 인스타그램에서는 사회적 지지가 재생산된다.

④ 인스타그램의 자기 전시 행위는 자신의 삶을 어떤 서사의 주인공으로 상정하고 타인은 크게 중요하게 여기지 않는 행위로서 타인을 의식하지 않는 자기만족적 행위이다.

정답 ④

해설 고프만의 연극 이론에 의하면 인스타그램의 자아 전시는 그 공간에 연결된 타인들이 기대하는 모습으로 나타나서 배우가 관객에게 지지를 받고 또 그 지지를 받음으로써 스스로에게도 만족하게 된다.

Theme

64 익명성과 다중정체성

I 디지털 자아 혹은 사이버 자아의 존재론

1 의의

① 우리는 한 개인으로서 자신의 욕구와 신념, 가치 등을 중심으로 형성된 자아정체성을 갖는다. 여기에는 성별, 나이, 직업과 신분 등 사회적 · 경제적 지위도 포함된다. 이것이 한 개인의 성격 내지 캐릭터를 구성하며 그가 어떤 사람인지 보여주는 고유한 개성이 된다. 그런데 오늘날 개인들은 현실 세계에서 구축한 정체성만이 아니라 첨단정보 기술을 이용하여 인터넷에서 새로운 정체성을 만들어 내기도 한다.

② 인터넷과 SNS 등 사이버 공간에서 활동하며 구성하거나 형성되는 정체성을 '디지털 정체성' 혹은 '디지털 자아(自我)의 정체성'으로 규정할 수 있다. 디지털 자아는 사이버 공간에서 자신을 대리하는 자아, 즉 사이버 대리자아이다. 우리는 인터넷 등 사이버 공간에서 거주하거나 활동하는 동안 디지털 자아와 상호작용하며 다시 자신을 재구성하게 된다. 현실의 자아와 디지털 자아 사이에 밀접한 관계가 형성되기도 한다.

2 현실 자아와 디지털 자아의 존재론적 차이

① 물리 세계의 현실 자아(본래자아)와 사이버 공간의 디지털 자아(사이버 대리자아) 사이에는 존재론적 차이가 있다.

② 우리가 몸을 가지고 살아가는 물리 세계는 개별자들의 세계이다. 개인이나 자아도 몸을 가진 개별자들이다. 한 개인이 하나의 몸을 갖기에, 우리는 몸을 세는 것으로 사람의 수를 헤아린다. 이처럼 몸을 가지고 살아가는 물리 세계는 개별자 존재론의 세계이다.

③ 반면에 인터넷에서 우리를 대신해 활동하는 디지털 자아들이 거주하는 사이버 공간은 개별자들의 세계가 아니라, 개별자가 지닌 속성들을 구현하는 속성들의 세계이다. 속성의 다발로 구성된 캐릭터가 바로 디지털 자아이며, 그러한 캐릭터를 구성해 낸 현실의 본래자아를 대신하여 사이버 대리자아가 활동한다.

3 정보 존재론

(1) 의의

① 사이버 공간의 존재론은 보통 '정보 존재론'으로 불린다. 사이버 공간에는 사실상 비트 단위의 정보가 흐르고 있을 뿐이다. 그곳에는 오직 정보가 있을 뿐, 문자 그대로 인간도 없고 사물도 없다. 다만 그 정보들이 인간이나 사물의 형상으로 구현될 수 있을 뿐이다.

② 즉, 사이버 공간에 존재하는 것은 정보와 정보의 형상화로서 구현된 이미지이다. 그런데 사이버 공간의 존재론으로 표방되는 정보존재론 혹은 이미지 존재론을 속성 존재론으로 이해할 때 비로소 사이버 공간의 존재와 물리 세계의 존재 사이의 대조적 특성이 잘 드러나며, 또한 사이버 공간의 현상들을 올바로 조명할 수 있다.

(2) 속성 존재론

① 사이버 공간의 정보들은 보편자나 형상과 같이 유형으로 존재한다. 정보는 원래 인간이 외부 세계와 교환하거나 상호작용하는 내용이며 유형이다.

② 유형으로서의 정보가 지닌 추상성은 물리 세계의 존재자들이 지닌 개별성과 대조된다. 물리적 세계가 개별자들의 세계라면, 사이버 공간의 존재들은 유형으로서의 속성이거나 속성의 집합이다. 즉, 사이버 공간은 개별자들이 아니라 일종의 유사 속성들의 세계이다.

③ 또한 사이버 공간의 정보가 구현된 이미지들도 비록 그것이 구체적이고 개별적인 형상을 하고 있을지라도, 개별자라기보다는 정보와 마찬가지로 속성들의 구현이다. 그런 점에서 사이버 공간의 존재론은 속성 존재론이다.

(3) 사이버 공간

① 사이버 공간에는 개별적인 물리적 대상은 없으며 오로지 속성들로 구성된 속성적 대상들이 있다. 물론 속성들의 조합이나 구성은 개별자의 경계에 따라 움직이지 않으며, 개별자의 물리적이고 현실적인 조합을 따르지도 않는다.

② 사이버 공간에서는 개별자와 속성의 구분(그리하여 개별인격과 인격성의 구분)이 유지되지 않는다. 사이버 공간의 모든 존재자들은 속성이거나 속성의 다발이다. 그곳에서는 속성이 곧 대상이며, 또한 대상은 속성에 다름 아니다. 이런 세계에서는 개별자와 속성의 구분이 무의미하다. 모든 것이 개체로 표상되는 것도 속성의 구성물에 불과하다. 이런 세계에서 이름(혹은 ID)은 더 이상 특정 개체를 지시하지 않으며, 임의적으로 구성된 속성의 집합을 가리킬 따름이다.

③ 속성 존재론이 지배하는 사이버 공간에서는 개체 간의 경계가 존재하지 않는다. 개체와 속성의 구분이 사라지는 세계에서는 개체 간의 경계도 사라지게 된다. 이는 자아의 개별성이 사라진다는 의미이기도 하다. 그 결과 한 개인이 여러 개의 인격으로 구성되거나 여러 개인의 특성들이 한 개인 안에서 구현되기도 한다. 자아와 타자의 고정된 경계란 없으며, 그 경계는 임의적이며 유동적이다. 자아와 타자의 분리와 융합이 자유자재로 이루어지며, 개체의 속성

들은 개체 간의 경계를 넘어 자유로이 결합되고 재구성될 수 있다.

④ 개별자 존재론을 속성 존재론으로 대체하는 사이버 공간에서는 개별적 몸의 제약을 받지 않는다. 사이버 공간의 존재들은 개별적 몸을 가진 인간의 물리적이고 생물학적인 제약을 넘어선다. 현실 세계에서는 비록 여성이 남성으로 가장할 수는 있을지라도 생물학적 제약 때문에 남성이 될 수는 없다.

⑤ 상상과 현실의 구분이 사라진다. 개별자의 물리적 경계가 사라질 때, 속성들은 자유롭게 혼합되고 결합된다. 속성들의 결합 가능성은 물리 세계의 개별자의 현실적 조합을 따를 필요가 없는 만큼 무궁무진하다. 물리 세계에서 조합될 수 없는 속성들이 사이버 세계에서는 얼마든지 결합될 수 있다. 더구나 비트 단위의 정보는 동질적 속성이므로 이들 속성 간의 결합은 원리적으로 제한이 없다. 그리하여 원하는 존재들은 무엇이든 구성할 수 있으며, 상상의 세계를 사이버 공간에서 구체적인 모습으로 실현시킬 수 있다.

핵심정리 **개별자 존재론과 속성 존재론**

(1) 물리 세계의 개별자 존재론
물리적 공간은 개별적인 대상들이 존재하는 공간으로, 물리적 현실 세계의 인간(본래자아)들은 개별적인 몸으로 존재한다.

(2) 사이버 세계의 속성 존재론
사이버 공간의 대상이나 인물들은 속성들의 집합이며, 사이버 자아(대리자아)들은 속성들로 구성된 정체성 및 캐릭터, 혹은 이미지로 구현된다.

Ⅱ 디지털 자아의 익명성

1 동일성(개별화와 재확인)

누군가의 신분을 확인하기 위해서는 그 사람을 다른 사람과 구별할 수 있고, 또 시간이 지나도 같은 사람이라는 것을 확인할 수 있어야 한다. 전자는 개별화의 문제이고, 후자는 재확인의 문제다. 한 개인의 동일성을 확인하기 위해서는 개별화와 재확인이 이루어져야 하는데, 그러한 신분 확인의 기준은 개별적 몸이다. 즉, 나를 다른 사람과 구분할 수 있는 개별화의 기준은 개별적 몸이며, 어제의 '나'와 오늘의 '나'가 같은 사람임을 재확인하는 기준 역시 내 몸의 시공간적 지속성이다. 이는 개인의 신분확인을 위해 개별적 몸이 필수라는 것을 보여준다.

2 사이버 공간의 익명성

① 사이버 공간은 익명의 공간이다. 신분확인을 위한 개별화와 재확인이 가능한 것은 개별적 몸이 있기 때문이다. 그런데 속성 존재론이 지배하는 사이버 공간의 자아들은 물리적이고 개별적인 몸이 없이 속성들만으로 구성된 존재들이기에 신분확인이 가능하지 않다. 이는 몸이 없다면 개별화에 실패한다는 것을 보여준다. 물론 개별화 없이는 시공간적 지속성을 통한 재확인에도 실패한다.

② 또한 개별적 몸이 없이 속성들로 구성되는 캐릭터들이 거주하는 속성 존재론의 세계는 자아와 자아의 속성이 구분되지 않는다. 그 경우 개체에 대한 동일성 물음과 속성에 대한 정체성 물음이 구분되지 않으며, 동일성과 유사성 구분도 사라진다. 물리 세계에서는 개별적인 몸을 가지고 있기에 속성과 성격이 같거나 유사해도 그들을 구별하거나 개별화할 수 있지만, 사이버 공간에서는 비슷한 성격(속성)의 여러 인물 사이에서 누가 누구인지 신분확인이 불가능하다. 일반적으로 말하자면, 개별자와 속성의 구분이 사라지는 속성 존재론의 사이버 세계는 개별자 동일론(개별화와 재확인)이 유지되지 않는 세계이며, 그 결과 신분확인이 불가능한 익명의 공간이 된다.

③ 사이버 공간에서 사용하는 ID는 사이버 자아의 신분을 확인할 기준이 될 수 없다. 사이버 공간에서 사용되는 이름(혹은 ID)은 하나의 특정한 개체를 지시하지 않기 때문이다. 한 개인은 각기 다른 개성을 지닌 여러 개의 ID를 가질 수 있을 뿐만 아니라, 하나의 ID를 여러 사람이 공유할 수도 있다. 사실상 ID는 특정 개체가 아니라 바로 그렇게 구성된 속성의 집합에 붙여진 이름에 불과하며, 따라서 자신의 신분을 드러내지 않고 익명으로 활동할 수 있다. 그런 의미에서 ID는 신분확인이 되지 않는 익명의 이름이다. 진정한 의미의 신분확인이 이루어지기 위해서는 개별적 몸의 확인이 필요하다. 사이버 자아는 본래자아의 대리자아로서, 물리 세계의 몸을 가진 본래자아를 추적해야만 신분확인이 가능하다.

핵심정리 동일성과 정체성의 구분

(1) 개인동일성의 물음

한 개인의 신분확인을 위한 물음으로서, 이는 한 개인을 다른 개인과 구분할 수 있는 기준(개별화)과 시간이 흘렀음에도 불구하고 한 개인을 같은 개인으로 재확인하는 기준(재확인)을 묻는 것으로 이루어진다. 개인동일성의 대표적 입장으로 신체동일론과 기억동일론이 있는데, 신체동일론은 개인동일성의 기준을 신체와 신체의 지속으로 보는 입장이고, 기억동일론은 기억과 기억의 지속을 그 기준으로 보는 입장이다.

(2) 개인정체성의 물음

한 개인을 그 사람답게 해주는 것, 즉 나를 나답게 해주는 속성을 묻는 것이다. 개인의 자아정체성을 구성하는 중요 요소는 욕구와 믿음, 가치이다. 이들로 이루어진 체계의 비교적 안정적인 중심속성이 자아정체성을 나타낸다. 그런 점에서 동일성 물음이 개체를 신분확인하는 문제라면, 개인정체성 물음은 그렇게 신분확인된 개별자가 어떤 속성과 성격의 소유자인지를 묻는 문제이다.

생각넓히기 | 사이버 다중자아

물리 세계에서 하나의 개별적 몸을 가진 본래자아가 사이버 공간에서 여럿의 정체성과 캐릭터를 대리자아로 구성하여 활동하는 것을 말한다. 즉, 한 명의 본래 자아가 사이버 공간에서 여러 명의 사이버 대리자아로 활동하는 것이 사이버 다중자아, 혹은 사이버 다중정체성이다.

기출문제

사이버 공간에 대한 설명으로 틀린 것은? [2022]

① 사이버 공간에서는 개별자와 속성의 경계가 존재하지 않는다.
② 사이버 자아 혹은 디지털 자아는 몸의 제약을 받지 않아 다중 자아들 사이에 경계가 존재하지 않는다.
③ 사이버 공간에서는 상상과 현실의 경계가 존재하지 않는다.
④ 사이버 공간에서는 개별자 간의 경계가 존재한다.

정답 ④

해설 속성 존재론이 지배하는 사이버 공간에서는 개체 간의 경계가 존재하지 않는다. 개체와 속성의 구분이 사라지는 세계에서는 개체 간의 경계도 사라지게 된다. 이는 자아의 개별성이 사라진다는 의미이기도 하다. 그 결과 한 개인이 여러 개의 인격으로 구성되거나 여러 개인의 특성들이 한 개인 안에서 구현되기도 한다. 자아와 타자의 고정된 경계란 없으며, 그 경계는 임의적이며 유동적이다. 자아와 타자의 분리와 융합이 자유자재로 이루어지며, 개체의 속성들은 개체 간의 경계를 넘어 자유로이 결합되고 재구성될 수 있다.

사이버공간의 자아에 대한 설명으로 틀린 것은? [2022]

① 디지털 자아는 사이버 공간에서 자신을 대리하는 자아, 즉 사이버 대리자아이다.
② 물리 세계의 현실 자아는 몸을 전제로 하나의 자아를 가지는 것이 원칙이다.
③ 물리적 공간에서 자아가 하나이듯이 사이버 공간에서도 자아는 하나이다.
④ 사이버 공간의 대상이나 인물들은 속성들의 집합이며, 사이버 자아들은 속성들로 구성된 정체성 및 캐릭터, 혹은 이미지로 구현된다.

정답 ③

해설 사이버 공간의 구성 원리로 보자면, 사이버 공간의 다중자아는 개별적 몸을 지닌 하나의 본래자아가 여러 명의 사이버 자아로 활동하는 것을 말한다.

예상문제

개인 동일성에 대한 설명으로 틀린 것은?

① 개인 동일성의 물음은 한 개인의 신분확인을 위한 물음이다.
② 개인 동일성은 욕구와 믿음, 가치 등으로 구성된다.
③ 개인 동일성에 대한 대표적 입장으로는 신체동일론과 기억동일론이 있다.
④ 개인 동일성은 시간이 흘렀음에도 불구하고 한 개인을 같은 개인으로 재확인하는 기준을 묻는 것을 포함한다.

정답 ②

해설 욕구와 믿음, 가치 등으로 구성되는 것은 정체성이다.

디지털 자아에 대한 설명으로 틀린 것은?

① 개별자와 속성이 구분된다.
② 개별적 몸의 제약을 받지 않는다.
③ 개체 간의 경계가 존재하지 않는다.
④ 보편자나 형상과 같이 유형으로 존재한다.

정답 ①

해설 사이버 공간에서는 개별자와 속성의 구분(그리하여 개별인격과 인격성의 구분)이 유지되지 않는다. 사이버 공간의 모든 존재자들은 속성이거나 속성의 다발이다. 그곳에서는 속성이 곧 대상이며, 또한 대상은 속성에 다름 아니다. 이런 세계에서는 개별자와 속성의 구분이 무의미하다.

다중자아에 대한 설명으로 틀린 것은?

① 사이버 다중자아는 게임과 놀이의 특성을 지닌다.
② 사이버 다중자아는 병리적 현상으로 발전하거나 적어도 비합리적인 것으로 간주된다.
③ 물리 세계에서는 마음의 분할이 행위주체의 욕구나 믿음 사이의 논리적 모순에서 발생한다.
④ 물리 세계의 다중자아는 능동적 숙고와 선택의 산물이기보다는 인과적으로 일어나는 수동적 결과이다.

정답 ②

해설 물리 세계에서 한 개체의 마음은 행위주체가 지닌 욕구나 믿음 사이의 논리적 모순에 의해 경계가 생기고 분할이 일어난다. 마음의 분할이 성품체계 내의 논리적 모순에서 발생되는 셈이다. 이는 행위 주체의 관점에서 보면 능동적 숙고와 선택의 산물이기보다는 인과적으로 일어나는 수동적 결과에 가깝다. 마음의 분할은 이유가 아닌 원인이 존재할 때, 즉 마음의 부분들 사이에 논리적 · 합리적 관계가 상실되고 인과적 관계만이 성립하는 지점에서 발생한다. 그리고 다중자아 현상은 심각하면 병리적 현상으로 발전하거나 적어도 비합리적인 것으로 간주된다. 반면에 사이버 다중자아는 본래자아가 능동적으로 구성한 자아의 다수성에 의해 발생한다. 이는 직접적으로 논리적 모순에 의해 마음이 분할되기보다는, 한 개체로부터 다수의 사이버 자아가 표상된다는 것에 기인한다. 사이버 공간에서 다중자아는 수동적이고 병리적인 현상이 아니라, 능동적으로 자신의 정체성을 구성하고 그에 따라 캐릭터의 역할을 수행하는 과정에서 형성된다. 사이버 공간에서 다중자아가 되는 것은 다분히 의도적이고 능동적이며 실험적일 수 있다. 현재의 자신과는 다르지만 사이버 공간에 임의적으로 원하는 캐릭터를 구성하고 그런 존재로 역할하며 살아보는 것이다. 대리자아를 통하여 현실에서 구현할 수 없는 자아를 체험해 볼 수도 있다. 그런 점에서 사이버 다중자아는 게임과 놀이의 특성을 지닌다.

사이버 공간에 대한 설명으로 틀린 것은?

① 사이버 공간에서는 상상과 현실의 구분이 사라진다.
② 사이버 공간에서는 개별적 몸의 제약을 받지 않는다.
③ 사이버 공간에서도 개체 간의 경계는 존재한다.
④ 사이버 공간의 이름은 더 이상 특정 개체를 지시하지 않는다.

정답 ③

해설 속성 존재론이 지배하는 사이버 공간에서는 개체 간의 경계가 존재하지 않는다. 개체와 속성의 구분이 사라지는 세계에서는 개체 간의 경계도 사라지게 된다. 이는 자아의 개별성이 사라진다는 의미이기도 하다. 그 결과 한 개인이 여러 개의 인격으로 구성되거나 여러 개인의 특성들이 한 개인 안에서 구현되기도 한다. 자아와 타자의 고정된 경계란 없으며, 그 경계는 임의적이며 유동적이다. 자아와 타자의 분리와 융합이 자유자재로 이루어지며, 개체의 속성들은 개체 간의 경계를 넘어 자유로이 결합되고 재구성될 수 있다.

사이버 공간에 대한 설명으로 틀린 것은?

① 사이버 공간도 물리 공간과 마찬가지로 개별자 존재론이 유지되는 세계이다.
② 사이버 세계에서 우리는 속성의 다발로 자신을 표상할 때 물리적 · 생물학적 · 사회적 · 경제적 제약들을 모두 뛰어넘을 수 있다.
③ 사이버 행위자들을 지시하는 이름이나 이미지들도 정보와 같은 속성의 다발에 불과하다.
④ 사이버 다중자아는 본래자아가 능동적으로 구성한 자아의 다수성에 의해 발생한다.

정답 ①

해설 ① 물리 세계의 개별자 존재론에서 물리적 공간은 개별적인 대상들이 존재하는 공간으로, 물리적 현실 세계의 인간(본래자아)들은 개별적인 몸으로 존재한다. 반면에 사이버 세계의 속성 존재론에서 사이버 공간의 대상이나 인물들은 속성들의 집합이며, 사이버 자아(대리자아)들은 속성들로 구성된 정체성 및 캐릭터, 혹은 이미지로 구현된다. 사이버 공간은 개별자 존재론이 유지되지 않는 속성 존재론의 세계이다. 즉, 사이버 공간의 존재들은 모두 속성이거나 속성의 다발이다. 사이버 행위자들을 지시하는 이름이나 이미지(아바타)들도 정보와 같은 속성의 다발에 불과하다. 개별자들의 경계를 넘어 생성, 조합, 결합, 분리, 변형되거나 개별자의 물리적 제약을 넘어선다는 점에서 사이버 공간의 이미지들도 속성과 같은 방식으로 기능한다. 속성 존재론이 지배하는 이런 세계에서는 다중자아가 되는 데 원리적으로 별다른 제약이 존재하지 않는다. 여러 다발의 속성 집합을 임의적으로 구성해 낼 수만 있다면 얼마든지 많은 사이버 자아들을 창출해 낼 수 있다. 그 속성의 집합들에다가 이름과 캐릭터를 부여하기만 하면 다수의 사이버 자아가 탄생된다. 우리가 사이버 공간에서 여러 개의 자아 혹은 여러 개의 인격을 가질 수 있다는 것은 여러 다발의 성격의 집합(혹은 인격성)을 구성해 낼 수 있다는 의미일 뿐이다.

④ 물리적 몸의 제약을 받는 물리 세계에서는 '하나의 몸에 하나의 자아, 하나의 인격, 하나의 정체성'을 이룬다. 물리 세계에서 우리는 결코 하나의 몸을 벗어날 수 없다. 다중자아도 하나의 몸에서 표출되기 때문에, 그 몸이 지닌 물리적이고 생물학적인 제약을 벗어나기가 쉽지 않다. 또한 실제 물리 세계에서는 개별적 몸과 공동체가 다중자아의 가능성을 제약한다. 한 개체에서 분할되어 표현되는 여러 마음들(다중자아)은 하나의 몸에 거처하므로 공적으로는 한 개체이자 한 행위자로 간주된다. 즉, 다른 사람들은 다중자아를 한 개체(한 몸)에게서 드러나는 특별한 현상으로 간주하지 독립적인 자아들로 간주하지 않는다. 그 결과 다중 자아의 행위와 그 책임은 다중자아들이 거처하는 개별적 몸(개체)에게 귀속되며, 그런 의미에서 그 개체가 책임주체이자 인격체로 간주된다. 만일 (프로이트적 임상실험의 정신분열환자들의 경우처럼) 한 개체의 마음의 분할, 분열이 심각한 수준에 이르러서 한 행위자로 간주할 수 없을 정도가 되면, 이른바 그런 의미의 다중인격자는 합리적 행위주체나 인격체라기보다는 병리학의 치유 대상으로 간주될 것이다. 이와 같이 '단일 신체에 기초한 단일 자아'의 기본원리가 작용하는 물리 세계에서는 한 개체 안에 다수의 자아가 존재할 가능성은 여러 가지 한계와 제약이 뒤따른다.

Theme

65 재매개(뉴미디어의 계보학)

I 의의

① 「재매개(뉴미디어의 계보학)」는 맥루한의 「미디어의 이해」 이후 등장한 뉴미디어에 대한 이론서이다.

② 기술의 발전으로 새로운 미디어는 계속해서 등장하는 중이고 이 책 이후에도 뉴미디어는 세상에 선을 보여 왔다. 특히 모바일이라는 강력한 하이퍼매개의 등장 이후에 미디어의 지형이 크게 변화된 모습을 보이고 있다.

③ 앞으로도 뉴미디어는 지속적으로 등장할 것이고 미디어의 계보와 미디어끼리의 상호작용, 향후 미디어가 지향하는 방향성에 대한 이론적으로 큰 그림이 필요하게 되었다. 이런 관점에서 이 책의 역할과 위치는 확고하다.

Ⅱ 재매개 이론에서 미디어의 속성

1 의의

재매개 이론에서 미디어의 속성을 비매개, 하이퍼매개, 재매개로 구분한다.

2 비매개

비매개는 사용자가 그 미디어의 존재를 잊고 대상을 직시하게 되는 매개를 이야기한다. 이렇게 사용자가 미디어 속의 대상과 직접적인 상호작용을 하는 느낌을 투명성이라고 한다. 영화나 드라마에 빠져들거나 가상현실 속에서 사용자가 반응하는 방식은 미디어를 투과해서 그 내용의 일부분이 된 것처럼 느끼기 때문이다. 비매개는 이런 투명성을 가진다.

3 하이퍼매개

하이퍼매개는 사용자가 미디어를 조종하여 대상과 상호작용을 하는 매개를 이야기한다. 사용자는 조이스틱이나 컴퓨터를 조작하여 게임을 하거나 휴대폰으로 다양한 소통과 조작을 할 수 있다. 사람들은 하이퍼매개 그 자체에도 깊은 관심을 나타내게 되는 경향이 있다.

4 재매개

(1) 의의

① 재매개는 이 책의 핵심적인 주제로서 일반적으로 새로운 미디어가 과거의 미디어를 대신하는 과정을 이야기한다. 사진은 초상화를 재매개한 것이고 영상은 사진을 재매개한 것이다.

② 재매개는 지속적으로 이루어져 왔으며 뉴미디어가 선을 보이게 될 미래에도 그럴 것이다. 즉 재매개는 향후 미디어의 계보를 예측하는 데서 가장 중요한 단서가 되는 셈이다.

③ 이러한 미디어의 속성은 서로 의존적이며 때로는 역방향으로 작동한다. 사진이 초상화를 재매개했지만 극사실주의 그림은 사진을 재매개한 것이다.

(2) 재매개의 방향성

① 저자인 볼터와 그루신이 재매개라는 개념을 제안하면서 궁극적으로 이야기하고자 하는 것은 재매개의 방향성과 관련한 것이다. 책의 마지막에서도 암시하고 있지만 결국은 미디어가 사용자를 재매개하게 될 것이란 것이다.

② 미디어는 새로운 자아를 창조해 낸다. 이미 인터넷과 모바일을 통한 네트워크상의 자아는 현실화되었다. 지구 반대편에 있는 사람과 목소리를 주고받거나 모습을 보이지 않고도 실시간으로 상호작용할 수 있다.

③ 인터넷의 익명성은 사용자의 네트워크상의 자아를 현실의 자아와는 사뭇 다른 모습을 띠게 한다. 인터넷에서는 소란스럽거나 폭력적이거나 음란한 모습의 자아가 기본의 자아로부터 분열되어 발현하는 경향을 보이고 있는 것이다.

④ 미디어가 사용자를 재매개하게 되면 미디어의 형식에 따라 사용자의 자아가 다중화되거나 돌변하는 경향은 사회심리학이나 임상심리학적으로도 중대한 단서를 던지고 있는 것이다.

[예상문제]

볼터와 그루신(Bolter & Grusin)의 이론에서 미디어의 속성으로 볼 수 없는 것은?

① 매개 ② 재매개
③ 비매개 ④ 하이퍼매개

정답 ①

해설 볼터와 그루신은 미디어의 속성으로 비매개, 하이퍼매개, 재매개를 들고 있다.

Ⅲ 인격화되어 가는 미디어

① 점차 미디어 자체가 인격화 되어가고 있다. MMORPG 게임에 등장하는 아바타는 곧 사용자 자신인 것이다.

② 향후에도 미디어의 발전방향은 사용자의 자아나 신체와 더욱 더 밀접한 것이 될 것이다. 그리고 이것은 새로운 사회문제를 잉태하게 할 것이다.

③ 미디어 자체에 대한 공격이 개인 자체에 대한 공격이 되고 미디어가 점차 컴퓨터와 인터넷에 대한 의존도가 높아지는 상황에서 바이러스나 해킹의 문제는 지금과는 비교할 수 없을 정도로 심각한 것이 된다.

④ 그리고 사람들이 미디어에 의존하는 시간이 길어지면서 미디어 속의 세계와 현실세계 사이의 물리적 차이로 인한 혼란은 각 개인과 사회에 어떻게 받아들여질 것인지도 문제가 된다.

Theme

66 뉴미디어의 재매개론

I 재매개의 개념

① 뉴미디어 기술이 구미디어 기술을 개선하거나 수정하는 인간성향적(anthropotropic)과정이다.

② 뉴미디어가 구미디어 형식들을 개조하는 형식 논리이다.

II 볼터와 그루신의 재매개론(Bolter & Grusin)

1 비매개와 하이퍼매개를 통한 발전

① 비매개는 보는 사람이 매체 존재 자체를 의식하지 않고, 자신이 표상 대상물 존재 속에 있는 것으로 느끼는 시각적 표상 양식이다.

② 하이퍼매개는 보는 사람에게 매체를 환기시키는 시각적 표상 양식이다.

2 투명성의 비매개

투명성의 비매개는 가상현실의 몰입적 환경과 컴퓨터, 텔레비전, 영화의 비몰입적 환경을 통해 나타나며, 이러한 환경은 최근 미디어 아트 작품을 통해서 실제로 구현된다.

3 하이퍼매개

(1) 의의

하이퍼매개는 텍스트, 이미지, 음향이 서로 결합되어 매개의 역할을 환기시키는 비선형, 다선형, 다중적 구조로 나타난다.

(2) 유비쿼터스 컴퓨팅(Ubiquitous computing)

유비쿼터스 컴퓨팅(Ubiquitous computing)은 교실이나 가정과 같은 물리적 환경을 개조하는 전자적 장치들의 활용으로 이 장치들은 이런 환경 속에 침투되어 서로 상호 커뮤니케이션하는 하이퍼매개의 사례이다.

예상문제

다음 중 재매개에 대한 설명으로 옳지 않은 것은?

① 유비쿼터스는 하이퍼매개의 극단적인 형태이다.
② 재매개 자아는 가상현실에서 구현된다.
③ 재매개는 가상과 현실의 분리 불가능성을 갖는다.
④ 사람은 재매개를 하지만 대상은 되지 않는다.

정답 ④

해설 볼터와 그루신은 재매개라는 개념을 제안하면서 결국은 미디어가 사용자를 재매개하게 될 것이라고 본다. 미디어는 새로운 자아를 창조해낸다. 이미 인터넷과 모바일을 통한 네트워크상의 자아는 현실화 되었다. 지구 반대편에 있는 사람과 목소리를 주고받거나 모습을 보이지 않고도 실시간으로 상호작용할 수 있다. 인터넷의 익명성은 사용자의 네트워크상의 자아를 현실의 자아와는 사뭇 다른 모습을 띠게 한다.

(3) 증강현실(augment reality)

증강현실(augment reality)은 물리적 세계에 대한 시각과 컴퓨터 생성 그래픽을 결합한 다양한 컴퓨터 시스템으로 이용자는 특수 안경이나 헤드셋을 쓰고 물리적 세계를 보고, 컴퓨터가 제공하는 부가적인 그래픽이나 텍스트 정보가 함께 접안경에 디스플레이 되는 결과로 하이퍼매개된 시각 공간이 만들어지는 사례이다.

4 재매개 논리

① 뉴미디어는 하나의 계보(genealogy)로 매개(mediation)와 재매개(remediation)의 과정을 거쳐 형성된다.

② 하이퍼텍스트(hypertext)도 고대 필사본에서 시작하여 지금까지 재매개되어 온 글쓰기 양식으로 새로운 매체(뉴미디어)가 옛 매체(구미디어)를 대체해 나가는 과정에서 옛 매체의 특징을 가지고 옛 매체의 의미를 재형성해 나간다는 것이 재매개 이론의 핵심이다.

5 재매개 논리의 비교

구분	내용	산출방식
투명성의 비매개	• 미디어 이용자로 하여금 미디어가 실재하고 있다는 것을 잊게 만드는 시각적 표현 방식 • 매체 사용자의 존재를 지움 • 표현행동의 자동적 생성 • 통일된 시각적 공간 제공	• 선형원근법 • 선형원근법의 보완(지움) • 선형원근법 기술의 자동화 • 자연스러움 • 광학적 · 화학적 재현의 모방
다중성의 하이퍼매개	• 미디어 이용자로 하여금 미디어를 상기하고 기억하게 만드는 시각적 표현 방식 • 매체를 상기하거나 인식하도록 만듦 • 표현 행동의 다양성 인정 • 다양한 이질적 공간제공 • 기호를 활용한 인간의 풍부한 감각기관의 재생 노력 • 즉시성에 대한 인간의 욕망 상기	• 이질성 • 분절성 • 불확정성 • 상호작용성 • 다중성 • 사용자로 하여금 미디어의 통제감을 실현하는 핵심 개념

6 재매개 방식의 유형

(1) 의의

① 비매개적 매체와 하이퍼매개적 매체는 단순히 '대립 혹은 연결'되는 데에 그치는 것이 아니라 다양한 형태로 서로 인용하고, 차용하며 융합된다.

② 이와 같이 재매개의 관계는 반드시 역사적 선후관계에 의해 규정되는 것이 아니다.

③ 즉 뉴미디어가 반드시 구미디어를 차용하는 것이 아니라, 구미디어도 다시 뉴미디어를 차용하여 변화할 수 있다는 것이다.

④ 볼터와 그루신은 재매개를 미디어 간의 경합이나 경쟁도에 따라 재현, 확장, 개조, 흡수의 네 가지 유형으로 분류하고 있다.

⑤ 볼터와 그루신은 주로 시각매체 간의 관계에 집중되어 있음을 알 수 있다.

(2) 재현(representation)

① 새로운 미디어가 기존 미디어의 내용 및 방식을 그대로 수용 및 재현하는 경우다.

② CD-ROM이나 DVD로 된 그림 모음과 텍스트 모음을 그 예로 들 수 있는데 이때 새로운 미디어는 오래된 미디어를 제공하는 새로운 수단으로 사용될 뿐이며 기본적으로 기존 미디어의 형식에 충실하다. 이때 새로운 미디어는 투명성을 목적으로 한다.

(3) 확장(fidelity)

① 새로운 미디어가 이전 미디어의 형식을 존중하면서도 차이를 강조하는 경우를 들 수 있다.

② 예를 들면 전자 백과사전과 확장책(Expanded books)의 인터페이스는 기존 미디어인 인쇄물의 형식을 훼손하지 않으면서도 전자적 검색과 링크의 기능을 가지고 있다.

③ 기존 미디어의 형식을 우선하면서 개선된 기능을 중시하며, 여기서 일어나는 차용은 투명하기보다는 반투명(translucent)한 방식으로 일어난다.

(4) 개조(refashion)

① 기존 미디어의 존재를 드러내고 이에 따라 다중성이나 하이퍼매개성을 유지하면서도 기존 미디어를 개조(refashion)하려 하는 매개 유형을 들 수 있다.

② 이러한 재매개 유형은 원천과 대상 모두를 부각시킨다.

③ 이와 같은 유형으로 콜라주, 사진 몽타주, 테크노 음악의 가락 속에 분절되어 삽입되는 텔레비전과 미디어, 워드프로세서문서, 디지털사진, 디지털 비디오 등등을 동시에 사용하는 그래픽 사용자 인터페이스 등을 예로 들 수 있다.

④ 이와 같은 관계는 인위성과 불투명성을 특징으로 하는 병렬적인 관계이다.

(5) 흡수(absorb)

① 마지막으로 기존 미디어를 완전히 흡수해 재매개하는 방식을 들 수 있다.

② 컴퓨터 게임 장르가 영화를 재매개하는, 상호작용 영화라고도 불리는 게임, 영화 속의 디지털 테크놀로지, 가상현실 등을 그 예로 들 수 있다.

③ 디지털 테크놀로지는 영화 속에서 흡수되고 재목적화 되며 가능한 자신을 감추고 실사영화처럼 보이려는 데에 목적이 있다.

④ 두 미디어 사이의 불연속성을 최소화시키며 매끄러운 공간을 창출해내고 투명성이라는 이름하에 선행미디어들과의 관계를 은폐한다.

⑤ 이것은 이용자에게 비매개의 경험을 약속하는 가상현실의 패러다임이며, 이때 두 미디어 간의 관계는 새로운 미디어가 우위에 있다.

핵심정리 **재매개 특성**

- 차용(borrowing): 하나의 매체에서 나온 한 속성을 다른 매체에서 재사용하는 것으로 재정의(redefinition)와 함께 하지만 미디어 간의 의식적인 상호작용은 없으며, 독자나 시청자가 두 버전을 알고 비교할 수 있을 경우에만 발생
- 재현(representation): 디지털 미디어에서 기존 미디어의 특성을 그대로 반영하여 기존 미디어의 형태가 복원되어 나타나는 경우
- 확장(fidelity): 재현의 확장 개념으로 진보된 형태로 기존 미디어와의 차이를 강조하며 디지털 미디어의 인터페이스에 차용된 경우
- 흡수(absorb): 기존 미디어와의 관계를 감추고 사용자에게 매개되지 않는 듯한 경험을 제공
- 개조(refashion): 하나의 미디어 장르에서 기존 미디어의 형식을 차용하여 동일하게 나타나는 경우

[재매개 방식의 유형과 특징]

매개방식	기존 미디어	새로운 미디어	상호관계 및 미디어의 특징	미디어 간 우열 관계
기존 미디어 형식에 충실한 재매개(재현)	문학 텍스트/그림	문학텍스트시디롬/그림시디롬	수용/투명함	기존 미디어 우위
기존미디어의 위상을 인정하며 개선된 차이를 강조한 재매개(확장)	백과사전/책	전자백과사전/확장책	개선/반투명함	기존 미디어 우위
새로운 미디어가 기존의 미디어를 개조하는 재매개(개조)	회화/사진	콜라주/사진 몽타주/그래픽 사용자 인터페이스	개조/인위성, 불투명성	원천과 대상이 모두 부각되는 병렬적 관계
기존 미디어가 완전히 흡수된 재매개(흡수)	영화/디지털 테크놀로지	상호작용 영화/컴퓨터그래픽 애니메이션/가상현실	재목적화/비매개적 투명한 공간	새로운 미디어 우위

기출문제

재매개에 대한 설명으로 틀린 것은? [2021]

① 매개의 매개이다.
② 미디어를 개조하기도 하고 단절시키기도 한다.
③ 재매개 자아가 네트워크상에서 집단적 자아로 표출된다.
④ 미디어는 현실을 매개한다.

정답 ②

해설 재매개란 인류 역사상 새로이 등장하는 미디어라 하더라도 결국 이미 존재하는 미디어의 형식을 재구성한 것에 불과하다는 것이다. 뉴미디어 환경의 변화를 계보학적으로 조망하는 이 개념에 의하면 뉴미디어는 기존의 미디어의 기술, 표현양식, 사회적 관습 등을 차용, 개선한 결과가 된다. 계보학 자체가 가계도를 연구하는 학문으로 뉴미디어가 차용하고 있는 기존의 미디어들의 관계를 나타내는 개념이 재매개로서 재매개는 단절을 의미할 수가 없다.

예상문제

볼터와 그루신(Bolter & Grusin)의 재매개에 대한 설명으로 틀린 것은?

① 재현은 기존 미디어의 형식에 충실하며, 새로운 미디어는 투명성을 목적으로 한다.
② 확장은 기존미디어의 형식을 우선하면서 개선된 기능을 중시하고, 여기서 일어나는 차용은 투명하기보다는 반투명한 방식으로 일어난다.
③ 개조는 인위성과 불투명성을 특징으로 하는 병렬적인 관계이다.
④ 흡수는 두 미디어 사이의 불연속성을 최소화시키며 매끄러운 공간을 창출해내고 불투명성이라는 이름하에 선행미디어들과의 관계를 은폐한다.

정답 ④

해설 기존 미디어를 완전히 흡수해 재매개하는 방식을 들 수 있다. 컴퓨터 게임 장르가 영화를 재매개하는, 상호작용 영화라고도 불리는 게임, 영화 속의 디지털 테크놀로지, 가상현실 등을 그 예로 들 수 있다. 디지털 테크놀로지는 영화 속에서 흡수되고 재목적화 되며 가능한 자신을 감추고 실사영화처럼 보이려는 데에 목적이 있다. 두 미디어 사이의 불연속성을 최소화시키며 매끄러운 공간을 창출해내고 투명성이라는 이름하에 선행미디어들과의 관계를 은폐한다. 이것은 이용자에게 비매개의 경험을 약속하는 가상현실의 패러다임이며, 이때 두 미디어 간의 관계는 새로운 미디어가 우위에 있다.

재매개를 미디어 간 경합이나 경쟁도에 따라 분류할 때 그 유형에 대한 설명으로 옳은 것은?

① 전자 백과사전은 재현의 예이다.
② 영화를 재매개하여 만든 게임은 확장의 예이다.
③ CD-ROM이나 DVD로 된 그림 모음과 텍스트 모음은 차용의 예이다.
④ 텔레비전이나 영화의 한 클립을 가져와 전혀 다른 분위기나 음악 속에 부조화로 삽입하는 것은 개조의 예이다.

정답 ④

해설 ① 전자 백과사전은 확장의 예이다.
② 영화를 재매개하여 만든 게임은 흡수의 예이다.
③ CD-ROM이나 DVD로 된 그림 모음과 텍스트 모음은 재현의 예이다.

생각넓히기 | **재매개**

재매개란 인류 역사상 새로이 등장하는 미디어라 하더라도 결국 이미 존재하는 미디어의 형식을 재구성한 것에 불과하다는 것이다. 뉴미디어 환경의 변화를 계보학적으로 조망하는 이 개념에 의하면 뉴미디어는 기존의 미디어의 기술, 표현양식, 사회적 관습 등을 차용, 개선한 결과가 된다. 계보학 자체가 가계도를 연구하는 학문으로 뉴미디어가 차용하고 있는 기존의 미디어들의 관계를 나타내는 개념이 재매개로서 재매개는 단절을 의미할 수가 없다.

7 재매개 방법

(1) 매개의 매개(mediation of mediation)

매개는 다른 매개의 역할에 의존, 미디어는 끊임없이 서로 평가(comment), 대체(replace) 재생산(reproduce)하는 과정을 통해 완성된다.

(2) 매개와 실재의 불가분성(inseparability)

재매개에서 모든 미디어는 다른 미디어에 의존하고 있지만, 미디어 자체는 실재적인 것을 재매개하는 것으로 매개를 제거할 수 없듯이 실재적인 것을 제거하는 것은 불가능하다.

(3) 개혁(reform)

미디어는 다른 미디어를 개조(refashion)하거나 복구(rehabilitate)하고, 재매개화는 실재를 개혁하는 과정이다.

Theme

67 비매개와 하이퍼매개

I 의의

재매개의 개념을 이해하기 위해서는 기본적인 매개의 방식에 대한 이해가 필요하다. 매개의 방식은 두 가지로 나눌 수 있는데, 비매개와 하이퍼매개가 그것이다.

II 비매개

1 의의

비매개의 가장 큰 특징은 투명성으로 설명할 수 있으며 그 목적은 미디어를 사라지게 하는 것이다.

2 선형원근법

① 비매개의 오래된 사적 계보로는 선형원근법을 들 수 있다. 선형원근법의 연구자들은 선형원근법이 공간을 수량화함으로써 그림의 공간이 관람자의 공간에서 지속되도록 하고자 했다.

② 알베르티(Alberti)는 1435년에 쓴 「회화론」에서 화가들에게 그림의 사각형의 프레임을 '열린 창문'으로 간주하라고 가르쳤으며 이는 원근법을 이론적으로 확산시키는 데에 큰 역할을 했다. 회화속의 공간은 창문 너머의 공간을 표상하는 것이며, 이때 캔버스의 표면은 사라져 버리며 투명성을 획득한다.

3 현전감의 강화

① 투명성이 목적으로 하는 것은 눈앞에 있는 미디어를 잊게 하는 것이며, 이로 인한 몰입은 관람자의 현전감을 강화시킨다.

② 볼터와 그루신은 선형원근법 회화 및 이에 기반을 둔 사진, 영화, 컴퓨터 그래픽들로 서로 다른 시대에, 다양한 집단들 사이에서 다르게 표현된 비매개의 관행의 예로 들고 있다.

Ⅲ 하이퍼매개

① 하이퍼매개의 가장 큰 특징은 다중성이다. 이는 미디어에 대한 매혹으로써, 다중적 미디어와 무차별적 접근(random access)의 결합으로 특징지어진다.

② 비매개가 통일된 시각 공간을 보여주며 표상행위를 지우거나 자동화하도록 유도한다면, 하이퍼매개는 이질적인 공간을 제공하며 다중적 표상 행위를 인정하고 그것을 가시적으로 드러나게 한다는 것이다. 여기서의 표상은 세계를 보는 창문이 아니라 오히려 창문 자체인 셈이며, 창문을 통해 다른 표상물이나 미디어가 열린다.

③ 하이퍼매개의 계보는 텍스트와 이미지와의 통합을 인식해야 하는 중세의 필사본으로까지 거슬러 올라갈 수 있으며, 르네상스의 제단화, 바로크장식장, 중세의 필사본, 모더니스트들의 콜라주 및 회화에서 우리는 하이퍼매개된 공간을 볼 수 있다고 제시되고 있다.

Ⅳ 비매개와 하이퍼매개의 상호작용

① 비매개와 하이퍼매개의 개념 정의 외에도 볼터와 그루신이 하이퍼매개가 비매개에 대한 욕망을 문화적으로 견제하는 기능을 수행한다고 보고 있다는 점은 주목할 만하다.

② 비매개의 논리가 르네상스 이후 모더니즘의 출현까지 지배적이었다면 20세기 말 이후 우리는 하이퍼매개를 비매개의 대립물로 이해할 수 있는 입장에 서게 되었으며, 콜라주는 원근법 회화의 비매개성에의 도전이었다면 사진 몽타주는 사진의 비매개성에의 도전이라는 것이다.

③ 투명한 인터페이스를 목적으로 했던 윈도우도 현행 인터페이스에서는 10개 이상의 윈도우를 겹치거나 중첩해서 여는 것이 가능해지면서 기존의 투명성은 상호작용의 길로 들어섰다.

④ 또한 인쇄텍스트는 남아있지만 전자텍스트는 그를 대치하며, 클릭행위는 상호작용을 이끌어내며 새로운 페이지를 만들어내며 이전페이지를 지우고, 상호침투하며, 겹치고, 병치시키고 다중화하며 우리의 주의를 끈다는 것이다.

⑤ 즉 비매개와 하이퍼매개의 관계는 단순한 대립의 관계가 아니라 하이퍼매개적 매체가 비매개적 매체를 인용, 병치하면서 서로 영향을 주면서 상호작용하며 서로를 재매개한다는 것이다.

Theme

68 가상현실(VR)과 증강현실(AR)

I 가상현실(VR)

① 인공현실, 사이버 공간, 가상세계, 가상환경, 합성환경, 인공환경 등이라고도 한다.

② 사용 목적은 사람들이 일상적으로 경험하기 어려운 환경을 직접 체험하지 않고서도 그 환경에 들어와 있는 것처럼 보여주고 조작할 수 있게 해주는 것이다. 응용분야는 교육, 고급 프로그래밍, 원격조작, 원격위성 표면탐사, 탐사자료 분석, 과학적 시각화(scientific visualization) 등이다.

③ 구체적인 예로서, 탱크 · 항공기의 조종법 훈련, 가구의 배치 설계, 수술 실습, 게임 등 다양하다. 가상현실 시스템에서는 인간 참여자와 실제 · 가상 작업공간이 하드웨어로 상호연결된다. 또 가상적인 환경에서 일어나는 일을 참여자가 주로 시각으로 느끼도록 하며, 보조적으로 청각 · 촉각 등을 사용한다.

④ 시스템은 사용자의 시점이나 동작의 변화를 감지하여 그에 대응하는 적절한 변화를 가상환경에 줄 수 있다. 또한 사용자의 현장감을 높여 주기 위해서 입체표시장치, 두부장착교시장치(Head-mounted display) 등의 이펙터(effector)들을 사용하며, 사용자의 반응을 감지하기 위해서 데이터 장갑(data glove), 두부위치센서 등의 센서(sensor)를 사용한다.

[예상문제]

가상현실(Virtual Reality)에 대한 설명으로 옳은 것은?

① 사용자가 현실과 동일한 느낌을 가질 수 있도록 환경을 구성하는 인간과 컴퓨터 사이의 인터페이스를 말한다.

② 현실세계에 실시간으로 부가정보를 갖는 가상세계를 합쳐 하나의 영상으로 보여주므로 혼합현실로도 불린다.

③ 축구 중계 때 그라운드에 나타나는 정보 그래프, 기상 캐스터 뒤로 보이는 가상기상도 등이 대표적인 예이다.

④ 스마트폰 카메라로 주변을 비추면 근처에 있는 상점의 위치 및 전화번호, 지도 등의 정보가 입체영상으로 표시되는데 이러한 기술이 모두 가상현실이다.

정답 ①

해설 ②, ③, ④ 증강현실에 대한 설명이다.

Ⅱ 증강현실(AR)

① 사용자가 눈으로 보는 현실세계에 가상물체를 겹쳐 보여주는 기술이다. 현실세계에 실시간으로 부가정보를 갖는 가상세계를 합쳐 하나의 영상으로 보여주므로 혼합현실(Mixed Reality, MR)이라고도 한다. 현실환경과 가상환경을 융합하는 복합형 가상현실 시스템(hybrid VR system)으로 1990년대 후반부터 미국·일본을 중심으로 연구·개발이 진행되고 있다.

② 현실세계를 가상세계로 보완해주는 개념인 증강현실은 컴퓨터 그래픽으로 만들어진 가상환경을 사용하지만 주역은 현실환경이다. 컴퓨터 그래픽은 현실환경에 필요한 정보를 추가 제공하는 역할을 한다. 사용자가 보고 있는 실사 영상에 3차원 가상영상을 겹침(overlap)으로써 현실환경과 가상화면과의 구분이 모호해지도록 한다는 뜻이다.

③ 가상현실기술은 가상환경에 사용자를 몰입하게 하여 실제환경을 볼 수 없다. 하지만 실제환경과 가상의 객체가 혼합된 증강현실기술은 사용자가 실제환경을 볼 수 있게 하여 보다 나은 현실감과 부가 정보를 제공한다. 예를 들어 스마트폰 카메라로 주변을 비추면 인근에 있는 상점의 위치, 전화번호 등의 정보가 입체영상으로 표기된다.

④ 원격의료진단·방송·건축설계·제조공정관리 등에 활용된다. 최근 스마트폰이 널리 보급되면서 본격적인 상업화 단계에 들어섰으며, 게임 및 모바일 솔루션 업계·교육 분야 등에서도 다양한 제품을 개발하고 있다.

⑤ 증강현실을 실외에서 실현하는 것이 착용식 컴퓨터(wearable computer)이다. 특히 머리에 쓰는 형태의 컴퓨터 화면장치는 사용자가 보는 실제환경에 컴퓨터 그래픽·문자 등을 겹쳐 실시간으로 보여줌으로써 증강현실을 가능하게 한다.

⑥ 따라서 증강현실에 대한 연구는 착용컴퓨터 개발이 주를 이룬다. 개발된 증강현실시스템으로 비디오방식과 광학방식 등의 HMD(head mounted display)가 있다.

핵심정리 **증강현실 기반 기술**

증강현실은 다양한 기술이 유기적으로 연동되어야 하는 복합적인 기술이다. 증강현실을 구현하기 위해 필요한 기술은 크게 다음과 같이 구분된다.

- **트래킹 기술**: 카메라를 통해 입력되는 영상을 분석하여 실제 이미지에 가상의 이미지를 출력할 특징점을 찾거나 마커(Marker)를 인식하는 등의 목표물을 추적
- **정합기술**: 가상의 이미지의 좌표계를 현실 이미지의 좌표계와 정확하게 일치시키는 기술
- **위치 인식기술**: GPS 등을 이용하여 사용자의 위치를 파악하거나 사용자의 방향 및 동작을 인식하는 기술
- **렌더링 기술**: 표시 장치에 보여지는 몰입 콘텐츠를 고해상도 및 고화질로 구현하는 데 필요한 하드웨어 및 소프트웨어 기술
- **디스플레이 기술**: 효과적으로 증강현실을 사용자에게 보여주는 기술

예상문제

증강현실의 기반 기술로 볼 수 없는 것은?

① 정합기술
② 트래킹 기술
③ 위치인식기술
④ 유·무선 통신 및 네트워크 기술

정답 ④

해설 유·무선 통신 및 네트워크 기술은 사물 인터넷의 주요 기술이라고 할 수는 있어도 증강현실의 기반 기술은 아니다.

다음에서 설명하고 있는 개념으로 옳은 것은?

> 4K 이상 화질을 구현하는 카메라 100여대가 역동적 인물 움직임을 캡처하여, 360도 입체 영상으로 만들어 내는 기술이다. 통상 배경은 따로 입히기 때문에 크로마키로 둘러싸인 스튜디오에서 촬영된다. 실사를 기반으로 입체 영상을 만들기 때문에 현실성이 뛰어나다.

① Hologram
② Volumetric
③ Mixed Reality
④ Extended Reality

정답 ②

해설 볼류매트릭(Volumetric)에 대한 설명이다. 볼류메트릭 기술을 이용해 만든, 실제와 흡사한 가상 인간을 '디지털 휴먼'이라 부른다. 볼류메트릭은 혼합현실(MR) 콘텐츠 제작을 가능케 하는 필수 기술이다. 증강현실(AR)과 가상현실(VR)이 공연, 교육, 의료, 광고, 게임 등 다양한 분야로 영향력을 확대하면서 볼류메트릭 기술의 중요성 역시 커지고 있다.

Theme

69 유비쿼터스 컴퓨팅 시대의 인간

I 의의

1988년 팰로앨토 연구소의 연구원이었던 마크 와이저는 유비쿼터스 컴퓨팅 개념을 "유선과 무선 그리고 근거리 무선 사이에 이음매 없는 통신망이 실현됨으로써 누구든지 어디서나 네트워크로부터 자신이 필요한 정보를 얻을 수 있는 환경"으로 정의하며 동시에 이 개념이 오늘날의 매체 환경으로 도래할 것임을 예언했다.

Ⅱ 유비쿼터스 컴퓨팅의 구현

① 이용자의 수보다 네트워크에 연결된 컴퓨터 장치의 수가 더 많으며 이용자의 의지만 있으면 언제든지 가상현실에 접속할 수 있는 영화 같은 장면이 오늘날 구현되고 있는 것이다.

② '스마트폰'이라는 휴대용 컴퓨팅 단말기의 보급을 통해 점점 실현돼 가는 마크 와이저의 예측대로 미시적으로는 인간의 지각 방식에서부터 크게는 사회상에 이르기까지 인류의 많은 부분이 변화해가고 있다.

③ 기술 발전에 적응하는 과정에서 여러 화면으로부터 전달되는 정보를 동시에 처리하는 능력이 발달되고 있으며, 시공간적 제약 없이 공동의 업무를 처리하는 '새로운' 인간의 등장을 앞두고 있다.

Ⅲ 재매개와 유비쿼터스 컴퓨팅

재매개란 인류 역사상 새로이 등장하는 미디어라 하더라도 결국 이미 존재하는 미디어의 형식을 재구성한 것에 불과하다는 것이다. 뉴미디어 환경의 변화를 계보학적으로 조망하는 이 개념은 제이 데이비드 볼터 교수와 리처드 그루신 교수가 제시한 일종의 '족보'라고 볼 수 있다. 이들은 유비쿼터스 컴퓨팅이란 매체 환경 또한 "또 다른 미디어의 기술, 표현양식, 사회적 관습 등을 차용, 개선한 결과"라 말하며 유비쿼터스 컴퓨팅이 차지한 오늘날의 위치를 가늠한다.

Ⅳ 소형화·착용화·지능화되는 컴퓨터

1 의의

유비쿼터스 컴퓨팅은 '소형화된 컴퓨터', '착용식 컴퓨터' 그리고 '지능형 공간'으로 구분된다. 이 세 분야 중 우리에게 가장 친숙한 영역은 '스마트폰'으로 대변되는 '소형화된 컴퓨터'일 것이다. 전화와 메시지를 주요 기능으로 삼던 휴대전화는 PDA라는 과도기를 거쳐 현재 컴퓨터의 구조를 갖추게 됐다. 컴퓨터에만 탑재되던 '폰 노이만 구조(메모리, 제어장치와 산술논리장치, 입출력 장치)'를 갖춘 스마트폰은 현재 한국에서는 70%에 가까운 보급률을 보이고 있다.

2 소형화

① 스마트폰을 유비쿼터스 컴퓨팅의 대표적인 산물이라 말할 수 있는 진정한 이유는 이용자가 휴대용 단말기를 통해 네트워크에 접속할 수 있다는 것이다.

② 이 점에서 스마트폰은 마크 와이저가 말한 '유무선과 근거리 무선 사이에 이음매 없는 통신망'이란 조건을 오늘날 가장 광범위하게 충족시키고 있는 매체가 된다. 이런 변화를 일궈낸 장치의 소형화라는 경향성은 마크 와이저가 본래 예견한 것처럼 컴퓨터 장치가 완전히 우리 눈에 보이지 않을 때까지 진행될 것이라는 전망도 있다.

3 착용화

① 한편 '착용식 컴퓨터'는 말 그대로 '착용할 수 있는 컴퓨터'로 특정 신체의 기능을 보완해주며 네트워크에 대한 접근성을 강화시켜준다.

② 요즘 가장 주목받는 착용식 컴퓨터 장치가 바로 구글 글래스이다. 말 그대로 안경처럼 쓸 수 있는 이 단말기의 독특한 점은 스마트폰에 쓰인 것과 같은 소형 컴퓨팅 장치가 탑재되었다는 것뿐만 아니라, 이를 '증강현실'의 형식으로 이용자에게 제공한다는 것이다. 예를 들면 이용자가 하늘을 바라볼 때 '오늘의 날씨'와 같은 정보가 이용자의 시야에 자동·수동적으로 개입한다.

③ 이는 인간의 시각 정보를 처리해주는 차원을 넘어 그 기능을 아예 새로운 차원으로 전이시키는 것으로, 컴퓨팅 장치들이 신체의 본래 기능과 일체화되는 방향으로 상용화될 것임을 알려준다. 구글 글래스의 개발자 세르게이 브린은 "시선과 화면을 일치시킴으로써 스마트폰의 이용자가 환경으로부터 고립되지 않아도 된다."고 말하기도 했다.

4 지능화

① 유비쿼터스 컴퓨팅 기술은 '공간'으로까지 확장된다. 그곳에 있는 사람의 특정한 몸짓이나 음성으로 공간환경을 조작할 수 있는 시스템인 '지능형 공간'이 대표적인 예다.

② 이것이 거주공간에 적용된 사례가 바로 '지능형 주택'이다. 이는 요즘 아파트 광고에도 자주 소개되고 있듯이 거주자가 자연어 혹은 동작을 통해 주거 시스템을 조절할 수 있는 주거 공간이다. 특정 공간에서 손뼉을 치거나 자연어로 컴퓨터에 명령을 하면 사용자의 요구에 맞게 실내 온도가 조절되는 등 공간의 물리적 환경이 변화하는 것이다.

③ 현재 거주 공간 위주로 구현된 이 지능형 공간 시스템은 유비쿼터스 컴퓨팅 환경이 발전할수록 주택을 벗어나 공공영역으로까지 그 규모가 확대될 것으로 예상된다. 이는 마크 와이저가 유비쿼터스 컴퓨팅의 조건으로 소형화를 넘어 '눈에 보이지 않는 인터페이스'를 들었다는 점에서 그의 예측에 가장 인접한 형태라고 할 수 있겠다.

[예상문제]

유비쿼터스의 특징으로 볼 수 없는 것은?

① 비가시성　② 네트워크 접속
③ 상황인지 서비스　④ 인간의 개입 최소화

정답 ④

해설 인간의 개입 최소화는 유비쿼터스의 특징이 아니라 딥러닝이 기존의 인공지능에 비해 발전한 부분이라고 할 수 있다.

'유비쿼터스 컴퓨팅(Ubiquitous Computing)'에 대한 설명으로 틀린 것은?

① 네트워크로부터 자신이 필요한 정보를 얻을 수 있는 환경이다.
② 컴퓨터 장치가 완전히 우리 눈에 보이지 않을 때까지 진행된다.
③ '소형화된 컴퓨터', '착용식 컴퓨터' 그리고 '지능형 공간'으로 구분된다.
④ 유비쿼터스 혁명을 통해 전자적 공간에 물리적 공간이 연결되어 하나로 통합된다.

정답 ④

해설 유비쿼터스 혁명은 물리적 공간에 전자공간을 연결해 물리공간과 전자공간을 하나로 통합, 함께 진화할 수 있게 하는 4차 공간혁명이라 할 수 있다. 물리공간은 원자를 기본원소로 하며 실존하는 공간 즉 현실이다. 이에 반해 전자공간은 0과 1을 표현하는 비트를 원소로 하는 논리적이고 가상적인 공간이다. 유비쿼터스 공간은 현실과 가상공간이 연결되어 직접 만지지 않지만 공간에 존재하는 정보를 현실의 이용자가 사용할 수 있도록 고안된 '현실체가 지능적으로 증강된 공간'이다.

Ⅴ 유비쿼터스 컴퓨팅과 사회적 변화

① 마셜 맥루한의 말을 굳이 인용하지 않아도 될 정도로 유비쿼터스 컴퓨팅은 사회적 변화를 일으키고 있다.

② 이를테면 스마트폰의 경우 같은 시공간에 위치하고 있지 않은 사람들이 그 어느 때보다 많이 서로의 존재감을 느낄 수 있게 함으로써 이전과는 전혀 다른 소통 방식을 확산시키고 있다. 지리적으로 근접하지 않은 다수의 발화자들이 동시적인 대화와 업무를 진행할 수 있는 시대가 됐다.

③ 구글 글래스와 같은 착용식 컴퓨터는 인간과 기계가 유기적으로 합체된 상태를 조성한다는 점에서 '미래형 사이보그'의 실현 가능성을 더욱 높였다.

Ⅵ '사이버 펑크'로 본 디스토피아적 미래

① 인간 생활의 변화에 대한 전체적인 시각은 '사이버 펑크' 계열의 예술 작품들을 참조하며 상상할 수 있다.

② '사이버 펑크'란 과학의 초현대적인 발전과 이로 인한 문명의 극단적인 기계화, 그리고 인간과의 관계를 주제로 하는 1980~90년대의 예술 양식이다. 윌리엄 깁슨의 「뉴로맨서」가 그 시초라 알려져 있으며 리들리 스콧 감독의 영화 「블레이드 러너」 또한 이 장르의 수작으로 평가받고 있다.

③ 이 사이버 펑크 장르의 예술 작품들은 디스토피아적 사회상을 전제한다는 공통점을 지닌다. 안전장치 없이 사회를 뒤덮은 컴퓨팅 환경이 좁게는 인간과 기계, 넓게는 실재와 가상 간의 정체성 혼란을 야기하는 양상을 구체적으로 드러내는 것이다. 예를 들어 구글 글래스를 쓴 사람은 자신의 시야를 믿을 수 없다. 어디서나 존재하는 매체에 의해 굴절된 정보는 현실 그 자체를 바라보는 것을 저해할 수도 있다.

④ 주체가 자신의 판단을 믿을 수 없는 딜레마, 그것이 사이버 펑크적 디스토피아의 정체다. 일률적으로 미래에 대해 비관하는 사이버 펑크 작품들은 오늘날이 '심리적 깊이 없이 모든 것이 표면적인 정보로 판단되는 사회'라는 장 보드리야르의 통찰과 만나며 현재를 날카로이 반영하는 거울이 된다.

예상문제

유비쿼터스 컴퓨팅에 대한 설명으로 틀린 것은?

① 유비쿼터스 컴퓨팅은 '소형화된 컴퓨터', '착용식 컴퓨터' 그리고 '지능형 공간'으로 구분된다.
② '착용식 컴퓨터'는 말 그대로 '착용할 수 있는 컴퓨터'로 특정 신체의 기능을 보완해주며 네트워크에 대한 접근성을 강화시켜준다.
③ 착용식 컴퓨터는 마크 와이저가 유비쿼터스 컴퓨팅의 조건으로 소형화를 넘어 '눈에 보이지 않는 인터페이스'를 들었다는 점에서 그의 예측에 가장 인접한 형태라고 할 수 있다.
④ 유비쿼터스 컴퓨팅 기술은 '공간'으로까지 확장되는데 그곳에 있는 사람의 특정한 몸짓이나 음성으로 공간환경을 조작할 수 있는 시스템인 '지능형 공간'이 대표적인 예다.

정답 ③

해설 유비쿼터스 컴퓨팅 기술은 '공간'으로까지 확장된다. 그곳에 있는 사람의 특정한 몸짓이나 음성으로 공간환경을 조작할 수 있는 시스템인 '지능형 공간'이 대표적인 예다. 이것이 거주공간에 적용된 사례가 바로 '지능형 주택'이다. 이는 요즘 아파트 광고에도 자주 소개되고 있듯이 거주자가 자연어 혹은 동작을 통해 주거 시스템을 조절할 수 있는 주거 공간이다. 특정 공간에서 손뼉을 치거나 자연어로 컴퓨터에 명령을 하면 사용자의 요구에 맞게 실내 온도가 조절되는 등 공간의 물리적 환경이 변화하는 것이다. 현재 거주 공간 위주로 구현된 이 지능형 공간 시스템은 유비쿼터스 컴퓨팅 환경이 발전할수록 주택을 벗어나 공공영역으로까지 그 규모가 확대될 것으로 예상된다. 이는 마크 와이저가 유비쿼터스 컴퓨팅의 조건으로 소형화를 넘어 '눈에 보이지 않는 인터페이스'를 들었다는 점에서 그의 예측에 가장 인접한 형태라고 할 수 있겠다.

다음 글에서 설명하고 있는 개념으로 옳은 것은?

> 과학의 초현대적인 발전과 이로 인한 문명의 극단적인 기계화, 그리고 인간과의 관계를 주제로 하는 1980~90년대의 예술 양식이다.

① Dystopia
② Cyberpunk
③ Hard Science Ficion
④ Social science fiction

정답 ②

해설 사이버 펑크에 대한 설명이다.

Theme

70 원격현전

I 의의

원격현전은 "커뮤니케이션 매체에 의해 어떤 환경 속에 실재하고 있음을 경험하게 되는 것", 즉 환경에 대한 매개된 지각을 의미하는 개념이다. 스토이어에 따르면, 기술적 차원에서 원격현전을 결정하는 요소는 "생동감"과 "상호작용성"으로 대별된다. 이용자 요인으로 대표적인 것은 이용자가 매개 환경 내지 테크놀로지와 맺는 관계, 즉 관여다.

II 스토이어(Steuer)의 원격 현전

① 원래 현전(presence)은 "어떤 환경 속에서 느끼는 실재감(sense of being)"을 뜻하는데, 이런 점에서 원격현전은 "커뮤니케이션 매체에 의해 어떤 환경 속에 실재하고 있음을 경험하게 되는 것", 즉 환경에 대한 매개된 지각(mediated perception)이라 할 수 있다(Steuer).

② 현전은 원격귀인(distal attribution) 또는 외부지향(externalization) 현상과 밀접히 관련되어 있는데, 이것은 감각기관 자체의 한계를 뛰어넘어 외부 공간을 지각하고자 하는 경향을 말한다.

③ 매개되지 않은 환경에 있게 되면 주위의 물리적 환경은 당연한 것으로 받아들여지지만, 매개된 환경과 매개되지 않은 환경, 두 가지가 동시에 주어지게 될 경우 어떤 환경을 우선하는가가 문제가 된다.

④ 스토이어(Steuer)에 따르면, 원격현전은 바로 즉각적인 물리적 환경보다 매개된 환경 속에서 더 실재감을 느끼게 될 때 발생하는 현상이다. 여기서 매개된 환경은 비디오 카메라를 통해 보는 원거리의 공간과 같은 실재(real) 환경이 될 수도 있고, 컴퓨터로 만들어진, 실재하지 않는 가상세계(virtual world)가 될 수도 있다. 즉, 원격현전을 느끼게 하는 것은 실재 환경이 될 수도 시뮬레이션된 환경이 될 수도 있는 것이다. 이런 점에서 현전과 원격현전은 근본적으로 다른 것이 아니다.

예상문제

다음 글에서 설명하고 있는 개념으로 옳은 것은?

> 매개된 환경 또는 매개체가 가상적 비-물리적 존재라는 것을 인식하지 못하고, 수용자가 그 환경에 존재하거나 개체가 실제로 존재한다고 느끼는 것이다.

① 현전(presence) ② 메타버스(Metaverse)
③ 가상현실(Virtual Reality) ④ 증강현실(Augmented Reality)

정답 ①
해설 현전에 대한 설명이다.

다음 글에서 설명하고 있는 개념으로 옳은 것은?

> 인간은 자연적으로 주어진 상태, 다시 말해서 자신의 감각기관 자체의 한계를 뛰어넘어 인공 환경에서 외부 공간, 실재 세계를 지각하려는 욕구(필요성)를 가지고 있다. 매개되지 않은 환경, 즉각적인 물리적 환경보다는 매개된 환경 속에서 실재성의 경험을 하게 되는 것으로 인간이 자신의 감각기관을 매체를 통해 보완한 지각(perception)이다.

① 현전감 ② 원격 현전
③ 가상현실 ④ 증강현실

정답 ②
해설 원격 현전에 대한 설명이다.

Ⅲ 6가지 유형의 원격 현전

1 의의

원격현전의 개념은 다양한 요소들을 포함하고 있다. 매튜 롬바드와 테레사 디턴(Matthew Lombard & Teresa Ditton)은 현전의 개념을 여섯 가지로 유형화해 제시하고 있는데 여기서 제시하는 현전의 개념은 엄밀하게 보면 원격현전을 말하는 것이다.

2 사교적 풍부성(Social Richness)으로서의 현전

조직 커뮤니케이션 연구에서 출발한 사교적 현전 이론(Social Richness Theory)과 미디어 풍부성 이론(Media Richness Theory)에 따르면, 미디어를 통해 다른 사람과 상호작용할 때 미디어별로 사교적이거나 따뜻하거나 친밀하다고 느끼는 정도가 다른데, 이것은 면대면 커뮤니케이션과 달리 CMC(computer-mediated communication)와 같은 매개 커뮤니케이션의 경우 사교적 풍부함이 부족하기 때문이다. 이런 점에서 사교적 풍부성으로서 현전 개념을 구성하는 핵심 요소는 친밀성(intimacy)과 즉각성(비매개성, immediacy)이라 할 수 있다.

3 현실감(realism)으로서의 현전

① 현실감이란 미디어가 실재하는 대상, 사건, 사람 등을 실재하는 것처럼 표상해 낼 수 있는가를 말한다. 이런 점에서 각 매체는 어느 정도 현실감을 불러일으키는가에 따라 평가될 수 있다.

② 현실감은 사회적 현실감(social realism)과 지각적 현실감(perceptual)으로 나눌 수 있는데, 여기서 사회적 현실감은 매체가 묘사하는 내용이 실제로 발생할 수 있는가 하는 것이고 지각적 현실감은 대상이나 사람이 얼마나 실제로 존재하는 것처럼 보이는가 하는 것이다. 후자의 경우, 공상과학 영화에서와 같이 사회적 현실감은 떨어지지만 지각적 현실감이 높을 수 있으며, 만화에서와 같이 지각적 현실감은 떨어지지만 사회적 현실감은 높은 경우도 가능하다.

4 이전(transportation)으로서의 현전

① 매체는 이용자에게 다른 어떤 곳에 존재하는 것과 같은 느낌을 줄 수 있다.

② 이전에는 세 가지 형태가 있을 수 있는데, 그 하나는 "그곳에 있다(You are There)"로서, 가장 오래된 유형의 현전이다. 다른 곳에 관한 이야기를 듣거나 책을 읽을 때, 전화를 하거나 TV를 볼 때, 그리고 최근에는 가상현실 기술을 이용해 원격작동(teleoperation)을 하거나 인터넷을 통해 가상미술관이나 박물관을 방문할 때 마치 다른 곳에 있는 것과 같은 실재감을 느끼게 된다.

③ 또 다른 형태는 "이곳에 있다(It is Here)"로서, 대상이나 사람이 다른 곳으로부터 매체 이용자의 환경 속으로 불려 들어와 있는 것처럼 느낄 수 있다는 것이다. TV나 비디오를 볼 때, 매체를 통해 전달된 상징적 메시지를 해독하려 하기보다는 마치 그것이 물리적인 사물처럼 직접적으로 반응하려고 한다.

④ 마지막 형태는 "우리가 함께 있다(We are Together)"로서, 매체를 통해 다른 사람과 공간을 공유하는 것과 같은 느낌을 받게 되는 경우다. 비디오 회의나 인터넷 채팅방이나 온라인 게임 그리고 최근의 가상현실 시스템은 이러한 실재감을 느끼게 하는데, 이러한 공간 속에서 이용자들은 커뮤니케이션과 상호작용을 하게 된다.

5 몰입(immersion)으로서의 현전

① 몰입으로서의 현전은 매체에 의해 가상환경 속에 빠져들어 있다는 느낌을 갖게 되는 것으로, 지각적 몰입(perceptual immersion)과 심리적 몰입(psychological immersion)의 두 가지를 포함한다.

② 지각적 몰입은 가상환경이 이용자의 감각 체계를 감싸 버리는 정도를 말하는데, 최근의 가상현실 시스템은 입출력 장치들을 이용해 이용자의 모든 감각기관을 대체해 물리적인 환경을 완전히 차단하고자 한다.

③ 심리적 몰입은 감각기관을 에워싸는 기술적 장치가 없더라도 이용자가 스스로 몰입적 실재감을 느끼게 되는 경우다. 이 두 가지 몰입이 결합될 때 몰입의 정도는 최고조에 달하게 된다.

6 매체 내 사회적 행위자(social actor within medium)로서의 현전

① 매체 내 사회적 행위자로서의 현전은 매체 속의 인물이나 대상과 상호작용을 하는 것처럼 느끼게 되는 경우를 말한다.

② 의사교호작용(para-social interaction)의 대상이 되는 TV 속의 캐릭터, 다마고치와 같은 컴퓨터 애완동물이나 사이버 가수와 같은 컴퓨터 캐릭터, 게임이나 채팅방의 아바타, 그리고 원격 교육 시스템의 안내자 등과 같은 가상인물은 바로 이용자로 하여금 상호작용하고 있다고 느끼게 되는 대상이다. 이들 대상들과 상호작용을 할 때 이용자들은 실재감을 느끼게 된다.

7 사회적 행위자(medium as social actor)가 되는 매체

① 매체 내의 사회적 행위자에게 반응하는 것이 아니라 매체 자체가 행위자처럼 이용자와 상호작용하게 될 때 이용자는 현전감을 느끼게 된다.

② 최근 컴퓨터 인터페이스의 발전은 인간-인간의 상호작용 단계에서 벗어나 인간-컴퓨터 상호작용의 환경을 제공한다.

③ 컴퓨터 교육프로그램이나 인터넷을 통한 온라인 학습은 컴퓨터가 마치 교사와 같이 학습을 안내하는 역할을 수행하는데, 이는 컴퓨터가 마치 인간과 같이 사회·사교적 단서들을 제공해 주기 때문이다.

Ⅳ 원격현전의 결정 요인

1 의의

인터넷을 포함해 기존 매체도 마찬가지지만, 정도의 차이가 있을 뿐 원격현전은 다양한 요인들에 기대어 경험할 수 있다. 예를 들어, 감각 자극들의 결합, 참여자들이 환경과 상호작용하는 방식, 그리고 환경을 경험하는 개인들의 특성 등이 이에 포함될 수 있다(Steuer). 결국 원격현전을 야기하는 요인은 대체로 기술적 요인과 이용자 요인으로 대별될 수 있다.

2 기술적 요인

(1) 의의

① 스토이어(1992)는 기술적 차원에서 원격현전을 결정하는 차원을 "생동감(vividness)"과 "상호작용성(interactivity)"으로 구분하고 있다. 이는 다시 각각 하위 요인들을 포함하고 있는데 각 요인들은 매체에 따라 그 정도가 다르다.

② 생동감과 상호작용성이라는 기술적 요인으로 야기되는 원격현전은 이용자, 즉 인간 경험의 영역에 속한다는 것을 알 수 있다.

(2) 생동감

① 의의

㉠ 생동감은 "매개된 환경이 제공하는 표상적 풍부함(representational richness)"을 말하는데, 이는 감각 체계에 정보를 제공하는 방식, 즉 형식적 특성에 의해 규정된다.

㉡ 생동감을 결정하는 두 가지 주요한 요인은 폭(breadth)과 깊이(depth)이다.

② 폭(breadth)

㉠ 폭은 동시에 전달되는 감각 차원들의 수를, 깊이는 이러한 지각 채널들 각각이 갖고 있는 해상도(resolution)를 말한다. 즉 더욱 많은 감각기관에 소구할수록, 그리고 그 각각의 해상도가 높을수록 생동감은 높아지는 것이다.

㉡ 커뮤니케이션 매체의 폭은 얼마나 다양한 감각기관에 정보를 제공할 수 있는가에 따라 달라진다. 인간이 갖고 있는 감각 체계는 균형감각, 청각, 촉각, 미각, 시각 등 다섯 가지인데, 테크놀로지의 발전은 단일 감각기관에 소구하는 형태로부터 다양한 감각기관에 소구하는 형태로 발전되어 왔다.

㉢ 인쇄물, 전화, 텔레비전, 영화 등과 같은 전통적 매체는 시각이나 청각 채널에 주로 의존한다는 점에서 그 폭이 상대적으로 좁다. 1962년 모턴 하일리그(Morton Heilig)가 개발한 센소라마(sensorama)라는 영화 장치나 테마파크의 라이드들은 그 폭이 넓은 편이며, 최근의 테크놀로지들은 모든 감각기관의 입력을 동시에 중첩적으로 제공하는 방향으로 발전해 나가고 있다.

③ 깊이(depth)

㉠ 깊이는 감각기관 각각에 제공되는 감각 정보의 질(quality) 또는 대역폭(bandwidth)에 따라 달라진다.

㉡ 실재 세계에서 인간의 감각기관은 완전한 대역폭을 갖고 작동하지만, 지금까지 개발된 매체의 경우는 대역폭에서 일정한 희생을 감수할 수밖에 없다.

㉢ 청각은, 음성을 이해할 수 있을 정도로 최소한의 대역폭만을 사용하지만, CD는 상대적으로 청각적 대역폭이 넓다. 서라운드(입체) 음향 시스템이나 헤드폰 형태의 음향 시스템은 대역폭의 확대를 넘어 공간 환각(illusion of space)을 불러일으켜 현전감을 높여 주는 데 기여한다.

㉣ 한편 시각은, 525라인 또는 625라인 정도의 제한된 주사선을 갖는 일반 텔레비전과 달리 영화는 상대적으로 대역폭이 넓다. HDTV와 같은 발전된 형태의 영상 시스템이나 투구형 디스플레이(head-mounted display, HMD)와 같은 가상현실 시스템은 입체 영상을 통해 현전감을 높여 준다.

(3) 상호작용성

① 의의

㉠ 현전감을 높여 주는 또 다른 차원인 상호작용성은 '매개된 환경의 형태와 내용을 이용자가 실시간으로 변형시킬 수 있는 정도'를 말한다. 이는 매개된 환경과 인간 사이의 상호작용에 주목한다는 점에서, 인간과 인간 사이의 상호작용을 강조하는 전통 개념과는 다른 것이다.

㉡ 이런 의미에서 상호작용성을 높여 주는 주요 요인들은 속도(speed), 범위(range) 그리고 매핑(mapping) 등 세 가지를 들 수 있는데, 속도는 입력된 것이 매개 환경에 흡수되는 빠르기를, 범위는 주어진 한 시점에 작용할 수 있는 가능한 경우의 수를, 그리고 위치지우기는 통제 내용을 매개 환경 속의 변화로 위치지우는 시스템의 능력을 말한다.

② 속도

㉠ 먼저 속도, 즉 반응 시간은 상호작용 시스템을 특징짓는 가장 중요한 요소이다. 영화, 책, 신문 등과 같은 전통 매체는 상대적으로 상호작용의 속도가 느린데, 전통 매체 중에서도 전화는 실시간으로 상호작용을 할 수 있다.

㉡ 최근 새로운 매체들은 상호작용성이 높은 편인데, 해상도는 낮을지 모르지만 비디오게임, 컴퓨터 회의 시스템이나 채팅 그리고 최근의 고글과 데이터 장갑을 사용하는 가상현실 시스템은 상호작용의 속도가 매우 빠른 것들이다.

③ 범위

㉠ 상호작용의 범위는 매개 환경이 변경할 수 있는 속성을 얼마나 많이 가지고 있는가, 그리고 그 변화의 양은 어느 정도인가에 따라 결정된다.

㉡ 변경할 수 있는 파라미터의 수와 정도는 몇 가지 차원에 따라 살펴볼 수 있는데, 시간적 순서, 공간적 조직화, 강도(소리의 크기, 이미지의 밝기, 냄새의 강도 등), 주파수 특징(음색, 색상) 등을 들 수 있다.

㉢ 예를 들어, 영상 시스템들을 시간 순서의 변화 정도에 따라 나열해 보면, 일반 지상파 텔레비전, 비디오테이프, 상호작용적 레이저디스크, 컴퓨터 애니메이션 등의 순이 된다.

④ 매핑(mapping)

㉠ 상호작용성을 규정하는 매핑은 인간 행동이 매개 환경 속의 움직임과 어떻게 연관되는지를 나타내는 것이다.

㉡ 극단적으로는 인간 행동이 실제 기능과 완벽하게 자의적으로 연관되기도 한다. 텔레비전 스피커 레버를 좌우로 돌리는 것과 소리가 커지고 작아지는 것, 컴퓨터 키보드에 자판을 두드리는 것과 실제 화면의 변화 등은 그런 예에 속한다. 한편 아케이드 게임의 오토바이 타기나 컴퓨터 마우스 움직임은 인간 행동과 실제 기능 사이의 유사성이 매우 높은 예에 속한다.

㉢ 인간의 자연스러운 움직임을 매개 환경 속에 위치 짓는 데 도움이 되는 것이 바로 '은유'의 사용인데, 애플의 매킨토시 컴퓨터로부터 사용되기 시작한 데스크톱 은유(desktop metaphor)는 통제하는 것과 통제되는 것을 매치시키는 대표적인 인터페이스의 예다. 최근의 가상현실 시스템들은 데이터 글러브, 위치 추적기, 그리고 음성 인식 시스템을 사용해 인간 행동을 그대로 구현하고자 하는 것이다.

㉣ 기술적 요인들은 서로 결합될 경우 상승작용을 일으켜 보다 높은 현전감을 경험하게 한다. 그리고 하나의 요인이 강하면 다른 요인에도 상승작용을 일으키는 것으로 알려져 있다.

3 이용자 요인

① 현전감을 경험하는 데 기여하는 요인은 매체가 갖는 기술적 측면 외에 이용자 측면에서도 찾을 수 있다. 이런 요인들로는 가상환경 속에 함께하는 행위자들의 수, 이용자의 환경 요인들, 개인 관심사 등을 들 수 있다.

② 그러나 이용자 측면에서 가장 중요한 메커니즘은 이용자가 매개 환경 내지 테크놀로지와 맺는 관계, 즉 관여(engagement)다. 브랜다 로렐(Branda Laurel)에 따르면, 이것은 일종의 정서 상태로 새뮤얼 콜러리지(Samuel T. Coleridge)가 말하는 "불신에 대한 자발적 중지(willing suspension of disbelief)"와 유사한 것이다(Laurel).

예상문제

원격현전을 결정하는 기술적 차원에 대한 설명으로 틀린 것은?

① 스토이어(1992)는 기술적 차원에서 원격현전을 결정하는 차원을 "생동감(vividness)"과 "상호작용성(interactivity)"으로 구분하고 있다.

② 생동감을 결정하는 두 가지 주요한 요인은 깊이(depth)와 폭(breadth)이다.

③ 깊이는 동시에 전달되는 감각 차원들의 수를, 폭은 이러한 지각 채널들 각각이 갖고 있는 해상도(resolution)를 말한다.

④ 현전감을 높여 주는 또 다른 차원인 상호작용성은 '매개된 환경의 형태와 내용을 이용자가 실시간으로 변형시킬 수 있는 정도'를 말한다.

정답 ③

해설 폭은 동시에 전달되는 감각 차원들의 수를, 깊이는 이러한 지각 채널들 각각이 갖고 있는 해상도(resolution)를 말한다. 즉 더욱 많은 감각기관에 소구할수록, 그리고 그 각각의 해상도가 높을수록 생동감은 높아지는 것이다.

원격현전의 결정 요인에 대한 설명으로 틀린 것은?

① 생동감을 결정하는 폭(breadth)은 감각 정보의 질 또는 대역폭에 따라 달라진다.

② 속도, 즉 반응 시간은 상호작용 시스템을 특징짓는 가장 중요한 요소이다.

③ 상호작용의 범위는 매개 환경이 변경할 수 있는 속성을 얼마나 많이 가지고 있는가, 그리고 그 변화의 양은 어느 정도인가에 따라 결정된다.

④ 상호작용성을 규정하는 매핑은 인간 행동이 매개 환경 속의 움직임과 어떻게 연관되는지를 나타내는 것이다.

정답 ①

해설 감각 정보의 질 또는 대역폭에 따라 달라지는 것은 생동감을 규정하는 깊이(depth)이다. 폭은 동시에 전달되는 감각 차원들의 수로 결정된다.

Theme

71 메타버스(Metaverse)

I 의의

① 메타버스(Metaverse)는 가상 · 초월(meta)과 세계 · 우주(universe)의 합성어로, 3차원 가상 세계를 뜻한다. 보다 구체적으로는, 정치 · 경제 · 사회 · 문화의 전반적 측면에서 현실과 비현실 모두 공존할 수 있는 생활형 · 게임형 가상세계라는 의미로 폭넓게 사용되고 있다.

② 대한민국의 경우, 손강민 등은 메타버스를 "모든 사람들이 아바타를 이용하여 사회, 경제, 문화적 활동을 하게 되는 가상의 세계"라고 정의했으며, 류철균 등은 메타버스를 "생활형 가상세계", "실생활과 같이 사회, 경제적 기회가 주어지는 가상현실공간"이라 정의했다. 또한 서성은은 메타버스를 "단순한 3차원 가상공간이 아니라, 가상공간과 현실이 적극적으로 상호작용하는 공간이며 방식 그 자체", "현실과 가상세계의 교차점이 3d 기술로 구현된 또 하나의 세계"라고 정의했다. 김국현의 경우, 메타버스의 현실의 재구성이라는 측면에 주목했다. 「메타버스 내 게임형 가상세계와 생활형 가상세계에 대한 연구」에 따르면 그는 「웹 2.0의 경제학」에서 메타버스를 "기존의 현실 공간이었던 현실계(도구로서의 가상공간)와 현실의 것을 가상세계로 흡수한 것이었던 이상계(현실의 모사공간), 그리고 현실과 다른 상상력에 의한 대안의 가상현실인 환상계(인간의 환상과 욕망이 표출되는 공간)가 융합된 공간"이라 정의했다.

③ 미국전기전자학회(Institute of Electrical and Electronics Engineers)의 표준에 따르면 메타버스는 "지각되는 가상세계와 연결된 영구적인 3차원 가상공간들로 구성된 진보된 인터넷"이라는 의미를 지닌다. 비영리 기술 연구 단체인 ASF(Acceleration Studies Foundation)은 메타버스를 "가상적으로 향상된 물리적 현실과 물리적으로 영구적인 가상공간의 융합"이라고 정의했다.

II '스노우 크래쉬' 속에서의 메타버스

① 메타버스는 1992년 닐 스티븐슨(Neal Stephenson)의 소설 「스노우 크래쉬」에서 유래한 개념으로 '현실세계와 같은 사회적 · 경제적 활동이 통용되는 3차원 가상공간' 정도의 의미로 사용되고 있다. 다음은 작품 속 메타버스에 대한 묘사를 인용한 것이다.

> 양쪽 눈에 서로 조금씩 다른 이미지를 보여 줌으로써, 삼차원적 영상이 만들어졌다. 그리고 그 영상을 일초에 일흔두 번 바뀌게 함으로써 그것을 동화상으로 나타낼 수 있었다. 이 삼차원적 동화상을 한 면당 이 킬로픽셀의 해상도로 나타나게 하면, 시각의 한계 내에서는 가장 선명한 그림이 되었다. 게다가 그 작은 이어폰을 통해 디지털 스테레오 음향을 집어넣게 되면, 이 움직이는 삼차원 동화상은 완벽하게 현실적인 사운드 트랙까지 갖추게 되는 셈이었다. 그렇게 되면 히로는 이 자리에 있는 것이 아니었다. 그는 컴퓨터가 만들어내서 그의 고글과 이어폰에 계속 공급해주는 가상의 세계에 들어가게 되는 것이었다. 컴퓨터 용어로는 '메타버스'라는 이름으로 불리는 세상이었다.

② 이처럼 작품 속에서 메타버스의 기술적 근간이 상세히 설명되는데, 이를 통해 메타버스는 고글과 이어폰이라는 시청각 출력 장치를 이용해 접근할 수 있는 가상세계로 규정된다. 그들은 빌딩들을 짓고, 공원을 만들고, 광고판들을 세웠다. 그뿐 아니라 현실 속에서는 불가능한 것들도 만들어냈다. 가령 공중에 여기저기 흩어져 떠다니는 조명쇼, 삼차원 시공간 법칙들이 무시되는 특수 지역, 서로를 수색해서 쏘아 죽이는 자유 전투 지구 등이다.

③ 한 가지 다른 점이 있다면, 이것들은 물리적으로 지어진 것들이 아니라는 점이었다. 더 스트리트 자체가 실재하는 것이 아니기 때문에, 더 스트리트는 다만 종이에 적힌 컴퓨터 그래픽 규약일 뿐이었다. 아니, 그것들은 광섬유 네트워크를 통해 전 세계에 공개된 소프트웨어 조각들일 뿐이었다. 이런 것들을 건설하기 위해서는, 〈세계 멀티미디어 규약 단체 협의회〉의 허락을 받아야했다. 더 스트리트의 빈터를 사들이고, 지역 개발 승인을 받고, 각종 허가 사항을 득하고, 검사원들을 매수하고 하는 따위의 일들을 해야 했다. 기업들이 더 스트리트에 건물을 짓기 위해 내는 돈은 〈규약 단체 협의회〉의 신탁 기금으로 들어갔다. 그 기금은 다시 더 스트리트를 유지하고 확장하는 비용으로 사용되었다.

④ 위 인용문에 드러난 것처럼, 메타버스는 소프트웨어 조각들을 통해 표현되는 그래픽일 뿐이고 실존하지 않기에 현실세계와는 달리 물리 법칙의 한계에 제약받지 않는다. 그러나 이런 차이에도 불구하고 메타버스 속에서의 경제적 · 사회적 활동은 현실세계의 그것과 흡사한 형태를 띠고 전개된다는 것이 주목할 만한 점이다.

Ⅲ 메타버스의 네 가지 유형

비영리 기술 연구 단체 ASF(Acceleration Studies Foundation)은 메타버스를 '증강과 시뮬레이션', '내적인 것과 외적인 것'이라는 두 축을 가지고 네 가지 범주로 분류했다.

1 증강현실(Augmented Reality)

증강현실은 현실공간에 2D 또는 3D로 표현되는 가상의 물체를 겹쳐 보이게 하면서 상호작용하는 환경을 의미하며, 사람들에게서 적은 거부감으로 보다 높은 몰입감을 유도할 수 있는 특징이 있다. 사용자가 단말기의 카메라를 통해 현재는 전소된 남대문을 촬영하면 디지털로 구축된 남대문이 사용자의 단말기에 중첩되어 보이는 것이 증강현실의 한 예라고 할 수 있다.

2 라이프로깅(Lifelogging)

라이프로깅(Lifelogging)은 사물과 사람에 대한 일상적인 경험과 정보를 캡처하고 저장하고 묘사하는 기술이다. 사용자는 일상생활에서 일어나는 모든 순간을 텍스트, 영상, 사운드 등으로 캡처하고 그 내용을 서버에 저장하여 이를 정리하고, 다른 사용자들과 공유할 수 있다. 센서가 부착된 스포츠 웨어를 네트워크 연결이 가능한 MP3 플레이어와 연동하여 사용함으로써 달린 거리, 소비 칼로리, 선곡 음악 등의 정보를 저장하고 공유하는 등의 행위가 라이프로깅의 예시가 될 수 있다.

3 거울세계(Mirror Worlds)

미러월드는 실제 세계를 가능한 한 사실적으로, 있는 그대로 반영하되 "정보적으로 확장된" 가상세계를 말한다. 대표적인 예로 구글 어스(Google Earth)를 들 수 있다. 구글 어스는 세계 전역의 위성사진을 모조리 수집하여 일정 주기로 사진을 업데이트하면서 시시각각 변화하는 현실세계의 모습을 그대로 반영하고 있다. 기술의 발전이 계속될수록 미러월드는 점점 현실세계에 근접해갈 것이며, 이는 향후 가상현실의 커다란 몰입적 요소가 된다. 이같은 미러월드의 사용자는 가상세계를 열람함으로써 현실세계에 대한 정보를 얻게 된다.

4 가상세계(Virtual Worlds)

가상세계(Virtual World)는 현실과 유사하거나 혹은 완전히 다른 대안적 세계를 디지털 데이터로 구축한 것이다. 가상세계에서 사용자들은 아바타를 통해 현실세계의 경제적, 사회적인 활동과 유사한 활동을 한다는 특징이 있다. 가상세계는 우리에게 가장 친숙한 형태의 메타버스로서, 리니지와 같은 온라인 롤플레잉게임에서부터 린든 랩에서 개발된 세컨드 라이프와 같은 생활형 가상세계에 이르기까지 3차원 컴퓨터그래픽환경에서 구현되는 커뮤니티를 총칭하는 개념이다.

Ⅳ 발전방향과 문제점

1 현황 및 발전방향

① 현재, 메타버스에 대한 관심이 증가하면서 메타버스의 발전이 기대되고 있다. 이러한 상황에는 린든 랩의 세컨드 라이프가 인기를 끈 것이 가장 큰 역할을 해냈는데, 이를 계기로 메타버스는 웹 2.0 시대의 새로운 비즈니스 모델이자 3D 기반 인터넷 플랫폼으로 주목받고 있다.

② 세컨드라이프의 성공 후, 데어닷컴, 웹킨즈 등 다수의 가상세계 서비스가 출시되었다. 이로 인해 다양한 메타버스가 출현하고 상호연결되는 거대한 가상세계인 멀티버스(Multiverse)의 시대의 도래가 가까워졌다. 특히 이러한 움직임은 가상세계 오픈소스 소프트웨어 개발, 가상세계 플랫폼 공급기업의 등장으로 가속화되고 있다. 린든 랩은 최근 세컨드 라이프 아바타를 전혀 다른 가상세계로 이동시키는 데에 성공해, 서로 다른 메타버스 간 상호운용성의 증진이 기대된다.

③ 가상세계와 기존 웹 2.0 서비스가 융합되고 있는 추세다. 구글의 Lively가 대표적 사례로, 이러한 서비스들은 통상 2.5D라 불리며 가벼운 소통 도구로서의 가상공간을 제공하고 있다.

2 문제점

(1) 메타버스 내의 불법행위와 사법권

① 세컨드 라이프와 같은 가상세계에서 도박, 사기, 매춘 등의 범죄가 발생하고 있어 새로운 사회적 문제로 떠오르고 있다.

② 현실세계에서의 법질서를 가상세계에도 동일하게 적용하자는 것이 주요한 견해이나, 이러한 견해를 수용한다고 해도 두 가지 문제점이 남는다.

③ 첫 번째는 가상세계는 전통적인 물리적 장소 개념을 적용할 수 없어, 법적 문제가 발생할 경우 재판관할에 관한 문제가 발생가능하다는 것이다.

④ 두 번째는 사이버 마약의 예시에서 볼 수 있듯, 현행법이 규정하고 있지 않은 새로운 유해물 혹은 범죄가 발생할 경우 이를 통제할 수 없다는 것이다.

(2) 가상화폐의 현금화

① 가상세계의 경제 규모가 커지면서, 가상화폐의 현금화에 관한 논쟁이 발생하고 있다. (국내의 경우 “게임산업진흥법”에 의해 가상화폐를 환전하는 것은 불법으로 취급되지만, 미국에서는 린든 달러 등의 가상화폐가 미화로 환전 가능한 상태이다.)

② 첫 번째는 가상화폐를 정당한 노동의 대가로 얻은 부가가치로 인정할 수 있느냐 하는 점이다. 가상세계 가입자가 아바타 의상을 디자인하여 판매해 얻은 가상화폐와 사행성 게임을 통해 발생된 가상화폐를 동일시할 수 없지만, 가상세계 내에서 양자를 명확히 구분할 수도 없기에 문제가 발생한다.

③ 두 번째는 가상화폐를 새로운 거래수단으로 인정할 것이냐에 관련된 문제다. 인정 여부와 관련해 가상경제 활성화라는 긍정적 효과에 대한 기대와 게임중독 및 불법 거래, 탈세에 대한 우려가 교차하고 있는 상황이다.

(3) 가상세계 중독

① 가상세계, 특히 현실과 사회적 · 경제적 활동 양상이 닮아 있는 메타버스의 경우, 기존 온라인 게임과 달리 일상생활로 인식되어 중독성 심화가 가능하다는 지적이 존재한다.

② 가상세계에의 지나친 몰입은 현실에서의 일상을 황폐화시키고 정체성 장애를 발생시킬 수 있다는 점에서 문제를 지닌다.

예상문제

메타버스(Metaverse)에 대한 설명으로 틀린 것은?

① 메타버스는 가상 · 초월(meta)과 세계 · 우주(universe)의 합성어로, 3차원 가상세계를 뜻한다.
② 메타버스는 1992년 닐 스티븐슨(Neal Stephenson)의 소설 「스노우 크래쉬」에서 유래한 개념이다.
③ 메타버스는 소프트웨어 조각들을 통해 표현되는 그래픽일 뿐이고 실존하지 않기에 현실세계와는 달리 물리 법칙의 한계에 제약받지 않는다.
④ 메타버스의 한 유형인 라이프로깅(Lifelogging)은 실제 세계를 가능한 한 사실적으로, 있는 그대로 반영하되 "정보적으로 확장된" 가상세계를 말한다.

정답 ④

해설 거울세계(Mirror Worlds)에 대한 설명이다. 라이프로깅(Lifelogging)은 사물과 사람에 대한 일상적인 경험과 정보를 캡처하고 저장하고 묘사하는 기술이다.

메타버스의 유형 중 사물과 사람에 대한 일상적인 경험과 정보를 캡처하고 저장하고 묘사하는 기술로 옳은 것은?

① Lifelogging
② Mirror Worlds
③ Virtual Worlds
④ Augmented Reality

정답 ①

해설 Lifelogging에 대한 설명이다.

Theme

72 케이블 TV와 위성방송

I 케이블 TV

1 의의

① 전화회선, 동축케이블 또는 ISDN회선 등을 통한 정보전송에 사용되는 뉴미디어이다.

② 방송기술센터와 각 가구를 연결하는 케이블을 통해 지상파 방송 재송신도 포함한다.

③ TV 전파 수신이 곤란한 산간지대나 난청지역에 공동수신안테나를 설치하여 수신된 공중파를 유선케이블로 전송하여 TV 방송 가입자에게 분배하는 공동수신시스템이다.

2 매체적 특성

(1) 다양성

케이블 TV는 3~5개의 채널을 가진 공중파 방송에 비해 채널 및 프로그램의 다양성을 확보한 수십여 개의 전문적인 채널을 제공한다.

(2) 전문성

공중파 방송에서 하나의 프로그램 단위였던 영화, 뉴스, 스포츠, 드라마 등이 다수의 채널들로 확장되어 개개의 프로그램이 고도로 차별화 · 전문화된 내용으로 구성된다.

(3) 지역성

케이블 TV는 일정 제한된 지역사회를 대상으로 서비스를 제공함으로써 지역의 현안과 필요성에 밀착된 서비스를 제공하고, 프로그램 제작에 지역주민의 참여를 유발한다.

(4) 사업성

케이블 TV는 자발적으로 시청을 가입하는 가구에 대해서만 서비스를 제공하기 때문에 케이블 TV가 존립해 가기 위해서는 공공성과 함께 사업성이 강조된다.

(5) 쌍방향성

케이블 TV는 케이블 TV 방송국과 개개 가정 간의 쌍방향 TV를 실현함으로써 각 가구들을 상호 접속시켜 주는 교환기능을 가진 통신 서비스 제공이 가능하다.

3 케이블 TV의 사업구성

(1) 프로그램 공급자(Program Provider, PP)

스포츠, 어린이, 교통, 관광, 문화, 예술, 바둑, 만화 분야 및 공공채널, 외국어 분야 등 각각 1개의 업체가 독점적 운영하면서 2~3개 업체가 프로그램을 제공한다.

(2) 종합유선방송국(System Operator, SO)

패키지로 구성된 케이블 TV서비스 제공사업자로서 주로 영업 업무를 담당한다. 종합유선방송국은 사업 구역을 대상으로 케이블 TV가 공급하는 채널 이외의 자체 지역 채널을 제공한다.

(3) 전송망 사업자(Network Operator, NO)

케이블 TV의 혈관에 해당하는 전송망을 구축하고 유지 · 보수와 이를 케이블 TV가 사용할 수 있도록 임차해 주는 업무를 담당한다.

[예상문제]

케이블 TV의 사업 구성에 대한 설명으로 틀린 것은?

① 프로그램 공급자(PP), 종합유선방송국(SO), 전송망 사업자(NO)로 구성된다.
② 프로그램 공급자(PP)는 프로그램을 만들어 종합유선방송에 보내는 업체로 tvN, Mnet 등 각 채널에 드라마 등 콘텐츠를 제작해서 공급한다.
③ 종합유선방송국(SO)은 여러 PP들로부터 프로그램을 받아 이를 취합한 뒤 각 가정에 보내는 사업체를 말한다.
④ 전송망 사업자는 케이블 TV의 혈관에 해당하는 전송망을 구축하고 임차해주는 업무를 담당한다.

정답 ②

해설 tvN, Mnet 등 각 채널이 프로그램 공급자이다.

4 분류

기본서비스 패키지(Basic Cable Package)와 유료채널 서비스(Premium Channel Service)로 분류된다.

5 케이블 TV의 서비스 제공 방식

(1) 프로그램 단위 직접 판매 방식

① 전송기술의 고도화 수준에 따라 주문형 서비스(VOD)를 제공한다.
② 유사주문형 서비스(Near VOD), PPV, 고도화된 PPV(enhanced PPV)로 구분되며 현재는 2가지 유형의 프로그램(이벤트와 영화)이 PPV방식으로 직접 판매되며, 최근에는 PPV에 있어서 영화의 비중이 증가하는 추세이다.

③ 향후 전송기술이 보다 고도화될 경우 대부분의 생중계 프로그램, 일부 전문화된 뉴스 이벤트, 지상파 TV 및 케이블 TV 프로그램, 최신 영화도 직접 판매하는 경향이 증가할 것이다.

(2) 채널 단위 직접 판매 방식

케이블 TV나 위성방송의 유료 채널처럼 각각의 채널 단위로 TV 서비스를 판매한다.

(3) 패키지 서비스 방식

① 일반적으로 주문형 서비스나 채널당 직접판매 채널을 통해 그 일차적 가치가 소진된 프로그램들로 구성하며, 상위의 서비스에 적합하지 않은 급이 낮은 신작 오락물 시리즈들로 구성한다.

② 마케팅 목적에 따라 다양한 이름의 패키지 서비스가 개발된다.

(4) 방송 티어(Broadcast Tier)방식

다채널TV 서비스 제공자에게 무료로 제공되는 지상파 방송채널로 원격전송 채널, 종교 네트워크, 액세스 채널, 쇼핑 채널, 채널 단위의 LO(Local Origination) 프로그래밍을 포함한다.

Ⅱ 위성방송

1 의의

① 위성으로부터의 전송을 일반 대중들이 직접 수신하는 무선 통신서비스이다.

② 지상 약 35,784km 상공의 지구정지궤도상에 위치한 위성을 이용하여 제작된 프로그램을 지구국(earth station)을 경유하여 위성으로 보내면 위성중계기(transponder)가 이를 수신하여 증폭시킨 후 다시 지상으로 보내는 방송이다.

③ 세계 최초 위성방송은 1986년 11월 NHK(일본)에서 시도되었다.

2 매체적 특성

(1) 다채널화

디지털 압축기술의 발달로 위성방송의 전송방식이 디지털 방식으로 전환하여 지상파에 비해 수십 수백 배에 이르는 채널을 제공한다.

(2) 광역 서비스

전국을 하나의 파로 커버할 수 있을 정도로 가시청 범위가 넓어 지상의 지형에 영향을 받지 않는다.

(3) 전파월경(spillover)

방송전파가 해당국가의 영역을 벗어나서 다른 국가에까지 미치게 되어 해외방송, 통일방송에 유리하다.

(4) 난시청 문제 해소

화질의 화면을 전송하는 보편적서비스(universal service) 기능 활성화가 가능하다.

(5) 중계비용의 저렴화

신호전달 비용이 전송거리에 영향을 받지 않게 됨으로써 디지털 채널화는 위성중계기의 효용성을 제고한다.

3 방송위성(Broadcasting Satellite, BS)

(1) 의의

① 일반가정에서 직접 수신할 수 있도록 방송전파를 증폭하여 목표지역으로 전송하는 위성방송용 정지위성으로 고출력 중계기를 사용한다.

② 가정에서 직경 50cm 정도의 안테나만 사용해도 수신이 가능하다.

(2) 특징

① 가정에서 직접 수신이 가능한 직접위성방송을 이용한다.

② Ku-band(12/14GHz) 중계기로 고출력의 전파(120W)를 발사한다.

③ 특정국가 범위 내 위성방송 수신가구를 대상으로 서비스를 제공한다(전파도달 범위 제한적).

④ 수신자가 소형 안테나(30∼50cm) 정도로 수신이 가능하다.

⑤ 한국은 6개의 채널을 할당(제한적 채널 수) 받았다.

⑥ 동일주파수 대역 위성들과 9도 간격을 유지한다.

4 통신위성(Communication Satellite, CS)

(1) 의의

① 마이크로 파동에 의한 장거리 통신의 중계국 역할을 위해 띄운 인공위성이다.

② 증폭기나 중계기의 구비에 따라 능동형 통신위성과 수동형 통신위성으로 구분된다.

(2) 특징

① 주로 통신목적으로 사용된다.

② 낮은 출력 C-band(4/6GHz)중계기를 사용한다.

③ 전파도달 범위가 광범위하여 초국경 위성방송서비스에 사용된다.

④ 75cm 이상 대형 안테나로만 수신이 가능하다.

⑤ 주파수 대역이 나라별로 정해져 있지 않아 가용채널의 수가 많다.

⑥ 동일주파수 대역 위성들과 2도 간격을 유지한다.

Ⅲ 위성방송과 케이블TV

(1) 전송망 부문

위성방송용 위성과 케이블 TV용 망은 무선통신과 유선통신을 대표하는 전송수단이다.

(2) 프로그램 제작부문

① 케이블이나 위성방송을 통해 공급되는 실질적인 내용을 생산해 내는 사업 부문이다. 기능적으로 케이블과 위성방송의 분리는 불필요하다.

② 프로그램 제작과 유통 · 판매부문이 수직적으로 통합되어 있는 경우, 위성방송 프로그램 제작과 케이블 TV 프로그램 제작부문의 분리가 심화된다.

(3) 프로그램 · 채널 유통부문

① 제작된 프로그램을 채널 단위의 유통사업자에게 제공한다.

② 위성방송 프로그램 유통사업자와 케이블 TV 프로그램 유통사업자로 구별하는 것은 바람직하지 않다.

(4) 방송사업 운영부문

① 매체 사업의 최전선에서 서비스를 홍보 · 판매하고 그 수익을 징수하는 등 소매상의 역할을 담당하는 사업자들을 의미한다.

② 케이블 TV 운영사업자는 각 케이블TV 사업지역에서 케이블 TV 서비스판매, 가입료 · 광고비 등을 징수하는 사업자를 의미한다.

③ 위성방송 운영사업자는 위성방송 채널들을 가입자들에게 제공하고, 그 대가로 가입료 · 광고비를 징수하는 사업자로 규정한다.

④ 케이블 TV와 위성방송은 지역범위에 따른 어느 정도의 차별화가 가능하나, 일반적으로 동일한 가입자들을 대상으로 경쟁한다.

[케이블 TV와 위성방송 비교]

구분	케이블 TV	위성방송
전송망 부문	케이블 설치 · 유지 · 보수	위성의 발사 유지
프로그램 제작 부문	케이블 TV 프로그램 제작	위성방송 프로그램 제작
프로그램 · 채널	케이블 TV 프로그램 · 채널 공급	위성방송 프로그램 · 채널 공급
유통부문	케이블 TV 가입자의 확보 · 유지	위성방송 가입자의 확보 · 유지
방송사업 운영부문	최종 서비스의 제공	최종 서비서의 제공
장점	광대역성, 쌍방향성, 지역성	신호전달 비용이 전송거리에 영향을 받지 않음
단점	케이블 설치가 기술적으로 어려운 지역의 경우 경제성이 떨어짐	쌍방향성, 용량, 지역성

Theme

73 인터넷 방송

I 의의

① 인터넷과 방송의 합성어로, 인터넷을 통해 문자 · 그림 · 동영상 등을 방송의 형태로 제공하는 서비스이다.

② 지상파 텔레비전 방송신호의 수직 귀선 기간에 정보를 실어서 전송하는 데이터 다중 방송을 이용하여 인터넷 콘텐츠를 보내는 방송이다.

③ 인터넷을 매체로 하여 영상, 음성, 문자, 이미지 등의 멀티미디어 정보를 인터넷 사용자들에게 전달하는 방법 혹은 체계이다.

Ⅱ 특성

1 초시간적 · 탈공간적인 방송

① 어느 장소, 어느 시간에나 인터넷에만 접속이 가능하다면 시청할 수 있다.

② Live의 형태로도 서비스될 수 있으며 Live로 방영된 파일을 DB화하여 VOD서비스로 지속적인 방송이 가능하다.

③ 오픈 네트워크인 인터넷을 통한 방송은 국내 · 외 구분 없이 전 세계로 방송되기 때문에 국내 문화를 전 세계인을 대상으로 방송할 수 있다.

2 다양한 콘텐츠

영화나 음악과 같은 대중적인 콘텐츠에서부터 교육, 문화, 종교, 쇼핑 등 다양한 형태로 널려 있는 멀티미디어 콘텐츠들이 인터넷 방송의 소재가 될 수 있으며 수많은 채널(사이트)을 통해 인터넷으로 방송될 수 있다.

3 방송국 설립의 대중성

① 인터넷에 대한 개념을 알고 있는 정도라면 적은 자본으로 쉽게 설립할 수 있다.

② 라디오 방송국의 경우는 음성을 녹음할 수 있는 녹음기 한 대와 디지털 파일을 만들 수 있는 PC 한 대만 있으면 호스팅 서비스를 통해 월 몇십만 원 정도의 비용으로 인터넷 방송을 개국할 수 있다.

Ⅲ 인터넷 방송과 TV 방송의 차이

구분	인터넷 방송	TV 방송
단계	신호 산출	신호 산출
	디지털화(아날로그 → 디지털화)	
	전송신호로 압축(인코딩)	
	ISP(인터넷 서비스 제공자)에게 전송	TV 방송국으로 신호 전송
	신호 복제 및 인터넷을 통해 방송	공중파를 통해 방송
필요 장비	웹캐스팅 장비, 통신장비(대역폭 등)	방송시간(네트워크로부터 구매), 방송장비, 전송탑

Ⅳ 분류

1 서비스 유형에 따른 분류

(1) 의의

① 인터넷 방송은 이용자 주도 방송으로 다양한 서비스 형태가 존재한다.

② 기존 방송이 제공자 주도라면, 인터넷 방송은 사용자가 원하는 시간에 원하는 장소에서 원하는 형태로 서비스 제공이 가능하다.

③ 주문형 서비스, 생방송 서비스, 푸시(Push)형 서비스, 플랫폼(Platform) 서비스, 웹캐스팅 포털 서비스 등으로 분류할 수 있다.

(2) 푸시형 서비스

① 최신 정보를 얻기 위해 웹사이트를 일일이 찾을 필요 없이 정보 제공자가 주기적으로 컴퓨터 화면에 직접 밀어 넣어 주는 서비스이다.

② 지능형 에이전트(intelligent agents)의 이용으로 지정되지 않은 사이트 관련 정보도 함께 서비스해 주는 형태로 발전하였다.

③ 기존 배너광고와 달리 동화상 지원과 컴퓨터를 사용하지 않을 때도 화면보호기처럼 반복 노출되어 광고서비스에서 이용이 확대되고 있다.

2 정보의 형태별 분류

(1) 의의

① 인터넷 방송은 문자, 소리, 영상 등 제공되는 정보의 형태에 따라 분류할 수 있다.

② 문자만의 데이터캐스트(datacast), 소리만의 오디오캐스트(audiocast), 멀티미디어의 비디오캐스트(videocast)등으로 분류된다.

(2) 데이터캐스트

① 데이터캐스트는 신문 서적 등의 문자정보를 제공한다.

② 단순 문자서비스는 인터넷 방송에서 활발하지 않은 상황이다.

③ 일반적으로 멀티미디어를 선호하는데, 정보의 유통체증 때문에 저용량의 문자서비스가 영상이 필요치 않은 분야에서 점차 확대될 것으로 기대된다.

④ 무선 인터넷 기술의 발달과 함께 상대적으로 저용량의 데이터캐스트가 확대될 것으로 예상된다.

(3) 오디오캐스트

① 소리형태의 방송 서비스(오디오캐스트)는 가장 활발히 진행되는 분야이다.

② MP3 압축기술, 리얼오디오 프로그램 등의 개발과 발전은 스트리밍 기술의 본격적 확산을 가져와 오디오캐스트의 발전을 촉진했다.

③ 음악이 국제 공통언어라는 점과 오디오가 상대적으로 저용량이라는 점이 오디오캐스트 활성화의 트리거(trigger)로 작용하였다.

용어해설 **트리거(trigger)**

변화를 초래시키는 계기, 방아쇠 등의 의미를 가진다.

(4) 비디오캐스트

① 동영상 중심의 비디오캐스트는 멀티미디어 정보를 서비스하는 완성된 형태의 인터넷 방송이다.

② 초고속 인터넷과 대용량의 압축, 전송기술의 발달로 서비스가 확대되었다.

③ 쇼, 실황중계, 화상회의, 원격강의, 원격진료 등 다양한 영역으로 확대되고 있다.

V 인터넷 방송의 등장 배경

1 인터넷의 확산과 웹의 발전

1995년부터 상용화되기 시작한 인터넷과 월드와이드웹(WWW)의 확산은 문자정보 위주의 통신정보 개념을 무너뜨리고 문자, 이미지, 음성, 영상, 애니메이션 등 멀티미디어 정보를 인터넷을 통해 전 세계에 전달할 수 있는 매체로 성장하였다.

2 스트리밍 미디어 솔루션의 등장

음성, 영상 등의 멀티미디어 정보들은 파일 용량이 다른 정보에 비해 수십 배 또는 수백 배 이상 많기 때문에 대부분 전화선을 이용하는 네티즌에게 전달되려면 많은 시간을 기다려야만 하는 단점을 개선하기 위해 등장한 것이 스트리밍 기술이다.

3 네트워크 환경의 고속화와 대용량화

인터넷 접속환경의 발전과 인터넷을 통한 멀티미디어 서비스의 발전이 가능해졌다.

4 VOD & AOD개념 등장

기존 방송매체(TV, 라디오 등)가 채널에 대한 선택권 외에는 시청자에게 일방적으로 선택권 없이 보내지는 형태인 것에 반해, 인터넷 방송은 시간적 · 공간적인 범위를 초월하여 어느 곳, 어느 장소에서나(인터넷만 접속이 가능하다면)보고 싶은 프로를 선택하여 볼 수 있게 되었다.

Ⅵ 인터넷 방송기술

1 웹 서비스 기술

① 웹 서비스(webservice) 기술은 이질 정보의 통합 및 연결 주문형 제공을 가능하게 하는 기술이다.

② 멀티미디어(multimedia), 하이퍼미디어(hypermedia), 온디맨드(on-demand) 기술 등이 웹 서비스의 세부기술이다.

기술	기술 개요	특징
멀티미디어	이질 정보(문자 · 소리 · 영상 등)의 통합	정보의 디지털 코딩 및 압축으로 대용량 전송
하이퍼미디어	비순차적 정보 연결	정보의 공간적 · 시간적 제약 극복
온디맨드	원하는 정보를 원하는 시간에 전송	방송의 시간적 일방성 해결

2 캐스팅 기술

① 웹캐스팅(webcasting) 기술은 정보를 원하는 이용자에게 방송의 형태로 전송하는 데 필요한 기술이다.

② 푸시(push), 스트리밍(streaming), 멀티캐스팅(multicasting) 기술 등이 있다.

기술	기술 개요	특징
푸시	미리 저장된 정보 목록에 따라 정보가 자동으로 이용자에게 전달	이용자의 편의를 지향
스트리밍	기존 방송과 같이 정보의 전송과 구현을 동시에 진행	다운로드를 위해 기다릴 필요 없이 바로 방송 시청
멀티캐스팅	일정 수의 클라이언트에게만 정보를 전송	인터넷 방송의 효율성을 지원

핵심정리 헤이즈(Hayes)의 크로스미디어의 발전단계

1. 의의

헤이즈(Hayes)는 크로스미디어의 발전 단계를 제작 형식과 소비 형태에 따라 네 가지, 즉 Pushed형, Extra형, Bridges형, 그리고 Experience형으로 구분하였다.

2. 유형

(1) Pushed형

Pushed 형태의 크로스미디어는 한 가지 콘텐츠를 별다른 가공 없이 여러 미디어 플랫폼에서 동시에 사용하는 형태를 말한다. 즉, 콘텐츠를 다른 미디어에 맞게 제작하거나 수정하는 것이 아니라, 그대로 사용하는 것이다. 예를 들어 한 텔레비전 방송 프로그램의 내용이 인터넷, 라디오, 신문 등 다른 미디어에 그대로 전달되는 것이 Pushed형의 예이다.

(2) Extra형

Extra 형태의 크로스미디어는 기존의 콘텐츠를 보완하거나 확장하는 추가 콘텐츠를 제작하여 제공하는 것을 의미한다. 예를 들면, 텔레비전 드라마의 배경이나 캐릭터에 대한 추가 정보를 웹사이트를 통해 제공하는 것이 이에 해당한다.

(3) Bridges형

Bridges 형태는 사용자를 다른 미디어 플랫폼으로 이동시키도록 설계된 콘텐츠를 제작하는 것을 의미한다. 이는 사용자가 다양한 미디어를 통해 지속적으로 콘텐츠를 소비하도록 유도한다. 예를 들어, 텔레비전 프로그램에서 QR 코드를 보여줌으로써 사용자가 스마트폰으로 해당 코드를 스캔하고 추가 정보를 얻을 수 있도록 유도하는 것이 Bridges형의 예이다.

(4) Experience형

Experience 형태는 콘텐츠가 여러 플랫폼에서 동시다발적으로 전달되며, 사용자는 이러한 콘텐츠를 통해 '체험'하는 것을 의미한다. 즉, 제작자는 콘텐츠를 제공하는 것이 아니라 사용자가 콘텐츠를 통해 경험할 수 있는 환경을 제공하게 된다. 이 형태에서는 모든 미디어 플랫폼이 서로 연결되어 있으며, 사용자는 이를 통해 자신만의 이야기를 만들어 나간다. 대표적인 예로는 ARG(Alternate Reality Game)가 있다.

3. 발전 방향

각각의 발전 단계는 크로스미디어 콘텐츠의 복잡성과 통합성을 증가시키는 방향으로 나아가며, 이는 미디어 제작자들이 다양한 미디어 환경에서의 콘텐츠 제작과 배포 방법을 고민하게 만든다.

3 압축·복원 기술

(1) 의의

오디오·비디오 정보의 압축기술은 서비스 품질과 망 대역폭 관리를 위해 계속 발전하는 추세이다.

(2) MPEG 시리즈

① 오디오·비디오 압축기술로는 MPEG 시리즈가 대표적이다.

② MPEG-1과 MPEG-2는 자연영상과 소리만을 대상으로 부호화한다.

③ MPEG-4는 자연영상뿐 아니라 합성영상도 부호화한다.

④ MPEG-4는 가상현실(virtual reality) 개념을 도입하여 영상부분들을 개별로 부호화한다.

(3) MP3와 MP4

① 오디오 압축기술로는 MP3로 알려진 MPEG-2 Layer3과 MPEG-2 AAC(advnced audio coder)로 알려진 MP4가 대표적이다.

② MP3는 16~12kbps급 속도로 인터넷상에서 음악파일 및 음악과 음성오디오 혼합 파일에 적합하다.

③ MPEG-2 AAC는 대화형 방송서비스 구현에 우수한 방식으로 압축률과 품질이 우수하다.

Ⅶ OTT(over the top)

1 의의

① OTT(Over The Top) 서비스란 기존의 통신 및 방송 사업자와 더불어 제3사업자들이 인터넷을 통해 드라마나 영화 등의 다양한 미디어 콘텐츠를 제공하는 서비스이다.

② Top은 TV에 연결되는 셋톱박스를 의미하며, 초기엔 TV 셋톱박스와 같은 단말기를 통한 인터넷 기반의 동영상 서비스를 의미하였다.

③ 하지만 현재는 셋톱박스의 유무를 떠나 PC, 스마트폰 등의 단말기뿐만 아니라 기존의 통신사나 방송사가 추가적으로 제공하는 인터넷 기반의 동영상 서비스를 모두 포괄한 의미로 사용된다.

④ OTT 서비스 이용자는 TV프로그램, 광고, 영화, UGC(User Generated Contents) 등의 콘텐츠를 이용할 수 있다.

2 OTT 서비스 등장 배경

① 비교적 저렴한 가격으로 자신이 선호하는 미디어 콘텐츠만을 시청하려는 TV시청자들의 수요가 증가하여 매월 일정액의 시청료를 지불하는 케이블 TV는 제한된 채널로 인해 시청자들의 각기 다른 선호 콘텐츠 수요를 모두 만족시킬 수 없다는 한계가 있었다.

② 방송사들의 TV 방영 프로그램의 인터넷 유통을 시작으로 시청자들이 시간의 제약을 받지 않고도 다양한 동영상 서비스 시청이 가능해졌다.

③ IT 기술 발전으로 인한 OTT 서비스 제공 단말기 범위의 확대되었다. 과거 PC로 국한되었던 동영상 서비스가 스마트폰, 태블릿 PC, 게임기, TV 등과 같은 다양한 단말기에서 제공되고 있다.

3 OTT 서비스 시장 진출 전략에 따른 사업자 유형 구분

① 플랫폼과 단말기를 바탕으로 미디어 콘텐츠 제작 사업자들과 제휴(예 Apple, MS 등)

② 플랫폼을 바탕으로 단말기와 콘텐츠 제작 업체들과의 협력(예 Netflix, Amazon, Google 등)

③ OTT전용 셋톱박스와 같은 단말기 중심으로 시장 진출(예 Roku, Boxee 등)

④ 다양한 미디어 콘텐츠 보유의 힘을 바탕으로 사업 확장(예 Hulu)

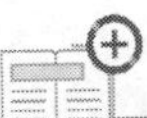

생각넓히기 | 훌루(Hulu)

훌루(Hulu)는 미국의 OTT 서비스 서비스를 제공하는 엔터테인먼트 기업이며, 디즈니의 자회사이다. 주로 텔레비전 각종 콘텐츠 시리즈의 스트리밍을 지원하여 소유자의 각 텔레비전 네트워크 및 기타 콘텐츠 파트너로부터 여러 시리즈의 현재 및 과거 에피소드를 전달하는 역할을 한다. 훌루는 설립 초기에는 월트 디즈니 컴퍼니, 워너미디어, 컴캐스트, 뉴스 코퍼레이션(이후 21세기 폭스로 승계)의 합작으로 설립하였는데, 현재 이 기업들이 각종 인수와 합병이 일어나면서 주로 3사로 이루어졌다가 AT&T가 훌루의 보유지분들을 모두 월트 디즈니 컴퍼니에 팔게되면서 훌루는 디즈니의 자회사가 됐다. 훌루의 경쟁사는 넷플릭스와 아마존 프라임 비디오이다. 현재 훌루는 미국과 일본에서만 서비스를 하며, 구독자 수는 2019년 1분기 기준으로 2850만명이다.

기출문제

OTT에 대한 설명으로 틀린 것은? [2020]

① OTT는 over the top의 약자로 over-the-X는 기존의 범위를 넘어서라는 뜻을 가진다.
② Top은 TV에 연결되는 셋톱박스를 의미하지만 현재는 셋톱박스의 유무를 떠나 PC, 스마트폰 등의 단말기를 모두 포함한다.
③ 다양한 미디어 콘텐츠 보유의 힘을 바탕으로 사업을 확장하는 OTT 서비스 사업자로는 영국의 Hulu가 대표적이다.
④ OTT 서비스는 케이블 방송이 아니라 PC, 스마트폰 등의 단말기뿐만 아니라 기존의 통신사나 방송사가 추가적으로 제공하는 인터넷 기반의 동영상 서비스를 모두 포괄한다.

정답 ③

해설 Hulu는 NBC, 폭스엔터테인먼트, 디즈니-ABCTV 그룹이 합작해 설립한 미국 기업으로, 광고기반의 무료 OTT 서비스를 제공하는 Hulu와 HD화질, 최신 콘텐츠를 제공하는 월 7.99달러 정액제 기반의 Hulu Plus가 있다.

예상문제

OTT에 대한 설명으로 틀린 것은?

① 기존의 통신 및 방송 사업자와 더불어 제3사업자들이 인터넷을 통해 드라마나 영화 등의 다양한 미디어 콘텐츠를 제공하는 서비스이다.
② Top은 TV에 연결되는 셋톱박스를 의미하며, 초기엔 TV 셋톱박스와 같은 단말기를 통한 인터넷 기반의 동영상 서비스를 의미했다.
③ 현재는 셋톱박스의 유무를 떠나 PC, 스마트폰 등의 단말기뿐만 아니라 기존의 통신사나 방송사가 추가적으로 제공하는 인터넷 기반의 동영상 서비스를 모두 포괄한 의미로 사용된다.
④ 국내에서 서비스되는 대부분의 OTT 서비스는 정액제 매출을 기반으로 한 서비스(티빙, 푹, 왓챠플레이, 넷플릭스 등)와 광고매출이 주요 수익 창출인 무료서비스(유튜브, 훌루(Hulu), 아프리카TV, 네이버TV 등)로 구분된다.

정답 ④

해설 훌루(Hulu)는 정액제 매출을 기반으로 한 서비스이다.

OTT 서비스 시장 진출 전략에 따른 사업자 유형에 대한 설명으로 틀린 것은?

① Hulu는 다양한 미디어 콘텐츠 보유의 힘을 바탕으로 사업을 확장하는 사업자 유형에 속한다.
② Apple은 플랫폼과 단말기를 바탕으로 미디어 콘텐츠 제작 사업자들과 제휴하는 사업자 유형에 속한다.
③ Roku, Boxee 등은 OTT 전용 셋톱박스와 같은 단말기 중심으로 시장 진출한 사업자 유형에 속한다.
④ Netflix, Amazon, Google, MS 등은 플랫폼을 바탕으로 단말기와 콘텐츠 제작 업체들과의 협력하는 사업자 유형에 속한다.

정답 ④

해설 MS는 Apple과 마찬가지로 플랫폼과 단말기를 바탕으로 미디어 콘텐츠 제작 사업자들과 제휴하는 사업자 유형에 속한다.

Theme

74 IPTV(Internet Protocol TV)

I 의의

① 인터넷에 접속할 수 있는 기능을 갖춘 텔레비전으로 인터넷 TV라고도 한다.

② 인터넷 검색기능을 갖춘 텔레비전 세트, 고속 모뎀, 기억장치, 웹브라우저 등 인터넷 검색 소프트웨어를 장착하여 텔레비전 세트만으로 인터넷이나 PC 통신이용이 가능하다.

③ 인터넷 전용의 저가격 단말기나 대화형 콤팩트디스크(CD-I) 플레이어와 같은 별도의 부가장치와 연결하지 않고도 인터넷을 이용할 수 있다.

④ 텔레비전 등 방송프로그램을 인터넷망(IP 망)을 이용하여 공중에게 보내주는 디지털 방송이다.

⑤ 인터넷망을 통해서 시청자의 TV 수상기로 디지털 TV나 그 이상의 품질로 제공되는 TV 서비스이다.

⑥ 방송용 전파가 아닌 인터넷 프로토콜을 이용하여 인터넷 방송처럼 스트리밍 방식의 방송프로그램을 시청한다.

⑦ VOD, T-Commerce, 오락, 뱅킹, 정보, TV포털 및 다채널 방송서비스와 같은 멀티미디어 콘텐츠를 ADSL, FTTH와 같은 초고속 인터넷망을 통해 디지털 셋톱박스에 연결된 TV 단말기를 이용하여 패킷방식으로 제공되는 통신과 방송기능이 모두 녹아 있는 융합서비스이다.

⑧ 전송매체 관점으로 보면 지상파, 케이블, 위성으로 구분되는 기존 방송매체시장에 IP 전송방식의 초고속 인터넷망이 또 하나의 전달매체로 등장한 것이다.

⑨ 단말기 측면으로 보면 PC만을 접속대상으로 하던 초고속 인터넷 영역을 TV를 포함한 방송 가전 영역으로 확대하여 추가적인 단말기 창구를 확대한 것이다.

⑩ 콘텐츠 측면으로 보면 개방형 회로(open circuit)인 인터넷상에 존재하는 콘텐츠가 폐쇄형(close circuit)에서 유통되는 기존 방송콘텐츠에 추가된 것이다.

Ⅱ IPTV 특성

1 양방향 서비스(interactive service)

사용자 참여가 가능한 양방향 서비스, 주문형(on-demand) 서비스 등의 제공으로 TV방송의 주도권이 방송사나 중계업자에서 시청자로 이전한다.

2 개인화 서비스(personalized service)

① point-to-point 방식으로 개인화된 채널서비스가 가능하다.
② personalized entertainment 서비스를 제공할 수 있다.
③ 맞춤 인터넷 정보를 TV에 적합하게 재가공한 Walled garden 서비스를 제공할 수 있다.
④ SMS, TV 화상회의 등 communication 서비스를 제공할 수 있다.

3 번들링 서비스(bundling service)

① TV 단말의 장점과 초고속인터넷의 장점을 부각시키는 서비스이다.
② 초고속인터넷, VoIP 등과의 결합을 통해 TPS 제공이 가능하다.
③ 강력한 소비자 Lock-in 효과가 발생한다.

4 기타

① 주파수 대역의 제한이 없는 무제한 채널 공급이 가능하다.
② Qos/QoE를 보장할 수 있다.
③ TV와 인터넷의 혼합 모델이다.

기출문제

IPTV의 특징에 대한 설명으로 볼 수 없는 것은? [2019]

① point-to-point 방식 ② 번들링 서비스
③ TV와 인터넷의 혼합 ④ 고화질 서비스 제공

정답 ④
해설 고화질 서비스는 케이블 TV 등 다른 뉴미디어와 구별되는 IPTV만의 특징으로 볼 수 없다.

Ⅲ IPTV와 경쟁 매체의 특성 비교

구분	IP TV	디지털 케이블 TV	디지털 위성방송
특징	디지털 양방향 서비스 제공	디지털 양방향 서비스	디지털 양방향 서비스 (제한적 양방향 서비스)
채널 수	TV 60~100여 개 채널	• TV 50여 개 채널, • 라디오 20여 개 채널, • 데이터 15개 채널	• TV 80여 개 채널, • 오디오 60여 개 채널
화질	SD, HD급 단계별 서비스	SD, HD급 단계별 서비스	SD, HD급 단계별 서비스
요금	10,000~15,000원 예상	18,000원 예상	20,000원(Sky Family)
주변기기	셋톱박스 필요	셋톱박스 필요	셋톱박스 필요
전송망	xDSL, FTTH, HFC(하나로)	HFC	위성
부가 서비스	• VOD 서비스 • VoIP, SMS, 메시징 서비스 • 게임, 웹 검색 • EPG 서비스 • TV 쇼핑, 뱅킹 서비스	• VOD 서비스 • VoIP, SMS, 메시징 서비스 • EPG 서비스 • TV 쇼핑, 뱅킹 서비스	• VOD 서비스 • SMS, 메시징 서비스 • 게임 • EPG 서비스 • TV 쇼핑, 뱅킹 서비스
서비스 권역	전국	지역	전국

Ⅳ IPTV서비스의 종류

1 전자프로그램 가이드(Electronic Program Guide, EPG)

① IPTV의 가장 대표적인 형태로 사용자와 상호작용을 부각한 개념으로 IPG(Interactive Program Guide)라고도 한다.

② 한 채널에 복수의 SD(standard definition)급 프로그램 전송이 가능하므로 가상공간을 돌려보지 않고 어느 채널에서 어떤 정보가 제공되고 있는지를 파악할 수 있도록 제공되는 서비스이다.

③ IPTV 프로그램의 포털서비스이다.

2 대화형서비스

(1) 실시간 대화형 서비스

게임, 퀴즈 프로그램 등을 제공한다.

(2) 홈뱅킹 서비스

TV시청 중 간단히 은행에 접속하여 TV화면에 나타난 금융정보를 보면서 거래할 수 있다.

(3) 텔레비전 전자상거래(T-Commerce)

① 뱅킹서비스, 양방향 광고 및 기타 요금이 부과되는 모든 종류의 서비스를 포함한다.

② T-Commerce는 클릭과 클릭만으로 상품에 대한 정보를 검색하고 직접 구매하거나 예약까지 가능하다.

(4) PVR(Personal Video Recorder)

방송프로그램을 녹화하고, 디지털 형식으로 콘텐츠를 디스크 드라이브에 저장하는 서비스이다.

V IPTV의 도입 배경

1 공급자 요인

① 초고속인터넷 기술의 급속한 발전에 따라 데이터 전송속도가 증가하였다.

② 기존 인프라 및 신규 인프라(BcN 등)를 활용한 범위의 경제 효과를 극대화할 수 있다.

③ 성숙기 시장인 통신서비스 시장에서의 역량을 방송서비스 시장에 진입하여 활용할 수 있다.

④ 케이블 사업자 등을 필두로 한 TPS서비스 등의 등장으로 기존 통신서비스 시장의 경쟁 심화에 대한 수익성 보전의 필요성이 증대하였다.

⑤ 다양한 신규 부가서비스 제공을 통한 ARPU를 증가시킬 수 있다.

2 수요자 요인

① 동일 단말기, 네트워크를 통한 방송과 통신서비스 활용으로 편리성이 증대된다.

② 기존 서비스의 사업자 통합에 따른 편리성이 확대된다.

③ T-Commerce, T-Learning 등 방송의 디지털화와 맞물려 양방향성에 대한 신규 수요가 증가한다.

④ 맞춤형 TV 포털 등 방송의 개인 미디어화를 통해 개인의 선택권을 강화할 수 있다.

⑤ 방송의 디지털화에 따른 IPTV에 대한 인지도가 증가하였다.

Theme

75 TRS(Trunked Radio System)

I 의의

① TRS(Trunked Radio System)는 특정한 직무 수행을 위해 조직 내부에서 사용되는 무선통신서비스를 말하며 그룹통화, 1대다 지령 통신, 신속한 접속 등을 특징으로 한다.

② 이러한 특징으로 인해 TRS는 전력, 운송, 치안 분야에서 핵심 무선 통신망으로 활용되어 왔다.

③ 일반적으로 TRS에서 사용되는 호의 길이는 매우 짧아 트렁킹을 통한 확률적인 채널 이용 효율 증대가 가능하다.

④ 대부분의 업무용 무선통신시스템은 이러한 트렁킹 기술을 적용하고 있기 때문에 북미지역과 우리나라에서는 TRS라는 용어를 사용한다.

⑤ 트렁킹 기술을 사용하는 TRS에서는 이러한 통계적 다중화 기법을 이용하여 부여된 채널보다 많은 통화 그룹을 생성하여 사용할 수 있다.

⑥ 디지털 TRS는 보이스, 데이터 등 트래픽 채널이 디지털 신호로 전송되는 시스템을 말한다. 디지털 TRS 표준으로는 현재까지 TETRA(Terrestrial Trunked Radio)가 유일하다.

II TETRA

① TETRA는 ETSI(European Telecommunication Standards Institute)에서 생산한 TRS 표준이다.

② TETRA는 현재까지 TRS와 관련하여 생산된 유일한 표준이다.

③ TETRA 시스템은 다양한 UHF 주파수 대역을 활용하여 구축될 수 있다.

④ 전력 IT용 디지털 TRS는 380～400MHz 대역을 이용하게 되며 점유대역폭은 25KHz이다.

⑤ Uplink와 Downlink는 FDD 방식으로 구분하며 송수신 신호 간 간격은 10MHz이다.

⑥ TETRA가 이용하는 변복조 방식은 $\pi/4$ shifted QPSK이다.

⑦ $\pi/4$ shifted QPSK는 TIA IS-54규격에 의해 TDMA에 권고된 변복조방식으로, QPSK를 매 포인트에서 $\pi/4$ 천이(shift)시키는 변복조방식을 사용하며 8포인트의 신호점을 가지며 대역폭은 QPSK와 동일하다.

⑧ TETRA의 다중접속방식은 1 : 4 TDMA이다.

⑨ 음성 또는 데이터가 수용된 4개의 타임슬롯이 하나의 TDMA 프레임을 구성하며 4개의 슬롯 중 하나는 제어채널로 사용된다.

Theme

76 소셜 미디어의 이해

I 커뮤니케이션 미디어 양식의 변화

① 인류 역사를 설명하는데 커뮤니케이션 미디어 양식의 변화에 주목하여 설명한 대표적인 학자 중 한 사람은 포스터이다.

② 그는 미디어 패러다임 변화에 따라 커뮤니케이션 양식의 변화를 지배적 커뮤니케이션 미디어(dominant communication media)에 초점을 두어 설명한다.

③ 이와 맥을 같이하여 한국지능정보사회진흥원은 지배적 미디어와 커뮤니케이션 양식의 변화를 다음 표와 같이 제시하였다.

지배적 매체	구두 · 필기	대중매체	인터넷	소셜 미디어
커뮤니케이션 방식	인간 ↔ 인간	인간 ↔ 매스미디어	인간 ↔ 컴퓨터 인간 ↔ 컴퓨터 ↔ 인간	인간 ↔ 소셜 미디어 ↔ 인간
커뮤니케이션 장소	물리공간 (제1공간)	물리공간 (제1공간)	가상공간 (제2공간)	물리공간+가상공간 (제3공간)
생산 기반	채집, 농경	산업, 제조	정보, 지식, 창의력	
인간관계 기반	혈연 · 지연	학연 · 직장연	정보연 · 취향연	

④ 대중매체에 의존하던 우리는 2000년대 시작을 전후로 인터넷 미디어 시대를 지나 이제 소셜 미디어를 통해 소통하는 시대에 접어들었다고 소개한다.

II 카스텔(Castells)

① 소셜 미디어를 통한 커뮤니케이션을 가능하게 한 정보통신기술의 발달은 개인이 보다 가치 있는 존재로 사이버 공간에서 누구든지 주체가 되어 문화를 창조할 수 있는 개인주의를 가능하게 하였다.

② 사이버 공간의 개인화 성향은 스스로 문화를 창조하며 지극히 개인중심적으로 움직이지만 네트워크를 통해 다른 사람들과 지속적으로 연결된 공동체를 형성함으로써 각자의 개성을 표출할 수 있는 개인화된 미디어 환경은 또 다른 의미에서 새로운 공동체성의 확대를 가져온다.

Ⅲ 새로운 커뮤니케이션 환경으로서의 소셜 미디어

① RSS나 위젯(Widget)과 같은 개인화 프로그램을 이용하여 매일 아침 주요 언론사나 국제적인 통신사가 전송하는 정보가 아닌 자신과 관심이 비슷한 사람들과 자신이 좋아하는 학자들의 의견을 받아볼 수 있는 진정한 의미의 1 대 1 또는 이상적 민주화가 진행되고, 모든 개개인이 바로 정보의 생산자이자 유통까지도 담당하는 등 개인화된 사용자들의 새로운 커뮤니케이션 환경이 소셜 미디어이다.

② 소셜 미디어는 사람들이 자신의 생각과 의견, 경험 관점 등을 서로 공유하기 위해 사용하는 온라인 도구이자 플랫폼으로 텍스트, 이미지, 오디오, 비디오 등의 다양한 형태와 블로그(blog), 소셜 네트워크(social networks), 팟캐스트(podcasts), 위키스(wikis), 비디오 블로그(vlog) 등의 다양한 형식을 갖는 웹2.0 기반의 사회적 활동이나 매체를 통틀어 지칭한다.

Ⅳ 소셜 미디어의 발전

① 소셜 미디어란 용어를 최초로 사용한 사람은 가이드와이어 그룹(Guidewire Group) 창업자이자 글로벌리서치 디렉터인 크리스 쉬플리(Chris Shipley)로 2004년 '블로그 온 2004 컨퍼런스'(Blog on 2004 Conference)에서 '소셜 미디어의 비즈니스'를 통해 향후 블로그, 위키, 소셜 네트워크와 연관된 테크놀로지가 결합해 새로운 형태의 참여 미디어로서 소셜 미디어의 등장을 예고하였다.

② 2005년 소셜 네트워킹 서비스인 마이스페이스(MySpace)의 시작과 2006년 인터넷 커뮤니케이션 패러다임을 바꾼 동영상 사이트 유튜브(YouTube)의 확산으로 소셜 미디어에 대한 관심이 증가하였고, 2008년 웹2.0을 반영한 오픈 플랫폼으로 페이스북이 큰 주목을 받았다.

③ 소셜 미디어 서비스의 변화는 초기에는 참여와 공유가 강조되는 커뮤니티가 인기를 얻었고, 다음에는 개방을 중시하는 블로그가 인기를 얻었으며, 이후 서로의 관계를 강조하는 SNS(Social Network Service)가 인기를 얻었다.

④ 2009년부터 끊임없는 서비스를 제공하는 인터넷 시장과 이를 순발력 있게 수용하는 초기 수용자들에 의해 인기가 급상승하면서 소셜 미디어의 커뮤니케이션은 계속 진화하고 있다.

V 소셜 미디어의 특징

1 신속한 정보 전달

① 인터넷 미디어 중 가장 신속하게 정보를 전달할 수 있다.

② 기존 미디어가 일방적 정보 전달이었다면 소셜 미디어는 정보의 수평적 전달, 지인 네트워크를 통한 피라미드적 확산을 가능하게 했다.

③ 높은 정보의 신속성은 개인적 관점에서 뉴스 기사를 직접 작성하거나 기존 저널리즘의 뉴스를 필터링하는 방식으로 저널리즘적인 행위를 가능하게 한다.

2 공유

① 일반 미디어와 가장 차별화된 점은 개인의 경험을 다른 사람과 공유하는 것이다.

② 개인 홈페이지 역할을 하며 개인의 특성에 따라 자유로운 콘텐츠를 주제로 선택하여 내용을 제시할 수 있다.

③ 사용자들과 의견을 교류함으로써 자기표현의 개인 미디어에서 칼럼이나 기사 들을 전달할 때 기존의 매스미디어와 달리 편집이나 검열 없이 개인이 접한 생생한 정보와 감정을 다양한 형태로 할 수 있어 더 효과적이다.

3 대안적 미디어

① 개방형 커뮤니케이션 공간으로서 매스미디어에 도전, 저항하는 대안적 미디어이다.

② 게시된 콘텐츠의 제한이나 제약 없이 자유롭게 스크랩과 링크가 가능하며 각각의 개인이 맺고 있는 사회적 네트워크가 공개되며 공간의 투명성 확보가 가능하여 사용자들은 개방된 공간에서 수많은 정보들 중에서 자신에 맞는 맞춤화된 정보를 용이하게 이용할 수 있다.

[예상문제]

소셜 미디어와 SNS에 대한 설명으로 틀린 것은?

① Social은 일반적으로 '사회의', '사회적인'으로 번역되지만, 소셜 미디어에서는 '관계를 형성하다' 또는 '사교하다'라는 뜻으로 쓰인다.

② 소셜 미디어는 관계를 기반으로 하면서 뉴스를 중심으로 하는 것을, SNS는 관계의 형성과 발전을 중심으로 하는 것으로 나누는 경우가 많다.

③ 트위터는 소셜 미디어에 페이스북과 미투데이는 SNS에 가깝다.

④ SNS의 N이 networking을 의미할 때는 이미 형성된 관계의 유지를 의미한다.

정답 ④

해설 SNS의 N이 network를 의미할 때는 이미 형성된 관계의 유지를 의미하고 networking을 의미할 때는 새로운 사람을 만나려고 하는 더욱 능동적인 측면이 강조된다.

Ⅵ 페이스북(Facebook)

1 의의

① 최근 경이로운 성장세의 페이스북은 SNS 시장에서 가장 돋보이는 미디어 중 하나이다.

② 개인 프로필을 놀이의 개념으로 확장한 서비스인 페이스북은 블로그처럼 자신의 주장이나 생각을 글로 남기는 전문가의 영역이 아닌 일상생활의 소소한 재미를 주고받는 공간이다.

③ 페이스북은 2004년 2월 하버드 대학교 기숙사에서 현 CEO인 마크 저커버그(Mark Zukerberg)가 3명의 동료들과 함께 만든 사이트가 시초가 되었다.

④ 사이트 개설 초기에는 가입자를 하버드 대학생으로만 한정하였으나 점차 모든 대학생, 13세 이상인 사람 누구나 가입할 수 있도록 가입 대상을 확대하였다.

2 이용자 증가율

① 2004년 12월 100만 명으로 출발하여 2010년 2월 5일 4억명을 넘어섰다.

② 페이스북 이용자 성장세는 다소 둔화되었지만, 2014년까지 두 자리 수 성장률을 기록했다.

③ 2015년 8월 현재, 페이스북의 월 활동 사용자 및 일 활동 사용자는 전년 동기 대비 13%와 17%가 증가해 14억 9천만 명과 9억 6천 8백만 명을 기록했다.

3 페이스북의 장점

① 소셜 네트워킹 서비스는 해당 사이트 내에서 친구들끼리 비밀스러운 이야기를 나누는 공간으로 생각하기 쉬운데 실제로는 페이스북 커넥트를 통해 페이스북의 영향력을 외부로까지 확장하여 다양한 네트워킹을 가능하게 하는 종합서비스이다.

② 상대방의 승인절차를 거쳐야만 상대방의 글이나 사진 등을 볼 수 있는 다소 폐쇄적인 구조로 운영되지만, Following을 통한 일방적인 관계 형성이 아닌 철저하게 쌍방향 합의를 통해서 네트워크를 구축하고 확보된 인맥을 통해 관계 형성과 유지를 해 나가며 업데이트를 통해 유대관계를 더욱 확고히 할 수 있는 것이 최대 장점이다.

Ⅶ 트위터(Twitter)

1 의의

① 140자 내에서 자신의 생각을 표현하는 마이크로블로그(micro blog) 서비스로 출발하여 현재 실시간 웹을 대표하는 서비스로 부상했다.

② 다양한 사람들의 생각과 느낌, 행동을 실시간으로 공유하고 사회적 이슈에 개인 생각과 의견을 전달할 수 있는 개인적 정보교환 매체의 성격이 강하다.

③ 인터넷을 통해 가장 빠르게 확산되고 있는 마이크로블로그로서 2006년 6월 오픈한 이래로 가입자 수가 급증하면서 전 세계 5억 명(2012. 2. 23)이 이용하고 있으며, 이마켓의 조사결과에 의하면 페이스북이 2010년 성장률 고점을 찍고 점차 감소추세인데 반하여, 트위터는 2011년 31.9% 성장률을 기록하면서 급격히 증가하여 2014년까지 두 자리 수의 성장률을 유지했다.

2 트위터의 특징

(1) 단순성

① 방문자에게 보여주기 위해 꾸미거나 단장할 필요가 없다.

② 정보의 분량을 갖출 필요도 없고 내용의 전문지식도 요구하지 않는다.

③ 140자 내의 제한된 글을 이용해 자신과 연결된 사람들에게 글을 보낸다.

④ 이러한 짧은 단문이 갖는 단순함은 기타 SNS에 비해 스마트폰에서 이용하기 적합하므로 언제 어디서나 접근이 가능한 장점을 가진다.

(2) 네트워크 구축의 용이함

① 일반적인 소셜 미디어가 보여주는 관계 형성은 신청과 승인 방식으로 이루어지지만 트위터는 관심 있는 사람을 따르는 Following이라는 자기 확인 방식을 택하고 있다.

② 기존의 블로그는 친구 신청 시 상대방이 승인하는 과정을 거쳐야 하지만 트위터에서는 Following을 통해 내가 관심 있는 사람을 상대방의 승인 없이 관계 형성이 가능한 독특한 개념으로 유명인의 이야기를 내 페이지에서도 볼 수 있다.

③ 이는 기존의 매스커뮤니케이션 이용에서 불가능했던 개방형 네트워크 구축을 가능하게 한 것이다.

(3) 정보 확산의 신속성

친구 맺기 방식을 통해 콘텐츠의 공유 속도가 한층 더 빨라지게 하는데 예를 들면, 특정 사람을 따르는 Follower 수가 10만 명이라고 가정하면 하나의 글을 올리는 순간 10만 명에게 전파되며, 리트윗(retweet)이라는 정보 재배포 기능을 제공하여 자신이 따르고(Following)있는 사람이 쓴 글(Tweet)을 다른 사람과 공유하고 싶을 때는 리트윗할 수 있고, 이렇게 리트윗된 글은 나를 따르는 사람들(Follower)에게 보여지는 등 정보의 확산 속도가 상상을 초월할 만큼 빨라져 이런 정보전달력은 사회 전반에 걸쳐 많은 영향력을 행사한다.

(4) 정보와 애플리케이션 공유 등 정보공개정책

트위터는 서비스 초기부터 API(Application Programming Interface)로 자사 정보를 공개하는 정책을 펼치고 있는데, 이를 이용해 외부 사이트에 트위터 계정으로 로그인하여 해당 사이트의 정보를 트위터로 공유할 뿐 아니라 외부개발자가 만든 수많은 애플리케이션도 공유한다.

Ⅷ 페이스북과 트위터의 차이점

1 네트워크 연결 방식

(1) 페이스북

페이스북은 일방향이 아닌 쌍방향 연결 구조로, 국내 최대 소셜 네트워크 서비스인 싸이월드의 친구 맺기와 비슷한 개념으로 상대방에게 친구 신청을 하면 수락함으로써 연결되는 구조이다.

(2) 트위터

트위터는 자기 확인만 하면 내가 원하는 누구와도 관계를 맺을 수 있는 단방향 구조로 이러한 단방향성은 다양한 인맥과 연결되어 연결속도가 빨라 네트워크 구축이 페이스북보다 훨씬 용이하다.

2 정보전달 속도

(1) 페이스북

페이스북은 친구들 간 정보 공유와 전달이 이루어지므로 자신의 취미나 생각 등을 적절히 섞어서 활용할 수 있는 개인화 서비스로써 얼마나 많은 친구들과 연결되어 있느냐에 따라 그 정보의 속도가 결정된다.

(2) 트위터

① 트위터는 단문 메시지로 이루어진 마이크로 블로그로서 수많은 사람들은 자기 확인 절차만 거치게 되면 정보를 전달할 수 있어 그 확산성의 휘발성은 매우 강하다.

② 사회적 이슈나 유명인의 글과 같이 많은 사람들로부터 공감을 얻을 수 있는 트윗은 리트윗 기능을 통해 빠른 속도로 많은 사람들에게 전달되거나 그렇지 못한 정보들은 그만큼 빨리 잊혀진다.

③ 트위터의 경우 단방향적 관계 형성으로 상대방이 Blocking하지 않는 한 상대방의 내용을 확인할 수 있는 다른 소셜 네트워크 서비스 범위를 넘어선 강력한 실시간 웹 인프라이다.

Theme

77 Telegram Messenger

I 의의

① Telegram Messenger LLP사가 개발/운영 중인 오픈소스 인터넷 모바일 메신저이다. 러시아의 니콜라이 두로프(Nikolai Durov), 파벨 두로프(Pavel Durov) 형제가 개발하여 2013년 8월에 iOS용으로 처음 출시하였고, 현재는 안드로이드 · Windows · Windows Phone · 리눅스 · macOS · 웹 브라우저까지 지원하는 메신저이다. 구글 크롬용 확장 기능 버전도 제공하고 있다.

② 비영리이기 때문에 유료 기능이나 광고가 없다. 이것이 가능한 이유는 텔레그램의 개발자중 한 명인 파벨 두로프가 러시아에서도 손꼽히는 억만장자이기 때문에 서버 유지, 개발비 등 모든 비용을 충당할 수 있기 때문이다. 앞으로도 어떠한 경우에도 광고를 싣거나 유료화되는 일은 없을 것이라고 하며 비용이 부족할 것으로 예측된다면 기부를 받을 것이라고 한다.

Ⅱ 멀티디바이스 지원

① 전화번호 한 개만 있으면 여러 기기에서 제약 없이 동시에 사용할 수 있다. 웹 버전을 이용하면 설치를 하지 않아도 인터넷 브라우저를 통해서 접속이 가능하다. 웹 버전을 이용하면 플레이스테이션 4와 같은 게임기에서도 접속할 수 있다.

② 카카오톡은 물론이고 왓츠앱이나 라인 같은 메이저급 메신저마저도 멀티 디바이스를 지원하지 않는다. 텔레그램처럼 1인 무한 기기를 지원하는 메신저는 극히 소수이다. 또한 텔레그램 설정을 통해 다른 기기의 세션을 제어할 수 있어서 현재 사용 중인 하나의 로그온 된 계정을 뺀 다른 기기를 전부 로그오프 하는 것이 가능하다.

Ⅲ 오픈소스

오픈소스 프로그램으로 프로토콜과 API, 아이폰 및 안드로이드용 앱의 소스 코드를 공개하여 모든 개발자가 자유롭게 수정 · 개발할 수 있다.

Ⅳ 비밀 대화

① 비밀 대화의 경우 모바일 버전에서만 이용 가능하다. 비밀 대화에서는 자신이 보낸 메시지를 언제든지 지울 수 있으며, 지운 메시지는 상대방의 화면에서도 지워진다. 또한 (텍스트, 이미지, 동영상을 포함한 모든 종류의) 메시지를 보낸 후 일정 시간이 지나면 메시지가 자동으로 삭제되는 '자동 삭제 타이머'를 설정할 수 있다.

② 비밀 대화에서 스크린샷 기능을 사용해 대화를 캡쳐하면 스크린샷을 찍었다는 알림이 상대방에게 뜬다. 하지만, 안드로이드에서는 캡쳐 자체가 차단된다.

Ⅴ 보안성 및 개인정보 보호

① 기존의 메시지 단체 전송을 대체하는 채널 기능이 새로 생겼다. 채널은 개설한 사람과 관리자로 추가된 사람만 메시지를 남길 수 있는 단방향 채팅이며, 구독할 수 있는 사람 수에 제한이 없기 때문에 공지 사항이나 뉴스 등을 올리기에 적합하다.

② 글이나 파일을 '저장한 메시지'로 보내면 해당 계정으로 로그인된 어느 기기에서나 열어볼 수 있기 때문에, 텔레그램을 클라우드 서비스처럼 이용할 수 있다.

③ 채널에 게시한 메시지는 수정하거나 삭제할 수 있다. 삭제 시 모든 구독자의 채팅 화면에서도 해당 메시지가 삭제된다. 또한 채널에서는 구독한 시점에 상관없이 과거에 게시된 메시지들을 모두 확인할 수 있다.

④ 일반 대화의 경우, 다른 메신저와 비슷한데 한 가지 차이점이 있다. 모든 대화가 클라우드 서버에 보관된다. 이 메시지들은 마치 클라우드 서버에 올린 파일처럼 작동하기 때문에 무한정 보존된다. 또한 어떤 로그인된 기기에서 메시지를 지우면 다른 모든 기기에서 즉각 동기화되어 그 메시지가 삭제된다. 따라서 텔레그램 서버도 국가 기관에 의해 감찰당한다면 그동안의 모든 대화가 압수될 가능성이 있다.

⑤ 비밀 대화는 종단 간 암호화를 적용하여 두 단말기 간에서만 복호화가 가능한 비밀키를 이용하는 방식이다. 이 경우, 서버는 암호화된 메시지를 단순히 전달해주는 기능만을 하기 때문에, 서버에 감청영장이 부과되어도 볼 방법이 없다. 여기에 추가로 자동 대화 삭제 등의 기능도 제공하며, 대화 내용 저장 기능도 제공하지 않고 있다.

[예상문제]

텔레그램에 대한 설명으로 틀린 것은?

① 비영리이기 때문에 유료 기능이나 광고가 없다.
② 웹 버전을 이용하면 플레이스테이션 4와 같은 게임기에서도 접속할 수 있다.
③ 비밀 대화에서는 자신이 보낸 메시지를 언제든지 지울 수 있으며, 웹 버전에서만 이용 가능하다.
④ 오픈소스 프로그램으로 프로토콜과 API, 아이폰 및 안드로이드용 앱의 소스 코드를 공개하여서 모든 개발자가 자유롭게 수정 · 개발할 수 있다.

정답 ③

해설 비밀 대화는 모바일 버전에서만 이용 가능하다.

Theme 78 인터넷

I 인터넷의 기원

1 알파넷의 구축과 확대

① 인터넷은 동서냉전이 한창이던 1969년 미국 국방부 고등 연구 계획국이 핵전쟁에 신속히 대처하기 위해 국방부 산하 연구기관들의 컴퓨터와 소프트웨어들을 서로 연결한 알파넷(ARPAnet)이라는 통신망 구축에서 시작되었다.

② 군사 목적으로 구축된 ARPAnet이 1969년부터 본격적으로 가동되고, 통신 규약을 TCP/IP로 통일하여 기종에 상관없이 정보 교환이 가능하게 되면서 1970년대 초 ARPAnet이 미국의 대학과 특정 연구소 등에 개방되어 이용이 급격히 증가하였고, ARPAnet은 군사 목적의 MILnet과 일반인을 지원하는 ARPAnet으로 분리되었다.

2 NSFNET 체제로의 전환

① 미국국립과학재단(NSF)도 1986년부터 TCP/IP를 사용하는 미국국립과학재단망(NSFNET)이라는 새로운 통신망으로 전 미국 내 5개소의 슈퍼컴퓨터 센터를 상호접속하기 위하여 구축되었는데 1987년 ARPAnet을 대신하여 인터넷 기간망 역할을 담당하면서 인터넷은 본격적으로 자리 잡았고 ARPAnet은 2년 후 막을 내렸다.

② 이 시기부터 인터넷은 상품 광고 및 상거래 매체로 이용하는 상업적 이용 수요가 증가하였으나 정부 지원으로 운영하는 NSFNET은 그 성격상 이용 목적을 교육 연구용으로 제한하는 방침(Acceptable Use Policy, AUP)을 지켰다.

3 인터넷의 상업화

① 이 방침 때문에 일부 인터넷 사업자가 협회를 구성하여 1992년 상업용 인터넷 교환망(CIX)이라는 새로운 기간망을 구축하였고, 상용 인터넷을 상호접속하게 되었다.

② 인터넷에 접속하는 방법은 전용선에 의한 IP접속과 전화 회선을 이용한 다이얼 업 IP접속, UUCP 접속이 있다.

③ 인터넷 사용자는 각국의 네트워크정보센터(NIC)에서 할당하는 IP 주소와 게이트웨이 컴퓨터 소유자의 승낙이 필요하지만 인터넷 접속 서비스를 이용하는 경우에는 이런 절차가 간편하다.

④ 국내에서는 한국인터넷진흥원의 한국 인터넷 정보센터(Korea Network information Center, KRNIC)가 IP 주소의 지정 및 도메인 등록 업무를 담당하고 있다.

⑤ 1994년 6월 KT가 최초로 인터넷 상용 서비스(KORNET service)를 시작한 이래 많은 인터넷 정보 제공자(ISP)가 생겨나 일반인을 대상으로 상용 서비스를 제공하고 있다.

[예상문제]

인터넷의 역사에 대한 설명으로 틀린 것은?

① 인터넷은 핵전쟁에 신속히 대처하기 위한 통신망 구축에서 시작되었다.

② 군사 목적으로 구축된 ARPAnet이 1969년부터 본격적으로 가동되었다.

③ 통신 규약을 TCP/IP로 통일하여 기종에 상관없이 정보 교환이 가능하게 되었다.

④ 미국국립과학재단망(NSFNET)은 상업적 이용 수요가 증가함에 따라 이용 목적을 교육 연구용으로 제한하는 방침(Acceptable use policy)을 철폐하였다.

정답 ④

해설 정부 지원으로 운영하는 미국국립과학재단망(NSFNET)은 그 성격상 이용 목적을 교육 연구용으로 제한하는 방침(Acceptable use policy)을 지켰다.

Ⅱ 인터넷의 정의

1 미국 연방 네트워크 위원회(Federal Networking Council, FNC)

① 인터넷을 IP(Internet Protocol)에 기반을 둔 유일한 주소체계로 전 세계적으로 연결되어 있는 범세계적인 정보시스템(global information system)이다.

② TCP/IP를 사용하여 상호 간 커뮤니케이션을 할 수 있도록 지원하는 통신시스템으로 누구나 접근하여 사용할 수 있는 통신과 관련 인프라 구조에 기초를 둔 고차원 서비스이다.

2 크롤과 호프만(Krol & Hoffman)

① TCP/IP 프로토콜에 기반을 둔 네트워크의 네트워크이다.

② 네트워크를 구축하고 사용하는 사람들의 공동체로 네트워크를 통해 획득하게 되는 정보자원의 집합체이다.

Ⅲ 인터넷의 특성

1 운용원리적 측면

(1) 의의

① 세계 최대 규모의 컴퓨터 통신망으로 근거리 통신망(LAN) 등 소규모의 망을 상호접속하는 형태에서 점차 커져 현재는 전 세계를 망라하는 거대한 망의 집합체이다.

② 인터넷 대표조직으로 인터넷 소사이어티(ISOC)가 있으나 총괄 · 관리하는 중앙 본부가 없다.

③ 망의 망 형태로 PC통신에서 모든 서비스를 제공하는 호스트같이 중심 컴퓨터가 없다.

④ TCP/IP 프로토콜 사용으로 개방형 네트워크를 구축하여 자유로운 정보유통이 가능하다.

(2) 패킷전송법(packet routing)

자료전송방법은 전화전송원리와는 구별되는 패킷전송법(packet routing)을 사용한다.

(3) 아이피 주소(IP address)

여덟 개의 16진수로 표현하는 '아이피 주소'(IP address)로 인터넷상에서 데이터들이 오고갈 수 있는 각 목적지 컴퓨터를 식별한다.

(4) 도메인 네임(domain name)

IP 주소 대신 사람들이 인지하기 쉬운 언어 형태로 나타내는 이름을 도메인 네임(domain name)이라 한다.

(5) 실시간 · 쌍방향의 멀티미디어 네트워크

① 기술발전으로 문자 · 수치 · 음성정보 외에 동영상 정보전달이 가능하다.

② 지역과 기종에 관계없이 상호 간 데이터의 송 · 수신이 가능하며, 엄청난 양의 다양한 정보에 접근이 가능하다.

(6) 무정부 네트워크

개방적인 세계규모의 네트워크로 소유자나 운영자가 따로 없는 무정부 네트워크이다.

(7) 대중적 네트워크

값싼 요금에 초보자도 이용이 기능한 대중적 네트워크이다.

2 커뮤니케이션으로서의 미디어적 특성

① 다수의 송신자와 다수의 수신자가 존재하는 다대다(many to many) 송·수신이 가능하다.

② 시·공간을 초월한 동시적·비동시적 커뮤니케이션을 지원한다.

③ 신문, 라디오, 텔레비전 등 개별화된 매체를 통합하는 토탈 미디어이다.

④ 익명성을 특징으로 하는 가상공동체(virtual community)를 형성한다.

[예상문제]

인터넷의 특성에 대한 설명으로 틀린 것은?

① 세계 최대 규모의 컴퓨터 통신망이다.
② 자료전송방법은 전화전송원리와는 구별되는 패킷전송법(packet routing)을 사용한다.
③ 인터넷 소사이어티(ISOC)는 인터넷 대표조직으로 인터넷을 총괄·관리하는 중앙 본부이다.
④ 지역과 기종에 관계없이 상호 간 데이터의 송·수신이 가능하며, 엄청난 양의 다양한 정보에 접근이 가능하다.

정답 ③

해설 인터넷은 개방적인 세계규모의 네트워크로 소유자나 운영자가 따로 없는 무정부 네트워크이다.

3 이용자적 특성

① 메시지의 생산자와 수용자의 위치가 불연속적으로 바뀌어 불연속적이다.

② 비일관적이다.

③ 가변적이다.

④ 유동적이다.

⑤ 급속히 증가한다.

4 콘텐츠적 특성

① 전 세계 컴퓨터가 서로 연결된 정보의 바다로 방대한 양의 멀티미디어 정보를 제공한다.

② 콘텐츠는 검색엔진을 통하여 검색이 가능하고 누구나 콘텐츠의 생산자이며 사용자이다.

Ⅳ 인터넷 망 중립성

1 의의

① 망 중립성(network neutrality)은 모든 인터넷 트래픽이 동등하게 취급되어야 한다는 비차별성 원칙'을 강조한다.

② 망 중립성이라는 용어를 처음 사용한 Tim Wu는 '망이나 이용자에게 해가 된다는 증거가 없다면 통신사업자는 트래픽을 차별할 수 없다.'라는 원칙을 제시했다.

③ 망 중립성이란 인터넷에 참여하는 인터넷 접속망 이용자를 위해 제시된 원칙으로 망 사업자 또는 정부에 의해 콘텐츠 사이트 플랫폼, 부착하는 기기, 통신방식에 대한 제약이 있어서는 안 되며 서비스의 품질이 다른 트래픽으로 인해 부당하게 악화되어서는 안 된다는 원칙을 정의함으로써 비차별성뿐만 아니라 이용자의 자유의사에 의한 선택권도 망 중립성에 포함된다.

④ 망 중립성은 인터넷으로 전송되는 데이터 트래픽을 그 내용, 유형, 제공사업자, 부착된 단말기 등에 관계없이 동등하게 처리하는 것을 의미한다.

2 비차별성의 적용방식에 따른 망 중립성의 범위

(1) 절대적인 비차별성(absolute non-discrimination) 개념

이 개념을 따를 경우 망 중립성은 '인터넷 접속사업자가 품질에 대한 고려 없이 도착한 순서대로 패킷을 처리(first come, first served)하는 것'으로 정의되며, 품질차별, 패킷의 우선순위 변경, 요금차별 등은 망 중립성을 위배한 것으로 판단한다.

(2) QoS 차등을 인정하는 차별화 개념

① 서비스품질(QoS)차등에 따른 추가 요금수수를 인정하지 않는 범위내에서 QoS 차등을 인정하는 차별화 개념이다.

② 이 경우 높은 QoS 보장을 대가로 추가요금을 지불하지 않는다면 QoS 차별을 허용하여도 망 중립성 원칙 위배로 간주되지 않는다.

(3) QoS 차등에 따른 추가요금수수를 인정하는 제한된 차별화 개념

① 서비스 계약이 비배타적인 것을 전제로 QoS 차등에 따른 추가요금수수를 인정하는 제한된 차별화 개념이다.

② 이 경우 서비스 계약이 제한되지 않는다면 높은 QoS 보장을 대가로 추가요금 수수가 인정되며, QoS 차등이 망 중립성 원칙 위배로 간주되지 않는다.

3 망중립성 관련 쟁점별 찬반 논의 현황

'절대적인 비차별성' 개념이 망중립성 규제 찬성측이 선호하는 개념이며, 나머지 개념들은 인터넷접속서비스 사업자의 망 관리 관행을 인정하는 비교적 느슨한 망 중립성원칙이다.

	찬성측	반대측
투자와 혁신	• 망중립성 규제 부재 시 광대역사업자들이 contents gatekeeper로서 경쟁사업자의 BM 정착 방해로 투자와 혁신 저해 우려 • Tim Wu: 혁신이 지배하는 시장에서 협상력이 지배하는 시장으로 변모 우려	• 망 중립성 규제는 망 사업자들의 광대역망 투자를 억제하여 오히려 혁신과 경쟁 촉진에 부정적 영향을 초래할 것임 • Google, Skype 등은 통신 및 케이블사업자들이 구축한 망에 무임승차하고 있음
공정 · 경쟁	• 데이터 통제를 허용할 경우 광대역 사업자들이 원하는 웹사이트의 품질을 높이고 반대의 경우 품질을 악화시켜 경쟁 왜곡 우려 • 통신사업자들이 가입자망 통제를 위해 계층화된 서비스 모델 도입, 이용자들로 하여금 경쟁력이 없는 서비스 구입 강요 우려	• 인터넷 접속시장은 이미 충분히 경쟁적 • 인터넷은 동등한 경쟁의 장이 아니며, 대규모 사업자들은 서버 확충 대용량서비스 구매 등을 통하여 소규모 사업자에 비해 이점을 보유 • 이용자의 차별화된 요구를 반영하는 관행이 오히려 인터넷 중립성에 기여
표현의 자유	인터넷이 자유롭고 개방된 기술로 유지되며, 자유로운 의사소통수단으로 발전하는 것이 민주주의 발전, 소비자주권 보호에 기여	망사업자들은 이용자의 표현의 자유를 침해할 의도가 없음
합리적 전망	인터넷 접속사업자들의 합리적인 망 관리 능력 보유는 필요하나 분명한 가이드라인 필요	• 합리적 망 관리 부재 시 악성 바이러스 등의 문제가 발생할 수 있음 • Video streaming, P2P file sharing 서비스 확산으로 인한 망 과부하 상태 해소를 위해 적절한 망 관리 조치가 필요

[예상문제]

인터넷 망 중립성의 원칙에 대한 설명으로 틀린 것은?

① 모든 인터넷 트래픽이 동등하게 취급되어야 한다는 비차별성의 원칙을 강조한다.
② 비차별성의 원칙뿐만 아니라 이용자의 자유의사에 의한 선택권 보장의 원칙도 포함된다.
③ '절대적인 비차별성' 개념이 망중립성 규제 반대측이 선호하는 개념이다.
④ 망중립성 규제 찬성측은 망중립성 규제 부재 시 투자와 혁신이 사라질 것을 우려한다.

정답 ③
해설 '절대적인 비차별성' 개념이 망중립성 규제 찬성측이 선호하는 개념이다.

4 미국 연방통신위원회의 망 중립성 6원칙

① 소비자들은 합법적인 인터넷 콘텐츠에 자유롭게 접근할 권리가 있다.
② 소비자들은 자신의 선택에 따라 자유롭게 애플리케이션을 사용하고 서비스를 이용할 권리가 있다.

③ 소비자들은 네트워크에 피해를 주지 않는 합법적인 단말기로 인터넷에 접속할 권리가 있다.

④ 소비자들은 네트워크 제공업체, 애플리케이션 및 서비스 제공업체, 콘텐츠 제공업체들 간의 경쟁을 보장받을 권리가 있다.

⑤ 비차별성(non-discrimination) 원칙에 따라 ISP는 어떤 콘텐츠 또는 애플리케이션도 차별해서는 안 된다.

⑥ 투명성(transparency)원칙에 따라 ISP는 모든 고객 정책을 공개하여야 한다.

5 한국방송통신위원회의 망 중립성 기본원칙

(1) 이용자의 권리

인터넷 이용자는 합법적인 콘텐츠, 애플리케이션, 서비스 및 망에 위해가 되지 않는 기기 또는 장치를 자유롭게 이용할 권리를 가지며, 관련 사업자로부터 인터넷 트래픽 관리에 관한 정보를 제공받을 권리를 갖는다.

(2) 인터넷 트래픽 관리의 투명성

① 인터넷접속서비스 제공사업자는 인터넷 트래픽 관리의 목적, 범위, 조건, 절차 및 방법 등을 명시한 트래픽 관리방침을 공개하고, 트래픽 관리에 필요한 조치를 하는 경우 그 사실과 영향 등을 해당 이용자에게 고지하여야 한다.

② 방송통신위원회는 필요한 경우 공개 및 고지 또는 공지 대상 정보의 범위 및 방식 등을 별도로 정할 수 있다.

(3) 차단금지

① 인터넷접속서비스 제공사업자는 합법적인 콘텐츠, 애플리케이션, 서비스 또는 망에 위해가 되지 않는 기기 또는 장치를 차단해서는 안된다.

② 다만, 합리적인 트래픽 관리의 필요성이 인정되는 경우에는 그러하지 아니하다.

(4) 불합리한 차별 금지

① 인터넷접속서비스 제공사업자는 콘텐츠 · 애플리케이션 · 서비스의 유형 또는 제공자 등에 따라 합법적인 트래픽을 불합리하게 차별해서는 안된다.

② 다만, 합리적인 트래픽 관리의 필요성이 인정되는 경우에는 그러하지 아니하다.

(5) 합리적인 트래픽 관리

① 의의

㉠ 합리적인 트래픽 관리의 필요성이 인정되는 경우를 포함하며, 기타 합리적인 트래픽 관리의 범위, 조건, 절차, 방법 및 트래픽 관리의 합리성 여부에 대한 판단 기준 등은 방송통신위원회가 별도로 정한다.

㉡ 이 경우 해당 망의 유형(유무선 등)과 기술 특성에 따라 다르게 정할 수 있다.

② 합리적인 트래픽 관리의 필요성이 인정되는 경우
  ㉠ 망의 보안성 및 안정성 확보를 위해 필요한 경우이다.
  ㉡ 일시적 과부하 등에 따른 망 혼잡으로부터 다수 이용자의 이익을 보호하기 위해 필요한 경우이다.
  ㉢ 국가기관의 법령에 따른 요청이 있거나 타 법의 집행을 위해 필요한 경우 등이다.

V 인터넷의 주소체계(IPv6)

1 의의

① IPv6(Internet Protocol version 6)는 인터넷 프로토콜 스택(stack) 중 네트워크 계층의 프로토콜로서 버전 6 인터넷 프로토콜(version 6 Internet Protocol)로 제정된 차세대 인터넷 프로토콜을 말한다.
② 인터넷(Internet)은 IPv4 프로토콜로 구축되어 왔으나 IPv4 프로토콜의 주소가 32비트라는 제한된 주소 공간 및 국가별로 할당된 주소가 거의 소진되고 있다는 한계점으로 인해 지속적인 인터넷 발전에 문제가 예상되어, 이에 대한 대안으로서 IPv6 프로토콜이 제안되었다.
③ 국제 표준이 RFC를 통해서 확정되었고, 실제로 IPv6 주소는 휴대폰 및 컴퓨터에 할당되어 적용되고 있다.
④ 주소의 구성은 일반적으로 16비트 단위로 구분되고, 각 16비트 블록은 다시 4자리 16진수로 변환되고 콜론으로 구분된다.

2 IPv4 프로토콜과 IPv6 프로토콜의 주요 특징 비교

구분	IPv4	IPv6
주소 길이	32비트	128비트
표시 방법	8비트씩 4부분으로 10진수로 표시 예) 202. 30. 64. 22	16비트씩 8부분으로 16진수로 표시 예) 2001:0230:abcd:ffff:0000:0000:ffff:1111
주소 개수	약 43 억 개	약 43억 × 43억 × 43억 × 43억 개
주소 할당	A, B, C 등 클래스 단위의 비순차적 할당	네트워크 규모 및 단말기 수에 따른 순차적 할당
품질 제어	지원 수단 없음	등급별, 서비스별로 패킷을 구분할 수 있어 품질보장이 용이
보안 기능	IPsec 프로토콜 별도 설치	확장기능에서 기본으로 제공
모바일 IP	상당히 곤란	용이
웹 캐스팅	곤란	용이

예상문제

IPv6 주소체계에 대한 설명으로 틀린 것은?

① IPv6에서는 IPSec 기능을 기본 사항으로 제공한다.
② 128비트를 16비트씩 8부분으로 나누어 각 부분을 점(.)으로 구분한다.
③ 128비트의 IPv6 주소에서 앞의 64비트는 네트워크 주소를 의미하며, 뒤의 64비트는 네트워크에 연결된 통신장비 등에 할당되는 인터페이스 주소를 의미한다.
④ IP 주소체계는 현재 많이 쓰이는 IPv4 32bit 체계에서는 약 43억 개 정도 IP만이 가능하나 IPv6는 128bit 체계로 거의 무한대에 가까운 고유 IP 주소를 확보할 수 있어 사물인터넷의 구현에 적합할 것으로 간주된다.

정답 ②

해설 128비트를 16비트씩 8부분으로 나누어 각 부분을 콜론(:)으로 구분한다.

Ⅵ 보안 프로토콜(HTTPS)

1 의의

① HTTPS(HyperText Transfer Protocol over Secure Socket Layer, HTTP over TLS, HTTP over SSL, HTTP Secure)는 월드와이드웹 통신 프로토콜인 HTTP의 보안이 강화된 버전이다.
② HTTPS는 통신의 인증과 암호화를 위해 넷스케이프 커뮤니케이션즈 코퍼레이션이 개발한 넷스케이프 웹 프로토콜이며, 전자 상거래에서 널리 쓰인다.
③ HTTPS는 소켓 통신에서 일반 텍스트를 이용하는 대신에, SSL이나 TLS 프로토콜을 통해 세션 데이터를 암호화한다. 따라서 데이터의 적절한 보호를 보장한다. HTTPS의 기본 TCP/IP 포트는 443이다.
④ 보호의 수준은 웹 브라우저에서의 구현 정확도와 서버 소프트웨어, 지원하는 암호화 알고리즘에 달려있다.

2 전송 계층 보안(Transport Layer Security, TLS)

① 전송 계층 보안(Transport Layer Security, TLS)는 컴퓨터 네트워크에 통신 보안을 제공하기 위해 설계된 암호 규약이다. 그리고 '트랜스포트 레이어 보안'이라는 이름은 '보안 소켓 레이어(Secure Sockets Layer, SSL)'가 표준화되면서 바뀐 이름이다.
② 이 규약은 인터넷과 같이 TCP/IP 네트워크를 사용하는 통신에 적용되며, 통신 과정에서 전송 계층 종단 간 보안과 데이터 무결성을 확보해준다. 이 규약은 웹브라우징, 전자 메일, 인스턴

트 메신저, voice-over-IP(VoIP) 같은 응용 부분에 적용되고 있다. 국제 인터넷 표준화 기구(IETF)에 의해 현재 구식(deprecate)으로 간주되어 있다. 최종 갱신은 RFC 5246이고, 최종 갱신 버전은 넷스케이프에서 만든 SSL 표준을 바탕으로 했다.

3 HTTPS(HTTP Secure)의 특징

① HTTPS는 TLS 위에 HTTP 프로토콜을 얹어 보안된 HTTP 통신을 하는 프로토콜이다.
② HTTPS는 통신의 인증과 암호화를 위해 넷스케이프 커뮤니케이션즈 코퍼레이션이 개발했으며, 전자 상거래에서 널리 쓰인다.
③ HTTPS를 사용하는 웹페이지의 URI는 'http://' 대신 'https://'로 시작한다.

기출문제

HTTPS에 대한 설명으로 틀린 것은? [2021]

① TLS 위에 HTTP 프로토콜을 얹어 보안된 HTTP 통신을 하는 프로토콜이다.
② HTTPS는 넷스케이프 커뮤니케이션즈 코퍼레이션이 개발했으며, 전자 상거래에서 널리 쓰인다.
③ 다양하고 빠른 검색을 가능하게 한다.
④ 데이터의 적절한 보호를 통해 보안성을 높인다.

정답 ③

해설 ③, ④ 전송 계층 보안(Transport Layer Security, TLS)는 컴퓨터 네트워크에 통신 보안을 제공하기 위해 설계된 암호 규약이다. HTTPS는 HTTPS는 TLS 위에 HTTP 프로토콜을 얹어 보안된 HTTP 통신을 하는 프로토콜이다. HTTPS는 다양하고 빠른 검색을 위한 프로토콜이 아니라 보안 프로토콜이다.
① TLS를 사용해 암호화된 연결을 하는 HTTP를 HTTPS(HTTP Secure)라고 하며, 당연히 웹사이트 주소 역시 http://가 아닌 https://로 시작된다.
② HTTPS는 통신의 인증과 암호화를 위해 넷스케이프 커뮤니케이션즈 코퍼레이션이 개발했으며, 전자 상거래에서 널리 쓰인다.

Ⅶ 인터넷 서비스의 종류

1 원격접속(Telnet)

① Telecommunication Network를 의미한다.
② 인터넷에 연결되는 컴퓨터를 원거리에서 접속하여 제어하거나 조작할 수 있는 서비스이다.
③ 현재는 대부분 웹으로 서비스가 통합되었다.

2 전자우편(e-mail, electronic mail)

① 컴퓨터 통신망을 통해서 메시지를 전송하는 것 또는 전송된 메시지이다.

② 인터넷을 사용하는 사용자들과 메시지를 주고받고 파일을 보내는 수단으로 널리 이용된다.

③ 초기에는 별도의 메일 프로그램을 사용했으나 현재 대부분 웹 메일서비스로 통합되었다.

3 인터넷 전화(Internet phone)

① 인터넷을 통한 개인용 컴퓨터(PC) 사용자 상호 간의 실시간 음성대화이다.

② PC에 마이크나 스피커를 연결하고 인터넷 전화용 소프트웨어를 장착하여 전화와 같이 통화가 가능하다.

③ 전화라기보다는 음성교환방식의 채트라고 하는 것이 정확한 표현이다.

④ 인터넷 전화의 품질은 회선용량에 따라 다르지만 전화에 비해 통화품질이 좋지 않다.

⑤ 인터넷 전화 사용자는 인터넷 정보제공자(ISP)의 서버에 접속하는 접속료와 시내 전화요금만 지불하고 저렴한 비용으로 장거리나 국제통화가 가능하다.

⑥ 국내에서는 PC 사용자 간의 인터넷 전화 또는 일반전화 간, 국제전화 간의 인터넷 통화가 가능하다.

4 파일 송 · 수신(File Transfer Protocol, FTP)

① 한 파일이나 파일의 일부분을 한 시스템에서 다른 시스템으로 전송하기 위한 규약이다.

② 파일(프로그램 혹은 데이터)의 공유, 컴퓨터 시스템 간 파일의 저장구조나 설비의 차이점을 사용자로부터 보이지 않도록 차단하면서 신뢰성 있고 효율적으로 데이터를 전송한다.

③ 사용자는 호스트 컴퓨터에서 승인된 계정이 필요하다.

④ 누구나 접속하여 파일을 자유롭게 송 · 수신할 수 있는 계정은 'anonymous'이다.

5 IRC(Internet Relay Chatting)

① 키보드로 문자를 입력하는 방식으로 인터넷상에서 여러 사람과 실시간의 대화와 토론이 가능하다.

② 컴퓨터 통신상의 대화실과 비슷한 서비스로 전 세계의 IRC서버에 접속하여 전 세계인들과 채팅이 가능하다.

6 고퍼(Gopher)

① 미국 미네소타 대학캠퍼스 내 정보서비스용으로 개발된 분산 정보검색 시스템이다.

② 웹 개발 전까지 가장 활발히 사용하던 서비스로 메뉴별 인터넷 정보검색 서비스이다.

③ 클라이언트 · 서버형 시스템으로 메뉴 선택방식으로 인터넷상 흩어져 있는 각종 정보를 간편하게 검색 · 수집이 가능하다.

④ 월드와이드웹(WWW), 와이즈(WAIS), 아키(Archie), 텔넷(Telnet), 파일전송 프로토콜(FTP)등 다른 인터넷 서비스의 중계기능(gateway)을 수행한다.

⑤ 현재 대부분 웹으로 서비스 통합되었다.

7 와이즈(WAIS)

① 여러 서버에 흩어져 있는 전문주제 데이터베이스들의 목록체계를 한 장소에 있는 서버에 유지 · 관리한다.

② WAIS 클라이언트 프로그램을 가진 사용자가 검색할 수 있도록 해주는 인터넷 서비스이다.

③ 현재 대부분 웹으로 서비스가 통합되었다.

8 월드와이드웹(WWW: World Wide Web)

① 인터넷상 정보를 하이퍼텍스트 방식과 멀티미디어 환경에서 검색할 수 있게 해주는 정보검색 시스템이다.

② 세계 규모의 거미집 또는 거미집 모양의 망이라는 의미이다.

③ 하이퍼텍스트 기능에 의해 인터넷 상에 분산되어 존재하는 온갖 종류의 정보를 통일된 방법으로 찾아볼 수 있게 하는 광역 정보서비스이다.

④ 가장 최근에 개발되어 가장 많이 사용하고 있는 서비스로 멀티미디어 형태의 인터넷 정보를 편리하게 사용할 수 있는 서비스이다.

⑤ 웹 브라우저의 발달로 FTP나 Gopher, e-mail 등 다양한 인터넷 서비스를 웹상에서 사용할 수 있게 되어 요즘 인터넷이라 하면 WWW로 일컬어질 만큼 급성장하였다.

생각넓히기 | 월드와이드웹의 역사

웹은 1989년 팀 버너스리(Tim Berners-Lee)라는 과학자가 유럽원자핵연구소(CERN)에서 일하면서 개발한 것이다. 그에 따르면, 당시 입자 가속기 연구에는 전 세계 연구자들이 참여했는데 이들이 서로 다른 컴퓨터와 운영체제로 일을 하다 보니 소통이 불가능했다. 컴퓨터와 운영체제에 상관없이 소통할 수 있는 방법을 찾기 위해 노력했고, 그 결과 웹이 만들어졌다고 한다. 최초의 웹브라우저 역시 1990년 팀 버너스리가 발명했다. 처음에는 월드와이드웹이라는 이름으로 불리다가 나중에 '넥서스'라는 이름으로 바뀌었다. CERN은 1993년 모든 사람이 무료로 웹을 이용할 수 있도록 기술을 개방했다. 그리고 대중적인 웹브라우저인 모자이크가 그 해 처음 등장했다. 웹이 대중적으로 활성화되기 시작한 것은 1994년으로 넷스케이프 내비게이터가 세상에 선을 보였다.

[예상문제]

월드와이드웹에 대한 설명으로 틀린 것은?

① 월드와이드웹은 1989년 팀 버너스리(Tim Berners-Lee)가 유럽원자핵연구소(CERN)에서 일하면서 개발한 것이다.

② 팀 버너스리는 컴퓨터와 운영체제에 상관없이 소통할 수 있는 방법을 찾기 위해 노력했고, 그 결과 웹이 만들어졌다

③ CERN은 1993년 모든 사람이 무료로 웹을 이용할 수 있도록 기술을 개방했다.

④ 1993년 최초의 웹브라우저인 모자이크가 등장하였다.

정답 ④

해설 최초의 웹브라우저 역시 1990년 팀 버너스리가 발명했다. 처음에는 월드와이드웹이라는 이름으로 불리다가 나중에 '넥서스'라는 이름으로 바뀌었다. 모자이크는 최초의 그래픽 웹 브라우저이다.

9 전자게시판(Bulletin Board System, BBS)

① 사용자가 원격으로 접속하여 특정 토픽과 관련된 정보와 메시지를 볼 수 있는 컴퓨터 시스템이다.

② 사용자들은 전화선과 터미널 프로그램을 사용하여 시스템에 접속하고 소프트웨어를 업로드하거나 다운로드하고 게임, 뉴스, 메시지 교환 등이 가능하다.

③ 전성기인 1980년대 초반부터 1990년대 중반까지 수많은 BBS들은 아마추어 시숍들이 여가시간에 운영하는 무료서비스였으나 점차 유료화되었다.

④ 친교목적으로 많이 사용하고, 논문을 발표하거나 자유 프로그램이 퍼지는 경로가 될 수 있고, 게임과 기타 다른 응용분야에서 사용한다.

⑤ 현재 인터넷 프로토콜 또는 웹 기반 시스템으로 통합되었다.

[예상문제]

인터넷 서비스에 대한 설명으로 틀린 것은?

① 원격접속(telnet)은 사용자가 원격으로 접속하여 특정 토픽과 관련된 정보와 메시지를 볼 수 있는 컴퓨터 시스템이다.
② FTP(File Transfer Protocol)은 파일이나 파일의 일부분을 한 시스템에서 다른 시스템으로 전송하기 위한 규약이다.
③ IRC(Internet Relay Chat)는 키보드로 문자를 입력하는 방식으로 인터넷상에서 여러 사람과 실시간의 대화와 토론을 할 수 있는 서비스이다.
④ Gopher는 미국 미네소타 대학캠퍼스 내 정보서비스용으로 개발된 분산 정보검색 시스템이다.

정답 ①

해설 원격접속(telnet)은 인터넷에 연결되는 컴퓨터를 원거리에서 접속하여 제어하거나 조작할 수 있는 서비스이다. 사용자가 원격으로 접속하여 특정 토픽과 관련된 정보와 메시지를 볼 수 있는 컴퓨터 시스템은 BBS(bulletin board system)이다.

Ⅷ 인터넷 관련 기구

1 국제인터넷주소관리기구(ICANN)

① ICANN은 The Internet Corporation for Assigned Number의 약어이다.
② 새로운 도메인 체계를 도입하였다.
③ IP 주소를 할당한다.
④ DNS 관리 등 업무를 담당한다.

생각넓히기 | 인터넷주소자원관리(ICANN)

세계 각국의 정보화 및 인터넷 관리에 매우 중요한 영향을 미치는 글로벌 거버넌스 기구는 인터넷주소자원관리기구이다. 인터넷은 소통 방식의 측면에서 탈중심 매체로 널리 알려져 있지만 동시에 매우 중심 화된 매체로도 평가될 수 있는데, 인터넷에 연결된 지구상의 모든 컴퓨터가 각기 고유한 인터넷 프로토콜 주소를 갖고 있기 때문이다. 일반적으로 발신지와 수신지가 없는 통신이 가능하지 않듯이, 컴퓨터와 컴퓨터 사이의 통신이 가능한 것은 네트워크에 연결된 개별 컴퓨터가 자신만의 고유한 인터넷 프로토콜 주소를 갖고 있기 때문이다. 그런데 많은 사람들에게 인터넷 프로토콜 주소는 기억하기도 어렵거니와 사용하기도 불편하다. '도메인 명칭(domain name)'은 이 문제를 해결하기 위하여 도입되었다. 인터넷 프로토콜 주소와 거기에 상응하는 도메인 명칭을 수록한 데이터베이스는 '도메인 명칭 시스템'이라 불리는데, 그것을 보유한 컴퓨터들인 이른바 '근본 서버(root server)'들은 전 세계 컴퓨터들이 인터넷에서 서로 잘 연결될 수 있도록 적절하게 관리되어야 한다. 이로부터 인터넷 주소자원 관리에 관한 글로벌 거버넌스가 요청된다.

예상문제

인터넷 관련 기구에 대한 설명으로 틀린 것은?

① 국제인터넷주소관리기구(ICANN)는 인터넷 도메인 관리와 정책을 결정하는 도메인 관련 국제최고기구이다.
② 현재 IP 주소, 최상위 도메인 등을 관리하는 업무는 ICANN으로부터 권한을 위임받은 인터넷할당번호관리기관(IANA)이 수행하고 있다.
③ 아시아태평양망정보센터(APNIC)는 아시아·태평양 지역의 IP 주소 할당 정책을 결정하고, ICANN의 국제 IP 주소 관련 정책에 참여한다.
④ 한국인터넷진흥원(KISA)의 KRNIC은 APNIC의 멤버로서 APNIC으로부터 정기적으로 IP주소와 AS번호를 할당 받아, 이를 국내에 재분배하는 역할을 하고 있다.

정답 ②

해설 1998년 ICANN이 출범하기 이전에는 인터넷 주소 자원 관리 업무를 IANA가 수행했다. 현재 ICANN이 IANA로부터 권한을 위임받아 IP 주소, 최상위 도메인 등을 관리하고 있다.

국제인터넷주소관리기구(ICANN)에 대한 설명으로 틀린 것은?

① 정부 간·비영리·국제기구로 인터넷 도메인 관리와 정책을 결정하는 도메인 관련 국제최고기구이다.
② 인터넷 주소 관리정책은 그동안 미국 상무부가 주관해오다가 1980년대 중반 도메인 루트서버 관리를 IANA에 위임하였다.
③ 인터넷이 글로벌 네트워크화 되면서 인터넷 주소관리정책 수립과정에 전 세계 모든 국가의 참여 필요성이 제기되었다.
④ 인터넷 도메인 네임, IP주소, 그리고 프로토콜의 범주와 포트 번호를 할당하는 업무를 담당하고 있다.

정답 ①

해설 1998년 6월 미국 정부는 '인터넷주소운영에 관한 백서'에 인터넷 도메인 네임과 IP주소 운영을 미 연방정부로부터 민간·비영리·국제적 대표기구로 이관하기로 하고 1998년 가을 ICANN을 조직하였다.

생각넓히기 | **최상위 도메인 네임**

최상위 도메인(Top-level domain, TLD)은 인터넷에서 도메인 네임의 가장 마지막 부분을 말한다. 예컨대 ko.wikipedia.org의 최상위 도메인은 .org가 된다. 최상위 도메인은 .com과 같은 일반 최상위 도메인과 .kr 같은 국가 코드 최상위 도메인으로 나뉜다.

생각넓히기 | **도메인 명칭 분쟁**

도메인 명칭 분쟁이란 인터넷 도메인 명칭 등록자와 기존의 상표권 소유자 사이의 갈등을 가리킨다. 예컨대 '맥도널드닷컴(McDonalds.com)'이라는 인터넷 도메인을 등록한 사람과 '맥도널드(McDonalds)'라는 상표권을 가진 거대 햄버거 자본 맥도널드사 사이의 '맥도널드닷컴'을 둘러싼 분쟁이 이에 해당한다. 이러한 분쟁은 1990년대 중반부터 시작된 웹사이트의 폭발적인 증가와 함께, 도메인 명칭의 재판매가 매우 수익성 높은 사업이라는 사실이 널리 알려지면서부터 본격화되었다. 실제로 1994년 고작 70달러에 등록된 월스트리트닷컴(wallstreet.com)이라는 인터넷 도메인이 1999년에 100만 달러에 팔리기도 하였으며, 이러한 도메인 명칭 소매사업이 1990년대 중반 이후 크게 발전하였다.

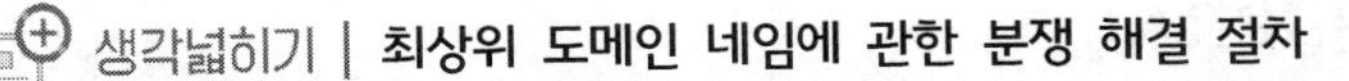

(1) 정의 규정
- "피신청인"이란 분쟁해결 신청의 대상이 되고 있는 도메인 네임 등록의 보유자를 말한다.
- "도메인 네임의 역강탈"이란 등록된 도메인 네임의 보유자로부터 도메인 네임을 빼앗기 위하여 규정을 악의적으로 이용하는 행위를 말한다.
- "보충규칙"이란 본 절차규칙을 보충하기 위하여 분쟁해결절차를 관리하는 분쟁 해결기관에 의해서 채택된 규칙을 말한다.

(2) 신청사유
- 신청인이 권리를 가지고 있는 상표 또는 서비스표와 등록인의 도메인 네임이 동일하거나 혼동을 일으킬 정도로 유사하다고 생각하는 이유
- 피신청인(도메인 네임 보유자)이 그 도메인 네임의 등록에 대한 권리 또는 정당한 이익을 가지고 있지 않다고 생각하는 이유
- 그 도메인 네임이 부정한 목적으로 등록 및 사용되고 있다고 생각하는 이유

기출문제

ICANN의 최상위 도메인에 대한 설명으로 옳지 않은 것은? [2014]

① 수많은 컴퓨터가 인터넷에서 서로를 찾을 수 있도록 고유 식별자 네트워크를 감독한다.
② 기본적으로 누구나 일정 비용을 지불하면 새로운 최상위 레벨 도메인을 받을 수 있다.
③ .com, .org, .biz, .info 등뿐만 아니라 비영어 문자를 포괄적인 TLD에 사용하는 것도 허용한다.
④ 기업의 이름으로 된 도메인을 미리 만들어 놓는 것은 도메인 네임의 역강탈에 해당한다.

정답 ④

해설 '도메인 네임의 역강탈'이란 등록된 도메인 네임의 보유자로부터 도메인 네임을 빼앗기 위하여 규정을 악의적으로 이용하는 행위를 말한다. ICANN은 도메인 네임의 역강탈 관련 분쟁을 해결을 위한 참조용으로 '통일 도메인 네임 분쟁 해결 정책을 위한 규칙'을 제공하고 있다.

2 인터넷번호할당기관(IANA)

① IANA는 Internet International Numbers Authority의 약어이다.
② IP 주소 공간 할당 권한이 있다.
③ 도메인 네임 할당 권한이 있다.
④ IANA는 이러한 업무를 ICANN이나 기타 조직에 위임한다.

3 국제인터넷특별위원회(IAHC)

IAHC는 Internet International Ad Hoc Committee의 약어이다.

4 인터넷 정책 등록기관(IPRA)

IPRA는 Internet Policy Registration Authority의 약어이다.

5 네트워크정보센터(NIC)

① NIC는 Network Information Center의 약어이다.

② 국가별 · 대륙별 인터넷 이용기관을 위한 주소 등록서비스를 제공한다.

③ 주요 정보서비스를 제공한다.

6 한국인터넷진흥원(KISA)

① KISA는 Korea Internet & Security Agency의 약어이다.

② 우리나라의 IP 주소를 할당한다.

③ 도메인 네임 관련 DB를 관리한다.

④ 새로운 도메인 네임 도입 등 업무를 담당한다.

Theme

79 월드와이드웹(World Wide Web)

I 의의

① 월드와이드웹은 팀 버너스리(Tim Beners-Lee)가 1989년 CERN(스위스 제네바에 있는 유럽에너지물리실험실)에 근무하면서 과학자들이 연구한 정보를 쉽게 공유할 목적으로 개발한 소프트웨어 프로토콜이었다.

② 연구자가 작성한 정보가 어떤 컴퓨터에서도 읽힐 수 있는 단일화된 파일 형식으로 인터넷에 저장해 지구상 어디에서도 데이터 소스를 공유할 수 있도록 한 것이다.

③ 1990년 이 웹 소프트웨어는 CERN에 근무하는 제한된 소수에게 공개한 후 빠르게 전파되어 그해 8월 인터넷에서 이용할 수 있게 되고, 급속도로 전 세계로 퍼져 나갔다.

④ 이후 그래픽 웹 브라우저의 등장으로 웹의 사용은 폭발적으로 증가하였다.

II 웹의 특성

1 하이퍼텍스트

(1) 의의

① 하이퍼텍스트라는 용어는 1964년 테드 넬슨(Theodor Holm Nelson)이 「Literacy Machines」에서 처음으로 사용했다.

② 책, 필름, 연설 등 선형 포멧과 대조적인 비선형 구조로 컴퓨터를 통해 정보를 제공하는 것을 표현하기 위해 만든 정보 길라잡이 방법 중 하나로 하이퍼텍스트는 링크 및 링크 아이콘과 연결된 마디들을 가진 데이터이다.

③ 하이퍼텍스트는 독자가 클릭을 통해서 자유롭게 콘텐츠를 돌아다니며 다양한 방향으로 나아갈 수 있게 한다.

④ 독특한 참여적 읽기 경험을 만들어냄으로써 텍스트를 오디오와 비디오로 자유롭게 연결되도록 허용한다.

⑤ 하이퍼텍스트는 비선형적이며, 나아가 다중선형적, 다중순차적으로 경험되는 텍스트를 만든다.

⑥ 하이퍼텍스트의 형식 구조는 마디(node)들의 집합이며, 그 마디들 속에 산발적으로 퍼져 있는 이음(link)에 의해 연결된다.

⑦ 하이퍼텍스트는 한계와 위계가 존재하지 않으며, 사용자나 텍스트 모두가 주제가 되고, 이동경로에 따라 무수히 많은 줄기를 생성하며 각각의 정보가 독자적 주체로 존재한다.

⑧ 다음 그림은 여섯 개의 노드(node)와 아홉 개의 링크로 이루어진 하이퍼텍스트의 구조이다.

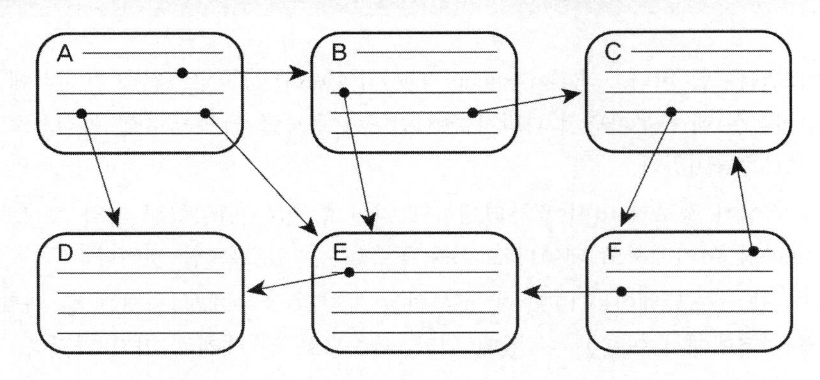

(2) 하이퍼텍스트의 특성

① 상호텍스트성(intertextualities)

㉠ 텍스트 상호 간 유기적 관련성으로 모든 작가는 텍스트를 창작하는 사람이기에 앞서 먼저 다른 작가들의 작품을 읽는 독자이다.

㉡ 어느 한 텍스트는 그동안 저자가 읽어 온 여러 텍스트들의 영향을 받았고, 독자도 어느 한 텍스트를 읽을 때 지금까지 읽은 모든 텍스트들에 대한 기억을 총동원한다는 전제 조건에 이론적 근거를 둔다.

② 원자적 재배열화

㉠ 하이퍼텍스트의 모든 형식들은 원자화되고 분산된 다양한 결합을 이끌어낸다. 인쇄된 텍스트의 공간적 고정성과 달리 전자적 텍스트는 최종적인 상태가 아니라 언제나 변경이 가능하다.

㉡ 전자적 링크들이나 개별적인 블록들 사이의 읽기 경로들이 텍스트를 다르게 경험하는 것을 허용함으로써 변주(variation)라는 근본적인 양상을 형성한다.

③ 렉시아(lexia)적 특성

㉠ 다양한 경로를 허용하는 링크들에 의해 연결된 일련의 텍스트 덩어리로 구성된다.

㉡ 하이퍼텍스트는 텍스트블록으로 구성된 텍스트와 그들을 연결시키는 전자링크를 지시한다.

④ 비선형성

하이퍼텍스트는 인터넷상에서 사용자의 선택에 따른 한 번의 클릭으로 원하는 웹 페이지로 갈 수 있는 비순차적 이동과 물리적 거리나 시간에 어떤 제약도 받지 않는다.

⑤ 잘라내어 붙이기 특성

㉠ 하이퍼텍스트 콜라주는 피카소와 브라크가 만들어 낸 전통적인 콜라주(collage)와 다르다.

㉡ 콜라주는 한 장면의 무대 효과가 강조되는 반면 하이퍼텍스트에서 잘라내서 붙인 것은 비선형적이며 시간적 연속성을 지닌 몽타주적 특성을 가진다.

㉢ 이것은 부호형태로 항상 재설정, 재배열, 재작성 등 무한 확장이 가능하다.

기출문제

하이퍼링크에 대한 설명으로 틀린 것은? [2021]

① 문서 내의 단어, 어구(phrase), 기호, 이미지와 같은 요소와 인터넷의 다른 요소 또는 다른 하이퍼텍스 문서 내의 다른 요소 사이의 연결하는 기술을 말한다.
② 하이퍼링크가 포함된 텍스트 문서를 하이퍼텍스트(hypertext)라고 하며, 하이퍼링크를 통해 선형적으로 이동할 수 있다.
③ 단순 링크, 딥 링크, 임베디드 링크, 프레이밍 링크도 모두 하이퍼링크의 종류이다.
④ 월드와이드웹은 그 자체로 하이퍼링크 시스템이다.

정답 ②

해설 하이퍼링크라고 하면 주소와 주소가 비선형적으로 엮인 인터페이스를 의미한다.
① 하이퍼텍스트 문서 안에서 직접 모든 형식의 자료를 연결하고 가리킬 수 있는 참조 고리이다.
③ 단순 링크는 웹사이트의 메인 페이지로 이동하는 것이다. 딥 링크는 웹사이트 내부의 특정 페이지로 이동하는 것이다. 임베디드 링크는 다른 웹사이트 내용을 〈embed〉, 〈object〉, 〈video〉, 〈audio〉 태그 등을 사용하여 자신의 사이트에 불러와서 띄우는 것이다. 프레이밍 링크는 웹 페이지에 프레임을 만든 후 그 안에 다른 웹사이트의 내용을 불러와서 띄운다.
④ 디지털 도서관, 전자책 등 현실의 문서를 하이퍼링크로 변환하여 편의성을 높이는 기획도 활발히 이뤄지고 있다. 하이퍼텍스트 시스템이 보편성을 갖게 되면서, 창작 및 기획 단계부터 온라인 콘텐츠로만 제공되는 것을 전제한 웹툰이나 웹소설도 무수히 쏟아져 나오고 있다. 월드와이드웹은 그 자체로 하이퍼링크 시스템이다.

하이퍼텍스트의 특성에 대한 설명으로 틀린 것은? [2019]

① 상호텍스트성으로 인해 모든 작가는 텍스트를 창작하는 사람이기에 앞서 먼저 다른 작가들의 작품을 읽는 독자이다.
② 텍스트 상호 간 유기적 관련성을 가진다.
③ 하이퍼텍스트 콜라주는 잘라내서 붙인다는 점에서 피카소와 브라크가 만들어 낸 전통적인 콜라주와 같은 성질을 가진다.
④ 다중 선형적, 다중 순차적으로 경험되는 텍스트를 만든다.

정답 ③

해설 콜라주는 한 장면의 무대 효과가 강조되는 반면 하이퍼텍스트에서 잘라내서 붙인 것은 비선형적이며 시간적 연속성을 지닌 몽타주적 특성을 가진다. 이것은 부호형태로 항상 재설정, 재배열, 재작성 등 무한 확장이 가능하다.

예상문제

하이퍼텍스트에 대한 설명으로 틀린 것은?

① 하이퍼텍스트라는 용어는 테드 넬슨(Theodor Holm Nelson)이 'Literacy Machines'에서 처음 사용했다.
② 책, 필름, 연설 등 선형 포맷과 대조적인 비선형 구조로 컴퓨터를 통해 정보를 제공하는 것을 표현하기 위해 만든 정보 길라잡이 방법 중 하나이다.
③ 하이퍼텍스트의 형식 구조는 마디(node)들의 집합이며, 그 마디들 속에 산발적으로 퍼져 있는 이음(link)에 의해 연결된다.
④ 하이퍼텍스트는 한계와 위계가 존재하지 않으며, 텍스트 상호 간 유기적 관련성으로 인해 각각의 정보가 독자적 주체로 존재할 수 없다.

정답 ④

해설 하이퍼텍스트의 각각의 정보는 독자적 주체로 존재한다.

다음 그림에 대한 설명으로 틀린 것은?

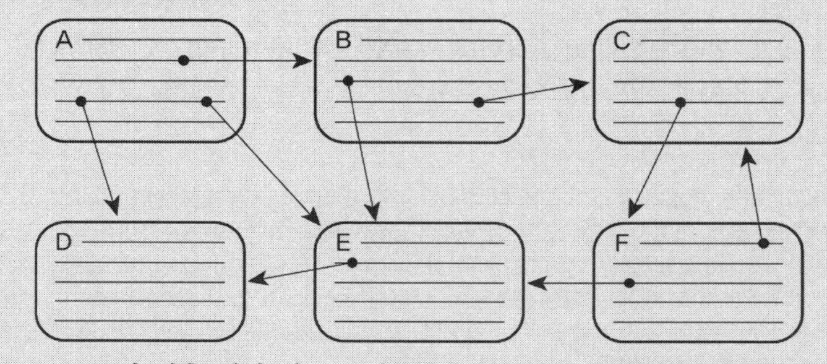

① 여섯 개의 노드(node)와 아홉 개의 링크로 이루어진 하이퍼텍스트의 구조이다.
② 독자들은 A의 특정 부분을 읽다가 B, D, E로 이동할 수 있으나 C로 이동할 수는 없다.
③ 그림에서 한 개의 페이지처럼 보이는 정보단위가 노드(node)이고 점으로 서로 연결하고 있는 것처럼 보이는 연결점이 링크이다.
④ 하이퍼텍스트는 인쇄된 텍스트의 공간적 유동성과는 달리 언제나 최종적인 형태로 존재한다.

정답 ④

해설 하이퍼텍스트는 인쇄된 텍스트의 공간적 고정성과 달리 전자적 텍스트는 언제나 최종적인 상태가 아니라 언제나 변경이 가능하다.

2 시각적 브라우저

(1) 모자이크(Mosaic)

① 일리노이 주립대의 슈퍼컴퓨터응용센터(NCSA)는 웹 기술을 도입한 최초의 사이트 중 하나이다.

② NCSA에서 아르바이트를 하던 마크 앤드리슨(Marc Andressen)은 당시 일리노이 주립대 학부생이었다.

③ 그는 과학적 도구로 쓰이기 위한 웹 그래픽컬 인터페이스(graphical interface) 도구인 모자이크(Mosaic)연구를 시작했다.

④ 에릭 비나(Eric Bina)가 모자이크 프로젝트에 합류하여 최초의 그래픽 웹 브라우저인 모자이크를 완성했다.

(2) 하이퍼텍스트 마크업 언어(HTML)

① 브라우저(Browser)는 하이퍼텍스트 마크업 언어(Hypertext Markup Language, HTML)로 쓰여진 문서를 해석하고 보여주는 프로그램이다.

② HTML은 웹 문서를 구성하는데 사용되는 코드를 제공하는데, 각 코드는 문서의 다양한 요소들의 분류 체계와 특성을 결정하며, 하이퍼텍스트 링크를 지정하는 역할을 한다.

(3) 넷스케이프 내비게이터(Natscape Navigator)

① 앤드리슨은 학교를 그만두고 넷스케이프라는 회사를 차려 넷스케이프 내비게이터라는 새로운 브라우저를 개발했다.

② 넷스케이프의 인기와 웹의 폭발적인 보급은 마이크로소프트사가 내비게이터에 대항할 인터넷 익스플로러(Internet Explorer)라는 브라우저를 개발하도록 만들었다.

③ 시각적으로 사용자에게 친근한 브라우저들은 단어나 아이콘을 클릭함으로써 사람들이 쉽게 정보에 접근할 수 있도록 도와주면서 인터넷 사용을 급속도로 확산시켰다.

3 내비게이션(사이트 간의 이동)과 내용 외적 요소

(1) 그래픽

① 그래픽컬 브라우저는 인터넷의 상호작용에 아이콘, 로고, 지도, 사진, 소리 그리고 비디오 파일들과 같은 내용 외적 요소들을 첨가시켰다.

② 그래픽컬 상호작용을 이용해 디자인된 모든 소프트웨어 프로그램은 인간과 컴퓨터 간의 상호작용에 많은 시각적 요소들을 사용하여 웹의 내용을 쉽게 열람할 수 있도록 한다.

(2) 웹 페이지

웹 페이지는 사용자들이 웹 문서의 열람을 가능하게 하는 화살표, 버튼, 스크롤바 등을 제공하거나 타이틀 태그, 페이지 제목, 내비게이션 아이콘, 사이트맵, 검색 엔진 등 기능을 제공한다.

(3) 하이퍼텍스트 링크

하이퍼텍스트 링크는 관련된 정보를 연결하는 핫스팟(hotspot), 아이콘 버튼 또는 연결고리다.

(4) 사이트맵과 인덱스

사이트맵과 인덱스는 사용자들이 개별 사이트들을 열람하는 것을 도와준다.

(5) 브라우저

브라우저는 정보검색 과정에서 정보의 위치를 쉽게 찾을 수 있도록 내용 외적인 시각적 요소를 부가적으로 첨가하여 제공한다.

4 웹 주소

(1) URL(Uniform Resource Locator)

① 모든 웹 페이지들은 각기 다른 주소를 가진다.
② URL(Uniform Resource Locator)은 웹페이지 주소를 의미한다.
③ URLs들은 어떤 파일의 인터넷상 위치에 관한 정보를 제공한다.
예 http://mail2.daum.net/hanmail/welcome.html
프로토콜//서버명(도메인 포함)/패스/파일명

(2) 도메인(domain name)

① 도메인(domain name)은 인터넷 서버를 운영하는 단체의 성격을 구분하는 역할을 한다.
② 일반적인 도메인은 gov(정부), edu(교육), com(상업), net(네트워크), org(기관) 등이다.
③ 도메인은 지리적 위치를 나타낼 수도 있는 국가 코드가 포함되기도 한다.
④ 두 글자인 국가 코드는 세계표준협회(International Standards Organization)가 제정하는데, 예를 들어 미국은 us, 프랑스는 fr, 일본은 jp, 한국은 kr 등으로 표시한다.

생각넓히기 | **근본 서버(Root Server)**

2008년 현재 전 세계 도메인 명칭의 검색 처리를 하고 있는 근본 서버는 미국에 10개, 영국과 스웨덴과 일본에 각각 1개씩 총 13개 시스템에 존재한다. 인터넷주소자원관리기구가 근본 서버 관리를 맡고 있지만 근본 서버에 대한 최종적인 통제권은 미국 정부가 보유하고 있다. 근본 서버에 발생하는 변화는 13개 근본 서버 중에서도 가장 근원적인 근본 서버라 할 수 있는 베리사인의 근본 서버가 나머지 12개 서버에 그 내용을 하루에 두 번씩 전달함으로써 모든 근본 서버에 반영된다.

[예상문제]

근본 서버(Root Server)에 대한 설명으로 틀린 것은?

① 근본 서버란 일반 최상위 도메인과 국가부호 최상위 도메인과 그것의 숫자 표현인 인터넷 프로토콜 주소와의 대응관계에 관한 데이터베이스를 운용하는 컴퓨터 시스템을 가리킨다.
② 전 세계 도메인 명칭의 검색 처리를 하고 있는 근본 서버는 미국에 10개, 영국과 스웨덴과 일본에 각각 1개씩 총 13개 시스템에 존재한다.
③ 인터넷 협회(ISOC, Internet SOCiety)가 근본 서버 관리를 맡고 있지만 근본 서버에 대한 최종적인 통제권은 미국 정부가 보유하고 있다.
④ 근본 서버 중에서도 가장 근원적인 근본 서버라 할 수 있는 베리사인의 근본 서버가 나머지 12개 서버에 그 내용을 하루에 두 번씩 전달함으로써 모든 근본 서버에 반영한다.

정답 ③

해설 인터넷 협회(Internet SOCiety, ISOC)가 아니라 인터넷주소자원관리기구가 근본 서버 관리를 맡고 있지만 근본 서버에 대한 최종적인 통제권은 미국 정부가 보유하고 있다.

5 웹사이트와 CMC(Computer mediated communication)

① 웹사이트는 책, 잡지, 신문 등과 같이 콘텐츠를 제공하기 위해 디자인된다. 아울러 컴퓨터 매개 커뮤니케이션(CMC) 기능을 포함한다.

② 예를 들면 토론장 제공, 채팅과 MUD(Multi-user dialogue) 세계와의 연결을 제공한다.

③ 웹사이트의 콘텐츠는 사이트와 상호작용뿐만 아니라 이용자들 간의 상호작용도 가능하게 지원한다.

6 인터캐스팅(intercasting)

① 인터넷과 방송이 통합되면서 생기는 개념의 변화를 반영한 것으로 스트리밍 비디오(streaming video) 기술을 웹의 기능에 부가한 것이다.

② 웹캐스팅(webcasting) 또는 작은 카메라를 이용하여 이미지를 포착하고, 포착된 이미지를 인터넷을 통해 전송하는 것은 이미지들을 제공하는 하나의 방법이다.

③ 웹캠은 개인 방송을 가능하도록 지원하는데, 개인 방송은 비디오 카메라와 컴퓨터 그리고 소프트웨어로 제작된 프로그램으로 인터넷을 통해 방송하는 것이다.

7 상호작용과 거래

① 상호작용성은 웹과 컴퓨터 매개 커뮤니케이션의 핵심적 속성이다.

② 많은 웹사이트들은 이용자와 상호작용할 수 있는 웹페이지를 구성함으로써 서비스를 제공한다.

③ 거래기능은 사용자들이 인터넷을 통해 개인이나 기업과 금전적인 거래가 가능하도록 한다.

④ 거래 기능은 상품 구매, 온라인 뱅킹, 인터넷상에서의 신용카드 사용과 문서 작성 등을 포함한다.

Ⅲ 검색엔진

1 의의

정보를 수집하고 찾아주는 컴퓨터 시스템으로 현재 주로 월드와이드웹을 대상으로 하는 검색서비스를 의미한다.

2 분류

① 자동화된 로봇 프로그램이 웹 페이지 문서를 수집해 오는 웹페이지 키워드 검색엔진
② 사람들이 주제별로 웹 사이트 주소록을 정리하는 디렉터리 검색엔진
③ 로봇 검색과 디렉터리 검색을 통합하여 제공하는 검색엔진

3 검색엔진의 진화

(1) 1세대 검색엔진

① 디렉터리 검색엔진
② 전 세계 인터넷 페이지가 수천만 페이지에 불과했던 초기 웹 서비스를 위해 개발
③ 전문가가 사이트를 선별하여 정리해 놓은 야후의 디렉터리 서비스가 대표적 사례

(2) 2세대 검색엔진

① 1세대 로봇 검색엔진
② 웹 페이지의 급속한 증가는 사람이 사이트를 선별하는 것을 무의미하게 하였음
③ 디렉터리 검색엔진이 찾아 주지 못하는 더 많은 정보검색의 욕구를 충족할 필요가 제기됨
④ 웹봇(webbot) 또는 에이전트(agent)를 이용한 로봇 검색엔진이 등장
⑤ 알타비스타, 핫봇, 익사이트 등 검색엔진 서비스 등이 대표적 사례

(3) 2.5세대 검색엔진

① 디렉터리와 로봇의 응용 검색엔진 서비스가 병용
② 다른 검색엔진 서비스 검색 결과를 실시간으로 정리해서 보여주는 메타 검색엔진 등장
③ 디렉터리 검색엔진의 장점과 로봇 검색엔진의 장점을 잘 혼합한 형태
④ 네이버, 다음, 파란 등 서비스

(4) 3세대 검색엔진

① 2세대 로봇 검색엔진 서비스로 구글이 등장
② 페이지 랭크(Page Rank)로 첫 페이지에 클릭하고 싶은 정보를 노출하는 로직 적용

기출문제

검색된 웹 사이트들 중 다른 웹사이트의 링크를 많이 받는 웹사이트가 중요할 것이라는 개념하에 구글에서 채택한 알고리즘으로 옳은 것은? [2021]

① 페이지 랭크
② C-RANK
③ 데이터 마이닝(data mining)
④ 인바운드 링크(inbound link)

정답 ①

해설 페이지 랭크에 대한 설명이다.

② 네이버 검색결과에 노출되는 정보는 블로그의 신뢰도를 평가하는 알고리즘인 'C-Rank'가 적용되어 매일 자동으로 업데이트된다. C-Rank란, 검색 랭킹의 정확도를 높이기 위해 사용되는 기술로 개별 문서보다는 해당 문서 출처의 신뢰도를 평가하는 알고리즘이다. 네이버 검색결과는 C-Rank를 토대로 블로그의 관심사 집중도(Context), 정보의 품질(Content), 소비 및 생산의 연쇄반응(Chain) 등을 종합적으로 판단해 해당 블로그가 얼마나 믿을 수 있고 인기 있는지(Creator)를 계산하여 반영한다.

③ 데이터 마이닝(data mining)은 대규모로 저장된 데이터 안에서 체계적이고 자동적으로 통계적 규칙이나 패턴을 분석하여 가치있는 정보를 추출하는 과정이다.

④ 인바운드 링크(inbound link)란 웹 사이트 운영자 입장에서 보면 다른 사람이 자신의 사이트를 링크해 준 것을 의미한다. 웹에서 링크(link)는 추천과 같다. 사이트 추천 빈도가 높아진 것은 그 분야의 전문가로 인정받고 있다는 것이다.

(5) 4세대 검색엔진

① 3세대 로봇 검색엔진 서비스
② 차세대 검색엔진 서비스
③ 1세대에서 3세대 검색엔진까지 약 20년 동안 키워드 검색엔진 기반
④ 4세대 검색엔진은 키워드 기반이 아닌 의미 기반의 검색방법 사용
⑤ 하키아, 큐로 등 시맨틱 랭크를 사용하는 서비스의 사례

예상문제

검색 엔진에 대한 설명으로 틀린 것은?

① 1세대 검색 엔진은 디렉터리 검색 엔진으로 전문가가 사이트를 선별하여 정리해 놓은 야후의 디렉터리 서비스가 대표적 사례이다.
② 2세대 검색 엔진은 웹봇 또는 에이전트를 이용한 2세대 로봇 검색 엔진이다.
③ 2.5세대 검색 엔진은 디렉터리와 로봇의 응용 검색 엔진 서비스를 병용한다.
④ 3세대 검색 엔진에는 페이지 랭크로 첫 페이지에 클릭하고 싶은 정보가 노출되는 로직이 적용되었다.

정답 ②

해설 2세대 검색 엔진은 1세대 로봇 검색엔진을 사용한다.

IV 웹의 진화

1 웹 1.0시대

1990년대 인터넷이 등장하면서 하이퍼텍스트 위주의 웹 환경에서 콘텐츠 생산자가 제공하는 정보에만 접속할 수 있었던 2000년까지의 초기 웹 시대이다.

2 웹 2.0시대

① 2000년 초 네트워크가 확장되고 웹이 폭발적으로 성장하면서 웹 사용에 새로운 패러다임으로 이용자는 콘텐츠 생산자이면서 동시에 소비자로 등장하였다.

② 정보의 개방을 통해 인터넷 사용자들 간의 정보공유와 참여를 이끌어 내고, 이를 통해 정보의 가치를 지속적으로 증대시켰다.

예상문제

웹 2.0의 사례로 볼 수 없는 것은?

① Wikipedia
② Yahoo! Answer
③ 네이버의 지식iN
④ 하이퍼링크 중심의 웹사이트

정답 ④

해설 하이퍼링크 중심의 기존 웹사이트는 웹 1.0의 사례이다.

3 웹 3.0시대

지능화된 웹이 시맨틱(semantic) 기술을 이용해서 상황 인식을 통해 이용자에게 맞춤형 콘텐츠 및 서비스를 제공한다.

[예상문제]

웹 3.0과 관련이 있는 개념으로 볼 수 없는 것은?

① NFT ② 블록체인
③ 시맨틱 웹 ④ 플랫폼 사업자

정답 ④

해설 웹 3.0이란 컴퓨터가 시맨틱 웹 기술을 이용하여 웹페이지에 담긴 내용을 이해하고 개인 맞춤형 정보를 제공할 수 있는 지능형 웹 기술을 말한다. 지능화, 개인화된 맞춤형 웹이다. 웹 3.0은 기본적으로 웹 2.0의 핵심인 읽기와 쓰기를 넘어 '소유'의 개념이 더해진 것이다. 세계 곳곳에 흩어진 네트워크 참여자들의 컴퓨터 자원을 활용하는 블록체인 기술 덕분에 자료가 분산 저장되고, 이더리움 같은 가상화폐에 내재된 자동화 프로그래밍 기술(스마트 콘트랙트)로써 관리자의 개입 없는 웹 이용이 가능하다. 암호화 기술을 활용한 대체 불가능 토큰으로 데이터의 온전한 소유권도 주장할 수 있다. 즉 데이터의 저장과 사용, 소유가 네티즌에게 주어지는 완전히 개인화된 인터넷 환경을 만들 수 있다는 개념이다. 웹 3.0은 전 세계 네트워크 참여자들이 블록체인 기술을 통해 데이터를 분산 저장하고, 나아가 직접 제작한 콘텐츠에 대한 소유권을 주장할 수 있게끔 한다는 개념으로 주목받고 있다. 구글, 메타, 트위터 등 플랫폼 기업이 통제하는 현재의 웹 환경(웹 2.0)에서는 개인이 만든 콘텐츠라 해도 플랫폼에 업로드 되는 즉시 기업 중앙 서버에 저장되고 기업 내부 정책의 통제를 받으며 기업과 수익을 배분하도록 돼 있다.

4 웹 4.0시대

유비쿼터스 웹을 기반으로 인간이 기술의 연장으로 업그레이드되면서 언제나 온라인과 연결되어 있는 상태가 된다.

구분	웹 1.0	웹 2.0	웹 3.0
시기	1990~2000	2000~2010	2010~2020
키워드	접속(Access)	참여와 공유	상황 인식(Context)
콘텐츠 이용 형태	생산자가 이용자에게 일방적으로 콘텐츠 제공 이용자는 콘텐츠 소비자	이용자는 콘텐츠의 생산자이며 소비자이며 유통자	지능화된 웹이 이용자가 원하는 콘텐츠를 제공 개인별 맞춤 서비스 제공
검색	검색 엔진 내부에서만 가능	여러 사이트에 있는 자료의 개방(Open API)	사용자 맞춤형 검색
정보 이용자	인간	인간	인간, 컴퓨터(기계)
기반 기술	브라우저, 웹 저장	브로드밴드, 서버관리	시맨틱 기술, 클라우드 컴퓨팅, 상황인식
대응 단말	PC	주로 PC(모바일 단말 일부 포함)	PC, 모바일 단말, 시계와 같은 액세서리 등 다양

V 인터넷 정보자원의 식별체계

1 URx

① URI, URL, URN, URC 등 정보자원의 식별을 위한 체계 모두를 총칭

② URN(Uniform Resource Name)은 영구적이며 소장 위치에 관계없이 정보자원을 식별하는 고유기호

③ 실제 정보자원을 찾기 위해서는 URL(Uniform Resource Locator)로의 변환이 필수적

④ 인터넷 자원의 각종 객체, 즉 문서, 이미지 , 파일, 데이터베이스, 전자우편 등의 명칭과 위치 등을 표현한 식별기호를 URI(Uniform Resource Identifier)라 함

⑤ URI에는 URL(Uniform Resource Locator)과 URN 등이 포함

2 DOI(Digital Object Identifier)

(1) 의의

① 디지털 객체 식별자(DOI®) 시스템은 모든 유형의 객체에 대한 항구적이고 고유한 식별을 위한 인프라를 제공한다.

② DOI는 "Digital Object Identifier"의 약어이며, "디지털 객체의 식별자(identifier of a digital object)"가 아니라 "객체의 디지털 식별자(digital identifier of an object)"를 의미한다.

③ 온라인상의 디지털 콘텐츠에 부여하는 알파벳+숫자 기호 체계로, 학술 논문도 고유 번호가 있어 인터넷 어디로 주소를 옮기든 늘 찾아갈 수 있도록 만든 고유식별자이다.

④ DOI 이름은 인터넷에서 찾을 수 있는 객체의 위치와 그 객체에 관한 정보를 포함하는 객체의 현재 정보에 대한 해석이 가능하고 항구적인 네트워크 링크를 제공하기 위해 영구적으로 객체에 할당된다. 객체에 대한 정보는 시간이 지남에 따라 변경될 수 있지만, 그 DOI 이름은 변경되지 않는다.

⑤ DOI 이름은 DOI 시스템 내에서 그 DOI 이름으로 식별되는 객체와 관련된 하나 또는 다수의 데이터 유형의 값(URL, e-메일 주소, 다른 식별자 및 설명 메타데이터 등)으로 해석될 수 있다.

(2) DOI 시스템

① DOI는 "객체의 디지털 식별자(digital identifier of an object)"를 의미하는 "Digital Object Identifier"의 약자이다.

② DOI 이름은 디지털 네트워크상의 개체에 대한 위치가 아니라 식별자이다. 그것은 항구적이고 동작 가능한 식별 및 디지털 네트워크에서 관리되는 정보의 상호 교환을 위한 시스템을 제공한다.

③ DOI 이름은 관심있는 사용자 커뮤니티 내에서의 공유나 지식재산권으로 관리하기 위해 물리적 개체, 디지털 개체 또는 추상적인 개체에 할당될 수 있다.

④ DOI 시스템은 상호운용성을 위해 설계되었다. 즉, 기존의 식별자 및 메타데이터 스키마를 사용하거나 함께 동작한다. DOI 이름은 URL(URI)로 표현될 수 있다.

(3) DOI 이름 구문

① DOI 이름 구문은 명명(naming) 권한과 위임을 통해 모호한 문자열의 구성을 명시한다. 그것은 기존의 식별자를 수용할 수 있는 식별자 "컨테이너"를 제공한다. DOI 이름은 "/" 문자로 구분된다.

② DOI 이름을 형성하는 두 개의 구성 요소인 접두사와 접미사를 가지고 있다. 구분자 "/" 뒤에 나오는 접미사는 기존의 식별자 또는 등록자가 선택한 고유한 문자열이 될 수 있다. "/" 문자 앞부분(접두사)은 고유한 명명 권한 기관(naming authority)을 나타낸다. DOI 이름의 길이에는 제한이 없다.

③ 접두사는 DOI 이름을 등록하고자 하는 조직에 할당된다. 어떤 조직이라도 여러 접두사를 선택할 수 있다. (슬래시로 구분되는) 접두사 다음에 나오는 (특정 접두사에 고유한) 접미사가 개체를 식별하기 위한 것이다. 등록자를 위한 접두사와 등록자가 할당한 고유한 접미사의 조합이 DOI 이름의 중앙집중식 할당을 필요 없게 한다.

④ ISBN과 같은 기존 표준 식별 시스템도 이러한 접미사를 사용해서 DOI 이름에 통합될 수 있다. 등록자가 DOI 시스템의 이러한 편리함을 추구한다면, 동일한 개체가 두 시스템에 의해 정확하게 식별될 수 있도록 해야만 한다.

핵심정리

(1) 책이나 잡지 등에 매겨진 국제표준도서번호(ISBN)와 같이 모든 디지털 콘텐츠에 부여되는 고유 식별번호

(2) 인터넷 주소가 바뀌어도 사용자가 그 문서의 새 주소로 찾아갈 수 있도록 웹 파일이나 인터넷 문서에 영구적으로 부여된 식별자

기출문제

DOI에 대한 옳은 설명만을 있는 대로 고른 것은? [2021]

ㄱ. Digital Object Identifier의 약자이다.
ㄴ. DOI 시스템은 디지털 환경에서 콘텐츠 객체를 식별하기 위한 것이다.
ㄷ. DOI는 환경에 따라 변화될 수 있다.
ㄹ. DOI 자체는 접두사(prefix) + 접미사(suffix) 구조로 이루어진다.

① ㄱ, ㄴ, ㄷ
② ㄱ, ㄷ, ㄹ
③ ㄴ, ㄷ, ㄹ
④ ㄱ, ㄴ, ㄹ

정답 ④

해설 ㄷ. 기존의 온라인 원문 서비스는 URL의 변경 등으로 인해 영구적인 접근 체계의 제공이 어려웠으나, DOI를 부여함으로써 URL 정보가 변경되더라도 논문에 대한 항구적인 접근 환경 구성이 가능하다.

예상문제

디지털 객체 식별자(DOI)에 대한 설명으로 틀린 것은?

① Digital Object Identifier의 약어이며, 디지털 객체의 식별자를 의미한다.
② 항구적인 네트워크 링크를 제공하기 위해 영구적으로 객체에 할당된다.
③ DOI 이름을 형성하는 두 개의 구성 요소인 접두사와 접미사를 가지고 있다.
④ ISBN과 같은 기존 표준 식별 시스템도 이러한 접미사를 사용해서 DOI 이름에 통합될 수 있다.

정답 ①

해설 DOI는 "Digital Object Identifier"의 약어이며, "디지털 객체의 식별자(identifier of a digital object)"가 아니라 "객체의 디지털 식별자(digital identifier of an object)"를 의미한다.

3 PURL(Persistent Uniform Resource Locator)

① 인터넷 정보자원을 영구적인 위치로 식별하여 접근하기 위한 체계이다.

② OCLC(Online Computer Library Center)에서 학술정보를 식별하고 접근하기 위해 개발한 임시적 접근체계로 기능적으로는 URL과 비슷하다.

[예상문제]

인터넷 정보 자원의 식별 체계에 대한 설명으로 틀린 것은?

① URL(Uniform Resource Locator)은 일반적으로 웹페이지 주소를 의미한다.
② URN(Uniform Resource Name)은 영구적이며 소장 위치에 관계없이 정보자원을 식별하는 고유기호이다.
③ 실제 정보자원을 찾기 위해서는 URL은 URN으로의 변환이 필수적이다.
④ URI(Uniform Resource Identifier)에는 URL과 URN 등이 포함된다.

정답 ③

해설 실제 정보자원을 찾기 위해서는 URN은 URL로의 변환이 필수적이다.

인터넷 정보 자원의 식별 체계에 대한 설명으로 옳은 것은?

① 영구적이며 소장 위치에 관계없이 정보자원을 식별하는 고유 기호는 URL이다.
② 실제 정보자원을 찾기 위해서는 URN으로의 변환이 필수적이다.
③ 인터넷 자원의 각종 객체들의 명칭과 위치 등을 표현한 식별 기호는 URN이다.
④ URI에는 URL과 URN 등이 포함된다.

정답 ④

해설 ① 영구적이며 소장 위치에 관계없이 정보자원을 식별하는 고유 기호는 URN이다.
② 실제 정보자원을 찾기 위해서는 URL으로의 변환이 필수적이다.
③ 인터넷 자원의 각종 객체들의 명칭과 위치 등을 표현한 식별 기호는 URI이다.

인터넷 정보 자원 식별 체계에 대한 설명으로 틀린 것은?

① 영구적이며 소장 위치에 관계없이 정보자원을 식별하는 고유 기호는 URN이다.
② URL로의 변환 없이도 URN만으로도 실제 정보 자원을 찾을 수 있다.
③ 인터넷 자원의 각종 객체들의 명칭과 위치 등을 표현한 식별 기호는 URI이다.
④ URI에는 URL과 URN 등이 포함된다.

정답 ②

해설 실제 정보자원을 찾기 위해서는 URL로의 변환이 필수적이다.

Theme

80 컴퓨터 네트워크

I 의의

① 컴퓨터 통신을 위해서는 컴퓨터와 컴퓨터를 연결해주는 선로(cable)와 통신제어에 필요한 장치들이 필요한데 컴퓨터 통신을 위해 연결된 컴퓨터들의 집합을 컴퓨터 통신망 또는 컴퓨터 네트워크(computer network)라고 한다.

② 통신은 멀리 떨어진 두 개 이상의 개체 사이에 정보를 주고받는 행위이다.

③ 컴퓨터 통신은 서로 다른 컴퓨터 사이에서 정보를 주고받는 것을 의미한다.

Ⅱ 근거리 통신망(Local Area Network, LAN)

1 의의

① 건물 내 혹은 소규모의 지역 내에서 구성된 네트워크이다.

② 사용자 쪽에서 설치하므로 사설 데이터망(Private Data Network)이라고도 한다.

2 근거리 통신망구성방식

(1) 스타형(Star Topology)

하나의 호스트 컴퓨터를 중심으로 여러 대의 컴퓨터가 연결된 형태로서 하나의 컴퓨터 입장에서 보면 자신은 호스트에만 연결되므로 Point-to-Point 방식을 취한다.

(2) 링형(Ring Topology)

토큰링(token ring)이라고 불리는 제어 신호가 네트워크를 구성하는 여러 컴퓨터들을 순서대로 한 번씩 제어하는 형태로 운용하여, 토큰링을 받은 컴퓨터만 데이터를 받거나 쓸 수 있으므로 공정한 기회를 주는 것이 특징이다.

생각넓히기 | 시분할컴퓨팅

시분할컴퓨팅이란 1대의 컴퓨터를 여러 명의 사용자가 동시에 이용하는 경우, CPU 사용의 단위시간을 잘게 나누어 이용하는 것을 말한다. 예를 들어 1대의 컴퓨터를 100명의 사용자가 1/1000초 단위로 이용하는 경우를 생각해볼 수 있다. 이는 만화영화에서 정지된 장면을 빠른 시간에 여러 장 보여줌으로써 연속적으로 움직이는 것처럼 느끼게 하는 효과를 컴퓨팅에 도입한 것으로, 시분할컴퓨팅 환경에서 100명의 사용자들은 마치 자기 혼자 전체 컴퓨터를 사용하는 것과 같은 느낌을 받게 된다. 이러한 시분할컴퓨팅을 네트워크 환경에서 구축할 경우(원 거리에서 액세스) 컴퓨터 자원 공유의 이점을 갖게 되는데, 바로 이 점에 착안하여 1960년대 초반 영국 물리학연구소의 데이비스는 전국적 컴퓨터 네트워크의 구상을 제안하게 된다.

예상문제

시분할컴퓨터에 대한 설명으로 틀린 것은?

① 1대의 컴퓨터를 여러 명의 사용자가 동시에 이용하는 경우, CPU 사용의 단위시간을 잘게 나누어 이용하는 것을 말한다.
② 시분할컴퓨팅 환경에서 여러 명의 사용자들은 마치 자기 혼자 전체 컴퓨터를 사용하는 것과 같은 느낌을 받게 된다.
③ 시분할컴퓨팅을 네트워크 환경에서 구축할 경우 컴퓨터 자원 공유의 이점을 갖게 된다.
④ 시분할컴퓨팅은 프로그램을 수행할 수 있는 CPU를 2개 이상 두고 각각 그 업무를 분담하여 처리하는 방식으로 CPU를 여러 개 사용하여 프로그램의 처리 속도와 신뢰성이 높다.

정답 ④

해설 다중 처리 시스템에 대한 설명이다. 참고로 다중 처리는 컴퓨터 시스템 한 대에 둘 이상의 중앙 처리 장치(CPU)를 이용하여 병렬로 처리하는 것을 가리킨다. 또한 이 용어는 하나 이상의 프로세서를 지원하는 시스템의 능력, 또는 이들 사이의 태스크를 할당하는 능력을 가리키기도 한다. 즉 다중 처리 시스템은 다중 처리가 적용된 시스템을 뜻한다. 다중 처리 시스템에서는 여러 개의 프로세서가 하나의 메모리를 공유하여 사용하는 시스템이며, 일반적으로 하나의 운영 체제가 모든 프로세서들을 제어한다.

(3) 버스형(Bus Topology)

모든 컴퓨터가 버스라고 불리는 회선에 연결되고, 버스를 통해서 데이터를 주고받고 이때 정보를 필요로 하는 컴퓨터만 데이터를 읽는 방식이다.

(4) 트리형(Tree Topology)

① 버스형이 확장된 분산처리시스템 형태로 헤드엔드(Headend)라는 지점에서부터 한 개 이상의 케이블들이 시작되고, 각 케이블은 다시 여러 개의 가지(Branch)로 나눠지는 구조이다.
② 데이터는 양방향으로 모든 노드에게 전송되고, 트리의 끝에 있는 단말 노드로 흡수된다. 통신 회선수가 절약되고 통신선로가 가장 짧다.

(5) 메시형(Mesh Topology)

모든 컴퓨터와 컴퓨터들을 통신회선으로 연결시킨 형태로 보통 공중전화망과 공중 데이터 통신망에 이용된다. 통신회선의 총 길이가 가장 길고, 분산처리 시스템이 가능하며 광역통신망에 적합하다. 통신회선의 장애 시 다른 경로를 통해 데이터 전송의 수행이 가능하여 신뢰도가 높다.

(6) 격자망(matrix)

2차원적인 형태를 갖는 망으로 네트워크 구성이 복잡하고 신뢰성이 우수하며, 광역통신망에 적용되고, 화상처리 등의 특수한 분산처리망으로 적합하다.

[예상문제]

근거리 통신망의 구성방식에 대한 설명으로 틀린 것은?

① 스타형(Star Topology): 하나의 호스트 컴퓨터를 중심으로 여러 대의 컴퓨터가 연결된 형태이다.
② 링형(Ring Topology): 토큰링(token ring)이라고 불리는 제어신호가 네트워크를 구성하는 여러 컴퓨터들을 순서대로 한 번씩 제어하는 형태로 운용된다.
③ 버스형(Bus Topology): 모든 컴퓨터가 버스라고 불리는 회선에 연결되고, 버스를 통해서 데이터를 주고받기 때문에 통신 선로가 가장 길다.
④ 메시형(Mesh Topology): 모든 컴퓨터와 컴퓨터들을 통신회선으로 연결시킨 형태로 보통 공중전화망과 공중 데이터 통신망을 이용한다.

정답 ③
해설 메시형(Mesh Topology)이 통신 선로가 가장 길다.

Ⅲ 원거리 통신망(Wide Area Network, WAN)

① 광역통신망으로 넓은 의미로는 전화망까지도 WAN에 포함된다.
② 일반적으로 WAN은 디지털망인데 비해 전화망은 아날로그망으로 구성된다.
③ 전송속도는 느리지만 거리에 제한이 없다.
④ 구축비용은 근거리 통신망에 비해 상대적으로 많이 소요된다.

Ⅳ 백본 네트워크(Backbone Network)

① 네트워크의 최하위 레벨(level)이다.
② 많은 LAN이나 원거리 통신망을 연결시켜주는 역할을 한다.
③ 주요 도시를 연결한 초고속통신망이다.

[예상문제]

백본 네트워크(Backbone Network)에 대한 설명으로 틀린 것은?

① 네트워크의 최상위 레벨로 네트워크의 중심을 이루는 주요 간선으로 기간망이라고도 한다.
② 많은 LAN이나 원거리 통신망을 연결시켜주는 역할을 한다.
③ 주요 도시를 연결한 초고속 통신망도 백본 네트워크에 해당한다.
④ 백본의 속도에 의해 인터넷 통신망의 속도가 좌우된다.

정답 ①
해설 백본 네트워크는 네트워크의 최하위 레벨이다. 참고로 네트워크의 최상위 계층은 통신 수단의 이용자 위치(최상위)에 있으면서 정보교환에 통신처리 기능을 담당하는 계층이다.

V 패킷 스위치 네트워크(Packet Switched Network)

1 회선교환

데이터를 전송하기 전에 두 컴퓨터 사이에 물리적인 회선을 미리 설정하여 독점적으로 사용한다.

2 패킷교환

① 패킷은 데이터 전송단위로 전송하려는 정보에 주소와 제어신호를 부가한 데이터 형태이다.
② 인터넷은 패킷교환 방식을 이용하여 한 선로를 여러 사람이 동시에 이용한다.
③ 신뢰성이 높으며 데이터 전송속도도 비교적 빠르다.

[예상문제]

패킷 교환에 대한 설명으로 틀린 것은?

① 패킷은 데이터의 전송 단위이다.
② 전송하려는 정보에 주소와 제어신호를 부가한다.
③ 신뢰성이 높으며 데이터 전송속도도 빠르다.
④ 데이터를 전송하기 전에 두 컴퓨터 사이에 물리적인 회선을 미리 설정하여 독점적으로 사용한다.

정답 ④
해설 패킷 교환과 대비되는 회선 교환의 특징이다.

패킷 교환에 대한 설명으로 옳은 것은?

① 패킷은 데이터의 전송 단위이다.
② 전송하려는 정보에 주소만을 부가한다.
③ 신뢰성은 높지만 데이터 전송속도는 느려질 수 있다.
④ 데이터를 전송하기 전에 두 컴퓨터 사이에 물리적인 회선을 미리 설정하여 독점적으로 사용한다.

정답 ①

해설 ② 전송하려는 정보에 주소와 제어신호를 부가한다.
③ 신뢰성이 높으며 데이터 전송속도도 빠르다.
④ 회선 교환에 대한 설명이다.

Theme

81 통신 프로토콜

I 의의

① 컴퓨터 통신을 위한 통신규약이다.

② 서로 다른 종류의 컴퓨터들을 연결하기 위해서 통신 프로토콜이 제정된다.

③ 프로토콜이 같은 컴퓨터끼리는 케이블 등으로 연결한 후 정보교환이 가능하다.

④ 현재 가장 널리 알려진 프로토콜 모델은 ISO에서 제정한 OSI(Open System Interconnection) 모델과 인터넷에서 사용하는 TCP/IP 모델이 있다.

II 종류

1 TCP/IP

인터넷 정보의 전송과 제어 프로토콜이다.

핵심정리 IPsec

(1) IPsec(IP security)
① IP를 위한 보안 메커니즘
② 두 가지 프로토콜: IP 인증 헤더(AH), IP 캡슐화 보안 페이로드(ESP)
③ IP에 대한 인터페이스를 변경하지 않고서도 IP를 사용하는 모든 사용자에게 보안을 제공
④ 암호 연산을 수행하기 때문에 프로토콜 처리비용과 통신시간 증가

(2) IP 인증 헤더
① 송신자 인증을 통해 데이터그램의 무결성과 출처 보장
② 기밀성은 보장되지 않음
③ 인증 데이터를 데이터그램 내의 헤더에 포함시킴

(3) IP 캡슐화 보안 페이로드
암호화를 통해 기밀성도 보장

예상문제

IPsec(IP security)에 대한 설명으로 틀린 것은?

① 웹 서버와 브라우저 간의 안전한 통신을 위해 넷스케이프(Netscape)가 개발하였다.
② IP 인증 헤더는 송신자 인증을 통해 데이터그램의 무결성과 출처를 보장하지만 기밀성은 보장되지 않는다.
③ 암호 연산을 수행하기 때문에 프로토콜 처리비용과 통신시간이 증가한다.
④ IP에 대한 인터페이스를 변경하지 않고서도 IP를 사용하는 모든 사용자에게 보안을 제공한다.

정답 ①

해설 웹 서버와 브라우저 간의 안전한 통신을 위해 넷스케이프(Netscape)가 개발한 것은 SSL(secure socket layer)이다.

2 FTP(File Transfer Protocol)

파일전송 프로토콜

3 SMTP(Simple Mail Transfer Protocol)

전자우편서비스를 위한 프로토콜

4 HTTP(Hyper Text Transfer Protocol)

웹을 이용하기 위한 프로토콜

5 PPP(Point-to-Point Protocol)

전화망을 이용해서 인터넷 사용을 가능하게 하는 프로토콜

6 SLIP(Serial Line Internet Protocol)

전화망을 이용해서 인터넷 사용을 가능하게 하는 프로토콜

예상문제

통신 프로토콜에 대한 설명으로 틀린 것은?

① TCP/IP는 인터넷 정보의 전송과 제어 프로토콜이다.
② SMTP는 전자우편서비스를 위한 프로토콜이다.
③ HTTP는 웹을 이용하기 위한 프로토콜이다.
④ PPP는 파일전송 프로토콜이다.

정답 ④

해설 전화망을 이용해서 인터넷 사용을 가능하게 하는 프로토콜이다.

Ⅲ 기능

① 전달하려는 정보를 통일한 크기로 나누고(fragmentation) 다시 재결합(reassembly)한다.
② 에러를 감시하고 제거한다.
③ 통신을 하는 두 개체 간의 흐름과 연결을 제어하여 동기화(synchronization)한다.
④ 여러 개의 메시지를 동시에 섞어서 보내는 다중화(multiplexing)가 가능하다.

Ⅳ 네트워크의 연결 장비

1 리피터(Repeater)

받은 신호를 증폭시켜서 먼 거리까지 정확히 전달하는 장치이다.

2 라우터(Router)

전달된 패킷의 주소를 읽고 가장 적절한 네트워크 통로를 이용하여 전송하는 장치이다.

3 게이트웨이(Gateway)

서로 다른 종류의 프로토콜을 사용하는 네트워크를 연결하는 장치이다.

4 허브(Hub)

접속방법이 다른 물리층(Physical Layer)을 서로 연결하는 장치이다.

V OSI 참조 모델

1 의의

① OSI 참조모델은 정보통신업체 사이의 장비 호환성을 위해서 1984년 국제표준화기구에서 발표한 표준 프로토콜이다. 하위계층으로 갈수록 하드웨어에 가까워지고, 상위계층으로 갈수록 소프트웨어에 더 가깝다.

② 1계층부터 4계층까지를 하위계층, 5계층부터 7계층까지를 상위계층으로 분류하고, 상위계층은 하위계층의 기능을 이어받아 사용한다.

2 OSI 7계층

(1) 제1계층: 물리 계층(Physical Layer)

시스템의 물리적 전기적 표현을 나타내는 층위이다. 케이블 종류, 무선 주파수 링크, 핀, 전압 등의 물리적인 요건을 의미한다. 라우터나 스위치의 전원이 켜져 있는지, 케이블이 제대로 연결되어 있는지 여부 등은 모두 1계층인 물리 계층에 해당한다.

(2) 제2계층: 데이터 링크 계층(Data Link Layer)

데이터 링크 계층은 직접적으로 연결된 두 개의 노드 사이에 데이터 전송을 가능하게 하고, 물리 계층에서 발생한 오류를 수정하기도 한다. 또한 대부분의 스위치는 바로 2계층인 데이터 링크 계층에서 작동한다.

(3) 제3계층: 네트워크 계층(Network Layer)

① 네트워크의 핵심인 라우팅(데이터가 가야 할 길을 찾는 기능)의 대부분이 3계층인 네트워크 계층에서 작동한다.

② 이 계층은 여러 대의 라우터들을 바탕으로 데이터를 패킷 단위로 잘게 쪼개어 전송하는 층위에 해당한다. 데이터가 전송될 수 있는 수많은 경우의 수 중 가장 효율적인 라우팅이 방법을 찾는 것 또한 이 단계에서 가능하다.

(4) 제4계층: 전송 계층(Transport Layer)

전송 계층은 보내고자 하는 데이터의 용량과, 속도, 목적지를 처리한다. 전송 계층에서 가장 대표적인 것은 전송 제어 프로토콜(TCP)이다. TCP는 인터넷 프로토콜(IP) 위에 구축되기 때문에 TCP/IP로 알려져 있다.

(5) 제5계층: 세션 계층(Session Layer)

실제 네트워크 연결이 이루어진다. 두 대의 기기가 '대화'하기 위해서는 하나의 '세션'이 열려야 한다. 세션 계층에서는 프로세스 간의 통신을 제어하고, 통신과정이 진행될 때 동기화를 유지하는 역할을 한다.

핵심정리 **쿠키와 세션**

(1) 서버와 클라이언트가 통신을 할 때 통신이 연속적으로 이어지지 않고 한 번 통신이 되면 끊어진다. 따라서 서버는 클라이언트가 누구인지 계속 인증을 해줘야 한다. 하지만 그것은 매우 귀찮고 번거로운 일이다. 또한 웹페이지의 로딩을 느리게 만드는 요인이 되기도 한다. 그런 번거로움을 해결하는 방법이 바로 쿠키와 세션이다. 정리하면, 클라이언트와 정보 유지를 위해 사용하는 것이 쿠키와 세션이다.

(2) 세션이 쿠키에 비해 보안이 높은 편이나 쿠키를 사용하는 이유는 세션은 서버에 저장되고, 서버자원을 사용하기 때문에 사용자가 많을 경우 소모되는 자원이 상당하다. 이러한 자원관리 차원에서 쿠키와 세션을 적절한 요소 및 기능에 병행 사용하여 서버 자원의 낭비를 방지하며 웹사이트의 속도를 높일 수 있다.

(3) 쿠키는 HTTP의 일종으로 사용자가 어떠한 웹 사이트를 방문할 경우 그 사이트가 사용하고 있는 서버에서 사용자의 컴퓨터에 저장하는 작은 기록 정보 파일이다. HTTP에서 클라이언트의 상태 정보를 클라이언트의 PC에 저장하였다가 필요시 정보를 참조하거나 재사용할 수 있다.

[예상문제]

인터넷 웹 사이트의 방문 정보를 기록하는 텍스트 파일로, 인터넷 사용자가 웹 사이트에 접속한 후 이 사이트 내에서 어떤 정보를 읽고 어떤 정보를 남겼는지에 대한 정보가 사용자의 PC에 저장되며, 고의로 사용자의 정보를 빼낼 수 있는 통로 역할을 할 수도 있는 것으로 옳은 것은?

① 쿠키 ② 세션

③ 로그 ④ 캐시

정답 ①

해설 ② 세션은 웹 서버의 저장되는 쿠키이다. 쿠키와 세션은 비슷한 역할을 하며, 동작 원리도 비슷하다. 그 이유는 세션도 결국 쿠키를 사용하기 때문이다. 큰 차이점은 사용자의 정보가 저장되는 위치이다. 쿠키는 서버의 자원을 전혀 사용하지 않으며, 세션은 서버의 자원을 사용한다.

③ 컴퓨터의 처리 내용이나 이용 상황에 대한 시간의 흐름에 따른 기록이다.

④ 캐시는 이미지, 비디오, 오디오, css, js파일 등 데이터나 값을 미리 복사해 놓는 리소스 파일들의 임시 저장소이다.

(6) 제6계층: 표현 계층(Presentation Layer)

응용프로그램 형식을 네트워크 형식으로 변환하거나 그 반대의 경우가 일어나는 계층이다. 6계층은 응용프로그램 혹은 네트워크를 위해 데이터를 '표현'하는 계층에 해당한다. 대표적인 예로 데이터를 안전하게 주고받기 위해 암호화하고 복호화 하는 과정이 필요한데 이러한 과정이 바로 표현 계층인 6계층에서 이루어진다.

(7) 제7계층: 응용 계층(Application Layer)

마지막 응용 계층은 사용자가 네트워크에 접근할 수 있도록 인터페이스를 제공하는 계층이다. 사용자에게 가장 직접적으로 보이는 부분이 바로 이 응용 계층에 해당한다. 구글의 크롬과 같은 브라우저나 스카이프, 아웃룩 등의 응용프로그램이 이 응용 계층에서 동작한다.

[예상문제]

OSI(open systems interconnection)에 대한 설명으로 틀린 것은?

① 개방형 체계에서 기종이 다른 컴퓨터 사이의 통신을 가능하게 하기 위해 정해진 통신망의 국제 표준을 말한다.
② OSI는 각각의 계층이 다른 기능을 수행하는 통신망 구조의 7개의 계층 모형의 형태를 취한다.
③ 라우터나 스위치의 전원이 켜져 있는지, 케이블이 제대로 연결되어있는지 여부 등에 모두 3계층인 네트워크 계층에 해당한다.
④ 5계층인 세션 계층에서 실제 네트워크 연결이 이루어진다. 두 대의 기기가 '대화'하기 위해서는 하나의 '세션'이 열려야 한다.

정답 ③

해설 1계층인 물리 계층에 대한 설명이다. 물리적 계층은 시스템의 물리적 전기적 표현을 나타내는 층위이다. 케이블 종류, 무선 주파수 링크, 핀, 전압 등의 물리적인 요건을 의미한다. 라우터나 스위치의 전원이 켜져 있는지, 케이블이 제대로 연결되어있는지 여부 등에 모두 1계층인 물리 계층에 해당한다. 참고로 네트워크의 핵심인 라우팅(데이터가 가야 할 길을 찾는 기능)의 대부분이 3계층인 네트워크 계층에서 작동한다. 이 계층은 여러 대의 라우터들을 바탕으로 데이터를 패킷 단위로 잘게 쪼개어 전송하는 층위이다. 데이터가 전송될 수 있는 수많은 경우의 수 중 가장 효율적인 라우팅이 방법을 찾는 것 또한 이 단계에서 가능하다.

OSI(open systems interconnection)에 대한 설명으로 틀린 것은?

① 데이터 링크 계층은 직접적으로 연결된 두 개의 노드 사이에 데이터 전송을 가능하게 하고, 물리 계층에서 발생한 오류를 수정하기도 한다.
② 전송 계층은 여러 대의 라우터들을 바탕으로 데이터를 패킷 단위로 잘게 쪼개어 전송하는 계층이다.
③ 세션 계층에서 실제 네트워크 연결이 이루어진다. 두 대의 기기가 '대화'하기 위해서는 하나의 '세션'이 열려야 한다.
④ 표현 계층은 응용프로그램 형식을 네트워크 형식으로 변환하거나 그 반대의 경우가 일어나는 계층이다. 이 계층은 응용프로그램 혹은 네트워크를 위해 데이터를 '표현'하는 계층에 해당한다.

정답 ②

해설 여러 대의 라우터들을 바탕으로 데이터를 패킷 단위로 잘게 쪼개어 전송하는 계층은 네트워크 계층이다. 전송 계층은 보내고자 하는 데이터의 용량과, 속도, 목적지를 처리한다. 전송 계층에 가장 대표적인 것은 전송 제어 프로토콜(TCP)이다. TCP는 인터넷 프로토콜(IP) 위에 구축되기 때문에 TCP/IP로 알려져 있다.

OSI 참조 모델에 대한 설명으로 틀린 것은?

① 7개의 계층으로 구분된다.
② 가장 상위 계층은 응용 계층이다.
③ 서로 다른 제어 절차에 의해 종단 간을 연결하려면 여러 가지 물리적 매체를 사용하는 구조가 필요하다.
④ 개방 시스템 구조에서 어떤 시스템은 데이터의 최종 목적지 역할을 하고, 어떤 시스템은 중간 노드의 역할을 하기 때문에 네트워크 계층이 데이터링크 계층의 아래에 위치한다.

정답 ④

해설 개방 시스템 구조에서 어떤 시스템은 데이터의 최종 목적지 역할을 한다. 또한 어 떤 시스템은 중간 노드의 역할을 한다. 따라서 네트워크 계층(network layer)이 데이터링크 계층의 위에 오게 된다.

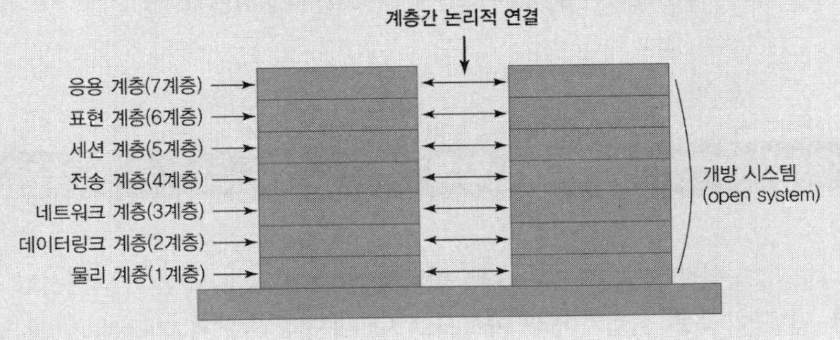

Theme

82 네트워크의 성장 법칙

I 사르노프(David Sarnoff)의 법칙

① 20세기 초 라디오와 텔레비전 네트워크의 등장에서 비롯

② 방송 네트워크의 가치는 시청자들의 수에 비례한다는 법칙을 제안

II 무어(Gordon Moore)의 법칙

① 전자 소형화로 전자공학, 컴퓨터, 네트워크에 있어 중요한 발전을 촉진시킴

② 1965년 인텔의 공동 설립자이자 마이크로프로세서의 발명자 가운데 한 사람인 고든 무어(Gordon Moore)가 마이크로 칩 하나가 같은 크기 공간으로 압축되어 들어갈 수 있는 소자의 수가 해마다 곱절이 된다는 점에 주목

③ 무어는 소자의 수가 24개월마다 곱이 될 것으로 예측하고, 어떤 것이라도 그것이 배가 되고 또 그 배가 되어 급속도로 성장할 것이라고 예측함

④ 1971년 인텔 최초 마이크로프로세서는 2,250개의 소자, 30년후 펜티엄4 프로세서는 420 만 소자로 증가

⑤ 이 법칙에 의거 컴퓨터와 전자 구성요소는 수십 년 동안 전자산업의 성장을 촉진

III 메트칼프(Bob Metcalfe)의 법칙

① 메트칼프는 쓰리콤(3Com)주식회사를 설립한 후 네트워크에서 가치 증대를 설명하는 법칙을 고안

② 네트워크의 기본적인 수학적 특성에 기초하여 접속점 사이의 가능한 연결 수는 접속점의 수보다 더 빠르게 증대한다는 것

③ 각 접속점이 모든 다른 접속점에 도달할 수 있는 네트워크의 총 가치는 접속점 수를 제곱한 것만큼 증대

④ 서로 연결된 네 개의 접속점은 각각 한 단위의 가치를 가지지만, 네트워크로 연결되면 16단위의 가치를 지닌다.
⑤ 100개의 접속점이라면, 100 곱하기 100, 즉 1만 단위의 가치가 생성된다.
⑥ 이와 같이 가치가 접속점의 수보다 더 빨리 기하급수적으로 증가하는 수학적 결과가 경제적 효력으로 전환되는 것

Ⅳ 리드(David P. Reed)의 법칙

① 이베이가 성공할 수 있었던 원인을 찾다가 새로운 법칙을 발견했다. 어떤 상품도 팔지 않으면서 단지 고객들이 서로 사고 팔 수 있도록 시장만을 제공하면서도 이베이가 성공할 수 있었던 것은 특정한 이해관계를 둘러싼 사회적 집단의 형성을 용이하게 제공했기 때문이다.
② 특정한 문화의 사람들이 새로운 교제 관계를 쉽게 형성할 수 있게 만들어 주는 것으로 수백만 대의 컴퓨터를 사용하는 수백만 명의 사람들은 서로 다른 중요한 특성을 추가하면서 성장한다. 그것이 네트워크에서 집단을 형성하는 사람들의 능력이 된다.
③ 네트워크에서 집단을 형성하는 집단형성네트워크(Group-Forming Networks, GFNs)의 가치는 메트칼프의 법칙이 적용되는 네트워크보다 훨씬 더 빨리 증대한다. 접속점의 숫자에 제곱하는 대신 2를 접속점의 숫자만큼 제곱하는 것이다. 열 개의 접속점의 가치는 메트칼프의 법칙에서는 100(10의 2제곱)이 되고, 리드의 법칙에서는 1,024(2의 10제곱)가 된다.

기출문제

네트워크의 규모가 커짐에 따라 투입량은 감소하지만 네트워크의 가치는 기하급수적으로 증가한다고 보는 법칙으로 옳은 것은? [2021]

① 메트칼프의 법칙
② 리드의 법칙
③ 사르노프의 법칙
④ 무어의 법칙

정답 ①

해설 메트칼프의 법칙은 네트워크의 규모가 증가하면 그 비용은 직선으로 증가하지만, 네트워크의 가치는 사용자수의 제곱에 비례한다는 법칙이다. 사용자 간의 커뮤니케이션이 중요한 특징으로 사용자가 10명인 네트워크와 100명인 네트워크의 가치는 10배가 아니라 100배 차이가 난다는 뜻이다. 리드의 법칙은 네트워크 사용자에 기반을 두어 네트워크 가치를 계산하는 점은 메트칼프의 법칙과 같지만, '그룹'을 중요하게 생각한다는 점에서 차이를 보인다. 서브그룹이 생기면서 나타나는 '협력'이 큰 특징으로, 네트워크의 가치는 사용자 수를 N이라고 했을 때 2^N에 비례한다. 예컨대 사용자가 20명이라면 2^{20}인 1,048,576개의 서브그룹이 만들어지며 집단 네트워크로서 힘을 갖는다. 트위터나 페이스북의 네트워크 가치와 영향력이 큰 이유도 리드의 법칙으로 설명할 수 있다.

이베이가 성공할 수 있었던 원인을 찾다가 발견한 네트워크의 성장 법칙으로 옳은 것은? [2019]

① 사르노프(David Sarnoff)의 법칙
② 무어(Gordon Earle Moore)의 법칙
③ 메트칼프(Robert Metcalfe)의 법칙
④ 리드(David Reed)의 법칙

정답 ④

해설 리드는 어떤 상품을 팔지 않으면서 단지 고객들이 서로 사고 팔 수 있도록 시장만을 제공하면서도 이베이가 성공할 수 있었던 것은 특정한 이해관계를 둘러싼 사회적 집단의 형성을 용이하게 제공했기 때문이라고 평가했다. 또한 리드는 특정한 문화의 사람들이 새로운 교제 관계를 쉽게 형성할 수 있게 만들어 주는 것으로 수백만 대의 컴퓨터를 사용하는 수백만 명의 사람들은 서로 다른 중요한 특성을 추가하면서 성장하고, 그것이 네트워크에서 집단을 형성하는 사람들의 능력이 된다고 보았다.

[예상문제]

다음 중 네트워크의 성장 법칙에 대한 설명으로 틀린 것은?

① 사르노프의 법칙: 인터넷 등 네트워크의 가치는 참여자들의 수에 비례한다.
② 무어의 법칙: 마이크로칩의 용량이 매 18개월마다 2배가 될 것으로 예측하며 만든 법칙으로, 1975년 24개월로 수정되었다.
③ 메트칼프의 법칙: 이더넷과 인터넷 등 네트워크의 가치는 참여자 수의 제곱에 비례한다.
④ 리드의 법칙: 네트워크의 가치는 참여자의 수를 n이라고 했을 때 2의 n승에 비례한다.

정답 ①

해설 사르노프의 법칙은 방송 네트워크의 가치에 대한 법칙이다.

V Katz와 Shapiro의 네트워크 효과

1 의의

① 네트워크 효과(network effect) 혹은 네트워크 외부성(network externality)은 소비자가 하나의 제품으로부터 얻는 효용이 그 제품을 사용하는 사람들의 수가 많아질수록 더욱 증가하게 된다는 것을 의미한다.

② Katz와 Sapiro가 들고 있는 대표적인 예로는 전화, 팩스, 데이터 통신 등이 있다. 소비자들이 이러한 제품들을 사용함으로써 획득하는 효용은 이 제품을 사용하는 소비자들이 많을수록 증가한다.

③ 사용자들이 많아지면 그 상품이나 서비스와 관련된 상품/서비스를 제공하는 공급자의 수가 증가하게 되고, 이는 다시 해당 상품/서비스의 가치를 증가시키면서 네트워크 효과가 발생되기 때문이다.

④ 공급자들은 이러한 이유로 초기 제품 공급 시 적정 규모의 소비자, 혹은 결정적 다수(critical mass)를 확보하기 위해 전력투구를 하게 된다. 아무리 좋은 기술이라도 사용자들을 확보하지 못하면 그 기술은 확산되지 못할 가능성이 존재하기 때문이다.

2 Katz & Shapiro의 네트워크의 가치

(1) 실물네트워크

실물네트워크는 통신네트워크처럼 단말기 그 자체로는 아무런 가치를 가지지 않고 네트워크 속에서만 가치를 가지는 것을 말한다. 전화, 팩스 등이 이에 해당한다.

(2) 가상네트워크

① 가상네트워크는 컴퓨터의 운영체제와 응용소프트웨어와 같이 네트워크에 소속되지 않고서도 그 자체의 내재가치를 가지면서 동시에 네트워크에 소속됨으로써 부가되는 가치를 가지는 경우이다.

② 이 경우 특정 제품/서비스 사용자들은 새로운 제품이나 서비스가 나오더라도 다른 대안을 탐색하기보다 기존의 제품/서비스를 사용하고자 하는 특성을 보인다. Katz와 Shapiro는 이를 고착효과(lock-in effect)라 칭했다.

③ 고착효과는 사용자 입장에서는 피하려고 하지만 공급자 입장에서는 지속시키고자 하기 때문에 그 정도에 따라 전환비용이 발생하게 되는데, 이때 예상되는 비용은 사용자가 고착된 정도와 비례한다.

(3) 단순긍정피드백

① 단순긍정피드백 현상은 내구소비재와 같이 유지보수의 필요가 있는 제품의 경우 유지보수 네트워크의 크기에 따라 소비행위가 영향을 받는 현상을 의미한다.

② 예로는 전자제품의 A/S센터나 특정 자동차 브랜드의 정비업체 등을 들 수 있다. 업체의 입장에서는 상품이 많이, 그리고 광범위한 지역에 걸쳐 팔려야만 서비스센터를 유지할 수 있다. 이런 경우 사람들은 자신의 취향을 희생시키면서라도 많은 사람들이 이미 사용하고 있는 상품을 고르는 경향이 있다.

기출문제

네트워크 연결망에 대한 설명으로 틀린 것은? [2020]

① 상호연관된 결절의 집합이다.
② 네트워크는 단수가 아니고 복수이다.
③ 선에서 면으로 면에서 점으로 변화한다.
④ 한 지점이나 위치까지의 거리는 0에서 무한대까지 다양하다.

정답 ③

해설 네트워크는 점과 선만으로 정의된다. 그래프 이론은 자연이나 사회 현상, 네트워크의 구조를 점과 선으로 단순화해 이해하고 분석하는 이론이다. 최근에는 그래프 이론을 다양한 분야에서 응용하면서 그 중요도가 높아지고 있다.

Theme

83 파레토 법칙과 롱테일 법칙

I 의의

파레토 법칙은 이탈리아 경제학자 빌프레도 파레토가 유럽 제국의 소득분포에 관한 통계 조사에서 얻은 경험적 법칙으로 '80 : 20 법칙'이라고도 한다. 즉, 상위 20% 사람들이 전체 부의 80%를 가지고 있다거나, 상위 20% 고객이 매출의 80%를 창출한다든가 하는 의미로 쓰이지만, 80과 20은 숫자 자체를 의미하는 것은 아니다. 전체 성과의 대부분(80%)이 몇 가지 소수의 요소(20%)에 의존한다는 의미이다. 그러나 이 이론은 웹 2.0 시대를 맞아 쇠퇴하고 틈새상품이 시장을 주도하는 '롱테일 비즈니스'가 주목받고 있다.

Ⅱ 파레토 법칙

1 의의

① 파레토 법칙이라는 용어를 경영학에 처음으로 사용한 사람은 품질 경영 컨설턴트인 '조지프 주란'이다. 주란은 '이탈리아 인구의 20%가 이탈리아 전체 부의 80%를 가지고 있다.'고 주장한 이탈리아의 경제학자 빌프레도 파레토에서 '파레토의 법칙'의 이름을 따왔다.

② 빌프레도 파레토는 1906년 이탈리아의 불균형적인 부의 분배 탓에 20%의 인구가 80%의 부를 소유하고 있다는 것을 나타내는 수학공식을 만들어 냈다. 이는 통계학에서 '파레토 분포'라는 이름으로 사회과학에서 널리 사용되고 있는 확률 분포이다.

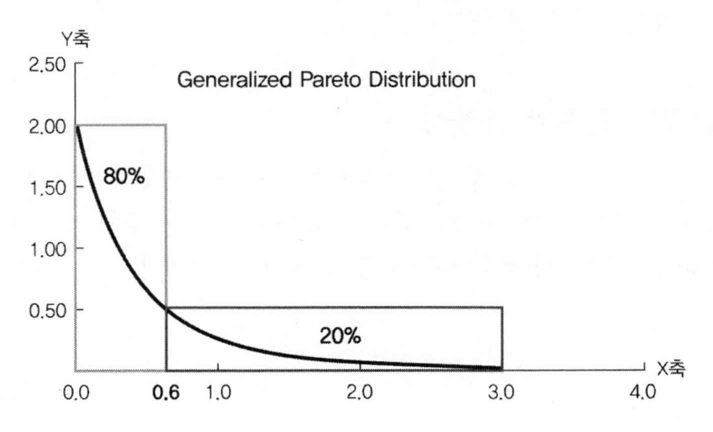

2 파레토 분포

① 빌프레도 파레토는 부의 불공평한 분포를 통계적으로 표현했는데 이를 파레토 분포라고 부른다. 파레토 분포는 X축의 좌측으로부터 우측으로 진행함에 따라 Y축이 최대 수치에서 시작해 우측으로 갈수록 수치가 최저 수준으로 낮아지는 형태를 나타낸다.

② 이 파레토 분포상의 X축 좌측 20%가 Y축상의 80%를 차지하고, X축 우측 80%가 Y 축 상의 20%를 차지한다는 것을 보여준다.

③ 그 후 1940년대 말에 품질 경영의 선구자인 조지프 주란이 '치명적인 소수와 사소한 다수'라고 표현되는 '80대20 법칙(80/20 Rule)'을 기업 경영에 적용했고, 파레토 법칙(Pareto's Principle 또는 Pareto's Law)이라고 이름을 붙였다. 파레토 법칙은 20%의 소수는 매우 중요하며 80%의 다수는 사소하다는 것을 의미한다.

3 파레토와 주란의 관점의 차이

① 파레토와 주란의 관점에는 약간의 차이가 있다. 경제학자 파레토는 20%의 소수에게 80%의 부가 몰려 있다는 것을 의미한 반면, 경영 컨설턴트 주란은 20%의 결점이 80%의 문제를 일으킨다고 품질 경영 관점에서 설명했다.

② 파레토 법칙은 주란이 처음 적용한 품질관리뿐 아니라 마케팅을 포함한 경영학 분야 등 사회의 다양한 분야에서 사용되고 있다. 특히 마케팅 분야에서 파레토의 법칙은 고정관념처럼 보편적으로 인식되고 활용되어 왔다.

③ 파레토 법칙은 '80대20 법칙(80/20 rule)' 또는 '2대8 법칙'으로 불리며, 상위 20%의 매출을 차지하는 베스트셀러 또는 고가 상품이 전체 매출의 80%를 차지하기 때문에 이들 상품을 중심으로 한 전통적인 마케팅 전략을 지원하는 기반이 되었다. 상위 20%의 단골 고객층이 전체 매출의 80%를 점유하기 때문에 이들을 타깃으로 한 소위 VIP 마케팅이 바로 파레토 법칙에서 나왔다. 은행이나 증권회사에 가면 고액 자산가를 위한 PB(Private Banking) 센터를 운영하거나, 백화점의 VIP나 VVIP 마케팅, 패션업체가 주력 상품을 쇼윈도나 진열대에 전시하는 것도 파레토 법칙이 적용된 마케팅의 예이다.

4 파레토 법칙의 한계와 유용성

파레토 법칙은 사회적으로 나타난 현상을 사후에 관찰한 결과로서 왜 그러한 결과가 나타나게 되었는지에 대해서는 설명해 주지 못하고 있다는 데 있다. 그러나 경영 분야에서 파레토 법칙은 20%에 노력을 집중함으로써 효율적인 경영을 할 수 있게 해 주었다는 점은 의심의 여지가 없다.

Ⅲ 롱테일 법칙

1 의의

① 인터넷 상거래가 급성장하고 IT의 진화로 다양한 온라인 쇼핑 채널이 활성화되면서, 전통적으로 신뢰를 받아 오던 '파레토 법칙'은 심각한 도전을 받고 있다. 온라인 상거래를 주축으로 다양한 비대면 채널을 통해 단기적으로 소량이 팔리는 제품도 장기적인 누적 판매량에서 기업에 기여를 하는 현상이 발생하고 있는 것이다.

② 이러한 현상을 인터넷 비즈니스 잡지 '와이어드'의 편집장 크리스 앤더슨이 '와이어드'에 기고한 글에서 처음으로 롱테일(long tail)이라는 용어로 정리했다. 앤더슨은 롱테일 이론이라고 이름 붙였지만, 일반적으로는 '롱테일 법칙'으로 부른다. 앤더슨은 2004년 1월 인터넷을 통해 저장된 수 천곡의 음악 중에서 듣고 싶은 곡을 선택할 수 있는 디지털 주크박스 업체 이캐스트가 보유한 앨범 중 '분기당 단 1곡이라도 팔린 경우는 무려 98%에 달한다'는 통계에 주목했다.

③ 만약 파레토의 법칙인 80/20 Rule에 따른다면 약 20%에 해당하는 상위 앨범이 주로 팔리겠지만 인터넷을 통한 디지털 콘텐츠 판매사업이라는 점을 감안하더라도 98%라는 수치는 믿을 수 없을 만큼 많은 비율이다. 앤더슨은 이 98%라는 직관에 반하는 통계수치가 디지털 시대의 새로운 트렌드를 너무도 명확하게 보여주고 있다는 사실을 깨달았다. 앤더슨은 애플 아이팟의 음원, 아마존의 도서 판매에서도 매출 하위 80% 상품이 단 1번 이상 팔린 경우가 98%에 달한다는 점과 하위 80% 상품의 매출액이 전체 매출액에 거의 50%를 차지한다는 사실을 인지하고는 롱테일 법칙(Long tail principle)을 주장하게 된 것이다. 온라인 마켓에서의 이러한 현상은 공급의 측면과 수요의 측면을 나누어 설명할 수 있다.

2 공급 측면의 관점

① 온라인 마켓을 주력으로 하는 기업은 정보통신기술을 이용해서 소비자에게 물건을 공급하거나 공급자에게 보다 정확한 정보를 실시간으로 제공할 수 있게 되었다. 온라인 상점만으로 운영되는 기업들은 임대료도 없고 진열대도 없으며 이를 관리할 인력도 필요 없다. 반면 취급할 수 있는 물건과 상대할 수 있는 고객은 이론적으로 전 세계에 걸쳐 있다. 따라서 증가하는 것은 배달 비용이거나 주문과 불평불만을 처리하는 데 드는 가변비용이다. 즉 고정 비용은 획기적으로 감소하는데 비해 가변비용은 매출량에 준하여 증가하는 구조인데, 이는 모든 경영자들이 꿈꾸는 완벽한 구조라고 볼 수 있다.

② 쉽게 말하면 물건을 팔 때에만 비용이 발생한다는 구조이므로 극단적으로 보면 고정 비용을 가변 비용으로 전부 대체하는 것도 가능하다. 이러한 기업은 가격이 비용을 상회하는 한도 내에서 어떤 소비자에게나 필요한 물건을 공급할 수 있게 되기 때문에 이전에는 수익성이 없었던 상품을 원하는 소비자에게 물건을 공급할 수 있다. 오프라인 마켓에서는 수익성이 없었거나, 비즈니스 기회가 없었다고 생각되었던 소비자들이 갑자기 수익성 있는 소비자들이 된 것이다. 과거에는 어디까지나 이론적인 이야기였지만 지금은 아마존을 필두로 이러한 기업들이 도처에 널려 있다.

3 수요 측면의 관점

① 온라인 마켓의 또 다른 특징은 소비자들이 자사의 제품을 사용할수록 기업 입장에서는 시장의 분석이 쉬워진다는 것이다. 지속적으로 축적되는 소비자의 DB를 통하여 구매 패턴과 쇼핑 유형을 분석하고 고객 맞춤 서비스를 제공하는 등의 새로운 비즈니스 기회를 만들 수 있다.

② 한편 소비자들 사이에서는 묻혀 있던 상품이 재발견되는 일이 생긴다. 기업의 관점에서는 내세울 점이 있지만 모종의 이유로 실패했던 이전의 상품들을 소비자들이 재조명하고 경우에 따라서는 다시 구매하기 시작하는 현상으로 나타난다. 예컨대 아마존의 관련 상품 추천 시스템 덕분에 어떤 작가가 하나만 히트작을 내면 그 작가의 이전 작품들이 줄줄이 매상이 올라간다는 것은 이제는 놀라울 것도 없는 사실이다.

③ Chris Anderson에 의하면 소비자의 지갑이 제한되어 있기 때문에 이는 머리가 작아지는 것으로 귀결된다. 반대로 이야기하자면 머리로 들어갈 돈이 꼬리로 방향을 틀면 꼬리가 길어지고 머리가 작아진다는 이야기이다. 결론적으로 '파레토 분포'의 수요곡선 자체가 뒤틀어지면서 꼬리가 보다 두꺼워지는 현상도 발생할 수 있다는 것이다.

[예상문제]

다음에서 설명하고 있는 개념으로 옳은 것은?

> 기업에 대한 고객의 경험을 개선하고, 이에 따라 고객 수가 증가하면 이를 바탕으로 트래픽, 판매자, 상품군을 늘리는 선순환의 구도를 의미한다. 개선된 고객 경험과 고객 수의 증가는 결국 상품군과 판매량을 다양화해 재차 고객 경험을 개선하는 선순환적인 역할을 하게 된다.

① 플라이휠 효과(Flywheel Effect)
② 락인 효과(Lock-in Effect)
③ 롱테일 효과(Long tail Effect)
④ 네트워크 효과(Network Effects)

정답 ①

해설 플라이휠(Flywheel)은 '떠 있는 바퀴'라는 뜻으로 성장을 만드는 선순환의 수레바퀴를 의미한다. 제프 베저스 아마존 최고경영자(CEO)가 제시한 아마존의 성장 원리이자 사업 모델로 알려졌다. 플라이휠 모델은 기업의 성장을 일련의 순환 과정으로 인식한다. 기업에 대한 고객의 경험을 개선하고, 이에 따라 고객 수가 증가하면 이를 바탕으로 트래픽, 판매자, 상품군을 늘리는 선순환의 구도를 의미한다. 개선된 고객 경험과 고객 수의 증가는 결국 상품군과 판매량을 다양화해 재차 고객 경험을 개선하는 선순환적인 역할을 하게 된다. 플라이휠 모델이 작동하기 위한 핵심 동력으로는 '저비용 구조'와 '더 낮은 가격'이 꼽힌다. 만족스러운 고객 경험을 만들어내고, 플라이휠의 순환을 더 가속하기 위한 조건으로 경쟁력 있는 가격과 가격을 낮출 수 있는 저비용 구조가 필요하기 때문이다.

② 락인 효과(Lock-in Effect)는 특정 제품이나 서비스에 소비자를 '묶어두는' 효과를 말한다. 특정 서비스를 이용하기 위해 반드시 한 회사의 제품을 이용해야 하는 경우를 뜻한다.

③ 롱테일 효과(Long tail Effect)는 파레토 법칙을 그래프에 나타냈을 때 꼬리처럼 긴 부분을 형성하는 80%의 부분을 일컫는다. 파레토 법칙에 의한 80:20의 집중현상을 나타내는 그래프에서는 발생확률 혹은 발생량이 상대적으로 적은 부분이 무시되는 경향이 있었다. 그러나 인터넷과 새로운 물류기술의 발달로 인해 이 부분도 경제적으로 의미가 있을 수 있게 되었는데 이를 롱테일이라고 한다.

④ 네트워크 효과(Network Effects)는 같은 제품을 소비하는 사용자수가 늘어나면 늘어날수록 그 제품을 소비함으로써 얻게 되는 효용이 더욱 증가하는 것을 의미한다.

Theme

84 커뮤니케이션 환경의 변화

I 의의

① 아날로그 시대가 물질을 바탕으로 한 구조화된 체계에서의 근대적 공간이었다면 디지털 시대는 가상공간 중심의 개별화되고 개인화된 탈근대적인 공간으로 디지털이라는 콘텐츠 산업을 출현시켰다.

② 커뮤니케이션도 실제 세계(real world)의 접촉에서 가상세계(cyber space)의 접속으로 변화하면서 네트워크 접속으로 수평적 관계망의 무제한적 확산이 나타났다. 이러한 네트워크 확장으로 인한 디지털 시대는 일대다(one to many), 다대다(many to many) 커뮤니케이션과 시·공간을 초월하는 커뮤니케이션을 가능하게 하고, 정보교환 및 저장, 압축 능력의 증가로 사회 지식의 확장을 초래하는 등 커뮤니케이션 및 사회 전반에 커다란 변화를 가져왔다.

Ⅱ 정보 중심의 새로운 미디어 출현

① 인터넷과 같은 뉴미디어의 등장으로 사회는 수많은 네트워크들로 연결되어 있다.

② 이는 거대한 수평적 상호작용 커뮤니케이션(interactive communication) 체제로 확산되고, 과거 수직적인 사회구조 속에서 엘리트주의가 사회 전반에 영향을 미쳤다면, 현재 수많은 네트워크와 연결된 네트워크시대에 가치와 권력은 창의적 이용자들의 상호 커뮤니케이션 과정에서 창출된다.

③ 사회는 네트워크 중심으로 지역적, 국가적, 전 지구적 차원에서 형성되고, 강력하고 유연한 형태의 사회구조는 컴퓨터 네트워크 기반으로 전자적으로 상호작용하는 커뮤니케이션 기술들에 의해 가능하게 된다.

④ 네트워크 사회에서 지식과 정보가 어떻게 생성되고, 어떠한 방식으로 사회 전반에 영향을 미치느냐에 따라 정보 자체가 중요시된다. 지속적으로 정보를 생산·유통하고 소비하도록 만든다.

⑤ 한 사회를 수많은 네트워크로 연결해주는 미디어는 끊임없이 발전을 거듭하여 지속적으로 새로운 미디어 시대로 진입한다.

Ⅲ 소셜 네트워크 서비스의 등장

1 의의

① 정보가 가치 있는 자원으로 여겨지면서 이용자들은 정보의 생산과 공유, 확산을 위해 유기적인 네트워크 관계로 연결된다.

② 정보공유를 넘어 단순히 관계를 맺고자 하는 욕구, 커뮤니케이션하고자 하는 욕망 등 온라인 공간은 복잡하게 연결된 그물형 공간으로 형성된다.

③ 인터넷 이용자들이 직접 생산, 유통, 공유하는 정보와 콘텐츠의 양이 증가하고 그 중요성이 높아지면서 이들을 네트워크로 연결하는 서비스인 소셜 네트워크 서비스(Social Network Service, SNS)가 등장하였다.

④ SNS는 친구리스트 구성을 통하여 온라인상 인맥을 구축하는 형태의 사이트와 서비스 형태로 출발하여 학연, 지연, 인종 등 오프라인 네트워크의 특성을 통합하는 측면이 강하다.

⑤ 기존 오프라인 공간의 다양한 특성들이 온라인 공간으로 그대로 이어지는 특성이 강하여 현실공간의 연장선으로 온라인 공간이 구성된다.

⑥ 이용자들의 참여를 유도하여 네트워크로 연결시켜주는 서비스나 사이트들을 소셜 미디어라고 하고, 기존 SNS의 네트워크 기능에 정보와 콘텐츠의 생산과 공유 개념이 강화된 개념이다.

2 소셜 미디어의 특성

구분	내용
참여(participation)	관심 있는 모든 사람들의 기여와 피드백을 촉진하며 미디어와 오디언스의 개념이 불명확
공개(openness)	대부분 피드백과 참여가 공개되어 있으며 투표, 피드백, 코멘트, 정보 공유를 촉진함으로써 콘텐츠 접근과 사용에 대한 장벽이 거의 없음
대화(conversation)	전통적 미디어가 broadcast이고 콘텐츠가 일방적으로 오디언스에게 유통되는 반면, 소셜 미디어는 쌍방향성
커뮤니티(community)	빠르게 커뮤니티를 구성, 커뮤니티로 하여금 공통의 관심사에 대해 이야기
연결(connectedness)	대부분 다양한 미디어의 조합이나 링크를 통한 연결상에서 번성

Ⅳ 디지털 미디어 커뮤니케이션의 특징

(1) 의의

① 디지털미디어는 기존 미디어를 복합적으로 활용하여 보다 효율적으로 정보를 생성, 가공, 전달, 축적, 이용하도록 하는 수단 또는 매체를 의미하는 것으로 쌍방향성, 선별된 소량의 정보 제공 정보의 업데이트가 용이하다.

② 인터넷은 디지털 기술을 바탕으로 기존 커뮤니케이션 패러다임에 변화를 가져온 대표적인 매체로 단방향 커뮤니케이션이 상호작용적 과정으로 전환되었고, 생산소비자(prosumer)로서의 이용자들을 등장시켰다.

③ 가상네트워크 관계 형성으로 연속적 정보 흐름이 아닌 비선형적 불연속인 정보소통이 가능하게 되었다.

④ 디지털미디어 시대 정보기술의 혁명적인 변화는 커뮤니케이션 패러다임 자체를 변화시켰다.

(2) 특징과 방식에 따른 구분

그 특징과 방식에 따라 쌍방향 상호작용 커뮤니케이션, 네트워크 커뮤니케이션, 참여 커뮤니케이션 등으로 구분된다.

① 쌍방향(two-way) 의사소통

㉠ 디지털미디어가 기존 매스미디어와 가장 크게 구별되는 점은 바로 쌍방향(two-way) 의사소통이다.

㉡ 인터넷을 기반으로 이루어지는 커뮤니케이션은 인터넷의 쌍방향성과 상호작용 과정을 통해 다양한 형태로 변화하여 정보의 선택과 교류의 폭을 깊게 만들고 다양한 이용자 계층을 대상으로 용이한 정보 제공이 가능하다.

㉢ 인터넷은 네트워크로 연결된 수많은 관계망을 형성함으로써 상호작용 효과를 극대화한다. 이를 통해 가상의 공동체를 형성할 수 있도록 상호작용 커뮤니케이션을 강화시킨다.

② 네트워크 커뮤니케이션

㉠ 쌍방향 커뮤니케이션을 특징으로 개별 뉴미디어들이 다양한 관계망으로 얽혀 형성하는 네트워크 커뮤니케이션이 가능하다.

㉡ 특히 텔레커뮤니케이션(telecommunication) 컴퓨터가 발달하면서 네트워크 커뮤니케이션이 가능해져 커뮤니케이션 기술, 주체, 혹은 특성 등의 측면에서 기존의 매스 커뮤니케이션과 차별성을 가진다.

③ 참여(participation) 커뮤니케이션

㉠ 인터넷 이용자들은 단순히 정보와 뉴스를 소비하는 것에서 표현(expression)과 참여(participation) 커뮤니케이션 시대를 만든다.

㉡ 디지털 기술의 발전과 네트워크의 진화로 표현 커뮤니케이션이 출현하였다.

㉢ 이용자들은 탈공간화와 탈영토화, 재공간화와 재영토화의 주체로서 상호작용한다.

㉣ 개인들은 특정한 시 · 공간에 얽매이지 않고 계속해서 이동하면서 자신만의 새로운 영토를 만들며 커뮤니케이션을 수행한다.

㉤ 온라인 공간의 풍부한 정보환경은 정보 접근이 용이하고, 사회에 대한 관심과 참여를 유도함으로써 시민사회 발전에 기여한다.

㉥ 가상공간에서 형성된 다양한 문화들과 지식정보들은 온라인 내에서만 머무르지 않고 각종 현실에 다양하게 연결시켜 네트워크망으로 확장된다.

㉦ 이는 단순히 외형적인 모습이 아니라 그 내용과 콘텐츠들의 연결을 의미한다.

㉧ 즉, 대중들은 현실공간의 논의를 사이버 공간으로 끌어와서 보다 확장된 공론의 장을 형성하고, 이를 통해 다시 현실공간의 제도나 정치적 과정에 참여하거나 의사를 개진한다.

㉨ 매스미디어 기반 재현 커뮤니케이션(representative communication) 구조는 이용자가 의사결정 담론의 소비자였으나 디지털미디어는 일반 대중들은 담론의 생산자로 등장시켰다.

㉩ 기존의 커뮤니케이션에 비해 수평적이면서 현재진행형 소통을 통하여 새로운 시민사회 정치 지형을 만드는 참여 커뮤니케이션은 집단지성 형성 과정에서 핵심적인 역할을 한다.

V 매개 커뮤니케이션의 확산

1 컴퓨터 매개 커뮤니케이션(Computer Mediated Communication)

(1) 의의

① 컴퓨터를 매개로 하여 문자화된 메시지를 통해 일 대 일, 일 대 다수 혹은 다수 대 다수 간의 의사교류가 행해지도록 하는 커뮤니케이션 과정

② 송신자와 수신자가 물리적인 만남 없이 컴퓨터를 매개로 메시지를 상호 전송하는 과정

③ 실제 공간이 아닌 가상공간에서 메시지를 교환 · 저장 · 편집 · 발송 · 복사하여 거리에 구애받지 않고 송 · 수신하는 과정

(2) 컴퓨터 매개 커뮤니케이션의 특성

① 시간과 공간을 초월할 수 있는 동시적 또는 비동시적인 커뮤니케이션 상호작용

② 커뮤니케이터들은 컴퓨터와 화면을 상대로 의사교환 대상자와 직접 대면하지 않음

③ 말이 아닌 글로 표현된 메시지를 통한 커뮤니케이션

④ 커뮤니케이션을 구상하고 정보교환을 할 때 저장과 편집이 가능

⑤ 대화대상자들의 신원을 모르는 채 익명성을 유지하면서 커뮤니케이션 진행

(3) 컴퓨터 매개 커뮤니케이션의 핵심요소

① 컴퓨터는 사용자와 정보의 제공자에게 있어 휴먼 인터페이스(human interface)제공

② 네트워크는 컴퓨터와 컴퓨터 간을 연결

③ 컴퓨터와 네트워크가 정보전송의 물리적 측면의 미디어

④ 인터넷은 다양한 응용 애플리케이션을 통해 실제 휴먼 인터페이스를 제공

⑤ 컴퓨터 매개 커뮤니케이션의 자연스러운 다음 단계가 인터넷 커뮤니케이션

2 인터넷 커뮤니케이션

(1) 의의

① 하이퍼미디어 환경에서 인간 상호작용과 기계 상호작용 모두를 포괄

② 미디어를 매개로 인간 상호작용과 함께 미디어 내부에서 기계 상호작용도 동시에 일어남

③ 커뮤니케이션 과정을 통해 정보가 전달되기 보다는 '매개된 환경이 창조되고 경험된다.'(Steuer)는 것이 매개 커뮤니케이션의 모형

④ 다양한 형태의 커뮤니케이션 및 상호작용을 보여 줄 수 있다는 점에서 대인 커뮤니케이션 모형, 매스 커뮤니케이션 모형, 그리고 매개 커뮤니케이션 모형이 통합된 것

(2) 모리스와 오간(Morris & Organ)의 분류

① 일 대 일(one to one)의 비동시적 커뮤니케이션(예 전자우편)

② 다 대 다(many to many)의 비동시적 커뮤니케이션(예 유스넷)

③ 동시적 커뮤니케이션(예 머드, 인터넷 채팅)

④ 비동시적 커뮤니케이션(예 월드와이드웹 파일전송 프로토콜)

유형	참여자 수	서비스의 사례
비동시적	일 대 일	전자우편, 인터넷 쪽지 등
	일 대 다수	• WWW, FTP • 수신자를 여러 명으로 지정했을 경우 전자우편과 인터넷 쪽지 등
	다수 대 다수	전자게시판 등
동시적	일 대 일 다수 대 다수	• IRC • 같은 인스턴트 메신저 프로그램이나 같은 사이트에 동시에 접속해 있는 경우의 인터넷 쪽지 등

3 인터넷 커뮤니케이션의 특성(Rafaeli)

① 멀티미디어(multimedia)

② 하이퍼텍스트성(hypertextualcity)

③ 패킷교환(packet switching)

④ 동시성/비동시성(Synchronicity)

⑤ 상호작용성(interctivity)

4 일반적인 인터넷 커뮤니케이션 특성

(1) 장소 독립성(공간의 초월성)

지리적 장벽을 넘어 장소에 관계없이 필요로 하는 사람이나 장소에 접근하여 일이나 게임, 오락과 같은 다양한 유형의 행동을 취할 수 있거나, 한사람이나 한 장소와의 관계가 아닌 다양한 관계를 동시에 구성하는 멀티태스킹이 가능하다.

(2) 상호작용성

① IRC, MUD, 온라인 게임 등에서 쌍방향 상호작용성은 매우 뛰어나다.

② 인터넷이 전 세계 누구와도 관계를 맺을 수 있도록 네트워크가 연결되어 있고, 실명이 아닌 가상 ID로 대화할 수 있다는 익명성 보장으로 물리적인 사회적 관계가 아닌 온라인 커뮤니케이션으로 상호작용성을 극대화한다.

(3) 비선형성

정보의 흐름이 순차적인 시간과 연속적인 흐름에 따라 이루어지는 것이 아니라, 불연속적인 단절과 이어짐을 통해 재구성되는 하이퍼텍스트(hypertext)를 통해 비선형적 커뮤니케이션이 가능하다.

(4) 통합된 플랫폼

① 웹상에서 제공되는 서비스는 기존의 모든 매스미디어가 제공해 왔던 서비스를 포괄하는 멀티미디어이다.

② 기존의 텍스트뿐만 아니라 음성, 그림 애니메이션, 비디오, 가상기술 동작코드, 심지어는 냄새까지 전달할 수 있을 정도로 이전의 그 어떤 미디어보다도 데이터의 범위와 처리능력이 뛰어나다.

③ 이것은 데이터의 유형과 상관없이 모든 형태의 데이터를 하나의 형태로 통합시키는 정보의 디지털화로 가능하게 되었다.

④ 기존 미디어가 특정한 유형의 데이터 한두 가지만 전달할 수 있던 것에 비해 인터넷은 멀티미디어 정보 구현 가능하도록 분산되어 있던 개별 미디어들을 하나의 플랫폼으로 통합된다.

(5) 창조적 주체

① 기존의 미디어 사용자는 언제, 왜, 누구로부터, 어떤 정보를 얻고, 누구에게 정보를 보내는가에 대한 통제권을 거의 갖지 못한 정보 소비자였다.

② 인터넷 사용자는 자신이 전달한 정보의 내용과 전달시간, 전달 의도, 전달 대상에 대해 전면적인 권한을 갖고, 자신이 전달받을 정보도 적극적으로 선별한다.

③ 사용자는 대중소비자가 아니라 적극적·창조적 개입과 참여로 스스로 미디어의 내용과 형식을 창출하는 창조적 주체가 된다.

예상문제

일반적인 인터넷 커뮤니케이션의 특징으로 틀린 것은?

① 쌍방향 상호작용성은 매우 뛰어나다.
② 정보의 흐름이 순차적이고 연속적인 흐름에 따라 이루어진다.
③ 통합된 플랫폼을 통해 이루어진다.
④ 기존의 미디어 사용자에 비해 창조적 주체에 의해 이루어진다.

정답 ②

해설 연속적 정보 흐름이 아닌 비선형적 불연속적인 정보 소통이 이루어진다.

Theme

85 가상공동체

I 라인골드(Rheingold)의 가상공동체

① '가상공동체' 라는 용어는 라인골드가 웰(WELL)이라는 컴퓨터 네트워크에서 발전된 국제적 관계를 기술하기 위해 사용하였다.

② '지난 10년 동안 세계의 온라인 행동에 대한 나의 직접적 견해는 마치 미생물이 집단을 구성하듯 CMC 기술은 사람들이 어느 곳에 있든지 가능하게 하고, 사람들은 반드시 기술을 가지고 가상공동체를 만들 것이다.'

③ 다른 커뮤니티와 같이 가상공동체는 일정한 사회적 접촉에 집착하는 사람들의 모임이고, 어떠한 관심사를 나누는 사람들의 모임이다. 그것은 보통 지리적으로 특정 지역에 초점을 두고 종종 더 넓은 범위와 연결된다.

④ 사이버 공간 안에서 다수의 사람들이 인간관계를 형성하기 위하여 충분한 시간 동안 공적인 토론(public discussion)을 나누고, 풍부한 인간적인 감정을 나누며 개인적 관계망을 형성하는 사회적 집단체이다.

Ⅱ 가상공동체의 특성

1 자발적 참여

인터넷과 마찬가지로 가상공동체도 이용자들의 능동적인 참여를 전제로 의사소통되어야 계속 유지가 가능하다.

2 수평적, 민주적 운영

① 가상공동체도 스스로 규율과 규칙을 만들어 운영하지만 이것은 커뮤니티를 유지하기 위한 최소한의 업무를 담당하는 것이 대부분이다.

② 공동체 구성원들은 스스로 만들어 놓은 규칙을 지켜나가면서 공동체 구성원으로 존재함으로써 커뮤니티의 독립성이 강화되고, 가상공동체만의 정체성을 형성한다.

3 능동적, 적극적 관계 형성

① 사이버 공간에서 참여자들이 특정한 분야에서 공통된 관심과 문제를 공유하면서 상호 교류한다.

② 커뮤니티에 참여한다는 것은 상호 간에 관계를 형성하고 유지하는 것을 의미한다.

③ 개인의 취미 관심사와 관련된 커뮤니티에 가입해서 다양한 채널을 통해 서로의 의견과 관심사를 공유하고 상호작용하면서 새로운 지식과 정보를 창출하고 집단을 형성해 가는 지성이다.

4 집단지성 형성

① 가상공동체들은 온라인 집단지성 형성을 위한 제반 요건들을 갖추고, 많은 집단지성의 산물들이 공동체를 통해서 나타난다.

② 특정한 공동체에 속해 있지 않지만, 위키피디아나 네이버 지식 iN과 같은 서비스를 이용함으로써 암묵적인 하나의 공동체가 형성되고, 수많은 익명의 대중들의 지성을 한데 모아 형성해 나가는 공간이 바로 가상공동체의 공간이며 집단지성의 원천이다.

구분	전통적 공동체	가상공동체
유사점	• 구성원 간 경험과 감정, 가치를 공유하는 집단 • 구성원의 지속성과 의례 행위가 있고 일정한 통제가 존재 • 특정 관계 속에서 도움을 주고받음	
속성	• 지역성을 띠는 경우가 많음 • 운명적, 귀속적, 자연적	• 시공간의 한계를 벗어남 • 자발적 임의적 선택 가능
인간관계	직접적, 대면적, 전인격적	• 간접적, 비대면적 • 익명성 보장
규제	상대적으로 강한 규제	상대적으로 약한 규제
사회적 관계	• 잘 알고 있는 지인들에게 특정 공동체의 성격과 관련 있는 한정된 유형의 도움 제공 • 정서 지향적	• 비교적 자유롭고 다양한 유형의 도움 제공 • 일반화(관례화)된 상호성에 따라 모르는 사람과 상호 도움 제공 • 목적 지향적
유대 관계	• 대체로 강한 유대 • 사회적으로 유사한 사람들일 가능성이 높음	• 대체로 약한 유대 • 서로 상이한 성원들이 다양한 사회집단에 연결된 약한 유대를 통해 새로운 정보를 습득하는 데 용이함

예상문제

사이버 공동체의 특징으로 볼 수 없는 것은?

① 간접적, 비대면적
② 자발적, 임의적 선택 가능
③ 비교적 자유롭고 다양한 유형의 도움 제공
④ 사회적으로 유사한 사람들일 가능성이 높음

정답 ④
해설 오프라인 공동체의 특징이다.

가상공동체에 대한 설명으로 틀린 것은?

① 전통적 공동체와 마찬가지로 경험과 감정, 가치를 공유하는 집단이다.
② 사회적 관계는 정서 지향적이라기보다는 목적 지향적이다.
③ 일반화된 상호성에 따라 모르는 사람들과 상호 도움을 제공한다.
④ 서로 상이한 성원들이 약한 유대를 통해 연결되어 있기 때문에 새로운 정보를 습득하는 데 불리하다.

정답 ④
해설 다양한 사회집단에 속한 사회 성원들이 약한 유대를 통해 연결되어 있기 때문에 새로운 정보를 습득하는 데 유리하다.

가상공동체에 대한 설명으로 옳은 것은?

① 가상공동체와 달리 전통적 공동체는 경험과 감정, 가치를 공유하는 집단이다.
② 사회적 관계는 목적 지향적이라기보다는 정서 지향적이다.
③ 직접적 호혜성에 따라 모르는 사람들과 상호 도움을 제공한다.
④ 서로 상이한 성원들이 약한 유대를 통해 연결되어 있기 때문에 새로운 정보를 습득하는 데 유리하다.

정답 ④
해설 ① 전통적 공동체와 마찬가지로 경험과 감정, 가치를 공유하는 집단이다.
② 사회적 관계는 정서 지향적이라기보다는 목적 지향적이다.
③ 일반화된 상호성에 따라 모르는 사람들과 상호 도움을 제공한다.

Ⅲ 가상공동체의 구성요건(Jones)

1 최소한의 상호작용

가상공동체가 형성되기 위해 가장 중요한 것이 상호 교류가 있으면서 피드백을 주고받아야 한다는 것을 의미한다.

2 공동체 참여자의 다양성 유지

공동체라는 것은 한두 명으로 이루어지는 커뮤니티가 아니므로 보다 많은 참여자들이 상호작용에 참여할 필요가 있다.

3 공통의 공론장

규칙적으로 소통할 수 있는 공통의 공론(public opinion)장이 필요하다.

4 최소한 일정기간 동안 유지될 수 있는 멤버십

구성원들의 소속감 증대와 가상공동체 구성원으로서의 정체성 형성에 기여한다.

Ⅳ 가상공동체의 유형(Barmes)

1 프리넷

① 지역 커뮤니티 성격이 강하며, 커뮤니티를 위한 커뮤니티에 의해 실행되는 서비스로 개인들은 그들의 시간과 노력 전문지식을 제공하는 무료 서비스이다.

② 네트워크의 목적은 건강정보, 도서관, 교육, 여가, 법, 정부, 특별 이벤트, 기타 공공적 흥미의 다양한 정보를 제공하는 것이다.

③ 1990년대 중반 대중적으로 시작된 프리넷의 공급은 네트워크의 공적인 담론의 제공 때문에 민주주의와 커뮤니티에 컴퓨터 네트워크의 영향력을 증대시킨다.

2 공동체 네트워크

① 물리적 장소를 기반으로 생성되며, 참여자는 평범한 이웃이나, 도시, 서로 아는 관계자를 공유한다.

② 초기 공동체 네트워크에 대한 우려는 사이버커뮤니티가 개인을 고립시키고, 대면 접촉을 억제시킬 것이라는 것이었다.

③ 맥이니스(Mcinnes)가 인포존(InforZone)이라는 콜로라도 텔루라이드(Telluride Colorado)에 기반을 둔 공동체 네트워크를 조사한 결과 온라인(가상공간)과 오프라인(현실공간) 둘 다 관련된 사회적 커뮤니케이션을 증가시켰다는 실증적 결과를 제시한다.

3 관심사 공동체

① 인터넷은 공통된 생활양식과 흥미를 공유하는 개인을 서로 연계시켜, 마음속 생각을 공유할 기회를 제공하고, 건강, 행복, 동맹, 흥미 등을 공유한다.

② 세대별, 환경운동가, 윤리학자, 특정질병치료자, 프리랜서 등 인터넷 사회는 다양한 관심사 공동체가 형성한다.

4 MUD 공동체

① 인터넷은 티니머드(TinyMUDs), 아버머드(AberMUD), 디쿠머드(DikuMUD)등 많은 유형의 MUD 들이 발전했다.

② 아버머드와 같은 게임을 위한 MUD 소프트웨어의 증가는 많은 모방자들의 창조를 촉진하고, 점차 MUD 사회의 혈통 등에 기초한 MUD 사회가 출현하여 사용자들은 MUD에 관한 이야기를 나누는 커뮤니티를 형성한다.

③ MUD 공동체는 사람들이 역할 놀이를 하고 함께 가상사회를 만드는 것이 가능하므로 실제사회와 유사한 MUD사회를 구성하고 활동한다.

④ 커티스(Curis)는 MUD 플레이어들의 큰 전향에도 불구하고 'MUD들은 잠시후에 진짜 커뮤니티가 된다.

⑤ 참여자들은 공통된 사적 언어, 행동의 적당한 기준, 여러 공공지역(예 큰 토론이 일어나는 장소 군중이 발견되는 장소) 등 사회적 역할에 대해 천천히 합의하게 된다.

5 지지자 공동체

① 지지그룹에 참여하는 것이 감동을 받을 수 있는 경험이기 때문에 온라인 지지 그룹은 가상공동체로 발전하고, 이들 온라인 지지 그룹 구성원들은 얼굴을 대하는 그룹과 비슷한 방법으로 행동한다.

② 이 공동체는 사람들이 공통의 경험을 공유하고, 그들의 경험을 표준화하는 내용을 창조하고, 오프라인 만남으로 발전되는 것이 가능하다.

③ 개인적인 경험과 비동시적 대화가 성공적인 기록 형태로 발전하면, 사람들이 만나서 공유하는 비슷한 메시지보다 좀 더 강한 공감을 공유한다.

④ 글로 표현된 감동적인 메시지를 공유하면서 사람들은 온라인 그룹에 속해 있는 것이 아니라 하나의 공동체에 속해 있다는 느낌을 가지게 된다.

6 청중의 공동체

① '팬'으로 불리는 애호가 구성원의 그룹으로, 팬들은 정보를 공유하고, 쇼를 해석하고, 그것을 토론하는 관습을 확립한다.

② 컴퓨터매개커뮤니케이션은 팬들의 생각을 변화시키고, 서로의 판단을 공유하는 것을 가능하게 한다.

③ 바임(2000)은 전통적인 애호가들은 일반적으로 '커뮤니티'라는 용어를 사용하지 않으나, 팬들은 인터넷 상호작용을 통해 커뮤니티를 형성하고, 이 그룹에 참여하고 있는 사람들 간 개인적인 관계를 맺는다고 주장한다.

④ 애호가 커뮤니티의 구성원이 되는 것은 특별한 내용을 함께 읽는 것만이 아니라 친구그룹을 갖는 것이고, 이들 친구와 함께 하는 행동의 장이며, 이 우정에서 자란 관계와 감정의 세계(Baym 2000)라고 주장한다.

Theme
86 제3의 장소

Ⅰ 의의

① 일찍이 레이 올덴버그가 1989년에 쓴 「정겨운 장소에 머물고 싶어라(The Great Good Place)」는 정겨운 장소들에 대한 예찬이자 현대화 과정에서 자꾸만 사라져가는 공동체에 대한 애틋한 향수를 담고 있다.

② 올덴버그는 특히 20세기 제2차 세계대전 이후 본격화된 미국식 도시계획과 교외 부동산 개발 산업이 오늘날 미국사회에서 정겨운 공공장소, 더 나아가 공동체가 사라지게 된 이유라고 분석한 바 있다.

Ⅱ 공공장소와의 단절

① '베드타운(Bed Town)'은 미국 중산층 가족상을 대변하는 단어라 할 수 있다. 아침에 눈을 떠 한 시간 이상 차를 타고 도심에 있는 직장으로 가 일하고, 저녁이 되면 다시 교외에 있는 집으로 되돌아 오는 가장의 생활은 전형적인 공공장소와의 단절을 보여준다. 젊은 시절 자주 드나들던 직장 근처의 맥줏집에도 갈 시간도 없으며, 한다 하더라도 운전을 해야 하니 마음 놓고 술을 마실 수도 없다. 그러다 보니 자연스럽게 담소를 나누던 맥줏집 주인이나 종업원, 친구들과도 소원해지게 된다.

② 주부들 역시 집과 정원에서 보내는 시간이 많아졌다. 드라마 「위기의 주부들(Desperate House wives)」에서도 잘 그려져 있듯, 결혼 후 도시에서 교외로 이사를 하면서 빵집, 문방구, 미장원, 심지어 아이들의 학교조차 걸어갈 수 없어졌다. 때문에 우유 한 병을 사려 해도 슈퍼마켓이 있는 곳까지 차를 타고 나가야 하고, 친구나 가족을 만나려면 미리 연락해 스케줄을 조율해야만 한다. 그마저도 학부모가 되면 학교, 과외 활동, 방학 캠프 사이를 오가는 자녀들을 데려오는 일에 많은 시간을 쏟을 수밖에 없다.

③ 레이 올덴버그는 틀에 박힌 생활에서 오는 따분함과 주변 사람들과 꾸준히 만날 수 없는 데에서 오는 무료함을 달래 주기 위해 대형 백화점, 쇼핑몰, 스포츠 센터 등 복합 소비 공간이 생긴 것도 이러한 이유에서라고 말한다. 그 결과 미국인들은 계절마다 새 옷을 사고, 수시로 홈 인테리어를 바꾸고, 이삼 년에 한 번씩 새 차로 갈아타는 독특한 소비문화를 정착시키게 되었다. 그는 이것이 주변의 정다운 장소가 사라지고 남은 심리적 공백을 메꿔 보려는 보상심리에서 비롯된 미국 특유의 사회현상이라고 말했다.

Ⅲ 정겨운 장소(The Great Good Place)

① '제3의 장소(Third Place)'라고도 불리는 '정겨운 장소(The Great Good Place)'는 거주의 공간인 가정(제1의 장소)과 노동의 공간인 직장(제2의 장소) 다음으로 인간에게 꼭 필요한 건전한 공동체 공간을 뜻한다. 아무런 형식이나 격식에 구애받지 않고 일상 속에서 자연스럽게 가까워진 사람들이 만나고 헤어지는 곳이 '제3의 장소', 즉 정겨운 장소라는 것이다. 이곳을 드나들며 사는 사람들은 그렇지 않은 사람들보다 사회적 지능이 세련돼 교양이 있고 소속감을 느껴 행복도가 높다고 한다.

② 이탈리아 시골에서는 매일 저녁, 노을이 질 무렵이면 동네 노인들이 우물이 있는 소광장(Piazza)에 하나둘씩 모여 담소를 나눈다. 영국과 아일랜드에는 큰 도시든 작은 마을에서든 골목마다 맥줏집이 있어 퇴근길 직장인들이 들러 맥주를 사이에 두고 회포를 푼다. 프랑스는 카페와 비스트로(bistro)를 상대적으로 쉽게 만날 수 있으며, 시민들 모두 여유시간을 보내는 단골 카페가 있다고 한다. 카페하우스(Kaffeehaus)로 유명한 빈에서 일찍이 카페는 정치가, 언론가, 예술가들이 만나 토론하고 함께 작업하는 창조적 오피스 공간이었던 것으로 유명하다. 1999년 제3판을 내기까지 이 책에서 레이 올덴버그는 다가올 21세기 스마트 모바일 기기의 시대에 대해서는 언급하지 않았다.

[예상문제]

제3의 장소에 대한 설명으로 틀린 것은?

① '정겨운 장소(The Great Good Place)'는 '제3의 장소(Third Place)'라고도 불리는데 이곳은 거주의 공간인 가정(제1의 장소)과 노동의 공간인 직장(제2의 장소) 다음으로 인간에게 꼭 필요한 건전한 공동체 공간이다.

② 아무런 형식이나 격식에 구애받지 않고 일상 속에서 자연스럽게 가까워진 사람들이 만나고 헤어지는 곳이 '제3의 장소', 즉 정겨운 장소이다.

③ 20세기 제2차 세계대전 이후 본격화된 미국식 도시계획과 교외 부동산 개발 산업이 오늘날 미국사회에서 정겨운 공공장소, 더 나아가 공동체가 사라지게 된 이유이다.

④ 서컵(Soukup)은 사람들이 가상의 제3의 장소에서 만남을 계기로 물리적인 제3의 장소로 나와 직접 만나고 신공동체를 형성하게 될 것이라고 보았다.

정답 ④

해설 서컵(Soukup)은 온라인 그룹이 '제3의 장소'의 성격을 일부 지니지만 진정한 제3의 장소가 지역공동체에 기반하고, 사회적 평등화 공간이며, 접근 가능한 것인 반면, 온라인의 제3의 장소는 그렇지 못한 한계를 지닌다고 본다.

Theme

87 사회 정서적 온라인 지원 관계

I 온라인 사회관계의 유용성

1 '약한 유대(weak-tie)'의 정보적 유용성

(1) 약한 유대

① 서로 간의 접촉이 거의 부재하거나 간헐적이며, 정서적 친밀성이 약하며, 어떠한 호혜적 서비스를 서로 나눈 경험이 없는 사람들 사이의 관계이다.

② 서로 대면 접촉한 적이 없으며, 느슨하게 연결되어 있고, 사회적으로나 물리적으로 소원하며, 긴밀한 노동관계나 공동체 구조를 공유하지 않은 사람들로 구성된다.

(2) 다양한 정보 요구를 포괄할 수 있는 가능성

물리적 공간적 경계를 넘어서서 다양한 사회 문화적 배경을 가진 사람들은 서로 같은 것보다 상이한 것을 알고 있을 가능성이 높다(Granovetter).

(3) 정보 제공 방식의 장점

직접적 요청 · 제공, 특정 주제에 대한 식견 있는 논쟁, 하이퍼링크의 촘촘한 상호텍스트성 등은 제공된 정보의 신뢰성 평가 문제를 해결할 수 있다.

2 정보적 도움 교환의 이유(Kollock)

① 직접적 호혜성 · 선물교환, 즉 상호 연관되고 호혜적인 행위자들 사이의 양도불가능한 재화나 서비스의 구속력 있는 이전을 위해 정보적 도움이 교환된다.

② 정보적 도움은 전문성이나 선함과 같은 정체성 표현의 주요 매개가 될 수 있다.

③ 정보적 도움은 자긍심을 높이고 존경심을 획득하기 위한 수단이 된다.

④ 일반화된 호혜성, 즉 특정인에게 준 도움이 그 수혜자로부터가 아니라 그룹 속의 어떤 다른 사람에 의해 되돌아오는 네트워크 차원의 책임구조도 정보적 도움 교환의 이유가 될 수 있다.

[예상문제]

Kollock이 "특정인에게 준 도움이 그 수혜자로부터가 아니라 그룹 속의 어떤 다른 사람에 의해 되돌아오는 네트워크 차원의 책임구조"라고 한 것으로 옳은 것은?

① 직접적 호혜성
② 일반화된 호혜성
③ 균형 잡힌 호혜성
④ 포괄적 호혜성

정답 ②

해설 Kollock은 일반화된 호혜성을 "특정인에게 준 도움이 그 수혜자로부터가 아니라 그룹 속의 어떤 다른 사람에 의해 되돌아오는 네트워크 차원의 책임구조"라고 보았다.

Ⅱ 사회 정서적 온라인 지원 관계

1 단서부재론(cues-filtered-out approach)

① 시청각 단서(표정, 몸짓 등)와 사회 단서(계급, 성, 연령 등)를 결여한 온라인 상호작용에서 정서적으로 친숙한 관계는 형성되기 어렵다.

② 대면 상황에 비해 사회심리적으로 부정적, 사무적, 목적지향적 태도가 지배적이며, 몰인격화와 욕설과 인신공격과 같은 인화적(inflammatory) 행동으로 흐를 가능성이 높다.

③ 당혹감, 죄책감, 동정심, 반격에 대한 두려움 등이 감소하며, 반사회적이고 절제되지 않는 행동이 강화되는 특성이 있다.

2 사회영향론

① 플레이밍은 절대적으로나 상대적으로나 온라인의 지배적 행위 유형이 아니다.

② 그룹 구성원들 사이의 친숙도, 그룹 분위기, 역사, 지배적 행위 규범, 개인들의 성격과 같은 사회적 요인들의 영향을 더 크게 받는다.

3 웰먼과 줄리아(Wellman & Gulia)

① 특화된 주제에 초점을 맞추는 온라인 그룹 구성원들 사이는 협소하고 특화된 관계가 되기 쉽다.

② 온라인 그룹은 정보 교환뿐만 아니라, 유대감, 사회적 지원, 소속감 같은 것들을 추구하며, 포괄적 지원관계가 얼마든지 발전할 수 있다.

4 사회적 정보처리 이론(Walther)

① 장기적이고 반복된 상호작용을 통하여 상대방에 대한 인상 정보를 축적한다면, 익명성과 관련된 부정적 현상은 상당 정도 극복 가능하다.

② 관계적 동기가 사람들을 움직여서, 텍스트에 표출된 단서들을 해독함으로써 상대방에 대한 분명한 인상을 발전시키며, 컴퓨터 매개 상호작용으로부터 다른 행위자들에 대한 심리적 수준의 지식을 도출하고, 그에 따라 컴퓨터 통신의 관계적 변화를 관리하고 관계적 메시지를 해독한다.

③ 다른 사람의 사회적 현존감은 무시되지 않고, 익명성과 연관된 사회정서적으로 부정적인 태도와 현상은 충분히 극복 가능하다.

Ⅲ 온라인 포럼과 공동체 관계

1 낙관론

(1) 의의

사이버공간은 상호작용의 시공간 장벽을 낮춤으로써, 상호작용 비용을 줄이는 대신 속도는 높여주고, 지리적으로 분산된 사회관계가 지속될 수 있도록 해주며, 새로운 관계의 형성과 공동체 발전을 촉진하고, 더 풍부하고 더 큰 연결망이 만들어질 수 있도록 해 준다.

(2) 라인골드(Rheingold)

충분한 수의 사람들이 사이버공간에서 개인적 관계망을 형성할 정도로 충분한 인간적 감정을 갖고 충분한 기간 동안 공적 토론을 수행한다면 얼마든지 공동체 관계가 발전할 수 있다.

(3) 웰먼과 줄리아(Wellman & Gulia)

공동체 관계의 핵심 요소는 지역적 장소적 준거가 아니라 사람들 사이의 '사회적 연결망'으로 온라인 사회관계가 공동체 관계로 발전할 수 있다.

2 비관론

① 대부분의 온라인 사회관계가 피상적이고 일시적이며 몰인격이다.

② 온라인 인격은 '심리적 단절'을 경험하기 때문에 공동체적 관계 형성이 어렵다(Kolko & Reid).

3 통합적 관점

① 온·오프라인 사회관계를 서로 배타적으로 볼 것이 아니라 오히려 어떻게 하면 양자의 최고 장점을 흡수할 것인가를 고민하는 것이 필요하다(Turkle).

② 전통적으로 소규모의 직접 접촉에만 나타난다고 보았던 지속적 친밀성 관계가 온라인의 대규모 간접 접촉에서도 출현한다(Cerulo & Ruane).

4 인터넷과 정서적 지원 관계의 확대

① 인터넷이 관계망 확대에 미치는 효과는 소외집단에게는 크게 나타나지만, 인터넷 사용 자체가 반드시 사회연결망 크기를 확대시키는 것은 아니다(Hlebec).

② 온라인 그룹이 '제3의 장소'의 성격을 일부 지니지만 진정한 제3의 장소가 지역공동체에 기반하고, 사회적 평등화 공간이며, 접근 가능한 것인 반면, 온라인의 제3의 장소는 그렇지 못한 한계를 지닌다(Soukup).

[예상문제]

사회 정서적 온라인 지원 관계에 대한 설명으로 틀린 것은?

① 서로 간의 접촉이 거의 부재하거나 간헐적이며, 정서적 친밀성이 약하며, 어떠한 호혜적 서비스를 서로 나눈 경험이 없는 사람들 사이의 관계이다.

② 서로 대면 접촉한 적이 없으며, 느슨하게 연결되어 있고, 사회적으로나 물리적으로 소원하며, 긴밀한 노동관계나 공동체 구조를 공유하지 않은 사람들로 구성된다.

③ 물리적 공간적 경계를 넘어서서 다양한 사회 문화적 배경을 가진 사람들은 서로 같은 것보다 상이한 것을 알고 있을 가능성이 높다.

④ 직접적으로 정보를 요청하고 제공 받을 수 있는 장점은 있으나 특정 주제에 대한 식견 있는 논쟁이 형성되기 어렵고 정보의 신뢰성 평가 문제가 발생한다.

정답 ④

해설 온라인 사회 관계에서도 직접적 요청/제공, 특정 주제에 대한 식견 있는 논쟁, 하이퍼링크는 촘촘한 상호텍스트성 보장하며 제공된 정보의 신뢰성 평가 문제를 해결할 수 있다.

사회 정서적 온라인 지원 관계에 대한 단서 부재론의 입장으로 틀린 것은?

① 시청각 단서(표정, 몸짓 등)와 사회 단서(계급, 성, 연령 등)를 결여한 온라인 상호작용에서 정서적으로 친숙한 관계는 형성되기 어렵다.
② 대면 상황에 비해 사회심리적으로 부정적, 사무적, 목적지향적 태도가 지배적이며, 몰인격화와 욕설과 인신공격과 같은 인화적(inflammatory) 행동으로 흐를 가능성이 높다.
③ 당혹감, 죄책감, 동정심, 반격에 대한 두려움 등이 감소하며, 반사회적이고 절제되지 않는 행동이 강화되는 특성이 있다.
④ 그룹 구성원들 사이의 친숙도, 그룹 분위기, 역사, 지배적 행위 규범, 개인들의 성격과 같은 사회적 요인들의 영향을 크게 받는다.

정답 ④

해설 사회영향론에 대한 설명이다.

사회 정서적 온라인 지원 관계에 대한 입장으로 친숙한 관계가 형성되기 어렵다고 본 것은?

① 단서부재론
② 사회영향론
③ 웰먼과 줄리아의 입장
④ 사회적 정보 처리 이론

정답 ①

해설 단서부재론(cues-filtered-out approach)은 "시청각 단서(표정, 몸짓 등)와 사회 단서(계급, 성, 연령 등)를 결여한 온라인 상호작용에서 정서적으로 친숙한 관계는 형성되기 어렵다."고 본다.

Theme

88 플레이밍(flaming)

Ⅰ 의의

'플래이밍(flaming)'이란 욕설, 모욕, 인신공격 등과 같이 적대감의 표출을 가리키는 말이다.

Ⅱ 온라인 공간에서 플레이밍의 발생 원인

1 단서부재론

(1) 의의

온라인 상호작용은 오프라인 상호작용에 비해 사무적이고, 자아도취적이며, 의견 불일치를 조정하거나 해결하기 어려우며, 더욱 공격적이고 적대적이기 쉽다.

(2) 비언어적, 사회적 단서의 부재

① 비언어적 단서

표정, 웃음, 눈짓, 음색, 자세, 몸짓, 복장 등

② 사회적 단서

거주지, 직업, 계급, 성, 인종, 나이, 고향 등

(3) 몰인격화

① 관심의 초점이 청중으로부터 메시지의 작성과 그에 대한 반응으로 이전

② 당혹감, 죄책감, 동정심, 반격이나 배척 등에 대한 두려움 감소

③ 반사회적이고 절제되지 않는 행동이 강화됨

2 사회적 영향 모델

① 온라인 상호작용의 사회적 맥락을 강조한다.

② 플레이밍을 허용하지 않는 매우 강한 행위규범하에서는 실명과 가명 그룹에 대한 실험조사는 두 그룹 모두에서 플레이밍이 거의 나타나지 않았다.

③ 플레이밍은 특정 사회그룹이 플레이밍을 하나의 행위규범으로 인정할 때 더욱 현저해지는 것이며 온라인 상호작용의 단서부재 때문에 발생하는 것이 아니다.

3 정보처리이론

① 온라인 상호작용에서도 사회심리적으로 상호지원적 관계가 형성될 수 있다.

② 부정적이고 몰인격적 행위는 낯선 사람들 사이의 초기 단계 상호작용에만 발견되며 시간이 흐를수록 점차 소멸된다.

③ 비록 실험연구 결과가 단서부재론을 뒷받침할지라도, 장기 사례연구 결과는 CMC에도 상호지원 관계가 형성 발전한다는 것을 보여준다.

④ 이러한 차이는 교환될 수 있는 정보의 양이 아니라 정보교환에 필요한 시간의 차이 때문에 발생한다. CMC에서도 긍정적인 개인 간 관계는 발전할 수 있다.

[예상문제]

'플레이밍(flaming)' 대한 설명으로 틀린 것은?

① 욕설, 모욕, 인신공격 등과 같이 적대감의 표출을 가리키는 말이다.
② 단서 부재론은 비언어적, 사회적 단서의 부재로 인해 온라인 공간에서 플레이밍이 발생한다고 본다.
③ 사회적 영향 모델은 관심의 초점이 청중으로부터 메시지 작성과 그에 대한 반응으로 이전하기 때문에 플레이밍이 발생한다고 본다.
④ 정보처리이론은 부정적이고 몰인격적 행위는 낯선 사람들 사이의 초기 단계 상호 작용에만 발견되며 시간이 흐를수록 점차 소멸한다고 본다.

정답 ③

해설 단서 부재론의 입장이다. 사회적 영향 모델은 플레이밍은 "특정 사회그 룹이 플레이밍을 하나의 행위규범으로 인정할 때 더욱 현저해지는 것"이며 온라인 상호작용의 단서부재 때문에 발생하는 것이 아니라는 입장이다.

Theme

89 샐린스(Sahlins)의 호혜성

I 의의

마샬 샐린스(sahlins)는 사회적 유대관계의 친밀도에 따라 호혜성을 일반적 호혜성과 균형적 호혜성 및 부정적 호혜성의 세 가지 형태로 구분하였다.

II 일반적 호혜성(generalized reciprocity)

① 일반적 호혜성(generalized reciprocity)은 한편에서 상대방에게 물자와 용역을 주되 그 종류와 양 또는 가치를 계산하거나 특정한 시간을 정하여 등량등가(等量等價)로 되돌려 갚을 것을 요구하지 않는 호혜성이다. 그러나 당장에 직접 되돌려 갚지는 않는다 하더라도 장기간에 걸쳐서 보면 어떤 형식으로든지 받은 혜택을 되돌려 갚는 것이 보통이다.

② 예를 든다면 어떤 사람이 이타적인 동기에서 상대방에게 은혜를 베풀거나 예물을 주었을 경우, 그것을 받은 사람은 나중에 기회가 있을 때 은혜를 갚거나 답례를 함으로써 되돌려 갚을 수도 있고 존경을 표시함으로써 사회적 위세가 준 사람에게 돌아가게 할 수도 있다. 그러므로 일반적 호혜성은 친밀도가 아주 가까운 부부간이나 부모, 형제, 사제간 또는 가까운 친척 사이에서 흔히 나타난다.

III 균형적 호혜성(balanced reciprocity)

① 균형적 호혜성(balanced reciprocity)은 한편에서 상대방에게 물자와 용역을 줄 때 주는 사람이나 받는 사람이 모두 받은 것만큼 되돌려 갚아야 한다는 것을 인정하고 또 그렇게 행하는 호혜성이다. 되돌려 갚는 기간도 아주 장기간에 걸친 것이 아니고 비교적 단기간에 교환이 이루어져야 한다. 이 호혜성의 특징은 등가등량의 교환을 원칙으로 하지만 실제로 되돌려 갚을 때에는 그 종류와 양과 가치를 대등하게 하는 것은 그 사회의 관습과 도덕에 따라 정해진다.

② 예를 든다면 한국의 혼례나 상례, 통과의례에 축의나 부의를 받을 경우 흔히 그것을 일일이 기록해 둔다. 나중에 상대방에게 그런 일이 있을 때, 축의나 부의 또는 다른 형태로 갚는 것

이지만 그 종류와 양 및 가치는 반드시 똑같지 않은 것이 보통이다. 각자의 사회적 지위나 형편에 따라 비슷한 값어치가 정해지기 때문이다. 균형적 호혜성의 형태는 통과 의례시의 축의금이나 부의금 이외에도 우리나라의 품앗이 같은 노동의 교환형태가 있다. 특히 농경사회에서는 모심고, 김매고, 추수를 할 때 이웃 또는 친척 간에 노동력을 교환한다.

Ⅳ 부정적 호혜성(negative reciprocity)

① 부정적 호혜성(negative reciprocity)은 한편에서 상대방에게 주는 것보다 더 많은 것을 얻으려는 호혜성이다. 그러므로 이런 교환의 당사자 쌍방은 서로 상반된 이해관계(利害關係)를 가지고 있다. 즉 상대방을 희생시켜서 자기의 이득을 극대화하려는 의도를 쌍방이 모두 가지고 있다.

② 그 형태는 가장 극단적인 경우, 상대방에게 아무것도 주지 않고 강제로 남의 것을 뺏으려는 노골적인 강매로부터, 가장 덜 심한 형태로 상대방의 것을 깎고 자기의 것을 에누리하는 흥정이다. 따라서 세 가지 형태의 호혜성 중에서 당사자들의 친밀도가 가장 낮고 서로 모르는 사람들 사이에 행하여지는 것이 부정적 호혜성이다.

[예상문제]

샐린스(Sahlins)의 호혜성에 대한 설명으로 틀린 것은?

① 균형 잡힌 호혜성, 일반화된 호혜성, 부정적 호혜성으로 구분할 수 있다.
② 균형 잡힌 호혜성은 교환에 참여하는 당사자들 간의 이익 극대화를 목표로 한다.
③ 일반화된 호혜성은 교환에 참여하는 상대방은 물론 일반적인 타인 또는 공공의 이익을 먼저 고려하는 규범이다.
④ 부정적 호혜성은 사실상 불신의 상태로 '파벌의 해악' 혹은 '도둑들 간의 명예'라고 불리는 외부불경제의 원인이 될 수 있다.

정답 ④

해설 '파벌의 해악' 혹은 '도둑들 간의 명예'라고 불리는 외부불경제의 원인이 되는 것은 당사자들 간의 이익 극대화를 목표로 하는 균형 잡힌 호혜성이다.

샐린스(Sahlins)의 이론에 따를 때 등가등량의 교환을 원칙으로 하지만 실제로 되돌려 갚을 때에는 그 종류와 양과 가치를 대등하게 하는 것은 그 사회의 관습과 도덕에 따라 정해지는 호혜성으로 옳은 것은?

① 일반적 호혜성
② 균형적 호혜성
③ 부정적 호혜성
④ 포괄적 호혜성

정답 ②

해설 균형적 호혜성에 대한 설명이다.

Theme

90 사회적 자본

I 개념

① 사회적 자본(Social Capital)은 종전의 인적 · 물적 자본에 대응되는 개념이다. 이는 '사회구성원의 공동문제 해결을 위한 참여조건 또는 특성' 혹은 '공동이익을 위한 상호 조정과정과 협력을 촉진하는 사회적 조직의 특성'으로 정의할 수 있다.
② 이렇게 정의가 추상적인 이유는 사회적 자본이라는 개념을 이야기하는 학자가 많고 그 정의 또한 비슷한 듯하면서도 다르기 때문이다.

Ⅱ 사회적 지원관계에 의한 이용가능한 자원으로서의 사회적 자본

Coleman은 한 개인이 그 안에 참여함으로써 특정한 행동을 하는 것을 가능하게 만들어 주는 사회구조 혹은 사회적 관계의 한 측면으로 사회적 자본을 정의하였다. Nahapiet와 Ghoshal은 개인 또는 사회적 단위가 소유한 관계의 네트워크로부터 이끌어내어 이용가능한 실제적으로 잠재적인 자원의 합으로 사회적 자본을 개념화하였다.

Ⅲ 사회적 관계가 제공하는 기회와 이익의 총합으로서의 사회적 자본

Bourdieu는 친근감이나 상호 인지적 관계가 제도화되거나, 지속적인 연결망이 유지되어 개인이나 집단이 실제 및 가상으로 얻게 되는 이점이나 기회의 총합으로 사회적 자본을 바라보았다. 이와 유사하게 Granovetter는 이해관계를 추구하는 행위자들이 생산적으로 이용할 수 있는 사회적 구조 내에 축적된 자원으로 사회적 자본을 정의했다.

Ⅳ 공동체 유지를 위한 기제로서의 사회적 자본

① Putnam은 상호이익을 증진시키기 위한 조정과 협력을 촉진시키는 네트워크, 규범 그리고 사회적 신뢰와 같은 사회조직의 특징이라고 정의하였다.

② 그리고 Fukuyama는 그룹과 조직에서 공공 목적을 위해서 함께 일하도록 하는 사람들의 능력이며, 이러한 사람들 사이의 협력을 가능케 하는 한 집단의 회원들 사이에 공유된 어떤 일단의 비공식적인 가치 또는 규범 내지는 신뢰의 존재로서 사회적 자본을 규정하였다.

③ Brehm과 Rahn도 집단행동 문제들에 대한 해결을 촉진하는 시민들 사이의 협동적 관계망(사회적 연계망)이라는 비슷한 개념으로 사회적 자본을 바라보았다.

[예상문제]

다음을 주장한 사상가의 이름으로 옳은 것은?

> 사회적 네트워크는 부정할 수 없는 화폐 가치를 가진다. 조세 복종을 성공적으로 예측하게 하는 유일한 요소는 사회적 자본이다. 사회적 자본이 높은 공동체에서 정부는 '우리'이지 '그들'로 인식되지 않는다.

① 콜먼(Coleman)
② 퍼트넘(Putnam)
③ 부르디외(Bourdieu)
④ 후쿠야마(Fukuyama)

정답 ②

해설 퍼트넘의 사회적 자본에 대한 설명이다.

갑과 을의 입장과 퍼트넘(Putnam) 호혜성을 바르게 짝지은 것은?

> 갑: 네가 내게 저걸 해주면 나도 네게 이걸 해주지.
> 을: 네게 그 어떤 특정한 보답을 받으리라는 기대는 전혀 하지 않고 이걸 해 주겠다. 어느 누군가 앞으로 내게 무언가 해 줄 것이라고 자신 있게 예측하면서 말이야.

	갑	을
①	한정적 호혜성(specific reciprocity)	포괄적 호혜성(generalized reciprocity)
②	균형잡힌 호혜성(balanced reciprocity)	일반화된 호혜성(generalized reciprocity)
③	부정적 호혜성(negative reciprocity)	균형잡힌 호혜성(balanced reciprocity)
④	일반화된 호혜성(generalized reciprocity)	포괄적 호혜성(generalized reciprocity)

정답 ①

해설 퍼트남은 호혜성을 한정적 호혜성(specific reciprocity)와 포괄적 호혜성(generalized reciprocity)으로 구분하고 샐린스는 균형 잡힌 호혜성(balanced reciprocity)과 일반화된(generalized reciprocity)으로 구분한다.

퍼트넘(Putnam)의 사회적 자본에 대한 설명으로 틀린 것은?

① 사회적 자본을 결속형(bonding)과 연계형(bridging)으로 구분한다.

② 결속형(bonding)은 나와 같은 특성을 지닌 사람들, 예컨대 학연 · 혈연 · 지연 등으로 묶인 사람들 사이에서 형성되는 것으로 내부 지향적이다.

③ 연계형(bridging)은 외부지향적이며 다양한 사회적 계층을 망라하는 사람들 사이에 정체성과 호혜성의 네트워크를 만들어낸다.

④ 사회적 자본의 초석은 한정적 호혜성(specific reciprocity)과 포괄적 호혜성(generalized reciprocity)이다.

정답 ④

해설 사회적 자본의 초석은 포괄적 호혜성(generalized reciprocity)이다.

사회 자본에 대한 설명으로 잘못된 것은?

① Coleman은 이해관계를 추구하는 행위자들이 생산적으로 이용할 수 있는 사회적 구조 내에 축적된 자원으로 사회적 자본을 정의했다.

② Bourdieu은 친근감이나 상호 인지적 관계가 제도화되거나, 지속적인 연결망이 유지되어 개인이나 집단이 실제 및 가상으로 얻게 되는 이점이나 기회의 총합으로 사회적 자본을 바라보았다

③ Putnam은 상호이익을 증진시키기 위한 조정과 협력을 촉진시키는 네트워크, 규범 그리고 사회적 신뢰와 같은 사회조직의 특징이라고 정의하였다.

④ Fukuyama는 그룹과 조직에서 공공 목적을 위해서 함께 일하도록 하는 사람들의 능력이며, 이러한 사람들 사이의 협력을 가능케 하는 한 집단의 회원들 사이에 공유된 어떤 일단의 비공식적인 가치 또는 규범 내지는 신뢰의 존재로서 사회적 자본을 규정하였다

정답 ①

해설 Coleman은 한 개인이 그 안에 참여함으로써 특정한 행동을 하는 것을 가능하게 만들어 주는 사회구조 혹은 사회적 관계의 한 측면으로 사회적 자본을 정의하였다. 이해관계를 추구하는 행위자들이 생산적으로 이용할 수 있는 사회적 구조 내에 축적된 자원으로 사회적 자본을 정의한 사람은 Granovetter로 Bourdieu의 입장과 유사하다.

V 사회적 자본의 종류: 신뢰, 사회적 연계망, 상호호혜 규범, 믿음, 규율

① 신뢰에 대해 Fukuyama는 사회자본이 사회 내에 존재하는 신뢰로부터 나오는 것으로 종교, 전통, 또는 역사적 관습 등과 같은 문화적 메커니즘에 의해 생겨나고 전파되기 때문에 다른 형태의 자본과는 다르다고 주장했다.

② 사회적 연계망에 대해서 Brehm과 Rahn은 현대 및 전통사회, 권위주의 및 민주사회, 봉건 및 자본주의 사회 등 어떠한 사회도 공식 · 비공식의 사람들 사이의 커뮤니케이션 및 상호교환이라는 네트워크에 의하여 특징지어진다고 볼 수 있다고 하였다.

③ 상호호혜의 규범에 대해서 Adler와 Kwon은 구성원들이 공유하고 있는 규범에 근거를 두는 것이라고 하였으며, 믿음(Beliefs)에 대해 Nahapiet & Ghoshal는 공통적인 전략적 생각(vision), 해석(interpretations), 그리고 의미의 체계(systems of meaning)의 형태인 믿음은 사회자본의 형성에 중요한 역할을 하고 있다고 하였다.

④ 공식적인 제도와 규율(rules)들은 사회적 연계망, 규범, 믿음 등에 대한 영향을 통해서 사회자본에 매우 강력한 직·간접적인 영향을 줄 수 있다.

Ⅵ 주요 속성과 기능

① 자발적이며 수평적으로 형성되는, 개인 간 또는 집단 간의 관계를 이어주는 네트워크를 속성으로 가진다. 이러한 사회적 관계는 호혜주의적(互惠主義的) 특성을 지니며, 구성원들은 자기에게 필요할 때 언젠가는 보답을 받을 것이라는 일반적 기대를 가지고 다른 사람들 그리고 공동체를 위해 봉사한다.

② 이러한 행태를 '친사회적 행태'(prosocial behavior)라 한다. 이러한 친사회적 행태를 강화하는 사회적 규범이 존재하는데, 사회적 규범은 비공식적·사회적 통제력을 지닌 것이며 공식적·법적 제재와 구별되는 것이다.

③ 한편, 사회관계는 공동체주의적 지향성을 지니며, 공동체가 핵심적 위치를 차지한다. 그리고 이러한 바탕위에 사회적 자본은 정치·경제의 발전을 지지해 주는 윤리적 기반(ethical infrastructure)이 된다.

④ 결론적으로 1990년대 들어서는 인적·물적 자본보다 사회적 자본이 국가경쟁력이나 국력의 실체로서 작용하며 심지어 민주주의를 넘어 경제발전에도 중요한 영향을 미친다는 논의까지 등장하게 된다.

Theme

91 부르디외의 사회적 자본 개념 비판

I 의의

① 부르디외는 '자본' 개념을 '축적된 역사'로 요약한다. 마르크스에게 자본이란 축적된 노동으로서의 가치(=상품)이고, 동시에 순환하고 자기 증식하는 가치(=상품=축적된 노동)이다.

② 부르디외는 마르크스적 자본 개념을 경제재로서만이 아닌 교육재, 문화재, 사회재, 정치재 등으로 자유롭게 확장한다. 부르디외는 이렇듯 응용 확장한 자본을 통칭하여 상징적 자본이라 하는데, 여기에는 사회적, 정치적, 국가적(statist), 문화적, 정보적(informational), 학술적 자본 등이 포함된다.

II 문화적 자본

① 부모 세대의 교육적, 문화적 자원이 계급 재생산에 긴밀히 접합되어 있다.

② 부모세대에서 자식세대로 전이되는 문화, 교양, 취향의 자산을 그는 문화적 자본이라는 개념으로 정리하였다.

③ 문화자본은 예술과 문화에 대한 객관적인 지식, 문화적 취향과 선호 등 문화적 기술과 실제적인 지식, 스스로를 차별화하고 좋고 나쁨을 구분하는 능력 등 여러 측면을 가진다. '자본'은 사적-배타적으로 축적되고 전승되며 증식하는 역사적 실체이다.

④ 문화영역으로 확장하였지만, 개념의 골간에는 마르크스주의적인 계급적 함의가 남아 있다. 동시에 그의 자본 개념은 마르크스의 자본처럼 이윤추구, 이윤증식적이다. 부르디외는 자본 개념을 상징적 영역으로 확장시킴으로써 원래의 경제적 자본 개념이 갖는 이윤추구, 이윤증식의 성격을 상징적 차원의 이해추구로까지 확장시켰다.

Ⅲ 사회적 자본

1 의의

사회적 자본이란 현실적 또는 잠재적 자원의 집합으로서의 상호 면식과 인식이 제도화되고 지속화된 관계망을 소유하는 것-즉 특정 집단에의 멤버십-과 연결되어 있다. 그러한 제도화된 관계망은 집단적으로 소유된 자본의 후원, 즉 신용을 부여해주는 보증을 소속원에게 제공한다.

생각넓히기 | 구별짓기(distinction)

구별짓기(distinction)는 프랑스의 저명한 사회학자인 피에르 부르디외(Pierre Bourdieu)의 저서 「구별짓기: 문화와 취향의 사회학」의 제목에서 유래되었다. 그는 공통된 취향과 소비에 대한 선호, 더 나아가 삶의 방식에서의 실천을 계급의 영향력이라는 차원에서 조명했다. 그의 시도는 계급 스스로가 자신의 지위를 표현하기 위한 의도를 가지고 생활양식을 채택하고 그를 통해 타 계급과의 차별화를 시도한다는 사실을 부각함으로써 지극히 개인적으로 보이는 취향이나 소비패턴, 생활양식 등을 계급분할과 계급투쟁의 핵심적인 장으로 격상시켰다. 이러한 차별과 구별짓기는 어떤 사람, 집단, 사물을 포함하고 규정하는 동시에 그 외의 것들을 배제하는 속성을 가짐으로써 소속성과 유사성의 감정을 발생시킨다.

기출문제

다음을 주장한 학자와 ㉠, ㉡, ㉢에 들어갈 말의 연결이 옳은 것은? [2022]

> 상이한 취향이 나와 타인을 구별짓는 기제로 작동한다고 주장한 [㉠]은/는 개인의 여러 속성 중 [㉡]에 특히 초점을 두어 설명했지만, 오늘날의 사이버 공간에서는 [㉢]뿐만 아니라 연령과 성별, 종교, 지역 등 훨씬 더 다양한 축을 기준으로 하는 보다 복잡한 문화적 지형이 관찰된다.

	㉠	㉡	㉢
①	베블렌	유한 계급	유한 계급
②	베블렌	직업	직업
③	부르디외	직업	직업
④	부르디외	계급	계급

정답 ④

해설 부르디외에 대한 설명이다.

2 문화적 자본과의 구별

그의 문화적 자본 개념이 주로 부모와 그 부모의 관계망이 갖고 있는 문화적 자원이 자식 세대로 전승되어가는 과정에 주목하고 있다면, 사회적 자본은 보다 포괄적인 사회관계 속에서 각 개인이 갖고 있는 연결망과 집단소속이 해당 당사자에게 주는 다양한 사회적 기회 자원을 총칭하고 있다.

Ⅳ 실천의 경제에 관한 일반과학

1 의의

① 부르디외의 자본 이론은 '실천의 경제에 관한 일반과학'의 정립 의도에 기반하고 있다. 이 말은 그가 인간의 행위 전반을−즉 경제적, 문화적, 미학적, 사회적, 정치적 행위 전반을−축적된 역사, 축적된 노동의 순환적 자기증식의 논리로써 일관되게 설명하기 위한 것이다.

② 즉 여러 가지 다양한 자본은 상호전환이 가능한데(fungible, convertible), 이러한 "모든 다양한 자본의 뿌리는 결국 경제적 자본"이고 다른 모든 종류의 자본들은 결국 "변형되고 위장된(transformed and disguised) 형태의 경제적 자본"에 불과하다는 것이다. 더 나아가 그는 문화적, 사회적 자본은 이렇듯 그 자체가 "결국 경제적 자본으로 귀속된다는 사실을 잘 숨기는(conceal) 만큼 더욱 성공적인 효과를 거둘 수 있다"고 한다.

2 문화적 자본과 사회적 자본의 특징

(1) 의의

① 문화적 자본이나 사회적 자본이 그(경제적) 뿌리를 교묘하게 위장하고 그 내부의 계산관계를 극히 복잡하고 내밀하게 은폐하게 되는 경향은 자본의 공공연한 계급적, 세대적 이전을 금지하는 현대 민주주의 체제의 가치, 운영원리와 연결되어 있다.

② 봉토(경제적 자본)와 작위(상징적 문화적 자본)를 공공연하고 합법적으로 세습할 수 있었으며 신분적 불평등이 제도화된 가치였던 봉건사회에서는 문화적, 사회적 자본을 보증하는 사회적 관계망이 굳이 경제적 자본의 획득과 결합되어 있다는 엄연한 사실을 위장하고 은폐할 필요가 없었다. 즉 사회가 평등화될수록 문화적, 사회적 자본은 그 경제적 동기를 더욱 은밀하고 교묘하게 위장하고 은폐하게 된다는 것이다. 문화적, 사회적 자본이란 경제적 자본의 계급적 세대적 이전을 위한 은폐되고 위장된 비밀통로들에 다름 아니다.

(2) 베버적 관점의 수용

① 부르디외가 자본 개념을 비경제적 영역으로 확대시킨 것은 마르크스 이론을 확장했다는 측면과 함께 베버적 관점을 흡수했다는 의미도 가지고 있다.

② 여기서 막스 베버적 관점이란 역사가 움직여 나가는 동력은 경제적 물질적 가치 또는 이해만이 아닌 문화적 정신적 가치 또는 이해로도 이루어져 있다는 시각이다.

③ 부르디외는 여러 가지 상징체계나 문화적 취향, 그리고 사회적 인간관계가 역사를 구성하고 움직여 나가는 실질적인 힘이 되고 있다는 점을 그의 다양한(상징적) 자본 개념을 통해 잘 보여주고 있다.

(3) 마르크스의 경제 결정론의 영향

모든 자본은 상호 전환되지만 다른 모든 자본은 결국 경제적 자본의 은폐된 형태일 뿐이라는 말은 결국 '최종 심급에서의 경제결정'이라는 마르크스주의적 경제결정론, 또는 경제주의적 마르크스주의의 영향을 받은 것이다.

(4) 자본이론에서 마르크스주의와 부르디외의 차이

① 먼저 마르크스주의와 부르디외의 자본이론의 결정적인 차이점은 마르크스에서 자본의 주체와 동력이 계급 또는 계급이해인 반면, 부르디외 자본 개념의 주체와 동력은 개인 또는 자기이해라는 점이다.

② 마르크스주의에는 계급이해라는 개념은 존재하지만, 자기이해라는 개념은 분명하게 존재하지 않는다. 반면 부르디외에게는 자기이해라는 개념은 존재하지만, 계급이해라는 개념은 분명하지 않다.

③ 물론 부르디외에게 장(場, 필드)이라는 구조 개념이 있고, 귀속 계급에 따른 통계적 분석을 종종 구사하기도 하지만, 부르디외 스스로 자부하는 그의 이론의 강점이자 요체는 그러한 구조적 집단적 틀 속에서 개인의 행위를 자기이해라는 동기를 통해 미시적 차원에서 정밀하게 추출해 낼 수 있다는 점이다.

V 부르디외의 장이론(field theory)

① 장이론(field theory)은 부르디외 사회학의 핵심 이론이라고 할 수 있다. 부르디외의 장이론은 상징폭력의 정치경제학, 실천이론 등의 다양한 이름으로 부르는 것이 가능한 이론인데, 장이론을 이해하기 위해서는 우선 부르디외가 사회관계의 기본으로 설정하는 것이 '경쟁'임을 알아야 한다. '게임'으로 바꿔 말할 수도 있는 경쟁이 사회를 구성하는 사회적 관계들의 기본이라는 것이다.

② 부르디외는 장 내에서 자본을 더 많이 획득하기 위해 투쟁하는, 그리고 육체를 통한 감각(여기서 습관의 체계인 아비투스로 이어질 수 있는 매개가 생성된다)을 가지고서 자기 자신을 구성해 내는 개인을 자신의 이론의 기초가 되는 (실천감각의) 인간관으로 전제한다.

③ 모든 개인은 자본을 더 많이 획득하기 위해 전략적으로 행동하고 서로 경쟁한다는 것이다. 이러한 경쟁은 그 결과 불평등한 '자본'의 분배를 야기한다.

생각넓히기 | **아비투스(Habitus)**

부르디외의 개념인 아비투스는 특정유형의 환경을 구성하는 조건에 의해 생산되는 것으로, 실천과 재현을 발생시키고 구조화하는 원칙으로서 지속적이고 치환이 가능한 성향이다. 특정 계급이 그들의 생존 환경을 조정함으로써 영구적이면서도 변동 가능한 성향체계인 아비투스가 만들어진다. 즉, 아비투스는 사회화 과정을 거치는 동안에 개인이 획득하는 영구적인 하나의 성향체계이다. 그것은 또한 구조를 결정하는 구조로서, 다시 말해 의식적으로 목표를 겨냥하거나 목표에 도달하기 위해 필요한 조작을 명시적으로 통제하지 않고서도, 객관적으로 그 목표에 맞추어질 수 있는 실천과 표상들을 조직하고 발생시키는 원칙으로서 기능하도록 구조화된 구조들이다.

Theme

92 네트워크 사회운동론

I 의의

① 디지털 미디어가 사회운동의 효율성을 현격하게 높여준다는 논의는 주로 '병참론적 관점'에서 이해될 수 있다.

② 일부 연구자들은 디지털 미디어가 정보 수집과 확산, 대화와 토론, 집단 형성과 유지, 행동 조직과 조율 등과 같은 사회운동의 병참적 요구를 매우 잘 충족시켜 준다고 믿는다.

③ 이른바 '네트워크 사회운동론'은 최근의 사회운동이 중앙집중적이고 전문적인 방식보다는 수평적이고 분산적인 네트워크형 운동 양상을 점점 더 분명하게 드러내고 있다는 사실을 강조한다.

II 특징

① 월에 따르면, 탈산업사회의 사회운동은 "확인가능한 지도자들에 의해서가 아니라 소규모의 자가 형성적 집단들이 유사한 뜻을 가진 다른 집단들과 연결되고 때때로 행동을 조율하고 정보를 공유하면서도 서로에게 책임을 묻지 않는 친한 집단 혹은 세포 같은 구조"로 특징지어진다. 갈락과 하인은 1960년대 말 이래 사회운동 조직의 가장 일반적 형태는 "분절적, 다중심적, 통합적 네트워크" 형태를 띤다고 주장한다.

② 돈크와 그의 동료들도 신사회운동은 "통일성, 중심성, 공식성 그리고 강력한 리더십"과 같은 전통적 운동 원리보다는 "다양성, 탈중심성, 정보성 그리고 풀뿌리 민주주의"와 같은 네트워크 원리가 더 두드러진다고 주장한다.

③ 멜루치도 "텔레커뮤니케이션과 컴퓨터 기술은 최근의 사회운동에 전형적으로 나타나는 탈중심화되고, 분절적이며, 그물 모양의 구조와 잘 양립한다."고 주장한다. 이처럼 '네트워크 사회운동론'은 디지털 시대 사회운동이 탈중심성, 비위계성, 민주성, 개방성, 다양성, 확장 가능성, 이질성, 분산성, 유동성, 유연성, 비공식성, 자치성의 원리에 점점 더 의존한다는 사실을 강조한다. 네트워크 사회운동에서 참가자들 사이의 강한 집합 정체성이나 이데올로기적 통일성을 기대하기는 어렵다고 주장한다.

④ 베넷에 따르면, 최근의 사회운동이 "지구적 범위, 네트워크화된 복잡성, 다양한 정치 정체성에 대한 개방성, 실용적인 정치적 성과를 위한 이데올로기적 통일성의 희생" 가능성이 높다. 나아가, 네트워크 사회운동론에서는 강력한 조직적 리더십이 전통적 사회운동만큼 강조되지 않으며, 오히려 강력한 리더십의 부재가 역설적으로 지배 권력에 훨씬 더 유연하고도 효과적으로 저항할 수 있도록 해주는 것으로 평가된다.

생각넓히기 | 어피니티 그룹(Affinity Group)과 저항 네트워크

어피니티 그룹이란 일반적으로 서로 잘 알고 신뢰할 수 있으며, 사회정치 사안에 대한 직접 행동을 함께 하는 3~20명으로 구성된 활동가 그룹을 지칭한다. 위계와 위임의 조직 원리를 따르지 않고 개인이 조직 속에서 어떤 위치를 차지하고 어떤 임무를 맡고 있는지 보다는 실제로 어떤 행동을 수행하는가가 더 중요시된다. 특정 조직의 장기 회원이 되기보다는 단기간의 프로젝트를 중심으로 행동한다. 즉 친구와 함께 개인으로 행동하지 시민이나 노동자나 혹은 그 밖의 특정한 공동체 정체성으로 행동하지 않는다. 독특하고 개성적인 자아의 공적 표출이 집합적 연대감보다 우선시된다. 단일한 연대성보다는 다중적인 유동성이 더 중요하다. 높은 교육 수준을 지닌 그들은 독자적이고 개별적인 작업 방식에 익숙하며, 독특한 자기 스타일과 자아실현에 대한 관심이 높다. 집합 행동의 '개인화(personalization)'가 이루어진 것이다. 공식 조직에 소속함으로써가 아니라, 자신의 생활방식을 토대로 다양한 대의를 선별하고 행동에 참여한다. "복수의 소속과 정체성 그리고 풍부한 네트워크 접속을 자랑하는 디지털로 서로 연결된 개인들이 대규모 저항의 속도와 규모와 조직에 점점 더 핵심적인 것으로 되고 있다."(Bennett and Segerberg)

예상문제

어피니티 그룹(affinity group)에 대한 설명으로 틀린 것은?

① 근대적 위계와 위임의 조직 원리를 따르지 않는다.
② 특정 조직의 장기 회원이 되기보다는 단기간의 프로젝트를 중심으로 행동한다.
③ 친구와 함께 개인으로 행동하지 시민이나 노동자나 혹은 그 밖의 특정한 공동체 정체성으로 행동하지 않는다.
④ 경계가 느슨하고 구조가 불분명하며 유연성이 체화되어 있는 공동 행동의 운동 양상은 개인행동의 '집단화'로 표출된다.

정답 ④

해설 베넷과 세거버그는 어피니티 그룹의 운동 양상을 집합 행동의 '개인화'로 설명한다. 개인들의 공식 조직에 소속함으로써가 아니라 자신의 생활방식을 토대로 다양한 대의를 선별하고 행동에 참여한다. "복수의 소속과 정체성 그리고 풍부한 네트워크 접속을 자랑하는 디지털로 서로 연결된 개인들이 대규모 저항의 속도와 규모와 조직에 점점 더 핵심적인 것으로 되고 있다.

Ⅲ 네트워크 사회운동론에 대한 비판

① 글래드웰은 소셜 미디어를 매개한 대부분의 집합행동은 전자 청원이나 온라인 기부 등과 같이 참여자들에게 그다지 큰 희생을 요구하지 않는 저위험 행동에 불과하다고 평가한다.

② 디아니는 인터넷이 집합행동에 "유용한 정보와 자원을 확대시킬 수는 있겠지만 그것이 새로운 사람들을 운동에 참여시킬 수단으로 작용할지는 의문"이라고 주장한다.

③ 바이언은 사회관계망 사이트 이용자들은 구체적인 집합행동 방침을 제안하는 사람을 무시하거나 비합리적인 사람으로 치부하며, 온라인 사회관계망 속에서 동원할 수 있는 잠재적 자원을 적극적으로 탐색하지 않는다고 주장한다.

④ 이러한 비판들은 공통의 경험과 연대감, 상호 헌신과 신뢰, 강한 도덕적 의무감과 집합 정체성이 결여된 약한 유대의 온라인 사회관계는 좀처럼 고위험 행동으로 발전할 수 없다는 사실을 강조한다. 비관론자들은 약한 유대의 네트워크는 구조적이고 체계적인 사회변화를 향한 집합 행동의 조직화에 적합한 조직 형태가 되기 어렵다고 주장한다.

⑤ 글래드웰에 따르면, "네트워크의 구조적 특징은 외부의 공격과 내부의 분쟁에 취약"하다. 베넷은 네트워크 조직구조는 "캠페인을 통제하고 일관된 집합 정체성 프레임을 구성하기" 어려우며, "개방적이고 집단적 소통 과정을 도입하면 자신의 내부적 방향과 목적에 대한 도전을 경험"하게 되는 취약성이 있다고 지적한다.

Ⅳ 구성주의 사회운동론

1 의의

① 네트워크 사회운동론과 함께 최근 새롭게 부상하고 있는 구성주의 사회운동론은 저항행동의 동원과 조직에서 운동 참여자들의 자발성과 탈중심성이 두드러진다고 해서 집합행동의 프레이밍도 참여자들의 탈중심적 협력을 통해 자연발생적으로 형성되는 것은 아니라는 사실을 강조한다.

② 스노우와 벤포드에 따르면, "여론과 대중적 사건에 영향을 미치고자 하는 활동가들이 참가자들의 불만을 지배적인 믿음 및 가치와 연결함으로써 잠재적 참여자들의 공감을 얻을 수 있도록 자신들의 의제를 어떻게 프레이밍 하는가?"가 사회운동에서 매우 중요하다.

③ 루트는 사회운동에 대한 대중매체의 반응이 "운동의 궁극적 성공 혹은 실패의 전제 조건"이 되기 때문에, "모든 운동이 대중매체에 의해 보장되거나 거부되는 공적 가시성을 위해 노력한다."고 주장한다. 구성주의 사회운동론에서 전통적인 대중매체가 대중 동원과 의제 설정 등과 같은 집합행동에 미치는 영향력은 여전히 매우 중요한 것으로 간주된다.

2 전통 대중매체의 중요성에 관한 강조

① 전통 대중매체의 중요성에 관한 강조는, 소셜 미디어의 여론형성 기능을 중요시하는 네트워크 사회운동론과 대립하는 측면이 있다. 네트워크 사회운동론은 디지털 미디어가 단순히 운동 동원과 행동 조직 가능성을 높여줄 뿐만 아니라, 사용자들 사이의 '공유된 인식'을 강화시켜 준다고 주장한다.

② 여론이란 대중매체의 메시지가 대중에게 곧바로 침투함으로써 형성되는 것이 아니라는 캐츠와 라자스펠드의 '소통의 두 단계 흐름' 이론을 빌어, 셔키는 최근의 소셜 미디어가 이용자들이 친구, 동료, 가족 등 자신이 일상적으로 접촉하는 사람들과의 대화 속에서 여론을 형성하게 만드는 '소통의 두 번째 단계' 역할을 수행한다고 주장한다.

③ 그의 주장은 '소통의 두 단계 흐름' 이론이 실제로 강조하는 사실이 여론 형성에 대중 매체의 직접적 영향력보다는 여론 주도층의 매개적 역할이 더 중요하다는 점과, '두 단계 소통'의 과정에서도 '대중 매체로부터 대중에게로'라는 여론 형성과 흐름의 방향은 바뀌지 않는다는 점이라는 것을 간과하고 있다.

④ 구성주의 사회운동론의 관점에서 보면, 소통의 두 번째 단계에서 실제로 일어나는 일은 여전히 사회정치 현안에 대한 대중 매체의 관점을 수용한 여론 주도층이 페이스북과 트위터와 같은 소셜 미디어를 이용하여 주변 사람들에게 그것의 타당성과 정당성을 전달하고 설득하는 과정이라 할 수 있는 것이다.

3 집합행동의 방향 설정에 대한 강조

① 구성주의 사회운동론이 대중매체의 영향력을 주목한다고 해서, 네트워크 사회의 집합행동이 점점 더 상향적, 평등적, 사회적 소통 방식에 토대를 두고 표출되고 있다는 사실을 부정하는 것은 아니다. 구성주의 사회운동론은 오늘날의 사회운동이, 한편으로는, 다양한 공중을 수평적으로 집합행동의 장 속에 통합해 내야 하며, 다른 한편으로는, 저항 이슈를 적절하게 프레이밍함으로써 수많은 공중의 인식과 태도에 일정한 방향성을 부여해야 한다는 점을 역설한다.

② 대중 동원의 측면에서는 디지털 미디어의 수평적이고 평등주의적인 네트워크 논리가 중요하겠지만, 집합행동의 방향 설정이라는 측면에서는 대중매체를 적극 활용하는 하향적이고 위계적인 매스미디어의 논리가 중요하다고 보기 때문이다.

③ 사회운동은 스스로 성찰적 집합행동을 조직할 수 있는 대중과 적극적이고도 하향적인 방식으로 결합하려는 노력을 게을리해서는 안 된다. 그리고 이를 위해, 사회운동은 대중 매체가 전달하는 메시지에 적극적으로 개입하고, 사회정치 사안에 대한 진보적 관념과 해석, 즉 진보 프레임을 전파하는 활동을 활발하게 전개해야 한다.

④ 대중의 관심을 특정한 이슈에 집중시키고, 그것에 대한 공통의 의미화 작업을 조직하고, 공유된 행동 프로그램을 창출함으로써, 지배 질서에 대한 대중적 압력을 높여 나가는 것은 사회운동의 중요한 임무이다.

예상문제

네트워크 사회 운동론의 입장으로 적절하지 않은 것은?

① 참가자들 사이의 강한 집합 정체성을 기대할 수 있다.
② 사회 운동 조직의 가장 일반적 형태는 분절적 형태를 띤다.
③ 소규모의 자가 형성적 집단들이 행동을 조율하고 정보를 공유한다.
④ 수평적이고 분산적인 네트워크형 운동 양상을 점점 더 분명하게 드러내고 있다.

정답 ①

해설 네트워크 사회운동에서 참가자들 사이의 강한 집합 정체성이나 이데올로기적 통일성을 기대하기는 어렵다.

캐츠와 라자스펠드의 '소통의 두 단계 흐름' 이론에 대한 설명으로 틀린 것은?

① 대중 매체의 영향력은 소통의 첫 번째 단계에서 나타난다.
② 소셜 미디어가 이용자들이 친구, 동료, 가족 등 자신이 일상적으로 접촉하는 사람들과의 대화 속에서 여론을 형성하게 만드는 '소통의 두 번째 단계' 역할을 수행한다.
③ 여론 형성에 대중 매체의 직접적 영향력보다는 여론 주도층의 매개적 역할이 더 중요하다.
④ '두 단계 소통'의 과정을 거쳐 '대중 매체로부터 대중에게로'라는 여론 형성과 흐름의 방향이 뒤바뀐다.

정답 ④

해설 캐츠와 라자스펠드의 '소통의 두 단계 흐름' 이론에서도 여론 주도층의 매개적 역할이 더 중요하다는 점과 '대중 매체로부터 대중에게로'라는 여론 형성과 흐름의 방향은 바뀌지 않는다.

생각넓히기 | 군중, 대중, 공중

현실의 집합행동을 분석할 때, 집합체의 성격에 따라 군중(crowd)과 대중(mass), 공중(public)으로 구분해 볼 수 있다. 군중은 주어진 장소에서 관심의 대상을 공유하고 서로 영향을 주고받는 사람들의 일시적 모임 이라 할 수 있고, 대중은 특정한 사상이나 쟁점에 대해 관심을 공유하는 다수의 사람들로서 반드시 근접한 장소에 함께 모이지는 않는다는 차이점이 있다. 따라서 대중의 행동은 광범위한 지역에 산재하는 사람들이 동일한 사건이나 현상에 대해 동일한 방식으로 대응하는 경우에 발생한다. 유언비어나 소문, 대중 히스테리, 도락, 유행, 열광, 도회전설 등이 그 예로, 다양한 형태를 가지고 있다. 이에 비해 공중은 특정한 쟁점에 대해 일정 기간 관심을 공유하는 사람들의 집단으로서, 이성적이고 비판적인 사고를 통해 여론을 형성하는 특징이 있다.

[예상문제]

이성적이고 비판적인 사고를 통해 여론을 형성하고, 특정한 쟁점에 대해 일정 기간 관심을 공유하는 사람들의 집단으로 옳은 것은?

① 군중(crowds)
② 대중(mass)
③ 공중(public)
④ 다중(multitude)

정답 ③

해설 현실의 집합행동을 분석할 때, 집합체의 성격에 따라 군중과 대중, 공중으로 구분해 볼 수 있다. 군중은 주어진 장소에서 관심의 대상을 공유하고 서로 영향을 주고받는 사람들의 일시적 모임이라 할 수 있고, 대중은 특정한 사상이나 쟁점에 대해 관심을 공유하는 다수의 사람들로서 반드시 근접한 장소에 함께 모이지는 않는다는 차이점이 있다. 따라서 대중의 행동은 광범위한 지역에 산재하는 사람들이 동일한 사건이나 현상에 대해 동일한 방식으로 대응하는 경우에 발생한다. 유언비어나 소문, 대중 히스테리, 도락, 유행, 열광, 도회전설 등이 그 예로, 다양한 형태를 가지고 있다. 이에 비해 공중은 특정한 쟁점에 대해 일정 기간 관심을 공유하는 사람들의 집단으로서, 이성적이고 비판적인 사고를 통해 여론을 형성하는 특정이 있다. 반면 다중(多聚, Multitude)은 각자의 정체성을 유지하면서 개별적으로 행동하다가 일시적으로 이들을 한데 엮을 수 있는 특정한 사안이 생겼을 때 이 개별성을 유지하면서 공동으로 행동하는 사람들을 가리킨다.

Theme

93 디지털 시민성

I 시티즌십(citizenship)

1 의의

'시티즌십(citizenship)'은 시민권과 시민성을 포괄한 개념이다. 시민권이란 개인과 국가의 관계에 관한 권리와 의무를 다루는 개념이다. 현대 복지사회에서 시민권 개념의 기틀을 잡은 마샬(Marshall)에 따르면, 현대 시민권은 시민적 권리(civic rights), 정치적 권리(political rights), 사회적 권리(social rights) 등으로 구성된다.

2 사회적 권리(social rights)

① 현대 복지국가를 정당화하는 데 결정적인 역할을 했던 사회권은 자본주의 계급 구조 속에서 ―부르주아에게만 가능했던― 시민적 권리로부터 배제된 집단의 권리를 제도적으로 인정하기 위한 권리로서, 경제적 복지, 안전에 대한 권리, 문화적 존재로 살 권리 등을 포함한다.

② 이는 개인의 자유와 평등을 강조한 자유주의적 입장에 반대하며 (특정 사회구조 속에서 취약한) 집단의 권리를 인정하고 이를 제도적으로 실현할 수 있는 국가 개입을 제안함으로써 실질적 민주주의를 증대시키고자 한 전략이다.

③ 요컨대 전후 복지국가의 시민권 논의는 자본주의적 사회관계하에서 민주주의의 포섭(inclusion) 원리를 법과 제도적으로 실현하고자 하는 시도였다. 따라서 누가 시민인가 하는 문제는 법과 제도 차원에서 누구에게 어떤 권리가 보장되는가, 그래서 보편주의적 원리에 ―배제(excluded)되지 않고― 포섭(included)되는가 하는 문제로 귀결된다. 이는 암묵적으로 국민 국가의 성원권(membership)을 가정한다. 즉, 시민권의 가장 기본적인 필요조건은 특정 국민국가의 성원이어야 한다.

Ⅱ 시민성

1 의의

① 시민성은 시민으로서의 자기 확립과 다른 시민과의 관계를 규정하는 덕목과 역량을 지칭한다. 이는 위에서 다룬 법과 제도적 차원의 시민권 발전과 긴밀하게 연계되어 있지만 분석적으로 구분 가능하다.

② 시민성은 두 가지 차원을 포함한다. 첫째는 자기완성을 추구하는 태도와 역량, 둘째는 타인의 권리를 존중함으로써 다른 시민과의 관계를 유지하고 개선하려는 태도와 역량이다.

2 자기완성을 추구하는 태도와 역량

자기완성을 추구하는 태도와 역량이란 사회 구성원 개개인이 시민으로서의 자긍심(self-esteem)과 자기충족감(self-fulfillment)을 가지고 일상생활 전반에서 시민적 자기리더십을 가지고 말하고 듣고 판단하고 행동하는 것을 의미한다.

3 다른 시민과의 관계를 유지하고 개선하려는 태도와 역량

시민은 "단순히 법적 지위로서의 '시민권'만을 가진 자가 아니라, 자유와 평등을 정치적 가치와 원칙으로 삼는 사회의 일원이 되는 것을 수락한 자"로서, 시민성이란 "타인들도 이런 자유와 평등의 가치를 지니고 있으며, 그 원칙에 따르고 있다는 믿음을 갖는 태도"이며, 나아가 "자기성찰을 통해 자기충족을 추구하는" 태도를 의미한다. 즉, 시민은 자기완성(self-mastery)을 추구함과 동시에, 타인의 권리를 존중하고 배려하며 그들과의 관계를 중시할 수 있는 태도와 역량을 가진 자를 지칭한다.

4 의무적 시민(Dutiful Citizen)

① 정치철학에서 시민성을 강조하는 논자들은 시민의 권리보다는 의무를 강조한다는 점에서 의무 중심적 입장으로 흔히 분류되었다. 의무로서의 시티즌십 혹은 시민성의 이론적 핵심에는 시민공화주의 혹은 공동체주의 전통이 있다(Almond & Verba).

② 이 이론적 전통들은 참여를 시민의 의무이자, 정치적 존재로서 시민의 잠재력이 실현되는 과정으로 보고 있다. 이 입장은 개인주의적인 권리 중심의 시티즌십 이론을 반대하면서, 공동체에 기여하는 시민의 소속감과 바람직한 것으로 여겨지는 참여 활동의 중요성을 강조한다. 따라서 자신이 소속한 국가 혹은 공동체 자원활동, 지역공동체 참여 활동은 이들에게 시민의 자질을 판단하는 핵심 기준이 된다.

5 실현적 시민성(Actualizing Citizenship)

(1) 의의

① 베넷은 '의무적 시민'과 대비하여 '실현적 시민성' 혹은 '자기실현적 시민성'을 개념화하였다.

② 과거 이상적 시민은 공공적 사안에 대해 정보와 식견을 갖추고 의무에 충실한 시민이었고, 시민성 교육은 '의무를 가진 시민'의 이상적 이미지에 기반을 두고 규범을 강제하는 교육이었다(이하 DC 모델). 반면 새로운 시민성 교육은 '자기실현적 시민'(이하 AC 모델)을 지향해야 한다.

(2) 의무적 시민과 실현적 시민의 비교

① 베넷의 주장은 기존 시민 교육의 전략이 새로운 사회적 조건에 부합하지 않는다는 비판에서 출발한다.

② DC 모델은 개인을 과잉 관리(over-manage)함으로써 상호적이고 표현적인 참여의 기회를 제한하는 경향이 있는데, 베넷은 오늘날과 같은 기술적 · 사회적 조건에서는 이러한 과잉 관리가 더 이상 효과적으로 작동하지 않는다는 사실을 직시한다.

③ 자기실현적 시민은 상대적으로 정부에 대한 의무감이 약하다. 공동체 구성원에 대한 관심은 의무감이 아니라 개인적인 목적의식으로부터 유도된다.

④ 또한 정치적 영역에서의 참여를 강조했던 의무적 시민성과 달리, 실현적 시민성은 일상생활 전반에서의 참여 활동을 포괄한다. 이에 따라 윤리적 소비운동, 공동체 자원봉사, 혹은 초국적 활동주의 등과 같이 –중앙에서 통제된 단일한 주제가 아닌– 보다 개인적으로 정의된 참여 행위가 전면으로 부상한다.

⑤ 또한 의무적 시민성에서는 시민사회조직에 참여하거나 정당을 통해 자신의 이해를 표현하는 것을 바람직하게 여기는 반면, 실현적 시민성에서는 공동체 활동의 느슨한 네트워크, 느슨한 사회적 연계, 적절한 친밀성과 상호적인 정보소통에 의해 형성되고 유지되는 네트워크형 조직이 선호된다.

[시민성 모델]

의무적 시민(Dutiful Citizenship)	자기실현적 시민(Actualizing Citizenship)
정부 중심적 활동 참여에의 의무감	정부에 대한 의무감 약화-개인적인 목적의식 강화
투표는 핵심적인 민주적 행위	소비주의, 공동체 자원봉사, 혹은 초국적 활동주의 등과 같은 보다 개인적으로 정의된 행위들의 의미 증가, 반면 이에 비해 투표의 의미는 약함
매스미디어를 통해 정부 및 이슈에 대한 정보를 얻음	미디어와 정치인에 대한 불신이 부정적인 매스미디어 환경에 의해 강화됨
시민사회조직에 참여하거나 정당을 통해 자신의 이해를 표현함. 이는 지지자를 동원함에 있어 일방적인 관례적 소통 방식을 전형적으로 취함	공동체 활동의 느슨한 네트워크 선호. 이는 우정, 또래 관계, 상호적인 정보기술에 의한 얇은 사회적 연계 등을 통해 형성되고 유지됨.

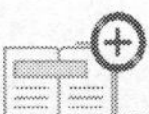

생각넓히기 | 베넷(Bennett)의 "자기 실현적 시민성"

디지털 시민성은 과거 시민공화주의 혹은 공동체주의가 주장한 것과 같은 일방적인 의무로서의 태도와 자세라기보다는 권리 인식과 조화를 이룬 다양한 자기실현에의 개방적 태도와, 자기실현을 위해 필요한 자원이 부족한 사회적 약자를 위한 돌봄과 지지를 일상생활 전반에서 실천할 수 있는 행동이자 역량이라고 정의할 수 있다. 이는 베넷(Bennett)의 "자기 실현적 시민성" 개념과 유사하다. 베넷은 '의무적 시민(Dutiful Citizen)'과 대비하여 '실현적 시민성(Actualizing Citizenship)' 혹은 '자기실현적 시민성'을 개념화하였다. 그에 따르면, 과거 이상적 시민은 공공적 사안에 대해 정보와 식견을 갖추고 의무에 충실한 시민이었고, 시민성 교육은 '의무를 가진 시민'의 이상적 이미지에 기반을 두고 규범을 강제하는 교육이었다(이하 DC 모델). 반면 새로운 시민성 교육은 '자기실현적 시민'(이하 AC 모델)을 지향해야 한다. 이러한 베넷의 주장은 기존 시민 교육의 전략이 새로운 사회적 조건에 부합하지 않는다는 비판에서 출발한다.

6 미디어 환경의 변화와 시민성의 변화

(1) 의의

① 의무적 시민성과 실현적 시민성으로 대비될 수 있는 이러한 변화는 나와 공동체의 관계에 대한 생각의 변화, 공 · 사 경계 유연화 정도의 변화, 공공적 이슈에 대한 관심과 문제해결 방식의 다양화 등을 반영한다.

② 이러한 변화를 추동한 기술적 · 사회적 변동으로 중요한 것은 베넷이 강조한 미디어 환경의 변화를 들 수 있다.

(2) 미디어 환경의 변화: 상호적이고 표현적인 참여로

① 베넷이 실현적 시민성으로의 변화를 주장하게 된 배경에는 미디어 환경의 변화가 그 핵심에 있다. 그는 현대 민주주의를 둘러싼 주요 이슈 중 하나로 빠르게 변화하는 미디어 환경을 들면서, 이 미디어 환경의 변화가 민주적 시민성에 미치는 영향에 대해 논의한다.

② 베넷은 시민성이 약화되었는지 아닌지를 논하기 전에 전통적인 뉴스와는 다른 상호적인 온라인 미디어 사용 등의 환경 변화가 어떻게 새로운 시민적 참여 양식을 만들어내고 있는지 이해할 필요가 있다고 주장한다.

③ 실제로 베넷의 개념에 의지하여 미디어 환경과 시민적 태도의 변화 간의 관계를 검증한 연구에 따르면(Shehata & Ekstroem & Olsson), 전통적인 뉴스 미디어 사용은 의무적 시민(DC), 예를 들어 제도적 참여 지향 등과 관련이 있는 반면, 상호적인 온라인 미디어 사용은 실현적 시민(AC)의 특성을 지니고 있다.

④ 젊은 세대들은 이미 인터넷을 통한 쌍방향 미디어에 익숙해 있고 이러한 미디어 경험을 통해 상호적이고 표현적인 참여 기술을 체득하고 있기 때문에, 실현적 시민성에 대한 요구는 지극히 정당하다고 할 수 있다.

(3) 시민성의 성격 변화

① 미디어 환경의 변화는 이전 시민과 근본적으로 다른 미디어 혹은 정보 소비자로서의 개인을 창조했기 때문이다.

② 미디어 소비자는 성격상 개인주의적이다. 즉, 미디어 소비자로서 개인은 자신이 원하는 주제를 능동적으로 선별하는 정보의 소비자이다.

③ 개인적으로 의미 있는 행위를 하려는 성향과 (미디어에 의해) 일방적으로 제공되는 정보에 대한 불신이 결합되면서, 그들은 그들 스스로의 정보를 생성하고 판단하려 한다.

④ 새로운 미디어 환경에 익숙한 시민은 정보 수집과 토론에 있어 이러한 참여 기술을 그대로 활용한다. 따라서 공적인 토론의 대상이 되는 주제는 위로부터 주어진 주제가 아니라, 수많은 미디어 소비자에 의해 선택된 주제이며, 활용되는 정보는 여러 기존의 정보들의 화학적 종합을 통해 그들 스스로 생산한 정보들이다.

(4) 유연한 공 · 사 경계

① 디지털 네트워크 기술의 발달은 공 · 사 경계 구분을 유연하게 만든다(Castells). 실제로 유연한 공 · 사 경계는 모든 사람의 일상적 경험으로 자리 잡았다.

② 공적 토론의 목적 역시 합의를 통한 조직의 행동 전략 도출이 아니라, 사람들 사이의 공감과 네트워킹으로 변화하고 있다. 카스텔이 정확히 지적한 바와 같이, 이러한 조건 속에서 기존의 시민사회조직의 영향력은 현저히 감소한다.

③ 카스텔은 글로벌 네트워크에서의 권력 형성의 논리는 권력의 흐름이 아니라 "흐름의 권력"이며, 이 논리는 '특정 사회/문화 안에서의 결사 및 대표의 논리' 및 전통적인 조직의 논리와 병존하기 어렵다고 주장한다. 기존의 시민사회 논의 역시 후자의 논리를 전제로 한다는 점에서, 네트워크 사회의 해방적 힘은 더 이상 기존 시민사회조직의 기초 위에서 형성되기 어렵다.

④ 또한 자신이 맺고 있는 링크와의 상호작용 속에서 정체성을 (재)구성하는 네트워크 사회에서는 성찰적 정체성의 가능성 역시 개인 혹은 특정 집단의 성찰적 의지와 능력이 아니라, 흐름의 권력에 의해 좌우될 가능성이 높아진다(Castells).

핵심정리 **홉스(Renee Hobbs)의 디지털 및 미디어 리터러시의 필수 역량**

1. **접근** – 미디어 및 기술적 도구를 찾아내고 이용하는 것 그리고 타인들과 적절하고 타당한 정보를 공유하는 것
2. **분석 및 평가** – 메시지를 이해하고 메시지의 품질과 진실성과 신빙성, 그리고 관점을 분석하기 위해 비판적으로 사고하는 한편 메시지가 갖는 잠재적 효과나 결과를 고려하는 것
3. **창조** – 목적, 메시지 전달 대상, 그리고 작문 기법을 생각하면서 창조적이고 자신감 있게 콘텐츠를 구성하거나 만들어내는 것
4. **반성** – 사회적 책임감과 윤리적 원칙을 자신만의 정체성과 삶의 경험과 자신의 의사소통 행위와 활동에 적용하는 것
5. **행동** – 가족, 직장, 공동체에서 지식을 공유하고 문제를 해결하기 위해 개인적 작업이나 공동 작업을 수행하고 동네, 지역, 국가, 세계 공동체의 일원으로 참여하는 것

기출문제

디지털 시민성에 대한 설명으로 틀린 것은? [2021]

① Almond와 Verba는 시민의 의무이자, 정치적 존재로서 시민의 잠재력이 실현되는 과정으로 본다.
② 홉스는 디지털 및 미디어 리터러시 필수 역량을 제시하여 디지털 시민성에 대한 개념적 기반을 제공하였다.
③ 베넷은 '의무적 시민(Dutiful Citizen)'과 대비하여 '실현적 시민성(Actualizing Citizenship)' 혹은 '자기실현적 시민성'을 개념화하였다.
④ 베넷(Bennett)은 기존의 시민성 개념 특히 문화시민성 개념을 이용하여 인터넷 기반 의사소통이나 소셜 미디어 사용과 같은 온라인에서의 사회적 정치적 활동을 재해석한다.

정답 ④

해설 디지털 시민성은 과거 시민공화주의 혹은 공동체주의가 주장한 것과 같은 일방적인 의무로서의 태도와 자세라기보다는 권리 인식과 조화를 이룬 다양한 자기실현에의 개방적 태도와, 자기실현을 위해 필요한 자원이 부족한 사회적 약자를 위한 돌봄과 지지를 일상생활 전반에서 실천할 수 있는 행동이자 역량이라고 정의할 수 있다. 이는 베넷(Bennett)의 "자기 실현적 시민성" 개념과 유사하다. 베넷은 '의무적 시민(Dutiful Citizen)'과 대비하여 '실현적 시민성(Actualizing Citizenship)' 혹은 '자기실현적 시민성'을 개념화하였다. 그에 따르면, 과거 이상적 시민은 공공적 사안에 대해 정보와 식견을 갖추고 의무에 충실한 시민이었고, 시민성 교육은 '의무를 가진 시민'의 이상적 이미지에 기반을 두고 규범을 강제하는 교육이었다(이하 DC 모델). 반면 새로운 시민성 교육은 '자기실현적 시민'(이하 AC 모델)을 지향해야 한다. 이러한 베넷의 주장은 기존 시민 교육의 전략이 새로운 사회적 조건에 부합하지 않는다는 비판에서 출발한다.

핵심정리 커먼센스미디어의 디지털 시민 학습

인터넷 안전	인터넷 공간에서 긍정적인 만남과 부적절한 접촉, 유익한 내용물과 유해한 내용물을 구분하고 과잉 이용을 극복할 수 있는 능력을 길러서 사이버 공간을 안전하게 이용할 수 있게 해 준다.
개인정보 및 보안	자신의 온라인 정보를 잘 관리할 수 있는 방법을 배우고 ID 절도 및 피싱과 같은 온라인 위험으로부터 피할 수 있는 방법을 배운다. 이를 위해서는 강한 패스워드 만드는 방법, 신용사기를 피하는 방법, 그리고 개인정보 보호 정책을 이해한다.
자아 이미지 및 정체성	온라인 정체성과 오프라인 정체성 간 차이를 이해하면서 자신의 디지털 삶을 어떻게 꾸려 갈 것인가를 배운다. 그리고 온라인에서 가면을 쓰는 것의 장점과 단점을 배우고, 이것이 자신의 자아·명성·관계에 어떤 영향을 미치는지를 이해한다.
관계 및 의사소통	사이버 공간의 의사소통 도구인 채팅·문자·e-메일 등의 특성을 이해하고, 긍정적인 온라인 의사소통 및 공동체를 유지하기 위한 자신과의 대화(intrapersonal) 및 타인과의 대화(interpersonal) 기법을 배운다.
정보 리터러시	정보 내용물을 효과적으로 찾고 평가하고 이용하는 능력을 키운다. 이를 통해 웹사이트의 질, 신용, 적절성을 평가하는 방법과 적절한 신뢰를 부여하는 방법을 배운다.
사이버 불링	사이버 불링에 개입되었을 때 어떻게 대처할 것인가를 배운다. 역할놀이를 통해 사이버 공간에서 한 개인의 행동이 친구와 지역사회에 어떤 영향을 미치는지를 탐색한다. 방관자가 아니라 개입자로서 적극적인 역할을 취하도록 그리고 지지적 온라인 공동체를 만들도록 격려된다.
디지털 족적 및 명성	자신의 사생활을 보호하는 방법과 타인의 사생활을 존중하는 방법을 배운다. 디지털 공간은 영원하다. 그래서 우리 모두는 디지털 공간에 족적을 남긴다. 자신을 드러내기 전에 한 번 더 생각하도록 격려되며(encourage), 온라인 공간에서의 공유가 자신과 타인에게 어떤 영향을 미치는지를 고려하게 하게 된다.
창의적 자산 및 저작권	복사 및 붙이기 문화가 만연한 사이버 공간에서, 정보를 만들고 공유하며 소비하는 사이버 공간에서 창작자의 권리와 책임에 대하여 생각한다. 논문표절에서부터 저작권 침해에 이르기까지 학생들은 저작권과 공정한 사용에 대하여 이해한다.

핵심정리 정보사회의 역량

(1) 컴퓨터 리터러시

① 컴퓨터를 프로그램하고 통제할 수 있는 능력으로 컴퓨터 응용 소프트웨어를 다양하게 사용할 수 있는 능력

② 정보검색, 커뮤니케이션, 문제해결을 위한 개인의 집합적인 전략의 일환으로 컴퓨터 프로그래밍과 컴퓨터 활용으로부터 아이디어를 제공받고 활용할 수 있는 능력

③ 경제적 · 사회적 · 심리적으로 컴퓨터가 미치는 영향에 관해 개인적인 차원, 사회적인 차원, 그리고 국가적인 차원에서 이해하는 능력

(2) 멀티미디어 리터러시

① 멀티미디어 원리와 영향을 이해하고 개인이나 교육 전문직 기업에서 목적 달성을 위해 활용할 수 있는 능력

② 멀티미디어 시대에 들어서면서 이해와 활용이 개인적 차원을 넘어 교육, 전문직, 기업에까지 확대

(3) 정보 리터러시

① 정보가 필요한 것을 인식, 유용한 정보를 검색, 평가, 효율적으로 활용할 수 있는 능력

② 주목할 점은 정보의 필요성 인식, 유용한 정보원 탐색, 사용을 넘어서 비판적 사고를 통한 평가와 효율적 활용 및 문제해결을 위한 것

(4) 정보통신 리터러시

① 디지털 테크놀로지, 커뮤니케이션 도구, 그리고 네트워크에 접속, 관리, 통합, 평가 및 정보를 창출해낼 수 있는 능력

② 지식, 기술, 그리고 전략 등을 포함하여 일생을 살아가는 동안 다양한 상황과 개인을 둘러싼 주변과의 상호작용 속에서 지속적으로 요구

③ 리터러시를 커뮤니케이션의 도구로 고려하여 상호작용 개념이 도입

(5) 미디어 리터러시

① 정보 리터러시, 컴퓨터 리터러시, 영화 및 비디오 리터러시, 문화 리터러시를 총체적으로 포함하는 멀티플 리터러시

② 어느 하나의 매체에 국한된 것이 아니라 가능한 모든 매제를 포함, 단순히 읽고 쓰는 수준을 넘어 멀티미디어 언어 이해로 확장

(6) 디지털 리터러시

① 인터넷에서 찾아낸 정보의 가치를 제대로 평가하기 위해 모든 사용자들에게 요구되는 비판적인 사고력을 의미한다. 컴퓨터를 통해 다양한 출처로부터 찾아낸 여러 가지 형태의 정보를 이해하고 자신의 목적에 맞게 새로운 정보로 조직하는 올바른 사용 능력

② 디지털 매체와 테크놀로지를 사용할 수 있는 기술과 지식을 습득하고 필요한 정보를 인식하고, 정보를 찾을 수 있는 정보원을 찾고 전략을 세운다. 더 나아가 찾은 정보를 비판적으로 선별하여 문제 해결 커뮤니케이션, 그리고 지식을 창출함으로써 개인, 사회, 국가발전에 기여하고 더 나아가 세계에 공헌할 수 있는 능력

(7) 사이버 리터러시

무질서한 사이버 공간의 질서를 새롭게 바로잡자는 의미로 가상을 뜻하는 사이버와 글을 읽고 해독하는 능력을 뜻하는 리터러시가 결합한 용어로 미국 미네소타대학교의 언어수사학과 교수인 구락(Laura J. Gurak)이 2001년 출간한 저서 「사이버 리터러시」에서 처음 사용

핵심정리 Data-Pop Alliance가 제시한 리터러시

1. 의의
Data-Pop Alliance는 빅데이터와 인간 발전에 대한 연구를 진행하는 국제적인 연구기관이다. 이는 Harvard Humanitarian Initiative, MIT 미디어랩, Overseas Development Institute(ODI)에 의해 공동으로 설립되었다.

2. Data-Pop Alliance가 제시한 리터러시
(1) 과학적 리터러시
데이터와 과학적 방법을 사용하여 의사 결정을 내리고 문제를 해결하는 능력
(2) 통계 리터러시
개인이 일상생활에서 통계를 비판적으로 평가하고 사용할 수 있는 능력
(3) 컴퓨터 리터러시
데이터를 사용하여 문제 해결을 위한 알고리즘을 개발하고 구현하는 능력
(4) 미디어 리터러시
기술적 능력의 습득을 강조하지 않으며 대신 미디어 제작 지원 및 표현, 언어, 제작 및 잠재 고객과 같은 문제에 대한 중요한 이해를 개발하는 데 중점을 두는 능력
(5) 디지털 리터러시
정보 기술과 인터넷을 사용하여 콘텐츠를 찾고, 평가하고, 활용하고 공유하고, 생성하는 능력
(6) 정보 리터러시
정보를 찾고 신뢰성을 결정할 수 있는 능력의 중요성을 강조한 인터넷 이전 시대의 개념

기출문제

청소년을 대상으로 하는 인터넷 시민 교육의 바람직한 방향이 아닌 것은? [2021]

① 인터넷 안전 – 인터넷 공간에서 긍정적인 만남과 부적절한 접촉 등을 구분하여 사이버 공간을 안전하게 이용할 수 있도록 안내한다.
② 정보리터러시 – 정보를 평가·이용하는 능력을 배양하고, 이를 통해 웹사이트의 질, 신뢰도, 적정성 평가 및 신뢰 부여 방법을 가르친다.
③ 자아이미지 및 정체성 – 온라인 정체성과 오프라인 정체성 간 차이를 이해하면서 온라인에서 가면을 쓰는 것의 장점을 가르친다.
④ 디지털 족적과 평판 – 자신의 사생활을 보호하는 방법과 타인의 사생활을 존중하는 방법을 가르친다.

정답 ③
해설 사이버 다중자아의 경우에는 자아정체성의 혼란을 야기하는 문제가 발생할 수 있기 때문에 장점뿐 아니라 단점도 교육해야 한다.

Theme

94 집단지성 형성의 세 가지 차원

I 집단지성 주체의 형성

1 의의

① 사이버 공간에서 서서히 만들어진 집단지성과 가상세계와 현실세계의 연계 속에 나타나는 집단지성 등 다양한 형태의 모습이 존재한다.

② 모든 것을 아는 사람은 아무도 없지만 모든 사람은 어떤 무엇인가를 알고 있으며, 결국 모든 지식은 인류 전체에 내재한다(Levy).

③ 지식과 지식의 움직임에 대한 전문가 소수 특권층에만 국한되었던 것이 더 이상 불가능해졌고, 앞으로는 인간 전체를 위해 적응하고 배우고 고안해야 한다(Levy).

④ 초기 집단지성의 개념은 개미들의 군집생활 관찰을 통해 인간 집단과 곤충 사회를 비교하고, 인간도 개미와 마찬가지로 집단을 형성할 때 더 높은 지능체계를 형성한다(Levy).

⑤ 데카르트의 '나는 생각한다.(cogito)'가 아닌 '우리는 생각한다.(cogitamus)'처럼 '나'보다 '우리'를 생각할 때 더욱 높은 지능을 보인다고 본다(Levy).

2 자율적이며 탈영토화된 공간

① 집단지성 주체들은 자율적이며 탈영토화된 공간에 등장한다.

② 레비는 전체주의가 각 개인들이 자율적이지 못하고, 항상 특정한 공간에 머무르면서 위계적 · 관료주의적 공간에서 활동해야만 하기 때문에 집단지성을 구축할 수 없다고 주장한다.

③ 중요한 것은 민중이든 대중이든 사회구성원들 주체들이 역량을 증대시키는 것이 권력을 잡는 문제보다 중요한 것이며 집단지성 주체들은 항상 변화하고 탈영토화하며 유목적인 주제로 집단지성을 형성해 나간다.

④ 레비는 집단지성을 이루기 위해 주체들은 다른 사람의 목소리를 들으면서도 본인은 다르게 불러야 하되, 이러한 목소리와 음들이 서로 조화를 이루면서 공존할 수 있는 '즉흥 다성 합창'을 이루어야 한다고 강조한다.

⑤ 권력을 장악하고 다른 사람들의 목소리를 억누르는 집단, 익명의 대중을 몰 범주화하는 데 능숙한 집단들은 더 이상 진화하지 못하고 멈추게 된다.

⑥ 가상공간의 주체들은 자율적으로 조직되며 항상 변화를 끌어내고 탈영토화 할 수 있을 때 집단지성이 형성되고 큰 힘을 발휘한다.

기출문제

집단지성이 발현할 수 있는 실질적 조건으로 가장 적절한 것은? [2020]

① 구성원들 간의 높은 친밀감 · 유대감
② 자기 확신이 강한 리더십
③ 구성원들의 다양성과 독립적 사고
④ 명확히 규정된 권한과 책임

정답 ③

해설 다양성은 집단지성 권위 형성의 또 다른 중요한 조건이 된다. 서로위키에 따르면, 전문가들 혹은 똑똑한 사람들로만 구성된 집단보다 똑똑한 사람과 그렇지 않은 사람들로 구성된 집단이 문제해결 능력이 더 뛰어나다. 동질적인 집단이 자신의 전문성을 발휘하는 일에는 뛰어나지만 대안을 탐색하는 능력은 떨어지기 때문이다(서로위키). 아울러, 다양성은 우리가 미처 생각하지 못한 관점을 추가해주며, 소수의 사람들이 집단의 의사결정을 독점함으로써 생기는 파괴적 결과를 예방하는 데도 커다란 장점을 갖는다. 다양성은 집단지성의 또 다른 중요한 조건인 독립성과도 매우 긴밀하게 연관되어 있다. 개인들을 물신화된 전체에 종속시키는 전체주의와 집단지성을 혼동하면 안 된다. 레비에 따르면, "집단지성은 개별 지성을 어떤 무차별적인 마그마에 흡수하지 않으며, 개별성이 성장하고, 분화하고, 상호 재생하는 과정이다"(Levy). 집단지성 속의 개별 행위자들은 다양한 공동체와의 상호작용 속에서 고정된 위계에 속박되지 않고 계속 변화하는 독자적이고 다중적이고 유목민적인 개인이 된다.

3 참여군중

① 참여군중들이 만들어 가는 지성과 능력이 집단지성인데 오픈소스 운동(open source movement)과 같이 누구나 자유롭게 정보에 접근하고 가공할 수 있게 되는 일련의 움직임들이 위키피디아와 같은 집단지성의 결과물을 만들었다.

② 무엇을 소유(possession)하느냐가 중요한 것이 아니라 무엇을 공동으로 공유(sharing)하느냐가 더 중요하고, 제조된 상품보다 각자의 아이디어와 정보가 중요해지는 시대로 누구와 관계를 맺으며 공유하는가가 그 사람의 존재를 대변한다.

③ 라인골드(Rheingold)는 '참여군중(smart mobs)'에서 오늘날 군중이 사회에 참여하게 된 배경과 원리를 제시하였다.

④ 참여군중들은 최첨단 기술 기기로 무장하고 컴퓨터 네트워크로 연결된 군중으로서 휴대전화, PDA, 무선 인터넷 등을 가지고 서로 연대하면서 움직인다.

⑤ 기존의 주류 미디어를 거부하고 스스로 인터넷 방송국과 웹진을 만들거나 홈페이지와 블로그, 트위터를 이용하여 관심사를 교환하고 토론한다.

⑥ 이를 통해 인간관계를 맺거나 업무를 수행하는 것과 동시에 때로는 촛불시위와 같이 정치적인 의사를 표출하면서 실제 현실로까지 나아갈 뿐 아니라 집단지성을 통해 이론 학습을 하고 생활을 기반으로 한 조직력으로 무장한 아고리언들이 웹 2.0 시대의 새로운 저항 주체로 평가한다.

⑦ 라인골드는 참여군중의 출현은 더 많은 사람들이 기술을 사용할 수 있는 기술의 사회적 요소와 신뢰가 형성되어 모두가 믿을 수 있도록 정보를 공유할 수 있어야 한다고 주장한다.

⑧ 소수의 전문가나 기획자보다는 네트워크로 연결된 다수의 비전문가들이 오히려 더욱 생산적이며 통제보다 자율이 질서를 만들고, 경쟁보다 협력이 효율과 정확성을 높인다는 주장한다.

Ⅱ 집단지성의 유형

1 의의

① 집단지성은 공유형(sharing), 기여형(contributing), 공동창조형(cocreating)으로 구분할 수 있다.

② 공유형은 특정 주제에 대한 자료나 정보를 공유하여 누구나 열람 활용할 수 있게 하는 게시판 같은 것이며, 기여형은 상호 질문을 주고받는 형식을 통해서 특정 문제에 대한 해결책을 찾는 토론방이나 '지식iN' 같은 것이며, 공동창조형은 '위키피디아'처럼 많은 사람이 참여하여 지속적으로 중립적이고 체계적인 지식을 축적해가는 과정을 의미한다.

2 기여형과 공동창조형

① 기여형과 공동창조형은 유사해 보이지만 근본적인 차이점이 있다. 기여형에서는 각자의 의견이 독립적으로 존재할 뿐, 이에 대한 평가나 추천은 가능하지만 의견의 차이나 모순을 조율하지는 않는다. 그러나 공동창조형에서는 내용을 보완하거나 수정하는 자율적인 상호 조율을 통해 진정한 의미의 새로운 지식 창출이 가능하다.

② 따라서 공동창조형이 가장 고도로 진화된 집단지성이라고 할 수 있다. 하지만 기여형에서는 개인 의견의 경험 공유가 가능하지만 공동창조형은 주관적인 판단은 완전히 배제한 객관적인 사실의 정리에만 활용될 수 있다는 한계도 있다.

핵심정리

집단지성은 공유형(sharing), 기여형(contributing). 공동창조형(cocreating)으로 구분할 수 있다. 공유형은 특정 주제에 대한 자료나 정보를 공유하여 누구나 열람·활용할 수 있게 하는 게시판 같은 것이며. 기여형은 상호 질문을 주고받는 형식을 통해서 특정 문제에 대한 해결책을 찾는 토론방이나 '지식iN' 같은 것이며, 공동창조형은 '위키피디아'처럼 많은 사람이 참여하여 지속적으로 중립적이고 체계적인 지식을 축적해가는 과정을 의미한다.

예상문제

집단지성의 유형에 대한 설명으로 틀린 것은?

① 집단 지성은 공유형, 기여형, 공동창조형으로 구분할 수 있다.
② 공유형은 특정 주제에 대한 자료나 정보를 공유하여 누구나 열람·활용할 수 있게 하는 게시판이나 '지식iN' 같은 것이다.
③ 기여형은 상호 질문을 주고받는 형식을 통해서 특정 문제에 대한 해결책을 찾는 토론방 같은 것이다.
④ 공동창조형은 '위키피디아'처럼 많은 사람이 참여하여 지속적으로 중립적이고 체계적인 지식을 축적해 가는 과정을 의미한다.

정답 ②
해설 '지식iN'은 기여형 집단지성에 속한다.

다음 중 기여형 집단지성에 대한 설명으로 옳은 것을 고른 것은?

ㄱ. 특정 주제에 대한 자료나 정보를 공유하여 누구나 열람·활용할 수 있다.
ㄴ. 상호 질문을 주고받는 형식을 통해서 특정 문제에 대한 해결책을 찾는 토론방이나 지식iN 같은 것이다.
ㄷ. 각자의 의견이 독립적으로 존재할 뿐 이에 대한 평가나 추천은 가능하지만 의견의 차이나 모순을 조율하지는 않는다.
ㄹ. 내용을 보완하거나 수정하는 자율적인 상호 조율을 통해 새로운 지식 창출이 가능하다.

① ㄱ, ㄴ
② ㄱ, ㄷ
③ ㄴ, ㄷ
④ ㄷ, ㄹ

정답 ③
해설 ㄱ. 특정 주제에 대한 자료나 정보를 공유하여 누구나 열람·활용할 수 있게 하는 게시판 같은 것은 공유형이다.
ㄹ. 내용을 보완하거나 수정하는 자율적인 상호 조율을 통해 새로운 지식 창출이 가능한 것은 공동 창조형이다.

Ⅲ 집단지성의 내용 구성

① 집단지성은 어디에나 분포하며 지속적으로 가치가 부여되고 실시간으로 조정되면서 역량의 실제적 동원에 이르는 지성이다(Rheingold).
② 어디에나 분포하는 지성이란 지식 전체가 인류에게 있으며, 집단지성의 주체는 누구나 될 수 있음을 의미한다.
③ 사이버 공간에서 자율적으로 개인들이 모여 집단 공동체를 형성하고 그 공간에서 각자의 지식 정보들이 상호 교류되며, 지식 정보들은 한번 게시되거나 소통되었다가 멈추는 것이 아니라 최소한의 상호작용을 통해 계속되는 과정에서 집단지성의 산출물들은 실시간으로 조정할 수 있는 내용이어야 한다.

④ 레비는 디지털 기술이 등장하면서 지속적으로 가치를 부여할 수 있는 가능성이 커지고 실시간으로 작성, 수정, 삭제 등이 가능한 콘텐츠가 생겨나고 있으며, 이를 통해 집단지성을 이룰 수 있다고 보았다. 가치와 의미가 지속적으로 부여되고 언제든지 조정할 수 있는 지성과 지식 결과물들이 집단지성의 내용을 구성하는 것이다.

⑤ 대표적 사례로 위키피디아는 온라인 백과사전으로 사용자에 의해서 내용이 수정, 추가되면서 구성된다. 오늘날 가장 분산 협업(distributed collaboration)의 성공적 사례로 뽑히는 위키피디아는 사용자가 위키 방식으로 편집할 수 있도록 구성된 일종의 웹 사이트에서 시작하였다.

⑥ 백과사전이 전문가적 지식인 집단에 의해서 만들어진다는 고정관념을 깨고 웹 2.0시대에 사이버 공간에서 다양한 개인들의 역량이 한데 모여 형성된 온라인 지식 백과사전이다.

⑦ 그 영향력은 이미 전통적인 백과사전을 넘어서고 있다. 기존의 백과사전과는 다르게 완성물이 아닌 하나의 과정(process)으로서 지식이 지속적으로 수정 · 추가되는 과정으로 소수의 엘리트가 대중을 지배했던 산업사회가 지나가고 이제는 1인 미디어를 소유한 강력한 개인들이 네트워크로 연결된 유기적 사회로 진화한다.

⑧ 한국의 집단지성 사례로 네이버의 '지식iN' 서비스가 있다. 지식iN 서비스가 집단지성으로 볼 수 있느냐에 대한 반론도 존재하지만 지식iN 서비스도 소수의 기업집단이나 전문가들에 의해 형성된 것이 아니고, 다수의 사용자들이 만들어가는 지식 체계라는 점에서 집단지성의 개념을 적용한 것으로 간주된다. 한국의 집단지성 웹 서비스는 한국적인 환경을 고려한 탓인지 위키피디아와는 다르게 사전 형태라기보다는 검색 결과를 중시하는 지식검색 서비스로 구성된다.

Ⅳ 집단지성의 신뢰성

1 의의

집단지성과 관련된 또 다른 쟁점은 집단지성의 신뢰성이다. 다수의 참여에 의해 만들어진 지식이라고 해서 언제나 정확하고 올바른 지식일 수는 없다. 집단지성의 대표적인 성공 사례로 알려진 위키피디아에서도 전직 언론인 존 세이건 탈러가 로버트 케네디와 존 F. 케네디의 암살에 관여했다는 잘못된 내용이 4개월간 수록되었던 것으로 알려져 있다.

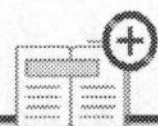
생각넓히기 | **집단지성의 위험성**

단순히 다수의 선택과 동조가 진실을 판단하는 유일한 근거가 되는 현재 집단지성의 현실은 여러 가지 측면에서 제한적이다. 무엇보다도 집단적 감성에 근거한 반응이 일어나는 경우가 많다. 집단지성에서 집단은 정보유통의 환경만을 의미한다. 결국 결정적 요소는 지성을 갖춘 이성적 시민이다. 집단지성의 정보유통방식은 그 자체로 문제적일 뿐 아니라 그 안에서 다양성을 허용하지 않는다는 점에서 특히 위험하다.

기출문제

밑줄 친 지적 능력에 대한 설명으로 틀린 것은? [2021]

> 협력, 집합적 노력, 혹은 경쟁을 통해 공유되고 합의된 지적 능력을 의미한다. 이 개념은 생물학자인 휠러(Wheeler)가 제시했다고 알려져 있다. 휠러는 흰개미가 개별 개체로는 미약하지만, 집단 내 협업을 통해 생존하는 과정을 관찰하면서 흰개미가 상호작용을 통해 집단 수준에서 형성하는 지적 능력에 주목하였다.

① 끊임없이 향상되고, 실시간으로 조정되며, 기능의 효과적 동원으로 귀결되는, 폭 넓게 분포된 지성이다.
② 개별 지성을 어떤 무차별적인 마그마에 흡수하지 않으며, 개별성이 성장하고, 분화하고, 상호 재생하는 과정이다.
③ 소수의 전문가 사이에서만 유통되던 지식의 순환과 공유와 달리 다수의 선택과 동조가 진실을 판단하는 근거가 됨으로써 신뢰성이 높다.
④ 전문가들 혹은 똑똑한 사람들로만 구성된 집단보다 똑똑한 사람과 그렇지 않은 사람들로 구성된 집단이 문제해결 능력이 더 뛰어나다.

정답 ③

해설 단순히 다수의 선택과 동조가 진실을 판단하는 유일한 근거가 되는 현재 집단지성의 현실은 여러 가지 측면에서 제한적이다. 무엇보다도 집단적 감성에 근거한 반응이 일어나는 경우가 많다. 집단지성에서 집단은 정보유통의 환경만을 의미한다. 결국 결정적 요소는 지성을 갖춘 이성적 시민이다. 집단지성의 정보유통방식은 그 자체로 문제적일 뿐 아니라 그 안에서 다양성을 허용하지 않는다는 점에서 특히 위험하다.

2 위키피디아의 편집 원칙

① 위키피디아는 제공하는 정보의 신뢰성 확보를 위해 중립적 관점, 검증 가능성, 독창적 연구 배제라는 편집 원칙을 고수하고 있다.
② 중립적이라고 해서 관점이 없음을 의미하는 것은 아니며, 어떤 관점이 더 우월하고 열등하다는 것을 단정해서는 안 된다는 것을 의미한다.
③ 검증 가능성은 독자들이 내용의 진위 여부를 스스로 판단할 수 있게 정보를 제공해야 한다는 것, 다시 말해 신뢰성 있는 기관의 자료를 사용하고 자료의 출처를 밝히는 것을 의미한다.
④ 마지막으로 독창적 연구의 배제는 검증되지 않은 사실, 주장, 생각, 관념, 분석의 수록을 배제한다는 것이다. 그러므로 독창적인 연구보다는 기존에 발표된 문헌을 종합하고 재조직하는 것을 권장한다.

3 오류와 반달리즘의 방지

위키피디아에는 많은 사람이 올리는 글을 검증하고 수정하는 열성 편집자들이 존재한다. 이들은 오류나 반달리즘(Vandalism)을 방지하기 위해 문서 수정 시 이를 자동으로 알려주는 소프트웨어인 밴덜프루프(VandalProof)라는 소프트웨어를 사용하기도 하고, 어떤 사람이 어떤 내용의 글을 작성했는지 알려주는 위키스캐너(Wikiscanner), 오탈자 등의 오류를 자동으로 감지하는 로봇인 안티 밴덜봇(AntiVandalBot)을 활용하고, 반달리즘을 바로잡기 위한 사용자 조직인 클린업 태스크포스(Cleanup Taskforce), 뉴 페이지 패트롤(New Page Patrollers), 최근 수정 패트롤(Recent Change Patrollers), 카운터 반달리즘 유닛(Counter Vandalism Unit)을 운영한다고 한다. 그리고 동료 심사제도를 강화하고 우수 기사(Wikipedia: Good Articles)나 특집 기사(Wikipedia: Featured Article) 제도를 통해 양질의 기사들에 대한 인센티브를 부여하고 있다. 이와 같은 기술적 · 사회적 장치들을 통해 집단지성의 신뢰성이 제고된다면 집단지성이 갖는 위력이 더욱 향상될 것이다.

[예상문제]

위키피디아의 오류나 반달리즘을 방지하기 위한 소프트웨어라고 할 수 없는 것은?

① 위키스캐너 ② 밴덜프루프
③ 안티밴덜봇 ④ 뉴 페이지 패트롤

정답 ④

해설 위키피디아에는 많은 사람이 올리는 글을 검증하고 수정하는 열성 편집자들이 존재한다. 이들은 오류나 반달리즘을 방지하기 위해 문서 수정 시 이를 자동으로 알려주는 소프트웨어인 밴덜프루프라는 소프트웨어를 사용하기도 하고, 어떤 사람이 어떤 내용의 글을 작성했는지 알려주는 위키스캐너, 오탈자 등의 오류를 자동으로 감지하는 로봇인 안티 밴덜봇을 활용하고, 반달리즘을 바로잡기 위한 사용자 조직인 클린업 태스크포스, 뉴 페이지 패트롤, 수정 패트롤, 카운터-반달리즘 유닛을 운영한다고 한다.

V 역량의 실제적 동원

1 의의

레비는 역량의 실제적 동원에 이르는 지성이 집단지성이며, 어디에나 분포하고 있는 지성들에 지속적으로 가치를 부여하고 실시간 조정을 통하여 실제적 역량에 동원하였을 때 큰 힘이 발휘된다고 주장한다.

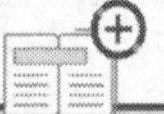
생각넓히기 | **반달리즘(Vandalism)**

다른 문화나 종교, 예술 등에 대한 무지로 그것들을 파괴하는 행위이다. 5세기 초 유럽의 민족 대이동 시기에 로마를 침입하여 약탈과 문화유적 파괴를 자행했던 반달족의 활동에서 유래되었다. 여기서는 다수가 참여할 수 있도록 공개된 문서의 내용을 훼손하거나 엉뚱한 제목으로 변경하고 낙서를 하는 행위를 일컫는다.

2 2008년 촛불집회

① 2008년 촛불집회는 온라인의 논의를 현실공간으로 끌어다 놓은 대표적인 사례이다.

② 인터넷 이용이 온라인 참여만이 아니라 온라인과 오프라인 정치참여의 경계가 모호해지고 상호 보완적인 양상을 보이는 경향이다.

③ 온라인 공간에서 형성된 자율적 집단들의 다양한 의견과 목소리가 실제 현실에까지 이어진 촛불집회는 단순히 시위가 아니라 새로운 사회운동의 모습을 형성한다.

3 플래시몹

① 집단지성의 실제적 동원 사례로 특정 시간에 특정 장소에 모여 사전에 약속된 춤이나 행위를 하고 사라지는 갑작스러운 모임인 플래시몹(Flash Mob)이 생겨났다.

② 플래시몹은 특정 웹 사이트의 접속자가 한꺼번에 폭증하는 현상을 뜻하는 '플래시 크라우드'(flash crowd)와 의견이 일치하는 대중을 뜻하는 '스마트몹'(smart mob)의 합성어로 하워드 라인골드의 저서 「스마트몹(Smart Mobs: the next social revolution)」에서 처음으로 제시된 개념이다.

③ 2002년 월드컵 당시 깜짝 응원 도구로 사용되었던 플래시몹은 얼굴도 모르는 불특정 다수의 대중이 인터넷과 핸드폰을 통해 시간과 장소를 정해 미리 약속한 응원 후 감쪽같이 사라지는 5분 이내의 짧은 시간에 이뤄지지만 나름의 의미를 가지고 구성한 줄거리 등으로 인해 일종의 집단 행위 예술과 비슷하다.

4 집단지성의 주체

① 집단지성의 주체들이 10대를 시작으로 전 연령층으로 다양하게 확산되었다.

② 지금까지 대학생이나 30~40대 남성 중심의 사회운동에서 촛불집회는 남녀노소, 나이 구분 없이 다양한 주체들의 모임으로 바뀌었다.

③ 이 과정에서 소수의 전문가가 만들어낸 지식과 정보가 아니라 다수의 대중들이 스스로 만들어 내고 공유한 지식 정보들이 중심을 이루었고 노트북, 휴대전화 등 개인 미디어로 실시간 조정이 이루어진다.

5 위키피디아

① 집단지성을 통한 지식의 생산은 단순히 웹 서비스 차원에서만 일어나고 있는 것이 아니라 전반적인 사회 흐름으로 이어진다.

② 위키피디아적 경제라고 해석할 수 있는 '위키노믹스'(wikinomics) 현상이 일어나는 것도 같은 맥락에서 이해할 수 있다.

③ 이처럼 집단지성으로 형성되어 현실 공간에 역량을 동원하게 되면서 온라인 공간에서 합의 동원을 통한 온 · 오프라인 집합행동에도 변화가 생긴다.

④ 레비는 지식의 다양한 폭을 인정하고, 타인을 인정하는 경우에 새롭고 긍정적인 방식으로 정체성을 형성해 주면서 적극적인 동원이 가능하다고 주장한다.

⑤ 수평적 커뮤니케이션 구조에서 개인과 집단은 서로 협력하면서 자신만의 혹은 그들만의 자원을 만들고, 자원으로서의 지식들이 한데 모이고 뭉치면 집단지성으로 옮겨갈 수 있는 가능성이 생성된다.

⑥ 지식이 현재 환경에서 독립적인 권력 자원의 의미로 이러한 지식과 역량들이 실제적으로 동원되었을 때 비로소 집단지성을 형성한다.

Ⅵ 집단지성의 호혜성과 위험성

① 집단지성은 집단 내의 성원들이 대화와 토론, 수정과 보완을 통해 최선의 결과물을 산출해내기 위한 일련의 과정으로 효율성과 합리성 집단성과 호혜성을 함축한다.

② 피에르 레비는 미래사회는 사이버공간을 통한 지식과 정보의 자유로운 분배 및 상호 교환을 구심점으로 하는 형태가 도래할 것이다.

③ 앞으로 인간은 인터넷으로 끊임없이 사상과 정보를 교환하고, 누구나 자신의 공간을 가지며 일종의 공동체를 형성하게 될 것이다.

④ 인터넷이라는 가상 소통공간을 통해 자신이 갖고 있는 지식과 정보를 공유하면서 배제와 소외의 문제를 해결할 수 있다고 주장한다.

⑤ 집단지성은 인터넷을 통한 지식과 정보 공유 과정에서 신뢰성과 타당성을 깊이 따져보지 않고, 자기 행위의 근거 자료로 사용하는 위험성을 태생적으로 내포한다.

⑥ 예를 들면, 동료들과 함께 간 음식점에서 나를 제외한 모두가 A라는 음식을 주문한다면, 원래 B를 주문하려던 나는 이 음식점이 A음식을 잘한다는 동료의 정보와 동료들의 A라는 음식을 주문한 것에 갈등이 생겨, 결국 나도 A라는 음식을 시키는 경우가 발생한다.

⑦ 사회심리학자 솔로몬 애쉬의 실험 데이터에 의하면 이런 사람들이 평균 70% 정도인데, 이런 현상을 '동조(conformity)'라고 한다. 인터넷 공간에서는 이러한 동조에 근거한 다양한 현상이 발생한다.

⑧ 집단지성은 특정한 조건 아래서 서로의 생각을 모아 발전시키고 구체화하기보다, 다른 집단의 의견에 쉽게 동의하고 그 의견의 합리성을 더해주는 근거를 모으는 모습이 나타날 수도 있다.

⑨ 다수의 의견과 다른 생각을 제시한 소수는 인터넷상에서 쉽게 도태되고 초라한 저항의 모습을 보이는 경우가 많이 나타나며, 심지어 소수 의견 자체가 개진되지도 못하는 현상이 발생하기도 한다.

Theme

95 집단지성과 반전문가주의

I 전문가 관념

1 의의

전문가 관념은 근대 서구 사회에서 본격적으로 형성되었는데, 그것은 과학자를 엄밀한 과학적 탐구방법을 통해 물질세계의 법칙을 밝혀내는 존재로 간주한 데 바탕을 두고 있다.

2 세이러위츠(Sarewitz)

① 근대 사회에는 전문가의 탐구활동이 공공선에 크게 기여할 것이라는 강력한 믿음이 존재한다. 아울러, 근대 사회는 전문적 탐구활동이, 그것의 실제적 · 도덕적 결과와는 독립적으로, 자신의 영역을 끊임없이 개척할 수 있어야 한다는 믿음을 폭넓게 공유하고 있다.

② 그리고 전문가들이 누리는 권위는 대체로 그들이 생산한 지식이 사회 정치적 분쟁 해결의 객관적 토대를 제공한다는 대중들의 믿음에서 나온다. 이러한 믿음이 근대 실증주의 과학의 신화를 구성한다.

③ 오직 과학적 탐구방법에 능통한 연구자들과 전문가들만이 오늘날의 복잡다기한 사회문제를 중립적이고 객관적인 관점에서 진단할 수 있고 공공선을 확대하는 데 필수적인 물질세계의 법칙을 발견해낼 수 있다는 믿음은 근대 실증주의 과학의 전문가주의 이데올로기에 다름 아니다.

II 사회구성주의

① 1970년대 이래 과학지식에 관한 많은 사회구성주의 이론가들은 이러한 전문가주의에 대해 좀 더 본격적인 비판을 전개했다.

② 사회구성주의 과학지식 관념에서, 과학지식이란 객관 세계의 투명한 반영 결과가 아니라, 탐구대상에 대한 과학자 집단의 특정한 해석과 질서 부여 작업이 어떤 하나의 특수한 해석을 마치 객관 세계에 대한 보편타당한 지식인 양 만들어낸 결과물, 즉 사회적 구성물이다.

③ 대부분의 실증주의 과학이론과는 달리, 사회구성주의는 과학지식을 객관 세계의 투명한 반영으로 이해하지 않으며, 그것의 절대적인 타당성도 인정하지 않는다.

④ 과학지식 생산 작업이 사회적 · 경제적 · 정치적 맥락에 크게 의존하고 있다는 점에서, 그것의 중립성에 대해서도 매우 회의적이다.

⑤ 요컨대, 사회구성주의 지식이론에 따르면, 우리는 최소한 소위 전문가가 생산하는 지식을 반드시 중립적이고 보편타당한 지식으로 간주할 필요는 없다.

Ⅲ 집단지성 이론에 나타난 전문가주의에 대한 비판적 관념

① 최근 발전하고 있는 다양한 집단지성 이론에서도 우리는 전문가주의에 대한 비판적 관념을 확인할 수 있다.

② 우선, 집단지성 개념과 관련하여, 레비(Levy)는 그것을 "끊임없이 향상되고, 실시간으로 조정되며, 기능의 효과적 동원으로 귀결되는, 폭 넓게 분포된 지성"으로 규정한다.

③ 탭스컷과 윌리엄스(Tapscott and Williams)는 집단지성을 최근의 새롭고 혁신적인 조직 패러다임으로 이해하며, 그것을 "독립된 참여자 집단에 의한 탈중심적 선택과 판단에서 출현하는 집합적 지식"으로 정의한다.

④ 다중의 집단지성이 가진 급진 민주주의 운동의 잠재성에 주목하는 네그리는 집단지성을 "중앙 집중적 통제나 보편 모델의 제공 없이 문제를 해결하는 집합적이고 분산된 기술들"로 이해한다.

⑤ 탭스컷과 윌리엄스 그리고 네그리의 집단지성 이론은 모두 "지켜보는 눈동자가 많으면 시스템 오류는 쉽게 찾아낼 수 있다"는 '리누스 법칙'의 창안자 리누스 토발즈(Linus Torvalds)의 오픈소스 운동에서 각자의 이론을 발전시키고 있다.

⑥ 요컨대, 집단지성은 탈중심 네트워크에서 이루어지는 다중의 자유로운 상호작용과 수평적 협력을 통해 창출되는 집단 지식과 기술로 정의할 수 있다.

생각넓히기 | 대중과 다중

대중은 획일화, 동질화, 평준화된 불특정 다수의 사람들로 이루어진 집합체를 말한다. 반면 다중은 각자의 정체성을 유지하면서 개별적으로 행동하다가 일시적으로 이들을 한데 엮을 수 있는 특정한 사안이 생겼을 때 이 개별성을 유지하면서 공동으로 행동하는 사람들을 가리킨다.

예상문제

다중(Multitude)에 대한 설명으로 틀린 것은?

① 획일화된 불특정 다수의 사람들로 이루어진 집합체이다.
② 참여군중(smart mob)이 다중의 대표적 사례이다.
③ 개별성을 유지하면서 공동으로 행동하는 사람들이다.
④ 분화된 매체를 이용해 서로의 독특한 취향을 발전시킨다.

정답 ①
해설 획일화된 불특정 다수의 사람들로 이루어진 집합체는 대중이다.

Ⅳ 반-자격편중주의(anti-credentialism)

1 의의

① 전통적인 전문성 관념에 대한 집단지성의 비판적 관점은 우선 '반-자격편중주의(anti-credentialism)'에 바탕을 두고 있다.
② 전통적으로, 양질의 지식과 기술은 전문 경영인들이 관리하는 거대한 위계 조직 속의 일군의 숙련된 전문가들에 의해서만 생산된다고 간주되었다.
③ 그러나 집단지성 이론은 1990년대부터 출현한 '협력'이라는 새로운 생산 모델에 주목하며, 숙련된 아마추어들의 느슨한 연결망이 전통적인 고립된 전문가, 조직, 출판사가 생산할 수 있는 것보다 더 낫거나 비슷한 수준의 지식과 기술을 만들어낼 수 있다고 믿는다.

2 집단지성 이론에 나타난 반-자격편중주의(anti-credentialism)

(1) 탭스컷과 윌리엄스

탭스컷과 윌리엄스는 혁신과 성장을 위해 대중들과 대규모 조직이 공개 협력하는 생산 시스템에서, "한때 '전문가주의'와 자격증을 갖춘 지식 생산자들만이 독점했던 요새는 '아마추어' 생산자들과 그 무대를 공유하게" 되었다고 지적한다.

(2) 네그리

네그리도 혁신은 특정 개인의 천재성이나 전문성에 의해서가 아니라, 네트워크 속에서의 자원의 공유와 다중들의 자유로운 상호작용에 의해서 발생한다는 점을 강조한다. 다음으로, 전문가가 지식 생산의 무대를 아마추어와 공유하게 된 상황에서, 전문가의 관습적인 권위주의는 쉽사리 용인되기 어렵다.

(3) 레비

레비는 우리의 소중한 자산인 다양한 경험과 기술을 아마추어적인 것이라고 조롱하고 무시하고 모욕하여 폐기할 것이 아니라, 그 가치를 인정하고 사용하고 발전시켜야 한다고 주장한다. 나아가, 개별 전문가가 지닌 전문성의 범위가 사실은 너무나도 협소하다는 점도 집단지성의 반전문가주의에 또 다른 중요한 토대가 된다.

(4) 서로위키

① 서로위키는 우리가 전문성의 가치를 과대평가하고 있다고 지적한다.

② 우리는 대체로 어떤 한 가지 지적 분야에 능통한 사람은 다른 영역에서도 비슷한 능력을 발휘할 것이라고 생각하지만, 사실 그 전문성의 범위는 너무나도 협소하다는 점에서 그러한 생각은 하나의 신화에 지나지 않는다.

③ 우리는 집단의 결정이 집단 내 개개인의 결정보다 대부분의 경우 낫다는 사실을 알고 있으며, 결정할 일이 많을수록 이런 현상이 더 뚜렷해진다는 사실을 알고 있다. 반면 전문가가 내는 성과는 풀어야 하는 문제가 무엇이냐에 따라 오락가락 한다. 따라서 한 개인이 집단보다 계속해서 더 나은 결과를 내놓을 가능성은 없다.

V 집단지성의 원리

1 의의

집단의 지성은 항상 개인의 지성보다 우월하다. 이처럼 전통적인 전문가주의는 최근 중대한 도전을 경험하고 있는 반면, 오늘날의 네트워크 사회는 집단지성의 확대 속에서 개방성, 다양성, 독립성, 탈중심성, 실시간 조정과 통합 등과 같은 사회 권위 형성의 새로운 원리들을 창출하고 있다. 우선, 오늘날 점점 더 많은 조직들이 개방성을 조직 활동의 매우 중요한 원리로 채택하고 있다(서로위키).

2 개방성

탭스컷과 윌리엄즈는 “자신의 경계를 외부의 아이디어나 인적 자원에 다공적인(porous) 것으로 만드는 조직들이 내부 자원과 능력에만 의존하는 조직들보다 더 나은 성과를 거두고 있다”고 지적한다.

3 다양성

① 전문가들 혹은 똑똑한 사람들로만 구성된 집단보다 똑똑한 사람과 그렇지 않은 사람들로 구성된 집단이 문제해결 능력이 더 뛰어나다(서로위키).

② 동질적인 집단이 자신의 전문성을 발휘하는 일에는 뛰어나지만 대안을 탐색하는 능력은 떨어지기 때문이다(서로위키).

③ 다양성은 우리가 미처 생각하지 못한 관점을 추가해 주며, 소수의 사람들이 집단의 의사결정을 독점함으로써 생기는 파괴적 결과를 예방하는 데도 커다란 장점을 갖는다.

4 독립성

① 다양성은 집단지성의 또 다른 중요한 조건인 독립성과도 매우 긴밀하게 연관되어 있다. 개인들을 물신화된 전체에 종속시키는 전체주의와 집단지성을 혼동하면 안 된다.

② 레비에 따르면, "집단지성은 개별 지성을 어떤 무차별적인 마그마에 흡수하지 않으며, 개별성이 성장하고, 분화하고, 상호 재생하는 과정이다."(Levy). 집단지성 속의 개별 행위자들은 다양한 공동체와의 상호작용 속에서 고정된 위계에 속박되지 않고 계속 변화하는 독자적이고 다중적이고 유목민적인 개인이 된다.

③ 탭스컷과 윌리엄스도 집단지성이 전체주의 · 집단주의 관념이 아니라는 점을 강조한다. 집단지성은 중앙집중적 통제와 강제에 의존하거나 개인주의를 억누르는 것이 아니라, 개인들의 자유로운 선택과 개인들 사이의 자발적이고 폭 넓은 조정에 바탕을 두고 있기 때문이다.

5 탈중심성

① 서로위키에 따르면, "위에서 아래로 직접 지시하기보다는 자기중심적이며 독립된 여러 사람이 동일한 문제를 분산된 방식으로 풀 때, 집단적 해법이 다른 어떤 해답보다 나을 가능성이 높다."

② 탈중심 조직에서 권력은 한 곳에 집중되지 않으며, 중요한 의사결정은 좁고 특수한 지식을 가진 각 개인들에 의해 이루어진다. 모든 것을 아는 지혜로운 한 사람이란 사실상 존재할 수 없기 때문이다.

③ 네그리는 우리의 두뇌가 하나의 요인에 의해 중앙 집중적으로 작동하는 것이 아니라 수십억 뉴런들의 일관된 패턴을 지닌 협력을 통해 작동하듯이, 네트워크는 다중으로 구성되며 서로 상이하고 창의적인 다중의 소통과 협력을 통해 떼 지성 혹은 집단지성이 만들어진다고 주장한다.

④ 아울러, 탈중심성은 "특정한 장소나 직무, 또는 경험에 특화되어 있어서 다른 사람들에게 쉽게 요약해 전달할 수 없는 성격의 지식이지만 가치가 매우 높은"(서로위키), 이른바 '암묵적 지식'을 활용하는 데도 커다란 이점이 있다.

6 통합메커니즘

① 집단지성은 탈중심 네트워크 안의 다양한 정보를 효과적으로 통합해 낼 때만 실현될 수 있다.

② 집단지성의 성공적 발전을 위해서는, 독립된 개인들의 다양한 판단 속에서 최상의 대안을 도출해 낼 수 있는 통합 메커니즘을 구축하는 것이 중요하다.

③ 새로운 정보통신 기술은 이러한 통합 작용에 매우 유용하게 활용될 수 있다.

④ 레비에 따르면, 집단지성은 실시간으로 조정될 수 있는데, 이는 정보통신 기술이 사용자들로 하여금 시공간의 장벽을 넘어 손쉽게 상호작용할 수 있도록 해 주기 때문이다.

Theme

96 위키피디아의 권위와 신뢰성

I 의의

① 집단지성 원리가 가장 성공적으로 실현되고 있는 영역은 바로 위키피디아라 할 수 있다. 웨일즈(Wales)에 따르면, "수많은 사람들이 위키피디아를 갖고 있다는 관념은 수많은 개별 사용자들이 각기 약간의 내용을 첨가하고 그로부터 응집된 작업물이 출현하는 현상(군중의 지혜, 무리 지성 등과 같은 현상)을 의미한다."

② 위키피디아는 고도의 대중 자발성과 목적의식성에 바탕을 두고 있으며, 철저한 비영리주의와 반상업주의를 지향한다. 한편으로, 위키피디아에서는 누구든지 기사를 작성할 수 있지만, 그 누구도 중앙 집중적인 편집 통제권을 가질 수 없다.

③ 기사 편집에 관한 상세한 규정은 전 세계에 흩어져 있는 수많은 일반 이용자들이 만든다. 그런 의미에서 그것은 명시적인 공통의 규범이나 규칙을 공유하지 않는 이용자들에 의해 토론 문화가 결정되는 대부분의 온라인 포럼과도 구분된다. 다른 한편으로, 위키피디아는 영리 목적을 위해 상업 기관들이 운영하는 대부분의 웹 2.0 사이트들과도 매우 다르다. 그것은 2001년 출범 당시부터 반상업주의를 천명했고, 현재 위키피디아의 최종 운영권을 갖고 있는 위키미디어(Wikimedia)도 완전한 비영리기구이다.

④ 위키피디아는 자발적 참여자들이 집단적으로 백과사전 지식을 집대성하고, 그러한 작업에 필요한 다양한 장치와 절차를 참여자들 스스로 만들어 가는 모든 과정이 곧 집단지성의 구현 과정임을 보여주고 있다.

II 위키피디아의 반전문가주의

1 의의

① 사실 위키피디아는 백과사전을 지향한다는 점에서, 마이스페이스, 페이스북, 유튜브 등의 집단지성보다 전문 학술 영역의 영향을 더 많이 받을 것으로 생각하기 쉽다. 위키피디아에서는 전문 연구자가 지식 편찬의 직접 주체가 되거나 지식 편찬 문화와 규범의 정립에 좀 더 적극적인 역할을 하기가 쉬울 것으로 기대할 수 있다.

② 하지만 위키피디아 프로젝트는 전문 학술 세계의 전문가주의와 상당한 긴장관계를 형성해왔다. 무엇보다도, 위키피디아는 전통 백과사전이나 대부분의 학술저널과는 달리, 전문가 중심의 편집 원리를 받아들이지 않고 기사 작성의 개방성 원리를 추구한다는 사실이 그 주요 원인이었다.

2 반엘리트주의와 급진적 개방주의에 대한 비판

① 비관론자들은 아마추어들이 작성한 위키피디아 기사는 필연적으로 부정확할 수밖에 없으며, 반달리즘으로부터도 결코 자유롭지 못할 것이라고 비판한다(Sanger).

② 2001년에 웨일스와 함께 최초로 위키피디아를 만들었으나, 2002년에 그것의 이른바 반엘리트주의와 급진적 개방주의 편집 원리에 반대하여 위키피디아를 떠난, 대표적인 비관론자 생거(Sanger)는 위키피디아 기사가 신뢰성, 특히 세부 사항에서 신뢰성을 결여한 매우 아마추어 기사가 되기 쉽다고 지적한다. 그에게, 비록 많은 사람들이 현재 위키피디아를 사용하고 있다 할지라도, 이는 사용자들이 그것을 별로 신뢰하지 않으면서도 어쨌든 사용하고 있는 것에 불과하다. 문제는, "전문성이 그 어떠한 특별한 존중을 받지 못하고, 전문성에 대한 냉대와 불경이 용인되는" 위키피디아의 '반엘리트주의'이다.

③ 생거는 위키피디아가 기사의 신뢰성을 높이고 반달리즘을 극복하기 위해서는, 전문가를 존경하고 존중하는 공식 정책을 채택함으로써 전문가들이 기고 및 심사과정에 더 많이 참여할 수 있도록 해야만 한다고 주장한다.

Ⅲ 위키피디아의 권위와 신뢰성

① 낙관론자들은 위키피디아가 백과사전 편찬 영역에서 이미 상당한 권위를 확보하고 있는 것으로 평가한다.

② 2007년 퓨(PEW) 인터넷 조사연구 결과는 응답자의 교육 수준이 높을수록 그리고 가구 소득 수준이 높을수록 위키피디아 사용에 더 긍정적인 태도를 보이고 있다는 점을 보여준다(PEW Internet & American Life Project, 2007).

③ 네이처(Nature) 뉴스 팀이 2005년에 실시한 브리태니커와 위키피디아 기사의 정확도에 대한 조사는, 일반의 예상과는 달리, 두 백과사전 기사의 정확도가 거의 동일하다는 점을 보여주었다.

④ 반달리즘의 위험성에 관한 많은 지적과는 달리, 경험연구 결과들은 위키피디아의 반달리즘 대응 기제가 매우 성공적으로 작동하고 있다는 점을 보여주고 있다. 위키피디아는 무정부적이라기보다는 오히려 악의적인 행위에 매우 신속하게 대응할 수 있을 정도로 그 속에서 집단 조정과 조율이 아주 잘 이루어지고 있다는 것이다.

Ⅳ 위키피디아의 반전문가주의

1 반-자격편중주의(anti-credentialism)

① 위키피디아 공동체에서 흔히 볼 수 있는 반전문가주의의 한 형태는 이른바 '반-자격편중주의'라고 할 수 있다.

② 위키피디아에서 전문성은 박사학위나 전문 자격증에 의해 저절로 담보되지는 않는다. 오로지 신뢰할 만한 출처로 뒷받침되는 양질의 기사를 작성하는 것 속에서만 인정받을 수 있다.

③ 위키피디아에서 전문가 담론은 자격편중주의를 넘어선 '위키-실력주의'를 지향한다.

2 전문성의 협소함

① 전문성의 협소함에 대한 강조는 위키피디아 반전문가주의의 또 다른 한 형태이다. 일반적으로 대중이 전문가의 권위를 인정하는 이유는 그가 다른 사람들에 비해 특정 분야를 오랜 기간 깊이 연구했다고 믿기 때문일 것이다.

② 전문가에 대한 전통적 믿음과 신뢰는 위키피디아 공동체에서도 비교적 널리 확인할 수 있지만, 전문가 관념에 대한 부정적이고 비관적인 태도도 다양한 형태로 드러나고 있는 것도 사실이다.

3 전문가 신드롬

① 위키피디아 공동체의 반전문가주의는 이른바 전문가 신드롬에 대한 강한 거부감으로 표출되기도 한다.

② 전문가 신드롬은 전문가 편집자들이 비전문가 편집자들을 무지하고, 무능하며, 과도한 자기 확신에 빠져 있으며, 고집불통의 태도를 바꾸지 않는 사람들이라고 비난하는 모습 속에서 종종 확인된다.

4 전문가의 편향성

① 위키피디아 반전문가주의의 또 다른 형태는 전문가 혹은 전문지식의 중립성에 대한 회의적 관념에서 찾을 수 있다.

② 일반적으로, 전문가는 자신의 전문 분야와 관련된 자료를 많이 보유하고 있으며, 어떤 것이 더 나은 자료인지를 잘 판단할 수 있는 사람으로 평가된다.

V 위키피디아 권위 형성의 원리

1 의의

위키피디아는 반전문가주의의 다양한 양상들을 드러내고 있다. 그런데 그러한 반전문가주의에도 불구하고 위키피디아가 신뢰할 만한 지식편찬 작업으로 널리 받아들여지게 된 요인은 무엇인가?

2 다양성과 개별성

① 위키피디아가 개별 편집자들이 지닌 관점의 다양성과 개별성을 최대한 보장하려 한다.

② 위키피디아 기사의 신뢰성을 높이기 위해 도입된 '중립적 관점' 정책은 다양성이라는 집단지성의 원리를 실현하는 데도 매우 중요한 장치가 되고 있다.

3 검증 가능성과 독창적 학술조사 금지

(1) 의의

① 위키피디아 집단지성을 뒷받침하는 또 다른 중요한 두 가지 원리는 모든 기사의 '검증 가능성'과 '독창적 학술조사 금지'이다.

② '중립적 관점'과 함께 이 두 가지는 위키피디아 기사 내용에 관한 3대 정책을 구성한다.

(2) 검증 가능성과 독창적 학술조사 금지

① 위키피디아에서 중요한 것은 기사의 진리 여부가 아니라 그것의 검증 가능성 여부이다.

② 위키피디아가 독창적 연구결과나 생각을 발표하는 공간이 아니며, '독창적 학술조사 금지'는 기사의 '검증 가능성'을 보장하기 위한 장치라는 것을 알 수 있다

③ 여기에는 발표되지 않은 사실, 주장, 추측, 그리고 관념 등이 포함되며, 위키피디아가 당신 자신의 의견, 경험, 주장을 발표하는 곳이 아니다.

④ 위키피디아는 기존에 발표된 글을 종합하고 재조직하는 것을 적극 권장하지만, 기존에 발표된 문헌을 종합한 글도 만일 그것이 어떤 새로운 결론을 도출하는 것이면, '독창적 학술조사 금지'라는 기준을 충족시키지 못하는 것으로 간주한다.

예상문제

위키피디아가 기사의 신뢰성을 높이기 위해 실시하고 있는 정책으로 볼 수 없는 것은?

① 중립적 관점
② 검증 가능성
③ 과학적 방법론
④ 독창적 학술조사 금지

정답 ③

해설 전문 학술활동의 가치는 과학적 방법론에 의해 뒷받침되는 발견의 독창성에 있다. 하지만 위키피디아에서는 과학 방법론이나 주장의 독창성이 아니라 주장의 문헌 뒷받침이 중요하다. 따라서 기사 내용이 동등한 가치를 갖는 문헌에 의해 뒷받침되는 한, 그것이 전문가에 의해 작성되었든 혹은 아마추어에 의해 작성되었든 그 가치는 서로 동등하다. 전문가의 독창적 조사결과는 아무리 고도의 과학 방법론이 경험적으로 뒷받침하더라도 위키피디어에서는 그저 삭제 대상이 될 뿐이다.

위키피디아의 정책으로 틀린 것은?

① '중립적 관점' 정책은 위키피디아 기사의 신뢰성을 높이기 위한 것으로 다양성이라는 집단지성의 원리를 실현하는 데 매우 중요한 장치가 되고 있다.
② 위키피디아에서 중요한 것은 기사의 진리 여부가 아니라 그것의 검증 가능성 여부이다.
③ 위키피디아가 독창적 연구결과나 생각을 발표하는 공간이 아니며, '독창적 학술조사 금지'는 기사의 '검증 가능성'을 보장하기 위한 장치라는 것을 알 수 있다.
④ 위키피디아는 기존에 발표된 글을 재조직하는 것을 금지하며, 기존에 발표된 문헌을 종합한 글도 만일 그것이 어떤 새로운 결론을 도출하는 것이면, '독창적 학술조사 금지'라는 기준을 충족시키지 못하는 것으로 간주한다.

정답 ④

해설 위키피디아에서 중요한 것은 기사의 진리 여부가 아니라 그것의 검증 가능성 여부다. 위키피디아가 독창적 연구결과나 생각을 발표하는 공간이 아니며, '독창적 학술조사 금지'는 기사의 '검증 가능성'을 보장하기 위한 장치라는 것을 알 수 있다("여기에는 발표되지 않은 사실, 주장, 추측, 그리고 관념 등이 포함되며", "위키피디아가 당신 자신의 의견, 경험, 주장을 발표하는 곳이 아니라는"). 위키피디아는 기존에 발표된 글을 종합하고 재조직하는 것을 적극 권장하지만, 기존에 발표된 문헌을 종합한 글도 만일 그것이 어떤 새로운 결론을 도출하는 것이면, '독창적 학술조사 금지'라는 기준을 충족시키지 못하는 것으로 간주한다.

Ⅵ 탈중심의 수평적 협력 관계

1 의의

① '검증 가능성'과 '독창적 학술조사 금지' 정책은 위키피디아의 모든 편집자들 사이의 관계를 중앙 집중의 위계적인 것이 아니라 탈중심의 수평적 협력 관계가 되도록 해준다.
② '독창적 학술조사 금지' 원리는 학술 세계의 규범과는 근본적으로 상반된다. 전문 학술활동의 가치는 과학적 방법론에 의해 뒷받침되는 발견의 독창성에 있다.

③ 하지만 위키피디아에서는 과학 방법론이나 주장의 독창성이 아니라 주장의 문헌 뒷받침이 중요하다. 따라서 기사 내용이 동등한 가치를 갖는 문헌에 의해 뒷받침되는 한, 그것이 전문가에 의해 작성되었든 혹은 아마추어에 의해 작성되었든 그 가치는 서로 동등하다. 전문가의 독창적 조사결과는 아무리 고도의 과학 방법론이 경험적으로 뒷받침하더라도 위키피디아에서는 그저 삭제 대상이 될 뿐이다.

2 인류 지식의 집대성 작업

① 요컨대, 위키피디아는 인류 지식의 집대성 작업이 위계구조에 바탕을 둔 소수의 전문가들만의 작업이 아니라 무수히 많은 다중들의 탈중심 협력 작업이 되도록 하고 있다.

② 확실히, '검증 가능성'과 '독창적 학술조사 금지'는 자신의 글이 곧 전문가 연구결과에 해당하기 때문에 굳이 인용이나 출처를 밝힐 필요가 없다는 듯이 행동하는 전문가 편집자를 규제하는 효과가 있다.

3 위키피디아의 권위 형성

① 탈중심 협력 메커니즘과 관련하여, 위키피디아는 기존의 학술 관행을 받아들여 검증 가능한 출처들 사이의 신뢰도를 구분함으로써, 가능한 한 양질의 기사를 수록하고자 한다.

② 위키피디아 기사는 사실 확인과 정확성에서 일정한 명성을 갖춘 신뢰할 만하고 제3자가 출판한 자료에 근거해야 하는데, 일반적으로, 동료심사를 거친 학술지나 대학 출판사 발행 서적이 가장 신뢰성 높은 자료로 인정된다.

③ 다음으로, 대학 교재, 잡지, 유명 출판사 발간 서적, 주류 신문 등이 신뢰성 있는 매체로 인정받는다. 반면, 자가 출판한 글, 소문, 개인 의견, 상업광고 등과 같은 진의가 의심스러운 자료들은 위키피디아에서 신뢰할 만한 자료로 인정받기 어렵다.

Ⅶ 위키피디아의 저작권

1 의의

① 위키백과에 있는 모든 문서의 저작권은 각 저작자에게 있으며, 위키백과나 위키미디어 재단이 저작권을 소유하고 있지는 않다.

② 위키백과 내의 모든 문서는 크리에이티브 커먼즈 저작자표시-동일조건변경허락 3.0 Unported 라이선스(CC-BY-SA 3.0)하에 배포되며, 이 라이선스 규정에 따라 문서를 이용할 수 있다.

③ 또한, 문서 내에 크리에이티브 커먼즈하에서만 배포된다는 표식이 없는 경우에는 그 문서는 GNU 자유 문서 사용 허가서 1.2 이상(GFDL)으로도 같이 배포된다. 이 경우 원하는 라이선스를 선택해 사용하거나, 두 라이선스 모두를 사용할 수 있다.

2 특징

① 위키피디아 라이선스의 가장 큰 특징은, 위키백과에 올릴 수 있는 자료는 누구나 비영리적 또는 영리적으로도 자유로이 이용 가능한 자료에 원칙적으로 한정된다는 것이다.

② 따라서 위키백과에 자신의 저작물을 올린다는 의미는, 제3자가 그 저작물을 어떠한 목적으로도 영리적 목적까지를 포함하여 자유롭게 이용해도 좋다는 것을 의미하며, 또한 타인의 저작물에 관하여 영리적 이용의 허가 없이 위키백과에 올리는 것은 금지된다. 단순히 출처를 밝혔다든가 위키백과에는 올려도 괜찮다는 등의 허락만으로는 타인의 저작물을 올리실 수 없다.

③ 그러므로 제3자의 저작물을 위키백과에 올리고 싶은 경우에는, 제3자로부터 영리 이용을 포함한 어떤 목적으로도 제3자가 자유로이 복제/변경/재배포를 해도 좋다는 이용의 허락을 얻어야 올릴 수 있다.

④ 위키백과에서 사용하는 크리에이티브 커먼즈와 GFDL 라이선스에서는, 위키백과 내의 저작물을 다른 곳에 사용할 때에 저작권자의 특별한 허가가 필요하지 않다.

[예상문제]

위키피디아의 저작권에 대한 설명으로 틀린 것은?

① 위키백과에 있는 모든 문서의 저작권은 각 저작자에게 있으며, 위키백과나 위키미디어 재단이 저작권을 소유하고 있지는 않다.

② 위키백과 내의 모든 문서는 크리에이티브 커먼즈 저작자표시-동일조건변경허락 3.0 Unported 라이선스(CC-BY-SA 3.0)하에 배포되며, 이 라이선스 규정에 따라 문서를 이용할 수 있다.

③ 문서 내에 크리에이티브 커먼즈하에서만 배포된다는 표식이 없는 경우에는 그 문서는 GNU 자유 문서 사용 허가서 1.2 이상(GFDL)으로도 같이 배포된다.

④ 위키백과에 자신의 저작물을 올린다는 의미는, 제3자가 그 저작물을 영리적 목적은 제외한 어떠한 목적으로도 자유롭게 이용해도 좋다는 것을 의미한다.

정답 ④

해설 위키백과에 자신의 저작물을 올린다는 의미는, 제3자가 그 저작물을 어떠한 목적으로도 영리적 목적까지를 포함하여 자유롭게 이용해도 좋다는 것을 의미한다.

생각넓히기 | 위키리크스

위키리크스는 익명의 정보 제공자가 제공하거나 자체적으로 수집한 사적 정보 또는 비밀, 미공개 정보를 공개하는 국제적인 비영리기관이다. 주로 각국 정부나 기업 등에 속한 조직의 비공개 문서를 공개한다. 위키리크스 웹사이트는 선샤인 프레스(Sunshine Press)에 의해서 2006년에 개설 되었는데, 사이트가 개설된 지 채 1년이 지나기도 전에 120만 건 이상의 문서가 등록되게 되었다. 위키리크스에서는 조직의 설립자들을 중화인민공화국의 반체제 인사와 기자, 수학자, 그리고 미국, 중화민국, 유럽, 오스트리아, 남아프리카 공화국에서 활동하는 벤처기업 기술자들로 밝히고 있지만, 오스트레일리아의 인터넷 활동가인 대표 줄리언 어산지(Julian Assange) 외에는 알려진 바가 없다. 위키리크스 웹사이트는 처음에는 사용자가 직접 편집할 수 있는 위키 사이트였지만, 점차 전통적인 미디어 전달 방식으로 변화해서 지금은 사용자의 의견 게재나 문서 편집을 허용하지 않고 있다.

예상문제

위키리크스에 대한 설명으로 틀린 것은?

① 정부와 기업, 단체와 불법·비리 등 비윤리적 행위를 알리는 고발 전문 웹사이트이다.
② 익명 제보에 의존하지만, 자체적인 검증 시스템을 통과한 소식만을 사이트에 올린다.
③ 이미 공개된 내용이나 단순한 소문은 다루지 않는다.
④ 누구나 편집자가 될 수 있고 실수를 하더라도 얼마든지 되돌리기가 가능하다.

정답 ④

해설 '누구나 편집자가 될 수 있고 실수를 하더라도 얼마든지 되돌리기가 가능하다.'는 위키피디아의 지침이다.

Theme

97 GNU와 크리에이티브 커먼즈

I GNU

1 의의

GNU는 운영 체제의 하나이자 컴퓨터 소프트웨어의 모음집이다. GNU는 온전히 자유소프트웨어로 이루어져 있으며, 그 중 대부분이 GNU 프로젝트의 GPL로 라이선스된다.

2 GNU 일반 공중 사용 허가서(GNU General Public License, GPL)

① GNU 일반 공중 사용 허가서(GNU General Public License, GNU GPL 또는 GPL)는 자유소프트웨어 재단에서 만든 자유소프트웨어 라이선스로, 소프트웨어의 실행, 연구, 공유, 수정의 자유를 최종 사용자에게 보장한다.

② 대표적으로 리눅스 커널이 이용하는 사용 허가이다. GPL은 가장 널리 알려진 강한 카피레프트 사용 허가이며, 이 허가를 가진 프로그램을 사용하여 새로운 프로그램을 만들게 되면 파생된 프로그램 역시 같은 카피레프트를 가져야 한다.

③ 이러한 철학에서 GPL은 컴퓨터 프로그램을 이용하는 사람에게 자유소프트웨어의 권한을 누리며 카피레프트를 사용함으로써 그러한 자유가 보전되고, 이전 작업 내용을 수정하거나 다른 내용을 추가하는 것도 허용됐다. 이는 허용적인 자유소프트웨어 사용 허가로서, BSD(Berkeley Software Distribution) 사용 허가가 대표적인 예이다.

[예상문제]

GNU의 일반 공중 라이선스(General Public License, GPL)에 대한 설명으로 틀린 것은?

① 자유 소프트웨어의 라이선스로 자유롭게 제공받은 소프트웨어의 소스 코드를 수정하여 만든 새로운 소프트웨어는 반드시 이전의 자유소프트웨어와 동일한 라이선스로 재배포해야만 한다.

② 오픈소스 프로젝트는 오픈소스 코드를 파생 소프트웨어에 포함시켰다고 해서 그것이 반드시 일반 공중라이선스를 부착할 것을 요구하지 않고, 소스 코드가 공개, 수정, 공유되는 한, 개발자가 전적으로 자유롭게 라이선스를 선택할 수 있도록 하였다.

③ 자유 소프트웨어의 라이선스 모델은 소프트웨어 이용을 허락하는 보편적 라이선스(universal license) 조항과 그 어떤 기여자나 제3자도 프로젝트의 생산물을 전유하지 못하도록 규정한 라이선스 제약조항(licensing constraints)을 갖추고 있고 그 대표적 사례가 GNU의 일반 공중 라이선스이다.

④ 자유 소프트웨어의 저작권자는 단지 사용 허락서의 조건에 따라 사용자에게 저작물을 자유롭게 사용할 수 있도록 허락하는 것이 아니라 자신의 저작권을 포기한다.

정답 ④

해설 자유 소프트웨어의 저작권자는 자신의 저작권을 포기하는 것이 아니라 단지 사용 허락서의 조건에 따라 사용자에게 저작물을 자유롭게 사용할 수 있도록 허락하는 것이다.

3 GNU 자유 문서 사용 허가서

① GNU 자유 문서 사용 허가서(GNU Free Documentation License, GNU FDL, GFDL, GNU FDL)는 일종의 자유문서를 위한 저작권 라이선스의 한 형태로서 자유소프트웨어 재단(Free Software Foundation, FSF)에서 GNU의 프로젝트를 위해서 착안되었다.

② GFDL에 따라 만든 문서는 자유롭게 복사, 수정, 재배포가 가능하며, 2차 저작물 역시 GFDL을 따라야 한다. GFDL을 따르는 문서는 기본적으로 무료로 배포되지만, 대량으로 제작된 경우 유료로 판매될 수도 있다.

③ 현재 'GNU 자유 문서 사용 허가서'에 따라 추진 중인 프로젝트들 가운데 가장 큰 프로젝트로 손꼽히고 있는 것이 바로 위키백과다. 위키백과는 크리에이티브 커먼즈(CCL)와 GNU 자유 문서(GFDL)의 2중 라이선스를 따른다.

Ⅱ 크리에이티브 커먼즈

1 의의

① 크리에이티브 커먼즈(Creative Commons, CC)는 저작권의 부분적 공유를 목적으로 2001년에 설립된 비영리 단체이다. 이 기관은 2002년 12월 16일에 저작권 라이선스인 크리에이티브 커먼즈 라이선스(CCL)를 만들었다.

② 크리에이티브 커먼즈 라이선스(CCL)를 따르는 대표적인 프로젝트에는 위키백과가 있다. 위키백과는 크리에이티브 커먼즈(CCL)와 GNU 자유 문서 사용 허가서(GFDL)의 2중 라이선스를 따른다. 일반적으로 다음의 권리를 선택하여 사용할 수 있다.

2 종류

(1) ⓘ 저작자 표시(BY)

저작물을 사용할 때에 원저작자를 꼭 표기해야 한다.

(2) Ⓢ 비영리(NC)

저작물을 영리 목적으로 사용할 수 없다.

(3) ⊜ 변경 금지(ND)

저작물을 변경할 수 없다.

(4) ◎ 동일조건 변경 허락(SA)

① 2차 저작물을 만들 때 그 저작물에도 원저작물과 같은 라이선스를 사용해야 한다.

② 이 중에 변경 금지 조항과 동일조건 변경 허락 조항은 동시에 사용할 수 없으므로 총 7가지의 라이선스를 사용할 수 있다.

예상문제

크리에이티브 커먼즈 라이선스를 구성하는 조건에 해당하지 않는 것은?

① 영리성 여부 표시
② 동일 조건 변경 허락
③ 변경 금지
④ 저작자 표시

정답 ①

해설 크리에이티브 커먼즈 라이선스(CCL)는 저작자 표시, 비영리, 2차 변경 금지, 동일조건 변경 허락 등 네 가지 조건으로 구성된다.

3 조합

(1) 저작자 표시(BY)

저작자와 출처 등을 표시하면 영리 목적의 이용이나 변경 및 2차적 저작물의 작성을 포함한 자유이용을 허락한다.

(2) 저작자 표시-변경금지(BY-ND)

저작자와 출처 등을 표시하면 영리 목적의 이용은 가능하나, 변경 및 2차적 저작물의 작성은 허용되지 않는다.

(3) 저작자 표시-비영리(BY-NC)

저작자와 출처 등을 표시하면 저작물의 변경, 2차적 저작물의 작성을 포함한 자유이용을 허락한다. 단 영리적 이용은 허용되지 않는다.

(4) 저작자 표시-동일조건 변경 허락(BY-SA)(위키백과 라이선스)

저작자와 출처 등을 표시하면 영리 목적의 이용이나 2차적 저작물의 작성을 포함한 자유이용을 허락한다. 단 2차적 저작물에는 원저작물에 적용된 라이선스와 동일한 라이선스를 적용해야 한다.

(5) 저작자 표시-비영리-변경 금지(BY-NC-ND)

저작자와 출처 등을 표시하면 자유이용을 허락한다. 단 영리적 이용과 2차적 저작물의 작성은 허용되지 않는다.

(6) 저작자 표시-비영리-동일조건 변경 허락(BY-NC-SA)

저작자와 출처 등을 표시하면 저작물의 변경, 2차적 저작물의 작성을 포함한 자유이용을 허락한다. 단 영리적 이용은 허용되지 않고 2차적 저작물에는 원저작물에 적용된 라이선스와 동일한 라이선스를 적용해야 한다.

기출문제

CCL(Creative Commons License)의 6가지 유형 중 다음 유형에 대한 설명으로 틀린 것은? [2020]

① 복제와 배포가 가능하다
② 상업적 용도로 사용할 수 없다.
③ 변형과 2차적 사용을 할 수 없다.
④ 저작자와 출처 등을 표시해야 한다.

정답 ③

해설 라이선스 조건 4가지 중 저작자표시(BY)는 모든 CCL에 기본적으로 포함되어 있고 변경금지(ND)와 동일조건변경허락(SA)은 동시에 사용할 수 없으므로, 가능한 조합은 저작자표시(BY), 저작자표시-변경금지(BY-ND), 저작자표시-비영리(BY-NC), 저작자표시-동일조건변경허락(BY-SA), 저작자표시-비영리-동일조건변경허락(BY-NC-SA), 저작자표시-비영리-변경금지(BY-NC-ND) 등 총 6가지이다. 부가되는 조건이 적으면 적을 수록 더 자유로운 이용을 허락하는 CCL이 된다. 그림의 CCL은 저작자와 출처 등을 표시하면 저작물의 변경, 2차적 저작물의 작성을 포함한 자유이용을 허락하는 라이선스이다. 단 영리적 이용은 허용되지 않고 2차적 저작물에는 원저작물에 적용된 라이선스와 동일한 라이선스를 적용해야 한다.

예상문제

크리에이티브 커먼즈 라이선스(CCL)에 대한 설명으로 틀린 것은?

① 크리에이티브 커먼즈 라이선스는 이용허락규약, 일반권리증서, 메타데이터로 구성된다.

② 이용허락규약(Legal Code)은 세계 어디서나 적용이 가능한 전통적인 법률적 근거를 담고 있다.

③ 이용허락규약은 일반 사람들이 읽을 수 있는 설명으로 보완되는데, 이 설명을 "일반권리증서(Commons Deed)"라고 한다.

④ "메타데이터(Metadata)"는 소프트웨어 시스템이나 검색엔진, 다른 기술들이 이해하고 CCL이 적용된 작품들을 개발하고 생산하는 "개인, 고용인, 기타 법인 그리고 저작권법 전문가들이 편리하게 검색하고 활용하는 데 이용할 수 있는" 언어이다.

정답 ④

해설 메타데이터는 소프트웨어 시스템이나 검색엔진, 다른 기술들이 이해하고 CCL이 적용된 작품들을 보다 편리하게 검색하고 활용하는 데 이용할 수 있도록 '기계가 읽을 수 있는' 언어로 쓰인 데이터이다.

Theme

98 오픈 액세스(open access)

I 의의

① 오픈 액세스(open access)란 비용과 장벽의 제약 없이 이용 가능한 연구 성과물을 말한다.

② 기존 학술생태계의 모순을 극복하기 위한 대안으로 등장하였으며 법적, 경제적, 기술적 장벽 없이 누구라도 무료로 정보에 접근, 활용할 수 있도록 저작물 생산자와 이용자가 정보를 공유하는 행위를 부르는 말이기도 하다.

③ 오픈 액세스는 저자의 비용 부담, 이용자의 무료 접근, 시공간을 초월한 상시적 접근, 저자의 저작권 보유 등의 4대 원칙을 강조하는 정보 공유 체제이다.

④ 저작물의 자유로운 이용을 위해 크리에이티브 커먼즈 라이선스를 따르고 있으며 모든 형태의 학술 저작물이 적용 대상이나 종이 학술지 형태로 나타났던 전통적인 학술저작물들이 이 운동의 주요 대상이다.

Ⅱ 배경

① 17세기 근대 과학혁명 이후, 새로운 과학적 지식은 주로 학술 저널을 통해 검증 · 공유되어 왔다. 과학계의 새로운 과학적 지식은 과학적 방법론에 따라 작성되어야 하며, 학술 저널의 신규성, 타당성 등에 대한 엄격한 심사기준에 따라 우선 그 지적 가치를 인정받고 이후 사회적으로 공유하는 데 초점이 맞춰져 왔다.

② 이를 위해 연구자는 자신의 연구논문의 지적재산권을 학술 저널에 양도하였다. 대신, 학술 저널은 연구자의 연구논문이 학술지에 게재되기 위한 검증 비용과 게재 후 출판 · 배포에 대한 모든 비용을 부담하여 왔으며, 출판 · 배포 이후 발생하는 구독료 수익을 모두 가져가는 방식으로 학술논문의 학술지 게재와 학술출판 유통의 메커니즘이 발전되어 왔다.

③ 그러나 학술출판 산업이 소수의 출판사에 집중되기 시작하면서 학술출판물에 대한 구독료가 급증하기 시작하였다. 구성원의 학술연구를 지원하기 위해 학술출판물에 대한 제공 의무가 있는 대학교, 공공도서관은 매해 점점 막대한 구독료를 지불하게 되었으며, 대학교와 공공도서관을 통한 이용이 어려운 그 외 일반 대중은 높은 구독료를 지불하지 않으면 열람과 구독이 어려워졌다. 심지어 정부의 연구지원금이 투입된 학술논문마저 대형 학술출판사들의 독과점적 유통구조에 막혀 일반 일반대중은 접근이 어려운 것이 지금의 학술정보 시스템이다.

④ 학술 저널의 새로운 과학적 지식에 대한 접근에 대한 제약이 높아지게 되자 대형출판사들에 대한 원망과 연구계의 내부의 자성 목소리가 높아지게 되었다. 상업적 논리에 따른 학술 논문의 접근 제약은 어쩌면 누군가의 새로운 과학적 발견과 새로운 과학지식 창출의 소중한 기회를 사전에 박탈하고 있는 것일지 모른다. 이러한 자성과 학술 저널의 지나친 상업화, 독과점 심화에 대한 대안적인 운동으로 누구나 모든 논문을 접근·이용 가능하게 하자는 '오픈 액세스(Open Access)' 운동이 2000년대 초 나타나게 되었다.

Ⅲ 연혁

① 오픈 액세스의 진정한 의미의 시작은 1995년 6월 미국 스탠포드 대학교 도서관의 HighWire에서 찾을 수 있다. HighWire는 1995년 가장 많이 인용되면서 두 번째로 크게 상호심사가 이루어지는 주간 저널인 JBC(Journal of Biological Chemistry)를 온라인 형태로 출판하면서 시작되었다. HighWire는 학술 연구 결과를 보다 효율적으로 유통시키기 위하여 과학기술분야 학회와 출판사들이 과학적 커뮤니케이션을 위한 새로운 정보 기술을 활용할 수 있도록 설립되었고, 학회도 출판사의 개별적인 그리고 다양한 구독정책을 수용하고 있기 때문에, 일반 이용자들도 웹상에서 무료로 이용이 가능하다.

② 오픈 액세스의 핵심 선언은 2002년 2월의 BOAI(Budapest Open Access Initiative)선언이다. 이 선언은 전 학문분야 연구 논문을 일반인이 인터넷을 통하여 무료로 이용할 수 있어야 한다고 주장하는 원리, 전략 위임에 대한 성명이다. OSI(Open Society Institute)는 오픈 액세스의 목표달성을 위하여 초기 도움과 자금을 제공하였고, 셀프 아카이빙(Self-archiving)의 확대와 새로운 오픈 액세스 저널(Open access journal)의 창립, 그리고 오픈 액세스 저널 시스템이 경제적으로 자생할 수 있도록 지원하였다. BOAI선언의 목표는 상호심사가 이루어진 연구논문의 자유로운 이용이며, 이를 위하여 셀프 아카이빙과 오픈 액세스 저널 두 가지의 전략을 제시하였다. 이때, 오픈 액세스를 '재정적, 법률적, 기술적 장벽 없이 인터넷을 통해 학술논문의 원문을 누구나가 무료로 접근하여 읽고, 다운로드하고, 복제하고, 배포하고, 탐색할 수 있도록 저자들이 허용하는 것'이라 정의하였다. OA 의무제출을 연구비 지원의 조건으로 내거는 경우가 점차 늘어나는 추세이다.

③ 결국 오픈 액세스는 학술정보 유통에 있어서 지나친 상업화와 가격 인상으로 부담 능력이 전무하거나 미약한 국가, 기관, 도서관, 개인 등의 접근이 크게 제한되고 있는 문제의 대안으로서 등장하게 되었다. 오픈 액세스의 목적은 이용자들에게 있어 학술정보, 학위논문 및 학술지 논문을 개방하여 접근성을 높이고 가격 및 접근에 대한 장벽을 제거하는 등의 원활한 학술소통을 가능하도록 하는 데 있다.

Ⅳ 형태

1 셀프 아카이빙(green OA)

학술지에서 동료평가를 거친 논문을 저자가 자신의 홈페이지나 관련된 곳 혹은 어딘가 집중된 OA 저장소에 올리는 것을 의미한다.

2 OA 학술지

학술지 출판사가 자신의 저널 홈페이지에 모든 논문들을 무료로 올리는 것을 의미한다.

3 혼합형 OA 학술지

기본적으로 구독료를 받지만 저자나 후원자가 '논문 처리 수수료(Article Processing Charges, APC)'를 지불한 경우 그 논문만 무료로 공개하는 경우이다.

Ⅴ 배포

OA 학술지를 개별적으로 검색하는 것은 효율적이지 않다. OA 논문들은 웹 검색 엔진을 사용하여 검색 가능하며 대표적인 것은 구글 학술 검색, OAIster, openaccess.xyz, core.ac.uk 등이다. 한국에서는 한국과학기술정보연구원(KISTI)에서 AccessON 플랫폼을 개발하여 국내외 OA 논문들을 통합 검색할 수 있다.

생각넓히기 | Pluto Journals

사회과학분야의 독립학술저널인 플루토 저널(Pluto Journals)에서는 연구자는 투고료가 아니라 스스로가 설정한 심사비용을 저널에 지불한다. 그리고 그 심사비용은 동료평가(peer review)에 참여하는 다른 연구자들에게 배분된다. 모두의 자발적 참여와 합리적인 보상구조가 지식공유와 확산에 기여하게 되는 것이다.

기출문제

다음 글에서 설명하고 있는 개념으로 옳은 것은? [2021]

> 기존 학술생태계의 모순을 극복하기 위한 대안으로 등장하였으며 법적, 경제적, 기술적 장벽 없이 누구라도 무료로 정보에 접근, 활용할 수 있도록 저작물 생산자와 이용자가 정보를 공유하는 행위이다.

① 지식 공유(Knowledge Sharing)
② 지식 생산(Knowledge Production)
③ 공정 이용(Fair Use)
④ 오픈 액세스(Open Access)

정답 ④
해설 오픈 액세스(open access)에 대한 설명이다.

Theme

99 공유의 비극을 넘어(Ostrom)

I 의의

① Governing the Commons(이하 「공유의 비극을 넘어」)는 2009년 오스트롬 교수에게 여성 최초이자 현직 정치학자 최초 노벨 경제학상의 영광을 안긴 책이다.

② 공유자원 연구를 혁명화하였다는 노벨상 선정위원회의 표현처럼 이 책은 공유자원이 사유화되거나 정부에 의해서 통제되어야 한다는 기존의 이론들을 수많은 경험적 사례들을 바탕으로 반박하고 자치적인 제도의 가능성과 조건을 보여주었다.

③ 「공유의 비극을 넘어」는 공유자원 문제에 대한 제도적 해결의 지평을 넓힌 의미와 더불어 국가와 시장의 해결책을 중심으로 한 전통적인 집합행동이론의 한계를 극복하고 자치의 가능성과 그 조건들을 제시하는 이론사적인 의의를 지닌다.

Ⅱ 인간관

① 인간은 무엇보다 '실수를 범하지만 시행착오의 과정을 통해서 학습을 할 수 있는' 존재이다. 또한 인간은 행동과 결과의 비용과 편익을 염두에 두기는 하지만 규범을 내재화할 수 있는 능력을 지닌 존재로 상정된다.

② 이러한 인간관은 비록 소규모의 공유자원 상황이라고 해도 상당한 정도의 불확실성을 수반하며 여러 사람들이 공동체 속에서 상호의존적으로 존재한다는 사실에 근거한다.

③ 광의의 합리성, 시행착오적 학습, 규범의 내재화 가능성과 같은 행위자에 대한 최소한의 가정에만 의존하며 집합행동의 문제가 해결되는 방식은 인간 자체에 대한 추상적 차원의 탐구가 아니라 사람들이 처해있는 구체적인 상황의 변수들과 그 상황 속의 문제들을 집단적으로 해결해 나가는 방식에 대한 탐구를 통해서 답하고자 한다.

Ⅲ 제도 디자인 원리(Design Principle)

1 의의

① 성공적인 제도 하에서 사람들은 어떻게 집합행동의 문제를 해결하는가? 여기서 핵심적인 개념들은 '조건부 협동의 전략,' '공유된 믿음,' '저비용의 감시체제' 그리고 '점증적인 제재 조치' 등이다.

② 집합행동의 문제를 해결하기 위해서는 무엇보다 먼저 집합행동의 범위가 분명해야 한다. 누가 관련 당사자인가가 분명해야 한다는 말이며, 공유자원의 물리적 경계 역시 분명해야 한다는 것이다. 이는 상호의존성의 배경이 되는 물리적 환경의 경계가 관련 당사자들에게 충분히 인식되어 있고, 그러한 범위 내부의 행위자들, 즉 상호의존적 상황에 의해 영향을 받는 사람들이 당사자로서 인정받고 내부의 행위자로 정립되어야 한다는 것이다. 그리고 행동 상황의 바깥에 있는 사람들이 자의적으로 그 행동의 장에 드나들며 집합행동의 조직화를 교란해서는 안 된다는 것을 의미하기도 한다.

③ 둘째, 집합행동의 성공적 조직화를 위해서는 경계 안의 사람들이 규칙의 제정과 관련하여 어느 정도 자율성을 지니고 있어야 한다.

④ 셋째, 그렇게 제정된 규칙들이 집합행동을 둘러싼 물리적 조건과 공동체적 조건들의 특성에 부합하여야 한다.

⑤ 넷째, 집합 행동 문제의 해결은 한 번의 규칙 제정으로 완료되는 것이 아니다. 미리 예측하지 못했던 상황들이 생겨날 수밖에 없으며 그에 따른 갈등도 필연적으로 생겨난다. 이에 대비하여 당사자들이 의존할 수 있는 저비용의 신뢰할 수 있는 갈등 해결의 장치가 마련되어 있어야 한다. 그러한 갈등 해결의 장치는 공동체 내적일 수도 있고 때로는 더 큰 범위의 정치조직에서 마련해 놓은 것을 활용할 수도 있다.

[예상문제]

Ostrom의 제도 디자인 원리로 볼 수 없는 것은?

① 명확하게 정의된 경계
② 국가 또는 정부에 의한 통제
③ 최소한의 자치권의 보장
④ 사용 및 제공 규칙의 현지 조건과의 부합성

정답 ②

해설 오스트롬이 제시한 공유자원의 성공적인 공동사용을 위한 여덟 가지의 제도디자인 원리는 다음과 같다. 명확하게 정의된 경계, 사용 및 제공 규칙의 현지 조건과의 부합성, 사용자의 집합적 선택과정에의 참여, 감시 활동, 점증적 제재 조치, 갈등 해결 장치, 최소한의 자치권의 보장, 그리고 (공유 자원 체계가 대규모인 경우) 중층의 정합적 사업 단위가 그것이다.

Ⅳ 감시 활동과 그에 입각한 점증적인 제재 조치

1 의의

① 여덟 가지의 제도 디자인 원리들 중에서도 특히 감시 활동과 그에 입각한 점증적인 제재 조치라고 하는 두 가지의 원리들은 제도를 통해 집합행동의 문제를 극복하는 데 결정적인 중요성을 지니는 것으로 볼 수 있다.

② 행위자들이 집합행동에 참여하기 위해서는 협동을 통해서 얻을 수 있는 이득이 협동의 부재 상태에 비해서 상당히 크다는 데 대한 인식이 공유되어야 한다. 즉 모두가 극단적인 자기이익 추구를 자제하고 협동의 규칙을 따르는 경우 각자 자유롭게 행동하는 경우에 비해서 이익이 된다는 것을 함께 인식하고 있어야 한다는 것이다. 물론 이는 필요조건이기는 하지만 충분조건은 아니다.

③ 왜냐하면 여전히 배반의 전략을 사용할 가능성, 무임승차를 할 가능성, 공유자원을 약속한 양보다 많이 획득할 유혹이 존재하기 때문이다. 이로부터 협동이 모두를 위해 이로움에도 불구하고 협동이 이루어지지 않는 사회적 딜레마가 발생하게 된다.

2 조건부적 협동을 위한 공유된 인식

① 오스트롬은 사람들이 배반의 전략을 선택하는 것은 협동의 의사가 없어서라기보다는 다른 사람들이 협동을 할 것이라는 확신이 없기 때문이라고 본다. 조건부 협동의 전략을 채택하고자 하는 의사가 있다고 하더라도 다른 사람들의 배반으로 인하여 자신만이 순진한 바보가 되는 경우를 우려하여 협동을 하지 않는 경우가 많다는 것이다.

② 그렇다면 협동이 유지되기 위해서는 일방적으로 배반을 하는 것이, 즉 협동을 위해 마련된 규칙을 위반하는 것이 큰 이득이 되지 않는다는 데 대한 인식이 공유되어야 한다.

③ 공유된 인식이라는 것은 대부분의 당사자들이 규칙의 내용과 의미, 필요성을 알고, 대부분이 그렇게 생각한다는 것을 또 대부분의 사람들이 안다는 것이다.

3 저비용의 감시체계와 효과적인 제재조치

(1) 의의

① 저비용의 감시체계와 효과적인 제재(sanctioning) 조치는 개인의 편익-비용 계산에 영향을 주기도 하지만 더욱 중요하게는 타인들의 행동에 대한 기대에 영향을 주어 조건부 협동의 전략을 사용하는 것이 손해를 보는 길이 아니라는 믿음을 가지게 한다.

② 아무리 성공적인 협동의 체계라 하더라도 자연적 조건이 가혹하게 변하거나, 또는 인간의 실수, 순간적인 유혹에의 굴복 등으로 인하여 규칙 위반이 발생하지 않을 수 없다.

(2) 저비용의 감시체계

① 규칙 위반이 발견되고 처리되는 방식이 조건부적 협동을 위한 공유된 믿음의 유지에 영향을 미친다. 규칙 위반자가 발각되지 않으면 위반자는 단기적으로 이득을 볼 뿐만 아니라 체계 전체의 감시기능이 약화되었음을 깨닫게 된다.

② 타인들이 위반의 사례를 아예 모르고 지나쳐 버리는 경우도 있겠지만 만약 마을 숲에서 목재가 없어졌는데 누가 규칙을 위반하였는지를 알 수 없다면, 또 이러한 사례들의 빈도가 증가한다면, 사람들은 조건부 협동이라고 하는 현재의 행동지침이 자신을 순진한 바보로 만들고 있는 것이 아닌가 하는 불안한 마음을 가지게 된다.

③ 반대로 위반의 사례가 알려지고 위반자가 적절한 제재를 받게 되면 이는 사람들의 편익과 비용에 대한 계산에만 영향을 미치는 것이 아니라 협동의 체계 전체가 어떠한 방식으로 운영되고 있는지에 대한 인식에 영향을 주게 된다.

④ 즉 규칙을 위반하면 발각되고 적절한 제재가 그에 대해 가해질 것이며, 모두가 이것을 목도하였으므로 나 자신뿐만 아니라 다른 사람들도 마찬가지의 생각을 할 것이며 따라서 협동의 전략을 계속 유지해 나갈 것이라는 믿음을 가지고 조건부 협동의 전략을 유지하게 되는 것이다.

⑤ 규칙 위반이 적발되었을 경우 여러 사람들이 이를 알게 한다든지 또 규칙의 위반에 대한 제재를 아무리 낮은 수준의 제재라 하더라도 공개적인 방식으로 수행하는 것은 이러한 공유된 믿음을 유지하기 위해서이다.

(3) 효과적인 제재조치

① 규칙의 위반에 대한 제재가 가지는 의미가 개인의 편익-비용 계산에 영향을 미치는 것 이상으로 공동체 전체의 공유된 신념을 유지하는 데 있다는 점, 또한 상황의 불확실성과 인간적 실수의 가능성 등을 고려할 때 왜 규칙의 위반에 대해 가해지는 제재가 점증적이고 첫 번째의 규칙 위반에 대해서는 종종 아주 낮은 수준으로 행해지는가를 이해할 수 있게 된다.

② 집합행동의 자치적인 해결 가능성에 대해 회의적인 이론가들 역시 감시와 제재 활동의 중요성을 알고 있었다. 다만 이러한 감시와 제재가 상위 수준의 집합행동 문제를 야기한다고 보고 이의 해결을 위해서는 위계적인 기업이나 국가와 같은 조직이 필요하다고 보았다.

③ 기업이나 국가와 같은 조직의 소유자 또는 권력자는 조직화를 통해 창출되는 협동의 잉여분에 대한 권한을 가지고 따라서 감시와 제재 활동을 효과적으로 수행할 인센티브를 가진다는 것이다.

④ 그러나 오스트롬이 묘사하고 있는 성공적 사례들에서는 공유자원의 당사자들이 저비용의 감시체제를 마련하고 또 감시와 제재가 단지 집합적 재화를 제공할 뿐만 아니라 감시자, 제재자의 이익과도 일치하게 만드는 것이 가능함을 보여준다.

⑤ 예를 들어, 고기잡이의 지점을 순번제로 운영하여 자신이 좋은 장소에서 고기를 잡을 순서가 되었을 때 어김없이 아침 일찍 그 자리에 나가서 순서를 위반한 사람은 자연스럽게 발각이 되게 한다든지, 또는 수로로부터 순차적으로 물을 대는 경우 정해진 시간보다 먼저 수문을 열거나 정해진 시간보다 더 오래 수문을 열어놓는 행위들이 수로의 위와 아래의 농부들에 의해 감시되는 경우 등이다.

V 「공유의 비극을 넘어」에서 묘사되는 '자치'

1 의의

① 「공유의 비극을 넘어」에서 묘사되는 '자치'는 도덕적 인간들이 이루어 내는 유토피아적인 삶의 모습과는 거리가 있다.

② 협동이 제도를 통해서 이루어지는 경우에도 규칙의 확립, 규칙의 준수에 대한 감시, 위반에 대한 처벌은 필수적인 것이다.

③ 이런 의미에서 오스트롬은 제도적인 현실주의자라고 할 수 있다. 그러나 오스트롬은 감시와 제재의 의미를 합리적이고 이기적인 개인의 편익 계산의 관점에서만 보려고 하는 접근과는 상당히 다른 이야기를 들려주고 있다.

④ 즉 오스트롬에게 있어서 감시와 제재의 중요성은 그러한 활동들이 규범을 학습할 수 있고 협동을 할 의사가 있는 사람들로 하여금 조건부의 협동 전략을 사용할 수 있게 해준다는 데 있는 것이다.

2 균형으로서의 제도와 규칙의 체계로서의 제도

① 합리적 선택이론 내에서 제도를 둘러싼 논쟁 중의 하나는 '제도란 무엇인가'라고 하는 문제이다.

② 이 문제에 대한 견해들은 제도를 균형(equilibrium)으로 보는 입장과 행동을 제약하는 규칙(rules)의 체계로 보는 입장으로 크게 나눌 수 있다.

③ 균형으로서의 제도를 강조하는 학자들은 제도란 행동의 규칙성에 불과한 것이며 행동이 규칙적인 것은 그렇게 행동하는 것이 합리적인 개인의 자기이익과 일치하기 때문이라고 주장한다.

3 「공유의 비극을 넘어」에서의 제도

① 「공유의 비극을 넘어」에서 오스트롬 교수가 제도를 균형 이상의 그 무엇으로 보고 있음은 분명하다. 굳이 이름을 붙이자면 균형으로서의 제도를 주장하는 사람들은 제도를 개인의 전략과 그 모음으로서의 게임이론적인 균형으로 보는 제도의 환원론이라 할 수 있고 오스트롬 교수의 입장은 이에 반해서 제도를 객관적으로 존재하는 행동에 대한 제약으로 보는 관점, 즉 제도의 실재론이라고 볼 수 있다.

② 오스트롬 교수는 제도를 '사용되는 규칙들(rules-in-use)'의 체계라고 본다. 사용되는 규칙들이란 적혀 있는 규칙들(rules-in-form)과 대조되는 것이다. 법률체계와 같이 정합적으로 구성된 규칙들이 어디엔가 적혀 있고 공식적인 절차를 거쳐 공표되었다고 해서 제도가 되는 것은 아니라는 것이다. 사용되는 규칙이란 행동의 지침이 되는 규칙들이며 행동으로 구현되는 규칙들이다.

4 제도의 구성 요소

(1) 의의

① 오스트롬 교수는 제도의 구성요소로서의 규칙을 규범 및 행동과 구분하여 정의한다.

② 규칙과 규범은 모두 어떠한 행동 또는 어떠한 결과에 대해서 요구(require)하거나 금지(prohibit)하거나, 허용(permit)하는 언명(linguistic statement)의 형태를 띤다.

③ 규칙은 그러한 언명이 지켜지지 않았을 때 뒤따르는 결과, 즉 처벌의 요소를 포함한다는 면에서 규범과 다르다.

④ 규범의 위반은 특히 규범이 내재화 되어있을 경우 위반자의 심리적인 고통으로 귀결된다. 규칙의 위반은 그것이 발각되었을 경우 다른 사람들에 의한 제재를 수반하게 된다.

(2) 공유된 인식 대상으로서의 제도

① 제도가 단지 행동의 균형 상태 이상인 것은 제도를 구성하는 규칙들이 공유된 인식으로 존재하기 때문이다.

② 공유된 인식의 대상으로서의 제도는 개인의 밖에 존재하며 구체적인 상황에서 어떻게 행동할 것인가를 결정하는 기준의 역할을 한다.

③ 제도를 게임이론적 균형으로 보는 사람들은 제도의 자기지속성(self-enforcement)을 과신하는 경향이 있다. 이는 물론 균형이라는 개념 그 자체가 가지는 속성이다.

④ 그러나 현실의 행동 상황에서는 환경의 불확실성과 인간의 제한적 합리성으로 인하여 규칙의 위반이 발생하기 마련이다.

⑤ 제도는 일단 만들어지면 개인의 합리적 계산에 의해서 균형을 유지하며 지속되는 것이 아니라, 끈임 없는 긴장 속에서 재확인되고 재정립된다. 이러한 과정은 행위자들이 제도를 구성하는 규칙들을 재해석하고 새로운 상황에 적용하고 그렇게 하기 위해서 서로 협의하고 논쟁하는 과정을 포함한다. 즉 제도는 의식적인(conscious) 과정인 것이다.

Ⅵ 시장과 국가 또는 정부에 의한 통제와 사유화의 대안으로서의 자치

① 「공유의 비극을 넘어」의 메시지는 흔히 사회 문제의 해결을 위해 시장과 국가 또는 정부에 의한 통제와 사유화라는 두 개의 대안만이 고려되는 상황에서 자치(self-governance)라고 하는 제삼의 대안을 제시한 것으로 이해된다.

② 제도가 '시장'과 '국가'의 도식적인 이분법에서처럼 완전히 사적이거나 완전히 공적인 경우는 거의 없다. 많은 성공적인 공유 자원 제도는 사적인 것처럼 보이는 제도들과 공적인 것처럼 보이는 제도들의 풍부한 혼합물이기 때문에 경직된 이분법의 틀에 들어맞지 않는다. 사적 제도의 전형이라 할 수 있는 시장은 그 자체가 공공재다. 실제 상황 속에서 공적인 제도와 사적인 제도는 별도의 세계에 있다기보다는 서로 얽혀서 상호의존적으로 존재한다.

예상문제

엘리너 오스트롬(Elinor Ostrom)의 주장으로 틀린 것은?

① 공유자원의 경계가 명확하게 설정 되어야 한다.
② 자원 유량을 인출할 수 있는 권리를 가진 개인과 가계가 명확히 정의 되어야 한다.
③ 공유자원을 인출한 권리를 가진 개개인들이 공유자원 인출에 대한 규율을 스스로 만들고 결정을 내리게 한다.
④ 공유지의 비극을 막기 위한 강력한 정부 행정력이 지역공동체들의 자치 관리보다 더 효율적이다.

정답 ④

해설 오스트롬은 공동체 구성원들 간의 상호 감시와 상호 제재를 통한 공유자원 관리가 효과적이라고 본다. 공동체 구성원들은 외적 권위체가 갖지 못하는 정보를 갖고 있으며, 공동체 내에서 상호 신뢰를 기초로 서로가 서로를 감시하고 규제해가면서 비극을 피해갈 수 있다는 것이다.

Ⅶ 제도 분석과 발전(Institutional Analysis and Development, IAD)

1 의의

① 오스트롬은 국가 또는 시장이라고 하는 제도를 비판하는 것이 아니라 다양한 제도들을 국가와 시장이라고 하는 정해진 개념의 틀에 끼워 맞추려 하는 이론과 정책을 비판하는 것이다.

② 따라서 이분법에 대한 비판은 삼분법이 아니라 인간의 사회적 상호작용에 질서를 부여하는 규칙체계의 다양성을 볼 수 있는 제도 연구의 방법과 분석틀이다.

③ 단순한 이분법적인 사고를 넘어서 복잡하고(complex), 다중심적인(polycentric) 현실의 제도들을 경험적으로 연구하며 이를 통해서 인간의 문제해결 능력을 촉진하는 것이 제도 분석과 공공정책의 목표가 되어야 한다는 것이다.

④ '제도 분석과 발전(Institutional Analysis and Development, IAD)' 분석틀은 이러한 문제의식을 좀 더 구체화시킨 것이라고 볼 수 있다.

2 IAD 분석틀의 특징

① IAD 분석틀은 국가, 시장을 포함한 어떠한 형태의 제도를 이해하는 데도 보편적으로 적용될 수 있는 제도의 내생적, 외생적 변수들과 그 변수들 간의 관계에 대한 지도이다.

② 이 분석틀은 메타이론적인 개념의 체계를 제시하며 분석의 대상이 되는 상황의 특징에 따라서 다양한 형태의 이론과 결합될 수 있다.

③ 제도를 만드는 초기의 비용이 극복 불가능할 정도로 크지 않을 수도 있다. 문제해결의 방법을 모색하기 위해 둘러앉는 것은 엄청난 희생을 요구하는 행동은 아니다. 때로는 당사자들 중 일부가 문제 해결에 훨씬 더 적극적으로 나서고자 하는 인센티브를 가지고 있을 수도 있다. 또는 공공기업가의 입장에서 문제의 해결을 위해 헌신하는 것이 자신의 미래에 대한 계획과 일치할 수도 있다. 어떤 경우에든 결국 제도의 출발점에는 필요성을 인식하고 가능성을 분석하고 제약을 극복하는 개인들의 결단과 실천이 있다.

④ 제도가 만들어지고 유지되는 것은 매우 큰 틀에서 보면 자연발생적이고(spontaneous) 진화적인 과정으로 볼 수도 있겠으나 미시적으로 보면 장인정신(artisanship)의 발현 과정이기도 하다. 모든 진화적 과정이 미리 결정된 과정이 아니듯이 제도의 과정도 성공과 실패가 완전히 결정되어 있지는 않는 영역이며 그 최종적인 실현은 인간의 노력에 의해서 이루어진다.

Theme

100 공유경제의 이론과 실체

I 의의

공유경제의 이론적 기반을 마련한 Benkler는 분산되고 느슨한 사회관계에 기초한 사회적 공유라는 새로운 생산양식의 가치는 자율성과 효율성에 있다고 했다.

II Airbnb와 Uber

1 문제제기

최근 공유경제 사업의 선두주자로 각광받고 있는 Airbnb나 Uber는 과연 이러한 가치에 부합하는가? 이 질문에 답하기 위해 다음과 같이 이들 사업의 다측면적인 실체를 파악하고 답을 제시했다.

2 Airbnb

① Airbnb 사업은 자산 임대를 통해 숙박 서비스를 제공할 수 있도록 임대인과 임차인을 P2P 방식으로 직접 연결시켜주는 영리 목적의 사업이다.

② 한 실증연구에 따르면 Airbnb가 기존의 숙박요금에 영향을 미치고 있으며, 도심지역의 아파트형 거주지가 Airbnb를 통해 임대되는 경우 임대차 당사자들의 의사는 주로 임대료에 의해서 결정되므로 이 사업은 많은 부분이 시장경제에 포함된다.

③ 자산 임대에 관한 결정에 대해서 임대인이 재량권을 가진다는 측면에서 자율성이 인정되지만 임대인은 Airbnb의 규칙을 준수해야 한다는 점에서 Benkler가 지향하는 자율성에는 못 미친다.

④ 또한 Airbnb 사업의 경우 기존 숙박 업체에 비해 탄력적으로 숙박시설을 제공할 수 있으므로 더 효율적이지만 Airbnb 사업에서 임대자산이 부동산인 주거시설이므로 투입요소의 역동적 변화가 물리적으로 어렵기 때문에 Benkler가 지향하는 효율성을 달성하기는 어렵다.

3 Uber

① Uber 사업은 Ride 서비스를 제공하고자 하는 자와 Ride 서비스를 원하는 자를 P2P 방식으로 직접 연결시켜주는 영리 목적의 사업이다.

② Uber의 요금은 규제를 받지 않으며 피크타임 요금제를 도입하는 등 Uber 사업은 시장 경제적 요소를 가지고 있다.

③ Uber도 Airbnb와 유사한 이유로 Benkler가 지향하는 자율성과 효율성을 달성하기 어렵다.

4 시사점

① 해외에서는 단기 주택임대에 대한 규제가 주로 시민인 장기 임차인 보호 차원에서 추진되었으나 국내에서는 이 점이 간과되었다.

② 도시의 단기 주택대여 사업이 도시의 전월세 공급에 미치는 영향을 분석해서 필요하다면 단기 주택대여 기간에 대한 제한을 두는 것이 바람직하다.

기출문제

우버화에 대한 설명으로 틀린 것은? [2019]

① 온라인 및 모바일 플랫폼을 이용하여 전문중개인 없이 수요자의 요청에 공급자가 직접 재화·서비스를 제공하는 경제활동의 확산 현상이다.

② 필요한 재화를 직접 소유하지 않고 타인의 유휴 자산에 접근해 이용하거나 공유한다는 의미에서 공유·접근 경제 등으로 불리며 기존의 생산·소유 중심 경제와 구분된다.

③ 시간·자원이 있는 사람이 그렇지 않은 사람에게 실시간 서비스를 제공한다는 의미에서 온디맨드(On-demand)경제, 컨시어지(Concierge)경제로도 불린다.

④ 가격체계가 아닌 사회관계와 공유의 윤리를 기반으로 자원을 동원하고 배분한다.

정답 ④

해설 오늘날 공유경제를 대표하는 사례로 흔히 우버(Uber)와 에어비앤비(Airbnb)가 언급되지만, 공유경제에 대한 이론적 배경을 제공했다고 평가되는 벤클러는 두 기업의 경제활동을 공유경제로 보지 않는다. 그에게 공유경제는 가격체계가 아닌 사회관계와 공유의 윤리를 기반으로 자원을 동원하고 배분하는 것이지만, 우버나 에어비앤비는 자원 공유에 대해 주로 가격체계에 기반을 둔 수익창출 기회라는 맥락에서 접근하기 때문이다.

Ⅲ 공유경제의 철학적 배경

1 의의

① Benkler에 의하면 분산형 컴퓨팅, 카풀(carpool) 등 공유행위(sharing practices)는 특정 커뮤니티 내에서가 아니라 범사회적으로 실천되어 왔다.

② 공유행위는 가격체계(price system)가 아닌 사회관계(social relations)와 공유의 윤리(ethic of sharing)를 기반으로 자원을 동원하고 배분하는데, 공유행위는 가격 기반 또는 정부지원 기반의 시스템과 공존하거나 그들을 능가하고 있다.

③ 범사회적 공유는 새로운 생산양식으로 부상하고 있는데 이 생산양식은 단순히 휴머니즘 기반의 공유가 아니라 개인이 자신이 통제할 수 있는 자원을 가지고 생산 활동에 효과적으로 관여(engage)하는 것이다. 전통적 커뮤니티와는 달리 분산되고 느슨한 사회관계에 기초한 사회적 공유라는 새로운 생산양식의 가치는 자율성(autonomy)과 효율성(efficiency)에 있다.

2 공유행위의 특징

① 생산과정의 분산화는 개인의 사회관계에 있어서 자율성을 보장하고 생산 활동에의 기여 또는 여분의 자원 투자에 있어서 기업에서와는 달리 계약이나 감사에 구속받지 않는다.

② 느슨한 사회관계는 오히려 재화 배치나 행동에 있어서 유동성을 제고하고 참여자의 자율성을 강화시켜 줌으로써 필요에 따라 대규모 참여자들의 기여와 노력을 역동적으로 변화시켜 경제적 효율성을 달성할 수 있다.

③ 2006년 Benkler는 그의 저서 「The Wealth of Networks」에서 정보통신 네트워크의 발전으로 범사회적 공유행위의 장애 요인이었던 거래비용(transactions cost)의 문제가 해결되면서 다양한 공유행위를 통한 생산 활동이 효과적으로 수행 가능해졌다고 본다.

3 공유행위의 종류

(1) commons-based production

① commons란 자원에 대한 접근, 사용, 제어할 수 있는 권리를 구조화하는 특정 제도적 형태로서 다음과 같은 의미에서 재산권(property)과 반대되는 개념이다. 재산권은 법이 자원을 어떻게 사용할 지를 결정하는 권리를 특정인에게 부여한다.

② commons의 특징은 어떤 개인도 commons 내에 특정 자원을 사용하거나 처분할 배타적 권리가 없다는 것을 의미한다.

③ commons-based production는 생산과정에서 투입, 산출을 공유하며, commons의 사용에 대한 결정을 개인의 재량에 맡긴다.

(2) peer production

peer production이란 commons-based production 중에서 개인의 의사 결정이 분권화되어 있는 경우로서 널리 분산된 개인들이 분산된 협력을 할 수 있는 메커니즘이다.

(3) sharing of processing, storage and communication platforms

① sharing of processing, storage and communication platforms는 개인 소유물을 조합해서 거대한 시스템을 구성하는 플랫폼을 공유하고 공동 활용한다.

② 개인의 역량은 공유하지 않고, 투자도 개인이 결정하고, 산출은 개인 소유이다. 개인 PC의 유휴 컴퓨팅 파워를 조합해서 거대한 슈퍼컴퓨터를 구축하는 분산형 컴퓨팅 시스템이 대표적인 예이다.

Ⅳ 공유경제의 역사적 배경

1 리프킨(Jeremy Rifkin)

① 사회관계에 기반을 둔 공유경제 개념을 경제사적 배경에서 논의하였다.

② 사유재산권은 계몽주의 경제학자들에 의해 확립된 것이고 소유권은 배타적 향유를 중시하며 타인과의 경험 공유를 배제한다.

③ 사유재산권이 인류 역사에 있어서 일시적인 개념이고, 공유가 오랜 시간 동안 인류의 자연스럽고 보편적인 행태이다.

④ 공유경제는 보이지 않는 시장의 힘보다 사회적 신뢰와 같은 사회적 자본에 더 많이 의존하면서 시장보다는 networked commons의 형태를 띤다.

⑤ 기존의 자본가가 공유문화를 이용해서 새로운 수익을 창출하려 하는 것은 좌절될 것이고 그 예가 eBay의 공유경제 사업이다.

2 리프킨(Jeremy Rifkin)의 사유재산권에 대한 역사적 시각

① 사유재산권에 대한 리프킨의 부정적 시각으로 인해 그의 공유경제 개념은 사회주의 경제체제에 가까운 것으로 보인다.

② 구석기 시대에는 소유권의 개념이 사실상 존재하지 않았고 인류가 경작을 시작하면서 잉여곡물이나 가축에 대한 소유물 개념이 등장한 것은 기원전 1만년 경으로 추정된다.

③ 거래의 대상인 부동산의 개념으로서 토지에 대한 소유권은 엔클로저 법령이 확립되면서 공식적으로 인정되었으며 1차 산업혁명 이후 계몽주의 경제학자들은 사유재산의 소유를 미덕으로 극찬했다.

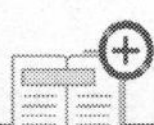
생각넓히기 | **제레미 리프킨**

(1) 「한계비용 제로 사회」

"자본주의 시스템의 기반을 흔들고 있는 것은 다름 아닌 자본주의를 지배하는 그 운용 논리적 가정의 극적인 성공이다." 경쟁의 장은 새로운 기술 개발과 생산성 증가를 촉발한다. 독과점이 형성되었다 하더라도 장기적인 관점에서 결국 기술적 약진을 이룬 새로운 경쟁자에 의해 무너지기 마련이다. 치열한 경쟁은 계속하여 기술의 발전을 낳고 결국 생산성이 최고점에 이른다. 그때 한계비용이 제로가 되며 자본주의를 지탱하는 이윤이 고갈된다. 리프킨이 말하는 '성공에 의해 실패하도록 설계'된 자본주의의 운용 논리이다. 자본주의가 물러난 자리에는 협력적 공유사회(Collaborative Commons)가 대신 들어선다. 이기심이나 물질적 이득이 아닌 공동의 이익에서 동기를 부여받고 서로 연결되어 공유하고자 하는 열망이 주도하는 사회다. 협력적 공유사회는 자본이나 GDP가 아닌 사회적 자본의 집적으로 측정된다. 공유사회는 어느 시점에 갑자기 부상하는 개념이 아닌, 인류의 역사와 궤를 함께하는 통치 모델이다. 자기규제의 규약과 이에 수반하는 처벌을 핵심으로 하는 참여는 공유사회의 구성요건이다.

(2) 「엔트로피」

엔트로피 법칙의 정의는 열역학 제2법칙 '물질과 에너지는 한 방향으로만 변한다.'에서 시작된다. 즉, 엔트로피 법칙에 따르면 유용한 상태에서 무용한 상태로, 획득 가능한 상태에서 획득 불가능한 상태로, 질서 있는 상태에서 무질서한 상태로만 변한다는 것이다. 여기서 유용한 에너지가 무용한 형태로 변한다는 말은 일할 수 있는 유용한 에너지가 손실된다는 것을 뜻한다. 이것의 예로 석탄을 태우면 에너지의 총량은 같지만 이 석탄은 이미 아황산가스의 형태로 대기 중에 흩어졌기 때문에 더 이상 석탄을 이용한 에너지를 사용할 수 없는 것을 확인할 수 있으며 이러한 법칙을 엔트로피라고 부르는 것이다. 그런데 이러한 현상인 엔트로피는 시간이 지남에 따라 그 확률이 기하학적으로 증가한다. 그리하여 지구상의 물질적인 엔트로피는 끊임없이 증가하며 언젠가는 극대점에 도달하여 결국 인류 곁에 있는 모든 유용한 에너지들이 소멸될 것이다. 인간도 이러한 비극을 본능적으로 느끼고 해결하기 위해 많은 노력을 실천하였다. 재생 불가능한 석탄의 소비를 막고 에너지 위기에서 탈피하고자 핵분열 에너지, 핵융합, 광물, 합성연료 등과 같은 대체 에너지를 찾았다. 그러나 이러한 활동들은 그 수명을 어느 정도 연기시켜줄 뿐 인류는 엔트로피 법칙에서 벗어날 수 없다. 이 문제는 아직까지 개발되지 않은 엄청난 양의 재생 불가능한 에너지원이 잠재되어 있는 제3세계, 즉 후진국과의 무역을 갈등이나 전쟁 없이 평화롭게 잘 이끌어 나가는 것, 전체 소득의 대부분을 차지하고 있는 상류계층과 그 반대에 있는 빈곤층과의 부의 재분배, 지구의 에너지보다 그 수명이 훨씬 긴 태양 에너지의 효과적인 활용, 기계론적 구조에서의 탈피를 위해 그와 관련된 생각과 행동을 버리는 것, 그리고 마지막으로는 그에 따른 제도, 과학, 교육, 종교 등의 변화이다. 나는 오늘날 사람들이 문명 발전의 모순을 인식하고 위와 같은 노력을 지속한다면 좀 더 나은 방향으로 역사를 이끌고 나아갈 수 있다.

(3) 「소유의 종말」

이 책은 원제를 따져보면 저자의 의도를 조금 더 이해하기 쉽다. 원래 제목은 「소유의 종말」과는 꽤 거리가 있어 보이는 「접속의 시대(The Age of Access)」이다. 뜬금없이 이렇게 의미가 달라 보이는 제목을 붙인 건 출판사의 상술일 수도 있겠지만 (아마도 이런 제목으로 바꾼 데는 리프킨을 세계적인 유명 작가 반열에 올려놓은 「노동의 종말」 때문인 듯하다) 사실 저자는 접속의 시대가 낳은 새로운 생활양식에서 핵심으로 제시하는 것은 바로 전통적인 자본주의사회 내에서의 소유 개념이 사라진다는 것이다. 이 책에서 주의할 점은 '접속'이라는 단어 의미가 단순히 '인터넷에 접속한다.' 식의 의미가 아닌 소유에 반대되는 의미로서 매우 폭넓은 의미를 지닌다는 점이다. 저자의 구분에 따르면 소유를 기준으로 볼 때, '접속'은 '소유'와 반대로 일시적으로 사용하는 권리를 의미한다. 일시적인 사용 권리를 뜻하는 접속은 인터넷에만 적용되는 것이 아니라 자동차, 주택, 가전품, 공장, 체인점 같은 다양한 실물 영역에서도 일관되게 발견되는 현대 사회의 거대한 흐름이다. 접속은 일시적으로 사용하는 권리이다. 혹시 집안에 빌려 쓰는 정수기라든지, 그런 것이 있다면 그 역시 접속의 시대가 낳은 산물로 볼 수 있다. 변화와 혁신이 빠르게 이뤄지는 시대의 특징은 자기 것으로 늘 소유하는 것은 부담스러울 뿐 아니라 오히려 소유물을 유지하는 데 필요한 경제적인 효용성이나 편익 계산에서 비용이 너무 많이 사용돼 불리해질 수 있다. 이런 이유로 사람들은 일시적으로 '접속'하게 되며 소유가 종말을 고하는 시대가 다가오고 있는 것이다. 빠르게 변화와 혁신이 이뤄지는 시대에 소유에 집착하는 것은 불리하다. 그러다 보니 접속의 시대를 살아가는 사람들은 소유를 부담스럽게 여기게 된다. 이젠 접속의 시대 속에서 삶의 의미를 고찰해야 하는 것이다.

(4) 「노동의 종말」

"노동 없는 세계는 과학자, 엔지니어, 기업주들에게는 고되고 정신 없는 반복적인 작업으로부터 인간이 해방되는 역사상 새로운 시대의 시작을 의미하는 것일 수 있다. 동시에 다른 사람들에게는 대량 실업, 전 세계적인 빈곤, 사회적 불안과 격변이라는 우울한 미래로 비칠 수도 있다. 그러나 대다수 사람들의 의견이 일치하는 지점이 있다. 그것은 제조와 서비스 제공 과정에 있어서 기계가 인간 노동을 대체하는 새로운 시대가 시작된다는 것이다."

(5) 「공감의 시대」

인간의 모든 활동이 실체적 경험, 즉 다른 사람과의 관계라고 하면, 관계 속에서 나타나는 공감능력, 즉 다른 사람이 자신인 것처럼 그의 마음을 읽고 반응하는 능력은 인간이 세계에 참여하고, 개인의 정체성을 만들고 언어를 발전시키고, 설득하는 법을 배우고, 사회적이 되고, 문화적 설화를 지어내고, 현실과 존재를 정의하는 방법의 핵심요소이다. 실체적 경험은 인간을 매료시켰던 종전 세계관의 중요한 특징은 버리지 않으면서도 우리를 '신앙의 시대'와 '이성의 시대'에서 새로운 시대로 안내한다.

[예상문제]

제레미 리프킨의 입장에 대한 설명으로 틀린 것은?

① '접속'은 '소유'와 반대로 일시적으로 사용하는 권리로서 일시적인 사용 권리를 뜻한다.
② 제조와 서비스 제공 과정에 있어서 기계가 인간 노동을 대체하는 새로운 시대가 시작될 것이다.
③ 실체적 경험은 인간이 세계에 참여하고, 문화적 설화를 지어내고, 현실과 존재를 정의하는 방법의 핵심요소이다.
④ 실체적 경험은 인간을 매료시켰던 종전 세계관의 중요한 특징은 버리지 않으면서도 우리를 '신앙의 시대'와 '감성의 시대'에서 새로운 시대로 안내한다.

정답 ④

해설 실체적 경험은 인간을 매료시켰던 종전 세계관의 중요한 특징은 버리지 않으면서도 우리를 '신앙의 시대'와 '이성의 시대'에서 새로운 시대로 안내한다.

3 사유재산권에 대한 전통적인 경제사학의 입장

① 사유재산권에 대한 리프킨의 역사적 시각은 전통적인 경제사학과는 차이가 있다.
② 사회경제적 관점에서 봉건제는 "직접생산자로서 독립적 소농민 경영을 갖는 사실상의 토지점유자인 농민에 대해 토지소유권자인 영주가 경제외적 강제에 의해 봉건지대를 수취하는 생산양식"으로 정의될 수 있다.
③ 1789년 프랑스 혁명의회는 봉건제의 완전 폐지를 선언했는데 여기서 봉건제는 봉건 영주의 토지 소유권을 의미한다.

④ 게르만의 고(古)공동체, 즉 원시 말기에 성립한 게르만의 농업 공동체에서는 그들이 중유럽 이북지역의 삼림지대에 위치했던 자연적 조건으로 인해 타 공동체들과는 달리 사실상 사적 소유에 기초한 소농민 경영이 일찍부터 실현되었다. 따라서 토지 소유권의 개념은 중세 이전부터 존재했던 것으로 보인다.

⑤ 리프킨은 생산수단에 대한 소유권 개념이 근세 이후 생겨난 것이며 인류 역사에 있어서 일시적인 것으로 주장했지만 산업화 이전 주된 생산수단인 토지에 대한 소유권은 이미 고대 사회에도 존재했기 때문에 생산수단에 대한 소유권을 일시적인 개념으로 볼 수는 없다.

[예상문제]

공유경제에 대한 제레미 리프킨(Jeremy Rifkin)의 입장으로 볼 수 없는 것은?

① 기존의 자본가가 공유문화를 이용해서 새로운 수익을 창출하려 하는 것은 좌절될 것이다.
② 공유경제는 보이지 않는 시장의 힘보다 사회적 신뢰와 같은 사회적 자본에 더 많이 의존한다.
③ 생산수단에 대한 소유권 개념이 근세 이후 생겨난 것이며 인류 역사에 있어서 일시적인 것이다.
④ 구석기 시대에는 소유권의 개념이 사실상 존재하지 않았고 인류가 경작을 시작하면서 거래의 대상인 부동산의 개념으로서 토지에 대한 소유권 개념이 등장한 것은 기원전 1만년 경으로 추정한다.

정답 ④

해설 리프킨에 의하면 구석기 시대에는 소유권의 개념이 사실상 존재하지 않았고 인류가 경작을 시작하면서 잉여 곡물이나 가축에 대한 소유물 개념이 등장한 것은 기원전 1만년 경으로 추정한다. 반면에 거래의 대상인 부동산의 개념으로서 토지에 대한 소유권은 인클로저 법령이 확립되면서 공식적으로 인정되었으며 1차 산업혁명 이후 계몽주의 경제학자들은 사유재산의 소유를 미덕으로 극찬했다.

V 공유경제의 개념

① sharing economy란 자산의 부분적인 소유권, 이용권 또는 향유권을 주거나 받는 경제, 또는 구성원들이 공동으로 소유, 사용 또는 향유하는 경제이다. 한국어의 사전적 의미로 共有經濟란 자산을 구성원들이 공동으로 소유하는 경제인데, sharing economy를 공유경제로 번역하는 경우 자산에 대한 이용권과 향유권 부분이 가려지는 문제점이 있으므로 공유경제라는 용어를 사용할 때 이 점을 상기할 필요가 있다.

② 2008년 레식(Lessig)은 그의 저서 「Remix: Making Art and Commerce Thrive in the Hybrid Economy」에서 공유경제(sharing economy)라는 용어를 최초로 사용하였다. 그는 공유경제를 상업경제(commercial economy)에 대칭되는 개념으로 사용하고 있으며, 공유경제를 가격이 아닌 다양한 사회관계(social relations)에 의해서 조율되는 경제라고 정의하였다. 레식의 공유경제 개념에서는 벤클러의 공유행위와 같이 사회관계가 그 핵심이다.

Ⅵ Botsman의 공유 경제의 유형

1 의의

Botsman은 "공유경제는 공유된 정의가 없다(The sharing Economy Lacks a Shared Definition)."고 주장하면서 이 문제를 해결하기 위해 공유경제를 sharing economy, peer economy, collaborative economy, collaborative consumption 등의 개념을 사용하여 분류하였다.

2 Collaborative economy

(1) 의의

중앙집중적 조직과는 반대로 연결된 개인과 공동체로 구성된 분산된 네트워크들 위에 만들어진 경제로서 생산, 소비, 금융, 학습하는 방법이 달라진다.

(2) 4개의 핵심 구성요소

① 생산은 협력적 네트워크들을 통한 재화의 디자인, 생산, 분배를 의미한다(예 Quirky).

② 소비는 재분배와 공유된 접근의 효율적 모델을 통한 자산의 최대 활용을 의미한다(예 Airbnb).

③ 금융은 개인 대 개인의 은행 업무와 금융을 탈집중화하는 대중 주도 투자 모델들을 의미한다(예 peer-to-peer 대출 플랫폼인 Zopa).

④ 교육은 개방된 교육과 교육을 민주화시키는 개인 대 개인 학습 모델들을 의미한다(예 Coursera).

3 Collaborative consumption

(1) 의의

제품과 서비스의 공유, 교환, 거래 또는 대여를 기반으로 하는 경제 모델로서 소유 대신 접속을 가능하게 한다. 이는 우리가 무엇을 소비할 것인가 뿐만 아니라 어떻게 소비할 것인가를 재발명하고 있다.

(2) 3가지 시스템

① 재유통 시장은 필요 없거나 덜 사용된 재화를 다시 유통시킨다.

② 협력적 라이프 스타일은 공간, 기술 그리고 금전과 같이 제품이 아닌 자산을 새로운 방식으로 교환하거나 거래한다. 예를 들어, TaskRabbit은 작업을 대신해주고 금전적 보상을 받을 수 있도록 개인 또는 기업들을 연결시켜준다.

③ 제품 서비스 시스템은 제품을 소유할 필요 없이 제품이 주는 혜택에 접근하는 것에 대해 지불한다. 예를 들어, BMW의 Drive Now는 회원제 자동차 공유 서비스로서 차를 구매하지 않고 회원이 차가 필요한 시점과 장소에서 차를 이용하면서 분당 요금을 지불한다.

4 Sharing Economy

공간을 비롯해서 기능, 물건에 이르기까지 저사용된 자산을 금전적 또는 비금전적 혜택을 위하여 공유하는 것에 의존하는 경제 모델로서 현재는 주로 P2P와 연관되어 회자되고 있으나 B2C 모델에서도 동일한 기회가 존재한다.

5 collaborative economy

Botsman의 개념 정의 중에서 가장 포괄적인 개념은 collaborative economy이며 이 개념에는 기존에 공유경제 비즈니스라고 하는 거의 모든 것들이 포함될 수 있다. 반면, Botsman의 sharing economy의 개념에는 생산과 금융 측면이 거의 배제되어 있으며 사실상 그녀의 collaborative consumption 개념과 별로 차이가 없다.

생각넓히기 | 공유 경제의 사전적 의미

Share applies both to giving and to receiving partial possession, use, or enjoyment. It can also refer to possession, use, or enjoyment in common by a group.(The American Heritage Dictionary of the English Language, 3rd edition)

핵심정리 공유 목적: 소비/서비스 제공

(1) 공유 방법: 자산 임대

	P2P	B2P
영리	Airbnb, Turo(RelayRides)	Zipcar, 토즈
비영리	NeighborGoods	열린옷장, 셰어하우스 WOOZOO

(2) 공유 방법: 서비스 제공/교환

	P2P	B2P
영리	Uber, TaskRabbit	
비영리	LETS, Time Bank	홍합밸리

(3) 공유 방법: 매매/교환

	P2P	B2P
영리	ebay, Etsy	알라딘
비영리	Swapstyle	아름다운가게

핵심정리 공유 목적: 제조/생산

	Community	Crowdsourcing/ Crowdfunding	B2P	P2P
영리		Quirky, Kickstarter	TechShop	
비영리	hackerspace Fab lab			Garden sharing

기출문제

코로나 이후의 공유경제에 대한 내용으로 틀린 것은? [2021]

① 공유경제는 이제 단순한 공유활동 그 자체보다 부가가치를 만들어 내는 공유경제 플랫폼으로 진화할 것이다.
② 5G 인프라와 모바일 인프라가 계속해서 발전하면서 공유경제의 기술장벽은 더욱 사라질 것이다.
③ B2B 위주의 공유경제는 B2C로 확장될 것이다.
④ 과거에는 높은 가격으로 쉽게 구매할 수 없는 자동차와 같은 제품의 공유가 활발해졌다면, 향후에는 값싸고 일상의 물건까지 공유하게 될 것이다.

정답 ③

해설 B2C(Business to Customer) 위주의 공유경제는 B2B(Business to Business)로 확장될 것이다. 공유주방과 공유 사무실을 시작으로 B2B 공유경제는 공유물류, 공유공장 등 비즈니스 전반에 걸쳐 공유가 활발해질 것이다. 우리나라의 마이창고(Mychango), 영국의 스토우거(Stowga), 일본의 오픈로지(Openlogi)가 유휴 물류창고를 공유하고 있다. 아직은 시범단계이나 일부에서는 공장을 공유하는 공유공장 서비스도 등장하고 있다. 대구의 스마트웰니스 규제자유특구에서는 한 개 공장의 3D프린터 등 제조 인프라를 공유해 장비구매 비용을 절감하고 있다. 중국에서는 스마트 공장과 친환경 제조와 함께 공유공장 생태계를 정책적으로 지원하고 있다.

Theme

101 공유 경제와 구독 경제

I 공유경제(sharing economy)

공유경제는 제품을 개인이 사는 것보다는 합리적인 가격으로 공유하면서 사용하는 개념이다. 제품을 함께 사용하는 '협력 소비행태'를 의미한다.

Ⅱ 구독경제(Subscription economy)

① 구독경제는 일정 이용 기간만큼 물건 사용 비용을 지불하는 개념이다.

② 신문의 월 구독료, 가정에서의 우유나 요구르트 구매를 생각하면 이해하기 쉽다.

③ 음식점에서 정수기를 한 달에 일정액을 주고 빌려 쓰는 렌탈과도 비슷하다.

④ 스트리밍 영상 서비스인 '넷플릭스'가 대표적인데, 매월 일정 비용을 지불하면 콘텐츠를 무제한 이용할 수 있다.

⑤ 넷플릭스의 성공 이후 다양한 산업분야로 확산돼 최근에는 상당수의 생필품에서도 도입했고 자동차도 구독경제에 편입됐다.

⑥ 구독경제의 핵심은 '제품의 공유'보다 '효용성을 기반으로 커스터마이즈(customize)된 서비스(경험)와 소유'라고 볼 수 있다.

Ⅲ 공유경제와 구독경제의 공통된 가치

① 공유경제나 구독경제의 핵심은 '상품을 사는 것'에서 '서비스를 경험하는 것'으로 전환하는 것이다.

② 비싸게 산 뒤 한번 쓰고 버리거나 처박아두는 것보다 싼 가격에 사용을 공유해 자원을 효율적으로 활용하고 사회적 비용을 줄이자는 서비스다.

③ 개념이 비슷해 구독경제나 플랫폼경제에 가까운 서비스나 모델이 공유경제로 포장되는 경우도 종종 있다.

④ 렌탈 서비스의 경우 공유를 하면서도 구독의 성격을 갖고 있기 때문에 둘을 완전히 다른 개념으로 보기도 어렵다.

Ⅳ 공유경제와 구독경제의 차이

1 의의

① 공유경제와 구독경제는 공통적으로 소유를 버리고 사용 경험을 중시하는 데 의미가 있다.

② 공유경제는 기본적으로 '생산된 제품을 여럿이 공유하는 것'이고, 구독경제는 '제품을 효용성을 기반으로 한 개인별 맞춤형 서비스를 경험하거나 소유하는 것'이다.

2 '경험 제공' 방식에서의 차이

① 공유경제는 소비자가 중개플랫폼을 통해 제품 및 서비스 소유자와 거래해 일정 기간 경험하는 모델이다.

② 구독경제는 공급자(기업)가 제품 및 서비스의 판매방식을 구독으로 바꿔 소비자가 일정기간 경험하는 모델이다.

③ 소유가 아닌 경험을 제공하고 경험한 만큼 대가를 지불하게 한다는 점은 비슷하지만 핵심 플레이어가 공유경제는 중개플랫폼이고 구독경제는 공급자라는 점에서 확실한 차이가 있다.

④ 이는 두 비즈니스 모델의 경제적, 사회적 영향력의 범위를 결정짓는 큰 차이이다.

Ⅴ 공유경제의 변질

① 공유경제는 지난 2008년 세계 금융위기 이후 미국 하버드대 법대 로렌스 레식 교수가 처음 사용했다.

② 생산된 제품을 공유해 쓰는 경제방식인데, 소비자는 물건을 소유하는 것이 아니라 빌려서 일정 기간 소유권을 가지고 경험한다.

③ 일각에서는 공유경제를 자본주의가 발전하면서 겪어야 하는 필연적 단계로 해석한다.

④ 지금의 생산력은 이미 전 세계 인구를 부양하고도 남을 정도로 많은 잉여 생산물을 만들어 내고 있고, 이로 인해 기업 간의 경쟁은 심화하고 재고는 넘쳐나고 있다는 주장이다.

⑤ 그러나 공유경제의 개념이 변질됐다는 지적을 받고 있다.

⑥ 로렌스 레식 교수가 말한 본래 취지는 생산 제품을 여럿이 쓰면서 더 효율적으로 재화를 소비하고자 했던 모델이었는데 공급자와 수요자를 연결하는 플랫폼 플레이어에게 부가 집중되는 '플랫폼경제(Platform Economy)'로 변질됐다.

⑦ 이로 인해 공유경제는 사회적 갈등을 유발하거나 소득 불평등을 오히려 증가시키고 있다는 지적을 받고 있다.

⑧ '우버'나 '에어비앤비'와 같은 엄청난 회원을 가진 업체들이 높은 중개수수료를 받아가 생산자들이 플랫폼 플레이어에 종속돼 휘둘릴 수밖에 없게 됐다.

⑨ 즉 우버, 에어비앤비처럼 많은 회원(ID)을 가지고 있는 업체들이 중개수수료를 받아가는 플랫폼경제 스타일로 변화됐다는 지적이다.

⑩ 거래는 공유경제이되 돈은 플랫폼 플레이어들에게 들어가 공유란 단어를 쓰기 민망하다는 말이다.

⑪ 따라서 생산자 입장에서는 달갑지 않은 모델이다.

⑫ 차량공유 플랫폼인 '쏘카(socar)'의 소비자 이용이 늘수록 자동차를 소비자에게 판매해야 할 완성차 업계는 위협을 느끼게 된다. 경제 성장을 저해할 수 있는 비즈니스 모델로 인식하게 된 것이다.

Ⅵ 구독경제는 기존 산업의 발전 모델

① 공유경제가 제품 생산자와 충돌을 빚었다면 구독경제는 생산자가 직접 파는 방식을 구독모델로 변화시킨 것이다.

② 제품 생산자가 주도해 사회적 갈등을 유발하지 않고 기존 산업의 발전 모델로 운영할 수 있다.

③ 생산자는 자신의 제품, 서비스를 판매한다는 기본 구조에는 변화가 없다.

④ 다만 파는 것에 비해 수익이 줄어드는 단점은 있을 수 있지만 공유경제보다 감수할 수준이다.

⑤ 또 비싸서 못 사거나 사기를 망설이던 소비자에게 효율적 가격으로 경험을 하게 만들어 제품 사용을 유도하거나 지속적인 팬으로 만들 가능성이 생긴다.

Ⅶ 구독경제 시대의 생산자

① 제품 생산기업 입장에서는 제품을 가지고 어떻게 소비자가 원하는 구독 서비스를 제시할지 고민해야 한다.

② 이용자 성향이나 가치를 파악해 원하는 구독 서비스를 만들어야 한다. 같은 제품이라도 결제 기간에 따라, 묶는 카테고리에 따라, 배송 방식에 따라 차이는 상당히 달라진다.

③ 자동차의 경우 기존에는 이용하려면 비싼 돈을 주고 살 수밖에 없었다. 그러나 구독경제를 통해 고급 차나 준중형급 차를 월 구독료를 내고 싸게 이용할 수 있다.

④ 완성차 업체들이 출시한 구독 서비스를 보면 타깃 소비자와 서비스의 성격이 다양하다.

⑤ 구독경제로 소비자는 선택의 폭이 넓어지고 맞춤형 서비스를 받아 더 다양하고 만족스러운 서비스를 접할 가능성이 커진다.

⑥ 또 고정 비용을 내면 필요한 만큼만의 다양한 재화와 서비스를 누릴 수 있어 경제 부담을 줄일 수 있다.

⑦ 구독경제는 이처럼 소비자에게 유리하다. 따라서 기존 판매방식과 달리 기업은 고객 유지에 많은 공을 들여야 한다.

⑧ 이는 소유가 중시되는 시대는 한번 팔고서 큰 이윤을 남겼다면 구독경제 시대에는 소비자가 구독을 유지하도록 해야 해 소비자 위주의 서비스를 제공할 수밖에 없다.

Ⅷ 구독경제와 MZ세대

① 과거에는 집이든 자동차든 소유하는 것이 꿈이었다. 우리는 이들을 소유하려고 노동했고 이들을 사고팔았다.

② 그러나 지금의 20~30대인 MZ세대에게는 소유 자체보다 경험이 더 중시되고 있다.

③ 내가 필요로 하는 서비스 및 제품을 내가 원하는 시간이나 상황에 맞춰 사용하고 경험하는 것을 추구한다. '산 만큼'이 아닌 '사용한 만큼' 대가를 지불하고 싶어한다.

④ 하지만 MZ세대가 꼭 실용적인 경험만을 추구해 이들 서비스를 선호한다고 생각해서는 안 된다. 인간의 최대 욕망인 소유를 못하니까 눈을 돌리는 것이다.

⑤ 2030세대가 명품소비를 즐긴다는 것에서 찾을 수 있다. 실제 천정부지 아파트 값 등 이들 세대가 포기할 사례가 많아지면서 실용적이고 실속을 챙기는 쪽으로 의식 변화가 일어나고 있다.

⑥ 다시 말해 최고 서비스나 제품에는 과감하게 투자하지만 그 외에 대부분 재화에는 경험해 본다는 정도로 합리적 소비를 추구하는 것이다.

Theme

102 현대 자본주의와 동료 생산

I 의의

① 동료 생산은 시장 논리나 조직의 위계로부터 자유로운 개인들이 서로 공유할 수 있는 재화의 생산을 위해 각기 동등한 위치에서 자발적으로 협력하는 생산모델을 가리키는 말이다. 그것은 1960년대의 해커 문화로부터 많은 영향을 받았으며, 1980년대 중반 스톨먼(Stallman)의 자유소프트웨어(free software) 운동에서 본격화되었다.

② 지금까지 '그누/리눅스(GNU/Linux)' 운영 시스템, '아파치(Apache)' 웹 서버, '파이어폭스(Firefox)' 웹 브라우저, '펄(Pearl)' 프로그램 언어, '마이스퀄(MySQL)' 데이터베이스 관리 시스템, '센드메일(Sendmail)' e-메일 라우팅 서비스, '오픈 디자인(Open Design)', '프로젝트 구텐베르크(Project Gutenberg)', '세티엣홈(SETI@home)', '위키피디아(Wikipedia)' 등 다양한 동료 생산 모델들이 출현하였다.

③ '좋아서 하는 일이 돈 받고 하는 일보다 종종 더 나은 성과를 거둔다.'는 동료 생산 모델의 교훈을 알아차린 기업들은 동료생산이 창출하고 있는 디지털 공유지를 자신들의 독점적 수익의 원천으로 삼는 이른바 웹 2.0 경영 전략을 본격적으로 도입하기 시작했다.

④ 그 결과, 구글, 유튜브, 페이스북, 트위터 등의 웹 2.0 기업들은 지난 10여년 사이 디지털 자본주의를 대표하는 기업들로 성장하였으며, '집단 지성', '위키노믹스', '대중 협력' 등과 같은 용어들은 생산자와 소비자에 의해 권력이 공유되는 민주적 생산과 분배의 새 시대를 알리는 용어들처럼 회자되고 있다.

II 네트워크화된 정보 경제

1 의의

① 19세기 중반 이후의 산업적 정보 경제는 대규모 인구를 포괄하는 데 필수적인 물질 자본의 대규모 투자에 의존하는 경제체제였다. 이 시기의 신문, 도서, 음악, 영화, 라디오, 텔레비전, 전신, 케이블, 위성, 메인프레임 컴퓨터 등은 지식과 정보와 문화의 자본 집약적 생산과 배포 논리에 따라 개발되고 조직되었다.

② 그러나 컴퓨팅과 네트워킹으로 대변되는 오늘날의 통신 환경은 전 세계에 흩어져 있는 무수한 컴퓨터 네트워킹 이용자들에게 대규모 정보생산과 배포의 물질적 수단을 제공해주고 있다. 정보와 문화 생산의 물질적 장벽이 사실상 사라진 것이다. 이러한 디지털 네트워크 기술 기반에 힘입어, 가장 발전한 경제의 고부가가치 생산 활동의 핵심은 정보, 지식, 문화 영역으로 이동하였다.

2 벤클러(Benkler)

① 현대 경제는 정보(금융 서비스, 회계, 소프트웨어, 과학)와 문화(영화, 음악) 생산, 그리고 상징 처리(운동화 제조부터 그것에 상표 붙이기 그리고 부메랑모양 로고의 문화적의미를 만들어내는 것)에 집중하는 경제로 이행하고 있다.

② 네트워크화된 정보경제의 가장 중요한 희소자원은 기존의 지식, 정보, 문화에서 새로운 의미와 상징과 표상을 만들어낼 수 있는 통찰력, 창의성, 감수성 등과 같은 인적 능력이다. 이러한 인적 능력은 교육, 연구, 예술, 정치, 종교 등과 같은 전통적인 비시장 영역에서 가장 잘 훈련될 수 있다. 그리고 비독점 전략, 비시장 생산, 그리고 대규모의 효과적인 협력 작업이 네트워크화된 정보 경제에서 확산된다.

③ 네트워크화된 정보 경제의 특징은 탈중심화된 개인적 행동(특히, 독점 전략에 의존하지 않는 근본적으로 분산적이고, 비시장적인 메커니즘을 통해 이루어지는 새롭고 중요한 협력적이고 조율적인 행동)이 산업적 정보 경제에서 그랬던 것이나 그럴 수 있었던 것보다 훨씬 더 큰 역할을 수행한다.

④ 이는 최근의 웹 2.0 사업 일반, 특히 구글 모델에서 볼 수 있는 것처럼, 다양한 개인들의 조율되지 않은 행동들의 총합이 궁극적으로 매우 잘 조율된 결과물로 나타나는 것이나, 자유/오픈소스 소프트웨어 운동과 위키피디아 등과 같은 '공유지-기반 동료생산의 확산에서 찾아볼 수 있다.

⑤ 네트워크화된 정보 경제에서는 네트워크 환경에 토대를 둔 정보, 지식, 문화 생산의 비시장 섹터가 번성하고 그 결과물은 다시 독점적 재산으로 다루어지는 것이 아니라 점점 더 개방적 공유라는 강건한 윤리의 지배를 받게 된다.

⑥ 이러한 비시장적이고 탈중심적인 새로운 생산 방식이 자본주의 경제의 주변이 아니라 중심에서 출현하며, 시장 생산과 함께 현대 경제에서 점점 더 큰 작용을 할 것이다.

[예상문제]

다음에서 설명하고 있는 경제 체제로 옳은 것은?

- 정보이용의 부족, 소통역량의 부족, 생산의 활동공간의 부족 등을 해결할 수 있는 기회를 제공할 수 있다.
- 생산물은 비전유적 재화이므로, 누구나 자유롭게 이용할 수 있다.
- 경제적 행위주체로 참여하는 기회가 크게 확장되고 정보기반 글로벌 경제의 성과를 향유할 수 있는 실질적 역량이 평준화될 수 있다.
- 정보생산과 교환은 전유적 배재에 기초한 비즈니스 모델이 아니라 사회적 거래관계를 바탕을 두고 있다.

① 워크(Wark)의 벡터 자본주의
② 부탕(Boutang)의 인지자본주의
③ 벤클러(Benkler)의 네트워크 정보 경제
④ 보웬스(Bauwens)의 네트 지배 자본주의

정답 ③

해설 벤클러(Benkler)의 네트워크 정보 경제의 특징이다.

Ⅲ 인지자본주의

1 의의

① 부탕(Boutang)의 '인지자본주의론'은 현대 경제가 산업주의에서부터 인지주의로의 완전한 패러다임 교체를 이루고 있다고 주장한다.

② 인지자본주의는 무형의 비물질재, 즉 지식과 혁신의 창출을 통한 이윤 획득이 축적의 최대 관건인 경제체제이다.

③ 인지자본주의에서 지식은 가치의 근원이자 축적의 대상이다. 실제로, 오늘날의 세계경제는 비물질재에 대한 투자가 물질 장비에 대한 투자를 넘어선지 이미 오래되었으며, 물질적 산업생산의 유연 모델로의 전환도 비물질적인 것에 크게 의존한다.

2 부탕(Boutang)

(1) 비물질 무형 요소의 비중 증가

① 비물질적인 것은 농업, 공업, 일상 서비스, 금융 영역 등 사회의 경제 활동 전반을 재조직하고 재배열하는 핵심 요소이다. 그리고 재화의 가치와 관련하여, 물질재 생산에 들어가는 투입 요소들 중 원료와 단순 노동의 비중은 점점 더 줄어드는 반면, 물질재의 브랜드를 높이기 위한 디자이너, 스타일리스트, 법률가, 소비자 분석가 등의 비물질 무형 요소의 비중은 점점 더 높아진다.

② 인지자본주의에서 상품의 시장가치는 더 이상 자본과 노동의 양이라는 전통적인 방식으로 측정할 수 없다. 특히, 시장화하기도 어렵고 코드화하기도 어려운 무형의 지식재가 지닌 교환가치를 결정하는 유일한 방법은, "공중의 생산과 관리, 공공 의견 형성 메커니즘의 통제", 즉 시장 참여자들 사이의 '공통 의견 형성', '평판', '유행', '수많은 대중들의 관심 동원' 등과 같은 이른바 '폴리네이션(pollination)'이다.

(2) 디지털 네트워크를 통한 대규모 협업

① 자본 축적의 관건인 혁신은 점점 더 생산자들 사이의 협력과 복잡한 작업의 조율을 통해 발생하고 있다는 점에서, 기존의 기술적 사회적 노동 분업은 인지자본주의의 적절한 생산 방식이 되지 못한다. 대신 디지털 네트워크를 통한 대규모 협업 속에서 인지자본주의의 노동 분업은 실행된다.

② 인지자본주의는 네트워크 속 두뇌들의 협력을 동원하고 네트워크의 긍정적 외부성을 최대한 확보하려 한다. 네트워크가 "특정한 인지적 문제에 특화되어 있을수록", "거기에 참여한 사람들의 수가 많을수록, 문제 해결에 필요한 자원을 빨리 확인"하고 그것을 서로 연결시킬 수 있는 가능성이 높아진다는 것이다. 따라서 인지자본주의에서는 인구 전체에 퍼져 있는 창의성, 즉 집단 지성을 활용하는 것이 가치 생산 활동의 중요한 요소가 된다.

(3) 정보와 지식에 대한 접근

① 나아가 지식재와 정보재의 재산권 문제가 인지자본주의의 중요한 문제로 부각되지만, 산업 자본주의 시대의 지적 재산권 강화 전략은 새로운 시대에 기술적으로 실행 가능한 방안도, 전략적으로 적절한 대응도 될 수가 없다.

② 한편으로, 모든 지식 정보재가 0과 1이라는 디지털 단위의 연쇄로 환원되고 그것이 손쉽게 컴퓨터에 의해 저장되고 관리되고 처리될 수 있는 조건에서, 기존의 지적 재산권 소유자가 재화의 복제를 어렵게 만들었던 기술적 잠금 장치는 쉽게 해제될 수 있다.

③ 다른 한편으로, 지식의 단순한 '소유'가 아니라 그것의 '사용'에서 대규모 인간 두뇌의 네트워크 속 협력이 가능하기 때문에, 지적 재산권 강화 전략은 네트워크의 긍정적 외부성을 획득하기 위한 적절한 전략이 될 수가 없다.

④ 인지자본주의에서, 부의 생산자가 되기 위해서는, 살아 있는 노동은 반드시 기계(하드웨어), 소프트웨어, 네트워크, 그리고 네트워킹 활동의 배열 조건(특히 환경 조건)에 접근할 수 있어야 한다. 접근의 자유가 배타적 소유권 관념을 대신한다.

⑤ 여기에서 생산은 동시에 정보와 지식에 대한 접근을 의미한다. 따라서 소프트웨어 개발자, 연구자, 예술가 집단에서 출현하고 있는 동료 생산 모델은 자본주의 생산의 핵심 영역들에 커다란 영향을 미치고 거대한 사회적 전환을 촉진할 추동력이 되고 있다.

[예상문제]

다음에서 설명하고 있는 경제 체제로 옳은 것은?

- 무형의 비물질재, 즉 지식과 혁신의 창출을 통한 이윤 획득이 축적의 최대 관건인 경제체제이다.
- 상품의 시장가치는 더 이상 자본과 노동의 양이라는 전통적인 방식으로 측정할 수 없다.
- 시장화하기도 어렵고 코드화하기도 어려운 무형의 지식재가 지닌 교환가치를 결정하는 유일한 방법은, "공중의 생산과 관리, 공공 의견 형성 메커니즘의 통제", 즉 시장 참여자들 사이의 '공통 의견 형성', '평판', '유행', '수많은 대중들의 관심 동원' 등과 같은 이른바 '폴리네이션(pollination)'이다.

① 인지 자본주의
② 벡터 자본주의
③ 네트지배 자본주의
④ 네트워크화 된 정보 경제

정답 ①

해설 인지 자본주의에 대한 설명이다.

Ⅳ 네트지배 자본주의

1 의의

① 동료 생산이 자본주의를 넘어선 새로운 생산 양식의 지배 논리가 될 맹아를 내포하고 있다는 주장은 보웬스(Bauwens)의 '네트지배 자본주의' 관념에서 더욱 분명하게 나타난다.

② 오늘날 자본주의는 분산된 네트워크 속 '동료 간(peer-to-peer)' 동학이라는 하부 토대에 의존하는 시스템이 되었다. 그리고 동료 간 동학은 시장을 위한 교환 가치가 아니라 사용자 공동체를 위한 사용 가치를 생산하는 '제3의 생산양식', 시장의 배분이나 기업의 위계가 아니라 생산자 공동체에 의해 관리되는 '제3의 거버넌스 양식', 그리고 새로운 공유재 생산 시스템을 통해 사용 가치에 대한 자유롭고 보편적인 접근을 가능하게 하는 '제3의 소유 양식'을 만들어 내고 있다(Bauwens).

③ 현대 자본주의는 동료 생산의 이러한 사회적 협력이 만들어내는 긍정적 외부성인 지식과 혁신에 점점 더 의존하고 그것을 자신들의 이윤 추구 활동에 적극 통합시키고 있다. 기업들이 개방적 공유지의 출현에 적응하고 있으며, 개방적 공유지와 기업 생태계 사이의 상승효과를 추구하는 객관적 경향이 존재한다(Bauwens).

④ 구글, 애플, 아마존, 이베이, 유튜브, 페이스북 등은 그 대표기업들이다.

2 '공유 경제' 혹은 '크라우드소싱 경제'

① 소위 '공유 경제(sharing economy)' 혹은 '크라우드소싱 경제(crowdsourcing economy)'로 대변되는 네트지배 자본주의는 폐쇄적이고 독점적인 지적 재산권 전략에 의존하기보다는 참여 네트워크의 활용을 가능하게 하는 플랫폼의 소유에 점점 더 의존한다(Bauwens).

② 플랫폼 이용자들이 네트워크에서 자유롭게 창작하고 공유하는 재화를 사유화하는 것은 플랫폼 이용에 대한 사용자들의 의지를 약화시키기 때문에 지속가능한 전략이 아니다. 플랫폼 이용자들을 가능한 많이 확보하고 그들의 관심을 광고나 판촉의 수단으로 삼음으로써 교환가치를 창출하는 것이 네트지배 자본가들에게 이윤 창출의 더 효과적인 전략이 될 수 있다(Bauwens).

③ 보웬스는 동료 생산이 네트지배 자본주의에 포획되어 애초의 비자본주의적 급진성이 소멸당할 위험성을 경계하며, 이를 위해 '공유주의(Common-ism)'라는 시장 지배를 넘어선 새로운 정치경제학이 확산되어야 한다고 주장한다.

V 벡터 자본주의

1 의의

① 워크(Wark)의 '벡터 자본주의' 이론은 정보에 대한 독점권을 소유하고 있는 벡터 계급(vector class)과 그에 대항하여 자신들이 집합적으로 생산한 정보의 자유를 위해 싸우는 해커 계급(hacker class) 사이의 대결을 현대 자본주의의 기본 갈등 구조로 본다.

② 물질적 재화 생산을 정보의 순환에 종속시키는 벡터 계급은 오늘날 새로운 지배 계급으로 등장하고 있다. 벡터 계급은 토지의 상품화와 그것으로부터 지대를 얻는 지주 계급과 자본에 대한 지배로 이윤을 획득하는 자본 계급의 뒤를 이어 정보의 사유화로 차익(margin)을 얻는 현대의 새로운 지배계급이다. 토지에서 자본으로 그리고 다시 자본에서 정보로 재산의 사유화가 진척되고 있는 것이다.

2 벡터 계급(vector class)

① 벡터 계급의 권력은 정보재(information stock), 정보의 흐름(flow), 정보의 분배 수단(vector)에 대한 소유와 통제로부터 나온다.

② 즉, "벡터 계급의 권력은 지적 재산, 특허권, 저작권, 상표권을 독점화하는 것에 있다. 정보의 사유화는 부수적이 아니라 지배적인 상품화 생활의 양상이 되었다"(Wark).

3 해커 계급(hacker class)

① 해커 계급은 자기 스스로가 하드웨어, 소프트웨어, 웨트웨어(wetware)를 프로그램한다는 점에서 생산 도구의 바로 그 디자이너들이라 할 수 있으며, 따라서 생산 수단을 완전히 박탈당하지는 않은 계급이다.

② 해커 계급은 "예술에서, 과학에서, 철학에서, 문화에서, 데이터가 수집될 수 있는 모든 종류의 지식 생산에서, 정보가 추출될 수 있는 곳에서, 세상을 위한 새로운 가능성이 그 정보에서 생산되는 곳에서"(Wark), 새로운 가치를 생산하고 그것이 벡터 계급에 의해 상품화되고 사유화되는 것에 저항하고 투쟁한다.

Ⅵ 현대 자본주의의 공통된 문제의식

① 이들 이론은 모두 동료 생산의 비독점적이며 비시장적인 조직 방식이 현대 자본주의 경제에 갖는 급진적 함의를 강조한다.

② 위의 논의들은 모두 동료 생산의 공유주의 가치와 디지털 공유지의 사유화 경향 사이의 상호의존적이면서도 대립적인 성격에 주목한다.

③ 이들 이론은 지식재를 통한 자본 축적에서 지적 재산권 강화 전략이 갖는 의미에 초점을 맞춘다.

Theme

103 동료 생산의 조직(분산과 통합 메커니즘)

I 의의

① 동료 생산은 "널리 분산되어 있으면서 서로 느슨하게 연결된 개인들이, 시장 신호나 경영 명령과는 독립적으로, 서로 협동하고 자원과 결과물을 공유하는, 매우 탈중심적이고 협력적이며 비독점적인 생산"이다(Benkler).

② 동료 생산은 "자발적으로 물질적 혹은 비물질적 자산을 한데 모으고, 상호 적응을 통해 참여 거버넌스 과정을 디자인하고, 공동으로 생산한 가치가 진정으로 '공유재'로 남을 수 있도록" 해주는 생산 모델이다(Bauwens).

기출문제

다음 중 동등한 위치에서 자발적으로 협력하는 생산 모델을 가리키는 말로 옳은 것은? [2019]

① 공동 생산
② 집단 지성
③ 동료 생산
④ 아웃 소싱

정답 ③

해설 동료 생산은 시장 논리나 조직의 위계로부터 자유로운 개인들이 서로 공유할 수 있는 재화의 생산을 위해 각기 동등한 위치에서 자발적으로 협력하는 생산모델을 가리키는 말이다.

Ⅱ 시장 생산과의 차이

① 리눅스 개발 프로젝트에서 볼 수 있듯이, 동료 생산은 생산자 공동체에 의해 관리되며, 시장 논리나 조직 위계의 지배를 받지 않는다. 이제, 기업이나 정부의 재정 지원이 없이도, 다양한 동기를 가진 수많은 개인들의 인터넷을 통한 조율되지 않은 행동이 결과적으로 잘 조율된 결과를 낳을 가능성이 매우 높아졌기 때문이다(Benkler).

② 또한, 시장 생산에서는 개별적 생산 활동이 자신의 이익을 넘어선 어떤 커다란 사회적 관심에 따라 조직되지 않지만, 동료 생산은 개인적 이익을 넘어서서 분명한 사회적 목적을 지닌 개인들에 의해 조직된다. 어떤 사전 허락이나 유력 허브에 얽매이지 않고 생산 활동에 참여하는 개인들은 널리 사용 가능한 공유재를 생산하겠다는 분명한 목적의식 아래에서 서로 협력한다.

③ 그리고 이처럼 개인과 집단의 이익이 서로 합치하는 동료 생산은, 공유재가 보편적으로 보급될 수 있도록 해주는 분배 시스템 덕분에, 시장생산에 비해 사회 전체의 이익을 더 증대시키는 것으로 간주된다.

Ⅲ 동료 생산의 특징

① 동료 생산의 조직 원리는 흔히 "눈동자가 많으면, 기술 오류는 쉽게 발견할 수 있다"는 이른바 '리누스 법칙(Linus' Law)'으로 대변된다. 물론, 추상적 구호가 동료 생산 원리에 관한 구체적이고 체계적인 진술을 대신할 수는 없다. 비록 인터넷이 소통과 거래 비용을 거의 영(zero)으로 만듦으로써, 지리적으로 분산된 대규모의 자발적 협력이 일어날 수 있는 조건을 제공해 주긴 했지만, 수많은 참가자들 사이의 복잡한 프로젝트에 수반되는 "의사 결정, 인간 감정, 기술적 불확실성 해소 등과 같은 협력 비용"은 여전히 해결해야 할 문제로 남아있다.

② 동료 생산의 핵심 조직 원리는 참가자가 상부의 명령이 아닌 자발적 의지에 따라 행동할 수 있는 '적응능력(adaptability)', '탈중심성', 혹은 '분산성'이다.

③ 부탕에 따르면, 인지자본주의의 불확실한 시장 상황에서 시행착오를 배제할 '유일한 최상의 방법'은 없는 반면, 디지털 네트워크에 토대를 둔 대규모 협력 생산은 정보의 실시간 교환을 통해 행동을 자유롭게 수정하고 문제의 적절한 해결책을 찾을 수 있다.

④ 켈티(Kelty)도 동료 생산이 '계획'이 아니라 '적응 능력'에 따라 조직된다는 사실을 강조한다. 그에 따르면, "자유소프트웨어의 조정 구조는 개인들의 위계 구조에 의해 지시되거나 통제되는 공유된 계획, 목적, 혹은 이상이 아니라, 변화에 대한 일반화된 개방성을 더 중시한다." 그래서 참가자들은 개인적 호기심과 작업에 대한 즐거움을 잃지 않고서도 복잡한 집단 결과물을 창출할 수 있다는 것이다.

⑤ 이와 유사하게, 벤클러와 니센바움은 자신이 가장 잘 할 수 있는 일을 스스로 찾아서 하는 '탈중심성'은 개인들의 다양한 동기와 창의성이 최대한 발현될 수 있게 해주며, 그 결과 동료 생산이 매우 폭넓은 정보 원천을 가질 수 있게 해준다고 주장한다.

⑥ 따라서, 똑똑한 네트워크의 출입구에 멍청한 행위자들 두지 말아야 하며(Boutang), 이처럼 개별 노드에 특정한 의무를 부과하는 허브를 갖고 있지 않다는 점에서 동료 생산 네트워크는 '탈중심적'이라기보다는 '분산적'인 것이라 할 수 있다.

⑦ 요컨대, 동료 생산은 미리 수립된 계획을 통해 개인의 행동을 구속하는 것이 아니라, 참가자들이 자신의 관심과 능력에 따라 기존의 코드와 디자인을 자유롭게 사용하고 모방하고 비판하고 수정할 수 있도록 하는 분산성과 적응능력의 실행을 통해 많은 혁신을 이루어 내고 있다.

Ⅳ 동료 생산의 핵심 조직 원리로서의 모듈화

① 동료 생산의 또 다른 핵심 조직 원리는 '모듈화(modularization)'이다. '탈중심성'이 제대로 실현되기 위해서는 "프로젝트가 하나의 전체로 통합되기 이전에 서로 독립적으로 생산될 수 있는 작은 구성 부분"인 모듈들로 나뉠 수 있어야 한다. 프로젝트 구성 부분들을 가능한 한 세분화하여, 이해하기 쉽고 오류 수정이 용이하도록 만드는 것이 중요하다.

② 벤클러에 따르면, "모듈들이 서로 독립적이면 개별 참가자들은 언제 그리고 무엇에 관하여 기여할 것인지를 자율적으로 결정할 수 있다." 따라서 부탕이 밝혔듯이, 소규모 생산과 다양성 경제의 인지적 노동 분업은 표준화와 동질화가 아니라 모듈의 조각적 성격에 의존한다.

③ 위키피디아의 경우 사실상 모든 기사, 심지어는 개별 기사의 최소 단위인 단어조차도 하나의 모듈이 될 수 있다. 개인들은 자신이 아는 특정 주제에 관해, 설사 그것이 단순한 오탈자 수정이라 할지라도, 공신력 있는 기사를 제공할 수 있다.

④ 그리고 이러한 모듈화는 "한 가지 작업을 잘 해내는 작은 프로그램"을 만들고 그것을 "다른 프로그램과 쉽게 사용될 수 있도록 디자인"(Weber)할 때 잘 달성될 수 있다. 다른 모듈들과 잘 연결되면서도 한 모듈의 변화가 다른 모듈의 변화를 연쇄적으로 유발하지 않는 모듈화가 좋은 모듈화인 것이다.

⑤ 모듈화에 덧붙여, 동료 생산은 "개인들이 모듈을 생산하기 위해 투입해야 하는 시간과 노력으로 표현되는 모듈의 크기"(Benkler)가 가능한 작아야 한다. 벤클러에 따르면, 모듈 작업에 5분 정도밖에 소요되지 않는 '슬래쉬닷(Slashdot)' 프로젝트는 매우 성공적인 모델인 반면, 정부의 엄격한 지침 준수와 소수의 집중적 시간 투입이 요구되는 '위키북스(Wikibooks)'와 같은 오픈 교과서 제작 작업은 성공 가능성이 낮은 모델이다.

⑥ 모듈의 크기가 작을수록 생산에 참여할 사람의 수가 늘어나고, 클수록 지속적으로 참여할 사람의 수가 줄어들 가능성이 높다는 점에서, 모듈의 미세성은 대규모 동료 생산의 핵심 성공 조건이라 할 수 있다.

Ⅴ 동료 생산의 유인과 제재

① 웨버(Weber)에 따르면, 참가자들은 핵심 프로젝트에서 따로 떨어져 나가는 것이 다른 사람들로부터 기술적 도움을 얻거나 자신의 평판을 획득하는 데 별로 도움이 안된다는 것을 안다. 따라서 개인적 동기의 측면에서, 프로젝트로부터의 분기보다는 통합 유인이 더 크다고 볼 수 있다.

② 또한, 리눅스 개발이나 위키피디아 사례에서 볼 수 있듯이, 참가자들의 기여는 끊임없이 동료들에 의해 검토되고 오류는 즉각 수정될 수 있다.

③ 공동체의 규범과 규칙을 위반하는 행위에 대해서는 흔히 플레이밍이나 따돌리기 등과 같은 제재 메커니즘이 동원된다.

Ⅵ 동료 생산의 조율과 통합의 원칙

① 아울러, 위계적 권위 구조가 부재한 동료 생산 프로젝트에서는 일반 공중 라이선스(General Public License, GPL)와 같은 라이선스 세부 지침이 조율과 통합의 기본 원칙으로 작용한다.

② 실제로, 많은 동료 생산 라이선스는 프로그램의 자유로운 이용과 수정을 보장하는 자유, 그 누구의 참여도 가로막지 않는다는 비차별, 영리와 비영리를 구별하지 않는 실용주의, 그리고 실적에 따라 평가받는 실적 중심주의(meritocracy)를 기본 원리로 삼고 있다.

③ 나아가, 동료 생산은 리눅스의 토발즈, 위키피디아의 지미 웨일즈처럼, 프로젝트를 처음 시작하고 주도하는 사람의 권위를 존중하고, 그 사람의 의사결정 권한의 정당성을 인정하는 문화가 형성되어 있다. 그리고 "코드가 결정하게 하라"는 이른바 기술-합리적 분쟁 해결 방침을 따르는 것과 같은 문화적 규범도 동료 생산의 통일성을 담보하는 요소이다.

Ⅶ 탈중심적인 상향적 동학과 핵심 집단의 하향적 조직화

① 아울러 프로젝트의 목적을 천명하고, 그것의 전망을 제시하는 코드를 작성하고 다른 사람들의 참여를 이끌어내고, 협력에 필요한 조율 작업을 지속적으로 수행하는 것과 같은 지도력도 성공적 동료 생산의 필수 요소이다.

② 사실, 많은 동료 생산 프로젝트는 참가자들에게 작업을 할당하는 위계 구조는 갖고 있지 않지만, 참가자들의 작업들 중 어떤 것을 프로젝트에 반영하고 수용할 것인지를 결정하기 위한 탈중심적 위계 구조는 갖는다. 예컨대, 위키피디아는 사용자들의 권한과 책임에 따라 '일반 편집자(editors)', '관리자(administrators)', '관리(bureaucrats)', '조정위원회(arbitration committee)'로 구성되는 위계 구조를 갖고 있다. 그리고 리눅스 프로젝트에서 토발즈가 수행한 역할은 흔히 '자비로운 독재자(benevolent dictator)'에 비유되었는데, 이는 토발즈가 지닌 개인적 카리스마로 인해 그가 공식적인 규칙이 부재한 동료 생산 프로젝트에서 주요 의사 결정권을 행사할 수 있었기 때문이다.

③ 즉 동료생산방식은 아래로부터 조직될 뿐만 아니라, 최상의 결과물을 도출하기 위한 위로부터의 통제와 권위를 통해서도 조직된다.

④ 탈중심 동료 생산 프로젝트는 결코 '지도자 없는 운동'이 아니다. 오히려 지도력은 다양한 동료 생산 모델에서 보편적으로 발현된다.

⑤ 그리고 그것은 애초의 해커 윤리의 전통을 이어받아, '실적 중심주의'에 바탕을 두고 있다. 물론 동료 생산의 주요 참가자들이 대부분 대학 이상의 학위를 가진 사람들이라는 점에서, 동료 생산은 '자격증 중심주의(credentialism)'와 다르지 않다는 비판도 있다.

⑥ 그러나 동료 생산의 개방성 원리를 생각해 볼 때, 이러한 비판은 결과론적 평가에 가깝다. 어쨌든, 실적 중심주의에 토대를 둔 동료 생산의 권력 관계는 참가자들 사이에서 억압적이라기보다는 생산적인 것으로 간주된다. 요컨대, 동료 생산은 자율적이고 탈중심적인 상향적 동학과 카리스마적 지도자 혹은 핵심 집단의 하향적 조직화 작업의 결합을 통해 이루어진다.

Theme

104 동료 생산의 분기(오픈소스 프로젝트)

I 의의

① 흔히 동료 생산은 '자유소프트웨어 · 오픈소스소프트웨어(FOSS)' 운동 모두를 포괄하는 개념으로 사용되지만, 1998년 오픈소스 운동의 출현에 따른 동료 생산의 분기와 그로 인한 양자의 긴장 관계는 결코 사소한 것이라고 할 수 없다.

② 자유소프트웨어 운동은 1980년대 중반 소프트웨어의 사유화에 비판적이었던 스톨먼의 유닉스 호환 소프트웨어 시스템 '그누(GNU)' 프로젝트에서 시작되었다. 그리고 그것은 1991년 리누스 토발즈(Linus Torvalds)가 운영 시스템에 매우 중요한 소프트웨어인 커널, 즉 리눅스 커널의 초기 모델을 배포하면서 '그누/리눅스'라는 대규모 자유소프트웨어 운동으로 발전하였다.

③ 그런데, 1998년 봄 토발즈, 레이몬드(Raymond), 오라일리(O'Reily) 등 일부 자유소프트웨어 운동 참가자들은 스톨먼을 배제한 채, '프리웨어정상회의'를 개최하였다. 이 회의에서 이들은 영리 기업들도 활발하게 참여할 수 있는 새로운 소프트웨어 운동, 즉 오픈소스 프로젝트를 출범시켰다. 오픈소스 주창자들은 당시의 리눅스를 "상당한 상업 에너지를 지닌, 주요 기업들의 컴퓨터 시스템이 되어" 있었던 것으로 본 반면, 그것을 만든 공동체는 여전히 "취미 클럽 수준의 의식구조를 지니고" 있었던 것으로 평가했다. 그래서 그들에게, 오픈소스 운동은 "좀 더 성숙한 단계로 넘어가기 위한 새로운 자의식, 이름, 정체성, 명확한 임무 설정"의 산물이었다.

[예상문제]

오픈소스 기반의 S/W 개발에 대한 설명으로 틀린 것은?

① 소스 코드를 서로 공개하고 협업을 통해 S/W를 공동 개발하는 것 역시 집단지성의 한 사례이다.
② 영리 목적의 기업들이 자기 회사 S/W 이용자 및 시장 확대를 위해 소스 코드를 개방하기도 한다.
③ 국가 및 공공기관이 오픈소스 기반으로 S/W를 개발하여 배포하기도 한다.
④ 운영체제로 Unix, 응용프로그램으로는 웹 서버인 Apache, 사용자 이용 도구로는 오피스 도구인 Open Office 등이 있다.

정답 ④

해설 유닉스는 상용 프로그램이다. 오픈소스 기반의 운영체제로는 리눅스가 있다.

Ⅱ 오픈소스 운동의 특징

① 오픈소스 운동은 스스로를 사회적으로는 시장 친화성을 지향하고, 기술적으로는 실용주의를 추구하고, 정치적으로는 이념적 성격을 탈피하는 운동으로 규정하였다. 우선, 오픈소스 운동은 자유소프트웨어 운동이 영리 기업의 참여를 가로막는다고 보았다.

② 레이몬드(Raymond)는 "자유소프트웨어를 투자자, 벤처 자본, 주식 구매 대중에게 좀 더 이해가 되는 어떤 것으로 만듦으로써 새롭게 부상하는 인터넷 경제의 물결을 이용"할 것을 역설했다.

③ 오라일리(O'Reily)는 자유소프트웨어 운동이 자유소프트웨어가 주류 기업들에게 갖는 매력을 억압하고 그들의 프로젝트 참여를 막는 장애물이 되고 있다고 주장했다.

Ⅲ 오픈소스 프로젝트의 라이선스

① 기업과 시장의 참여를 유도하기 위하여, 오픈소스 프로젝트는 자유소프트웨어 운동과는 다른 라이선스 전략을 도입하였다.

② 자유소프트웨어의 라이선스인 '일반 공중 라이선스'는 자유롭게 제공받은 소프트웨어의 소스 코드를 수정하여 만든 새로운 소프트웨어는 반드시 이전의 자유소프트웨어와 동일한 라이선스로 재배포해야만 하는 라이선스인 반면, 오픈소스 프로젝트는 오픈소스 코드를 파생 소프트웨어에 포함시켰다고 해서 그것이 반드시 일반 공중라이선스를 부착할 것을 요구하지 않는다.

③ 소스 코드가 공개, 수정, 공유되는 한, 개발자가 전적으로 자유롭게 라이선스를 선택할 수 있도록 하였다.

Ⅳ 영리 기업들의 오픈소스 프로젝트의 활용

① 이에 따라, 영리 기업들은 오픈소스 프로젝트에 참여하면서도, '이중라이선싱'과 같은 방식을 통해 기존의 독점 소프트웨어 전략을 계속유지 할 수 있게 되었다. 무엇보다도, 항상 유능한 기술 인력의 부족에 허덕이는 대부분의 정보 통신 기업들에게 오픈소스 그룹은 거대하고도 값싼 노동력 풀로 비쳐졌다.

② 그래서 '소프트웨어 개발 서비스' 사업을 통해 오픈소스 프로젝트를 하청(outsourcing)하려는 시도들이 나타나는가 하면, 자기 고유의 기술개발을 위해 오픈소스 플랫폼을 만드는 기업들이 등장하기 시작했다.

③ 예컨대, 1998년 영리 기업으로는 최초로 오픈소스 프로젝트에 참여한 넷스케이프(Netscape)는 '모질라 공중 라이선스(Mozilla Public License, MPL)'라는 오픈소스 라이선스와 '넷스케이프 공중 라이선스(Netscape Public License, NPL)'라는 배타적 라이선스를 동시에 운용하였다.

④ 이후 휴렛패커드(Hewlett-Packard)와 선 마이크로시스템(Sun Microsystems) 등에서도 도입된 이 방식은 기업의 호스팅 플랫폼에서 공개적으로 개발된 기본 소프트웨어에는 오픈소스 라이선스를 부착한 반면, 기업내부에서 부가 모듈을 제작하여 통합한 소프트웨어에는 독점 라이선스를 부착함으로써 오픈소스 소프트웨어의 상품화를 추동하였다.

V 효과적인 배포 전략으로서의 오픈소스 프로젝트

① 또한, 많은 영리 기업들은 개발 전략으로서만이 아니라 효과적인 배포 전략으로서 이중 라이선싱 전략을 채택하기도 했다.

② 인터넷을 통해 저렴하고도 광범위하게 제공한 오픈소스 소프트웨어는 자신들의 독점적인 생산물에 대한 폭넓고 값싼 배포 채널을 구축하는 데 커다란 도움이 된다고 보았기 때문이다.

Ⅵ 오픈소스 프로젝트의 실용주의와 시장 친화성

① 많은 오픈소스 주창자들은 참여 영리 기업들의 이러한 독점 라이선스 전략에 대체로 부정적 반응을 보이기도 하지만, 완벽한 프로그램 개발을 최상의 가치로 내세웠던 그들의 '실용주의'에 비추어 보면, 그러한 전략이 반드시 자신들의 가치와 양립 불가능한 것은 아니다.

② 레이몬드는 "기업 활동에서 자유란 추상적 관념이 아니다. 기업의 성공은 공급자와 고객이 즐기는 자유의 정도와 거의 직접적으로 연관되어 있다."면서, 소프트웨어 산업에 대한 규범적 판단보다는 참여자들의 이익을 존중하고 효과적인 소프트웨어 개발을 더 중시하겠다는 오픈소스 운동의 시장 친화성을 숨기지 않았다.

③ 웨버(Weber)는 동료 생산의 '분기(forking)'가 오픈소스 운동에서 중요한 것은 "자유소프트웨어 재단이 믿었던 것과는 다른 종류의 가치, 즉 창의성을 표출하고 더 나은 소프트웨어를 만들고, 그것의 사용 제한을 절대적으로 최소화하는 자유"였기 때문에 일어난 것으로 평가한다.

④ 하지만, '완벽한 프로그램 개발'은 '소프트웨어의 자유로운 사용'과 함께 자유소프트웨어 운동의 핵심 가치였다.

⑤ 그런데 오픈소스 주창자들은 양자를 대립시키고, 오픈소스 프로젝트를 '이데올로기적으로 올바른' 소프트웨어 생산에서 '기능적으로 훌륭한' 그것으로의 이행으로 규정하였다.

⑥ 시장 친화성에 대한 이러한 정당화는 오픈소스 운동이 소프트웨어 개발의 단지 한 가지 방법론에 다름 아니라는 주장으로까지 발전하였다.

예상문제

오픈소스 운동에 대한 설명으로 틀린 것은?

① 기술적으로는 실용주의를 추구하고, 정치적으로는 이념적 성격을 탈피하는 운동이다.

② 자유소프트웨어 운동이 자유소프트웨어가 주류 기업들에게 갖는 매력을 억압하고 그들의 프로젝트 참여를 막는 장애물이 되고 있다.

③ 오픈소스 코드를 파생 소프트웨어에 포함시켰다고 해서 그것이 반드시 일반 공중라이선스를 부착할 것을 요구하지 않는다. 소스 코드가 공개, 수정, 공유되는 한, 개발자가 전적으로 자유롭게 라이선스를 선택할 수 있도록 하였다.

④ 영리 기업으로는 최초로 오픈소스 프로젝트에 참여한 넷스케이프(Netscape)는 '넷스케이프 공중 라이선스(Netscape Public License, NPL)'라는 오픈소스 라이선스와 '모질라 공중 라이선스(Mozilla Public License, MPL)'라는 배타적 라이선스를 동시에 운용하였다.

정답 ④

해설 오픈소스 프로젝트는 자유소프트웨어 운동과는 다른 라이선스 전략을 도입하였다. 자유소프트웨어의 라이선스인 '일반 공중 라이선스'는 자유롭게 제공받은 소프트웨어의 소스 코드를 수정하여 만든 새로운 소프트웨어는 반드시 이전의 자유소프트웨어와 동일한 라이선스로 재배포해야만 하는 라이선스인 반면, 오픈소스 프로젝트는 오픈소스 코드를 파생 소프트웨어에 포함시켰다고 해서 그것이 반드시 일반 공중라이선스를 부착할 것을 요구하지 않는다. 소스 코드가 공개, 수정, 공유되는 한, 개발자가 전적으로 자유롭게 라이선스를 선택할 수 있도록 하였다. 이에 따라, 영리 기업들은 오픈소스 프로젝트에 참여하면서도, '이중라이선싱(dual licensing)'과 같은 방식을 통해 기존의 독점 소프트웨어 전략을 계속유지 할 수 있게 되었다. 예컨대, 1998년 영리 기업으로는 최초로 오픈소스 프로젝트에 참여한 넷스케이프(Netscape)는 '모질라 공중 라이선스(Mozilla Public License, MPL)'라는 오픈소스 라이선스와 '넷스케이프 공중 라이선스(Netscape Public License, NPL)'라는 배타적 라이선스를 동시에 운용하였다.

Ⅶ 오픈소스 진영의 자유소프트웨어 운동에 대한 이념적 비판

① 오픈소스의 실용주의는 자유소프트웨어 운동에 대한 이념적 비판으로 나타나기도 했다. 토발즈는 "솔직히, 나는 사람들이 이데올로기적 이유로 리눅스를 사용하는 것을 원치 않는다. 이데올로기는 혐오스러운 것이다. 사람들이 이데올로기에 덜 빠져 있다면 이 세상은 더 나은 곳이었을 것이며, '종교 때문이 아니라 즐겁고 다른 사람들이 유용하다고 보기 때문에 이것을 한다면' 훨씬 더 좋은 곳이었을 것이다."고 밝혔다.

② 소프트웨어의 '자유'를 강조한 자유소프트웨어 운동을 이데올로기나 종교와도 같은 것으로 간주한 것이다. 지적재산권 강화를 역설하고 자유소프트웨어의 실용적, 이윤 추구적, 시장친화적사용을 옹호한 레이몬드는 스톨먼과 자유소프트웨어 재단을 자유의 옹호자가 아니라 일종의 교조적이고 불가능한 공산주의의 대변자라고 비난하기까지 하였다.

③ 자유소프트웨어운동은 자신을 오픈소스 진영과 의식적으로 구분했다. 스톨먼은 "그들이 우리 공동체에 기여했다는 점은 인정하지만, 우리가 성취한 바를 우리의 가치와 철학에 연결시켜야지, 그들의 것과 연결시켜서는 안 된다."고 밝혔다.

Theme

105 플랫폼과 지적 재산권(디지털 공유)

I 의의

① 자유소프트웨어 운동은 전통적인 지적 재산권 혹은 저작권 관념에 맞서, 소프트웨어의 사용·연구·복제·공유·변경·재배포의 자유를 보장함으로써, 지식과 정보의 공유를 실현하고자 하였다.

② 그것은 일반 공중 라이선스를 중심으로 광범위한 '카피레프트(copyleft)' 사회운동을 촉발시켰다. 운동은 지적 재산권에 대한 자연권적 관념과 공리주의적 관념 모두에 나타나는 지적생산물의 독점화 논리에 대한 비판에 바탕을 두고 있다.

[예상문제]

다음 자유소프트웨어 중 분산 컴퓨팅 프로젝트에 사용되는 소프트웨어로 옳은 것은?

① SETI@home
② Apache HTTP Server
③ PHP 스크립트 언어
④ MySQL 데이터베이스

정답 ①

해설 SETI@home(Search for Extra-Terrestrial Intelligence)은 SETI 프로그램의 일환으로 분산 컴퓨팅 기술을 활용하여 인터넷에 연결된 컴퓨터들을 이용해 외계 지적 생명체를 탐구하는 프로젝트이다.

II 지적 재산권

1 지적 재산권에 대한 자연권적 관념

① 로크(Locke)와 디드로(Diderot) 등에 의해 발전된 자연권적 관념은 육체적 지적 노동의 산물은 당연히 그 노동을 투입한 사람의 소유물이어야 한다고 본다.

② 로크의 "모든 사람은 그 자신의 사람이라는 재산을 갖는다. 자기 몸의 노동, 자기 손의 작업은 그의 재산이라고 말할 수 있다."라는 주장은 지적 재산의 자연권적 토대가 된다.

③ 디드로는 "정신의 작업, 그 자신의 생각, 결코 사라지지 않는 자신의 가장 소중한 부분 말고 어떤 형태의 부가 그에게 속하는 것일 수가 있겠는가?"라며 지적 재산이 물질 재산보다 훨씬 더 강력한 재산권의 대상이 되어야 한다고 역설했다.

2 지적 재화의 '희소성' 문제

(1) 의의

① 자연권적 관념은 지적 재화의 '희소성' 문제에 관한 복잡한 논란을 야기한다. 한편으로, 재산권이란 재화의 희소성 때문에 도출된 권리인데, 지식과 같이 희소하지 않은 비경합 · 비배제 재화에 재산권을 부여하는 것은 적절하지 않다는 주장이 있다.

② 지적 재산은 희소하지 않을 뿐만 아니라, 최근의 디지털 환경에서는 오히려 무한하게 제공될 수 있음에도 불구하고, 지적 재산권은 지적 재화의 희소성을 인위적으로 창출함으로써 성립된 관념에 불과하다는 것이다.

③ 그러나 다른 한편으로, 희소성의 인위적 창출이 광범위한 사회적 편익을 창출한다면, 지적 재화에 대하여 배타적 소유권을 부여하는 것은 정당화될 수 있다는 주장이 있다.

④ 보일(Boyle)에 따르면, 책, 약, 영화 등과 같이 만들기는 어렵지만 복제가 용이하고 다른 사람들의 접근을 막기도 어려운 재화는 결국 아무도 그것을 위해 투자를 하지 않는 '시장붕괴'의 잠재성을 갖고 있다. 그래서 국가 개입에 의한 희소성의 인위적 창출은 시장 붕괴 문제를 해결하고 시장을 창조하기 위한 불가피한 방책으로 이해되기도 한다.

(2) 스톨먼(Stallman)

① 스톨먼(Stallman)은 이러한 논리가 여전히 지적 생산물의 '독점'이냐 아니면 지적 노동의 '소멸'이냐는 오도된 양자택일 논법에 토대를 두고 있다고 비판한다.

② 그는 이러한 논법이 "독점 프로그램의 사회적 유용성을 그 어떤 프로그램도 없는 상태의 그것과 비교함으로써 시작된다. 그러고 나서 독점 소프트웨어의 발전이 전반적으로 이로운 것이며 권장되어야 한다고 결론짓는다."라고 지적한다.

③ 독점 프로그램의 사회적 가치를 모든 사람들이 공유하는 프로그램의 사회적 가치와 견주는 것이 논리적으로 합당한 비교가 될 수 있다는 것이다.

④ 나아가 자유소프트웨어 운동은 지적 재화를 특정 개인의 창조물이 아니라 사회의 집합적 과정의 산물로 보아야 한다는 관념에 토대를 두고 있다.

(3) 꽁드르세(Condorcet)

① 꽁드르세(Condorcet)에 따르면, 문예 재산은 "자연 질서로부터 나온 것이 아니라 사회적 힘에 의해 보호되는 재산이다. 그것은 사회 그 자체에 토대를 둔 재산이다. 그것은 진정한 권리가 아니다. 그것은 특권이다."

② 지식과 정보와 문화가 공동체 구성원들 사이의 의사소통을 통해 발전되어왔기 때문에, 그것은 개인의 창조물이기 이전에 이미 공동체의 자산이라는 것이다.

③ 앤 여왕법 이래 지적 재산권에 관한 대부분의 법률이 그것의 기간을 제한한 것은 새로운 지식이 공동체로부터 나왔음을 인정한 결과로 볼 수 있다.

Ⅲ 지적재산권을 공리주의적 방식으로 정립하는 관점

1 의의

① 자연권적 관념에 대한 이러한 비판으로부터 지적재산권을 공리주의적 방식으로 정립하는 관점이 발전했는데, 그것은 지적 재산권이 공공의 이익을 위한 것이라는 점을 강조하면서도, 공공 도메인을 보호해야 한다는 원칙과 창작의 인센티브를 제공해야 한다는 원칙 사이의 균형을 추구한다.

② 그런데 많은 공리주의자들은 창작과 발명에 대한 인센티브 제공이 혁신 촉진과 공공복리를 위한 최상의 방법이라고 주장한다. 배타적 독점권이 부여되지 않으면 혁신을 위한 투자는 감소하고 기술발전도 지체된다고 보는 것이다. 창작자의 이윤 추구 동기는 과학과 예술의 진보를 촉진시키는 엔진이며, 예술, 영화, 음악, 도서, 소프트웨어의 공공 도메인을 확대시키기 위해서는 창작 활동에 대한 인센티브를 극대화해야 한다는 것이다.

2 인센티브 제공의 목적

① 인센티브 제공을 지적재산권의 목적처럼 다루는 것은 그것의 원래 취지에 반하는 것이라 할 수 있다.

② 저작권법의 목적은 공공선을 위한 예술적 창의성과 과학의 진보를 촉진하는 것이며, "특별한 보상을 제공하여 작가의 창의적 활동을 권장"함으로써 그것을 달성하려는 것이기 때문이다.

③ 즉, '보상'은 수단이지 목적이 아니다. 스톨먼은 "미국 헌법에 따르면, 독점은 그것을 소유한 사람들을 위해 존재하는 것이 아니다. 그것은 과학의 진보를 촉진하기 위하여 존재하는 것이다."라고 말함으로써, 소수를 부유하게 만들기 위해 다수를 희생시키는 것은 공공의 이익과는 거리가 멀다고 주장한다.

3 인센티브에 초점을 맞추는 접근법의 문제점

① 또한, 인센티브에 초점을 맞추는 접근법은 창작과 발명에 필요한 자료의 비용을 높이며 창조적 혁신을 위한 공공 도메인의 활용 가능성을 심각하게 제한한다.

② 사실, 창작자와 사용자 사이의 구분 자체가 무의미한데, 오늘의 창작자가 내일의 사용자가 될 수 있고 그 역도 마찬가지이기 때문이다.

③ 장기적으로, 지적 재산권 강화는 공공 영역에 대한 접근성을 낮출 뿐이다. 저작권자를 찾거나 계약하는 비용이 증가할 수밖에 없고, 저작권자를 찾는 것 자체가 아예 불가능할 수도 있으며, 소유자가 사용을 허락하지 않을 가능성도 있다.

4 시장 논리로 설명되지 않는 인센티브

① 사람들은 이타심, 평판 추구 혹은 숨길 수 없는 창조적 본능 때문에 새로운 것을 만들어낼 수도 있다.

② 이처럼 시장 논리로 설명되지 않는 창작과 발명의 동기가 얼마든지 있을 수 있기 때문에, 저작권이나 특허권과 같은 배타적 독점권이 유일하고도 가장 훌륭한 인센티브라고 볼 수는 없다.

③ 실제로, 많은 연구들은 지적재산권이 혁신이나 발명을 촉진시키기보다는 오히려 그것을 억눌렀다는 사실을 보여주고 있다.

④ 지적재산권에 대한 이러한 비판적 관념에 토대를 두고 전개된 자유소프트웨어 운동은 아이디어와 코드의 사유가 아닌 공유가 기술 혁신을 위한 대규모 협력의 유력한 인센티브가 될 수 있음을 보여주었다.

⑤ 일반 공중 라이선스가 서로 느슨하게 연결된 수많은 프로그래머들이 공동의 프로젝트에 각자 조그만 기여를 하고, 동시에 모든 사람들이 아이디어 공유에서 혜택을 받을 수 있도록 해주었기 때문이다.

⑥ 동료 생산 결과물을 사유화하는 것은 공유를 지향하는 참가자들의 참여 동기를 약화시켜 오히려 동료 생산 메커니즘 자체를 위협할 위험이 크다.

Ⅳ 웹 2.0 사업의 핵심 전략

① 또한 네트워크의 긍정적 외부성을 획득하기 위해서는 지식의 소유가 아니라 사용이 더 중요하다는 점에서, 지적 재산권 강화 전략은 디지털 자본주의의 혁신 창출을 억압할 가능성이 높다.

② 실제로, 지적 재산권을 통한 지대 추구는 네이버, 구글, 페이스북, 트위터 등 최근 부상하고 있는 웹 2.0 사업의 핵심 전략이 아니다. 자신들이 소유한 플랫폼의 이용자 '관심'을 광고주에게 판매함으로써 수익을 얻으려는 이들 기업에게, 지적 재산권은 가능한 많은 이용자를 확보하려는 자신들의 영업 전략에 장애물로 작용할 가능성이 크기 때문이다.

③ 신문과 방송의 콘텐츠를 소유한 벡터 계급이 처음에는 구글과 페이스북과 같이 플랫폼을 소유한 벡터 계급이 자신의 지적 재산권을 침해한다고 공격했지만, 점차 플랫폼을 새로운 수익 창출의 지렛대로 활용하는 전략을 도입한 것은 디지털 시대 지적 재산의 배타적 독점권이 지닌 일정한 한계의 반영이라 할 수 있다.

Theme

106 디지털 플랫폼 경제

I 의의

① 플랫폼의 사전적 의미는 '평평한 표면을 갖는 구역'이다. 언제부터인지 '플랫폼'이란 단어가 미디어나 일상에서도 빈번하게 등장하고 있는데, 대략 여러 사람이 모여서 특정한 목적을 이루게 해주는 장이란 의미로 사용된다. 예를 들어, 기차역 플랫폼은 떠나고 돌아오는 사람들을 위한 공간이고, 전통시장은 사고파는 사람들의 만남을 가능하게 하는 장소다.

② 이처럼 기존에도 다양한 플랫폼이 존재했지만, 최근에는 디지털 기술을 기반으로 하는 디지털 플랫폼의 영향력이 커지면서, '플랫폼'은 디지털 기술을 기반으로 하는 비즈니스 플랫폼 모형을 가리키는 말로 통용되고 있다. 플랫폼은 이해관계자들 간의 정보와 상품의 거래, 물류 등을 가능하게 하여 가치를 생산하고 생태계를 형성하게 해주는 시스템을 의미한다. 이러한 비즈니스 플랫폼의 등장은 무엇보다도 디지털 네트워크의 확산에 기인한다고 할 수 있다. 전 사회적인 디지털 네트워크의 구축은 생태계 참여자들을 매개하는 비용을 낮춤으로써 플랫폼이 자리 잡을 수 있는 환경을 조성했고, 나아가 지능정보기술의 발전과 모바일 환경의 확산은 글로벌 플랫폼의 등장도 가능하게 하였다.

③ 플랫폼은 외부 생산자와 소비자를 연결시켜 가치를 창출한다는 점에서, 플랫폼의 기본 구성원은 플랫폼 소유자, 생산자, 소비자이다. 플랫폼 소유자는 플랫폼을 제공 및 운영하며 플랫폼 생태계 참여자를 결정하는 권한을 가지고 있다. 생산자는 플랫폼에 상품이나 서비스를 제공하고, 소비자는 플랫폼에서 그것들을 소비하고 피드백을 제공하기도 한다. 이러한 기본 구성원 외에도 다양한 생태계 참여자가 있을 수 있다. 예를 들어, 유튜브(플랫폼 소유자)는 동영상을 공유할 수 있는 환경을 제공하고, 사용자는 동영상을 생산하거나 소비하는데, 디바이스 생산자나 네트워크 운영자가 생태계에 참여하여 이를 유지 · 변화시키기도 한다.

II 플랫폼기업의 성장: 전통기업과의 비교

1 의의

마이크로소프트나 구글, 애플과 같은 기존의 거대 정보기술기업들이 플랫폼 환경을 도입하여 성장했을 뿐만 아니라, 새로운 플랫폼기업들이 전통기업을 위협하는 모습도 나타나고 있다. 이는 경쟁 기업 간의 비교에서 직감적으로 알 수 있다. 전통적 자동차 기업인 BMW의 시가총액은 우버에 이미 추월당했고, 메리어트 호텔은 에어비앤비에 추격받고 있다.

2 전통기업과 플랫폼기업의 비교

(1) 조직 구조

전통기업과 플랫폼기업은 조직 구조 측면에서 차이가 있다. 전통기업은 파이프라인 형태의 선형적이며 닫힌 구조에 기초하고, 플랫폼기업은 네트워크 형태의 참여적이며 열린 구조로 되어 있다. 이러한 구조적 특징의 차이가 전통기업과 플랫폼기업의 전체적인 차이를 유발한다.

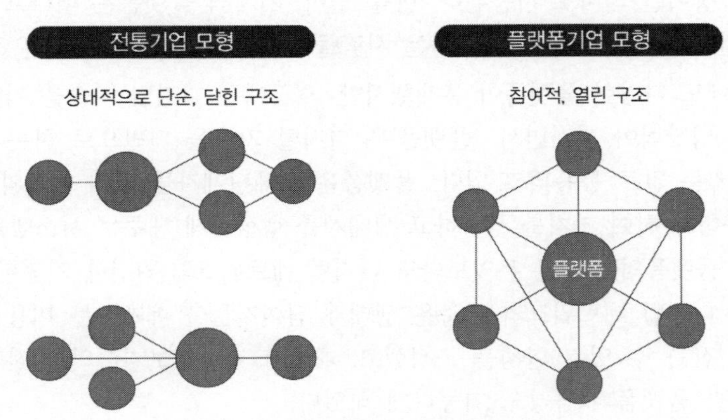

[전통기업과 플랫폼기업의 모형 비교]

(2) 사업 방식

전통기업의 사업 방식에 비해 효율적인 비즈니스 운영이 플랫폼기업 성장의 원동력이 되고 있다. 전통기업은 생산자에서 소비자로 향하는 가치의 흐름을 통제하는 게이트키퍼 역할을 하는 반면, 플랫폼기업은 그러한 역할을 시장의 피드백에 맡긴다. 전통기업은 수많은 제품 아이디어 중에 그들의 선택 기준에 따라 제품 생산을 결정한 후 시장의 상황을 보지만, 플랫폼기업은 생산되어 있는 수많은 제품들을 소비자가 선택할 수 있게 한다. 플랫폼에서 소비자의 선호는 즉각적인 피드백에 반영됨으로써, 자동적인 품질관리가 가능하고 불필요한 자원의 투입이 조기에 차단될 수 있는 효율적 환경이 만들어지는 것이다.

(3) 소비자 후생

소비자가 선택할 수 있는 옵션이 보다 다양하기 때문에 소비자 후생이 높아질 수 있다. 예를 들어, 기존에는 온라인 교육콘텐츠 제공자가 소비자의 수요를 예측해 콘텐츠를 개발하고 제공하면, 소비자는 그중에서 선택했지만, 코세라(Coursera)와 같은 교육콘텐츠 플랫폼은 전 세계 교육자들의 콘텐츠를 제공함으로써 이 전에 비해 소비자 선택의 폭을 비교할 수 없을 정도로 넓혔다.

(4) 자산 관리

전통기업과 비교했을 때 플랫폼기업의 또 다른 차이점은 공급에 필요한 자산을 최소화한다는 것이다. 전통적으로 호텔 사업은 막대한 자본을 들여 호텔건물을 짓고, 관리하며, 확장하는 반면, 에어비앤비는 호텔건물을 별도로 소유하지 않으면서도 소비자에게 더 많은 객실을 제공할 수 있다. 물론 정교한 예약시스템의 개발과 운영에 투자하지만, 호텔 건물을 짓고 유지하는 비용에는 비할 바가 아니다. 결국 플랫폼기업은 자산 관리 비용을 절감함으로써 전통기업과의 경쟁에서 우위에 선다.

(5) 정리

① 전통기업과 플랫폼기업의 차이를 요약하면, 전통기업은 자원을 통제하고 내부 프로세스를 최적화하여 고객가치를 확대하고 이윤을 극대화하려 하는 반면에, 플랫폼기업은 자원을 조정하고 외부 상호작용을 촉진해 생태계 가치를 극대화하려고 한다(Alstyne).

② 전통기업은 유·무형 자산의 소유를 통한 규모의 경제를 성장 동력으로 삼고, 이를 위해 구매-판매-서비스의 선형적 공급 사슬을 최적화하고자 힘쓴다. 이에 반해 플랫폼기업은 생태계 참여자들의 자원을 조정하는 데 집중하고 참여자 간 상호작용을 원활하게 하여 가치를 창출한다. 즉, 수익을 창출하기 위해 전통기업은 소비자 가치를 극대화하는 반면, 플랫폼기업은 생태계 전체의 가치를 높인다.

③ 결국 소비자의 신속한 피드백이 가능한 시스템과 유형 자산의 최소화라는 플랫폼의 장점은 기업의 혁신을 용이하게 하여 사업 환경의 변화에 적절하게 대응할 수 있게 한다. 이러한 민첩성은 플랫폼기업으로 하여금 전통기업과의 경쟁에서 우위에 서고 전체 비즈니스 혁신을 이끌게 한다.

[전통기업과 플랫폼기업의 비즈니스 비교]

Ⅲ 플랫폼의 특징

1 의의

전통기업과 구분되는 플랫폼기업의 특징은 다양하지만, 대표적 특징으로는 네트워크 효과, 양면시장 구조, 그리고 생태계 기반을 들 수 있다.

2 네트워크 효과(network effect)

(1) 의의

네트워크 효과(network effect)는 플랫폼의 가장 기본이 되는 특징으로 동일 제품을 소비하는 사용자의 수가 늘어나면 늘어날수록 그 제품을 소비함으로써 얻게 되는 효용이 더욱 증가하는 것을 의미한다. 네트워크 효과는 제품의 사용자 수에 비례하며, 선형적이 아니라 기하급수적으로 증가한다. 플랫폼 생태계는 다양한 구성원이 상호작용을 하면서 가치가 창출되는데, 생태계 참여자가 늘어남에 따라 네트워크 효과가 나타나 전체 생태계의 가치가 증가한다. 간단한 예로 메신저 사용자가 3명일 때 3개의 연결이, 4명의 경우에는 6개의 연결이 생성될 수 있고, 사용자가 5명일 경우에는 연결이 10개까지 생길 수 있다. N을 사용자 수라고 할 때, N(N-1)/2 만큼의 연결이 생성될 수 있는 것이다. 메신저 사용자 수가 늘어날수록 메신저 서비스의 가치는 선형적이라기보다 기하급수적으로 증가한다.

(2) 직접 네트워크 효과와 간접 네트워크 효과

① 직접 네트워크 효과는 생산자 혹은 사용자 영역 중 한 곳에서 참여자가 증가하면 네트워크 효과가 나타나 참여자가 급증하는 현상을 나타낸다. 한 사용자가 특정 메신저를 사용하며 주변 몇몇 친구들을 끌어들이고, 이들과 소통하려는 더 많은 사람이 그 메신저를 사용 하게 되는 것을 직접 네트워크 효과의 예로 들 수 있다.

② 간접 네트워크 혹은 교차네트워크 효과는 생태계의 한 영역에서 참여자가 증가해 다른 영역의 참여자 증가를 유발하는 것을 의미한다. 예를 들어, 스마트폰 사용자 중에 구글 안드로이드 운영체제 사용자가 늘어나 앱 다운로드가 증가할수록 앱 개발자가 구글 앱 마켓(구글플레이)으로 몰리는 현상이 생길 수 있다. 또한 역으로 특정 앱마켓에서 앱 개발자가 늘어나 보다 다양한 앱이 제공될수록 더 많은 사용자가 그 앱마켓에 참여하게 된다.

(3) 네트워크 효과와 승자 독식 현상

① 네트워크 효과로 인해 플랫폼은 확장될 수 있지만, 동시에 승자독식 현상이 나타나기도 한다. 생태계 참여자 증가가 다시 참여자 증가를 유발하는 선순환 구조가 자리 잡고, 플랫폼의 지배력은 더욱 커지면서 다른 플랫폼과의 경쟁에서 독점적 위치를 갖게 된다.

② 특히, 네트워크 효과에 따라 특정 플랫폼에 사용자가 집중될 뿐만 아니라, 한 플랫폼 사용자가 다른 플랫폼으로 이동할 경우 계정 가입과 개인정보 제공 등 전환비용이 있어 사용자를 기존 플랫폼에 묶어 두는 락인(lock in) 현상이 나타나기도 한다. 이러한 승자독식 환경 때문에 플랫폼기업들은 초기에 적자를 감수하더라도 소비자를 끌어들이기 위한 전략을 구사하기도 한다.

(4) 양면(다면) 시장 구조

① 양면(다면) 시장 구조 역시 플랫폼, 특히 거래형 플랫폼의 중요한 특징 중 하나이다. 양면(다면) 시장 구조는 두 개 혹은 그 이상의 참여자 집단 간의 상호작용을 통해 가치를 창출하는 형태로서, 간접 네트워크 효과를 유발하는 환경이 된다. 생산자와 소비자로 구성된 양면 형태가 기본 구조이고, 추가로 참여자 집단이 상호작용할 경우 다면 시장 구조를 갖게 된다. 예를 들어, 우버는 운전자와 승객, 두 집단의 상호작용을 기반으로 하는 양면 시장이지만, 주문 배달을 위해 음식점이 참여할 경우 삼면시장이 된다.

② 이렇듯 플랫폼기업의 참여자 집단 결정에 따라 생태계 모습이 변화한다. 참여자 집단이 많아질수록 간접 네트워크 효과는 상승하고 수익이 다변화되지만, 생태계의 복잡성이 증가하여 갈등이 유발되며 통제의 어려움이 생긴다. 따라서 플랫폼기업(소유자)은 생태계를 유지하기 위해 적정한 참여자 집단 수를 고민할 필요가 있다.

③ 또한, 양면(다면) 시장에서 생태계 참여자와 상호작용의 규칙, 즉 거버넌스는 생태계의 모습에 영향을 미친다. 예를 들어, 개방형 거버넌스를 택할 경우 생산자를 확보하는 데는 유리하지만, 소비자에게 서비스 품질과 신뢰도를 보장하기가 어렵다. 폐쇄형의 경우 생산자 확보에 제한이 있겠지만, 소비자에게 서비스 품질과 신뢰도를 보장하기 용이하다.

(5) 생태계 기반

① 플랫폼의 또 다른 특징은 생태계 기반이다. 플랫폼은 생산자, 소비자, 광고주, 디바이스 생산자, 네트워크 운영자 등 다양한 참여자로 구성되는 생태계를 기반으로 한다. 가치는 생태계 참여자들의 상호작용을 통해 창출되기 때문에 생태계의 한 영역을 이루는 참여자의 활동이 부실할 경우 전체 생태계가 위협받게 된다. 예를 들어, 스마트폰 앱마켓 수수료 인상에 따른 개발자의 이탈은 앱마켓의 쇠퇴를 가져올 수 있다.

② 스마트폰 앱마켓에서 사용자가 유료앱을 다운로드할 경우, 수익 중 일정 부분은 수수료 명목으로 앱마켓 운영자(플랫폼기업)에게 지불되고 개발자는 나머지를 가져간다. 플랫폼기업이 수수료율을 인상할 경우 개발자는 다른 앱마켓으로 옮기거나 앱 가격을 인상함으로써 수익을 유지하려 할 것이다. 이는 소비자의 만족도를 낮추고 연쇄적으로 소비자 이탈을 부추겨, 궁극적으로는 해당 앱마켓의 쇠퇴를 가져올 수 있다. 따라서 플랫폼기업은 전체 생태계의 관점에서 전략을 수립하여 다양한 참여자가 원활하게 상호작용할 수 있도록 지원할 필요가 있다.

Ⅳ 플랫폼의 분류

1 의의

플랫폼을 분류하는 방식은 다양하지만, 이 절에서는 플랫폼을 역할에 따라 4가지로 구분하여 설명한다(Evans & Gawer).

2 거래 플랫폼

거래 플랫폼은 사용자, 소비자, 서비스 제공자 등 다양한 생태계 참여자 간의 거래를 촉진하는 중개자 역할을 하는 플랫폼으로서, 양적인 측면에서 플랫폼의 대표적인 형태라고 할 수 있다. 매개형 플랫폼이라고도 불리며, 공유서비스(우버), 이커머스 마켓플레이스(이베이), 디지털 콘텐츠 플랫폼(넷플릭스), 게임 등이 거래 플랫폼에 해당한다.

3 혁신 플랫폼

외부 참여자(개발자, 개발회사)에게 상호보완적 소프트웨어나 상품, 서비스를 개발하기 위한 환경을 제공함으로써 기반 소프트웨어(예 운영체제)를 진화시키는 플랫폼을 혁신 플랫폼이라고 한다. 이러한 형태의 플랫폼은 대규모의 개발자 네트워크를 포함하는데, 마이크로소프트, 오라클, SAP가 혁신 플랫폼의 대표적 예이다. 생태계 내에서 다른 참여자들과의 협업이 가치 창출과 혁신의 원동력이 되는 환경이다.

4 통합 플랫폼

통합 플랫폼은 거래 플랫폼과 혁신 플랫폼이 결합된 형태로서, 시장 규모 면에서는 가장 큰 형태의 플랫폼이다. 통합 플랫폼은 양면시장 참여자들의 상호작용을 매개한다는 측면에서 거래 플랫폼의 성격이 있다고 할 수 있고, 다수의 개발자들이 참여하여 제품이나 서비스를 생산한다는 점에서는 혁신 플랫폼의 역할을 겸한다. 통합 플랫폼의 대표적 사례로는 구글, 애플, 페이스북, 아마존, 알리바바 등이 있다. 이러한 기업은 다양한 서브 플랫폼을 운용한다는 점에서 플랫폼 복합기업(platform conglomerate)이라고 할 수 있다.

5 투자 플랫폼

투자 플랫폼은 플랫폼 포트폴리오 전략에 기초해 다양한 플랫폼에 투자를 지원하는 지주회사 형태의 플랫폼이다. 프라이스 라인 그룹, 소프트뱅크 등이 이에 속한다. 예를 들어 프라이스라인 그룹은 부킹닷컴, 프라이스라인닷컴, 카약닷컴, 렌탈카스닷컴 등 호텔 및 레저 분야에 특화된 플랫폼들의 투자 지주회사다. 투자 플랫폼은 기본적으로 투자 지주회사지만, 플랫폼 투자 포트폴리오 전략을 수립하고 플랫폼기업에 집중적으로 투자한다는 점에서 플랫폼기업의 한 형태로 분류했다. 이들이 지원하는 플랫폼은 백엔드 인프라(backend infra)와 고객 경험을 공유하여 전략적으로 활용할 수 있다는 이점이 있다. 빅데이터시대가 도래함에 따라 고객 정보의 활용과 맞춤형 서비스의 가치가 높아지고 있다는 점에서 투자 플랫폼의 위상도 높아지고 있다.

기출문제

Evans와 Gawer가 역할에 따라 분류한 플랫폼의 4가지 유형에 해당하지 않는 것은? [2021]

① 독립 플랫폼은 특화된 분야, 예를 들어 호텔 및 레저 분야에서 고객 경험을 공유하여 전략적으로 활용할 수 있는 플랫폼이다.

② 거래 플랫폼은 사용자, 소비자, 서비스 제공자 등 다양한 생태계 참여자 간의 거래를 촉진하거나 중개자 역할을 하는 플랫폼이다.

③ 투자 플랫폼은 플랫폼 포트폴리오 전략에 기초해 다양한 플랫폼에 투자를 지원하는 지주회사 형태의 플랫폼이다.

④ 혁신 플랫폼은 외부 참여자(개발자, 개발회사)에게 상호보완적 소프트웨어나 상품, 서비스를 개발하기 위한 환경을 제공함으로써 기반 소프트웨어(예 운영체제)를 진화시키는 플랫폼이다.

정답 ①

해설 Evans와 Gawer는 플랫폼의 역할에 따라 거래, 혁신, 통합, 투자 플랫폼으로 분류하고 있다. 독립 플랫폼은 존재하지 않으며 투자 플랫폼에 대한 설명이다.

V 멀티 호밍과 탈중개화 위험

1 의의

플랫폼기업은 멀티 호밍과 탈중개화의 위험을 안고 있다(Feng & Iansiti).

2 멀티 호밍(multi-homing)

① 멀티 호밍이란 플랫폼 참여자가 또 다른 플랫폼에 동시에 참여하는 것을 의미한다. 예를 들어, 우버는 대표적인 승차 공유 플랫폼이지만, 많은 운전자와 승객은 리프트(Lyft)라는 플랫폼도 동시에 사용하면서, 가격이나 대기시간을 비교하여 플랫폼을 결정한다. 대체로 플랫폼에 참여하는 데 드는 비용이 낮기 때문에 멀티 호밍은 플랫폼 비즈니스에서 나타나는 전형적인 현상이라고 할 수 있다.

② 플랫폼기업은 시장 참여자에게 인센티브를 제공하거나 서비스를 차별화하여 이에 대응한다. 가령 아마존은 판매자가 아마존 마켓플레이스에서만 상품을 판매할 경우 인센티브를 제공하며, 소비자를 위해서는 빠른 배송서비스를 제공함으로써 그들을 묶어 두려고 한다.

3 탈중개화

① 탈중개화란 플랫폼의 매개를 벗어나 생산자와 소비자가 직접 거래하는 현상을 말한다. 거래형 플랫폼의 수익이 거래를 매개하는 데서 나오기 때문에 탈중개화는 플랫폼기업에 위협이 될 수 있다.

② 실제로 탈중개화로 인해 파산한 회사도 있다. 홈조이(Homejoy)는 2010년 개업한 소비자와 청소업자를 매칭해 주는 플랫폼기업이었다. 소비자는 처음에는 홈조이를 통해 청소업자를 구했지만, 청소업자의 서비스에 만족한 경우 굳이 홈조이를 사용할 필요 없이 직접 그 청소업자에게 연락하게 되었다. 이러한 현상이 지속되자 홈조이는 거래 플랫폼의 역할을 상실했고, 결국 2015년 파산하였다.

③ 탈중개화의 위협에 대응하기 위해 플랫폼기업은 서비스 규약을 통해 생산자와 소비자 간의 직접 상호작용(거래, 연락정보 교환)을 차단하기도 한다. 애플은 스마트폰 유료 앱에 대한 결제를 애플의 결제시스템에서만 가능하게 하고, 앱 자체의 결제시스템 사용을 불허함으로써 매개자의 역할을 지키고 있다.

④ 탈중개화 위협에 대한 플랫폼기업의 또 다른 대응방법은 양질의 매개 서비스를 제공하는 것이다. 에스크로(Escrow)를 활용해 거래의 안정성을 보장하거나, 참여자 간 문제가 발생했을 때 중재를 담당하고, 생산자에게 소비자 데이터 분석에 기초한 마케팅 전략을 제안하는 방안 등을 포함할 수 있다.

Ⅵ 플랫폼 규제

① 플랫폼은 비즈니스 분야, 나아가 사회에서 혁신을 주도하고 있지만, 동시에 몇몇 우려를 불러일으키기도 한다. 우선 플랫폼기업의 독점적 지위에 대한 우려이다. 플랫폼 경제에서는 네트워크 효과에 의해 플랫폼기업의 규모가 커지고, 승자독식의 양상이 나타나기도 한다. 독점적 지위에 이른 플랫폼기업은 혁신을 주도하기보다는 약탈적 행위를 하기도 한다. 스마트폰 앱마켓의 수수료 인상 사례는 플랫폼이 독점적 지위를 사용하여 앱 개발자를 압박하고 앱 가격을 상승시켜 결국에는 개발자와 소비자를 위축시키는 사례라고 할 수 있다. 현재로서는 시장독점에 대한 규제를 적용해 플랫폼기업을 규제하려는 움직임이 있으나 시장독점 적용을 위한 시장의 획정이 선결 과제로 논의되고 있다.

② 한편에서는 플랫폼기업의 독점은 일시적 과정이라는 주장도 있다. 비즈니스의 경계가 모호해지면서 산업 간의 융합현상이 발생하는 플랫폼 경제에서는 플랫폼기업이 여러 영역을 넘나들며 경쟁하기 때문이다. 예를 들어, 아마존은 사업을 미디어 분야로 확장하면서 애플TV의 판매를 중단하기도 했다.

③ 플랫폼기업의 독점과 관련하여, 국가 간 플랫폼기업 역량의 불균형이 문제점으로 제기되기도 한다. 규모면에서 주요 플랫폼기업으로 간주할 수 있는 구글, 애플, 아마존, 마이크로소프트, 페이스북은 모두 미국 회사이지만, 세계 각지에서 수익을 올리고 있다. 국내도 마찬가지로, 페이스북은 국내의 대표적 소셜 네트워킹 서비스로 자리 잡았고, 구글서치는 이미 네이버 검색 서비스를 넘어서고 있다. 유럽연합은 일명 '구글세'와 같은 세금정책을 통해 글로벌 플랫폼을 견제하고자 하였고, 국내에서도 글로벌 플랫폼에 대한 규제를 논의 중이다. 요컨대, 플랫폼 경제가 지속가능하기 위하여 플랫폼의 독점과 플랫폼 역량의 지역 간 불균형 문제에 대한 사회적 논의가 필요한 시점이다.

Theme

107 플랫폼 자본주의

I 의의

① 서르닉(Nick Srnicek)은 디지털 플랫폼이 21세기 자본주의의 새로운 비즈니스모델이 되었으며, 지속적으로 이윤을 추구하는 디지털 플랫폼의 속성은 물론 거대한 플랫폼 사이에서 나타나는 치열한 경쟁과 독점화 경향으로 인해 자본주의 사회의 불평등은 심화되고 결국은 장기 침체를 극복하지 못할 것이라고 전망하고 있다. 그러면서도 그에 대한 대안으로서 기업 플랫폼에 대한 국가 규제와 공공 플랫폼 개발의 필요성을 규범적인 수준에서 아주 간단하게 제안한다.

② 서르닉은 자본주의의 지속적인 이윤 추구 동기는 변함없는 본질이라고 본다. 그러나 제2차 세계대전 이후의 예외적인 일시적 경제 호황기를 지나 1970년대 장기적인 이윤율 하락과 제조업 부진은 자본주의로 하여금 새로운 이윤 창출을 위한 변화를 불가피하게 했으며, 경제 성장을 회복하고 활력을 유지하는 수단으로 데이터에 눈을 돌리게 되었다고 보았다. 여기서 데이터가 곧 정보이고 이러한 데이터를 수집, 가공, 처리, 이용하는 기술이 정보 통신 기술이라고 했을 때 자본주의가 위기 극복을 위한 새로운 활로를 찾기 위해 정보와 정보 통신 기술에 눈길을 돌리게 되었다는 것은 특별히 새로울 것이 없다.

Ⅱ '디지털 플랫폼' 모델의 등장과 발전

1 의의

① 그의 논의가 새로운 것은 21세기 선진 자본주의가 지속적인 이윤 창출을 위한 새롭고도 강력한 사업 모델인 '디지털 플랫폼' 모델의 등장과 발전에 주목했다는 점이다. 즉 지속적인 이윤 추구라는 자본주의의 본질은 그대로 지속되는 상황에서, 적어도 1990년대와 2000년대 초 한동안의 닷컴 거품과 붕괴 이후 디지털 플랫폼이 새로운 이윤 창출 기제로 급부상했다는 것이다.

② 1970년대 후반 제조업 중심의 자본주의 대량 생산 경제의 위기 이후, 산업의 정보화와 정보의 산업화 과정을 거치면서 정보 통신 기술은 기존 자본주의 기업들의 생산성과 효율성을 높이는 핵심 기술이 되었다. 유연 생산 체제로의 전환 확대는 물론 노동의 유연성과 주변화도 강화되고 심화되었다. 인터넷의 확대와 상업화는 이러한 경향을 더욱 가속화시켰다. 글로벌 네트워크의 확장과 닷컴 기업의 부상은 디지털 경제의 확대를 가져왔고, 한동안 이 분야에 대한 막대한 벤처 투자도 집중되었다. 그러나 2000년대 초 닷컴 붕괴와 글로벌 금융 위기가

겹치면서 자본주의 경제는 또 다른 위기에 봉착하게 되었다. 한편에서는 지속적인 저금리와 양적 완화라는 통화 정책 속에서 자본주의 위기관리가 이루어졌고, 다른 한편에서는 지속적인 이윤 추구와 확대를 위한 새로운 사업 모델의 추구와 노동의 변화가 계속 이루어지게 되었다는 것이다.

2 디지털 플랫폼 모델의 특징

(1) 데이터

① 21세기 자본주의의 새로운 사업 모델이자 이윤 창출 기제로 부상했다는 '플랫폼'이란 무엇인가? 서르닉은 플랫폼을 "거대한 양의 데이터를 추출하고 통제하게 하는 새로운 사업 모델"이라고 했다. 정보통신기술의 발전에 힘입어 이제는 데이터가 폭발적으로 늘어났다.

② 과거에는 데이터가 사업 활동의 주변에 있었으나 점차 핵심 자원으로 바뀌었다. 이제 데이터는 자본주의의 원료이자 핵심 자원이 된 것이다. "데이터는 많이 모일수록 그만큼 쓸모도 커진다. 데이터는 알고리즘을 개선하고 경쟁에서의 우위를 보장한다. 데이터는 생산과정의 최적화와 유연화를 촉진하며 저수익 상품을 고수익 서비스로 전환한다. 데이터는 노동을 통제하고 노동의 외주화를 촉진시키기도 한다."

(2) 플랫폼

① 플랫폼은 이러한 데이터를 독점하여 추출, 분석, 사용, 판매하는 점점 더 지배적인 사업 조직 방식이 되었다는 것이다.

② 디지털 플랫폼이 강화될수록 저숙련 노동자들은 외부로 내보내지고, 이러한 노동의 외주화를 통해 삭감된 임금이 결국은 회사의 수익이 된다는 것이다.

③ 요컨대, 데이터 추출과 분석 및 활용에 의존하는 플랫폼은 노동을 외주화, 주변화하고 심지어는 배제함으로써 이윤을 확대해 나간다는 것이다. 오늘날 새로운 사업 모델이 되고 있는 플랫폼은 경제 전체로 파고들어 수많은 회사들이 플랫폼 방식을 채택하고 있다고 보았다.

(3) 플랫폼의 특징

① 플랫폼은 다양한 이용자 집단, 즉 생산자, 공급자, 서비스 제공자, 소비자, 광고주 등을 매개하는 디지털 인프라 구조를 제공한다.

② 네트워크 효과를 만들어 내고 그에 의존한다. 즉 더 많은 사람들이 이용할수록 이용자는 더 많은 혜택을 누리게 된다. 그래서 플랫폼은 독점을 추구하는 경향을 보인다.

③ 플랫폼 기업은 주로 교차 보조 전략을 이용한다. 전체 사업에서 일부는 무료로 혹은 저렴하게 공급하여 이용자를 끌어들이고, 그것을 통해 다른 부문에서 수익을 올린다. 예컨대 구글의 경우처럼 메일 서비스를 공짜로 제공하고 이를 이용하는 수많은 이용자를 통해 광고 수익을 올리는 전략이다.

④ 플랫폼은 다양한 이용자가 지속적으로 관심을 가질 수 있게 설계되어야 한다. 그래야 이용자를 자체 생태계 안에 계속해서 묶어둘 수 있다는 것이다. 이러한 특징들이 플랫폼을 데이터 추출과 통제의 핵심 모델로 만들고 있다는 것이다.

Ⅲ 플랫폼의 유형

1 의의

서르닉은 다섯 가지 유형의 플랫폼을 소개하는데 광고 플랫폼, 클라우드 플랫폼, 산업 플랫폼, 제품 플랫폼, 린 플랫폼이 그것이다. 물론 이들 유형은 하나의 기업 안에 공존할 수 있으며, 아마존의 사례에서 보듯 실제 많은 경우, 그렇게 운영되고 있다.

2 광고 플랫폼

① 광고 플랫폼은 새로운 사업 방식으로서의 플랫폼의 시작인 동시에 가장 성공적인 부분으로 꼽힌다. 대표적인 사례가 구글과 페이스북이다.
② 이들 기업은 처음에는 이용자들에게 검색 서비스와 사회관계망 서비스 등을 통해 다수의 이용자를 끌어 모았으며, 그러한 사용자 이용 데이터를 서비스 개선을 위해 사용했다.
③ 그러나 나중에는 그러한 데이터를 광고 수익을 올리는 데 사용했다. 광고 플랫폼에서 그러한 데이터가 핵심 원료가 되는 것이다. 이용자의 온라인 활동에서 데이터가 추출되고 분석되어 광고주에게 판매됨으로써 수익을 창출하게 되는 것이다. 2016년 구글의 이러한 광고 수익 비중은 89.9%였고, 페이스북은 무려 96.6%였다.
④ 광고 플랫폼은 이용자의 온라인 활동을 단순히 관찰하고 기록하는 데 그치지 않고, 체계적이고 엄밀한 과학적 분석을 거친 뒤 경매 시스템을 통해 광고주에게 판매된다. 단순한 데이터가 아니라 분석되고 예측된 데이터, 즉 "약속된" 표적 고객을 광고주에게 팔아넘긴다는 것이다.

3 클라우드 플랫폼

① 클라우드 플랫폼은 디지털 경제의 기초인 인프라 구조를 구축해서 자기 사업에 필요한 데이터를 수집, 분석하는 한편 다른 회사들에게 자산을 빌려줌으로써 높은 수익을 올리는 플랫폼이다. 대표적인 사례가 아마존이다. 아마존은 데이터 센터를 비롯하여 자동화된 물류 창고와 대규모 컴퓨터 장비에 막대한 투자를 했다.

② 아마존웹서비스(AWS)는 서버와 스토리지, 컴퓨터 연산에 필요한 주문형 서비스를 제공하고 소프트웨어 개발자 도구, 운영 체제, 완성된 앱 전체를 빌려준다. 이를 빌린 회사들은 하드웨어, 소프트웨어 개발 도구, 앱 개발에 들어가는 막대한 시간과 비용을 절감한다.

③ 클라우드 플랫폼 사업 모델로 전환한 아마존 같은 회사는 이들 하드웨어와 소프트웨어를 통합적으로 활용하여 자신에게 필요한 데이터를 지속적으로 수집하고 분석하여 이윤을 극대화한다.

④ 여기서도 교차 보조 전략에 의존한다. 아마존은 데이터를 이용한 신속하고 저렴한 배송을 통해 대규모 이용자를 끌어들이고, 이 이용자들이 일단 플랫폼에 들어오면 다른 부분의 서비스를 통해 수익을 내는 전략을 구사한다.

4 산업 플랫폼

(1) 의의

① 산업 플랫폼은 전통적인 제조업 분야에 도입된 플랫폼을 말한다. 즉 기존의 전통적인 제조업이 하드웨어와 소프트웨어를 직접 구축하고 인터넷 연결 조직으로 변신하여 생산 비용을 낮추고 상품을 서비스로 바꾸어 나가는 것이다.

② 산업 플랫폼에서는 '산업의 사물 인터넷' 혹은 줄여서 '산업 인터넷'(독일의 경우는 '산업 4.0')이라는 것이 부각된다. 산업 인터넷이란 센서와 컴퓨터 칩을 생산 과정에 집어넣고 RFID 추적 장치 등을 물류 과정에 장착해서 이 모두를 인터넷으로 연결하는 과정으로, 점차 많은 제조업 분야가 이러한 산업 인터넷을 구축함으로써 점차 스마트한 제조 역량을 확보해 나가고 있다는 것이다.

(2) 기능

① '제조업의 발전소'라고도 하는 산업 플랫폼은 산업 인터넷을 움직이는 하드웨어와 소프트웨어를 구축해 터빈, 유전, 엔진, 작업 현장, 운송 트럭, 각종 앱 사이에 매개로 작용하며, 센서와 작동 장치, 공장과 공급업자, 생산자와 소비자, 소프트웨어와 하드웨어 사이의 연결을 확보하는 인프라를 제공한다는 것이다.

② 서르닉은 그 대표적인 사례로 미국의 GE와 독일의 지멘스를 들고 있다. GE의 프레딕스라는 플랫폼과 지멘스의 마인드스페어라는 산업 플랫폼은 이미 인프라 구조 서비스, 개발자 도구, 산업 인터넷 관리 도구 등을 제공하면서 스마트 제조 역량을 높이기 위한 투자를 계속하고 있으며, 이러한 도구들을 임대로 공급하면서 수익을 올리고 있기도 하다.

③ 산업 플랫폼 역시 수집된 데이터를 바탕으로 미세한 장비에서 거대한 공장에 이르기까지 전 지구적인 제조업이 어떻게 작동하는지를 관찰할 수 있게 해 주며, 공장과 고객과 앱 개발자 사이를 매개하면서 스마트한 제조 역량, 즉 더 빠르고 더 저렴하며 더 유연한 서비스를 확보하기 위한 경쟁을 가속시키고 있다고 했다. 여기서도 네트워크 효과로 인한 독점적 지위 확보 경쟁은 예외가 아니라고 보았다.

5 제품 플랫폼

(1) 의의

① 제품 플랫폼과 린 플랫폼은 사물 인터넷과 클라우드 컴퓨팅 기술로 인해 가능하게 된 새로운 유형의 주문형 플랫폼이다. 둘 다 고객이 원할 때 자산을 빌려주는 플랫폼이다.

② 다만 제품 플랫폼은 자산을 소유한 다음에 빌려주는 플랫폼인데 비해, 린 플랫폼은 자산을 직접 소유하지 않고 대부분 외주에 의존하여 고객이 원하는 서비스를 제공한다. 자산이 있다면 그것은 소프트웨어와 데이터 수집 및 분석과 관련된 플랫폼 자체가 핵심 자산이다. 마치 자산이 없는 회사처럼 보인다. 그래서 '가상 플랫폼'이라고도 한다. 제품 플랫폼의 대표적인 사례로 Zipcar와 Spotify를 들고 있다.

(2) 특징

① 집카는 자동차를 소유하고 그것을 빌려준다. '제품을 서비스로 제공하는' 플랫폼이다. 글로벌 음악 플랫폼인 스포티파이의 경우도 휴대폰, 컴퓨터, 태블릿 등을 통해 매 순간 고객이 원하는 음악이나 팟캐스트를 제공한다.

② 제품 플랫폼은 마치 전통적인 신문 구독과 같이 원하는 음악이나 정보는 물론 칫솔, 면도기, 자동차, 주택, 심지어는 개인용 비행기와 제트 엔진마저도 이제는 직접 제품을 사는 것이 아니라 특정 서비스를 빌려서 이용할 수 있다.

③ 그래서 이를 '구독자 모델'이라고도 한다. 서르닉은 이런 제품 플랫폼이 계속 번창하는 이유의 하나로 임금 하락과 정체를 들고 있다. 가계 저축이 감소하면서 제품을 사는 대신 그 대안으로 임대 사용이 늘어나고 있다는 것이다.

6 린 플랫폼

(1) 의의

① 린 플랫폼도 고객이 원할 때 자산을 빌려주는 사업 방식이지만 회사가 빌려주는 자산을 소유하지 않는 형태를 말한다.

② 관련 데이터를 수집하고 분석하고 활용하는 플랫폼만 갖고 있는 것이다. 나머지 모든 것은 거의 외주에 의존한다. 고정 자본, 노동자와 노동자 교육 훈련마저도 외주에 의존한다.

③ 하드웨어와 소프트웨어도 클라우드 기업에서 빌려 쓴다. 그래서 이를 '초외주화 모델' 이라고도 한다. 서르닉은 대표적인 차량 서비스업체인 우버와 숙박업체인 에어비앤비를 그 대표적인 예로 들고 있다.

(2) 우버

① 우버의 경우, 하드웨어와 소프트웨어도 아마존웹서비스에서 빌려 쓴다. 그밖에도 구글의 지도, 트윌리오의 메시지, 샌드그리드의 이메일, 브레인트리의 결제 서비스를 빌려 사용한다.

② 우버는 다른 플랫폼에 기초한 대표적인 린 플랫폼의 하나인 셈이다. 그리고 우버는 노동자마저도 외주에 의존한다. 운전자를 '종업원'이 아닌 '독립 계약자'로 취급한다.

③ 관련 데이터의 수집과 분석 및 활용에 전적으로 의존하는 우버는 차량 운행에 관한 데이터뿐 아니라 운전자에 대한 데이터도 수집한다. 심지어는 승객이 없을 때도 데이터를 수집함으로써 운전자가 무엇을 하는지, 또 어떻게 운전하는지까지도 분석하여 이를 비즈니스에 활용한다고 한다.

핵심정리 플랫폼의 유형과 특징

유형	특징	사례
광고 플랫폼	이용자의 정보를 추출해 분석 작업을 거친 다음, 그 과정의 산물을 사용해 온라인 광고에 판매	구글, 페이스북
클라우드 플랫폼	디지털 사업에 필요한 하드웨어와 소프트웨어를 갖추고 고객 회사에 필요에 따라 빌려주는 방식	아마존웹서비스, 세일즈포스
산업 플랫폼	전통적 제조업이 인터넷 연결 조직으로 변신해 생산비용을 낮추고 상품을 서비스로 바꾸는 형태(그 과정에서 하드웨어와 소프트웨어를 직접 구축하는 방식)	GE, 지멘스
제품 플랫폼	전통적 제품을 서비스로 전환한 주문형 플랫폼으로, 임대 수익이나 구독형 서비스로 수익을 올리는 방식	집카, 스포티파이
린 플랫폼	자산 소유를 최대한 줄이고 비용도 가능하면 줄여서 수익을 내려는 시도	우버, 에어비앤비

Ⅳ 전망

1 의의

① 서르닉은 이처럼 다양한 플랫폼의 등장과 발전에도 불구하고 그것의 미래 전망에 대해서는 매우 비관적이다.

② 그는 데이터 추출을 핵심적인 DNA로 하는 플랫폼 기업은 네트워크 효과 때문에 거대한 크기로 성장하지만 이로 인해 거대해지는 플랫폼들 사이에 치열한 경쟁이 펼쳐지면서 몇 가지 뚜렷한 경향이 나타난다고 보았다.

2 폐쇄 전략의 강화

① 데이터를 기반으로 성장하는 플랫폼들은 데이터 층위의 모든 요소를 확보하려는 경향 속에서 데이터 추출을 점차 확대하며, 플랫폼 생태계의 확장에 따라 생태계의 관문을 지배함으로써 핵심 플랫폼의 지위를 유지하려는 지속적인 노력을 보이게 되는데, 이러한 과정에서 플랫폼 기업들은 동일한 시장과 동일한 데이터 영역에 진출함으로써 서로 비슷해지는 수렴 현상을 낳게 되고, 경쟁자를 물리치는 핵심 수단으로 이용자와 데이터를 자체 플랫폼 내에 계속 가두어 두려는 경향 혹은 폐쇄 전략이 강화된다는 것이다.

② 서르닉은 이러한 플랫폼 자본주의의 경향 때문에 앞으로 플랫폼이 경제 전체로 계속 확산되면서 경쟁은 플랫폼 폐쇄를 더욱더 강화할 것이고, 광고 수익에 기대던 플랫폼은 직접 요금 사업으로 점점 더 전환하면서 임대 수익을 추출하는 쪽으로 변화될 것이라고 했다.

3 교차 보조 전략은 종말

플랫폼의 수익 기반이었던 교차 보조 전략은 종말을 고하고, 공적 공간으로서의 인터넷도 점차 소멸될 것이며, 현존하는 소득과 부의 불평등은 접속의 불평등 형태로 계속 반복될 것이라고 내다보았다.

V 대안

그러나 그러한 부정적 전망에도 불구하고, 서르닉은 앞서 언급한 플랫폼 자본주의의 경향성도 있지만 정치적 노력으로 그 결과를 뒤집거나 멈춰 세울 수 있다고 했다. 그 근거로 국가가 플랫폼을 통제하는 힘을 갖고 있기 때문에, 기업 플랫폼의 규제뿐 아니라 국민들에 의해 소유되고 통제되는, 그리고 감시 국가 기구로부터 독립된 공공 플랫폼 개발도 가능하다고 주장했다. 플랫폼 자본주의에 대한 비난 속에서 탈자본주의적 플랫폼을 요구할 수 있다고도 했다. 그러나 그와 관련된 보다 구체적인 방안이나 전략적 제안이 부족한 단순한 규범적 주장에 그치고 있어 상당히 공허한 느낌이 든다.

Theme

108 '이윤의 지대되기'와 정동 엔클로저 (구글과 페이스북의 독점 지대 수취 경제)

I 의의

① 지대는 일반적으로 토지, 장소, 그리고 특허나 저작권 등과 같이 공식적 특권에 의해 형성된 자산의 사용 비용이나 그것으로부터 얻게 된 소득을 일컫는다. 그런데 오늘날 그것은 디지털 네트워크에서 창출되는 가치의 전유 과정에 대한 설명에도 적용될 수 있다.

② 실제로, 디지털 공간의 특정 노드에 많은 사람들이 모이게 되면 수요의 집중에 의한 지대가 발생하는 것으로 간주되는가 하면, 신자유주의 금융화는 디지털 네트워크 속에서 고용관계 외부의 다양한 비노동 영역(일상생활, 웹 서핑, 소비, 브랜드 평가 등)을 가치 창출 기제 속으로 포섭시킴으로써 지대 수익을 얻는 것으로 평가되기도 한다.

③ 또한, 디지털 플랫폼 이용자들이 생산한 콘텐츠와 데이터가 플랫폼 제공자에게 일종의 현물 지대로 양도되는 것으로 이해되는가 하면, 플랫폼 지대의 실체는 모든 이용자들의 소득 일부가 사회적으로 이전된 것으로 설명되기도 한다.

④ 이러한 논의들은 대체로 플랫폼 지대를 사회적 · 공통적으로 생산된 초과이윤이 플랫폼 소유자에게 사적으로 이전된 결과물로 본다는 점에서 플랫폼 수익의 불로소득적 성격에 주목하고 있는 것으로 이해될 수 있다.

⑤ 플랫폼 지대를 이처럼 "사회 전체에서 생산된 잉여 가치의 공제, 혹은 교환을 통한 총 잉여 가치의 재분배"로 볼 수 있다면, 그러한 공제와 재분배가 과연 얼마나 적정한 것인지는 사회적으로 충분히 검토될 필요가 있다.

Ⅱ 독점 지대 추출

1 지대

① 하비(Harvey)가 밝혔듯이, 모든 지대는 "지구상의 특정 부분에 대한 사적 소유자의 독점적 권력에 토대를 두고 있다." 재산의 독점적 소유권자는 가치 생산의 외부에서도 자신의 소득을 강제할 수 있다.

② 다양한 지대 형태를 토지에 한정하여 살펴보면, 우선, 절대 지대(absolute rent)는 토지를 소유하고 있다는 사실만으로 토지 소유자가 강제할 수 있는 소득이다. 토지의 생산성이 아무리

낮더라도 그것을 무료로 다른 사람에게 빌려주는 지주는 없다는 점에서, 모든 토지는 지대를 징수할 수 있는 것으로 볼 수 있다. 또한 자본의 자유로운 유입을 막는 체계적인 장벽이 세워질 때 절대 지대는 발생할 수 있다.

③ 다음으로, 차액 지대(differential rent)는 토지의 비옥도나 산출량의 차이에서 발생하는 지대이다. 그것은 도심에 가까운 토지가 그렇지 않은 토지에 비해 더 높은 가치를 가질 수 있는 것처럼 위치적 요인에 의해서도 형성될 수 있다.

④ 마지막으로, 독점 지대(monopoly rent)는 특정 토지의 생산물이 갖는 독점 가격에서 발생하는 지대이다. 특정 토지가 지닌 독특하고도 예외적인 양질성이 경쟁을 제한하고 독점 가격을 실현할 때 독점 지대가 창출될 수 있다.

⑤ 많은 연구자들은 지대 관념이 토지 부문을 넘어서서 적용될 수 있다고 보며, 오늘날의 네트워크화한 정보 경제의 특징을 그것을 통해 설명한다. 그러나 과연 그것이 어떤 종류의 지대인지에 대해서는 아직 합의된 견해가 없다.

2 네트워크 자본이 누리는 초과이윤의 성질

① 파스퀴넬리(Pasquinelli)는 토지의 비옥도나 위치로부터 차액 지대가 발생하듯이, 네트워크 속의 중심성이나 접근성으로부터 차액 지대가 발생할 수 있다고 본다.

② 그런데 모든 차액 지대의 원천은 일차적으로 특정 장소가 갖는 생산성의 자연적 우위성에 있다(Harvey). 따라서 구글과 같은 네트워크 자본이 누리는 초과이윤을 차액 지대로 볼 수 있으려면, 그것의 영구적인 자연적 우위성이 무엇인지를 밝힐 수 있어야 한다.

③ 네트워크 자본은 중심성, 접근성, 수요의 집중 등에서 지대를 얻는다고 말할 수는 있겠지만, 그렇다고 해서 그것들이 무엇보다도 영구적인 자연력의 차이에서 비롯되었다고 말하기는 어렵다.

④ 디지털 네트워크는 어떤 구성 부분도 천부적인 생산력의 차이를 갖지 않으며, 어떤 장소도 중심이 될 수 있을 정도로 물리적 접근성이 거의 문제가 되지 않는다는 점에서, 차액 지대 개념을 디지털 네트워크 경제에 적용하는 것은 별로 적절해 보이지 않는다.

⑤ 대신, 개별 네트워크 자본이 제공하는 서비스의 특출함이나 탁월성 때문에 중심성이나 수요의 집중이 발생하게 되었고, 그것이 지대 형태의 초과 이윤을 얻는 것을 가능하게 하였다고 볼 수 있다.

⑥ 실제로, 젤러(Zeller)는 사유화된 지식과 정보에서는 차액 지대가 출현할 수 없다고 주장하는 바, 지식과 정보는 그 자체로 독특하며, 각기 특수한 목적의 상품 생산에 특수한 방식으로 사용되기 때문이다.

⑦ 정보 경제에서 지대는 결국 각각의 특이한 재화와 서비스가 소비자들로 하여금 독점 가격을 감당하게 할 정도로 어떤 탁월한 속성을 각인시키는가의 여부에 달린 것이라 할 수 있다. 따라서 네트워크 자본이 누리는 지대는 서비스의 특이성이나 예외적 양질성과 연관된 개념인 독점 지대로 설명하는 것이 더욱 적절해 보인다.

⑧ 하비(Harvey)에 따르면, 독점 지대는 "어떤 중요한 측면에서 독특하고 복제 불가능한, 직 · 간접적으로 거래할 수 있는 물품에 대한 배타적 통제를 통해 오랜 기간 높은 소득을 실현할 수 있기 때문에 나타나는" 소득이다. 차액 지대와 달리, 그것은 재화와 자원의 특출함으로 인해 독점 가격이 실현될 수 있을 때 발생한다. 최상질의 포도밭에서 생산되는 와인이나 인구밀집 지역의 고급 주택에서 나오는 초과이윤은 독점 지대라 할 수 있다. 독점 가격을 강제할 수 있는 한, 양질의 토지나 인간 활동의 중심지나 선망의 대상이 되는 장소는 독점 지대를 발생시킬 수 있다.

기출문제

구글과 페이스북으로 대표되는 최근의 플랫폼 경제에서 자본이 생산의 외부 요소가 되고 지대 추출에 집중함에 따라 이윤은 점점 더 지대가 된다고 할 때 그 지대의 종류로 옳은 것은? [2019]

① 절대 지대
② 차액 지대
③ 독점 지대
④ 현물 지대

정답 ③

해설 구글의 페이지랭크(PageRank)나 페이스북의 에지랭크(EdgeRank)와 같은 웹 2.0 소프트웨어는 집단 지성의 활용과 사용자 반응의 실시간 반영과 업그레이드라는 서비스 소프트웨어 모델에 따라 생산된다. 그리하여, 최근의 독점 지대 창출에서는 소프트웨어의 '독점'뿐만 아니라 광범위하고도 자유로운 '사용'도 매우 중요해진다. 한편으로, 웹 2.0 소프트웨어는 특허재산으로서 전통적 방식의 지적 재산권 수익을 창출하지만, 다른 한편으로, 검색과 사회관계망 활동에서 표출되는 실시간 정동의 관리와 활용이라는 새로운 방식의 독점 지대 수취를 가능케 하기 때문이다.

Ⅲ 웹 2.0 경제에서 소프트웨어가 독점 지대를 창출하는 방식

1 의의

① 오늘날의 웹 2.0 경제에서 소프트웨어가 독점 지대를 창출하는 방식은 이전의 그것과는 매우 다른 점이 있다.

② 마이크로워드나 엑셀과 같은 전통적 소프트웨어는 기업 내 연구개발과 새로운 버전의 출시라는 패키지 소프트웨어 모델에 따라 생산되는 반면, 구글의 페이지랭크(PageRank)나 페이스북의 에지랭크(EdgeRank)와 같은 웹 2.0 소프트웨어는 집단 지성의 활용과 사용자 반응의 실시간 반영과 업그레이드라는 서비스 소프트웨어 모델에 따라 생산된다.

2 정동 엔클로저

① 최근의 독점 지대 창출에서는 소프트웨어의 '독점'뿐만 아니라 광범위하고도 자유로운 '사용'도 매우 중요해진다. 한편으로, 웹 2.0 소프트웨어는 특허 재산으로서 전통적 방식의 지적 재산권 수익을 창출하지만, 다른 한편으로, 검색과 사회관계망 활동에서 표출되는 실시간 정동의 관리와 활용이라는 새로운 방식의 독점 지대 수취를 가능케 하기 때문이다.

② 그런데 이처럼 상품의 문화적, 상징적 가치를 부각시킴으로써 독점 지대를 획득하는 전략은 현대 경제의 광범위한 정동 엔클로저와 긴밀하게 결부되어 있다. 흔히 "정신과 육체 모두에 깃든 편안함, 안녕, 만족감, 흥분 등과 같은 삶의 활력"으로 이해되는 정동은 시장에서 거래되는 모든 상품에 대한 소비자들의 관심과 애착과 평판 형성의 토대가 되고 있다.

③ 점점 더 많은 기업들이 이러한 정동의 실시간 흐름을 포착하고 관리하고 활용함으로써 수익을 얻는 것에 집중한다. 그리하여 정동은 "소비자의 욕망, 감정, 선호에 영향을 미칠 수 있도록 생산적으로 조정되고 조종될 수 있는 일상적 감정"이 되었고, 자본은 그것에 대한 상업적 통제와 관리로부터 창출되는 거의 모든 경제적 부와 가치를 사실상 독점한다.

④ 토지에 대한 엔클로저가 토지와 노동력을 자본주의적 상품으로 전환시키기 위해 공통적인 것을 몰수한 과정이었다면, 지식과 정보에 대한 엔클로저는 인간이 오랜 시간에 걸쳐 사회적 공통적으로 생산하고 축적한 지적 자산을 사유화하고 몰수하는 과정이었다.

⑤ 이러한 엔클로저는 오늘날 디지털 네트워크 속 인구들 사이의 관계와 소통에서 형성되고 공유되는 정동의 상품화와 사유화로 더욱 확장되고 있다. 정보 검색과 사회관계망으로 각기 대변되는 구글과 페이스북의 정동 경제는 이러한 디지털 자본주의의 새로운 모범으로 자리 잡았으며, 수많은 전통적 기업들도 디지털 네트워크가 제공하는 플랫폼을 통해 사용자와 소비자의 정동을 독점 지대 수취의 지렛대로 삼는 경영 전략을 적극적으로 도입하고 있다.

기출문제

웹 2.0과 관련이 없는 것은? [2019]

① 마이크로 워드 ② 엣지 페이지
③ 위키디피아 ④ 동영상 UCC

정답 ①

해설 웹 2.0은 기술을 뜻하는 용어가 아니라 웹이 곧 플랫폼이라는 의미로, 인터넷만 있다면 어느 곳에서도 데이터를 생성, 공유, 저장, 출판 및 비즈니스가 가능하다. 2006년 타임지가 선정한 올해의 인물로 '유(You)'가 뽑히며 세계적인 트렌드로 인정받은 UCC(User Created Content)가 웹 2.0의 대표작이라 할 수 있다. 데이터의 우선순위를 나타내 주는 구글의 페이지 랭크나 아마존의 도서 리뷰 시스템, 이베이(e-Bay)의 평판(reputation) 시스템도 웹 2.0의 특징을 나타내 주는 대표적인 예이다. 또한 사용자가 직접 만들어가는 미디어인 블로그(Blog)와 위키피디아(Wikipedia), 두 개의 블로그를 서로 연결하는 링크를 만들어주는 트랙백(track back), 관심있는 블로그의 최신 글 목록을 몇백 개든 한꺼번에 받아볼 수 있게 해주는 RSS(Really Simple Syndication)와 아마존, 아이튠스, 구글의 애드센스 등도 웹 2.0의 개념을 잘 반영하여 준다.

Ⅳ 자본의 '생산 외부적 위치'

1 의의

① 토지와 지식에 이은 정동의 엔클로저는 현대 경제의 금융화와 결합하여 '지대의 완전한 귀환' 혹은 '이윤의 지대되기' 경향을 강화한다.

② 지대를 재산의 독점적 소유권에서 발생하는 소득으로 본다면, 사실 지대와 이윤이 서로 근본적으로 다른 개념이라고 말하기 어려운 측면이 있다. 이윤도 궁극적으로는 자본의 독점적 소유권에서 획득되는 것이기 때문이다.

③ 그럼에도 불구하고, 지대와 이윤은 통상 재산 소유자가 가치 생산 과정에 직접적으로 개입하는가의 여부에 따라 서로 구분되는 것으로 이해되어 왔다.

2 이윤의 지대되기

(1) 의의

지대는 대체로 재산 소유자가 가치 생산 과정 외부에서 다른 수단에 의해 생산된 가치를 단순히 추출한 결과인 반면, 이윤은 재산 소유자가 협력 노동이나 규율 체제 부과 등과 같이 생산 과정에 직접 개입하여 얻은 수익으로 간주되어 왔던 것이다.

(2) 지대의 부활

① 현대 경제에서는 이러한 이윤과 지대 사이의 경계가 점점 더 모호해지고 있다. 베르첼로네는 지대의 완전한 부활과 증식 그리고 이에 따른 지대와 이윤 사이의 경계 해체, 즉 '이윤의 지대되기'를 현대 자본주의의 주요 특징으로 간주한다.

② 베르첼로네는 포드주의의 산업 자본주의 시대에는 금융 시장에 대한 통제, 토지 지대에 대한 누진세, 화폐 공급 관리, 구상과 실행의 분리에 토대를 둔 경영 논리의 우세, 고정자본에 대한 강조와 지적 재산권의 제한 등으로 인해 지대는 매우 주변적인 요소로 남았다고 주장한다.

③ 이러한 질서는 포드주의의 위기와 함께 균열되는 바, 한편으로는 생산의 외부에서 잉여가치의 일부를 가져가는 다양한 형태의 재산권과 신용의 역할이 강화되고, 다른 한편으로는 독점 형성이나 기업 경계 외부에서의 가치 전유 능력 확보 등과 같은 시장에 대한 지휘가 생산 과정에 대한 직접 지휘를 대체한 결과, 이윤과 지대의 구분이 약화되고 광범위한 지대 증식이 나타나게 되었다는 것이다.

(3) 자본의 생산과정 외부 요소화

① 하트는 공통적인 것(아이디어, 정보, 이미지, 지식, 코드, 언어, 사회관계, 정동 등)의 생산이 헤게모니적 위치로 출현하고 있는 현대 경제에서, 자본의 생산과정 외부 요소화는 거의 필연적인 일이라고 본다.

② 물질재 생산을 통한 산업 자본의 이윤 창출에서는 자본가가 노동을 조직하고 규율한다는 점에서 자본은 생산의 분명한 내부 요소라 할 수 있다. 그러나 공유될수록 생산성이 높아지고 사유될수록 그것이 오히려 크게 낮아지는 공통재의 생산에서 자본은 상대적으로 그것의 외부 요소로 남을 수밖에 없게 된다. 자본의 개입이 공통재의 생산성을 감소시킬 것이기 때문이다.

③ 그러나 자본은 여전히 재산 소유권을 토대로 공통재 생산에서 창출된 가치에 대한 통제권을 행사하고 지대 형태로 그것을 몰수한다. 즉 "지대는 자본과 공통적인 것 사이의 갈등에 대처하는 하나의 메커니즘"인 것이다.

④ 하트는 자본주의적 수익의 지배적 형태가 이전에는 지대로부터 이윤으로 이동했지만 오늘날에는 이윤에서 지대로의 정반대 운동이 일어나고 있다고 보며, 금융을 이러한 '이윤의 지대되기' 경향을 보여주는 대표 영역이라고 주장한다.

V 생명자본주의(biocapitalism)와 인지자본주의에서 '이윤의 지대되기'

1 의의

① '이윤의 지대되기'는 마라찌(Marazzi)의 생명자본주의(biocapitalism) 분석에서도 중요한 개념이다. 그에 따르면, 인지자본주의는 재화와 서비스의 직접 생산을 통한 수익성 확보라는 포드주의 축적의 한계에 직면한 자본이 직접적 생산 영역을 넘어서서 유통과 소비 그리고 삶의 전반적 재생산 영역에서 잉여 가치를 추구하는 새로운 축적 전략의 산물이다.

② 인지자본주의 축적 체제에서 자본의 투자는 더 이상 "포드주의 시절처럼 불변자본과 가변자본에 대한 투자가 아니라, 오히려 직접적인 생산과정 외부에서 가치를 추출하고 포획하는 장치에 대한 투자"에 집중한다. 다시 말해서, 주요 기업들은 기계나 설비와 같은 총고정자본 구성체에 대한 직접 투자를 줄이는 대신, 그것들을 임대하거나 아예 생산 자체를 외주(outsourcing)한다. 이처럼 기업들이 생산영역에 대한 투자에서 점점 더 철수하게 되면서 안정적인 고용을 담보하는 가변자본에 대한 투자도 점점 더 감소하게 된다.

③ 그리하여, 마라찌에 따르면, 인지자본주의에서는 불변자본과 가변자본의 관계로 표현되는 자본의 유기적 구성의 성격 자체가 근본적으로 변한다. 즉, "불변자본은 ('언어적 기계'의 총체로서) 사회에 분산되어 있으며, 가변자본은 (사교, 감정, 욕망, 성적 능력을 비롯한 '자유노동'의 총체로서) 재생산, 소비, 생활방식, 개인과 집단의 상상력 같은 영역에 흩어져 있다."

④ 그래서 불변자본은 네트워크 속 인구들의 모든 일상적 활동을 실시간으로 포착하고 기록하고 분류하는 '언어적 기계' 혹은 알고리즘으로 대변되며, 가변자본은 고용된 상징노동자의 임금노동뿐만 아니라 디지털 네트워크 속에서 정보를 검색하고 친구 관계를 발전시키고 상품의 사용 후기를 작성하고 새로운 아이디어를 공유하는 광범위한 자유노동으로도 대변된다.

2 '사회-공장'의 시대

① 잉여 가치 생산이 기존의 공장 담벼락을 넘어 사회 전반에서 이루어지는 소위 '사회-공장'의 시대가 열린 것이다. 이러한 상황에서, 불변자본과 가변자본에 대한 투자는 무엇보다도 분산 네트워크 속 인구들의 정동을 최대한 동원하고 그것의 실시간 파동을 적극적으로 수집하고 분류하고 활용함으로써 종국적으로 정동을 상품화하고 사유화하는 것을 목표로 삼게 된다. 정동의 엔클로저가 본격화되는 것이다.

② 크라우드소싱(crowdsourcing)은 '사회-공장'의 대표적인 실현 수단이라 할 수 있다. 노동과정에 대한 직접적 명령과 지휘라는 자신의 고유한 정규적 기능과는 더욱 멀어진 자본이 직접적 생산과정 외부에서도 여전히 사회적으로 창출된 가치를 사적으로 포획할 수 있도록 해주기 때문이다.

③ 인지자본주의의 축적 체제가 물질적 고정자산보다는 비물질적 무형자산에 대한 투자에 더 많이 의존한다는 사실을 고려하면, 소비와 재생산 영역에서의 지식, 정보, 소통, 관계의 공유와 흐름으로 통칭되는 정동이 사회적 경제적 가치 생산에서 차지하는 중요성은 더욱 강조될 수밖에 없다.

④ 한편으로, 오늘날 자본은 금융과 비금융 부문을 막론하고 산업적 재화의 직접 생산에는 점점 덜 관여하는 대신, 더 많은 금융 수익을 약속하는 금융, 보험, 부동산 부문으로 흘러들어간다. 다른 한편으로, 자본의 지휘와 명령과는 무관하게 자발적으로 이루어지는 네트워크 속 인구들의 대규모 협력은 많은 사회적 경제적 부와 가치를 생산한다. 이러한 두 가지 상황은 자본이 점점 더 생산의 '외부적 요소'가 되고 있다는 사실, 즉 자본의 '생산 영역 외부 요소화'를 보여주는 근거로 이해될 수 있다.

⑤ 요컨대, 더 이상 생산의 내부적 요소가 아니게 된 자본이 직접적 생산의 외부에서 재산의 독점적 소유권을 토대로 사회적으로 창출된 잉여가치를 전유하는 한, 이윤은 지대와 잘 구분되지 않으며 이윤이 곧 지대가 되고 있다고 말할 수 있을 것이다. '사회-공장' 속의 정동에서 창출되는 지대의 획득은 현대 금융 자본의 핵심적 수익 추구 방식이자, 대다수 거대 기업의 지적 재산권 수익 전략의 핵심 요소가 되었다.

Theme

109 알고리즘, 독점 지대, 과세

I 알고리즘과 독점 지대

1 의의

구글의 검색 알고리즘 페이지랭크와 페이스북의 사회관계망 알고리즘 에지랭크는 디지털 네트워크 속 다중의 일상생활에서 형성되고 유동하는 정동을 추적하고 집적하여 상품화하는 인지자본주의 불변자본이다. 각기 구글과 페이스북의 대표 지적 재산인 이들 특허 기술은 전통적인 소프트웨어와는 매우 상이한 방식으로 독점 지대를 창출한다.

2 자기 완결적 알고리즘

예컨대, 사용자의 문서 작성을 도와주는 전통적인 소프트웨어인 마이크로워드는 문서 작성에 필요한 모든 기능을 자기 완결적으로 구현하는 알고리즘으로 구성되어 있다. 그리고 마이크로워드 이용자는 적지 않은 비용을 지불하여 그것의 사용권을 구입해야 하며, 마이크로소프트사는 이와 같은 임대 혹은 사용권 판매를 통해 수익을 얻는다. 특허 재산의 인위적 희소성 창출과 임대가 전통적 소프트웨어의 독점 지대 창출의 핵심적 방식인 것이다.

3 페이지랭크(PageRank)와 에지랭크(EdgeRank)

① 페이지랭크와 에지랭크는 각각의 소프트웨어 외부에 존재하는 데이터를 수집하고 처리하는 알고리즘으로 구성되어 있으며, 외부의 데이터가 없으면 사실상 아무런 쓸모가 없는 데이터 의존적 소프트웨어이다. 애초부터 스스로가 생산한 콘텐츠에 토대를 두지 않을 뿐만 아니라, 인터넷에서 가용한 콘텐츠가 끊임없이 변화하고 확대되는 조건에서, 이들 소프트웨어를 부분적으로든 한 묶음으로든 다른 사람들에게 임대하여 수익을 확보한다는 것은 난망한 일이라 할 수 있다.

② 따라서 구글과 페이스북은 일반 이용자들에게 특허 재산의 사용권을 임대하는 대신에, 인구 집중이 낳는 긍정적 경제 효과를 전유하는 것을 통해 수익을 얻고자 한다. 더 많은 사람들이 이용할수록 더 나은 시스템이 될 수 있을 뿐만 아니라 더 많은 이용자 데이터를 확보할 수 있기 때문에, 이들 소프트웨어는 가능한 한 자유롭게 사용될 수 있어야 한다. 이처럼 페이지랭크와 에지랭크는 각기 특허 재산으로서 지적 재산권의 보호를 받을 뿐만 아니라, 네트워크 속 인구들이 생산한 콘텐츠와 데이터의 가치를 외부에서 전유할 수 있게 해준다는 점에서 지대 창출의 비물질 기계라 할 수 있다.

③ 무엇보다도, 이들 알고리즘은 수십 억 웹 이용자들이 독립적으로 생산한 콘텐츠와 그것들 사이의 자연발생적 상호연결망에 의존한다. 페이지랭크가 색인하는 수백억 개의 웹 사이트 중에서 구글이 스스로 생산한 사이트는 사실상 전무하다. 에지랭크가 처리하는 수백억 개의 사진 중에서 페이스북이 직접 제작한 사진도 거의 없다. 구글과 페이스북은 그러한 생산의 외부적 위치에 머물러 있을 뿐이다. 그리고 이들 알고리즘이 이용자들에게 제공하는 검색과 사회관계망 서비스는 상품으로 거래되는 것도 아니다. 그것들이 만들어 내는 상품은 바로 각각의 사이트로의 인구 집중 그 자체이다. 사이트 이용자들과 그들의 검색과 사회관계망 활동이 곧 구글과 페이스북의 상품인 것이다.

④ 그리하여, 페이지랭크와 에지랭크는 수십 억 인터넷 이용자들이 생산한 콘텐츠와 데이터를 활용하여 사람들을 모으고, 그들이 다시 각각의 사이트에서 스스로 생산하는 콘텐츠와 데이터를 이용하여 수익을 얻을 수 있도록 한다는 점에서, 전형적인 인구 집중에 의한 지대 창출 기계라 할 수 있다.

[예상문제]

구글의 페이지랭크와 페이스북의 에지랭크에 대한 설명으로 틀린 것은?

① 구글의 검색 알고리즘 페이지랭크와 페이스북의 사회관계망 알고리즘 에지랭크는 디지털 네트워크 속 다중의 일상생활에서 형성되고 유동하는 정동을 추적하고 집적하여 상품화하는 인지 자본주의 불변자본이다.

② 페이지랭크와 에지랭크는 각각의 소프트웨어 외부에 존재하는 데이터를 수집하고 처리하는 알고리즘으로 구성되어 있으며, 외부의 데이터가 없으면 사실상 아무런 쓸모가 없는 데이터 의존적 소프트웨어다.

③ 구글과 페이스북은 일반 이용자들에게 특허 재산의 사용권을 임대하여, 인구 집중이 낳는 긍정적 경제 효과를 전유하는 것을 통해 수익을 얻고자 한다.

④ 페이지랭크와 에지랭크는 수십 억 인터넷 이용자들이 생산한 콘텐츠와 데이터를 활용하여 사람들을 모으고, 그들이 다시 각각의 사이트에서 스스로 생산하는 콘텐츠와 데이터를 이용하여 수익을 얻을 수 있도록 한다는 점에서, 전형적인 인구 집중에 의한 지대 창출 기계라 할 수 있다.

정답 ③

해설 구글과 페이스북은 일반 이용자들에게 특허 재산의 사용권을 임차하는 것 대신에, 인구 집중이 낳는 긍정적 경제 효과를 전유하는 것을 통해 수익을 얻고자 한다. 더 많은 사람들이 이용할수록 더 나은 시스템이 될 수 있을 뿐만 아니라 더 많은 이용자 데이터를 확보할 수 있기 때문에, 이들 소프트웨어는 가능한 한 자유롭게 사용될 수 있어야 한다. 이처럼 페이지랭크와 에지랭크는 각기 특허 재산으로서 지적 재산권의 보호를 받을 뿐만 아니라, 네트워크 속 인구들이 생산한 콘텐츠와 데이터의 가치를 외부에서 전유할 수 있게 해준다는 점에서 지대 창출의 비물질 기계라 할 수 있다.

Ⅱ 독점 지대와 과세

1 구글의 조세 회피 방법

① 막대한 규모의 지대 수익을 거두어들이면서도, 정작 구글과 페이스북은 이른바 더블 아이리시(Double Irish)와 더치 샌드위치(Dutch Sandwich) 기법을 활용하여 세계 대부분의 나라에서 거둔 수익에 대한 법인세 납부를 사실상 회피하고 있다. 그리고 이러한 과정에 이들 기업의 지적 재산권은 독점 지대 추출의 매우 효과적인 장치로 활용된다.

② 미국 캘리포니아에 본사를 둔 구글은 페이지랭크, 애드워즈, 애드센스 등과 같은 지적 재산의 유럽 사용 권리를 구글 아일랜드 홀딩스(Google Ireland Holdings)에 허가하는데, 이 회사는 법인세를 과세하지 않는 국가인 버뮤다에 본사를 두고 있다. 아일랜드는 기업이 어느 국가에 등록되어 있는가가 아니라 기업의 핵심 경영 기능이 어느 국가에 존재하는가에 따라 법인세 부과 대상을 판별한다.

③ 따라서 구글 아일랜드 홀딩스는 아일랜드에 법인세를 납부할 의무가 없다. 나아가, 구글은 이 회사를 버뮤다 소재의 또 다른 구글 자회사인 구글 버뮤다 언리미티드(Google Bermuda Unlimited)의 소유권 아래에 둠으로써, 기업의 손익계산서나 대차대조표 등과 같은 금융 정보를 공시할 의무도 비켜간다.

④ 한편, 구글의 첫 번째 아일랜드 회사인 구글 아일랜드 홀딩스는 페이지랭크나 애드센스와 같은 구글의 지적 재산권 사용 권한을 두 번째 아일랜드 회사인 구글 아일랜드 리미티드(Google Ireland Limited)에 허가한다.

⑤ 경제협력개발기구 회원국들 중 가장 낮은 법인세율(12.5퍼센트)을 가진 아일랜드의 법인세 부과 대상인 이 회사는 세계 많은 국가들에서 구글 지적 재산권을 활용하여 얻은 모든 수익을 자신에게 집중시킨다. 그리고 수익의 대부분을 지적 재산권 사용료의 형태로 구글 아일랜드 홀딩스로 보낸다. 그런데 이 과정은 또 다시 세금 회피를 위해 구글 네덜란드 홀딩스(Google Netherlands Holdings B.V.)라는 중간 경유지를 거친다.

⑥ 사실상 서류로만 존재하는 이 회사는 구글 아일랜드 리미티드가 거둔 소득을 장부 처리하는데, 아일랜드 정부는 유럽 연합 회원국들로부터의 수령물에 대하여 원천소득세를 부과하지 않는다. 다시 말해서, 아일랜드에서 발생한 생산비(판촉비 등)는 아일랜드로 보전되지만 수익의 대부분을 차지하는 광고 수익은 버뮤다에 본사를 둔 구글 아일랜드 홀딩스로 이전되는 것이다. 결과적으로, 구글은 법인세율이 매우 낮은 아일랜드를 해외 사업의 주요 거점으로 삼지만, 그마저도 12.5퍼센트의 법인세율보다 훨씬 더 낮은 비율의 법인세만 납부하고 있는 셈이다.

⑦ 구글과 페이스북을 포함한 많은 다국적 기업들이 이처럼 국제 세금 체제의 맹점을 활용하여 막대한 양의 세금을 내지 않는 것은 비록 불법적인 것은 아닐지라도 공정한 것이라고 보기는 어렵다.

2 구글세(Google Tax)

① 이러한 세금 회피를 단속하기 위하여, 영국 정부는 허위로 해외에 빼돌려진 이윤에 대하여 자국의 통상 법인세율 20퍼센트보다 높은 25퍼센트의 세금을 부과하는 이른바 구글세(Google Tax)를 도입하여 2015년 4월 1일부터 시행하기 시작하였다.

② 이러한 노력은 영국을 넘어서서 세계적으로 폭 넓은 공감을 얻고 있는 바, 경제협력개발기구는 최근 "기반 침식 이윤 이전(base erosion and profit shifting)" 퇴치 계획을 결의하였다. 이 계획은 다국적 기업들로 하여금 수익이 어디에서 발생하였으며 세금을 어디에 납부했는지를 회원국 과세 당국에게 보고하도록 강제하는 프로그램인데, 이윤을 조세 회피처나 저세율 국가로 이전시키는 다국적 기업들의 세금 회피를 단속해야 한다는 의지의 표현이라 할 수 있다.

③ 요컨대, 구글과 페이스북의 더블 아이리시 활용은 지적 재산권이 지대 수익 창출의 핵심 수단이 되고 있다는 점을 보여줌과 동시에, 세계 대부분의 국가들의 법인세 제도가 그러한 지대 수익에 대한 적절한 과세 수단이 되고 있지 못한다는 점을 잘 드러내 보이고 있다.

핵심정리 기술혁명과 국제금융시장의 발달로 인한 새로운 세금

(1) 구글세

구글세(Google Tax)는 구글이나 아마존과 같이 인터넷을 기반으로 하는 지식산업의 경우 타국에 고정 사업장이 없어도 국경을 초월하여 사업이 가능하므로, 타국에서 획득한 소득에 대한 조세회피를 방지하기 위하여 해당 국가에서 얻은 매출 수입을 기준으로 부과하는 세금이다. 특히 프랑스를 위시한 유럽 국가들이 미국의 IT 다국적기업을 타깃으로 과세하겠다는 입장이며, 프랑스는 지난 7월 25일에 '3%의 구글세법안'에 대하여 마크롱 대통령이 서명을 하여 2019년 1월부터 소급 적용된다.

(2) 로봇세

로봇세(Robot Tax)는 기술혁명으로 인하여 인간이 하는 일을 로봇으로 대체하는 경우 로봇에 부과하는 세금으로 로봇소유주인 개인사업자나 기업에 부과한다. 인간이 일을 할 경우에는 급여 외에 사회보장세, 실업세, 건강보험 등의 추가비용이 발생되는데, 로봇을 이용할 경우에는 초기 구입자본 외에는 급여도 없고 유지비용도 적다. 로봇세가 거론되는 이유는 대규모 노동자의 실직으로 인한 세수감소 및 이에 따른 소비침체로 경제성장이 저해될 수 있기 때문이다.

(3) 토빈세(Tobin Tax)

토빈세(Tobin Tax)는 노벨 경제학상 수상자인 제임스 토빈(예일대 교수)이 주장한 '단기성 국제외환거래에 부과되는 세금'이다. 국제 투기자본의 급격한 자금 유·출입으로 각국의 통화가 급등락해 통화위기가 촉발되는 것을 막기 위한 방안으로 이 같은 금융거래세 도입을 주장했다. 국제 투기자본(핫머니)이 마구 국경을 드나들게 되면 통화가치가 출렁거리면서 그 나라 경제에 부담으로 작용하고, 그 과정에서 금융위기가 발생할 수 있다.

(4) 버핏세(Buffet Tax)

버핏세(Buffet Tax)는 세계 3위 부자인 워렌 버핏이 기고문을 통해, 정부에서 자신을 포함한 최상위 부자들에게 소득세를 더 걷을 것을 촉구하면서 이를 '버핏세'라 부르게 되었다. 2010년 버핏이 낸 세금은 694만 달러로 소득의 17.4%이지만, 그보다 연봉이 적은 20명의 직원들은 소득의 33~41% 세금을 납부하였다. 이에 버핏은 "부자들이 혜택 받는 시스템을 고쳐야 한다"고 주장했다. 버핏세란 연간 100만 달러 이상을 버는 부자들에게 '최저한 세율(Minimum tax rate)'을 적용하는 방안을 말한다. 즉, 연간 100만 달러 이상을 버는 부유층의 자본소득에 적용되는 실효세율이 적어도 중산층 이상은 되도록 세율 하한선을 정하자는 것이다.

(5) 부유세(capital tax)

부유세(wealth tax, capital tax, equity tax, net worth tax, net wealth tax)는 일정액 이상의 자산을 보유하고 있는 사람을 대상으로 비례적 또는 누진적으로 부과하는 세금을 말한다. 캘리포니아 주 의회는 순자산 3000만 달러를 상회하는 3만여 명에게 순자산의 0.4%에 부유세를 과세하는 법안을 발의했다. 워싱턴 주는 미국에서 소득세가 없는 주 중 하나로 과세 역진성을 해소하기 위한 부유세 도입이 검토되는 상황이다. 워싱턴주 의회는 10억 달러 이상의 주식 등 금융투자자산이나 무형금융자산에 1%의 세율을 적용하는 부유세 법안을 발의했다. 법안이 통과돼 2022년부터 발효되면 2023년부터 세금이 본격적으로 부과된다. 아마존 창업자인 제프 베조스는 약 20억 달러의 세금을 내게 된다.

기출문제

구글과 페이스북을 포함한 많은 다국적 기업들의 세금 회피를 단속하기 위하여, 영국 정부가 해외에 빼돌려진 이윤에 대하여 통상 법인세율보다 높은 25퍼센트의 세율로 부과하는 세금으로 옳은 것은? [2019]

① 구글세
② 로봇세
③ 토빈세
④ 버핏세

정답 ①

해설 구글세에 대한 설명이다.

인공지능 기술의 발전으로 일자리 소멸이 가시화되는 상황에서 대량실업의 충격을 완화하기 위한 방법으로 자동화를 지연시키는 방법으로 빌게이츠가 제안한 것으로 옳은 것은? [2020]

① 러다이트
② 로봇세
③ 기술적 특이점
④ 협력적 공유사회

정답 ②

해설 로봇세에 대한 설명이다.

예상문제

㉠에 들어갈 조세로 옳은 것은?

> [㉠]를 처음 제시한 곳은 EU(유럽연합)다. 2018년 3월 글로벌 IT 기업이 EU 내에서 얻은 매출에 대해 [㉠]를 부과하는 방안을 제시했으나 찬반 논란으로 무산됐다. 그러나 지난해 7월 G7(주요 7개국) 재무장관 회의에서 [㉠] 부과에 원칙적으로 찬성하는 성명서가 발표된 후 세계적으로 논의가 활발해졌다. 이를 전후해 일부 나라는 독자적으로 유사한 조세 방안을 앞다퉈 도입했다. 프랑스는 지난해 1월부터 글로벌 IT 기업을 대상으로 자국 내 연간 매출의 3%를 [㉠]로 부과하며, 이탈리아는 올해부터 3%, 영국은 오는 4월부터 2%를 과세한다.

① 버핏세　　② 로봇세
③ 토빈세　　④ 디지털세

정답 ④

해설 구글세(Google Tax)의 정식 명칭은 디지털세이다. 구글세(Google Tax)는 구글이나 아마존과 같이 인터넷을 기반으로 하는 지식산업의 경우 타국에 고정 사업장이 없어도 국경을 초월하여 사업이 가능하므로, 타국에서 획득한 소득에 대한 조세회피를 방지하기 위하여 해당 국가에서 얻은 매출 수입을 기준으로 부과하는 세금이다. 특히 프랑스를 위시한 유럽국가들이 미국의 IT 다국적기업을 타깃으로 과세하겠다는 입장이며, 프랑스는 지난 7월 25일에 '3%의 구글세법안'에 대하여 마크롱 대통령이 서명을 하여 2019년 1월부터 소급 적용된다.

① 버핏세(Buffet Tax)는 세계 3위 부자인 워렌 버핏이 기고문을 통해, 정부에서 자신을 포함한 최상위 부자들에게 소득세를 더 걷을 것을 촉구하면서 이를 '버핏세'라 부르게 되었다. 2010년 버핏이 낸 세금은 694만 달러로 소득의 17.4%이지만, 그보다 연봉이 적은 20명의 직원들은 소득의 33~41% 세금을 납부하였다. 이에 버핏은 "부자들이 혜택 받는 시스템을 고쳐야 한다"고 주장했다.

② 로봇세(Robot Tax)는 기술혁명으로 인하여 인간이 하는 일을 로봇으로 대체하는 경우 로봇에 부과하는 세금으로 로봇소유주인 개인사업자나 기업에 부과한다. 인간이 일을 할 경우에는 급여 외에 사회보장세, 실업세, 건강보험 등의 추가비용이 발생되는데, 로봇을 이용할 경우에는 초기 구입자본 외에는 급여도 없고 유지비용도 적다. 로봇세가 거론되는 이유는 대규모 노동자의 실직으로 인한 세수감소 및 이에 따른 소비침체로 경제성장이 저해될 수 있기 때문이다.

③ 토빈세(Tobin Tax)는 노벨 경제학상 수상자인 제임스 토빈(예일대 교수)이 주장한 '단기성 국제외환거래에 부과되는 세금'이다. 국제 투기자본의 급격한 자금 유·출입으로 각국의 통화가 급등락해 통화위기가 촉발되는 것을 막기 위한 방안으로 이 같은 금융거래세 도입을 주장했다. 국제 투기자본(핫머니)이 마구 국경을 드나들게 되면 통화가치가 출렁거리면서 그 나라 경제에 부담으로 작용하고, 그 과정에서 금융위기가 발생할 수 있다.

Theme

110 거대 플랫폼기업의 독점 규제

I 미국의 반독점 전통

① 미국의 반독점 전통은 우리나라와 마찬가지로 과도한 경제력 집중과 경제권력의 남용을 통제하기 위해 1890년 입법된 셔먼법으로부터 시작된다. 입법을 발의한 존 셔먼 상원의원은 이렇게 말했었다. "우리가 정치에서 왕을 허용하지 않기로 했다면 경제에서도 그래야 한다. 우리가 정치에서 제국을 인정하지 않기로 했다면 경제에서도 인정하지 말아야 한다."

② 따라서 반독점법은 과도한 독점가격 등만을 문제 삼은 것이 아니라, 다양한 유형의 독점 횡포로부터 산업의 자유로운 활동을 보장하고 독점체들의 부의 집중이 정치사회적으로 부정적인 영향을 주는 것을 경계하도록 설계되고 입법된 것이다.

Ⅱ 반독점 규제 원칙의 변형

1 로버트 보크(Robert Bork)

이런 반독점 전통이 신자유주의가 본격화되는 1970년대부터 공격받기 시작했고, 신자유주의 설파에 앞장선 '시카고학파'와 그들의 지지를 받던 법학자 로버트 보크(Robert Bork)에 의해서 반독점 규제 원칙이 심각하게 변형되었다. 즉, 독점기업들이 과도한 독점가격을 책정해서 소비자들에게 불리한 가격부담을 주지 않는 한(경제학자들이 표현하는 소비자 후생이 줄지 않는 한), 특별히 규제할 필요가 없다는 주장이 득세를 하게 된다. 이제 초점은 생산자나 노동자 등을 모두 생략하고 오직 소비자 관점으로만 좁혀지고, 그것도 독점기업이 제공하는 제품의 시장가격에만 초점이 맞춰진다. 거대 독점체가 형성되었더라도 소비자에게 싼값에 제품을 제공하면 아무 문제없다는 뜻이다.

2 리나 칸(Lina Khan)

물론 독점의 비가격적 유해성(품질 저하, 제품 다양성 축소, 서비스 축소, 혁신 부재, 시장 접근 가능성 차단)을 아주 무시하지는 않았지만, 1980년대부터 독점규제 원칙은 "하나 이상의 기업이 경쟁가격 이상의 가격을 지속시켜 이익을 낼 수 있는 힘을 제한"하는 쪽으로 맞춰진다. 이 논리를 법적으로 정연하게 풀었던 보크의 1978년 논문 「반독점의 역설」을 틀어서 리나 칸이 「아마존 반독점의 역설」이라고 논문 제목을 붙인 것 같다.

Ⅲ 아마존 온라인 플랫폼의 독점적 횡포

1 의의

소비자 가격을 중심으로 접근하는 독점규제 방식은 온라인 플랫폼, 특히 아마존에서는 통하지 않는다. 대부분 온라인 플랫폼들이 소비자들에게 파격적으로 낮은 가격으로 서비스를 제공한다. 따라서 소비자 가격을 중심으로 접근하는 방식으로는 아마존을 규제할 수가 없다.

2 경쟁과정과 시장구조

① 소비자에게 최종적으로 체감되는 소비자 가격만 봐서는, 특히 온라인 플랫폼에서는 진정으로 독점으로 인한 폐해를 포착하기 어렵다. 그래서 칸은 '경쟁과정과 시장구조'를 봐야 한다고 주장한다. 예를 들어 시장구조란 시장에서 힘이 어떻게 배치되고 있는가 하는 것인데 특정 기업이 시장지배력을 행사하는 경우에는 독점의 문제가 발생할 수 있다. 시카고학파는 시장 지배력이 커져도 가격을 올리지 않는 한 그 자체로 해로운 것으로 보지 않지만, 기업들은 단기적 가격이나 산출에 영향을 주지 않더라도 시장지배력을 다양한 방식의 경쟁 왜곡에 이용할 수 있다.

② 아마존과 같은 온라인 네트워크를 추구하는 기업은 특히 상당 기간 손실을 무릅쓰고 저가공세를 통해서 규모를 키움으로써, 시장에서의 지배적 지위를 구축하려는 경향이 있다. 이렇게 저가 공세로 사용자를 확보하고 규모를 키우려는 전략을 사용할 뿐 아니라, 이를 위해 수익이나 배당을 한없이 보류하면서 공격적 투자를 지속한다. 실제 제프 베조스는 투자자들에게 "규모는 우리 비즈니스 모델의 잠재력을 달성하기 위한 핵심이기 때문에 우리는 성장을 우선하기로 선택했다."고 말한다. 이들에게는 당장 수익성보다는 규모가 문제라는 것이다. 이런 상황에서 아무리 소비자 가격을 쳐다봐야 온라인 플랫폼기업들의 독점횡포가 보일 리가 없다.

③ 이는 특히 아마존이 두드러진데, 아마존은 시가 총액이나 매출 규모는 애플이나 구글 등 여타 경쟁기업들보다 상당히 높은 수준을 유지하지만, 영업이익이나 영업이익률을 보면 형편없는 수준을 20여 년째 유지하고 있다. 그나마 영업이익이 200억 달러를 넘긴 것도 최근 일이며, 다른 기업들이 영업이익률이 최소 20%를 넘는 동안에 아마존은 한 번도 영업이익률이 6%에 도달한 적이 없을 정도다. 그나마 아마존 수익의 절반 이상은 전자상거래가 아니라 클라우드 서비스에서 나온다.

3 온라인 플랫폼이 지배하는 시장구조

① 칸은 아마존과 같은 온라인 플랫폼에 대해서 특히 두 가지 문제 '약탈적 가격(predatory price)'과 '수직적 통합(vertical integration)'을 봐야 한다고 주장한다. 아마존은 수익을 희생시키면서까지 저가 공세를 하면서(약탈적 가격) 기꺼이 손실을 유지하고 공격적으로 투자를 강행해왔으며, 전자상거래뿐 아니라, 배송서비스, 클라우드 서비스 등 연계 사업영역을 통합(수직적 통합)하면서 시장에서 지배적 지위를 구축해 왔다. 그 결과 물리적 유통시장과 전자상거래 모두에 걸쳐서 핵심 인프라를 소유한 기업이 되었다.

② 아마존은 베스트셀러 전자책을 파격적으로 낮은 약탈적 가격으로 '킨들'과 함께 팔았다. 이런 방식의 판매가 시작되면 소비자에게는 잠김 효과(Lock-in effect)가 발생해서 향후 킨들 버전의 전자책만 계속 찾게 되고, 오프라인과 달리 개인구매정보도 아마존에 차곡차곡 쌓여서 더 이상 다른 온라인 서점을 이용하지 않게 된다. 실제로 그렇게 해서 나머지 전자책 시장에 진입한 업체들을 거의 고사시켰다.

③ 소비자 입장에서 싼 가격으로 전자책을 구입할 수는 있다. 하지만 장기적으로 지배적인 지위를 구축하면, 아마존은 저가공세로 감수한 손실을 다양한 방법으로 소비자로부터 보상받는 길이 열린다. 개인화된 맞춤형 가격으로 가격을 변동시켜 소비자가 객관화된 가격을 잘 알 수 없게 만들거나, 다른 오프라인 책의 가격을 올리거나, 출판사들에게 손실비용을 떠넘기는 방식 등 우회적으로 손실보상을 할 방법이 얼마든지 있다.

④ 특히 아마존은 수직적 통합을 통해서 소매판매자이면서 동시에 모든 소매판매자들이 입점하는 마켓플레이스 기업이기도 하고, 이들의 데이터를 관리해주는 클라우드 서비스 제공자이기도 하며, 심지어 이들의 물류와 배송서비스까지 제공할 수 있는 구조를 갖췄다.

⑤ 이런 구조 하에서는 '이해의 충돌'이 필연적으로 발생한다. 예를 들어 플랫폼이 없는 다른 소매업체들이 어쩔 수 없이 온라인 인프라를 가진 아마존에서 상품을 팔면, 아마존은 그 거래내역 데이터를 가지고 상품이 잘 팔리는지를 확인한 후, 잘 팔리는 상품을 아마존이 직접 생산해서 마켓플레이스에 올린다. 이런 식으로 독점의 횡포는 다양한 방식으로 일어나지만, 이를 모두 무시하고 오직 최종 소비자 가격만을 고려하면 아마존을 규제하기 어렵게 된다.

Ⅳ 온라인 플랫폼기업에 대한 규제

① 아마존과 같은 온라인 플랫폼기업을 규제할 수 있는 방법은 두 가지이다. 규모가 커지지 못하게 아예 예방적으로 대처하거나 아니면 독점화되는 경향을 일단 인정한 다음 이해관계 충돌이 일어날 수 있는 특정 사업을 동시에 겸업하는 것을 금지하는 것이다. 예를 들어 아마존이 마켓플레이스를 주업으로 하면, 마켓플레이스에 올라가는 소매업 같은 것은 금지하는 방식이다.

② 리나 칸은 이를 '금산분리' 원칙의 전통에 비추어 정당화한다. 전통적으로 은행이 다른 상업적 비즈니스를 하지 못하도록 한 이유가, 겸업을 하게 되면 그 은행이 소유한 기업에게 신용특혜를 줄 수 있고, 그 기업의 경쟁기업에게는 불리하게 신용제공을 할 수 있기 때문이었다. 비슷한 문제가 온라인 플랫폼에서도 재현될 수 있기 때문에, 온라인 플랫폼 독점기업도 금산분리 원칙과 비슷하게 겸업 금지를 해야 한다는 것이다.

③ 한편, 온라인 플랫폼 등이 참여자가 많아질수록 이익이 되는 네트워크 효과 때문에 자연독점화되는 경향을 막을 수 없다면, 일종의 '공공이익'을 위반하지 않는 범위에서 가격통제 등을 실시해야 한다고 주장한다. 전통적으로도 이런 유형의 '사회 인프라 기업들'이 있는데 수도, 전기, 가스회사나 철도 해상, 통신 같은 기업들이 그 사례다. 상당수 인터넷 플랫폼도 기존의 사회 인프라와 유사하게 공공 성격이 있으므로 가격과 서비스에서의 차별금지, 가격상승률 상한 규정, 투자요건 제한 등을 부과하자는 것이다.

④ 칸은 더 나아가서 이들 인프라를 일종의 필수시설(essential facilities)로 규정해서 다른 기업들이 일종의 공유(sharing)를 하도록 강제해야 한다는 취지의 제안도 덧붙인다. 필수 시설의 사례로는 아마존의 물리적 배송서비스, 마켓플레이스 플랫폼, 클라우드 웹서비스 등이 해당될 것이다.

Theme

111 지적 재산권의 안전피난처(구글의 정동 경제)

I 인지자본주의의 노동과 가치

1 인지자본주의

① 축적양식의 측면에서, 인지자본주의는 정보, 지식, 정동, 창의성, 혁신 등과 같은 비물질재에 대한 투자가 이윤 획득의 주요 원천이 되는 경제 체제이다.

② 비물질재는 거의 모든 산업 영역에서 물질적 생산 관행을 재조직하는 핵심 요소가 되었으며, 세계 경제에서 그것에 대한 투자가 차지하는 비중은 이미 1980년대 중반부터 물질 장비에 대한 투자를 넘어섰다(Boutang).

③ 생산 양식의 측면에서도, 인지자본주의는 기존의 수직적인 산업적 노동 분업보다는 네트워킹을 통한 두뇌들의 대규모 협업을 더 중시한다. 그것은 네트워크의 긍정적 외부성을 최대한 확보하고 인구 전체에 퍼져 있는 창의성과 집단 지성을 적극 활용한다(Boutang).

④ 그리하여, 오늘날 사회적 부와 가치의 생산 과정은 개별 공장의 담벼락을 넘어 사회 전체로 확대되고 있다. 최근의 정보통신 환경은 지구적 범위의 컴퓨터 네트워킹 이용자들에게 대규모 정보 소비와 생산의 물질적 수단을 제공한다.

⑤ 정보의 소비 과정이 곧 생산 과정이 되는 이른바 생산과 순환의 탈경계화 맥락에서, 사회적 부의 생산은 임금 노동 영역에 국한되지 않고 그 바깥에서 이루어지는 다양한 지적, 문화적, 예술적, 사회적 활동에 의해서 이루어진다.

2 인지자본주의에서의 노동의 가치

① 노동은 "탈영토화되고, 분산되고, 탈중심화되어 전체 사회가 이윤의 처분에 맡겨지게"된 것이다. '사회-공장' 시대의 가치와 이윤 창출은 점점 더 사회화된 생산에 의존하며, 사람들 사이의 관계적, 소통적, 정서적 활동은 인지자본주의 가치 추출의 우선적 원천이 되고 있다.

② 인지자본주의에서 노동이란 가치를 생산하는 모든 활동을 가리키며, 일반적으로 '노동'으로 간주되지 않는 소비와 여가 활동까지도 포괄한다. 네그리와 하트는 비물질 노동을 "지식, 정보, 소통, 관계 또는 정서적 반응 등과 같은 비물질적 생산물들을 창출하는" 노동으로 정의하고, 이를 지적, 언어적 노동과 정동적 노동으로 구분한다. 전자는 "아이디어, 상징, 코드, 텍스트, 언어적 형상, 이미지" 등을 창출하는 노동이며, 후자는 "편안함, 안녕, 만족, 흥분 혹은 열정의 느낌" 등을 생산하는 노동이다.

③ 라자라토(Lazzarato)는 비물질 노동을 "상품의 정보적, 문화적 내용을 생산하는 노동"으로 규정한다. 상품의 '정보적' 내용 생산은 주로 고용된 상징 노동자들의 몫이지만 '문화적' 내용은 상품 소비자들의 활동에 의해서도 생산된다. 사회관계, 공유된 의미, 정서적 연관 등과 같은 '심성적 잉여(ethical surplus)'가 소비를 통해 형성된다는 점에서 소비는 곧 생산적 노동이 될 수 있다. 아비드손(Arvidsson)은 '심성적 잉여'를 '브랜드(brand)'와 연결시켜 소비가 곧 노동이라는 관념을 확장시킨다. 브랜드 주위에 모인 소비자들 사이에 교류되고 공유되는 아이디어와 제품 평가, 동질감, 소속감 등이 브랜드 가치를 창출한다는 것이다.

④ 인지자본주의에서 노동이 '가치를 창출하는 모든 실천'으로 간주되듯이, 가치도 '사회적으로 인정된 중요성'을 가리키는 말로 사용된다. 가치는 상품의 생산 과정에서 창출되지만 순환과정에서도 생산된다. 특히, 비물질재는 소비를 통해 없어지는 것이 아니라 새로운 내용이 첨가되고 변형될 수 있다. 소비 과정이 곧 생산 과정이 될 수 있는 것이다. 따라서 가치를 순전히 노동시간의 양으로 측정하거나 결정하기란 어렵다. 네그리와 하트는 "비물질적 생산의 패러다임에서 가치이론은 측정된 시간의 양이라는 관점에서는 이해될 수 없다."고 주장한다.

⑤ 아비드손(Arvidsson)은 "가치는 명목적 관념이기 때문에 가치의 기준은 사회적으로 구성된다고 말할 수 있다. 그것은 정치적 투쟁의 산물이며, 따라서 하나의 사회적 구성물에서 다른 사회적 구성물로 변화한다."고 지적한다. 가치 관념은 어떤 본질적 속성이나 실체의 반영이 아니며 헤게모니적 실천을 통해서 그 의미가 일시적으로만 고정되는 것이 된다. 따라서 인지자본주의의 가치 생산은 사람들 사이의 폭넓은 소통, 우호 관계를 유지하는 사회적 기술, 집단지성의 활용 능력 등에 의존한다.

Ⅱ 애딘포메이션(Adinformation): 유용한 광고는 좋은 정보

① 구글의 정동 경제는 광고와 정보가 통합된 '애딘포메이션(adinformation)'에 토대를 둔 경제이다. 그것은 정보의 생산과 유통과 소비에서 형성되는 정동을 포착하고 이를 광고 사업과 연결시킴으로써 수익을 얻는다. 구글의 정보 검색 기술 '페이지랭크'는 수십억 인터넷 사용자들의 정동을 위계적 방식으로 가시화한다. 페이지랭크 알고리즘의 혁신성은, 이전의 정보 검색 기술과는 달리, 각 웹 페이지에 연결되어 들어오는 링크의 수와 질을 토대로 페이지의 랭킹을 부여한다는 점에 있다.

② 페이지의 랭킹은 연결되어 들어오는 페이지가 많을수록 그리고 높은 랭킹의 노드로부터 들어오는 링크가 많을수록 높아진다. 그리하여 검색을 통해 얻는 정보 목록은 위계화된 정보 목록, 즉 정동 목록이 된다. 페이지랭크 알고리즘은 최상의 정보 사이트를 찾으려는 수많은 인터넷 사용자들의 분산 노동을 지렛대로 삼아 인터넷 정동을 표현한다(Pasquinelli). 이처럼 웹 페이지에 부여된 차별적 정동의 가시화를 통해, 페이지랭크는 1990년대 중후반까지 평면적이고 무질서한 정보의 바다였던 인터넷을 하나의 거대한 역동적인 정동 위계로 전환시켰다.

Ⅲ 디프라이버싱(deprivacing): 개인 데이터와 프라이버시의 분리

① 개인 데이터는 구글 정동 경제의 핵심적인 비물질재이다. 프라이버시를 개인 데이터와 분리시키거나 아예 온전한 상품으로 만드는 이른바 '디프라이버싱(deprivacing)'은 구글의 데이터 사업에 밑바탕이 된다. 개인 데이터는 구글 플랫폼에서 수행되는 이용자들의 정동 노동의 부산물이지만, 구글은 그것을 무료로 사용하고 그것에 대한 거의 전적인 소유권을 행사한다.

② 구글은 두 가지 종류의 사용자 데이터를 수집한다. 하나는 사용자가 구글 계정을 만들 때 직접 제공하는 '사용자 제공 데이터'이다. 다른 하나는 구글서비스 이용에 따라 발생하는 '사용자 이용 데이터'이다. 구글은 계정을 만든 이용자의 이름, 성별, 주소, 전화 번호 등과 같은 사용자 제공 데이터를 수집한다. 또한 그것은 이용자의 컴퓨터 하드웨어 모델, 운영 시스템 버전, 고유 식별자 등과 같은 기기 데이터를 확보한다. 아울러, 검색어, 검색 일시, 방문 사이트, 휴대 전화 수신 및 발신 번호와 사용 일시 등과 같은 로그 데이터를 축적한다.

③ 나아가, 위치 추적 서비스 관련 데이터 등과 같은 위치 데이터를 수집하며, 애플리케이션 서비스 설치 정보 등과 같은 애플리케이션 정보를 모은다. 이 밖에도, 국부 저장 데이터, 쿠키와 익명 식별자 등을 수집한다. 그런데 사용자 이용 데이터와 같은 정동 데이터가 사용자 제공 데이터와 같은 인구학적 데이터보다 구글의 정동 경제에 더 중요하다. 사용자들의 행동 패턴을 파악할 수 있는 방대한 정동 데이터가 있으면, 그들의 행동을 정확하게 예측하여 더 많은 수익을 얻을 기회도 늘어나기 때문이다.

④ 따라서 사용자가 어떤 키워드를 검색했고, 무슨 페이지를 얼마나 오랫동안 읽었으며, 누구와 어떤 메시지를 교환했고, 어떤 동영상을 공유했으며, 어떤 광고를 클릭했는지 등과 같은 정동 노동의 산물을 수집하고 저장하는 것이 정동 경제의 핵심 요소가 된다. 정동 노동을 분석하여 얻은 사용자들의 희망, 걱정, 공포, 호기심, 관심, 선호, 취향, 성향, 습관, 의견 등과 같은 정동 데이터는 사용자를 향한 맞춤형 광고의 중요한 자료이다.

Ⅳ 무임승차하기(free-riding): 디지털 텍스트의 차별적 '공정 이용(fair-use)'

1 의의

① 구글의 정동 경제는 이용자-창출 데이터에 대한 통제에 바탕을 두고 있을 뿐만 아니라 이용자-제작 콘텐츠에 대한 '차별적' 공정 이용(fair use)에 힘입어 작동한다. 구글은 인터넷에 있는 거의 모든 것을 복사한다. 웹 문서, 뉴스, 지식, 이미지, 지도, 도서, 동영상, 블로그, 게시판 등 저작권 보호를 받는 것이든 아니든 상관없이 웹에 연결된 거의 모든 것을 복사하고 평

가하고 순위를 매긴다. 복사는 구글 검색 사업의 필수 요건이지만 그것은 그 자체로 현존 저작권법과 배치된다.

② 저작권법은 원칙적으로 모든 복제를 불법으로 간주하기 때문이다. 그러나 저작권법의 '공정이용' 조항 덕분에, 구글의 웹 사이트 복사는 합법적인 것으로 인정받는다. '공정이용'은 배포의 목적이 공공선을 높이기 위한 것이라면 저작권물의 일부를 복사하고 배포하는 것을 합법으로 간주한다. 저작권물의 복사와 배포가 비평, 논평, 보도, 교육, 학술, 연구 등과 같은 목적을 위한 경우에는 저작권 침해로 볼 수 없다는 것이다.

③ 현실적으로, 구글 검색 엔진은 다른 사람들의 웹 콘텐츠를 복사해야만 제대로 작동할 수 있다. 그런데 수십억 개의 웹 텍스트에 대하여 저작권자로부터 일일이 사용 허락을 받아야 한다면, 누구도 검색 사업을 하지 않을 것이며, 궁극적으로 웹은 아예 검색 불가능한 것이 되고 말 가능성이 높다. 그래서 웹 콘텐츠 복사는 유용한 정보를 찾는 전체 웹 이용자들의 이익을 위한 작업, 즉 '공정이용'의 한 형태로 이해될 수 있다. 웹 콘텐츠의 일부를 발췌하는 것은 검색 결과가 자신이 찾는 것과 유관한 것인지를 판단하는 데 도움을 준다고 볼 수 있기 때문이다. 요컨대, 인터넷 검색은 디지털 시대 저작권의 현실적 한계를 토대로, 웹에서는 모든 것이 복사될 수 있다는 것을 하나의 원칙으로 만들었다. 이는 지적 재산의 '소유'보다는 '사용', '독점'보다는 '공유'의 불가피성이라는 디지털 네트워크 상황이 일부 반영된 결과라 할 수 있다.

2 이용자-제작 콘텐츠에 대한 '차별적' 공정 이용(fair use)

① '공정 이용'이 모든 콘텐츠 생산 노동에 미치는 효력은 균등하지 않다. 2002년 구글은 '구글뉴스(Google News)' 사업을 시작했다. 그런데 에이피(Associated Press)를 포함한 일부 언론사들은 이를 저작권 침해로 간주했다. 특히, 라이선스 계약을 통해 세계 각국 언론사와 인터넷 포털에 기사를 제공하는 에이피는 구글 뉴스가 자신의 저작물을 무단으로 복사하고 그 일부를 마치 자기 것인 양 독자들에게 제공한다고 비난했다. 그리고 구글이 자사의 뉴스 기사를 상품화하여 돈을 버는 이상, 자사와의 라이선스 계약이 필요하다고 주장했다. 그러나 구글은 '공정 이용'으로 맞섰다.

② 구글 뉴스가 에이피 기사의 일부만을 게시하고 기사 출처 링크를 제시하는 것은 '공정 이용'에 해당한다고 주장했다. 또한, 구글 뉴스가 에이피 기사에 대한 트래픽을 확대시켜 주기 때문에 에이피 사이트는 오히려 활성화될 수 있다는 점도 강조했다. 구글과 언론사들 사이의 '공정 이용'을 둘러싼 저작권 갈등은 결국 2004년에 구글과 에이피, 캐나다 언론 협회, 에이에프피(Agence France-Presse), 영국 언론 협회가 라이선스 계약을 체결함으로써 봉합되었다. 이 합의를 통해, 구글은 이들 언론사의 기사 사용료를 지불하는 대신, 기사 전부 혹은 일부를 게시할 권리를 획득했다. '공정이용' 조항이 전문 뉴스 생산자들에게는 통용되지 않은 셈이다.

③ '공정 이용'이 모든 웹 콘텐츠 생산노동에 동등하게 적용되지 않는다는 것을 보여준 것이다. 따라서 웹에서는 공정 이용에 해당하는 모든 복제가 허용된다는 원칙은 결국 대다수 일반 사용자들의 콘텐츠 제작 노동에만 관철되는 것이라고 할 수 있다.

④ 이처럼 구글 검색은 사용자-제작 텍스트에서 시작하여 전문-생산 텍스트 그리고 도서 등으로 정동 경제의 비물질재를 확대시켰고, '공정 이용'은 그 사업의 토대가 되었다. 하지만 이들 프로젝트에는 항상 '무임승차' 논란이 따라 다녔다. 설사 구글의 복제 행위가 많은 부분 '공정 이용'에 해당한다고 할지라도, 그것을 통해 구글이 커다란 상업적 이익을 얻고 있는 한, 콘텐츠 생산자들의 정동 노동에 대한 무임승차라는 비판을 피할 수가 없다.

⑤ 물론, 구글 서비스가 웹 이용자들로 하여금 사용자-제작 콘텐츠에 접근할 수 있도록 만들어준 것은 사실이다. 그리고 그만큼 사용자들의 표출 정동이 실현될 수 있는 장을 제공해준 것도 사실이다. 특히, 신문 기사와 같은 전문적으로 생산된 콘텐츠의 경우, 구글 검색은 독자들의 관심과 호기심과 같은 정동 정보를 생산자에게 제공하여 수익을 창출하는 데 일정한 도움을 주기도 한다.

⑥ 하지만 '공정 이용'의 효력이 그러하듯이, 무임승차의 문제도 일반 콘텐츠 생산자와 소수의 전문 콘텐츠 생산자에게 각기 상이한 의미를 갖는다. 대다수의 네트워크 속 두뇌들은 구글이 자신들의 정동 노동을 전용하여 벌어들이는 수익으로부터 아무런 몫도 얻지 못하며, 구글의 '공정 이용' 논리는 그들에게 거의 완벽하게 관철된다. 그만큼 그들의 정동 노동은 착취된다. 반면, 전문 콘텐츠 생산자들은 저작권 압박을 통하여 구글 검색 수익의 일부를 나눠 가지며, 구글의 '공정 이용' 효력은 별로 발휘되지 못한다.

기출문제

저작권법의 '공정 이용(fair use)'에 대한 설명으로 틀린 것은? [2019]

① 저작권자 이외의 자가 저작권자의 독점적인 권리에도 불구하고 저작권자의 동의 없이 저작물을 합법적으로 이용할 수 있는 제도적 장치이다.
② 저작권법에 의하여 부여되는 저작자의 권리를 적용할 경우 해당 저작물의 이용자는 저작권 침해를 구성하게 되지만 합리적으로 저작권자의 권리에 제한을 둠으로써 이용자가 침해로부터 면책받을 수 있는 특권 또는 침해에 대한 항변이다.
③ 웹 콘텐츠의 일부를 발췌하는 것은 검색 결과가 자신이 찾는 것과 유관한 것인지를 판단하는 데 도움을 준다고 볼 수 있기 때문 웹 콘텐츠 복사는 유용한 정보를 찾는 전체 웹 이용자들의 이익을 위한 작업, 즉 '공정 이용'의 한 형태로 이해될 수 있다.
④ '공정 이용(fair use)' 효력의 모든 콘텐츠 생산자들에 대한 무차별적 적용은 구글 등 플랫폼 기업들의 콘텐츠 생산자들의 정동 노동에 대한 무임승차를 가능하게 하는 부작용을 낳기도 한다.

정답 ④

해설 '공정 이용'의 효력이 그러하듯이, 무임승차의 문제도 일반 콘텐츠 생산자와 소수의 전문 콘텐츠 생산자에게 각기 상이한 의미를 갖는다. 대다수의 네트워크 속 두뇌들은 구글이 자신들의 정동 노동을 전용하여 벌어들이는 수익으로부터 아무런 몫도 얻지 못하며, 구글의 '공정 이용' 논리는 그들에게 거의 완벽하게 관철된다. 그만큼 그들의 정동 노동은 착취된다. 반면, 전문 콘텐츠 생산자들은 저작권 압박을 통하여 구글 검색 수익의 일부를 나눠 가지며, 구글의 '공정 이용' 효력은 별로 발휘되지 못한다.

V 안전피난처 활용하기(safe harboring): 사용자-제작 콘텐츠의 전용

① 유튜브 동영상을 활용한 구글 정동 경제는, 디지털 텍스트와 마찬가지로, 지적 재산권 체계와 충돌했다. 영화사, 음악사, 방송사 등 대부분의 거대 콘텐츠 벡터 계급은 자신들의 저작권이 유튜브에 게시된 수많은 불법 동영상에 의해 침해당한다고 주장했다. 하지만 유튜브는 '디지털천년저작권법'의 '안전피난처' 조항에 기대어, 저작권물이 유튜브에 불법적으로 게시되는 것에 별로 개의치 않았다.

② '안전피난처' 조항의 '고지와 삭제' 원칙은 고지된 저작권 침해 게시물을 사후적으로 삭제하는 한, 인터넷 서비스 제공자들에게 저작권 침해에 대한 법적 책임을 물을 수 없도록 한다. 사용자나 제3자가 저작권 제한을 받는 게시물을 인터넷에 올리는 것을 인터넷 서비스 제공자가 사전에 막을 의무는 없다는 조항에 따라, 구글은 유튜브 사용자의 저작권법 위반을 예방하는 노력을 기울이지 않았다. 저작권자가 저작권 침해를 알려오면 그때 가서 해당 게시물에 대한 조치를 취하면 된다고 보았기 때문이다.

③ 이에 비아컴(Viacom)은 2007년 3월 구글과 유튜브에 10억불의 저작권 침해 손해배상 소송을 제기했다. 미국의 엠티비(MTV), 니켈로디언(Nickelodeon), 코미디 센트럴(Comedy Central) 등과 같은 방송 채널을 보유하고 있는 비아컴은 16만 건이 넘는 자사 프로그램이 유튜브에 불법 게시되었으며, 구글은 이를 예방하는 조치를 취하지 않았다고 주장했다. 소송의 핵심 쟁점은 과연 구글이 중립적 인터넷 서비스 제공자와 마찬가지로 '안전피난처' 조항의 대상이 될 수 있는가라는 문제였는데, 2010년 6월 미국 법원은 구글 플랫폼을 일종의 '피난 안전처'로 인정하는 판단을 내렸다.

④ 구글이 특정 저작권물이 게시된다는 것을 설사 미리 알았다고 할지라도 어느 것이 허락을 받은 것이며 어느 것이 그렇지 않은 것인지를 알기는 어려운 일이라는 점, 유튜브와 같은 비디오 공유 사이트로 하여금 모든 게시물을 미리 적극적으로 확인하도록 하는 것은 법의 취지에도 어긋나는 일이라는 점, 구글이 비아컴의 삭제 요구를 충실하게 이행했다는 점이 그 근거가 되었다.

⑤ 현실적으로도, 사용자 제작 콘텐츠의 활발한 공유와 인터넷 참여 문화의 활성화라는 시대의 정동을 무시하기란 어려운 일이기도 했다. 이처럼 구글은 콘텐츠 벡터 계급의 지적 재산권을 보호하고 유튜브 수익의 일부를 그들에게 보전해 주지만, 수십억 일반 이용자들의 정동 노동이 구글로부터 그에 상당하는 보호와 보상을 받기란 거의 불가능하다. 유튜브 지적 재산권 방침에서 알 수 있듯이, 일반 이용자들의 정동 노동의 산물인 콘텐츠에 대한 사실상의 통제권은 구글이 쥐고 있기 때문이다.

⑥ 유튜브는 "유튜브에 콘텐츠를 업로드하거나 게시하면, 당신은 유튜브에게 그 콘텐츠를 서비스 제공과 관련하여 그리고 유튜브 사업 및 서비스 제공과 관련하여 사용하고, 재생산하고, 배포하고, 파생 작품을 만들고, 전시하고 공연할 전 세계적, 비배제적, 로열티를 지불하지 않는, 이전 가능한 라이선스(재라이선스할 권리와 함께)를 준다."고 명시한다.

⑦ 이러한 약관에 따라, 대부분의 일반 이용자들은, 콘텐츠 벡터 계급과는 달리, 자신들이 생산한 콘텐츠에 대한 독점권을 구글에 주장할 수가 없다. 그것을 거의 마음대로 사용할 권리를 구글에게 주었기 때문이다. 또한, 극히 일부의 경우를 제외하고, 일반 콘텐츠 제작자들이 자신들의 창작물을 통해 유튜브가 얻는 광고 수익을 나눠 가질 가능성은 없다. 결국, 저작권법의 '면책' 조항은 유튜브 플랫폼에 가능한 한 많은 사람들을 모으고, 이를 통해 구글과 전통 콘텐츠 기업이 수익을 공유하도록 하는 수준에서의 '안전피난처' 작용만을 하는 셈이다. 일반 콘텐츠 생산자들은 자신들이 업로드 하는 정동 노동 산물에 대한 저작권 위반 여부를 항상적으로 점검받으며, 업로드된 창작물이 창출하는 가치에 대한 통제권을 거의 갖지 못한다. 앞의 '공정이용' 조항과 마찬가지로 '안전피난처' 조항은 지적 재산권을 일정 정도 느슨하게 만드는 측면이 있지만, 콘텐츠/플랫폼 벡터 계급은 그것의 영향을 순조롭게 관리, 통제하고 있다고 보아야 할 것이다.

예상문제

지적 재산권의 안전피난처에 대한 설명으로 틀린 것은?

① '안전피난처'는 '디지털천년저작권법(Digital Millennium Copyright Act)'이 규정하고 있다.
② '안전피난처' 조항의 '고지와 삭제' 원칙은 고지된 저작권 침해 게시물을 사후적으로 삭제하는 한, 인터넷 서비스 제공자들에게 저작권 침해에 대한 법적 책임을 물을 수 없도록 한다.
③ '안전피난처' 조항에 따라 사용자나 제3자가 저작권 제한을 받는 게시물을 인터넷에 올리는 것을 인터넷 서비스 제공자가 사전에 막을 의무는 없다.
④ 비아컴(Viacom)과 구글 간 소송에서 미국 법원은 구글은 단순한 인터넷 서비스 제공자라고 볼 수 없어서 '안전피난처' 조항의 대상이 될 수 없다고 판단했다.

정답 ④

해설 소송의 핵심 쟁점은 과연 구글이 중립적 인터넷 서비스 제공자와 마찬가지로 '안전피난처' 조항의 대상이 될 수 있는가라는 문제였는데, 2010년 6월 미국 법원은 구글 플랫폼을 일종의 '피난안전처'로 인정하는 판단을 내렸다. 구글이 특정 저작권물이 게시된다는 것을 설사 미리 알았다고 할지라도 어느 것이 허락을 받은 것이며 어느 것이 그렇지 않은 것인지를 알기는 어려운 일이라는 점, 유튜브와 같은 비디오 공유 사이트로 하여금 모든 게시물을 미리 적극적으로 확인하도록 하는 것은 법의 취지에도 어긋나는 일이라는 점, 구글이 비아컴의 삭제 요구를 충실하게 이행했다는 점이 그 근거가 되었다.

Theme

112 자유 · 무료 노동: 무료 제공, 사적 전유

I 자유 · 무료 노동: 자발적 제공, 자율적 조직

1 의의

① 네트워크 속 인구들의 다양한 협력 형태는 대부분 자유 · 무료 노동으로 구성되어 있다. 그것이 '노동'인 이유는 비록 자본-임금노동의 고용 관계 외부에서 이루어짐에도 불구하고, 여전히 가치를 생산하는 인간 활동이기 때문이다.

② 가치 생산이 공장 담벼락을 넘어선 이른바 '사회-공장'에서 일어나는 현대 경제에서 노동은 더 이상 고용 관계의 차원에서만 정의될 수는 없다. 그리고 그것이 '자유' 노동인 이유는 무엇보다도 생산자들이 스스로 원해서 자발적으로 제공한 노동이기 때문이다. 자발성은 다양한 층위에서 확인할 수 있다. 우선 그것은 유튜브, 구글, 페이스북 이용처럼 네트워크속 인구들의 일상적 · 반복적인 활동과 상호작용 그 자체와 긴밀하게 결부되어 있다는 점에서 매우 자연발생적이다.

③ 그리고 두카티 모터 애호가들이나 프로펠러헤드 이용자들의 경우와 같이 특정 대상에 대한 관심이나 흥미 그리고 특정 취미와 가치와 이념 등을 지향하는 개인들 사이의 공동체적 놀이나 생활양식의 공유를 지향한다는 점에서도 노동의 자연발생적 성격을 확인할 수 있다. 나아가 특정한 목표의 달성과 프로젝트 수행을 위해 불특정 다수가 혁신적 아이디어를 교환하는 활동에 참여하는 경우에도 그것은 상당 부분 스스로 원해서 일어난 일로 볼 수 있다.

2 자율적 · 탈중심적 자유 · 무료 노동

① 심지어 오픈소스 소프트웨어 운동에서와 같이 높은 교육 수준과 양질의 기술 능력을 가진 소규모의 인구집단이 매우 열정적으로 전문 프로젝트를 수행하는 노력도 많은 경우 다른 무엇보다도 기술적 완벽성과 고도의 전문성에 대한 관심에서 조직된다는 점에서 자발성이 매우 높다고 말할 수 있다.

② 그런데 자유 · 무료 노동은 이처럼 동기의 자발성 측면뿐만 아니라 조직화 방식의 측면에서도 '자유로운' 노동이다. 그것은 기본적으로 국가의 행정이나 기업의 경영 논리나 위계와는 독립적으로 발생하고 조직된다. 자유 · 무료 노동은 국가와 자본이 미리 계획한 지침에 따라 개인들의 활동을 제한하고 구속하는 것이 아니라, 개인들이 자율적으로 기존의 자원을 자신의 관심과 능력에 따라 자유롭게 사용하고 개조하는 탈중심적 · 분산적인 적응 능력의 실행 속에서 실현된다.

③ 그런데 자유·무료 노동의 이러한 자율적·탈중심적인 성격은 인지자본주의 자본의 성격에 중대한 변화를 초래한다. 그것이 현대 자본의 경영 기능을 마침내 생산의 외부적 요소로 만들고 자본의 지대적 성격을 더욱 강화시키기 때문이다. 인지자본주의 기업들이 네트워크 속 행위자들의 자유·무료 노동결과물을 사적으로 전유할 수 있는 토대는 그러한 노동이 일어나는 플랫폼에 대한 소유권에서 찾을 수 있다. 스스로 콘텐츠를 생산하거나 사용자들의 콘텐츠 생산 활동에 개입하지 않으면서도 단지 플랫폼을 소유하거나 지배하고 있다는 이유로 거기에서 창출되는 가치와 부를 전유하는 한, 기업의 수익은 지대 수익과 별반 다를 바가 없다.

Ⅱ 자유·무료 노동: 무료 제공, 사적 전유

1 의의

① 막대한 잉여가치 생산자들의 대부분은 거의 아무런 물질적·금전적 보상을 받지 못한다는 점에서 '자유(free)' 노동은 동시에 '무료(free)' 노동이다. 따라서 착취 문제가 자연스럽게 제기된다.

② 그러나 흔히 사회적 공통적·생산물의 사적 전유라는 차원에서 이해되는 인지자본주의 착취 문제는 상당한 혼란과 이견을 불러일으키는 주제다. 무엇보다도 자유·무료노동의 자발적 혹은 비강제적 성격은 전통적인 착취 개념과 잘 들어맞지 않는다.

③ 안드레예비치가 말했듯이, 일반적으로 착취는 강제된 노동, 잉여 노동, 비지불 노동을 의미한다. 그런데 대부분의 자유·무료 노동은 이러한 통상적 의미에서의 강제된 노동으로 보기가 어렵다. 페이스북을 이용하거나, 나이키 운동화의 브랜드 가치를 높이거나, 기업 공모전에 참가하도록 강제하지 않았기 때문에, 그러한 노동을 착취된 노동으로 규정할 수 없다는 것은 오늘날 매우 익숙하고 일반화된 관념일 것이다. 그리고 생계를 위해 어쩔 수 없이 수행해야만 하는 노동과 여가 활동의 성격이 강한 노동을 동일한 착취 논리로 설명할 수 없다는 주장은 상당한 설득력을 갖고 있는 것처럼 보이기도 한다.

2 자유·무료 노동의 강제적 성격

① 하지만 강제라고 하는 것이 반드시 총과 칼로 위협해 어떤 일을 하도록 하는 것만을 의미하는 것이 아니라 특정한 선택을 하게 만드는 사회관계 속에 이미 배태되어 있다는 관점에서 보면(Andrejevic), 사회관계망 사이트를 이용하거나 브랜드 상품을 구매하는 행위도 사회관계 속에서 일정하게 강제된 것으로 볼 수 있다.

② 아울러, 전통적인 작업장 노동의 강제적 성격은 고용계약의 결과 노동자의 노동과정이나 노동생산물에 대한 통제권과 소유권이 기업주에게 귀속된다는 사실에서 더욱 분명하게 드러난다는 점을 고려하면, 인터넷 사이트 이용 약관에 대한 동의의 결과 이용자가 생산하는 콘텐츠의 통제권과 소유권을 사이트 소유주가 갖는다는 사실에서 인터넷 플랫폼 이용의 강제적 성격도 좀 더 명확하게 나타난다고 말할 수 있다. 약관에 동의하지 않고서는 사실상 대부분의 인터넷 플랫폼을 제대로 이용할 수 없다는 점에서 자유 · 무료 노동의 강제성은 디지털 사회관계 속에 이미 배태되어있다고 보아야 할 것이다.

3 자유·무료 노동의 착취적 성격

① 다른 한편으로, 자유 · 무료 노동은 다양한 형태의 비물질적 보상을 받는다는 관념도 인지자본주의 착취 문제에 관한 혼란을 가중시키는 요소라 할 수 있다. 많은 사람들은 자유 · 무료 노동이 유용한 정보 획득, 자아 표현의 공간 확보, 자기 성취, 사회적 관계의 유지와 확장, 평판과 명성 구축 등과 같은 비물질적 보상을 받는다고 믿는다.

② 그런데 이러한 형태의 보상에 대한 강조는 두 가지 전혀 상반된 방향에서 나온다. 우선, 구글, 유튜브, 페이스북 등 웹 2.0 플랫폼을 제공하는 대부분의 자본은 이용자들의 플랫폼 활동이 자신들을 세상에 알리고 동료로부터의 인정이나 평판 자본을 얻는 것 등과 같이 충분히 비물질적인 방식으로 보상받는다는 점을 부각시킨다.

③ 심지어는 물질적 보상이 오히려 다양한 혁신적 자유 · 무료 노동의 내적 동기를 약화시키는 역효과를 낳는다고 주장하는데, 사람들의 여가 활동은 화폐 보상이 전제된 상황보다는 무보상의 상황에서 더 많은 작업 시간을 투자하고 더 많은 성과를 낳는다는 것이 그 이유다.

④ 요컨대, 웹 2.0 자본은 외부로부터의 물질적 보상은 좋아서 하는 혁신 활동의 내적 동기를 약화시키거나 훼손시킨다는 이유로 자유 · 무료 노동의 부불성을 옹호하고 정당화한다. 다음으로, 웹 2.0 자본의 비판가들 중 일부는 자본주의 상품화 논리를 내면화하는 위험이 있다는 이유로 자유 · 무료 노동의 물질적 화폐적 보상 전략을 반대한다.

⑤ 대표적으로, 헤스몬달그는 역사적으로도 오래되었고 더 나은 미래 사회에서도 불가피한 것일 수도 있는 부불노동이 설사 착취당한 노동으로 간주될 수 있다고 하더라도, 그것의 해결책을 자본주의 상품화 논리와 사실상 구분되지 않는 지불노동의 회복에서 찾을 수는 없다고 주장한다. 대신, 그는 자유 · 무료 노동이 더 많은 상품이 아니라 더 많은 선물(gift)을 생산하고 교환할 수 있도록 하는 새로운 지적 재산권 체제의 구축을 통해서 이러한 문제를 해결해야 한다고 본다.

Ⅲ 자유 · 무료 노동의 화폐적 보상

1 시장주의적 보상: 소액 결제

(1) 의의

① '소액결제' 시스템은 디지털 네트워크에서 무료로 제공되는 정보, 지식, 문화의 유료화뿐만 아니라, 비물질재 가치 생산에 기여한 모든 사람들에 대한 정당한 화폐 보상까지지도 아우르는 관념이다.

② 래니어(Lanier)에 따르면, "우리는 무료 온라인경험을 몹시 원했기 때문에, 우리로부터 나오는 정보에 대한 비용을 지불받지 않는 것에 만족했다. 이런 감성은 동시에 정보가 우리 경제에 더욱 지배적으로 될수록, 대부분의 우리는 더욱 가치 없게 될 것이라는 사실을 의미한다." 그래서 그는 자유 · 무료 정보 관념을 폐기하고 정보의 유료화와 화폐화를 뒷받침하는 시스템을 도입해야 한다고 주장한다.

③ 정보의 자유와 무료 정보는 매우 대중적이고 이상화된 관념이지만, 실제로 그것은 거대한 네트워킹 능력을 보유하고 있는 플랫폼 벡터 계급이 이용자들의 자유 · 무료노동을 무료로 활용하여 커다란 경제적 수익을 독점할 수 있도록 하는 장치에 다름 아니라는 것이다. 래니어에게, "보통 사람들은 '공유'하지만 엘리트 네트워크는 막대한 양의 돈을 번다."는 점에서, 실제로 정보는 자유롭지도 않고 무료도 아닌 것이다.

④ 따라서 보통 사람들이 창출한 데이터와 정보도 정당하게 화폐적으로 보상 받을 수 있어야 하며, 이를 위해 소액 결제 시스템을 도입하는 것이 필요하다. 그리고 이는 정보 경제의 발전에도 커다란 도움이 될 것인 바, 정보 경제는 더 많은 정보가 화폐화되어야 성장할 수 있기 때문이다. 그에 따르면, "점점 더 많은 활동이 소프트웨어에 매개됨에 따라, 네트워크상의 모든 정보에 가치를 부여하는 것(가장 지배적인 네트워크 노드에 있는 정보에 대부분의 가치를 부여하는 것 대신에)이 지속적으로 성장할 수 있는 경제를 창출"할 수 있다.

⑤ 예컨대, 어떤 사람이 디지털 네트워크에서 수행한 외국어 번역이 기계적 번역 알고리즘에 조금이라도 기여한다면, 자동 번역 알고리즘 제공기업은 그 가치에 상당하는 소액결제를 기여자에게 돌려주어야할 것이다. 혹은 온라인 결혼 정보 회사를 통해 만난 어떤 커플의 장기간의 안정적인 혼인관계 데이터가 새로운 다른 커플의 만남에 적용되어 결혼에 이르게 되면, 그 데이터를 제공한 커플은 결혼정보 회사로부터 소액 결제를 받을 수 있어야 할 것이다. 나아가, 자신이 제작하여 디지털 네트워크에 게시한 동영상의 일부가 다른 사람의 동영상에서 재사용되는 경우에도 그것에 대한 소액 결제가 뒤따라야 할 것이다.

⑥ 심지어 위키피디아 기사작성에 참여한 모든 사람들에게 소액 결제를 제공하는 상황을 생각해볼 수도 있다. 그래서 정보의 화폐화와 소액 결제 시스템 도입은 지속 가능한 정보경제의 거래 모델을 수립하는데 커다란 도움이 될 수 있다. 래니어는 이처럼 수많은 개인이

다양한 규모와 형태의 가치 창출에 기여하는 디지털 네트워크를 다수 대 다수 사이의 화폐화된 디지털 네트워크로 전환시켜 주는 보편적 소액 결제 시스템은 많은 사람들에게 금융적 안정 장치가 될 수 있을 것이며 궁극적으로는 새로운 중간계급의 형성에도 크게 기여할 것이라고 전망한다.

(2) 콘텐츠 벡터와 플랫폼 벡터 계급의 웹 콘텐츠 유료화 전략

① 자유 · 무료 노동에 대한 래니어의 이러한 시장주의적 보상 방안은 최근 콘텐츠 벡터와 플랫폼 벡터 계급이 주도하고 있는 웹 콘텐츠 유료화 전략과 사실상 동일한 논리를 공유하고 있다.

② 콘텐츠 벡터 계급의 주장대로 언론사나 출판사가 전문적으로 생산한 웹 콘텐츠가 유료화되어야 한다면, 래니어의 주장대로 일반 웹 사용자들이 생산한 콘텐츠도 유료화 되지 않아야할 이유는 없다. 사용자들이 창출한 콘텐츠의 가치가 아무리 사소한 것일지라도 그것에 대해 적절한 보상을 하는 것은 공정한 시장 거래 원칙에 부합할 것이기 때문이다.

③ 신문사나 언론사의 콘텐츠 벡터 계급은 자신들의 온라인 콘텐츠 무료 공급 정책을 종종 커다란 원죄 혹은 돌이키기 어려운 중대한 판단 착오로 간주한다. 물론, 콘텐츠 무료 공급이 광고 수익 모델을 토대로 성립된 것이긴 하지만, 온라인 콘텐츠에 대한 그들의 지적 재산권이 포기된 것은 결코 아니다. 예컨대, 많은 콘텐츠 벡터 계급은 구글 뉴스(Google News)와 같은 플랫폼들이 자신들의 저작물을 무단 복사하고 무료 배포하여 얻은 수익을 라이선스 계약 체결을 통해 분점하기도 하였다.

④ 모든 언론인이 콘텐츠 유료화를 실행하지 않는 한, 콘텐츠의 희소성은 담보될 수가 없다. 또한 콘텐츠를 구입한 사람이 그것을 무료로 다른 사람들에게 제공하거나 웹에 게시하는 순간, 그것은 더 이상 희소 상품이 아니게 된다. 아울러, 소비자로 하여금 자신의 컴퓨터에 새로운 소프트웨어를 설치하고 자신의 신용카드 정보를 제공하고 복잡한 지불 절차를 거치게 만드는 번거로운 과정도 소액 결제 시스템의 정착을 가로 막는다.

⑤ 이러한 문제들 때문에 일부 언론사들은 소액 결제 대신 계량 지불벽(metered paywalls) 모델을 통한 온라인 뉴스의 유료화를 추구하고 있다. 뉴욕 타임즈와 파이낸셜 타임즈 등이 실행하고 있는 이 방안은, 누구라도 매달 10건 정도의 기사를 무료로 읽을 수 있지만, 그 이상의 기사를 보려면 반드시 신문사 온라인 사이트에 회원 가입과 함께 개인정보를 제공해야 하며, 최종적으로 일정 분량(40건 정도) 이상의 기사에 접근하려면 연간 구독료를 지불해야만 하도록 설계되어 있다.

⑥ 순차적인 유료화 과정을 따른다는 점에서, 계량 지불벽은 소액 결제보다 좀 더 정교한 유료화 방책이라 할 수 있지만, 이것도 역시 디지털 온라인 뉴스의 무료화 동학을 버텨내기가 매우 어렵다. 이러한 한계에도 불구하고, 소액 결제는 여전히 신문 기사뿐만 아니라 다양한 온라인 콘텐츠의 구매와 판매에 적용할 수 있는 기술로 추구되고 있다.

⑦ 예컨대, 벡터 계급은 개별 소비자들로 하여금 온라인 뉴스를 읽거나 사진을 보거나 비디오를 감상하거나 팟캐스트를 들을 때마다 자신들의 콘텐츠 구매 계정에 예치한 돈이나 디지털 지갑 같은 것을 이용하여 각각의 소비 항목에 대한 비용 지불을 승인할 수 있도록 만듦으로써 소액 결제 시스템을 안착시키려 한다. 최근의 구글 지갑(Google Wallet)은 이 시스템의 새로운 대안으로 주목받고 있다. 그것은 이용자들이 신용카드, 데빗카드, 선물카드, 회원카드 등을 그 속에 안전하게 저장하여 가게에서 물건을 사거나 온라인 쇼핑을 하거나 송금을 할 수 있도록 해주는 디지털 지갑이라 할 수 있는데, 콘텐츠 제공자에게는 자신의 서버에 일정한 코드를 이식하게 하고 구매자에게는 단순히 구글 지갑 버튼을 클릭하게 함으로써 콘텐츠의 유료 거래를 용이하게 해주는 측면이 있다.

(3) 온라인 데이터 시장 데이터쿠프(Datacoup)

① 그리고 개인들이 자신의 사회 연결망 활동이나 신용 카드사용 내역 등과 같은 개인 데이터를 정보 중개업자에게 최대 8달러의 월간 비용을 받고 판매할 수 있게 해주는 온라인 데이터 시장 데이터쿠프(Datacoup)에서 개인들은 어떤 데이터를 누구에게 판매할 것인지를 결정하고 데이터쿠프는 개인들의 데이터를 모아서 인구집단의 행동 트렌드를 찾아내기 위한 분석을 수행한다.

② 회사는 결과물을 정보중개업자, 광고주 등에게 판매함으로써 수익을 얻는다. 이러한 사례들은 모두 디지털 네트워크 속에서의 자기 표출과 일상적 상호작용으로 구성되는 광범위한 자유·무료 노동에 대하여 직접적으로 화폐 보상을 실행하는 사업 모델에 속한다.

③ 플랫폼 벡터 계급이 무료 서비스나 쿠폰 제공 등을 빌미로 이용자가 생산한 데이터에 관한 사실상의 독점권을 행사하는 것에 대한 비판적 관념과 이용자들 스스로가 자신들이 창출한 데이터의 경제적 활용으로부터 화폐적 수익을 얻을 수 있어야 한다는 논리에 토대를 둔 시도들인 것이다.

(4) 소액 결제 시스템의 한계

① 그러나 소액 결제 시스템은 실현 가능성의 측면에서 여전히 많은 한계를 갖고 있다. 콘텐츠 벡터 계급의 방안은 콘텐츠의 희소성을 담보하기가 거의 불가능하다는 근본적인 문제가 있다.

② 일부 플랫폼 벡터 계급이 추구하는 방안은 개별 사용자들이 생산한 콘텐츠와 데이터에 대하여 구체적인 물질적 보상을 약속한다는 긍정적 의의가 있으나, 사용자의 기여를 얼마나 객관적이고 정당하게 평가할 수 있는가라는 복잡한 문제를 해결하지 못하는 한, 현재와 같이 개별 플랫폼 벡터 계급의 일방적 결정에 의해 그것이 좌우되는 결과를 피하기 어렵다.

③ 래니어의 주장도 소액 결제 시스템이 개별 플랫폼 이용자들의 모든 활동에 대한 고도로 발전한 전면적 감시 시스템을 전제한다는 점에서, 실현가능성의 측면에서뿐만 아니라 프라이버시 보호라는 사회적 가치의 측면에서도 적지 않은 한계를 갖는다.

④ 이러한 실현 가능성의 문제는, 우리가 거래나 상호작용 대상과 함께 창출한 우리의 정보와 데이터에 대한 보상을 개인 대 개인 사이의 직접적인 교환관계 안에서 실행하고자 하는 시장주의적 관점 때문에 발생하는 것이라 할 수 있다. 공통적 · 사회적으로 생산된 콘텐츠와 데이터의 가치에 대한 특수적 · 개별적 보상이 아닌 공통적 · 사회적 보상 방안을 모색할 때 이 문제는 해소될 수 있을 것이다.

Ⅳ 사회적 · 공통적 보상: 보편적 기본 소득

1 의의

사회적 · 공통적으로 생산된 가치의 정당한 화폐적 보상 방안으로 '보편적 기본 소득'을 적극적으로 고려할 필요가 있다.

2 복지국가

① 모든 복지국가는 노동의 시장 변동 의존도를 줄임으로써 노동의 탈상품화에 기여하며 일을 하지 않는 기간에도 소득을 보장한다는 공통점을 지닌다.

② 많은 재정이 투입되는 복지국가의 정당성은 높은 근로의욕을 통해 확보할 수 있는데, 일할 수 있는 모든 사람이 일을 하면서 사회보장예산 재정마련 기여하며 어려운 사람들만 공적이전을 수급하는 것을 전제로 한다.

③ 세계에서 가장 급여수준이 높은 북유럽 복지국가의 경우, 여성을 포함하여 생산가능연령에 속한 모든 성인들은 일을 하여야 한다는 명확한 기대가 있다. 이에 따라 이 국가들의 취업률이 매우 높기 때문에 관대한 복지국가에 필요한 재정이 충당될 수 있는 것이다.

3 기본 소득의 특징

① 복잡한 기존 복지국가의 소득보장제도에 대한 대안으로 일부 학자들은 모든 국민을 대상으로 하는 '무조건적 기본 소득(unconditional basic income, UBI)'의 도입을 제안하고 있다.

② 기본 소득은 아무런 의무도 전제하지 않으며, 다시 말해 근로 여부와 관계없이 지급된다. 기본 소득은 자산조사형 급여보다 높은 수급률을 보장하여야 하기 때문에 보편성을 가져야 하며, 자산조사를 기반으로 한 가구별 소득이전의 경우에는 동거여부 확인이 어렵기 때문에 UBI는 불필요한 절차를 줄일 수 있도록 개인단위로 지급되어야 한다.

4 기본 소득의 목적 및 전제

① 기본 소득은 더 이상 필요치 않을 것으로 생각되는 기존 복지국가의 소득보장제도를 대체하는 데 목적이 있다.

② 또한 UBI 재정 마련을 위해 사회보장예산이 필요하기 때문에 기존 소득보장제도는 폐지되어야 한다.

5 기본 소득의 종류

기본 소득은 크게 고전적 자유주의, 사회민주주의, 급진주의의 세 가지 각기 다른 입장에 의해 오래 전부터 제기되었다(Lucarelli and Fumagalli).

(1) 고전적 자유주의의 '역소득세(negative income tax)'

고전적 자유주의의 '역소득세(negative income tax)'는 상대적 빈곤선 이하의 사람들에게 소득세를 면제해 줄 뿐만 아니라 그 차액의 일정 비율을 국가가 보전해주는 사회정책이다.

(2) 사회민주주의의 '보장 소득(guaranteed income)'

사회민주주의의 '보장 소득(guaranteed income)' 혹은 '보장 임금(wage)'은 실업자나 빈곤선 이하의 인구들에게 소득의 연속성을 보장해 주는 제도다.

(3) 급진주의적 입장의 '보편적 기본 소득(universal basic income)'

무조건적이긴 하지만 보편적이지는 않은 사회 민주주의 접근법과는 달리, 급진주의적 입장은 '보편적 기본 소득(universal basic income)'의 도입을 주장하는 바, 이는 한 국가의 모든 시민이 성, 직업, 소득 등에 상관없이 일정한 소득을 정부나 공적 기관으로부터 무조건적 · 무기한적으로 지급받는 제도이다.

6 보편적 기본 소득(universal basic income)의 정당화 근거

① 페인(T. Paine), 더글러스(C. Douglas), 반 파리아스(P. Van Parijs), 고르즈(A. Gorz) 등의 이론가들에 의해 주창된 사회적 가치와 부의 공정한 분배 방안인 보편적 기본 소득은 종종 무조건적 기본 소득, 기본 소득 보장, 보편적 인구 보조금(universal demogrant), 시민 소득, 보장 사회 소득, 사회 배당(social dividend), 국민 배당 등으로 불리기도 한다. 보편적 기본 소득 관념은 대체로 두 가지 근거에서 정당화된다.

② 첫 번째는 모든 경제적 부와 가치가 사회적 협력에 의해 생산된다는 사실이다. 부의 생산은 개개인의 노동 능력의 성과나 결과의 차원에서가 아니라 개인들의 사회적 결합과 협력의 차원에서 이해될 수 있다는 것이다. 따라서 모든 개인은 이러한 사회적 · 공통적 자원으로부터 부를 획득할 권리가 있다는 것이 보편적 기본 소득 이론의 주장이다.

③ 두 번째는 생산에 필요한 도구, 기술, 지식은 공동체의 문화적 전통이나 유산에 속한다는 사실이다. 우리는 인류가 수만 년에 걸쳐 축적해 온 기술과 지식을 향수하고 있으며, 그런 점에서 모두가 인류 공동체의 문화적 상속인이라 할 수 있다. 따라서 우리는 그러한 상속인으로서 배당을 받을 권리가 있다는 것이 보편적 기본 소득 이론의 주장이다. 일차적으로는 천연자원 이용이나 공공 소유 산업에서 창출된 부가 보편적 기본 소득으로 환류되어야 하겠지만, 사실상 사회적 협력의 산물에 다름 아닌 모든 경제적 가치 생산 활동이 보편적 기본 소득의 대상이 된다고 볼 수 있다.

7 기본 소득의 한계

기본 소득 도입을 주장하는 사람들은 지상의 낙원에 가까울 정도로 많은 이점들을 약속한다. 기본 소득이 탄탄한 경제, 빈곤 완화, 소외계층의 탈상품화, 불필요한 절차 축소, 임금 노동을 수락하거나 거부할 수 있는 개인의 자유 확대를 보장하며, 따라서 미래의 모든 소득불안정 요소들을 해결할 수 있는 유일하게 지속가능한 대안이라는 것이다.

기출문제

소외계층의 탈상품화, 불필요한 절차 축소, 임금 노동을 수락하거나 거부할 수 있는 개인의 자유 확대를 보장하며, 따라서 미래의 모든 소득불안정 요소들을 해결할 수 있는 유일하게 지속가능한 대안 최근 선진국에서 활발히 논의되고 있는 복지 정책으로 옳은 것은? [2022]

① 기본 소득
② 노동 시간의 유연화
③ 노동 시간의 단축
④ 최저 시급

정답 ①

해설 기본 소득에 대한 설명이다.

예상문제

다음 중 보편적 기본 소득에 포함될 수 있는 것은?

① 역소득세
② 보장 소득
③ 보장 임금
④ 시민 소득

정답 ④

해설 보편적 기본 소득은 종종 무조건적 기본 소득, 기본 소득 보장, 보편적 인구 보조금, 시민 소득, 보장 사회 소득, 사회 배당(social dividend), 국민 배당 등으로 불리기도 한다. 보편적 기본 소득 관념은 대체로 두 가지 근거에서 정당화된다.

다음 기본 소득을 나타내는 용어 중 그 입장이 다른 것은?

① 역소득세
② 시민 소득
③ 사회 배당
④ 보장 사회 소득

정답 ①

해설 역소득세는 고전적 자유주의의 입장이고, 무조건적 기본 소득 · 기본 소득 보장 · 보편적 인구 보조금 · 시민 소득 · 보장 사회 소득 · 사회 배당 · 국민 배당 등은 보편적 기본 소득이다.

보편적 기본 소득에 대한 설명으로 옳은 것은?

① 다른 사람들의 생산에서 창출한 부의 재분배 형태이다.
② 개인이 가치생산에 얼마나 투입하고 얼마나 산출했는지에 대한 보상이다.
③ 자유/무료 노동이 창출한 가치를 적절하게 인정하고 정당하게 보상하는 사회정책인 것이다.
④ 자유/무료 노동에 대한 공통적 · 사회적인 화폐적 보상을 지향한다는 점에서 개인적 화폐 보상을 약속하는 소액 결제 시스템과 근본적으로 구분되지 않는다.

정답 ③

해설 보편적 기본 소득은 자유/무료 노동에 대한 공통적 · 사회적인 화폐적 보상을 지향한다는 점에서 개인적 화폐 보상을 약속하는 소액 결제 시스템과 근본적으로 구분된다. 그것은 개인이 가치생산에 얼마나 투입하고 얼마나 산출했는지에 대한 보상이 아니며, 다른 사람들이 생산에서 창출한 부의 재분배 형태도 아니다. 보편적 기본 소득은 네트워크속 인구들의 폴리네이션(pollination,受粉)을 포함한 다양한 자유/무료 노동이 창출한 가치를 적절하게 인정하고 정당하게 보상하는 사회정책인 것이다(Boutang). 지식, 정보, 문화, 소통, 사회조직, 혁신 능력, 유연성, 심성적 잉여, 정동, 브랜드 등으로 대표되는 인지 자본주의 비물질재의 가치는 기본적으로 사회적 · 공통적 생산의 결과물이며 많은 부분 네트워크 속 인구들의 자유/무료 노동에 의해 창출된 것이다. 오늘날 다양한 물질재와 비물질재의 브랜드 가치와 기업의 시장 가치, 지적 재산권을 통한 콘텐츠 벡터 계급의 독점적 지대 수익, 정보와 소통과 사회관계 유지의 플랫폼 제공을 통한 플랫폼 벡터 계급의 독점지대 수익의 원천은 바로 이러한 자유/무료 노동과 사회적 공통적 생산이라는 것이다. 따라서 이에 대한 사적 전유로부터 발생하는 자본의 광범위한 불로소득은 더욱 적극적인 과세를 통해 사회적으로 환수해야 한다. 그리고 그것은 부동산과 금융지대에 대한 과세와 더불어 보편적 기본 소득의 중요한 재원이 될 수 있다.

기존 복지국가의 소득보장제도와 구별되는 무조건적 기본소득(unconditional basic income, UBI)의 특징으로 볼 수 없는 것은?

① 노동의 탈상품화에 기여한다.
② 아무런 의무도 전제하지 않는다.
③ 불필요한 절차를 줄일 수 있도록 개인단위로 지급된다.
④ 임금 노동을 수락하거나 거부할 수 있는 개인의 자유 확대를 보장한다.

정답 ①

해설 모든 복지국가는 노동의 시장 변동 의존도를 줄임으로써 노동의 탈상품화에 기여하며 일을 하지 않는 기간에도 소득을 보장한다는 공통점을 지닌다.

8 인지자본주의와 보편적 기본 소득

① 보편적 기본 소득 관념의 이러한 두 가지 정당화 논리는 특히 오늘날의 인지자본주의 경제에서 더 큰 적실성을 갖는다.

② 한편으로, 인지자본주의 축적이 정보와 지식과 문화 등의 비물질재를 중심으로 조직되고, 생산은 점점 더 개별 공장을 넘어선 사회-공장 혹은 네트워크 속 인구들의 협력에 의해 이루어지기 때문이다.

③ 전통적으로 기업은 부 생산의 신경 중심으로 간주되어 왔지만, 오늘날에는 "훈련, 교육, 학습, 사회생활 그 자체가 네트워킹을 통해서 직접적으로 부를 생산한다."(Boutang) 부와 가치 생산의 사회적 공통적 성격이 훨씬 더 강화된 것이다.

④ 다른 한편으로, 인지자본주의는 그것의 재생산을 위협하는 근본적인 내재적 불확실성을 안고 있기 때문이다(Boutang). 정보, 지식, 문화 등과 같은 인지자본주의 핵심 재화는 공공재적 성격이 강하여 그것에 대한 사적 소유를 강제하기가 쉽지 않다. 기술적으로도, 디지털 정보 기술의 발전은 그것의 사적 소유권을 얼마든지 손쉽게 무력화시킬 수 있다.

⑤ 나아가, 인지재와 정동재의 가치는 점점 더 대중들 사이의 공통 의견 형성에 의해 결정된다는 점에서 항상 유동적이며 불안정한 것일 수밖에 없다. 더욱이, 고용 유연화, 정규적 고용관계의 약화, 내부 노동시장과 외부 노동시장의 분절화 등으로 대변되는 인지자본주의 노동시장 조건은 매우 열악한 반면, 정규적인 직업 범주에는 속하지 않는 다양한 네트워크 활동들이 여전히 중요한 사회경제적 가치를 생산하고 있다.

9 자유·무료 노동에 대한 공통적·사회적인 화폐적 보상

① 따라서 인지자본주의의 지식과 정보의 사적 독점과 불공정한 소득 분배 체제는 그것의 생산력 토대라 할 수 있는 지식과 학습의 확산 및 생산 능력 확대와 필연적으로 충돌한다. 인지자본주의는 지식과 정보의 공유와 공정한 소득 분배를 확장함으로써 이러한 근본 모순을 해결해야 할 것인바, 보편적 기본 소득은 인지 경제의 "지식과 혁신 창출 능력을 높이고 생산성과 총소득 수준에 긍정적 영향을"(Lucarelli and Fumagalli) 미치는 유효한 정책 방안이 될 수 있을 것이다.

② 이처럼 보편적 기본 소득은 자유·무료 노동에 대한 공통적·사회적인 화폐적 보상을 지향한다는 점에서 개인적 화폐 보상을 약속하는 소액 결제 시스템과 근본적으로 구분된다. 그것은 개인이 가치생산에 얼마나 투입하고 얼마나 산출했는지에 대한 보상이 아니며, 다른 사람들이 생산에서 창출한 부의 재분배 형태도 아니다.

③ 보편적 기본 소득은 네트워크 속 인구들의 폴리네이션(pollination,受粉)을 포함한 다양한 자유·무료 노동이 창출한 가치를 적절하게 인정하고 정당하게 보상하는 사회정책인 것이다(Boutang). 지식, 정보, 문화, 소통, 사회조직, 혁신 능력, 유연성, 심성적 잉여, 정동, 브랜드 등으로 대표되는 인지자본주의 비물질재의 가치는 기본적으로 사회적·공통적 생산의 결과물이며 많은 부분 네트워크 속 인구들의 자유·무료 노동에 의해 창출된 것이다.

④ 오늘날 다양한 물질재와 비물질재의 브랜드 가치와 기업의 시장 가치, 지적 재산권을 통한 콘텐츠 벡터 계급의 독점적 지대 수익, 정보와 소통과 사회관계 유지의 플랫폼 제공을 통한 플랫폼 벡터 계급의 독점지대 수익의 원천은 바로 이러한 자유·무료 노동과 사회적 공통적 생산이라는 것이다.

10 보편적 기본 소득의 재원

① 따라서 이에 대한 사적 전유로부터 발생하는 자본의 광범위한 불로소득은 더욱 적극적인 과세를 통해 사회적으로 환수해야 한다. 그리고 그것은 부동산과 금융지대에 대한 과세와 더불어 보편적 기본 소득의 중요한 재원이 될 수 있다.

② 루카렐리와 퍼머갤리(Lucarelli and Fumagalli)는 물질 지대와 비물질 지대에 대한 과세, 투기적 금융 거래에 대한 토빈세, 지적 재산권 지대에 대한 과세, 교육시스템, 인적 사회적 자본, 네트워크, 규모 경제 등 대도시의 좋은 인프라에 의존하는 사업이 누리는 긍정적 영토 외부성 이용에 대한 과세, 사업 건물에 대한 강한 누진세, 해외 직접투자에 대한 과세 등을 주요한 방안으로 제안한다.

③ 이러한 재원 조달 방식은 한편으로는, 공통적·사회적으로 창출된 가치와 부를 사적으로 전용하는 자본의 지대적 성격이 초래한 불공정성을 교정하는 방책이 될 수 있다. 다른 한편으로는, 인지 경제의 발전을 위한 정보, 지식, 문화 등에 대한 사회의 집단적 투자를 가능하게 하는 수단이 될 수 있다.

Theme

113 클라우드 컴퓨팅(중심화된 웹)

I 의의

① 클라우드 컴퓨팅은 인프라, 플랫폼, 소프트웨어 등의 컴퓨터 네트워킹 서비스가 막대한 데이터 저장과 연산과 네트워킹 성능을 갖춘 소수 컴퓨터에 의해 제공되는 시스템을 가리키는 말이다.

② 이전의 수많은 개인적 혹은 국지적 컴퓨터 기기와 서버 대신에 소수의 중앙 컴퓨터와 서버가 글로벌 컴퓨팅과 네트워킹에 필요한 거의 모든 서비스를 책임지는 시스템인 것이다. 클라우드에 연결된 클라이언트(Client) 컴퓨터들은 더 이상 스스로 강력한 하드웨어나 다양한 소프트웨어 그리고 안정적인 서버를 구축하지 않고서도 클라우드 기기들을 마치 자신의 컴퓨터에 설치된 것처럼 사용할 수 있게 된다.

③ 그리하여 클라이언트 컴퓨터의 하드 드라이브는 사실상 클라우드 드라이버가 되고, 그것의 소프트웨어는 일종의 클라우드 웨어가 된다. 그만큼 클라이언트들은 스마트폰, 태블릿, 음원 플레이어, 전자책 단말기(ebook reader) 등과 같이 예전의 강력한 컴퓨팅 성능(높은 처리 능력, 큰 보조 기억장치, 영구적 저장 공간 등)이 더 이상 필요하지 않은 약한 클라이언트들(thin clients)로 대체된다.

예상문제

클라우드의 유형에 대한 설명으로 틀린 것은?

① Amazon Web Services, Microsoft Azure, Google Cloud 등은 프라이빗 클라우드로 폐쇄형 클라우드에 속한다.
② 퍼블릭 클라우드는 공개형 클라우드로 공중의 인터넷 망을 통해 불특정다수의 기업이나 개인에게 서버, 스토리지 등의 컴퓨팅 자원을 빌려주는 형태의 서비스이다.
③ 분산형 클라우드는 기존의 중앙집중형 클라우드 서비스와 달리, 인터넷에 연결된 개인, 가정, 회사 등에서 미사용 중인 컴퓨터 자원을 활용하여 클라우드 서비스를 제공한다.
④ 분산형 클라우드는 블록체인 기반으로 암호화폐를 발행하며, 탈중앙화된 분산형 네트워크 시스템을 구현한다는 점에서 간략히 디클라우드(dcloud)라고 할 수 있다.

정답 ①

해설 Amazon Web Services, Microsoft Azure, Google Cloud 등은 공중의 인터넷 망을 통해 불특정다수의 기업이나 개인에게 서버, 스토리지 등의 컴퓨팅 자원을 빌려주는 형태의 서비스로 퍼블릭 클라우드에 속한다.

응답 시간을 개선하고 대역폭을 절약하기 위해 필요한 곳에 연산과 데이터 스토리지를 도입하는 분산 컴퓨팅 패러다임으로 옳은 것은?

① 그리드 컴퓨팅(Grid computing)
② 에지 컴퓨팅(edge computing)
③ 유비쿼터스 컴퓨팅(Ubiquitous computing)
④ 이기종 컴퓨팅(heterogeneous computing)

정답 ②

해설 네트워크 에지상의 IoT 장치의 증가는 연산하기에 상당한 양의 데이터가 만들어져 데이터 센터에 전달되어 네트워크 대역 요구 사항을 한계치에 다다르게 만든다. 네트워크 기술의 개선에도 데이터 센터는 수많은 애플리케이션에 중요한 요건이 되는 수용할만한 전송 속도와 응답 시간을 보장하지 못한다. 더 나아가 에지 장치들은 클라우드로부터 오는 데이터를 꾸준히 소비하며 이로 인해 기업들은 콘텐츠 전송 네트워크를 만들어 데이터 및 서비스 프로비저닝을 분산화할 수밖에 없게 만든다. 이처럼 에지 컴퓨팅의 목적은 연산을 데이터 센터로부터 떠나 네트워크 에지 방향으로 옮김으로써, 스마트 오브젝트, 휴대전화, 네트워크 게이트웨이를 이용하여 작업을 수행하고 클라우드를 거쳐 서비스를 제공하는 것이다. 서비스를 에지로 이동시켜 콘텐츠 캐시, 서비스 딜리버리, 스토리지 및 IoT 관리를 제공할 수 있게 되며 이로써 더 나은 응답 시간과 전송 속도를 가능케 한다. 이와 동시에 각기 다른 네트워크 노드의 로직을 분산시킴으로써 보안 등 새로운 문제들이 생겨났다.

㉠에 들어갈 말로 가장 적절한 것은?

| ㉠ |은 에지 디바이스를 사용하여 인터넷 백본을 통해 라우팅되는 상당량의 연산, 기억, 통신을 수행하는 구조이며 대부분은 물리적인 세계로부터의 입출력을 가지는데 이를 트랜스덕션(transduction)이라고 부른다. | ㉠ |은 종종 센서 입력, 디스플레이 출력 또는 완전히 닫힌 루프 프로세스 제어를 수행하기 위해 물리적인 입출력을 직접 수행하는 에지 노드들로 구성된다. 매우 큰 데이터 센터에 상주하는 중심화된 클라우드가 아닌 에지나 에지 주변에서 Cloudlets라는 이름으로 불리는 더 작은 에지 클라우드를 사용할 수도 있다. 자동차 통제와 같은 진보화된 에지 클라우드의 처리 능력은 이를테면 휴대전화와 개인용 컴퓨터와 같은 더 전통적인 에지 개인 기기들에 비해 상당할 수 있다.

① 포그 컴퓨팅(Fog computing)
② 에지 컴퓨팅(edge computing)
③ 유비쿼터스 컴퓨팅(Ubiquitous)
④ 이기종 컴퓨팅(heterogeneous computing)

정답 ①

해설 포그 컴퓨팅(Fog computing)에 대한 설명이다.

다음 글에서 설명하고 있는 개념으로 옳은 것은?

분산 병렬 컴퓨팅의 한 분야로서, 원거리 통신망(WAN, Wide Area Network)으로 연결된 서로 다른 기종의(heterogeneous) 컴퓨터들을 하나로 묶어 가상의 대용량 고성능 컴퓨터(영어: super virtual computer)를 구성하여 고도의 연산 작업(computation intensive jobs) 혹은 대용량 처리(data intensive jobs)를 수행하는 것을 일컫는다. 모든 컴퓨터를 하나의 초고속 네트워크(광통신)로 연결하여 계산능력을 극대화시키는 차세대 디지털 신경망 서비스를 말한다.

① Grid computing
② Cloud computing
③ Utility computing
④ Server Virtualization

정답 ①

해설 Grid computing에 관한 설명이다.

온프레미스(On-premise)에 대한 설명으로 틀린 것은?

① 대규모의 장기적 투자가 필요하다.
② 용량을 확장하고 축소하는 것이 용이하다.
③ 맞춤형 하드웨어, 특수 목적의 시스템에 적합하다.
④ 인프라를 구축하기 위한 초기도입 비용이 많이 든다.

정답 ②

해설 온프레미스(on-premise)는 소프트웨어 등 솔루션을 클라우드 같이 원격 환경이 아닌 자체적으로 보유한 전산실 서버에 직접 설치해 운영하는 방식을 말한다. 온프레미스는 초기 투자 비용이 많이 들고 용량을 확장하고 축소하는 것이 용이하지 않다. 온프레미스는 서버 최대 용량을 산정하여 구축하기 때문에 자원 낭비 요소가 있다.

Ⅱ 클라우드 컴퓨팅의 장점

① 그것은 수많은 사람들에게 이전에는 상상할 수 없었던 데이터 저장 및 컴퓨팅과 관련된 방대한 디지털 생산 수단을 매우 저렴한 비용으로 사용할 수 있는 기회를 제공해 주었다. 과연, 클라우드 컴퓨팅의 장점은 자명한 듯 보인다.

② 강력한 컴퓨팅 성능과 저장 공간을 편리하게 활용할 수 있게 된 일반 사용자들은 자기에게 필요한 데이터를 언제 어디서든 손쉽게 열어볼 수 있다. 소규모 신생 기업들도 자체 인프라 구축과 최신 기술 유지에 쏟아야 할 노력을 클라우드 컴퓨팅 제공자로부터 임대함으로써, 컴퓨터 네트워킹에 소요되는 커다란 초기 투자 부담을 덜고 곧바로 자신들의 서비스 사업을 시작할 수가 있다.

기출문제

수많은 컴퓨터와 서버를 묶어서 하나의 거대한 컴퓨팅 자원으로 환산하는 기술로서 기업의 유휴자원을 임대해 수익을 거두는 것에서 출발해, 컴퓨팅 자원 임대 자체가 하나의 사업으로 커진 것으로 옳은 것은? [2020]

① 인공지능 에이전트
② P2P 네트워크
③ 클라우드 컴퓨팅
④ 크라우드소싱

정답 ③

해설 클라우드 컴퓨팅에 대한 설명이다.

Ⅲ 클라우드 컴퓨팅 서비스 유형

1 SaaS(Software as a Serviece)

① SaaS는 클라우드 환경에서 운영되는 애플리케이션 서비스를 말한다. 모든 서비스가 클라우드에서 이뤄진다. 소프트웨어를 구입해서 PC에 설치하지 않아도 웹에서 소프트웨어를 빌려 쓸 수 있다.

② SaaS의 대표적 사례로는 웹메일 서비스를 들 수 있다. e-메일을 보내고 받는 과정에서 따로 소프트웨어를 PC에 설치하지 않는다. 웹사이트에 들어가서 주소를 입력하고 로그인하면 끝이다. 네이버 클라우드, 드롭박스 같은 클라우드 서비스도 마찬가지다. PC에 별도로 프로그램을 설치할 필요 없이 인터넷에 접속하면 바로 주요 기능을 쓸 수 있다.

2 PaaS(Platform as a Service)

PaaS는 소프트웨어 서비스를 개발할 때 필요한 플랫폼을 제공하는 서비스다. 사용자는 PaaS에서 필요한 서비스를 선택해 애플리케이션을 개발하면 된다. PaaS 운영 업체는 개발자가 소프트웨어를 개발할 때 필요한 API를 제공해 개발자가 좀 더 편하게 앱을 개발할 수 있게 돕는다. 일종의 레고 블록 같은 서비스이다.

3 IaaS(infrastructure as a Service)

① IaaS는 인터넷을 통해 서버와 스토리지 등 데이터센터 자원을 빌려 쓸 수 있는 서비스를 일컫는다. 이용자는 직접 데이터센터를 구축할 필요 없이 클라우드 환경에서 필요한 인프라를 꺼내 쓰면 된다. 이렇게 빌려온 인프라에서 사용자는 운영체제를 설치하고, 애플리케이션 등을 설치한 다음 원하는 서비스를 운영할 수 있다.

② 넷플릭스는 자체 데이터센터를 구축한 다음 서비스를 운영하는 대신 아마존웹서비스(AWS)의 IaaS 서비스를 이용하는 방식을 택했다. 전 세계에 보다 빠른 서비스를 제공하기 위해 AWS에서 필요한 컴퓨팅 자원을 빌려서 서비스를 운영한다. 때에 따라 필요한 컴퓨팅 인프라를 몇 분 또는 몇 시간 안에 IaaS로 꾸려 운영할 수 있다. 만약 기존 데이터센터 환경이었다면 서버를 추가로 들이거나 스토리지를 구입하는 과정에서 시간이 며칠 또는 몇 주 더 걸릴 수 있다.

4 각 서비스의 비교

앞서 설명한 SaaS가 이미 만들어진 레고 모형, IaaS가 레고 공장이라면, PaaS는 레고 블록이라 할 수 있다. PaaS 서비스 업체는 레고 블록을 개발자에게 제공하고, 개발자는 각 레고 블록을 바탕으로 자신만의 레고 모형을 만든다. 레고 블록이 소프트웨어(SW) 개발도구라면, 레고 모형이 완성된 소프트웨어(SW)나 서비스가 된다. PaaS를 이용하면 개발자는 모형을 만들기 위해서 직접 레고 블록을 설계하거나 만들 필요가 없다. 자신에게 필요한 블록 조각만 고르고, 그 비용을 치르면 된다.

[예상문제]

클라우드 컴퓨팅 서비스 유형에 대한 설명으로 옳은 것은?

① PaaS는 클라우드 환경에서 운영되는 애플리케이션 서비스를 말한다.
② IaaS는 인터넷을 통해 서버와 스토리지 등 데이터센터 자원을 빌려 쓸 수 있는 서비스를 일컫는다.
③ SaaS는 소프트웨어 서비스를 개발할 때 필요한 플랫폼을 제공하는 서비스다.
④ PaaS가 이미 만들어진 레고 모형, IaaS가 레고 공장이라면, SaaS는 레고 블록이라 할 수 있다.

정답 ②

해설 IaaS는 인터넷을 통해 서버와 스토리지 등 데이터센터 자원을 빌려 쓸 수 있는 서비스를 일컫는다.
① SaaS는 클라우드 환경에서 운영되는 애플리케이션 서비스를 말한다.
③ PaaS는 소프트웨어 서비스를 개발할 때 필요한 플랫폼을 제공하는 서비스다.
④ 앞서 설명한 SaaS가 이미 만들어진 레고 모형, IaaS가 레고 공장이라면, PaaS는 레고 블록이라 할 수 있다. PaaS 서비스 업체는 레고 블록을 개발자에게 제공하고, 개발자는 각 레고 블록을 바탕으로 자신만의 레고 모형을 만든다. 레고 블록이 소프트웨어(SW) 개발도구라면, 레고 모형이 완성된 소프트웨어(SW)나 서비스가 된다. PaaS를 이용하면 개발자는 모형을 만들기 위해서 직접 레고 블록을 설계하거나 만들 필요가 없다. 자신에게 필요한 블록 조각만 고르고, 그 비용을 치르면 된다.

Ⅳ 클라우드 서비스

1 의의

① 클라우드 서비스(cloud service)가 대중적으로 많이 알려졌지만, 대다수의 사람들은 클라우드 서비스를 단순히 자료나 프로그램을 저장해 놓고 인터넷을 통하여 사용할 수 있는 기술이라고 생각하는 경우가 많다. 하지만 이러한 서비스는 클라우드가 제공할 수 있는 다양한 기능 중 극히 일부분에 불과하다.

② 구름을 뜻하는 클라우드(cloud)라는 단어가 컴퓨팅에 사용된 이유는 눈으로 실체는 보이지만 손에 잡을 수 없는 컴퓨팅이라는 뜻에서이다. 즉 클라우드 컴퓨팅에서는 사용자가 컴퓨터를 사용하고 있는 것 같지만 우리가 흔히 보는 물리적인 컴퓨터는 존재하지 않는다.

③ 사용자는 사용하고 싶은 기능에 필요한 자원을 클라우드에 요청할 뿐, 물리적인 컴퓨터를 구성하거나 구입 할 필요가 없다. 이때 필요한 자원은 하드디스크도 될 수 있으며, 그래픽 카드, 메모리, 네트워크 심지어 운영체제나 프로그램이 될 수도 있다.

④ 또한 여러 명의 사용자가 클라우드 컴퓨팅을 사용하고 있어도 가상화(virtualization) 기술로 각 사용자가 자기 자신만을 위한 하나의 컴퓨터를 사용하는 것 같이 느끼도록 한다.

2 클라우드 서비스가 가능하기 위한 네 가지 조건

(1) 자원의 통합 관리

① 클라우드는 자원들을 통합하여 관리해야 한다. 이기종 자원이란 컴퓨터의 운영 체제가 다르거나, CPU와 GPU 등 컴퓨터의 구성요소가 다른 상태를 말한다. 모바일 기기도 이러한 자원들이 될 수 있으며,

② 가상화란 이러한 자원들을 묶어서 관리하는 방법을 사용자들로부터 숨기는 기술을 의미한다. 즉 사용자는 내부적으로 어떻게 복잡한 자원들이 관리되는지 몰라도, 자신이 원하는 요청이 마치 한 대의 컴퓨터에 의해 처리되는 것같이 보이게 하는 사용자의 편의성을 위한 기술이다.

(2) 탄력성

클라우드는 탄력성이 보장되어야 한다. 탄력성(elasticity)이란 간단하게 말하면 어떠한 서비스가 10대의 서버로 100명의 사용자에게 서비스하다가도, 사용자가 1,000명으로 늘어나면 서버도 100대로 늘려 서비스하고, 수요가 줄면 다시 서버의 규모도 줄이는, 즉 탄력적으로 공급규모를 조절할 수 있는 능력을 말한다.

(3) 페이고 원칙(pay as you go)

클라우드는 '페이고 원칙(pay as you go)'을 준수해야 한다. 페이고 원칙이란 자신이 쓴 자원만큼만 클라우드 서비스 제공자에게 요금을 지불하는 것이다.

(4) 가용성(availability)

① 가용성(availability)이 보장되어야 한다. 가용성은 사용자가 원할 때 서비스를 항상 제공받을 수 있는 것을 의미한다.

② 예를 들어, 한 사용자가 저장한 데이터를 가진 클라우드상의 한 저장장치가 고장이 나면 사용자는 더 이상 자신의 파일에 접근할 수 없게 된다. 따라서 사용자의 파일을 복사하여 여러 곳에 저장하고, 하나의 저장장치에 고장이 있어도 다른 저장장치를 통하여 접근할 수 있게 함으로써 서비스를 항시 제공할 수 있는 환경을 구성해야 한다.

[예상문제]

클라우드 서비스가 가능하기 위해서 만족해야 되는 조건이 아닌 것은?

① 분절성 ② 가용성

③ 탄력성 ④ 페이고 원칙

정답 ①

해설 분절성은 클라우드 서비스가 가능하기 위한 조건이 아니다.

V 중심화된 웹으로서의 클라우드 컴퓨팅

① 클라우드 컴퓨팅은 애초의 수평적이고 탈중심적인 인터넷을 다시금 위계적이고 중앙집중적인 매체로 바꾸었다. 대부분의 컴퓨팅과 네트워킹 자원이 네트워크 속 일부 핵심 노드에 집중되면서 네트워크의 저장과 연산 성능이 점점 더 클라우드에 의존하게 되었기 때문이다.

② 오늘날 인터넷 이용자들의 거의 모든 활동은 구글, 아마존, 페이스북 등과 같은 소수의 벡터 계급이 소유하고 통제하는 클라우드를 경유한다. 그만큼 클라우드 자본은 수많은 클라이언트들이 언제 어디서 그리고 어떻게 네트워크 자원을 이용할 수 있는지를 통제할 수 있는 힘을 갖게 되었다. 아울러, 클라우드 컴퓨팅은 프라이버시 침해, 단일 장애 지점(single point of failure), 정부 감시와 외부 공격 취약성 등과 같은 근원적 문제로부터 자유롭지 못하다.

VI 클라우드 자본과 일반 인터넷 이용자들 사이의 권력 불평등 문제

① 이러한 클라우드 컴퓨팅의 확산에 따라, 하드웨어, 소프트웨어, 콘텐츠, 데이터 등과 같은 대부분의 디지털 생산수단을 소유한 클라우드 자본과 대다수 일반 인터넷 이용자들 사이의 권력 불평등 문제가 오늘날의 주요 시대적 모순으로 등장하고 있다.

② 이는 실제로 지적 재산권, 프라이버시, 그리고 이용자의 자유노동 문제에서 분명하게 모습을 드러내고 있다. 우선, 클라우드 컴퓨팅은 벡터 계급에게 자신의 지적 재산권을 더욱 견고하게 지킬 수 있는 수단을 제공한다. 그것은 사용자들이 원하는 소프트웨어와 콘텐츠를 예전처럼 다운로드 방식이 아니라 스트리밍(streaming) 방식으로 전달한다. 클라이언트들이 구입한 소프트웨어와 콘텐츠는 기본적으로 그들의 기기에 영구히 저장되는 것이 아니라, 필요에 따라 제한적으로 클라우드로부터 스트리밍될 뿐이다.

③ 대부분의 소프트웨어와 콘텐츠는 클라우드 서버에서 실행되며, 그것의 모든 사용 데이터는 곧바로 클라우드 서버에 저장된다. 그리하여 지적 재산의 공유는 억제되고 벡터 계급의 지적 재산권 독점력은 강화된다. 인터넷 이용자들은 더 이상 정보 공유자가 되지 못하고 단순한 정보 수취자의 위치에 놓이게 된다(Lametti). 그리고 그만큼 콘텐츠 공유를 통한 사용자들 사이의 다양한 혁신과 창조 가능성도 줄어들게 된다.

④ 다음으로, 콘텐츠와 데이터를 생산하고 저장하고 배포할 결정적 인프라를 보유하고 있는 클라우드 자본은 일상적으로 클라이언트들의 네트워킹 조절과 데이터 수집과 트래픽 감시를 수행한다. 프라이버시와 보안 취약성은 컴퓨팅과 네트워킹에 필요한 자원을 클라우드로부터 빌리는 것에 필연적으로 뒤따르는 대가라 할 수 있다. 클라우드의 맞춤형 서비스를 제공받는 대신에, 클라이언트들은 프라이버시 침해와 통신 기밀 누설의 위험을 거의 항상 감수해야 하는 상황에 놓여 있는 것이다.

⑤ 마지막으로, 사용자 자율성의 측면에서 클라우드 자본이 지닌 중앙 통제력은 대다수 네트워크 이용자들을 하나의 '단말점(terminality)'으로 전락시키고 있다(Filippi and McCarthy). 벡터 계급이 통제하는 클라우드 시스템에서 사용자들은 자기에게 결코 유리하지 않은 클라우드 이용 기술과 법률 프로토콜을 수용해야만 한다.

⑥ 결과적으로, 클라이언트의 모든 네트워킹 데이터와 콘텐츠는 클라우드에 저장되고 그것에 대한 소유권과 통제권은 클라우드 자본이 갖는다. 그리하여 그들은 사용자들이 할 수 있는(혹은 할 수 없는) 모든 것에 대한 종국적인 결정권을 갖는다. 그뿐만 아니라, 사용자들의 자유노동이 생산하는 모든 데이터와 콘텐츠를 사적으로 전유함으로써 클라우드 자본은 막대한 수익을 독점한다.

[예상문제]

클라우드 컴퓨팅에 대한 설명으로 틀린 것은?

① 인터넷 기반의 컴퓨팅 기술을 의미한다.
② 인터넷상의 유틸리티 데이터 서버에 프로그램을 두고 그때그때 컴퓨터나 휴대폰 등에 불러와서 사용하는, 웹에 기반을 둔 소프트웨어 서비스이다.
③ 구름(cloud)과 같이 무형의 형태로 존재하는 컴퓨팅 자원을 자신이 필요한 만큼 빌려 쓰고 이에 대한 사용요금을 지급하는 방식이다.
④ 위계적이고 중앙집중적으로 왜곡된 인터넷을 다시금 수평적이고 탈중심적인 매체로 바꾸었다.

정답 ④

해설 클라우드 컴퓨팅은 애초의 수평적이고 탈중심적인 인터넷을 다시금 위계적이고 중앙집중적인 매체로 바꾸었다. 대부분의 컴퓨팅과 네트워킹 자원이 네트워크 속 일부 핵심 노드에 집중되면서 네트워크의 저장과 연산 성능이 점점 더 클라우드에 의존하게 되었기 때문이다.

Ⅶ 해결 방안

1 의의

클라우드 컴퓨팅이 지닌 이러한 문제점을 해결하기 위한 방안은 그동안 다양한 관점에서 논의되었다. 여기에는 현존 클라우드 시스템의 법률 환경을 개선하는 방안, 민간 클라우드를 대신할 수 있는 공공 클라우드를 생성하는 방안, 그리고 클라우드 자체를 대체할 수 있는 피투피 네트워크를 구축하는 방안 등이 포함된다(Lametti).

2 클라우드 시스템의 법률 환경을 개선하는 방안

먼저, 클라우드 사용 환경을 개선하려는 노력은 주로 클라우드 자본의 독점적 시장 행위를 제한하거나 프라이버시와 개인 정보 자기 결정권과 같은 사용자 권리를 보호하는 법률을 강화하거나 제정하는 것에 초점을 맞춘다. 클라우드 자본 사이의 경쟁을 촉진시킴으로써 사용자의 권리를 증진시키고 좀 더 개방적인 클라우드 시스템을 유도할 수 있다는 것이다(Lametti).

3 공공 클라우드를 구축하는 방안

다음으로, 현재의 민간 클라우드를 규율하는 것보다는 대학이나 정부 기관과 같은 공적 행위자가 소유하고 관리하는 클라우드를 만드는 것이 모든 사람들이 접근할 수 있는 개방된 인터넷과 클라우드 환경을 만드는 데 더 효율적이라는 전망도 있다. 이러한 관점은 공공 클라우드가 오픈소스 운동과 적극 결합하여 공공 도메인을 보호하고 궁극적으로 지식 공유지(commons) 창출에 핵심 원천으로 발전되어야 한다고 본다(Lametti).

4 피투피 네트워크로 클라우드 시스템 자체를 대체하는 방안

① 마지막으로, 이처럼 현존 클라우드 시스템의 법률 환경을 개선하거나 그것과의 공존을 추구하는 새로운 공공 클라우드를 구축하려는 방안과는 달리, 피투피 네트워크는 클라우드 시스템 자체를 근본적으로 대체하려는 프로젝트라 할 수 있다.

② 앞의 두 가지 대안은 각기 약속하는 많은 장점들에도 불구하고, 여전히 전체 네트워크를 관리하고 통제하는 강력한 중심 단위를 전제한다는 점에서 현재의 중앙집중형 클라우드 시스템이 가진 문제점들이 재생산되지 않으리라고 장담하기 어렵다.

③ 따라서 민간 자본이 되었든 정부 기관이 되었든 그 어떤 제삼자도 거치지 않는 인터넷 이용자들 사이의 분산적이고도 직접적인 통신을 가능하게 하는 동료 간 네트워크야말로 현재의 클라우드 시스템의 인터넷 지배를 대체하고 자신이 생산한 데이터와 콘텐츠에 대한 사용자들의 통제권을 높이는 방안으로 간주될 수 있다.

Theme

114 탈중심화하는 웹(피투피 네트워킹)

I 의의

① 최근 피투피 네트워킹은 클라우드 컴퓨팅을 대체하여 더욱 안전하고 공정하며 평등한 사회 관계를 만들 수 있는 주요 기술 기반으로 주목받고 있다.

② 그것은 단순히 클라우드 사용자의 프라이버시 보호라는 자유주의적 시민권 요구를 넘어서는, 재화와 서비스의 대안적 재구성을 추구하는 새로운 지속 가능한 정치경제학 모델의 밑바탕이 될 수 있다.

③ 클라우드 자본과 국가 감시 기구에 의한 프라이버시 침해보다 더 본질적이고 중요한 문제라 할 수 있는 사용자들의 콘텐츠와 데이터에 대한 소유권과 그것이 지닌 가치에 대한 정당한 보상 문제를 제기하기 때문이다.

II 동료 간 네트워크와 서버-클라이언트 네트워킹

동료 간 네트워크는 한마디로 참가자들이 컴퓨팅과 네트워킹에 필요한 자원을 서로 공유하는 통신 네트워크라 할 수 있다. 클라우드의 서버-클라이언트 네트워킹과는 달리, 그것은 개별 피어들이 서버와 클라이언트의 기능을 동시에 수행한다.

1 서버-클라이언트 네트워크

서버-클라이언트 네트워크는 고도의 실행력을 갖춘 하나의 서버와 대체로 낮은 실행력을 지닌 다수의 클라이언트들로 구성된다. 서버는 등록된 클라이언트들에게 모든 콘텐츠와 서비스를 제공하는 유일한 중앙 단위이며, 클라이언트들은 자신들이 가진 자원의 어떤 부분도 네트워크에 제공하지 않고 서버에게 콘텐츠와 서비스를 실행해 주기를 요청하기만 한다.

2 피투피 네트워크

피투피 네트워크에서는 피어들이 자신의 하드웨어 자원(중앙처리능력, 저장 공간, 네트워크 연결, 광대역, 콘텐츠, 프린터 등) 일부를 다른 참가자들과 공유하고, 네트워크 전체의 서비스와 콘텐츠 생산을 위해 서로 협력한다. 그리고 피어들이 각기 제공한 자원은 어떠한 제삼자의 매개도 거치지 않고 모든 피어들이 서로 직접적으로 접근할 수 있다. 네트워크 참가자들은 서비스와 콘텐츠의 제공자이자 요청자인 셈이다.

Ⅲ 분산 네트워크와 탈중심 네트워크

1 의의

① 일반적 관념과는 달리, 피투피 네트워크는 반드시 분산(distributed) 혹은 탈중심(decentralized) 네트워크와 동일한 것이라고 할 수는 없다. 이들 네트워크는 각 노드들이 중심 단위 및 개별 노드들과 맺는 관계의 성격에 따라 각기 달리 규정된다.

② 아이옵셔(ioptio)에 따르면, 분산 네트워크는 모든 노드들이 단일 중심으로만 향하지 않고 서로 직접 연결될 수 있다는 점에서 중심화된(centralized) 네트워크와 근본적으로 구분된다.

2 분산 네트워크

노드들이 각자의 활동 결과를 더 큰 컴퓨팅 성능을 지닌 중앙 서버 관리자에게 보내는 경우, 분산 네트워크는 전형적인 서버-클라이언트 요소도 함께 지니게 된다. 그런 점에서, 그것은 그 어떤 중심 단위도 갖지 않는 탈중심 네트워크와는 다른 것이라 할 수 있다. 모든 탈중심 네트워크는 분산 네트워크라 할 수 있지만 모든 분산 네트워크가 곧 탈중심 네트워크로 간주될 수는 없는 것이다.

[예상문제]

강연결(tightly copied) 분산 시스템으로 볼 수 없는 것은?

① Data Flow Machine
② Multiprocessor
③ Local Area Network
④ Neural Network Computer

정답 ③

해설 자료흐름기계(Data Flow Machine)와 멀티프로세서(Multiprocessor) 시스템과 같이 분산된 거리가 짧고 처리기 사이의 상호 작용이 많은 분산 시스템을 강연결(tightly copied) 분산 시스템이라고 부른다. 강연결 분산 시스템의 예로 대표적인 것은 신경망 컴퓨터(neural network computer 또는 neuro-computer)로서, 인간의 시신경을 모델로 개발되어 문자나 기호, 패턴의 인식을 비롯하여 로봇 눈의 기능을 담당하는 데에도 한몫을 하고 있다. 한편, 분산된 거리가 비교적 길고 처리기 사이의 상호 작용이 비교적 적은 분산 시스템을 약연결(loosely coupled) 분산 시스템이라고 부른다. 분산 시스템의 관점에서 볼 때 컴퓨터 통신망은 약연결 분산 시스템이 되며, 여기에는 소규모 컴퓨터 통신망인 LAN(Local Area Network), 중규모인 MAN(Metropolitan Area Network), 대규모인 WAN(Wide Area Network) 등이 있다.

3 탈중심 네트워크

① 탈중심 네트워크는 비록 단일 중심을 갖지는 않지만 다수의 허브들은 가질 수 있다. 그리고 이들 허브는 대체로 여타의 노드들에 비해 훨씬 더 큰 컴퓨팅과 호스팅 성능을 지닌 백본(backbone) 노드의 역할을 수행한다.

② 그런 점에서, 탈중심 네트워크는 피투피 네트워크와 근본적으로 구분되는데, 피투피 네트워크에서는 피어들 간의 통신과 조율을 위한 그 어떤 중심이나 허브도 존재하지 않으며 모든 피어들이 다른 피어들과 항상 동등한 위치를 갖기 때문이다. 따라서 모든 피투피 네트워크는 탈중심 네트워크로 분류될 수 있지만 모든 탈중심 네트워크가 곧 피투피 네트워크라고 할 수는 없다.

[예상문제]

탈중심 네트워크와 분산 네트워크에 대한 설명으로 틀린 것은?

① 탈중심 네트워크는 비록 단일 중심은 갖지 않지만 다수의 허브들은 가질 수 있어서 피투피 네트워크와는 근본적으로 구분된다.

② 분산 네트워크는 모든 노드들이 단일 중심으로만 향하지 않고 서로 직접 연결될 수 있다는 점에서 중심화된 네트워크와 근본적으로 구분된다.

③ 모든 분산 네트워크는 탈중심 네트워크라 할 수 있지만 모든 탈중심 네트워크가 곧 분산네트워크로 간주될 수는 없는 것이다.

④ 분산 네트워크는 노드들이 각자의 활동 결과를 더 큰 컴퓨팅 성능을 지닌 중앙 서버 관리자에게 보내는 경우, 전형적인 서버-클라이언트 요소도 함께 지니게 된다.

정답 ③

해설 모든 탈중심 네트워크는 분산 네트워크라 할 수 있지만 모든 분산 네트워크가 곧 탈중심 네트워크로 간주될 수는 없는 것이다.

Ⅳ 피투피 네트워크

1 의의

물론, 피투피 네트워크가 이처럼 탈중심 네트워크나 분산 네트워크와는 개념적으로 엄밀하게 구분되긴 하지만, 실제로 피투피 네트워킹을 지향하는 많은 네트워크들은 피어들의 네트워크 등록이나 검색과 관련하여 중심 서버나 백본 노드들에 의존하는 경우들이 적지 않다. 그래서 동료 간 네트워크는 종종 혼합형과 순수형으로 나뉘기도 한다.

2 혼합형 피투피 네트워크

① 혼합형은 피어들의 네트워크 등록과 검색을 위한 중심 단위를 지닌 피투피 네트워크라 할 수 있다.

② 2000년대 초반의 냅스터(Napster)가 이에 해당하는데, 이 구조에서는 피어들이 직접적으로 서로의 기기들로부터 파일을 주고받긴 하지만, 공유 파일의 인덱스는 냅스터의 중앙 서버에 저장되었다.

③ 2014년 이전의 스카이프(Skype)도 네트워크 등록과 피어 검색을 위한 중심 서버를 운영했다는 점에서 혼합형 피투피 네트워크에 속한다고 볼 수 있다.

④ 혼합형 피투피 네트워크는 대체로 단일 장애 지점과 병목 효과 문제로부터 자유롭지 못하다. 그것은 분산적이기는 하지만 탈중심적이지는 않은 네트워크인 것이다.

⑤ 피어들의 네트워크 등록과 그들 사이의 연결을 조율하는 중앙 서버는 없지만, 다수의 울트라 피어들이 주변의 피어들 및 자신들끼리 연결되어 피어들에게 전체 네트워크의 데이터와 콘텐츠 디렉터리를 제공하는 경우도 혼합형 피투피 네트워크에 포함된다. 디렉터리를 제공하는 노드들이 다양하기 때문에 혼합형은 단일 권위 구조에 훨씬 덜 의존하는 시스템이라 할 수 있다.

[예상문제]

자신이 원하는 음악 파일을 특정 중앙 서버로부터가 아니라 다른 피어의 컴퓨터에서 곧바로 다운로드 할 수 있게 해준 냅스터에 대한 설명으로 틀린 것은?

① 탈중심적이기는 하지만 분산적이지는 않은 네트워크이다.
② 단일 장애 지점과 병목 효과 문제로부터 자유롭지 못한 네트워크이다.
③ 피어들의 네트워크 등록과 검색을 위한 중심 단위를 지닌 피투피 네트워크라 할 수 있다.
④ 최초의 본격 피투피 네트워킹으로 참가자들이 서로 직접적으로 파일을 주고받기 위해 만들어졌기 때문에, 지적 재산권 제도와 필연적으로 충돌할 수밖에 없었다.

정답 ①

해설 분산적이기는 하지만 탈중심적이지는 않은 네트워크이다. 탈중심적이기는 하지만 분산적이지는 않은 네트워크는 존재하지 않기 때문에 말자체 틀린 선지이다.

3 순수형 피투피 네트워크

① 순수형 피투피 네트워크는 "그 어떤 피어의 탈각도 전체 네트워크 서비스에 아무런 장애도 초래하지 않는" 네트워크다.

② 네트워크에 데이터와 콘텐츠 디렉터리를 제공하는 중앙 혹은 허브 단위가 존재하지 않는다. 대신, 개별 피어들은 네트워크 속의 다른 피어들과 직접 연결되어 전체 네트워크의 데이터와 콘텐츠를 공유한다. 네트워크 등록이 필요 없고 그것에 누구라도 자유롭게 접근할 수 있는 블록체인(Blockchain)이 순수형 피투피 네트워크의 대표 사례라 할 수 있다.

V 피투피 네트워크와 지적 재산권 제도의 충돌

① 냅스터 사례에서 알 수 있듯이, 최초의 본격 피투피 네트워킹은 참가자들이 서로 직접적으로 파일을 주고받기 위해 만들어졌기 때문에, 지적 재산권 제도와 필연적으로 충돌할 수밖에 없었다.

② 실제로 냅스터를 포함한 거의 대부분의 피투피 파일 공유 네트워크는 지적 재산의 공유와 독점을 둘러싼 해커 계급과 콘텐츠 벡터 계급 사이의 치열한 공방의 진원이 되었다.

③ 피투피 파일 공유는 비상업적이고 개인적인 음악 복제가 대체로 널리 용인되었던 1990년대까지의 사회문화적 맥락에 토대를 두었는데, 한편으로 그것은 콘텐츠 벡터 계급의 요구대로 지적 재산권법이 훨씬 더 강화되는 역설적 결과를 불러왔고, 다른 한편으로 피투피 파일 공유는 지적 재산권 제도의 정당성 자체를 문제 삼는 본격적인 '카피레프트(copyleft) 운동'으로 이어졌다.

VI 피투피 네트워크의 공개 열쇠 암호화(public key encryption) 방식

① 냅스터와 같은 디지털 콘텐츠의 탈중심적 공유를 넘어서서, 동료 간 네트워크는 클라우드 자본의 손에 집중된 데이터와 콘텐츠 통제권을 다시금 수많은 개별 이용자들의 손으로 탈중심화시키는 시스템이 되고 있다.

② 최근 대부분의 혼합형과 순수형 피투피 네트워크는 모든 데이터와 콘텐츠를 작은 조각들로 분할하고 그것을 암호화하여 네트워크에 배포한다.

③ 공개 열쇠(public key)에 조응하는 개인 열쇠(private key)를 가진 피어만이 암호화된 메시지를 해독할 수 있다. 따라서 본인을 제외한 그 어떤 제삼자도 다른 사람의 메시지를 마음대로 열어볼 수가 없다.

④ 피투피 네트워크의 공개 열쇠 암호화(public key encryption) 방식은 이용자들이 자신의 프라이버시를 보호하고 개인 데이터에 대한 통제권을 회복하는 데 중요한 수단이 되고 있다.

Ⅶ 네트워크 속 자유노동에 대한 보상

① 동료 간 네트워크는 사용자들이 생산하는 데이터와 콘텐츠를 단순히 개인 정보와 프라이버시 보호라는 차원에서만 접근하는 것이 아니라, 그것으로부터 창출되는 가치를 생산자 자신들에게 화폐 형태로 보상해 주는 더욱 공정한 대안 경제의 출현을 촉진하는 기반으로 이해될 수도 있다.

② 최근의 비트코인(bitcoin), 세이프코인(safecoin), 에이엠피(AMP) 등과 같은 암호화폐는 사용자들이 자신의 컴퓨터 중앙처리 장치, 저장 공간, 광대역, 온라인 시간, 글, 사진, 동영상 등 네트워크 전체의 가치 생산에 기여한 모든 요소들에 대하여 적절한 화폐 보상을 해줌으로써, 현재의 클라우드 자본에 집중되는 부와 가치의 탈중심화를 앞당기는 주요한 수단으로 부상하고 있다.

Theme

115 피투피 파일 공유와 지적 재산권

I 피투피 파일 공유 네트워크의 등장

① 피투피 네트워크의 기원은 초기 인터넷과 대화방(Internet Relay Chat), 유즈넷(Usenet), 월드 와이드웹(WWW)으로까지 거슬러 올라갈 수 있다.

② 하지만, 그것이 클라이언트-서버 방식과는 분명히 구분되는 하나의 분산 컴퓨팅 모델로 널리 인식되기 시작한 것은 1999년 냅스터의 등장에 따른 것이라 할 수 있다.

③ 자신이 원하는 음악 파일을 특정 중앙 서버로부터가 아니라 다른 피어의 컴퓨터에서 곧바로 다운로드 할 수 있게 해준 냅스터는 출범 직후부터 이용자 수가 폭발적으로 증가하였을 뿐만 아니라, 많은 사람들로 하여금 제삼자를 매개하지 않는 개인 간의 직접적인 컴퓨터 통신이 기존의 서버 중심 모델보다 기술적으로나 사회적으로 훨씬 더 효율적이고 평등한 네트워킹과 컴퓨팅 방식이 될 수 있다는 것을 깨닫게 해주었다.

④ 린드와 비어(Lind and Beer)가 말했듯이, 냅스터와 함께 "피투피 파일 공유 기술의 발전, 사용자들의 암묵적 지식 그리고 그들의 온라인 습관은 정보재의 생산, 판촉, 면허, 그리고 배포의 기존 방식과 정보재 판매 기업의 지배에 도전하고 변화를 불러왔다." 그리고 음악, 영화, 방송 등 벡터 계급의 지적재산권 소송에 따른 미국 법원의 2001년 냅스터 폐쇄 결정은, 역설적이게도, 피투피 네트워크의 존재와 실체를 전 세계적으로 알리는 계기가 되기도 했다.

⑤ 그런데 냅스터는 피투피 네트워크가 인터넷 이용자들 사이의 유력한 대안 네트워킹 기술로 부상하게 만들기도 했지만, 그것이 곧 파일 공유를 위한 시스템으로 인식되도록 하는 데도 결정적인 영향을 미쳤다.

Ⅱ 콘텐츠 벡터 계급의 견제와 공격

① 특히, 지적재산권에 근거하여 막대한 독점 지대 수익을 누려온 콘텐츠 벡터 계급은 냅스터라는 피투피 파일 공유 네트워크의 등장을 매우 심각한 도전으로 받아들였다.

② 냅스터 이후, 그누텔라(Gnutella), 그누텔라투(Gnutella2), 카자(Kazaa), 이덩키(edonkey), 그록스터(Grokster), 비트토렌트, 파이리트 베이 등과 같은 다양한 형태의 동료 간 네트워크들이 출현하였는데, 이것들은 대부분 음악, 영화, 방송 파일의 대중적 공유를 목적으로 만들어졌다.

③ 따라서 실제로 공유된 파일은 지적재산권법이 허용하는 것도 있었고 그렇지 않은 것도 있었지만, 이들 피투피 네트워크는 거대 벡터 계급의 집중적인 견제와 공격의 대상이 될 수밖에 없었다.

④ 만일 동료 간 네트워크에서 불법적인 파일 공유가 발생한다면, 대부분의 경우 그것은 개별 노드들의 직접적인 지적재산권법 위반에 따른 것이라 할 수 있고, 수많은 일반 이용자들이 저작권 침해 소송에 직접 휘말리기도 하였다.

⑤ 그런데 대다수 파일 공유 피투피 네트워크도 그러한 책임으로부터 자유로울 수 없었던 바, 이용자들의 저작권법 위반을 대리하거나 그것에 기여한다는 이유로 법원의 폐쇄 결정을 받아야만 했다.

⑥ 디지털 네트워크를 통한 저작권물의 복제와 배포가 가정용 음악 테이프의 그것처럼 저작권 위반 대상이 될 수 없고, 그것의 비영리적 비상업적 사용은 '공정이용(fair use)'에 해당할 수 있으며, 인터넷 서비스 제공자를 위한 '안전 피난처(safe harbor)' 조항이 여기에도 적용될 수 있다는 것과 같은 다양한 방어 논리는 법원의 문턱을 넘지 못했다.

⑦ 자신의 독점 지대 수취 구조를 보호하려는 콘텐츠 벡터 계급의 전략은 일관되게 피투피 네트워크가 노드들에게 누가 어떤 파일을 보유하고 있는지를 알려주는 일종의 서버를 구동하는지 여부에 집중하였다.

⑧ 냅스터의 경우, 피어들은 자신의 파일을 통째로 다른 피어들에게 제공하였지만, 피어들이 갖고 있는 파일의 리스트와 검색 결과를 제공한 냅스터도 사용자들의 저작권 침해에 기여했다는 책임을 면하기가 어려웠다.

⑨ 이와는 달리, 비트토렌트는 피어들의 파일을 여러 개의 암호화된 조각으로 나누어 배포하고 그것을 다운로드한 사람은 또 다른 다운로드의 원천이 되게 했다는 점에서, 무엇보다도 파일 전송에 커다란 장점을 가진 피투피 네트워크로 간주되었다. 그래서 대용량 파일을 소비자들에게 전달해야 하는 많은 콘텐츠 자본은 실제로 그것을 독점 지대 수취의 효과적 수단으로 사용하기도 하였다.

⑩ 그러나 파일의 공유라는 측면에서는, 비트토렌트 네트워크는 냅스터의 경우와 다르지 않게 많은 저작권 분쟁에 연루되었다. 토렌트 파일의 검색을 가능하게 해주는 비트토렌트 트래커가 냅스터 서버와 마찬가지로 저작권 침해를 유도하는 일종의 중앙 서버 역할을 한다고 판단되었기 때문이다.

Ⅲ 분산 해시 테이블

① 토렌트 검색 서비스를 제공하는 비트토렌트 사이트들 중의 하나인 '파이리트 베이'는 지적재산권법을 정면으로 거부하고, 콘텐츠 벡터 자본과 정부의 감시를 우회하는 다양한 방법을 통해 저작물의 공유를 이어가고 있다. 기술적으로도, 그것은 토렌트 검색에 필요한 트래커를 대체하는 분산 해시 테이블(Distributed Hash Table)을 도입함으로써, 피투피 파일 공유 네트워크가 더 이상 콘텐츠 벡터 계급의 저작권 소송에 직면하지 않을 수 있는 공간을 마련하였다.

② 분산 해시 테이블은 동료 간 네트워크에 영원한 딜레마처럼 남아있었던 마지막 중앙 집중적 요소를 제거하는 데 중요한 수단이 되는 기술이라 할 수 있다. 공유할 파일에 관한 정보와 그것을 소유한 피어들의 리스트가 더 이상 특정 중앙 서버에 기록되거나 저장되지 않고, 분산 해시 테이블의 형태로 피투피 네트워크의 모든 피어들에게 탈중심적 방식으로 배포되고 자동적으로 업데이트되기 때문이다.

Ⅳ 일반 공중 라이선스(General Public License)

① 이와 더불어, 지적 재산권 제도에 대한 피투피 파일 공유 네트워킹의 도전은 지적 재산권 시스템 자체를 내부로부터 균열시키는 실천으로 나타나기도 한다. 이는 피투피 파일 공유 네트워킹의 일반 공중 라이선스(General Public License) 전략으로 대표된다.

② 현존 저작권법에 토대를 두고 있는 일반 공중 라이선스는, 대부분의 저작권과는 반대로, 사용자들에게 프로그램의 소스 코드를 실행하고, 복제하고, 재배포하고, 연구하고, 수정하고, 개선할 완벽한 자유와 권리를 보장한다. 대신, 그것은 이처럼 자유롭게 제공받은 소프트웨어의 소스 코드를 연구하고 수정하여 새로 만든 소프트웨어는 반드시 이전의 자유소프트웨어와 동일한 라이선스로 재배포하도록 강제한다.

③ 일반 공중 라이선스는 지적 재산의 자유로운 복제, 사용, 수정, 배포를 허용하는 새로운 저작권 유형을 만듦으로써 지적 재산권 제도를 내부로부터 교란하고 지적 재산의 독점이 아닌 공유를 확대하고자 하는 제도인 것이다. 실제로, 일반 공중 라이선스는 스톨먼이 주도한 카피레프트 운동에서 그누(GNU)를 포함한 수많은 자유소프트웨어 피투피 프로젝트들의 지배적인 저작권 형태로 자리 잡았다.

④ 그리고 카피레프트 운동은 컴퓨터 소프트웨어뿐만 아니라 문서, 예술 작품, 약품 개발 등 다양한 지적 창조적 활동에도 일반 공중 라이선스를 도입함으로써 지적 재산의 광범위한 사회적 공유를 실현하고자 하였다.

Theme

116 해시테이블

I 의의

1 해시함수

① 해시함수(hash function)란 데이터의 효율적 관리를 목적으로 임의의 길이의 데이터를 고정된 길이의 데이터로 매핑하는 함수이다. 이때 매핑 전 원래 데이터의 값을 키(key), 매핑 후 데이터의 값을 해시(hash), 매핑하는 과정 자체를 해싱(hashing)이라고 한다.

② 해시함수는 해시(Hash)의 개수보다 대개 많은 키(Key)값을 해시(Hash)로 변환(다대일 대응)하기 때문에 해시함수가 서로 다른 두 개의 키(Key)에 대해 동일한 해시를 내는 해시충돌이 발생하게 된다. 아래 그림은 이름-전화번호부를 매핑하기 위한 해시함수를 개념적으로 나타낸다. 예시의 해시함수는 'John Smith'와 'Sandra Dee'를 모두 '02'로 매핑해 해시충돌을 일으키고 있다.

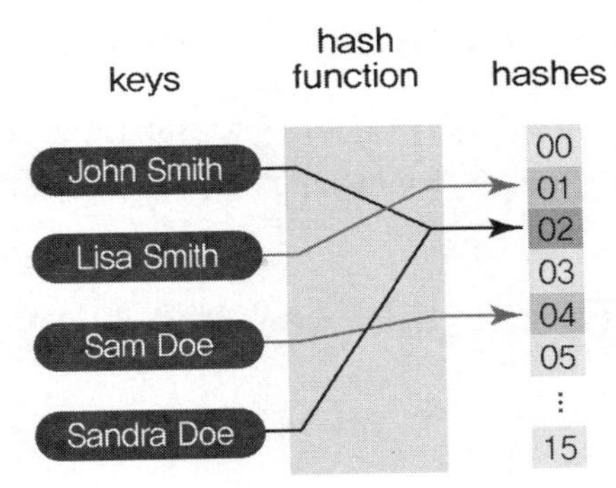

③ 해시함수는 결정론적으로 작동해야 하며, 따라서 두 해시값이 다르다면 그 해시에 대한 원래 데이터도 달라야 한다. 그 역은 성립하지 않는다. 해시함수의 질은 입력 영역에서의 해시 충돌 확률로 결정되는데, 해시충돌의 확률이 높을수록 서로 다른 데이터를 구별하기 어려워지고 검색하는 비용이 증가하게 된다.

용어해설 HMAC(hash-based message authentication code)

HMAC는 암호화 해시함수와 기밀 암호화 키를 수반하는 특정한 유형의 메시지 인증 코드(MAC)이다. 여느 MAC처럼 메시지의 데이터 무결성과 진본 확인을 동시에 수행하기 위해 사용할 수 있다.

기출문제

임의의 길이의 데이터를 고정된 길이의 데이터로 매핑하는 것으로 옳은 것은? [2021]

① 해시함수 ② 활성화 함수
③ 시그모이드 함수 ④ 하이퍼볼릭탄젠트 함수

정답 ①

해설 해시함수는 임의의 길이의 데이터를 고정된 길이의 데이터로 매핑하는 함수이다. 해시함수는 큰 파일에서 중복되는 레코드를 찾을 수 있기 때문에 데이터베이스 검색이나 테이블 검색의 속도를 가속할 수 있다. 암호용 해시함수를 이용하여 전송된 데이터의 무결성을 확인하는데 사용되기도 한다. 해시함수는 결정론적으로 작동해야 하며, 따라서 두 해시값이 다르면 그 해시값에 대한 원래 데이터도 달라야 한다. 그 역은 성립하지 않는다.
② 딥러닝 네트워크에서는 노드에 들어오는 값들에 대해 곧바로 다음 레이어로 전달하지 않고 주로 비선형 함수를 통과시킨 후 전달한다. 이때 사용하는 함수를 활성화 함수(Activation Function) 이라 부른다.
③ 시그모이드 함수는 Logistic 함수라 불리기도 한다. 선형인 멀티퍼셉트론에서 비선형 값을 얻기 위해 사용하기 시작했다.
④ 하이퍼볼릭탄젠트 함수는 시그모이드 함수를 transformation해서 얻을 수 있다.

예상문제

해시함수(hash function)에 대한 설명으로 틀린 것은?

① 해시함수는 임의의 길이의 데이터를 고정된 길이의 데이터로 매핑하는 함수이다.
② 해시함수는 큰 파일에서 중복되는 레코드를 찾을 수 있기 때문에 데이터베이스 검색이나 테이블 검색의 속도를 가속할 수 있다.
③ 암호용 해시함수를 이용하여 전송된 데이터의 무결성을 확인하는 데 사용되기도 한다.
④ 해시함수는 결정론적으로 작동하여 원래 데이터가 다르면 그 해시값도 달라야 한다.

정답 ④

해설 해시함수는 결정론적으로 작동해야 하며, 따라서 두 해시값이 다르면 그 해시값에 대한 원래 데이터도 달라야 한다. 그 역은 성립하지 않는다.

2 해시테이블

해시함수를 사용하여 키를 해시(Hash)로 매핑하고, 이 해시(Hash)를 색인(index) 혹은 주소 삼아 데이터의 값(value)을 키와 함께 저장하는 자료구조를 해시테이블(hash table)이라고 한다. 이때 데이터가 저장되는 곳을 버킷(bucket) 또는 슬롯(slot)이라고 한다. 해시테이블의 기본 연산은 삽입, 삭제, 탐색(search)이다.

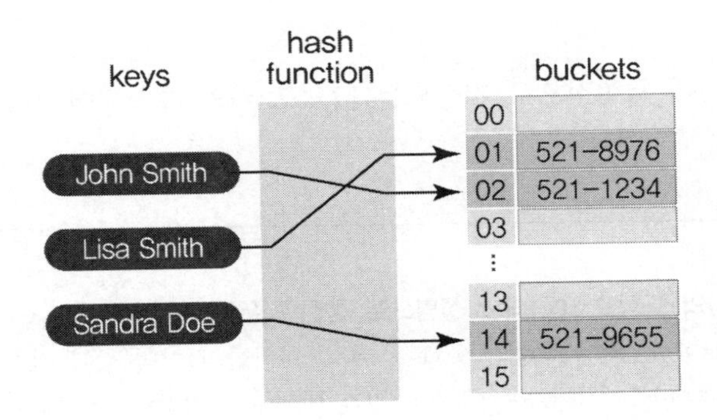

Ⅱ 해시테이블의 구조

1 의의

① 해시테이블은 키(Key), 해시함수(Hash Function), 해시(Hash), 값(value), 저장소(Bucket, Slot)로 이루어져 있다.

② 키(key)는 해시함수(hash function)를 통해 해시(hash)로 변경이 되며 해시는 값(value)과 매칭되어 저장소(bucket 또는 slot)에 저장된다.

2 구조

(1) 키(Key)

고유한 값이며, 해시함수의 input이 된다. 다양한 길이의 값이 될 수 있다. 이 상태로 최종 저장소에 저장이 되면 다양한 길이만큼의 저장소를 구성해 두어야 하기 때문에 해시함수로 값을 바꾸어 저장이 되어야 공간의 효율성을 추구할 수 있다.

(2) 해시함수(Hash Function)

키(key)를 해시(hash)로 바꿔주는 역할을 한다. 다양한 길이를 가지고 있는 키(key)를 일정한 길이를 가지는 해시(hash)로 변경하여 저장소를 효율적으로 운영할 수 있도록 도와준다. 다만, 서로 다른 키(key)가 같은 해시(hash)가 되는 경우를 해시충돌(Hash Collision)이라고 하는데, 해시충돌을 일으키는 확률을 최대한 줄이는 함수를 만드는 것이 중요하다.

(3) 해시(Hash)

해시함수(Hash Function)의 결과물이며, 저장소(bucket, slot)에서 값(value)과 매칭되어 저장된다.

(4) 값(Value)

저장소(bucket, slot)에 최종적으로 저장되는 값으로 키와 매칭되어 저장, 삭제, 검색, 접근이 가능해야 한다.

[예상문제]

해시테이블(HashTable)의 구성요소에 대한 설명으로 틀린 것은?

① 키(key)는 고유한 값이며, 해시 함수의 input이 된고, 다양한 길이의 값이 될 수 있다.
② 해시함수(Hash Function)는 키(key)를 해시(hash)로 바꿔주는 역할을 하는데, 키(key)가 다르면 해시(hash)도 다르다.
③ 해시(Hash)는 해시 함수(Hash Function)의 결과물이며, 저장소(bucket, slot)에서 값(value)과 매칭되어 저장된다.
④ 값(Value)은 저장소(bucket, slot)에 최종적으로 저장되는 값으로 키(key)와 매칭되어 저장, 삭제, 검색, 접근이 가능해야 한다.

정답 ②

해설 해시함수(Hash Function): 키(key)를 해시(hash)로 바꿔주는 역할을 한다. 다양한 길이를 가지고 있는 키(key)를 일정한 길이를 가지는 해시(hash)로 변경하여 저장소를 효율적으로 운영할 수 있도록 도와준다. 다만, 서로 다른 키(key)가 같은 해시(hash)가 되는 경우를 해시충돌(Hash Collision)이라고 하는데, 해시충돌을 일으키는 확률을 최대한 줄이는 함수를 만드는 것이 중요하다.

Ⅲ 해시테이블의 장점

① 해시충돌이 발생할 가능성이 있음에도 해시테이블을 쓰는 이유는 적은 리소스로 많은 데이터를 효율적으로 관리하기 위해서이다. 예컨대 해시함수로 하드디스크나 클라우드에 존재하는 무한에 가까운 데이터(키)들을 유한한 개수의 해시로 매핑함으로써 작은 크기의 캐쉬 메모리로도 프로세스를 관리할 수 있게 된다.

② 해시테이블(hash table)은 키와 값을 매핑해 둔 데이터 구조이다. 해시함수를 이용하여 검색하고자 하는 값을 변환하면 그 값이 저장된 위치를 즉시 알아낼 수 있다. 색인(index)에 해시를 사용함으로써 모든 데이터를 살피지 않아도 검색과 삽입 · 삭제를 빠르게 수행할 수 있다. 위 그림의 경우 해시함수에 'Lisa Smith'를 입력하면 01이라는 색인이 생성된다.

③ 데이터의 양이 아무리 많아지더라도 원리적으로 해시 변환과 검색에 걸리는 시간은 항상 동일하다. 즉, 서로 다른 입력 키(key) 값이 서로 다른 해시(색인)로 매핑될 경우 해시테이블 조회에 걸리는 시간은 상수 시간이 된다. 그러나 여러 개의 서로 다른 키 값이 동일한 인덱스로 매핑될 경우, 해시충돌이 발생하여 해시테이블의 성능을 떨어뜨리게 된다.

용어해설 **상수시간과 선형시간**

참고로 상수시간은 어떤 문제를 풀이하는 데 필요한 수학적 연산 시간이 주어진 입력 자료에 관계없이 일정할 때의 연산 시간을 의미하고, 선형시간이란 입력의 길이에 대하여, 어떤 알고리즘의 실행시간이 선형이 되는 것을 뜻한다. 예를 들면, 입력된 숫자열의 총합을 계산하는 순서는 숫자열의 길이에 비례하는 시간이 필요하다는 것이다.

[예상문제]

해시(hash)에 대한 설명으로 틀린 것은?

① 다양한 길이를 가진 데이터를 고정된 길이를 가진 데이터로 매핑(mapping)한 값이다.
② 방대한 데이터에서 특정한 값을 검색할 때 해시테이블을 사용하면 검색 시간을 획기적으로 단축할 수 있다.
③ 특정한 두 입력값의 결과 해시값이 동일한 경우가 발생할 수 있다.
④ 서로 다른 입력 키 값이 서로 다른 해시값(인덱스)으로 매핑될 경우 해시 테이블 조회에 걸리는 시간은 선형 시간이 된다.

정답 ④

해설 해시테이블(hash table)은 키와 값을 매핑해 둔 데이터 구조이다. 해시함수를 이용하여 검색하고자 하는 값을 변환하면 그 값이 저장된 위치를 즉시 알아낼 수 있다. 데이터의 양이 아무리 많아지더라도 원리적으로 해시 변환과 검색에 걸리는 시간은 항상 동일하다. 즉, 서로 다른 입력 키 값이 서로 다른 해시값(인덱스)으로 매핑될 경우 해시테이블 조회에 걸리는 시간은 상수 시간이 된다. 그러나 여러 개의 서로 다른 키 값이 동일한 인덱스로 매핑될 경우, 해시충돌이 발생하여 해시테이블의 성능을 떨어뜨리게 된다. 참고로 상수시간은 어떤 문제를 풀이하는 데 필요한 수학적 연산 시간이 주어진 입력 자료에 관계 없이 일정할 때의 연산 시간을 의미하고, 선형시간이란 입력의 길이에 대하여, 어떤 알고리즘의 실행시간이 선형이 되는 것을 뜻한다. 예를 들면, 입력된 숫자열의 총합을 계산하는 순서는 숫자열의 길이에 비례하는 시간이 필요하다는 것이다.

Ⅳ 분산해시테이블(Distributed hash table)

1 의의

① 해시테이블은 실제 값에 해시함수를 적용하여 형성한 키 또는 식별자의 조합에 대해 배열을 사용하여 빠른 검색을 하기 위한 자료 구조이다.

② 분산해시테이블은 이 해시테이블을 네트워크 환경에 위치한 노드들에 분산하여 적용한 것이다. 분산해시테이블은 시스템 전체를 중앙에서 관리하는 조직이 없고, 시스템을 이루고 있는 노드 수에 영향을 받지 않고 확장 가능하며, 시스템 내부에 노드가 추가되거나 없어지거나 오동작을 하더라도 시스템 전체의 기능에 영향을 끼치지 않는다는 특징이 있다.

③ 보통 어떤 항목을 찾아갈 때 해시테이블을 이용하는데, 분산해시테이블은 이때 중앙 시스템이 아닌 각 노드들이 이름을 값으로 맵핑하는 기능을 하는 방식이다.

2 특징

(1) 의의

① 분산해시테이블은 P2P 네트워크에 특히 많이 사용된다. 이전의 P2P 솔루션은 냅스터(Napster)처럼 중앙 집중 관리 방식과 그누텔라(Gnutella)처럼 주변 노드들을 활용하여 분산된 네트워크를 구성하는 방식이 있다.

② P2P 네트워크를 중앙에서 컨트롤 할 경우 네트워크의 이용효율이 좋아진다는 이점이 있지만 컨트롤이 중앙화되어 있어 중앙 관리 시스템이 취약점이 될 수 있다.

③ 반면에 피어에 의지하는 방식은 중앙 집중 조직이 없기 때문에 뚜렷한 취약점은 없지만 네트워크가 비효율적으로 사용된다는 문제가 있다.

④ 분산해시테이블은 Structured key based routing 방식을 통해 P2P 시스템의 한계를 극복했다.

용어해설 라우팅(routing)

라우팅은 어떤 네트워크 안에서 통신 데이터를 보낼 때 최적의 경로를 선택하는 과정이다. 최적의 경로는 주어진 데이터를 가장 짧은 거리로 또는 가장 적은 시간 안에 전송할 수 있는 경로다. 라우팅은 전화 통신망, 전자 정보 통신망, 그리고 교통망 등 여러 종류의 네트워크에서 사용된다.

예상문제

Structured key based routing 방식을 통해 P2P 시스템의 한계를 극복한 기술로 옳은 것은?

① 블록체인(Block chain) ② 분산 컴퓨팅(distributed computing)
③ 네트워크 라우팅(Network Routing) ④ 분산해시테이블(Distributed hash table)

정답 ④

해설 해시테이블은 실제 값에 해시함수를 적용하여 형성한 키 또는 식별자의 조합에 대해 배열을 사용하여 빠른 검색을 하기 위한 자료 구조이다. 분산해시테이블은 이 해시테이블을 네트워크 환경에 위치한 노드들에 분산하여 적용한 것이다. 분산해시테이블은 시스템 전체를 중앙에서 관리하는 조직이 없고, 시스템을 이루고 있는 노드 수에 영향을 받지 않고 확장 가능하며, 시스템 내부에 노드가 추가되거나 없어지거나 오동작을 하더라도 시스템 전체의 기능에 영향을 끼치지 않는다는 특징이 있다. 보통 어떤 항목을 찾아갈 때 해시테이블을 이용하는데, 분산해시테이블은 이때 중앙 시스템이 아닌 각 노드들이 이름을 값으로 맵핑하는 기능을 하는 방식이다. 분산해시테이블은 P2P 네트워크에 특히 많이 사용된다. 이전의 P2P 솔루션은 냅스터(Napster)처럼 중앙 집중 관리 방식과 그누텔라(Gnutella)처럼 주변 노드들을 활용하여 분산된 네트워크를 구성하는 방식이 있다. P2P 네트워크를 중앙에서 컨트롤 할 경우 네트워크의 이용효율이 좋아진다는 이점이 있지만 컨트롤이 중앙화 되어 있어 중앙 관리 시스템이 취약점이 될 수 있다. 반면에 피어에 의지하는 방식은 중앙 집중 조직이 없기 때문에 뚜렷한 취약점은 없지만 네트워크가 비효율적으로 사용된다는 문제가 있다. 분산해시테이블은 Structured key based routing 방식을 통해 P2P 시스템의 한계를 극복했다. P2P 네트워크는 냅스터와 같은 하이브리드 P2P와 그누텔라와 같은 순수 P2P로 나뉜다. 하이브리드 방식은 중앙의 서버가 콘텐츠와 콘텐츠가 배치되는 각 노드의 주소를 목록화 하여 관리함으로써 검색 기능을 제공한다. 그러나 이 경우 중앙의 서버가 개별 노드와 콘텐츠를 관리하므로 서버 관리에 많은 비용이 지출된다. 순수형은 중앙 서버가 없어 개별 노드가 애드 혹 방식으로 서로 접속하는 형태의 P2P이다. 이 경우 사용자가 늘어남에 따라 네트워크의 데이터 유동량, 즉 트래픽이 증가하고 네트워크상의 콘텐츠를 찾기가 어렵다는 단점이 있다. 분산해시테이블은 부하가 집중되지 않고 분산된다는 장점이 있어 순수 P2P라도 네트워크의 부하를 억제하여 네트워크상의 콘텐츠를 빠르고 정확히 검색할 수 있다. 또한 기존의 순수 P2P에서 채택했던 방식에서는 수십만 노드 정도가 한계였으나 극단적으로 큰 규모의 노드들도 관리할 수 있으며 수십억 개의 노드를 검색범위로 할 수 있게 되었다. 하지만 분산해시테이블은 실질적으로 구현하는데 어려움이 따르는데, 특히 완전한 일치검색만 가능하여 와일드카드 등을 활용한 복잡한 검색은 할 수 없다는 단점이 있다.

(2) 냅스터(하이브리드 P2P)와 그누텔라(순수 P2P)

① P2P 네트워크는 냅스터와 같은 하이브리드 P2P와 그누텔라와 같은 순수 P2P로 나뉜다. 하이브리드 방식은 중앙의 서버가 콘텐츠와 콘텐츠가 배치되는 각 노드의 주소를 목록화 하여 관리함으로써 검색 기능을 제공한다. 그러나 이 경우 중앙의 서버가 개별 노드와 콘텐츠를 관리하므로 서버 관리에 많은 비용이 지출된다.

② 순수형은 중앙 서버가 없어 개별 노드가 애드 혹 방식으로 서로 접속하는 형태의 P2P이다. 이 경우 사용자가 늘어남에 따라 네트워크의 데이터 유동량, 즉 트래픽이 증가하고 네트워크상의 콘텐츠를 찾기가 어렵다는 단점이 있다.

(3) 분산해시테이블의 장점

① 분산해시테이블은 부하가 집중되지 않고 분산된다는 장점이 있어 순수 P2P라도 네트워크의 부하를 억제하여 네트워크상의 콘텐츠를 빠르고 정확히 검색할 수 있다.

② 또한 기존의 순수 P2P에서 채택했던 방식에서는 수십만 노드 정도가 한계였으나 극단적으로 큰 규모의 노드들도 관리할 수 있으며 수십억 개의 노드를 검색범위로 할 수 있게 되었다.

③ 하지만 분산해시테이블은 실질적으로 구현하는 데 어려움이 따르는데, 특히 완전한 일치 검색만 가능하여 와일드카드 등을 활용한 복잡한 검색은 할 수 없다는 단점이 있다.

용어해설 **와일드카드 검색**

예를 들어 '?(물음표)'는 한 문자를 의미하며 '김?미'를 입력하면 '김소미' 및 '김영미'를 찾고 '*(별표)'는 개수에 상관없는 문자로 '*아'를 입력하면 '동아시아' 및 '동남 아시아'를 찾는다.

[예상문제]

분산해시테이블(distributed hash table, DHT)에 대한 설명으로 틀린 것은?

① 해시테이블을 네트워크 환경에 위치한 노드들에 분산하여 적용한 것이다.
② 중앙 시스템이 아닌 각 노드들이 하나의 동일한 프로토콜에 따라 다양한 서비스를 제공할 수 있다.
③ 다양한 콘텐츠들을 해싱함수를 이용하여 네트워크 상에 적절히 분산시켜 중앙 집중 관리 방식보다 효율적이다.
④ 시스템 내부에 노드가 추가되거나 없어지거나 오동작을 하더라도 시스템 전체의 기능에 영향을 끼치지 않는다.

정답 ③

해설 분산해시테이블은 P2P 네트워크에 특히 많이 사용된다. 이전의 P2P 솔루션은 냅스터(Napster)처럼 중앙 집중 관리 방식과 그누텔라(Gnutella)처럼 주변 노드들을 활용하여 분산된 네트워크를 구성하는 방식이 있다. P2P 네트워크를 중앙에서 컨트롤 할 경우 네트워크의 이용효율이 좋아진다는 이점이 있지만 컨트롤이 중앙화 되어 있어 중앙 관리 시스템이 취약점이 될 수 있다. 반면에 피어에 의지하는 방식은 중앙 집중 조직이 없기 때문에 뚜렷한 취약점은 없지만 네트워크가 비효율적으로 사용된다는 문제가 있다.

Theme

117 피투피 공개 열쇠 암호화와 프라이버시

I 의의

① 클라우드에 저장된 모든 데이터는 항상 프라이버시 침해와 보안 누출의 위험에 노출되어 있다. “인터넷에서는 그 누구도 당신이 개라는 것을 알지 못한다.”는 말은 이제 철 지난 인터넷 격언이 되었다.

② 그러나 최근 피투피 네트워킹의 공개 열쇠 암호화 기술은 클라우드 컴퓨팅의 이러한 한계에 속박되지 않는 대안 네트워킹을 가능하게 해주는 결정적 수단으로 부상하고 있다.

Ⅱ 공개 열쇠 암호화 방식의 구조

① 공개 열쇠 암호화 방식은 공개 열쇠와 개인 열쇠로 구성된 한 쌍의 열쇠를 사용한다. 메시지를 잠그는 기능을 하는 공개 열쇠는 외부에 공개되며, 잠긴 것을 여는 기능을 하는 개인 열쇠는 그것의 소유자만이 아는 열쇠다.

② 피투피 네트워크에서 메시지 발송인은 수취인의 공개 열쇠로 데이터를 암호화하고, 수취인은 그것을 자신의 개인 열쇠로 해독한다. 오직 자신의 공개 열쇠에 조응하는 개인 열쇠를 가진 사람만이 데이터를 열어 볼 수 있기 때문에, 공개 열쇠 암호화 방식은 통신의 프라이버시와 기밀을 안전하게 보호해 주는 시스템으로 간주할 수 있다.

③ 아울러, 대부분의 피투피 네트워크에서 모든 데이터는 작은 조각들로 분할되고 암호화되어 다른 피어들의 하드 드라이버에 저장된다. 데이터는 네트워크 전체에 분산되어 있으며, 각각의 피어들이 서로에게 필요한 데이터 조각들을 처리하는 것이다.

④ 그리고 서로 교환되는 암호 데이터는 오로지 해당 데이터에 대한 개인 열쇠를 가진 피어들만이 열어 볼 수 있기 때문에, 소프트웨어 개발자나 국가 정보기관 등 그 어떤 제삼자도 그것을 몰래 들여다보거나 통제할 수가 없다.

[예상문제]

피투피 공개 열쇠 암호화 방식에 대한 설명으로 틀린 것은?

① 피투피 네트워킹의 공개 열쇠 암호화 기술은 클라우드 컴퓨팅의 한계에 속박되지 않는 대안 네트워킹을 가능하게 해주는 결정적 수단으로 부상하고 있다.

② 공개 열쇠 암호화 방식은 공개 열쇠와 개인 열쇠로 구성된 한 쌍의 열쇠를 사용하고, 메시지를 잠그는 기능을 하는 공개 열쇠는 외부에 공개되며, 잠긴 것을 여는 기능을 하는 개인 열쇠는 그것의 소유자만이 아는 열쇠이다.

③ 피투피 네트워크에서 메시지 수취인은 발송인의 공개 열쇠로 데이터를 암호화하고, 수취인은 그것을 자신의 개인 열쇠로 해독한다.

④ 대부분의 피투피 네트워크에서 모든 데이터는 작은 조각들로 분할되고 암호화되어 다른 피어들의 하드 드라이버에 저장되고, 데이터는 네트워크 전체에 분산되어 있으며, 각각의 피어들이 서로에게 필요한 데이터 조각들을 처리하는 것이다.

정답 ③

해설 공개 열쇠 암호화 방식은 공개 열쇠와 개인 열쇠로 구성된 한 쌍의 열쇠를 사용한다. 메시지를 잠그는 기능을 하는 공개 열쇠는 외부에 공개되며, 잠긴 것을 여는 기능을 하는 개인 열쇠는 그것의 소유자만이 아는 열쇠다. 피투피 네트워크에서 메시지 발송인은 수취인의 공개 열쇠로 데이터를 암호화하고, 수취인은 그것을 자신의 개인 열쇠로 해독한다. 오직 자신의 공개 열쇠에 조응하는 개인 열쇠를 가진 사람만이 데이터를 열어 볼 수 있기 때문에, 공개 열쇠 암호화 방식은 통신의 프라이버시와 기밀을 안전하게 보호해주는 시스템으로 간주할 수 있다.

Ⅲ 어니언 라우터(The Onion Router)

1 의의

① '어니언 라우터(The Onion Router)'의 약칭인 '토어(Tor)'는 공개 열쇠 암호화 방식과 메시지의 연쇄적 전달 경로를 통해 통신의 완전한 익명화를 추구하는 대표적인 자유소프트웨어이다.

② '토어(Tor)'는 인터넷 사용자들이 어떤 웹 사이트와 페이지를 방문했으며, 무슨 블로그 포스트를 읽고 썼으며, 누구와 텍스트를 주고받았는가와 같은 일상적 온라인 활동이 광고 회사나 정부 기관 혹은 그 밖의 제삼자 감시와 트래픽 분석의 대상이 되지 않도록 사용자의 인터넷 주소와 온라인 활동 내역을 숨겨주는 네트워크이다.

2 트래픽 분석

인터넷으로 전송되는 모든 패킷은 두 가지 부분으로 구성되는데, 하나는 웹 페이지 콘텐츠나 사진 파일 혹은 e-이메일 메시지 등과 같은 데이터 부분이며, 다른 하나는 데이터 발송과 수신 주소, 데이터 크기, 시간 등을 담고 있는 헤더(header) 부분이다. 대부분의 웹 사이트는 방문자의 온라인 활동을 추적하는 쿠키와 방문자의 위치를 알려주는 아이피 주소(IP address)를 통해 방문자의 신원에 관한 정보를 축적하는데, 트래픽 분석은 데이터 패킷의 바로 이 헤더를 들여다 봄으로써 최소한 누가 그 데이터를 보냈는지를 알아내는 데 사용된다.

3 토어의 메커니즘

① 하지만 토어는 모든 데이터가 추적하기 어려운 복잡한 경로를 거쳐 전달되게 함으로써 그러한 트래픽 분석을 거의 불가능하게 만든다. 토어는 사용자가 자신의 컴퓨터 아이피 주소를 드러내지 않고 웹 사이트를 검색하고 방문할 수 있게 해준다. 그래서 페이지 검색을 요청한 애초의 컴퓨터를 알아내기란 불가능하다. 아이피 주소는 웹 사용자를 추적하거나, 특정 사이트나 서비스에 대한 접근을 제한하거나, 개인의 웹 사용에 관한 정보를 수집하는 데 사용될 수 있다.

② 모든 인터넷 사용자들은 웹을 검색할 때 다양한 발자국을 남기게 되는데, 구글과 같은 검색 엔진은 사용자들의 아이피 주소를 획득하여 그들이 누구인지를 파악하고 그들의 웹 페이지 방문 기록에 관한 방대한 데이터베이스를 구축한다. 비록 그러한 데이터를 사용자의 이름과 함께 저장하지는 않더라도, 그것을 이용하여 얼마든지 개별 사용자를 특정할 수 있다. 민간 기업이나 정부 기관은 구글과 같은 검색 엔진이나 인터넷 서비스 제공자에게 인터넷 이용자의 아이피 주소와 연관된 다양한 활동 데이터를 얻을 수 있다. 이런 이유로 많은 사용자 집단이 통신의 기밀성을 보호해 주는 토어 네트워크를 이용한다.

③ 원래 토어는 미국의 해군연구소가 정부 요원들이 자신들의 온라인 정체성을 숨길 수 있도록 하기 위해 개발되기 시작하였지만, 오늘날에는 미국의 진보 시민단체인 전자 프론티어 재단(Electronic Frontier Foundation)도 적극적으로 지원하고 활용하는 프로젝트가 되었다.

Ⅳ 야시(Yacy)

① 인터넷 이용자의 온라인 활동과 프라이버시가 기업이나 국가의 감시에 노출되지 않도록 해주는 또 다른 주요 프로젝트로는 '야시(Yacy)'를 들 수 있다. 앞서 밝힌 토어와 유사한 점이 많긴 하지만, 야시는 검색의 기밀성 보호에 특화된 피투피 검색 엔진이라 할 수 있다.

② '야시(Yacy)'는 정보와 콘텐츠의 생산자이자 소비자인 인터넷 이용자들이 사실상 인터넷의 문지기 역할을 하는 상업적 검색 엔진과 포털에 의존하지 않고서도 인터넷의 모든 정보와 콘텐츠를 자유롭게 생산하고 소비할 수 있도록 하기 위하여 시작된 동료 간 네트워크이다.

③ 야시는 이용자들의 인터넷 검색 활동에 대한 제삼자 감시를 거의 불가능하게 만든다는 점에서 프라이버시가 안전하게 보호되는 인터넷 검색 네트워크라 할 수 있다. 피어들의 개인적인 검색 활동은 결코 사적 기업이 상업적 목적으로 저장하거나 감시하거나 평가할 수가 없기 때문이다.

④ 다음으로, 모든 피어들이 서로 동등한 권한을 가지고, 검색 결과는 피어들 자신에 의해 결정되며, 페이지의 유관성과 랭킹은 개별 피어들 스스로에 의해 평가되고 매겨진다는 점에서, 야시는 인터넷 이용자들 사이의 수평적인 사회관계를 복원하는 데도 커다란 잠재성을 가진 네트워크라 할 수 있다.

⑤ 요컨대, 피투피 네트워크는, 토어와 야시의 경우에서 볼 수 있는 바와 같이, 인터넷 이용자들이 자신의 데이터에 대한 실질적인 통제권을 회복하고 통신 보안과 프라이버시를 보호하는 데 매우 유용한 기술 기반이 될 수 있다.

Ⅴ 블록체인

① 동료 간 네트워크에서는 제삼자가 참가자들의 e-메일이나 대화방 내용, 웹 페이지 방문 데이터, 사회관계망 활동 내용, 이동 통신 이용 내역 등에 근거한 구체적이고 세세한 개인 프로파일을 만드는 것이 가능하지 않다.

② 따라서 피투피 네트워크는 최대한 많은 사용자를 확보하여 그들의 개별적 특징에 관한 정확한 데이터를 축적하고 활용함으로써 많은 맞춤형 서비스와 광고 수익을 얻는 현재의 지배적인 플랫폼 경제 모델에 작지 않은 위협이 될 수 있다.

③ 나아가, 비트토렌트의 피투피 파일 공유와 공개 열쇠 암호화 방식을 결합한 최신의 피투피 네트워크라 할 수 있는 블록체인은 화폐와 금융뿐만 아니라 재산, 주택, 자동차와 같은 고정자산과 투표, 아이디어, 평단, 의도, 건강, 데이터, 정보와 같은 무형 자산을 포함하는 모든 형태의 자산에 대한 등록과 재고와 교환을 매개하는 기존의 '중간자(middleman)'의 권력을 잠식할 잠재성을 지닌다.

④ 블록체인은 한마디로 모든 거래 기록을 담은 탈중심 투명 장부라 할 수 있는데, 그 누구도 그것을 소유하거나 통제하지 못하며, 모든 네트워크 노드들에 의해 공유되고 모니터링된다. 거래의 신뢰성은 더 이상 거래 상대방이나 은행에 대한 신뢰가 아니라 피투피 네트워크 자체로부터 담보되기 때문에, 거래를 증명할 은행이나 등기소와 같은 전통적인 중앙 권위자는 더 이상 필요하지 않게 되거나 그것의 기존 권력은 상당히 축소될 가능성이 높다.

⑤ 이러한 도전과 위협에도 불구하고, 전통적인 '중간자' 권력이 블록체인을 자신의 자산을 안전하고도 투명하게 관리하고 거래와 계약을 효율적으로 조직하기 위한 수단으로 활용하는 것도 얼마든지 가능하다. 이는 대체로 블록체인 시스템에 대한 참가를 일정한 사람들에게만 제한하는 컨소시엄 블록체인이나 사적 블록체인을 통해 이루어진다. 실제로, 최근 40개 이상의 글로벌 금융 기관들은 블록체인이 거래의 보안성을 높이고, 시간을 단축하며, 지불의 공간 장벽을 제거함으로써 수천억 달러의 글로벌 뱅킹 비용을 절감시킬 수 있는 기술로 보고, 이를 구현하기 위하여 'R3CEV'라는 컨소시엄 블록체인 프로젝트를 진행하고 있다.

Ⅵ 피투피 네트워크와 빅데이터

① 다른 한편으로, 최근 빅데이터가 약속하는 다양한 편익에 대한 점증하는 사회경제적 관심을 고려하면, 데이터의 광범위한 축적과 활용을 제약하는 피투피 네트워킹은 오히려 사회적 진보와 공공선의 실현을 가로막는 시스템으로 비쳐질 수도 있다.

② 데이터는, 다른 많은 비물질재와 마찬가지로, 더 많이 사용할수록 더 많은 가치가 생겨나는 재화이기 때문이다. 비록 자신의 데이터가 디지털 네트워크에서 가능한 한 최대한 익명으로 남아 있기를 원하는 사람들이 일부 있긴 하지만, 여전히 대다수의 사람들은 기꺼이 그리고 즐거운 마음으로 자기 일상의 많은 부분을 다른 사람들에게 드러내고 있다. 이는 자신에 관한 데이터를 더 많이 공개할수록 자신의 선호와 욕구에 부합하는 서비스를 더 많이 제공 받을 수 있는 현대 생활 조건의 자연스러운 결과로 이해될 수도 있다.

③ 적어도, 더 많은 데이터의 축적과 활용이 공정하고도 적절한 사회경제 시스템 속에서 이루어지기만 한다면 그것의 긍정적 잠재성은 지대할 것이라는 믿음은 사회적으로 상당히 광범위하다고 말할 수 있다. 이러한 상황에서, 피투피 네트워킹이 오히려 빅데이터가 대다수 인구에게 가져다줄 편익을 축소할 수 있다는 문제의식은 나름의 타당성을 갖는다.

④ 따라서 피투피 네트워킹이 빅데이터 경제와 어떻게 조화를 이룰 수 있을지에 대한 고민은 필요하다. 현재 구글이나 페이스북 같은 플랫폼기업은 두 가지 종류의 사용자 데이터 수집과 활용을 통해 수익을 얻는다. 하나는 개별 사용자들의 사회적 지위, 관심, 활동 등의 분석을 통해 얻게 되는 개별 사용자들의 선호와 욕구에 관한 데이터고, 다른 하나는 개별 사용자들의 행위들을 총합함으로써 얻게 되는 다양한 사용자 집단의 욕구나 선호에 관한 데이터이다. 그런데 피투피 네트워킹의 개인 데이터 암호화 기술은 전자의 데이터 유형은 대폭 줄여주면서도 후자의 데이터 유형은 여전히 활발하게 사용될 수 있는 가능성을 열어 둔다고 볼 수 있다.

⑤ 피투피 네트워크의 암호화된 개인 데이터는 반드시 특정 개인에게 연결되지 않으면서도 사용자들의 행동 패턴을 알려주는 사회화된 데이터의 축적과 활용을 가능하게 할 수도 있다. 블록체인에서는 거래 당사자들의 거래 관련 지갑 데이터 이외에는 개인을 특정할 수 있는 어떠한 데이터도 제공하지 않지만, 모든 거래는 공개되고 모든 사람의 거래 행위는 투명하게 다른 사람들에게 알려진다. 블록체인은 그 자체로 이미 견고하고도 정확하며 신뢰할 수 있는 빅데이터가 되는 셈이다. 따라서 그것은 사용자들의 거래 활동이나 추세에 관한 통찰력과 지식을 얻기 위한 빅데이터 분석의 중요한 대상이 될 수 있다.

⑥ 실제로 2030년까지 블록체인 장부는 빅데이터 전체 시장의 20퍼센트를 차지할 것이라는 전망도 있다. 블록체인은 데이터의 축적과 활용에 대한 요구가 점증하는 현대 경제의 전반적 추세에 부응하여 빅데이터의 사회적 편익을 높이는 시스템으로 활용될 수도 있는 것이다. 물론, 여기에도 빅데이터 분석 기술이 블록체인의 데이터를 다양한 소셜 미디어의 그것과 연결하여 개인에 대한 광범위하고도 세밀한 사적 정보를 수집하고 활용하는 결과를 낳을 가능성은 상존한다.

Theme

118 피투피 암호화폐와 자유노동

I 의의

① 피투피 네트워크는 프라이버시 보호 차원에서만이 아니라 디지털 네트워크 속 광범위한 자유노동에 대한 보상의 측면에서도 많은 새로운 가능성을 열어 준다.

② 디지털 네트워크에서 창출되는 빅데이터는 거대 기업과 국가 권력이 소유하지만, 사실 그것의 진정한 생산자는 네트워크 일반 사용자들이다.

③ 디지털 네트워크는 그것이 촉진하는 생산 활동의 방대한 규모와 범위 때문에 사회적으로 가치 있는 것이라 할 수 있는데, 사용자들은 다른 사람들과의 다양한 정치, 경제, 사회, 문화 그리고 그 밖의 일상적 상호작용 과정에서 막대한 양의 콘텐츠와 데이터를 생산하고 소비함으로써 그것의 가치를 높이고 실현한다.

④ 빅데이터는 디지털 네트워크 이용자들의 집합적 노동의 산물인 것이다. 그래서 구글, 페이스북, 아마존 등과 같은 플랫폼기업들이 사용자들의 자유노동을 전유하고 수익을 독점하는 것이 불공정하다는 비판은 상당한 설득력을 갖는다.

⑤ 그래서 최근 블록체인과 암호화폐는 이러한 자유노동의 보상을 위한 유력한 수단으로 많은 사회경제적 주목을 받고 있다. 블록체인이 명성, 평판, 인정, 사회적 상호작용, 사회적 관계, 취향, 관심, 경험, 기억 등과 같은 다양한 사회적 가치 형태들이 클라우드가 아닌 피투피 환경에서 적절한 화폐 보상을 받을 수 있도록 해주는 기술로 간주될 수 있기 때문이다.

Ⅱ 메이드세이프

1 의의

'메이드세이프'는 이처럼 비단 프라이버시만이 아니라 자유노동의 보상이라는 측면에서 피투피 네트워크를 활용하려는 대표적인 시도라 할 수 있다.

2 피투피 네트워크의 구성 요건

① 메이드세이프는 탈중심 인터넷이 가능하기 위해서는 피투피 네트워크가 몇 가지 기본 구성 요건을 충족시켜야 한다고 본다.

② 우선, 모든 구조화된 혹은 비구조화된 데이터 유형들을 자동적으로 처리할 수 있어야 하며, 통신의 기밀성을 안전하게 보장하여야 한다.

③ 다음으로, 데이터는 파일 시스템 차원에서 전 세계적으로 공유될 수 있어야 하며, 모든 데이터는 고도로 암호화되어야 한다.

④ 또한, 익명의 네트워크 참여가 가능해야 하며, 매개자의 감시나 인터넷 주소 확인을 차단할 수 있어야 한다.

⑤ 나아가, 그 어떤 관리자나 인간의 개입이 필요하지 않아야 하고, 암호화폐로 지속될 수 있어야 한다.

3 메이드세이프 메커니즘

① 메이드세이프는 소수 클라우드 자본의 거대한 중앙집중형 데이터 센터를 수십억 개별 인터넷 사용자들의 불용 컴퓨팅과 네트워킹 자원의 연결망으로 대체하는 프로젝트이다.

② 메이드세이프는 참가자들의 비사용 하드 드라이버 공간, 중앙처리 능력, 그리고 데이터 연결 등의 통합 자원을 전체 네트워크의 정보 저장과 처리를 위해 사용한다는 점에서, 크라우드소싱에 의해 탄생되는 새로운 인터넷(crowd sourced Internet)이라 할 수 있다.

③ 메이드세이프는 사용자들의 동료 간 네트워킹을 보상하고 네트워크가 완전하고도 효율적으로 작동될 수 있도록 하기 위하여 '세이프코인(safecoin)'이라는 암호화폐를 활용한다.

④ 네트워크에 자신의 자원(저장 공간, 중앙처리 장치, 광대역, 온라인 시간 등)을 제공한 사용자들을 보상하기 위하여 세이프 코인을 준다는 것이다.

⑤ 그래서 사용자들은 메이드세이프 네트워크에 처음 참가할 때뿐만이 아니라, 네트워크 데이터가 자신의 컴퓨터에 저장되거나 그것으로부터 검출될 때마다 자동적으로 세이프 코인을 얻을 수 있게 되는데, 이러한 과정은 흔히 '파밍(farming)'으로 불린다. 파머가 얻을 수 있는 세이프코인의 양은 스스로 얼마나 많은 자원을 제공하고 얼마나 자주 자신의 컴퓨터가 가용한가에 달린 것이라 할 수 있다.

[예상문제]

메이드세이프에 대한 설명으로 틀린 것은?

① 소수 클라우드 자본의 거대한 중앙집중형 데이터 센터를 수십억 개별 인터넷 사용자들의 불용 컴퓨팅과 네트워킹 자원의 연결망으로 대체하는 프로젝트이다.

② 참가자들의 비사용 하드 드라이버 공간, 중앙처리 능력, 그리고 데이터 연결 등의 통합 자원을 전체 네트워크의 정보 저장과 처리를 위해 사용한다는 점에서, 크라우드소싱에 의해 탄생되는 새로운 인터넷(crowd sourced Internet)이라 할 수 있다.

③ 메이드세이프는 사용자들의 동료 간 네트워킹을 보상하고 네트워크가 완전하고도 효율적으로 작동될 수 있도록 하기 위하여 '에이엠피(AMP)'라는 암호화폐를 활용한다.

④ 사용자들은 메이드세이프 네트워크에 처음 참가할 때뿐만이 아니라, 네트워크 데이터가 자신의 컴퓨터에 저장되거나 그것으로부터 검출될 때마다 자동적으로 화폐적 보상을 받을 수 있게 되는데, 이러한 과정은 흔히 '파밍(farming)'으로 불린다.

정답 ③

해설 메이드세이프는 사용자들의 동료 간 네트워킹을 보상하고 네트워크가 완전하고도 효율적으로 작동될 수 있도록 하기 위하여 '세이프코인(safecoin)'이라는 암호화폐를 활용한다.

Ⅲ 시너리오(Synereo)

1 의의

① 피투피 네트워크를 자유노동의 보상이라는 차원에서 접근하는 또 다른 프로젝트로는 '시너리오(Synereo)'가 있다.

② 시너리오는 사용자들이 클라우드 자본의 데이터 센터나 중앙 서버에 접속할 필요 없이 서로 직접 상호작용할 수 있는 탈중심 사회관계망 플랫폼을 만들고자 한다.

③ 메이드세이프와 유사하게, 그것은 오늘날의 디지털 네트워크에서 창출되는 대부분의 가치가 사용자들로부터 나오는 것임에도 불구하고, 그것을 소수의 클라우드 자본이 독점하는 것을 문제 삼는다.

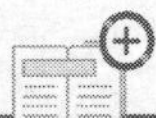

생각넓히기 | 스팀잇(Steemit)

(1) 스팀잇은 네이버 블로그, 페이스북과 같이 누구나 사진, 영상, 텍스트로 된 콘텐츠들을 자유롭게 업로드하고, 다른 유저들과 소통을 할 수 있는 소셜 미디어라는 점에서 동일하지만 모든 콘텐츠가 스팀체인(블록체인)에 저장된다는 점과 콘텐츠 저자와 큐레이터가 자신의 활동 및 기여에 따라 스팀(STEEM) 코인을 통해 보상을 직접 받을 수 있다는 점에서 차별성을 가지고 있다.

(2) 블록체인을 기반으로 하는 SNS이기 때문에 계정삭제(회원탈퇴)는 불가능하며 계정 암호키 분실시 계정복구가 불가하다는 단점이 있다. 또한 게시된 지 7일이 지난 게시물은 삭제가 불가능하기에 작성하는 내용에 개인정보가 작성되지 않도록 글 작성에 있어 신중한 주의를 기울여야 한다.

(3) 이용자는 스팀잇에서 글을 쓰는 등의 활동을 통하여 암호화폐의 일종인 스팀 혹은 스팀달러로 보상을 받게 되며, 글을 추천하거나 비추천하는 투표활동 및 스팀파워를 보유하는 것만으로도 스팀 보상을 받을 수 있다. Multi-token Economy와 SNS 플랫폼과의 접목을 최초로 시도한 프로젝트라는 점과 약 5년 동안 지속적으로 유지되고 있는 부분에서 큰 의미를 가지고 있다.

2 관심 경제

① 특히, 시너리오는 사용자-제작 콘텐츠로부터 막대한 수익을 얻고 있는 페이스북이나 트위터 등의 사회관계망 플랫폼들이 사실상 사용자들을 일종의 ‘무임노동자(unpaid labourer)’로 활용하고 있다고 지적한다. 그래서 그것은 이러한 불공정성을 교정하고 사용자들이 플랫폼에서 스스로 창출하는 가치로부터 직접적으로 혜택을 볼 수 있도록 하기 위해서는 ‘관심경제(attention economy)’가 발전해야 한다고 본다.

② 즉, 사회관계망에서 다른 사람들과 소통하고 서로의 삶을 공유하는 것이 곧바로 경제 활동에 참여하는 것이 되도록 하는 경제 모델을 생성하고자 하는 것이다. 그리고 그것의 핵심은 행위자가 자신의 관심을 주의 깊게 관리함으로써 사회적 주체로서의 효능감을 더 높이도록 하는 것에 있다.

③ 시너리오는 디지털 네트워크 속 사용자들의 관심과 활동 그리고 상호작용을 그들의 콘텐츠 확산과 평판에 커다란 영향을 미치는 힘이라고 보고, 그것의 가치를 인정하고 보상하여 사용자들의 주체적 효능감을 높일 수 있을 때에만 클라우드 자본에 지배당하지 않는 사회관계망 플랫폼이 실현될 수 있다고 본다.

3 덴드로네트(DendroNet)

① 시너리오는 가장 최신의 피투피 기술이자 일종의 블록체인 시스템이라 할 수 있는 '덴드로네트(DendroNet)'를 이용한다. 덴드로네트는 시너리오 네트워크 콘텐츠의 저장 공간이자 시너리오 통화의 탈중심 장부이다.

② 그런데 이 모든 메커니즘은 분산 해시 테이블 관념의 진화된 형태라 할 수 있는 스페셜케이(SpecialK)에 토대를 둔다. 그것은 네트워크 참여자들의 열쇠 값에 대한 분산 저장고라 할 수 있으며, 사용자들은 이것을 통해 시너리오의 분산 데이터에 접근할 수 있다.

4 레오(Reo)와 에이엠피(AMP)

① 시너리오의 관심 경제는 두 가지 중요한 사용자 보상 모델을 통해 작동한다. 하나는 사회적 보상을 위한 레오(Reo)이고 다른 하나는 화폐적 보상을 위한 에이엠피(AMP)이다.

② 레오는 다른 사람들의 관심을 끌 만한 콘텐츠의 생산자로서의 개별 노드들에 대한 평판을 측정하는 수단이다.

③ 에이엠피는 특정 콘텐츠에 보인 사용자들의 관심을 보상하며 네트워크에 게시된 콘텐츠를 증폭시키는 데 사용되는 시너리오 네트워크의 통화이다.

④ 그리하여 에이엠피로 추동된 메시지를 받아 보는 사용자는 그것의 일부를 수령하게 되고, 레오 점수가 높을수록 더 많은 에이엠피를 받게 된다.

[예상문제]

'시너리오(Synereo)' 프로젝트에 대한 설명으로 틀린 것은?

① 피투피 네트워크를 자유노동의 보상이라는 차원에서 접근하는 프로젝트이다.
② 사용자들이 클라우드 자본의 데이터 센터나 중앙 서버에 접속할 필요 없이 서로 직접 상호작용할 수 있는 탈중심 사회관계망 플랫폼을 만들고자 한다.
③ 덴드로네트(DendroNet)는 시너리오 네트워크 콘텐츠의 저장 공간이자 시너리오 통화의 탈중심 장부이다.
④ 시너리오의 관심 경제는 두 가지 중요한 사용자 보상 모델을 통해 작동하는데, 하나는 사회적 보상을 위한 레오(Reo)이고 다른 하나는 화폐적 보상을 위한 세이프코인(safecoin)이다.

정답 ④

해설 시너리오의 관심 경제는 두 가지 중요한 사용자 보상 모델을 통해 작동하는데, 하나는 사회적 보상을 위한 레오(Reo)이고 다른 하나는 화폐적 보상을 위한 에이엠피(AMP)이다. 세이프코인(safecoin)은 메이드세이프 프로젝트에서 사용자들의 동료 간 네트워킹을 보상하는 암호화폐이다.

Theme

119 정보화

Ⅰ 의의

① 일반적으로 정보화는 산업사회에서 정보사회로 이행되는 과정으로 이해되며, 기술적 차원에서는 전산화, 자동화, 네트워크화가 전개되는 것으로서 인간의 자유와 창의력, 자아실현의 의미를 함축한다.

② 정보화란 정보를 생산 · 유통 또는 활용하여 사회 각분야의 활동을 기능하게 하거나 그러한 활동의 효율화를 도모하는 것이다(국가정보화기본법).

Ⅱ 시기별 정보화

① 정보화 초기에는 자료처리, EDI 등 컴퓨터 및 정보기술의 활용을 중심으로 정의되었다.

② 정보화 중기(1980년대 후반부터 1990년 중반까지)에는 정보기술에 의한 경제, 사회 전반에 걸친 변화와 본격적인 PC의 보급으로 정보화의 사회적 영향력이 급속하게 확장된 시기로 전산화 정보사회 등이 유사개념으로 사용되었다.

③ 1990년대 중반 이후 현재는 개인들의 일상과 관련된 차원을 넘어 거시적인 영역에서 정보화 관련 논의가 진행되고 있다.

④ 인터넷의 보급으로 전 세계적인 영향력으로 확장된 디지털혁명, 디지털시대, 지식기반사회의 유사 개념으로 사용된다.

Ⅲ 주요 학자들의 정의

1 매클럽(Machlup)

지식산업이 주가 되는 지식사회를 예견하면서 전체 경제면에서 지식산업이 차지하는 비중으로 정보화의 정도를 측정할 수 있다.

2 오브라이언(O' Brien)

정보사회는 경제활동의 영역이 상품의 제조, 판매에서 정보와 지식을 제조, 판매하는 영역으로 이동하고, 전문화된 정보산업과 새로운 기술의 효율적 활용에 관한 분야가 유력해지는 사회이다.

3 앨빈토플러(Alvin Toffler)

산업사회의 역동적 성격을 표준화, 획일화, 집중화 등으로 규정한 반면, 후속되는 정보화 사회를 다양화, 유연화, 분산화, 개별화를 지향하는 사회로 규정하였다.

4 베니거(James R. Beniger)

베니거는 첨단 정보기술의 발전으로 인한 근자의 사회경제학적인 변화는 정보사회론자들이 주장하는 것처럼 새로운 현상이 아니라고 본다. 베니거는 정보기술의 발달을 제어혁명이라는 100년 이상 된 과정상의 기술적 결과의 일환으로 이해한다.

5 카스텔(Manuel Castells)

카스텔은 정보사회와 정보화를 구분하여, 정보사회는 사회에서 정보의 역할을 강조하는 사회로, 정보화는 이러한 정보사회를 가능하게 하는 과정으로 정의한다. 즉, 정보화는 역사적 시기에 발행한 기술 조건으로 인해 정보생성, 처리, 전송이 생산성과 권력의 근원이 되는 사회조직의 특수한 형태이다. 따라서 카스텔은 정보화 사회, 정보화 경제 등 현대사회의 변화를 좀 더 정밀하게 포착한 개념으로 정보화를 정의했다.

Ⅳ 학문 분야별 정보화 논의

학문 분야		정보화 관련 주제 및 내용
사회학		• 일과 직업의 내용 변화, 여가와 일상의 구성 변화 • 새로운 사회적 일탈의 등장 • 새로운 사회적 관계의 등장과 방식의 다양화
언론학		• 뉴미디어 산업의 등장과 성장 커뮤니케이션 방식의 변화 • 온라인 저널리즘의 등장과 1인 미디어의 확산
정치 · 외교학		• 선거운동방식의 변화 정치참여방식의 변화 • 감시와 통제의 미시적 기반 마련에 따른 권력의 변화 • 네트워크 특성에 맞는 거버넌스 체제의 등장 • 다양한 여론수렴의 채널 등장 • 정보의 생성, 유통, 축적 방식의 변화 • 지식과 정보 등의 비물질적 권력자원의 중요성 증가
행정학		• 전자정부의 구현, 행정정보화를 통한 데이터의 효율적 관리 • 지방자치와 지역정보화 인터넷 거버넌스의 구축과 활용
법학		• 법률 관련 정보의 효율적 축적 및 관리 • 정보통신기술의 발전으로 인한 다양한 분쟁의 등장 • 기본권 적용대상의 변화, 온라인 콘텐츠 관련 법령의 현실적 적용
기타 인문학	철학	가치관과 문명의 성격변화
	예술관련	• 표현매체 및 표현방식의 변화 새로운 상상력과 독창성의 증대 • 예술 관련 창작자와 향유자의 경계 모호

Ⅴ 정보화의 의미

1 경제·사회 전반에 걸쳐 정보의 가치가 증가함으로써 경제 활성화

① 비용절약적 기술의 채택으로 산업의 비용을 획기적으로 절감

② 산업의 효율성 제고

③ 정보화를 통해 세계시장을 무대로 한 글로벌 경영체제 가능

④ 정보통신산업이 21세기 최대 기간산업으로 성장함에 따라 정보화가 성장 및 고용 촉진에 결정적인 역할

⑤ 사회 각 분야에서 정보의 생산 및 유통을 촉진함으로써 높은 부가가치 생산의 실현

2 정보기술을 기반으로 삶의 질 향상

① 정보기술의 응용으로 환경관리를 보다 원활히 수행
② 원격의료시스템의 발전으로 벽지의 주민들에게 도시의 교육, 의료서비스를 받을 수 있는 기회 제공
③ 정보화로 인한 경제 활성화를 통해 복지 확대를 위한 기반 제공
④ 전국의 공공도서관 및 대학도서관 통합전산망 등 인터넷을 통해 종합적인 정보의 활용으로 국민들의 문화적 삶의 질 향상

3 열린 정보채널을 통한 민주주의 실현

① 정보화 진전에 따라 정보채널의 다양화와 정보공개의 확대
② 전자투표나 전자여론수렴 등 정보기술을 이용한 새로운 방식의 정치참여
③ 간접민주주의가 가지고 있는 문제를 극복할 수 있는 직접민주주의 도입
④ 조직의 분권화 촉진

4 인터넷을 기반으로 하는 세계화

① 인터넷이나 저궤도 위성통신망 등을 이용한 사이버 세계(Cyber World) 형성
② 세계 각국의 정책 기술정보의 빠른 유입으로 국내 제도나 기술수준의 세계화 촉진
③ 컴퓨터와 인공지능기법에 의해 세계화의 주요 장벽이 되어왔던 언어장벽 극복

5 평생학습을 실현하는 e-learning 증가

① 교육의 균질화
② 교육의 질적 개선
③ 사회교육의 활성화

Ⅵ 정보화의 특징

1 일반적 특징

(1) 사회 보편적 현상

① 수렵사회, 농업사회, 공업사회, 그리고 서비스사회 등 어느 사회에서나 인간의 기본적 욕구는 모든 행동에 효율성을 추구한다.

② 정보화 현상은 항상 존재했던 것으로 앞으로도 지속되는 특징으로 보는 견해이다.

③ 다만, 각 사회가 누릴 수 있는 기술이나 원재료 그리고 지식의 수준에 따라 정보화라는 현상이 각기 다른 모습으로 나타나는 것이다.

(2) 기계적 체계화 현상

① 기본적으로 소프트웨어와 하드웨어가 적절히 결합되어 나타나는 특성이다.

② 소프트웨어는 인간의 행동에 관한 지식이나 정보를 의미하며, 하드웨어는 이러한 소프트웨어를 도구화 또는 기계화하는 기술이나 기능을 의미하는 것이다.

(3) 효율성 추구 현상

① 정보화의 진행은 궁극적으로 재화를 생산하거나 작업을 수행하는 데 있어서 효율성을 제고시킨다. 생산부문에서 효율성이 향상되면 생산성이 증가되고 재화가 풍부해지며 경제가 발전하게 된다.

② 즉, 정보화는 산업부문에서 비용절감이나 생산성의 증대를 위한 일련의 수단이다.

③ 기업들이 시장에서 경쟁력을 제고하고 이윤 추구라는 목적을 달성하기 위한 수단과 과정으로 정보화는 그 자체가 목적이 아니라 생산이나 소비 등 경제활동을 효율적으로 수행하기 위한 수단으로서의 특징을 지닌다.

(4) 사회 누적화 현상

① 어떤 하나의 요인에 의하여 갑자기 돌출되는 현상이 아니라 지식이나 기술의 장기적이고 누적되는 발전의 결과로서 나타나는 것이다.

② 정보화는 인간이 갖는 지식이나 기술 등 정보를 도구나 기계에 전달하는 과정이므로 정보화의 정도는 지식이나 기술의 수준에 크게 의존한다.

(5) 융합화 현상

상호 보완적 관계로 소프트웨어나 하드웨어 그리고 소프트웨어를 하드웨어에 이전시키는 기술이나 지식은 이와 관련된 분야와의 조화로운 상호 협력에 의하여 실현되고 발전되는 상호작용을 통한 융합화이다.

(6) 산업구조 전반적 현상

제조업부문에서만 국한되는 현상이 아니라 농업, 어업 등의 1차 산업과 도소매업, 금융업, 건설업, 개인 및 사회서비스업 등 3차 산업에도 모두 적용되는 전반적인 산업구조에 걸쳐서 나타나는 현상이다.

2 사회적 특징(John Goddar)

① 정보통신기술을 기반으로 정보가 세계 경제를 하나의 시장으로 묶는 데 중요한 역할을 한다.

② 이로 인해 조직의 활동 영역이 더욱 넓어지고 국경과 대륙을 넘어 전 세계적인 조직망을 구성할 수 있게 된다.

③ 컴퓨터 기술과 통신기술이 정보사회를 지탱하는 하부구조를 구축하게 됨으로써 모든 사람들은 공간적 제약이 파괴된 사회에서 실시간으로 각국의 정치적 · 경제적 · 사회적 문제들을 듣고 · 평가하고 감시가 가능하게 된다.

④ 정보부문의 경제적 비중이 크게 증가한다.

⑤ 즉, 위성방송, 유선방송, 비디오 등 다양한 정보매체의 역할이 증가하고, 금융서비스 데이터서비스 같은 온라인 서비스가 폭발적으로 증가하게 된다.

⑥ 정보화가 확산되면 국민경제와 지역경제 간의 통합이 촉진된다.

⑦ 정보가 공간적 제약을 벗어나 자유롭게 교환되면 경제단위가 국가가 아닌 세계로 그 무대가 점차 확대된다.

Theme

120 정보화 지표와 지수

I 정보화 지표

1 개념

① 사회경제 지표의 하나로서 정보화 현상 및 정보화 수준을 효율적으로 측정 · 분석하는 것을 용이하게 해주는 정보화 관련 지표이다.

② 정보화 지표는 정보와 관련된 사회변화 현상을 가능한 한 총체적이고 함축적으로 나타낼 수 있어야 한다.

③ 정보화 지표의 기능을 중요성 차원에서 보면 정보사회의 비전제시, 정보화계획 수립, 정보화 관리, 정보화효과분석 등이다.

2 기능

① 정보의 활용과 관련된 현재 수준 및 변화 정도는 물론 미래 변화 방향을 제시함으로써 정보화지표를 통해 현재 상황을 분석하고, 적합한 미래 정보사회 구현을 위한 구체적이고도 체계적인 계량적 목표를 제시한다.

② 자원배분 및 국가의 균형발전을 위한 정책적 지침 기능을 수행하고, 다양한 구성요소 및 부문 간 비교가 가능하여 한정된 자원으로 많은 정보화 추진과제들을 수행해야 하는 경우 과제들 간 우선순위 결정 근거로 사용된다.

③ 정보화와 그 목적인 국가경쟁력 및 국민 삶의 질을 향상시키는 것과 상관관계분석을 하는 데 있어 정보화의 직접적인 효과분석 외에 다른 지표들과의 관계분석 등을 통한 간접적인 효과분석도 가능하다.

④ 사회 각 부문의 정보화수준 현황 및 변화추이를 쉽게 파악하고, 서로 비교함으로써 정보화가 미진한 부문을 찾아내어 중점적으로 추진할 수 있게 하는 등, 균등한 정보화 정책수립에 기여하고 정보의 오용으로 인한 사회적 문제를 조기에 감지하여 바람직하지 못한 사회적 여파에 대처할 수 있게 해주는 기능을 담당한다.

⑤ 누구에게나 공개됨으로써 일종의 사회보고가 제도화될 수 있게 하고 나아가 일반 국민으로 하여금 정보에 대한 가치를 중시하고 정보화 의식을 갖게 해주면 정보화 현상의 중요성을 인식시키는 등 홍보의 역할을 담당한다.

3 국가정보화 지표의 요건

① 정보화 사회의 구조와 내용을 충실히 반영하여야 하며, 정보화가 사회의 어느 한 부문이 아닌 모든 부분에 걸쳐 일어난다는 점에서 바람직한 국가정보화지표는 사회 전부분의 정보화 정도를 파악할 수 있어야 하며, 하부구조로서의 정보설비의 보급과 사회구성원에 의한 정보설비의 이용에 초점을 두어야 한다.

② 정보화와 관련된 사회구조의 특성을 간단명료하면서 그 변화를 총체적이고 함축적으로 나타내며, 활용이 편리해야 한다.

③ 다양한 사회변화를 정확하게 파악하고, 그 변화추이를 올바로 예측할 수 있기 위해서는 사회가 변화함에 따라 정보화지표도 지속적으로 변화되어야 한다.

④ 국가정보화지표의 구성항목은 정보화의 핵심적이고 직접적인 부문에 한정하여 지표의 현상기술능력을 제고하여야 한다.

⑤ 국가정보화지표가 정책함축성을 갖기 위해서는 정보화의 결과적 현상뿐만 아니라 정보화의 요인 및 과정에 대한 설명력을 지녀야 하며, 지표구성항목이 정보화 요인과 긴밀한 관련을 가지면서 이들 요인들의 변화과정 측정이 가능하여야 한다.

4 정보화 측정 지표의 종류

(1) 정보설비지표

정보통신서비스를 이용할 수 있게 해주는 정보통신 인프라의 보급 정도를 측정하기 위해 설정한다.

(2) 정보이용지표

정보화 수준을 결정하는 데는 사회구성원들이 정보를 얼마나 잘 활용하고 있는가 하는 점도 중요한 요인으로 작용하므로 정보통신서비스의 이용 정도를 측정한 정보이용지표를 통해 정보화 수준을 측정한다.

(3) 정보화지원지표

정보화를 위한 투자와 정보화 관련 인력이 앞으로의 국가사회 정보화를 주도하는 측면이 크다는 점을 고려하여 설정되었으며, 이 지표를 통해 향후 정보사회로의 진전을 예상해 보는 등 또 다른 측면에서 정보화 수준을 측정한다.

Ⅱ 정보화 지수

1 개념

① 특정 대상(국가)의 정보화 수준을 총체적으로 파악, 변화 추이를 예측하기 위한 지수이다.

② 어떤 정보화 현상 또는 다수의 현상들에 대해 시간의 변화에 따른 정보화의 변화를 측정하거나 비교하는 데 이용되는 통계이다.

③ 정보화 지표의 값을 알기 쉽게 파악할 수 있도록 수치화한다.

④ 통상 어느 현상의 기준이 되는 시점의 수치를 100으로 산출한다.

⑤ 정보화 수준을 정량적으로 가장 간단하고 명확하게 파악하는 방법이다.

⑥ 국가 전체의 정보화 수준을 나타내는 국가 정보화 지수, 지역의 정보화 수준을 나타내는 지역 정보화 지수, 어느 한 부문의 정보화 수준을 나타내는 예를 들면, 제조업 정보화 지수, 유통업 정보화 지수 등 다양하게 산출 가능하다.

2 장 · 단점

① 개별 국가나 카테고리 혹은 지역단위로 정보화 발전정도를 비교할 수 있으며, 이러한 비교는 지리적, 사회적 혹은 지역적 특성과 더불어 비슷한 국민소득을 가진 국가들을 비교할 때 가치가 있다.

② 지수는 현실적 목표와 정책방향 결정에 중요한 기초 자료를 제공하기 때문에 시간의 흐름에 따라 정보화 발전정도를 측정하는 데 유용하고 특정 국가가 어떤 분야에 강점과 약점이 있는지 파악할 수 있다.

③ 단일지표보다는 사회적 · 인구통계학적 상황이나 구매력과 같은 포괄적 요인들로 구성된 지수를 사용함으로써 보다 다양한 영향관계를 파악한다.

④ 단점으로는 많은 양의 정보를 하나의 수치로 나타내야 하는 한계점으로 비교를 단순화하는 데 유용하지만 모든 비교 대상 국가에 적용하기 위한 방법론적 가정과 결과값 및 부정확한 데이터를 포함하고 있기 때문에 지수의 비교로 단순한 결론을 이끌어내는 것은 위험하다.

3 정보화 지수 사용 현황

작성기관	지수명	지수 개요
ITU (International Telecommunication Union: 국제전기통신연합)	디지털 기회 지수	인프라 보급, 기회 제공, 활용정도 등 3가지 요소를 종합 분석하여 정보통신 발전 정도 평가
WEF (World Economic Forum: 세계경제포럼)	네트워크 준비 지수	국가별 개인, 기업, 정부의 정보통신 환경, 준비도, 활용도 측정
	국가경쟁력지수 기술 준비도 부문	국가경쟁력 중 기술경쟁력 측정
UN (United Nations: 국제 연합)	전자정부 준비지수	공공서비스 제공수단으로서의 전자정부 준비상태를 측정
	온라인 참여지수	국가별 온라인을 통한 시민참여 수준 측정
IMD(International Institute for Management Development: 국제경영개발원)	국가경쟁력지수 기술 인프라 부문	국가경쟁력 중 정보통신 분야의 경쟁력 측정

예상문제

정보화 지표를 구성하는 방법에 대한 설명으로 틀린 것은?

① 정보화 지표는 정보화 현상을 객관적이고 체계적으로 분석할 수 있는 도구로서, 각 변수의 국가정보화에 대한 영향력이 왜곡되는 현상을 보완할 수 있는 가중치 측정방법을 사용하기도 한다.
② 거시경제적지표 연구는 정보 부문이 전체 산업에서 차지하는 비중으로 정보화의 진전도를 측정한다.
③ 정보유통량적 접근 방법은 전기통신설비를 통해서 실제로 어느 정도의 정보가 공급·소비되고 있으며, 각종 미디어를 통한 정보유통 추세는 어떻게 변해가고 있는지 등에 관한 현황을 파악하기 위하여 정보화를 정량적으로 분석하는 것이다.
④ 사회의 정보화를 파악하기 위하여 4가지 측면(정보량, 정보장비율, 통신주체 수준, 정보계수)을 설정하고, 각 측면에서 다시 몇 개씩의 구체적인 항목을 선정하여 이를 정량화하는 방법은 사회경제적 지표 접근 방법에 속한다.

정답 ①
해설 가중치 측정 방법은 정보화 지수를 계산할 때 사용한다.

Theme

121 국가정보화

I 정보화 정책

1 국가정보화기본법

① 국가정보화의 기본 방향과 관련한 정책의 수립 · 추진에 필요한 사항을 규정함으로써 지속가능한 지식정보사회의 실현에 이바지하고 국민의 삶의 질을 높이는 것을 목적으로 한다.

② 정보란 특정 목적을 위하여 광(光)또는 전자적 방식으로 처리되어 부호, 문자, 음성, 음향 및 영상 등으로 표현된 모든 종류의 자료 또는 지식이다. 정보화란 정보를 생산 · 유통 또는 활용하여 사회 각 분야의 활동을 가능하게 하거나 그러한 활동의 효율화를 도모하는 것이다.

③ 국가정보화란 국가기관, 지방자치단체 및 공공기관이 정보화를 추진하거나 사회 각 분야의 활동이 효율적으로 수행될 수 있도록 정보화를 통하여 지원하는 것이다.

④ 정보화 정책은 정치, 행정, 경제, 사회, 문화 등 사회 각 분야의 활동이 효율적으로 수행될 수 있도록 정보화를 통하여 지원하기 위한 정책으로 정보화 기술과 도구의 활용을 통해 우리가 궁극적으로 입게 되는 혜택을 전 국가적으로 골고루 확산하려는 의도적이고도 목적지향적인 활동으로 이해하여야 한다.

2 정보정책의 정의

(1) 포랫(Porat)

컴퓨터 및 정보통신 등 정보기술이 시장 및 비시장 부문에 미치는 복합적 영향에 의해 제기된 문제들에 대한 관심을 의미한다.

(2) 배던(Baeden)

정보정책은 본질적으로 무질서하기 때문에 의미, 중요성 상황의 다양한 배경에 대한 복잡성을 다루어야 하며, 기술적인 해법에는 직접적으로 관심을 가지고 있지 않으며 특정 상황 속에서 지식의 의미와 중요성을 인식해야 한다고 강조한다.

(3) 롤런드(Rowland)

① 인식론적 접근이나 연구설계적 관점에서 정보정책의 문제는 복잡하고 다면성이 있다.

② 정보정책은 문제해결의 도구라는 목적지향적 관점과 함께 다양한 행위자의 태도, 동기, 가치에 대한 인식론적 관점과 각종 법령, 사회규범, 국제적인 합의와 조약의 합성물로 보는 제도적 관점으로 파악한다.

3 정보정책의 분류

(1) 국가정보정책

정보정책의 대상 범위에 따라 국가 전체를 대상으로 하는 정보정책과 국가행정조직을 대상으로 하는 전자정부정책으로 구분한다.

(2) 지역정보정책

지역을 대상으로 총체적 분야의 지역사회 문제해결과 지역주민의 삶의 질 향상과 지역경제 발전 등을 포함한 정책목표의 달성을 위한 정보사회기반, 정보응용기반, 정보유통기반, 정보전송망기반 등의 조성을 포함한 정보공급과 정보수요를 원활히 연계하기 위한 제반 분야의 정보정책이다.

(3) 정보전송기반정책

정보전송은 정보기반의 사회적 이용을 보장하는 사회간접자본의 성격을 갖는 정보의 물적 전송장치로 초고속인터넷망, CATV, 통신위성, PCS를 포함한 네트워크 기반 등을 포함한다.

(4) 정보유통기반정책

정보유통은 물리적 전송로를 기반으로 불특정 다수에게 멀티미디어 정보통신서비스를 제공하기 위한 단말기기와 논리적 네트워크로 구성되는 정보의 유통 시스템이다.

(5) 정보응용기반정책

정보응용은 공공수요, 정부, 기업, 업계 등 특정 이용자를 대상으로 제공하는 교육, 의료, 행정, 산업 등 각 분야의 고도서비스 등의 제공과 관련된 응용 DB와 애플리케이션이다.

(6) 정보사회기반정책

정보사회는 정보전송기반정책, 정보유통기반정책, 정보응용기반정책 등에 의해 그 기능이 사회적으로 도입·정착되어 사용자들이 이용하기 쉽도록 하는 가치관과 질서의 개편 및 변화와 관련된 생활양식과 노동양식을 지칭한다.

4 정보 정책 과정

(1) 의제설정단계

① 정책문제가 설정되는 과정으로 수많은 사회문제 중의 일부가 정부의 인지에 의해 구체적인 정책과제로 전환되는 과정이다.

② 행정기관들은 사회 문제에 대한 정보를 많이 축적해 놓으면 문제가 발생했을 때 정확하고 적절한 대응이 가능하다.

(2) 정책결정단계

① 국가적으로 요구되는 정책수요를 파악해 대안을 찾는 단계이다. 정책수요를 파악하기 위해서는 다양한 정보가 필요하다.

② 정책수요와 관련된 상황을 정확히 진단하는 데도 정보는 핵심적인 요소이다.

③ 대안을 탐색하고 선택하는 단계에서 정책사례 등 정보가 축적되어 있으면 대안을 정확히 평가할 수 있는 가능성이 높아지기 때문이다.

④ 무엇보다도 풍부한 정보는 정책결과를 미리 예측할 수 있게 함으로써 정책의 불확실성을 감소시킨다.

(3) 정책집행단계

① 정보는 정부와 국민에게 기본적인 인프라이다.

② 정부 측에서는 정책에 따른 구체적 사업의 내용을 적절하게 이용할 수 있다.

③ 정책집행의 절차, 집행대상 등에 대한 복잡한 내용을 망라할 수 있다.

④ 국민의 입장에서는 정책의 내용을 사전에 접근할 수 있기 때문에 참여적인 정책집행이 가능하다.

(4) 정책평가단계

① 정책과 관련된 정보를 바탕으로 정책평가가 이루어진다. 정책목표를 정해 놓고 정책집행의 성과를 평가하는 데 정보가 사용된다.

② 정보시스템을 이용하여 데이터베이스를 구축하여 저장된 정보를 평가의 자료로 제공할 수 있고, 정책 과정 전반에 걸쳐서 정보가 제공되면 전반적인 조정과 통제가 용이하다.

Ⅱ 정보화의 추진 현황

1 정보화의 정책단계

구분	1981~1986	1987~1991	1992~1997	1998~2002	2003~2007	2008~
정보화 정책단계	도입기	갈등/혼란기	정착기	확장기	심화기	융합/정체기
주요 행위자 (조직)	청와대/체신부/상공부/과기처	체신부/과기부/상공자원부/경제기획원	청와대/정보통신부	청와대/전 행정부처	청와대/행정부처	방송통신위원회/행정안전부/지식경제부
정책 상황	정책집중	정책다기화	정책일원화	정책다원화	정책분산화	정책분산

주요 정책 이슈	정보산업 육성	부처 간 정책 갈등/ 관련법 제정	쇄신/ 체제정비 및 산업육성	개혁/ 경쟁력 강화	혁신/ 성장동력	융합/녹색성장/ 스마트코리아
정책 맥락	전자산업 진흥정책 /전산망 정책	정보사회 종합대책/ 전산화정책	초고속정보 통신망 구축정책/ 정보화촉진정책	정보화촉진 계획/ 사이버코리아 21/ 지식화 정책	IT839전략 /유비쿼터스 코리아	Green IT/ 국가정보화 전략위원회

2 국가정보화의 기본계획 내용

정보화 정책명	세부 내용
국가기간 전산망 사업계획 (1987~1996)	• 5대 전산망(행정, 국방, 공안, 금융, 교육연구) 구축 • 제1차(1987~1991)와 제2차(1992~1996) 구분 • 주민등록 · 부동산 · 경제통계 · 고용 · 자동차 · 통관관리 등 6개 업무별 추진 방식
초고속 정보통신 기반구축 (1996~2005)	• 초고속망구축 애플리케이션 및 기술 개발 등 방침 • 주요 지역 광케이블 구축 조기달성 추진 • 정부의 선도적 투자와 민간 참여를 효과적으로 결합
제1차 정보화촉진 기본계획 (1996~2000)	• 교육, 행정 등 10대 중점과제 선정 • 초고속 정보 통신 기반 구축, 정보통신사업 육성 등 포함 • 기본계획에 의거 분야별로 시행계획 수립 · 추진
제2차 정보화촉진 기본계획 Cyber KOREA 21 (1999~2002)	• 창조적 지식기반국가의 비전과 전략 • 2002년까지의 목표, 중점 추진과제 설정 • 정보인프라 구축, 신산업 육성 및 고용 창출 방법 • 정보화 교육을 통한 수요 기반 확대 추진
제3차 정보화촉진 기본계획 e-KOREA VISION 2006 (2002~2006)	• 인터넷 보급 · 확산 등 양적 확충 단계를 넘어서 생산성 제고 등 성과중심의 정보화 추진 • 전 국민, 전 산업, 정부의 생산성 제고 • 인프라 고도화, ICT 산업의 일류화, 국제협력 강화
전자정부 11대 과제	전자민원 G4C, 시군구 행정정보 시스템, 4대 보험 연계시스템 등
Broadband IT KOREA VISION 2007 (제3차 수정 계획, 2003~2007)	• 세계 최고수준의 전자정부 구현으로 행정서비스의 혁신 및 효율성 · 투명성 향상 • 산업 정보화 촉진을 통한 국가경쟁력 강화 • 광대역 통합망 구축 및 ICT 신성장 동력의 전략적 육성
전자정부 로드맵 (2003~2009)	• 일하는 방식 혁신분야 11개 과제 추진 • 대국민 서비스 혁신분야 14개 과제 추진 • 정보자원 혁신분야 5개 과제 추진 • 법제도 정비 분야 1개 과제 추진
u-KOREA 기본계획 (제3차 연동계획, 2006~2010)	• 세계 최고수준의 u-인프라 위에 세계 최초의 u-사회 실현을 통해 선진한국 건설 • 유비쿼터스 사회 기반 위에서 국민 모두가 혜택을 받는 사회 실현 • 융복합 및 연계가 용이한 기술 개발 지원, 자생력 있는 생태적 산업기반제공
국가정보화기본계획 (2008~2012)	• 창의와 신뢰의 선진 지식정보사회 실현 • 창의적 소프트파워, 첨단 디지털통합인프라, 신뢰의 정보사회, • 일 잘하는 지식정부 디지털로 잘사는 국민 등 5대 목표 설정

Theme

122 개인생활의 변화

I 의의

① 정보사회에서 일과 가족, 개인생활의 관계가 변화하고 있다. 정보통신기술의 발달은 근대적 시공간의 제약을 없애고, 실시간으로 통합된 세계시장은 기업 조직과 일 자체의 변화를 초래했다.

② 지난 반세기 동안 여성의 노동시장 진출은 유연성과 성 평등이 경합하는 노동 세계의 장을 열었다. 남성은 임금노동, 여성은 가사와 보살핌을 전담한다는 고정관념이 희석되고, 남녀 모두가 일－가족－개인생활을 다양하게 배치하는 삶의 방식으로 전환되었다.

Ⅱ 근대 가족 형태의 쇠퇴

① 남성 가장이 임금노동으로 가족 전체를 부양하고, 여성은 가정에서 가사를 전담하는 산업사회의 보편적 가족 형태가 점차 쇠퇴하였다.

② 변화하는 경제에서 여성의 역할이 확대되고, 그동안 가족 안에서 여성에게 의존했던 사회 재생산의 방식이 더 이상 원활하게 작동할 수 없게 된 것을 의미한다.

③ 여성의 노동시장 진출 특히 기혼 여성이 가족을 경제적으로 부양하기 위한 활동에 나서는 비율이 증가하였다.

④ 20세기 중반 이후 여성의 노동시장 진출 확대는 전 세계 경제에서 공통적으로 나타난 현상이다.

⑤ 2010년 OECD 국가의 여성 경제활동 참가율은 56.7%에 이르며 노르웨이 등 북유럽 국가들은 70%를 넘어 전체 여성의 4분의 3에 가깝게 임금노동에 종사하고 있다.

⑥ 우리나라는 2010년 52.6%로 OECD 국가 평균에는 아직 미치지 못하나 여성의 임금노동은 지속적으로 증가하고 있는 추세이다.

생각넓히기 | **남성 생계 부양자 모델**

남성이 가족의 생계를 책임지는 부양자이며, 여성 배우자는 피부양자로서 가사와 양육을 전담하는 형태의 가족을 말한다. 이는 산업사회 가족의 보편적 형태를 지칭하는 개념이자 전후 서구 복지국가 모델의 전제로 간주되어왔다. 그러나 이러한 가정은 남성 가장이 벌어온 '가족임금'으로 생계를 유지할 수 있는 가족이 앞서 산업화된 몇몇 국가의 중간계층 이상에서나 가능했다는 점에서 남성 중심 가족·사회구조를 유지하는 이데올로기에 불과하다는 비판도 제기되어왔다.

[예상문제]

남성 생계 부양자 모델에 대한 설명으로 틀린 것은?

① 산업사회 가족의 보편적 형태를 지칭하는 개념이자 전후 서구 복지국가 모델의 전제로 간주되어왔다.
② 남성이 가족의 생계를 책임지는 부양자이며, 여성 배우자는 피부양자로서 가사와 양육을 전담하는 형태의 가족을 말한다.
③ 노동자 가족의 삶의 공간에 통합돼 있던 일과 가족생활이 분리되어 각각의 영역은 성별에 따라 할당되었고, 가정 바깥에서 주로 남성이 수행하는 임금노동은 자본주의 사회에서 유일하게 가치를 인정받는 특권적 영역이 되었다.
④ 남성 가장이 벌어온 가족임금으로 생계를 유지할 수 있는 가족이 개발도상국에서는 중간 계층 이상에서나 가능했다는 점에서 남성 중심 가족 · 사회구조를 유지하는 이데올로기에 불과하다는 비판도 제기되었다.

정답 ④

해설 남성 가장이 벌어온 가족임금으로 생계를 유지할 수 있는 가족이 앞서 산업화된 몇몇 국가의 중간 계층 이상에서나 가능했다는 점에서 남성 중심 가족 · 사회구조를 유지하는 이데올로기에 불과하다는 비판도 제기되었다.

Ⅲ 여성 노동인구의 증가

1 고용체계의 변화

지구화된 시장, 격화된 기업 간 경쟁 속에서 기업은 노동에 투여되는 비용을 최소화하고, 시장의 순환에 대응하여 노동력을 신축적으로 조정한다.

2 고용 유연화

① 거대 기업 조직들은 하청과 외부화를 통해 규모를 축소하고, 정규직 노동력을 임시직, 파트타임 등 탄력적으로 동원할 수 있는 노동력으로 대체하였다.
② 이러한 고용 유연화는 고용과 소득의 불안정성, 노동계급 내부의 불평등을 증대시켰지만 여성이 노동시장에 진출할 수 있는 기회를 제공하였고, 여성 고용률의 증가는 주로 파트타임 노동력의 확대에서 기인한다.

생각넓히기 | **긱 경제(Gig economy)**

플랫폼을 통하여 수요자와 공급자가 쉽게 연결되면서 기업이 필요에 따라 단기 계약직이나 임시직으로 인력을 충원하고 그 대가를 지불하는 경제이다.

3 여성에게 적합한 고용형태의 등장

① 기혼 여성의 노동시장 진출이 풀타임을 파트타임으로 대체하거나 파트타임 일자리를 추가로 확대하는 과정과 동시에 이루어질 수 있었던 것은 파트타임이 가족 돌봄과 소득활동을 병행해야 하는 여성에게 적합한 고용 형태로 용인되어졌기 때문이다.

② 직장과 가족에서 다중적인 역할을 수행해야 하는 여성의 조건과 고용 유연화라는 기업의 요구가 적절히 들어맞음으로써 여성이 불안정한 저임금 일자리를 채울 수 있는 주요한 집단으로 등장했다.

4 여성의 노동시장에서의 주변적 지위

유연 고용 체계는 더 많은 여성들을 노동시장으로 유인했지만, 여성 일자리의 상당수는 파트타임이나 사무직, 판매 · 서비스직의 질 낮은 일자리들로 채워지고, 여전히 가족 내에서 여성은 가족 구성원들을 돌보는 일차적인 책임을 지고 있으며, 이것이 노동시장에서 주변적 지위를 결정하는 요인이 된다.

Ⅳ 유연근무제의 확산

1 의의

① 일정한 시간과 장소 형태를 요구하는 정형화된 근무제도에서 탈피한 신축적인 근무제도로서 핵심 근무시간을 제외한 편리한 시간에 근무하는 출 · 퇴근제이다.

② 자택 및 주거지 인근의 스마트워크센터에서 근무하는 원격근무로 하나의 일자리를 두 사람 이상이 나눠 근무하는 일자리 공유제도로 운영된다.

③ 1일 근무시간을 늘리는 대신 추가 휴일을 갖는 집중근무제와 근무자가 원하는 일정기간 근무시간을 줄이는 한시적 시간근무제 등이 있다.

④ 유연근무제는 근로자들이 일-가족 양립이라는 현실적인 문제를 해결하는 데 매우 중요한 역할을 하기 때문에 가족친화경영에 있어 가장 핵심적인 요소로 자리 잡고 있다.

⑤ 근로자들에게 자신의 일 관련 역할에 대해 자율적이고 능동적으로 생각하게 한다. 이는 근로자들에게 조직에 대한 애사심과 직무에 대한 만족도를 높임으로써 조직의 성과 향상에도 도움을 줄 수 있는 방법으로 미국, 영국 및 기타 유럽국가의 기업에서 이미 도입한 제도이다.

2 유연근무제의 다양한 형태

(1) 의의

① 유연근무제는 다양한 형태로 발전해 왔는데 그 대표적인 것으로 탄력근로, 압축근로, 단시간근로, 그리고 재택근로로 구분한다.

② 탄력근로와 압축근로가 근로시간은 그대로 두면서 일을 시작하고 끝나는 시간에 대한 유연성을 제공하는 것이라면, 단시간 근로는 근로시간의 길이에 있어서 유연성을 제공하는 것이고 재택근로는 장소에 대한 유연성을 제공하는 것이다.

(2) 탄력근로(flex-time)

① 근로자들이 하루 일과를 시작하는 시간과 끝나는 시간에 있어서 선택과 조정이 가능한 제도이다.

② 예를 들면 출근시간이 7시에서 10시로 탄력적이고, 그 이후에 8시간을 일하는 경우로 이러한 직장에서는 하루의 일정한 근무시간을 핵심근로시간으로 지정, 그 시간에 업무협조와 회의가 이루어지도록 하는 경우가 많다.

(3) 압축근로(compressed work weeks)

근로자가 주 40시간의 일을 주 5일이 아닌 4일에 걸쳐서 할 수 있도록 하는 제도로 가장 일반적으로 10시간씩 4일을 일하는 것이나 2주에 걸쳐서 9일을 일하고 10번째 날에 쉬는 형태이다.

(4) 단시간근로(reduced-load work)

① 근로자가 40시간 이하 근로시간을 선택하는 경우로 통상 파트타임으로 일하는 경우가 해당된다.

② 최근에는 정규직이면서 단시간 근로를 도입하는 사례도 증가하고 있으며 이러한 단시간 근로를 가능하게 하기 위해 직무공유와 같은 제도로 보완한다.

(5) 재택근무(telecommuting)

① 근로자들이 집 혹은 기타 원거리 사무실에서 약속된 스케줄에 따라 일할 수 있도록 하는 제도로 IT 기술의 발전으로 가상공간(virtualspace)에서의 업무공유가 기능하게 됨으로써 생겨난 유연근무제의 하나이다.

② 출·퇴근시간을 줄일 수 있다는 점에서 선호되기도 하고, 방해받지 않고 일을 할 수 있는 시간을 확보하기 위해서 활용된다.

3 유연근무제의 긍정적 효과

(1) 근로자의 직무만족과 사기를 높여 애사심 고취

① Rothausen의 연구결과는 탄력근로를 포함한 유연한 근무형태가 직무만족도를 높이는 것으로 조사되었다.

② 특히 자녀를 둔 근로자의 경우에 만족도가 높은 것으로 나타난다.

(2) 근로자의 이직 의도를 줄이고, 인재유지에 도움

Rau와 Hyland의 연구는 미국의 MBA학생들을 대상으로 일-가족 갈등을 많이 느끼고 있는 학생들의 경우 탄력근무를 제시하는 조직에 더 관심을 갖고 있다는 조사결과가 도출된다.

(3) 근로자들의 창의성 향상

① Dyne과 Lobel의 연구 결과는 근로 유연성의 증가가 팀 프로세스에 유연성을 높인다는 것을 발견하였다.

② Lambert는 가족 친화적 경영이 근로자들이 회사개선을 위한 자발적인 건의와 같은 조직시민행동을 증가시킨다고 주장한다.

(4) 근로자의 스트레스와 직무소진을 감소

Raghuram과 Wisenfeld의 연구 결과는 재택근무와 같은 가상근무가 업무스트레스를 경감시키는 요인으로 유의적인 결과를 도출했다.

(5) 근로자들이 일과 가족을 양립하는 데 도움

자율적인 일정을 도입하고 있는 직장에 근무하는 근로자들이 일-가족 갈등을 낮게 느끼고, 육체적-정신적 건강상태가 양호한 것으로 본다.

(6) 근로자들이 일하는 방식을 개선하여 업무효율을 제고

Eaton은 유연근로제를 도입한 기업에서의 근로자들이 회사에 더 몰입하고 충성심을 느낄 뿐만 아니라 생산성도 높았다는 것을 발견했다.

V 개인생활 변화로 등장한 신조어

1 디제라티(digerati)

디지털 지식으로 무장한 신흥 지식계급으로 디지털(digital)과 지식계급(literati)의 합성어이다. 1992년 뉴욕타임스가 처음으로 사용하기 시작한 신조어로 빌 게이츠, 제프 베조스, 손정의 등 컴퓨터, 인터넷정보통신 분야 거물들이 여기에 해당한다.

2 디지털 부머(digital boomer)

디지털시대 소비확산을 주도하는 디지털 신인류로서, 디지털 매체와 서비스를 자신과 비슷한 특성을 가진 사람들과 소통하는 채널로 활용한다.

3 디지털 원주민(digital native)

컴퓨터, 인터넷, 휴대폰 등 디지털 기술을 어려서부터 사용하면서 성장한 세대로 컴퓨터나 인터넷 등을 복잡하고 어려운 기술로 생각하지 않고 그냥 손에 익은 장치 정도로 여기면서 쉽게 활용한다.

4 디지털 유목민(digital nomad)

① 인터넷과 최첨단 정보통신 기기를 가지고 사무실 없이 새로운 가상조직을 만들며 살아가는 인간형이다.

② 프랑스 사회학자 자크 아탈리는 「21세기 사전」에서 21세기형 신인류의 모습으로 디지털 유목민을 제시하였다. 정보기술(IT)의 발달로 인류는 한곳에 정착할 필요가 없어진다고 예견하고 정보와 지식이 중심인 현재 디지털 시대에는 자신의 삶의 질을 극대화하기 위해 자유로우면서 창조적인 생각을 하는 유목민이 증가하고, 이들이 생산과 소비를 주도하면서 사회의 주도 세력으로 등장하고 있다고 분석한다.

5 디지털 커뮤니쿠스(digital communicus)

① 디지털 기술로 다양한 커뮤니케이션을 하는 사람으로 디지털 커뮤니케이션(digital communication)과 인간(cus)의 합성어이다.

② 다양한 디지털 기술과 기기를 이용하여 시간과 공간에 관계없이 자유롭게 커뮤니케이션하는 신인류로 통족(通族), 지족(知族), 락족(樂族) 등 3가지 유형으로 구분한다.

6 디지털 코쿤족(digital cocoon족)

디지털 기기와 개인 통신망을 이용하여 자신만의 공간에서 모든 문제를 해결하며 사는 사람들을 의미한다.

7 모비즈족(mbiz족)

모빌 비즈니스(mobile business)족의 약자로 이동전화 하나만으로 인터넷에 접속, 이동 중에도 자신이 원하는 물품을 구입하거나 필요한 정보를 찾아내며 취미 생활을 즐기는 사람들을 지칭한다.

8 보보스(bobos)

디지털 시대의 엘리트로, 이윤추구의 부르주아(bourgeois) 문화와 자유분방한 보헤미안(bohemian) 문화가 결합해 생긴 새로운 인간형이다. 지식과 정보, 아이디어가 자본보다 중요하다고 생각하는 지식자본주의 지향주의자로 야망과 성취가 보장된 부르주아의 꿈, 방랑과 창조성으로 넘실대는 보헤미안의 자유를 만끽하는 디지털 엘리트이다.

9 신코쿤족

① 집에 머무르며 저렴한 비용으로 여가 생활을 즐기려는 사람들로 코쿤족이 안정된 수입원이 있어 경제력을 갖고서도 집에 머무르는 것을 좋아했던 반면, 신코쿤족은 불황에 어쩔 수 없이 집에 있는 시간이 많은 사람들을 말한다.

② 온라인 쇼핑몰에서는 이들 신코문족을 중심으로 집에서 저렴하게 문화생활을 할 수 있는 만화, 전자서적서비스, 게임 상품 등을 비롯해 다양한 상품들을 개발하여 제공한다.

10 아나디지족(anadigi)

① 디지털과 아날로그를 적절히 결합하여, 디지털을 제어하며 사는 사람들을 의미하는 아날로그의 아나(ana)와 디지털의 디지(digi)를 합성한 신조어이다.

② 휴대폰, PDA(휴대용 개인정보단말기), 무선인터넷, PC 등 디지털 문명이 고도로 발달하면서 각종 정보에 대한 접근이 쉬워지고, 생활에도 많은 편의를 제공하는 등 디지털은 인간의 생활방식에 많은 변화를 가져다주었는데 아나디지는 디지털의 문제점을 인식하고, 비록 디지털보다 느리고 복잡하더라도 아날로그만이 가지고 있는 여유와 느림을 통해서 디지털의 약점을 극복하려는 차원에서 등장한다.

11 예티족(yeties)

디지털 시대의 여러 가지 특성, 즉 젊고, 정보통신 지식이 많고, 인터넷을 잘 활용하는 특성을 가지고 있는 20~30대 연령층을 의미하는 용어로 young, en-trepreneurial, tech based, internet elite의 약어로 디지털 시대의 신세대 인간의 분류를 의미하는 yettie의 복수형이다.

12 웹버족(webver)

디지털 생활을 즐기는 정보화 된 시니어 계층을 의미하는 용어로 인터넷의 웹(web)과 노인세대를 지칭하는 실버(silver)를 합성한 신조어이다.

13 카칭족(kaching tribe)

소셜 미디어로 돈을 버는 사람이다. 페이스북이나 트위터, 미투데이 같은 소셜 미디어로 마치 현금 지급기에서 돈을 꺼내듯이 일확천금을 버는 사람을 뜻하는 말로 페이스북으로 자동차를 팔거나, 트위터로 보험을 파는 사람들이 해당한다.

14 호모나랜스(homonarrans)

디지털 공간에서 말하기 좋아하는 소비자를 의미. 이들은 적극적으로 이야기를 찾아다니며, 자신과 같은 소비자의 이야기(we media)를 신뢰하고 기존 콘텐츠 재구성을 즐기며, 이야기 중심에 항상 '나'를 둔다는 특성을 지닌다.

15 호모 날리지언(homo knowledgian)

미래학자들이 21세기를 좌우할 주역, 신지식인 또는 신인류로 내세우는 새로운 종류의 인간군. 호모 날리지언이 되려면 지식사회와 지식경제를 능동적으로 이끌어갈 수 있는 지식 마인드, 정보기술 능력과 관찰하고 추론, 통합사고할 수 있는 능력, 전문성과 사회보편성을 조화시킬 수 있어야 하며, 세계의 다양한 문화에 대한 안목이 필요하다.

16 호모 모빌리쿠스(homo mobilicus)

휴대전화를 생활화하는 현대 새로운 인간형을 의미한다. 휴대전화의 대중화로 사람들은 시간과 공간에 구애받지 않고, 원하는 사람과 커뮤니케이션을 할 수 있는 능력을 가지게 되었지만, 반대로 기다림의 미학을 잃고 진정한 의사소통의 핵심인 '이해'와 거리가 멀어졌다는 비판을 받기도 한다.

Theme

123 사회관계의 변화

Ⅰ 이차적 관계

① 이차적 관계의 개념은 전근대사회의 주된 사회관계 유형이었던 원초적 관계와 대비되어 만들어진 개념이다.

② 사회학자 쿨리(Cooley)는 지리적으로 근접하여 살면서 친밀한 대면적 상호작용을 하며 개인의 자아가 형성되는 데 중요한 영향을 미치는 집단을 원초적 집단으로 정의하였다.

③ 원초적 집단 속에서 이루어지는 구성원 간의 상호작용은 매우 지속적이고 전면적이며, 집단의 목적 자체가 구성원들 간의 인간관계이기 때문에 고도로 관계 지향적이다.

④ 현대사회가 되면서 이들 원초적 집단의 중요성이 약화되고 이차적 집단의 중요성이 점차 커지기 시작하였다.

⑤ 원초적 집단과 달리 이차적 집단은 업무 지향적 집단이며, 구성원 간의 상호작용도 부분적이고 일시적인 것이 주를 이룬다.

⑥ 이차적 집단에서는 상호작용 당사자들 사이에 인격적 유대관계가 별로 중요하지 않게 되는데 그 결과로 현대사회의 구성원들은 군중 속에 있으면서도 고독을 느끼는 존재가 된다.

Ⅱ 익명적 관계

1 의의

① 익명적 관계는 현대사회의 이차적 관계가 극단화된 형태로 컴퓨터에 의해 매개된 커뮤니케이션을 통하여 발전한 관계이다.

② 의사소통 참여자들은 자신의 정체성을 거의 드러내지 않고, 상호작용은 공통의 취향이라는 좁은 영역에 집중되어 이루어지게 된다.

③ 인터넷 접속 중에만 관계가 이루어지기 때문에 극히 순간적인 관계라는 특성을 지니게 된다.

2 컴퓨터 매개 커뮤니케이션

① 익명적 관계가 활성화된 것은 컴퓨터에 의해 매개된 커뮤니케이션으로 지역적 · 사회적 장벽을 넘어 다수의 사람들이 상호작용할 수 있게 된 것과 관련된다.

② 상호작용의 물질적 기반을 전혀 가지고 있지 않은 사람들은 단지 공통의 취향을 매개로 사회적 관계를 맺게 됨으로써 정체성의 확인이 별 의미를 지니지 못하게 된 것이다.

③ 이처럼 익명적 관계 속에서 기존의 정체성이 의미를 잃게 되자 기존의 사회적 관계에서 유지되던 각종 의사소통의 관습도 무너지기 시작한다.

3 아이디라는 별도의 식별도구

① 익명성을 유지하기 위해 이름 대신 아이디라는 별도의 식별도구를 사용한다.

② 연령이나 성별을 따지지 않고 동일한 존대어를 사용함으로써 기존의 의사소통 관습을 완전히 무시하는 욕설과 반말 등 이른바 통제받지 않는 행위가 돌출하고, 남성이 여성 행세를 하는 등 온라인상에서 개인의 정체성을 다양하게 실험해보는 현상도 생겨났다.

③ 온라인 공동체의 구성원들이 면대면 접촉을 갖는 오프라인 모임 등에서는 다시 기존의 의사소통 관습이 회복되기도 하지만, 상호작용의 지속성이 제한되어 있어 관습의 완전한 복구로 이어지지는 않는 것이 일반적 현상이다.

4 가상주체의 등장

① 가상주체의 등장을 초래한 익명성으로 인해 인터넷을 이용하는 사람들 중 다수가 이 익명성을 이용해 현실의 정체성과 다른 새로운 정체성을 실험해보기 시작했다.

② 정보사회에서 정체성은 개인이 선택할 수 있는 것으로 바뀌었다.

③ 정체성이 선택 가능한 것으로 바뀌었다는 것은 정보사회가 지닌 전복적 잠재력을 시사한다.

Ⅲ 다중정체성 출현

① 마크 포스터는 전자적으로 매개된 커뮤니케이션에 의해 다중적이고 분산되며 탈중심화되어 정체성이 불안정한 주체가 출현했다고 보았다.

② 이처럼 다중적인 정체성 속에서 혼란을 느끼는 개인이 늘어났다. 이런 혼란은 가상세계에서 개인이 선택한 정체성이 현실의 정체성이 지닌 불만을 극복하여 투사한 이상적 정체성일 경우에 특히 심각한 결과를 가져올 가능성이 높다.

③ 가상세계에서 스스로 만들어낸 가상적 정체성에 지나치게 몰두할 때 현실정체성과 가상정체성을 혼동하는 현상이 생길 수 있다.

④ 가상세계와 현실세계를 혼동하여 가상세계에만 탐닉하는 현상들은 매개된 사회관계가 지배하고 정체성이 선택 가능한 것이 된 정보사회의 특성과 긴밀한 연관을 지닌다.

Ⅳ 새로운 사회관계 형성

1 소셜 네트워크 서비스의 확산

① 정보사회의 익명적 사회관계가 거기에 참여하는 개인에게 자유이자 동시에 혼란으로 경험될 수 있다는 점에서 이 혼란을 회피하고자 하는 사람들은 새로운 사회관계의 형성을 모색한다.

② 최근 널리 확산되기 시작한 소셜 네트워크 서비스에서 새로운 사회관계 양상을 볼 수 있다.

2 안정적인 사회관계에 대한 욕망

① 사람들은 좀 더 안정적인 사회관계에 대한 욕망을 가지고 있다는 것을 의미한다.

② 닐슨 코리아 클릭의 조사 결과에 의하면 방문자의 절대적 숫자는 트위터가 많지만 증가율은 페이스북이 훨씬 더 높은 것으로 나타났다.

③ 트위터가 짧은 문자의 정보 중심이고 다수의 이용자에게 정보를 전달하는 것이라면 페이스북은 긴 글을 쓸 수 있을 뿐 아니라 좀 더 개인적인 의사소통이 가능하다는 특정을 가진다.

④ 이런 견지에서 페이스북 이용자 증가는 정서적이고 개인적인 커뮤니케이션에 대한 개인욕구의 반영으로 볼 수 있다.

3 익명적 관계에서 준익명적 관계로의 변화

① 정보사회의 개인은 산업사회에서보다 대중의 압력으로부터 좀 더 자유로워지고 스스로의 독특한 취향을 적극 계발해 나갈 수 있는 존재이지만 면대면의 정서적 관계가 약화되었다.

② 네트워크의 무한한 확산에도 불구하고 실제 교류 범위는 축소되면서 고립감을 느낄 수밖에 없는 존재이다.

③ 이 고립감은 네트워크 속에서 형성되는 전형적 관계가 익명적이라는 점에서 더욱 심화되는데, 근자에 급속히 확산되고 있는 소셜 네트워크 서비스는 초기 컴퓨터 매개 커뮤니케이션의 익명성을 어느 정도 완화시켜 준 익명적 관계를 맺을 수 있게 한 것으로 정보사회 개인들의 정서적 욕구를 충족시킨다.

④ 익명적 관계에서 준익명적 관계로 정보사회의 사회관계 양상이 변화하는 모습은 정보사회를 살아가는 개인들이 사회관계를 통해 얻고자 하는 것이 무엇인지를 시사하고 있다.

⑤ 정보사회는 개인의 자유와 사회관계의 안정성을 동시에 제공할 잠재력을 지니고 있는 사회로 정보사회 공동체는 전통사회의 공동체와 달리 구성원의 참여를 강제하지 않는 공동체로서 스스로 욕구에 따라 자유와 구속의 정도를 결정할 수 있도록 한다.

V 삶의 질적 변화

1 개인-직장 생활에 미치는 영향

① 정보화를 개인생활 정보화와 직장생활 정보화로 구분하여 설명한다.

② 개인 수준에서는 정보설비 보유수준, 정보이용 수준 및 정보활동에 투자하는 시간과 노력, 정보환경과 정보통신정책에 대한 긍정적 인식 등으로 개념화한다.

③ 직장생활 정보화는 직장 정보설비 보유 수준, 직장업무 수행을 위한 정보기술 이용 수준, 정보기술 습득 정도, 정보기술과 서비스의 도입 및 효과성에 대한 긍정적 인식으로 개념화한다.

④ 개인생활 영역에서는 정보화 인식이 가장 상관관계가 높으며 다음으로 정보화 지원, 정보설비, 정보이용 순으로 삶의 질과 관련된 것으로 분석한다.

⑤ 직장생활 영역에서는 정보설비, 정보화 지원, 정보화 인식은 삶의 질과 높은 관련성을 보인 반면, 정보이용은 상대적으로 낮은 관련성을 보인다.

2 삶의 질 향상에 미치는 영향

구분	정보화 환경	정보기술의 활용
내용	• 다양하고 풍부한 IT 서비스의 공급 • 네트워크화된 사회기반 구조 • 안정된 정보통신시스템 • 국민권익을 보호하는 법과 제도 • 사회구조변화로서의 정보화	• IT 서비스 이용의 편리성과 편의성 • 개인욕구를 충족시키는 IT 서비스 • 기술과서비스에 대한 교육과 지식 • 개인정보 보호와 정보의 공유 • 정보사회에 대한 인식과 정보정책에 대한 이해

3 Artz의 정보기술이 삶에 미치는 영역

① 사회수준, 조직수준, 정보기술과 개인의 상호작용 수준으로 구분한다.

② 사회적 수준에서 개인의 목표에 정보기술이 미치는 영향과 개인의 성장과 발전을 위한 기회 제공 정도 등 정보기술이 삶에 미치는 영향이다.

③ 조직적 수준에서 조직 내 정보시스템이 조직목표와 얼마나 부합하느냐의 측면에서 검토한다.

④ 정보기술과 개인 간의 상호작용 측면에서 정보시스템이 사용자의 요구와 잘 부합되도록 설계한다.

⑤ 인터넷 활용이 저소득층이나 고령자들의 삶의 질을 향상시킨다.

4 Wright의 삶의 질 향상

① 고령자들이 온라인 커뮤니티에 참여할수록 삶의 스트레스를 덜 느끼는 것을 발견하였다.

② 고령자들이 e-메일이나 인터넷을 사용하면서 소외감이 감소하고 정신건강이 향상된다.

③ 정보기술이 개인의 일상생활에 변화를 유도하여 삶의 질을 향상시킬 수 있을 것이라고 주장한다.

Theme

124 전자정부

I 전자정부의 개념

① 미국의 성과평가위원회(National Performance Review)에서 전자정부(e-Government) 개념이 처음 소개된 이래 전자정부 개념은 각 국가별 그리고 한 국가 내에서도 기관 및 학자에 따라 다양하게 정의한다.

② 전자정부의 개념 정의가 초기에는 정보통신기술을 통한 행정의 효율성 달성에 중점을 두었던 반면, 최근에는 행정 효율성뿐만 아니라 궁극적으로 민주적 발전을 도모하는 정부형태로 전자정부를 정의한다.

③ 정부혁신지방분권위원회는 정보통신기술을 기반으로 하여 행정, 입법, 사법 등 정부 내 업무의 전자적 처리와 유기적 연계로 행정의 효율성과 투명성을 제고하여, 국민과 기업이 원하는 정보와 서비스를 언제 어디서나 쉽게 접근하고 이용할 수 있게 할 뿐 아니라 참여 민주주의에 대한 국민의 요구에 적극 부응하는 정부로 정의한다.

II 전자정부 등장 배경

1 행정 환경의 변화

① 정보가 생산수단으로 인식되는 사회적 분위기가 디지털 경제를 출현시켰다.

② 정보공개가 활성화되면서 그동안 성역으로 간주되었던 정치행정에서도 그 투명성이 증대되고 있다.

③ 정보통신기술의 발달로 행정 업무처리방식에서도 신속성의 가치가 중요시되고, 의사결정의 지연 현상은 비판의 대상이 되고 있다.

④ 요구에 대한 신속한 대응은 정부와 고객인 시민과의 관계에서 중요한 원칙이다.

⑤ 이러한 요인으로 종래의 관료조직에 의한 행정은 비효율적이고 변화에 더디고 일처리를 신속하게 하지 못한다는 인식이 확산되면서 전자정부에 대한 필요성이 제기된다.

2 기존 관료조직의 개편 요구

① 산업사회 관료제는 종적 · 횡적 분업의 원리에 따른 계층제의 조직 원리에 따라 설계되었다.
② 이러한 조직은 일처리 과정이 복잡하여 결과적으로 다단계의 조직을 형성하게 됨으로써 일처리 과정의 비능률을 초래하고 조직의 생산성을 저하시킨다.
③ 그러나 정보사회 관료제는 조직 원리와 관련하여 문제해결을 통한 평면조직 원리의 조직 설계를 추구한다.

3 전자정부를 통한 정보사회 조기 달성

① 정부형태가 전자정부로 전환되면 사회에 미치는 영향은 지대하다.
② 우선 정보산업에 영향을 미치고, 이는 디지털 경제체제로의 이행을 촉진시킬 것이다.
③ 이로 인해 정보처리 인력의 수요가 늘어나고 노동시장의 구조가 변하고, 일처리 방식이 달라져 기존 사회구조와 형태의 변화를 견인한다.

4 정보민주주의 실현 가능성

① 행정기관이 보유하거나 관리하는 국민생활과 밀접한 정보는 국가의 안전보장이나 법률로 보호되는 법인, 단체의 비밀 또는 권익, 개인의 사생활을 침해하는 것이 아닌 한 인터넷에 공개됨으로써 자유로운 정보이동을 통한 쌍방향 의사소통이 가능해진다.
② 정보민주주의는 이러한 쌍방향 의사소통을 전제조건으로 실현 가능하다.

5 효율적 행정실현 가능성

전자정부의 구현으로 국가경쟁력을 갖추게 되고, 정부의 성과와 디지털 미래가 결정될 것이라는 전망이다.

Ⅲ 전자정부의 발전과정

1 전자정부 서비스의 발전단계(Gartner Group)

단계	내용
정보단계 (Presence)	시민(사용자)들에게 행정기관의 일반적인 정보 및 적절한 공식문서를 웹 사이트를 통해 제공하는 단계
상호작용단계 (Interaction)	주요 정보를 온라인상으로 접근 가능한 단계, 예를 들어 기본적인 검색기능, 다운로드 가능한 양석, 타 관련 사이트와 링크, 공무원 및 행정기관 e-mail 주소등록 등이 추가됨
업무처리단계 (Transaction)	시민(사용자)이 온라인상으로 모든 민원업무의 처리가 가능한 단계, 예를 들어 납세 서류작성 및 납세 이행, 자동차면허갱신, 각종 벌금 지급, 인 · 허가 업무 등이 온라인상에서 처리 가능
변화 · 혁신단계 (Transformation)	정부조직운영을 시민들에게 모두 투명하게 보이도록 하는 단일 고객접촉점을 제공함으로써 정부 서비스의 개념을 재정의하게 되는 단계

2 EU의 온라인 공공 서비스 수준 평가 방법

(1) 의의

EU의 온라인 공공서비스 제공 수준은 온라인 서비스의 정교성과 완전한 온라인 이용가능성을 핵심 지표로 평가된다.

(2) 온라인 서비스의 정교성

① 온라인 정교성은 공공 서비스의 온라인 이용가능성을 측정하는 것으로 정보, 일방향 상호작용(다운로드 가능한 신청서 제공), 쌍방향 상호작용(온라인 신청서 제공), 상호교류(완벽한 온라인 서비스 처리), 개인화(능동성, 자동화)로 구성된 5단계 모델을 제시한다.

② 개인화 단계는 온라인 서비스가 어느 정도까지 사용자 요구에 맞추어 목표화가 되어 있는지를 평가하는 것으로 행정적 절차를 줄이고 데이터의 일관성을 개선하는 데 도움을 주는 완전히 통합된 온라인 절차를 의미한다.

③ 개인화 단계 진입 여부를 평가하기 위해서는 '능동적 서비스 제공'과 '자동적 서비스 제공'의 두 가지 개념을 적용한다.

④ 능동적 서비스 제공은 정부가 서비스 제공의 질과 사용자의 호감도를 개선하기 위해 능동적으로 행동을 취했는지 여부이고, 자동적 서비스 제공은 사용자에게 맞는 특정 서비스를 정부가 자동으로 제공하는 것으로 사용자의 서비스 요청이 불필요하다.

(3) 완전한 온라인 이용가능성

완전한 온라인 이용가능성 평가는 e-유럽의 온라인 이용 수준을 평가하기 위해 20개 공공 서비스(시민 서비스 12개, 기업 서비스 8개)에 제한 적용한다.

생각넓히기 | 시민을 위한 공공 서비스

소득세, 일자리 검색, 사회보장 혜택, 개인 문서(여권/운전 면허증), 자동차 등록, 건축 허가 신청, 경찰 신고, 공공 도서관, 증명서, 고등 교육 등록, 주소 이전 신고, 보건 관련 서비스의 12개이다.

생각넓히기 | 기업을 위한 공공 서비스

직원들의 사회 기부금 신고, 법인세, 부가가치세, 새 기업 등록, 통계청 데이터 제출, 관세 신고, 환경 관련 허가, 공공 조달 서비스의 8개이다.

[온라인 정교성과 완전한 온라인 이용가능성 지표의 관계]

측정목표	측정목표를 위한 단계모델
완전한 온라인 이용가능성	온라인 정교성(online sophistication) 모델
완벽하지 않은 온라인 이용가능성	• 1단계: 온라인 정보 구축 • 2단계: 일방적 상호작용 – 다운로드 가능한 신청서 • 3단계: 쌍방향 상호작용 – 온라인 신청서
완벽한 온라인 이용 가능성	• 4단계: 상호교류 – 완벽한 온라인 서비스 처리 • 5단계: 개인화 – 능동성, 자동화

[온라인 정교성 측정을 위한 5단계 지표]

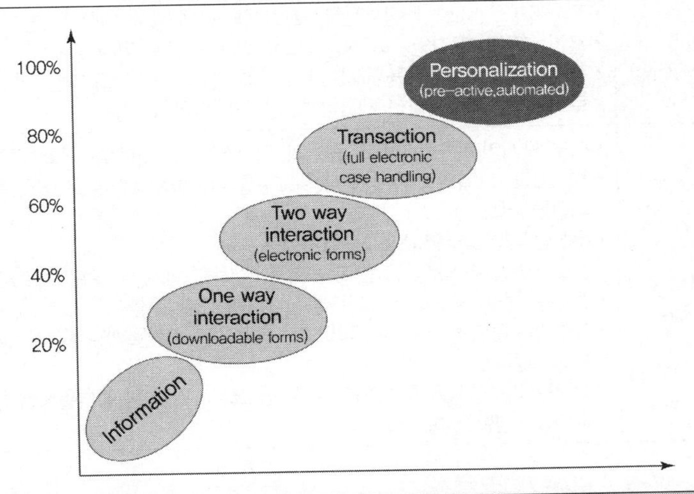

단계	내용
정보(information)	온라인 정보 구축
일방적 상호작용(One way Interaction)	다운로드 가능한 신청서 제공
쌍방향 상호작용(Two way Interaction)	온라인 신청서 제공
상호교류(Transaction)	완벽한 온라인 서비스 처리
개인화(personalization)	능동성, 자동화

3 UN의 전자정부 발전모형

UN은 기존의 전자정부 발전 5단계 모형인 1단계(착수), 2단계(발전), 3단계(상호작용), 4단계(전자거래), 5단계(통합연계) 모형에서 2단계인 발전단계와 3단계인 상호작용단계를 합하여 2단계인 '발전단계'로 통합하여 전자정부 발전 4단계 모형으로 재정의하여 제시하였다.

단계	내용
1단계 정보서비스 착수 (Emerging information services)	• 정부 웹 사이트는 공공정책 거버넌스, 법률, 규제, 정부서비스에 대한 관련 서류와 유형들에 대한 정보를 제공 • 정부 웹 사이트는 타 정부부처와 링크 • 시민들은 중앙정부와 타부처에 대한 새로운 정보를 쉽게 얻을 수 있으며, 그러한 정보를 얻기 위해 해당 링크에 접속 가능
2단계 발전된 정보서비스 (Enhanced information services)	• 정부 웹 사이트는 발전된 일방향 e-커뮤니케이션 혹은 정부와 시민 간의 단순한 쌍방향 e-커뮤니케이션을 제공(예 정부 서비스를 위한 다운로드 가능한 양식 제공) • 정부 웹 사이트는 오디오와 비디오 기능이 있으며, 여러 언어로 구현 • 몇몇 제한된 e-서비스를 통해 시민들은 전자서비스가 아닌 양식이나 개인 정보와 같은 사항을 요청할 수 있으며, 이는 우편으로 요청자의 집에 전달

3단계 전자거래 서비스 (Transactional services)	• 정부 웹 사이트는 시민과 쌍방향 커뮤니케이션 가능 • 전자거래 서비스(예 정부정책, 프로그램, 규제 등에 대한 의견 개진 및 수렴) • 본인 확인의 전자인증이 성공적으로 거래를 하기 위해 필요 • 정부 웹 사이트는 금융거래뿐만 아니라 이외의 서비스도 제공(예 전자투표, 양식의 다운로드와 업로드, 온라인 세금납부, 인허가, 증명서 신청)
4단계 통합연계 서비스 (connected services)	• 정부 웹사이트는 정부가 시민들과 의사소통하는 방식을 변화시킴 • 웹 2.0과 그 외의 다른 상호작용 도구를 사용하는 시민들은 적극적으로 정보를 요구하고 의견을 제시 • 무선방식의 e-서비스와 e-솔루션이 제공 • 정보, 자료, 지식은 통합된 애플리케이션을 통해 정부 기관으로부터 이동 • 정부는 정부-중심에서 시민-중심 접근법으로 전환 • 그룹별 시민대상으로 e-서비스가 '생애 주기 이벤트'(life cycle event)와 맞춤식 서비스 형태 제공 • 정부는 의사결정에 목소리를 낼 수 있도록 하기 위한 정부활동에 좀 더 시민들이 참여할 수 있는 권한 부여

4 우리나라 전자정부의 발전모형

우리나라는 참여정부 시절, 정부혁신지방분과위원회에서 UN의 5단계 모형을 중심으로 1단계(착수), 2단계(상호작용), 3단계(전자처리), 4단계(통합처리), 5단계(민관협업)로 우리나라에 적합한 모형을 개발하였다.

단계	내용
1단계(착수)	• 단순안내, 정보제공 • 단순 업무 DB 구축, 전자화
2단계(상호작용)	• 온라인 민원신청, 행정정보공개 • 기관 내 유관 DB 및 시스템 간 연계 • 기관별 표준 · 상호 연동성 확보
3단계(전자처리)	• 분야별 단일창구, 온라인 정책형성 • 기관 내 유관 DB 및 시스템 간 연계 • 기관 간 공통 표준 · 상호 연계
4단계(통합처리)	• 범정부 단일창구 온라인 정책결정 • 범정부적 통합전산자원관리(물리적) • 범정부공용 DB 운용 및 시스템 연계 · 통합
5단계(민관협업)	• 범정부 통합창구의 고객화, 지능화 • 온라인 거버넌스(형성-결정-집행) • 정부, 공공 및 민간 연계 및 협업처리 • 범정부적 통합 전산자원관리(물리적+기능적)

5 전자정부 추진 원칙

(1) 국민편익 중심의 원칙

행정기관의 업무처리 과정은 당해 업무를 처리하는 데 있어서 민원인이 부담하여야 하는 시간과 노력이 최소화되도록 설계되어야 한다.

(2) 업무혁신 선행의 원칙

행정기관이 업무를 전자화하고자 하는 경우는 미리 당해 업무 및 이와 관련된 업무의 처리과정을 전자적 처리에 적합하도록 혁신하여야 한다.

(3) 전자적 처리의 원칙

행정기관의 주요 업무는 전자화되어야 하며, 전자적 처리가 가능한 업무는 특별한 사유가 없는 한 전자적으로 처리되어야 한다.

(4) 보유정보 공개의 원칙

행정기관이 보유 관리하는 국민생활과 밀접한 정보는 국가의 안전보장이나 볍률로 보호되는 법인 단체의 비밀 또는 권익, 개인의 사생활을 침해하는 것이 아닌 한 인터넷으로 공개되어야 한다.

(5) 확인책임 행정기관 귀속 원칙

행정기관은 특별한 사유가 없는 한 행정기관 간에 전자적으로 확인할 수 있는 사항을 민원인에게 확인해 오도록 요구해서는 안 된다.

(6) 공동이용의 원칙

행정기관이 수집, 보유하고 있는 정보는 이를 필요로 하는 다른 행정기관과 공동 이용하여야 하며, 다른 행정기관은 동일한 내용의 정보를 따로 수집하여서는 안 된다.

(7) 개인정보 보호의 원칙

행정기관이 보유, 관리하는 개인정보는 법령이 정하는 경우를 제외하고는 당사자의 의사에 반하여 사용될 수 없다.

(8) 기술개발 외주의 원칙

전자정부 구현에 필요한 기술은 당해 기술이 민간부문에 존재하지 않거나 행정기관이 직접 개발하는 것이 경제성과 효과성 면에서 현저하게 우수하다고 판단되는 경우를 제외하고는 민간부문의 전문기관에서 개발을 의뢰하여 사용하거나, 민간부문에서 그 성능의 우수성이 입증된 기술을 구매하여 사용하여야 한다.

기출문제

「전자정부법」은 전자정부를 "정보기술을 활용하여 행정기관 및 공공기관(이하 "행정기관 등"이라 한다)의 업무를 전자화하여 행정기관 등의 상호 간의 행정업무 및 국민에 대한 행정업무를 효율적으로 수행하는 정부"라고 규정하고 있다. 전자정부의 구성요소로 볼 수 없는 것은? [2020]

① 적시성(Proper) 정부: 적시에 소비자들에게 정보제공
② 능률(Paperless) 정부: 문서 전자화, IT 활용 재설계
③ 깨끗한(Clean) 정부: 투명하게 정보 공개
④ 지식(Knowledge-based) 정부: 지식형, 정보 공유

정답 ①

해설 전자정부의 개념요소는 온라인 서비스 정부, 능률 정부, 지식 정부, 깨끗한 정부의 네 가지로 제시할 수 있다.

- 온라인 서비스(On-line Service) 정부: 전자정부에서는 민원을 인터넷, PC 통신, 무인민원자동처리기(KIOSK) 등 정보통신 기술을 이용하여 접수 · 처리하는 것이 가능하므로 국민들은 기관을 직접 방문하지 않고 언제 어디서나(Non-stop) 편리한 민원서비스를 받을 수 있다. 또한 기존 여러 부처가 관련된 민원처리나 민원처리에 필요한 서류를 구비하기 위해 여러 기관을 방문하였던 것도 기관 일회방문으로 한번(One-stop)에 처리가 가능하게 된다.
- 능률(Paperless) 정부: 정부 내의 사무처리 업무도 종이 없는(paperless) 행정처리가 가능하도록 재설계하고 각종 문서도 전자화하면 신속 정확한 행정처리가 가능하여 행정의 생산성 및 능률이 향상될 수 있다. 또한 정보 네트워크가 구축되어 국민과 공무원이 언제 어디서나 가까이 대화할 수 있는 국민과 정부가 하나가 되는 시대가 구현된다.
- 지식(Knowledge-based) 정부: 생산된 모든 문서는 컴퓨터에 분류 · 저장하고, 공무원 개개인의 업무 처리과정에서 습득한 지식은 공유가능 형태로 생성 · 보관되어, 행정처리에 이를 활용함으로써 품질 좋은 지식행정 서비스가 제공될 수 있으며, 기존의 관료형 공무원에서 지식형 공직사회로 변화될 것이다.
- 깨끗한(Clean) 정부: 업무처리의 전산 · 전자화과정을 통하여 정확하고 투명한 행정처리가 가능해지고 공무원의 자의적인 처리나 처리기간 지연 등의 부정부패 발생 소지를 척결할 수 있어 국민과 기업들로부터 신뢰받을 수 있는 정부가 될 수 있을 것이다.

예상문제

전자정부 모델에 대한 설명으로 틀린 것은?

① 민주성 모델에서 국민은 고객이다.
② 민주성 모델은 민주적 정부와 강한 정부를 지향한다.
③ 효율성 모델은 기업가형 정부와 작은 정부를 지향한다.
④ 효율성 모델은 정부 서비스에 대한 국민의 만족도에 대하여 지대한 관심을 기울인다.

정답 ①

해설 국민을 시민으로 보는 민주성 모델은 국민이 정치적 행위자라는 기본 시각을 놓치지 않는다. 이것은 국민을 자신의 주권을 행사할 권리의 담지자로 보는 동시에 정부구성을 위한 권리행사의 주체로 인식하고 있다는 뜻이다. 참고로 효율성 모델은 국민을 고객으로 인식한다. 이는 국민을 탈정치적인 존재로 본다는 것이며, 아울러 시장에서의 객체라는 의미이기도 하다. 또한 국민이 정치적인 행위자라기보다는 시장에서의 수요자이고 소비자라는 뜻이다. 이런 인식은 기업가적 정부론에서 말하는 고객과 일치한다.

6 전자정부의 추진 전략

(1) 의의

① 「전자정부법」 제2조 제11항은 전자정부는 정보기술을 활용하여 행정기관의 사무를 전자화함으로써 행정기관 상호 간 또는 국민에 대한 행정업무를 효율적으로 수행하는 정부라고 규정하고 있다.

② UN은 전자정부를 공공개혁의 중요한 도구로 인식하고 전자정부 구현을 통한 행정개혁을 유도하고 있다.

③ 대부분의 국가에서 전자정부를 새로운 정부혁신 전략으로 채택하여 추진하고 있다.

④ 우리나라는 1970년대 후반 주민등록, 부동산, 자동차 등 국가의 주요 행정업무 전산화를 시작으로 1990년대 여권, 특허, 조달과 같은 단위 업무 또는 기능중심의 정보화를 추진하였다.

⑤ 2000년부터 범정부 차원의 전자정부 핵심 인프라를 구축하고, 전자정부를 추진하였다.

⑥ 2010년 국제연합(UN)이 전 세계 192개국을 대상으로 실시하는 전자정부 평가 결과로 한국이 1위를 차지하였다. 2001년 첫 평가 순위 15위였던 우리나라가 각계의 다양한 노력과 발전으로 10년 만에 1위로 도약, 전자정부 선진국임을 세계적으로 인정받았다.

(2) UN 전자정부 발전모형에 기반한 성숙도 모형

다음은 UN전자정부 4단계 발전단계에 따른 우리나라 전자정부 온라인서비스 성숙도의 달성 정도를 나타낸 그림이다.

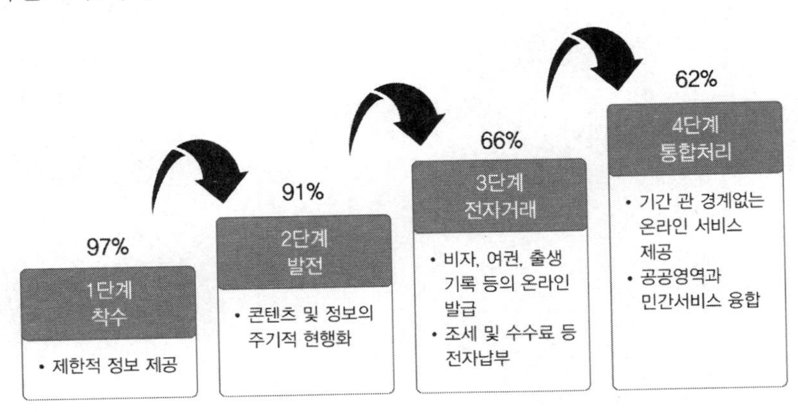

예상문제

전자정부 발전단계별 온라인 서비스 성숙도에 대한 설명으로 틀린 것은?

① 1단계(착수): 제한적 정보 제공
② 2단계(발전): 콘텐츠 및 정보의 주기적 현행화
③ 3단계(전자거래): 비자, 여권, 출생 기록 등 기관 간 경계 없는 온라인 서비스 제공
④ 4단계(통합처리): 공공영역과 민간서비스의 융합

정답 ③
해설 기관 간 경계 없는 온라인 서비스 제공은 4단계(통합처리)의 특징이다.

7 전자정부의 추진 경과

① 전자정부 태동기는 국가기관 전산망 사업을 추진했던 시기이다.
② 전자정부 기반 조성기는 정보화촉진법을 제정하고, 종합적 · 체계적인 전자정부 추진 기반을 조성한 시기이다.
③ 전자정부 착수기는 범정부적인 차원에서 전략적으로 추진한 시기이다.
④ 전자정부 성장기는 범정부 차원의 전자정부 추진을 확대하고, 전자정부 수준 발전에 크게 기여한 시기이다.
⑤ 전자정부 성숙기는 전자정부의 질적 성숙을 추진한 시기이다.

[우리나라 전자정부 단계별 추진 세부 내용]

단계		태동기	기반조성기	착수기	성장기	성숙기
시기		80년대 후반 ~90년대 중반	90년대 중반 ~2000년	2001~2002년	2003~2007년	2008년~
주요 목표		국가주요행정 정보 DB화	초고속정보통신 기반구축 정부업무 프로세스의 전자화	범정부 공통기반조성	다수부처 서비스연계, 전자적 국민 참여 확대	행정서비스 연계 · 통합
국가정보화 비전			정보화촉진 기본계획 Cyber Korea 21	e-Korea Vision2006	Broadband IT Korea Vision 2007 u-Korea 기본계획	국가정보화 기본계획
주요 법령		「전산망 이용촉진과 보급 확장에 관한 법률」 (1986 제정)	「정보화촉진기본법」 (1995 제정) 「전자서명법」 (1999 제정) 「SW산업진흥법」 (2000 제정)	「전자정부법」 (2001 제정) 「정보격차해소법」 (2001 제정) 「정보통신망보호법」 (2001 제정)	「전자정부법」 (2007 제정)	「국가정보화기본법」 (2009 제정) 「전자정부법」 (2010 개정) 「행정정보 공동이용법」 (2010 제정)
주요 정책		국가기간전산망 사업(행정, 금융, 교육 · 연구, 국방, 공안)	초고속정보통신 기반구축종합계획 (1995~2010) 정보화사업 평가제도 도입	초고속정보통신망 기반구축 (2001 조기 완료) 전자정부 11대 과제 추진 (2001~2002) 정보시스템감리 기준 제정	전자정부로드맵 31대 과제 추진 (2003~2007) 광대역통합망(BcN) 구축계획 수립 (2004)	
추진 체계	심의 자문 기구	전산망 조정위원회		정보화추진위원회 (국무총리)	정보화추진위원회	국가정보화 전략위원회 (대통령, 2009)
				전자정부특별위원회 (대통령 소속, 2001~2002)	정부혁신지방분권 위원회(전자정부 특 별위원회)	
	전담 부처	체신부	정보통신부 (1994, 체신부 확대 개편)	정보통신부	행정자치부	행정안전부
	전문 기관	한국전산원 (1987년 개원)	한국전산원	한국전산원	한국정보사회진흥원 (2006, 한국전산원 명칭 변경)	한국정보화진흥원 (중앙), 한구지역정보 개발원(지방)

핵심정리 정보화 책임관(CIO)

1. 미국

① 정보화 책임관은 1980년 초 미국 기업들의 정보화 투자 금액이 증대되고 정보화 투자에 관한 관심이 높아지면서 경영전략과 정보화 투자전략을 효과적으로 연계할 필요성의 증대로 인해 탄생하였다.

② 정보화 책임관라는 용어는 Synnot와 Gruber(1981)가 정보자원관리의 중요성을 강조하며 사용하였다.

③ 미국의 경우 1995년 「문서작업감축법」과 1996년 「정보기술관리개혁법」이 발효되면서 정보화책임관 제도가 공식적으로 도입되었다.

2. 일본

일본의 경우 전자정부 구축의 최적화 계획 등을 실시하기 위해 부처 내부 체제 강화가 필요하다고 판단하여 민간으로부터 정보화책임관 제도를 도입하였다.

3. 한국

(1) 도입 배경

우리나라 행정기관 정보화 담당관(CIO) 제도의 도입은 1998년 5월 제1차 정보화전략회의에서의 대통령의 지시에 의해 이루어졌다.

(2) 발달 과정

① 국내에 CIO가 처음 도입된 것은 지난 1990년 금호그룹이 그룹 CIO를 임명한 것이 최초이다.

② 1998년 10월 52개 중앙부처에 정보화책임관(CIO)이 일괄적으로 임명하면서부터 정보화 책임관 제도가 본격적으로 공공부문에 도입되었다.

(3) 「국가정보화기본법」에 규정된 정보화 책임관의 담당업무

① 국가정보화 사업의 총괄조정, 지원 및 평가

② 국가정보화 정책과 기관 내 다른 정책 · 계획 등과의 연계 · 조정

③ 정보기술을 이용한 행정업무의 지원

④ 정보자원의 획득 · 배분 · 이용 등의 종합조정 및 체계적 관리와 정보공동활용 방안 수립

⑤ 정보문화의 창달과 정보격차를 해소

⑥ 정보기술아키텍처를 도입 · 활용

⑦ 정보화 교육

⑧ 그밖에 법령에서 정보화책임관의 업무로 지정하는 사항

(4) 「행정기관의 정보화책임관 지정 · 운영에 관한 지침」에 규정된 정보화 책임관의 자격

① 당해 기관의 실제 업무처리 과정 전반에 정통한 자

② 정보화 분야에 관한 넓은 이해와 안목을 가진 자

③ 정보화를 통하여 행정혁신을 적극적으로 주도할 의지와 능력이 있는 자

(5) 정보화 책임관 협의회

중앙행정기관 및 지방자치단체는 정보화의 효율적 추진과 필요한 정보의 교류&관련 정책의 협의 등을 하기 위하여 정보화책임관으로 구성된 정보화책임관협의회를 구성 · 운영한다.

(6) 정보화 책임관 협의회의 주요 업무 내용

① 전자정부와 관련된 정책의 수립 · 시행에 관한 사항

② 행정정보의 공동이용에 관한 사항

③ 정보기술아키텍처에 관한 사항

④ 정보자원의 체계적 관리 및 표준화에 관한 사항

⑤ 여러 국가기관, 지방자치단체 및 공공기관이 관련된 전자정부사업, 지역정보화 사업, 정보문화 창달 및 정보격차 해소의 추진에 관한 사항

⑥ 그밖에 의장이 필요하다고 인정하는 사항

기출문제

우리나라의 국가정보화 정책에 대한 설명으로 틀린 것은? [2022]

① 우리나라 국가정보화 정책은 1990년대 정보통신부 중심으로 추진되었다.
② 국가기간망은 금융전산망 구축사업으로부터 시작되었다.
③ 제1차 기간망 사업을 통해 주민등록 · 부동산 · 경제통계 · 고용 · 자동차 · 통관관리 등 6개 업무의 행정전산화가 이루어졌다.
④ 2015년 박근혜 정부 시절 K-Pop 등 한류에 정보통신기술을 접목시킨 K-ICT 사업을 추진하였다.

정답 ②

해설 ② 「행정전산망 기본계획」은 1987년 4월에 총무처를 총괄기관으로 한 행정전산망추진위원회에서, 「금융전산망 기본계획」은 1988년 4월 한국은행을 총괄기관으로 한 금융전산망추진위원회에서, 「교육 · 연구전산망 기본계획」은 1988년 9월 과학기술처 · 문교부(현 교육부 · 과학기술정보통신부)를 중심으로 하는 교육 · 연구전산망 추진위원회에서 각각 수립하였다.
③ 1987년부터 본격적으로 구축하기 시작한 1차 행정전산망사업의 핵심은 국민생활과 직접 관련된 주민등록, 부동산, 자동차, 통관, 고용, 경제통계의 6개 업무 전산화를 우선 추진하는 것이었다.

역대 전자 정부 추진 기관으로 볼 수 없는 것은? [2019]

① 행정자치부
② 행정안전부
③ 정보통신부
④ 방송통신위원회

정답 ④

해설 전자 정부 태동기(80년대 후반～90년대 중반)의 전담 부처는 체신부이고, 전자정부 기반조성기(90년대 중반～2000년)의 전담 부처는 정보통신부이고, 전자정부 착수기(2001～2002년)의 전담 부처는 정보통신부이고, 전자정부 성장기(2003～2007년)의 전담 부처는 행정자치부이고, 전자정부 성숙기(2008년～)의 전담 부처는 행정안전부이다. 방송통신위원회는 전자 정부 추진 기관으로 볼 수 없다.

예상문제

제1차 국가기간전산망사업에 대한 설명으로 틀린 것은?

① 국가기간전산망사업의 기본계획은 행정, 금융, 교육 · 연구, 국방, 공안전산망 등 5개 분야별 전산망기본계획과 주전산기 개발 및 보급, 표준화추진, 감리제도 발전, 정보 보호 및 안전대책 수립 등 8개 분야의 지원계획으로 구성되었다.
② 1986년 금융결제원을 전담기관으로 참여 은행들과 공동 추진한 은행전산망 구축사업은 서로 다른 은행의 메인 컴퓨터를 통신망으로 연결함으로써 전체 은행 간 온라인 서비스를 가능하게 만들었다.
③ 금융전산망은 1993년 금융실명제를 실시함에 있어 내무부 전산망과 연계하여 기본 인프라를 제공하여 금융기관 간 연계를 통해 금융자산 소득의 개인별 합산이 가능해졌다.
④ 1987년부터 본격적으로 구축하기 시작한 1차 행정전산망사업의 핵심은 국민생활과 직접 관련된 주민등록, 부동산, 자동차, 통관, 고용, 경제통계의 6개 업무 전산화를 우선 추진하는 것이었다.

정답 ③

해설 금융전산망은 초기 은행전산망을 구축한 이후 증권 · 보험 · 투자금융 등 제2금융권으로 점차 확대되었다. 특히 금융전산망은 1993년 금융실명제를 실시함에 있어 국세청 전산망과 연계하여 기본 인프라를 제공하였다. 금융기관 간 연계를 통해 금융자산 소득의 개인별 합산이 가능해졌고, 누진종합과세를 통한 조세형평과 차명 · 무기명 거래를 이용한 상속 · 증여세 등의 회피 방지 등 금융실명제 시행목적을 달성하는 데에 결정적 역할을 수행했다.

「지능정보화기본법」에 대한 설명으로 틀린 것은?

① 지능정보사회 종합계획은 국가정보화 전략위원회의 심의를 거쳐 수립 · 확정한다.
② 인터넷 중독이라는 용어를 '지능정보서비스 과의존'으로 변경하여 지능정보사회의 역기능에 대한 대응의 의미와 범위를 명확히 하였다.
③ 지능정보기술 분야의 민간전문가를 교수 요원으로 유치할 수 있도록 대학교원 · 연구원 등의 휴직이나 겸임 · 겸직을 허용하는 특례를 규정하고 있다.
④ 2009년 「정보화촉진기본법」을 대체하여 「국가정보화 기본법」이 제정되었고 다시 법제명을 「지능정보화기본법」으로 변경하고 그 내용을 전면 개정하였다.

정답 ①

해설 지능정보사회 종합계획은 정보통신 전략위원회의 심의를 거쳐 수립 · 확정한다.

8 전자정부의 진행 추이

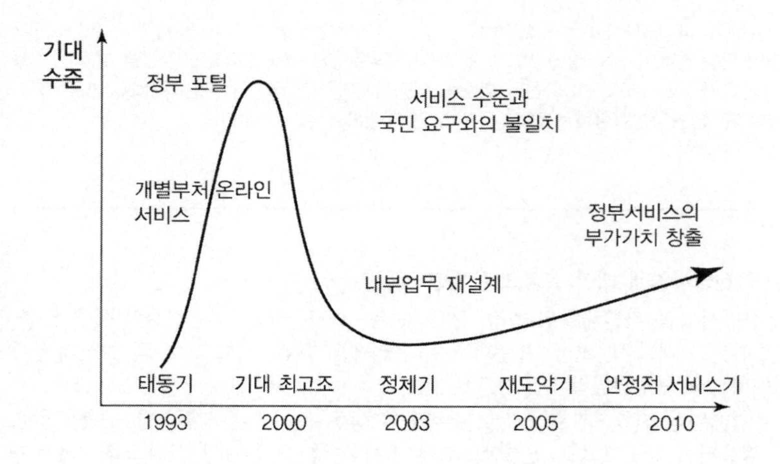

9 스마트 전자정부의 구현시기

스마트폰 대중화로 시작된 모바일 빅뱅이 경제, 사회, 정치, 문화 전반에 걸쳐 지각변동을 일으키고 사회시스템과 융합하여 국민생활, 일하는 방식, 공공행정시스템 등 사회와 경제, 국가 전체를 변화시키면서 스마트 라이프, 스마트워크, 스마트정부 등이 현실화 되어가는 추세이다. 다음은 전자정부와 스마트 전자정부의 차이를 비교한 표이다.

구분	유형	기존 전자정부(~2010)	스마트 전자정부(2011~)
국민	접근 방법	PC 만 가능	스마트폰, 태블릿 PC, 스마트 TV 등 다매체
	서비스 방식	• 공급자 중심 • 획일적 서비스	• 개인별 맞춤형 통합서비스 • 공공정보 개방을 통해 국민이 직접 원하는 서비스 개발
	민원 신청	• 개별 신청 • 동일 서류도 복수 제출	1회 신청으로 연관 민원 일괄 처리
	수혜 방식 (지원금/복지 등)	국민이 직접 자격 증명 신청	정부가 자격 요건 확인 · 지원
공무원	근무 위치	사무실(PC)	위치 무관 (스마트워크 센터/모바일 오피스)
	일하는 방식 (재난/안전 등)	사후 복구 위주	사전 예방 및 예측

Theme

125 전자정부법

Ⅰ 입법취지

「전자정부법」은 행정업무의 전자적 처리를 위한 원칙과 세부 절차 등을 규정함으로써 전자정부를 구현하고 행정의 생산성과 투명성 민주성을 높이는 것을 목적으로 한다. 「전자정부법 시행령」에서는 「전자정부법」의 적용 범위를 중앙행정기관 및 그 소속 기관, 지방자치단체와 공공기관으로 명확히 하고 있다.

Ⅱ 목적

① 1990년대 말 전자정부가 국가의 주요 정책 과제로 등장하면서 학계, 정부 등 각계에서 전자정부법 제정 필요성이 제기됨에 따라, 국민의 정부에서 100대 국정과제에 '전자정부의 구현'을 포함하고, 지식정보 강국으로의 도약을 위한 수단으로 전자정부의 구현이 강조되었다.

② 이후 입법부와 정부 중심으로 지속해서 「전자정부법」을 입법하려는 노력이 있었고, 2001년 2월 28일 국회에서 「전자정부 구현을 위한 행정업무 등의 전자화 촉진에 관한 법률」을 의결하였다.

③ 2007년 1월 3일 일부개정으로 법제명이 「전자정부법」으로 변경되면서 '업무의 전자화'에 한정하지 않고 '전자정부'를 전면에 내세웠다. 2010년 2월 4일 전부개정을 통해 법의 목적 중 '전자정부사업의 촉진'을 '전자정부의 효율적 구현'으로 수정하면서 전자정부의 목적이 수단 및 양적인 개념에서 질적인 개념으로 확대 발전되었다.

④ 전자정부를 구현하여 행정의 생산성과 투명성을 높이기 위한 제도 개선 노력은 법 제정 이후 1번의 전부개정과 6번의 일부개정을 통해 지속되고 있다. 이를 통해 우리나라는 2년마다 수행되는 UN 전자정부 평가에서 2010, 2012, 2014년 평가에서 연속 1위, 2020년 2위를 하는 등 전자정부 선두국가로서 자리매김하고 있고, 2020년 10월에는 제1회 OECD 디지털정부평가에서 종합 1위를 차지하는 성과를 거두기도 하였다.

기출문제

전자정부에 대한 설명으로 틀린 것은? [2021]

① 컴퓨터와 전자통신 기술을 수단으로 해서 행정의 생산성 향상, 대민 서비스 개선, 행정정보 공개를 지향한다.

② 전자정부는 정보기술을 이용해 행정 업무를 혁신하고 국민에 대해 양질의 행정 서비스를 효율적으로 제공하는 지식 정보사회의 정부라고 할 수 있다.

③ 2002년 국제연합은 전자정부화를 통해 능률성, 효과성, 권한 부여로 경제 사회 발전을 이룰 것으로 기대했다.

④ 우리나라는 2005년 전자정부 특별법을 제정하였다.

정답 ④

해설 「전자정부법」 제6조는 "행정기관 등의 대민서비스 및 행정관리의 전자화, 행정정보의 공동이용 등 전자정부의 구현 · 운영 및 발전에 관하여 다른 법률에 특별한 규정이 있는 경우를 제외하고는 이 법에서 정하는 바에 따른다."고 규정하고 있다. 즉, 「전자정부법」이 전자정부에 관한 일반법이다. 「전자정부법」은 행정업무의 전자적 처리를 위한 기본원칙, 절차 및 추진방법 등을 규정함으로써 전자정부를 효율적으로 구현하고, 행정의 생산성, 투명성 및 민주성을 높여 국민의 삶의 질을 향상시키는 것을 목적으로 2001년 제정된 대한민국의 법률이다. 제정 당시에는 「전자정부 구현을 위한 행정업무 등의 전자화 촉진에 관한 법률」이란 이름이었고, 2007년부터는 지금의 「전자정부법」이란 이름을 유지하고 있다. 현재 행정안전부 소관이다.

Ⅲ 적용 범위

① 「전자정부법」은 「헌법」의 규정에 따라 설립된 국가기관(이하, '헌법기관')인 정부, 국회, 법원, 헌법재판소, 중앙선거관리위원회 모두에 적용된다.

② 다만, 삼권 분립의 원칙에 따른 입법부와 사법부의 독립성을 고려하여 세부적인 내용은 별도로 규정할 수 있도록 하였다. 이에 따라 행정부는 대통령령으로 규정하고, 기타 헌법기관은 헌법재판소규칙, 중앙선거관리위원회규칙 등을 별도로 마련하여 「전자정부법」의 이행을 위하여 필요한 사항을 규정하고 있다.

Ⅳ 다른 법률과의 관계

1 의의

「전자정부법」 제6조(다른 법률과의 관계)는 "행정기관 등의 대민서비스 및 행정관리의 전자화, 행정정보의 공동이용 등 전자정부의 구현·운영 및 발전에 관하여 다른 법률에 특별한 규정이 있는 경우를 제외하고는 이 법에서 정하는 바에 따른다."고 규정하고 있어서 「전자정부법」이 전자정부에 관한 일반법임을 밝히고, 다른 법률과의 적용관계를 명확히 하였다.

2 주요 내용

① 행정기관 등의 대민서비스 및 행정관리의 전자화, 행정정보의 공동이용 등 전자정부에 관한 사항에 대해서는 「전자정부법」에 따라야 하는 것이 원칙이다. 다만, 다른 법률에서 전자정부와 관련하여 특별한 규정이 있는 경우에는 해당 법률이 우선하여 적용된다.

② "다른 법률에 특별한 규정이 있는 경우"란 「전자정부법」에서 정하고 있는 전자정부에 관한 사항과 다른 내용을 「전자정부법」을 제외한 다른 법률에서 구체적으로 명시한 규정이 있는 경우에 한하여 해당 법이 우선하여 적용된다는 것을 의미한다. 선언 또는 원칙 형태의 규정은 특별한 규정에 해당하지 않는다.

③ 예를 들어, 다른 법률에서 전자문서가 아닌 종이문서 이용 의무, 대면에 의한 민원신청 의무를 규정하고 있는 경우에는 「전자정부법」 제25조(전자문서의 작성), 「전자정부법」 제7조(전자적 민원처리 신청 등)이 적용되지 않고 해당 법률이 우선 적용된다.

3 판결 및 사례

① 「정보공개법」 제4조제1항(다른 법률에 특별한 규정이 있는 경우를 제외하고는 이 법이 정하는 바에 의한다)에 따라 「정보공개법」의 적용을 배제하기 위해서는 특별한 규정이 '법률'이어야 하고, 나아가 내용이 정보공개의 대상 및 범위, 정보공개의 절차, 비공개대상정보 등에 관하여 「정보공개법」과 달리 규정하고 있는 것이어야 한다.

② 형사재판확정기록의 공개 여부나 공개 범위, 불복절차에 관하여 달리 규정하고 있는 「형사소송법」 제59조의2는 "다른 법률에 특별한 규정"에 해당한다(2013두 20882).

③ 「지방자치법」 제15조는 조례의 제정과 개폐 청구를 위해 '19세 이상 주민'의 일정 수 이상의 연서를 요구하였고 이를 위하여 청구인명부를 작성하도록 하고 있다. 이때, 청구인명부 작성 시 전자서명에 관한 규정이 없어서 실제 '서면에 의한 서명'만 가능하였다. 이 경우 해당 「지방자치법」 제15조는 「전자정부법」에 대하여 "다른 특별한 규정"에 해당한다. 이후, 2018년 1월 9일 「지방자치법 시행령」 제13조의2 및 제14조제3항 신설 및 일부개정을 통해 전자서명에 의한 절차를 규정하여, 종이문서에 의한 청구인명부 작성 외에 전자적 방식의 청구인명부 작성이 가능하도록 하였다.

기출문제

「전자정부법」에 대한 설명으로 틀린 것은? [2021]

① 2001년 3월 28일 국회에서 「전자정부 구현을 위한 행정업무 등의 전자화 촉진에 관한 법률」을 의결하였다.
② 「전자정부법」은 2003년, 2007년의 일부 개정에 이어 2010년 전부개정되었다.
③ 형사 및 국방 분야와의 관계에서도 「전자정부법」이 특별법에 해당하여 「전자정부법」이 우선 적용된다.
④ 「전자정부법」은 「헌법」 규정에 따라 설립된 국가기관(이하 헌법기관)인 정부, 국회, 법원, 헌법재판소, 중앙선거관리위원회 모두에 적용된다.

정답 ③

해설 「전자정부법」 제6조는 "행정기관 등의 대민서비스 및 행정관리의 전자화, 행정정보의 공동이용 등 전자정부의 구현 · 운영 및 발전에 관하여 다른 법률에 특별한 규정이 있는 경우를 제외하고는 이 법에서 정하는 바에 따른다."고 규정하고 있다. 즉, 「전자정부법」이 전자정부에 관한 일반법이다. 예를 들어 형사재판확정기록의 공개여부나 공개 범위, 불복절차에 관하여 달리 규정하고 있는 「형사소송법」 제59조의2는 "다른 법률에 특별한 규정"에 해당하고 「형사소송법」 제59조의 2가 특별법 우선의 원칙에 의해 우선 적용된다.

Theme

126 전자 민주주의

I 의의

① 정치과정에 발달된 정보기술을 활용함으로써 시민이 개별적으로 혹은 집단을 구성하여 주요 정치적 · 정책적 이슈에 대하여 관련 정치인이나 정당에 직접적으로 의견을 제시하거나 관심 있는 사람들의 집단행동을 사이버 공간을 통해 실시간으로 동원함으로써 시민의 정치 참여를 보다 용이하게 하고 전자적 방법으로 투표를 하거나 선거과정에 참여하는 등 보다 직접적이고 참여적인 민주주의를 가능하게 하는 정보화시대의 민주주의이다.

② 정보통신기술의 이용을 통하여 정치과정에 시민의 참여가 이루어지는 정보시대의 민주주의로서 유권자와 대표자와의 관계를 새롭게 정립하는 도구로 정확한 정보가 필요하다.

③ 한 사람들에게 적지적수(適地適樹)에서 정보를 제공해주고, 공정하고 합리적인 의사결정을 가능하게 함으로써 국민의 참여가 실질적으로 보장되는 토의민주주의를 의미한다.

II 아터턴(Arterton)

① 전자민주주의는 시민과 정치지도자 간 정보의 교환과 흐름을 보다 원활하게 활성화할 수 있도록 인터넷 기술을 활용하는 것이다.

② 전자민주주의는 정책결정에 있어 많은 토의(deliberation)를 할 수 있는 다양한 정보와 토론의 기회를 제공하는 것이 핵심이다.

③ 전자민주주의는 정보통신의 발달을 기반으로 정치과정에서 신속 정확한 정보를 제공하여 시민과 정치권 혹은 시민 간의 수평적 의사소통을 가능하게 하며, 직접적인 정치 참여를 활성화시키는 민주주의이다.

III 전자 민주주의의 특징

① 전자민주주의는 대의민주주의에 있어 대표성 또는 정당성의 위기를 극복하기 위한 시도로 국민의 정치적 무관심을 해결하는 것은 물론 정치과정에 있어 다양한 참여를 통해 정당성 확

보와 함께 인터넷을 통한 빠른 정책결정으로 정치적 효율성도 높일 수 있는 하나의 방안으로 활용된다.

② 전자민주주의에서 직접민주주의 가능성은 시민들이 직접 의사를 결정할 수 있는 전자적 방식을 핵심적 요소로 한다. 버튼 누르기(push-button) 민주주의로 표현되는 직접민주주의에 대한 구상은 직접민주주의가 사실상 불가능한 현실의 제약조건에서 시민사회와 정치적 의사결정 사이의 연계를 강화하는 방안으로 정보 전달의 속도, 시공간의 간의 응축성과 같은 인터넷의 기술적 속성이 주목되는 것이다. 인터넷이 지닌 기술적 속성이 시공간의 제약조건을 초월하여 빠른 정보전달을 통해 여론조사나 투표와 같은 형태로 즉각적이고 직접적인 정책결정에 참여할 수 있는 방법을 제시했다.

③ 토플러(Toffler)는 시민으로 하여금 정치적 정보나 행정정보의 접근을 용이하게 함으로써 전반적인 정치 비용을 낮추고 정책결정과정에 보다 적극적인 정치 참여를 초래하여 궁극적으로 대의민주주의체제를 근간으로 직접민주정치가 혼합된 준직접민주주의(semi-direct democracy)의 시대가 도래할 것이라고 전망했다.

④ 현실적인 측면을 고려한 전자민주주의 논의는 숙의 민주주의(deliverative democracy)의 가능성을 새로운 네트워크 기술에서 찾고자 하는 시도이다. 전자적 협의 모형, 숙의민주주의 유형, 대화형 커뮤니케이션 방식 등 다양한 명칭으로 유형화되고 있는 전자적 숙의민주주의 모형은 민주주의가 투표 이상의 것임을 전제로 한다.

⑤ 공개적 접근, 의사 표현의 자유, 공적 문제에 대한 토론의 자유, 자발적 참여 등을 특징으로 한다. 하버마스 공론의 장과도 일맥상통하는 논의는 인터넷을 통한 공적 담론, 숙의를 통한 의사형성과정에 주목하고 있다. 기존의 지배적인 전자민주주의식 직접민주주의 개념을 극복하고 민주주의 개념을 보다 확장시키는 데 유용한 개념이다.

⑥ 사이버 공간은 시민을 정치 정보의 수집과 동시에 배포의 주체로써 일방적인 정치 정보 소비자가 아니라 정보의 생산과 소비를 동시에 하는 능동적 주체로 보았다. 기존 커뮤니케이션 채널이 수직적이고 대중적인 미디어 구조인 반면 새로운 네트워크 기술은 상호작용성이 보완된 수평적이고 민주적인 커뮤니케이션 기술로 간주한다.

Ⅳ 정보화사회론

1 의의

① 산업사회에서 정보사회로 이행함에 따라 변하는 정치영역에서의 모습을 직접민주주의 요소의 확대 현상으로 이해한다.

② 토플러가 제시한 모자이크 민주주의(mosaic democracy)론과 나이스비트의 의회민주주의에서 참여민주주의로의 이행론 등이 대표적이다.

2 토플러(Toffler)의 전자민주주의

토플러(Toffler)의 「새 문명의 창출」(Creating a new civilization)에서 제시한 전자민주주의이다.

(1) 진취적 소수의 결의 원칙

① 산업사회에서의 다수결의 원리를 대체하는 원칙으로 진취적 소수의 결의 원칙을 제안한다.

② 다수결의 원리는 대중사회의 산물이지만, 정보사회에서는 전문성을 지닌 진취적 소수들이 의사결정을 하게 된다는 것이다.

(2) 직 · 간접 혼합형 민주주의

① 정보시대에는 합의가 무의미하기 때문에 대의기구도 필요 없어진다. 대표자들에 대한 의존으로부터 벗어나 스스로 대표가 되는 방향으로 전환한다.

② 새로운 정보통신기술의 발달로 인해 직접민주주의에서 우려되는 이른바 국민의 즉흥적 감정표출의 문제는 냉각기간의 설정이나 재투표를 통해 해소될 것으로 보고 통신수단의 문제 역시 기술적으로 해결 가능함으로써 직접민주주의와 간접민주주의를 결합시키는 여러 제도를 고안하는 것이 가능한 단계에 이르렀다.

(3) 의사결정의 분권화

직접민주주의가 확산되기 때문에 중앙집권적인 관료조직에서 행사하던 권한과 주요 행정원칙들이 하부기관으로 이양되어야 한다.

3 나이스비트(Naisbitt)의 「메가트렌드」에서 제시한 조류

① 지방분권화의 조류와 의회민주주의에서 참여민주주의로의 변화 조류를 제시한다.

② 참여민주주의 원리란 정책결정의 이해 당사자 집단의 참여가 보장되는 것을 의미한다. 이는 계층적 관료사회가 네트워크형 수평사회로 변화되면서 이러한 경향을 확인할 수 있다는 주장이다.

③ 정보혁명을 통한 동시적인 정보 공유와 교육수준의 향상 등이 모든 사회구성원의 참여수준을 높이는 계기를 마련해준다. 이것이 정치영역에서 참여민주주의로 나타나게 된다. 이로써 평등한 정보접근권이 보장되어 부와 권력의 격차에 따른 정치적 영향력의 불평등은 서서히 사라지게 될 것이다.

4 원격민주주의론

(1) 의의

① 정보통신기술의 발달과 그 기술의 활용으로 인해 대의제를 대체할 직접 민주주의적 요소가 정치과정에서 작용할 수 있다는 관점에서 전자투표를 통한 민주주의 극대화를 주장한다.

② 정책 현안에 대해 즉각적인 주민의견을 물을 수 있는 전자투표장치의 개발로 정책결정 과정에서의 시민참여가 보장될 수 있기 때문에 직접민주주의 요소의 극대화에 기여한다.

③ 베커는 원격민주주의에 대한 개념 정의를 바탕으로 전자국민투표를 용이하게 하는 수단으로서 정보통신기술을 이용해야 한다고 주장한다.

④ 원격민주주의에 대한 논의의 초점과 관련하여 민주주의는 사회구성원의 서로 다른 의견을 한 곳으로 수렴하는 데 핵심이 있다.

⑤ 사회구성원 각자의 자발성과 창의성, 그리고 자유롭고 공개적인 의사소통체계를 구성하는 것이야말로 교양 있는 참여민주주의가 가능하다고 주장한다.

(2) 아터턴

① 아터턴은 원격민주주의란 케이블 TV 등 쌍방향 미디어를 통해 전자투표, 정치지도자와의 의견교환 정보의 효과적인 이동 등이 가능하게 됨으로써 정치적 의사결정과정에 일반 시민의 참여가 이루어지는 실천적 과정으로 정의한다.

② 아터턴은 전자투표가 직접민주주의로 가는 길이라는 시각에는 단호하게 거부한다. 원격민주주의는 민주주의를 개선하는 데는 기여할 수 있지만, 그것이 민주주의를 근본적으로 변혁시키거나 이상적으로 만들 수는 없다고 주장한다.

③ 이 입장은 기술결정론을 철저히 배격하면서 사회구조론적 입장을 취한다. 이들은 기술발달 그 자체가 정치적 변화 내용을 결정짓는 것이 아니라 어디까지나 기술의 사용자인 사람들의 가치관과 인식 및 사회와 조직의 선택이 정치과정에서 기술이 어떻게 적용되는가를 결정짓는다는 관점을 강조한다.

예상문제

전자 민주주의에 대한 학자들의 주장으로 틀린 것은?

① 다니엘 벨(Daniel Bell)은 산업사회의 다수결의 원리를 대체하는 원리로서 진취적 소수의 결의 원칙을 제안하였다.

② 존 나이스비트(John Naisbitt)는 지방분권화의 조류와 의회민주주의에서 참여민주주의로의 변화 조류를 제시하였다.

③ 앨빈 토플러(Alvin Toffler)는 새로운 정보통신기술의 발달로 인해 직접민주주의와 간접민주주의를 결합시키는 제도를 고안하는 것이 가능한 단계에 이르렀다고 주장하였다.

④ 아터턴(Pher Arterton)은 원격민주주의는 민주주의를 개선하는 데는 기여할 수 있지만, 그것은 민주주의를 근본적으로 변혁시키거나 이상적으로 만들 수는 없다고 주장하였다.

정답 ①

해설 산업사회의 다수결의 원리를 대체하는 원리로서 진취적 소수의 결의 원칙을 제안한 사람은 앨빈 토플러(Alvin Toffler)이다.

토플러가 제시한 전자민주주의에 대한 입장으로 옳은 것은?

① 산업사회의 다수결의 원리를 대체하는 원리로서 진취적 소수의 결의 원칙을 제안하였다.
② 정보시대에는 합의가 무의미하기 때문에 대의기구도 필요 없어지고 의회민주주의는 참여민주주의로 이행할 것이다.
③ 지방분권화의 조류와 의회민주주의에서 참여민주주의로의 변화 조류를 제시하였다.
④ 원격민주주의는 민주주의를 개선하는 데는 기여할 수 있지만, 그것은 민주주의를 근본적으로 변혁시키거나 이상적으로 만들 수는 없다.

정답 ①

해설 ② 앨빈 토플러(Alvin Toffler)는 새로운 정보통신기술의 발달로 인해 직접민주주의와 간접민주주의를 결합시키는 제도를 고안하는 것이 가능한 단계에 이르렀다고 주장하였다. 참여민주주의는 대의제를 전제로 한 것으로 토플러가 제안한 직 · 간접 혼합형 민주주의와는 구별된다.
③ 존 나이스비트(John Naisbitt)의 입장이다.
④ 아터턴(Pher Arterton)의 입장이다.

5 공론장 이론

(1) 의의

하버마스는 공론장이란 여론에 접근하는 어떤 것이 형성될 수 있는 사회적 삶의 영역이라고 언급한다.

(2) 하버마스의 공론장이 갖추어야 할 조건

① 일반적 접근성(general accessibility)

누구나 모든 사람이 공론장에 접근할 수 있어야 한다. 이는 공론장에 대한 접근의 무제한성을 의미한다.

② 어떠한 특권도 배제

사회적 가치와 권위 등에 따라 불평등한 관계가 형성되어서는 안 된다.

③ 일반적 규범과 합리적 정당화

공론장에서는 일반적 규범과 합리적 정당화가 발견되어야 한다.

6 자율적 기술론

① 기술의 발전 그 자체가 인류의 진보에 낙관적인 전망을 제시한다는 도구주의적 기술론 자체를 비판하는 입장으로 한결같이 기술이 인간소외를 야기한다는 점에 초점을 맞춘다.
② 전자민주주의론과 관련하여 도구주의적 기술론은 기술이 민주주의의 발전을 촉진하거나 최소한 중립적인 위치에 있다는 점을 강조한다. 반면에 자율적 기술론의 입장에서는 기술은 인간의 목적에 수동적으로 봉사하는 도구가 아니라 그 자체의 논리에 따라 발전하며 인간의 발전을 형성하는 힘으로 작용한다는 사실을 지적한다.

V 전자 민주주의 내용

1 정보제공 수단으로서의 전자 민주주의

① 정치와 행정 관련 정보의 효과적 전달형태에 초점을 둔다.

② 정책쟁점이나 정치적 현안과 관련한 뉴스, 의견, 토론을 위한 기초자료 등을 제공하는 데 가상공간을 활용한다. 이는 정보의 공개라는 민주주의 실현을 위한 토대를 마련한다는 차원에서 매우 중요한 의미를 지닌다.

③ 정보공개의 원칙은 투명성과 민주성을 위한 정치 · 행정의 필요조건이기도 하다. 정보 제공의 형태로 이루어지는 전자민주주의는 정보를 제공받는 유권자와 정책 이해 당사자들로 하여금 현안에 대한 관심을 갖도록 할 뿐 아니라 나아가 유권자가 정책과정에 더 많이 참여하도록 유도 가능하다.

④ 유용한 정보의 제공은 사실상 정책결정에서 합리화를 도모하고자 하는 전략적 가치실현에 크게 기여한다.

2 전자적 공론장으로서의 전자 민주주의

(1) 의의

① 전자민주주의가 실현되는 곳은 바로 대화와 토론의 장이다. 대화와 토론은 민주주의의 핵심요소이다.

② 정보통신기술의 발달로 현실적인 참여의 장벽을 제거하여 대화의 장에 실질적으로 참여가 가능하게 된다.

③ 전자적 공론을 통해 다양한 의견이 표출되고, 이것들이 조정과 타협의 장에서 새롭게 다듬어지는 과정을 거치면서 사실상 올바른 결정과 선택을 위한 여건을 마련하는 데 기여한다.

(2) 톰슨이 제시하는 전자적 공론장의 성격

① 사람들이 자신의 삶에 영향을 미치는 문제들을 실질적으로 토론할 수 있는 세계이다.

② 어떤 문제와 관련된 사람이 자신의 이해를 표출할 수 있는 권리를 가지고 참여할 수 있는 세계이다.

③ 문제의 이해 당사자 집단들의 동의와 합의에 따라 문제해결의 대안을 선택하게 되는 세계이다.

3 여론수렴으로서의 전자 민주주의

① 가상공간에서 참여하는 다양한 사람들에게 그들의 의견을 제시하도록 요구하는 것은 비교적 소극적인 차원에서의 전자적 민주주의이다.

② 참여자의 의견제시는 대부분 자신과 이해관계를 지니는 문제에 대하여 이루어지는 것이 일반적이다. 의견제시를 위해 참여하는 사람은 매우 적극적인 입장을 취하지만, 반대로 의견을 구하는 측에서는 의견제시의 유인이 존재하지 않을 때 적극적인 효과를 보기 어렵다는 양면성을 지닌다.

③ 여론수렴으로서의 전자민주주의는 현실적으로 선거기간에 활성화된다.

4 투표형태로서의 전자 민주주의

① 온라인 투표를 통한 정책결정 과정의 대표성과 반응성을 높이려는 의도에서 기획된 것이다.

② 누름단추식 민주주의는 바로 이러한 맥락에서 전자민주주의 내용을 상징적으로 보여주는 것이다. 온라인상에서 투표형태로서의 전자민주주의는 절차적 차원에서 토의와 결정에 이르는 일련의 과정에 소요되는 거래비용을 줄이는 방법으로 의미를 지니는 것으로 평가된다.

③ 전자민주주의는 효율성을 강조한 것에 지나지 않는다는 지적을 받는다. 이는 절차의 용이성과 효율성 그리고 거래비용의 감소는 민주적 절차의 달성을 위한 필요조건이기는 하지만 그것 자체가 충분조건은 아니기 때문이다.

④ 투표형태로서의 전자민주주의에 대한 과도한 환상은 옳지 않다는 지적이 많다. 현재 정치영역에서 활용되는 투표 중심의 전자민주주의의 프로젝트는 대의민주주의를 보완하는 형태일 뿐, 그 자체가 민주주의를 발전시킬 것이라는 전망은 아무런 근거가 없다.

Theme

127 전자적 공공영역과 e-거버넌스

I 전자적 공공영역

1 인터넷이 전자적 공공영역으로 등장

① 맥루한의 '미디어는 메시지다.'라는 주장은 메시지가 매체를 통해서 전달되는 내용이라는 상식에 도전하는 기술과 직결되어 미디어 자체가 오히려 메시지보다 중요하다는 역설적 표현이다. 정보사회 인터넷은 모든 메시지가 비트로 전환되어 손쉽게 압축 · 변환 · 전송 · 공유되며 검열이나 제약도 어려운 새로운 전자 미디어로 맥루한의 주장이 실현되고 있다.

② 맥루한의 미디어는 메시지라는 것은 어떤 결정론적 의미보다는 사상을 수반하는 본질과 커뮤니케이션 미디어의 본질 사이에 상호작용성이 존재한다는 의미를 내포한다. 그는 지배적인 커뮤니케이션 미디어에 따라 인류 역사를 구분하고, 20세기는 전자매체시대로 전자매체의 발달로 세계는 점차 하나의 지구촌(a global village)으로 발전하여, 인류는 과거 구전문화(oral culture)가 우세했던 시대로 복귀하는데 이는 일종의 재부족화(retribalization)로 사람들을 시각형 인간에서 복수 감각형으로 되돌아가게 한다는 주장한다.

③ 인터넷은 이미 인간의 중요한 삶의 양식 중 하나가 되었고, 더욱 더 중요한 삶의 공간이 될 것이다. 그러나 인터넷 미디어와 커뮤니케이션의 존재 혹은 인터넷 시민사회의 존재가 곧 공공영역의 존재 또는 작용으로 이어지는 것은 아니다. 공공영역의 장소나 기제로 보았을 때, 인터넷은 충분히 그 가능성을 가지고 있고, 실제 그렇게 인식되고 있다. 그러나 과정이나 내용 혹은 행위의 주제라는 개념에서 논란의 여지를 가지고 있기 때문에 인터넷을 통한 전자적 공공영역의 등장은 기존 공공영역의 확장 내지 재활성화로 보는 견해가 지배적이다.

2 전통적 공공영역과 전자적 공공영역의 비교

(1) 의의

① 많은 학자들은 전자적 공공영역을 별도의 독립된 영역으로 배타적으로 사고하기보다는 뉴미디어의 등장이 공공영역 전체의 구조나 성격 변화에 미치는 영향에 관심을 기울인다.

② 전자공간은 정보가 공개적으로 유통되며, 일대일, 다대일, 다대다의 영역을 모두 포괄하는 강력한 파괴력을 지닌 미디어로 기존의 미디어와 달리 상대적으로 저항적 · 반체제적 공공영역(oppositional public sphere)으로 존재한다.

(2) 전통적 공공영역과 전자적 공공영역의 공통점과 차이점 비교

구분		전통적 공공영역	전자적 공공영역
공통점	특징	공개적 논쟁, 비판적 검토, 완전한 보도, 확장된 접근성, 행위자의 자율성 등	
	역사적 성격	기존 지배체제에서 대변되지 않았던 주체들이 형성한 저항적 대안적 공간	
차이점	범위	국민국가 또는 특정 지역 (근대 국민국가의 영토경계)	지구적인 동시에 지방적 (Glocalisation의 전형)
	주체	신흥부르주아지, 전문가	네티즌(비전문적 대중, 다양한 집단)
	포맷	주로 텍스트(오디오, 비디오)→ 아톰	멀티미디어(미디어 융합) → 비트
	방식	과두적, 단방향적	탈중심적, 쌍방향적
	정보 재생산	• 재생산 곤란 • 저작권 체제 형성	• 재생산 용이 • 저작권 체제 무화 ↔ 강화

3 인터넷이 공공영역의 공론장으로 가능한 이유

(1) 민주주의 발전에 기여

인터넷은 정보관련 측면에서 보다 많은 정보를 정보수요자의 필요에 부합하는 맞춤형 정보를 제공할 수 있게 됨으로써 정보를 소유한 시민은 국정 전반에 적극적인 역할이 가능하게 하며 시민들의 권한이 강화된다.

(2) 참여의 용이성

사이버 공간을 통한 조직의 참여는 아주 적은 시간이나 물질의 투입을 통해서도 가능해지고, 참여와 탈퇴가 개인의 일방적인 선택에 의해 가능하고, 지극히 제한된 비용만 지불함으로써 조직의 활동에 참여 가능하다.

(3) 정치참여를 위한 의사소통 공간을 제공

인터넷은 e-메일, 리스트서버, 채팅방 등을 통하여 과거에 비해 공직자와 시민들 간의 효과적인 대화가 가능하고, 시민과 시민 사이의 커뮤니케이션을 활성화함으로써 민주주의의 질적 향상에 기여하여 공론장으로 활용 가능하다.

(4) 인터넷 기술을 이용한 가상공동체 형성

인터넷으로 투표 행위에 제한되어 있던 정치 참여의 폭이 사이버 공론장을 통한 정치적 의견의 개진과 정치 토론의 참여에 이르기까지 점차 확대되고 있는 추세이다.

4 노벡(Noveck)의 인터넷 공간에서의 토론을 위한 보장요소

(1) 접근성(accessiblility)
공동체의 모든 구성원들이 토론에 참가할 수 있어야 한다.

(2) 무검열(no censorship)
표현의 자유가 보장되고 내용이 왜곡되지 않아야 한다.

(3) 자율성(autonomy)
소극적 사용자가 아니라 공공과정의 적극적 참가자가 필요하다.

(4) 책임성(accountability)
책임 있고 합리적인 공적 토론이 되어야 한다.

(5) 투명성(transparency)
토론의 방식과 규칙이 공개되어야 한다.

(6) 평등성(equality)
모든 구성원들이 공평한 발언의 기회를 가져야 한다.

(7) 다원성(plurality)
다양한 견해가 표출될 수 있어야 하고, 특정 의견에 대한 제한이 있어서는 안 된다.

(8) 충분한 정보(staying informed)
합리적이고 정확한 판단을 내리기 위해 필요한 정보가 충분히 제공되어야 한다.

(9) 공공성(publicness)
개인이나 특정집단의 이익이 아닌 공동체 전체의 이익을 추구하는 토론이 되어야 한다.

(10) 촉진성(facilitation)
토론참가자들의 경쟁적 의견들을 조정할 수 있는 조정자로서의 사회자가 필요하다.

5 전자적 공공영역

구분	강점	약점
내용	• 상호작용의 확대 • 시간과 공간의 격차 축소 • 정보 소통 비용의 저렴화 • 데이터의 디지털화(복제 동일성) • 새로운 미디어로서의 가능성 • 사이버공간의 장점	• 보안의 문제 • 상업화의 이슈 • 규제 및 검열의 문제 • 언어의 문제(영어권 중심) • 디지털 격차 • 서구 중심(미국)

Ⅱ 거버넌스(governance)

① 거버넌스는 일반적으로 '과거의 일방적인 정부 주도적 경향에서 벗어나 정부, 기업, 비정부기구 등 다양한 행위자가 공동의 관심사에 대한 네트워크를 구축하여 문제를 해결하는 새로운 국정운영의 방식'을 말한다.

② 유엔 개발 계획의 거버넌스에 대한 정의는 다음과 같다. "거버넌스란 한 국가의 여러 업무를 관리하기 위하여 정치, 경제 및 행정적 권한을 행사하는 것을 뜻한다. 거버넌스는 또한 시민들과 여러 집단이 자신들의 이해관계를 밝히고 그들의 권리를 행사하며, 자신들의 의무를 다하고, 그들 간의 견해 차이를 조정할 수 있는 복잡한 기구와 과정 등의 제도로서 구성된다."

Ⅲ 신공공관리론

신공공관리론은 전통적인 관료제를 극복하고 작은 정부를 구현하기 위해 개발된 행정학 이론이다. 1980년대 마거릿 대처 정부와 로널드 레이건 정부가 추진한 시장지향적인 정부 개혁에서 비롯되었다. 그 골자는 경쟁의 원리에 기반한 시장 체제를 모방해 정부 관료제의 효율성을 높이자는 것이다. 주요 정책 수단으로 인력 감축, 민영화, 재정지출 억제, 책임운영기관, 규제 완화 등이 있다.

Ⅳ 뉴거버넌스

1 의의

① 뉴거버넌스론은 전통적으로 계층제에 의존하던 거버넌스가 변형되어 1980년대 이후부터 나타났는데, 기본적으로 국가라는 한정된 범위가 아니라 정부조직과 기업, 시민사회 등이 공공부문에 함께 참여하여 네트워크를 구성하고 이를 통해 공공문제를 해결하는 상황을 설명하는 이론이라고 할 수 있다.

② 뉴거버넌스론은 중앙정부, 지방정부, 사회적 단체, NGO, 지역사회 등의 다양한 구성원들로 이루어진 네트워크를 강조한다. 여기서 네트워크는 다양한 참여자들이 상호 독립적이라는 것이지, 모든 구성요소들이 동등하다는 것을 의미하는 것은 아니다. 특히, 정부는 전통적 정부처럼 우월한 것도 아니고, 항상 동등한 입장도 아니다. 즉, 정부는 기본적으로 전체 네트워크를 관리하는 조정자의 입장에 있다고 할 수 있다.

2 뉴거버넌스와 거버넌스의 차이

(1) 의의

뉴거버넌스와 관련하여 거버넌스는 학자들은 접근입장차이로 다양하게 정의되고 있다. 즉, 정책결정이 특정개인이나 소수집단에 의해서 행해지며 강제력을 배경으로 하여 사회의 질서와 안녕을 도모하는 전통적 방식을 의미하기도 한다는 점에서, 뉴거버넌스와 극단적으로 반대개념을 나타내기도 하고, 뉴거버넌스와 혼용되어 사용하기도 한다. 한편으로는 아래 표와 같이 관리론과 인식론 등의 차이를 근거로 구분하기도 한다.

거버넌스론	구분	뉴거버넌스론
국정관리	관리론	신국정관리
신자유주의, 신공공관리	인식론	공동체주의, 참여주의
시장	관리구조	공동체
결과(효율성, 생산성)	관리가치	과정(민주성, 정치성)
공공기업가	관료역할	조정자
고객지향	관리방식	임무지향
경쟁체제(시장메커니즘)	작동원리	협력체제(참여메커니즘)
민영화, 민간위탁	서비스	공동생산(민간부문의 참여)
조직 내	분석수준	조직 간

(2) 신공공관리론

① 뉴거버넌스는 민간부문을 수용한다는 점 등에서 신공공관리론과 유사하지만 일정부분 차이가 있다. 즉, 신공공관리론이 결과에 초점을 두는 반면, 뉴거버넌스는 과정에 역점을 두고 있고, 전자가 국민을 고객중심적 접근으로 인식하여 수동적인 존재로 국한시키는 반면, 후자는 주인중심적 접근으로 인식하여 국민을 정부의 의제와 정책을 결정하는 능동적인 존재로 인정한다.

② 그리고 신공공관리론은 경쟁에 역점을 두는 반면, 뉴거버넌스론은 네트워크 부문 간의 협력에 초점을 두고 있고, 전자가 민영화 등을 통해 서비스를 제공하는 반면, 후자는 공동생산을 통해 공공서비스를 제공한다. 마지막으로 신공공관리론은 조직 내의 관계에 관심이 많지만, 뉴거버넌스는 조직 간의 관계에 무게를 두고 있는 것이다.

신공공관리론	구분	뉴거버넌스론
신자유주의	인식론	공동체주의, 참여주의
결과(효율성, 생산성)	관리가치	과정(민주성, 정치성)
고객	국민인식	주인
경쟁체제	작동원리	협력체제
민영화	서비스	공동생산
조직 내	분석수준	조직 간

예상문제

거버넌스(신공공관리론)와 뉴거버넌스의 공통점으로 볼 수 없는 것은?

① 민관 협력
② 정부 역할의 증대
③ 정책 결정의 강조
④ 행정과 민간의 구분의 상대성

정답 ②

해설 거버넌스와 뉴거버넌스의 공통된 인식은 공공서비스의 공급이 정부에 의한 독점적 공급이 아니라 시장 또는 정부와 민간, 비영리부문 등 다양한 세력과 조직의 참여와 상호작용에 의한 동태적 연계망이나 네트워크에 의하여 이로우지는 양상을 총칭하는 것으로 정부 역할의 축소를 인정한다.

신공공관리론에 대한 뉴거버넌스에 대한 특징으로 옳지 않은 것은?

① 조정자로서 관료의 역할 상을 강조한다.
② 분석단위로 조직 내 연구를 강조한다.
③ 경쟁적 작동원리보다는 협력적 작동 원리를 중시한다.
④ 공공문제 해결의 기제로서 네트워크의 활용을 중시한다.

정답 ②

해설 신공공관리론은 정부와 관료제가 사적 부문의 기제나 아이디어를 도입함으로써 효율성을 추구하자는 것이고, 뉴거버넌스는 공공부문과 민간부문이 공동으로 함께 협력하여 문제를 해결하자는 방법의 차이가 있으므로 조직 내 문제보다는 조직 간 관계를 더 중시한다.

V e-거버넌스

1 의의

① 인터넷이라는 새로운 정보통신기술의 발달로 공공정책과정에 온라인과 오프라인을 통한 시민의 참여가 증가하고, 일반 시민들은 다양한 커뮤니케이션을 통하여 자신의 이익을 표출하고 보다 직접적으로 정책결정과정에 참여하는데, 이를 e-거버넌스(Electronic Governance)라고 한다.

② 거버넌스는 정부의 존재와 더불어 오랜 세월 사용되어 온 개념이나 1990년대 들어 정치적 구호(political catchword)가 되었다(Pierre and Peters). 따라서 정책을 결정하고 집행하는 국가의 통치 방법으로서의 사전적 의미의 거버넌스 개념은 네트워크망에 의해 새롭게 형성된 뉴거버넌스와 구분하여 사용한다.

③ 해리스(Black Harris)는 전자 거버넌스란 정부의 웹 사이트, e-메일, 인터넷 등에 의한 서비스만을 의미하거나 전자정보나 전자 지불에 대한 디지털 접근에만 국한하지 않는다. 새로운 시민권의 개념으로 책임과 요구를 동반한 정부와 국민, 또는 국민 상호 간의 변화를 요구하는 개념이다.

④ 유엔개발계획(United Nations Development Program, UNDP)은 전자정부와 전자 민주주의를 통합한 개념으로 전자정부를 통해서 정책과정에 참여하고, 시민과 정부가 양방향 의사소통을 하며, 합리적 의사결정을 할 수 있는 절차를 의미한다.

[예상문제]

다음 e-거버넌스를 바라보는 관점 중 입장이 다른 것은?

① 정부, 시장, 시민사회의 협력의 형태로 본다.
② 정부가 시장적 기제를 도입하여 효율성을 추구한다.
③ 디지털 거버넌스 혹은 사이버 거버넌스라고도 한다.
④ 상호의존적 행위자들의 협력을 촉진할 수 있는 사회제도를 수립하고 운용하는 것으로 본다.

정답 ②

해설 ①, ③, ④는 뉴거버넌스, 즉 e-거버넌스에 대한 설명이고, ②는 신공공관리론의 입장이다.

e-거버넌스의 발전 모형에 대한 설명으로 틀린 것은?

① 발전 단계는 행정정보화, 전자정부, e-거버넌스로 구분할 수 있다.
② 행정정보화 단계의 의사 소통은 단순한 정보를 제공하는 수준에 머무른다.
③ 전자정부 단계에서는 정부와 시민사회 간의 양방향적 참여가 향상되고 시민들이 전자적 의사결정에 참여한다.
④ e-거버넌스 단계에서는 정부를 포함한 국민과 사회의 다원적 주체의 능동적 참여가 강조된다.

정답 ③

해설 시민들이 전자적 의사 결정을 하는 단계는 e-거버넌스이다.

2 관점에 따른 구분

(1) 다양한 국정관리체계를 설명하는 관점
기존의 정부체제를 대체하는 개념으로 공식적 권위보다 공유하는 목적을 수행하기 위한 활동을 의미한다.

(2) 네트워크식 신국정관리로 이해하는 관점
① 거버넌스를 상호의존적인 행위자들의 세계에서 서로 간의 대립을 해소하고, 협력을 촉진하는 집단행위 문제를 완화할 수 있는 사회제도를 수립하고 운용하는 것으로 보는 견해이다.
② 정부와 민간의 경계가 무너지면서 나타나는 정부, 시장, 시민사회의 파트너십을 통한 협력의 형태로 e-거버넌스는 디지털 거버넌스(Digital Governance) 혹은 사이버 거버넌스(Cyber Governance)라고도 한다.

3 모형

(1) 전자정부 5단계 성숙모형(UN/ASPA)
① 1단계(emerging presence)에서 정부는 제한되고 기본적인 정보만을 제공한다.
② 2단계(enhanced presence)에서는 많은 공공정책과 거버넌스 내용을 제공한다.
③ 3단계(interactive presence)에서는 더 진전된 서비스가 제공한다.
④ 4단계(transitional presence)는 시민과 정부가 상호작용하는 단계이다.
⑤ 5단계(networked presence)는 가장 진보된 단계이다.

(2) 전자행정, 전자정부, e-거버넌스의 내용 비교(UN/ASPA)

구분	전자행정	전자정부	e-거버넌스
구조	조직 내부의 관계	조직 간의 관계	시민, 정부, 정부조직, 공무원, 선출직 공무원 간의 상호작용
내용	• 정책개발 • 조직활동 • 지식관리	• 정책조정 • 정책집행 • 공공서비스 전달	• 민주적 과정 • 열린 정부 • 투명한 의사결정

(3) e-거버넌스의 발전모형(UN/ASPA)

	행정정보화	전자정부	e-거버넌스
대상범위	관료조직과 공무원 대상 행정정보화	정부로부터 일반시민에 대한 전자적 행정서비스 제공 형태로 연계	정부를 포함한 국민과 사회의 다원적 주체의 능동적 참여
행정이념	행정 내부를 위한 강한 능률성과 효율성의 연계된 효율성의 주된 강조	• 행정조직과 시민사회가 연계된 효율성의 강조 • 시민 참여 강조 • 약한 민주성과 약한 투명성의 강조	민주성, 투명성, 형평성 강조
소통유형	정책결정에 참여가 약하고, 의사소통은 단순 정보 제공	정부와 시민 사회 간의 양방향적 참여가 향상되고, 의사소통은 상호작용	다양한 사회주체 간의 상호 네트워크적 교류가 활성화되고, 전자적 의사결정 참여
기술수단	신속성, 정확성	• 쌍방향적 공유 • 접근 용이성	• 쌍방향적 공유 • 네트워크

Theme

128 기업 조직의 변화

I 의의

① 상품의 생산 활동에서 차지하는 정보활동의 비중이 증대되고 지금까지 이용 가능했던 생산기술에 새로운 정보를 추가함으로써 새로운 생산기술이 발생한다.

② 그 새로운 생산기술에 의해 생산요소의 투입량이 감소하여 부가가치를 높이는 것과 동시에 생산의 효율성을 향상시킨다.

③ 기업의 정보화는 산업의 정보화를 위한 기초이며 동시에 산업의 정보화는 기업의 정보화를 발전적으로 유도하는 힘을 제공한다.

Ⅱ 기업 조직의 변화

1 환경의 변화

① 신자유주의의 확대에 따른 무역장벽의 완화는 자본, 노동, 상품과 서비스의 생산과 유통 등 모든 면에서 세계화를 급격하게 진행시켰다. 자본의 국제적 이동에 대한 국가의 통제력이 약화되고 정보통신기술의 혁신은 기업의 전략적 이해관계에 유리한 입지의 유연성을 제공하였다. 이에 국경을 넘어 최적의 입지에 조직을 재배치하는 한편 네트워크로 통합, 조정하는 것이 가능하다.

② 정보통신기술은 입지의 유연성과 더불어 생산의 유연성에도 큰 영향을 미쳤다. 작업장에 도입된 컴퓨터와 로봇은 소프트웨어에 기초한 유연한 생산라인을 가능하게 함으로써 상품의 빠른 전환과 차별화를 촉진했다. 정보기술을 활용하여 소비자들의 취향과 유행에 대한 정보를 신속하게 수집 생산에 반영함으로써 생산과 소비의 연계도 강화한다.

③ 세계경제의 통합과 정보통신기술의 발전은 기업조직의 물리적 경계가 무너지고 국가와 시차를 가로질러 기능함에 따라 기업이 수행하는 활동의 범위와 그것이 조직되고 조율되는 방식도 변화한다.

2 조직의 변화

(1) 규모의 축소

① 중소기업도 인터넷과 같은 정보통신 네트워크를 통해 전 세계 소비자들은 물론 광범위한 공급자들에게 직접 접근할 기회가 커진다.

② 정보통신기술을 이용해 전 세계에 흩어져 있는 기업조직을 관리함으로써 거대 기업의 유지와 운영 또한 더욱 용이하다.

(2) 외주화

① 정보통신기술이 노동력을 직접 대체했다기보다는 외부거래비용을 떨어뜨림으로써 이전처럼 회사 내부에서 모든 기능을 통합해서 처리하지 않고 외부 시장에서 조달하는 방식이다.

② 기업의 구조가 변화, 특히 급변하는 기술 및 시장 환경에서는 연구개발, 디자인, 생산, 판매, 관리 등의 전 과정을 내부적으로 수행하기보다는 핵심 기능만을 남기고 외주화하거나 각 분야에서 강점을 지닌 기업과 제휴하는 것이 더 유리하다.

3 분권화와 수평화

① 기술 환경의 변화가 급속한 환경에서는 하위부서들이 자율권을 가지고 신속하게 대응할 필요가 있기 때문에 기존의 중층적인 의사결정구조가 보다 단순화되고 중간관리자의 역할이 축소되며 권한이 하부로 이양되는 경향을 반영한 분권적이고 수평적인 평판형 조직이 우세하다.

② 비공식적 조직, 그 중에서도 특히 실제로 업무를 같이 하는 동료 집단 사이에서 자생적으로 형성되는 실천공동체(communities of practice)를 지식 성장과 공유, 혁신의 원천으로 인식하고 이를 적극적으로 활용하는 기업이 증가한다.

③ 권한의 하부이양이나 하부조직에 대한 자율성 부여가 조직의 탈집중화로 이어지는 것이 아니라 정보시스템의 발달로 하위부서가 결정한 사항을 더욱 쉽고 신속하게 파악할 수 있기 때문에 조직 전체에 대한 집중적인 통제력은 더욱 커졌다. 분권화와 중앙집권적 통제가 동시에 가능해진 것이다. 기업 전체 입장에서 기능별로 나뉜 수직적 위계와 프로젝트 중심의 수평조직을 보다 효율적으로 결합한다.

기출문제

정보사회에서 기업 조직의 변화로 볼 수 없는 것은? [2020]

① 정보 공유와 평등한 작업 환경이 구현된다.
② 분권적이고 수편적인 작은 조직으로 이행한다.
③ 권한이 하부로 이양되어 중간 관리층의 역할이 증대된다.
④ 핵심 기능만을 남기고 외주화하거나 각 분야에서 강점을 지닌 기업과 제휴한다.

정답 ③

해설 시장 수요와 기술 환경의 변화가 급속한 환경에서는 하위부서들이 자율권을 가지고 신속하게 대응할 필요가 있기 때문에 기존의 중층적인 의사결정구조가 보다 단순화되고 중간관리자의 역할이 축소되며 권한 이 하부로 이양되는 경향이 있다.

[예상문제]

기업 조직의 분권화 · 수평화와 관련이 없는 것은?

① 다기능팀 ② 가상팀
③ 실천공동체 ④ 라인-스태프 조직

정답 ④

해설 시장 수요와 기술 환경의 변화가 급속한 환경에서는 하위부서들이 자율권을 가지고 신속하게 대응할 필요가 있기 때문에 기존의 중층적인 의사결정구조가 보다 단순화되고 중간관리자의 역할이 축소되며 권한이 하부로 이양되는 경향이 있다. 그 대표적인 예가 특정 프로젝트를 중심으로 구성되는 다기능팀으로, 다양한 부서에서 차출된 구성원들이 자신의 전문성을 바탕으로 대등한 위치에서 서로 협력한다. 이러한 프로젝트 팀들은 공식 조직이지만 위계서열적 조직이 지닌 경직성을 완화하여 신속하게 업무를 처리할 수 있도록 상당한 자율권이 부여된다. 또한 과제를 수행하는 동안 한시적으로 존재하다가 목표 달성과 함께 해산함으로써 조직의 유연성에도 기여한다. 예를 들어, 제약회사가 특정 신약을 개발하기 위해 프로젝트 팀을 조직했다가 개발이 완료되면 해산하는 식이다. 전문 인력의 확보가 중요한 분야(예 연구개발)에서는 지리적 · 조직적 경계에 구애받지 않고 서로 다른 지역이나 국가에 위치한 팀원들이 정보통신기술을 기반으로 일상적으로 협력하는 가상팀의 활용도 빈번하다. 이러한 환경에서는 통제 중심의 중간관리자의 역할이 대폭 줄어드는 한편, 정보와 커뮤니케이션을 조정하고 통합하는 조정자로서의 역할이 중요해진다. 더 나아가, 비공식적 조직, 그중에서도 특히 실제로 업무를 같이 하는 동료 집단 사이에서 자생적으로 형성되는 실천공동체를 지식 생성과 공유 혁신의 원천으로 인식하고 이를 적극적으로 활용하는 기업이 늘고 있다. 그 대표적인 예로 자주 거론되는 제록스의 경우, 자사의 복사기 출장수리 서비스 직원들이 업무 수행에 필요한 노하우와 지식을 직무연수나 지침서와 같은 공식적인 통로보다는 동료들과의 일상적인 식사모임 같은 비공식적 통로를 통해 습득한다는 것을 발견하고 이를 서비스 개선에 적극적으로 활용한 바 있다. 국내 모 대기업도 '학습동아리'라는 명칭으로 다양한 실천공동체를 조직적으로 지원하고 있다.

Ⅲ 네트워크 기업으로 변화

① 경영환경의 불확실성을 극복하는 방안으로 기업 외부의 네트워크 자원을 효과적으로 활용하는 방안에 대한 관심이 증대되고, 점점 더 많은 기업 조직들이 기업 내 여타조직들이나 다른 기업들과의 복잡한 관계망 속에서 활동하고 있으며 그 결과 개별기업이 아니라 이러한 관계망들이 기업 활동의 실제 운영단위가 된다.

② 카스텔(Castells)은 세계화된 정보경제에 적합한 기업조직의 모델로 네트워크 기업 모형을 제시했다. 많은 기업들이 지식집약도가 높은 핵심 역량에 집중하고 나머지는 외부 전문기업과의 수평적인 협력관계에 의존함으로써 조직을 경량화하고 의사결정구조를 분권화하는 네트워크 조직으로 변모한다.

③ 중소기업은 다른 중소기업이나 대기업과 네트워크로 연결되어 있었지만, 정보통신기술은 그 지평을 전 지구로 확대함으로써 새로운 기회를 제공했다. 대기업의 분권화된 의사결정, 전략적 제휴, 복잡한 외주 협정 또한 컴퓨터 네트워크의 발전으로 가능했다.

④ 네트워크 기업이 직면하는 근본적인 문제는 경쟁력의 핵심인 자사의 독점적 지식과 기술을 보호하면서 협력에 필요한 정보를 참여 기업들과 충분히 공유하는 문제이다. 기업은 포괄적인 기술 제휴와 정보공유로 인해 경쟁 우위를 잃을 수 있는 우려를 가지고 있기 때문에 핵심 분야에서 고도로 숙련된 인력을 중심으로 집중하는 전략이 필요하다.

핵심정리 **네트워크 조직의 특징**

- 유연한 구조와 기술을 가지고 환경변화에 신축적으로 적응 가능
- 언더그라운드 조직, 비공식 조직(수평적) 지원 체제를 확립함으로써 시시각각의 변화에 적응 가능
- 가치정보를 네트워크망으로 연결, 조직 간의 연쇄 관계를 중시
- 지식과 정보의 교류를 중시
- 강한 이념을 끌어당기는 흡인력을 가지면서도 부드러운 서비스를 중시하는 조직
- 정보를 흡수하여 활용하는 데 그치지 않고 새로운 정보를 창조하는 조직

[예상문제]

네트워크 기업에 대한 설명으로 틀린 것은?

① 조직을 경량화하고 의사결정구조를 분권화한다.
② 외부 전문기업과의 수평적인 협력관계에 의존한다.
③ 디자인, 연구개발, 마케팅 등 지식집약도가 높은 핵심 역량에 집중한다.
④ 기능간의 조정, 목표에 대한 집중도, 특정 업무의 완수 등에서 효율적이다.

정답 ④

해설 사람이나 집단을 다른 사람이나 집단과 연결시키는 모든 직간접적 커넥션을 의미하는 네트워크는 결코 새로운 현상은 아니다. 네트워크의 유연성과 적응성은 수직적이고 위계적인 관료제에 비해 큰 장점이지만, 기능간의 조정, 목표에 대한 집중도, 특정 업무의 완수 등에서 관료제만큼 효율적이지 못했다.

Theme

129 고용과 노동의 변화

Ⅰ 두 가지 상반된 견해 존재

① 산업사회 포드주의 체제의 산물인 단순·반복적 노동에 종사하는 노동자는 소수가 되고, 지식수준이 높고 일터에서는 자율성을 보장받는 노동자들이 다수가 될 것이라고 전망한다.

② 비관적 견해로 지식노동자의 수는 한정적이며, 더 많은 사람들이 단순노동자로 남아 있거나 주변적 노동자로 전락하게 될 것이라는 전망이다.

Ⅱ 정보사회 고용과 노동 관련 변화

1 고용구조의 변화

① 농경사회는 1차 산업, 산업사회는 2차 산업 위주의 사회라면, 정보사회 또는 탈 산업사회는 3차 산업 위주의 사회로 서비스산업 취업자의 비중이 증가한다.

② 정보사회에서 제조업 취업자가 감소하고 서비스업 취업자가 증가하게 된 주된 이유는 서비스산업 노동생산성의 발전 속도가 느리고 제조업은 기계화나 자동화가 쉬운 반면 서비스업은 그렇지 않기 때문이다.

③ 컴퓨터 기술은 단위 기계나 생산라인 자동화를 넘어 공정 전체 또는 공장 전체의 자동화를 실현하고, 기술혁신에 따라 2차 산업의 생산 규모가 계속 늘어나더라도 취업자 수는 감소하는 추세이다.

④ 다니엘 벨은 전(前) 산업사회나 산업사회 단계에도 서비스산업이 있지만, 정보사회를 특징짓는 서비스산업은 성격이 다른 전문서비스로 교육, 건강, 사회 서비스를 포함하는 인적 서비스와 시스템 분석, 디자인, 정보처리 등을 의미한다.

2 직업구성의 변화

① 정보사회는 직업별 구성도 변화하는데 정보기술이 파급됨에 따라 단순 직종보다 전문직과 기술직의 비율이 증가한다.

② 전통적 서비스업보다 근대적 서비스업에 고학력 인력이 많이 고용된다. 2차 산업에서도 컴퓨터나 반도체 같은 정보기술 산업은 단순한 제조 외에 연구, 개발기능이 중요하며, 여기에 종

사하는 인력이 많고, 기존 산업에서도 정보기술의 도입에 따라 전문적 지식을 가진 근로자의 비중이 증가한다.

③ 주보프(Zuboff)는 정보기술은 정보화(informate)와 자동화(automate) 효과로 자동화는 단순 노동에서 더 쉽게 이루어지지만 단순 생산 노동자뿐만 아니라 숙련 노동자, 나아가 중간 관리자와 화이트칼라의 직무도 자동화될 수 있다. 이들의 일부만이 재훈련을 통해 전문기술직으로 될 수 있을 뿐이며, 나머지는 단순 노동자가 될 가능성이 많다.

3 노동의 질적 변화

① 기술혁신이 노동자의 숙련 수준을 높일 것이라고 보는 견해가 지배적이다. 포드주의적 노동체제하에서는 다수 노동자들이 단순 반복적인 작업을 담당했지만, 정보사회에서는 이런 일은 자동기계가 맡고 노동자는 기계 설비를 감시하거나 수리하는 숙련 노동자로 변화한다.

② 케른과 슈만(Kern and Schumann)은 자동차, 기계, 석유화학, 전기전자 산업에서 자동화에 따라 생산직 노동자들이 시스템 컨트롤러(system controller)로 바뀌는 경향이 있다. 시스템 컨트롤러는 기계 설비의 조작만이 아니라 프로그램의 작성도 하며, 이론적 지식과 경험적 지식을 겸비한 노동력으로 스스로 준전문가로 생각하며 맡은 일에 대한 흥미도가 높다.

③ 브레이버만(Braverman)은 독점자본주의 생산노동에서 사무노동에 이르기까지 탈숙련화를 주장했다. 탈숙련화는 기술 도입, 특히 자동화로 인해 노동자에게 소속되던 숙련이 기계로 이전되고 노동자는 단순한 보조 작업만을 하게 되는 것을 의미한다. 예를 들면 쇠를 깎는 작업의 경우 수치 제어(Numerical Control, NC)기계가 도입되기 이전에는 쇠를 깎는 각도와 깊이 등을 현장 노동자가 결정했고 이 때문에 노동자에게 상당한 숙련이 요구되었다. 그러나 NC 기계가 도입된 후 모든 것은 기계가 알아서 하고 노동자는 재료를 기계에 넣고 빼는 단순작업자로 전락했다. 작업자의 탈숙련화는 권력관계도 변화시킨다. 과거 현장 작업자들이 숙련을 바탕으로 상당한 발언권을 가졌으나 기계 설비의 운용과 수리가 엔지니어의 몫이 되면서 현장 노동자는 관리자나 엔지니어에 대해 매우 종속적인 위치에 놓이게 된다.

4 기술혁신과 노동관계의 변화

(1) 의의

① 블라우너(Blauner)는 '역U자 곡선' 이론을 제시하면서 자동화의 정도가 높아짐에 따라 처음에 노동 소외가 증가하나 자동화의 정도가 더 높아지면 노동 소외가 낮아지고, 기술이 노동의 내용을 결정한다고 본다.

② 브레이버만의 '탈숙련화론'이나, 케른과 슈만의 '신생산 개념' 또는 블라우너의 '역U자 곡선' 이론 등은 모두 기술이 노동의 질을 결정한다는 점을 전제하고 있으므로 '기술결정론'이라는 비판을 받고 있다.

③ 실제 작업장에서는 탈숙련화 경로와 숙련화 경로가 모두 발생하고 있으며, 같은 작업장에서도 노동자에 따라 다른 모습을 보인다. 기업 또는 작업장의 특성을 반영하여 그 형태가 제각각으로 나타나고 있다. 말하자면, 기술과 노동의 질의 관계를 일률적으로 말하는 것은 쉽지 않으며, 기술 자체보다는 그 기술도입을 결정한 사람들의 노동자 활용방법 선택이 중요하다는 것이다. 기업에서는 경영자의 선택이 가장 중요하므로, 경영자의 선택에 영향을 미치는 요인을 검토할 필요가 있다.

(2) 경영자의 선택을 결정하는 사회적 맥락

경영자의 선택은 궁극적으로 개별 경영자의 몫이지만 나라별로 일정한 방향성을 가지는데 이를 결정하는 요인은 다음의 세 가지 사회적 맥락에 기반한다.

① 시장조건

기업이 고가격 · 고품질 시장에서 경쟁하는가, 저가격 · 저품질 시장에서 경쟁하는가에 따라 전자는 숙련화 경로를 선택할 가능성이 많고, 후자는 탈숙련화 경로를 선택할 가능성이 많다.

② 노사관계의 성격

노동자들이 생산방식의 결정에 참여할 수 있는 발언권을 가지고 있는 경우에 숙련화 경로가 선택될 가능성이 높고 반대의 경우 탈숙련화 경로가 채택될 가능성이 높다.

③ 사회제도

여러 가지 사회제도가 영향을 미치는데 중요한 것은 노동자 숙련 형성 제도이다. 독일은 숙련 노동자를 공급하는 교육제도가 발전되어 다른 나라에 비해 숙련화 경로가 널리 적용된다.

5 노동 방식의 변화

현대사회의 특징으로 고용 불안과 비정규직 노동자의 증가 현상을 들 수 있다.

(1) 정보화가 고용 불안을 심화시킨 이유

① 기업 내 숙련의 퇴화

정보기술의 확산에 따라 경험적 숙련보다 지적 숙련의 중요성이 상대적으로 증가하고, 기술 혁신이 빨라지면서 기존의 숙련은 금방 쓸모없게 됨으로써 기업은 인력 양성보다 인력 조달 고용 방식을 채택하게 되고, 고용관계는 더욱 시장 지배적인 관계로 변화한다.

② 서비스업 취업자 증가와 고용 불안

서비스업의 고용불안은 여러 가지 이유가 있지만 기업 규모가 작고 열악하여 시장에 장기간 존속하지 못하는 경우가 많아 고용의 불안으로 이어진다. 이처럼 서비스업은 최종 상품으로 저장할 수 없으므로 수요의 변화에 따라 산출량이 즉각 변동되어야 하므로 인력의 유연성이 요구된다.

③ 기업조직의 변화

조직형태가 위계적 조직에서 평판형 조직으로 바뀌는 경향이 있는데 이는 사무직 및 중간 관리자의 내부 노동시장을 약화시키고 이들의 고용 불안을 심화시키며 거래비용의 감소로 아웃소싱이 활성화되고 기업조직 규모가 작아져 이 역시 고용 불안으로 이어진다.

[예상문제]

정보사회에서 고용과 노동의 변화에 대한 설명으로 틀린 것은?

① 정보사회는 3차 산업 위주의 사회로 서비스산업 취업자의 비중이 증가한다.
② 서비스업 취업자가 증가하게 된 주된 이유는 서비스 산업의 노동생산성의 발전 속도가 빠르기 때문이다.
③ 블라우너(Blauner)는 자동화와 노동 소외 사이에 역 U자 가설을 제기하였다.
④ 브레이버만(Braverman)은 독점자본주의 생산노동에서 사무노동에 이르기까지 탈숙련화가 진행될 것이라고 주장했다.

정답 ②

해설 제조업은 기계화나 자동화가 쉬운 반면 서비스산업 노동생산성의 발전 속도가 느리기 때문이다.

노동 유연성에 대한 설명으로 틀린 것은?

① 장기 고용을 특징으로 하는 내부화된 고용관계는 이미 과거의 것이며, 이제 고용관계는 시장 거래 관계에 지배된다.
② '탈조직 커리어', '조직인의 죽음' 등은 현대의 고용 관계를 특징짓는 문구이다.
③ 정보 기술의 확산에 따라 지적 숙련보다 경험적 숙련의 중요성이 상대적으로 증가한다.
④ 평생직장은 옛말이고, 고용 안정보다 고용 가능성이 중요한 시대이며, 이런 시대에 적응하기 위해 개인들은 끊임없이 자기 능력을 개발해야 한다.

정답 ③

해설 정보 기술의 확산에 따라 경험적 숙련보다 지적 숙련의 중요성이 상대적으로 증가한다. 기업 내에서 장기 근속한 고참 노동자보다는 학교에서 최신 교육을 잘 받은 젊은 신참 노동자가 훨씬 업무 처리를 잘하는 일이 벌어지는 것이다. 게다가 기술 혁신이 빨라지면 기존의 숙련은 금방 쓸모없게 된다. 이런 상황에서 기업들은 근로자를 장기 고용하면서 기업 내에서 숙련을 양성하기보다는 외부 시장에서 그때그때 필요한 인력을 충원하는 방식을 선호한다. '인력 양성'보다 '인력 조달'이 주된 고용방식이 되며, 고용관계는 더욱 시장 지배적인 관계로 변화한다. 구체적 방법으로는 인력을 단기 계약직으로 채용한다거나 아예 외주화하는 것을 들 수 있다. 컴퓨터 산업 등 첨단산업에서 이런 경향이 두드러진다.

(2) 원격근무(telework)고용 형태 등장

① 단지 근무 형태만을 바꾸는 것이 아니라 다양한 장점이 제기된다.

② 원격근무가 확산되면 통근의 필요성이 줄어들어 에너지를 절약할 수 있고, 사무실 대신 가정이 생산 활동의 중심이 되어 일과 생활의 균형을 실현할 수 있으며, 나아가 지역공동체에도 중요한 영향을 미칠 것으로 기대된다.

③ 현실적인 문제점으로 노동자들이 고립감을 느끼고, 장시간 근무에 시달릴 가능성과 근로조건, 승진, 교육 훈련 등 통상적인 근로자에 비해 차별받을 수 있고, 업무 스트레스가 가정생활에 곧바로 투영되어 가족 내 긴장이 높아진다는 점이 지적된다.

생각넓히기 | 가족의 비즈니스화

미국의 사회학자이자 젠더 연구자인 알리 러셀 혹실드는 「시간 압박(The Time Bindb(1997)」에서 유연노동 시스템 안에서 살아가는 남녀 노동자의 일과 가족생활을 조망하며 '일터가 가정이 되고 가정이 일이 되었을 때 어떤 일이 벌어지는가?'라는 질문을 던진다. 일 가정 양립 지원 정책이 실시되는 기업에서도 일하는 부모들은 더 많은 시간을 일에 투여하고, 그로 인해 줄어든 가족생활 시간은 보다 압축적으로 보내야 한다. 경영 기술을 가족생활에 적용하는 것은 일의 요구와 가족 및 개인생활의 요구가 불균형한 '시간 압박'에 대응하는 방식 중 하나가 된다. 예컨대 직장에서 업무를 범주화하고 시간을 세분화하는 규칙들은 가사 일을 추려내고 범주화하며 일부는 아웃소싱하는 등 계획을 수립하는 데 활용된다. 요리 시간을 단축할 수 있는 인스턴트식품을 활용하고 자녀와 짧지만 밀도 있는 시간을 가지려고 노력하는 과정에서 '효율성'은 삶의 방식이자 목표 자체가 되어버린다. 이처럼 가족과의 시간을 연기 내지 포기 하거나 고도로 조직해야 한다는 압박은 부모에게 직장일. 가사일과 다른 제3의 일을 부과한다. 부모의 시간 관리 계획을 좀처럼 수긍하지 않으려는 자녀의 불만을 잠재우고 감정을 달래줘야 한다는 부담은 부모 노동자를 더욱 지치게 만드는 요인이 된다.

[예상문제]

다음 글에서 설명하고 있는 개념으로 옳은 것은?

> 유연노동 시스템 안에서 살아가는 남녀 노동자의 일과 가족생활은 일터가 가정이 되고 가정이 일이 된다. 일하는 부모들은 더 많은 시간을 일에 투여하고, 그로 인해 줄어든 가족생활 시간은 보다 압축적으로 보내야 한다. 경영 기술을 가족생활에 적용한 것은 일의 요구와 가족 및 개인생활 요구가 불균형한 '시간 압박'에 대응하는 방식 중 하나가 된다.

① 유연근무제
② 일-가족 균형
③ 원격 및 재택근무
④ 가족의 비즈니스화

정답 ④

해설 가족 비즈니스화에 대한 설명이다.

6 노동자 내부 불평등의 확대

(1) 의의

노동자 내부 불평등은 1차 노동시장과 2차 노동시장이 분리되면서 나타난 현상으로 정보사회로 진척되면서 이런 불평등이 더 확대되고 새로운 모습으로 등장한다.

(2) 노동자 내부 불평등 확대 요인

① 부가가치의 원천이 직접 생산노동으로부터 지식과 정보로 이동해 가고 있는 점과 세계화에 따라 단순 노동이 개도국으로 아웃소싱되는 경향이 더해져 전문기술 노동자와 단순 반숙련 노동자 간 임금 격차가 확대된다.

② 기업규모가 작아지고 고용 불안정이 증가하는 추세 역시 불평등을 확대시키는 요인으로 작용한다. 과거 대기업은 내부 노동시장이 발전되어 시장경쟁에서 보호되었으나 이러한 내부 노동시장 보호막이 약화되면서 숙련수준이 낮은 노동자의 노동 조건은 악화되며 주변적 노동자층이 증가한다.

생각넓히기 | 기업 내부 노동시장과 외부 노동시장

기업 내부 노동시장이란 근로자의 채용, 이동과 승진, 그리고 보상이 시장원리가 아닌 기업 내의 관리규칙에 의해 결정되는 것을 말한다. 기업 내부 노동시장은 외부노동시장에 견주어 고용이 안정적이며 기업 내부 노동시장과 외부 노동시장 사이의 노동 이동이 제한적이다. 기업 내부 노동시장의 근로자들은 동일한 능력을 가진 외부시장 근로자에 견주어 임금, 복지, 승진가능성 등 근로조건이 우월한 것이 보통이다.

생각넓히기 | 1차 노동시장과 2차 노동시장

1차 노동 시장은 주로 기업 내부 노동시장에서 형성되는데 고용의 안전성, 높은 임금, 양호한 근로조건 등이 보장되고, 인적 투자기회가 많으며, 경력에 따라 임금과 권한, 책임, 지위 등이 향상되는 노동시장이다. 반면에 2차 노동시장은 저임금, 열악한 환경, 승진 기회 부재, 높은 이직률, 결근율 등을 보이는 노동시장을 말한다. 노동시장은 이렇게 1차 노동시장과 2차 노동시장으로 양분된다.

Theme

130 노동 및 소비의 변화

I 스마트워크

1 의의

① 스마트 정보통신기술과 제도적 인프라를 기반으로 근로자가 언제, 어디서나 자율적으로 일하고 자유롭게 협업함으로써 성과를 극대화하도록 하는 업무방식이다.

② 스마트 정보통신기술이란 유무선 초광대역 정보통신인프라를 기반으로 하는 모바일, 클라우드 컴퓨팅, 유무선 컨버전스, 상황인지 대인화 서비스, 소셜 네트워킹, 텔리프레즌스 등을 지원하는 네트워크, 하드웨어, 미들웨어, 소프트웨어, 모바일 애플리케이션 등 일련의 정보통신기술을 통칭한다.

2 기존 원격근무와 차별화되는 특징

① 정보통신기술을 기반으로 하는 자유로운 이동성

② 원활한 협업

③ 업무성과의 제고

④ 정보통신기술뿐만 아니라 제도적 인프라에 의한 체계화(systematization)

3 유형

시간과 장소의 유연성을 기준으로 재택근무, 스마트워크센터 근무, 모바일 이동근무 등으로 구분한다.

(1) 스마트워크의 유형과 장 · 단점 비교

유형	근무형태	장점	단점
재택근무	자택에서 본사 정보통신망에 접속하여 업무수행	별도의 사무공간이 필요하지 않으며, 출퇴근 시간 및 교통비 부담이 감소	• 노동자의 고립감 증가와 협동 업무의 시너지 효과 감소 • 고립감으로 직무만족도 저하 • 보안성 미흡으로 일부 업무만 제한적 수행 가능
이동근무 (모바일 오피스)	모바일 기가 등을 이용하여 현장에서 업무수행	대면 업무 및 이동이 많은 근무 환경에 유리	스마트폰 등을 활용한 위치추적 등 노동자에 대한 감시통제 강화

스마트워크 센터 근무	자택 인근 원격 사무실에 출근하여 업무 수행	• 본사와 유사한 수준의 사무환경 제공 가능 • 근태 관리 용이 • 보안성 확보 용이 • 직접적인 가사 육아에서 벗어나 업무 집중도 향상	• 별도의 사무 공간 및 관련 시설 비용부담 • 관련 법 및 제도 정비가 필요 • 관리조직 및 시스템 구축 필요

(2) 국가정보화전략위원회

① 국가정보화전략위원회는 경직된 근무형태에서 유연한 근무형태로, 폐쇄형 시스템에서 개방형 시스템으로, 제한적 시범서비스에서 지속 가능한 서비스로, 양적 투자 중심의 정책에서 제도개선 민관협력 등을 통하여 일하는 방식의 변화를 유도하고 이를 기반으로 국가경쟁력 강화를 도모한다.

② 스마트워크를 위한 환경조성 방법으로 스마트워크센터는 주거지 인근에 ICT기반의 원격업무시스템을 갖춘 시설로 지식노동활동에 필요한 사무공간을 제공하는 복합 공간을 도심의 사무실과 동일한 환경을 제공함으로써 업무의 효율성을 높이고 재택근무의 문제점으로 지적되고 있는 관리의 효율성을 기대한다.

(3) 원격근무와 스마트워크의 주요한 차이점

구분	원격근무	스마트워크
주체	일부 직군 또는 직위에 속하는 근로자	광범위한 직군 및 직위에 속하는 근로자
장소	미리 지정된 자택 또는 위성사무실 위주	자택, 위성사무실, 이동 중 어디서나
대상업무	혼자서 할 수 있는 단독 업무 위주	온라인을 통한 자유로운 협업 가능
수단	가족 친화 복리 후생 제도	총체적인 인사, 조직, 성과 관리 등 제반 제도
	유선 통신망 위주	유무선 컨버전스, 클라우드 컴퓨팅 등
	특정 계층에 제한된 문화	조직 전체적으로 조성되고 공유된 문화

① 스마트워크는 단순 스마트폰 기기의 도입과 이용이나 단순한 원격근무가 아닌 원격 협업을 전제로 한다.

② 정보통신기술을 기반으로 한 협업의 형태로 시간과 장소에 구애 없이 일할 수 있는 스마트워크는 시간과 공간의 제약이 없이 언제, 어디서나 일할 수 있도록 하는 것으로 워크하드(work hard)에서 워크 스마트(work smart)로의 변화를 의미한다.

예상문제

기존의 원격 근무와 구별되는 스마트 워크의 특징으로 볼 수 없는 것은?

① 자유로운 이동성
② 원활한 협업
③ 업무집중도 향상
④ 교통비 부담 감소

정답 ④

해설 교통비 부담 감소는 재택근무의 장점이다.

Ⅱ 프로슈머

1 의의

① 앨빈 토플러가 「제3의 물결」에서 프로슈머(Prosumer: Producer+Consumer)의 개념을 처음으로 소개하였다. 판매나 교환보다는 자신의 사용이나 만족을 위해 제품, 서비스 또는 경험을 생산하는 이들을 가리켜 프로슈머라는 지칭했다. 개인 또는 집단들이 스스로 생산하면서 동시에 소비하는 행위, 즉 프로슈밍(prosuming)은 강력한 혁신의 초기 테스트 과정으로 화폐경제 내에서 수십, 수백억 달러 규모의 시장에 해당되며 상업 세계와 프로슈머 세계를 가르는 벽은 존재하지 않는다고 주장한다.

② 탈산업사회는 다양한 라이프 스타일이 존재하며 유동적 조직들은 변화에 보다 빠르게 적응할 수 있다. 정보는 대부분의 물질적 자원을 대신할 수 있으며, 보다 유연하게 관계하는 노동자들을 위한 가장 중요한 자원이 된다. 대량생산은 싸고, 개인화된 소규모 시장을 대상으로 하는 생산을 가능하게 만들었으며, 생산자와 소비자의 간격은 조합 시스템에 의해 점점 가까워지고 있다. 생산자와 소비자가 합쳐진 프로슈머는 스스로가 자신의 요구를 충족시키려는 것으로 기술의 새로운 발달로 인해 생기는 급진적인 융합의 과정에서 일어난 현상이다.

③ 프로슈머로 대표되는 이들을 C세대라고 하는데 처음에는 컴퓨터, 게임, 만화, 영화, 음악, 스포츠 등 어느 한 분야에 지나치게 몰입하는 중독된 세대(chemical generation)를 일컫는 말로 사용되었다. 초고속 정보통신망의 보급이 일반화되면서 인터넷을 통해 다양한 정보를 얻고, 얻은 정보를 다른 사람들과 자유롭게 공유하면서 능동적으로 디지털 세상에 참여하는 젊은 이들이 증가하고, 이들 젊은이들은 초고속 정보통신 환경에서 성장해 그만큼 디지털기기에 익숙하다. 때문에 이들은 컴퓨터 세대, 또는 사이버 세대라 하여 역시 C세대로 칭한다.

④ 콘텐츠 세대로서의 C세대는 단순히 수용자 차원에 머무르던 컴퓨터 세대가 인터넷, 휴대폰 등 각종 디지털 기기를 통해 스스로 콘텐츠를 생산해 내는 창조자 개념으로 넘어가는 과정에서 등장한 용어이다. 넓은 의미에서 볼 때 컴퓨터 세대를 단순한 정보 수용자 세대로만 보는

데는 한계가 있다. 콘텐츠를 직접 생산해내는 창조자 세대라 하더라도 컴퓨터 세대인 점에서는 같기 때문이다. 따라서 콘텐츠 세대 역시 컴퓨터 세대의 여러 가지 특징 가운데 창조적 관점에 무게를 둔 개념일 뿐이다. 콘텐츠 세대는 각종 디지털 기기 사용자를 소비자로 보고, 소비자가 콘텐츠를 창조한다(consumer's creating contents)는 뜻으로 사용된다. 이 경우 C세대는 소비자가 신제품 개발에 직접 관여하는 프로슈머가 된다.

⑤ 프로슈머의 등장과 빠른 성장은 현 디지털 미디어 시대에 매우 중요한 생산자적 가치를 지니고 있으며, 콘텐츠 산업 발전에도 많은 영향을 끼치고 있지만 이와 결부되어 저작권 침해나 음란물 배포 등 동시에 해결해야 할 여러 가지 중요한 이슈거리들도 함께 양산하고 있는 실정이다.

2 디지털 프로슈머(Digital Prosumer)

(1) 의의

① 디지털 프로슈머는 빌링스(Billings)의 혁신자로서의 수용자 이론에 근거하여 디지털 미디어 공간을 문화적으로 풍요롭게 하는 새로운 유형의 수용자 집단을 의미한다.

② 인터넷 커뮤니티에 참여해 콘텐츠를 즐기고 정보와 자료를 얻는 소비자이면서 동시에 의견을 적극 개진해 생산에도 영향을 미치는 사람으로 개인 단말과 네트워크의 발전으로 인터넷상에서 자신이 직접 만든 음악이나 동영상, 뉴스, 정보 등을 유통시키거나, 인터넷 방송이나 개인 홈페이지 등의 퍼스널 미디어를 활용하여 자신의 의견, 여론 및 문화 등을 전달한다.

③ 디지털 혁명의 수순대로 우리는 수동적 소비자에서 능동적 소비자로 그리고 능동적 소비자에서 디지털 프로슈머로 진화하며, 공산품에 대한 소비뿐 아니라 문화, 정보, 예술, 오락 등 인간이 향유하는 모든 것에 있어 생산자가 곧 소비자이고, 소비자가 곧 생산자인 프로슈머의 시대를 형성한다.

④ 생산에 있어 의견과 요구를 하는 조언자 역할의 초기 프로슈머에서 진화하여 이젠 직접 생산을 하기도 하는 디지털 프로슈머가 양산되고 있는 것이다. 즉, 정보생산을 위한 지식정보의 프로슈머가 성장하고 있는 것이다. 누구나 쉽게 개인 웹 사이트를 만들거나 누구나 인터넷 공간에서 자신의 의견을 유포하는 1세대적 디지털 프로슈머에서 진일보하여 보다 적극적으로 자신의 의견들을 담아 온라인 오프라인을 넘나들며 사회적 영향력을 만들어 내거나 지속적인 정보의 프로슈머로서 정보생산이라는 사회적 생산 활동을 하며 경제적인 성취까지 이뤄내는 2세대적 디지털 프로슈머가 점차 증가하는 경향이다.

⑵ 디지털 프로슈머의 특징

① 프로슈머로서 능동적 수용자는 가상공간의 수많은 사이트들에 나타나는 두드러진 특징이다. 대인 커뮤니케이션에서 지도자가 중심 여론을 이끌었다면 이제는 개개인이 하나의 중요한 허브의 역할을 수행하고, 개인들이 정보를 수집, 가공, 재생산함으로써 콘텐츠를 생산해내는 적극성을 보이고 있다. 개인의 사적인 내용의 콘텐츠가 주류를 이루고, 가상공간상에서 수용자들이 단순히 정보 소비자로서의 역할뿐만 아니라 정보생산자로서 역할을 수행한다.

② 새로운 소비자집단인 C세대의 등장은 콘텐츠 산업과 미디어 소비시장의 변화 주체이다. C세대는 디지털미디어와 기기라는 수단에서는 타인과 비슷해지기를 원하고 그 안의 콘텐츠에 대해서는 차별성을 원한다. 디지털 세대인 C세대의 소비문화는 남들과 비슷해지기 위한 동조의 소비와 남들과 차별화되기 위한 차별의 소비가 공존한다.

③ C세대는 글로벌 미디어를 통해 평등하게 지식, 문화 등에 접근하고 공유함으로써 그들만의 동조의 소비문화를 형성하는 한편 자신의 개성을 표현할 수 있는 디지털 제품을 구매하거나 콘텐츠를 생성 구매함으로써 차별의 소비문화도 창조한다. 동조와 차별 외에도 C세대의 소비문화는 유목민처럼 이동과 속도를 중시하는 디지털 노마디즘(Digital Nomadism)과 농경민과 같이 안정과 정착을 중시하는 코쿠니즘(Cocoonism)의 공존, 이성적 · 합리적 소비(rationalism)와 감성적 · 과시적 소비(estheticism)의 공존 등 소비문화의 양극화 현상이 두드러진다.

④ 상반된 소비문화 공존은 미디어 소비시장에서도 C세대는 개개인이 생각하는 경제적 · 관념적 가치에 따라 소비행태가 다양하다. 감성적 만족을 위해 기꺼이 높은 가격을 지불하는 C세대가 있다면 저가형 실용주의 제품으로 제품 본연의 목적에 충실함을 추구하는 C세대도 존재한다. 휴대성과 편리성을 위해 복합제품을 구매하기도 하지만 성능과 간단한 사용법을 위해 단순화된 제품을 구매하기도 하는 등 결국 C세대가 만들어낸 소비문화의 양극화는 DMB, WiBro, IPTV의 상용화로 더욱 거세질 전망이다. 미디어 소비시장에도 프리미엄 소비와 실용주의 소비, 복합제품 선호와 단순제품 선호라는 혼성소비 형태를 창출해 내겠지만, 이것이 다시 개개인의 가치판단에 따른 다양한 소비 형태로 발전해 결과적으로는 양쪽 모두의 동반성장을 가져올 것으로 전망된다.

핵심정리 X세대, N세대, Y세대, Z세대

1. X세대

Z세대를 논하기에 앞서 그 앞 세대를 알아볼 필요가 있다. 가장 먼저 등장한 건 90년대 가장 많이 쓰이던 "X세대"였다. 이해하기 힘들다는 의미를 가진 X세대는 럭비공에 비유되어 어디로 튈지 모르는 제멋대로 행동하는 세대라고 불렸다. 이 세대는 1965~1976년에 태어난 사람들로, 90년대에 젊은 층을 차지했지만 지금은 컴퓨터와 인터넷 사용이 가능한 세대 중 가장 나이가 많은 연령층에 해당한다. 80년대 중반의 호황기에 10대를 보내고 20대 초반에 문민정부를 맞아 가장 풍요로운 세대이기도 하고 컬러 TV 등의 영상매체 발달로 소비지향적인 문화가 이들의 특징이기도 하다.

2. N세대

X세대에 이어 등장한 N세대는 1977~1997년 사이에 태어난 사람들로 디지털 기기를 능숙하게 다룰 줄 아는 본격적인 인터넷 세대이자 디지털로 접어든 초기 세대를 일컫는다. X세대가 TV 등의 미디어에 의해 일방적인 지식이나 정보를 전달받는 세대인 반면 N세대는 어릴 때부터 컴퓨터와 친숙해 쌍방향 커뮤니케이션으로 의견을 개진하는 등 정보의 수동적인 소비가 아닌 능동적인 참여를 하는 게 특징이다. 따라서 N세대는 책보다는 인터넷, 편지보다는 E메일, TV보다는 컴퓨터에 익숙해 강한 독립심과 자율성, 능동성, 감정 개방, 자유로운 표현과 뚜렷한 관점을 갖고 자기혁신과 개발을 추구하는 세대이다.

3. Y세대 또는 밀레니얼 세대

밀레니얼 세대라고도 불리는 Y세대는 2000년을 기점으로 90년대 후반에서 2000년대 초반에 태어난 이들이다. 대부분 컴퓨터를 보유해 어릴 때부터 컴퓨터를 즐기면서 정보를 수집하거나 오락을 즐기는 데 많은 시간을 할애한다. 정보통신 기기의 구매를 결정하는 주요 소비 주체이며 말을 배우기도 전에 다양한 문화를 접해 패션 등 대중 소비의 주역으로 유행과 소비를 선도하는 세대이기도 하다.

4. Z세대

① 일반적으로 2000년대 이후에 태어난 세대를 Z세대라고 부르지만 나라에 따라 1990년이나 1995년 이후에 태어난 세대를 Z세대라고 구분하기도 한다.

② '디지털 원주민' 혹은 '디지털 네이티브(Digital Natives)'라고도 불리는 이들은 N세대와 Y세대도 컴퓨터에 익숙하지만 TV, 휴대전화, 랩톱, 데스크톱, 태블릿 등 하루에 최소 5가지 이상의 디지털 기기를 오가면서 멀티태스킹을 하는 게 특징이다. X세대, N세대, Y세대가 아날로그와 디지털을 함께 경험한 반면 Z세대는 태어날 때부터 디지털만 보고 자란 세대이다.

③ 하루 시간의 절반 가까이(41%)를 컴퓨터나 모바일 기기를 사용하는 데 쓰는 Z세대는 SNS(소셜네트워크)를 통해 정보를 얻고 여기서 소통과 공감대 형성을 한다.

④ 텍스트보다는 이미지와 동영상 등 멀티미디어 콘텐츠를 선호하는 Z세대는 남들이 만든 콘텐츠를 소비하면서, 자신만의 콘텐츠를 제작하고 공유하는 일에도 관심이 많은 게 특징이다.

핵심정리 MZ세대

1. 의의

MZ세대는 1979년부터 1995년생까지를 일컫는 밀레니얼(Millennial)세대와 1996년생부터 2010년생까지를 뜻하는 Z세대를 합친 말이다. 2019년 통계청 인구총조사에 따르면 국내 인구의 약 34% 정도를 차지한다. MZ세대는 기업 또는 조직의 캠페인에 있어 핵심적인 의사결정을 하는 중요한 세대로 분류돼 이들에 대한 다양한 분석이 이뤄지고 있다.

2. 특징

① 특정 이슈에 대한 평가 및 태도 형성에 있어 자신만의 기준이 분명하게 설정돼 그 기준에 맞춰 움직이는 경향이 강하다는 것을 알 수 있다.

② 특정한 취향을 중심으로 가치관이 형성돼 있고, 소신을 자연스럽고도 거리낌 없이 이야기하는 스피커로서의 특성이 강하게 나타난다.

③ 특정 이슈에 관해 검색결과보다 신뢰할 수 있는 사람을 따르는 경향이 강하다. 마지막으로, 현실과 같은 생생한 감각에 끌려 하는 경향이 있어 '실감 세대'라고 일컬어지기도 한다.

3. 기존 세대와의 차이점

① MZ세대가 행복감을 느끼고 미래를 가꿔 가는 삶의 방식은 기성세대와 학교가 가르쳐 준 가치관을 따르지 않는다. 저출산으로 인해 1인 자녀 환경에서 태어난 데다가 글로벌 문화를 쉽게 경험하고 교류하면서도, 자기 문화에 대한 감수성과 자부심을 가질 수 있는 환경에서 성장한 지금의 MZ세대는 과거세대보다 훨씬 더 온전한 나로서의 정체성을 확고히 한다.

② 특히 사회의 한 축을 구성하는 젊은 세대는 네트워크화된 공간에서 자신의 삶과 정체성을 공개하며, 물리적 · 시간적 공간의 제약을 받지 않고 활발히 활동하고 있다. 이들은 남들이 볼 때 극히 평범해 보일 수 있는 소소한 보통 정서와 다소 무의미해 보이는 것들도 자신이 좋아하고 관심이 있는 것이라며 떳떳하게 밝히는, '나' 스스로에게 가장 솔직할 수 있는 단단하고 건강한 자존감을 가진 세대라 할 수 있다. 또한 커뮤니케이션을 위한 채널의 선택에 있어 새로움을 추구한다. SNS 등을 중심으로 뉴미디어에 대한 관심도 높고, 적응력과 활용도가 높다.

3 프로슈머의 종류

(1) 정보 프로슈머(information prosumer)

생산자(producer)와 소비자(consumer)의 합성어로 소비자 역할뿐 아니라 인터넷 커뮤니티 등을 통해 자신의 의견을 적극 개진하고 상품 생산에까지 영향을 미치는 사람을 지칭한다. 언론사나 방송사가 전달하는 일방적인 정보에 만족하지 않고, 특정한 취미나 관심을 가진 여러 사람이 모여서 정보를 수집하고 만들어 나가는 경향이 점차 늘면서 생겨났다. 최근 기업들도 이러한 프로슈머 활동에 큰 관심을 가지면서 개별회사가 프로슈머들을 선발하여 신상품 체험, 시장조사, 온라인 홍보 활동 등에 활용하는 사례가 증가한다.

(2) 리서슈머(researsumer)

연구자(researcher)와 소비자(consumer)의 합성어로 자신이 관심있는 소비 분야에 대해 지속적으로 연구하고 탐색하는 전문가적 소비자를 지칭한다. 이들은 제품 및 서비스의 장단점과 시장 현황을 정확히 파악해 합리적으로 소비하려는 성향을 띠며 자신의 지식을 전파 공유하려는 경향이 강하다.

(3) 플레이슈머(playsumer)

유행에 관심이 많고 소비를 놀이처럼 즐기는 사람, 놀다(play)와 소비자(consumer)의 합성어로, 생산적인 소비자를 일컫는 프로슈머에서 한 단계 진화하여 참여와 공유를 통해 개인의 만족과 집단의 가치를 향상시키는 능동적인 소비자를 말한다. 경영학자 필립 코틀러(Philip Kotler)가 주장하는 '사회구조가 복잡해지고 물질적으로 풍요로워질수록 소비자는 재미를 추구한다.'를 반영한 소비 형태이다.

(4) 트윈슈머(Twinsumer)

트윈슈머는 비슷한 취향이나 기호를 가진 사람들과 경험을 나누고, 다른 사람의 소비 경험을 참고해 물건을 구매하는 사람이다. 쌍둥이를 뜻하는 '트윈(Twin)'과 소비자를 의미하는 '컨슈머(Consumer)'의 합성어로, 생각 · 취미 · 취향 · 반응 · 소비 등이 쌍둥이처럼 유사하다고 해서 붙은 이름이다.

기출문제

프로슈머에 대한 설명으로 틀린 것은? [2021]

① 소비자가 제품 개발에 참여해 자신의 취향에 맞는 물건을 만드는 생산자이면서 소비자이다.
② 기존 제품을 자신에 맞게 창조하는 소비자를 크리슈머라고 한다.
③ 소비 분야에 대해 지속적으로 연구하고 탐색하는 전문가적 소비자를 트윈슈머라고 한다.
④ 앨빈 토플러가 1980년 「제3의 물결」에서 처음으로 소개하였다,

정답 ③

해설 리서슈머에 대한 설명이다. 트윈슈머는 비슷한 취향이나 기호를 가진 사람들과 경험을 나누고, 다른 사람의 소비 경험을 참고해 물건을 구매하는 사람이다. 쌍둥이를 뜻하는 '트윈(Twin)'과 소비자를 의미하는 '컨슈머(Consumer)'의 합성어로, 생각 · 취미 · 취향 · 반응 · 소비 등이 쌍둥이처럼 유사하다고 해서 붙은 이름이다.

Theme

131 정보격차

I 의의

① 뒤르켐(E.Durkheim), 마르크스(K. Marx), 베버(M. Weber) 등의 초기 사회학자들은 산업사회 및 자본주의사회의 출현에 따라 발생한 사회 불평등 문제를 지적하면서 사회학적 관점의 필요성을 인류 공동체에 일깨워주었다. 그러나 이제까지 인류는 이 문제를 해소하지 못한 채 다시 디지털 기술혁명이 수반하는 새로운 불평등 문제를 맞고 있다.

② 정보기술이 사회 불평등을 증대시킬 것인지, 감소시킬 것인지는 정보화 초기부터의 논쟁거리였다. 어떤 이들은 정보기술이 도입되고 난 어느 시기에는 이것이 대중적으로 수용되고 보편화됨으로써 사회 불평등을 감소시킬 것이라고 낙관한다(Toffler). 반면 다른 이들은 정보기술이 일부 계층에는 배제되는 반면 일부 계층에는 독점 활용됨으로써 기존의 불평등을 더욱 심화시킬 것이라고 비판한다. 예를 들어 쉴러는 정보통신기술이 정보의 풍요를 낳는 한편 정보부자와 정보 빈자를 만들 것이라고 주장하며, 정보불평등의 가능성을 예견했다. 도시사회학자 카스텔(Castells)은 정보화가 학력수준 간의 소득격차를 벌릴 뿐 아니라, 도시와 지역 간의 땅값 차이를 확대시켜 결국에는 사회 불평등을 더욱 심화시킨 것이라고 지적하기도 했다.

기출문제

정보격차에 대한 설명으로 틀린 것은? [2021]

① 쉴러는 정보통신기술이 정보부자와 정보 빈자를 만들어 정보불평등을 야기할 것이라고 주장하였다.
② 카스텔은 학력수준 간의 소득격차를 벌릴 뿐 아니라, 도시와 지역 간의 땅값 차이를 확대시켜 결국 사회불평등을 더욱 심화시킬 것이라고 전망하였다.
③ 토플러나 나이스비트 등은 정보기술이 대중적으로 수용되고 보편화됨으로써 사회 불평등을 감소시킬 것이라고 전망하였다.
④ 우리나라에서는 계층별 격차와 달리 세대별 격차는 감소 추세가 뚜렷하여 컴퓨터 및 인터넷 사용 능력은 평준화되었다고 할 수 있다.

정답 ④

해설 장애인과 저소득층의 정보격차는 유의할 만큼 감소 추세에 있으나, 농어민과 장 · 노년층은 여전히 정책적 고려가 필요한 것으로 보인다. 농어민과 장 · 노년층은 디지털기기에 대한 인지능력이 취약하고 일상생활에서 인터넷을 잘 활용하지 않기에, 이들 집단을 대상으로 역량교육을 하거나 활용도 제고를 위한 홍보가 필요하다.

Ⅱ 정보격차의 개념과 가설

1 정보격차, 디지털 정보격차, 모바일 정보격차

(1) 정보격차

일반적으로 정보에 접근하고 이용하는 데 있어 사회경제적 차이로 발생한다.

(2) 디지털 정보격차

정보에 접근하고 이를 이용하는 것을 넘어 정보화 사회 그리고 기술의 발전이 사회적인 분화를 가져오는 현상과 원인까지를 포함한다.

(3) 모바일 정보격차

스마트폰을 적극적으로 활용해 정보를 빠르게 습득하는 사람과 그렇지 못하는 사람사이에 발생한다.

2 보급이론과 지식격차가설

(1) 보급이론

기술의 발전에 따른 보급의 확대로 뉴미디어의 가격하락에 따라 정보격차가 줄어들 것이라고 예측한다.

(2) 지식격차가설

시간이 경과할수록 획득하는 지식과 정보량의 차이가 더욱 확대될 것이라는 가설이다.

3 정보격차가 점차 확대될 것으로 보는 이유

① 모든 수용자 개인에게 전달되는 정보의 양이 계속적으로 증가한다.

② 많은 정보를 가진 사람의 정보량이 별로 가지지 못한 사람의 정보량보다 더 많이 증가하므로 기존 정보량이 많은 층과 적은 층 간의 정보격차는 더욱 심화된다.

③ 정보과잉 현상으로 수용자는 정보의 취사선택문제에 직면하게 되고, 그 해결책으로 컴퓨터와 같은 새로운 정보통신기술의 이용자는 보다 많은 정보를 가지려고 할 가능성이 높다.

④ 기존 정보격차가 해소되기 이전에 새로운 커뮤니케이션 기술이 개발됨으로써 새로운 정보격차를 야기한다.

Ⅲ 정보격차의 유형과 정보접근

1 주체에 따른 분류

① 정보격차의 유형을 일단 주체에 따라 분류할 수 있다. 정보주체에 따른 분류는 예를 들어 성별, 연령, 세대, 학력, 계층, 직업, 지역, 민간/공공, 장애인/일반인, 국가/개인, 국가 간 등이 있다.

② 이와 같은 분류는 가장 일반적인 분류법인데, 이중에서 특히 국가와 개인 간의 정보격차 유형은 전통적 사회 불평등 분석에서 존재하지 않던 수준으로서 '정보격차만이 가진 특수한 유형이라 할 수 있다.

③ 즉 국가와 개인이 가진 정보의 양과 질의 차이가 사회문제가 될 수 있다는 시각은, 국가와 개인 간에 소유한 물질적 부의 차이가 '문제' 되지 않았던 것이기에 전통적 관점과 차이가 있는 것이다. 이 분석수준은 개인 '정보'가 가진 인간의 자유 및 존엄성 문제가 외면될 때 국가와의 관계에서 일어날 수 있는 문제에 대한 통찰력을 감시사회과 연관하여 느낄 수 있게 한다.

2 모스버거(Mossberger), 톨버트(Tolbert), 스텐스버리(Stansbury)

(1) 정보격차 개념의 세분화를 통한 분류

정보격차의 개념을 세분화함으로써 정보격차의 유형을 나눌 수도 있다. 예를 들어 모스버거와 톨버트, 스텐스버리는 정보격차를 접근격차, 기술격차, 경제적 기회격차, 민주적 격차의 네 영역으로 구분했다.

(2) 접근격차

인터넷 등 정보기기를 어디서나 접근하여 사용할 수 있는지 여부와 관련된 개념이다.

(3) 기술격차

기술적 사용능력과 정보 해독능력을 말하는 것으로 이른바 정보 리터러시와 동일한 개념이다.

(4) 경제적 기회격차

경제적으로 우월한 집단이나 개인이 그렇지 않은 집단이나 개인과 비교하여 경험, 신념, 태도 등에서 격차가 있는지 여부에 관련된 개념이다.

(5) 민주적 격차

선거, 투표, 정치적 참여 등 민주적 시민활동에 관련된 이용 경험 및 태도에서 나타나는 격차를 말하는 것이다.

예상문제

정보격차의 개념을 세분화함으로써 정보격차의 유형을 구분한 연구자의 이름으로 볼 수 없는 것은?

① 몰나(Molnar) ② 톨버트(Tolbert)
③ 모스버거(Mossberger) ④ 스텐스버리(Stansbury)

정답 ①

해설 정보격차의 개념을 세분화함으로써 정보격차의 유형을 나눌 수도 있다. 예를 들어 모스버거와 톨버트, 스텐스버리는 정보격차를 접근격차, 기술격차, 경제적 기회격차, 민주적 격차의 네 영역으로 구분했다.

3 부시와 뉴하겐(Bucy · Newhagen)

① 정보격차를 분석할 때는 다양한 차원에서 접근할 수 있으나, 가장 기본적인 것은 무엇보다 정보접근에서 나타날 수 있는 격차이다. 즉 정보통신기술에 접근할 수 있는 사람과 없는 사람 간의 격차이다. 그러나 정보화의 진전에 따라 정보격차의 개념뿐만 아니라, 정보접근의 개념도 더 세분화하여 분석해야 한다는 주장이 있다.

② 부시와 뉴하겐(Bucy · Newhagen)이 이러한 시도를 했다. 이들은 정보화가 많이 진전된 사회에서는 물리적 접근만이 아니라, 네트워크 공간에서 생성되는 의미에 대한 접근이 중요하다고 하면서 이를 위해 수용자의 인지적 접근을 접근격차의 지표에 포함시켜야 한다고 주장했다.

③ 이때 인지적 접근을 위해서는 정보의 의미와 가치를 인지하고 활용할 수 있는 지적 능력과 이에 따른 비용이 필요한 것은 당연하다. 이러한 시도는 인터넷의 제공과 사용법의 교육을 넘어, 정보의 가치인지와 활용을 위한 교육을 정보격차 해소정책의 초점으로 간주해야 한다는 것을 지적한 점에 의의가 있다고 하겠다.

4 다이크(Dijk)

(1) 의의

접근 개념의 확대를 주장한 대표적인 사례로 다이크(Dijk)가 있다.

(2) 분류

① 동기적 접근

수용자의 커뮤니케이션 능력과 환경에 따라서 정보기술의 사용에 대한 것이다.

② 물리적 접근

인터넷과 콘텐츠에 대한 것이다.

③ 기기 사용 능력 접근

디지털 기기의 숙련도에 관련된 것이다.

④ 활용 접근

목적 수행을 위해 기기를 사용하는 시간 등에 관련된 것이다.

(3) 특징

① 이러한 분류방법에서 특징적인 점은 개인의 내적 자원과 외적 자원을 구분하여 설명하고 있음이다.

② 기존의 관점이 교육수준이나 경제적 수준이 인터넷 기기에의 접근에 방점을 둔 정보격차를 어떻게 확대시키는지를 고려했다면, 이 관점은 동일한 외적 자원(교육, 경제수준)을 가졌다 할지라도, 개인의 취향과 경험, 동기, 노력 등 내적 자원에 따라서 정보격차가 발생할 수 있음을 지적하고 있다.

예상문제

접근 개념의 확대를 주장한 대표적인 연구자의 이름으로 옳은 것은?

① 몰나(Molnar) ② 다이크(Dijk)
③ 모스버거(Mossberger) ④ 부시와 뉴하겐(Bucy · Newhagen)

정답 ②
해설 다이크(Dijk)에 대한 설명이다.

Ⅳ 정보화 진전과 정보격차 분석틀의 변화

1 몰나(Molnar)

① 학자들 사이에서는 '정보접근'의 개념을 확대함으로써 정보격차를 정밀하게 분석하고자 하는 시도는 한계가 있다는 지적도 있다. 정보격차의 초점을 이제 '접근을 넘어' 인터넷 이용에 맞춰나가야 하며, 기술적 접근을 넘어 리터러시 개념과 사회참여의 개념을 포함해야 한다는 것이다.

② 이러한 관점에서 몰나(Molnar)는 정보격차의 유형을 정보화의 발전단계에 따라 세 종류로 구분한다. 제1유형은 정보기술의 초기 도입기에 발생하는 것으로서 접근격차이고, 제2유형은 도약기에 발생하는 것으로서 활용격차이다. 활용격차는 정보기술을 통해 원하는 정보를 획득 · 가공 · 처리하며, 이러한 행위를 통해 편리한 생활을 할 수 있는 기회와 연관된 격차로, 이용자와 비이용자 간에 발생한다. 제3유형은 정보기술의 포화기에 발생하는 이용자 간 질의 차이에 따른 격차로, 네트워크를 활용하여 새로운 성격의 사회에서 삶의 다양한 기회에 배제되지 않는 것과 관련된 격차이다.

구분	제1유형(접근격차)	제2유형(활용격차)	제3유형(참여격차)
정보화 수용단계	초기 도입기	도약기	포화기
격차 대상	디지털 기기에 접근 가능한 사람과 그렇지 않은 사람 사이의 격차	디지털 기기의 이용자와 비이용자 사이의 격차	디지털 기기의 이용자 간 격차
핵심 쟁점	기기에의 접근 기회의 존재 여부	기기의 양적 활용 정도	삶의 기회에의 참여 및 공유 정도
주요 요인	• 컴퓨터 인터넷 등 기기에의 접근 기회 여부 • 구매력 여부 • 필요성 인식 여부	• 기기 활용능력 여부 • 일상생활상의 기기 활용 시간량 • 디지털 마인드 여부	• 소셜 네트워크 참여 여부 및 정도 • 인터넷 시민 참여 정도 –인터넷 지배언어 활용도 –정보신뢰도 파악 능력

[예상문제]

정보화의 발전단계에 따른 몰나(Molnar)의 정보격차 유형에 대한 설명으로 틀린 것은?

① 발전 단계는 초기 도입기, 도약기, 포화기로 구분할 수 있다.
② 초기 도입기에는 디지털기기의 이용자와 비이용자 사이의 격차가 발생한다.
③ 도약기에는 기기 활용 능력 여부, 일상생활의 기기 활용 시간량 등이 정보 격차의 주요 요인이다.
④ 포화기에는 삶의 기회에의 참여 및 공유 정도가 정보 격차의 핵심 쟁점이다.

정답 ②

해설 도약기에 대한 설명이다. 초기 도입기에는 디지털기기에 접근 가능한 사람과 그렇지 않은 사람 사이에 격차가 발생한다.

'정보접근'의 개념을 확대함으로써 정보격차를 정밀하게 분석하고자 하는 시도는 한계가 있다는 점을 지적하며, 정보격차의 초점을 이제 '접근을 넘어' 인터넷 이용에 맞춰나가야 하며, 기술적 접근을 넘어 리터러시 개념과 나아가, 사회참여의 개념을 포함해야 한다고 주장한 학자의 이름으로 옳은 것은?

① 몰나(Molnar)
② 다이크(Dijk)
③ 모스버거(Mossberger)
④ 부시와 뉴하겐(Bucy · Newhagen)

정답 ①

해설 몰나(Molnar)의 주장이다.

2 콜비(Colby)

① 각 국가에서 쟁점으로 삼을 정보격차 유형은 해당 국가의 정보화 수준에 따라 다를 것인데, 한국에서는 현재 제3단계 유형에 관심이 모아지고 있다. 즉 인터넷을 기술적인 측면에서 잘 활용하느냐 마느냐의 문제(제2유형)가 아니라, 인터넷이 가진 고유한 특성인 신뢰와 공유의 정신을 살려서 새로운 사회관계를 맺거나 사회참여 및 봉사 등을 할 수 있는가, 그리고 그뿐

만 아니라 네트워크에 연결해 비즈니스, 교육, 금융 등 각종 이익을 얻을 수 있는 기회를 활용할 수 있는가(제3유형)에 관심이 모아지고 있다. 이 단계에서는 콜비(Colby)의 주장과 같이 각 개인이 중요하다고 여기는 가치를 '의미화 하는 능력'도 중요하다. 중요한 것은 정보기술 환경의 구비 정도가 아니라, 정보기술을 활용하여 개인이 얼마나 의미 있는 관계를 맺고, 가치를 발산하는 주체가 될 수 있는가 하는 것이다.

② 제3단계에서는 심리적인 측면도 중요하다. 사실 '모든 사람들이 다 인터넷을 원한다.'는 가정은 문제가 있다. 그러한 가정은 되도록 많은 사람들에게 되도록 많은 정보기술 서비스를 주어야 한다는 발상을 가능하게 한다. 그러나 인터넷 중독과 디지털치매 등의 예에서 보듯이 이제 우리에게는 원할 때 필요한 만큼 혜택을 볼 수 있게 하는 정책이 필요하다.

기출문제

정보격차의 유형에 대한 설명으로 틀린 것은? [2019]

① 기술격차는 기술적 사용능력과 정보의 해독능력에 따라 발생한다.
② 활용격차는 소셜 네트워크 참여여부, 인터넷 시민 참여 정도에 따라 발생한다.
③ 동기적 접근은 수용자의 커뮤니케이션 능력과 환경에 따른 정보 기술의 사용에 따라 발생한다.
④ 접근격차는 인터넷 등 정보기기를 어디서나 접근하여 사용할 수 있는지 여부에 따라 발생한다.

정답 ②

해설 참여격차가 소셜 네트워크 참여여부, 인터넷 시민 참여 정도에 따라 발생한다.

V 우리나라 정보격차의 실태와 시사점

1 정보격차의 실태

(1) 의의

① 우리나라에서는 전담기관인 한국지능정보사회진흥원에서 2004년 이후 정보격차를 매년 조사·분석하고 있는데, 정보격차를 접근, 역량, 활용의 3단계로 분류하고 있다.

② 여기서 접근은 컴퓨터와 인터넷에의 접근 가능성을 말한다. 역량은 컴퓨터 및 인터넷 사용능력을 말하고, 활용은 양적 활용(컴퓨터 및 인터넷 사용 여부와 시간)과 질적 활용(검색. 전자거래 등 일상생활에서 도움받는 정도)을 의미한다.

③ 한국지능정보사회진흥원에서는 매년 장애인, 저소득층, 농어민, 그리고 장·노년층의 4대 정보 소외집단을 설정하고 이들 집단이 일반 국민들과 비교하여 어떠한 격차가 있는지를 조사·분석하고 있다. 즉 이 네 집단이 접근, 역량, 그리고 활용 등 각 부문에서 어느 정도 격차를 보이고 있는지 조사·분석하는 것이다.

(2) 우리나라 정보격차의 실태

① 전반적으로 정보격차는 연도별로 점차 감소되어 왔는데 그중 특히 접근격차는 뚜렷이 감소되어 왔다. 역량 및 활용격차는 감소 경향에도 불구하고 아직도 정책 대응이 더 필요한 것으로 나타났다.

② 계층별로 볼 때, 특히 장애인과 저소득층의 정보격차는 유의할 만큼 감소 추세에 있으나, 농어민과 장 · 노년층은 여전히 정책적 고려가 필요한 것으로 보인다. 농어민과 장 · 노년층은 디지털기기에 대한 인지능력이 취약하고 일상생활에서 인터넷을 잘 활용하지 않기에, 이들 집단을 대상으로 역량교육을 하거나 활용도 제고를 위한 홍보가 필요하다.

③ 장애인과 저소득층의 경우 개인에 따라서 격차 해소 차원을 넘어 경제적 기회를 부여받을 수 있는 방법으로 교육이 나아가야 한다. 물론 이들 계층의 역량과 활용이 여타 소외계층보다는 높지만 일반 국민의 약 70% 수준이라는 점에서 특별한 조치가 필요하다.

④ 정보화 환경 변화를 수렴하여 정보격차 분석틀을 더 발전시켜야 한다. 앞서 살펴본 대로, 정보격차 분석틀은 접근, 역량, 활용의 3가지 유형을 사용하고 있다. 하지만 정보화의 발전단계에 따라 격차의 양상이 달라질 수 있기 때문에 이 같은 사실을 감안해야 한다. 현재 사용하고 있는 실태조사에서는 사용 역량과 양적 활용 시간의 비중이 너무 강조되어 있는 반면, 질적 활용 혹은 소셜 네트워크 참여기회를 통해 혜택을 받는지 혹은 배제되는지 하는 것의 비중이 약했다. 따라서 디지털기기 활용능력 여부와 시간의 양, 그리고 디지털 마인드 여부, 소셜 네트워크 참여 여부 및 정도, 인터넷 시민참여 정도 등이 새롭게 분석틀에 포함돼야 할 것이다.

[예상문제]

우리나라 정보격차의 실태에 대한 설명으로 틀린 것은?

① 접근, 역량, 활용 중에 역량 격차가 가장 크다.
② 정보취약계층과 일반국민 사이의 정보격차는 연도별로 점차 증가하고 있다.
③ 우리나라의 정보격차 실태는 한국지능정보사회진흥원에서 매년 조사 분석하고 있다.
④ 장애인, 장 · 노년, 저소득, 농어민 중에 장 · 노년과 일반국민 사이의 격차가 가장 크다.

정답 ②

해설 정보취약계층과 일반국민 사이의 정보격차는 연도별로 점차 감소하고 있다.

2 정보기술 환경의 변화와 중층적 정보격차

(1) 모바일 정보기술의 일상화에 따른 변화

스마트폰은 인터넷에의 접근성 기회를 아예 다른 차원으로 변화시키고 있을 뿐 아니라, 트위터와 페이스북 등의 소셜 네트워크 서비스에서 보듯이 인터넷이 가능하게 한 사회관계망을 넘어서는 기회를 순식간에 제공한다. 그러나 여전히 이러한 기기의 사용 기회는 특정 계층에만 제공되고 있다.

(2) 유비쿼터스 기술의 도입에 따른 변화

① 유비쿼터스 사회는 모든 사물이 지능화되어 인간이 인식하지 못하는 사이에 사물과 사물, 사물과 인간이 상호소통 가능한 인터넷 이후의 정보화 단계이다.

② 문제는 인간이 장소와 시간에 구애받지 않고 편리한 서비스를 받을 수 있는 이러한 환경에서 경제적 능력에 따라 기회가 극단화될 것이라는 점이다. 이른바 U-격차가 우려되는 것이다.

(3) 패러다임의 변화

① 정보접근의 평등한 기회 여부가 사회적 이슈가 되는 시대를 지나, 인간을 압도하는 정보환경이 전개되는 현실에 불편함을 느끼는 사람이 늘고 있다.

② 사람보다는 컴퓨터와 의사소통하는 것이 더 편하거나, 컴퓨터에 너무 심하게 의존해 있는 환경, 그리고 너무 많은 정보에 압도당하는 환경에서 불편함을 경험하고 있다.

③ 정보격차 문제는 매우 중층적으로 얽혀 있다. 즉, 정보격차의 쟁점이 수용격차 단계로 나아가고 있으나 새로 도입되는 스마트 정보화와 유비쿼터스 정보화는 접근격차의 단계를 맞이하고 있다. 그리고 인터넷 중독, 정보 프라이버시, 디지털 의존 등 인간의 통제능력과 관련된 이슈가 증가함에 따라 적정 정보화의 수준을 고려해야 하는 상황이다.

Ⅵ 정보화 진척에 따른 빈부격차의 문제

1 유엔개발계획(UNDP)의 「인간개발보고서」

① 일부 계층에 집중된 지식과 정보의 불균형이 부의 불균형으로 직결되어 빈익빈부익부 현상을 심화

② 인터넷을 통한 정보혁명은 인간의 삶을 향상시킨 반면, 빈부격차를 더욱더 심화

③ 영어권 인구는 전 세계 10%이나 웹 사이트 80%가 영어로 정보를 제공

④ OECD 회원국 인구는 세계 인구의 19%이지만 전체 인터넷 사용자 91%를 점유

⑤ 정보의 불균형 해소에 가장 적극적인 나라는 미국

2 미첼(Mitchell)의 정보화 진척 참여 정도에 따른 정보 집단의 분류

(1) 포용자 집단(embracers)

① 정보통신기술을 적극적으로 수용하는 집단

② 경제적으로 풍요하고 교육수준이 높은 집단

③ 사회적으로 안정된 지위를 가지고 있는 이들은 미래지향적인 세계관과 개방적인 태도를 가진 그룹

④ 자기 보호적인 보수적인 성향이 강하고 정보통신기술의 발전에 선도적인 역할을 수행하는 그룹

(2) 거부자 집단(rejectors)

① 정보통신기술의 발전을 부정적인 사회적 침투로 간주 정보화에 냉소적인 태도를 취하는 그룹

② 교육수준이 높고 소득수준도 높은 포용자 집단과 사회경제적으로 크게 차이가 없음

③ 기술혁신에 대해 기본적으로 비판적 시각

④ 자의적이나 타의적으로 타인과의 교제나 집단적 참여가 낮은 집단

(3) 무관자 집단(indifferent)

① 사회경제적으로 중간 계층

② 정보통신기술의 출현에 대해 특별한 관심이나 이념적 시각이 희소하고, 자신의 직업상, 주위 환경상 필요성을 느낄 때만 수동적으로 정보통신기술을 수용하는 그룹

③ 정보통신기술의 득과 실에 대한 사회적 영향력을 실감하지 못하는 사람들

(4) 무기력 집단(inadequate)

① 사회경제적으로나 문화적으로 정보환경에 적응능력이 결여된 개인들의 집단

② 사회인구학적으로 교육수준과 소득수준이 낮은 사람들로 구성

③ 직업이나 사회적 지위도 낮은 수준의 사람들의 그룹

④ 정보통신기술에 대한 이해도가 낮고 사회적으로 적절한 교육기회가 없거나 교육시설이 박탈된 환경에서 성장한 사람들이 대부분

예상문제

미첼(Mitchell)의 정보 집단 분류에 대한 설명으로 틀린 것은?

① 정보화 진척 참여 정도에 따라 분류하였다.
② 포용자 집단은 정보통신기술을 적극적으로 수용하는 집단이다.
③ 거부자 집단은 교육 수준이 높고 소득 수준도 높은 포용자 집단과 사회경제적으로 크게 차이가 없다.
④ 무관자 집단은 사회경제적으로나 문화적으로 정보환경에 적응능력이 결여된 개인들의 집단이다.

정답 ④

해설 무기력 집단의 설명이다. 무관자 집단은 사회경제적 중간 계층으로 주위 환경 상 필요성을 느낄 때만 수동적으로 정보통신기술을 수용하는 그룹이다.

기출문제

괄호 안에 들어갈 말로 바르게 짝지은 것은? [2020]

2016년 이후로 우리나라는 세대별로 정보격차가 점점 (증가/감소)하는 추세이다. 정보(접근/활용)격차 부문에서는 두드러진 감소가 보이며, (저소득/중장년층)는 여전히 정보소외 받고 있다.

① 감소 접근 저소득
② 감소 접근 중장년층
③ 증가 접근 저소득
④ 증가 활용 중장년층

정답 ②

해설 전반적으로 정보격차는 연도별로 점차 감소되어 왔는데 그중 특히 접근격차는 뚜렷이 감소되어 왔다. 역량 및 활용격차는 감소 경향에도 불구하고 아직도 정책 대응이 더 필요한 것으로 나타났다. 계층별로 볼 때, 특히 장애인과 저소득층의 정보격차는 유의할 만큼 감소 추세에 있으나, 농어민과 장·노년층은 여전히 정책적 고려가 필요한 것으로 보인다.

Theme

132 정보과잉

I 의의

① 뉴욕타임스 주말 판 하루치 정보만으로도 중세시대 보통 사람들이 평생 동안 읽을 수 있었던 것보다 더 많은 정보라고 한다.

② 우리는 오늘날 이러한 정보 활자의 홍수 속에 살고 있는데, 이를 정보홍수 · 정보공해라고도 한다.

③ 정보량이 사람이 받아들일 수 있는 한계를 넘어 무한정 증폭됨으로써 발생하는 문제를 의미한다.

④ 정보량의 증가는 정보의 절대량이 증가한다는 의미와 정보전달매체와 채널의 다양화로 수용자가 받아들이는 양도 증가한다는 의미를 동시에 가진다.

II 밀러(Miller)의 정보부하량

1 의의

① 정보공급량과 정보소비량의 불균형이 발생한다.

② 채널의 다양화와 미디어의 수적인 증가가 정보공급량을 증가시키지만 이용자의 정보이용량 증대로 이어지지 않는 현상이다.

③ 뉴미디어가 제공하는 기술적 가능성과 실제 수용자들의 수용능력 간의 격차가 발생한다.

2 정보부하량(information lode)에 대한 '∩곡선 가설'

① 밀러(Miller)는 정보부하량(information lode)에 대한 '∩곡선 가설'을 제안했다.

② 이 가설은 정보부하량이 증가하면 수용자(개인이나 조직)의 정보처리능력도 함께 증가한다.

③ 정보부하량이 일정 수준의 한계지점을 넘으면 정보수용능력이나 이해력이 감소되고, 예상치 못한 행동을 야기한다고 가정한다.

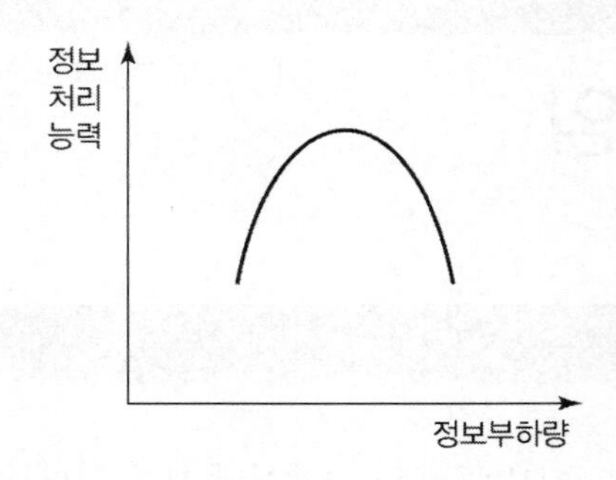

3 정보과잉에 따른 사회경제적인 문제

① 정보과잉은 산업적 측면에서 미디어 산업 간의 무한경쟁을 유발한다.
② 수용자 측면에서도 긍정적인 면과 부정적인 면이 동시에 양립한다.
③ 다양한 채널을 통한 정보 선택권을 갖는 반면 다른 편으로는 하나의 채널에 치중하여 이용하는 '극화현상'이 발생한다.
④ 누적된 적시성이 없는 정보들은 사회 전체적 측면에서 자원낭비를 초래한다.

용어해설 극화현상

수용자들이 특정 프로그램 유형이나 특정 전문채널에 극도로 치우치거나 혹은 그것을 배제함으로써 발생하는 시청 행위의 극단화 현상을 말한다.

Ⅲ 셍크(Shenk)의 「데이터 스모그」(Data Smog)

① '더 많은 정보는 반드시 좋은 것인가?'라는 의문을 제기한다.
② 불필요한 정보들이 지나치게 많이 유포되는 현상을 데이터 스모그라는 용어로 표현하면서 데이터 스모그 법칙 13가지를 제시한다.
③ 쓰레기 정보나 허위정보들이 마치 대기오염의 주범인 스모그처럼 가상공간을 어지럽히고, 정보부족에 시달리던 과거와 달리 현대인들은 정보과잉이 빚어내는 여러 가지 폐해에 시달리고 있다고 진단한다.
④ 정보의 홍수가 일정한 장애를 일으키는 정도가 아니라 사람들의 판단을 왜곡하고 전자 민주주의의 진전을 가로막는 경향이 있다고 주장한다.

생각넓히기 | 데이터 스모그의 13가지 법칙

1. 한때 연어처럼 귀하고 소중했던 정보가 이제는 감자처럼 흔하고 당연한 것이 되었다.
2. 실리콘 회로는 인간의 유전자보다 훨씬 빨리 진화한다.
3. 컴퓨터는 인간이 아니며, 인간적이지도 않다.
4. 모든 교실에 컴퓨터를 설치하려는 것은 모든 가정에 발전소를 설치하는 것과 같다.
5. 기업들이 판매하는 것은 정보기술이 아니라 정보 갈망이다.
6. 전문가들이 너무 많으면 명료성을 해치게 된다.
7. 모든 자극적인 도로들은 타임스 스퀘어로 인도된다.
8. 비슷한 깃털을 가진 새들은 가상현실 속에서도 함께 어울린다.
9. 전자시청은 빠른 커뮤니케이션과 함께 해로운 의사결정을 하게 만든다.
10. 미국의 주요 신용조사 기관들이 다 보고 있다.
11. 모든 복잡성을 해소시키는 이야기들을 경계하라.
12. 정보 고속도로 상에서 모든 길은 저널리스트들을 우회한다.
13. 사이버 공간은 공화당의 적이다.

기출문제

데이비드 셍크(David Shenk)가 규정한 데이터 스모그의 법칙으로 틀린 것은? [2019]

① 실리콘 회로는 인간의 유전자보다 훨씬 빨리 진화한다.
② 비슷한 깃털을 가진 새들은 가상현실 속에서도 함께 어울린다.
③ 정보 고속도로 상에서 모든 길은 저널리스트들을 우회한다.
④ 사이버 공간은 민주당의 적이다.

정답 ④

해설 데이비드 셍크(David Shenk)의 데이터 스모그 제13법칙은 "사이버 공간은 공화당의 적이다."이다.

Theme

133 프라이버시 침해와 감시사회

I 의의

정보화가 진전될수록 개인의 신상에 관한 정보는 정부와 기업의 거대 데이터베이스에 차곡차곡 축적된다. 네트워크를 활용한 의사 교환과 상거래가 활발하게 이루어지면 개인의 신상에 관한 정보뿐만 아니라 네트워크를 통해 이루어진 개인의 생각과 활동까지도 데이터베이스에 축적된다. 이렇게 수집된 데이터들은 정부나 기업의 목적에 따라 자의적으로 활용될 수 있다는 데 정보사회의 어두움이 있다. 정부는 이를 주민 통제의 도구로 사용할 수 있고, 기업은 상업적 목적으로 소비자 정보를 활용할 수 있기 때문이다.

II 프라이버시 침해

1 개념

① 정부가 보유한 방대한 양의 개인 신상 정보와 기업이 보유한 개인의 상거래 활동 및 소비 행태에 관한 정보가 연동되어 관리될 때 개인의 프라이버시 침해는 심각하다.

② 국가권력과 자본에 의한 감시와 통제는 자본주의 사회에서 일상적으로 이루어질 수 있다. 국가권력은 사회구성원의 활동과 사회적 환경을 토대로 그들이 무엇을 생각하는지, 어떤 행동을 할 것인지 예측하고 통제한다. 네트의 감시는 사람들의 행동, 소비행태, 의식 등을 전자적으로 추적해 다음 행동을 예측하고 감시하는 것이다.

2 소셜 그래프

① 대표적인 소셜 네트워크 서비스인 페이스북이나 트위터에서 프라이버시와 사적 공간을 기대하는 것은 무리다. 프로필란에 기재하는 개인정보가 네트워크화 된 다른 수많은 개인들의 정보와 믹싱되고 분류되어 범주화와 통계의 가공을 거쳐 개인화된 정보로 전환된다. 즉 네트워크된 개체는 네트워크 집단화를 통해 탈개체화된다.

② 페이스북의 설립자 마크 저커버그는 이러한 현상을 소셜 그래프(social graph)라고 한다. 탈개체화된 개체는 주체성을 상실하며 소셜 네트워크 체계 안에서 언제든지 조종되고 통제될 환경에 놓이게 되는 것이다. 주체적이고 자기 정체성을 갖고 있던 개인 사용자가 거대 소셜

미디어 회사에 스스로 프로필을 작성하고 아이디를 받아 회원이 되는 순간, 자동화된 프로파일링과 개인화(personalization)를 거쳐 통제 가능한 대상이 된다.

[예상문제]

마크 저커버그가 소셜 그래프라고 칭한 현상에 대한 설명으로 틀린 것은?

① 노드(node)와 링크(tie)로 이루어져 있다.
② 노드(node)는 소셜 네트워크상에서 활동하는 각 개개인을, 링크는 이들 노드 간의 관계를 나타낸다.
③ 주체적이고 자기 정체성을 갖고 있던 개인 사용자가 거대 소셜 미디어 회사의 강제에 의해 프로필을 작성하고 통제 가능한 대상이 된다.
④ 네트워크화된 개체는 네트워크 집단화를 통해 탈개체화 되어 주체성을 상실하며 소셜 네트워크 체계 안에서 언제든 조종되고 통제될 환경에 놓이게 된다.

정답 ③
해설 거대 소셜 미디어 회사에 자발적으로 프로필을 작성하고 통제 가능한 대상이 되는 것이다.

2 인포데믹스

인터넷이나 휴대전화를 통해 추측이나 루머가 결합된 부정확한 정보가 전염병과 같이 빠르게 전파됨으로써 개인의 사생활 침해는 물론 경제, 정치, 안보 등에 치명적인 영향을 미치는 경우가 발생하기도 한다. 이처럼 정보기술의 발전으로 수반되는 정보 확산으로 인한 각종 부작용을 정보(information)와 전염병(epidemics)의 합성어인 인포데믹스(infodemics)라고 한다.

Ⅲ 감시사회

1 의의

생활 현장 곳곳에서 전자 눈이 불특정 다수를 감시하고 있다. 은행 현금인출기 속에 감춰진 전자 눈이 주시하고, 슈퍼마켓 구석마다 구매자를 감시하는 카메라가 숨어 있다. 도로 곳곳에는 속도위반을 찍는 카메라가 돌아가고 골목마다 방범카메라가 사람들을 찍고 있다. 이러한 감시는 긍정적 의미로는 선의 목적으로 사회를 돌보는 보호적 감시, 부정적 의미로는 음모론에 입각한 권력자들의 사회통제 수단이 된다. 현재 우리는 시시각각 감시가 이루어지고 있는 감시사회에 살고 있는 것이다.

생각넓히기 |

조지오웰의 「1984년」라는 소설은 전체주의라는 거대한 지배 시스템 앞에서 빅 브라더(big brother)라는 허구적 인물을 내세워 독재 권력의 정치적 체제를 항구적으로 유지하기 위하여 텔레스크린, 마이크로폰, 사상경찰 등을 이용하여 사람들을 철저하게 감시하여 당의 정당성뿐만 아니라 당원들의 사상적인 통제를 위한 수단으로 생각과 행동을 속박하고 인간의 기본욕구까지도 통제하려 한다는 내용을 담고 있다. 또한 파놉티콘은 1791년 영국 철학자 제레미 벤담이 제안한 일종의 감옥 건축양식을 말한다. 파놉티콘의 어원은 그리스어로 '모두'를 뜻하는 'pan'과 '본다'를 뜻하는 'opticon'을 합성한 것으로 벤담이 소수의 감시자가 모든 수용자를 자신을 드러내지 않고 감시할 수 있는 형태의 감옥을 제안하면서 이 말을 창안했다.

2 에셜론(Echelon)

① 미국 국가안보국(NSA) 주도로 전 세계의 통신을 감청하는 비밀조직이다.

② 지상 기지와 첩보위성, 고성능 신호인식 컴퓨터를 연결, 전화, 팩스, 텔렉스, e-메일, 휴대전화 등 모든 형태의 통신내용을 시간당 최고 수십억 건씩 검색하는 가공할 전자 스파이 시스템이다.

③ 조지 오웰의 소설 「1984」에서 하루 종일, 그리고 개인의 침실까지 감시하는 텔레스크린이 현실에서 구현된 것으로 빅 브라더(Big Brother)는 정보의 독점으로 사회를 통제하는 관리 권력이나 그러한 사회체계를 의미한다.

④ 2001년 5월 26일 영국 가디언지는 유럽의회 보고서를 인용해 에셜론이 1947년 미국과 영국, 캐나다, 호주, 뉴질랜드 등 앵글로색슨 국가들이 체결한 비밀조약의 일부라고 보도하였다. 유럽의회는 에셜론의 존재를 유럽의회 보고서를 통해 공식적으로 인정하고, 에셜론에 관한 44개 조항의 권고안을 채택하여 그 위험성을 강도 높게 경고하였다.

3 기든스의 '정보에 대한 통제와 사회적 관리'

(1) 의의

① 감시가 전체 사회구성원을 대상으로 하는 하나의 사회제도로 확립된 것, 특히 외적 행위뿐만 아니라 내적 사고까지도 그 대상으로 삼은 것은 근대 이후의 일이다. 물론 근대 이전에도 이런 식의 시도는 있었다. '오가작통법'이나 '저작권법'은 이런 시도의 좋은 예이다. 그러나 모든 시도가 의도대로 달성되는 것은 아니다. 그럴 만한 능력이 있을 때 비로소 의도는 달성된다.

② 발달한 경제력과 기술력이 바로 전체 사회구성원을 대상으로 하는 감시 능력의 핵심요건이다. 모든 사회는 감시를 필요로 하며, 모든 권력은 '감시의 내면화'를 추구한다. 비록 여러 가지 한계는 있었을지라도, 국민 통계는 근대적 감시의 실질적 출발점이다. 이런 점에서 모든 근대사회는 '감시사회'이다.

(2) 감시의 행정적 기능

① 기든스는 감시를 근대사회의 핵심적 제도로 꼽는다. 그는 '정보에 대한 통제와 사회적 관리'라는 관점에서 감시의 중요성을 강조한다. 이것은 감시의 행정적 기능에 우선 주목하는 것이라고 할 수 있는데, 이와 함께 우리가 충분히 주의를 기울여야 할 것은 행정적 기능이 정치적 지배와 결코 구분되지 않는다는 사실이다. 요컨대 국가는 행정적 기능을 위한 감시제도를 언제나 정치적 지배의 도구로도 활용한다.

② 이러한 상황은 근대의 다른 제도들에도 적용될 수 있다. 근대사회는 다양한 대중적 제도들을 고안하고 운용하는데, 이러한 제도들은 주어진 기능만을 수행하는 것이 아니라 전체로서 사회를 유지하기 위한 감시의 기능도 수행한다. 그 가장 좋은 예로 학교를 들 수 있다. '규율과 선도'의 이름으로 '감시와 처벌'이 행해지는 것이다. 이 경우 학교는 국가로부터 권력을 위임받은 작은 국가이다. 그것이 수행하는 규율과 선도의 기능은 행정적인 동시에 정치적인 것이다.

기출문제

'정보에 대한 통제와 사회적 관리'라는 관점에서 감시의 중요성을 강조하며 감시를 근대사회의 핵심적 제도로 보는 학자의 이름으로 옳은 것은? [2020]

① 기든스
② 쉴러
③ 바티모
④ 카스텔

정답 ①

해설 기든스와 같은 사회학자는 감시를 근대사회의 핵심적 제도로 꼽는다. 그는 '정보에 대한 통제와 사회적 관리'라는 관점에서 감시의 중요성을 강조한다. 이것은 감시의 행정적 기능에 우선 주목하는 것이라고 할 수 있는데, 행정적 기능은 정치적 지배와 결코 구분되지 않는다. 요컨대 국가는 행정적 기능을 위한 감시제도를 언제나 정치적 지배의 도구로도 활용한다.

예상문제

다음을 주장한 연구자의 주장으로 틀린 것은?

> 근대사회는 그 태생 때부터 '정보사회'였다. 모든 국가가 '정보사회'인 근본적인 이유는 행정을 목적으로 하는 지속적인 정보수집, 저장 및 통제를 전제로 국가권력이 창출되기 때문이다. 그러나 국민국가에서는 특히 높은 정도의 행정적 통합성으로 인해 이러한 활동이 과거 어느 때보다도 훨씬 더 높은 수준에서 이루어지게 되었다.

① 국민국가는 정보의 수집과 저장에 대해 특별한 관심과 의존성을 가지고 있다.
② 국민국가가 '분배적 자원'(권력과 통제)과 '권위적 자원'(계획, 행정) 모두를 가지고 있어야 한다.
③ '분배적 자원'과 '권위적 자원'에 대한 전제조건은 효과적 감시이다.
④ 일상적이고 체계적인 감시의 필요성이 바로 영토와 그에 대한 주권의 형성과 함께 등장했다.

정답 ②

해설 기든스는 국민국가가 '분배적 자원'(계획, 행정)과 '권위적 자원'(권력과 통제) 모두를 가지고 있어야 하며, 이 두 가지가 현대사회에서 통합되는 경향이 있기는 하지만, 이들에 대한 전제조건은 효과적 감시라고 믿는다.

4 푸코의 파놉티콘(Foucault)

① 파놉티콘(panopticon)은 감옥, 병원, 수용소의 설계에 대한 제러미 벤담(Jeremy Bentham)의 독창적 생각에서 푸코가 차용한 것이다.

② 원형감옥(panopticon)은 벤담이 중앙에 위치한(캄캄하고 보이지 않는) 관리자가 그를 중심으로 원을 그리면서 만들어져 있는 분리된 방(밝고 보이는)에 거주하는 죄수나 환자를 관찰할 수 있도록 설계된 건축 구조이다.

③ 푸코는 이러한 설계를 현대생활에 대한 은유로 사용하면서 감시를 통해 물리적인 벽 없이도 원형감옥의 건설이 가능하다고 주장한다. 실제 오늘날 현대적 전자기술이 발달함에 따라 사람들이 감시되고 있으나 그들은 감시하는 사람이 누구인지 모르는 경우가 대다수이다.

5 바우만의 탈원형감옥과 바놉티콘

(1) 의의

① 과거의 감시는 파놉티콘 개념과 같이 감시자의 존재를 분명히 각인시켰지만, 현대의 감시는 감시자가 누군지, 어디에 있는지 전혀 알 수 없다. 또 오늘날의 감시는 전자 세계를 기반으로 이루어진다. 우리가 사용하는 모든 정보는 수집되고 기록된다. 카카오톡 메신저부터, 페이스북을 비롯한 SNS의 서버에는 우리가 사용한 모든 흔적이 남고, 심지어 쇼핑 기록마저 데이터베이스에 기록된다.

② 그러나 우리는 이것을 감시라 전혀 느끼지 못한다. 또 이 정보들이 어떤 식으로 사용되는지도 전혀 알지 못한다. 우리의 세세한 일상이 노출되지만, 우리를 감시하는 조직의 실체를 알 수 없다. 이 정보들은 빅데이터와 결합하여 더욱더 많은 양의 방대한 감시를 일상화한다.

(2) 탈원형감옥(post-panopticon)

바우만은 오늘날 감시는 모든 것을 관찰하는 원형감옥의 은유보다 더 확산되고, 더 빨리 변화하고, 더 탄력적이기 때문에 '탈원형감옥'의 시대라고 주장하면서, '큰 줄기(원형감옥)가 있는 나무라기보다는 서서히 퍼지는 잡초'와 같다고 하였다. 학적부에서 보험판매까지, 군사 첩보위성에서 온라인 사이트 쿠키까지 다양한 범위의 감시 관행을 고려할 때 '나무'보다는 '잡초'에 해당된다고 주장한다.

예상문제

바우만(Zygmunt Bauman)의 입장으로 볼 수 없는 것은?

① 현대 사회에서 계층화를 결정짓는 것은 이동성의 정도이다. 유복한 소수는 관광객이 되고 가난한 다수는 떠돌이가 된다.
② 근대 권력의 속성을 가장 잘 포착한 것은 푸코의 파놉티콘이지만, 파놉티콘의 건설과 유지에 비용이 들어갈 뿐만 아니라 지배자도 파놉티콘에 묶여 있어야 했다.
③ 권력은 전자 신호의 속도로 이동할 수 있어서 공간에서 해방되었다는 의미에서 현대사회를 탈원형감옥의 시대로 부를 수 있다.
④ 탈원형감옥의 시대에서 권력은 가까이 있거나 세상 모든 곳에 존재한다.

정답 ④

해설 탈원형감옥의 시대에서 권력은 멀리 있거나 세상 어디에도 없다.

(3) 바놉티콘(ban-opticon)

① 과거의 감시는 공포를 심어주었지만, 현대의 감시는 결코 다시는 홀로 남겨지지 않게 되는(버려지지 않고, 방치되지 않고, 가입이 거부되지 않고, 배제되지 않는 등의) 희망을 재구성한다.

② 주목받는 사실에서 오는 즐거움이 폭로의 두려움을 억제하게 된다. 이제 사람들은 프라이버시를 중히 여기지 않게 되었다. 오히려 비밀을 공개적으로 전시하고 그것을 만인과 공유하도록 만들며 모든 사람 또한 비밀을 공유하기를 원한다.

③ 소셜 네트워킹의 핵심은 "개인 정보의 교환"이다. 그러나 이런 프라이버시의 공개를 당연시하게 된 것은 이 흐름에서 벗어난다면 배제되고 따돌림당하는 상황이 일반화된다. 즉, 사회적 죽음을 선고 당한다. 이는 바놉티콘으로 지칭된다.

④ 파놉티콘이 시스템에 의한 감시라면, 바놉티콘은 시스템에서 떨어져 나오거나 시스템에 부정적인 이들을 낙인찍고 배제하는 것을 뜻한다. 배제는 인간에게 있어 가장 두려운 것이기에 이에 순응하게 된다. 우리가 인터넷 사이트에 가입할 때 누르는 약관 동의는 이와 같다. 동의하지 않으면 배제되고 사이트를 이용할 수 없게 된다. 따라서 스스로 감시에 순응한다.

⑤ SNS는 자기 자신을 판매 가능한 상품으로 만든다. SNS 속의 모든 이들은 소비자인 동시에 판매자다. 때문에 자신을 더욱 가치 있게 포장하고 소비하며, 판매하려 노력한다.

⑥ 현실 세계에서의 관계는 '친근함'을 서로 교환해야 하고 시간과 에너지 소비에 따른 피로감이 따르지만, 온라인 속에선 그런 노력을 기울일 필요가 없다. 온라인 속에서 우리가 얻은 것은 '네트워크'이지 '공동체'가 아니다. 우리의 세세한 일상을 폭로하지만, 그것이 관계의 강화로 이루어지기보다 약한 결속 관계에 머무르게 된다.

예상문제

'친애하는 빅브라더'에서 바우만(Zygmunt Bauman)과 라이언(David Lyon)이 한 주장으로 볼 수 없는 것은?

① 현대의 감시는 결코 다시는 홀로 남겨지지 않게 되는 희망을 재구성한다.
② 전자 네트워크 속의 관계는 현실 세계만큼 가깝고 친밀하여, 온라인 속에 공동체를 건설한다.
③ 바놉티콘은 시스템에서 떨어져 나오거나 시스템에 부정적인 이들을 낙인찍고 배제하는 것을 뜻한다.
④ 현실 세계에서의 관계는 '친근함'을 서로 교환해야 하고 시간과 에너지 소비에 따른 피로감이 따르지만, 온라인 속에선 그런 노력을 기울일 필요가 없다.

정답 ②

해설 전자 네트워크 속의 관계는 현실 세계만큼 친밀하고 가까울까? 바우만은 이에 대해 온라인 속에서 우리가 얻은 것은 '네트워크'이지 '공동체'가 아니라고 지적한다. 우리의 세세한 일상을 폭로하지만, 그것이 관계의 강화로 이루어지기보다 약한 결속 관계에 머문다는 것이다.

바우만(Zygmunt Bauman)의 주장으로 볼 수 없는 것은?

① 감시는 소비와 연결된다.
② 현대사회는 '유동하는 현대'이다.
③ 탈원형감옥(Post-panopticon)은 시스템에서 떨어져 나오거나 시스템에 부정적인 이들을 낙인찍고 배제하는 것을 뜻한다.
④ 현대의 감시는 결코 다시는 홀로 남겨지지 않게 되는(버려지지 않고, 방치되지 않고, 가입이 거부되지 않고, 배제되지 않는 등의) 희망을 재구성한다.

정답 ③

해설 바놉티콘(banopticon)에 대한 설명이다.

6 포스터의 슈퍼 파놉티콘

① 오늘날 사람들이 일상 속에서 자연스럽게 다양한 정보와 혜택을 얻고자 자신도 모르게 매순간 자신의 정보를 노출하고 활용당하는 시스템이다.

② 통신망과 그것이 생성하는 데이터베이스는 일종의 초(super) 파놉티콘, 즉 슈퍼 파놉티콘으로 벽과 창문, 망루나 감시자가 없는 감시체계를 이룬다고 주장한다.

③ 정보통신기술은 파놉티콘의 일망감시적 권력을 다망감시로 바꾸고, 나아가 사람들의 자의성을 배제한 채 매순간 행위와 행위자에 대한 정보들을 기록하는 감시자가 되었다. 디지털 매체들은 매시간, 매분, 매초 편리함을 제공하는 대신 사용자의 의지를 배제한 채 사용자의 정보를 기록한다. 이 특성들은 TV, 신용카드, 내비게이션, 인터넷쇼핑 등 사람들의 일상에서 다양하게 나타나는데 현대인들은 이러한 다망감시 속에 구속되어 살고 있는 것이다.

④ 과거 파놉티콘은 감시자의 감시 자체가 눈에 보이지 않으므로 감시자의 존재가 가상화되었지만 슈퍼 파놉티콘은 시선의 존재 자체가 가상화되어 감시자의 시선 자체가 인식되지 않는 상태에 놓여 있게 된다. 과거의 감시는 타자로부터 구속된 것이지만, 현대의 감시는 일종의

동의를 전제로 한다고도 볼 수 있으므로 구성관계에 차이가 있다. 사용자가 원하지 않는 정보의 노출이나 자의적인 정보의 사용 모두 슈퍼 파놉티콘이 가지는 권력이 된다.

7 로버트 포트너의 세포사회론

(1) 의의

'세포 사회(cellular society)'란 용어는 로버트 포트너(Robert Fortner)가 자신의 논문(1995)에서 내세운 말이다. 정보 사회는 이리저리 찢어지고 갈라지면서 사람들이 서로 분립된 '세포 사회'에 다름 아니라는 것이다.

(2) 현대 정보사회

① 포트너는 현대 '정보 사회'는 공동 사회 혹은 이익 사회의 어느 하나로 설명할 수 없다는 입장이다. 바로 이 양자가 교차하는 세포 구조로 설명할 수 있다는 것이다.

② 과잉, 경제적 이유, 자발적 선택에 의해 보다 세분화되고 더욱 소통이 배제된다. 이제는 비슷한 경제적, 기술적 수준을 가진 사람들 중에서도 개인적인 이해 관심이 같거나 비슷한 사람들끼리만 서로 소통이 잘되고 그렇지 않은 사람들 간에는 소통 배제된다.

③ 경제적, 기술적 수준이 같더라도 이해 관심이 다르면 소통이 어렵고, 이해 관심이 같더라도 경제적, 기술적 수준에 차이가 있으면 역시 소통하기 어렵다. 그만큼 더 분화되고 파편화되어 더욱 제한된 사람들끼리만 소통하는 세포 사회가 된다는 것이다.

(3) 세포사회의 특징

① 세상에 대해 알면 알수록 사람들과 더욱 가까워지는 것이 아니라 더 갈라지고 더 멀어질 수 있다는 것을 의미한다. 편향되거나 제한된 정보나 지식은 오히려 사람들을 진정한 세상 이해를 어렵게 만들고, 사람들 간의 몰이해와 갈등을 유발시키며, 힘 있는 아는 자들이 힘없는 모르는 자들을 조작하고 감시할 수 있으며, 그로 인해 일부 사람들은 사회적 혜택으로부터 배제되고 소외될 수 있음을 의미하는 것으로 이해된다.

② 즉 새로운 정보 통신 기술이 오히려 사람들 사이의 소통을 더 어렵게 하고, 서로 간의 차이를 확대시키며, 그로 인해 사회적 통합보다는 소외와 고립을 초래하고, 더욱 개인화되고 파편화됨으로써 보다 큰 공적 사안에 대한 민주적 여론 형성과 합의를 이루기는 어렵다고 본다. 정보 통신 기술이 진정한 소통과 사회적 통합의 수단이 되지 못하고 분화와 분열을 초래하고 서로 간의 차이를 확대함으로써 세상과 사람들이 계속 갈라져서 결과적으로는 지배 권력이나 집단을 더욱 유력화시키는 '세포 사회'로 만들고 있다는 것이다.

③ 이를 세포사회론이라고 통칭할 때, 포트너의 견해는 물론 국가 내 혹은 국가 간에 존재하는 '디지털 정보 격차' 논의, 인터넷과 모바일 미디어 이용에 따른 '사회적 고립' 심화 논란, 그리고 위르겐 하버마스의 공론권 논의에서 비롯된 '시민 사회 공론권 쇠퇴' 논쟁 등이 정보 통신 기술에 의한 세포사회화 현상에 대한 우려를 반영하고 있다.

기출문제

다음 중 감시 사회와 세포화 사회의 관점으로 틀린 것은? [2022]

① 첨단 전자 기술들은 개개인에 대한 자동화된 감시 방법을 가능하게 한다.
② 감시 기술에 의한 감시 자체가 강화하면서 감시 기술이 노동자들의 일상 속에 들어가면서 조직화된 감시가 이뤄진다.
③ 민간 및 공공영역에서 수집, 축적된 생체인식 정보가 노동자, 시민을 감시하는 용도로 사용될 위험성이 크다
④ 사회구성원들은 개인적인 관심사와 기술에의 접근 정도에 따라 수평적으로 서로 나누어지고, 경제적 · 기술적 능력에 따라 수직적으로 나누어진다.

정답 ④

해설 사회구성원들은 개인적인 관심사와 기술에의 접근 정도에 따라 수직적으로 서로 나누어지고, 경제적 · 기술적 능력에 따라 수평적으로 나누어진다.

예상문제

포트너의 세포사회론에 대한 설명으로 틀린 것은?

① 정보사회가 이리저리 찢어지고 갈라지면서 사람들이 서로 분립되어 있다.
② 배워서 세상에 대해 알면 알수록 사람들과 더욱 가까워지는 것이 아니라 더 갈라지고 더 멀어질 수 있다.
③ 편향되거나 제한된 정보나 지식은 오히려 사람들을 진정한 세상 이해를 어렵게 만들고, 사람들 간의 몰이해와 갈등을 유발시킨다.
④ 힘없는 모르는 자들은 다양해진 커뮤니케이션 인프라를 통해 단결하고, 힘 있는 아는 자들에게 대항할 수 있다.

정답 ④

해설 포트너는 힘 있는 아는 자들이 힘없는 모르는 자들을 조작하고 감시할 수 있으며, 그로 인해 일부 사람들은 사회적 혜택으로부터 배제되고 소외될 수 있다고 본다. 또한 다양해진 커뮤니케이션 인프라가 사람들을 한 데 모아 주는 구심력이 되기보다는 오히려 사람들을 분산시키는 원심력으로 작용하여 사람들의 소외 현상을 더욱 심화시킬 수 있다.

세포사회론과 디지털격차론에 대한 설명으로 틀린 것은?

① 세포사회론은 정보사회에서 계층 분화와 이해 관심의 차이에 따른 집단 분화가 겹치면서 같은 이해관심을 갖는 같은 계층 사람끼리만 서로 소통한다고 본다.
② 세포사회론은 새로운 정보 통신 기술의 발전에도 불구하고 사람 간의 경제적, 기술적 능력이나 이해관심의 차이가 사회 구성원들을 서로 연결하고 통합시키기보다는 오히려 갈라놓고 분열시킬 수 있다는 비관적 전망에 기초한다.
③ 미디어를 보유 하거나 이용할 수 있는 사람들과 그렇지 않은 사람들 간에 존재하는 디지털 정보 격차에서 스마트폰이나 SNS 이용에 있어서의 격차 문제로 관심이 이동하고 있다.
④ 세포사회론이 차이 혹은 불평등에 따른 새로운 소외 문제에 관심을 가진다면, 1990년대 중반 이후 관심을 끌어온 디지털 정보격차론은 차이에 따른 상호 배제 가능성에 초점을 맞춘다.

정답 ④

해설 세포사회론이 차이에 따른 상호 배제 가능성에 관심을 가진다면, 1990년대 중반 이후 관심을 끌어온 디지털 정보 격차 문제는 차이 혹은 불평등에 따른 새로운 소외 문제에 초점을 맞춘다.

8 시놉티콘

① 시놉티콘은 파놉티콘(panopticon)의 반대 의미로 "다(pan)+본다(opticon)"에 대비되는 '동시에(syn)+본다(opticon)'의 의미이다.

② 역감시로 지배권력과 개인간의 불평등구조에서 나타나는 파놉티콘적 감시를 위협하는 영역을 가리키는 것으로 동일한 기술은 권력이 우리를 지배하고 통제하는 데 사용될 수도 있지만 역으로 우리가 권력을 감시하고 권력에 저항하는 데에도 사용될 수 있다.

③ 시놉티콘의 대상은 권력으로 그것은 자본이 될 수도 있고, 국가가 될 수도 있다. 따라서 이런 역감시의 주요 당사자는 언론과 시민단체이다.

④ 매티슨(Mathiesen)은 언론의 역감시를 시놉티콘으로 보고 파놉티콘과 시놉티콘이 현대사회에서 동시에 진행되었다고 주장한다. 그는 푸코의 파놉티콘에 기반한 역사해석을 비판한다. 소수가 다수를 감시하는 역사에서 다수가 소수의 권력자를 감시하는 활동도 동시에 벌어졌다는 것을 지적한다.

기출문제

감시사회에 대한 설명으로 틀린 것은? [2021]

① 조지 오웰의 소설 「1984」에서 하루 종일, 그리고 개인의 침실까지 감시하는 텔레스크린이 현실에서 구현된 것으로 빅 브라더(Big Brother)는 정보의 독점으로 사회를 통제하는 관리 권력이나 그러한 사회체계를 의미한다.
② 감시사회는 어떤 사회에 속한 개인이나 집단에 대한 정보를 광범위하게 수집 및 저장하고 분석하며 활용하는 사회를 의미한다.
③ 일반 시민들 역시 자신들을 감시하는 권력자를 감시하고 통제하며 권력에 저항할 수 있는데, 이를 감시에 대한 감시 즉 슈퍼파놉티콘이라고 부른다.
④ 정보통신 기술이 발달함에 따라 다양한 매체를 이용하여 개인이나 집단에 대한 사회의 감시가 기술적으로 가능해졌다.

정답 ③
해설 역감시, 즉 시놉티콘에 대한 설명이다.

예상문제

파놉티콘에 대한 설명으로 틀린 것은?

① 파놉티콘은 '모든 것을 본다'는 의미로 다망감시시설(多望監視施設) 또는 원형감옥으로 번역되기도 한다.
② 푸코(Foucault)는 파놉티콘의 감시체계 원리가 사회 전반에 파고들어 규범사회의 기본 원리인 파놉티시즘으로 바뀌었다고 주장했다.
③ 바우만(Bauman)은 '권력은 공간의 저항에 발이 묶이거나 늦춰지는 일이 없고 공간에서 해방되었다'는 의미에서 현대사회를 '탈원형감옥'의 시대로 묘사했다.
④ 포스터(Poster)는 통신망과 데이터베이스는 일종의 슈퍼 파놉티콘으로 벽과 창문, 망루나 감시자가 없는 감시체계를 이룬다고 주장했다.

정답 ①

해설 파놉티콘은 일망감시시설(一望監視施設)이다.

다음 중 감시사회와 관련된 개념에 대한 설명으로 틀린 것은?

① 원형감옥(Panopticon)은 그리스어로 '모두'를 뜻하는 'pan'과 '본다'는 뜻의 'opticon'이 합성된 용어로, 영국의 공리주의 철학자 제러미 벤담이 제안한 교도소의 형태이다

② 푸코(Foucault)는 물리적인 벽 없이 원형감옥의 건설이 가능하다고 주장했다.

③ 바우만(Baumann)은 오늘날 감시는 푸코(Foucault)의 원형감옥보다 더 확산되고, 더 빨리 변화하고, 더 탄력적이라는 의미에서 슈퍼 파놉티콘(Super Panopticon)의 시대라고 주장한다.

④ 시놉티콘(Synopticon)은 파놉티콘(Panopticon)의 반대되는 개념으로 감시에 대한 역감시란 의미로 매티슨(Mathison)은 감시의 기술은 우리가 권력을 감시하고 권력에 저항하는 데에도 사용될 수 있다고 본다.

정답 ③

해설 포스터(Mark Poster)의 주장이다.

9 온라인 공간에 대한 모니터링

(1) 의의

온라인 공간에 대한 모니터링(monitoring)은 온라인 감시의 대표적 방식이다. 온라인 감시는 국가가 직접적으로 수행하기도 하지만, 간접적 방식을 통하기도 한다.

(2) 직접적인 감시

① 직접적인 것으로는 불법 정보에 대한 인터넷 심의를 들 수 있는데, 이는 음란한 정보, 명예훼손정보 등 법률을 위반한 정보인 불법 정보에 대한 유통 금지 및 그에 대한 심의, 유통 제한, 처벌 등의 체계로 이루어진 온라인 감시체계를 말한다.

② 이 과정에 경찰, 방송통신심의위원회, 방송통신위원회 등 국가기관이 감시의 주체가 된다. 최근에는 부동산시장을 감독하기 위한 목적으로 국토교통부장관이 부동산 허위 중개물 감시를 위한 모니터링을 할 수 있도록 했는데(「공인중개사법」 제18조의3), 이러한 온라인 모니터링은 국가의 온라인 감시가 강화되는 위험을 보여준다.

(3) 간접적인 감시

① 또한 국가는 온라인사업자를 통한 간접적 방식으로도 온라인을 감시하는데, 직접 감시보다는 이 방식이 더 많이 사용된다.

② 이는 불법 행위를 하는 이용자를 규제하는 것보다 그 인터넷 공간을 제공한 인터넷 사업자를 규제하는 것이 보다 효율적이라는 이유 때문으로 보인다.

③ 예컨대 인터넷사업자 또는 전기통신사업자, 정보통신서비스 제공자는 아동 · 청소년 성착취물을 발견하기 위해 조치할 의무가 있고 이를 위반하여 필요한 조치를 취하지 아니한 경우에는 제재까지 이뤄진다(「아동 · 청소년성보호법」, 「전기통신사업법」, 「정보통신망법」 등).

④ 또한 「청소년보호법」상 청소년에 대한 인터넷게임 셧다운제는 인터넷 게임사업자에게 의무를 부과하여 청소년의 행동을 감시하는 방식이다. 이러한 간접적 감시체제는 이용자에 대한 침해는 물론이고 인터넷 사업자의 직업 수행의 자유를 침해한다는 비판이 있다.

(4) 헌법재판소 결정

이러한 국가권력의 감시는 필연적으로 개인의 사생활, 표현의 자유, 행동자유권 등 인권을 침해할 위험성이 있기 때문에 몇 번의 위헌 논란을 거쳤다. 게시판에서 글이나 사진 등 게시물을 표현하기 위하여 본인임을 확인해야만 하는 게시판 본인 확인제(일명 '인터넷 실명제')는 개인의 표현의 자유 등을 제한한다는 이유로 위헌결정을 받았다(헌재 2012. 8. 23. 2010헌마47). 다만 「청소년보호법」이 정한 16세 미만 아동에 대한 인터넷게임 강제 셧다운제는 청소년의 행동의 자유, 학부모의 교육권, 게임 사업자의 직업의 자유를 침해한다는 비난에도 불구하고, 헌법재판소는 합헌결정을 하였다(헌재 2014.4.24. 2011헌마 659).

기출문제

국가 권력에 의한 인터넷 감시에 대한 설명으로 틀린 것은? [2022]

① 모니터링은 사전적으로 방송이나 기사, 제품의 내용이나 효과 등에 대한 의견을 제출하는 것을 일컫는데, 최근 인터넷 감시 방법으로 채용되고 있는 대표적 방법이다.
② 국가는 온라인사업자에 대한 간접 규제보다 직접 규제를 더 선호한다.
③ 직접적인 온라인 감시체계의 예로는 불법 정보에 대한 인터넷 심의를 들 수 있는데, 불법 정보에 대한 심의, 유통 제한, 처벌 등을 들 수 있다.
④ 간접적인 온라인 감시체계는 불법 행위를 하는 이용자를 규제하기보다는 그 인터넷 공간을 제공한 인터넷사업자를 규제하는 것이다.

정답 ②

해설 국가는 온라인사업자를 통한 간접적 방식으로도 온라인을 감시하는데, 직접 감시보다는 이 방식이 더 많이 사용된다.

Theme

134 스몰 시스터(Small Sister)

I 의의

'스몰 시스터'는 '빅 브라더'에 대비되는 개념으로써 거대 권력에 대한 자발적인 견제 혹은 그를 행하는 주체를 의미하는 용어이다. 비록 개개인은 작고 큰 힘이 없지만, 인터넷을 통한 연대를 통해 적극적으로 정부와 기업에 목소리를 내는 집단을 의미한다. 즉, '스몰 시스터'는 바로 '우리'이다.

II 인터넷의 발달과 '스몰 시스터'의 등장

특히 SNS의 발전과 함께 '스몰 시스터'의 활약도 더욱 두드러지고 있다. 자유롭게 의견을 나눌 수 있는 인터넷 공간에서 '스몰 시스터'들은 각종 사회 현상, 정치인이나 연예인 등 공인, 새로 나온 신제품에 대해서 적극적으로 자신들의 의견을 나눈다. 물론 '스몰 시스터'는 '빅 브라더'만큼 많은 정보와 권력을 가지고 있지는 않지만, '스몰 시스터'들의 생각과 의견이 모이다 보면 전문가 못지않은 의견과 정보들이 오고 가게 된다.

III '스몰 시스터'의 등장으로 인한 역기능

① 인터넷에서 화제가 되는 'OO녀' 사건이 있을 때마다 등장하는 특정 개인에 대한 사생활 침해와 확인되지 않은 유언비어의 급증 등이 그것이다.

② 거대 권력을 견제하기 위하여 개인들이 연대한 '스몰 시스터'들이 새로운 권력을 형성하여 다른 '스몰 시스터'들을 공격하고 인권을 침해하는 사례가 종종 발생하고 있는 것이다.

Theme

135 사이버 범죄

I 시스템 장애

① 모든 것을 컴퓨터에 의존하게 되면서 컴퓨터에 저장되었던 자료가 망가지면 업무 자체가 마비되는 현상이 발생한다.

② 시스템에 장애가 생기면 어떤 의미에서는 아무 것도 할 수 없는 상태가 되는 것을 의미한다.

II 사이버 범죄

1 의의

① 사이버 공간은 컴퓨터 네트워크를 통해 접할 수 있는 공간으로 시간적 · 공간적 제약없이 접속의 기회가 무한하다. 경계 없이 어떠한 정보에 접근할 수 있는 자유로운 공간, 가상세계로 구성되어 사이버 공간에서 발생하는 범죄를 총칭하여 사이버 범죄라고 한다.

② 사이버 범죄는 원인의 규명이 비교적 어렵고 그 피해범위가 넓고 피해 정도가 크다는 면에서 일반범죄와 다른 특성을 지닌다.

③ 국경을 초월하는 인터넷을 통해 확산되기 때문에 그 전파속도가 빠르고 광범위하다. 컴퓨터 시스템에 무단 침입하여 비행을 저지르는 온라인 불량배나 해커 등 하이테크 지혜와 기지(機智)를 발휘하여 인터넷을 휘젓고 다니는 사람들을 사이버 펑크(cyberpunk)라고 한다. 이는 사이버 공간과 비행 청소년 또는 불량배를 뜻하는 펑크의 합성어로 윌리엄 깁슨(William Gibson)의 소설 「뉴로맨서」(Newromance)에서 유래하였다.

2 사이버 범죄의 특성

비대면성 · 익명성, 가치규범의 부재, 용이성, 광역성, 국제성, 전문기술성 등

3 사이버 범죄의 유형

(1) 제1유형

컴퓨터시스템이나 정보통신기반을 침해하는 범죄군으로 '사이버 테러'형으로 해킹, 폭탄메일, 바이러스 유포 등

(2) 제2유형

사이버 공간을 이용한 전통적 범죄군으로 온라인사기, 인터넷 게임 관련 사기(사용자 도용, 아이템 사기), 불법복제물 제작판매(음란물, 상용프로그램), 불법사이트 운영(음란사이트, 사이버 도박), 개인정보 침해 및 명예훼손(개인, 기업체), 인터넷 사기 공모, 전자기록 등 정보 조작 행위 등

(3) 제3유형

사이버 공간에서만 존재하는 신종 범죄군으로 게임 아이템 절도, 아바타 인격권 침해 등

4 사이버 범죄 관련 법규

① 형법은 사기, 폭력죄, 명예훼손죄, 모욕죄 등을 규정하고 있다.

② 정보통신망 이용촉진 및 정보 보호 등에 관한 법률은 계정 · 아이디 해킹죄, 컴퓨터사용 사기죄, 정보도용죄 등을 규정하고 있다.

③ 그 외의 법률로 영화 및 비디오물의 진흥에 관한 법률, 저작권법, 소년법, 청소년보호법 등이 있다.

5 경찰청의 사이버 범죄 구분

(1) 사이버 테러형 범죄

해킹을 통한 자료 유출, 폭탄메일, 사용자 도용, 악성프로그램 설치로 인한 바이러스 유포 등 정보통신망 자체에 대한 공격행위를 의미한다.

(2) 일반 사이버 범죄

사이버 성폭력 및 사이버 스토킹, 불법복제, 개인정보 침해 등

생각넓히기 | **사이버 불링**

사이버 불링은 사이버 공간에서 일어나는 폭력적 행위로서, 상대방에 대한 비방에서부터 아이디도용행위, 사이버 성폭력, 사이버 스토킹, 사이버 배제에 이르기까지 매우 광범위한 영역을 포함하고 있다.

기출문제

사이버 불링에 대한 설명으로 옳은 것은? [2021]

① 디지털 포용을 의미한다.
② SNS 등 사이버공간에서 일어나는 폭력적 행위이다.
③ 사이버 불링에 사이버 스토킹은 포함되지 않는다.
④ 사이버 불링에 사이버 성폭력은 포함되지 않는다.

정답 ②

해설 사이버 불링은 사이버 공간에서 일어나는 폭력적 행위로서, 상대방에 대한 비방에서부터 아이디 도용행위, 사이버 성폭력, 사이버 스토킹, 사이버 배제에 이르기까지 매우 광범위한 영역을 포함하고 있다.

사이버 공간의 역기능으로 볼 수 없는 것은? [2020]

① 해킹
② 댓글
③ 사이버 중독
④ 개인정보 침해

정답 ②

해설 악성 댓글은 혹시 사이버 공간의 역기능이 될 가능성이 있지만 댓글 자체를 사이버 공간의 역기능으로 볼 수는 없다.

예상문제

경찰청이 구분하는 사이버 범죄의 유형에 대한 설명으로 틀린 것은?

① 사이버 테러형 범죄와 일반 사이버 범죄로 구분된다.
② 사이버 테러형 범죄는 폭탄메일, 악성 프로그램 설치 등 정보통신망 자체에 대한 공격행위이다.
③ 일반 사이버 범죄는 사이버 공간을 전통적 범죄의 수단으로 활용함으로써 사회적 가치를 훼손하는 범죄이다.
④ 중요 기관의 파일을 훔치는 것은 사이버 테러형 범죄라기보다는 일반 사이버 범죄에 가까운 행위이다.

정답 ④

해설 중요기관의 파일을 훔치는 것은 사이버 테러의 전형적인 수법이다.

6 사이버 테러의 전형적인 수법

① 중요기관의 파일을 훔치는 것
② 시스템을 망가뜨려 돈을 요구하는 수법
③ 컴퓨터 바이러스를 침투시켜 상대방 시스템을 망가뜨리는 수법(예 워터링 홀)

생각넓히기 | APT

APT(Advanced Persistent Threat)는 특정 목표대상에 대해 취약점을 파악하고 지속적으로 다양한 방법을 이용하여 공격하는 방법이다. 국내에선 APT 공격이라고 부르는데 마지막의 T가 Threat(위협)이므로 '공격'이라는 말을 덧붙이면 어색해진다. 붙이지 않는 것이 맞다. 일률적인 공격법이 아니라 대상과 상황에 따라 적절한 공격을 시도하므로 탐지 및 차단이 어렵다. 공격 기술이 아닌 공격 절차이기에 단편적인 기술로 대응할 수 없다.

생각넓히기 | 워터링 홀

APT 공격의 한 방법으로, 공격 대상이 방문할 가능성이 있는 합법적 웹사이트를 미리 감염시킨 뒤 잠복하였다가 피해자가 접속하면 감염시키는 공격이다.

- 공격 대상 기관의 직원들이 자주 방문하는 사이트 중 보안이 취약한 사이트들을 제로데이 취약점 등을 이용해 감염시켜 둔다.
- 웹 사이트들을 통해 공격 대상 기관의 직원들을 감염시키고, 그 직원을 매개체로 이용한다.
- 보안이 상대적으로 강한 대상에 대한 길목을 만들어 나가는 순차적 공격 기법이다.

[예상문제]

표적으로 삼은 특정 집단이 주로 방문하는 웹 사이트를 감염시키고 피해 대상이 그 웹사이트를 방문할 때까지 기다리는 웹기반 공격 수법으로 옳은 것은?

① 워터링 홀　　② 스니핑
③ 스누핑　　④ 피싱 공격

정답 ①
해설 워터링 홀에 대한 설명이다.

7 시스템을 망가뜨리는 고전적인 수법

① 전자우편 폭탄을 보내는 방법으로 상대방 컴퓨터에 무한정 쓰레기 전자우편을 지속적으로 보내 결국 시스템을 마비시키는 수법이다.

② 서비스 거부(Denial of service) 수법으로 컴퓨터 통신을 시작할 때 거쳐야 하는 신호 송신, 수신측 응답, 송신측 신호전송의 인증과정에서 상대방의 신호를 받고도 의도적으로 신호전송을 거부해 컴퓨터 시스템을 계속 대기상태로 묶어 놓는 수법이다.

③ 논리폭탄(logic bomb)으로 일정 날짜와 요일 등의 조건을 만족시키면 특수 프로그램이 저절로 작동돼 컴퓨터 시스템을 공격, 그 안에 수록된 정보를 무차별 파괴하는 수법이다.

Theme

136 개인정보 침해

Ⅰ 침해 현황

1 개인정보, 프라이버시 침해 피해의 주된 유형

① 사업자의 관리소홀로 개인정보가 유출된 경우(72.5%)

② 사업자가 본인 동의 없이 개인정보를 본래 목적 이외의 용도로 이용하거나 제3자에게 제공한 경우(58.4%)

③ 사업자가 개인정보를 무단 수집하여 텔레마케팅 목적으로 이용하거나 무단으로 회원 가입시킨 경우(51.7%)

④ ID 및 비밀번호 도용으로 게임 아이템, 사이버 머니, 캐릭터 등을 도난당한 경우(26.3%)

⑤ 주민번호의 도용으로 웹 사이트 회원가입이 되지 않았거나 경제적인 피해를 입은 경우(22.9%)

2 개인정보 피해구제 상담 및 신고접수 유형

① 개인정보 침해 관련 건수가 전체의 48.2%(24,144건)

② 주민등록번호 등 타인 정보의 훼손, 침해, 도용이 25.5%(10,148건)

Ⅱ 침해 유형

1 의의

① 정보제공자의 프라이버시 보호 요구와 기업의 마케팅 수집 및 활용이라는 상충관계 및 갈등관계로 개인정보 침해가 우려되는 실정이다.

② 개인정보는 정보주체가 정보수집, 가공, 이용자 등과 맺는 관계에 의해 침해 가능성이 존재하며, 정보가 유통되는 단계마다 나타날 수 있다는 의미이다.

2 유통단계별 개인정보 침해 유형

단계	침해 유형	침해 행위
수집	불법수집	• 정보주체의 동의 없는 개인정보 수집 • 개인의 사생활과 권리를 침해할 수 있는 정보 수집
처리	오류	• 잘못된 정보의 기록 • 변경된 정보의 미수정
보관	부당한 접속	• 자료의 불법 유출 • 자료의 불법 열람 • 해킹 혹은 바이러스 감염 등에 의한 자료 열람, 삽입, 변조, 파괴, • 해킹 등에 의한 자료의 도난
이용	이차적 사용	• 수집목적 이외의 용도로 정보를 활용하는 행위 • 정보주체의 동의를 구하지 않은 채, 제3자에게 정보를 제공하거나 판매하는 행위 • 동의가 철회되거나 수집목적이 달성된 자료의 불법보유

[예상문제]

각각의 유통 단계에서 발생하는 정보의 침해 행위에 대한 설명으로 틀린 것은?

① 정보주체의 동의 없는 개인정보 수집은 수집 단계에서 발생하는 침해 행위이다.
② 잘못된 정보의 기록은 처리 단계에서 발생하는 침해 행위이다.
③ 변경된 정보의 미수정은 보관 단계에서 발생하는 침해 행위이다.
④ 수집목적 이외의 용도로 정보를 활용하는 행위는 이용 단계에서 발생하는 침해 행위이다.

정답 ③

해설 변경된 정보의 미수정은 처리 단계에서 발생하는 침해 행위이다. 보관 단계에서는 자료의 불법 유출, 불법 열람, 자료의 도난 등의 침해 행위가 발생한다.

유통 단계별 개인 정보 침해 행위의 연결이 바르지 않은 것은?

① 수집 단계 – 개인의 사생활과 권리를 침해할 수 있는 정보 수집
② 처리 단계 – 잘못된 정보의 기록
③ 보관 단계 – 동의가 철회되거나 수집목적이 달성된 자료의 불법 보유
④ 이용 단계 – 정보주체의 동의를 구하지 않은 채, 제3자에게 정보를 제공하거나 판매하는 행위

정답 ③

해설 동의가 철회되거나 수집목적이 달성된 자료의 불법 보유하는 것은 이용 단계의 침해 행위이다.

Ⅲ 침해 대응 방향

1 의의

① 개인정보 유출은 명의도용, 스팸, 보이스피싱 등 제2차 피해 가능성으로 인해 국민의 불안감을 확산시키고 신뢰를 기반으로 하는 인터넷 비즈니스의 기반을 악화시키는 등 부정적 영향이 큼

② 이용자의 피해를 최소화하기 위해 인터넷상 유포된 개인정보에 대한 모니터링 강화와 유출된 개인정보를 이용한 인터넷상에 명의 도용 방지, 비밀번호 변경 캠페인을 실시하고, 개인정보침해 대응을 위한 Hot-line을 구축하여 피해구제 활성화 방안을 모색

③ 통신, 인터넷 사업자의 개인정보 보호 책임성 강화를 위한 방안으로는 주민번호 수집금지 방안, 주민번호 대체수단 확산 및 의무화, 주민번호 암호화 저장 및 비밀번호 생성기준 적용 의무화가 추진

④ 개인정보 보호 인식 제고를 위해 사업자단체 윤리강령제정 등 자율적 개인정보 보호 활동을 강화하며 언론, 공익광고 등을 통한 예방요령 전파와 사업자 및 이용자 대상 정보 보호 교육을 확대시키는 방안 등과 개인정보 해킹에 대한 기술적 대책으로 보안서버 보급, 악성코드 탐지 등 네트워크 개인정보 보호 강화와 개인정보 유출 종합대응 시스템 구축

2 개인정보 유출 방지를 위한 대응 방향

(1) 개인정보 유출 및 노출 사전 예방

「개인정보 보호법」에서 규정하고 있다.

(2) 주민번호 대체수단 보급

① 정부는 인터넷 웹 사이트에서 주민번호의 과도한 수집·사용으로 인하여 발생하는 도용 및 침해 문제를 해결하기 위한 주민번호 대체수단으로 i-PIN을 도입했다.

② 이용자에게는 선택권을 보장하고, 인터넷 사업자에게는 개인정보관리에 대한 부담을 줄임과 동시에 본인임이 확인된 이용자 확보를 통해 내실 있는 회원 DB를 구축하자는 것이다.

③ 방송통신위원회는 '인터넷상의 주민번호 대체수단 가이드라인'을 통해 i-PIN 서비스를 제공하는 본인 확인기관의 요건과 서비스 안정성 확보를 위한 정기점검방안 등을 확정 발표하였다.

(3) 보안서버의 확산

① 보안서버는 인터넷상에서 개인정보를 암호화하여 안전하게 전송하도록 하는 서버로 개인정보를 취급하는 웹 사이트에서는 기본적으로 갖추어야 할 요소이다.

② 보안서버는 별도의 하드웨어 장치가 아니라 기존에 운영 중인 웹서버에 SSL(Secure Socket Layer) 인증서를 설치하거나 별도의 암호화 기능을 추가하는 소프트웨어적인 방식으로 구축한다.

(4) CCTV, 위치정보 등 프라이버시 보호 및 강화하는 방안

아동, 부녀자 납치, 실종사건 등의 신속한 긴급구조와 대응을 위한 위치정보를 이용해야 한다는 사회적 요구가 증가함으로써 경찰에 위치정보제공 요청권을 부여하고, 개인위치정보 제3자 제공 시 즉시통보 방법의 합리화, 긴급구조를 위한 정확한 위치정보 제공을 위해 휴대전화에 GPS 장착을 의무화하는 방안 등 위치 정확도 향상을 위한 제도 개선 방안을 검토한다.

(5) 교육, 홍보 등 인식제고를 강화

한국인터넷진흥원은 매년 학생, 학부모, 교직원 등을 대상으로 개인정보 기본 교육을 실시하고 사업자들을 대상으로 보호조치 구축, 관리자페이지 노출예방, 홈페이지 제작 시 고려사항 등에 관한 교육을 하는 한편, 자체적으로 평가할 수 있도록 개인정보 영향평가 전문가도 양성한다.

3 「개인정보 보호법」의 주요 내용

(1) 개인정보를 취급함에 있어서 지켜야 할 원칙을 명시

OECD 개인정보 보호 8원칙 등 국제적인 개인정보 보호 기준을 참고하여 구체적인 사항을 법률로 명문화하였다.

(2) 개인정보의 안전하고 체계적인 관리체계 마련

① 개인정보파일의 '사전통보제'를 '사전협의제'로 변경하여 개인정보의 보유요건을 보다 엄격히 하였고, 보유 목적의 달성 등으로 인해 불필요하게 된 경우에는 이를 지체 없이 파기하도록 하였다.

② 또한 각 기관별로 개인정보 관리책임관을 지정하여 개인정보 보호 관련 계획의 수립, 실태조사 및 감독, 민원의 처리 등 당해 기관의 개인정보 보호 및 관리에 관한 사무를 총괄하고 책임지도록 한다.

(3) 개인정보 관리의 투명성을 제고

개인정보의 수집, 위탁 관리, 목적 외 이용 및 제공, 폐기 등 모든 처리과정에 걸쳐 관련 사실을 투명하게 인터넷을 통해 공시하도록 한다.

(4) 정보주체의 자기정보통제권 강화

현행 정보주제의 본인정보의 열람, 정정청구권 외에 '삭제청구권' 을 신설하여 본인이 원치 않을 경우 본인의 정보에 대해 삭제할 수 있도록 하였으며, 또한 '개인정보 침해사실 신고 제도'를 도입하여 공공기관으로부터 개인정보에 관한 권리 또는 이익에 침해받는 자는 개인정보 보호위원회에 그 침해사실을 신고할 수 있도록 하였다.

(5) 공공기관 CCTV에 대한 법적 규제

CCTV는 개인의 화상정보를 무작위로 본인의 동의 없이 수집한다는 측면에서 프라이버시 및 인권침해 논란이 있어왔지만, 공공기관의 CCTV에 대한 설치 및 운영에 대한 본격적인 법적 규제의 토대가 마련되었다.

예상문제

「개인정보 보호법」에 규정된 정보주체의 권리로 볼 수 없는 것은?

① 개인정보의 처리에 관한 정보를 제공받을 권리
② 개인정보의 처리에 관한 동의 여부, 동의 범위 등을 선택하고 결정할 권리
③ 개인정보의 처리 여부를 확인하고 개인정보에 대하여 열람을 요구할 권리
④ 개인정보의 분실, 불법적인 접근, 훼손, 공개 등 위험으로부터 적절한 안전보호 조치를 요구할 권리

정답 ④

해설 「개인정보 보호법」은 안전보호 조치를 요구할 권리를 규정하고 있지는 않다. 「개인정보 보호법」은 ①, ②, ③ 외에 '개인정보의 처리 정지, 정정 · 삭제 및 파기를 요구할 권리'와 '개인정보의 처리로 인하여 발생한 피해를 신속하고 공정한 절차에 따라 구제받을 권리'를 규정하고 있다.

4 개인정보 유출 및 노출에 대한 사고 대응 방안

(1) 인터넷에 노출된 주민번호를 삭제하도록 조치

인터넷 웹페이지에 노출된 주민번호를 조기에 탐지해 삭제하기 위하여 한국인터넷진흥원은 2007년 7월부터 구글 검색 DB 주민번호노출 상시 점검 체계를 도입하여 2개월에 1번씩 점검하던 점검 주기를 매 근무일로 단축, 2008년 상반기부터 공공기관의 개인정보 노출이 사회적 문제가 됨에 따라 노출된 개인정보에 대한 삭제 요청을 e-메일로 자동 발송할 수 있는 시스템을 개발하여 운영 중이다.

(2) 개인정보 유출 및 노출의 대응체계를 구축

주민등록번호 노출점검 강화를 위해 기존 노출점검 시스템이 구글에 노출된 주민번호만을 점검했던 데 반하여 증가하는 사회적 요구에 부합하고 국가차원의 대응을 위한 개인정보 유, 노출 종합대응시스템 구축을 시작하였다. 사전예방을 위한 개인정보 유출 공격 탐지, 공격유형 종합 수집, 분석, 위험성 평가 및 전파기능을 구축하고 신속한 대응체계를 위해 웹 사이트 직접 점검시스템, 포털DB 연계 검색시스템, 연락체계, 현황 모니터링 및 통보 시스템을 구축 중이다.

생각넓히기 | 유럽연합 「일반 개인정보 보호법(GDPR)」

유럽연합의 「일반 개인정보 보호법(이하 GDPR)」은 2016년 제정되어 2018년 시행되었다. GDPR은 각 회원국 별로 상이하던 규제를 하나로 통일하여 28개 모든 유럽 회원국에 공통으로 적용된다. 유럽연합 내에서 사업장을 운영하는 기업뿐만 아니라 유럽연합 주민들의 개인정보를 처리하는 기업이라면 적용받을 수 있다. 유럽연합 거주 시민은 특정 기업과 더 이상 거래를 원하지 않을 시, 기업이 보유한 자신의 정보를 삭제할 권리를 갖는다. GDPR을 심각하게 위반했을 경우 2,000만 유로 또는 해당 기업의 전 세계 연 매출의 4% 중 더 큰 금액의 과징금을 부과받는다. 구글은 프랑스에서 GDPR 위반으로 과징금을 부과받았다.

예상문제

유럽연합 「일반 개인정보 보호법(General Data Protection Regulation, GDPR)」에 대한 설명으로 틀린 것은?

① 이 법은 각 회원국 별로 상이하던 규제를 하나로 통일하였다.
② 이 법을 위반하는 경우 최대 전 세계 순수익의 4% 또는 2천만 유로 중 더 높은 금액을 과징금으로 부과받을 수 있다.
③ EU 내에서 사업장을 운영하는 기업뿐만 아니라 EU 주민들의 개인정보를 처리하는 기업이라면 적용받을 수 있다.
④ 구글은 프랑스에서 「일반 개인정보 보호법(GDPR)」 위반으로 과징금을 부과받았다.

정답 ②

해설 이 법을 위반하는 경우 최대 전 세계 매출액의 4% 또는 2천만 유로 중 더 높은 금액을 과징금으로 부과받을 수 있다.

유럽연합 「일반 개인정보 보호법(General Data Protection Regulation, GDPR)」에 대한 설명으로 틀린 것은?

① 2016년 제정되어 2018년 시행되었다.
② EU 국가 내에 사업장을 보유하지 아니한 기업은 GDPR의 적용을 받지 않는다.
③ EU 거주 시민은 특정 기업과 더 이상 거래를 원하지 않을 시, 기업이 보유한 자신의 정보를 삭제할 권리를 갖는다.
④ GDPR을 심각하게 위반했을 경우 2000만 유로 또는 해당 기업의 전 세계 연 매출의 4% 중, 더 큰 금액의 과징금을 부과받는다.

정답 ②

해설 EU 내에서 사업장을 운영하는 기업뿐만 아니라 EU 주민들의 개인정보를 처리하는 기업이라면 적용받을 수 있다.

Theme

137 잊힐 권리

I 의의

잊힐 권리에 대한 합의된 개념은 없으나, 주로 온라인상 개인에 대한 기록 원본의 삭제 또는 해당 기록 원본에 대한 접근 배제권을 잊힐 권리의 범주로 보고 있다.

II GDPR의 잊힐 권리

1 의의

유럽연합의 「일반 개인정보 보호법(General Data Protection Regulation, GDPR)」이 2018년 5월 효력을 발생함에 따라, IT 저장 및 데이터 관리 운영, 그리고 여타 비즈니스 운영 차원에 막대한 영향을 미칠 수 있다.

2 GDPR 제17조

① GDPR 제17조는 '삭제권'을 규정하고 있는데, 이는 종종 "잊힐 권리(right to be forgotten)"로 불리고 있다. 간단히 말하자면, 이 권리는 개인이 어떠한 불합리한 지체 없이 자신의 모든 데이터의 삭제를 데이터 통제자(data controller)에게 요청할 수 있는 권리를 의미한다.

② 이는 모든 개인의 개인데이터, 즉 DB에 있는 파일과 기록, 복제된 복사품, 백업 복사본, 그리고 저장소에 이전된 모든 복사물 등에도 해당된다.

③ 데이터 통제자(data controller)와 데이터 처리자(data processor)라는 용어는 GDPR과 연계해서 이해할 필요가 있다. 데이터 통제자는 컴퓨터에 저장된 혹은 구조화된 매뉴얼 파일 등에 개인정보를 유지하고 이용하는데 있어 그 통제와 책임을 지는 개인 혹은 법인이라고 정의된다. 따라서 그 의미는 기업이나 조직에서 IT 기능을 가진 부서가 된다.

④ 데이터 처리자는 개인정보를 저장하거나 처리하는 그룹 혹은 조직이지만, 개인 데이터에 대한 통제에 대한 책임은 지지 않는다. 이는 개인정보의 처리가 이루어지는 클라우드 혹은 데이터가 저장된 IT 데이터 센터에 적용된다. 데이터 센터는 내부에 위치할 수도 있고 아웃소싱할 수도 있다. 데이터 통제자는 개인 데이터를 삭제하고, 삭제된 것을 확인할 책임이 있지

만, 결정 프로세스에 대한 책임을 지지는 않는다. 데이터 프로세서는 데이터 복사본을 저장하여 다른 용도로 사용할 수 없다.

핵심정리

(1) 개인정보주체의 삭제권이 보장되는 경우
- 개인정보가 원래의 수집·처리 목적에 더 이상 필요하지 않은 경우
- 정보주체가 동의를 철회한 경우(다만 해당 처리에 대한 법적 사유가 없는 경우)
- 정보주체가 처리에 반대하는 경우로, 처리의 지속을 위한 더 중요한 사유가 없는 경우
- 개인정보가 불법적으로 처리된 경우(GDPR 위반 등)
- 법적 의무 준수를 위하여 삭제가 필요한 경우
- 아동에게 제공할 정보사회서비스와 관련하여 개인정보를 처리한 경우

(2) 개인정보처리자의 삭제 거부가 가능한 경우
- 표현 및 정보의 자유에 관한 권리 행사를 위한 경우
- 공익적 임무 수행 및 직무권한 행사를 위한 법적 의무 이행을 위한 경우
- 공익을 위한 보건 목적을 위한 경우
- 공익을 위한 기록 보존, 과학적·역사적 연구 또는 통계 목적을 위한 것인 경우
- 법적 청구권의 행사나 방어를 위한 것인 경우

3 잊힐 권리 보장을 위한 몇 가지 중요한 고려사항

(1) 의의

데이터 삭제 프로세스를 이행하지 않거나 피할 수 있는 예외의 경우가 존재하지 않기 때문에, 조직은 반드시 이를 위한 계획을 마련해야 한다.

(2) 불합리한 지체 없이(without undue delay)

① "불합리한 지체 없이(without undue delay)"의 의미는 수개월이 아니라 수일(days)을 의미한다.

② 만일 개인 데이터가 다른 조직으로 전송되었다면, GDPR 제17조에 따라 데이터 통제자는 개인 데이터를 삭제하도록 해당 조직에게 요청해야 한다.

(3) GDPR의 광범위한 적용범위

GDPR의 적용범위는 매우 광범위하다. 이 규정은 유럽연합에 거주하고 있는 개인들에게 적용되며, 데이터가 저장되거나 기업 혹은 조직이 위치한 것과는 무관하다. 유럽에서 사업을 하려한다면 개인의 프라이버시 권리를 보장하기 위한 조치를 취해야 한다.

(4) 무거운 벌금

해당 규정을 위반할 때 부과되는 벌금은 매우 높다. 개인 데이터를 한 번이라도 삭제하지 않으면 그에 대한 벌금은 전 세계 매출액의 4% 혹은 2천만 유로에 달한다. 개인 데이터 삭제 사실을 입증하지 못할 경우 벌금은 전 세계 매출액의 2% 혹은 1천만 유로이다.

(5) 삭제의 어려움

모든 데이터 복사본을 추적하여 특정 개인의 정보를 삭제한다는 것은 거의 불가능해 보인다. 데이터베이스에 있는 개인 데이터의 경우, 해당 데이터의 위치를 파악하고 이를 삭제하는 것은 매우 어렵고 시간이 많이 걸리는 업무이다. 더 심각한 것은 이러한 작업이 수익과는 전혀 관계가 없다는 점이다.

[예상문제]

GDPR의 잊힐 권리에 대한 설명으로 틀린 것은?

① 기업이나 조직에서 IT 기능을 가진 부서는 데이터 통제자라고 할 수 있다.
② 개인정보의 처리가 이루어지는 클라우드 혹은 데이터가 저장된 IT 데이터 센터는 데이터 처리자라고 할 수 있다.
③ GDPR은 유럽연합에 거주하고 있는 개인들에게 적용되며, 데이터가 저장되거나 기업 혹은 조직이 위치한 것과는 무관하다.
④ 개인 데이터를 한 번이라도 삭제하지 않으면 세계 매출액의 4% 혹은 2천만 유로 중 낮은 금액의 과징금을 부과받을 수 있다.

정답 ④

해설 개인 데이터를 한 번이라도 삭제하지 않으면 세계 매출액의 4% 혹은 2천만 유로 중 높은 금액의 과징금을 부과받을 수 있다.

Ⅲ 국내법상의 잊힐 권리

1 개인정보 보호법

① 「개인정보 보호법」 제36조에서 정보 주체는 개인정보처리자에게 개인정보의 삭제를 요구할 수 있도록 규정하고 있다.
② 다만, 동법상 검색엔진이 관리해야 하는 정보는 개인정보 파일 내에 있는 개인정보를 의미하는 것으로, 검색엔진에서 검색되는 개인정보는 포함된다고 보기 어렵고, 이러한 검색정보의 삭제를 검색엔진사업자에게 요구하기는 어렵다.

관련법조항 개인정보 보호법

제36조(개인정보의 정정 · 삭제)

① 제35조에 따라 자신의 개인정보를 열람한 정보주체는 개인정보처리자에게 그 개인정보의 정정 또는 삭제를 요구할 수 있다. 다만, 다른 법령에서 그 개인정보가 수집 대상으로 명시되어 있는 경우에는 그 삭제를 요구할 수 없다.

② 개인정보처리자는 제1항에 따른 정보주체의 요구를 받았을 때에는 개인정보의 정정 또는 삭제에 관하여 다른 법령에 특별한 절차가 규정되어 있는 경우를 제외하고는 지체 없이 그 개인정보를 조사하여 정보주체의 요구에 따라 정정 · 삭제 등 필요한 조치를 한 후 그 결과를 정보주체에게 알려야 한다.

2 언론중재 및 피해구제 등에 관한 법률

① 「언론중재 및 피해구제 등에 관한 법률」에서 개인 신상과 관련된 허위 기사의 정정을 요구할 수 있으며, 언론사가 이를 수용하지 않을 경우 언론중재위원회의 조정 대상으로 하고 있다.

② 하지만 동법 제14조에서 개인 신상과 관련된 허위 보도에 대한 정정보도청구권이 명시되어 있으나 허위가 아닌 진실인 경우 또는 시효가 지난 때에는 정정 보도를 요구할 수 없으며, 나아가 기사삭제청구권에 대해서는 규정이 없다.

관련법조항 언론중재 및 피해구제 등에 관한 법률

제14조(정정보도 청구의 요건)

① 사실적 주장에 관한 언론 보도 등이 진실하지 아니함으로 인하여 피해를 입은 자(이하 "피해자"라 한다)는 해당 언론 보도 등이 있음을 안 날부터 3개월 이내에 언론사, 인터넷뉴스서비스사업자 및 인터넷 멀티미디어 방송사업자(이하 "언론사 등"이라 한다)에게 그 언론보도 등의 내용에 관한 정정보도를 청구할 수 있다. 다만, 해당 언론보도 등이 있은 후 6개월이 지났을 때에는 그러하지 아니하다.

3 정보통신망 이용촉진 및 정보 보호 등에 관한 법률

① 「정보통신망 이용촉진 및 정보 보호 등에 관한 법률」 제44조의2에서는 사생활 침해 및 명예훼손 등 인격권 침해 정보에 있어서는 권리침해자의 요청 시 포털과 같은 정보통신서비스제공자가 해당 정보를 삭제 혹은 임시조치(블라인드 처리)하도록 규정하고 있다.

② 타인의 권리를 침해하지 않는 정보에 대해서는 삭제 등을 요구할 수 없으며, 언론 기사 및 검색 뉴스의 경우에는 기본적으로 「언론중재 및 피해구제 등에 관한 법률」의 대상이 되어 「정보통신망 이용촉진 및 정보 보호 등에 관한 법률」 제44조의2에 근거한 삭제 및 임시조치 등이 어렵다.

관련법조항 **정보통신망 이용촉진 및 정보 보호 등에 관한 법률**

제44조의2(정보의 삭제요청 등)
① 정보통신망을 통하여 일반에게 공개를 목적으로 제공된 정보로 사생활 침해나 명예훼손 등 타인의 권리가 침해된 경우 그 침해를 받은 자는 해당 정보를 취급한 정보통신서비스 제공자에게 침해사실을 소명하여 그 정보의 삭제 또는 반박내용의 게재(이하 "삭제 등"이라 한다)를 요청할 수 있다.
② 정보통신서비스 제공자는 제1항에 따른 해당 정보의 삭제 등을 요청받으면 지체 없이 삭제 · 임시조치 등의 필요한 조치를 하고 즉시 신청인 및 정보게재자에게 알려야 한다. 이 경우 정보통신서비스 제공자는 필요한 조치를 한 사실을 해당 게시판에 공시하는 등의 방법으로 이용자가 알 수 있도록 하여야 한다.
④ 정보통신서비스 제공자는 제1항에 따른 정보의 삭제요청에도 불구하고 권리의 침해 여부를 판단하기 어렵거나 이해당사자 간에 다툼이 예상되는 경우에는 해당 정보에 대한 접근을 임시적으로 차단하는 조치(이하 "임시조치"라 한다)를 할 수 있다. 이 경우 임시조치의 기간은 30일 이내로 한다.

기출문제

잊힐 권리에 대한 설명으로 틀린 것은? [2021]

① 유럽연합 2018년 「일반 개인정보 보호법」 제17조에서 삭제권을 명시적으로 규정하였다.
② 유럽연합은 「일반 개인정보 보호법(GDPR)」 속 잊힐 권리를 통해 정보 주체인 개인에게 자신의 개인정보에 관한 광범위한 법적 근거를 제시하고 있다.
③ 우리나라는 「개인정보 보호법」상 잊힐 권리를 보호받지 못한다.
④ 2010년 스페인 곤잘레스가 구글을 상대로 소송하여 2014년 유럽사법재판소에서 사실상 인정되었다.

정답 ③

해설 「개인정보 보호법」 제36조는 개인정보의 정정 · 삭제를 요구할 수 있는 권리를 규정하고 있고 제37조는 개인정보의 처리 · 정지요구할 권리를 규정하고 있다.

예상문제

「일반 개인정보 보호법(GDPR)」의 삭제권에 대한 설명으로 틀린 것은?

① GDPR 제17조 제1항은 개인정보주체의 삭제권과 개인정보처리자의 삭제 의무를 규정하고 있다.
② 개인정보주체는 불합리한 지체 없이(without undue delay) 삭제를 요청할 수 있는데 여기에서 '불합리한 지체 없이'의 의미는 수개월이 아니라 수일(days)을 의미한다.
③ 개인정보주체는 개인정보가 원래의 수집 · 처리 목적에 더 이상 필요하지 않은 경우, 정보주체가 동의를 철회한 경우, 정보주체가 처리에 반대하는 경우로, 처리의 지속을 위한 더 중요한 사유가 없는 경우, 개인정보가 불법적으로 처리된 경우 등 일정 요건이 갖추어진 경우에만 삭제권을 행사할 수 있다.
④ 개인정보처리자에게 적용되는 유럽연합 또는 회원국 법률의 법적 의무를 준수하는데 처리가 요구되는 경우 또는 공익을 위해서 또는 개인정보처리자에게 부여된 공적 권한을 행사하여 업무를 수행하는 경우에도 개인정보 삭제를 요구가 개인정보주체의 표현과 정보의 자유에 대한 권리를 행사에 해당할 때 개인정보처리자는 개인정보를 삭제할 의무가 있다.

정답 ④

해설 개인정보처리자는 표현 및 정보의 자유에 관한 권리 행사를 위한 경우, 개인정보처리자에게 적용되는 유럽연합 또는 회원국 법률의 법적 의무를 준수하는데 처리가 요구되는 경우 또는 공익을 위해서 또는 개인정보처리자에게 부여된 공적 권한을 행사하여 업무를 수행하는 경우 등에 해당하면 삭제 요구를 거부할 수 있다.

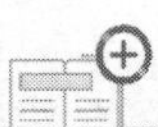

생각넓히기 | 잊힐 권리와 알 권리

빅토르 마이어 쇤베르거 영국 옥스퍼드대 교수는 2009년 자신의 책 '잊힐 권리'에서 이 권리를 인권의 일부로 봐야 한다고 주장했다. 이후 유럽을 중심으로 온라인상의 잊힐 권리 보장에 대한 논의가 뜨겁게 전개됐다. 대중의 알 권리를 침해한다는 비판도 여전하다. 잊힐 권리가 세계적으로 주목받게 된 건 스페인 변호사 마리오 코스테하 곤잘레스가 "과거 빚 때문에 집이 경매에 넘어갔다는 내용의 기사가 구글에서 검색되지 않도록 해 달라."며 유럽사법재판소(ECJ)에 소송을 제기한 이후부터다. 곤잘레스는 2009년 "검색창에 내 이름을 검색하면 빚 때문에 집을 내놓은 일을 보도한 신문 기사가 나온다."며 구글에 관련 기사의 링크를 삭제해 달라고 요청했다. 구글이 이 요청을 거절하자 곤잘레스는 "이미 다 해결된 일이 계속 검색되는 건 인권침해나 마찬가지"라며 ECJ에 소송을 제기했다. ECJ는 2014년 "사생활 침해 가능성이 있으니 검색 결과를 지우라."며 곤잘레스의 손을 들어줬다. ECJ는 검색 결과 가운데 시효가 지났거나 부적절한 개인 데이터는 사용자가 삭제를 요청할 수 있다고 판결했다. 10대 시절 사진이나 기업 문서, 범죄 전과 등 법적 정보, 부당한 댓글 등이 여기에 포함된다. 당시 제임스 워터워스 미국 컴퓨터통신산업협회(CCIA) 유럽 부회장은 "이번 판결로 유럽에서는 개인정보 검열 규제가 새로운 국면을 맞게 됐다."는 말을 남기기도 했다. 영국 텔레그래프에 따르면 ECJ 판결 이후 3일 만에 1000여건의 정보 삭제 요청이 구글에 몰렸다. 아동성범죄 전과자와 경력 세탁을 원하는 국회의원, 환자들로부터 악평을 받는 의사 등이 검색 결과 삭제를 요청했다. 구글이 만든 개인정보 삭제 요청 웹사이트에는 개설 첫날부터 1만 2000건 이상의 삭제 요청이 쇄도했다. 유럽에 이어 일본 법원도 잊힐 권리를 인정했다. 일본 도쿄 지방법원은 2014년 10월 한 남성에 관한 검색 결과 중 일부를 삭제하라고 구글에 명령했다. 이 남성은 "구글 검색창에 내 이름을 검색하면 10년도 더 지난 정보 수백 건이 표시돼 생활에 위협을 느낀다."며 "검색 결과 237건을 삭제해 달라."고 요구했다. 법원은 이중 122건의 제목과 내용을 삭제하라고 지시했다. 온라인상의 잊힐 권리가 개인의 정신적 고통을 경감하는 데 도움을 준다는 점에서 환영받고 있지만, 다른 한편에서는 대중의 알 권리를 침해한다는 지적도 나온다. 영국 BBC 경제 담당 에디터를 지낸 로버트 페스턴은 2007년 스탠리 오닐 전(前) 메릴린치 회장에 대한 기사를 썼다. 당시 오닐 전 회장은 리스크가 큰 파생상품에 투자해 회사에 큰 손실을 입힌 책임을 지고 불명예 퇴진했다. 그런데 페스턴의 기사는 2014년 누군가의 요청에 의해 링크가 삭제돼 구글에서 접근할 수 없게 됐다. 페스턴은 "내 기사가 부적절하거나, 정보가 틀렸거나, 더 이상 의미가 없다는 뜻이냐?"며 불만을 쏟아냈다. 또 영국 가디언은 2010년 작성된 축구 심판에 관한 기사 6건의 구글 링크가 삭제된 사실을 확인하기도 했다. 이 사람은 스코틀랜드에서 열린 축구 경기의 심판을 봤는데, 이후 오심 논란에 휩싸였다. 가디언은 "구글은 줄곧 검색 결과 노출에 대해 어떠한 판단도 내리지 않으며, 검색 결과는 기계가 결정하는 것이기 때문에 중립적이라고 주장해왔다."고 보도했다. 인터넷 무료 백과사전 위키피디아를 공동 설립한 지미 웨일스도 "잊힐 권리를 인정한 ECJ의 판결은 몹시 비도덕적이다."라며 강하게 비판했다. 웨일스는 2014년 8월 영국 런던에서 기자회견을 열고 "인간이 할 수 있는 최악의 일 가운데 하나는 다른 사람이 침묵하도록 강제력을 동원하는 것"이라며 "ECJ의 판결을 받아들여 인터넷 링크를 삭제한 구글의 행동은 마치 신문사가 1면에 어떤 기사를 실을지 편집권을 행사한 것과 같다."고 비난했다. 논란이 계속되자 구글도 잊힐 권리 적용 범위에 대해 선을 그었다. 구글은 지난해 7월 공식 블로그를 통해 "유럽에서는 잊힐 권리가 법으로 보장되지만 이 법률이 전 세계에 적용되는 것은 아니다."라고 밝혔다. 앞서 프랑스 정보자유국가위원회(CNIL)는 구글에 "개인정보 삭제를 유럽뿐 아니라 글로벌 서비스 전체에 적용하라."고 요구한 바 있다. 피터 플레이처 구글 글로벌 법률고문은 "우리는 이 문제에 대한 CNIL의 의견에 동의하지 않는다."며 거절 의사를 분명히 했다.

기출문제

알 권리에 대한 설명으로 틀린 것은? [2020]

① 알 권리는 정보에 대한 접근, 수집, 처리하거나 정보공개를 청구할 수 있는 권리이다
② 유네스코는 "모든 사람은 의사표현의 자유를 누릴 권리가 있다. 이 권리에는 간섭받지 않고 자기 의견을 지닐 수 있는 자유와, 모든 매체를 통하여 국경과 상관없이 정보와 사상을 구하고 받아들이고 전파할 수 있는 자유가 포함된다."고 정의하고 있다.
③ 1945년 AP 통신사의 쿠퍼(Kent Cooper) 국장이 처음 사용한 것으로 알려진 '공중의 알 권리'는 8년 후 '뉴욕 헤럴드 트리뷴'의 법률고문 크로스(Harold L. Cross)가 그의 저서 「The People's Right to Know, Legal Access to Public Records and Proceedings」를 통해 수용했다.
④ 알 권리의 핵심은 정부가 보유하고 있는 정보에 대한 국민의 알 권리, 즉 국민의 정부에 대한 일반적 정보공개를 구할 권리이고 이는 「헌법」 제21조에 규정된 언론출판의 자유 또는 표현의 자유의 한 내용으로 보장된다.

정답 ②

해설 「세계 인권 선언」 19조는 알 권리를 "모든 사람은 의사표현의 자유를 누릴 권리가 있다. 이 권리에는 간섭받지 않고 자기 의견을 지닐 수 있는 자유와, 모든 매체를 통하여 국경과 상관없이 정보와 사상을 구하고 받아들이고 전파할 수 있는 자유가 포함된다."라고 규정하고 있다.

Theme

138 유럽연합의 플랫폼 사업자 규제 강화법 초안 (디지털 시장법 및 서비스법)

I 의의

① EU는 디지털시장의 공경경쟁 환경조성 및 온라인 불법 콘텐츠 근절을 위한 온라인 플랫폼 사업자 규제에 본격 착수했다.

② EU 집행위는 플랫폼 사업자 규제 강화 등의 내용이 담긴 「디지털 시장법(Digital Market Act, DMA)」 및 「디지털 서비스법(Digital Service Act, DSA)」 초안을 발표했다.

③ DMA는 이른바 '게이트키핑 플랫폼 사업자'가 법령을 위반하여 디지털 시장의 공정경쟁을 저해할 경우 제제를 가하여 벌금부과 및 플랫폼 폐쇄까지 가능하게 한다고 규정하고 있고, DSA는 불법 콘텐츠 유통 방지 및 소비자보호를 위한 플랫폼 사업자 의무를 규정하고 있다.

④ DMA과 DSA는 EU 이사회와 의회 간 협상을 통해 도출된 타협안이 최종 법제화될 예정이며, 2023년 이후에 발효될 전망이다.

Ⅱ 디지털 시장법(Digital Market Act, DMA)

1 DMA 적용 대상

① DMA은 게이트키핑 플랫폼으로 지정된 사업자에게 적용된다. 게이트키핑 플랫폼 사업자는 글로벌 시장 자산 가치가 650억 유로 이상 또는 유럽경제지역(EEA)내 매출이 65억 유로 이상인 플랫폼 중 3개 이상 회원국에서 핵심 플랫폼 서비스를 제공하며, 1만개의 비즈니스 사용자와 4,500만 명의 개인사용자를 최소 3년 이상 보유한 플랫폼 사업자이다.

② 검색엔진, OS, SNS, 시청각자료 공유, 메시지 서비스, 클라우드 컴퓨팅, 온라인 중개 또는 광고 플랫폼 등 대부분의 플랫폼이 DMA의 적용 대상에 포함될 예정이다. 이에 따라, 이른바 GAFA(구글, 아마존, 페이스북 및 애플)와 함께, 부킹닷컴, 알리 익스프레스, 마이크로소프트 클라우드 등 유력 플랫폼이 대부분 포함될 전망이다.

③ 집행위는 2년마다 재검토를 통해 게이트키핑 플랫폼을 신규 지정하거나 철회할 수 있다.

2 게이트키핑 플랫폼사업자의 의무

① 게이트키핑 플랫폼 지정 시 사업자는 복수 플랫폼 상 수집된 개인정보 연계금지, 자사상품 우대금지, 플랫폼 비즈니스 사업자 간 공정한 경쟁 환경 유지 등 경쟁사에 대한 차별이 금지되고 인수합병(M&A) 시 사전에 집행위에 신고해야 한다.

② 게이트키핑 플랫폼으로 지정되면 6개월 이내 DMA 관련 이행조치를 취하고 집행위에 해당 조치를 통보해야 하며, 집행위는 추가 조치에 대해 명령할 수 있다.

③ 집행위는 DMA 규정 미 이행 사업자에게 연간 글로벌 총매출의 최대 10%에 이르는 과징금을 부과할 수 있으며, 지속적·구조적 규정 위반 시 플랫폼 폐쇄를 명령할 수 있다.

④ 게이트키핑 플랫폼에 지정된 사업자는 집행위에 이의를 제기할 수 있으며, 이후 유럽사법재판소에 제소할 수 있다.

⑤ 게이트키핑 플랫폼 지정과 관련하여 유럽사법재판소에 제소한 경우에도 집행위는 해당 플랫폼 사업자의 규정 위반 발견 시 미 이행 결정(non-compliance decision)을 내릴 수 있으며, 3회 이상의 미 이행 결정 시 플랫폼에 대한 제재가 가능하다.

Ⅲ 디지털 서비스법(Digital Service Act, DSA)

① 「디지털 서비스법(DSA)」은 플랫폼 상 불법 콘텐츠 제거 등 소비자보호를 목적으로 한다.

② DSA는 EU 27개 회원국에 4,600만 이상의 사용자를 보유한 플랫폼 사업자를 대상으로 한다.

③ 플랫폼 사업자는 정부 당국 및 시민단체에게 사업자 내부 정보에 대한 접근을 보장하고, 규정 이행을 감독할 독립적 감사를 지정하고 매년 위험성 평가를 수행해야 한다.

④ 회원국 당국은 플랫폼 사업자의 불법 콘텐츠 제거 의무 이행을 감독하고, 플랫폼 사업자가 의무를 이행하지 않을 경우 연매출의 최대 6%의 과징금을 부과할 수 있다.

[예상문제]

「디지털 시장법」에 대한 설명으로 틀린 것은?

① 유럽연합(EU)이 미국 빅테크(대형 정보기술기업)의 독점구조를 개선하기 위해 입법을 추진 중인 법안이다.
② 불법 콘텐츠의 유통·확산을 적극 차단하도록 요구하고 있다.
③ 경쟁사에 대한 차별을 금지하고 인수합병(M&A) 땐 당국에 사전 신고해야 한다.
④ 「디지털 시장법」 위반 시 해당 기업은 글로벌 매출의 최대 10%를 벌금으로 납부해야 한다.

정답 ②

해설 불법 콘텐츠의 유통·확산을 적극 차단하도록 요구하는 법은 「디지털 서비스법」이다.

「디지털 시장법」에 대한 설명으로 틀린 것은?

① '게이트키핑 플랫폼 사업자'가 법령을 위반하여 디지털 시장의 공정경쟁을 저해할 경우 제제를 가하여 벌금부과 및 플랫폼 폐쇄까지 가능하다.

② 글로벌 시장자산 가치가 650억 유로 이상 또는 유럽경제지역(EEA)내 매출이 65억 유로 이상인 플랫폼 중 3개 이상 회원국에서 핵심 플랫폼 서비스를 제공하며, 1만개의 비즈니스 사용자와 4,500만 명의 개인사용자를 최소 3년 이상 보유한 플랫폼을 대상으로 한다.

③ 검색엔진, OS, SNS, 시청각자료 공유, 메시지 서비스, 클라우드 컴퓨팅, 온라인 중개 또는 광고 플랫폼 등 대부분의 플랫폼이 DMA의 적용 대상에 포함될 예정으로 이른바 구글, 아마존, 페이스북 및 애플 등 유력 플랫폼이 대부분 포함될 전망이다.

④ 플랫폼 사업자는 정부 당국 및 시민단체의 사업자 내부 정보접근 보장, 규정 이행을 감독할 독립적 감사 지정 및 매년 위험성 평가 수행 등 의무가 부여되고, 회원국 당국은 플랫폼 사업자의 불법 콘텐츠 제거 의무 이행을 감독한다.

정답 ④

해설 「디지털 서비스법」의 내용이다.

Theme

139 정보 보호의 목표

I 의의

컴퓨터 보안 혹은 정보 보호를 통해 이루고자 하는 목표는 여러 가지가 있지만 그중 가장 중요한 세 가지 목표는 기밀성, 무결성, 가용성이다. 이 세 가지 핵심 목표는 영단어의 첫 글자를 따서 'CIA triad'라고 부르기도 한다.

II CIA triad

1 기밀성

① 기밀성(confidentiality)은 허락되지 않은 자가 정보의 내용을 알 수 없도록 하는 것이다. 여기에서 허락되지 않은 자란 정보에 대한 접근권한이 없는 사용자를 의미한다. 예를 들어, 은행에서 고객의 개인정보나 계좌정보 같은 기밀정보가 제3자에게 알려지는 것을 방지하기 위해 이를 보호하는 것이 기밀성이다.

② 기밀성을 지키기 위해서는 허락되지 않은 자가 정보에 접근을 아예 못하도록 할 수도 있고, 혹은 정보에 접근하더라도 무의미한 내용만 보이도록 할 수도 있다. 즉, 고객의 개인정보를 안전한 금고 안에 보관함으로써 도둑이 접근하지 못하게 하는 방식도 가능하고, 또는 개인정보를 암호화하여 도둑이 이를 보더라도 어떤 의미인지 알 수 없도록 하는 방식도 가능하다.

2 무결성

① 무결성(integrity)은 허락되지 않은 자가 정보를 함부로 수정할 수 없도록 하는 것이다. 즉, 정보에 대한 수정권한이 없는 자가 저장되어 있는 정보, 또는 전달 중인 정보를 변경하지 못하게 하는 것이다.

② 예를 들어 데이터베이스에 고객의 개인정보가 저장되어 있다면 그 내용이 임의로 수정되지 않도록 보호하는 것이 무결성이다. 그리고 고객 본인이 자신의 개인정보를 조회할 때 데이터베이스로부터 고객에게까지 정보가 전달되는 과정에서도 역시 내용이 위·변조되지 않도록 보호하는 것이 무결성이다.

3 가용성

① 가용성(availability)은 허락된 자가 정보에 접근하고자 할 때 이것이 방해받지 않도록 하는 것이다. 즉, 정보에 대한 접근권한이 있는 자는 필요할 때 언제든지 정보를 사용할 수 있어야 한다. 예를 들어, 은행의 고객이 연락처를 변경하기 위해 본인의 개인정보를 확인하고자 할 때 즉시 조회가 가능하게 하는 것이 가용성이다.

② 결국 가용성은 정해진 시간 내에 정보를 볼 수 있음을 보장한다. 이러한 가용성을 해치는 공격 중에 대표적인 것으로 서비스 거부(DoS, Denial of Service) 공격이 있다. 서비스 거부 공격은 시스템이 정상적인 서비스를 할 수 없도록 만들어서 권한이 있는 자들이 서비스를 받지 못하는, 즉 정보에 대한 접근이 방해를 받는 상황을 만든다.

[예상문제]

정보 보호의 핵심목표(CIA triad)에 포함되지 않는 것은?

① 기밀성 ② 무결성
③ 가용성 ④ 접근제어

정답 ④

해설 부인방지, 인증, 접근제어는 정보 보호의 핵심목표에 속하지 않는다. 정보 보호의 핵심목표는(CIA triad)는 기밀성(confidentiality), 무결성(integrity), 가용성(availability)이다.

Ⅲ 그 외의 목표들

1 의의

기밀성, 무결성, 가용성의 세 가지 핵심 목표 이외에도 정보 보호를 통해 이루려는 목표로는 부인방지, 인증, 접근제어 등이 있다.

2 부인방지

부인방지(non-repudiation)는 정보에 관여한 자가 이를 부인하지 못하도록 하는 것이다. 부인방지에는 정보를 보낸 사람이 나중에 정보를 보냈다는 것을 부인하지 못하도록 하는 발신 부인방지와 정보를 받은 사람이 나중에 이를 부인하지 못하도록 하는 수신 부인방지가 있다.

3 인증

인증(authentication)은 어떤 실체가 정말 주장하는 실체가 맞는지 확인할 수 있고 신뢰할 수 있는 것이다. 여기에서 실체란 어떤 정보 자체일 수도 있고 정보를 이용하는 사용자일 수도 있다

4 접근제어

접근제어(access control)는 정보에 대해 허락된 접근만 허용하고 그 외의 접근은 허용하지 않는 것이다. 다시 말해서, 접근권한이 있는 자는 정보에 대한 접근을 허용하고, 접근권한이 없는 자는 정보에 접근하지 못하게 하는 것이다. 이때 접근권한은 정보에 따라, 그리고 사용자에 따라 다양하게 부여될 수 있다.

Theme

140 정보시스템의 불법침입

I 의의

해킹이란 컴퓨터를 이용하여 다른 사람의 정보처리장치 또는 정보처리조작에 침입하여 기술적인 방법으로 다른 사람의 정보처리장치가 수행하는 기능이나 전자기록에 함부로 간섭하는 일체의 행위이다.

Ⅱ 해커

1 의의

① 컴퓨터 또는 컴퓨터 프로그래밍에 뛰어난 기술자로 네트워크의 보안을 지키는 사람으로 1950년대 말 미국 매사추세츠공과대학(MIT)의 동아리 모임에서 유래하였다.

② 컴퓨터 시스템 내부구조와 동작 따위에 심취하여 이를 알고자 노력하는 사람으로서 대부분 뛰어난 컴퓨터 및 통신 실력을 가진 사람들이다.

2 해커의 종류

① 순수하게 공부와 학업을 목적으로 해킹하는 사람으로 정보보안전문가

② 서버의 취약점을 연구해 해킹 방어 전략을 구상하는 화이트(White) 해커

③ 악의적인 해커로 다른 컴퓨터에 불법으로 침입해 자료의 불법 열람, 변조, 파괴 등 행위를 하는 공격자로 블랙(Black) 해커 혹은 크래커(Cracker)

3 길버트 아라베디언(Gilbert Alaverdian)의 해커 등급

구분	유형	내용
제1등급	엘리트 (Elite)	시스템에 존재하는 취약점을 찾아내 해킹에 성공하는 최고 수준의 해커 마법사로도 불리며 해당 시스템에 아무런 흔적을 남기지 않고 해킹
제2등급	세미 엘리트 (Semi Elite)	시스템의 취약점을 알고 해킹 코드를 만들어내는 실력을 갖추었지만 해킹 흔적을 남겨 추적을 당함

제3등급	디벨로프 키디 (Developed Kiddie)	대부분의 해킹 기법을 알고 있으며 특정 사이트의 취약점을 발견할 때까지 여러 번 해킹을 시도해 시스템 침투에 성공하는 해커
제4등급	스크립트 키디 (Script Kiddie)	보안상의 취약점을 찾아낼 수 있는 운영체제에 대한 기술과 지식은 부족하지만 디도스 공격을 하는 등 해킹 툴을 사용할 줄 아는 해커
제5등급	레이머 (Lame)	해킹기술은 없지만 해커가 되고 싶어 하고 해킹 툴만 있으면 해킹이 가능하다고 생각하여 트로이 목마 등을 인터넷에서 내려 받는 해커 워너비

[예상문제]

길버트 아라베디언(Gilbert Alaverdian)이 분류한 해커 등급에 대한 설명으로 틀린 것은?

① 엘리트는 마법사로도 불리며 아무런 흔적을 남기지 않는다.
② 세미 엘리트는 해킹 코드를 만들어내는 실력을 갖추었다.
③ 디벨로프 키디는 대부분의 해킹 기법을 알고 있다.
④ 스크립트 키디는 인터넷에서 해킹 툴을 내려 받는 해커 워너비이다.

정답 ④
해설 레이머에 대한 설명이다. 스크립트 키디는 기술과 지식은 부족하지만 디도스 공격을 하는 등 해킹 툴을 사용할 줄 아는 해커를 말한다.

Ⅲ 해킹 방법

1 DDoS(Distribute Denial of Service)

분산 서비스 거부 또는 분산 서비스 거부 공격으로, 여러 대의 공격자를 분산 배치하여 동시에 동작하게 함으로써 특정 사이트를 공격하는 해킹방식이다.

2 스니핑(Sniffing)

네트워크상의 한 호스트에서 그 주위를 지나다니는 패킷들을 엿보는 것으로 다른 사람의 계정과 패스워드를 알아내기 위해 자주 쓰이는 방법이다.

3 스누핑(Snooping)

네트워크상에서 남의 정보를 염탐하여 불법으로 가로채는 행위이다. 소프트웨어 프로그램(스누퍼)을 이용하여 원격으로 개인적인 메신저 내용, 로그인 정보, 전자우편 등 정보를 몰래 획득하거나 네트워크 트래픽을 분석한다. 스니핑(sniffing)과 유사어로 사용된다.

4 트로이 목마(Trojan Vundo)

정상적인 프로그램으로 가장하여 프로그램 내에 숨어서 의도하지 않은 기능을 수행하는 것으로 바이러스나 웹에서 주로 사용하는 메커니즘이다.

5 백도어(Backdoor)

프로그램 개발이나 유지·보수, 유사시 문제해결 등을 위해 시스템 관리자나 개발자가 정상적인 절차를 우회하여 시스템에 출입할 수 있도록 임시로 만들어둔 비밀출입문으로 트랩도어(trap door)라고도 한다.

6 스푸핑(Spoofing)

속이는 방법을 통해서 해킹을 하는 것으로 마치 로그인 화면 같은 프로그램을 통해 패스워드·계정을 입력하게 하는 패스워드 해킹방법이다.

7 버퍼 오버플로(Buffer Overflow)

실행 프로그램에서 메모리버퍼를 넘치게 해 프로그램을 이상 작동하도록 함으로써 프로그램 내의 보호되지 않는 영역을 활용해 원래의 목적을 벗어난 이상 동작을 유발한다.

8 봇넷(botnet)

악성 프로그램에 감염되어 나중에 악의적인 의도로 사용될 수 있는 다수의 컴퓨터들이 네트워크로 연결된 형태로 해킹 또는 악성 프로그램에 감염된 컴퓨터를 네트워크로 연결하고, 해커는 봇넷에 연결된 컴퓨터를 원격 조정해 개인정보 유출, 스팸메일 발송, 다른 시스템에 대한 공격 등 악성행위를 하는 방법이다.

9 엑스플로잇(Exploits)

시스템 취약점을 이용하여 IT 시스템의 보안을 위협하는 방법으로 서비스 거부 공격, 원격 명령어 실행, 버퍼 오버플로 공격 등이 이에 해당된다.

10 기타 취약성을 이용한 공격

기타 취약성을 이용한 공격으로 프로그램에 존재하는 버그를 이용하는 방법 등이 있다.

Ⅳ 개인정보 탈취 방법

1 APT(Advanced Persistent Treat) 공격

(1) 의의

IT기술을 이용하여 지속적으로 정보를 수집하고 취약점을 파악하여 이를 바탕으로 피해를 끼치는 공격을 총칭한다.

(2) APT 공격 순서

① 사전조사(reconnaissance)

해커가 표적으로 정한 공격대상을 분석하여, 공격방법을 연구하여 최종 목표를 달성하기 위한 1차 침입 대상을 찾는 것으로 주요 간부, 관리자, 연구원 등 정보에 직접, 간접적으로 접근할 수 있는 대상자를 찾는 행위이다.

② 제로데이 공격(zero-day attack)

아직 발견되지 않았거나 사용하지 않는 보안 취약점을 이용하거나 기존 보안시스템에서 탐지되지 않았던 악성코드를 이용하여 1차 공격대상을 공격한다.

③ 사회 공학적 기법(social engineering)

신뢰하는 개인, 조직을 가장하여 제로데이 취약점이 있는 첨부파일이나 링크 등에 악성코드를 삽입하여 e-메일, 메신저, SNS 등을 통해 전송한다.

④ 은닉(covert)

1차 침입에 성공한 후, 서두르기 않고 정상적인 사용자로 가장하여 정보를 수집하고 모니터링 등 합법적인 계정과 프로토콜 및 시간대를 이용하여 현재 계정이 갖는 권한 내에서 얻을 수 있는 모든 정보를 수집한다.

⑤ 권한상승(privilege escalation)

은닉을 통해 조직 내 각종 정보를 수집한 후, 시스템에 접근하기 위해 접근권한을 가진 직원에 대한 계정정보를 수집하는데 이때 패스워드 등 계정정보를 획득하기 위한 브루트 포스 공격(brute force attack) 등이 포함된다.

⑥ 적응(adaption)

권한상승을 통해 최종 목표로 삼았던 중요정보를 탈취한 후, 이를 공격대상 내부의 서버에 암호화하거나 압축파일로 저장한 다음 비정기적으로 해커 서버나 단말기로 유출하는 활동으로 공격이 사용자에게 발각된 경우에 대한 역추적을 방지하는 활동까지 포함한다.

⑦ 지속(persistent)

해커가 참을성을 가지고 오랜 기간 동안 공격대상을 관찰하고 활동하는 것으로 중요정보 유출 이후에도 해커가 공격대상에 지속적으로 접근할 수 있도록 다양한 백도어(backdoor)를 설치하는 것이 여기에 포함된다.

2 피싱(Phishing) 공격

(1) 의의

① 개인정보(private data)와 낚시(fishing)의 합성어로 미끼를 던져 개인정보를 낚는 것을 의미한다.

② 전자우편, 메신저 등을 사용하여 신뢰할 수 있는 사용자, 기업이 전송한 메시지인 것처럼 가장하여 비밀번호, 신용카드, 개인정보 등을 빼내는 공격 방법이다.

③ 피싱은 다른 공격 기술과는 다르게 사용자의 부주의 또는 실수에 초점을 두고 있다.

④ 특정사이트에 대한 가짜 웹페이지를 정교하게 만들어 사용자들이 의심없이 접속하여 정상적인 서비스를 받는 것처럼 속여서 필요한 정보를 빼내는 방법으로 금융기관에서 운영하는 사이트와 유사한 피싱 사이트를 통해 금전적 피해 사례가 발생한다.

(2) 피싱 공격 순서

① 해커는 개인정보를 획득할 웹사이트를 선정하고, 사용자가 알아차리지 못하게 가짜 웹페이지를 동일하게 생성한다.

② 해커는 사회 공학적 방법, 트로이 목마, 웜, DoS, DNS 공격 등 사용자로 하여금 진짜 웹페이지 대신 해커가 만든 가짜 웹페이지에 접속하게 유도한다.

③ 사용자는 가짜 웹페이지를 눈치 채지 못하고 자신의 아이디, 패스워드, 신용카드 정보 등 개인정보를 입력한다.

④ 해커는 자신이 만든 가짜 웹페이지에 저장된 사용자의 개정정보를 탈취한다.

⑤ 사용자들을 피싱 사이트로 유인하는 대표적인 방법으로 e-메일이나 웹페이지 내에 피싱 사이트로 연결되는 URL 링크를 삽입하고 클릭을 유도하는 이미지나 문구로 현혹하는 방식으로 이를 스마트폰에 적용한 것이 스미싱(smishing)이라고 한다.

3 파밍(Pharming) 공격

① 사용자의 컴퓨터를 악성코드에 감염시켜 정상 홈페이지에 접속하여도 피싱 사이트로 유도하는 고도화된 피싱이다.

② 악성코드가 사용자 PC에 설치되어 있는 경우, 사용자가 웹 브라우저에서 특정사이트의 홈페이지 도메인 주소를 입력하면 악성코드가 정상 사이트가 아닌 피싱 사이트 IP 주소로 유도하여 사용자는 자기도 모르게 피싱 사이트에 접속한다.

기출문제

사용자를 낚는 방법 중 하나로 사용자가 자신의 웹 브라우저에서 정확한 웹 페이지 주소를 입력해도 가짜 웹 페이지에 접속하게 하여 개인정보를 탈취하는 것으로 옳은 것은? [2020]

① 파밍　　② 피싱

③ 스팸　　④ 명의도용

정답 ①

해설 피싱이 사용자들을 속여 낚는 정도라면, 파밍은 도메인 자체를 속임으로 다수의 사용자에게 대규모 피해가 발생할 수도 있기 때문에 'Farming'이라는 의미에서 'Pharming'이라는 이름을 붙였다. Farming이란 단어에는 '농장을 운영하여 농산물을 경작하고 추수한다.'는 의미가 있다는 점에서, 단순히 한두 사람을 대상으로 하는 피싱과는 달리 대규모 '개인정보의 추수'가 발생할 수 있다는 점에서 파밍이 더 위험하다.

Theme

141 컴퓨터 바이러스

I 의의

① 개인용 컴퓨터를 대상으로 최초 바이러스를 만든 것은 자기의 프로그램이 불법으로 복제되는 것을 방지하기 위한 목적으로 만들었다.

② 최근에는 자기 프로그램 실력을 뽐내기 위해 불특정 다수에게 해를 입힐 목적으로 바이러스를 무차별적으로 만들기 시작했다.

③ 자가 복제기능을 가진 프로그램으로서 사용자의 인지나 허가 없이 시스템의 작동방법을 변경하기 위하여 제작된 소용량 프로그램이다.

④ 바이러스는 합법적인 프로그램에 의해 사용되는 시스템 메모리를 점유하여 시스템 충돌이나 비정상적인 활동으로 데이터 손실을 발생시킨다.

핵심정리 웜과 바이러스

컴퓨터 웜(computer worm)은 스스로를 복제하는 악성 소프트웨어라는 점에서 컴퓨터 바이러스와 비슷하다. 바이러스가 다른 실행 프로그램에 기생하여 실행되는 데 반해 웜은 독자적으로 실행되며 다른 실행 프로그램이 필요하지 않다. 웜은 종종 컴퓨터의 파일 전송 기능을 착취하도록 설계된다. 컴퓨터 바이러스와 웜의 중요한 차이점은 바이러스는 스스로 전달할 수 없지만 웜은 가능하다는 점이다. 웜은 네트워크를 사용하여 자신의 복사본을 전송할 수 있으며, 어떠한 중재 작업 없이 그렇게 할 수 있다. 일반적으로 웜은 네트워크를 손상시키고 대역폭을 잠식하지만, 바이러스는 컴퓨터의 파일을 감염시키거나 손상시킨다. 바이러스는 보통 네트워크에 영향을 주지 않으며 대상 컴퓨터에 대해서만 활동한다.

[예상문제]

Worm에 대한 설명으로 틀린 것은?

① 스스로를 복제한다.
② 다른 실행 프로그램에 기생하여 실행된다.
③ 종종 컴퓨터의 파일 전송 기능을 착취한다.
④ 네트워크를 손상시키고 대역폭을 잠식한다.

정답 ②

해설 컴퓨터 웜(computer worm)은 스스로를 복제하는 악성 소프트웨어 컴퓨터 프로그램이다. 컴퓨터 바이러스와 비슷하다. 바이러스가 다른 실행 프로그램에 기생하여 실행되는 데 반해 웜은 독자적으로 실행되며 다른 실행 프로그램이 필요하지 않다.

Ⅱ 파일 감염 바이러스

① 프로그램 파일을 감염시키며 일반적으로 .com 및 .exe와 같은 실행코드를 감염시킨다.

② 감염된 프로그램이 플로피 디스크, 하드 디스크 또는 네트워크에서 실행되면 다른 파일들도 감염된다.

③ 파일 감염 바이러스 중 다수는 메모리 상주형으로 메모리가 감염된 경우 정상적인 실행 파일을 실행하면 그 파일들도 감염된다.

④ 바이러스 사례로 Jerusalem 및 Cascade 등이 있다.

Ⅲ 부트 섹터 바이러스

① 디스크의 시스템 영역, 즉 플로피 디스크 및 하드 디스크의 부트 레코드를 감염시킨다.

② 메모리에 상주하는 특징이 있다.

③ 대부분 DOS용으로 제작됐지만 운영체제에 관계없이 모든 PC는 이 바이러스의 잠재적인 공격 대상이다.

④ 사례로 Form, Disk Killer, Michelangelo 및 Stoned 등이 있다.

Ⅳ 마스터 부트 레코드 바이러스

① 부트섹터 바이러스와 동일한 방식으로 디스크를 감염시키는 메모리 상주형 바이러스이다. 일반적으로 다른 장소에 합법적인 마스터 부트 레코드의 사본을 저장하기 때문에 부트 섹터 바이러스나 마스터 부트섹터 바이러스에 감염된 Windows NT 시스템은 부팅이 안된다.

② 사례로 NYB, AntiExe 및 Unashamed 등이 있다.

V 다각적 바이러스

① 다변형 바이러스이다.

② 부트 레코드와 프로그램 파일을 모두 감염시킨다.

③ 이 바이러스에 감염된 경우 복구가 대단히 어렵다.

④ 부트 영역을 치료했지만 파일에서 제거하지 않은 경우 부트 영역이 재감염되기 때문이다.

⑤ 사례로는 One-Half, Emperor, Anthrax 및 Tequilla 등이 있다.

VI 매크로 바이러스

① 데이터 파일을 감염시키는 가장 보편적인 바이러스이다.

② 기업이 복구에 가장 많은 돈과 시간을 소요하는 바이러스이다.

③ Microsoft Office Word, Excel, PowerPoint 및 Access 파일을 감염시키고, 신종 바이러스는 다른 프로그램도 감염시킬 수 있도록 진화한다.

④ 개발하기가 쉽기 때문에 현재까지 확인된 것만도 수 천종이다.

⑤ 사례로 W97M, Melissa, WM, NiceDay 및 W97M, Groov 등이 있다.

기출문제

데이터 암호화를 인질로 삼아 파일 복구 대가로 가상화폐 대시(DASH)나 비트코인을 요구하는 악성코드로 옳은 것은? [2020]

① 클롭 ② 폼재킹

③ 메신저 피싱 ④ 갠드크랩

정답 ④

해설 갠드크랩에 대한 설명이다.

예상문제

컴퓨터 바이러스에 대한 설명으로 틀린 것은?

① 파일 감염 바이러스는 Microsoft Office Word, Excel 등 데이터 파일을 감염시키고, 신종 바이러스는 다른 프로그램도 감염시킬 수 있다.
② 부트 섹터 바이러스는 디스크의 시스템 영역, 즉 하드 디스크의 부트 레코드를 감염시킨다.
③ 다각적 바이러스는 부트 레코드와 프로그램 파일을 모두 감염시킨다.
④ 매크로 바이러스는 기업이 복구에 가장 많은 돈과 시간을 소요하는 바이러스이다.

정답 ①

해설 .com, .exe와 같은 실행코드를 감염시킨다.

주로 기업을 대상으로 공격을 수행하는 랜섬웨어로 기업 내부 시스템을 사전에 조사하여 맞춤형 악성파일을 사용함으로써 사전 차단이 어려운 것이 특징이며, 기존 변종들은 암호화된 파일 확장명을 변경하는 방식으로 진행되었지만, 최근 공격에서는 원본 파일명을 그대로 유지하는 랜섬웨어로 옳은 것은?

① Clop
② Myransom
③ CoderWare
④ RegretLocker

정답 ①

해설 Clop에 대한 설명이다.
② Myransom은 PDF가 아닌 PDX 파일 아이콘을 사용하는 랜섬웨어로 일반적인 랜섬웨어와 다르게 확장자 변경이 이루어지지 않는 점이 특징이다. White 랜섬웨어로도 알려져 있으며 최근 국토교통부를 사칭해 청년 인턴 관련 내용으로 파일 실행을 유도함으로써 감염을 시도했다.
③ CoderWare는 유명 콘솔게임 'Cyberpunk 2077'으로 위장한 윈도우/모바일 랜섬웨어로 BlackKingdom 랜섬웨어의 변종으로 확인되었다. 불법 복제 버전 소프트웨어로 위장해 게임 인스톨러, 치트엔진, 크랙 등의 이름으로 유포된다.
④ RegretLocker는 가상 하드 드라이브(VHD)를 암호화하는 랜섬웨어로 암호화 시작 전 디스크 검사를 통해 가상 하드 디스크 파일을 찾아 오프라인이거나 분리되어 있는 경우 재연결하여 내부 파일 암호화를 진행하는 것이 특징이다.

인포스틸러 악성코드로 옳은 것은?

① Glupteba
② AgentTesla
③ BeamWinHTTP
④ Smoke Loader

정답 ②

해설 AgentTesla는 웹 브라우저, 메일 및 FTP 클라이언트 등에 저장된 사용자 정보를 유출한다.
① Glupteba는 코인 마이너 악성코드이다.
③ BeamWinHTTP는 다운로더 악성코드이다. PUP 설치 프로그램으로 위장한 악성코드를 통해 유포되는데, BeamWinHTTP가 실행되면 PUP 악성코드인 Garbage Cleaner를 설치하고, 동시에 추가 악성코드를 다운로드하여 설치할 수 있다.
④ 스모크로더(Smoke Loader)는 인포스틸러 및 다운로더 악성코드이다.

악성코드의 한 종류로, 사용자 몰래 PC의 시스템 리소스를 이용해 암호화폐를 채굴하는 악성코드로 옳은 것은?

① Glupteba ② BlueCrab
③ AgentTesla ④ Smoke Loader

정답 ①

해설 'Glupteba'는 Golang으로 개발된 악성코드이다. 다수의 추가 모듈을 다운로드하며, 여러 기능을 갖지만 실질적으로는 XMR(모네로) 코인 마이너를 설치하는 코인 마이너 악성코드이다.

② BlueCrab은 Ransomware이다. 랜섬웨어는 몸값을 뜻하는 Ransom과 악성 코드를 뜻하는 Malware의 합성어이며, 사용자의 동의 없이 컴퓨터에 설치하고 무단으로 사용자의 파일을 모두 암호화시켜 인질로 잡고 금전을 요구하는 악성 프로그램을 말한다. 최근 '유튜브 영상 고화질 다운로드'로 위장한 피싱 사이트에서 '블루크랩 랜섬웨어'를 유포하는 사례가 발견되었다. 먼저 공격자는 취약한 웹서버를 탈취한 후 '유튜브 영상 고화질 다운로드'라는 키워드를 이용한 악성 게시글을 업로드한다. 이후 사용자가 검색 사이트에 영상 고화질 다운로드 관련 키워드를 입력하면 검색 사이트 결과에 공격자가 제작한 피싱 사이트가 노출된다. 사용자가 피싱 사이트에 접속해 다운로드 링크를 클릭하면 압축파일 형태(.zip)의 파일이 다운로드 된다.

③ AgentTesla는 웹 브라우저, 메일 및 FTP 클라이언트 등에 저장된 사용자 정보를 유출한다.

④ Smoke Loader는 인포스틸러 및 다운로더 악성코드이다.

다른 사람의 PC에 채굴 프로그램을 몰래 설치하고 채굴된 가상화폐는 자신의 전자지갑으로 전송하는 범죄로 옳은 것은?

① 크립토재킹(Cryptojacking) ② 폼재킹(Formjacking)
③ 왁킹(Waacking) ④ 웹 스키밍(Web Skimming)

정답 ①

해설 크립토재킹에 대한 설명이다.

② 폼재킹은 Form과 Hijacking의 합성어로, 사용자가 입력한 카드 결제 정보가 담긴 양식(Form)을 중간에서 납치(Hijacking)해 간다는 의미로 만들어진 용어이다. 폼재킹 공격은 다음과 같은 방식으로 동작한다. 공격자가 미리 쇼핑몰 사이트 등에 침투하여 카드결제 페이지 등에 악성코드를 심어 놓고, 사용자가 로그인하여 쇼핑몰에서 물건을 구매하고 카드 결제 정보를 입력하면, 공격자는 이때 악성코드를 이용하여 사용자가 쇼핑몰에 전달한 카드정보 등 결제 정보를 복사하여 자신의 서버로 전송한다.

③ 왁킹은 스트릿댄스의 장르로 범죄와 관련이 없다.

④ 웹 스키밍(Web Skimming)은 악성코드가 제3자 스크립트 서비스를 손상시켜 결제 정보를 도용할 때 웹 사이트의 결제 페이지가 손상되는 일종의 인터넷 또는 카드 사기이다.

Theme

142 명예훼손 및 유언비어 · 허위사실 유포

I 의의

① 가상환경 속에 개방과 자유라는 성향이 무분별하게 사용되어질 경우 타인의 명예를 훼손하거나 인권을 침해할 수 있는 무기가 된다.

② 유언비어나 허위사실의 유포는 개인의 명예훼손뿐만 아니라 사회질서의 교란, 정치적 · 경제적 혼란, 나아가 국가 전체에 혼란을 야기한다.

③ 인터넷상 유언비어 및 허위사실의 유포자는 대부분 익명이나 가명으로 본인의 실체를 드러내지 않고 있기 때문에 그 처벌과 규제가 어려운 실정이다.

Ⅱ 정보신뢰 문제(사이버 폭포 효과)

1 정보의 전파력

(1) 의의

인터넷이나 소셜 미디어를 통한 정보의 전파력은 너무 강해 신뢰할 수 없는 정보행동이 발생할 경우, 즉시 사회적 긴장상태를 유발할 가능성이 높다.

(2) 트위터의 전파력

① 트위터 정보의 50%는 8분 이내에 확산된다.

② 만일 한 명이 5명의 친구에게 이야기하고, 그 친구들이 각자 5명의 친구에게 추가로 이야기하면 12번 만에 100만 명이 넘는 사람에게 퍼지게 된다.

③ 미국의 경우 트위터를 활용할 경우 평균 4명을 거치면 대부분의 사람들과 연결이 가능하다.

2 사이버 폭포 효과

① 누군가 의도적으로 잘못된 정보를 퍼뜨릴 때 그 피해는 더 클 수 있다. 특히 괴담의 소재와 목표가 특정 조직이나 정부를 향해 유행처럼 흘러 다닐 때 사이버 폭포(cyber cascade)효과에 의해 사회적 혼란은 더욱 가중된다.

② 사이버 폭포 효과가 네티즌에게 독특하게 나타나는 쏠림현상, 경쟁심리, 공격적 성향, 패거리 문화에 보태어질 때 문제는 더욱 심각하다. 사례로 임산부의 배를 발로 찼다는 '채선당녀', 한 대형서점 식당에서 아이에게 뜨거운 국물을 쏟고 도망쳤다는 '국물녀' 사건 등의 사례에서 사이버 폭포 효과의 심각성이 드러난다.

생각넓히기 | **사이버 폭포 현상**

인터넷에서 루머 확산에 대해 하버드 대학의 캐스 선스타인 교수는 자신의 저서에서 사회적 폭포 효과와 집단 극단화 현상을 지적했다. 사회적 폭포 현상은 정보의 폭포 현상과 동조화 폭포 현상으로 구성된다. 앞선 사람이 하는 말이나 행동을 보고 따라 하는 것이 정보의 폭포 현상이라면, 동조화는 자기가 아는 사람들 대부분이 어떤 루머를 믿으면 자기도 그 루머를 믿는 경향을 나타내는 것을 의미한다.

핵심정리

(1) 확증편향

확증편향은 원래 가지고 있는 생각이나 신념을 확인하려는 경향성이다. 흔히 "사람은 보고 싶은 것만 본다"와 같은 말이다. 이로 인해 사람은 자신의 믿음과 모순되는 것은 무시하고 기존의 믿음을 강화시키는 정보만을 수집하고 편식하는 경향이 있다.

(2) 필터 버블

이용자 성향이나 취향에 맞는 정보만을 골라 보여주는 '필터 버블' 현상이 있다.

(3) 반향실 효과(Echo Chamber Effect)

뉴스 미디어가 전하는 정보를 이용하는 이용자가 갖고 있던 기존의 신념이 닫힌 체계로 구성된 커뮤니케이션에 의해 증폭, 강화되고 같은 입장을 지닌 정보만 지속적으로 되풀이 수용하는 현상을 비유적으로 나타낸 것이다.

기출문제

필터 버블에 대한 설명으로 옳은 것은? [2021]

① 자신의 견해에 도움이 되는 정보만 선택적으로 취하고, 자신이 믿고 싶지 않은 정보는 외면하는 성향으로 자기중심적 왜곡(myside bias)이라 부르기도 한다.
② 웹의 특성상 일단 정보가 발신되고 나면, 그 정보는 신뢰성이 확인되기 전에 폭포처럼 빠르게 떠돌아다녀 사회에 충격을 준다는 의미이다.
③ 애플, 구글, 페이스북 등 대형 인터넷 · IT업체들이 사용자들에게 '맞춤 정보'를 제공하는 가운데 개별 사용자들은 점점 더 자신만의 울타리에 갇히게 되는 현상으로 미국의 시민단체 무브 온(Move on)의 이사장인 엘리 프레이저(Eli Pariser)가 처음 사용하였다.
④ 수용자들이 특정 프로그램 유형이나 특정 전문 채널에 극도로 치우치거나 혹은 그것을 배제함으로써 발생하는 시청 행위의 극단화 현상을 의미한다.

정답 ③

해설 필터 버블에 대한 설명이다.
① 확증편향에 대한 설명이다.
② 사이버 폭포 효과에 대한 설명이다.
④ 극화현상에 대한 설명이다.

다음 글에서 설명하고 있는 개념으로 옳은 것은? [2021]

뉴스 미디어가 전하는 정보를 이용하는 이용자가 갖고 있던 기존의 신념이 닫힌 체계로 구성된 커뮤니케이션에 의해 증폭 · 강화되고 같은 입장을 지닌 정보만 지속적으로 되풀이 수용하는 현상을 비유적으로 나타낸 것이다.

① 반향실 효과(Echo Chamber Effect)
② 필터링(Filtering)
③ 호모필리(homophily principle)
④ 왝더독 효과(Wag the Dog Effect)

정답 ①

해설 반향실 효과에 대한 설명이다.
③ 호모필리(homophily principle)는 사회적 지위나 직업, 성향이 비슷할수록 사람들이 서로 친근감을 느끼게 되고, 상대적으로 많이 상호작용하며 그래서 긴밀한 네트워크를 구성하는 경향을 설명하기 위해 사용되는 개념이다. 우리말로 하면 동종애 정도로 번역할 수 있다. 이와 유사한 개념으로 "결속형 자본(Bonding Capital)"과 "교량형 자본(Bridging Capital)"이라는 것이 있다. 사람들 사이의 인적 관계망인 사회네트워크(Social network)를 일종의 사회적 자본(Social Capital)으로 이해하는 관점이다.
④ 'Wag the Dog'은 '꼬리가 개의 몸통을 흔든다.'라는 미국 속담에서 유래한 말로 주객전도의 의미로 사용된다.

Theme

143 가짜뉴스와 팩트 체크

I 의의

① 현대사회는 정보사회다. 더 많은 정보, 더 좋은 정보를 가진 사람이 그렇지 않은 사람에 비해 더 높은 경쟁력을 지닌다. 정보가 곧 권력인 셈이다. 세분화하면, 정보 권력은 정보의 접근, 선택, 해석의 세 단계에서 발생한다. 우선, 개인별로 접근할 수 있는 정보의 양과 범위가 다르고, 다음으로 접근할 수 있는 정보 중 더 나은 품질을 지닌 정보를 골라내는 선택의 능력이 다르다. 마지막으로 선택한 정보의 가치와 의미를 해석하는 능력에 따라 정보 권력의 크기가 결정된다.

② 정보 권력이 약하다고 느끼는 사람은 접근, 선택, 해석의 과정에서 정보력이 높은 사람 혹은 기관에 의존하게 된다. 현대사회에서는 언론 기관이 이 역할을 주로 담당했다. 그런데 최근 들어 언론사에 소속되어 정보를 중개하면서 영향력을 행사하던 전문 직업기자들의 힘이 약해지고 있다.

③ 과거에 비해 정보 공유가 월등하게 용이한 플랫폼인 인터넷 덕분에 정보의 생산량과 유통량은 폭발적으로 증가했고 그 종류 역시 다양해졌다. 그런데 인터넷에서 정보를 제공하고 유통하고 소비하는 이들은 전문직 기자뿐만이 아니다. 그보다 훨씬 많은 '보통' 사람들이 훨씬 더 활발하게 정보를 중개한다. 보통 사람들은 특정 언론 기관에 소속되지 않고 인터넷 이전에는 정보의 수용자에 지나지 않던 사람들이지만 새로운 정보 생산과 유통은 물론이고 전문직 기자들이 생산한 정보를 평가하기도 한다. 인터넷을 통해 정보의 생산, 유통, 그리고 소비 과정이 수평화되고 분권화된 것이다.

II 루머와 가짜뉴스

1 의의

정보의 생산과 유통량 그리고 이 과정에 관여하는 사람들이 늘어남에 따라 나타난 부작용 중 하나가 정보 품질의 하락이다. 생산되고 유통 되는 좋은 정보도 늘었지만 그만큼 나쁜 정보도 늘었다. 품질이 나쁜 정보는 사실이 아닌 허위 요소가 포함되었거나, 정보의 진위가 확인되지 않았거나, 다른 사람에게 해를 끼치기 위한 악한 동기가 있는 정보를 의미한다. 마키아벨리의 권모술수, 허위 정보를 포함한 20세기의 PR, 세계 대전에서 심리교란을 위해 사용된 메시지와 영상, 그리고 미디어의 사실을 왜곡하는 정보 등이 모두 나쁜 정보에 포함된다.

2 루머

① 나쁜 정보 중 가장 널리 알려진 형태가 루머다. 루머란 실재할 것이라는 명백한 증거 없이 사람들 사이에서 주로 구전을 통해 퍼져 나가 신뢰하도록 만드는 진술로, 유언비어라고도 불린다. 루머는 정보의 타당성을 입증하고 보증할 만한 사람 혹은 출처가 없기 때문에 거짓이나 참이라고 확정할 수도 없다.

② 루머는 정보로서 품질이 낮지만, 그렇다고 해서 그 기능까지 항상 부정적인 것은 아니다. 루머의 내용이 차후에 참으로 확인되는 경우도 있고, 비록 거짓으로 판명되더라도 그 과정에서 무엇이 진실인지가 보다 분명해진다는 점에서 긍정적인 기능을 수행하는 측면이 있기 때문이다.

③ 루머가 사회적 해가 되는 것은 미확인된 정보임에도 불구하고 사회적으로 참이라고 받아들여질 때다. 거짓 정보에 근거한 루머가 사실로 받아들여질 때에는 당사자에게 정신적 · 물질적 피해를 줄 뿐만 아니라 사회적 갈등을 야기하기도 한다. 인터넷이 등장하면서 루머가 미확인된 정보라는 점이 유통 과정에서 사라지는 경우가 증가했다.

④ 인터넷 루머의 확산 과정을 추적해 보면 초기에는 '확인되지 않은 정보'라는 점이 드러난 형태로 전파되지만, 이는 점점 흐릿해지고 결국에는 사라져 마치 사실로 확인된 것인 양 받아들여진다. 이것은 인터넷이 정보 제공자 입장에서는 단 시간에 많은 사람에게 전달할 수 있는 플랫폼이고 정보 수용자 입장에서는 동일한 혹은 유사한 내용을 서로 다른 정보원으로부터 되풀이해서 전달받을 수 있는 환경을 제공하기 때문이다. 게다가 전달되는 과정에서 루머는 점점 더 구체화되고 더욱더 사실처럼 꾸며지기에 정보의 어떤 부분이 확인되지 않았는지를 알아내기가 점점 더 어려워진다.

Ⅲ 가짜뉴스(fake news)

1 의의

① 질 낮은 정보 중 요즘 가장 문제시되는 것은 '가짜뉴스'다. 엄격한 기준을 적용해서 정의하면, 가짜뉴스란 상대에 대한 부정적 이미지를 형성하기 위해 의도적으로 뉴스의 형식으로 포장하여 전파하는 거짓 정보다. 그러나 실제로는 이보다 넓은 범위에 걸쳐 미확인 혹은 허위정보를 포함하는 글 혹은 주장을 지칭하는 용어로 사용되고 있다.

② 가짜뉴스는 인터넷 환경에서 새롭게 나타난 정보의 형태는 아니지만 인터넷기술 환경 탓에 그 폐해가 급격히 증가했기 때문에 인터넷으로 인한 새로운 현상으로 인식되고 있다. 인터넷이 등장하면서 가짜뉴스라고 낙인찍히는 정보의 수가 급격하게 증가했고, 콘텐츠 제작기술 발달로 인해 형식적으로 '진짜' 뉴스와 구분하기가 어려워졌으며, 실제로 접하는 수용자의 수가 급격히 늘어났을 뿐만 아니라 전달 속도마저 빨라져 사회적 영향력이 커지게 된 것이다.

2 가짜뉴스의 결정

① 무엇이 가짜뉴스인지를 결정하는 것은 다분히 자의적이다. 보통사람들 누구나 뉴스의 소비자를 넘어 생산자와 유통자가 될 수 있는 시대다. 이들은 스스로 무엇을 생산하고 유통할지를 선택해야 한다. 이들이 생산 혹은 유통하기로 결정했다면 원 데이터의 사실성과 가치를 인정한 것이다. 반면에 동일한 원 정보를 접하고도 유통하지 않기로 결정했다면 이 사람들은 다른 판단에 이른 것이고, 이 내용에 대한 뉴스를 가짜뉴스라고 생각할 수 있다. 즉, 동일한 정보를 담은 뉴스를 누군가는 진짜뉴스, 다른 누군가는 가짜뉴스라고 주장하는 것 이 오늘날 우리가 접하는 일상이다.

② 참과 거짓, 진짜와 가짜를 구분하기가 어려워진 현실에서 사람들은 객관적 근거가 아니라 전략적 선택에 따라 이를 판단하는 모습을 보인다. 사람들은 자신이 생산하고 소비하는 뉴스만이 진실이라고 믿음으로써 자신의 판단을 스스로 정당화하려 한다. 반면에 자신의 생각 혹은 의견과 비슷하지 않으면 오보, 틀린 의견, 허위 정보, 가짜뉴스로 판단한다. 가짜뉴스와 관련하여 뉴스 생산자 에 대한 비난보다 가짜뉴스라는 판단에 대한 논란이 더 큰 파장을 일으키는 이유다.

③ 한편 가짜정보를 이용하여 정치적 혹은 경제적 이익을 취하려는 세력도 생겨나고 있다. 일부 정치인들은 자신 혹은 자기 진영에 불리한 뉴스를 가짜뉴스라고 낙인찍어 지지자들의 동요를 막는다. 가짜뉴스가 정치적으로 반대 진영을 무력화하고 정치적 주도권을 구축하는 데 사용되는 것이다. 가짜뉴스라는 용어를 전 세계적으로 널리 퍼뜨린 미국의 트럼프 대통령은 이 전략을 매우 효과적으로 사용하고 있는 것으로 평가된다. 국내에서도 여야를 막론하고 많은 정치인들이 자신에게 불리한 뉴스를 가짜뉴스라고 말하는 것을 쉽게 볼 수 있다. 이런 이유에서 수용자들이 관심을 가져야 할 것은 '무엇이 가짜뉴스인가?'가 아니라 '누가 언제 무엇을 위해 가짜뉴스라는 용어를 쓰는가?'가 되어야 한다.

3 가짜뉴스 걸러내기

(1) 의의

정보의 수용자로서 개인이 스스로 질 낮은 정보를 걸러내고 질 높은 정보만을 골라 수용한다면 본인의 정보 권력은 높아질 것이다. 그러나 이러한 정보 선별능력에는 개인 간 차이가 존재한다. 이런 이유에서 많은 사람들은 자신을 대신해서 나쁜 정보를 걸러 줄 대행자를 구한다. 뉴스 형식의 정보와 관련해서 전통적으로 이 역할을 해 온 것이 언론기관이다.

(2) 게이트키핑(gatekeeping)

① 언론사들이 좋은 정보와 나쁜 정보를 구분하는 선별과정을 게이트키핑(gatekeeping)이라고 한다. 언론학의 태두 중 한 명인 레빈(K-Lewin)은 정보가 유통되는 채널 내에 정보의 흐름에 관여하는 문과 이 문을 지키는 문지기들(gatekeepers) 주변에 의사결정 행위에 영

향을 미치는 힘이 존재한다고 주장한다. 그리고 이 힘이 작용 하는 원리를 설명하기 위해 게이트키핑이라는 용어를 만들어 언론인 종사자의 일상적 활동을 개념화했다. 이에 따르면 매스미디어가 취급하는 정보는 기본적으로 갈등을 내포하며, 게이트키퍼는 특정 정보를 다음 단계로 넘기거나(in) 그 정보가 더는 유통되지 못하도록 차단하는(out) 역할을 함으로써 갈등 해결에 관여하게 된다. 간략히 정리하면, 게이트키핑은 뉴스화되는 정보를 선택하는 과정인 것이다.

② 그러나 게이트키핑을 통해 선택되는 뉴스가 정말 좋은 뉴스인지와 관련하여 논란이 끊이지 않고 있다. 게이트키핑을 통해 걸러지는 것이 질이 나빠서가 아니라 정치적 혹은 경제적 편향성 때문이라는 것이 논란을 일으키는 주장의 핵심이다. 인터넷은 이러한 비난에 호응할 수 있는 기술을 제공한 것으로 평가된다. 누구나 기자가 될 수 있고 모든 것이 기사가 될 수 있는 인터넷 공간에서는 전통적으로 게이트키핑을 담당해 온 전문 언론인들이 더 이상 편향성을 발휘할 수 없게 되었기 때문이다.

③ 인터넷 생태계 전체로 보면 특정 게이트에서 통과되지 않은 정보가 다른 게이트를 통과할 수 있기 때문에 수용자는 결과적으로 원하는 정보를 대부분 접할 수 있다. 다만, 개별 게이트에 한정해서 본다면 여전히 일부 선택된 정보만 통과되고 있다고 할 수 있다. 따라서 수용자가 어떤 게이트를 이용하는지에 따라 실제로 접하게 되는 정보가 정해지는 것이다. 인터넷이 가져온 변화를 게이트키핑의 소멸로 해석해서는 안 되는 이유가 여기에 있다.

④ 인터넷으로 인해 게이트키퍼가 바뀌고 게이트 수가 늘어나며 개별 게이트별로 기준이 다양해진 것일 뿐 게이트키핑 과정이 사라진 것은 아니다. 뉴스를 유통하는 수용자들이 유통되는 뉴스들 중에서 자신의 관심사와 관련성에 호응하는 인터넷 게이트를 선택하여 이를 통해 뉴스를 수집하고, 여기에 주석이나 비판적 관점을 더함으로써 자신의 네트워크 내 다른 구성원에게 공유하는 2단계 게이트키핑을 실천하고 있는 것이다. 언론사에 소속된 전문 기자들이 1차 게이트키퍼 역할을 한다면, 인터넷 공간에서 정보 중개인으로 활동하는 보통사람들은 2차 게이트키퍼 역할을 하는 것이다.

⑤ 인터넷이 가져 온 정보 선별과정의 강화는 최종적으로 수용자에게 전달되는 뉴스의 양과 종류를 변화시켰다. 그러나 이 과정에서 전통적 게이트키핑이 지닌 순기능, 즉 질 낮은 정보를 걸러내는 기능이 약화된 측면도 부인할 수 없다. 인터넷이 등장한 이후로 더 많은 루머, 허위정보, 가짜뉴스가 광범위하게 유통되고 있기 때문이다.

(3) 가짜뉴스를 걸러내지 못하는 이유

① 사람들이 사실과 의견을 잘 구분하지 못하기 때문이다. 이는 노력을 안했기 때문일 수도 있고 능력이 없기 때문일 수도 있다. 대개 뉴스에는 주장과 사실적 근거가 혼재되어 있다. 이 중에서 진짜인지 가짜인지 여부를 다퉈야 하는 대상은 사실에 한정되고, 의견 혹은 주장은 그 대상이 아니다. 주장에 동의하지 않는 것과 주장이 비논리적인 것, 그리고 사실 여부가 불명확한 것과 사실이 아닌 것은 다르다. 그럼에도 불구하고 최근에 우리 사회에

서는 주로 주장이 터무니없다는 이유로 가짜뉴스로 낙인찍는 일이 예사다. 이는 결국 주장에 동의하지 않겠다는 의사를 "이것은 가짜뉴스다."라고 표현 한 것에 지나지 않는다.

② 전체와 부분을 구분하지 않기 때문이다. 가짜뉴스라는 말은 뉴스가 가짜라는 의미이다. 그런데 그 내용을 자세히 살펴보면 뉴스 내용 중 일부에 대해 가짜라고 판정할 뿐이다. 예를 들어, "내년에 우리 경제는 크게 성장할 것이다."라는 주장을 담은 뉴스가 가짜뉴스로 낙인찍힌다는 것은 미래에 대한 추측, 즉 주장이 틀렸다는 의미로 이해되어야 한다. 그리고 가짜라고 판단할 수 있는 대상은 사실적 정보에 한정되기 때문에 이러한 주장에 도달하기 위해 동원된 근거를 특정해서 가짜라고 말해야 한다. 2008년 MBC 〈PD 수첩〉의 광우병 관련 보도에 대한 대법원 판결에서 소수 입장의 대법관들은 사소한 부분의 오류나 수치적 과장이 있더라도 MME형 유전자와 인간 광우병 발병의 상관관계를 과학적으로 부정할 수 없기 때문에 허위라고 볼 수는 없다는 의견을 제시했다. 결국 부분으로 전체를 평가해서는 안 된다는 의미이다. 전체와 부분을 구분한다면 '뉴스 내용 중 이 부분은 가짜'라고 말할 수는 있지만, 뉴스 전체가 가짜라는 말을 할 수 있는 경우는 거의 없다. '가짜뉴스'라는 용어 자체가 수용자에게 혼란을 주는 잘못된 명명인 것이다. 따라서 주장을 뒷받침하는 일부 사실적 정보에 거짓이 포함될 경우 뉴스 전체의 진위 여부를 판단하는 것은 주관적일 수밖에 없다. 누군가는 가짜뉴스로 판단하더라도 다른 누군가는 대체적으로 진짜뉴스라고 판단할 수 있는 것이며, 누구도 틀렸다고 할 수는 없다.

③ 성급한 판단 경향이다. 사람들은 자기 주변에서 일어나는 일들을 설명할 수 있기를 바란다. 따라서 부족한 정보에도 불구하고 본능적으로 결론에 도달하고자 한다. 이때 개인이 지닌 편향성이 정보의 부족한 부분을 채운다. 편향이 강한 사람일수록 자신에게 유리한 정보는 선택하고 불리한 정보는 기피한다. 그리고 자신의 선택을 정당화하기 위해 선택하지 않은 정보를 루머 혹은 가짜뉴스로 간주한다. 심지어 균형 잡힌 정보를 접할지라도 자신이 갖고 있는 기존 신념과 인식에 대한 확신을 더 키우는 방향으로 결론을 내리기도 한다. 이 과정에서 진짜뉴스를 가짜뉴스로 판단하기도 하고 그 역으로 판단하기도 한다.

④ 지금까지 설명한 요인들과는 성격이 다르다. 앞의 세 요인이 개인의 내부적 문제였다면 마지막 요인은 개인이 관계를 맺고 있는 타인들과의 상호작용 때문에 발생하는 것이다. 흔히 여러 명이 모여서 생각하면 더 나은 결과를 도출할 수 있다고 생각하지만 반드시 그런 것은 아니다. 부족한 부분이 같은 개인들끼리 모이면 서로 부족한 점을 보완하는 것이 아니라 아는 것과 부족한 점이 중첩되면서 잘못된 믿음만 강화되어 거짓이 걸러지지 않고 오히려 더 잘 수용되기 때문이다. 믿을 수 있는 확실한 근거가 없음에도 불구하고 다른 사람들의 동조가 정보 확신의 근거로 작용하는 것이다. 자신의 판단에 확신이 없는 사람, 자신감이 부족한 사람들은 자기가 처음에 가졌던 견해가 다른 사람의 동조를 얻었다는 단순한 이유만으로도 더 극단화된다. 그런데 인터넷에서는 자신과 생각이 비슷한 사람들과의 네트워크 구성이 용이하고 이를 기반으로 한 상호작용이 활성화되어 있다. 따라서 사회적 상호작용을 통해 기존의 입장을 확인하고 강화할 수 있는 기회가 늘어난다. 이런 이

유로 인터넷 공간에서는 개인이 지닌 인지적 한계에 더해 집단 간 상호작용에 의해서도 정보 오판의 가능성이 커지는 것이다.

(5) 팩트 체크 저널리즘(fact－check journalism)

① 최근 몇 년 동안 '가짜뉴스'에 대한 우려가 높아지면서 어떻게 하면 허위, 조작, 미확인 정보를 잘 가려내고 대응할 수 있을까에 대한 다양한 논의가 이뤄지고 있다. 저널리즘의 영역에서 제안된 해결책 중 하나가 '팩트 체크 저널리즘(fact－check journalism)'이다. '팩트 체크'란 어떤 정보가 사실인지 허위인지 확인하는 과정을 의미한다. 이는 처음에는 선거기간 중 정치 분야 기사, 후보자의 주장, 정치 광고에 대한 인터넷 커뮤니티의 검증의 형식으로 시작되었다. 그러다가 그 대상이 정치를 넘어 경제 및 사회 전반으로 확대되었고, 이 결과를 전문 언론기관이 기사의 형식으로 보도하면서 '팩트 체크 저널리즘'이라는 새로운 저널리즘 양식으로 발전하게 된 것이다.

② '일반적으로 팩트 체크 저널리즘의 시작을 2003년 팩트 체크 오알지(factcheck.org)에서 찾는다. 그리고 2007년「워싱턴포스트」의 '팩트 체커(factcheckcr)', 「템파베이 타임스」의 '폴리티팩트(politifact)'를 거쳐 2011년에 「워싱턴포스트」가 정규 지면으로 제공함으로써 팩트 체크 저널리즘이 하나의 독립된 뉴스 장르로 자리 잡았다고 평가된다. 우리나라는 2012년 「오마이뉴스」가 선보인 대통령 선거공약 검증코너 '오마이팩트'를 팩트 체크 저널리즘의 시초로 보고 있다.

③ 팩트 체크라는 행위 자체는 새롭지 않다. 2003년 이전부터 기사쓰기의 필수 과정이었다. 그러나 이전까지 언론사들이 수행한 팩트 체크는 화자가 말한 내용을 정확하게 옮겼는지를 조사한다는 의미였을 뿐이다. 반면에 새로운 팩트 체크는 인용구 안의 내용이 사실인지를 규명하는 데 초점을 맞추고 있다는 점에서 다르다. 즉 화자의 뜻을 훼손하지 않고 정확하게 '받아쓰기' 했는지를 확인하는 것이 과거의 팩트 체크라면, 화자가 한 말 자체의 진실성 여부를 가리는 것이 현재의 팩트 체크 저널리즘이다. 이것은 정보의 단순 전달자에 머무를 것이 아니라 책임 있는 해설자가 되기를 요구하는 흐름에 언론기관이 호응한 결과로 볼 수 있다.

④ 그러나 '민주사회의 시민들에게 자치를 위해 필요한 정보를 제공한다.'는 팩트 체크 저널리즘의 취지는 폭넓은 사회적 지지를 얻었다. 그러나 그 결과물에 대해서는 우려를 표출하는 사람들이 많다. 허위는 진실과 비교하여 다름이 드러날 때 내릴 수 있는 결론이다. 그런데 가짜뉴스와 관련해서는 진실이 명확히 드러나는 경우가 드물다. 이런 이유에서 가짜뉴스라는 낙인은 하나의 주장에 머물 수밖에 없고 따라서 진영 간 갈등의 소재가 될 뿐이다.

⑤ 고의성을 증명하기는 더욱 어렵다. 가짜임을 알고도 상대에게 흠집을 내려는 의도로 기사를 유포했다는 것을 증명하는 구체적 방법은 아직까지도 제시되지 않았다. 반론이 제기되었음에도 불구하고 기사에 이를 반영하지 않을 때 고의적으로 가짜 정보를 유포했다고 결론내리는 것이 현재의 관행이다.

⑥ 마지막으로 뉴스와 형식적으로 유사할 때 가짜뉴스로 판정하는데, 현재는 전통적 뉴스 형식이 도전을 받으면서 새롭고 다양한 형식의 뉴스가 등장했기 때문에 이제는 뉴스 형식의 충족여부를 판단할 기준이 모호하다. 카드뉴스, 한 줄짜리 속보성 뉴스, 에세이 형식의 뉴스 등 전통적 분류에 따르면 뉴스에 속하지 않을 많은 콘텐츠가 뉴스라는 이름으로 인터넷에서 유통되고 있다. 이런 상황에서 형식 측면에서 무엇이 뉴스인지를 규정하는 것은 거의 불가능하다. 결국 가짜뉴스를 규정할 수 있는 3가지 기준 중 실제로 적용할 수 있는 것은 하나도 없는 게 현실이다.

⑦ 뉴스를 생산하고 유통하는 매체가 다양해질수록 당파와 진영으로 갈려서 상대 뉴스의 품질을 폄하하는 일이 잦아진다. 정보의 홍수 속에 자신을 온전히 내어 맡기는 것이 불안하기에 사람들은 차라리 모든 가능성과 기회를 포기하는 일이 있더라도 특정 매체와 정보만을 편애하는 쪽을 택한다는 것이다. 그리고 그러한 자신의 판단을 정당화하기 위해 대립되는 정보를 제공하는 뉴스를 가짜뉴스라고 낙인찍는 경우가 많다.

5 소결

(1) 의의

어떤 이는 현대를 '탈진실의 시대'라고 말한다. 더 이상 무엇이 진실이라고 말할 수 없는 시대라는 것이다. 뉴스는 곧 진실이라는 신화가 무너졌기에 특정 정보를 '뉴스' 장르에 포함시킨다고 진실 여부에 대한 사회적 합의가 이뤄진 것으로 볼 수도 없다. 무엇이 진실인지를 확신할 수 없는 상황에서 무엇인가를 거짓이라고 말하는 것은 하나의 주장에 지나지 않는다. 인터넷에서 유통되는 무수한 뉴스와 게시물이 사실인지를 모두 확인할 수도 없고 누군가가 그 작업을 수행하더라도 그 결과를 다른 사람들이 그대로 받아들일 것이라고 기대할 수도 없다. 이런 상황을 고려하여 가짜뉴스, 루머 등의 질 낮은 정보의 유통이 가져올 폐해를 방지하기 위해 다음의 3가지를 제안한다.

(2) 질 낮은 정보의 유통이 가져올 폐해를 방지하기 방안

① 가짜뉴스라고 믿는 정보를 발견하면 이를 유포한 상대의 목소리를 힘으로 억압할 것이 아니라 상반된 근거를 제시하며 담론 경쟁을 유도해야 한다. 서로 대응하는 담론 중 어느 것을 믿고 어느 것을 믿지 않을 지는 개인의 선택 영역이기 때문에 타인이 이를 강요할 수는 없다. 인터넷은 거짓과 진실이 공존하는 공간이다. 문제를 해결하는 방안은 무엇이 진실이고 무엇이 거짓인지를 명확히 가르는 것이 아니라, 그러한 결론에 도달할 수 있는 모든 근거를 제시하고 이 근거를 바탕으로 수용자들이 판단하도록 하는 것이다.

② 모든 질 낮은 정보는 가짜뉴스라고 낙인찍는 일을 막아야 한다. 질 낮은 정보는 악의성 유무와 사실 유무라는 두 개의 축을 기준으로 다양한 형태를 지닌다. 단순한 허위정보는 허위지만 다른 이에게 피해를 입힐 의도가 없는 정보로서, 의도적으로 다른 사람이나 조직을 해하려고 만들어진 허위인 '악의적 허위정보'와 구별해야 한다. 그리고 악의적 허위

정보로 분류된 정보의 내용이 사실이라면, 이는 '악의적 사실정보'로 재분류해야 한다. 마지막으로 의도를 지닌 허위정보 중에서 형식적으로 뉴스로 분류할 수 있는 것만을 가짜뉴스라고 칭해야 옳다. 이런 맥락에서 보면 일종의 정치적 레토릭으로 가짜뉴스를 악용하는 세력을 경계할 필요가 있다. 무엇이 가짜뉴스인지를 따질 것이 아니라 누가 왜 가짜뉴스라고 낙인을 찍는지를 따져야 한다.

③ 데이터를 조사하여 옥석을 가려 종합하는 능력을 의미하는 정보 리터러시를 개인이 스스로 강화할 필요가 있다. 크게는 두 번 정보에 대한 합리적 판단을 거치는 것을 생활화해야 한다. 판단 이전에 갖춰야 할 인식의 출발점은 모든 정보가 다 좋은 것은 아니라는 점이다. 접근 가능한 정보 중에는 루머나 가짜뉴스와 같은 질 낮은 정보가 있을 수 있다는 경계심을 가져야 한다. 다음으로 의견과 사실적 정보를 구분하고 사실적 정보에 대해서만 진짜와 가짜를 따져야 한다. 마지막으로 다른 경합하는 정보와 비교하여 사실 여부를 판정하거나 제시된 의견 혹은 주장을 수용할지 여부를 결정해야 한다. 이 과정에서 많은 사실은 참인지 거짓인지 판단할 수 없는 상태일 것이다. 이 경우에는 최종적 판단을 유보해야 한다. 그리고 이런 미확인된 사실을 근거로 한 의견 혹은 주장이라면 그에 대한 수용 여부에 대한 판단도 보류해야 한다. 섣부른 판단은 결국 잘못된 정보에 의한 피해로 이어진다는 점을 명심해야 한다.

④ 인터넷 공간에서 활동하는 사람들이 '감정에 치우친 군중이냐, 이성적으로 사고하는 공중이냐?'를 따지는 것은 소모적이다. 양자의 특성을 모두 가지고 있고 상황에 따라 바뀌기 때문이다. 군중이었다가 공중이 되기도 하고, 공중이었던 사람이 군중이 되기도 한다. 겉으로 드러난 모습이 군중이든 혹은 공중이든 구성하는 개인은 다르지 않다. 상황에 따라 이들을 군중이라고 부를 수도 있고 공중이라고 부를 수도 있다. 인터넷에 모인 보통의 사람들은 모두 공중, 혹은 이들 의 말은 옳다는 방식은 적절하지 않다. 반대의 경우도 마찬가지다. 공중이 만든 뉴스는 진짜뉴스, 군중이 만든 뉴스는 가짜뉴스라는 태도 역시 바뀌어야 한다. 보통 사람들을 감정에 치우친 군중이라고 말하는 것이 곧 가짜뉴스라는 식으로 금기시하는 것 역시 옳지 않다.

⑤ 여론은 '진실'이 아닌 '합의'라는 새로운 가치체계를 천명한 것이다. 즉 명확한 근거가 있어서 진짜뉴스 혹은 가짜뉴스를 판단하는 것이 아니라, 판단에 참여한 구성원들의 합의에 의해 그 결과가 결정되는 것이다. 인터넷 공간에서는 흔히 관심사나 의견이 유사한 사람들이 모여 유사 공동체를 구성한다. 따라서 개인이 지닌 편향이 강화되는 방향으로 결론이 나는 것은 어찌 보면 자연스럽다. 편향의 수정보다는 강화가 일어나기 유리한 환경이라면 이곳에서 정보가 자율적으로 잘 걸러질 것으로 기대하기는 힘들다. 따라서 인터넷 공간이란 곧 가짜와 진짜, 혹은 질 낮은 정보와 질 높은 정보를 공유하는 곳으로 인식하는 것이 무엇보다 중요하다.

Theme

144 전자상거래

I 의의

① 1989년 미 국방성의 프로젝트 수행과정에서 처음 사용하였다.

② 1993년 미 연방정부의 구매 · 조달 프로그램에서 이 용어를 채택하면서 확산되기 시작하였다.

③ 기업, 정부기관과 같은 독립된 조직 간 또는 조직과 개인 간에 다양한 전자적 매체를 이용하여 상품이나 용역을 교환하는 것, 즉 네트워크를 통한 상품의 구매와 판매를 포괄하는 개념이다.

④ 네트워크를 통한 상품이나 용역의 구매와 판매를 포괄하는 개념으로 CALS와 EDI 및 Cyber Business를 포함한다.

⑤ EDI(Electronic Data Interchange)는 인터넷과는 무관하게 추진되어 온 것으로 표준 서식을 이용하여 주로 기업 간의 상거래에 활용된다.

⑥ CALS(Commerce At Light Speed)는 제품의 설계, 개발, 생산에서 유통, 폐기에 이르기까지 수명주기 전반에 관련된 데이터를 통합 공유 교환하여 생산성 향상을 추구한다.

⑦ 협의의 전자상거래는 기업 간 인터넷과 같은 개방형 네트워크를 통해 기업과 소비자 간 이루어지는 상품의 주문과 지불로 Cyber Business만을 의미한다.

예상문제

전자상거래에 대한 설명으로 틀린 것은?

① 1989년 미 국방성의 프로젝트 수행과정에서 처음 사용되었다.

② 1993년 미 연방정부의 구매 · 조달 프로그램에서 '전자상거래'라는 용어를 채택하면서 확산되기 시작하였다.

③ 1996년 독립된 조직 간 또는 조직과 개인 간에 네트워크를 통한 상품의 구매와 판매를 포괄하는 개념으로 확장되었다.

④ 협의의 전자상거래는 기업 간에 이루어지는 Cyber Business만을 의미한다.

정답 ④

해설 협의의 전자상거래는 기업과 소비자 간에 이루어지는 Cyber Business만을 의미한다.

Ⅱ 전자상거래의 특성

1 의의

① 물류비, 광고, 홍보비 등의 절감으로 상품 및 서비스 가격 경쟁력이 확보되고, 자본력이 약한 소규모 기업도 전 세계가 연결된 인터넷을 자신의 유통망을 활용하여 마케팅 및 영업활동이 가능하다.

② 고객과의 일 대 일 쌍방향 마케팅을 통하여 고객의 다양한 요구에 맞는 상품 및 서비스를 신속하게 제공하는 등 좀 더 효율적이며 적극적인 마케팅이 가능하다.

③ 물리적 · 시간적 · 공간적 한계가 극복되어 상대적으로 시장이 확대되고 전 세계의 고객과 24시간 거래가 가능하다.

2 소비자 입장에서 전자상거래의 장점

① 인터넷이 연결된 컴퓨터가 있다면 매장에 가지 않고도 원하는 상품 및 서비스를 구매할 수 있게 되어 시간과 노력이 절감된다.

② 다양한 시장 및 상품정보에 대한 접근이 쉽기 때문에 제공업체 간 가격 및 품질의 비교가 가능하여 구매 효율성이 높다.

③ 주문 및 결재의 절차와 방식이 간편하다.

④ 일 대 일 쌍방향 커뮤니케이션이 가능하기 때문에 서비스의 품질에 대한 요구가 기업에 반영될 수 있는 환경이 조성되어 좀 더 적극적인 의미의 소비활동이 가능하다.

3 전자상거래와 전통적 상거래 비교

구분	전자상거래	전통적 상거래
유통 채널	기업 ↔ 소비자(직거래)	기업 → 도매상 → 소매상 → 소비자(다단계)
거래 지역	전 세계	일부 지역
거래 시간	24시간	제한된 영업시간
판매 거점 · 방법	• 가상공간(Cyber Market Space) • 정보에 의한 판매	• 시장, 상점(Market Place) • 전시에 의한 판매
고객정보 파악	온라인으로 실시간 수집되는 디지털데이터 활용	시장조사 및 영업사원이 획득한 정보의 재입력 필요
마케팅 활동	쌍방향통신을 통한 1대1의 상호작용적 마케팅	기업의 기획의도에 의한 일방적인 마케팅

고객 대응	• 고객 불만에 즉시 대응 • 고객 욕구를 신속히 포착	• 고객 불만에 대응 지연 • 고객 욕구 포착이 느림
소요 자본	인터넷 서버 구입, 홈페이지 구축 등 상대적으로 적은 비용 소요	토지, 건물 마련 등 거액의 자금소요

기출문제

디지털 상거래에 대한 설명으로 틀린 것은? [2021]

① 시공간적 제약은 혁신적으로 감소한다.
② 온라인 시장의 시장 내 경쟁이 전 지구적으로 확산된다.
③ 다양한 유형의 상품 판매가 가능해지면서 경제적 불평등 수준은 전반적으로 하락하였다.
④ 디지털 상거래의 소비 패턴은 사회 계급을 반영한다.

정답 ③

해설 소수의 판매자가 압도적으로 높은 시장 점유율을 보이는 승자 독점 현상이 강화되어 경제적 불평등 수준은 전반적으로 상승하였다.

사이버 마켓에 대한 설명으로 틀린 것은? [2020]

① 상대적으로 적은 자본이 요구된다.
② 실시간 수집되는 디지털 데이터를 활용할 수 있다.
③ 쌍방향 통신을 통한 상호작용적 마케팅이 가능하다.
④ 소비자유형에 따라 정보제공 등 비용을 달리 받을 수 있다.

정답 ④

해설 사이버 마켓의 경우 소비자 유형에 따라 가격을 다르게 받거나 정보 제공 비용을 차별하여 받을 수 없다.

Ⅲ 전자상거래의 필요성

1 의의

① 인터넷을 이용한 비즈니스 전략이 기업경영의 초점이 된다.
② 인터넷을 이용한 기업홍보, 가상대학, 인터넷 TV, 주문형 비디오 등 현실화된다.

2 기업 측면

① 무한한 사업영역의 잠재성이 존재한다.
② 기업 간의 정보 전달수단, 정보제공사업, 시장정보수집, 기업홍보, 기업 간 거래, 사이버마켓 등에 이용된다.

3 소비자 측면

① 쉽고 편리하게 전 세계의 기업, 연구기관, 학교, 정부기관 등의 정보를 수집할 수 있다.

② 전자메일을 통신수단으로 이용할 수 있고, 인터넷 TV, 주문형 비디오를 전자상거래에 활용할 수 있다.

Ⅳ 전자상거래의 유형

1 기업 간 전자상거래(B2B, B to B: Business to Business)

① 기업이라는 경제주체들이 동종, 이종, 협력, 하청관계로 가상의 전자상거래 공간에서 상호 거래관계를 맺는 것이다.

② 기업 조달 등 거래규모가 방대하고 단일 기업이 아닌 업종, 산업 전반에 걸친 거래범위를 갖는다는 점에서 전자상거래 시장의 가장 중요한 부분이다.

③ 기업 간 전자상거래는 전통적으로 EDI(Electronic Data Interchange)가 핵심이다.

④ EDI와 POS(Point of Sales)등의 정보기술을 활용하여 QR(Quick Response), ECR(Efficient Customer Response)등의 새로운 경영전략의 구현과 함께 발전한다.

2 기업 · 소비자 간 전자상거래(B2C, B to C: Business to Consumer)

① 일반 소비자를 대상으로 하는 전자소매(Electronic Retailing)가 주류이다.

② 인터넷 홈쇼핑몰, 홈뱅킹, 온라인광고, 정보교육, 오락 등이 대표적인 사례이다.

③ 제품 및 서비스를 제공하는 기업과 이를 이용하는 고객 간의 거래에 초점을 맞춘다.

④ 응용기술 차원에서의 관련 서비스로는 고객에게 상품 및 가격 등의 목록을 제공하는 전자목록서비스, 고객이 원하는 상품을 검색하고 선택을 지원하는 지능형 대리인서비스, 전자 지불서비스 등이 대표적으로 활용된다.

3 기업 · 정부 간 전자상거래(B2G, B to G: Business to Government)

① 기업과 정부 간 전자상거래는 정부조달업무 전반의 전자화를 추진하는 것이다.

② 국가기관, 지방자치단체, 공공기관 등 모든 공공부문에서 조달예정 상품을 가상 상점에 공시하고 기업들은 가상 상점을 통하여 상품을 공급 · 조달함으로써 공공조달 업무의 전자화가 이루어지는 과정이 기업과 정부 간 전자상거래업무의 대표적 사례이다.

4 소비자·정부 간 전자상거래(G2C, G to C: Government to Consumer)

① 정부와 소비자 간 전자상거래는 전자정부 구현의 핵심 요소이며, 전자정부 구현은 또한 정부와 소비자 간 전자상거래의 기반이 될 것으로 예상된다.

② 전자정부 구현 목적은 정보기술을 활용하여 정부의 정보자원을 전체적으로 빠르고 편리하게 공유하여 정부의 효율성을 증대시킬 수 있는 환경을 제공하는 것이다.

③ 정부는 정보기술을 활용하여 전자정부 구축을 위한 다각적인 노력을 통해 전자정부 구현을 추진한다. 전자정부 구축을 위한 구체적인 핵심과제로는 기술적인 과제, 행정 개혁 과제, 훈련과제, 예산과제, 역기능대비 과제, 제도적 과제 등을 들 수 있다.

④ 정부와 소비자 간 정보제공, 세금징수, 면허교부, 규제관리, 보조금 혜택의 제공, 통계자료, 물품과 서비스의 조달 등 각종 행정정보 및 서비스를 추진한다.

V 전자상거래의 발전 과정

기간	주요 내용
1970년대	• 은행 간 전자자금이체(EFT)의 출현 • 송금정보를 전자적으로 제공하는 전자 지불 가능성 제시 • EFT 수단 출현(신용카드)
1970년대 후반 ~1980년대 초반	• EDI, e-mail 등 전자메시징 기술 출현 · 확산 • 종이에 의한 작업 감소, 자동화 확산 - 결제, 구매 요구서, 선적 문서 등의 전자화 - 재고관리, 자금관리 등 업무의 전자적 처리
1980년대 중반	• EC 관련 신기술의 확산(온라인 서비스) • 대화형 통신기술의 등장(IRC, News Group, FTP) • 가상사회의 창출, Global Village 개념의 태동 • 인터넷 사용에 의한 세계시장에서의 경제교류 가능성 제시
1980년대 후반 ~1990년대 초반	전자메시징 기술의 Workflow 또는 Groupware 기술과의 통합, ERP
1990년대	• 월드와이드웹의 출현으로 인터넷의 쉬운 사용법 제공 • EC 활용의 보다 체계적인 수단과 다양한 기업 응용 제공 • 범세계 시장에서 동등한 경쟁력 제공
2000년~	• 전자상거래의 e-비즈니스로의 진화 • 제반 인트라기술(인터넷, 전자네트워크 정보통신기술)의 본격적인 도입 및 이행 단계 • e-마켓플레이스를 통한 거래 형태 • 정보의 흐름과 화폐의 흐름이 동시에 발생 • 전자화폐 사용의 일반화

Theme

145 전자문서교환(EDI)

I 의의

① 기업 간 또는 기업 내에서 어떤 컴퓨터로부터 다른 컴퓨터로의 전자적 문서를 전송하는 것이다.

② 「전자상거래에 관한 UNCITRAL 모범법」은 전자문서교환을 합의된 표준에 의하여 구조화된 정보의 컴퓨터 간 전송으로 정의한다.

③ 서로 다른 기업 간에 약속된 포맷을 사용하여 사업적 혹은 행정상 거래를 컴퓨터와 컴퓨터 간에 행하는 것이다.

II EDI(Electronic Data Interchange)의 역사

① 1960년대 EDI가 처음 도입되었던 초창기에는 개별 기업 내지 그룹차원으로 그 활용 범위가 제한되었다. 이들 기업들은 사설 표준을 기반으로 컴퓨터를 연결시켜 정보를 교환하였다.

② 그러나 기업들이 다른 기업과도 통신을 해야 할 필요성이 나타나자 산업표준을 제정하게 되었다. 산업표준은 업계 내 기업들의 요구사항을 만족시키기 위해서 개발된 것이다.

III EDI의 특징

① 발신인과 수신인 사이에 합의된 표준에 따라 그 메시지를 조직화한다.

② 일반적으로 숫자, 문자로 부호화한다.

③ 수신 컴퓨터가 그 데이터를 자동적으로 재고관리 소프트웨어와 같은 다양한 응용 프로그램으로 전환된다.

④ EDI 데이터는 부가가치통신망(VAN) 또는 EDI 서비스 제공자를 통해 전달된다.

Ⅳ EDI의 구성요소

1 EDI 표준

① 사용자 간에 교환되는 전자문서의 내용과 구조 통신방법 등에 관한 일련의 규칙이나 지침이다.

② 상이한 언어, 업무처리방식, 컴퓨터 시스템을 보유한 거래당사자 간에 전자문서의 자유로운 교환을 보장하는 공통 언어이다.

2 EDI 사용자 시스템

① 전자문서의 교환을 가능하게 하는 사용자의 컴퓨터 하드웨어와 소프트웨어 및 네트워크로 구성된다.

② EDI 소프트웨어는 비구조화된 기업 특유의 양식으로 작성된 데이터를 구조화된 EDI 표준양식으로 변환시켜 이를 컴퓨터로 송신하거나 역으로 컴퓨터로 수신된 표준화된 EDI 전자문서를 기업 특유의 시스템에 적합한 형태로 변환하는 기능을 수행한다.

3 EDI 네트워크

① 전용데이터 회선이나 공중데이터 회선을 보유한 통신망이 필요하다.

② EDI 네트워크는 직접통신망과 부가가치통신망(Value Added Network, VAN)으로 구분한다.

③ 직접통신망은 일반통신망을 통해 거래상대방의 컴퓨터와 직접적으로 연결하는 방법이다.

④ 거래상대방의 수가 증가할수록 거래상대방에 대한 통신회선 유지, 통신의 비밀유지 등의 문제를 해결하기 위해 부가가치통신망을 통해 거래상대방과 통신한다.

4 거래약정(Interchange Agreement)

① 거래당사자 간 EDI 거래관계를 지배하는 기본원칙이다.

② 전자문서 범위, 통신망, 업무별 사용자, 수 · 발신인, 사고처리방법, 인증과 전자서명방법, 접수확인, 내용통지, 송 · 수신 기록보관, 전자문서의 효력, 비밀유지, 책임문제, 분쟁, 해결절차 등을 포괄하는 내용이다.

V EDI의 도입 효과

1 의의

① 기업이 EDI를 도입하는 것은 기업 외부에서 발생되어 전달되는 정보에 대한 의존성 증대, 기업 내부업무처리, 서비스, 기능향상, 신기술의 응용 등 기업 간 경쟁 우위 확보에 도움이 되기 때문이다.

② EDI 도입은 업무처리 방식의 혁신을 의미한다. 종래에 수행하던 업무가 자동화되어 인력절감 효과가 나타나는 반면 EDI를 이용한 업무처리를 위해서 새로운 업무가 생겨나고 새로운 업무를 수행하기 위한 인력이 필요하게 된다. 따라서 업무의 단순화로 생겨나는 유휴인력을 새로운 업무를 수행할 수 있는 인력으로 양성하기 위해서는 기업 내 재교육이 실시되어야 하며, 재교육과정을 통해 작업의 양적인 감소와 함께 질적 향상을 꾀하여 조직 구성원의 성취감 제고해야 한다.

2 EDI 도입 시 기대할 수 있는 효과

구분	기대 효과	
직접적 효과	• 문서 거래시간단축 • 자료 재입력 방지	• 업무처리 오류 감소 • 업무처리 비용 감소
간접적 효과	• 재고감소 • 효율적 자금관리 • 고객서비스 향상	• 관리 효율화 증대 • 효율적 인력 활용
전략적 효과	• 거래 상대방과의 관계개선 • 전략적 정보시스템 구축	• 경재 우위 확보 • 경영 혁신

VI EDI의 문제점 및 대안

1 개방형 EDI(Open EDI)

① 표준형태 EDI는 텍스트 데이터만 처리가 가능하다. 즉 이미지, 동영상, 음성 등 다양한 비즈니스 데이터 교환이 어려운 문제점이 제기되어 이를 개선하기 위해 개방형 EDI(Open EDI)가 개발되었다.

② 개방형 EDI(Open EDI)는 다양한 거래주체 간 다양한 업무처리를 지원한다.

③ 개방형 시스템 상호접속(Open System Interconnection, OSI) 참조 모델에서의 적합성, 화합성과 일반성, 공공성, 상호운영성 및 전 산업 분야를 지원하는 표준과 문자, 숫자, 이미지, CAD 도면, 음성 등 멀티미디어 데이터 교환을 지원한다.

④ 개방형 EDI는 독자적으로 일관성 있는 의사결정과 활동을 지원한다.

2 대화형 EDI(Interactive EDI)

① EDI는 원칙적으로 축적전송방식에 의한 일괄처리(Batch EDI) 방식으로 작동한다.

② 예약 · 조회 등 실시간 업무처리가 곤란하여 대안으로 대화형 EDI(Interactive EDI)가 개발되었다.

③ 대화형 EDI(Interactive EDI)는 실시간 즉시 응답이 요구되는 업무를 지원한다.

④ 운송, 금융, 행정 분야 등에서 활발하게 이용되며 기존 EDI보다 더 엄격한 보안 및 안전대책이 요구된다.

3 인터넷 EDI(Internet EDI)

① 초기 투자 및 운용비용 부담과 대기업 중심의 폐쇄 그룹의 대안으로 인터넷 EDI가 개발되었다.

② 인터넷 EDI(Internet EDI)는 개방형 인터넷 통신규약(TCP/IP 등)을 사용함으로써 국내 · 외 거래처와의 업무처리를 활성화한다.

③ 사이버 쇼핑몰을 중심으로 구현되고 있으며 XML/EDI, ebXML OOEDI 등이 개발되었다.

[예상문제]

EDI에 대한 설명으로 틀린 것은?

① 기업 간 또는 기업 내에서 어떤 컴퓨터로부터 다른 컴퓨터로 전자적 문서를 전송하는 것이다.

② EDI 네트워크는 전용데이터 회선이나 공중데이터 회선을 보유한 통신망이 필요한데 직접통신망과 부가가치통신망으로 구분된다.

③ 이미지, 동영상, 음성 등 다양한 비즈니스 데이터 교환이 어려운 문제점을 개선하기 위해 인터넷 EDI가 개발되었다.

④ 예약 · 조회 등 실시간 업무처리가 곤란하여 대안으로 대화형 EDI개 개발되었다.

정답 ③

해설 이미지, 동영상, 음성 등 다양한 비즈니스 데이터 교환이 어려운 문제점이 제기되어 이를 개선하기 위해 개방형 EDI가 개발되었다.

Theme

146 광속상거래(CALS)

Ⅰ 의의

① 1985년 미 국방부의 병기시스템에서 군수 또는 병참지원의 효율성을 도모하기 위한 정보시스템이라는 개념에서 출발하였다.

② 기업 상품의 생산계획에서 폐기에 이르기까지 모든 활동을 디지털 정보기술의 통합으로 구현하는 산업화 전략으로 진화했다.

Ⅱ CALS의 개념 변천 과정

1 제1단계

컴퓨터에 의한 군수지원(Computer-Aided Logistics Support)으로 초기 미 국방성이 군수지원업무에 대한 조직 내 표준으로 무기체계의 설계 제작, 보급 및 조달을 위해 디지털 정보의 통합과 정보의 공유를 통한 신속한 자료처리 환경을 구축하는 군수 지원의 전산화 전략 중 하나로 개발되었다.

2 제2단계

① 컴퓨터에 의한 조달 및 군수지원(Computer-Aided Acquisition & Logistics Support)으로 무기체계에서 군수지원뿐만 아니라 획득과정을 포함하는 군수지원 개념의 확대로 그 영역이 확대되었다.

② 이에 기술정보를 한 번 입력하여 구축된 데이터베이스는 서로 다른 허용된 관련업체들이 공유함으로써 재입력 없이 여러 번 사용할 수 있어 업무 혁신은 물론 상당한 비용절감을 가져오는 개념으로 발전하였다.

3 제3단계

① 지속적 조달과 라이프 사이클 지원(Continuous Acquisition & Life-cycle Support)으로 1993년 CALS가 산업 전반으로 확대되는 방안이 다각적으로 모색되면서 미 방위 산업협회 주도로 CALS 개념이 확대되었다.

② 리엔지니어링의 요소를 도입하여 지속적 조달과 라이프 사이클 지원이라는 새로운 해석이 출현하였다.

③ 제조, 마케팅과 제조, 설계와 제조 등 각 부문의 긴밀한 관계하에서 업무를 수행하는 개념으로 발전하여 모든 산업에 적용하는 개념으로 발전하였다.

4 제4단계

① 광속상거래(Commerce At Light Speed)로 국가 정보통신망의 초고속화 계획과 인터넷 사용의 확산과 더불어 세계를 연결하는 초고속통신망의 기반환경이 조성됨으로써 광속상거래의 의미로 발전하였다.

② 기업 내 데이터베이스를 기업 간 네트워크로 통합하고, 각 기업이 특정의 기능을 담당하는 네트워크를 구축함으로써 마치 하나의 기업이 활동하는 가상기업(virtual enterprise) 실현이 가능하다.

[예상문제]

CALS의 개념 변천 과정에 대한 설명으로 틀린 것은?

① 1단계: 초기 미 국방성이 군수 지원의 전산화 전략 중 하나로 개발되었다.

② 2단계: 무기체계에서 군수지원뿐만 아니라 획득과정을 포함하는 군수지원 개념의 확대로 그 영역이 확대되었다.

③ 3단계: 리엔지니어링의 요소를 도입하여 지속적 조달과 라이프사이클 지원이라는 새로운 해석이 출현하였다.

④ 4단계: 설계, 제조, 마케팅 등 각 부문의 긴밀한 관계 하에서 업무를 수행하는 개념으로 발전하여 모든 산업에 적용하는 개념으로 발전하였다.

정답 ④

해설 3단계에 대한 설명이다.

CALS의 개념 변천 과정에 대한 설명으로 틀린 것은?

① Computer-Aided Logistics Support는 컴퓨터에 의한 조달 및 군수지원으로 군수 지원의 전산화 전략 중 하나로 개발되었다.

② Computer-Aided Acquisition & Logistics Support는 무기체계에서 군수지원뿐만 아니라 획득과정을 포함하는 군수지원 개념의 확대로 그 영역이 확대되었다.

③ Continuous Acquisition & Life-cycle Support는 1993년 CALS가 산업 전반으로 확대되는 방안이 다각적으로 모색되면서 등장하였다.

④ Commerce At Light Speed를 통해 기업 내 데이터베이스를 기업 간 네트워크로 통합하고, 각 기업이 특정의 기능을 담당하는 네트워크를 구축함으로써 마치 하나의 기업이 활동하는 가상기업(virtual enterprise) 실현이 가능하다.

정답 ①

해설 Computer-Aided Logistics Support는 컴퓨터에 의한 조달 및 군수지원이 아니라 컴퓨터에 의한 군수지원이다.

Ⅲ CALS의 목표

1 종이 없는 업무수행체제 구현

① 상품이나 시스템의 전 생애주기에 대한 기술정보를 디지털 형태로 온라인상에서 공유 및 교환할 수 있다.

② 개발, 엔지니어링, 생산 및 운용지원을 위해 필요한 상호 간의 전자적 데이터의 접근이 가능한 환경을 제공한다.

③ 전통적인 서류 중심의 업무처리방식에서 연계 업무처리체계를 전산화 · 자동화함으로써 기술정보의 효과적인 관리와 즉각적인 지원, 일관성 있는 정보유지, 보다 많은 정보의 관리 등을 실현할 수 있다.

2 시스템 획득 및 개발기간 단축을 목표

① 설계, 생산, 지원 자료 체계의 통합, 제품의 설계변경에 따른 관련 정보의 효과적인 관리, 데이터베이스의 효율적인 유지 및 관리, IETM 등을 이용한 (기술)교육훈련 자료 작성, 분배자동화, 물류정보화, CAD/CAE 등의 자동화를 통한 도시공학 구현, 생산기술의 고도화 및 지능화, 시스템 최적화 등을 도모할 수 있다.

② 통합 데이터베이스를 이용하여 각종 제품 및 장비의 성능, 재원의 신속한 검색이 가능하다.

③ 개발 및 지원관리업무의 전산화로 업무량이 감소함과 동시에 장비의 획득 및 운용지원 소요시간을 단축할 수 있다.

3 인력 및 비용의 절감을 목표

① 제품 및 설비, 운용상태 등에 대한 정확한 정보제공이 가능하다.

② 적절한 설계 및 운영 유지 방안을 제시함으로써 수명주기 비용을 최소화할 수 있다.

③ 서류에 의한 업무절차의 중복을 제거하는 자동화 및 통합화를 통하여 기존의 비효율적인 업무요소를 제거할 수 있다.

④ 소요시간과 비용의 감소, 품질 향상과 효율적인 업무진행에 따른 인력절감의 효과를 기대할 수 있다.

4 종합적 품질 향상을 목표

① CAD/CAM/CIM 절차와 데이터베이스를 직접적으로 연결할 수 있다.

② 장비설계의 신뢰성과 정비성을 향상시킬 수 있다.

③ 계획, 획득, 훈련 및 정비를 지원하기 위한 기술정보의 품질을 향상시킬 수 있다.

④ 데이터의 부정확, 누락, 불일치 요소 등을 제거함으로써 데이터의 품질 향상과 업무의 질을 향상시킬 수 있다.

핵심정리

(1) MES(Manufacturing Execution System) 생산관리시스템

제품주문에 의한 착수에서 완성품의 품질검사까지 전 생산 활동을 관리하는 시스템으로 생산 현장의 각종 정보, 즉 생산실적, 작업자활동, 설비가동, 제품 품질정보 등을 실시간으로 수집하여 집계·분석·모니터링 및 생산 공정을 제어함으로써 고품질의 수익 지향적 생산체제를 갖추게 하는 통합 생산관리시스템을 말한다.

(2) CIM(computer integrated manufacturing) 컴퓨터 통합생산 시스템

정보 네트워크 시스템을 통해 설계, 제조, 관리하는 서로 다른 기능을 통합한 유연한 시장 적응력 전략 생산체계이다. 제품의 설계, 생산설계, 생산제어, 생산관리, 생산프로세스를 통합적 처리 지향한다.

(3) CAD(Computer Aided Design) 컴퓨터 지원 설계

컴퓨터 지원 설계(computer-aided design)는 공학자, 건축가 그리고 설계 활동에서 전문적인 설계를 지원하는 컴퓨터 기반 도구의 다양한 영역에서 사용한다. 제품 수명 주기 관리 처리 내부에서 주된 기하학 저작 도구이고 소프트웨어와 가끔 특정 용도의 하드웨어를 포함한다.

(4) CAM(Computer Aided Manufacturing) 컴퓨터의 지원에 의한 제조

CAM은 컴퓨터를 이용하여 제조공정의 생산성향상을 꾀하는 것이다. 생산 공장에서 로봇을 움직이려면 제조하는 물건 가공(加工)순서를 기억하고 있는 소프트웨어나 물건의 크기 등의 데이터가 필요하다. 이 소프트웨어나 데이터를 인간이 알기 쉬운 말로 컴퓨터에 입력함으로써 자동적으로 생산하는 것이 CAM의 구체적 이미지이다. CAD와 CAM은 시스템으로서는 따로 발전해 왔지만 최근에는 데이터베이스를 공용(共用)함으로써 통합화되어 가고 있다.

(5) SCM(Supply Chain Management) 공급망 관리

기업에서 원재료의 생산·유통 등 모든 공급망 단계를 최적화해 수요자가 원하는 제품을 원하는 시간과 장소에 제공하는 '공급망 관리'를 뜻한다. SCM은 부품 공급업체와 생산업체 그리고 고객에 이르기까지 거래관계에 있는 기업들 간 IT를 이용한 실시간 정보공유를 통해 시장이나 수요자들의 요구에 기민하게 대응토록 지원하는 것이다.

(6) FMS(Flexible manufacturing system) 유연 생산시스템

제조 공장에서 사용되는 각종 공작기계, 로봇, 반송기계 등을 계산기에 의해 제어, 운용하여 생산에서의 조작성, 융통성, 기동성 등을 높이고 특히 다품종 소량 생산의 생산성 향상을 노린 것이지만 최근에는 대량 생산 분야에서도 채용되고 있다. CAD/CAM을 그 기반으로 하고 있지만 전 공장을 공장 LAN으로 결합하여 강력한 통신망을 구축하여 기동적인 시스템을 실현하고 있다.

(7) ERP(Enterprise Resource Planning) 전사적 자원 관리

기업 내 생산, 물류, 재무, 회계, 영업과 구매, 재고 등 경영 활동 프로세스들을 통합적으로 연계해 관리해 주며, 기업에서 발생하는 정보들을 서로 공유하고 새로운 정보의 생성과 빠른 의사결정을 도와주는 전사적 자원 관리 시스템 또는 전사적 통합시스템을 말한다.

생각넓히기 | MES와 CIM

제조 현장에서의 생산성 향상을 위한 정보 기술 활용의 역사는 1970년대로 거슬러 올라간다. 당시에는 조립, 전자, 전기 공업 분야에서 공업 유압 기술, 치공구(治工具) 기술, 부품 이송 기술 등이 공장 자동화(Factory Automation, FA)에 이용되었다. 그 뒤로 FMS(Flexible Manufacturing System) 도입으로 생산의 자동화가 가능해졌으며 그 이후 생산된 제품의 불량 유무 검출, 판매, 재고, 설계, 분석 등을 데이터베이스화하여 기업 경영에 활용하는 CIM(Computer Integration System)이 등장했다. 최근에는 단순한 생산 과정이 아닌 주문 단계에서 완성 단계에 걸친 모든 생산 활동을 최적화하는 MES(Manufacturing Execution System)이나 APS(Advanced Planning & Scheduling) 등이 그 뒤를 잇고 있다.

예상문제

다음에서 설명하고 있는 개념으로 옳은 것은?

> 정보 네트워크 시스템을 통해 설계, 제조, 관리하는 서로 다른 기능을 통합한 유연한 시장 적응력 전략 생산체계이다. 제품의 설계, 생산설계, 생산제어, 생산관리, 생산프로세스를 통합적 처리 지향한다.

① MES
② CIM
③ CAM
④ FMS

정답 ②

해설 CIM에 대한 설명이다.

Ⅳ CALS의 도입 효과

① 기술정보를 통합하여 업무를 수행하게 되면 실시간 경영관리가 가능함으로써 제품 및 장비의 소요단계부터 폐기까지 정확한 정보의 실시간 제공이 가능하다.

② 제품에 대한 정확한 정보로 적절한 설계 및 운영유지 방안의 제시가 가능함으로써 제품 수명주기 비용을 최소화할 수 있다.

③ 통합 데이터베이스를 이용하여 각종 제품의 성능 파악이 용이하고, 장비의 획득 및 운용지원에 관련된 소요시간을 단축할 수 있다.

④ 정보오류가 없고, 중복을 제거한 최종 데이터베이스를 신속하게 현장 또는 지원부서에 전달함으로써 종합적 품질경영이 가능하다.

⑤ 상품개발 및 운용지원의 자동화와 통합화로 비효율적인 요소를 제거함으로써 효율적 업무진행과 인력절감의 효과를 기대할 수 있다.

Theme

147 데이터 처리 시스템

Ⅰ 의의

① 컴퓨터를 이용하여 현실 세계에 있는 다양한 데이터를 수집하고, 정리하고, 그리고 데이터를 처리하고 저장한 후 의사결정에 필요한 정보를 추출하여 정보 이용자에게 분배하는 일련의 정보처리 절차와 관련된 일체의 조직을 말한다.

② 시스템이란 어떤 조직에서 무질서한 상태에 있는 여러 요소를 결합하여 역할을 분담시키고, 일정한 질서 속에서 상호 관계를 갖도록 하는 것을 시스템이라 한다.

③ 데이터 처리 시스템의 형태는 정보를 처리하는 절차상의 처리에 따라 일괄처리 시스템(Batch Processing System), 실시간 처리 시스템(Real-time Processing System), 오프라인 처리 시스템(Off-line Processing System), 온라인 처리 시스템(On-line Processing System) 등의 형태로 분류할 수 있다.

Ⅱ 일괄처리 시스템(Batch Processing System)

1 의의

일괄처리 시스템은 데이터를 일정한 시간이나 기간(일, 주, 분기, 년) 동안 일정한 양이 될 때까지 각종 매체에 데이터를 모아두었다가 일정 시기에 일괄적으로 데이터를 처리하는 방식을 말한다.

2 장점

처리비용을 절감할 수 있다. 그리고 시스템의 이용 효율을 증대시킨다. 즉, 시스템의 효과적인 운영과 이용방법이 간단하다.

3 단점

응답시간이 늦어 즉시 결과를 얻을 수 없다. 그리고 많은 양의 데이터를 수집, 정리, 분류하여야 하기 때문에 준비 작업이 필요하며, 파일이 일괄적으로 처리될 때까지 변동 내용을 수정할 수 없다.

3 활용 분야

① 일괄처리 시스템은 주로 주기적인 데이터처리업무에 이용된다.

② 활용 분야로는 매출 상품 상태의 파악, 입시처리 시스템, 급여처리 시스템, 각종 설문지 조사 등의 통계자료 처리 시스템 등을 들 수 있다.

Ⅲ 실시간 처리 시스템(Real-time Processing System)

1 의의

① 실시간 처리 시스템은 처리할 데이터의 입력과 동시에 실시간으로 처리하여 즉시 응답해 주는 데이터 처리방식이다.

② 즉, 사용자가 처리하여야 할 어떤 데이터를 컴퓨터에 입력함과 동시에 실시간으로 처리하여 실제로 원하는 시간 내에 문제를 해결할 수 있도록 해 주는 데이터 처리 방식이다.

2 장점

① 데이터가 발생하면 신속하게 즉시 결과가 처리된다. 즉, 항상 최신의 데이터를 유지할 수 있다.

② 데이터 처리의 전체적인 시간이 단축되어 시스템 이용자가 즉시 응답을 주고받을 수 있다.

3 단점

부수적인 통신 장비들이 요구되어 시스템의 구조가 복잡하므로 유지보수가 어렵고, 시스템에 이상이 발생하였을 때 복구하기가 어렵다.

4 활용 분야

① 실시간 처리 시스템은 주로 원격지의 클라이언트 컴퓨터 환경 및 웹브라우저 환경이나 통신 장비를 경유하여 실시간 처리에 의한 이용자에게 편의를 제공하기 위한 처리 업무에 이용된다.

② 활용 분야로는 항공기나 기차의 좌석 예약 업무 처리 시스템, 은행 예금 업무 처리 시스템, 증권 시세 변동 분석 처리 시스템, 예탁금의 창구업무 처리 시스템 등을 들 수 있다.

Ⅳ 오프라인 처리 시스템(Off-line Processing System)

1 의의

① 오프라인 처리 시스템은 원격지에서 발생한 데이터를 교통수단이나 우편과 같은 기본적인 수집 방법인 수작업으로 운반하여 일괄적으로 처리하는 방식이다.

② 즉, 입·출력 장치가 중앙에 있는 호스트 컴퓨터나 서버 컴퓨터의 제어를 직접 받지 않고 작업을 수행하는 방식으로 단말 장치가 독립적으로 데이터 처리의 일부를 수행한다.

③ 오프라인 처리방식은 초기 컴퓨터 시스템을 이용한 데이터 처리 방식의 기본적인 형태이다.

2 장점

대량으로 발생하는 데이터를 수집하여 신속하게 적절한 시기에 일괄적으로 처리하여 유용한 정보를 얻을 수 있다.

3 단점

① 데이터가 발생하면 신속하게 즉시 처리가 불가능하다.

② 항상 최신의 내용으로 데이터를 유지할 수 없다.

③ 데이터 처리의 전체적인 시간이 많이 걸리게 되므로 시스템 이용자가 즉시 응답을 주고받을 수 없다.

V 온라인 처리 시스템(On-line Processing System)

1 의의

① 온라인 처리 시스템은 통신 장비를 클라이언트 컴퓨터와 입·출력 단말 장치 사이에 직접 연결하여 중앙에 있는 호스트 컴퓨터나 서버 컴퓨터의 직접적인 제어를 받는 데이터 처리 방식이다.

② 클라이언트 컴퓨터나 단말 입·출력 장치와 데이터 전송장치, 통신 제어 장치 등을 다른 매개체를 이용하지 않고 호스트 컴퓨터, 서버 컴퓨터, 주변장치 등에 직접 연결시켜 자동적으로 데이터를 처리하는 방식이다.

2 장점

사건에 대한 정보 조회, 응답 시스템, 메시지 교환, 거래 처리, 그리고 실시간 처리나 시분할 처리 등 단축 및 노력이 경감되며 실시간으로 처리가 되므로 정확도가 높다.

3 단점

대량의 데이터를 신속하게 수집하고 적절한 시기에 처리하여 유효한 정보를 얻기가 어렵다. 그리고 컴퓨터 및 통신 장비에 따른 비용이 오프라인 처리방식보다 많이 든다는 단점이 있다.

4 활용 분야

① 데이터가 발생한 지점에서 입·출력이 가능한 오늘날의 모든 컴퓨터 시스템의 데이터 처리 업무에 이용된다.

② 활용 분야로는 은행업무 및 금융 처리 시스템, 좌석 예약, 전화 교환의 제어업무 처리 시스템, 인터넷 대학입시 원서 접수 처리 시스템, 항공기 및 철도의 좌석 예약 업무 처리 시스템 등을 들 수 있다.

Theme

148 전자상거래의 요건과 구현

I 전자상거래의 필수요건

1 통신정보의 보안대책 강구의 필요성

거래내용(통산 지불정보)의 노출을 방지하기 위한 기밀성(confidentiality)과 거래문서의 변조와 위조, 그리고 승인되지 않은 거래문서의 생성을 방지하기 위한 무결성(integrity)을 보장하기 위한 대책이 마련되어야 한다.

2 거래 확인 및 인증체계 정립의 필요성

전자거래에 참여하는 각 시스템 요소(고객시스템, 상점시스템, 지불시스템 등)에 대한 제3자 인증(authentication)체계와 전자적인 거래에 따른 부인(repudiation), 위조(counterfeit), 복제(replication) 등을 방지하기 위한 상대방 확인체제가 정립되어야 한다.

3 전자적 지불수단과 체계 정립의 필요성

특정 지역에 국한됨이 없이 범세계적 구매행위가 가능하므로 세계적으로 통용되는 전자 지불수단이 확보되고 안전한 유통체계가 수립되어야 한다.

4 전자적 거래에 따른 각 국가의 정책과 제도 정립의 필요성

전자상거래는 인터넷을 통해 국경 없는 구매행위가 실현되기 때문에 데이터 암호화 전자서명 및 전자영수증 등에 대한 법적 효력, 운송, 과세 및 관세 등과 관련된 법·제도 등 각국의 제도적 기반 정비와 각국의 정책과 상호 유기적 결합이 요구된다.

Ⅱ 전자상거래의 구현 요건

1 사람과 사람 사이의 관계 확인을 위한 전자화

거래 당사자들이 서로 얼굴을 확인할 수 없으므로 이를 확인하고 인증하기 위한 수단으로써 암호시스템 및 인증기법을 이용하는 것이 필수적이다.

2 지불수단의 전자화

① 화폐의 전자화와 화폐를 저장할 수 있는 지갑을 전자화하는 것
② 고객의 편의를 위해 선불, 직불, 후불은 물론 고액, 중규모액, 소액 지불 등 다양한 지불수단을 확보

3 화폐유통의 전자화

① 전자적 구매행위에 따른 온라인 대금지불과 정산기능을 제공하는 수단
② 지불수단의 전자화와 함께 지불수단이 전자적으로 유통될 수 있도록 구현

4 상품(유, 무형) 판매의 전자화

① 상품, 정보, 거래서비스 등 전자적 판매의 수단으로써 기업의 전자화
② 기업의 전자화는 전자상거래를 활성화하기 위한 핵심영역으로 기업의 경쟁력 강화를 위해 반드시 추진

5 전자상거래와 전통적 상거래의 특징 비교

구분	전통적 상거래	전자상거래
이동	• 현금거래: 가정 → 은행 → 상점 • 신용거래: 가정 → 상점 → 은행	가정 → 상점 → 은행
쇼핑	사람의 이동을 통한 윈도우 쇼핑	브라우저를 통한 항해
인증	사람과 사람의 직접 대면 · 확인	인증수단을 통한 간접 인증
지불	현금, 수표, 카드 등	카드, 전자화폐 등
배송	구매자 이동 또는 판매자 배달	판매자 배달

Theme

149 전자 지불 시스템

Ⅰ 의의

① 급속한 정보통신기술의 발달로 등장한 전자상거래는 기존의 화폐나 지급결제 수단의 불편한 점을 개선하여 새로운 전자적 방식으로 지급할 수 있는 수단이 필요하여 전자화폐, 전자 지불시스템(Electronic Payment System)의 개념이 출현

② 컴퓨터, 통신장비와 각종 단말장비를 통신회선으로 연결하고, 금융거래에 필요한 소프트웨어를 이용하여 소비자에게 금융 거래가 가능하도록 하는 서비스 체계

③ 화폐 가치에 대한 정보를 부호화하여 전자장치에 기록하고 저장한 뒤 지급결제가 필요할 때 거래하는 상대방에게 화폐 가치를 이전하거나 화폐 가치에 대한 정보를 변경할 수 있도록 고안된 전자적 수단이나 시스템을 포괄적으로 전자 지불 시스템이라 함

Ⅱ 전자 지불 시스템의 특징

① 이용 고객이 금융기관을 방문할 필요가 없으므로 시간적 · 공간적 제약이 해소

② 현금, 유가증권 등 실물을 보유할 필요가 없으므로 안전성이 확보되어 금융 사고를 방지

③ 금융기관은 업무처리의 간소화로 생산성 향상과 업무처리인원 감소로 경비 절감 효과

④ 장표(paper) 위주의 지급결제에서 장표 없는 형태로 변화하고 있으며, 카드, 홈뱅킹, 펌뱅킹 등을 이용한 자금이체 등 가정, 사무실, 혹은 자동화된 기기를 이용하는 서비스가 증가

⑤ 통신망을 통한 전자금융 서비스, IC 카드 등을 이용한 전자화폐의 도입과 사이버 은행이 등장

Ⅲ 전자 지불 시스템의 유형

1 지불시점에 따른 분류

(1) 선불 시스템(prepaid payment system)

① 고객이 일정금액을 은행에 지급하고 그에 해당하는 전자화폐를 발급받는 형태로 스마트카드를 이용한 전자지갑과 같이 대부분의 전자현금 시스템이 해당된다.

② 상용제품으로는 Mondex, Proton(Banksys), Express(Europay), Danmont, EMV(Europay, Mastercard, VISA), e-Cash 등이 있다.

(2) 직불 시스템(pay-now system)

지불 시 구매자 계좌에서 금액이 빠져나간다. European EC-Direct system과 같은 ATM-카드 시스템이 직불 시스템에 해당한다.

(3) 후불 시스템(pay-later system)

신용카드에 기반한 시스템들이 후불 시스템이며, CyberCash, iKP(IBM Zurich&Watson Labs) 등이다. NetBill, NetCheque는 선불과 직불, 후불 모두에 적용 가능하다.

2 인증시점에 따른 분류

(1) 온라인 시스템

① 지불 시 인증 서버가 포함되어 고객 관리와 전자화폐 관련 정보를 수록한 거대한 데이터베이스를 유지하여 각 지불단계마다 허가를 해주는 은행과 모든 참여자가 직접 접촉하는 시스템이다.

② 지불할 때마다 인증 서버에 연결해야 하므로 통신량의 증가, 집중화, 거래에 따른 통신비용의 증가 등의 문제점이 대두한다.

③ 계좌이체 이전에 전자현금의 이중사용(double-spending) 여부를 확인할 수 있어 안전한 시스템으로 평가된다.

④ 네트워크를 이용한 대부분의 전자 지불 시스템이 온라인 시스템에 해당한다.

⑤ 대표적인 온라인 시스템으로는 e-Cash, NetCash, NetBill 등이 있다.

(2) 오프라인 시스템

① 지불 시 현금에 대한 발행자의 인증을 포함하지 않고 거래 후 일정 시간이 지난 다음 수신된 화폐를 일괄 처리하여 은행에 결제를 요구하는 시스템

② 오프라인 시스템은 모든 단계가 완료된 후나 이중사용이 이루어지고 난 후에 은행에서 이중사용자에 대한 신분 검출이 가능하기 때문에 이중사용 방지를 위한 변조방지 하드웨어(tamper-resistant hard ware)를 사용하기도 한다.
③ 통신량의 집중화방지, 거래에 따른 통신비용 절감 등의 장점이 있다.
④ 전자지갑을 이용한 시스템이 여기에 해당한다.
⑤ 대표적인 오프라인 시스템으로는 Mondex, CLIP(Europay), CAF(유럽의 ESPRIT project) 등이 있다.
⑥ Mondex는 받는 화폐를 은행에 예금하지 않고 바로 다른 곳에 이용할 수 있는 양도성(transferability)을 제공한다.
⑦ CAF는 구매자의 익명성과 추적 불가능성을 강조하여 제작된 시스템이다.
⑧ 이들 시스템은 인터넷에서 사용할 수 있으나 구매자의 개인 컴퓨터나 워크스테이션에 스마트카드 판독기가 장착되어야 한다.

Ⅳ 전자화폐(electronic money)

1 의의

① 화폐를 디지털화한 것
② 지불정보, 신용정보, 융자정보, 통화사용정보, 예금정보 등과 같은 통화 관련 모든 정보를 디지털 데이터화
③ 현금, 수표 등을 대신할 디지털 지불매체로서 전자상거래 등의 전자거래에서 새로운 대금지불수단으로 이용

2 전자화폐 시스템의 구성원

(1) 사용자(user)

전자화폐를 발급받아 각 상점에서 사용하는 주체

(2) 상점(shop)

사용자로부터 전자화폐를 구매대금으로 받는 공급자

(3) 은행(bank)

사용자에게는 전자화폐를 발급해 주는 발행기관이며, 상점에게는 전자화폐를 결제해주는 결제기관

3 전자화폐 시스템의 기본적인 프로토콜

(1) 인출 프로토콜(withdrawal protocol)

사용자와 은행 사이에서 수행되는 프로토콜로 은행이 사용자에게 전자화폐를 발급해 주는 절차를 명세한 것으로서 전자화폐 시스템 설계 시 가장 중요한 부분

(2) 지불 프로토콜(payment protocol)

사용자와 상점 사이에서 수행되는 프로토콜로 사용자가 구매대금으로 자신의 전자화폐를 상점에 지불하는 과정을 명세한 프로토콜

(3) 예치 프로토콜(deposit protocol)

상점과 은행 사이에서 수행되는 프로토콜로 상점이 사용자로부터 받은 전자화폐를 은행이 결제해 주는 프로토콜

4 전자화폐 시스템의 요구 사항

(1) 안전성(security)

① 물리적 안전성(physical security)

전자화폐는 쉽게 위조될 수 없어야 한다는 것을 의미한다. 물리적 보안장치인 스마트카드에 저장되므로 물리적 안전성이라는 것은 스마트카드의 안전성으로 귀결된다.

② 논리적 안전성(logical security)

전자화폐 시스템의 각 구성원은 나머지 다른 구성원들의 공모 공격(collusion attack)에 안전해야 함을 의미한다. 전자화폐 시스템의 안전성은 일반적으로 논리적 안전성을 의미한다.

(2) 이중사용(double-spending)의 방지

① 전자화폐 자체가 하나의 가치를 지닌 디지털 정보이다.

② 디지털 정보는 복제가 용이하며 원본과 사본의 구별이 불가능하므로 악의에 의한 이중사용의 문제가 발생한다.

③ 전자화폐 시스템에서 고려해야 할 가장 중요한 문제이다.

④ 이중사용 해결 방법은 사후검출(after the fact)과 사전검출(before the fact) 방법이 사용되고 있다.

(3) 프라이버시(privacy) 보장

① 실제 현금과 마찬가지로 거래 내역이 추적되지 않는다.

② 보장 강도에 따라 불추적성(untraceability)와 불연계성(unlinkability)을 보장한다.

(4) 오프라인 지원

네트워크를 통한 온라인 방식 이외에 일반 상점의 오프라인 단말기를 통해서도 거래가 가능하도록 보장한다.

[예상문제]

전자화폐 시스템의 요구 사항에 대한 설명으로 틀린 것은?

① 물리적 안정성은 스마트카드의 안정성으로 귀결된다.
② 논리적 안정성은 전자화폐 시스템의 각 구성원이 나머지 다른 구성원들의 공모 공격에 안전해야함을 의미한다.
③ 전자 화폐 시스템이 사용자의 프라이버시를 완벽하게 보장하기 위해서는 불추적성이 보장되어야 한다.
④ 디지털 정보는 복제가 용이하여, 원본과 사본의 구별이 불능하므로 악의에 의한 이중 사용 문제가 발생할 수 있는데 이중사용 문제의 해결 방법으로는 사후검출과 사전검출 방법이 사용되고 있다.

정답 ③

해설 은행과 상점이 협조하는 경우, 은행은 비록 사용자의 거래 내역을 추적할 수는 없지만, 두 가지의 지불이 같은 사용자에 의한 것임을 알 수 있는 경우가 종종 있는데, 이러한 경우 연계성(linkability)이 있다고 한다. 전자 화폐 시스템이 사용자의 프라이버시를 완벽하게 보장하기 위해서는 불연계성이 보장되어야만 한다.

5 전자화폐의 유형

(1) 전자지갑형

① **폐쇄형(closed loop) 전자지갑**: IC칩에 가치를 저장하는 스마트카드(smart card)를 물리적 수단으로 이용하여 저장된 가치가 소진될 때까지 사용하는 형태이다. 가치를 실제 화폐로 교환할 수 있는 권리는 가지고 있지 않다.

② **개방형(open loop) 전자지갑**: IC 카드를 이용한 선불형 전자지갑으로 화폐가치가 상거래뿐만 아니라 소비자와 소비자 간 또는 판매업자 상호 간에도 자유로이 이전 가능하다. 발행기관이 상환할 때까지 제한 없이 사용 가능하다.

(2) 네트워크(Network)형

① **전자현금**: 은행에 예치된 현금에 상당하는 가액의 디지털신호 형태로 전환하여 인터넷 공간에서 상거래의 결제 시 사용한다. 네트워크에서 암호화 기술을 이용하여 보안성, 무기명으로 처리하여 현금과 같이 주로 소액거래에 익명으로 사용한다. Digicash사의 e-Cash, CNK, 동성정보통신의 digital coin형 I-cash, DACOM의 Cyber coin 등이 해당한다.

② **신용카드형**: 구매자인 신용카드 소지자가 인터넷을 통해 구매한 재화나 서비스 대금을 자신의 신용카드를 이용하여 결제하는 방식이다.

③ **전자수표**: 실세계의 수표를 그대로 구현한 것으로 전자수표 사용자는 은행에 계좌를 가지고 있는 고객으로 제한된다.

④ **전자자금 이체**: 홈뱅킹 ATM으로 이용 가능한 전자자금이체 서비스를 사이버은행에서 활용하는 것으로 시간적 · 공간적 제약이 없고 수수료가 저렴하다.

(3) 전자수표

① **전자수표의 의의**

㉠ 전자수표(electronic check)는 기본적으로 발행인이 거래은행에 대하여 그의 계좌로부터 다른 사람의 계좌로 자금을 이체하라고 지시하는 메시지이다.

㉡ 전자수표는 직접 은행에 전송되지 않고 수취인에게 전송되며, 수취인은 여기에 배서하여 양도할 수 있다. 전자수표에서는 은행의 공개키를 사용하여 계좌번호를 암호화함으로써 사기를 방지할 수 있다. 또한 지급인, 지급은행과 은행계좌를 인증하기 위하여 디지털 서명이 사용될 수 있다. 미국의 금융서비스기술협회(Financial Services Technology Consortium)에 의한 전자수표와 사이버 캐시(Cyber Cash)가 대표적 사례이다.

㉢ 전자수표는 서명과 배서를 위하여 또 지급인 · 지급은행과 은행계좌를 인증하기 위하여 디지털 서명을 사용하게 된다. 전자수표는 전자우편 또는 월드와이드웹(WWW)과 같은 기타의 통신에 의하여 전송된다.

② **전자수표의 특징**

㉠ 전자수표는 기능적으로 서면수표와 같이 기업과 소비자에 의하여 사용되고 기존의 결제제도를 통하여 결제된다.

㉡ 서면수표와 같이 발행인의 계좌로부터의 출금을 위한 수권을 포함하게 되지만, 발행인의 계좌에 자금이 있다는 것을 보증하지 않으므로 서면수표와 같이 부도될 수 있다.

③ **전자수표의 장점**

㉠ 전자수표는 종래의 수표와 같은 방법으로 기능하므로 소비자 교육을 단순화할 수 있다.

㉡ 전자수표는 소액지급 제도에 적합하며, 종래의 암호화 기법을 사용함으로써 거래를 신속하게 만든다.

㉢ 전자수표는 자본의 유통기간을 만들어내고 이것은 상거래를 위하여 중요한 요건이 된다.

㉣ 금융 위험을 제3자 기관인 계좌서버가 인수함으로써 전자수표를 쉽게 받아 들이게 만든다.

④ **전자수표의 사례**

㉠ Netcheque: 수표에 배서할 때 Kerveros 티켓의 일종인 proxy를 사용한다.

㉡ FSTC(Financial Service Technology Consortium): 미국정부에서 지원한다.

㉢ Echeque: 영국의 가상은행에서 발행한다.

Theme

150 전자서명

Ⅰ 의의

① 전자서명이란 서명자를 확인하고 서명자가 당해 전자문서에 서명하였음을 나타내는 데 이용하기 위하여 당해 전자문서에 첨부되거나 논리적으로 결합된 전자적 형태의 정보를 말한다.
② 전자서명은 대부분 공개키 암호 알고리즘을 이용하여 구현하며, 무결성을 확인하고 인증과 부인 방지 기능을 제공하는 암호 기술이다.

Ⅱ 필요성

1 의의

① 사이버 공간에서는 수많은 위협이 존재하고 있으며, 또한 정보들도 쉽게 위·변조할 수 있다.
② 그렇기 때문에 프로그램의 제작자를 확인하고, 거래를 한 사람이 자기자신임을 증명하기 위하여 나오게 된 것이 전자서명이다.

2 오프라인의 인감증명

① 오프라인의 인감증명은 문서에 찍힌 인영이 본인의 것임을 증명하기 위하여 사용된다.
② 정부에 등록된 인감은 자신이 직접 등록한 것이기 때문에, 이 인감도장이 찍혀 있으면 본인이 거래한 것으로 추정한다.
③ 따라서 인감의 소유자가 인감도장을 다른 사람이 가져가서 사용했다는 사실을 증명하지 못하면 법적 책임을 지게 된다.

3 온라인의 인감으로서의 전자서명

① 온라인에서는 인감이라는 개념 대신에 전자서명이라는 개념이 존재한다.
② 이미 발급된 전자문서의 해시값(복사된 디지털 증거의 동일성을 입증하기 위해 파일 특성을 축약한 암호 같은 수치)을 추출하여 자신의 개인키로 암호화한다. 그 후 전자문서와 함께 암호화한 해시값을 함께 상대방에게 보낸다.

③ 문서를 받은 상대방은 문서를 보낸 사람의 공개키로 해시값을 복호화한 후 자신이 전달받은 문서의 해시값과 비교하여 일치하면 문서가 위 · 변조되지 않았으며, 자신이 올바른 사람에게서 정보를 전달받았음을 확인할 수 있다.

④ 여기에서 전자문서의 해시값을 개인키로 암호화한 것이 바로 오프라인에서의 인감 날인 역할을 하는 것이다.

Ⅲ 특징

1 의의

① 기존의 암호화 방법은 메시지를 주고받는 사람들이 서로에게만 메시지를 알 수 있게 하고, 다른 외부 사람들은 메시지를 알지 못하게 하는 방법이었다. 하지만 이러한 방법은 누군가가 메시지를 조작할 수 있어 이러한 상황을 막기 위하여 전자 서명이란 것이 나오게 된 것이다.

② 전자서명을 통해 인증과 무결성, 부인봉쇄라는 중요한 보안서비스를 제공한다. 즉, 전자서명 행위를 통해 개인이 송신하고자 하는 메시지의 근원이 내 자신이라는 것과 수신 측에서는 내가 보낸 메시지가 중간에 위 · 변조되지 않았음을 검증할 수 있다. 또한 신뢰받는 제3자를 이용하면 나중에 상대방이 전자서명이 행위 자체를 부인하는 것을 방지할 수가 있게 된다.

2 위조 불가, 인증, 부인 불가, 변경 불가, 재사용 불가

(1) 위조 불가(Unforgettable)

합법적인 서명자만이 전자 문서에 대한 전자서명을 생성할 수 있어야 한다.

(2) 서명자 인증(User Authentication)

전자서명의 서명자를 누구든지 검증할 수 있어야 한다.

(3) 부인 불가(Non repudiation)

서명자는 서명 후에 자신의 서명 사실을 부인할 수 없어야 한다.

(4) 변경 불가(Unalterable)

서명한 문서의 내용은 변경될 수 없어야 한다.

(5) 재사용 불가(Not Reusable)

전자문서의 서명은 다른 전자문서의 서명으로 사용될 수 없어야 한다.

Ⅳ 작동

1 의의

① 당해 전자문서에 첨부되거나 논리적으로 결합한 전자적 형태의 정보를 만들기 위해서 기술적으로는 서명 알고리즘이 이용되고, 서명자를 확인하고 서명자가 당해 전자문서에 서명하였음을 확인하기 위해서 검증 알고리즘이 적용된다.

② 그리고 서명과 검증 알고리즘에 이용되는 기술이 비대칭키 암호 시스템이다. 비대칭 키 암호 시스템은 개인키와 공개키로 구성된다. 개인키는 자신만이 소유하고, 공개키는 타인에게 공개된다. 개인키로 암호화된 문서는 공개키만을 이용해서 복호화(부호화된 데이터를 인간이 알기 쉬운 모양으로 하기 위하여 또는 다음 단계의 처리를 위하여 번역함)가 가능하다.

2 서명 알고리즘과 검증 알고리즘

사용자는 서명 알고리즘을 이용해서 자신의 개인키로 문서에 서명을 하게 되며, 상대방에 보낸 서명된 문서는 검증 알고리즘을 이용해서 상대방의 공개키로 검증을 수행하게 된다. 즉, 송신자만이 고유한 개인키로 생성한 전자서명 정보와 원본 문서를 송신하면, 수신자는 송신자의 공개키를 이용하여 전자서명 정보를 복호화하고 이를 원본 문서와 비교해서 인증과 무결성을 확인하게 된다.

3 비대칭키 암호 시스템

① 한 가지 확인해볼 만한 사실은 전자서명 자체가 기밀성을 제공하지는 않는다는 것이다. 다시 말하면 전자서명이란 송신자가 보내는 원본 문서에 첨부된 전자서명의 생성과 검증에 관련된 이야기이며 원본 문서 자체의 암호화는 또 다른 문제이다. 암호화 시스템에서 다양한 기술들이 존재하지만 개인키와 공개키를 이용한 암호화도 가능하다. 즉, 송신자가 수신자의 공개키로 암호화해서 송신하면 메시지는 개인키를 소유한 수신자만이 해독할 수 있게 되므로 따라서 기밀성을 제공할 수가 있다.

② 이를 정리해보자면, 비대칭 키 암호 시스템에서 전자서명의 과정은 서명자의 개인키로 서명을 하고 검증자는 서명자의 공개키로 서명을 검증하게 된다. 그리고 암호화는 수신자의 공개키로 암호화하며 수신자는 자신의 개인키로 해독을 하게 된다. 전자서명은 부인봉쇄를 제공하는데, 이를 위해서는 공인인증체계의 도움이 필요하다. 즉, 송신자와 수신자 사이에 신뢰받는 제3자가 개입하여 쌍방 사이의 거래를 증명해주는 것이다.

기출문제

전자서명의 기능에 대한 설명으로 틀린 것은? [2020]

① 기밀성 – 암호화를 통해 정보를 보호하고 비밀을 유지하는 것을 말한다.
② 무결성 – 전자서명의 유효성을 확인하고, 동일성 여부를 비교하여 전자기록물의 내용이 변조되지 않은 진본임을 증명하는 것을 말한다.
③ 부인 방지 – 서명한 사실을 부인할 수 없게 하는 것을 말한다.
④ 익명성 – 전자 투표 등에서 투표 결과로부터 투표자를 구별할 수 없게 하는 것을 말한다.

정답 ①

해설 한 가지 확인해볼 만한 사실은 전자서명 자체가 기밀성을 제공하지는 않는다는 것이다. 다시 말하면 전자서명이란 송신자가 보내는 원본 문서에 첨부된 전자서명의 생성과 검증에 관련된 이야기이며 원본 문서 자체의 암호화는 또 다른 문제이다. 암호화 시스템에서 다양한 기술들이 존재하지만 개인키와 공개키를 이용한 암호화도 가능하다. 즉, 송신자가 수신자의 공개키로 암호화해서 송신하면 메시지는 개인키를 소유한 수신자만이 해독할 수 있게 되므로 따라서 기밀성을 제공할 수가 있다.

예상문제

비대칭 키 암호시스템에 대한 설명으로 틀린 것은?

① 비대칭 키 암호 시스템은 개인키와 공개키로 구성된다.
② 개인키는 자신만이 소유하고, 공개키는 타인에게 공개된다.
③ 전자서명의 과정은 서명자의 개인키로 서명을 하고 검증자는 서명자의 공개키로 서명을 검증하게 된다.
④ 암호화는 수신자의 개인키로 암호화하며 수신자는 공개키로 해독을 하게 된다.

정답 ④

해설 비대칭 키 암호 시스템에서 전자서명의 과정은 서명자의 개인키로 서명을 하고 검증자는 서명자의 공개키로 서명을 검증하게 된다. 그리고 암호화는 수신자의 공개키로 암호화하며 수신자는 자신의 개인키로 해독을 하게 된다.

Theme

151 개인정보 보호

I 개인정보 보호의 의미

① 개인정보란 생존하는 개인에 관한 정보로 성명, 주민등록번호 등 개인을 알아볼 수 있는 부호, 문장, 음성 및 영상 등 정보이다.

② 현대 정보기술의 발달과 인터넷 이용이 일상화되면서 인터넷상에서의 개인정보의 수집과 이용이 대폭 증가하였다.

③ 외부 침입자들에 의한 인터넷상의 개인정보의 도용 및 유출사고가 빈번하게 발생한다.

④ 많은 기업들은 고객들의 개인정보를 데이터베이스화하여 마케팅에 활용함으로써 기업내부자들에 의한 개인정보 침해 및 오·남용 사례도 빈번히 발생한다.

Ⅱ 개인정보의 유형과 종류

1 의의

① 다른 정보와 결합하면 쉽게 개인을 알아 볼 수 있는 정보로 주소와 이름을 결합하는 경우 식별이 가능하므로 개인정보가 된다.

② 주민등록번호, 여권번호, 자동차운전면허번호 등 고유 식별 번호와 e-메일, 주소, 전화번호, 성명 등과 같이 개인을 식별할 수 있는 정보들은 모두 정보 보호의 대상이다.

③ 「개인정보 보호법」에는 사상, 신념, 노동조합, 정당의 가입 및 탈퇴 여부, 정치적 견해, 건강, 성생활 등 정보도 민감 정보로 분류하여 개인정보 보호의 범주에 포함된다.

2 일반적으로 보호의 대상이 되는 개인정보 또는 프라이버시 정보

구분	개인정보의 종류
일반정보	이름, 주민등록번호, 운전면허정보, 주소, 전화번호, 생년월일, 출생지, 본적지, 성별, 국적
가족정보	부모의 이름 및 직업, 배우자의 이름 및 직업, 부양가족의 이름, 가족 구성원들의 출생지 및 생년월일, 가족 구성원들의 주민등록번호 및 직업

교육 및 훈련정보	학교 출석사항, 최종학력, 학교성적 기술자격증 및 전문면허증, 이수한 훈련 프로그램, 서클활동, 상벌사항, 성격 및 형태정보
병역정보	군번 및 계급, 제대유형, 주특기, 근무부대
부동산 정보	소유주택, 토지, 자동차, 기타 소유차량, 상점 및 건물 등
동산정보	보유현금, 저축현황, 현금카드, 주식 채권 및 기타 유가증권, 수집품, 고가의 예술품, 보석
소득정보	현재 봉급액, 봉급경력, 보너스 및 수수료, 기타 소득의 원천, 이자소득, 사업소득
기타 수익정보	보험(건강 · 생명 등) 가입현황, 수익자, 회사차 · 회사의 판공비, 투자프로그램, 퇴직 프로그램, 휴가 · 병가
신용정보	대부 잔액 및 지불상황, 저당, 신용카드, 지불연기 및 미납의 수, 임금 압류 통보에 대한 기록
고용정보	현재의 고용주, 회사주소, 상관의 이름, 직무수행 평가기록, 훈련기록, 출석기록, 상벌기록, 성격테스트 결과, 직무태도
법적정보	전과기록, 자동차 교통위반기록, 파산 및 담보기록, 구속기록, 이혼기록, 납세기록
의료정보	가족병력기록(심장병 암 알코올중독 정신병 등), 과거의 의료기록, 정신질환 기록, 신체장애, 혈액형 등
조직정보	노조가입, 종교단체 가입, 정당가입, 클럽회원
습관 및 취미정보	흡연, 음주량, 선호하는 스포츠 및 오락, 여가활동, 비디오 대여기록, 도박 성향 등

Ⅲ 개인정보 보호의 필요성

① 2007년까지 개인정보 유출사고는 대부분 민간분야보다 공공분야에서 발생하였다. 대부분 담당자 실수로 홈페이지 등에 잘못 게재하여 유출하는 사례가 대부분이었다.

② 2008년부터 개인정보의 유출사고는 공공분야보다는 민간분야에서 많이 발생하고 있다. 단순 실수가 아닌 고의적인 유출과 해킹에 의한 유출이 증가하고 있다.

③ 최근 개인정보의 피해는 대형화, 지능화, 다양화되는 추세로 모든 종류의 정보가 디지털화됨으로써 기본적인 권리인 개인정보의 보호권 확립은 시급을 요하는 과제가 되었다.

④ 많은 사람들이 웹페이지에 로그인을 하거나 결제 정보를 입력하는 등 온라인 활동이 일상화되면서 여기저기 개인정보 기록을 남기게 되고 이러한 디지털 발자국(digital footprint)을 토대로 기업은 고객 맞춤형 디지털 광고나 판촉을 함으로써 개인정보 유출 피해 사례가 증가하고 있다.

Ⅳ 세계 주요 국가의 개인정보 보호법 동향

① 미국은 1974년 「프라이버시법(Federal Privacy Act, 1974)」 제정을 통해 공공부문은 의무적인 통제하에 관리하고, 민간부문은 자율적인 통제하에 관리하고 있다. 현재 국가 최고기술책임관(Chief Technical Officer)을 신설하는 등 개인정보 보호와 관련된 규제정책을 더욱 강화하고 있다.

② EU의 각국은 「EU 개인정보지침」에 따라 일반법을 제정하여 시행 중이며, 이 법령은 개인정보의 유출 통지 및 스마트시대에 맞추어 소셜 네트워크 서비스, 온라인 광고 규제 등 지침을 포함한다.

③ 일본은 2005년 「개인정보 보호법」을 제정하여 시행하고 있다. 인터넷, 스마트시대에 맞추어 고객의 개인정보 보호 중심의 보호조치를 강화하고 있으며, 개인정보 보호 관련 법제, 인적·기술적 기반의 정비 및 대응을 강화하고 있다.

[예상문제]

개인정보 보호에 대한 설명으로 옳은 것은?

① 「개인정보 보호법」은 공공기관의 컴퓨터·폐쇄회로 텔레비전 등 정보의 처리 또는 송·수신 기능을 가진 장치에 의하여 처리되는 개인정보의 보호에 관한 일반법이다

② 공공기관으로부터 개인정보에 관한 권리 또는 이익에 침해받은 자는 방송통신위원회에 그 침해사실을 신고할 수 있다.

③ 미국은 1974년 「프라이버시법」 제정을 통해 공공부문은 물론 민간부문까지 의무적으로 통제·관리하고 있다.

④ 정확성의 원칙은 개인정보를 정확하고 완전하며 최신의 것으로 보존하는 것을 말한다.

정답 ④

해설 ① 「개인정보 보호법」에서는 구.「공공기관의 개인정보 보호에 관한 법률」과 달리 공공기관뿐 아니라 법인, 단체, 개인 등으로 개인정보처리자의 범위가 확대되었다.

② 공공기관으로부터 개인정보에 관한 권리 또는 이익을 침해받은 자는 개인정보 보호위원회에 그 침해사실을 신고할 수 있다.

③ 민간부분은 자율적 통제하에 관리하고 있다.

V 개인정보 보호의 원칙

1 「개인정보 보호법」 제3조 개인정보 보호의 원칙

① 개인정보의 처리목적을 명확하게 하여야 하고 그 목적에 필요한 범위에서 최소한의 개인정보만을 적법하고 정당하게 수집하여야 한다.

② 개인정보의 처리목적에 필요한 범위에서 적합하게 개인정보를 처리하여야 하며, 그 목적 이외의 용도로 활용하여서는 아니 된다.

③ 개인정보의 처리목적에 필요한 범위에서 개인정보의 정확성, 완전성 및 최신성이 보장되도록 하여야 한다.

④ 개인정보의 처리방법 및 종류 등에 따라 정보주체의 권리가 침해받을 가능성과 그 위험 정도를 고려하여 개인정보를 안전하게 관리하여야 한다.

⑤ 개인정보 처리방침 등 개인정보의 처리에 관한 사항을 공개하여야 하며, 열람청구권 등 정보주체의 권리를 보장하여야 한다.

⑥ 정보주체의 사생활 침해를 최소화하는 방법으로 개인정보를 처리하여야 한다.

⑦ 개인정보처리자는 개인정보를 익명 또는 가명으로 처리하여도 개인정보 수집목적을 달성할 수 있는 경우 익명처리가 가능한 경우에는 익명에 의하여, 익명처리로 목적을 달성할 수 없는 경우에는 가명에 의하여 처리될 수 있도록 하여야 한다.

⑧ 이 법에서 규정하고 있는 책임과 의무를 준수하고 실천함으로써 정보주체의 신뢰를 얻기 위하여 노력하여야 한다.

2 OECD의 개인정보 보호 관련 가이드라인

(1) 의의

OECD는 1980년 9월 프라이버시 보호와 개인 데이터의 국제유통에 관한 가이드라인에 관한 권고사항을 채택하였다.

(2) OECD에서 제시하고 있는 개인정보 보호의 권고사항

① 개인정보처리자는 자신이 보유하고 있는 모든 개인정보에 대하여 보호할 책임이 있다.

② 개인정보의 수집 시 또는 그 전에 개인정보처리의 목적을 분명히 밝혀야 한다.

③ 특정 상황에서는 예외가 허용되지만 정보주체의 인식과 동의하에서만 개인정보를 수집하여야 한다.

④ 사전에 밝힌 목적에 필요한 한도 내에서만 개인정보를 수집하여야 한다.

⑤ 정보주체의 동의가 있는 경우를 제외하고 미리 밝힌 수집목적 이외의 다른 목적으로 개인정보를 이용하거나 제3자에게 제공해서는 아니 된다.

⑥ 필요한 기간 동안만 개인정보를 보유하여야 하며 이후에는 폐기하여야 한다.

⑦ 적절한 보안장치에 의해 개인정보의 안전성을 확보하여야 한다.

⑧ 개인정보처라자의 정책과 처리 관행에 관해 공개하고, 비밀리에 처리시스템을 운영하는 것은 허용되지 않는다.

⑨ 정보 주체에 대하여 자신의 정보를 열람하고 필요시에는 그것을 수정할 수 있는 기회를 제공하여야 한다.

(3) 개인정보 보호에 관한 OECD 8원칙

① 수집 제한의 원칙(Collection limitation principle)

개인정보의 수집은 원칙적으로 제한되어야 하고, 어떠한 개인정보도 합법적이고 정당한 절차에 의하여 수집되어야 하며, 경우에 따라 데이터 주체에게 동의를 받거나 통제하여야 한다.

② 정확성의 원칙(Data quality principle)

개인정보는 그 목적에 부합된 것이어야 하고, 이용목적에 필요한 범위에서 정확하고 완전하며 최신의 것으로 보존하여야 한다.

③ 목적 명확화 · 특정의 원칙(Purpose specification principle)

개인정보의 수집목적은 수집할 당시 미리 특정되어 있어야 하고, 그 후의 이용은 특정된 수집목적의 달성 또는 당해 수집목적과 일치되어야 하며 수집목적이 변경될 때마다 그 목적을 명확하게 정의하여야 한다.

④ 이용 제한의 원칙(Use limitation principle)

개인정보는 정보주체의 동의가 있거나 법률의 규정에 의한 경우를 제외하고는 목적의 명확화 · 특정의 원칙에 따라 명확화된 목적 이외의 다른 목적으로 공개, 이용, 기타의 사용에 제공되어서는 아니 된다.

⑤ 안전 조치의 원칙(Security safeguards principle)

개인정보는 분실 또는 불법적인 접근, 훼손 · 파괴, 사용, 변조, 공개 등 위험으로부터 적절한 안전보호의 조치로 보호하여야 한다.

⑥ 공개의 원칙(Openness principle)

개인정보 처리와 관련된 정보처리장치의 설치, 활용과 관련 정책은 일반에게 공개되어야 한다. 또한 개인정보의 존재, 성질 및 그 주요한 이용목적, 정보관리자를 식별하고, 그 주소를 분명하게 하기 위한 수단을 쉽게 이용할 수 있어야 한다.

⑦ 개인 참여의 원칙(Individual participation principle)

정보 주체는 자신에 관한 정보의 소재를 확인할 권리를 가지며, 필요한 경우에는 자신에 관한 정보를 합리적인 기간 내에 합리적인 비용과 방법에 의하여 알기 쉬운 형태로 통지받을 권리를 가진다. 이러한 권리가 거부되는 경우에 정보 주체는 그 이유를 구하고 거부에 대하여 이의를 제기하거나 정보의 파기, 정정, 보완을 요구할 권리를 가진다.

⑧ 책임의 원칙(Accountability principle)

개인정보처리자는 상기 모든 원칙이 지켜지도록 필요한 조치를 취하여야 할 책임이 있다.

기출문제

개인정보 보호에 관한 OECD 8원칙에 해당하지 않는 것은? [2020]

① 이용제한의 원칙
② 공개의 원칙
③ 수집 제한의 원칙
④ 비밀 유지의 원칙

정답 ④

해설 개인정보 보호에 관한 OECD 8원칙에 비밀 유지의 원칙은 포함되지 않는다.

예상문제

OECD가 제시하는 개인정보 보호에 관한 원칙에 대한 설명으로 틀린 것은?

① 수집제한의 원칙: 개인정보의 수집목적은 수집할 당시 미리 특정되어 있어야 하고, 그 후의 이용은 특정된 수집목적의 달성 또는 당해 수집목적과 일치하여야 한다.
② 이용제한의 원칙: 개인정보는 정보주체의 동의가 있거나 법률의 규정에 의한 경우를 제외하고는 목적의 명확화·특정의 원칙에 따라 명확화된 목적 이외의 다른 목적으로 공개, 이용, 기타의 사용에 제공되어서는 안된다.
③ 공개의 원칙: 개인정보 처리와 관련된 정보처리장치의 설치, 활용과 관련 정책은 일반인에게 공개되어야 한다.
④ 정확성의 원칙: 개인정보는 그 목적에 부합된 것이어야 하고, 이용목적에 필요한 범위에서 정확하고 완전하며 최신의 것으로 보존한다.

정답 ①

해설 목적 명확화·특정의 원칙에 대한 설명이다.

(4) OECD 8원칙과 개인정보 보호 원칙 비교

OECD 프라이버시 8원칙	개인정보 보호의 원칙
수집 제한의 원칙	• 목적에 필요한 최소정보의 수집(제1항) • 사생활 침해를 최소화하는 방법으로 처리(제6항) • 익명처리의 원칙(제7항)
정확성의 원칙	처리목적 내에서 정확성 · 완전성 · 최신성 보장(제3항)
명확화의 원칙	처리목적의 명확화(제1항)
이용 제한의 원칙	목적 범위 내에서 적법하게 처리, 목적 외 활용 금지(제2항)
안전성 확보의 원칙	권리 침해 가능성 등을 고려하여 안전하게 관리(제4항)
처리방침 공개의 원칙	개인정보 처리방침 등 공개(제5항)
정보주체 참여의 원칙	열람청구권 등 정보주체의 권리 보장(제5항)
책임의 원칙	개인정보처리자의 책임 준수, 신뢰 확보 노력(제8항)

Theme

152 데이터 3법 개정의 주요 내용과 전망

I 의의

① 2011년 9월에 많은 논란 끝에 전 분야를 아우르는 개인정보 분야 일반법인 「개인정보 보호법」이 시행되었다. 이 법은 시행 후 9년 동안 주민등록번호 처리의 법정주의 등 규제 강화, 징벌적·법정손해배상제도의 도입, 개인정보 보호 인증제도의 통합 등 많은 변화를 겪어 왔다. 이 법은 2020년에 다시 한 번 제정 시보다 더 큰 진통을 겪으며 새롭게 태어났다.

② 제4차 산업혁명 시대의 도래에 따른 세계 각국의 데이터경제 활성화 전략 추진과 2018년 유럽연합 「일반 개인정보 보호법(General Data Protection Regulation, GDPR)」의 시행 및 국내에서의 개인정보의 효율적 활용을 위한 법 개정의 거센 요구 등의 영향으로 기존의 개인정보 보호 추진체계까지 바꾸며 새로운 모습으로 개정된 것이다.

③ 개정 「개인정보 보호법」은 심의·의결 기구에 머물렀던 개인정보 보호위원회(이하 '보호위원회')를 중앙행정기관화하고, 행정안전부와 방송통신위원회가 수행하고 있던 개인정보 보호 관련 법 집행 권한을 보호위원회로 이관하여 일원화하였다.

④ 또한 개인정보 정의의 판단기준 명확화, 가명정보 개념 도입 및 가명정보 처리 시 준수의무 등 개인정보의 안전한 이용 활성화를 도모하고자 하였다. 한편 「정보통신망 이용촉진 및 정보보호 등에 관한 법률」(이하 '정보통신망법')의 개인정보 규정(제4장)을 삭제하여 이 중 「정보통신망법」에만 있는 조항들은 「개인정보 보호법」 내에 특례규정으로 편입되었다. 그리고 「신용정보의 이용 및 보호 등에 관한 법률」(이하 '신용정보법')도 「개인정보 보호법」과의 정합성, 가명정보의 도입 등을 내용으로 하여 개정되었다. 위 법률들은 2020년 2월 4일 공포되었다.

용어해설 데이터 3법

데이터 3법은 이른바 「개인정보 보호법」, 「정보통신망법」, 「신용정보법」 등 3개 법률을 총칭하는 것이다.

핵심정리 개정 법률 주요내용

- 데이터 이용 활성화를 위한 가명정보 개념 도입
- 관련 법률의 유사·중복 규정을 정비하고 추진체계를 일원화하는 등 개인정보 보호 협치(거버넌스) 체계의 효율화
- 데이터 활용에 따른 개인정보 처리자의 책임 강화
- 모호한 '개인정보' 판단 기준의 명확화

Ⅱ 「개인정보 보호법」 개정 주요 내용

1 개인정보 보호위원회의 중앙행정기관화

① 개정 「개인정보 보호법」은 현행 대통령 소속의 보호위원회를 국무총리 소속의 중앙행정기관으로 하고, 독자적인 조직 · 인사 · 예산권 및 조사 · 처분 등 집행권과 의안제출 건의권 및 국회 · 국무회의 발언권을 부여하였다.

② 보호위원회의 위상에 절대적으로 요구되는 독립성 보장을 위해 국무총리 소속으로 하되 조사 · 처분 등 독립성이 요구되는 일부 기능에 대해서는 국무총리의 행정 감독권을 배제하였다. 이로써 그동안 행정안전부와 방송통신위원가 수행했던 업무는 모두 보호위원회로 이관되었다.

③ 한편 개정 「신용정보법」은 개인신용정보와 관련하여 금융위원회의 감독을 받지 않는 신용정보회사 등 금융회사 외의 '상거래 기업 및 법인'에 대해서는 금융위원회의 감독 · 검사 등을 대신하여 보호위원회에 대하여 자료 제출 요구 · 검사 · 출입권 · 시정명령 · 과징금 · 과태료 부과 등의 권한을 부여함으로써 현행의 개인정보 보호 추진체계를 완전히 탈바꿈시켰다.

2 개인정보 범위의 판단기준 제시

① 개정 「개인정보 보호법」은 특정 개인의 식별가능 여부에 대한 기준을 제시하였다. 현행법은 "해당 정보만으로는 특정 개인을 알아볼 수 없더라도 다른 정보와 쉽게 결합하여 알아볼 수 있는"이라는 정의와 관련하여 과연 "쉽게 결합하여"의 범위가 어디까지인지 여부가 명확하지 않아 법 적용의 어려움 등 논란이 지속되어 왔었다.

② 개정법은 "다른 정보의 입수 가능성" 등 기준을 제시하여 기업 등 이해관계자의 개인정보 처리에 기존보다 명확한 기준을 제시하였다. 아울러 '익명정보'라는 용어는 사용하지 않았으나, 익명정보는 「개인정보 보호법」을 적용하지 않는다는 규정도 신설하였다.

3 가명정보의 제도화

개정 「개인정보 보호법」은 데이터 활용을 활성화하기 위해 가명정보의 개념을 도입하고, 그 처리에 관한 특례 규정을 신설하였다. 이에 따라 개인정보처리자는 가명정보를 통계작성, 과학적 연구, 공익적 기록보존 등의 목적으로 정보주체의 동의 없이 처리할 수 있게 되었고, 개인정보처리자 간에 지정된 전문기관을 통해서 가명정보를 결합하여 이용할 수 있게 되었다.

4 수집목적과 합리적 관련 범위 내에서의 활용 확대

① 개인정보처리자는 애초에 수집 시에 고지한 수집목적과 합리적으로 관련된 범위 내에서 암호화 등 안전성 확보조치를 하였는지 여부 등을 고려하여 대통령령이 정하는 바에 따라 정보주체의 동의 없이 개인정보를 이용 또는 제공할 수 있다.

② 이 규정은 개인정보의 활용을 도모하기 위해 개인정보 목적 명확화 원칙을 완화한 것으로 볼 수 있는데, 새로 생긴 추가의 개인정보 이용 또는 제공 목적이 애초의 수집목적과 합리적으로 관련되었다면 안전성 확보를 전제로 하여 정보주체의 동의 없이 개인정보를 이용하거나 제공하는 것을 허용함으로써 개인정보처리자의 입장에서는 개인정보 처리의 범위를 넓혀 주는 효과를 기대할 수 있게 되었다.

[예상문제]

개인정보 보호위원회에 대한 설명으로 틀린 것은?

① 국무총리 소속의 중앙행정기관으로 독자적인 조직 · 인사 · 예산권 및 조사 · 처분 등 집행권을 가진다.
② 행정안전부와 방송통신위원가 수행했던 업무는 모두 보호위원회로 이관되었다.
③ 신용정보회사 등 금융회사의 '상거래 기업 및 법인'에 대해 자료 제출 요구 · 검사 · 출입권 · 시정명령 · 과징금 · 과태료 부과 등의 권한을 가진다.
④ 독립성 보장을 위해 국무총리 소속으로 하되 조사 · 처분 등 독립성이 요구되는 일부 기능에 대해서는 국무총리의 행정 감독권을 배제한다.

정답 ③

해설 개정 「신용정보법」은 개인신용정보와 관련하여 금융위원회의 감독을 받지 않는 신용정보회사 등 금융회사 외의 '상거래 기업 및 법인'에 대해서는 금융위원회의 감독 · 검사 등을 대신하여 보호위원회에 대하여 자료 제출 요구 · 검사 · 출입권 · 시정명령 · 과징금 · 과태료 부과 등의 권한을 부여하였다.

개정 「개인정보 보호법」의 주요 내용에 대한 설명으로 틀린 것은?

① 절대적으로 요구되는 독립성 보장을 위해 개인정보 보호위원회를 대통령 소속으로 했다.
② 행정안전부와 방송통신위원가 수행했던 개인정보 보호업무는 모두 보호위원회로 이관되었다.
③ 데이터 활용을 활성화하기 위해 가명정보의 개념을 도입하고, 그 처리에 관한 특례 규정을 신설하였다.
④ 익명정보라는 용어는 사용하지 않았으나, 익명정보는 「개인정보 보호법」을 적용하지 않는다는 규정도 신설하였다.

정답 ①

해설 개정 「개인정보 보호법」은 현행 대통령 소속의 보호위원회를 국무총리 소속의 중앙행정기관으로 하고, 독자적인 조직 · 인사 · 예산권 및 조사 · 처분 등 집행권과 의안제출 건의권 및 국회 · 국무회의 발언권을 부여하였다. 보호위원회의 위상에 절대적으로 요구되는 독립성 보장을 위해 국무총리 소속으로 하되 조사 · 처분 등 독립성이 요구되는 일부 기능에 대해서는 국무총리의 행정 감독권을 배제하였다.

Ⅲ 「정보통신망법」 개정 주요 내용

1 「개인정보 보호법」과 유사·중복 규정 삭제

「정보통신망법」의 개인정보 보호 규정(제4장)에서 「개인정보 보호법」과 유사·중복되는 규정들은 모두 삭제하였다. 예컨대, 개인정보 정의, 민감정보·주민등록번호 처리제한, 개인정보 처리위탁, 안전조치의무, 개인정보 보호책임자 지정, 정보주체의 권리, 손해배상, 개인정보 보호 인증 등의 규정은 모두 삭제하였다.

2 삭제된 일부 규정을 「개인정보 보호법」 내에 특례 규정으로 이관

① 삭제된 「정보통신망법」 규정 중에 「개인정보 보호법」과 상이하거나 「정보통신망법」에만 존재하는 규정은 특례 규정으로 하여 「개인정보 보호법」 제6장으로 편입하였다.

② 예컨대, 개인정보의 수집·이용, 유출통지 및 신고, 동의철회권, 손해배상, 국내대리인, 개인정보 국외 이전, 상호주의 등 규정과 해당 조항에 따른 과징금 및 형사처벌 조항도 함께 편입되었다.

③ 이들 특례 규정은 정보통신 서비스 제공자 등을 규제대상으로 한정하고, "정보주체"의 개인정보가 아닌 "이용자"(정보통신 서비스 제공자가 제공하는 서비스를 이용하는 자)의 개인정보를 그 보호범위로 하고 있다.

3 「정보통신망법」에 존치하는 규정

「정보통신망법」의 단말기 접근권한에 대한 동의, 주민등록번호 처리 관련 본인확인기관의 지정 등 규정은 삭제되지 않고 여전히 존치한다. 이들 조항을 존치하는 이유는 개인정보 보호와는 직접 관련은 없으며, 그 적용 대상이 통신사업자 등 방송통신위원회 소관 사업자라는 특성을 반영하였기 때문이다.

Ⅳ 「신용정보법」 개정 주요 내용

1 「개인정보 보호법」과 유사·중복 조항의 정비 등

① 개인신용정보의 처리, 그 업무의 위탁, 유통 및 관리와 신용정보주체의 보호에 관하여 일반법인 「개인정보 보호법」의 일부 규정을 금융 분야에 알맞게 특별법인 「신용정보법」에 수용하거나 일반법과 특별법의 적용 관계를 보다 명확히 규정하였다.

② 또한 이 법에서 유사하거나 중복적으로 규정하고 있는 내용에 대해서는 「개인정보 보호법」의 해당 조문을 적용하도록 하는 등 현행 개인정보 보호 체계를 보다 효율화하였다.

2 가명정보의 개념 도입 등

① 추가정보를 사용하지 아니하고는 특정 개인을 알아볼 수 없도록 처리(가명처리)한 개인신용정보로서 가명정보의 개념을 도입하였다. 그리고 통계작성(시장조사 등 상업적 목적의 통계작성을 포함), 연구(산업적 연구를 포함), 공익적 기록보존을 위해서는 가명정보를 신용정보주체의 동의 없이도 이용하거나 제공할 수 있도록 규정하였다.

② 이외에도 개정 「신용정보법」은 익명처리에 대해서는 금융위원회에서 지정한 데이터 전문기관의 적정성 평가를 거친 경우에는 더 이상 특정 개인을 알아볼 수 없도록 처리한 정보로 추정하여 금융회사 등의 빅데이터 활용에 따른 법적 불확실성을 어느 정도 해소하였다.

예상문제

가명정보에 대한 설명으로 틀린 것은?

① 추가정보의 사용 없이는 특정 개인을 알아볼 수 없게 조치한 정보이다.
② 더 이상 개인을 알아볼 수 없게 조치한 정보인 익명정보와 구별된다.
③ 공익적 기론 보존 목적을 위해서는 사전적이고 구체적인 동의없이 사용가능하다.
④ 원칙적으로 통계작성을 위해 동의 없이 활용 가능하지만 상업적 목적을 위해서는 동의가 필요하다.

정답 ④

해설

	개념	활용 가능 범위
개인정보	특정 개인에 관한 정보, 개인을 알아볼 수 있게 하는 정보	사전적이고 구체적인 동의를 받은 범위 내 활용 가능
가명정보	추가정보의 사용 없이는 특정 개인을 알아볼 수 없게 조치한 정보	다음 목적에 동의 없이 활용 가능(GDPR 반영) • 통계작성(상업적 목적 포함) • 연구(산업적 연구 포함) • 공익적 기론 보존 목적 등
익명정보	더 이상 개인을 알아볼 수 없게 (복원 불가능할 정도로) 조치한 정보	개인정보가 아니기 때문에 제한없이 자유롭게 활용 가능

위의 표에서 알 수 있는 것처럼 상업적 목적을 포함하여 통계 작성을 위해서는 동의가 필요 없다.

가명정보를 동의 없이 활용 가능한 목적에 해당하지 않는 것은?

① 통계작성
② 과학적 연구
③ 국가 안전 보장
④ 공익적 기록 보존

정답 ③

해설 개인정보처리자는 통계작성, 과학적 연구, 공익적 기록보존을 위해 정보주체의 동의 없이 가명정보를 처리할 수 있는데, 통계작성 및 과학적 연구에는 상업적 목적의 통계나 연구도 포함된다. '통계작성'에는 시장조사와 같은 상업적 목적의 통계처리도 포함되고, '과학적 연구'는 기술의 개발과 실증, 기초연구, 응용연구뿐만 아니라 새로운 기술 · 제품 · 서비스 개발 등 산업적 목적을 위해서도 수행이 가능하며, 민간 투자 연구, 기업 등이 수행하는 연구도 가능하다.

3 정보 활용 동의제도의 내실화

① 개정 「신용정보법」은 고지사항의 중요한 사항만을 발췌한 요약정보를 신용정보주체에게 알리고 정보 활용 동의를 받을 수 있도록 하되, 신용정보주체가 요청할 경우 고지사항 전부를 알리도록 하는 등 신용정보주체에게 요약정보를 고지한 후에 동의를 얻는 가능성을 허용하였다.

② 한편, 금융위원회로 하여금 금융회사 등의 정보 활용 동의사항에 대하여 사생활의 비밀과 자유를 침해할 위험, 신용정보주체가 받게 되는 이익이나 혜택 등을 고려하여 정보 활용 동의등급(정보 활용 동의 사항에 대하여 금융위원회가 평가한 등급)을 부여하도록 하고, 금융회사 등은 그 동의등급을 신용정보주체에게 알리고 정보 활용 동의를 받도록 하여 신용정보주체가 자신의 정보 활용 동의에 따르는 효과를 손쉽게 알 수 있도록 하였다.

4 새로운 개인정보자기결정권의 도입

① 개인인 신용정보주체가 금융회사, 정부·공공기관 등에 대하여 본인에 관한 개인신용정보를 본인이나 본인신용정보관리회사, 다른 금융회사 등에게 전송하여 줄 것을 요구할 수 있는 개인신용정보의 전송 요구권을 도입하였다.

② 그리고 개인인 신용정보주체가 금융회사 등에게 자동화평가 실시 여부 및 자동화평가의 결과 및 주요기준, 기초자료 등의 설명을 요구할 수 있도록 하고, 자동화평가 결과의 산출에 유리하다고 판단되는 정보의 제출 또는 기초정보의 정정·삭제, 자동화평가 결과의 재산출을 요구할 수 있는 권리를 도입함으로써 신용정보주체에게 자동화평가에 대한 적극적인 대응권을 보장하고자 하였다.

생각넓히기 | 마이데이터

마이데이터는 개인데이터를 생산하는 정보주체인 개인이 본인 데이터에 대한 권리를 가지고, 본인이 원하는 방식으로 관리하고 처리하는 패러다임을 말한다. 즉 개인데이터의 관리 및 활용되는 체계를 현재의 기관 중심(Organization-centric System)에서 사람 중심(Human-centric System)으로 전환한다는 것이다. 마이데이터는 정보주체인 개인이 본인의 데이터를 처리하고 활용하는 과정에서 데이터에 대한 접근, 데이터의 이동, 처리과정의 통제 등에 대해 능동적으로 결정 할 수 있는 권리가 보장되어야 실현될 수 있다. 또한 개인데이터를 보유하고 있는 기관은 개인이 요구할 때, 데이터를 안전한 환경에서 쉽게 접근하여 이용할 수 있는 형식으로 제공하여야 하며, 데이터의 자유로운 이동과 제3자 접근이 가능하고, 그 활용 결과를 개인이 투명하게 알 수 있도록 한다는 것을 원칙으로 한다.

핵심정리 Poikola의 개인데이터 유통체계

(1) 의의

Poikola는 기존의 개인데이터 유통체계를 데이터 연결방식에 따라 API 생태계(Application Programming Interface Ecosystem)와 집합자(Aggregator) 모델로 구분하고, 마이데이터(MyData) 패러다임이 지향하는 마이데이터 모델과 비교했다.

(2) API 생태계

API 생태계는 서비스 간에 필요한 개인데이터를 각각의 API로 연결하는 것이다. 이 유형은 개인이 제3자에게 정보를 전달하는 것을 동의하면 정보처리기관이 비즈니스 목적에 따라 데이터를 제3자에게 API를 통해 전달한다. 이러한 방식은 서비스 수가 증가하면 서비스 간의 연결 수가 급속도로 증가하게 된다. 정보처리기관은 개별 기관이 제공하는 수많은 API를 관리해야 하며, 데이터를 통합하여 활용하는 것 역시 쉽지 않다. 이 모델은 개별 정보처리기관 간 계약을 통해 구축되므로, 정보주체인 개인이 본인의 데이터가 어떻게 사용되는 지에 대한 전체 흐름을 파악하기는 어려운 유형이다.

(3) 집합자 모델

집합자 모델은 API 생태계에서 진화된 유형이라 할 수 있다. 이 유형은 특정 기업의 계정 중심으로 연결되는 구조이다. 예를 들어 구글, 네이버 등과 같은 플랫폼 기업의 특정 계정으로 연동되는 형태를 생각할 수 있다. 이는 특정 플랫폼과 연결된 시스템 간에는 상호 운용될 수 있어 플랫폼 내의 데이터 흐름은 원활할 수 있다. 그런데, 집합자 간의 데이터가 상호운용 되지는 않기 때문에 개인이 플랫폼을 변경하게 되면 데이터 흐름이 단절된다. 또한 개인이 해당 플랫폼에게 정보처리 결과에 대한 열람 요구 권리 등을 가지고 있더라도 열람 요구로 본인의 어느 정보를 언제 어떻게 처리하고 있는가를 투명하게 알기는 쉽지 않다.

(4) 마이데이터 패러다임

마이데이터 패러다임이 지향하는 개인데이터 유통 체계는 개인이 개별 마이데이터 계정을 가지고 본인 데이터에 접근하여 사용할 수 있는 권한을 가지는 것이다. 즉, 개인이 분산되어있는 본인 데이터들을 연결하는 중심점이 되는 것이다. 앞의 유형들이 개인 정보를 이용하는 기관 간에 N대N 관계(API 생태계) 또는 N대1 관계(집합자 모델)를 형성하는 기관 중심의 모델이라면, 마이데이터 모델은 개인주도적인 모델이며 특정 기관이나 개별 플랫폼에 대한 의존도가 높지 않다. 더불어 마이데이터 개념을 실현하는 개인데이터 유통 체계는 개인이 디지털 동의를 편리하게 하고, 포괄적으로 통제할 수 있는 기능을 포함해야 하며, 데이터를 제공함으로써 개인이 얻을 수 있는 혜택도 가시적으로 알 수 있도록 해야 한다.

예상문제

개인데이터 유통체계에 대한 설명으로 틀린 것은?

① API 생태계 모델은 개인이 제3자에게 정보를 전달하는 것을 동의하면 정보처리기관이 비즈니스 목적에 따라 데이터를 제3자에게 API를 통해 전달한다.

② 집합자 모델은 특정 기업의 계정 중심으로 연결되는 구조로서 구글, 네이버 등과 같은 플랫폼 기업의 특정 계정으로 연동되는 형태이다.

③ 마이데이터 패러다임이 지향하는 개인데이터 유통 체계는 개인이 개별 마이데이터 계정을 가지고 본인 데이터에 접근하여 사용할 수 있는 권한을 가지는 것이다.

④ API 생태계(N대1 관계) 또는 집합자 모델(N대N관계)은 기관 간의 관계를 형성하는 기관 중심 모델이고, 마이데이터 모델은 개인주도적인 모델이며 특정 기관이나 개별 플랫폼에 대한 의존도가 높지 않다.

정답 ④

해설 API 생태계(N대N 관계) 또는 집합자 모델(N대1 관계)은 기관 간의 관계를 형성하는 기관 중심 모델이고, 마이데이터 모델은 개인주도적인 모델이며 특정 기관이나 개별 플랫폼에 대한 의존도가 높지 않다.

마이데이터 사업자의 고객 데이터 수집 · 처리 절차에 대한 설명으로 틀린 것은?

① 마이데이터(본인신용정보관리업)는 정보주체의 정보를 통합하여 제공하는 사업을 의미한다.

② 정보주체는 금융회사로 하여금 필요한 정보 항목을 마이데이터 사업자에게 제공할 것을 요구할 수 있다.

③ 금융 회사는 암호화된 정보주체의 인증정보와 함께 필요한 정보를 정보주체의 개별 마이데이터 계정을 통해 사업자에게 전달한다.

④ 정보주체는 마이데이터 사업자를 통해 본인 정보를 일괄 조회할 수 있다.

정답 ③

해설 금융회사는 정보주체의 정보를 표준화된 전산처리방식(API)을 통해 마이데이터 사업자에게 전달한다.

핵심정리 GDPR의 반대권

1. 정보주체의 반대권(제21조)은 컨트롤러에 대하여 자신의 개인정보 처리에 반대할 권리를 지칭한다. GDPR은 다음 세 가지 경우에 대하여 정보주체의 반대권을 보장하고 있다.
   ① 직접 마케팅(프로파일링 포함)
   ② 컨트롤러의 적법한 이익(제6조제1항(f)) 또는 공적 업무 수행에 근거한 개인정보의 처리(제6조제1항(e))
   ③ 과학적 · 역사적 연구 및 통계 목적의 처리
2. 정보주체가 반대권을 행사하는 경우 컨트롤러는 문제된 정보를 더 이상 처리하여서는 안 된다. 다만, 반대권 행사 이전에 해당 정보주체의 개인정보에 대한 처리는 여전히 적법한 것으로 유지된다.
3. 반대권 요구 시 조치 사항
   (1) 직접 마케팅을 위한 처리 시
      ① 정보주체의 반대 요구를 접수한 즉시 컨트롤러는 직접 마케팅(프로파일링 포함)을 위한 개인정보 처리를 중단하여야 한다(제21조제2항). 즉 정보주체가 반대한 후에는 더 이상 직접 마케팅 목적으로 개인정보를 처리할 수 없으며, 그 중단의 범위에는 직접 마케팅과 관련이 있는 프로파일링 행위 역시 포함한다.
      ② 컨트롤러는 정보주체가 언제라도 직접 마케팅을 위한 처리에 반대 요구를 할 수 있도록 하여야 하며, 이를 무상으로 처리하여야 한다(전문 제70항). 컨트롤러는 개인정보를 수집하는 시점에 정보주체에게 반대권에 대한 내용을 알려 주어야 한다. 이러한 사항은 정보주체에게 명시적으로 강조하여야 하며, 다른 정보와 분리하여 분명하게 제시되어야 한다(전문 제70항).
   (2) 적법한 이익 또는 공적 업무 수행에 근거한 처리 시
      개인정보 처리가 다음 두 가지 특수한 목적에 근거한 경우에 정보주체는 자신의 특수한 상황에 대한 이유로 반대권을 행사할 수 있다.
      ① 제6조제1항(e)에 따른 공익을 위한 업무, 공적 권리를 위하여 필요한 개인정보 처리
      ② 제6조제1항(f)에 따른 적법한 이익에 근거한 처리
4. 컨트롤러는 다음 경우가 아닌 한 개인정보의 처리를 중단하여야 한다. 다음에 관한 입증 책임은 컨트롤러에게 있다(전문 제69항).
   ① 정보주체의 이익이나 권리 및 자유보다 더 중요하고 강력한 정당한 근거를 입증할 수 있는 경우
   ② 그 처리가 법적 청구권의 입증(establishment), 행사 또는 방어를 위한 것인 경우

5. 과학적 · 역사적 연구 및 통계 목적의 처리인 경우

① 과학적 · 역사적 연구 또는 통계 목적으로 개인정보가 처리되는 경우, 정보주체는 자신의 특수한 상황을 이유로 본인과 관련된 개인정보의 처리에 반대할 권리를 갖는다(제21조제6항). 여기서 과학적 연구는 기술적 발전, 기초 연구, 응용 연구, 사적인 자금지원에 의한 연구를 포함하고, 역사적 연구 역시 통계학적 연구 목적도 포함하는 넓은 개념이며, 통계 목적은 통계 조사나 통계적 결과물을 생산하기 위한 개인정보의 처리를 포함하는 넓은 개념으로 사용된다.

② 다만 해당 처리가 공익을 위한 업무 수행을 위하여 필요한 경우는 예외로 한다. 한편, 과학적, 역사적 연구 또는 통계목적의 처리가 필요한 경우에는 공익을 위한 것인지의 여부와는 무관하게 삭제권(the right to erasure)은 적용되지 아니한다(제17조제3항(d)).

기출문제

알고리즘의 구현 과정에 대한 설명으로 틀린 것은? [2022]

① 알고리즘 자동화: 신용도가 좋은지 나쁜지를 구분하는 작업 등이 자동화되는 경우 등에 인간의 주관이 개입하는 것을 완전히 배제한다.

② 알고리즘 분류: 특정 집단을 배제하는 방식으로 소비자를 분류하기 때문에 저소득층이나 소외계층에게 악영향을 미칠 수 있다.

③ 알고리즘 편향: 데이터 편향으로 인한 차별은 잘못된 데이터의 선택, 완전하지 않거나 시기가 지난 데이터의 사용, 특정 집단에 편중되어 데이터가 수집된 선택 편향, 기존의 편견이 반영된 데이터로 인해 발생한다.

④ 알고리즘 적용 과정: 블랙박스라고 표현하는데 이는 처리과정이 전문적이고 복잡해서 일반인은 물론 전문가라 하더라도 어떤 이유에서 결과가 도출되었는지를 파악하기 어렵다.

정답 ①

해설 예컨대 대출 상환을 4번 놓친 이가 신용도가 좋은지 나쁜지를 구분하는 작업은 데이터 마이너에 의해서 결정되어야 하며, 이때 데이터 마이너의 주관이 개입한다.

예상문제

알고리즘 자동화 의사결정에 관한 EU GDPR의 권리에 대한 설명으로 틀린 것은?

① 정보처리자는 정보주체의 명시적 동의가 있는 경우에도 인간적 개입을 확보할 수 있는 권리의 보호를 위해 적절한 안전 조치를 이행하여야 한다.

② 개인정보가 다이렉트 마케팅을 목적으로 처리되는 경우, 정보 주체는 그 마케팅을 위해 자신에 관한 프로파일링에 반대할 권리를 가진다.

③ 정보처리자는 자동화된 의사결정의 경우 정보 주체에게 자동화된 의사결정의 존재와 관련 로직(logic)에 관한 주요한 정보 등을 통지하여야 한다.

④ 정보주체는 프로파일링이 공익적 목적이나 공공기관의 임무 수행을 위한 경우에는 자신의 특수한 사정을 들어 그러한 프로파일링에 반대할 권리를 가질 수 없다.

정답 ④

해설 프로파일링이 공익적 목적이나 공공기관의 임무 수행을 위한 경우 또는 정보관리자의 정당한 우월적 이익을 위한 경우에도 정보 주체는 자신의 특수한 사정을 들어 그러한 프로파일링에 반대할 권리를 가진다.

다음에서 설명하는 개념으로 옳은 것은?

> 개인의 사적인 측면의 평가, 특히 직장 내 업무수행(performance at work), 경제적 상황(economic situation), 건강(health), 개인적 취향(personal preferences), 신뢰성(reliability), 행태(behavior), 위치(location) 또는 이동 경로(movements)의 분석이나 예측을 위한 모든 형태의 자동 처리를 의미한다.

① 알고리즘 ② 프로파일링
③ 다이렉트 마케팅 ④ 자동화된 의사 결정

정답 ②

해설 프로파일링에 대한 설명이다.

다음에서 정보주체가 자신의 특수한 상황에 대한 이유로 GDPR이 규정한 '자신의 개인정보 처리에 반대할 권리'를 행사할 수 있는 경우를 모두 고른 것은?

> ㄱ. 개인정보처리자의 적법한 이익 또는 공적 업무 수행에 근거한 개인정보의 처리
> ㄴ. 개인정보처리자가 정보주체의 이익이나 권리 및 자유보다 더 중요하고 강력하고 정당한 근거를 입증할 수 있는 경우
> ㄷ. 그 처리가 법적 청구권의 입증, 행사 또는 방어를 위한 것인 경우
> ㄹ. 해당 처리가 공익을 위한 업무 수행을 위하여 필요한 경우로서 과학적, 역사적 연구 또는 통계 목적의 처리인 경우

① ㄱ ② ㄱ, ㄴ
③ ㄱ, ㄹ ④ ㄱ, ㄷ, ㄹ

정답 ①

해설 개인정보처리자가 ㄴ, ㄷ, ㄹ의 경우임을 입증한 경우 정보주체가 자신의 특수한 상황에 대한 이유로 반대권을 행사하는 경우에도 개인정보처리를 계속할 수 있다.

GDPR의 '자신의 개인정보 처리에 대해 반대할 권리'와 '자동화된 의사결정의 대상이 되지 않을 권리'에 대한 설명으로 틀린 것은?

① 개인정보처리가 공익적 목적이나 공공기관의 임무 수행을 위한 경우 또는 정보관리자의 정당한 적법한 이익을 위한 경우에도 정보 주체는 자신의 특수한 사정을 들어 개인정보처리에 반대할 권리를 가진다.
② 개인정보가 다이렉트 마케팅을 목적으로 처리되는 경우, 정보 주체는 그 마케팅을 위해 자신에 관한 개인정보처리에 반대할 권리를 가지고, 정보 주체가 반대하는 경우 정보관리자는 다이렉트 마케팅을 위한 계속적 처리를 할 수 없다.
③ 정보 주체의 명시적 동의가 없는 경우에는 정보관리자가 정보 주체의 권리와 정당한 이익을 보호하기 위한 조치로서 최소한 인간적 개입을 확보할 수 있는 권리와 정보 주체가 자신의 관점을 표현하고 그 결정에 이의를 제기할 수 있는 권리의 보호를 위해 적절한 안전 조치를 이행하여야 한다.
④ 자동화된 의사결정의 경우 정보관리자는 정보 주체에게 자동화된 의사결정의 존재, 적어도 그 경우 관련 로직(logic)에 관한 주요한 정보, 정보 주체를 위한 그 정보처리의 중요성과 예상되는 결과를 통지하여야 한다.

> **정답** ③
>
> **해설** 계약의 체결과 이행을 위한 경우 또는 정보 주체의 명시적 동의가 있는 경우에도 정보관리자는 정보 주체의 권리와 정당한 이익을 보호하기 위한 조치로서 최소한 정보관리자 측에서 인간적 개입을 확보할 수 있는 권리와 정보 주체가 자신의 관점을 표현하고 그 결정에 이의를 제기할 수 있는 권리의 보호를 위해 적절한 안전조치를 이행하여야 한다. 구체적으로는 자동화된 처리 시 정보 주체에게 구체적인 설명을 들을 권리, 인간의 개입을 요구할 권리, 자신의 관점을 표현할 권리, 그러한 평가 후에 도달한 결정에 대해 설명을 들을 권리, 해당 결정에 대해 이의를 제기할 권리 등의 부여를 포함한 적절한 보호조치가 마련되어야 하며, 정보 주체에게 공정하고 명백한 처리를 보장하기 위하여 개인정보가 처리되는 특수한 상황과 맥락을 고려하여, 정보관리자는 프로파일링을 위해 적절한 수학적 또는 통계적 절차를 사용하고, 특히 개인정보에 오류를 초래하는 요소들이 수정되고 에러의 위험이 최소화되도록 보장하는 데 필요한 적절한 기술적 · 조직적 조치를 적용하여야 한다.

5 신용정보 관련 산업의 규제체계 변경 등

금융거래에 관한 개인신용정보 외의 개인신용정보만을 활용하여 개인인 신용정보주체의 신용상태를 평가하는 전문개인신용평가업과 기업신용조회업으로서 기업정보조회업무, 기업신용등급제공업무 및 기술신용평가업무에 대해서는 허가요건을 낮추어 진입규제를 대폭 완화하였다. 이는 금융 분야 데이터산업에서 경쟁과 혁신을 촉진함과 동시에 사회초년생 등 금융 이용경험이 부족한 취약계층에 대한 개인신용평가 등의 정확성과 공정성을 높이고자 한 것이다.

<table>
<tr><th></th><th colspan="2">인가단위</th><th>최소 자본금</th><th>금융회사 출자 요건</th></tr>
<tr><td>현행</td><td colspan="2">신용조회업(CB업 구분 ×)</td><td>50억 원</td><td>적용(50% 이상)</td></tr>
<tr><td rowspan="6">개선</td><td colspan="2">개인 CB</td><td>50억 원</td><td>적용(50% 이상)</td></tr>
<tr><td></td><td>비금융전문 CB</td><td>5억 원/20억 원</td><td>배제</td></tr>
<tr><td colspan="2">개인사업자 CB</td><td>50억 원</td><td>적용(50% 이상)</td></tr>
<tr><td rowspan="3">기업 CB</td><td>기업등급제공</td><td>20억 원</td><td>적용(50% 이상)</td></tr>
<tr><td>기술신용평가</td><td>20억 원</td><td>적용(50% 이상)</td></tr>
<tr><td>정보조회업</td><td>5억 원</td><td>배제</td></tr>
</table>

또한 개인사업자의 신용을 판단하는 데 필요한 정보를 수집하고 개인사업자의 신용상태를 일정한 방법으로 평가하여 그 결과를 제3자에게 제공하는 행위를 영업으로 하는 개인사업자신용평가업을 도입하였다. 이는 개인신용평가회사, 기업신용조회회사 외에 신용카드업자가 겸영업무로 수행할 수 있도록 하는 등 개인사업자에 관한 신용위험 관리체계를 개선함과 동시에 개인사업자에 대한 성장 지원 기능을 확충할 수 있도록 하기 위한 것이다.

V 데이터 3법 개정과 향후 전망

① 많은 전문가와 이해관계자들이, 특히 산업계에서는 데이터 3법의 개정으로 데이터 이용이 활성화 될 수 있을 것으로 기대하고 있다.

② 그 이유는 무엇보다도 가명정보 개념을 도입하여, 새로운 기술, 제품 및 서비스의 개발 등 산업적 목적의 과학연구, 통계작성 및 공익기록 보존 등 목적으로는 가명처리한 정보를 정보주체의 동의 없이 처리할 수 있게 되었기 때문이다.

③ 또한 그동안 개인정보의 범위 불명확성 때문에 개인정보를 마음대로 이용할 수 없었던 불합리한 상황을 극복하고자 현행 개인정보 정의 규정에 그 범위의 구체적 판단기준을 제시함으로써 개인정보처리자 입장에서는 관련 법률 준수에 대한 혼란이 최소화되었다.

④ 개인정보의 정의가 명확해지고, 가명정보 이용의 통로가 제도화됨으로써 데이터 활용의 폭이 커지고 향후의 빅데이터 분석 및 AI(인공지능) 등 신기술을 이용한 데이터 이용의 활성화 등 우리나라의 데이터 기반 경제의 발전에 크게 기여할 것으로 기대된다.

⑤ 나아가, 개인정보 보호위원회를 중앙행정기관화하여 그동안 여러 부처로 분산되어 있던 개인정보 보호정책수립, 법집행 등의 일원화(개인정보 보호 감독기구 독립성 확보) 및 「개인정보 보호법」 중심의 정합성을 위한 타법의 개정 등 개인정보 보호 추진체계의 변화는 관련 법률의 효율적 · 통일적 · 체계적 집행 및 규제 대상자의 법 준수 혼란 최소화 등에 크게 기여할 것으로 전망된다.

기출문제

데이터 3법에 대한 설명으로 틀린 것은? [2021]

① 데이터 이용 활성화를 위해 가명정보 개념을 도입하였다.
② 가명정보는 추가정보의 사용 없이는 특정 개인을 알아볼 수 없게 조치한 정보로서 더 이상 개인을 알아볼 수 없게 조치한 정보이다.
③ 우리나라는 이른바 데이터 3법이라 부르는 「개인정보 보호법」, 「정보통신망법」, 「인공지능법」 등을 2020년 개정하여 비식별화된 빅데이터를 활용하기 위한 길을 열었다.
④ 시간 · 비용 · 기술 등 모든 수단을 합리적으로 고려할 때 다른 정보를 사용해도 더 이상 개인을 알아볼 수 없는 정보(익명정보)의 법 적용 배제를 명확히 하였다.

정답 ③

해설 「개인정보 보호법」, 「정보통신망 이용촉진 및 정보 보호 등에 관한 법률」, 「신용정보의 이용 및 보호에 관한 법률」 등 3가지 법을 통칭한다. 「인공지능산업 진흥에 관한 법률」은 아직 제정되지 않았다.

Theme

153 디지털 증거와 디지털포렌식

I 디지털 증거

1 Casey

컴퓨터에 저장되거나 컴퓨터를 이용하여 전송되는 데이터로, 범죄가 어떻게 발생하였는지에 대한 가설을 뒷받침 또는 반박하거나 고의의 알리바이와 같이 범죄의 중요한 요소를 드러내는 정보이다.

2 SWGV(Scientific Working Group on Evidence)

디지털 형태로 전송되는 증거 가치가 있는 정보이다.

3 IOCV(International Organization on Computer Evidence)

이진수 형태로 저장 혹은 전송되는 법정에서 신뢰될 수 있는 정보이다.

II 특징

1 디지털(digital)

임의의 시간에서의 값이 최솟값의 정수배로 되어 있고, 그 이외의 중간값을 취하지 않는 양으로 저장되고 표현된다.

2 잠재성(latent)

가시성(visibility)이 없어 육안으로 판독할 수 없고, 저장매체 내부의 자료를 확인하기 위해 적절한 판독장치가 필요하다.

3 취약성(fragile)

저장매체 내부 자료의 위조, 변조 및 삭제가 매우 용이하고 증거 분석 시 원본의 증거보존을 위한 사본 생성 및 기록방지기가 필요하다.

4 대량성(massive)

저장성능의 발전으로 인해 분석 대상 디바이스 내에 방대한 양의 자료에서 증거를 찾기 위해서는 특별한 분석 프로그램이 필요하다.

5 다양성(various)

다양한 소프트웨어와 응용프로그램이 존재하면서 상호 연계되어 있어 인과관계 규명이 어렵다.

6 휘발성(volatile)

전원이 꺼지면 저장되지 않고 사라지는 자료가 존재하므로, 사건 현장에서의 적절한 조치가 매우 중요하다.

7 국제성(international)

가상공간에는 국경 구분이 없고, 국경을 넘는 사이버 범죄에 대해 국내법 적용이 어렵다.

8 매체독립성

디지털 증거는 유체물이 아닌 각종 디지털저장매체중인 정보 그 자체로 매체와 독립된 정보 내용이 증거가 된다.

Ⅲ 디지털포렌식

1 의의

① 디지털 증거에 대한 과학적인 조사와 기술적 기법뿐만 아니라 위법 수집증거 배제 법칙과 적법절차가 적용되는 법과학의 한 분야다.

② 일반적으로 법적 증거로 사용되는 관점에서 컴퓨터 시스템이나 디지털기기에서 디지털 자료를 수집하는 단계로부터 이를 분석하고 분석된 자료에 대한 보고서를 작성하여 증거를 보존하는 일련의 절차 및 기술을 통칭한다.

③ 디지털 소스로부터 디지털 증거를 보존(preservation), 수집(collection), 증명(validation), 분석(analysis), 제출(presentation)하기 위하여 과학적으로 이끌어 내고 증명하는 방법 유형이다.

2 수집 및 사용목적에 따른 분류

(1) 정보추출 포렌식(information extraction forensics)

범행 입증에 필요한 증거를 얻기 위하여 디지털 저장매체에 기록되어 있는 데이터를 복구하거나 검색하여 범행을 입증할 수 있는 수치 데이터를 분석하거나, e-메일 등 데이터를 복구 및 검색하여 증거를 찾아내는 분야이다.

(2) 사고대응 포렌식(incident response forensics)

해킹과 같은 침해행위로 손상된 시스템의 로그(Log), 백도어(BackDoor), 루트킷(RootKit) 등을 조사하여 침입자의 신원, 피해내용, 침입경로 등을 파악하는 분야이다.

용어해설 **루트킷(RootKit)**

루트킷(rootkit)은 컴퓨터 소프트웨어 중에서 악의적인 것들의 모음으로써, 자신의 또는 다른 소프트웨어의 존재를 가림과 동시에 허가되지 않은 컴퓨터나 소프트웨어의 영역에 접근할 수 있게 하는 용도로 설계되었다. 루트킷이라는 용어는 "루트"(유닉스 계열 시스템에서 권한을 가진 계정의 전통적인 이름)와 "kit"(툴을 구현하는 소프트웨어 구성 요소를 가리킨다)의 합성어이다. "루트킷"이라는 용어는 악성 소프트웨어와의 연관으로 인해 부정적인 의미를 함축하고 있다.

3 분석대상에 따른 분류

(1) 모바일 포렌식

휴대폰 스마트폰 PDA, 네비게이션 등 모바일 정보기기에서 필요한 정보를 입수하여 분석하는 분야이다.

(2) 디스크 포렌식

하드디스크, 플로피디스크, CD ROM 등 각종 보조 기억장치에서 증거를 수집하여 분석하는 분야이다.

(3) 네트워크 포렌식

네트워크상에서 전송 데이터를 수집하여 필요한 증거를 추출하고 분석하여 보고하는 과정으로 「통신비밀보호법」을 침해할 위험성이 매우 크기 때문에 사전에 필요한 수색영장을 발부받아 실행하여야 한다.

(4) 인터넷 포렌식

인터넷 사용자가 웹상의 홈페이지를 방문하여 게시판 등에 글을 올리거나 읽는 것을 파악하고 필요한 증거물을 확보하는 과정으로 주로 웹서버 프로그램에서 남기는 로그 등을 분석하거나 네트워크 포렌식 기술을 이용하여 사용자를 추적한다.

(5) 데이터베이스 포렌식

데이터베이스로부터 데이터를 추출, 분석하여 증거를 획득하는 방법이다.

[예상문제]

디지털포렌식을 분류할 때 그 기준이 다른 것은?

① 정보 추출 포렌식 ② 네트워크 포렌식

③ 인터넷 포렌식 ④ 데이터베이스 포렌식

정답 ①

해설 ②, ③, ④는 분석 대상에 따른 분류이고 ①은 수집 및 사용목적에 따른 분류이다.

Ⅳ 기본원칙

1 적법 절차의 준수

수사절차 전반에 걸쳐 적용되는 원칙으로 디지털포렌식 또한 현행법에 근거한 적법절차에 의해 진행되어야 한다.

2 증거원본의 보존

디지털 증거 원본은 절대적으로 보존되어야 한다. 따라서 수집, 분석 등 증거분석절차에서 발생 가능한 변경을 방지하고, 원본 사용을 통제하며, 무결성을 증명하는 조치가 병행되어야 한다. 이를 위해 디지털증거 운반 시에 봉인을 해야 하고, 분석 시에 원본을 복제한 후 원본은 보존하고, 복제본으로 분석 작업을 수행하는 것이 원칙이다.

3 분석자와 도구의 신뢰성 확보

디지털증거 분석도구의 신뢰성 확보를 위하여 신뢰성이 검증된 분석 장비와 소프트웨어를 사용하고 공개된 알고리즘을 사용하여 증거가치를 확보한다.

4 보관의 연속성

디지털증거 원본을 확보하되 증거분석의 모든 과정을 상세히 기록해야 하며, 증거수집 시에도 가급적 입회자를 참여시켜 신뢰성을 확보해야 한다.

기출문제

디지털포렌식에 대한 설명으로 틀린 것은? [2021]

① 디지털 증거에 대한 과학적인 조사와 기술적 기법뿐만 아니라 위법 수집증거 배제 법칙과 적법절차가 적용되는 법과학의 한 분야이다.

② 디지털 증거 분석도구의 신뢰성 확보를 위하여 신뢰성이 검증된 분석 장비와 소프트웨어를 사용하고 공개된 알고리즘을 사용하여 증거가치를 확보해야 한다.

③ 수사절차 전반에 걸쳐 적용되는 원칙으로 디지털 포렌식 또한 「헌법」과 「형사소송법」에 근거한 적법한 수사절차에 의해 진행되어야 한다.

④ 정당성은 수집 증거가 위·변조되지 않았음을 증명할 수 있어야 한다는 의미이다.

정답 ④

해설 무결성의 원칙에 대한 설명이다.

예상문제

디지털포렌식(Digital Forensic)의 기본 원칙에 대한 설명으로 틀린 것은?

① 수사절차 전반에 걸쳐 적용되는 원칙으로 디지털포렌식 또한 현행법에 근거한 적법절차에 의해 진행되어야 한다.

② 수집·분석 등 증거분석절차에서 발생 가능한 변경을 방지하고, 무결성을 증명하기 위해 원본으로 분석 작업을 수행하는 것이 원칙이다.

③ 디지털 증거 분석 도구의 신뢰성 확보를 위하여 신뢰성이 검증된 분석 장비와 소프트웨어를 사용하여 증거 가치를 확보해야 한다.

④ 디지털 증거 원본을 확보하되 증거 분석의 모든 과정을 상세히 기록해야 하며, 증거 수집 시에도 가급적 입회자를 참여시켜 신뢰성을 확보해야 한다.

정답 ②

해설 디지털 증거 원본은 절대적으로 보존되어야 한다. 따라서 수집, 분석 등 증거분석절차에서 발생 가능한 변경을 방지하고, 원본 사용을 통제하며, 무결성을 증명하는 조치가 병행되어야 한다.

Theme

154 디지털 증거 수집 및 처리 등에 관한 규칙

I 입법 목적

「디지털 증거 수집 및 처리 등에 관한 규칙」은 디지털 증거의 수집, 운반, 분석 및 보관 등 전 과정에서 디지털 증거분석관 및 수사관이 준수하여야 할 기본원칙 및 업무처리절차를 규정함으로써 디지털 증거의 증거능력을 유지하는 것을 목적으로 한다.

Ⅱ 용어 정의

1 디지털 데이터

전자적 방법으로 저장되어 있거나 네트워크 및 유·무선 통신 등을 통해 전송 중인 정보를 말한다.

2 디지털 저장매체

컴퓨터용 디스크, 그밖에 이와 비슷한 정보저장매체를 말한다.

3 디지털 압수물

범죄와 관련 있는 것으로 판단되어 「형사소송법」 제106조 및 제215조부터 제218조까지의 규정에 따라 압수한 디지털 데이터 또는 디지털 저장매체를 말한다.

4 디지털 증거

디지털 압수물 중 범죄사실의 증명에 필요한 디지털 데이터를 말한다.

5 하드카피·이미징(이하 "복제"라 한다)

디지털 저장매체 내에 삭제된 형태로 존재하는 정보를 포함하여 원형대로 읽어내어 동일한 형태로 다른 디지털 저장매체에 저장하는 것을 말한다.

Ⅲ 주요 원칙

1 인권보호 원칙

디지털 증거의 수집, 운반, 분석 및 보관 업무를 수행하는 자는 개인의 인권을 존중하고 사건 관계인의 명예를 훼손하지 않도록 주의하여야 하며, 직무상 알게 된 비밀을 지켜야 한다.

2 증거수집 및 처리의 원칙

① 출력 · 복사 · 복제된 디지털 증거는 원본과 동일성이 유지되어야 한다.

② 디지털 증거는 압수 시부터 송치 시까지 변경 또는 상실되지 않도록 주의하여야 한다.

3 과잉금지의 원칙

디지털 데이터의 수집은 수사목적을 달성하는 데 필요한 최소한의 범위에서 이루어져야 한다.

Ⅳ 압수절차

① 디지털 데이터 또는 디지털 저장매체를 압수하는 경우에는 피압수자 또는 참여인을 참여하게 한 후 데이터 고유 식별값(이하 "해시값"이라 한다)을 생성하여 확인 후 서명 · 날인하게 한다.

② 압수 · 수색현장 외의 장소에서 해시값을 확인하는 경우에도 피압수자 또는 참여인의 참여권을 보장하여야 한다.

③ 원본의 보존, 압수 · 수색과정의 촬영, 저장매체 봉인 등 디지털 증거의 동일성, 무결성에 대한 합리적 의심이 들지 않는 적절한 방법 또는 조치를 취할 수 있다.

④ 디지털 데이터 또는 디지털 저장매체를 압수한 경우에 압수물 목록의 교부는 최종적으로 압수하는 출력물 또는 디지털 압수물 사본의 교부로 갈음할 수 있다.

⑤ 디지털 증거를 압수하는 경우에는 디지털 압수물이 훼손되지 않도록 적절한 조치를 취하여야 한다.

기출문제

디지털포렌식에 대한 설명으로 틀린 것은? [2021]

① 디지털 증거 압수수색 집행이 종료된 때 지체 없이 피압수자에게 압수 대상 전자정보의 상세목록을 교부하며, 이때 출력한 서면이나 전자 파일 형태로 복사해주거나 e-메일을 전송하는 등으로 갈음할 수 없다.

② 디지털 증거 복제본의 획득, 저장매체 또는 복제본에 대한 탐색 · 복제 출력 과정 전체에 걸쳐 피압수자 등의 참여권이 보장된다.

③ 디지털 저장매체 원본을 반출하는 경우에는 원본 봉인 및 참여권 고지 후 원본 반출 확인서를 작성하여야 한다.

④ 디지털 데이터를 압수하는 경우에는 해시값을 확인한 후 전자정보 확인서를 작성하여야 한다.

정답 ①

해설 디지털 증거를 압수한 경우에는 목록을 작성하여 소유자, 소지자, 보관자 기타 이에 준할 자에게 교부하여야 한다. 그리고 법원은 압수 · 수색영장의 집행에 관하여 범죄 혐의사실과 관련 있는 정보의 탐색 · 복제 · 출력이 완료된 때에는 지체 없이 압수된 정보의 상세목록을 피의자 등에게 교부할 것을 정할 수 있다. 압수물 목록은 피압수자 등이 압수처분에 대한 준항고를 하는 등 권리행사절차를 밟는 가장 기초적인 자료가 되므로, 수사기관은 이러한 권리행사에 지장이 없도록 압수 직후 현장에서 압수물 목록을 바로 작성하여 교부해야 하는 것이 원칙이다. 이러한 압수물 목록 교부 취지에 비추어 볼 때, 압수된 정보의 상세목록에는 정보의 파일 명세가 특정되어 있어야 하고, 수사기관은 이를 출력한 서면을 교부하거나 전자파일 형태로 복사해 주거나 e-메일을 전송하는 등의 방식으로도 할 수 있다.

② 수사기관이 압수 · 수색영장을 집행할 때 피의자 또는 변호인은 그 집행에 참여할 수 있다. 압수의 목적물이 컴퓨터용 디스크 그밖에 이와 비슷한 정보저장매체인 경우에는 영장 발부의 사유로 된 범죄 혐의사실과 관련 있는 정보의 범위를 정하여 출력하거나 복제하여 이를 제출받아야 하고, 피의자나 변호인에게 참여의 기회를 보장하여야 한다. 만약 그러한 조치를 취하지 않았다면 이는 「형사소송법」에 정한 영장주의 원칙과 적법절차를 준수하지 않은 것이다. 수사기관이 정보저장매체에 기억된 정보 중에서 키워드 또는 확장자 검색 등을 통해 범죄 혐의사실과 관련 있는 정보를 선별한 다음 정보저장매체와 동일하게 비트열 방식으로 복제하여 생성한 파일(이하 '이미지 파일'이라 한다)을 제출받아 압수하였다면 이로써 압수의 목적물에 대한 압수 · 수색 절차는 종료된 것이므로, 수사기관이 수사기관 사무실에서 위와 같이 압수된 이미지 파일을 탐색 · 복제 · 출력하는 과정에서도 피의자 등에게 참여의 기회를 보장하여야 하는 것은 아니다.

③ 「디지털 증거 수집 및 처리 등에 관한 규칙」 제12조 제3항은 '디지털 저장매체 원본을 반출하는 경우에는 원본 봉인 및 참여권 고지 후 원본 반출 확인서 또는 원본 반출 확인서(모바일기기)를 작성하여야 한다.'고 규정하고 있다.

④ 「디지털 증거 수집 및 처리 등에 관한 규칙」 제12조 제1항은 '디지털 데이터를 압수하는 경우에는 해시값을 확인한 후 전자정보 확인서를 작성하여야 한다.'고 규정하고 있다.

V 디지털 증거의 분석

① 증거분석관은 디지털 압수물이 변경되지 않도록 쓰기방지 장치 등을 사용하여 디지털 압수물과 동일한 복제본을 생성한 후 디지털 압수물과 복제본의 해시값을 기록하여야 한다.

② 증거분석관은 복제본을 이용하여 증거분석을 수행하여야 한다. 다만, 수사상 긴박한 사정이 있거나 복제본을 생성할 수 없는 불가피한 사정이 있는 경우에는 의뢰받은 디지털 압수물로 분석할 수 있다.

③ 증거분석관은 복제본과 증거분석을 통해 획득한 디지털 증거를 분석종료 시까지 별도의 디지털 저장매체에 안전하게 보관하여야 한다.

VI 판례

①「형사소송법」 제219조, 제121조에 의하면, 수사기관이 압수·수색영장을 집행할 때 피의자 또는 변호인은 그 집행에 참여할 수 있다. 압수의 목적물이 컴퓨터용 디스크 그밖에 이와 비슷한 정보저장매체인 경우에는 영장 발부의 사유로 된 범죄 혐의사실과 관련 있는 정보의 범위를 정하여 출력하거나 복제하여 이를 제출받아야 하고, 피의자나 변호인에게 참여의 기회를 보장하여야 한다.

② 수사기관이 정보저장매체에 기억된 정보 중에서 키워드 또는 확장자 검색 등을 통해 범죄 혐의사실과 관련 있는 정보를 선별한 다음 정보저장매체와 동일하게 비트열 방식으로 복제하여 생성한 파일(이하 '이미지 파일'이라 한다)을 제출받아 압수하였다면 이로써 압수의 목적물에 대한 압수·수색 절차는 종료된 것이므로, 수사기관이 수사기관 사무실에서 위와 같이 압수된 이미지 파일을 탐색·복제·출력하는 과정에서도 피의자 등에게 참여의 기회를 보장하여야 하는 것은 아니다.

③「형사소송법」 제219조, 제129조에 의하면, 압수한 경우에는 목록을 작성하여 소유자, 소지자, 보관자 기타 이에 준할 자에게 교부하여야 한다. 그리고 법원은 압수·수색영장의 집행에 관하여 범죄 혐의사실과 관련 있는 정보의 탐색·복제·출력이 완료된 때에는 지체 없이 압수된 정보의 상세목록을 피의자 등에게 교부할 것을 정할 수 있다. 압수물 목록은 피압수자 등이 압수처분에 대한 준항고를 하는 등 권리행사절차를 밟는 가장 기초적인 자료가 되므로, 수사기관은 이러한 권리행사에 지장이 없도록 압수 직후 현장에서 압수물 목록을 바로 작성하여 교부해야 하는 것이 원칙이다. 이러한 압수물 목록 교부 취지에 비추어 볼 때, 압수된 정보의 상세목록에는 정보의 파일 명세가 특정되어 있어야 하고, 수사기관은 이를 출력한 서면을 교부하거나 전자파일 형태로 복사해 주거나 e-메일을 전송하는 등의 방식으로도 할 수 있다.

④ 전자문서를 수록한 파일 등의 경우에는, 성질상 작성자의 서명 혹은 날인이 없을 뿐만 아니라 작성자 · 관리자의 의도나 특정한 기술에 의하여 내용이 편집 · 조작될 위험성이 있음을 고려하여, 원본임이 증명되거나 혹은 원본으로부터 복사한 사본일 경우에는 복사 과정에서 편집되는 등 인위적 개작 없이 원본의 내용 그대로 복사된 사본임이 증명되어야만 하고, 그러한 증명이 없는 경우에는 쉽게 증거능력을 인정할 수 없다. 그리고 증거로 제출된 전자문서 파일의 사본이나 출력물이 복사 · 출력 과정에서 편집되는 등 인위적 개작 없이 원본 내용을 그대로 복사 · 출력한 것이라는 사실은 전자문서 파일의 사본이나 출력물의 생성과 전달 및 보관 등의 절차에 관여한 사람의 증언이나 진술, 원본이나 사본 파일 생성 직후의 해시(Hash)값 비교, 전자문서 파일에 대한 검증 · 감정 결과 등 제반 사정을 종합하여 판단할 수 있다. 이러한 원본 동일성은 증거능력의 요건에 해당하므로 검사가 그 존재에 대하여 구체적으로 주장 · 증명해야 한다.

관련법조항 「**형사소송법**」

제106조(압수)

① 법원은 필요한 때에는 피고사건과 관계가 있다고 인정할 수 있는 것에 한정하여 증거물 또는 몰수할 것으로 사료하는 물건을 압수할 수 있다. 단, 법률에 다른 규정이 있는 때에는 예외로 한다.

② 법원은 압수할 물건을 지정하여 소유자, 소지자 또는 보관자에게 제출을 명할 수 있다.

③ 법원은 압수의 목적물이 컴퓨터용 디스크, 그밖에 이와 비슷한 정보저장매체(이하 이 항에서 "정보저장매체등"이라 한다)인 경우에는 기억된 정보의 범위를 정하여 출력하거나 복제하여 제출받아야 한다. 다만, 범위를 정하여 출력 또는 복제하는 방법이 불가능하거나 압수의 목적을 달성하기에 현저히 곤란하다고 인정되는 때에는 정보저장매체등을 압수할 수 있다.

제129조(압수목록의 교부)

압수한 경우에는 목록을 작성하여 소유자, 소지자, 보관자 기타 이에 준할 자에게 교부하여야 한다.

제215조(압수, 수색, 검증)

① 검사는 범죄수사에 필요한 때에는 피의자가 죄를 범하였다고 의심할 만한 정황이 있고 해당 사건과 관계가 있다고 인정할 수 있는 것에 한정하여 지방법원판사에게 청구하여 발부받은 영장에 의하여 압수, 수색 또는 검증을 할 수 있다.

② 사법경찰관이 범죄수사에 필요한 때에는 피의자가 죄를 범하였다고 의심할 만한 정황이 있고 해당 사건과 관계가 있다고 인정할 수 있는 것에 한정하여 검사에게 신청하여 검사의 청구로 지방법원판사가 발부한 영장에 의하여 압수, 수색 또는 검증을 할 수 있다.

제216조(영장에 의하지 아니한 강제처분)

① 검사 또는 사법경찰관은 제200조의2 · 제200조의3 · 제201조 또는 제212조의 규정에 의하여 피의자를 체포 또는 구속하는 경우에 필요한 때에는 영장없이 다음 처분을 할 수 있다.

1. 타인의 주거나 타인이 간수하는 가옥, 건조물, 항공기, 선차 내에서의 피의자 수색. 다만, 제200조의2 또는 제201조에 따라 피의자를 체포 또는 구속하는 경우의 피의자 수색은 미리 수색영장을 발부받기 어려운 긴급한 사정이 있는 때에 한정한다.
2. 체포현장에서의 압수, 수색, 검증

② 전항 제2호의 규정은 검사 또는 사법경찰관이 피고인에 대한 구속영장의 집행의 경우에 준용한다.

③ 범행 중 또는 범행직후의 범죄 장소에서 긴급을 요하여 법원판사의 영장을 받을 수 없는 때에는 영장없이 압수, 수색 또는 검증을 할 수 있다. 이 경우에는 사후에 지체없이 영장을 받아야 한다.

제217조(영장에 의하지 아니하는 강제처분)

① 검사 또는 사법경찰관은 제200조의3에 따라 체포된 자가 소유·소지 또는 보관하는 물건에 대하여 긴급히 압수할 필요가 있는 경우에는 체포한 때부터 24시간 이내에 한하여 영장 없이 압수·수색 또는 검증을 할 수 있다.

② 검사 또는 사법경찰관은 제1항 또는 제216조제1항제2호에 따라 압수한 물건을 계속 압수할 필요가 있는 경우에는 지체 없이 압수수색영장을 청구하여야 한다. 이 경우 압수수색영장의 청구는 체포한 때부터 48시간 이내에 하여야 한다.

③ 검사 또는 사법경찰관은 제2항에 따라 청구한 압수수색영장을 발부받지 못한 때에는 압수한 물건을 즉시 반환하여야 한다.

제218조(영장에 의하지 아니한 압수)

검사, 사법경찰관은 피의자 기타인의 유류한 물건이나 소유자, 소지자 또는 보관자가 임의로 제출한 물건을 영장 없이 압수할 수 있다.

[예상문제]

디지털 데이터 또는 디지털 저장매체 압수절차에 대한 설명으로 틀린 것은?

① 디지털 데이터 또는 디지털 저장매체를 압수하는 경우에는 피압수자 또는 참여인을 참여하게 한 후 데이터 고유 식별값(이하 "해시값"이라 한다)을 생성하여 확인 후 서명·날인하게 한다.

② 압수·수색현장 외의 장소에서 해시값을 확인하는 경우에도 피압수자 또는 참여인의 참여권을 보장하여야 한다.

③ 압수물 목록을 교부할 때, 수사기관은 이를 출력한 서면을 교부하거나 전자파일 형태로 복사해 주거나 e-메일을 전송하는 등의 방식으로도 할 수 있다.

④ 디지털 데이터 또는 디지털 저장매체를 제출받아 압수하고, 수사기관 사무실에서 위와 같이 압수된 이미지 파일을 탐색·복제·출력하는 경우에도 피의자 등에게 참여의 기회를 보장하여야 한다.

정답 ④

해설 수사기관이 정보저장매체에 기억된 정보 중에서 키워드 또는 확장자 검색 등을 통해 범죄 혐의사실과 관련 있는 정보를 선별한 다음 정보저장매체와 동일하게 비트열 방식으로 복제하여 생성한 파일(이하 '이미지 파일'이라 한다)을 제출받아 압수하였다면 이로써 압수의 목적물에 대한 압수·수색 절차는 종료된 것이므로, 수사기관이 수사기관 사무실에서 위와 같이 압수된 이미지 파일을 탐색·복제·출력하는 과정에서도 피의자 등에게 참여의 기회를 보장하여야 하는 것은 아니다.

Theme

155 저작권

I 의의

① 저작권에 대한 실질적 논의는 1455년 구텐베르크의 인쇄활자 개발로 거슬러 올라간다.

② 1486년 이탈리아 베니스에서 군주가 출판자에게 특권을 부여하는 '출판특허제도'가 시작되어 1500년경 유럽으로 확산되었으며, 1557년 영국왕실이 공식적 검열과 허가를 통한 출판허용을 칙령으로 발표하게 되었다.

③ 1709년 출판자에게 배타적 권리를 부여하는 「앤여왕법(The Statute of Anne)」을 세계 최초로 제정하였다.

④ 1791년 저작자를 위한 최초의 「저작권법」으로 「프랑스 공연권법」이 제정되었다.

⑤ 프랑스는 1793년 「문학 및 예술의 소유권에 관한 법률」을 제정하고 독일은 1871년 제2제국 탄생과 더불어 「제국 저작권법」을 제정하였다.

[예상문제]

저작권의 대상으로 옳은 것은?

① 구상 중인 사상이나 독창적인 아이디어
② 일기나 수필을 쓸 때 남보다 뛰어난 표현력
③ 객관적 사실을 전문 지식과 경험을 가지고 독창적으로 쓴 글
④ 육하원칙으로 작성된 사건 보도, 부고, 모임, 인사 발령 기사

정답 ③

해설 객관적 사실이라고 하더라도 단순히 기술한 것에 불과한 것이 아니라 전문지식과 경험을 가지고 독창적으로 쓴 것이라면 저작권의 보호를 받을 수 있다.
① 구상 중인 사상이나 독창적인 아이디어는 현실화되어 확정되지 않았기 때문에 창작물로 인정되지 않는다.
② 표현력 등 능력은 저작권으로 보호할 수 없다.
④ 육하원칙으로 작성된 사건 보도, 부고, 모임, 인사 발령 기사 등은 객관적인 사실을 단순히 기술한 것이어서 창작물로 볼 수 없다. 따라서 저작권의 보호 대상이 아니다.

저작권의 보호 대상이 될 수 없는 것을 있는 대로 고른 것은?

> ㄱ. 구상 중인 사상이나 독창적인 아이디어
> ㄴ. 표현력 등 능력
> ㄷ. 육하원칙으로 작성된 사건 보도
> ㄹ. 객관적 사실을 전문 지식과 경험을 가지고 독창적으로 쓴 글

① ㄱ, ㄴ
② ㄴ, ㄷ
③ ㄱ, ㄴ, ㄷ
④ ㄴ, ㄷ, ㄹ

정답 ③

해설 ㄱ. 구상 중인 사상이나 독창적인 아이디어는 현실화되어 확정되지 않았기 때문에 창작물로 인정되지 않는다.
ㄴ. 표현력 등 능력은 저작권으로 보호할 수 없다.
ㄷ. 육하원칙으로 작성된 사건 보도, 부고, 모임, 인사 발령 기사 등은 객관적인 사실을 단순히 기술한 것이어서 창작물로 볼 수 없다. 따라서 저작권의 보호 대상이 아니다.
ㄹ. 객관적 사실이라고 하더라도 단순히 기술한 것에 불과한 것이 아니라 전문지식과 경험을 가지고 독창적으로 쓴 것이라면 저작권의 보호를 받을 수 있다.

산업재산권의 대상으로 볼 수 없는 것은?

① 롤러스케이트의 발명
② 운동화에 부착된 회사의 상표
③ 비행기 제작 방법에 관하여 집필한 책
④ 자동차의 형상, 모양, 색채의 고유한 디자인

정답 ③

해설 비행기 제작 방법에 관하여 집필한 책은 물건으로서 물권 예를 들어 소유권의 보호 대상이지 지적재산권의 보호 대상이 아니다.
① 롤러스케이트의 발명은 특허권으로 보호된다.
② 운동화에 부착된 회사의 상표는 상표권으로 보호된다.
④ 자동차의 형상, 모양, 색체의 고유한 디자인은 디자인권으로 보호된다.

Ⅱ 「저작권법」의 목적

① 1957년 출판, 방송, 공연 등 창작물과 저작자에 대한 권리를 보호하고 관련 산업을 활성화하기 위해 제정되었다.

② 저작물을 창작한 저작자의 권리인 저작권과 이에 인접하는 권리인 저작인접권을 보호하고 저작물의 공정한 이용을 도모함으로써 문화 및 관련 산업의 향상 발전에 이바지함을 목적으로 한다.

③ 저작물은 인간의 사상 또는 감정을 표현한 창작물로서 실질적으로 모방되지 않고 독자적으로 창작된 것을 의미한다.

④ 저작권은 저작물의 창작과 동시에 발생하며 특허, 상표 등 산업재산권과는 달리 어떠한 절차나 방식을 요구하지 않는다.

Ⅲ 「저작권법」의 구성

1 의의

저작권은 저작재산권, 저작인격권은 물론 저작인접권을 포함하는 권리이다.

2 저작재산권

① 저작재산권은 경제적 이익을 보호하는 권리로 그 전부 또는 일부를 양도하거나 이전할 수 있다.

② 저작자가 생존하는 동안과 사망 후 70년간 보호된다.

③ 복제권, 공연권, 방송권, 디지털음성송신권, 전시권, 배포권, 대여권, 2차적 저작물 작성권 등이 저작재산권에 포함된다.

3 저작인격권

① 저작인격권은 공표권, 성명표시권, 동일성유지권으로 구성된다.

② 저작인격권은 저작자의 명예 · 덕망 등 인격을 보호하는 일신전속적인 권리로서 양도나 상속이 불가능하다.

4 저작인접권

① 저작인접권은 일반 공중에게 저작물을 전달하는 데 상당한 창작적 기여를 한 자에게 부여하는 권리이다.

② 직접 저작물을 창작하지 않았지만 창작에 준하는 역할로 저작에 준하는 권리를 부여한다.

③ 실연자(가수, 탤런트, 영화배우, 연주자 등), 음반제작자(음을 최초로 고정한 자), 방송사업자 등의 권리가 이에 해당한다.

예상문제

저작권에 대한 설명으로 틀린 것은?

① 저작자는 저작인격권과 저작재산권을 가진다.

② 저작인격권은 공표권, 성명표시권, 배포권으로 구성된다.

③ 저작인격권은 저작자 일신에 전속하는 권리로서 양도나 상속이 불가하다.

④ 저작재산권은 원칙적으로 저작자가 생존하는 동안과 사망한 후 70년간 존속한다.

정답 ②

해설 저작인격권은 공표권, 성명권, 동일성 유지권으로 구성된다.

Ⅳ 저작물과 저작자

1 저작물의 종류

(1) 1차적 저작물

① 소설 · 시 · 논문 · 강연 · 연설 · 각본 그밖의 어문저작물

② 음악저작물

③ 연극 및 무용 · 무언극 그밖의 연극저작물

④ 회화 · 서예 · 조각 · 판화 · 공예 · 응용미술저작물 그밖의 미술저작물

⑤ 건축물 · 건축을 위한 모형 및 설계도서 그밖의 건축저작물

⑥ 사진저작물(이와 유사한 방법으로 제작된 것을 포함)

⑦ 영상저작물

⑧ 지도 · 도표 · 설계도 · 약도 · 모형 그밖의 도형저작물

⑨ 컴퓨터프로그램저작물 등

(2) 2차적 저작물

① 원저작물을 번역, 편곡, 변형, 각색, 영상 제작한 것이다.

② 그 밖의 방법으로 작성한 창작물로 독자적인 저작물로서 보호된다.

③ 2차적 저작물의 보호는 그 원저작물의 저작자의 권리에 영향을 미치지 아니한다.

④ 편집저작물은 독자적인 하나의 저작물로서 보호된다.

⑤ 편집저작물의 보호는 그 편집저작물의 구성부분이 되는 소재의 저작권 그밖에 이 법에 따라 보호되는 권리에 영향을 미치지 아니한다.

(3) 보호받지 못하는 저작물

① 헌법 · 법률 · 조약 · 명령 · 조례 및 규칙

② 국가 또는 지방자치단체의 고시 · 공고 · 훈령 그밖에 이와 유사한 것

③ 법원의 판결 · 결정 · 명령 및 심판이나 행정심판절차 그밖에 이와 유사한 절차에 의한 의결 · 결정 등

④ 국가 또는 지방자치단체가 작성한 것으로서 위에 규정된 것의 편집물 또는 번역물

⑤ 사실의 전달에 불과한 시사보도 등

2 저작자

① 저작물의 원본이나 그 복제물에 저작자로서의 실명 또는 이명(예명 · 아호 · 약칭 등)으로서 널리 알려진 것이 일반적인 방법으로 표시된 자

② 저작물을 공연 또는 공중송신하는 경우에 저작자로서의 실명 또는 저작자의 널리 알려진 이명으로서 표시된 자

③ 저작자의 표시가 없는 저작물의 경우에는 발행자 · 공연자 또는 공표자로 표시된 자가 저작권을 가지는 것으로 추정한다.

④ 법인 등의 명의로 공표되는 업무상 저작물의 저작자는 계약 또는 근무규칙 등에 다른 정함이 없는 때에는 그 법인으로 한다. 다만, 컴퓨터프로그램저작물의 경우 공표될 것을 요하지 않는다.

⑤ 저작자는 저작권(저작인격권)을 가지며, 저작권은 저작물을 창작한 때부터 발생하며 어떠한 절차나 형식의 이행을 필요로 하지 아니한다.

V 저작인격권

1 공표권

① 공표는 저작물을 공연, 공중송신 또는 전시 그 밖의 방법으로 공중에게 공개하는 경우와 저작물을 발행하는 경우를 말하는 것으로 저작자는 그의 저작물을 공표하거나 공표하지 아니할 것을 결정할 권리를 가진다.

② 저작자가 공표되지 아니한 저작물의 저작재산권을 양도, 이용허락, 출판권의 설정 또는 프로그램 배타적 발행권의 설정을 한 경우에는 그 상대방에게 저작물의 공표를 동의한 것으로 추정한다.

③ 저작자가 공표되지 아니한 미술저작물, 건축저작물 또는 사진저작물의 원본을 양도한 경우에는 그 상대방에게 저작물 원본의 전시방식에 의한 공표를 동의한 것으로 추정한다.

④ 원저작자의 동의를 얻어 작성된 2차적 저작물 또는 편집저작물이 공표된 경우에는 그 원저작물도 공표된 것으로 본다.

⑤ 공표하지 아니한 저작물을 저작자가 도서관 등에 기증한 경우 별도의 의사를 표시하지 않는 한 기증한 때에 공표에 동의한 것으로 추정한다.

2 성명표시권

① 저작자는 저작물의 원본이나 그 복제물 또는 저작물의 공표매체에 그의 실명 또는 이명을 표시할 권리를 가진다.

② 저작물을 이용하는 자는 그 저작자의 특별한 의사표시가 없는 때에는 저작자가 그의 실명 또는 이명을 표시한 바에 따라 이를 표시한다.

3 동일성 유지권

① 학교교육 목적상 부득이하다고 인정되는 범위 안에서의 표현의 변경

② 건축물의 증축 · 개축 그 밖의 변형

③ 특정한 컴퓨터 외에는 이용할 수 없는 프로그램을 다른 컴퓨터에 이용할 수 있도록 하기 위하여 필요한 범위에서의 변경

④ 프로그램을 특정한 컴퓨터에 보다 효과적으로 이용할 수 있도록 하기 위하여 필요한 범위에서의 변경

⑤ 그밖에 저작물의 성질이나 그 이용의 목적 및 형태 등에 비추어 부득이하다고 인정되는 범위 안에서의 변경 등

4 저작인격권의 일신전속성

① 저작인격권은 저작자 일신에 전속한다.

② 저작자의 사망 후에 그의 저작물을 이용하는 지는 저작자가 생존하였더라면 그 저작인격권의 침해가 될 행위를 하여서는 안 된다.

③ 다만, 그 행위의 성질 및 정도에 비추어 사회통념상 그 저작자의 명예를 훼손하는 것이 아니라고 인정되는 경우에는 예외로 한다.

5 공동저작물의 저작인격권

① 공동저작물의 저작인격권은 저작자 전원의 합의에 의해서만 행사할 수 있다.

② 이 경우 각 저작자는 신의에 반하여 합의의 성립을 방해할 수 없다.

③ 공동저작물 저작자는 그들 중 저작인격권을 대표하여 행사할 수 있는 자를 지정할 수 있다.

④ 공동저작물의 권리를 대표하여 행사하는 자의 대표권에 가하여진 제한이 있을 때에 그제한은 선의의 제3자에게 대항할 수 없다.

[예상문제]

공공저작물 자유이용 대상에서 제외되는 경우가 아닌 것은?

① 국가 또는 지방자치단체가 업무상 작성하여 공표한 저작물
② 국가안전보장에 관련되는 정보를 포함한 저작물
③ 개인의 사생활에 해당하는 저작물
④ 「국유재산법」에 따른 국유재산으로 관리되는 저작물

정답 ①

해설 국가 또는 지방자치단체가 업무상 작성하여 공표한 저작물은 오히려 허락 없이 이용이 가능하다.

Ⅵ 저작재산권

1 저작재산권의 종류

(1) 복제권

저작자가 그의 저작물을 복제할 권리

(2) 공연권

저작자가 그의 저작물을 공연할 권리

(3) 공중송신권

저작자가 그의 저작물을 공중송신할 권리

(4) 전시권

저작자가 미술저작물 등의 원본이나 그 복제물을 전시할 권리

(5) 배포권

저작자가 저작물의 원본이나 그 복제물을 배포할 권리. 다만, 저작물의 원본이나 그 복제물이 해당 저작재산권자의 허락을 받아 판매 등의 방법으로 거래에 제공된 경우에는 그러하지 아니함

(6) 대여권

저작자가 판매용 음반이나 판매용 프로그램을 영리를 목적으로 대여할 권리

(7) 2차적 저작물 작성권

저작자가 그의 저작물을 원저작물로 하는 2차적 저작물을 작성하여 이용할 권리

2 저작재산권의 제한(열거주의)

① 재판절차, 입법 및 행정목적 등을 위한 저작물의 복제(제23조)
② 공개적으로 행한 정치적 연설, 법정 · 국회 · 지방의회에서의 진술 등의 이용(제24조)
③ 학교교육 목적 등을 위한 이용(제25조)
④ 시사보도를 위한 저작물의 간접적 이용(제26조)
⑤ 시사적인 기사 및 논설 등의 다른 언론기관에 의한 복제(제27조)
⑥ 공표된 저작물의 인용(제28조)
⑦ 영리를 목적으로 하지 아니하는 저작물의 공연 · 방송(제29조)
⑧ 사적 이용을 위한 복제(제30조)
⑨ 도서관 등에 의한 소장자료의 복제 · 전송(제31조)
⑩ 저작물을 시험문제로의 복제(제32조)
⑪ 시각장애인 등을 위한 저작물의 점자 등으로의 복제 · 전송(제33조)
⑫ 방송사업자의 자체방송을 위한 저작물의 일시적 녹음 · 녹화(제34조)
⑬ 미술저작물 등의 일정한 장소에서의 전시 또는 복제(제35조)
⑭ 위와 같은 이용을 위한 저작물의 번역 · 편곡 · 개작 이용(제36조)

3 저작재산권의 보호기간

① 저작재산권은 특별한 규정이 있는 경우를 제외하고는 저작자가 생존하는 동안과 사망한 후 70년간 존속한다.
② 공동저작물의 저작재산권은 맨 마지막으로 사망한 저작자가 사망한 후 70년간 존속한다.
③ 무명 또는 널리 알려지지 아니한 이명이 표시된 저작물의 저작재산권은 공표된 때부터 70년간 존속한다. 다만, 이 기간 내에 저작자가 사망한지 70년이 지났다고 인정할 만한 정당한 사유가 발생한 경우에는 그 저작재산권은 저작자가 사망한 후 70년이 지났다고 인정되는 때에 소멸한 것으로 본다.
④ 업무상저작물의 저작재산권은 공표한 때부터 70년간 존속한다. 다만, 창작한 때부터 50년 이내에 공표되지 아니한 경우에는 창작한 때부터 70년간 존속한다.
⑤ 영상저작물의 저작재산권은 공표한 때부터 70년간 존속한다. 다만, 창작한 때부터 50년 이내에 공표되지 아니한 경우에는 창작한 때부터 70년간 존속한다.
⑥ 저작재산권의 보호기간을 계산하는 경우에는 저작자가 사망하거나 저작물을 창작 또는 공표한 다음 해부터 기산한다.

 생각넓히기 | **미키마우스법**

미국에서 시행된 저작권법 중 하나로 월트 디즈니 사의 압력으로 미국 의회가 저작권 보호기간을 저작자 사후 50년이던 것을 70년으로 연장했다. 정확한 법명은 「Copyright Term Extension Act」로 이것을 해석하면 「저작권 연장법(著作權延長法)」인데, 1998년에 통과된 「소니 보노 저작권 연장법(Sonny Bono Copyright Term Extension Act)」이 대표적으로 미키 마우스의 저작권 보호기간을 연장한다고 해서 미키마우스법이라고 부른다.

Ⅶ 저작인접권

1 보호받는 실연 · 음반 · 방송

(1) 실연

① 대한민국 국민(대한민국 법률에 따라 설립된 법인 및 대한민국 내에 주된 사무소가 있는 외국법인을 포함)이 행하는 실연

② 대한민국이 가입 또는 체결한 조약에 따라 보호되는 실연

③ 음반에 고정된 실연

④ 방송에 의하여 송신되는 실연(송신 전에 녹음 또는 녹화되어 있는 실연은 제외)

(2) 음반

① 대한민국 국민을 음반제작자로 하는 음반

② 음이 맨 처음 대한민국 내에서 고정된 음반

③ 대한민국이 가입 또는 체결한 조약에 따라 보호되는 음반으로서 체약국 내에서 최초로 고정된 음반

④ 대한민국이 가입 또는 체결한 조약에 따라 보호되는 음반으로서 체약국의 국민(당해 체약국의 법률에 따라 설립된 법인 및 당해 체약국 내에 주된 사무소가 있는 법인을 포함)을 음반제작자로 하는 음반

(3) 방송

① 대한민국 국민인 방송사업자의 방송

② 대한민국 내에 있는 방송설비로부터 행하여지는 방송

③ 대한민국이 가입 또는 체결한 조약에 따라 보호되는 방송으로서 체약국의 국민인 방송사업자가 당해 체약국 내에 있는 방송설비로부터 행하는 방송

2 저작인접권의 종류

(1) 실연자의 권리

① 성명표시권

㉠ 실연자는 그의 실연 또는 실연의 복제물에 그의 실명 또는 이명을 표시할 권리

㉡ 실연을 이용하는 자는 그 실연자의 특별한 의사표시가 없는 때에는 실연자가 그의 실명 또는 이명을 표시한 바에 따라 표시

㉢ 실연의 성질이나 그 이용목적 및 형태 등에 비추어 부득이하다고 인정되는 경우에는 예외

② 동일성 유지권

㉠ 실연자는 그의 실연 내용과 형식의 동일성을 유지할 권리

㉡ 실연의 성질이나 그 이용목적 및 형태 등에 비추어 부득이하다고 인정되는 경우에는 그러하지 아니함

③ 실연자 인격권의 일신전속성

실연자의 인격권은 실연자 일신에 전속한다.

④ 복제권

실연자는 그의 실연을 복제할 권리를 가진다.

⑤ 배포권

실연자는 그의 실연 복제물을 배포할 권리를 가진다.

⑥ 대여권

실연자는 실연이 녹음된 판매용 음반을 영리를 목적으로 대여할 권리를 가진다.

⑦ 공연권

실연자는 그의 고정되지 아니한 실연을 공연할 권리를 가진다. 다만, 그 실연이 방송되는 실연인 경우는 그러하지 아니하다.

⑧ 방송권

실연자는 그의 실연을 방송할 권리를 가진다. 다만, 실연자의 허락을 받아 녹음된 실연의 경우는 그러하지 아니하다.

⑨ 전송권

실연자는 그의 실연을 전송할 권리를 가진다.

⑩ 방송사업자의 실연자에 대한 보상

방송사업자가 실연이 녹음된 판매용 음반을 사용하여 방송하는 경우에는 상당한 보상금을 그 실연자에게 지급한다.

⑪ 디지털음성송신사업자의 실연자에 대한 보상

디지털음성송신사업자가 실연이 녹음된 음반을 사용하여 송신하는 경우에는 상당한 보상금을 그 실연자에게 지급한다.

⑫ 판매용 음반을 사용하여 공연하는 자의 실연자에 대한 보상

판매용 음반을 사용하여 공연하는 자의 실연자에 대한 보상으로 실연이 녹음된 판매용 음반을 사용하여 공연을 하는 자는 상당한 보상금을 해당 실연자에게 지급한다. 다만, 실연자가 외국인인 경우에 그 외국에서 대한민국 국민인 실연자에게 보상금을 인정하지 아니하는 때에는 그러하지 아니하다.

⑬ 공동실연자

2인 이상이 공동으로 합창 · 합주 또는 연극 등을 실연하는 경우에 실연자의 권리는 공동으로 실연하는 자가 선출하는 대표자가 이를 행사한다. 다만, 대표자의 선출이 없는 경우에는 지휘자 또는 연출자 등이 이를 행사한다.

(2) 음반제작자의 권리

① 음반을 복제할 권리

② 판매용 음반을 영리를 목적으로 대여할 권리

③ 음반을 전송할 권리

(3) 방송사업자의 권리

① 방송을 복제할 권리

② 방송을 동시 중계 방송할 권리

3 저작인접권의 보호기간

저작인접권은 다음 어느 하나에 해당하는 경우 발생하며 어떠한 절차나 형식을 필요로 하지 않는다. 보호기간은 다음 해부터 기산하여 70년간 존속(방송의 경우에는 50년)한다.

① 실연의 경우에는 그 실연을 한 때

② 음반의 경우에는 그 음반을 발행한 때

③ 방송의 경우에는 그 방송을 한 때

Ⅷ 기타 특례

1 영상저작물에 관한 특례

(1) 저작물의 영상화

① 저작재산권자가 저작물의 영상화를 다른 사람에게 허락한 경우 특약이 없는 때에는 다음의 권리를 포함하여 허락한 것으로 추정한다.

㉠ 영상저작물을 제작하기 위하여 저작물을 각색하는 것

㉡ 공개상영을 목적으로 한 영상저작물을 공개상영하는 것

㉢ 방송을 목적으로 한 영상저작물을 방송하는 것

㉣ 전송을 목적으로 한 영상저작물을 전송하는 것

㉤ 영상저작물을 그 본래의 목적으로 복제 · 배포하는 것

㉥ 영상저작물의 번역물을 그 영상저작물과 같은 방법으로 이용하는 것

② 저작재산권자는 그 저작물의 영상화를 허락한 경우에 특약이 없는 때에는 허락한날부터 5년이 경과한 때에 그 저작물을 다른 영상저작물로 영상화하는 것을 허락할 수 있다.

(2) 영상저작물에 대한 권리

① 영상제작자와 영상저작물의 제작에 협력할 것을 약정한 자가 그 영상저작물에 대하여 저작권을 취득한 경우 특약이 없는 한 그 영상저작물의 이용을 위하여 필요한 권리는 영상제작자가 이를 양도받은 것으로 추정

② 영상저작물의 제작에 사용되는 소설, 각본, 미술저작물 또는 음악저작물 등의 저작재산권은 전항의 영향을 받지 아니함

③ 영상제작자와 영상저작물의 제작에 협력할 것을 약정한 실연자의 그 영상저작물의 이용에 관한 복제권, 배포권, 방송권 및 전송권은 특약이 없는 한 영상제작자가 이를 양도받은 것으로 추정

(3) 영상제작자의 권리

① 영상제작물의 제작에 협력할 것을 약정한 자로부터 영상제작자가 양도 받는 영상저작물의 이용을 위하여 필요한 권리는 영상저작물을 복제 · 배포 · 공개상영 · 방송 · 전송 그 밖의 방법으로 이용할 권리로 하며, 이를 양도하거나 질권의 목적으로 할 수 있다.

② 실연자로부터 영상제작자가 양도 받는 권리는 그 영상저작물을 복제 · 배포 · 방송 또는 전송할 권리로 하며, 이를 양도하거나 질권의 목적으로 할 수 있다.

2 프로그램에 관한 특례

(1) 보호의 대상

프로그램을 작성하기 위하여 사용하는 다음의 사항에는 「저작권법」을 적용하지 아니한다.

① 프로그램 언어: 프로그램을 표현하는 수단으로서 문자 · 기호 및 그 체계

② 규약: 특정한 프로그램에서 프로그램 언어의 용법에 관한 특별한 약속

③ 해법: 프로그램에서 지시 · 명령의 조합방법

(2) 공표된 프로그램을 복제 또는 배포가 가능한 경우

① 재판 또는 수사를 위하여 복제하는 경우

② 「유아교육법」, 「초 · 중등교육법」, 「고등교육법」에 따른 학교 및 다른 법률에 따라 설립된 교육기관(상급학교 입학을 위한 학력이 인정되거나 학위를 수여하는 교육기관에 한한다)에서 교육을 담당하는 자가 수업과정에 제공할 목적으로 복제 또는 배포하는 경우

③ 「초 · 중등교육법」에 따른 학교 및 이에 준하는 학교의 교육목적을 위한 교과용 도서에 게재하기 위하여 복제하는 경우

④ 가정과 같은 한정된 장소에서 개인적인 목적(영리를 목적으로 하는 경우를 제외한다)으로 복제하는 경우

⑤ 「초 · 중등교육법」, 「고등교육법」에 따른 학교 및 이에 준하는 학교의 입학시험이나 그 밖의 학식 및 기능에 관한 시험 또는 검정을 목적(영리를 목적으로 하는 경우를 제외)으로 복제 또는 배포하는 경우

⑥ 프로그램의 기초를 이루는 아이디어 및 원리를 확인하기 위하여 프로그램의 기능을 조사, 연구, 시험할 목적으로 복제하는 경우(정당한 권한에 의하여 프로그램을 이용하는 자가 해당 프로그램을 이용 중인 때에 한함) 등

⑦ 컴퓨터의 유지보수를 위하여 그 컴퓨터를 이용하는 과정에서 프로그램(정당하게 취득한 경우에 한함)을 일시적으로 복제 가능

(3) 정당한 이용자에 대하여 보존을 위한 복제가 가능한 경우

① 프로그램의 복제물을 정당한 권한에 의하여 소지 · 이용하는 자로 그 복제물의 멸실, 훼손 또는 변질 등에 대비하기 위하여 필요한 범위에서 해당 복제물의 복제가 가능

② 프로그램의 복제물을 소지 · 이용하는 자가 해당프로그램의 복제물을 소지 · 이용할 권리를 상실한 때에는 저작재산권자의 특별한 의사표시가 없는 한 복제한 것을 폐기

Ⅸ 한국저작권위원회

1 구성

(1) 의의

① 「저작권법」에 따라 보호되는 권리에 관한 사항을 심의하고 저작권에 관한 분쟁을 알선, 조정하며, 저작권의 보호 및 공정한 이용에 필요한 사업을 수행

② 위원회는 위원장 1명, 부위원장 2명을 포함한 20명 이상 25명 이내의 위원으로 구성

③ 위원은 문화체육관광부장관이 위촉하며, 위원장과 부위원장은 위원 중에서 호선

(2) 저자권위원회의 위원 요건

① 대학이나 공인된 연구기관에서 부교수 이상 또는 이에 상당하는 직위에 있거나 있었던 자로서 저작권 관련 분야를 전공한 자

② 판사 또는 검사의 직에 있는 자 및 변호사의 자격이 있는 자

③ 4급 이상의 공무원 또는 이에 상당하는 공공기관의 직에 있거나 있었던 자로서 저작권 또는 문화산업 분야에 실무경험이 있는 자

④ 저작권 또는 문화산업 관련 단체의 임원의 직에 있거나 있었던 자

⑤ 기타 저작권 또는 문화산업 관련 업무에 관한 학식과 경험이 풍부한 자

(3) 위원의 임기

위원의 임기는 3년으로 하되, 연임 가능, 다만, 직위를 지정하여 위촉하는 위원의 임기는 해당 직위에 재임하는 기간으로 함

2 위원회의 업무

① 분쟁의 알선 · 조정

② 저작권위탁관리업자의 수수료 및 사용료의 요율 또는 금액에 관한사항 및 문화체육관광부장관 또는 위원 3인 이상이 공동으로 부의하는 사항의 심의

③ 저작물 등의 이용질서 확립 및 저작물의 공정한 이용 도모를 위한 사업

④ 저작권 보호를 위한 국제협력

⑤ 저작권 연구 · 교육 및 홍보

⑥ 저작권 정책의 수립 지원

⑦ 기술적 보호조치 및 권리관리정보에 관한 정책 수립 지원

⑧ 저작권 정보 제공을 위한 정보관리 시스템 구축 및 운영

⑨ 저작권의 침해 등에 관한 감정
⑩ 온라인서비스 제공자에 대한 시정권고 및 문화체육관광부장관에 대한 시정명령 요청
⑪ 법령에 따라 위원회의 업무로 정하거나 위탁하는 업무
⑫ 그밖에 문화체육관광부장관이 위탁하는 업무

Theme

156 지적재산권 관련 국제기구

I 세계지적재산권기구(World Intellectual Property Organization, WIPO)

① 1886년 베른조약이 저작권 문제를 해결하기 위해 발효되었다.

② 1883년 파리조약이 산업재산권 문제를 해결하기 위해 발효되었다.

③ 베른조약과 파리조약을 관리하고 사무기구 문제를 처리하기 위해 1967년에 체결된 「세계지적재산권기구설립조약」 에 따라 WIPO가 설립되었다.

④ WIPO는 1974년 국제연합(United Nations, UN)의 전문기구가 되었다.

⑤ WIPO는 발명, 상표, 디자인 등 산업적 소유권과 문학, 음악, 사진 및 기타 예술작품 등 저작물의 세계적인 보호를 목적으로 하며, 정책결정기관인 총회를 3년마다 개최하고 회의한다.

⑥ WIPO는 지적재산권의 국제적 보호 촉진, 국제협력을 목적으로 하며, 이를 위해 조약의 체결이나 각국 법제의 조화를 도모하고, 개발도상국에 대해서는 지적소유권에 관한 법률 제정이나 기술 등에 대하여 원조한다.

⑦ 한국은 1973년에 WIPO 옵서버로 참석하였다가 1979년에 가입하였다.

Ⅱ 무역관련 지적재산권협정(Trade Related Intellectual Properties, TRIPs)

① TRIPs는 무역관련 지적재산권을 규제하는 다자간 협약이다.

② TRIPs는 특허권, 의장권, 상표권, 저작권 등 지적재산권에 대한 최초의 다자간 규범으로 UR 다자간 협상의 한 가지 의제로 채택되었다.

③ TRIPs는 지적재산권의 국제적인 보호를 강화하고 침해에 대한 구제수단을 명시하고 있다.

④ TRIPs 규정은 세계무역기구(WTO) 회원국 모두에게 적용된다.

⑤ TRIPs 규범은 최혜국대우를 원칙으로 하며, 특허, 의장, 상표, 저작권 외에도 컴퓨터 프로그램, 데이터베이스, 반도체, 영업비밀 등도 보호 대상으로 추가되었다.

⑥ 우리나라는 1995년 1월 1일 TRIPs에 가입하였다.

Ⅲ 세계저작권협약(Universal Copyright Convention, UCC)

1 의의

① 1952년 9월 6일 제네바에서 채택된 저작권에 관한 국제협약이다.

② 우리나라는 현재 세계저작권협약에 가입되어 있다.

2 국가 간 저작권보호에 관한 방식

① 방식주의는 저작권의 발생 및 행사에 일정한 방식(등록, 저작권표시, 납본 등)의 이행을 요건으로 하는 제도이다. 미국의 저작권법과 남미국가들 간의 범아메리카조약(Pan-American Convention) 등이 채택하고 있다.

② 무방식주의는 저작물의 창작과 동시에 저작권이 당연히 발생한다는 제도이다. 유럽을 비롯한 아시아·아프리카 국가들은 베른조약의 무방식주의를 따르고 있다.

3 세계저작권협약의 목적

① 두 가지 방식의 국가들 간에 저작권보호상에 마찰이 생겨 이를 해소하기 위해 유네스코의 주도 아래 성립된 것이 곧 세계저작권협약으로 속칭 유네스코조약이라고도 부른다.

② 이 협약의 주요 골자는 상호주의 원칙에 따라 그 가입국들의 저작권을 보호하기 위해, ⓒ라는 저작권 표시기호를 저작물에 표기하면 무방식주의 국가들의 저작물이 방식주의 국가들에서도 아무런 방식을 요함이 없이 그 저작권이 보호된다.

Ⅳ 베른협약(Berne Convention)

① 베른협약은 산업재산권 보호에 관한 파리조약과 함께, 지식재산권에 관한 국제조약 중 하나이다.

② 1886년 9월 스위스 베른에서 체결된 협약으로, 문학적 · 예술적 저작물의 저작자 권리를 보호하기 위해 만들어졌다.

③ 베른협약은 내국인 대우 원칙, 최소한의 보호, 무방식주의, 소급보호 등을 기본원칙으로 한다.

④ 베른협약은 서적 · 소책자 · 강의 · 연극 · 무용 · 영화 등의 문학 및 예술적 저작물을 대상으로 한다.

⑤ 베른협약에 따르면, 저작권은 저작자의 생존기간 및 사후 50년 동안 보호한다는 것이 원칙이다.

⑥ 베른협약에서 보호되는 권리로는, 저작인격권에 해당하는 공표권 · 동일성 유지권 · 성명표시권이 있으며, 저작재산권으로는 복제권 · 번역권 · 낭독권 등이 있다.

⑦ 우리나라는 1996년에 베른협약에 가입하였다.

Ⅴ 제네바음반협약

① 국제적으로 증가하고 있던 해적판 음반 배제의 필요성이 급선무가 되어 이를 위한 「연주가 등 보호협약」의 이른바 특별법으로서 음반제작자의 보호를 도모한 것이 이 협약이며, 「해적판 방지협약」이라고도 한다.

② 유네스코와 세계지적재산권기구(WIPO)의 협력하에 1971년 10월 29일에 제네바에서 합의하여 제정되고, 1973년 4월 18일 발효되었다.

③ 우리나라는 1987년에 제네바음반협약에 가입하였다.

④ 보호목적은 음반의 무단복제물의 작성, 수입 및 반포로부터 협약체결국 음반제작자의 보호이다.

⑤ 각국 법령, 예를 들어 「저작권법」, 「부정경쟁방지법」, 「형법」 등을 통해 보호한다.

⑥ 보호기간도 각국 법령에 의하지만 음반에 수록되어 있는 소리가 최초로 고정된 연도 또는 음반이 최초로 발행된 연도의 종료부터 20년보다 짧게 하는 것은 인정되지 않는다.

⑦ 방식주의국를 채택한 국가들은 보호요건을 완화하여 ⓟ표시가 커버에 최초의 발효연도와 함께 표시하는 것을 요건으로서 보호한다.

Ⅵ 로마협약

① 로마협약은 저작인접권 보호를 위한 국제협약이다.

② 1950년대부터 저작물을 실연하고 그 배포에 기여하는 저작인접권자에 대한 국제적 보호방안이 강구되기 시작하였다.

③ 1961년에는 "실연자, 음반제작자 및 방송사업자의 보호를 위한 국제협약(일명 '로마협약')"이 체결되었다.

④ 국제노동기구(ILO), 세계지적재산권기구(WIPO), UN 교육과학문화기구(UNESCO)가 함께 로마협약을 관장하고 있다.

⑤ 로마협약은 내국인 대우를 원칙으로 하며, 저작인접권의 최소한의 보호기준을 설정하고 있다.

⑥ 로마협약은 실연자의 녹음 · 녹화권 · 방송권, 2차 사용료 청구권, 공연권 등을 보호한다.

⑦ 로마협약은 음반제작자의 복제권, 배포권 및 2차 사용료 청구권 등을 보호한다.

⑧ 로마협약은 방송사업자의 녹음 · 녹화권, 동시방송중계권, 공중전달권 등을 보호한다.

⑨ 음반 및 음반에 수록된 실연의 보호기간은 고정이 이루어진 해의 연도 말로부터 20년이며, 음반에 수록되지 않은 실연의 보호기간은 실연이 행하여진 해의 연도 말로부터 20년이다.

⑩ 방송에 대해서는 방송이 이루어진 해 연도 말로부터 20년의 보호기간이 적용된다.

⑪ 우리나라는 2008년에 국제저작권보호협약에 가입하였다.

Ⅶ 지적재산권 관련 국제조약의 분류

1 의의

① 지적재산권 국제 보호조약으로 「파리협약」, 「마드리드 협정」, 「상표법 조약」, 「나이로비 조약」, 「특허법 조약」, 「베른협약」, 「로마협약」 등이 있다.

② 국제등록조약으로 「특허협력조약」, 「마드리드 협정」, 「리스본 협정」, 「부다페스트 조약」, 「헤이그 협정」, 「마드리드 의정서」, 「음반 불법복제 방지 제네바 협약」, 「통신위성 송신 프로그램 신호 배분에 관한 브뤼셀 협약」 등이 있다.

③ 분류제도 관련 조약으로 「스트라스부르그 협정」, 「니스 협정」, 「비엔나 협정」, 「로카르노 협정」 등이 있다.

2 국제 저작권 관련 조약들의 주요 내용

구분	주요 내용	가입
세계저작권협약 (UCC)	• 유네스코 관장 저작권 국제조약으로 저작권 보호에 방식주의(ⓒ마크) 적용 • 대부분 국가가 무방식주의를 지향하는 바, 실질적 영향력이 없는 국제조약으로 1952년 체결	1987년 10월 1일
음반협약	• 음반의 무단복제 및 배포금지 • 단일 내용을 규정하며 영향력이 거의 없는 국제조약으로 1971년 체결	1987년 10월 10일
TRIPs (무역관련 지적재산권에 관한 협정)	• 공정한 무역질서 형성을 위해 지적재산권 분야(저작권, 상표권 등) 전반을 포괄하는 규범으로 WTO 협정에 포함됨(150여 개국 가입) • 베른협약, 로마협약의 실체적 규정을 원용하고 있으며, 회원국에 최혜국 대우 의무(MFN)를 규정 • 국가 간 분쟁 시 WTO 분쟁절차규정이 적용되어 보복조치 등이 인정되는 등 지재권 보호를 위한 집행기능이 강화됨 • 저작권자, 실연자, 음반제작자의 보호기간은 50년, 방송사업자의 경우는 20년으로 규정	1995년 1월 1일
베른협약 (문화 · 예술 저작물의 보호를 위한 베른협약)	• 1886년에 체결된 협약으로 현재 160여 개국 가입 • 저작권의 국제적 보호에 관한 가장 중요하고 기본적인 조약 • 문학, 학술, 예술 범위에 속하는 모든 저작물이 보호 대상임 • 어문, 영상 저작물 등의 저작권보호기간을 50년으로 규정	1996년 8월 21일
WCT (세계지적재산권기구 저작권 조약)	• 베른협약의 특별협정으로 인터넷 시대의 저작권 보호를 위한 국제조약으로 1996년에 체결(60여 개국 가입) • 저작권 보호기간은 50년으로 규정 • 기술적 보호조치 권리관리정보 보호에 관한 규정 도입	2004년 6월 24일
WPPT (세계지적재산권기구 실연자, 음반제작자 보호 조약)	• 로마협약 내용 중 실연 및 음반관련 규정을 인터넷 시대에 맞게 개정한 국제조약으로 1996년에 체결(60여 개국 가입) • 실연자, 음반 제작자의 보호기간 50년으로 규정 음반조약 • 기술적 보호조치, 권리관리정보 보호에 관한 규정 도입	2008년 12월 18일
로마협약 (실연자, 음반제작자 및 방송사업자의 보호를 위한 국제협약)	• 1961년 체결된 협약으로 현재 80여 개국 가입 • 저작인접권의 국제적 보호에 관한 기본적인 조약 • 저작인접권자의(실연자, 음반제작자, 방송사업자) 권리보호 • 저작인접권의 보호기간을 20년으로 규정	2008년 12월 18일

예상문제

다음 중 지적재산권 관련 조약에 대한 설명으로 틀린 것은?

① 무역관련 지적재산권협정(TRIPs)은 특허권, 의장권, 상표권, 저작권 등 지적재산권에 대한 최초의 다자간 규범이다.
② 세계저작권협약(UCC)은 방식주의와 무방식주의 국가들 간 분쟁 해결을 위한 조약으로 유네스코조약이라고도 부른다.
③ 「베른협약」은 저작권 보호에 관한 「파리조약」과 함께 문학적 · 예술적 · 저작물의 저작자 권리를 보호하기 위해 체결된 조약이다.
④ 「로마협약」은 저작인접권 보호를 위한 국제협약으로 국제노동기구(ILO), 세계지식재산권기구(WIPO), 유네스코(UNESCO)가 함께 관장한다.

정답 ③

해설 파리조약은 산업재산권 보호에 관한 국제 조약이다.

다음 지적재산권 관련 조약 중 저작권, 저작인접권 등 넓은 의미의 저작권은 물론 특허, 상표 등 산업재산권을 그 대상으로 하는 조약으로 옳은 것은?

① TRIPs
② UCC
③ 베른협약
④ 로마협약

정답 ①

해설 TRIPs는 특허권, 의장권, 상표권, 저작권 등 지적재산권에 대한 최초의 다자간 규범이다.

지적재산권 관련 조약에 적용되는 비차별주의 원칙에 대한 설명으로 틀린 것은?

① 비차별주의 원칙은 구체적으로 '최혜국 대우'와 '내국인 대우'로 이루어져 있다
② 최혜국 대우란 한 국가가 제3국에 부여한 권리와 이익을 상대국에도 동일하게 부여한다는 것이다.
③ 내국인 대우 원칙이 지적재산권 관련 부문에 적용되면 외국의 상표 및 저작권 · 특허권 등이 자국의 것과 동등한 대우를 받게 된다.
④ TRIPs와 「베른협약」에는 최혜국 대우의 원칙이 적용되고, 「로마협약」에는 내국인 대우의 원칙이 적용된다.

정답 ④

해설 「베른협약」, 「로마협약」 모두 내국인 대우의 원칙이 적용된다.

Theme

157 DLP와 DRM

I 의의

① DLP(Data Loss Prevention)와 DRM(Digital Rights Management)은 모두 문서보안을 목적으로 하는 기술이지만 둘의 동작 방식은 전혀 다르다.

② DLP의 경우 데이터가 흐르는 경로나 매체를 차단하고, 키워드와 패턴 등으로 유출을 막는 반면 DRM은 데이터 암호화를 통한 권한관리 방식이다. 이 방식의 차이로 사용되는 기술과 애플리케이션 호환문제, 장 · 단점이 확연히 달라진다.

II DLP(Data Loss Prevention)

1 의의

DLP는 데이터 손실 방지를 의미한다. 데이터의 흐름을 감시하여 기업 내부의 중요 정보에 대한 유출을 감시 · 차단하는 방식이다.

2 기밀정보로 분류할 수 있는 정보의 범위

기밀정보로 분류할 수 있는 정보의 범위는 매우 넓은데, 기업 구성원에 대한 정보와 기업 운영 프로세스, 고객과 직원에 관한 신원확인정보, 영업정보, 재무제표, 마케팅 계획과 같은 전략 정보, 제품 기획, 소스코드와 같은 지적 재산을 포함한다.

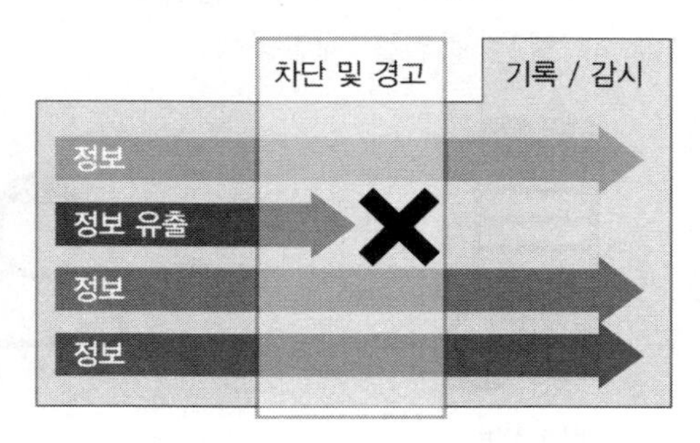

예상문제

㉠에 들어갈 보안 기술로 옳은 것은?

> [㉠]내부 정보 유출 방지를 의미한다. 기업 내에서 이용하는 기술 정보, 프로젝트 계획, 사업 내용, 영업 비밀, 고객 정보 등을 보호하고 외부 유출을 방지하기 위해서 사용된다. 사외 망으로 통하는 네트워크 끝단에서 내부 정보 유출을 통제하는 기술은 네트워크 [㉠]로 불린다. 메신저, 웹하드, 웹메일, 클라우드 서비스를 통한 기밀정보, 개인정보 유출을 차단하는 보안기술이다.

① IPS ② DLP

③ MTD ④ DRM

정답 ②

해설 DLP에 대한 설명이다.

Ⅲ DRM

1 디지털 콘텐츠 저작권 보호 기술(Digital Rights Management)

디지털 콘텐츠의 저작권을 보호하는 기술인 DRM(Digital Rights Management)은 저작권자가 배포한 디지털 자료나 하드웨어의 사용을 제한하는 것을 말한다. 특정 자료를 저작권자가 의도한 용도로만 사용하도록 제한하는 데 사용되는 모든 기술을 지칭하는 용어이기 때문에 복사방지, 기술보호 장치도 그 일부라고 할 수 있다.

2 디지털 제약 관리(Digital Restrictions Management)

DRM이 기업의 솔루션 용어로 사용될 때는 의미가 조금 달라지는데, 디지털 제약 관리(Digital Restrictions Management)에 더 가까운 의미가 된다. 각 문서 단위에 권한을 주고, 사용권한에 따라 접근할 수 있는 범위를 제한한다.

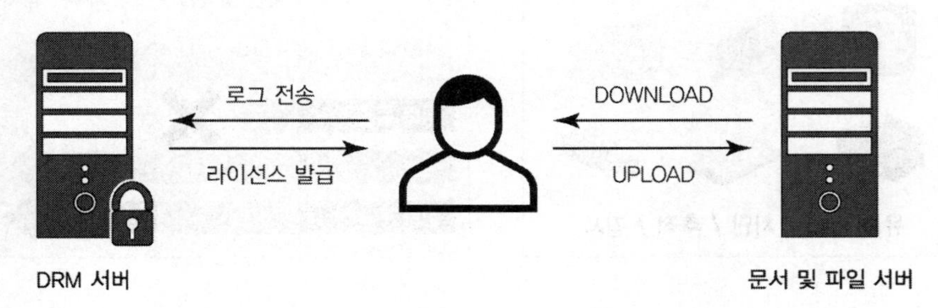

Ⅳ DLP와 DRM(Digital Restrictions Management)의 비교

구분	DLP	DRM
기본 동작 방식	데이터 분류 및 흐름 감시	각 문서 단위 권한 제어
적용 개요	데이터 흐름을 감시하여 데이터 유출을 감시 · 차단	• 사용 권한 레벨이 사전에 정의됨 • 문서 생성자가 적절한 권한을 부여하여 문서 소멸 시까지 따라다님 • 문서는 암호화되어 권한을 지닌 사용자만이 접근할 수 있음
애플리케이션 종속성	벤더 및 애플리케이션 중립적임으로 보다 다양한 콘텐츠 감시 · 차단 기능	기존 Office Application 업무 환경 · 작업 방식에 변화를 초래하며 큰 영향을 줌(MS-Office, Adobe PDF 등)
주요 강점	• 사용자에 투명하게 동작 • 포괄적 보호(단일 에이전트로 다양한 유출 경로 지원, 다양한 파일 형식 지원) • 내용 인식, 추적	• 외부 유출 시에도 문서가 계속 보호됨(암호화) • 커스터마이즈(그룹웨어 등)

① DRM 기술은 DLP 기술에 시장을 점차 내어주고 있는 실정이다. DRM의 경우 구축 시 비교적 고비용을 투자해야 한다는 부담에서부터 암 · 복호화에 걸리는 시간적 문제, 높은 사양의 PC 및 서버의 리소스 낭비 등의 문제를 고려해야 한다. 또한 권한자가 보유한 복호화 라이선스를 업무자에게 전해주는 절차와 그에 소요되는 시간 때문에 원활한 업무가 이루어지지 않을 수 있으며, 반대로 무조건 승인하는 분위기가 생길 수 있다.

② DLP는 일반적인 업무에서의 자료 유출은 허용하고 통제 대상인 정보의 유출에 대해서만 경고 · 차단하고 통제 대상이 아닌 정보에 대해서도 모든 유출 기록을 로깅하고 감사할 수 있다. 관리자가 키워드와 패턴을 지정하여 정책을 짤 수 있기 때문에 사용하는 기업에 따라 패턴과 키워드를 조정할 수 있다.

기출문제

출판자 또는 저작권자가 그들이 배포한 디지털 자료나 하드웨어의 사용을 제어하고 이를 의도한 용도로만 사용하도록 제한하는 데 사용되는 모든 기술들을 지칭하는 용어로 옳은 것은? [2020]

① DRM
② DCMS
③ DOI
④ DO

정답 ①
해설 DRM에 대한 설명이다.

예상문제

DRM에 대한 설명으로 틀린 것은?

① 디지털 저작권 관리(Digital Rights Management)의 약자이다.
② 데이터의 흐름, 즉 데이터 이동경로를 감시하여 기업 내부의 중요 정보와 데이터 유출을 감시하고 기록한다.
③ 콘텐츠 불법복제 방지 기술, 사용료 부과를 통한 유통 및 관리를 지원하는 서비스, 기업 내 문서 보안과 주요 기술 보호가 포함되는 개념이다.
④ 처음에는 음악, 영상 등 콘텐츠 저작권을 보호하기 위해 DRM이 시작되었지만, 기업 내부 보안을 위해 이 기술을 기업에 적용시키게 되면서 DRM 사용 분야가 커지게 되었다.

정답 ②

해설 DLP에 대한 설명이다. DLP는 Data Loss Prevention의 약자로 데이터 손실을 방지해 주는 기술이다.

Theme

158 대체 불가능 토큰(NFT)

I 의의

① 대체 불가능한 토큰(NFT)은 블록체인에 저장된 데이터 단위로 고유하면서 상호교환할 수 없는 토큰을 뜻한다.

② NFT(non-fungible token)는 사진, 비디오, 오디오 및 기타 유형의 디지털 파일을 나타내는 데 사용할 수 있다. 사본은 인정되지 않는다.

③ 디지털 항목의 사본은 누구나 얻을 수 있지만 NFT는 블록체인에서 추적되므로 소유자에게 소유권 증명을 제공할 수 있다.

II 기술

① 대체 불가능한 토큰(NFT)은 블록체인에 저장된 데이터 단위이다.

② NFT는 암호화 토큰처럼 작동하지만 비트코인과 같은 암호화폐와는 달리 상호교환이 불가능하다.

③ NFT의 암호화 트랜잭션 프로세스는 NFT 소유권을 추적하는 데 사용되는 디지털 서명을 제공하여 각 디지털 파일의 인증을 보장한다.

④ 그러나 예술품이 저장된 위치와 같은 세부 정보를 뜻하는 데이터 링크는 사라질 수 있다.

⑤ 또한 NFT의 소유권은 디지털 자산에 대한 저작권을 부여하지 않는다.

⑥ 누군가 자신의 작품의 NFT를 판매할 수 있지만, NFT의 소유권이 변경될 때 구매자가 반드시 저작권 권한을 얻지 못함으로 원래 소유자는 동일한 작품에 더 많은 NFT를 만들 수 있다.

⑦ 그런 의미에서 NFT는 저작권과 분리된 소유권 증명일 뿐이다.

Ⅲ 디지털 아트

① 구매 이후, 소유권을 얻지 못함에도 불구하고 디지털 아트는 서명과 소유권을 보장하는 블록체인 기술의 능력 때문에 NFT의 초기 사용 사례였다.

② "크로스로드"라는 제목의 작품은 도널드 J. 트럼프의 모습을 보여주는 10초짜리 애니메이션 비디오로 구성되어 있다.

③ 이는 디지털 아트를 위한 온라인 암호화폐 시장 Nifty Gateway에서 660만 달러에 판매되었다.

Ⅳ 블록체인의 표준

① 다양한 블록체인을 지원하기 위해 특정 토큰이 만들어졌다.

② Ethereum ERC-721과 최신 ERC-1155을 포함한다.

③ FLOW 및 Bitcoin Cash 블록체인 역시 NFT를 지원한다.

Ⅴ 이더리움

① ERC-721은 이더리움 네트워크에서 대체 불가능하다는 NFT의 개념이 최초로 도입된 토큰이다.

② ERC-721은 고유 식별자의 소유자를 추적할 수 있는 방법과 소유자가 자산을 다른 사람에게 양도할 수 있는 방법을 제공한다.

Ⅵ NFT의 역사

① 최초의 NFT는 2014년 5월 3일 뉴욕의 New Museum에서 열린 Seven on Seven 컨퍼런스에서 만들어졌다.

② 대체 불가능하고 거래 가능한 블록 체인 마커가 온 체인 메타데이터(Namecoin에 의해 활성화 됨)를 통해 한 예술작품에 연결되어 처음으로 나타났다.

③ 2015년 10월, 이더리움이 출시되고 3개월 후, 런던에서 열린 이더리움의 첫 번째 개발자 컨퍼런스인 DEVCON 1에서 본격적인 NFT 프로젝트인 Etheria가 시작되었다.

[예상문제]

대체 불가능 토큰(NFT)에 대한 설명으로 틀린 것은?

① 블록체인에 저장된 데이터 단위이다.

② 고유 속성을 갖고 있는 암호화폐로, 비트코인과 같은 암호화 토큰처럼 작동하지만 상호교환하거나 합칠 수 없다.

③ ERC-721 프로토콜을 따르는 NFT는 생성부터 소멸까지 모든 단계에서 '토큰 식별정보(token ID)'를 가진다.

④ NFT의 소유자로부터 소유권을 양도받은 구매자는 동일한 작품에 대한 NFT를 만들 수 있다.

정답 ④

해설 NFT의 소유권은 디지털 자산에 대한 저작권을 부여하지 않는다. 누군가 자신의 작품의 NFT를 판매할 수 있지만, NFT의 소유권이 변경될 때 구매자가 반드시 저작권 권한을 얻지 못함으로 원래 소유자는 동일한 작품에 더 많은 NFT를 만들 수 있다. 그런 의미에서 NFT는 저작권과 분리된 소유권 증명일 뿐이다.

Theme

159 폰 노이만 구조

I 의의

① 폰 노이만이 고안한 내장 메모리 순차처리 방식이다.

② 데이터 메모리와 프로그램 메모리가 구분되어 있지 않아 하나의 버스를 가지고 있는 구조를 말한다.

③ CPU는 메모리로부터 명령을 읽고, 메모리로부터 데이터를 읽고 쓰기도 하는데, 명령과 데이터는 같은 신호 버스와 메모리를 사용하기 때문에 동시에 접근하는 것은 불가능하다.

④ 폰 노이만 구조는 소프트웨어(프로그램)만 교체하면 되기 때문에, 그 이전의 컴퓨터들보다 범용성이 크게 향상되었다.

⑤ CPU, 메모리, 프로그램 구조를 갖는 프로그램 내장방식 컴퓨터 아이디어를 처음 제시하였고, 그 이후에 나온 컴퓨터는 대부분 폰 노이만의 설계를 기본 구조로 한다.

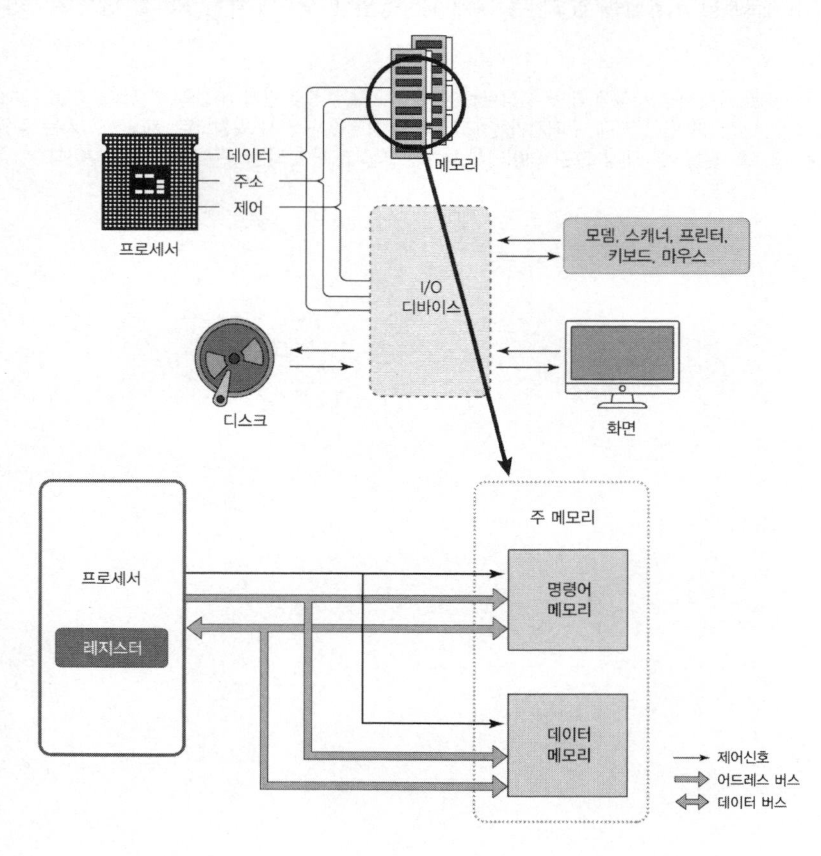

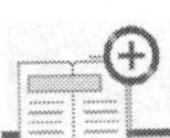

생각넓히기 | 컴퓨터의 역사

1946년 미국 펜실베이니아대학 존 에커트와 존 모클리는 에니악(Electronic Numerical Integrator And Computer, ENIAC)이라는 다용도 디지털 컴퓨터를 개발했다. 에니악은 18,000여 개의 진공관과 1,500개의 계전기를 사용하였고, 무게가 30t이나 되는 거대한 기계였다. 또한 150kw의 전력을 소비하였고, 프로그램을 배선판에 일일이 배선하는 외부 프로그램 방식이었으므로, 에니악에서는 작업에 따라 배선판을 교체해야만 하였다. 이런 에니악의 단점을 보완하기 위해 1945년 존 폰 노이만이 기억장치에 컴퓨터의 명령이나 데이터를 모두 기억시키는 프로그램 내장방식을 제안하였다. 1949년 영국 케임브리지대학에서 세계 최초로 이 프로그램 내장방식을 채택하여 에드삭(EDSAC)을 개발하였고, 미국에서는 1950년 모클리와 에커트가 이진수를 사용한 프로그램 내장방식인 에드박(EDVAC)을 만들었다. 또한 1951년에는 유니박 I(UNIVAC-I)을 만들어 상품화하는 데 성공하였는데, 이것이 최초의 상업용 컴퓨터이다.

핵심정리 Mark-1, 에니악, 에드삭, 에드박, 유니박

(1) Mark-1

1944년에 미국의 수학자 에이컨(H. H. Aiken)과 IBM사에 의하여 완성된 것으로, 자동 순서적 제어 계산기(Automatic Sequence Control Calculator, ASCC)라고 하는 세계 최초의 전기 자동 계산기이다. 이 컴퓨터는 후에 '하버드 Harvard Mark-I'이라고 불렸는데, 보통 명칭은 그냥 마크-1이다.

(2) ENIAC

1946년에 완성된 최초의 대형 전자식 디지털 컴퓨터이다. 전자식 숫자 적분 및 계산기(Electronic Numerical Integrator And Computer)인 ENIAC은 1943년에서 3년에 걸쳐서 1946년 2월 15일에 펜실베이니아 대학의 모클리(John W. Mauchly)와 에커트(John P. Eckert)가 제작한 전자 컴퓨터이다. 에니악은 개발 당시 무게 약 30t, 길이 25m, 높이 2.5m, 폭 1m의 크기에 사용 진공관의 수 1만 8,800개, 저항기 7,000개, 소요전력 120kw의 거대한 기계 덩어리였다. 이전의 전기기계식 계산기 MARK-1이 1초에 덧셈을 3번밖에 못했던 것에 비하면 매초에 5000번이나 연산을 처리하는 등 당시로서는 획기적인 컴퓨터였다. 에니악은 기억장치가 전혀 없었고 입력장치도 없었다. 따라서 한 가지 계산을 하다가 다른 계산으로 바꾸려면 배선을 뜯어 일일이 다시 연결시키고 스위치를 조정하지 않으면 안 되었다. 또한 에니악은 여전히 10진수를 이용하고 있었다. 그래서 10진수로 입력된 숫자는 2진수로 바뀌 기계에 입력되었다.

(3) EDSAC

1949년 영국 케임브리지 대학 윌크스 교수에 의해 처음으로 노이만형 프로그램 내장 방식을 도입하여 제작된 컴퓨터이다. 앞서 1945년 헝가리 출신의 미국 수학자 폰 노이만은 프로그램 내장 방식 컴퓨터의 개념을 발표했는데, 에드삭은 이를 실용화한 최초의 컴퓨터이다. 여기서 프로그램 내장 방식은 프로그램 및 데이터를 내부 기억장치에 저장한 후 정해진 명령순서대로 수행하는 방식을 이르는 것으로, 에드삭은 앞서 만들어진 에니악(ENIAC)의 단점을 보완해 만들어졌다.

(4) EDVAC

1950년 모클리(John W. Mauchly)와 에커트(John P. Eckert)가 에니악을 개량해 만든 전자계산기이다. 이전의 에니악, 에드삭 컴퓨터와는 달리 10진수가 아닌 이진수로 처리하였고, 최초의 이진수를 사용한 프로그램 내장 컴퓨터이다.

(5) UNIVAC

1950년 모클리(John W. Mauchly)와 에커트(John P. Eckert)에 의해 만들어진 최초의 상업용 컴퓨터이다. 1951년에 공개된 첫 번째 유니박은 미국인구조사국에 판매되었다. 하지만 실제로 유니박이 납품된 것은 이듬해인 1952년이다.

Ⅱ 폰 노이만 구조의 단점-병목현상

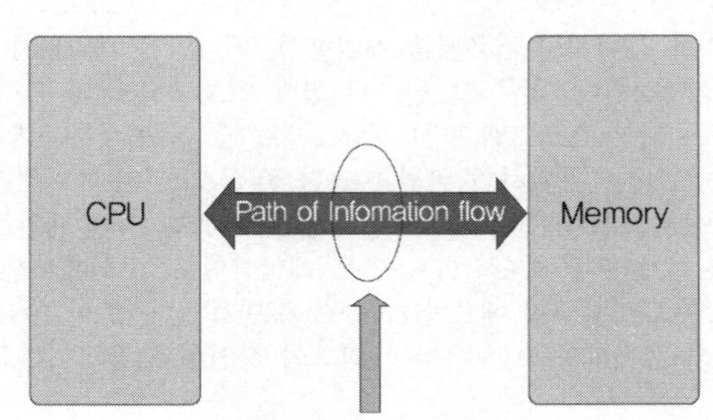

폰 노이만 구조는 나열된 명령을 순차적으로 수행하고, 그 명령은 일정한 기억장소의 값을 변경하는 작업으로 구성된다. 즉 CPU가 메모리의 값을 읽고 쓰는 구조이기 때문에 명령과 데이터에 접근할 때 기억장소의 지연현상이 발생하고 이러한 지연현상을 폰 노이만 병목현상이라고 부른다.

[예상문제]

폰 노이만 구조에 대한 설명으로 틀린 것은?

① 전선을 재배치할 필요가 없이 소프트웨어만 교체하면 되기 때문에 범용성이 향상된다.
② 순차적으로 한 번에 하나의 명령어를 처리하기 때문에 CPU를 효율적으로 사용할 수 있다.
③ 폰 노이만 구조의 순차처리 방식은 수치 계산이나 정밀하게 작성된 프로그램을 실행하는 데에는 탁월하다.
④ 이미지나 소리와 같은 아날로그 데이터를 처리하는 데에는 효율성이 낮다는 한계가 있다.

정답 ②

해설 순차적으로 한 번에 하나의 명령어만을 처리하기 때문에 CPU를 효율적으로 사용하지 못한다.
① 폰 노이만 구조를 적용하기 전에는 컴퓨터에 다른 작업을 수행할 경우, 하드웨어 전선을 일일이 재배치하느라 상당한 시간과 인력이 필요했기 때문에 여러 가지 목적의 작업들을 수행하기에는 한계가 있다. 반면, 폰 노이만 구조를 도입한 이후에는 하드웨어는 그대로 두고 소프트웨어(프로그램)만 교체하면 되기 때문에 편의성이 크게 증가하였고 다양한 목적으로 사용이 가능해져 범용성이 향상되었다.
③, ④ 폰 노이만 구조의 순차처리 방식은 수치 계산이나 정밀하게 작성된 프로그램을 실행하는 데에는 탁월하지만, 이미지나 소리와 같은 아날로그 데이터를 처리하는 데에는 효율성이 낮다는 한계가 있다. 참고로 계산 속도가 기억장치 속도에 영향을 받는다. 기억장치의 속도가 전체 시스템의 성능 저하를 야기하는 이 현상을 폰 노이만 병목현상(Von-Neumann Bottleneck)이라고 한다. 병목현상이 일어나는 근본적 원인은 프로그램 메모리와 데이터 메모리가 물리적 구분 없이 하나의 버스를 통해 CPU와 교류하기 때문이다. 이러한 구조에 의해 CPU가 명령어와 데이터에 동시에 접근하는 것이 불가능하고 나열된 명령을 한 번에 하나씩 읽고 쓰게 된다. 이에 반해, 하버드 구조는 CPU가 명령어와 데이터를 동시에 사용할 수 있도록 명령용 버스와 데이터용 버스를 물리적으로 구분했다. 이를 통해 현재 명령의 처리를 끝냄과 동시에 다음 명령을 읽어 들일 수 있기 때문에 기존의 폰 노이만 구조보다 더 빠른 속도를 낼 수 있다.

폰 노이만 구조에 대한 설명으로 틀린 것은?

① 메모리 안에 프로그램과 데이터 영역은 물리적 구분이 없다.
② 중앙처리장치(CPU), 메모리, 프로그램 세 가지 요소로 구성되어 있다.
③ 명령어와 데이터가 같은 메모리와 버스를 사용하여 CPU가 명령어와 데이터에 동시 접근할 수 있다.
④ CPU와 메모리는 서로 분리되어 있고 둘을 연결하는 버스를 통해 명령어 읽기, 데이터의 읽고 쓰기가 가능하다.

정답 ③

해설 CPU와 메모리는 서로 분리되어 있고 둘을 연결하는 버스를 통해 명령어 읽기, 데이터의 읽고 쓰기가 가능하다. 이때 메모리 안에 프로그램과 데이터 영역은 물리적 구분이 없기 때문에 명령어와 데이터가 같은 메모리와 버스를 사용하게 된다. 다시 말해, 외나무다리와 같은 버스를 통해 CPU가 명령어와 데이터에 동시 접근할 수 없다.

Ⅲ 하버드 구조

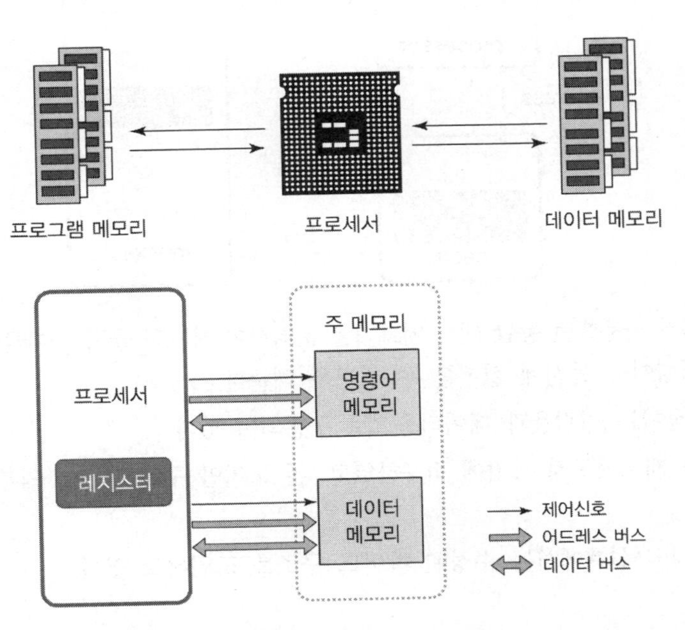

① 폰 노이만 구조와 가장 다른 점은 명령용 버스와 데이터용 버스가 물리적으로 분할되어 있다는 점이다.
② 하버드 구조에서는 명령을 메모리로부터 읽는 것과 데이터를 메모리로부터 읽는 것을 동시에 할 수 있다.
③ 폰 노이만 구조에서 생기는 병목현상이 적어 명령의 처리를 끝내자마자 다음의 명령을 읽어 들일 수 있기 때문에 더 빠른 속도를 낼 수 있다.

④ 하지만 이러한 처리 속도를 높이려면 많은 전기 회로가 필요하다는 것이 단점이다.
⑤ 이러한 문제를 완화하기 위해 수정된 하버드 구조가 도입되었다.

Ⅳ 수정된 하버드 구조

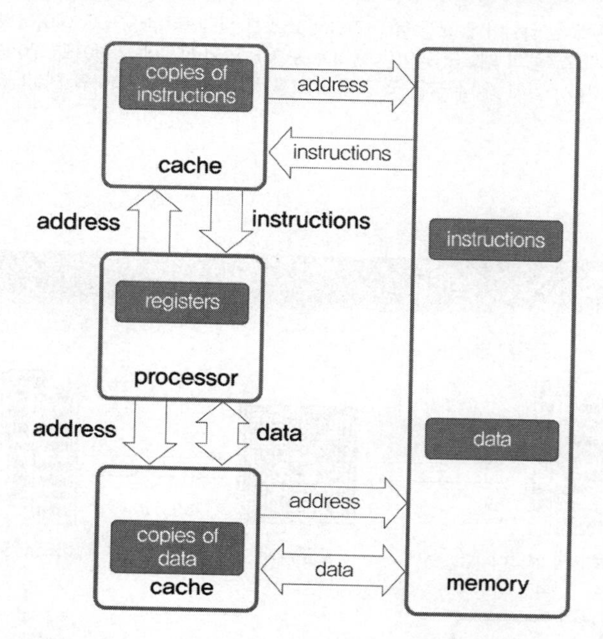

① 하버드 구조에서 사용했던 통합 캐시 메모리를 분리하여 하나의 클럭 사이클에서 적재(Load)와 저장(Store) 명령어를 동시에 실행할 수 있도록 해준다.
② 캐시 메모리 장치는 명령용과 데이터용으로 구분되어 있다.
③ 하버드 구조를 캐시메모리 장치에 적용하였고, 폰 노이만 구조를 CPU 외부(주 메모리)에 적용하였다.
④ 성능이 좋은 CPU 설계에서는 수정된 하버드 구조를 도입하고 있다.

Theme

160 컴퓨터의 구성과 동작

I 컴퓨터의 구성요소

1 의의

컴퓨터는 물리적 기계 장치인 하드웨어와 그 물리적인 장치를 작동하게 하는 프로그램인 소프트웨어로 구성되어 있다.

2 하드웨어

(1) 의의

① 컴퓨터 하드웨어는 컴퓨터를 구성하고 있는 물리적인 부품을 말한다.

② 하드웨어는 역할에 따라서 입력장치, 연산장치, 제어장치, 기억장치, 출력장치로 구분된다.

③ 입력장치는 처리할 데이터나 신호를 컴퓨터에 입력하는 기능을 한다.

④ 연산장치는 입력된 데이터를 정해진 작업 순서에 따라 가공처리하는 기능을 한다.

⑤ 제어장치는 컴퓨터 하드웨어를 조율하는 기능을 담당한다.

(2) 입력장치

입력장치는 연산장치에 데이터를 제공하는 장치이며, 제어장치는 제공된 데이터의 처리과정을 결정하는 장치이다.

(3) 기억장치

기억장치는 처리할 데이터를 잠시 동안 보관하거나 입력 데이터, 처리 결과 데이터를 저장하는 기능을 한다.

(4) 중앙처리장치

일반적으로 연산장치와 제어장치를 통합하여 중앙처리 장치라고 한다. 기억장치는 주기억장치와 보조기억장치로 구분할 수 있다. 주기억장치는 실행할 프로그램이나 데이터를 일시적으로 기억하는 장치이고, 보조기억장치는 입력된 데이터나 주기억장치에 저장되어 있는 데이터 중에서 현재 바로 사용하지는 않지만 필요할 때 다시 사용할 프로그램이나 데이터를 장기간 저장하는 기능을 한다.

(5) 출력장치

출력장치는 주기억장치나 보조기억장치에서 처리된 결과를 사용자가 알아볼 수 있는 형태로 보여주는 기능을 한다.

생각넓히기 | 표시 장치의 용어

(1) 픽셀(Pixel)
① 화면을 이루는 최소의 단위, 그림의 화소이다.
② 픽셀 수가 많을수록 해상도가 높아진다.

(2) 재생률(Refresh Rate)
픽셀들이 밝게 빛나는 것을 유지하도록 하기 위한 1초당 재충전 횟수이다.

(3) 점 간격(Dot Pitch)
픽셀들 사이의 공간을 나타내는 것으로 간격이 가까울수록 선명한다.

(4) 해상도(Resolution)
모니터 화면의 선명도를 나타내는 것으로, 가로/세로 픽셀의 밀도를 표시한다.

생각넓히기 | 1픽셀의 색상 표현

(1) 1bit는 픽셀이 담고 있는 정보를 검정과 흰색으로 나타낸다.
(2) 8bit는 256 색상(=28), 24bit는 16,777,216 색상(=224)을 나타낸다.

[예상문제]

픽셀(Pixel)에 대한 설명으로 틀린 것은?

① 화면을 이루는 최소 단위이다.
② 픽셀 수가 많을수록 해상도가 높아진다.
③ 1bit는 픽셀이 담고 있는 정보를 검정색으로 나타낸다.
④ 8bit는 1픽셀의 색상을 256 색상으로, 24비트는 16,777,216 색상으로 표현한다.

정답 ③

해설 bit는 픽셀이 담고 있는 정보를 검정과 흰색으로 나타낸다.

Ⅱ 중앙 처리 장치

1 의의

(1) CPU

입력 장치로부터 자료를 받아 처리한 후 그 결과를 출력 장치로 보내는 과정을 제어하고 저장한다.

(2) 레지스터(Register)

중앙 처리 장치 내에 있는 소규모 임시 기억 장치이다.

2 제어 장치(CU)

프로그램의 명령을 해독하여 각 장치에 보내고 처리하도록 지시하는 역할을 담당한다.

(1) 명령 레지스터(IR)

현재 수행 중인 명령어의 내용을 기억하는 레지스터이다.

(2) 프로그램 카운터(PC)

다음에 수행할 명령어의 번지를 기억하는 레지스터이다.

(3) 메모리 주소 레지스터(MAR)

기억 장치로부터 오는 데이터의 주소를 기억하는 레지스터이다.

(4) 메모리 버퍼 레지스터(MBR)

기억 장치로부터 오는 데이터 자체를 기억하는 레지스터이다.

(5) 명령 암호기(Encoder)

명령 레지스터에 있는 명령어를 암호화하는 회로이다.

(6) 명령 해독기(Decoder)

명령 레지스터에 있는 명령어를 해독하는 회로이다.

3 연산 장치(ALU)

산술 논리 장치라고도 하며, 연산에 필요한 자료를 입력받아 산술 연산 및 논리 연산을 수행한다.

(1) 누산기(Accumulator)

연산된 결과를 임시적으로 저장하는 레지스터이다.

(2) 가산기(Adder)

두 개 이상의 수를 입력하여 합을 출력하는 레지스터이다.

(3) 보수기(Complementer)

두 개 이상의 수를 입력하여 뺄셈을 출력하는 레지스터이다.

(4) 상태 레지스터(Status Register)

모든 레지스터의 상태를 감독하는 레지스터이다.

[예상문제]

CPU에 대한 설명으로 틀린 것은?

① 기계어로 쓰인 컴퓨터 프로그램의 명령어를 해석하여 실행한다.
② 프로세서, 레지스터, 산술논리연산장치, 제어장치, 내부 버스 등으로 구성된다.
③ 실제의 CPU 칩엔 실행 부분뿐만 아니라 캐시 등의 부가 장치가 통합된 경우가 많다.
④ 명령 레지스터(IR)는 다음에 수행할 명령어의 번지를 기억하는 레지스터이다.

정답 ④

해설 다음에 수행할 명령어의 주소를 기억하는 레지스터는 프로그램 카운터(PC)이다. 명령 레지스터(IR)는 현재 수행 중인 명령어의 내용을 기억하는 레지스터이다.

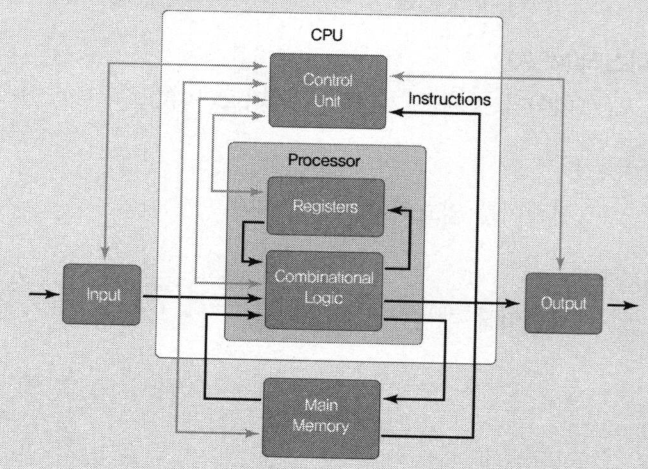

컴퓨터의 제어 장치에 대한 설명으로 틀린 것은?

① 산술 논리 장치라고도 하며, 연산에 필요한 자료를 입력받아 산술 연산 및 논리 연산을 수행한다.

② 명령 레지스터(IR)은 현재 수행 중인 명령어의 내용을 기억하는 레지스터이다.

③ 프로그램 카운터(PC)는 다음에 수행할 명령어의 번지를 기억하는 레지스터이다.

④ 메모리 버퍼 레지스터(MBR)는 기억 장치로부터 오는 데이터 자체를 기억하는 레지스터이다.

정답 ①

해설 연산 장치에 대한 설명이다. 제어 장치(CU)는 프로그램의 명령을 해독하여 각 장치에 보내고 처리하도록 지시하는 역할을 담당한다. 제어장치에는 명령 레지스터, 프로그램 레지스터, 메모리 주소 레지스터, 메모리 버퍼 레지스터, 명령 암호기, 명령 해독기 등이 있다.

Ⅲ 기억장치

1 주기억 장치

(1) ROM(Read Only Memory)

비휘발성 메모리로 읽기만 가능하다.

(2) RAM(Random Access Memory)

휘발성 메모리로 읽기와 쓰기가 가능하다.

(3) 펌웨어(Firmware)

① 하드웨어와 소프트웨어의 중간적인 특성을 지닌다.

② ROM에 소프트웨어를 저장한 것으로 하드웨어 교체 없이 소프트웨어 업그레이드만으로 시스템의 성능을 높이기 위한 목적으로 사용된다.

2 보조 기억 장치

비휘발성 매체로 반영구적으로 데이터를 저장할 수 있고, 주기억 장치에 비해 속도가 느리다.

(1) 하드디스크(Hard Disk)

① 자기 디스크를 이용한 저장 장치로, 개인용 컴퓨터에서 보조 기억 장치로 주로 사용된다.

② 저렴한 가격에 고용량을 이용할 수 있다.

(2) SSD(Solid State Drive)

① 하드디스크를 대체할 무소음, 저전력, 소형화, 경량화, 고효율의 속도를 지원하는 차세대 반도체 보조 기억 장치이다.

② 기억 매체로 플래시 메모리나 DRAM을 사용하나 DRAM은 제품 규격이나 휘발성, 가격 등의 문제로 많이 쓰이지는 않는다.

③ HDD보다 외부로 부터의 충격에 강하며, 기계적인 디스크가 아닌 반도체 메모리에 데이터를 저장하므로 배드 섹터(Bad Sector)가 생기지 않는다.

(3) 광 디스크(Optical Disk)

① CD-ROM

콤팩트 디스크(CD)에 기록되어 있는 데이터를 읽고 이들 데이터를 컴퓨터로 전송할 수 있도록 설계된 읽기 전용 디스크 드라이브이다.

② CD-R

데이터를 한 번 기록할 수 있으며, 많은 양의 데이터를 백업할 때 사용한다.

③ CD-RW

여러 번에 걸쳐 기록과 삭제를 할 수 있는 CD이며, 데이터를 담기 위해서는 CD-R/W 드라이브가 필요하다.

④ DVD

기존의 다른 매체와는 달리 4.7GB의 기본 용량(최대 17GB)을 가진다.

[예상문제]

컴퓨터의 주기억장치에 대한 설명으로 틀린 것은?

① 컴퓨터에서 처리할 데이터와 프로그램을 기억하고, 처리 결과를 기억하는 장치이다.
② 램은 접근하고 싶은 저장 공간에 바로 접근할 수 있으며 읽기와 쓰기가 모두 가능하다.
③ 하드 디스크(hard disk)는 일반적으로 가장 많이 사용되는 주기억장치로 자성체를 입힌 원형 알루미늄 기판을 회전시키면서 자료를 저장하고 읽고 쓴다.
④ 롬은 기억장치에 저장된 내용을 읽기만 할 수 있고, 전기공급이 차단되어도 기억된 내용이 지워지지 않기 때문에 컴퓨터를 처음 구동할 때 필요한 프로그램을 저장하는 용도로 사용된다.

정답 ③

해설 하드 디스크(hard disk)는 보조기억장치이다. 주기억장치는 전원이 차단되어도 기억된 내용은 지워지지 않는 롬(ROM, Read Only Memory)과 전원이 차단되면 모든 내용이 지워지는 램(RAM, Random Access Memory)으로 구성된다.

보조 기억 장치에 대한 설명으로 틀린 것은?

① CPU가 직접 접근할 수 있다.
② 주기억장치에 비해 속도는 느리다.
③ 전원을 끄더라도 저장된 데이터가 사라지지 않는다.
④ 하드디스크, SSD, CD, USB, 플로피디스크, DVD, SD카드, 플래시 메모리카드 등은 모두 보조 기억 장치에 해당한다.

정답 ①

해설 보조 기억 장치에는 CPU가 직접 접근할 수 없어서 CPU와 직접 자료 교환이 불가능하다.

3 기타 기억 장치

(1) 캐시 메모리(Cache Memory)

① CPU와 주기억 장치 사이에 존재하는 고속 메모리로서 메모리 참조의 국한성에 기반을 둔다.
② 빠른 처리 속도의 CPU와 상대적으로 느린 주기억 장치 사이의 병목 현상을 해결한다.
③ CPU가 찾고자 하는 데이터가 L1 캐시에 없을 때 다음으로 L2 캐시에서 찾는다.

(2) 버퍼 메모리(Buffer Memory)

동작 속도, 접근 속도 등에 차이가 나는 두 장치 사이에 위치하여 두 장치 간의 속도 차이를 줄일 때 사용하는 임시 기억 장치이다.

(3) 가상 메모리(Virtual Memory)

보조 기억 장치를 주기억 장치처럼 사용하여 주기억 장치 용량의 기억 용량을 확대하여 사용하는 방법이다.

(4) 플래시 메모리(Flash Memory)

① 전기적 성질을 이용하여 데이터의 기록 및 삭제를 수행할 수 있는 비휘발성 메모리이다.
② 디지털 카메라, MP3 Player 등 디지털 기기에서 널리 사용한다.

(5) 연관 메모리(Associative Memory)

데이터를 가져올 때 주소 참조가 아닌 내용의 일부를 이용하여 데이터를 읽어오는 메모리이다.

예상문제

컴퓨터의 기억장치에 대한 설명으로 틀린 것은?

① 캐시 메모리는 가장 빠른 메모리로 CPU 계산 과정의 일부로 작동한다.
② 버퍼 메모리는 컴퓨터의 주기억 장치와 주변 장치 사이에서 데이터를 주고받을 때 정보를 임시로 기억해 두고 사용할 수 있는 공간이다.
③ CPU는 자체적으로 데이터를 저장할 수 없기 때문에 레지스터를 이용해서 연산처리 및 데이터 주소를 지정한다.
④ 주기억 장치는 CPU에 직접 접근이 가능한 메모리로서 캐시 메모리보다 속도가 느리지만 보조 기억 장치에 비해서는 빠르다.

정답 ①

해설 가장 빠른 메모리로 CPU 계산 과정의 일부로 작동하는 것은 레지스터이다. 참고로 캐시 메모리는 속도가 빠른 CPU와 이에 비해 상대적으로 속도가 느린 주기억 장치 사이에 위치하며, 두 장치 간의 속도차를 줄여 컴퓨터의 전체적인 동작속도를 빠르게 하기 위한 기억장치이다.

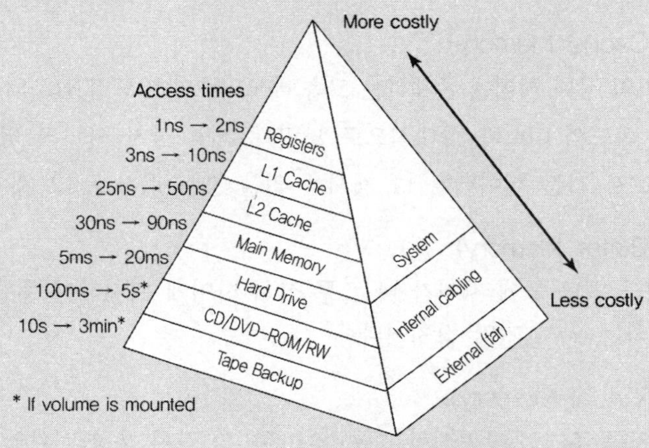

캐시 메모리(Cache Memory)에 대한 설명으로 틀린 것은?

① CPU와 주기억 장치 사이에 존재하는 고속 메모리이다.
② 참조 국한성(locality of reference)을 이용한 장치이다.
③ 빠른 처리 속도의 CPU와 상대적으로 느린 주기억 장치 사이의 병목 현상을 해결한다.
④ 극히 소량의 데이터나 처리중인 중간 결과를 일시적으로 기억해 두는 고속의 전용 영역이다.

정답 ④

해설 ② 참조 국한성이란 자주 사용하는 정보는 통계상 한 영역에 국한되어 있음을 의미한다. 이를 메모리 참조 관점에서 보면, 국한된 영역 및 자주 사용하는 명령어 주변에서만 메모리 참조가 일어나며 참조하는 메모리는 어느 정도 일관성이 있음을 의미한다.
④ 레지스터에 대한 설명이다. CPU가 명령을 처리하는 데 필요한 데이터를 임시 저장할 수 있는 휘발성 메모리이다. 데이터와 명령어를 저장한다는 점에서 램과 공통점이 있지만 램과 달리 물리적으로 CPU와 가까운 곳에 위치하여 고속으로 처리한다.

Ⅳ 소프트웨어

1 의의

컴퓨터는 입력장치, 기억장치, 연산장치, 제어장치, 출력장치로 구성되어 있으며 이들이 서로 유기적으로 연관되어 동작한다. 따라서 이러한 장치들이 유기적으로 잘 동작할 수 있도록 관리하는 프로그램인 소프트웨어가 필요하다. 소프트웨어(software)는 크게 용도와 목적에 따라 시스템 소프트웨어와 응용 소프트웨어로 구분된다.

2 시스템 소프트웨어

(1) 의의

① 시스템 소프트웨어는 응용 소프트웨어를 실행하기 위한 환경을 제공하고 하드웨어를 제어·관리할 수 있도록 설계된 컴퓨터 소프트웨어이다. 예를 들면, 모니터 화면에 정보를 표시한다든지 기억장치에 데이터를 저장한다든지, 프린터에 데이터가 출력되도록 하는 것이다.

② 시스템 소프트웨어가 하드웨어 장치를 목적에 맞게 사용할 수 있도록 운영해 주기 때문에 사용자는 하드웨어의 구조나 작동 명령을 알지 못해도 하드웨어를 이용하여 원하는 작업을 수행할 수 있다. 시스템 소프트웨어의 종류로는 운영체제, 컴파일러, 유틸리티 등이 있다.

(2) 운영체제

운영체제(OS, Operating System)는 사용자가 컴퓨터를 효율적으로 운영·관리·사용할 수 있도록 하드웨어를 제어하는 소프트웨어이다. 다시 말해 운영체제는 컴퓨터의 하드웨어와 소프트웨어를 효율적으로 운영하고 관리하며, 사용자가 하드웨어에 대한 지식이 없어도 컴퓨터를 쉽게 사용할 수 있도록 컴퓨터와 사용자 사이에서 중계하는 역할을 수행한다. 대표적인 운영체제에는 윈도우(Windows), 리눅스(Linux), 맥 OS(Mac OS), 유닉스(Unix) 등이 있다.

핵심정리 CLI와 GUI

(1) CLI

CLI는 명령어 인터페이스라고도 하며, 텍스트 터미널을 통해 사용자와 컴퓨터가 상호작용하는 방식을 말한다. 즉, 사용자가 컴퓨터에 명령을 내리기 우해 키보드 등을 통해 문자열 형태의 명령어를 입력하며, 출력 또한 문자열의 형태로 표시되는 것이다.

(2) GUI

GUI는 문자열 형태의 명령어를 입력하여 컴퓨터에 명령어를 전달하는 것이 아니라, 모니터 화면 안에 그림, 도형, 물체, 색상과 같은 그래픽적인 요소들을 통해 명령어를 실행하는 방식을 말한다.

[예상문제]

CLI에 대한 설명으로 틀린 것은?

① 명령어 인터페이스라고도 한다.
② 텍스트 터미널을 통해 사용자와 컴퓨터가 상호작용하는 방식이다.
③ 사용자의 요청과 컴퓨터 내부 동작의 실행, 그 두 사이를 연결해 준다.
④ 모니터 화면 안에 그림, 도형, 물체, 색상과 같은 그래픽적인 요소들을 통해 명령어를 실행한다.

정답 ④

해설 사용자와 소프트웨어, 하드웨어가 원활한 동작을 수행할 수 있도록 컴퓨터의 상호작용을 돕는 기능을 사용자 인터페이스라고 하며, 대표적인 인터페이스로는 CLI(Command Line Interface)와 GUI(Graphical User Interface)가 있다. 모니터 화면 안에 그림, 도형, 물체, 색상과 같은 그래픽적인 요소들을 통해 명령어를 실행하는 것은 GUI이다.

핵심정리 커널과 쉘

(1) 커널(kernel)이란 컴퓨터 시스템을 구성하고 있는 자원을 효율적으로 관리하고 제어하기 위한 소프트웨어로, 응용 프로그램이 동작하기 위한 기본적인 환경을 제공해 준다.
(2) 쉘(shell)이란 사용자로부터 명령을 받아들이고 이를 해석하여 커널에 전달하는 역할을 하는 것으로 사용자 환경을 의미한다.

핵심정리 리눅스

(1) 1984년 리처드 스톨만은 GNU 프로젝트를 시작하였다. GNU 프로젝트의 목적은 프리웨어로만 구성된 유닉스 시스템을 만드는 것이었다. 1990년대 초까지 GNU 프로젝트에서 컴파일러, 텍스트 에디터, 쉘 등 시스템은 만들었지만, 운영체제의 핵심적인 커널을 완성하지 못했었다.
(2) 1991년 핀란드 헬싱키대학의 대학원생이었던 리누스 토발즈(Linus Benedict Torvalds)가 리눅스(Linux)라는 커널을 개발하였다. 토발즈는 앤드루 스튜어트 타넨바움 교수가 운영체제 교육용으로 만든 유닉스인 미닉스를 사용하고 있었는데, 미닉스는 다른 사람이 수정하지 못하게 되어 있었다. 미닉스의 기능이 마음에 들지 않았던 토발즈는 자신이 직접 운영체제를 만들게 되었고, 이 운영체제가 바로 리눅스인 것이다.
(3) 토발즈는 1991년에 0.02버전을 발표하였고, 인터넷을 통해 공개하여 전 세계 개발자들의 도움을 받으며 1994년에는 리눅스 커널 버전 1.0을 발표하였다. 1996년에는 2.0버전을 발표하였으며, 1999년 1월 말 2.2버전을 발표하여 엔터프라이즈 환경에서도 리눅스를 운영할 수 있는 시발점이 되었다.
(4) '리눅스'라는 용어는 원래 리눅스 커널만을 의미하지만, 리눅스 커널과 GNU 프로젝트에 의해 개발된 다양한 라이브러리와 도구들이 포함된 전체 운영체제를 나타내는 말로 쓰이고 있다.
(5) 리눅스는 개인용 데스크탑과 서버의 운영체제로 널리 쓰이고 있으며, 공개된 커널을 기반으로 다양한 유틸리티를 추가하여 여러 종류의 배포판이 존재한다. 현재 200여 종류가 넘는 배포판이 존재하며 대표적인 리눅스 배포판으로는 데비안, 레드햇, 우분투, 센트 OS 등이 있다.

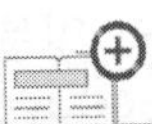

생각넓히기 | GNU = GNU is Not Unix

GNU 프로젝트는 미국 컴퓨터 기업들이 유닉스를 상용화하여 사용료를 받는 것에 대한 반발로 시작되었다. 1985년 3월 리처드 스톨만은 소프트웨어 상업화와 독점체제에 반대하면서 초기 컴퓨터 개발 공동체 상호 협력적인 개발 문화로 돌아갈 것을 주장하며 GNU 선언문을 발표하였다. 그리고 GNU 프로젝트를 지원하기 위해 자유 소프트웨어 재단(FSF)을 설립하였다. 또한 GNU 공개 라이선스(GPL)라는 규약을 만들어 누구나 공개된 소스를 수정하고 배포할 수 있게 하였다. 이와 같은 자유소프트웨어 운동은 이후 오픈소스 운동으로 이어지게 되었다.

예상문제

GNU 프로젝트와 리눅스(Linux)에 대한 설명으로 틀린 것은?

① GNU 프로젝트의 목적은 프리웨어로만 구성된 유닉스 시스템을 만드는 것이었다.
② 리눅스(Linux)는 1991년 핀란드 헬싱키대학의 대학원생이었던 리누스 토발즈가 개발하였다.
③ '리눅스'라는 용어는 원래 리눅스 쉘(shell)만을 의미하지만, 리눅스 쉘과 GNU 프로젝트에 의해 개발된 다양한 라이브러리와 도구들이 포함된 전체 운영체제를 나타내는 말로 쓰이고 있다.
④ 리눅스는 개인용 데스크탑과 서버의 운영체제로 널리 쓰이고 있으며, 다양한 유틸리티를 추가하여 여러 종류의 배포판이 존재한다.

정답 ③

해설 '리눅스'라는 용어는 원래 리눅스 커널만을 의미하지만, 리눅스 커널과 GNU 프로젝트 에 의해 개발된 다양한 라이브러리와 도구들이 포함된 전체 운영체제를 나타내는 말로 쓰이고 있다. 참고로 커널(kernel)은 컴퓨터 시스템을 구성하고 있는 자원을 효율적으로 관리하고 제어하기 위한 소프트웨어로, 응용 프로그램이 동작하기 위한 기본적인 환경을 제공해 준다. 반면에 쉘(shell)은 사용자로부터 명령을 받아들이고 이를 해석하여 커널에 전달하는 역할을 하는 것으로 사용자 환경을 의미한다. 1990년대 초까지 GNU 프로젝트에서 컴파일러, 텍스트 에디터, 쉘 등 시스템은 만들었지만, 운영체제의 핵심적인 커널을 완성하지 못했었다. 1991년 핀란드 헬싱키대학의 대학원생이었던 리누스 토발즈가 리눅스라는 커널을 개발하였다.

(3) 컴파일러

프로그램이란 원하는 목적을 달성하기 위해 컴퓨터가 실행해야 하는 명령어들을 모아놓은 것이다. 컴퓨터가 이해할 수 있는 명령어는 2진법으로 이루어져 있는 기계어밖에 없기 때문에 사람이 컴퓨터에 명령을 내리기 위해서는 필요한 명령어를 2진법으로 모두 외우고 있어야 한다. 그러나 이와 같은 방법으로 프로그램을 만드는 것은 매우 어렵다. 따라서 프로그램을 만들 때 사람의 언어에 가까운 명령어로 만든 다음에, 이를 다시 컴퓨터가 이해할 수 있는 기계어로 번역해 주는 프로그램이 필요하다. 이와 같이 컴퓨터가 이해할 수 있는 언어로 바꾸어 주는 프로그램을 컴파일러(compiler)라고 한다.

(4) 유틸리티

유틸리티(utility)는 운영체제에서 제공되는 것 외에 추가적인 기능을 제공하여 사용자가 컴퓨터를 효율적이고 편리하게 사용할 수 있도록 지원해 주는 소프트웨어이다. 즉, 컴퓨터를 동작시키는 데 반드시 필요한 것은 아니지만 컴퓨터를 이용하는 주목적에 대한 부차적인 일부 특정 작업을 수행하는 소프트웨어를 가리킨다. 유틸리티 프로그램을 통해 컴퓨터 하드웨어나 운영체제, 응용 소프트웨어를 관리할 수 있다. 유틸리티 프로그램으로는 디스크 조각 모음, 화면 보호기, 압축 프로그램, 백신 프로그램 등이 있다.

3 응용 소프트웨어

응용 소프트웨어(또는 애플리케이션)란 사용자의 업무나 원하는 목적에 맞게 개발된 프로그램을 말한다. 컴퓨터를 이용하여 사용자가 원하는 다양한 작업을 처리하기 위해서는 하드웨어도 있어야 하지만, 그 작업을 할 수 있도록 만들어진 프로그램도 있어야 한다. 응용 소프트웨어는 특정한 작업을 수행하도록 미리 개발된 프로그램으로 필요에 따라 선택하여 사용할 수 있다. 응용 프로그램은 문서작성, 수치계산, 이미지 제작, 게임 등 우리가 일반적으로 사용하는 프로그램이라 할 수 있다.

[예상문제]

소프트웨어의 유형에 대한 설명으로 틀린 것은?

① 대표적인 운영체제에는 윈도우(Windows), 리눅스(Linux), 유닉스(Unix) 등이 있다.

② 운영체제는 컴퓨터 하드웨어와 응용 소프트웨어 간에 인터페이스 역할을 하며 CPU, 메모리, 기억장치, 입력장치와 같은 자원을 효율적으로 관리한다.

③ 컴퓨터가 이해할 수 있는 언어로 바꾸어 주는 프로그램을 유틸리티(utility) 프로그램이라고 한다.

④ 응용 프로그램은 문서작성, 수치계산, 이미지 제작, 게임 등 우리가 일반적으로 사용하는 프로그램이라 할 수 있다.

정답 ③

해설 프로그램이란 원하는 목적을 달성하기 위해 컴퓨터가 실행해야 하는 명령어들을 모아놓은 것이다. 컴퓨터가 이해할 수 있는 명령어는 2진법으로 이루어져 있는 기계어밖에 없기 때문에 사람이 컴퓨터에 명령을 내리기 위해서는 필요한 명령어를 2진법으로 모두 외우고 있어야 한다. 그러나 이와 같은 방법으로 프로그램을 만드는 것은 매우 어렵다. 따라서 프로그램을 만들 때 사람의 언어에 가까운 명령어로 만든 다음에, 이를 다시 컴퓨터가 이해할 수 있는 기계어로 번역해 주는 프로그램이 필요하다. 이와 같이 컴퓨터가 이해할 수 있는 언어로 바꾸어 주는 프로그램을 컴파일러(compiler)라고 한다.

Theme

161 HCI(Human-computer interaction)

I 의의

① 인간-컴퓨터 상호작용(Human-computer interaction, HCI)은 인간과 컴퓨터 간의 상호작용에 대해 연구하는 학문 분야이다. 이 분야에서는 전산학, 심리학, 산업공학 등의 서로 다른 연구 분야가 공동으로 연구를 진행하는 경우가 많다.

② HCI의 상호작용은 사용자와 컴퓨터 사이에서 일어나는 상호작용을 의미하며, 사용자 인터페이스(UI)는 이러한 상호작용을 가능하게 하는 기술적 요소라고 할 수 있다. 최근 상황 인식 컴퓨팅의 등장은 UI의 정의를 주변 상황까지 확장시키고 있으며, 이는 HCI와 UI의 경계를 더욱 모호하게 만들고 있다.

Ⅱ HCI 1.0과 HCI 2.0

1 HCI 1.0

① 개인, 컴퓨터, 상호작용이라는 세 가지 요소를 중심으로 개인과 컴퓨터의 관계에 중점을 둔다.

② 사람들이 편리하게 사용할 수 있는 컴퓨터 시스템을 개발하는 원리 및 방법을 연구하는 학문이다.

③ 한 명의 사용자와 컴퓨터 시스템 간에 주고받는 상호작용에 대해 연구하고 궁극적으로 사용자가 좀 더 편리하게 사용할 수 있는 컴퓨터 시스템을 설계하고 평가하는 분야이다.

2 HCI 2.0

① 단순히 개인이 화면에서 보는 시스템의 모양이 아니라 다양한 시스템과 사람들 간의 모든 상호작용을 대상으로 한다.

② HCI의 범위를 더 넓게 확장하여 규정하고 있으며, 2000년대 후반부터 확산되어 온 Web 2.0 환경 안에서 발전하고 있는 HCI를 포괄적으로 지칭한다.

③ 개인에서 집단 나아가 전체 사회 구성원들 간의 상호작용에 사용되는 디지털 제품, 서비스, 디지털 콘텐츠를 포괄하는 디지털 시스템이다.

④ HCI 1.0이 개인 사용자와 컴퓨터 간의 기술적인 상호작용에 초점을 두었다면, HCI 2.0은 다양한 디지털 기술을 통해 개인 또는 집단의 사람들에게 새롭고 유익한 경험을 제공하는 데 초점을 두고 있다.

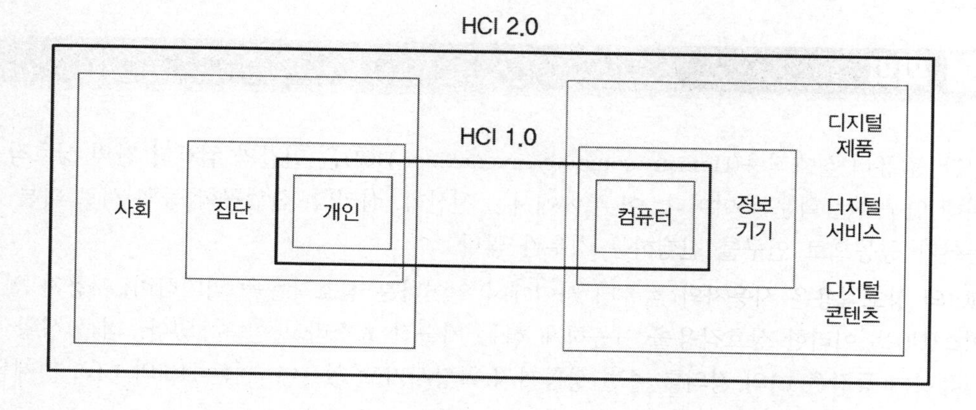

Ⅲ HCI의 중요성

1 의의

디지털 시스템을 사용하는 사람들이나 환경이 늘어나고 사람들이 사용하는 대부분의 제품과 서비스에 디지털 기술이 내재되기(embedded system) 시작했다. 그에 따라 다양한 디지털 기술의 활용이 기업의 성공에 큰 영향을 미치게 되면서 해당기술과 제품 및 서비스, 그리고 사용자를 매끄럽게 연결해 주는 HCI의 중요성 또한 높아져 가고 있다.

2 HCI의 중요성이 증대하는 4가지 이유

① 디지털 시스템을 사용하는 사람들이 전문가에서 일반인으로 바뀌면서 시스템 역시 일반인이 쉽고 재미있게 사용할 수 있도록 만드는 것이 중요해졌다. 전문가의 경우 시스템을 사용하는 것이 어렵고 지겹더라도 자신의 일을 위해서는 그것을 감수하면서 사용하는 반면, 일반인은 시스템이 조금만 어렵고 재미없으면 금방 포기해버린다. 그에 따라 일반인도 쉽게 사용할 수 있는 시스템 개발과 이를 효과적으로 달성할 수 있는 HCI가 중요해졌다.

② 대부분의 시스템이 소형화되고 경량화됨에 따라 디지털 제품과 서비스가 사회전반으로 확산되면서 사람들이 제품과 서비스를 편리하고 유용하고 재미있게 사용하도록 도와주는 HCI의 중요성 역시 높아지기 시작했다.

③ 컴퓨터 시스템이 중대한 용도로 사용되면서 HCI의 원칙이 제대로 충족되지 못했을 때에 발생할 수 있는 문제점이 심각하게 대두되고 있다.

④ HCI는 디지털 기술과 사용자를 원활하게 이어 주는 가교 역할을 함으로써 사용자에 대한 고려를 바탕으로 디지털 제품이나 서비스에 새로운 기술이 적용되어 만들어지는 데 큰 공헌을 하고 있다.

Ⅳ HCI의 3대 구성 요소

1 유용성

유용성은 사람들이 시스템을 이용해 하고자 하는 일을 효과적으로 달성할 수 있어야 한다는 것이다. 제품이나 서비스에서 가장 먼저 관심의 대상이 되는 조건이다.

2 사용성

사용성은 디지털 제품이나 서비스를 사용하는 과정이 효율적이어야 한다는 것이다. 효율적이기 위해서는 되도록 적은 노력으로 디지털 제품이나 서비스를 사용해 소기의 목적을 얻을 수 있어야 한다. 일반적으로 사용성은 유용성이 해결된 다음에 해결되어야 하는 부차적인 조건으로 간주하지만, 사실 분리하기 힘들다.

3 감성

감성은 시스템을 사용하면서 사람들이 마음속에서 얼마나 적절한 느낌을 받았는지를 의미한다. 여기서 느낌은 미적 인상, 정서, 대상에 대한 개성 등을 모두 포함하는 개념이다. 이전에는 유용성과 사용성에 상반되는 조건으로 치부되었으나, 현재는 필수조건으로 인식되고 있다.

Ⅴ 관련 개념

1 사용자 인터페이스(User Interface)

① 사람과 디지털 시스템 사이에는 일반적으로 입력 장치와 출력 장치가 있으며, 이러한 일련의 장치를 사이에 두고 일련의 상호작용이 이루어진다.

② 이때 사람이 접촉하는 디지털 시스템의 입출력 장치와 그 장치에 표현된 내용들을 사용자 인터페이스(User Interface) 또는 인터페이스라고 한다.

③ 이런 인터페이스는 단일 화면이나 효과음과 같은 것들에 초점을 맞추기에 사용자와 접하는 시간이 상대적으로 짧다는 특징을 가진다.

기출문제

다음 글에서 설명하는 개념과 가장 관련이 적은 것은? [2021]

> 컴퓨터와 사람 간의 상호작용의 접점으로 서로 다른 두 개의 시스템, 장치 사이에서 정보나 신호를 주고받는 경우의 경계면이다. 즉, 사용자가 기기를 쉽게 동작시키는데 도움을 주는 시스템이다.

① 사이버스페이스
② 인터페이스
③ 인공신경망회로
④ 쿠버네티스

정답 ③

해설 인터페이스에 대한 설명이다. 인터페이스는 인간과 기계가 상호작용하는 공간 또는 관계를 의미한다. 인공신경망회로는 뉴로모픽(neuromorphic)칩처럼 인간의 신경 구조, 즉 뉴런을 모방한 Hardware Neuron을 병렬로 연결한 것을 의미한다. 즉 인공신경망회로는 인간의 지능을 기계 등에 인공적으로 구현한 것으로 인간과 컴퓨터가 상호작용하는 공간 또는 관계라고 할 수 없다. 즉 인공신경망 회로가 인터페이스와 가장 관련이 적다. 참고로 API는 프로그램 사이의 상호작용성을 의미한다. 쿠버네티스는 컨테이너화된 워크로드와 서비스를 관리하기 위한 이식성이 있고, 확장가능한 오픈소스 플랫폼으로 인터페이스의 개념에 포함시킬 수 있다. 워크로드는 쿠버네티스에서 구동되는 애플리케이션이다.

2 인터랙션(Interaction)

① 인터랙션(Interaction)은 입출력 장치를 매개로 디지털 시스템과 사람이 주고받는 일련의 의사소통 과정이다.

② 인터페이스가 도구적인 측면을 바라본 것이라면, 인터랙션은 의사소통 및 절차적인 측면을 바라본다. 예를 들어 인터페이스가 화면이라면, 이 화면의 내용을 배치하고 글 등을 업로드하는 과정은 인터랙션으로 볼 수 있다.

③ 주의할 점은 HCI의 'I'와 시스템 디자인 맥락에서 사용하는 '인터랙션'의 의미가 서로 다르다는 것이다. HCI에서 인터랙션은 사용자에게 최적의 경험을 제공하는 기본 단위로서 인터페이스, 인터랙션, 경험을 모두 포함하는 전반적인 상호작용을 의미한다면, 시스템 디자인에서 인터랙션은 시스템의 행동적인 측면에 초점을 맞추는 상대적으로 작은 개념이다.

3 사용자 경험(User Experience)

(1) 의의

사용자 경험(User Experience)이란 일상생활에서 사람들이 컴퓨터와 상호작용을 하면서 사람들 속에 축적하게 되는 모든 지식과 기억과 감정을 의미한다.

(2) 인터페이스나 인터랙션과 구분되는 UX의 특징

① 주관성(subjectivity)으로 사람마다 전혀 다른 경험을 할 수 있다.

② 총체성(holistic)으로 경험은 특정 시점에 특정 개인이 느끼는 총체적인 효과이기에 구체적인 요소로 구분이 불가능하다. 따라서 특정 경험을 직접적으로 조작할 수 없다.

③ 정황성(contextuality)으로 경험은 제품이나 서비스의 특성만으로 결정되는 것이 아니라 인터랙션의 시점이나 환경에서의 맥락에 영향을 받는다. 사용자의 환경과 맥락이 역동적으로 변화하기에 UX도 역동적으로 변화한다.

④ UX는 인터페이스라는 구체적 수단으로 HCI를 목표로 하고, 인터랙션은 인터페이스와 HCI를 연결시키는 연결 고리로서의 역할을 한다고 볼 수 있다.

기출문제

인간과 컴퓨터 간의 상호작용에 대한 연구로서 인터페이스를 설계하는 방법론이나 절차의 개발이나 인터페이스를 구현하는 방법론에 관심을 가지는 학문 분야로 옳은 것은? [2021]

① HCI
② Clustering
③ Informatics
④ Network Anlysis

정답 ①

해설 HCI에 대한 설명이다. HCI에서 말하는 상호작용은 사용자와 컴퓨터 사이에 있는 사용자 인터페이스에서 발현되는 작동을 의미하는데, 사용자 인터페이스는 하드웨어와 소프트웨어를 모두 포함하며, 최근 상황지각컴퓨팅(context-aware computing)의 등장은 사용자 인터페이스의 정의를 주변 상황에까지 확장시키고 있어, 그 의미가 차츰 모호해지고 있다.

예상문제

사용자 경험(User Experience)에 대한 설명으로 틀린 것은?

① 컴퓨터와 상호작용을 하면서 축적하게 되는 지식, 기억, 감정 등을 의미한다.
② 사람마다 전혀 다른 경험을 할 수 있다.
③ 구체적인 요소로 구분된다.
④ 인터랙션의 시점이나 환경에서의 맥락에 영향을 받는다.

정답 ③

해설 경험은 특정 시점에 특정 개인이 느끼는 총체적인 효과이기에 구체적인 요소로 구분이 불가능하다. 따라서 특정 경험을 직접적으로 조작할 수 없다.

Theme

162 벤야민 사상에서 기술의 의미

I 의의

1 제1기술과 제2기술

① 벤야민은 기술을, 그를 통해 이루어지는 인간과 자연과의 관계에 따라 제1기술과 제2기술로 구분한다. 우리가 통상 마법적 실천들이라 부르는 주술적, 제의적 행위들은 제1기술에 포함된다.

② 즉 제1의 기술은 가능하면 인간을 중점적으로 투입하고, 후자, 즉 제2의 기술은 가능하면 인간을 적게 투입한다는 점에 있다.

2 제1기술과 제2기술의 기술적 위업

① 제1의 기술의 기술적 위업은 말하자면 제물로 바쳐지는 인간이고, 제2의 기술의 위업은 인간이 승선할 필요가 없는 원격조정 비행체들이 개발되는 선상에 놓여 있다.

② '이번 한 번만으로'가 제1의 기술에 해당한다(여기서 중요한 것은 결코 보상할 수 없는 실수이거나 영원히 대속하는 희생적 죽음이다).

③ 그에 비해 '한 번은 아무것도 아니다.'가 제2의 기술에 해당한다(제2기술에서는 실험이 중요하고, 이 실험을 통해 시험적 구성을 지칠 줄 모르게 변형해 보는 일이 중요하다).

④ 제2의 기술은 인간이 처음으로, 그리고 무의식적인 간계를 가지고 자연으로부터 거리를 취하려고 시도했던 때에서 기원한다. 달리 말해 제2의 기술의 기원은 유희에 있다.

기출문제

기술에 대한 다음과 같은 입장을 가지는 사상가로 옳은 것은? [2019]

> 제1의 기술의 기술적 위업은 말하자면 제물로 바쳐지는 인간이고, 제2의 기술의 위업은 인간이 승선할 필요가 없는 원격조정 비행체들이 개발되는 선상에 놓여 있다.

① 빌렘 플루서(Vilém Flusser) ② 한나 아렌트(Hannah Arendt)
③ 테오도어 아도르노(Theodor Adorno) ④ 발터 벤야민(Walter Benjamin)

정답 ④

해설 벤야민은 기술을, 그를 통해 이루어지는 인간과 자연과의 관계에 따라 제1기술과 제2기술로 구분한다.

Ⅱ 제 1 기술

1 의의

① 제1기술은 자연환경에 적응해야 하는 시원시대의 인간이 자연과 주술적으로 관계를 맺는 과정에서 생겨난 기술이다.

② 시원시대 인간에게 자연은 공포와 경외의 대상이었을 것이다. 자연의 거대한 힘과 작용이 언제라도 인간의 생존을 빼앗거나 위협할 수 있기 때문이다.

③ 인격화된 자연의 변화를 읽어내고, 그 변화의 힘을 안정화시키며 그에 순응하기 위한 인간의 실천은 "주술적 제의와 혼융"되어 있었다.

2 제1기술의 특징

① 벤야민은 제1기술의 목표가 '자연의 지배'라고 말하는데, 여기서 '자연의 지배'란 이처럼, 자연의 폭력적 힘을 안정적이고 예상가능하게 제어하는 것을 의미한다.

② 제1기술은 가능하면 '인간이 중점적으로 투입'된다는 점에서 특징적이다. 별자리나 동물의 내장을 읽어내고, 숭배신의 형상을 제작하는 것은 물론이고, 주술적 제의를 위해 신체를 치장하고, 춤이나 노래를 부르고, 제물을 바치는 등의 제의 절차들은 기본적으로 인간에 의해 직접 수행되어야 했다. 경우에 따라서는 인간이 제물로 바쳐지기도 했을 것이다.

③ 이러한 점에서 제1기술을 통해 맺어지는 자연과 인간의 관계는 진지하고 엄격한 성격을 가지며, 그 기술의 실행에 있어서 단 한 번의 실수나 잘못도 용납될 수 없다. 따라서 제1기술에서의 시간 경험은 일회적이다. 벤야민은 이를 '이번 한 번만으로'라고 표현한다.

Ⅲ 제 2 기술

1 의의

① 제2기술은 제1기술을 통한 인간과 자연과의 관계로부터 자라 나온다. 제2기술은 "인간이 처음으로, 그리고 무의식적 간계를 가지고 자연으로부터 거리를 취하려 시도했던 때에서 기원한다." 인간이 자연으로부터 거리를 취한다.'는 것은 무엇보다 제1기술을 지배하고 있던 신화적, 마술적 세계관에서 벗어나게 된다는 것을 의미한다.

② 공포와 경외의 대상이던 자연과 진지하고 엄격한 태도로 관계 맺던 인간이, 그와는 다른 태도를 갖게 되는 것이 제2기술의 출발점이다. 이러한 점에서 벤야민은 제2기술을 '해방된 기술'이라고 부른다.

2 제2기술의 특징

① 인간이 신체적 현존과 행위를 통해 직접 자연과 관계해야 했던 제1기술에서와는 달리, 인간이 제작한 도구나 기계, 장치들이 자연과 인간을 매개해 주기에 제2기술은 '가능하면 인간을 적게 투입한다.'

② 이와 더불어 기술에서의 시간 차원도 변화한다. 단 한차례의 실수나 잘못도 용납되지 않던 제1기술에서와는 달리, 제2기술에서는 수차례의 반복과 실험을 통해 "시험적 구성을 지칠 줄 모르게 변형해보는 일이 중요하다." 그렇기에 제2기술의 모토는 '한번은 아무 것도 아니다.'가 된다.

예상문제

벤야민의 제1기술과 제2기술에 대한 설명으로 틀린 것은?

① 마법적 실천들이라 부르는 주술적, 제의적 행위들은 제1기술에 포함된다.
② 공포와 경외의 대상이던 자연과 진지하고 엄격한 태도로 관계 맺던 인간이, 그와는 다른 태도를 갖게 되는 것이 제2기술의 출발점이다.
③ 제1의 기술의 기술적 위업은 말하자면 제물로 바쳐지는 인간이고, 제2의 기술의 위업은 인간이 승선할 필요가 없는 원격조정 비행체들이 개발되는 선상에 놓여 있다.
④ 벤야민은 제2기술의 목표가 '자연의 지배'라고 말하는데, 여기서 '자연의 지배'란 이처럼, 자연의 폭력적 힘을 안정적이고 예상가능하게 제어하는 것을 의미한다.

정답 ④

해설 벤야민은 제1기술의 목표가 '자연의 지배'라고 말하는데, 여기서 '자연의 지배'란 이처럼, 자연의 폭력적 힘을 안정적이고 예상가능하게 제어하는 것을 의미한다. 제1기술은 가능하면 '인간이 중점적으로 투입'된다는 점에서 특징적이다. 별자리나 동물의 내장을 읽어내고, 숭배신의 형상을 제작하는 것은 물론이고, 주술적 제의를 위해 신체를 치장하고, 춤이나 노래를 부르고, 제물을 바치는 등의 제의 절차들은 기본적으로 인간에 의해 직접 수행되어야 했다. 경우에 따라서는 인간이 제물로 바쳐지기도 했을 것이다. 이러한 점에서 제1기술을 통해 맺어지는 자연과 인간의 관계는 진지하고 엄격한 성격을 가지며, 그 기술의 실행에 있어서 단 한 번의 실수나 잘못도 용납될 수 없다. 따라서 제1기술에서의 시간 경험은 일회적이다. 벤야민은 이를 '이번 한 번만으로'라고 표현한다.

Ⅳ 제1기술로부터 제2기술의 출현

1 의의

① 복제기술의 탈전통적, 탈권위적 효과는 제2기술의 유희적 잠재성의 발현이기 때문이다. 이러한 제2기술의 성격을 보다 상세히 규명하기 위해 다음과 같은 질문을 던져보자.

② 제1기술은 인간이 자연의 막강한 영향력하에서 생존해야 할 때, 자연에 순응하기 위해 필요한 실천들이었다. 그런데 이러한 제1기술로부터 어떻게 그와는 대립적으로 보이는 제2기술이 등장할 수 있었을까?

③ 기술이란 자연과 인간의 관계를 규정하는 것이기에 이 질문은 다음과 같이 제기될 수 있다. 주술적 제의를 통해 공포와 경외의 대상인 자연을 지배하려던 인간이, 어떻게 '자연으로부터 거리를 취하는' 유희적 태도를 가질 수 있게 되었을까?

2 유사성의 법칙

① 벤야민에 의하면 우주는 그가 '자연적 상응'이라고도 부르는 '유사성의 법칙'에 의해 주재된다.

② 이 법칙은 그 우주의 구성원인 인간의 "미메시스 능력"을 자극하고 일깨우는데, 인간은 그 능력을 통해 우주만물에 존재하는 '유사성을 볼 수 있을' 뿐 아니라 스스로 어떤 대상과 '유사하게 되고 또 유사한 태도를 취할 수' 있다.

③ 벤야민은 이러한 미메시스 능력이 폭력적인 자연의 힘 앞에서 자신을 보존하기 위해 대상과 자신을 "유사하게 만들고 숨을 죽여야"했던 생존의 필요성의 흔적이라고 말한다. 미메시스는 인간이 자연에 적응하기 위해 요구되던 능력이었던 것이다.

④ 자연과의 주술적, 제의적 관계 맺음을 통해 생존을 유지하려던 주술적, 제의적 실천들, 곧 제1기술에도 이 미메시스 능력이 작용하고 있었음은 분명하다. 그런데 미메시스는 모든 유희적 활동의 동력이기도 하다.

V 기술과 집합체의 신경감응

1 의의

① 인류가 기술을 통해 자신의 자연, 곧 신체와 감각기관, 지각방식을 조직해가는 일을 벤야민은 집합체의 신경감응이라 부른다.

② "신경감응"이란 동물체의 특정한 지절이나 기관이 신경의 지배를 받게 되는 것을 의미하는 의학적 개념인데, 벤야민은 이를 감각적, 신체적 존재로 이해된 인류 집합체에 적용하는 것이다.

③ 기술을 통해 이루어지는 신경감응은 한 집합체를 이전과는 다른 존재로 바꾸게 될 것이다. 이는 인간이 자기 자신을 포함한 자연 · 세계와 이전과는 다른 관계를 맺게 된다는 것을 의미한다. 여기에서 기술의 변증법적 작용이 분명해진다.

2 기술과 인간 사이의 관계

(1) 기술

기술은, 변화하지 않는 고정된 주체가 단지 자연을 지배하기 위해 사용하는 도구가 아니라, 자연과 관계를 맺고 있는 인간이 자기 자신을 포함한 자연을 새롭게 조직하는 가운데 생겨나는 결과물이다.

(2) 종으로서의 인류

① 기술과 인간 사이의 이러한 관계를 벤야민은 다음과 같이 표현한다. “종으로서의 인간은 수천 년 전부터 발전의 종말에 다다랐지만, 종으로서의 인류는 이제 막 시작하는 중이다. 종으로서의 인류는 기술 속에서 자신의 자연을 조직한다. 그 기술 속에서 종으로서의 인류는 민족이나 가족에서와는 다른 방식으로 우주와의 접촉을 새롭게 형성한다.”

② 인간이 ‘기술 속에서’ 자신의 자연을 다르게 조직하면, 인간과 자연(우주)과의 접촉(관계)은 이전과 달라지고, 종으로서의 ‘인간’은 종으로서의 ‘인류’가 된다. ‘종으로서의 인간’이 집합적 주체로서의 ‘인류’에 대한 의식을 갖지 못한 상태의 인간을 지칭한다면, ‘종으로서의 인류’는 집합체로서의 자기의식을 지니게 된 상태를 말한다.

③ 종으로서의 인류는 문명의 발전 속에서 자라나온 기술을 획득하고 사용함을 통해 자신의 자연을 새롭게 조직한다. 기술은 관조적으로는 얻어질 수 없다. 기술은 관념을 통해서가 아니라 인간의 지각과 신체가 기술에 익숙해짐을 통해서만 획득된다.

④ 수영 기술은 물 속에서 몸을 움직이는 연습을 통해 익혀지며, 사냥 기술은 사냥에 필요한 지각과 신체 움직임을 통해서만 얻어진다. 특정 도구를 사용하기 위해서는 그 사용에 필요한 지각과 신체능력을 익혀야 한다. 특정 도구나 기술을 사용할 수 있게 된다는 것은, 이전까지 사용되지 않던 신체의 특정 감각이나 기관을 의식적으로 사용할 수 있게 된다는 것이다. 다시 말해 신체가 수의적(隨意的) 신경의 지배를 받게 된다는 것이다. 그렇게 되면 인류는 이전과 다른 방식으로 자연과 관계한다.

⑤ 이처럼 기술은 그를 사용하는 인간 신체의 감각지각과 운동 방식을 변화시키며, 그 변화는 집합체로서의 인류는 “우주와의 접촉을 새롭게 형성”하는 것이다. 제2기술이 ‘인간과 자연 사이의 새로운 관계’ 맺음을 의미하는 것도 이 때문이다. 제1의 기술이 자연의 지배를 목표로 했다면, “제2의 기술은 그보다는 자연과 인류의 어울림을 지향한다. 오늘날 예술이 갖는 사회적으로 결정적인 기능은 자연과 인간의 이러한 어울림을 연습시키는 일이다.”

생각넓히기 |

수의적(隨意的)의 사전적 의미는 자기의 마음대로 한다는 것이다. 즉, 수의적 운동이란 자신의 의지로 콘트롤할 수 있는 운동이 된다. 또한 수의적(隨意的)은 대뇌의 뜻을 따른다는, 즉 대뇌의 직접 지배를 받는다는 뜻으로 사용할 수도 있다. 따라서 수의적 운동이란 대뇌의 의지에 따른 운동을 의미한다.

Theme

163 벤야민의 수공적 복제와 기술적 복제

I 의의

① 예술 작품에 대한 기술적 복제는 수공적인 복제보다 더 큰 독자성을 지니며, 예술 작품의 존속에 아무런 손상도 입히지 않는다. 예술 작품의 기술적 복제 가능성의 시대에서 예술 작품의 '아우라'는 위축된다.

② 그러나 사진이나 영화와 같은 영역에서 대량 복제 기술은 대중들로 하여금 개별적 상황 속에서 복제품을 쉽게 접하게 한다. 이러한 현상은 전시 가능성을 중시하는 대중 예술이 기존의 제의(祭儀) 의식에 바탕을 둔 예술을 밀어내는 결과를 초래한다.

③ 이제 예술 작품은 새로운 기능을 지닌 형상물이 된다. 복제 기술의 발달로 예술 작품의 '아우라'는 사라지지만 누구든 예술 작품에 대해 자신의 의견을 표현할 수 있게 된다.

④ 또 대중 예술의 발달은 대중의 각성을 불러일으킴으로써 대중을 집단적 주체로 형성시키는 데 기여한다.

Ⅱ 수공적 복제

① 벤야민이 지적하듯, 기술적 복제가 등장하기 전에도 예술작품은 원리적으로 늘 복제가 가능하였다.

② 제자들이 스승의 작품을 모사하거나, 작품을 보급하려는 장인들이나 이윤을 탐하는 제3자에 의해 원본이 스케치나 판화 등을 통해 복제되는 경우가 그것이다.

③ 하지만 이러한 수공적 복제는 오히려 원본에 대한 관심을 확산시키고, 원본을 대하고자 하는 욕구를 더 강화시켰다.

④ 손으로 생산되는 복제에 대해 진품은 이것을 위조품으로 낙인찍음으로써 자신의 권위를 완전하게 유지할 수 있었기 때문이다. 이로 인해 수공적 복제는 예술작품의 권위를 지켜주는 보호대의 역할을 해왔다.

Ⅲ 기술적 복제

① 예술작품의 복제가 탈전통적이고 탈권위적 힘을 발휘하게 된 것은 복제가 인간의 손을 떠나 기술과 결합하고 난 후부터다.

② 예술작품의 기술적 복제는 1900년을 전후로 전승된 예술작품 전체를 대상으로 만들고 예술작품의 영향력에 심대한 변화를 끼치기 시작했을 뿐만 아니라 예술의 작업방식에서 독자적인 자리를 점유하게 될 정도의 수준에 도달하였다.

③ 이와 더불어 수공적 복제를 통해서는 일어나지 않던 거대한 변화가 일어나게 되었다. 기술적 복제가 복제된 것을 전통의 영역에서 떼어냄으로써, 전통을 엄청나게 뒤흔드는 결과를 가져온 것이다.

Ⅳ 가상과 유희 사이의 관계

1 의의

① 기술적 복제에 의해 예술에서의 가상과 유희의 관계가 결정적으로 변화되었다.

② 예술적 활동의 근원 현상으로서의 미메시스 속에는 가상과 유희라는 예술의 두 측면이 마치 떡잎처럼 밀착되어 포개진 채 잠재해 있다.

③ 주목해야 할 것은 이 가상과 유희 사이의 관계다. 특정한 역사적, 기술적 조건들에 의해 예술작품에서 가상이 우세하게 되면 유희적 요소는 약화되며, 반대로 가상의 요소가 위축되는 것에 비례해 유희 공간은 넓어진다.

④ 기술적 복제는, 예술에서 모방이 갖는 성격을 크게 변화시킴으로써 가상을 위축시키고 유희 공간을 확장시켰다.

2 복제

복제란 복제 대상에 대한 모방이다. 예술 작품을 손으로 복제하는 사람은 최대한 원본을 모방하려 시도하는 가운데, 원작자가 행했던 창작행위를 자신의 신체를 통해 반복한다. 그를 통해 만들어진 복제된 예술작품은 시각적으로 이루어진 원본의 모방이자 그 가상이다. 수공적 모방의 결과물인 원본의 가상이 '가상'으로 의식되지 못하는 한, 그 가상은 오히려 원본의 권위를 강화시키는 데 기여하게 된다.

3 기술적 복제

① 기술적 복제는 복제를 다수화함으로써, 일회적인 복제를 대량적으로 등장하게 한다. 기술적 복제가 복제를 다수화해서 원본의 가상이 대량으로 유통되게 되면, 그 복제된 것(가상)이 전통의 영역에서 떼어져, 그때그때의 서로 다른 상황 속에서 현재화될 가능성은 크게 늘어난다. 다수화된 가상이 서로 다른 상황들과 다양한 맥락 속에서 '반복'될 수 있는 것이다.

② 복제가 기존의 전통적 예술작품의 권위를 흔들고, 그와 유희적으로 관계할 수 있는 조건을 창출한 이유는, 기술적 복제가 복제를 다수화시킴으로써 복제된 것이 다양한 맥락에서 현재화, 곧 반복될 수 있게 했기 때문이다.

[예상문제]

다음 사상가의 입장으로 옳은 것은?

> 복제란 복제 대상에 대한 모방이다. 예술 작품을 손으로 복제하는 사람은 최대한 원본을 모방하려 시도하는 가운데, 원작자가 행했던 창작행위를 자신의 신체를 통해 반복한다. 그를 통해 만들어진 복제된 예술작품은 시각적으로 이루어진 원본의 모방이자 그 가상이다. 수공적 모방의 결과물인 원본의 가상이 '가상'으로 의식되지 못하는 한, 그 가상은 오히려 원본의 권위를 강화시키는 데 기여하게 된다. 이와는 달리 기술적 복제는 "복제를 다수화함으로써, 일회적인 복제를 대량적으로 등장하게 한다." 기술적 복제가 "복제를 다수화"해서 원본의 가상이 대량으로 유통되게 되면, 그 복제된 것(가상)이 "전통의 영역에서 떼어"져, "그때그때의 서로 다른 상황 속에서 현재화"될 가능성은 크게 늘어난다.

① 노동패러다임에 기반한 생산양식 개념은 새롭게 부상하는 지식과 정보, 그리고 정보이용자의 의사소통 방식을 간과할 수 있다.
② 절대 속도에 의존하는 시각 매체, 즉 시각기계는 인간의 눈을 멀게 만들 뿐 아니라 현실에 대한 마비감과 비현실감을 강화한다.
③ 일정한 합의에 따라 서로 다른 현상에 일정한 의미를 부여하는 것이 상징이라면, 코드는 합의된 상징들의 조작을 일정한 방식으로 정돈하는 모든 체계를 뜻한다.
④ 인간이 '기술 속에서' 자신의 자연을 다르게 조직하면, 인간과 자연(우주)과의 접촉(관계)은 이전과 달라지고, 종으로서의 '인간'은 종으로서의 '인류'가 된다.

정답 ④

해설 벤야민의 '기술복제 시대의 예술작품'에서 인용한 글이다.
① 포스터의 주장이다.
② 비릴리오의 주장이다.
③ 플루서의 주장이다.

V 복제기술과 대중

1 집합적 구성물

① 기술적 복제를 통해 사물의 모상을 가까운 곳에 가져와 포착하게 되면, 작품들은 집합적 구성물이 된다. 기술적 복제는 복제 대상을 다수화해서 다양한 맥락과 상황 속에서 '반복'시킨다.

② 예를 들어 사진은 예술작품의 '축소'된 이미지를 다량으로 유통시켜 많은 사람들이 각자의 다양한 맥락 속에서 그를 '사용'할 수 있게 한다.

③ 복제된 작품을 '사용'하는 대중은 그를 더 자신에게 '동화'시키게 되는데, 이렇게 대중에 의해 동화된 작품은 '개인적 창조물'이 아니라 '집합적 구성물'로서의 성격을 얻게 된다.

2 집합체의 자기 인식의 도구

① 기술적 복제의 산물, 예를 들어 영화는 대중에게 자기표현과 자기대면의 도구를 제공함으로써 집합체의 자기인식에 기여한다.

② 벤야민은 신문의 독자 투고란이 보여주듯, 대중이 수동적인 독자에서 필자로 나서게 된 글쓰기 분야에서의 변화를 상기시킨다. 대중이 자신의 노동을 말로 표현하고 묘사할 수 있다는 것은 집합체의 자기인식에 중요한 계기인데, 글쓰기의 대중화는 전문가에게만 귀속되던 그 능력이 집합체의 일반적 능력이 되는 데 기여한 것이다.

③ 그런데, "글쓰기에서는 수백 년이 걸렸던 이런 변화가 영화에서는 십년 사이에 이루어"지고 있다. 대중이 영화에 등장하게 되어 누구나 영화화되어 화면에 나올 수 있는 권리가 충족되는 것이다. 영화가 대중화되면서 영화가 재현하는 대중의 이미지를 감상하게 될 우연한 청중의 수는 증가하는데, 영화는 그런 청중이 영화 속에서 '자기 자신'을 확인하고 집합체로서의 자기인식을 얻을 가능성을 제공한다.

3 집단적 수용의 가능성

① 기술적 복제로 집단적 수용이 가능해짐으로써 영화는 감상에 있어 '진보적 태도'를 가능하게 한다. 대량으로 복제됨으로 인해 영화는 다수의 사람들이 일정한 시간 내 동일 작품을 감상하는 것을 가능하게 하였다.

② 소수의 사람들이 개별적으로 감상하는 회화에서는 수용자의 비평적 태도와 감상적 태도가 분리되어 있기에, 관습적인 것은 아무 비판 없이 수용되는 반면, 새로운 것은 혐오감을 가지고 비판되기 쉽다. 자신에게 익숙한 예술형식에 보수화된 수용자의 감성은 새롭고 실험적인 형식을 수용하기 어렵게 되는 것이다.

③ 이와는 달리 관중 개개인의 반응이 처음부터 직접적인 대중화에 의해 제약되어 있는 영화감상에서는 개별적 반응들은 밖으로 표출되면서 서로 컨트롤 하게 되어, 바라보고 체험하는 데 대한 즐거움이 전문적인 비평가의 태도와 직접적이고 긴밀하게 연결되는 "진보적 태도"가 생겨난다.

Ⅵ 영화와 집합체의 신경감응

1 의의

① 벤야민에게 영화는 당대의 조건 속에서 "복제기술"이 갖는 성취를 가장 분명히 보여주는 매체였다. 회화나 조각 등과 같은 전통예술과는 달리 영화는 그 예술적 성격이 전적으로 복제가능성에 의해 규정되는 예술이기 때문이다.

② 벤야민은 영화가 인간의 삶에서 거의 날마다 그 역할이 증가하고 있는 장치를 다루는 일, 그것이 조건 짓는 지각과 반응들에 인간을 연습시키는 데 기여한다고 말한다. 즉, 벤야민이 '장치'라고 표현했던 기술적 삶의 환경 속에서 영화는 장치가 조건 짓는 지각과 반응에 인간의 신체와 지각을 연습시키는 것이다.

2 영화의 생산

① 생산과정에서 영화는 기계장치의 테스트를 통과한 '테스트 성과'를 전시가능하게 만든다. 벤야민에 의하면 영화배우가 보여주는 성과는 전통적인 예술의 그것과는 판이하게 다르다.

② 연극배우의 예술적 성과가 무대 앞에 있는 우연한 관중 앞에서 평가받는 데 그친다면, 영화배우의 성과는 제작자, 감독, 카메라맨, 음향, 조명 담당자와 같은 전문가들로 구성된 위원회 앞에서 테스트될 뿐 아니라, 마이크나 카메라 등의 기계장치에 의해서도 테스트를 받기 때문이다.

3 영화의 수용

① 복제 기술의 산물인 영화는 수용과정에서도 이전과 다른 지각의 가능성을 보여준다. 벤야민은 당대 문화에서 인간 지각구조에서의 결정적 기능 전환의 징후를 발견하고 이를 '정신분산'이라고 부른다.

② 주로 개인적으로 감상되는 문학, 회화 같은 예술작품이 개개인에게 내면적 영향을 미치는 정신 집중의 방식으로 수용된다면, 영화는 관중으로 하여금 비단 감식자의 태도를 갖게 함으로써만이 아니라 그와 아울러 이러한 영화관에서의 관중의 감식자적 태도가 주의력을 포함하지 않음으로 인해서 제의 가치를 뒷전으로 밀어내는 정신분산 속의 수용을 연습시킨다.

[예상문제]

다음 글에 대한 설명으로 틀린 것은?

문화 생산물이나 서비스가 문화 발전에 대한 관심보다는 상업적 · 경제적 고려에 입각한 전략 하에서 하나의 상품으로 생산, 판매되는 현대의 산업 형태이다.

① 문화산업에 대한 설명이다.
② 프랑크푸르트학파의 벤야민과 아도르노가 자본주의 사회에서 대중문화의 발달 성향을 비판하면서 사용했던 용어이다.
③ 대중 예술품의 주된 가치는 교환 가치에 의해서 결정된다.
④ 대중 예술은 현실적 모순을 은폐하고 대중 의식을 조작한다.

정답 ②

해설 프랑크푸르트학파의 호르크하이머와 아도르노가 자본주의 사회에서 대중문화의 발달 성향을 비판하면서 사용했던 용어이다.

Theme

164 시몽동의 인간-기계 관계 설정과 '정서적 감동'

I 인간-기계의 관계 설정

1 의의

기계는 지배의 수단이나 허구적 기교의 산물이 아니라 기술성이 개체수준에서 표현된 '기술적 대상'이다(Simondon).

2 기술만능주의

① 기술만능주의는 기계에 대한 우상숭배에 불과하고 이를 동일시하며 무제약적인 능력을 얻고자 하는 "테크노크라트, 즉 기술 관료의 열망"을 의미한다. 즉 권력에 대한 기술 관료의 욕망은 기계를 헤게모니 획득을 위한 지배의 수단으로 활용하여 "현대식 미약(媚藥)"을 만들어냄으로써 자신의 동료들까지 지배하고자 안드로이드 기계를 불러낸다.

② 이러한 맥락에서 기존의 문화에는 두 가지 모순적인 태도가 발견된다. 한편으로 기계와 같은 기술적 대상들을 의미 작용이 없는 "물질의 조립물"로서 보며 그 유용성만을 강조하는 태도가 있다면, 또 다른 한편의 태도는 로봇과 같은 기술적 대상들이 인간에게 반란과 위험을 초래하는 적대적인 의도에 의해 움직이고 있다는 것이다. 양자의 결론은 기계들을 인간의 노예와 같이 예속상태로 두어야 한다는 신념으로 집약된다. 문제는 그 인간-기계의 예속관계에 대한 시각이 인간 자신에 대한 지배력과 내적 통제를 상실하고 있음을 반증한다는 점에 있다.

3 인간 기계 앙상블

① 인간-기계의 관계 설정에서 위계적이거나 종속적인 위상은 기술만능주의의 산물로서 파악된다. 즉 기계는 기술적 앙상블의 요소로서, 정보량과 역엔트로피를 증가시키는 조직화의 작품이자 세계의 안정장치인 것이다.

② 시몽동에게 인간은 기계의 지배자나 감시자가 아니라 "기계들을 연결시켜 주는 살아있는 통역자"나 오케스트라의 지휘자와 같은 "기술적 대상들의 상설 조직자"이다. 즉 기술적 대상의 사용자는 단지 이 기계의 소유자가 아니라 "그 기계를 선택하고 보전하는 인간일 수 있도록 하는 사회적, 경제적 양식을 발견"하고, 사회구조의 변화를 꾀할 수 있는 실천적 역할을 수행해야 하는 것이다.

③ 이러한 맥락에서 시몽동이 강조하는 '인간 기계 앙상블'은 인간과 기계의 본질적 차이에 근거해 공통의 문제해결을 위해 상호 협력적으로 연대하는 평등 관계의 민주적 모델로서 의미를 지닌다. 이러한 앙상블을 유지하기 위해 인간은 "조정자나 발명가"가 되어야 한다. 즉 인간은 기계들과의 수평적이고 협력적 관계망 속에서 공존하며 발명과 같은 기술적 활동 자체를 일상의 삶으로 기획하고 수행하는 것이다. 왜냐하면, "진정한 기술적 앙상블"은 기술적 개체들을 활용하는 것이 아니라 상호 접속관계의 기술적 개체들로 짜인 하나의 조직이기 때문이다.

4 기계의 특수성

기계의 특수성은 인간과 달리 자기 자신을 문제 삼을 수 있는 문제 제기 역량이나 자기 혁신을 위한 자발적인 정보생산 능력이 상대적으로 약하다는 점에서 발견되기 때문이다.

5 결론

시몽동의 사유를 정리하면 다음과 같다. 우선, 인간-기계의 앙상블을 구현하기 위해서 인간은 기술적 대상인 기계와의 수평적, 협력적 관계를 지향하며 기술관료주의의 오류에서 벗어날 수 있도록 해야 한다. 이를 위해 인간-기계의 앙상블을 문화적으로 구현하기 위해서는 발명과 같은 기술적 활동과 의사소통의 조정 장치로서 학습 및 제작 공동체에 참여하여 파편화되고 고립된 개별적 힘이 아니라 개체초월적 집단 지성을 실현할 수 있도록 한다.

Ⅱ 개체초월성과 역량의 발명

① 개체초월성은 개체의 죽음에도 소진되지 않는 "전(前) 개체적인 퍼텐셜(potential, 잠재력)"로서 개체들 각각의 존재 자체를 넘어서서 개체들 사이의 새로운 관계 맺음과 집단화를 가능하게 하는 동력으로 작용한다. 시몽동이 강조하는 기술적 활동은 이러한 "개체초월적집단"의 수준에서 실현된다. 여기서 전(前) 개체적 실재란 시몽동의 개체화론에 근거한 개념으로서 실재의 지속적인 개체화 작용 안에서 소진되지 않고 존속하며 새로운 개체화의 산출동력이 되는 "퍼텐셜 에너지"를 의미한다. 즉, "인간 주체에 의해 발명되었고 사유되고 요구되었으며 책임 지워졌던 것으로서의 기술적 대상은, 우리가 개체초월적이라 부르고자 하는 관계의 표현 매체이자 상징이 된다."

② 생물학적 개체에서 '기술적 주체'로 질적 도약하기 위해서는 개체초월적 관계의 발명과 이를 구현할 수 있는 역량이 개발되어야 한다는 점이다. 이 경우 '발명'은 어떤 개인이나 개체의 탁월한 역량이 아니라 "존재자의 무엇인가를 실어 나르는" 개체초월적 역량을 가리킨다. 왜냐하면, 발명하는 것은 개체가 아니라 바로 주체, 즉 기술적 주체이기 때문이다. 이러한 주체는 노동하는 생물학적 개체와 달리 더 광대하고 풍부하며, 개체화된 존재의 개체성 외에도 자연, 즉 비-개체화된 존재자의 어떤 무게를 포함하는 것이다. 예컨대, 개체초월적 관계의 발명은 인간-기계의 앙상블의 효과를 통해 새로운 관계의 변이와 공동체 활동을 통해 창조적인 다중지성을 생성해낼 수 있는 것이다.

Ⅲ 정서적 감동

① 정서적 감동이란 주체화 과정에서 개체들 사이의 개체초월적인 집단적 연대를 가능하게 해주는 정서를 의미한다. 기존의 사회적 관계로부터 분리되어 나온 주체는 불안과 고독을 느끼게 되지만, 이런 느낌들은 개체초월적인 관계의 형성과 함께 집단적으로 동감하고 감동하는 정서로 변이하기 때문이다. 즉 "집단적인 것이 개체화"하는 순간 정서적 감동의 변이가 발생하는 것이다.

② 스피노자에 따르면, 정동은 개별적인 정서의 변이와 이행능력을 의미하며, 인간의 정동은 크게 세 가지 구성 요소인 욕망, 기쁨, 슬픔으로 이루어진다. 예컨대, 즐거운 만남을 통해 경험한 기쁨의 정서는 나의 "자기 보존의 노력"인 코나투스를 더 큰 완전성으로 이끄는 반면 권위적이고 억압적인 사람과의 만남은 나의 능력을 더 위축시키고 슬픔의 정서로 나를 유도하게 된다.

③ 즉 쾌감과 유쾌함, 사랑의 정서들로의 변이들은 나의 힘을 증가시키는 반면, 고통이나 우울함의 상태로의 이행은 힘을 감소시키는 것이다. 따라서 나의 코나투스 혹은 능력을 더 강화시키기 위해서는 어떠한 만남과 관계들을 형성할 것인가, 혹은 어떠한 공동체의 활동에 참여할 것인가 하는 점이 중요하게 제기된다. 왜냐하면, 정서의 변이인 정동은 개인의 고립된 행동에서가 아니라 또 다른 개인이나 집단들과의 관계와 활동들 속에서 발생하기 때문이다.

④ 시몽동이 강조하는 '상호 협력적인 인간 기계 앙상블'은 스피노자의 정동에 사유와 궤를 같이하며, 코나투스 능력을 능동적으로 변이시키기 위해서는 인간과 기계의 협력적 관계에 기반한 새로운 포스트휴먼의 기술적 활동이 고려되어야 하는 것이다. 시몽동의 기술철학과 연동하여 들뢰즈와 과타리의 기계론을 검토하고자 하는 것도 이러한 맥락과 맞물려 있다.

기출문제

인간과 기계 또는 기술에 대한 각 학자의 입장으로 틀린 것은? [2021]

① 들뢰즈(Deleuze)와 과타리(Guattari)는 기계들의 공명과 정동을 강조한 바 있다.
② 시몽동(Simondon)은 인간-기계의 관계 설정에서 기계를 헤게모니 획득을 위한 지배의 수단으로 본다.
③ 모스(Mauss)는 사회 구성원으로서 몸을 배우는 방식을 기술이라고 본다.
④ 플루서(Flusser)는 도구가 기계로 발전하고, 기계는 다시 장치로 발전하지만 이 모두는 도구이기도, 기계이기도 하다고 본다.

정답 ②

해설 시몽동이 강조하는 '인간 기계 앙상블'은 인간과 기계의 본질적 차이에 근거해 공통의 문제해결을 위해 상호 협력적으로 연대하는 평등 관계의 민주적 모델로서 의미를 지닌다. 이러한 앙상블을 유지하기 위해 인간은 "조정자나 발명가"가 되어야 한다. 즉 인간은 기계들과의 수평적이고 협력적 관계망 속에서 공존하며 발명과 같은 기술적 활동 자체를 일상의 삶으로 기획하고 수행하는 것이다.

예상문제

시몽동의 입장에 대한 설명으로 틀린 것은?

① 기계는 지배의 수단이나 허구적 기교의 산물이 아니라 기술성이 개체수준에서 표현된 '기술적 대상'이다.
② '인간 기계 앙상블'은 인간을 욕망 기계로 보고 기계와 인간의 차이를 부정하는 관점에서 인간과 기계가 상호 협력적으로 연대하는 평등 관계의 민주적 모델로서 의미를 지닌다.
③ 개체초월성은 개체의 죽음에도 소진되지 않는 "전(前) 개체적인 퍼텐셜(potential, 잠재력)"로서 개체들 각각의 존재 자체를 넘어서서 개체들 사이의 새로운 관계 맺음과 집단화를 가능하게 하는 동력으로 작용한다.
④ 정서적 감동이란 주체화 과정에서 개체들 사이의 개체초월적인 집단적 연대를 가능하게 해주는 정서를 의미한다.

정답 ②

해설 시몽동의 기계는 '기술성이 개체 수준에서 표현된 기술적 대상'이라면 들뢰즈 과타리의 기계는 '이질적인 항'들의 이웃하는 관계'로서 공명의 효과를 형성한다. 양자의 차이는 인간과 기계의 관계성을 기술적 기계에 초점들 두는가 아니면 모든 물질적 신체와 기계들의 작동 방식들을 망라하는가 하는 점에서 나타난다. 시몽동의 인간 기계 앙상블은 들뢰즈나 과타리와 달리 인간과 기계의 본질적 차이에 근거해 공통의 문제해결을 위해 상호 협력적으로 연대하는 평등 관계의 민주적 모델로서 의미를 지닌다. 들뢰즈와 과타리는 인간을 욕망 기계로 보고 기계와 인간의 차이를 부정한다.

인간-기계의 관계에 대한 시몽동의 관점에 대한 설명으로 옳지 않은 것은?

① 기계는 지배의 수단이나 허구적 기교의 산물이 아니라 기술성이 개체수준에서 표현된 '기술적 대상'이다
② 기술만능주의는 기계에 대한 우상숭배에 불과하고 이를 동일시하며 무제약적인 능력을 얻고자 하는 "테크노크라트의 열망"을 의미한다.
③ 인간은 기계의 지배자나 감시자가 아니라 "기계들을 연결시켜주는 살아있는 통역자"나 오케스트라의 지휘자와 같은 "기술적 대상들의 상설 조직자"이다.
④ 기계란 "작동"을 강조하는 것으로서 결정론적이고 자기 폐쇄적인 코드화된 관계를 다루는 기계학과 달리 기계들의 작동과 접속에 초점을 둔 것이다.

정답 ④

해설 들뢰즈와 과타리의 사유에서 기계는 '기계론'으로 통칭되는 이론적 접근 속에서 논의된다. 이러한 기계의 특성은 기계의 작동 방식뿐 아니라 "어떠한 결과를 산출하는가?"에 따라 규정된다.

Theme 165 들뢰즈와 과타리의 인간-기계 관계 설정과 공명 · 정동

I 들뢰즈와 과타리의 기계론

1 의의

들뢰즈와 과타리의 유물론적 사유가 두드러지게 나타나는 '기계'의 개념은 기계학과 구분된다. 그러면, 기계는 어떠한 특징을 지니고 있는가? 그것은 사용의 차원에서 본 '작동'의 방식과 다양한 기계의 사용을 규정하는 '절단'의 차원으로 구분된다. 구조주의의 정태적이고 닫혀 있는 구조 개념과 달리 기계는 작동과 분리 및 절단의 방식을 통해 다양한 기계들의 운동과 특징들을 보여준다.

2 기계

① 기계란 "작동"을 강조하는 것으로서 결정론적이고 자기 폐쇄적인 코드화된 관계를 다루는 기계학과 달리 기계들의 작동과 접속에 초점을 둔 것이다.

② 들뢰즈와 과타리의 사유에서 기계는 '기계론'으로 통칭되는 이론적 접근속에서 논의된다. 이러한 기계의 특성은 기계의 작동 방식뿐 아니라 "어떠한 결과를 산출하는가?"에 따라 규정된다. 예컨대, 어떠한 기계가 '고장났다'는 것은 특정한 결과 산출이 이루어지지 않았을 경우에 해당한다.

③ 광의적 차원에서 기계는 기술적 기계뿐 아니라 이론적, 사회적, 예술적 기계들을 포함하며, 고립되어 작동하지 않고 집합적 배치를 통해 이루어진다. 예컨대, 기술적 기계는 공장에서 사회적 기계, 훈련기계, 조사연구기계, 시장기계 등과 상호작용한다. 또한 사회적 기계로서 전쟁기계, 사랑기계, 혁명기계 등이 여기에 포함되며, 예술적 기계들로서 책기계, 그림기계 등이 존재한다. 이와 같은 모든 기계들을 통칭하여 들뢰즈와 과타리는 "추상기계"라고 명명한다. 여기서 '추상기계'란 특정한 지층 위에서 반복되는 사건들이 갖는 특이성을 가장 극도로 추상화한 것을 말한다.

④ 기계가 갖는 특징은 절단의 차원에서 파악된다. 들뢰즈와 과타리에 따르면, 기계는 "절단들의 체계"이다. 즉 기계들은 연속된 물질적 흐름과 연관되어 있고, "햄을 절단하는 기계"처럼 기능한다. 이러한 기계의 절단은 또한 다른 기계와 연결되는 한 흐름의 절단을 생산하며, 다양한 흐름의 방출과 절단을 통해 결과들을 산출한다. 예컨대, 거식증의 입은 위 기계, 항문 기계, 입 기계, 호흡 기계 등의 사이에서 주저하며 다양한 기계의 작동을 보여준다. 입이 음식과 접속하여 맛과 영양소의 흐름을 절단·채취하면 '먹는 기계'가 되고 전화기와 접속하면 '말하는 기계'가 되는 것이다.

⑤ 이러한 관점에서 볼 때 들뢰즈와 과타리의 기계 개념은 시몽동의 기계 개념과 유사성이 발견된다. 왜냐하면, 시몽동에게 기계란 지배와 통제의 대상이 아니라 창의적인 기술적 활동이 이루어지는 기술적 대상이라는 점, 그리고 근대적 휴머니즘의 사유 속에 내재한 이성중심주의를 벗어나 인간과 기계의 수평적 관계를 중시하는 관점에 근거하기 때문이다. 이것은 들뢰즈와 과타리의 기계론에서도 발견되는 것이다. 다만, 이들의 경우 기술철학을 강조하는 시몽동과 달리 기계론의 범주를 기술적 기계뿐 아니라 다양한 이론적, 사회적, 예술적 기계들로 확장하고 있다는 점에서 다양한 포스트휴먼의 새로운 신체들과 접속들을 대안적으로 성찰할 수 있다는 점에서 시사점을 제공한다.

3 욕망 기계로서의 인간

① 들뢰즈와 과타리의 욕망 개념은 '행동' 혹은 '운동'의 차원에서 이해되는 개념이다. 인간을 욕망하는 기계 즉 욕망기계로 표현한 것도 데카르트식의 '코기토' 논리의 표상에서 벗어나 끊임없이 생산하고 흐름을 채취하며 절단하는 욕망의 생산 작용을 탐구하기 위한 것이다. 욕망기계로서의 인간 주체는 다양한 다른 기계들과 접속하거나 또 다른 생산을 위해 분리, 절단하는 과정을 통해 이루어진다.

② 욕망은 단순히 쾌락이나 '결여로서의' 욕구가 아니라 끊임없이 기계들의 작동을 통해 생산되는 것이다. 즉 욕망은 기계들 사이의 다양한 흐름과 선들을 서로 교차하고 횡단하며, 지속적인 기계들의 관계를 통해 차이를 생성해내는 생산 활동인 것이다.

[예상문제]

들뢰즈와 과타리의 기계론에 대한 설명으로 틀린 것은?

① 기계란 "작동"을 강조하는 것으로서 결정론적이고 자기 폐쇄적인 코드화된 관계를 다루는 기계학과 달리 기계들의 작동과 접속에 초점을 둔 것이다.
② 광의적 차원에서 기계는 기술적 기계뿐 아니라 이론적, 사회적, 예술적 기계들을 포함하며, 고립되어 작동하지 않고 집합적 배치를 통해 이루어진다.
③ 심층에서 물질적인 기계들이 서로 접속하고 결합하는 것이 언표 행위적 배치라면, 기계적 배치는 기계와 기계 사이에서 발생하는 표면 효과로서의 사건이 특정한 언어로 의미화되는 방식이다.
④ 기계란 "이질적인 항들 간의 '이웃관계'를 통해 나타나는 조화"이기 때문에 공명이란 기계들의 접속이나 신체들의 만남을 통해 '정서적 변이'를 일으키는 정동의 효과이다.

정답 ③

해설 들뢰즈와 과타리에게 있어서 배치란 다양한 기계들이 여러 가지 방식으로 결합해 작동하면서 끊임없이 새로운 흐름과 운동성을 만들어내는 생산방식이다. 이러한 배치는 두 가지 방식으로 작동하는데, 기계적 배치와 언표 행위적 배치가 그것이다. 즉 심층에서 물질적인 기계들이 서로 접속하고 결합하는 것이 기계적 배치라면, 언표 행위적 배치는 기계와 기계 사이에서 발생하는 표면 효과로서의 사건이 특정한 언어로 의미화 되는 방식이다. 예컨대, 강의실에 의자와 책상, 컴퓨터, 학생, 교수 등이 어떻게 접속하고 결합되어 있는지에 대한 것이 '기계적 배치'의 작동 방식이라면 강의 과정에서 교수와 학생들이 언어로 발표와 의사소통을 하면서 특정한 의미들을 표현하는 것이 '언표 행위적 배치'이다 중요한 것은 강의실의 강의는 교수와 학생 강의 내용이 바뀌어도 반복적으로, 하지만 차이의 반복으로 지속된다는 점에서 이 배치의 작동은 '반복적'으로 이루어지고 욕망의 생산과 방향성을 파악할 수 있는 유물론적 운동성을 보여 준다.

Ⅱ 기계적 배치의 세 가지 방식과 공명 · 정동의 사유

1 의의

① 스토아학파는 기본적으로 물질적인 것과 비물질적인 것을 구분하여 서로 영향을 미치는 기계들의 작동(시뮬라크르, 사건)과 언표행위들(의미)들을 분석하는 데 중요한 사상적 자원들을 제공한다.

② 배치란 다양한 기계들이 여러 가지 방식으로 결합해 작동하면서 끊임없이 새로운 흐름과 운동성을 만들어내는 생산방식이다. 이러한 배치는 두 가지 방식으로 작동하는데, 기계적 배치와 언표 행위적 배치가 그것이다. 즉 심층에서 물질적인 기계들이 서로 접속하고 결합하는 것이 기계적 배치라면, 언표 행위적 배치는 기계와 기계 사이에서 발생하는 표면효과로서의 사건이 특정한 언어로 의미화 되는 방식이다.

③ 예컨대, 강의실에 의자와 책상, 컴퓨터, 학생, 교수 등이 어떻게 접속하고 결합되어 있는지에 대한 것이 '기계적 배치'의 작동 방식이라면 강의 과정에서 교수와 학생들이 언어로 발표와 의사소통을 하면서 특정한 의미들을 표현하는 것이 '언표 행위적 배치'이다 중요한 것은 강의실의 강의는 교수, 학생, 강의 내용이 바뀌어도 반복적으로, 하지만 차이의 반복으로 지속된다는 점에서 이 배치의 작동은 '반복적'으로 이루어지고 욕망의 생산과 방향성을 파악할 수 있는 유물론적 운동성을 보여 준다.

④ 들뢰즈와 과타리의 배치 개념에는 기계장치들이 조합을 통해 하나의 구성체를 이루는 것에 초점이 있다. 요컨대, 이질적인 항들이 상호관계하고 연결됨으로써 한편으로는 기계적 배치를 이루고, 다른 한편으로는 기호들을 통한 언표행위의 배치를 이룬다는 것이다.

2 배치의 4가성(四價性)

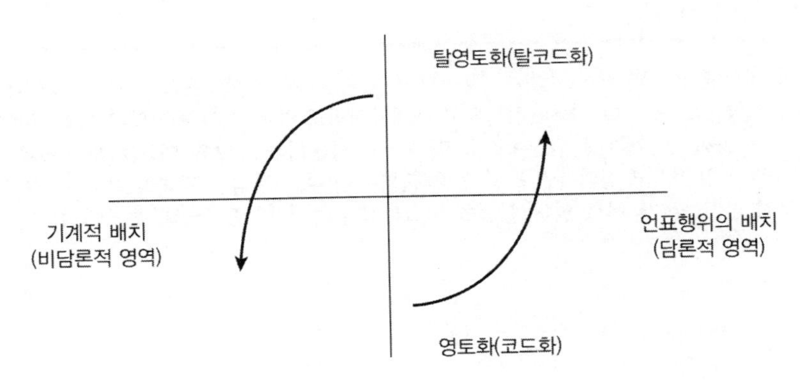

(1) 수평적 배치와 수직적 배치

① 수평적 배치로서 기계적 배치와 언표행위의 배치가 작용한다. 즉 물질적 기계들의 생산을 계열화하는 것이 기계적 배치라면, 언어와 명제들을 계열화하는 것이 표현형식이다.

② 기계적 배치는 '배-기계, 호텔-기계, 서커스-기계, 성-기계, 감옥-기계, 법정-기계' 등을 통해 나타난다면, 언표행위의 배치는 '판결, 사형선고, 법률, 소송' 등을 통해 표현된다.

③ 수직적인 배치로서 영토화(코드화)와 탈영토화(탈코드화)의 배치가 작용한다.

(2) '비담론적 영역'과 '담론적 영역'의 이원적 구분

① 배치의 4가성은 푸코의 '비담론적 영역'과 '담론적 영역'의 이원적 구분에 기초해 권력의 배치와 주체화 방식들을 사유하는 접근 방법이다.

② 하지만, 여기서 더 나아가 들뢰즈와 과타리는 동질화된 코드에서 벗어날 수 있는 새로운 방향의 힘들과 욕망의 배치 가능성까지 제시하고 있다는 점에서 푸코의 한계점을 극복하려는 시도를 보이고 있다.

③ 푸코의 담론 이론이 역사적으로 형성된 물질적 조건과 주체 구성방식들을 분석하는 데 의미가 있지만, 이와 함께 새로운 저항의 주체 생성에 대해서는 구체적인 대안을 제공하지 못하고 있기 때문이다. 즉 푸코의 개념은 공간적 배치에 초점을 맞추고 사회적 공간 내에서 이질적인 공간 및 장소들의 병치와 공존을 나타내고 있다면, 들뢰즈와 과타리의 배치 개념에는 기계장치들이 조합을 통해 하나의 구성체를 이루는 것에 초점이 있다.

④ 요컨대, 이질적인 항들이 상호관계하고 연결됨으로써 한편으로는 기계적 배치를 이루고, 다른 한편으로는 기호들을 통한 언표행위의 배치를 이룬다는 것이다. 이러한 맥락에서 기계들의 욕망이 생산되는 흐름과 메커니즘을 분석하기 위해서는 푸코처럼 기계적 배치의 물질적 조건들을 파악하는 것에서 나아가 새로운 주체의 형성에 대한 대안적 전망들을 모색하기 위해서는 들뢰즈와 과타리의 사유에 더 주목할 필요가 있다.

생각넓히기 | **담론**

원래의 사전적 정의에 의하면 담론(談論)은 '생각할 수 있는 능력'이라는 뜻을 지닌다. 그러나 오늘날에는 특정한 의도나 지향성을 지닌 발언들이 집적되고 체계화되어 일정한 수준 이상의 사회적 유통능력과 문화적 호소력을 갖는 공적 언술체계를 담론이라고 명명한다. 담론이라는 말의 의의는 특히 '권력효과'를 갖는 말과 글의 흐름과 쓰임'이라고 정의하면 훨씬 선명해진다. 이 같은 정의는 권력의 역학과 진리/지식/이성의 자기주장이 분리 불가능하게 서로 얽혀 있음을 치밀하게 논증한 미셸 푸코의 통찰에 힘입은 바 크다.

[예상문제]

들뢰즈와 과타리의 배치의 4가성에 대한 설명으로 틀린 것은?

① 푸코의 '비담론적 영역'과 '담론적 영역'의 이원적 구분에 기초해 권력의 배치와 주체화 방식들을 사유하는 접근 방법이다.

② 이질적인 항들이 상호관계하고 연결됨으로써 한편으로는 기계적 배치를 이루고, 다른 한편으로는 기호들을 통한 언표행위의 배치를 이룬다.

③ 수평적 배치로서 기계적 배치와 언표행위의 배치가 작용하고, 수직적인 배치로서 영토화(코드화)와 탈영토화(탈코드화)의 배치가 작용한다.

④ 역사적으로 형성된 물질적 조건과 주체 구성방식들을 분석하는 데 의미가 있지만, 새로운 저항의 주체 생성에 대해서는 구체적인 대안을 제공하지 못한다는 점에서 한계를 가진다.

정답 ④

해설 푸코의 담론 이론이 역사적으로 형성된 물질적 조건과 주체 구성방식들을 분석하는 데 의미가 있지만, 이와 함께 새로운 저항의 주체 생성에 대해서는 구체적인 대안을 제공하지 못하고 있기 때문이다. 즉 푸코의 개념은 공간적 배치에 초점을 맞추고 사회적 공간 내에서 이질적인 공간 및 장소들의 병치와 공존을 나타내고 있다면, 들뢰즈와 과타리의 배치 개념에는 기계장치들이 조합을 통해 하나의 구성체를 이루는 것에 초점이 있다. 요컨대, 이질적인 항들이 상호관계하고 연결됨으로써 한편으로는 기계적 배치를 이루고, 다른 한편으로는 기호들을 통한 언표행위의 배치를 이룬다는 것이다. 이러한 맥락에서 기계들의 욕망이 생산되는 흐름과 메커니즘을 분석하기 위해서는 푸코처럼 기계적 배치의 물질적 조건들을 파악하는 것에서 나아가 새로운 주체의 형성에 대한 대안적 전망들을 모색하기 위해서는 들뢰즈와 과타리의 사유에 더 주목할 필요가 있다.

담론에 대한 설명으로 틀린 것은?

① 원래의 사전적 정의에 의하면 '생각할 수 있는 능력'이라는 뜻을 지닌다.

② 오늘날에는 특정한 의도나 지향성을 지닌 발언들의 집적되고 체계화되어 일정한 수준 이상의 사회적 유통능력과 문화적 호소력을 갖는 공적 언술체계이다.

③ 담론은 권력효과를 갖는 말과 글의 흐름과 쓰임이라고 정의하기도 한다.

④ 하버마스는 권력의 역학과 진리/지식/이성의 자기주장이 분리 불가능하게 서로 얽혀 있음을 치밀하게 논증하였다.

정답 ④

해설 권력의 역학과 진리/지식/이성의 자기주장이 분리 불가능하게 서로 얽혀 있음을 치밀하게 논증한 사상가는 푸코이다.

3 기계적 배치의 선분화 방식

(1) 의의

배치는 힘이나 권력의 작동방식뿐 아니라 차이의 생성, 즉 이질적 행위의 흐름과 양상들을 드러낼 수 있는 실천의 측면을 드러낸다. 선분화는 욕망의 신체적 흐름들을 보여주는 기계들의 접속이 만드는 집합체를 말한다. 이 선들은 일정한 사회적 규범과 질서, 양식과 공통감각 등을 바탕으로 수직적으로 횡단하거나 수평적으로 접속하며 다양한 욕망의 흐름을 만들어낸다. 이러한 선분화는 경직된 선, 유연한 선, 그리고 탈주선 등 세 가지 방식으로 구분된다.

구분	경직된 선	유연한 선	탈주선
장치 유형	국가 장치	미시물리적 권력 구조	권력의 균열 및 새로운 변이 생성
특징	• 거시적 영역 • 권력의 가시화 · 집중화 • 권력 장치는 거대한 집중화된 장치로 현실화됨	탈중심화된 미시 권력장치들이 분자적 흐름들 전반으로 확산, 선분화하는 구조	• 탈주선의 흐름을 따름 • 권력 장치들을 무력화함
영역	능력의 지대	식별불가능성의 지대	권력의 무능지대

(2) 경직된 선

① 우선 '경직된 선'은 분자적인 힘의 흐름들을 몰(mole)적 위계적 심급으로 이차원적으로 분할하는 배치의 방식이다. 그 효과는 개인이나 집단을 대상으로 특정한 위계와 질서를 부여하는 데서 나타난다.

② 예컨대, 백인, 남성, 청년 등 인종, 성별, 연령별 표준척도를 전제하여 지배적인 사회적 통념과 양식, 규범 등을 정의하고 정당화함으로써 사회구성원의 사회적 역할들을 하나의 방향으로 구획하는 경우가 이에 해당한다. 이러한 척도에서 벗어나거나 '경직된 선'의 규칙을 위반했을 때 벌금, 감금, 구속 등의 합법적, 폭력적 처벌이 가해진다.

③ 요컨대, 경직된 선은 국가장치가 개입하여 법률적으로 복종하는 주체를 만들거나 공권력 등의 물리력이나 선입견 및 편견의 확산 등을 통해 위계적 질서를 형성하는 배치 방식이다.

(3) 유연한 선

① '유연한 선'은 분자적 흐름을 의미한다. 여기에는 국가와 같은 거시적영역이 아닌 탈중심화된 미시적 영역들이 포함된다.

② 예컨대, '계급'의 몰적 덩어리나 집단으로 선분화될 수 없는 대중들의 행동이나 관료주의의 사례에서 나타난다. 이른바 국가장치가 아닌 '미시 물리적인 권력구조'를 형성하게 되는 이 선분은 다양한 욕망의 흐름들을 하나의 방향이 아니라 전방위적으로 확산하고 분자화한다.

③ 문제는 이 유연한 선분이 특정한 역사적 조건에서 경직된 선이 되어 사건을 발생시킬 수 있다는 점에서 나타난다. 왜냐하면, 유연한 선의 운동성이 경직된 선과 달리 다양한 선들을 축적하고 견고히 하는 조직이나 거시적 권력의 관계들을 분해하는 작용을 하지만, 현실적인 배치의 상황에서는 경직된 규범과 위계질서 속에서 사회적 고정관념과 선입견을 재생산하는 기제가 될 수 있기 때문이다.

(4) 탈주선

① 탈주선은 몰적인 선들을 해체하고 새롭게 다양한 변이의 흐름들을 생성해 내는 배치의 방식이다. 이것은 '~되기'의 방식으로 표현되며 한 사회의 표준척도인 다수자가 아니라 차이를 생성하는 '소수자 되기' 사례를 통해 발견된다.

② 예컨대, 아이 되기, 여성되기, 노인 되기, 동성애자 되기, 부랑자 되기, 광물되기, 동물되기 등의 소수자 되기 실천 과정이 여기에 해당된다. 탈주선의 정치적 효과는 기성의 전체주의, 관료주의, 집단주의 등에서 벗어나 여러 가지 방향성을 지닌 미시적인 권력 장치와 소수자 실천들을 시도하는 데 있다.

[예상문제]

들뢰즈와 과타리의 선분화 방식 중 경직된 선에 대한 설명으로 틀린 것은?

① 분자적인 힘의 흐름들을 몰(mole)적 위계적 심급으로 이차원적으로 분할하는 배치의 방식이다.
② 경직된 선의 효과는 개인이나 집단을 대상으로 특정한 위계와 질서를 부여하는 데서 나타난다.
③ 백인, 남성, 청년 등 인종, 성별, 연령별 표준 척도를 전제하여 지배적인 사회적 통념과 양식, 규범 등을 정의하고 정당화한다.
④ 국가장치가 아닌 미시 물리적인 권력 구조를 형성하여 다양한 욕망의 흐름들을 전방위적으로 확산하고 분자화한다.

정답 ④

해설 국가장치가 아닌 미시 물리적인 권력 구조를 형성하여 다양한 욕망의 흐름들을 전방위적으로 확산하고 분자화하는 선은 유연한 선이다.

4 공명·정동의 사유

① 공명이란 기계들의 접속이나 신체들의 만남을 통해 '정서적 변이'를 일으키는 정동의 효과이다. 기계란 "이질적인 항들 간의 '이웃관계'를 통해 나타나는 조화"이기 때문이다.

② 들뢰즈에 따르면 기계는 공명들 혹은 공명의 효과들을 생산하며, 이것은 비자발적인 기억이 일으키는 효과들을 통해 발견된다.

③ 공명은 스스로 자기 자신의 조각들을 추출해 내며 그 조각들이 가진 고유한 목적에 따라 조각들이 공명하게끔 하지만 "그것들을 전체화하지는 않는다." 따라서 공명 효과는 세계가 전체화된 것이 아니라 파편적인 조각들로 이루어져 있음을 보여준다.

④ 또 다른 한편, 공명은 과거와 현재의 경험에는 차이가 있지만, '공통성의 관념을 보여주는 행위이기도 하다. 두 시점의 경험이 서로 다른 특이성을 지니고 있음에도, 그 시차를 넘어 과거의 감각적 경험만으로도 현재의 정서적 변이, 즉 기쁨의 정동이 가능한 것은 바로 선험적 장이 존재하기 때문이다. 즉 그 공명을 가능케 하는 선험적 근거는 '맛보다', '기쁘다', '느끼다'와 같은 소위 '순수 사건'으로 지칭되는 이 서술어들은 기계나 주체들의 차이에 상관없이 누구나 공명효과로서 기쁨과 슬픔의 정동을 가능케 한다.

⑤ 이른바 들뢰즈가 칸트의 사유에서 영향을 받은 선험적 객관성의 논리로서 반복되지만 동일자에 귀결되지 않는 '차이의 반복'을 보여준다. 따라서 구조도 '비물질적인 의미를 생산하는 하나의 기계'로서 언표행위적 배치를 통해 의미의 생산을 가능하게 한다.

Theme

166 정동의 장치와 주체화

I 의의

1 미디어 환경의 기술적 속성과 이용자 환경의 변화

미디어와 수용자의 구분이 명확했던 과거의 아날로그 환경과 달리 스마트 미디어 환경에서는 미디어와 이용자의 경계가 모호하다. 스마트 환경의 기술적 속성과 이용자 환경의 변화는 더 빠른 속도성과 복제성, 그리고 표준문법의 파괴와 은어 및 신조어 사용 등 원격현전의 속성을 통해 기계와 인간 사이의 물리적 거리감각을 점차 붕괴시키고 있기 때문이다.

2 미디어를 기계와 시스템으로 보는 관점

① 프랑스의 디지털 사상가인 폴 비릴리오는 디지털 시각기계의 발전이 인간의 생체감각을 마비시키고 인공감각을 확산시킨다고 지적하며, 속도가 빨라지는 게 아니라 이미 인간 자체가 속도가 되어버린 디지털 세계를 비판한 바 있다. 비릴리오에게 TV는 "가정용 망원경"이고, 미디어는 운송장치의 연장선에 있는 기계이다.

② 독일의 디지털 이론가인 프리드리히 키틀러에게 중요한 것은 하나의 개별 미디어가 아니라 당대 문화적 상황에서 제작된 자료들의 주소화, 저장, 가공을 가능하게 만드는 기술과 제도의 네트워크이다. 여기서 인간은 기계와 구분할 수 없는 "정보기계"로서 파악된다.

③ 이러한 사상가들의 시각은 기계와 시스템의 관점에서 미디어와 이용자를 분석한다. 즉 디지털 환경에서 속도기계의 가속화와 이용자의 감각, 그리고 정보 시스템으로서의 이용자에 대해 관찰하는 것이다.

3 미디어를 감시장치로 보는 관점

① 미디어를 감시장치로 보는 시각도 존재한다. 샤페르(Pierre Schaeffer)는 텔레비전 장치를 감시장치로서 규정한 바 있다. 즉 텔레비전은 "감시를 목적으로 인간이라는 동물을 포획하기 위해 설치된 덫"으로서의 감시장치로 파악하였다.

② 아감벤의 경우, 일상생활 속에서 미디어 장치들은 언어활동의 새로운 경험이 가능성을 포획하는 것으로서 파악된다. 즉 벌거벗은 생명체의 신체와 언어를 일상생활에서 분리하여 특정한 방식으로 주체화한다. 이와 같이 미디어와 이용자에 대한 기계와 장치론적 접근은 다양한 시각에서 이루어지고 있다.

③ 미디어와 이용자를 장치론의 사유에서 조망할 때, 기술이 사회변화의 주요 원동력이라는 기술결정론이나 근대적 주체관에 기인한 이성중심주의적 기계지배론에서 벗어날 가능성을 모색할 수 있다. 장치론에서 주목하는 미디어와 장치는 단일한 기술이나 기계가 아니라 인간을 사회적, 역사적 맥락에 따라 특정한 존재로 구성하는 주체화 기제인 까닭이다.

4 정동의 장치에 관심을 두는 이유

① 정동의 장치에 관심을 두는 이유는 두 가지 측면에서 제기된다. 한편으로, 디지털 환경의 발전에 따라 점차 정서의 변이 장치들이 세분화되어 작동하고 있다는 점에 기인한다. 즉 슬픔, 기쁨, 욕망의 다양한 정서들을 표현하고 이용자들 간에 서로 영향력을 행사하는 디지털 장치들이 증식하고 있다는 것이다.

② 또 다른 한편, 이러한 정동의 장치가 일정한 방식에 따라 개인의 감성을 포함/배제하는 과정을 통해 이용자의 미디어 생애사를 구성한다는 점이다. 즉 정서와 감성의 분할 장치들이 이용자의 생애사적 경험들을 지배하거나 새로운 저항적 주체화의 가능성을 낳을 수도 있는 것이다. 영화와 드라마의 영웅들을 모방하는 어린이와 청소년의 정체성 형성과정은 이러한 미디어 생애사 과정을 탐구함으로써 보다 명확하게 이해할 수 있다.

Ⅱ 푸코의 장치

1 의의

푸코의 장치와 주체화에 접근하는 이유는 푸코의 사유가 아감벤과 들뢰즈의 장치와 배치 이론에 사상적 영향을 미치기 때문이다. 아감벤에 따르면, 이 '장치' 개념은 푸코의 사유 전체에 중요한 의미를 지닌다. 1970년대 중반 이후 푸코가 이 용어를 사용하게 된 이유는 인간의 지배와 통치 전략에 대해 관심을 갖게 된 데서 비롯한다.

2 장치

(1) 의의

① 장치의 어원은 배열, 배치, 조화로운 구조 등을 의미하는 라틴어 디스포지티오에서 유래한다. 즉 장치 개념 속에는 이미 특정한 배열이나 배치 방식이 포함되어 있는 것이다.

② 푸코의 장치 개념은 1970년대 저술들을 통해 등장한다. 예컨대, 「감시와 처벌」에서 푸코는 제레미 벤담(Jeremy Bentham)의 설계도인 '판옵티콘(panopticon)'을 예시로 들며 장치의 기능을 언급한 바 있다.

(2) 원형감옥

① '원형감옥'으로 번역되는 이 장치는 지하감옥의 원리를 전도시킨 것이다. 즉 지하감옥의 세 가지 기능인 감금, 빛의 차단, 숨김 중에서 '감금'만 남기고 뒤의 두 기능은 전도시킨다. 중앙의 탑 속에 감시인을 한 명 배치하고, 각 독방에는 광인, 병자, 죄수, 노동자, 학생 등 누구나 한 사람씩 감금할 수 있게 한다. 단, 지하감옥과 달리 탑 꼭대기에서는 역광선의 효과를 이용하여 원형 건물 내의 각 방에 감금된 사람들의 윤곽이 정확히 빛 속에서 감시될 수 있도록 한다. 요컨대, 빛을 이용한 "가시성의 상태"가 바로 판옵티콘의 권력장치인 것이다. 즉 누가 권력을 행사하는지는 중요하지 않고 신체, 표면, 빛, 시선 등의 내적 메커니즘이 만들어내는 관계들 속에서 권력장치가 "자동적으로" 작동한다.

② 따라서, 판옵티콘은 "권력을 행사하는 사람과 상관없이 어떤 권력관계를 창출하고, 유지하는 기계 장치"로서 기능한다. 즉 원형감옥의 감시 시스템은 감시권력의 행사 여부와 상관없이 규칙적으로 작동한다. 감금된 죄수들은 관리책임자의 감시 여부를 확인하는 과정 없이도 스스로를 위험한 '광인', '범죄자', '교화가 필요한 자'로 규정하고 자기검열하게 되기 때문이다. 이러한 자기검열의 과정을 통해 감금된 사람들은 '죄수'로 주체화되는 것이다. 이와 같은 신체 감금과 자기검열을 통한 주체화 기제, 즉 판옵티콘의 원형은 푸코가 지적했듯이 루이 14세 시대의 베르사유 동물원 구조에서 찾을 수 있다. 최초의 동물원으로 평가되는 이 동물원의 구조를 보면, 중앙에는 2층이 왕의 객실인 팔각형의 별채가 마련되어 있고, 건물의 모든 측면은 커다란 창문을 통해 여러 종류의 동물들이 갇혀 있는 일곱 개의 우리를 향하도록 했다. 벤담의 시대에는 이미 없어졌던 이 동물원이 다시 판옵티콘을 통해 재현된 것이다. 양자의 유사점은 개별화한 관찰, 특징 표시와 분류, 공간의 분석적인 계획 배치 등에서 발견된다면, 차이점은 동물 대신 인간이, 특유한 무리 대신 개인별 배분이, 그리고 국왕 대신 은밀한 권력 장치가 자리한다는 점이다.

③ 요컨대 벤담의 판옵티콘은 일종의 "왕립 동물원"의 구조를 재현하며, 그 기능은 개인의 훈육, 죄수의 처벌, 노동자들의 기술 훈련, 아이들의 완전 격리수용 교육을 수행하는 "감시장치"라는 점에서 발견된다. 여기서 도출되는 푸코의 문제설정은 감시장치는 어느 한 인격이나 권력자가 아니라 특정 유형의 권력관계에 의해 자동적으로 작동하고, 그 권력관계는 피감시자의 자기검열에 의해 공조적으로 영향력을 행사하게 된다는 점에 있다. 또한 이러한 감시장치는 개인의 신체를 물리적으로 감금하고 일상의 사회적 공동체 활동을 차단하며 배체함으로써 일반인조차도 '죄수'나 피감시자로 주체화하는 규칙성을 지닌다. 요컨대, 푸코의 장치에 대한 문제의식은 개인이 아닌 권력 시스템의 작동에 의해 신체를 감금하는 물리적 작동 방식을 통해 주체를 구성한다는 인식에서 발견된다.

(3) 성적 욕망의 장치

① 이러한 푸코의 장치에 대한 사유는 후속 저서인 「성의 역사 1: 앎의 의지」를 통해 더욱 구체화된다. 이 저서의 제4장 '성적 욕망의 장치'에서 푸코는 성 장치의 기능을 '앎의 의지', 즉 담론과 지식권력의 차원으로 확장해 논의하기 때문이다. 즉 성은 억압되거나 금지되는 것이 아니라 오히려 성 장치를 통해 일정한 틀에 따라 생산, 조절되는데, 그 이유는 "성 장치가 제도들, 실천들, 담론들에서 개체의 핵심에 성을 둘러싼 담론들을 증식시키기 때문"이다. 즉 성 장치는 성 담론의 영역들을 조직화하면서 성을 일정하게 관리하고 생산한다.

② 예컨대, 중세 기독교의 고해성사는 성 장치로 기능했고, 이는 14세기 이래 집중적으로 전개되어 온 금욕, 심령수업, 신비주의의 방법이나 라테라노 종교회의에 의해 모든 신도들에게 철저히 강요된 의무적, 주기적 고백을 통해 나타난다. 이 경우, 개인의 은밀한 성 고백은 개인의 성적 진리를 검사하는 '성 검열 장치'로 기능했다.

③ 이후 18세기 말에는 새로운 성의 기술체계가 생겨났는데, 세 가지 축의 학문분야가 그것이다. 즉 어린이의 특수한 성적 욕망을 관리하는 교육, 여성의 성적 생리를 관리하는 의학, 그리고 자연발생적이거나 계획된 출산 조절을 관리하는 인구통계학이 그 축이다. 이러한 세 가지 축은 근대의 어린이와 여성의 신체, 쾌락, 성관계 등을 관리하고 통제하는 성 장치로 작동한다. 즉 죄에 대한 투쟁이 질병에 대한 투쟁으로, 구원이 건강에 대한 배려로, 고해자가 의사로, 양심의 규제 장치가 위생의 규제 장치로 대체되고 계승되었다.

④ 결국, 역사적 조건의 변화에 따라 신체와 성, 출산 등의 조절 장치들은 점차 신체 자체가 아니라 지식 권력의 행사를 통해 작동했다는 점을 알 수 있다. 즉 신체에 대한 직접적 훈육과 감시장치는 역사적, 시대적 맥락의 변화에 따라 점차 세련되고 견고한 지식의 권력 효과를 통해 변화한 것이다.

(4) 소결

① 이상과 같이 푸코의 장치와 주체화에 대한 문제설정은 두 가지 맥락 속에서 파악된다. 한편으로는 판옵티콘, 즉 원형감옥과 같은 감금 장치가 신체의 규율과 감시를 위한 권력관계를 작동시켰다는 점이다. 장치는 하나의 인격에 의해 작동하는 단일한 실체가 아니라 '이질적 집합' 혹은 '구성체'의 형태를 띠기 때문이다.

② 또 다른 한편, 다양한 성 장치들은 초기의 규율과 훈육의 기능을 넘어서서 지식권력과 결합되면서 일정한 방식으로 주체를 관리하고 통제하는 역할을 수행하였다는 점이다. 성 장치들은 다양한 학문분야, 즉 교육, 의학, 인구통계학, 생물학 등을 통해 성 담론을 만들어 내면서 개인의 신체와 섹스, 쾌락 등까지 사회적 관리와 통제의 대상으로 삼았기 때문이다. 즉 장치는 신체의 규율과 감시뿐만 아니라 지식권력과 결합함으로써 일정한 방식으로 주체를 구성한다.

Ⅲ 아감벤의 장치

1 의의

이탈리아의 사상가이자 현대 유럽의 철학자인 아감벤은 푸코의 장치 개념을 일상생활의 영역으로 더욱 확장한다. 이것은 두 가지 측면, 즉 장치의 개념적 정의와 장치의 세속화를 통한 저항의 가능성이다.

2 일상영역으로 확장된 장치

(1) 장치 개념과 일상생활

① 우선, 아감벤은 푸코의 장치를 일상생활의 영역으로 확장하고 있다. 푸코의 경우, 장치는 담론과 비담론적 영역을 포함하는 네트워크 혹은 구성체이다. 예컨대, 감옥, 정신병원, 학교, 공장, 규율, 법적 조치 등 권력과 명백히 접속된 것들이다. 이러한 장치는 개인의 신체를 규율, 훈육하는 데서 나아가 특정 유형의 권력관계를 형성하여 감시, 관리, 통제의 기능을 수행한다.

② 한편, 아감벤의 장치는 푸코의 장치를 일상생활의 영역으로 끌어온다. 예컨대, 펜, 글쓰기, 문학, 철학, 농업, 담배, 항해(인터넷 서핑), 컴퓨터, 휴대전화 등이 여기에 포함된다. 즉 아감벤이 정의하는바, 장치란 "생명체의 몸짓, 행동, 의견, 담론을 포획, 지도, 규정, 차단, 주도, 제어, 보장하는 능력을 지닌 모든 것"을 의미한다.

③ 푸코의 경우 장치를 권력과 명백히 접속되는 사례들에 초점을 두고 살핀다면, 아감벤의 경우 일상적으로 권력과 접속되는 사례들에 집중해 살핀다는 점에서 차이가 있다. 이러한 차이는 양자의 장치와 주체화에 대한 관점의 차이에서 기인한다. 즉 푸코가 역사적으로 형성되어 온 장치의 권력관계와 주체화과정을 중시한다면, 아감벤의 경우 장치의 통치와 지배 전략뿐 아니라 장치들의 가능성인 '열림'과 해방 전략까지 고려하기 때문이다.

④ 즉 장치들의 '열림' 전략이란 각종 "도구, 물품, 각종 보조물, 잡동사니 등 모든 유형의 기술들"을 활용해 해방의 가능성을 실현할 수 있다는 것을 의미한다. 따라서 장치들의 관건은 이렇게 장치들에 의해 포획되고 분리된 것을 해방시켜 공통으로 사용할 수 있도록 되돌리는 데 있다. 왜냐하면, 모든 장치의 뿌리에는 "행복에 대한 인간적인 욕망이 존재하기" 때문이다. 장치들이 생명체를 포획하고 분리하는 방식이라면, 다른 하나는 장치들이 포획하고 분리한 것을 해방시키는 방식이다. 이러한 두 접근이 중요한 이유는 장치들이 권력관계에 의해 포획되는 방식을 파악함으로써 역으로 해방의 전략을 수립할 수 있기 때문이다.

⑤ 단지 장치를 어떻게 '똑바로' 사용하느냐의 문제로는 장치에 각인된 생명체의 포획과 분리의 방식을 제대로 간파할 수 없다. 아감벤이 강조하듯이, "모든 장치에는 각각 정해진 주체화 과정(탈주체화 과정)이 대응"하기 때문이다. 따라서 장치들의 해방 전략을 위해 가장 "긴급한 사안"은 "장치들을 세속화하는 문제"에서 포착된다. 즉 장치들 안에 포획되고 분리되었던 것을 공통으로 사용할 수 있게 되돌리는 것이 중요한 과제인 것이다.

(2) 세속화 전략

① 아감벤에 따르면, '봉헌하다'(sacrare)가 인간이 만든 법의 영역에서 사물을 떼어내는 것을 가리킨다면, '세속화하다'(profanare)란 "사물을 인간이 자유롭게 사용하도록 돌려주는 것"을 말한다. 이러한 세속화에서 중요한 두 가지 행위가 분리와 접촉이다. 한편으로 분리를 통한 성역화의 측면에서 종교는 사물, 동물, 사람, 장소 등을 공통의 사용에서 떼어내어 다른 분리된 영역으로 이전한다. 즉 종교는 특정 사물이나 사람을 공통의 사용에서 분리해 성역화하는 것이다. 여기서 중요한 것은 '분리'의 행위에 있는데, 이것은 '희생제의'를 통해 두드러지게 나타난다. 또 다른 한편, 접촉을 통한 세속화의 측면에서 제사나 희생제 동안 내장과 장기, 즉 간, 심장, 담낭, 폐 등 제물의 일부는 신을 위해 비축되는 한편, 제의 참여자들은 고기에 접촉해 세속적이고 식용 가능한 것으로 만들어버린다.

② 아감벤이 강조하는 바, "분리되어 돌처럼 딱딱하게 굳어버린 것을 마법에서 풀어내 사용으로 되돌리는 것이 세속적인 감염이고 접촉이다." 이와 관련하여 보다 현대적인 세속화의 사례는 근대의 학문과 문화, 놀이, 미디어 장치 등을 들 수 있다. 우선, 근대의 학문과 문화에는 종교와 신학의 흔적이 여전히 "잔재해" 있지만 기본적으로 '성스러운' 영역에서 지식을 분리해 공통의 사용 지식으로 세속화한 사례일 수 있다. 이것은 죄, 구원, 고해자, 양심 등의 종교적, 신학적 장치들이 질병, 건강, 의사, 위생 등의 교육, 의학, 인구통계학 등의 지식권력 장치로 계승된 사실에서도 확인된다.

③ 물론 이에 대해 벤야민은 비판적 견해를 제시한다. 즉 벤야민은 세속화에 대한 비판을 통해 근대의 학문과 문화가 세속화 산물로 보이지만 실은 "신학적 유산의 대용물에 불과하다"고 주장한다. 이를테면, 신학적 모델처럼 국가주권의 지배를 합리화하는 정치철학이나 목적론적 역사관을 지닌 근대의 역사학 등이 여기에 포함된다. 이러한 벤야민의 세속화 비판은 아감벤의 '환속화' 개념으로 연결된다. 아감벤은 '환속화'를 세속화와 구분해 사용하고 있다. 우선, 환속화는 성스러운 영역의 힘을 다른 세속적 영역으로 옮겨놓고 고스란히 내버려 두는 "억압의 형식"이다. 천상의 군주제를 지상의 군주제로 대체하는 것은 신학적 힘을 정치적 힘으로 '환속'하는 것에 불과하기 때문이다.

④ 반면 권력 실행의 영역을 이전하는 데 그친 환속화와 달리 세속화는 "권력장치들을 비활성화하고 권력이 장악했던 공간을 공통의 사용으로 되돌리는 것"을 말한다. 즉 권력장치의 활성화를 중단하고 성역화되었던 영역을 공통의 사용으로 복원하거나 생성하는 것이 '세속화'인 것이다. 요컨대, 환속화가 권력장치가 가진 힘의 확장과 실행을 보증한다면, 세속화는 권력장치가 성스러운 영역으로 차단하고 분리했던 것을 누구나 사용 가능한 것으로 열어 놓는 것을 의미한다.

⑤ 이런 논의를 아감벤이 강조한 정치적 과제로 연결하면 또 다른 차원의 세속화 방법이 제시된다. 즉 세속화의 새로운 차원의 사용은 '놀이' 속에서 발견된다. 예컨대, 예전의 사용법이 정지되고 비활성화되는 경제, 법, 정치의 역량(잠재성) 등은 "새로운 행복의 문"을 열어 준다. 왜냐하면, 낡은 물건이라도 재미있게 가지고 노는 어린이들처럼 진지하고 엄숙한 경제, 전쟁, 법 등의 활동 영역들도 놀이의 세속화 과정을 통해 장난감이 되기 때문이다. 따라서 "자동차, 총기, 법적 계약도 불시에 장난감이 되어버리고", 놀이는 "세속화의 기관"으로서 새로운 차원의 사용을 가능케 한다는 것이다. 이처럼 놀이는 그 자체의 세속적 사명을 복원하는 정치적 과제를 환기시킨다. 놀이의 현대적 사례는 미디어 장치들을 통해 발견되고 세속화의 과제를 환기시킨다. 예컨대, 아감벤이 예시하고 있는 포르노그래피는 "에로틱한 행동을 그 직접적인 목적으로부터 떼어내 헛돌게 만들어" 세속화하려는 인간의 잠재력을 무력화한다.

⑥ 사람과 사람 간의 쾌락이 아닌 섹슈얼리티의 집단적 사용과 자본의 욕망에 내맡기도록 함으로써 놀이의 유희를 획일화하기 때문이다. 패션쇼 장치 또한 얼굴표정을 자유롭게 표현하도록 하기보다는 "감정이 실리지 않은 패션모델의 얼굴"처럼 하나의 표정 혹은 무표정함으로 포획하는 사례이다. 요컨대, 세속화의 개념이 권력이 지배하는 공간을 공통의 사용으로 되돌리는 것이라면, '장치의 세속화'는 특정 권력이 지배하는 장치를 공통의 사용 장치로 변화시키는 것이다. 이와 같이 포르노그래피나 패션쇼 외에도 다양한 미디어 장치들은 "언어활동의 세속적 힘을 무력화하고, 말의 새로운 사용이나 새로운 경험의 가능성을 열어젖히지 못하게 만드는" 경향이 있다. 즉 TV나 라디오 방송 등의 미디어 장치들은 다양한 신조어나 제스처, 감정 표현 등의 '세속적 힘'을 포획하고 새로운 말의 사용과 행동의 가능성을 차단하거나 관리하는 역할을 한다. 여기서 문제는 미디어 장치가 개인과 집단의 말과 행동의 다양한 표현 가능성을 관리하고 통제함으로써 특정한 주체의 모습을 만들어 내고 규정한다는 점에 있다. 이것은 다음에서 살펴볼 전시가치의 메커니즘을 통해 보다 구체적으로 파악된다.

(3) 전시가치의 메커니즘

① 벤야민은 그의 주저인 「기술복제시대의 예술작품」에서 "전시가치" 개념을 제시한 바 있다. 전시가치란, "여러 예술활동이 의식의 모태에서 해방됨에 따라" 예술작품의 전시 가능성이 커지는 상황을 내포한다. 기술복제의 대중화는 예술작품의 기능이 진품성과 일회성을 중시하던 주술적 제의가치에서 대중의 수용이 가능한 전시가치로 이행하게끔 했기 때문이다. 특히 사진과 영화와 같은 기술복제 매체들은 "아무리 가까이 있어도 멀리 떨어져 있는 어떤 것의 일회적인 현상"인 아우라의 붕괴를 가져왔고, 그 결과 대중이 경험하게 된 시각적 충격체험은 전시가치의 새로운 예술적 기능을 확대하게 된 것이다.

② 이러한 맥락에서 아감벤은 전시가치의 메커니즘을 분석한다. 그에 따르면, 전시가치는 "전시되는 것 자체가 사용의 영역에서 제거되기 때문에 사용가치가 아니며, 결코 그 어떤 노동력도 측정하지 않기 때문에 교환가치도 아니다. 즉 맑스주의의 이원항인 사용가치와 교환가치에서 벗어난 제3의 항으로 도입된 것이 전시가치인 것이다. 중요한 것은 이러한 전시가치의 대표적인 장소가 인간 얼굴의 영역이라는 점이다. 예컨대, 패션모델이나 포르노 주인공의 직업적 얼굴표현은 "낯 두꺼운 무관심"을 통해 새로운 에로틱한 의사소통의 사용방법과 형식을 보여 준다. 즉 이 직업의 종사자들은 구경꾼들이나 카메라를 무표정하게 혹은 정숙하게 응시하며 피와 살이 있는 얼굴 대신 상품의 전시 장소로 사용하기 때문이다.

③ 여기서 알 수 있는 것은, 포르노그래피와 패션쇼라는 장치의 기능은 "필사적인 소비"를 위해 에로틱한 표정과 행동들을 차단하고 포획함으로써 세속화할 수 없도록 하는 데 있다. 이를 통해 아감벤이 도출하는 결론은, 모든 권력장치는 늘 이중적이라는 것이다. 권력장치는 한편으로 각 개인들의 행동으로부터 주체화를 꾀한다면, 다른 한편으로 분리된 영역에서 개인의 행동을 포획하는 기능을 한다. 개인의 행동은 이러한 권력장치들의 분리와 포획 과정에서 끊임없이 주체화되고 호명된다. 중요한 과제는 그 장치들이 분리하고 포획하고 있는 사물과 사람, 장소의 사용 가능성을 되찾는 것에 있다.

Theme

167 포스트휴먼 담론의 지형과 문제설정

I 의의

인간-기계의 융합에 대한 기술 낙관론적 입장인 트랜스휴머니즘, 비판적 입장을 취하는 비판적 포스트휴머니즘, 철학적 미래학의 포스트휴머니즘, 그리고 들뢰즈와 과타리의 사건-의미론에 기초한 기계들의 배치 동학을 비롯하여 키틀러의 기록 시스템의 일부로서의 이용자론을 포괄하는 '아상블라주' 사유 등으로 구분하여 각각의 인간-기계에 대한 사유들을 살펴볼 수 있다.

구분	이론가	주요 입장
트랜스휴먼	닉 보스트롬(Nick Bostrom), 레이 커즈와일(Ray Kurzweil), 한스 모라벡(Hans Moravec) 등	• 인간과 기계, 인간과 정보의 융합을 통해 육체적 한계인 노화, 질병, 죽음, 공간 제약 등을 극복하는 '포스트휴먼' 주장 • 인간의 사이보그화로 정의되는 인간종의 진화, 포스트휴먼화를 근대적 계몽의 일환으로 간주 • 포스트휴먼으로 이행하는 기술의 발전을 낙관
비판적 포스트휴먼	캐서린 해일스(Katherine Hayles), 닐 배드밍턴(Neil Badmington), 캐리 울프(Cary Wolfe), 스테판 헤어브레히터(Stefan Herbrechter), 로지 브라이도티(Rosi Braidotti) 등	• 해체론적, 정신분석학적 작업에 기초 • 인간/비인간(포스트휴먼)의 경계 자체의 불확실성, 오염 관계, • 포스트휴머니즘 내의 인간중심주의의 유령을 불러내어 해체 • 인간의 포스트휴먼화를 인간종의 발전적 진화가 아닌 불투명한 '인간' 개념의 시각에서 접근
철학적 미래학의 포스트휴먼	질베르 시몽동(Simondon), 장-프랑수아 리오타르(Jean-François Lyotard), 마누엘 데란다(Manuel De Landa), 윌리엄 맥닐(William McNeill), 제레드 다이아몬드(Jared Diamond) 등	• 인간-기계의 관계를 상호 협력적인 공진화로 이해 • 포스트휴먼의 발생적 조건과 의미를 비인간적인 우주론적 자연의 개체발생적 과정 속에서 조망하고, 포스트휴먼 논의를 사이보그 모델 너머로 확장, 존재론적으로 심화 • 기술은 인간의 잠재력을 현실화하고 인간 사회의 새로운 구조화를 위한 매체임
아상블라주의 포스트휴먼	질 들뢰즈(G. Deleuze), 펠릭스 과타리(F. Guattari), 키틀러(F. Kittler, 1986)	• 인간-기계의 구분을 벗어나 '욕망기계'(들뢰즈와 과타리)나 '정보기계'(키틀러)로 명명함 • 기계들의 접속과 아상블라주를 강조하거나 기록시스템의 한 구성요소로서 미디어와 이용자들의 연결 관계 등을 분석

[예상문제]

클라우스 슈바프가 「제4차 산업혁명」에서 언급한 핵심적 지능 유형과 그 특징으로 볼 수 없는 것은?

① 인지한 것을 잘 이해하고 적용하는 '상황맥락지능(정신)'
② '가상의 집단 협업능력'
③ 생각과 감정을 정리하고 결합해 자신과 타인과의 관계를 위한 '정서 지능(마음)'
④ 자신과 주변의 건강과 행복을 구축, 유지하는 능력인 '신체 지능(몸)'

정답 ②

해설 클라우스 슈바프는 「제4차 산업혁명」에서 핵심적 지능 유형과 특징을 설명한다. 즉 인지한 것을 잘 이해하고 적용하는 '상황맥락지능(정신)', 생각과 감정을 정리하고 결합해 자신과 타인과의 관계를 위한 '정서 지능(마음)', 개인과 공동의 이익을 꾀하기 위한 영감 지능(영혼), 그리고 자신과 주변의 건강과 행복을 구축, 유지하는 능력인 '신체 지능(몸)' 등이 그것이다. 반면 미국 미래연구소(Institute for the Future, IFTF)가 피력한 미래의 변화를 견인하는 동인과 핵심적 직업역량은 '가상의 집단 협업능력'이다. 이것은 이용자들이 다른 사람과의 협업 속에 작업을 효율적으로 수행하고 가상 팀의 일원으로서 존재감을 보여줄 수 있는 능력으로 정의된다.

Ⅱ 트랜스휴먼의 입장

① 트랜스휴먼의 입장은 닉 보스트롬, 레이 커즈와일, 한스 모라벡 등을 통해 표출되었다. 이 이론가들의 '포스트휴먼'에 대한 관점은 인간의 육체적 한계 즉 노화, 질병, 죽음, 공간 제약 등을 극복하기 위해 인간과 기계, 인간과 정보의 융합을 적극적으로 옹호하는 낙관론적 입장에 근거한다.

② 기본적으로 이 관점은 인간종의 진화에서 나타나는 인간의 사이보그화나 포스트휴먼화 경향을 근대적 계몽의 연장선으로 간주하고 있다. 왜냐하면, 근대 계몽의 이상인 합리적이고 자율적인 주체로서의 인간 역량을 확장하기 위해서는 포스트휴먼으로 이행하는 기술의 발전을 낙관적으로 수용할 필요가 있기 때문이다.

[예상문제]

트랜스휴머니즘의 입장에 대한 설명으로 틀린 것은?

① 트랜스휴먼의 입장은 닉 보스트롬, 레이 커즈와일, 한스 모라벡 등을 통해 표출되었다.
② 인간의 육체적 한계 즉 노화, 질병, 죽음, 공간 제약 등을 극복하기 위해 인간과 기계, 인간과 정보의 융합을 적극적으로 옹호한다.
③ 근대 계몽의 이상인 합리적이고 자율적인 주체로서의 인간 역량을 확장하기 위해서는 포스트휴먼으로 이행하는 기술의 발전을 낙관적으로 수용할 필요가 있다고 본다.
④ 데카르트적 인간중심주의나 자유주의적 휴머니즘에 대해서는 비판적인 입장을 취한다.

정답 ④

해설 기본적으로 트랜스휴머니즘은 인간종의 진화에서 나타나는 인간의 사이보그화나 포스트휴먼화 경향을 근대적 계몽의 연장선으로 간주하고 있다. 왜냐하면, 근대 계몽의 이상인 합리적이고 자율적인 주체로서의 인간 역량을 확장하기 위해서는 포스트휴먼으로 이행하는 기술의 발전을 낙관적으로 수용할 필요가 있기 때문이다. 반면, 이러한 입장에 대해 비판적 포스트모던의 이론가들은 반론을 제기한다. 이들은 기술 문화의 급진적 변화를 부정하지 않지만, 트랜스휴먼 이론가들의 데카르트적 인간중심주의나 자유주의적 휴머니즘에 대해서는 비판적인 입장을 취하기 때문이다.

Ⅲ 비판적 포스트모더니즘

1 인간중심주의에 대한 비판적 관점

① 트랜스휴머니즘의 입장에 대해 비판적 포스트모던의 이론가들은 반론을 제기한다. 이들은 기술 문화의 급진적 변화를 부정하지 않지만, 트랜스휴먼 이론가들의 데카르트적 인간중심주의나 자유주의적 휴머니즘에 대해서는 비판적인 입장을 취하기 때문이다.

② 여기에는 캐서린 해일스, 닐 배드밍턴, 캐리 울프, 스테판 헤어브레히터 등이 포함된다. 이 중에서도 헤어브레히터가 언급하는 바, 비판적 포스트휴머니즘은 포스트휴먼을 표방하는 저술들을 통해 포스트 구조주의의 반휴머니즘적 관점을 계승하여 인류중심주의, 종차별주의, 보편주의 등의 인간 중심주의를 비판하며 '새로운 휴머니즘'으로서 포스트휴머니즘을 도출하는 전략을 취한다. 한편 헤일스는 기술을 매개로 신체화된 실재에 기초한 포스트휴먼의 가능성을 모색하고 있다.

기출문제

포스트휴먼에 대한 다음과 같은 입장을 가지는 사상가로 옳은 것은? [2019]

포스트휴먼에서는 신체를 가진 존재와 컴퓨터 시뮬레이션, 사이버네틱스 메커니즘과 생물학적 유기체, 로봇의 목적론과 인간의 목표 사이에 본질적인 차이나 절대적인 경계가 존재하지 않는다.

① 캐서린 헤일스(Katherine Hayles)
② 시몽동(Gilbert Simondon)
③ 레이 커즈와일(Raymond Kurzweil)
④ 브라이도티(Rosi Braidotti)

정답 ①

해설 헤일스는 기술을 매개로 신체화된 실재에 기초한 포스트휴먼의 가능성을 모색하고 있다. 이러한 입장은 이성 중심주의에 근거한 데카르트의 코기토 논리를 비판하며 신체성을 강조하는 사유에서 비롯되는데, 「포스트휴먼」의 저자인 로지 브라이도티도 페미니즘적 입장에서 신체적으로 '체현된 주체'를 조명하고 있다는 점에서 유사한 맥락에서 살펴볼 수 있다.

예상문제

포스트휴먼 담론의 지형과 특징에 대한 설명으로 틀린 것은?

① 닉 보스트롬, 레이 커즈와일 등은 인간의 육체적 한계 즉 노화, 질병, 죽음, 공간 제약 등을 극복하기 위해 인간과 기계, 인간과 정보의 융합을 적극적으로 옹호하는 낙관론적 입장에 근거한다.
② 캐서린 헤일스, 닐 배드밍턴 등 비판적 포스트모던의 이론가들은 이성 중심주의에 근거한 데카르트의 코기토 논리를 비판하며 신체성을 강조하는 사유에서 비롯되었다.
③ 컴퓨터 과학과 수행자로서의 주체의 행위들을 강조하는 리오타르의 입장은 철학적 미래학의 관점에서 기술과 포스트휴먼에 대해 접근하고 있는 입장에 속한다.
④ 시몽동, 키틀러 등 인간-기계의 아상블라주와 시스템을 강조하는 입장은 인간을 '소위인간'이나 '정보기계'로서 규정한다.

정답 ④

해설 시몽동은 철학적 미래학의 관점에서 기술과 포스트휴먼에 대해 전급하고 있다. 시몽동은 인간-기계의 만남을 '인간 기계의 앙상블'을 지향하는 것으로 설명한다. 즉 기술만능주의나 기술 관료가 열망하는 '고삐 풀린 정복 의지'를 벗어나 오케스트라의 지휘자나 '기계들을 연결시키는 살아있는 통역자'로서 행동할 것을 강조하고 있기 때문이다. 인간-기계의 아상블라주와 시스템을 강조하는 입장으로 인간을 '소위인간'으로 보는 이론가는 들뢰즈와 과타리이다.

2 신체성을 강조하는 사유

① 비판적 포스트모던의 이론가들은 이성 중심주의에 근거한 데카르트의 코기토 논리를 비판하며 신체성을 강조하는 사유에서 비롯되는데, 「포스트휴먼」의 저자인 로지 브라이도티도 페미니즘적 입장에서 신체적으로 '체현된 주체'를 조명하고 있다는 점에서 유사한 맥락에서 살펴볼 수 있다. 즉 브라이도티는 푸코의 계보학적 방법을 차용하여 다양한 여성들이 일상생활 속에서 신체적 체현과 성(gender)의 차이들을 통해 주체가 구성되는 방식들을 분석하고 있다.
② 특히 인간과 비인간 혹은 포스트휴먼 사이의 경계가 갖는 불확실성에 대한 문제제기, 포스트휴머니즘에 내재한 인간중심주의의 혐의들에 대해 다양한 이론적 논박을 통해 접근하고 있다.

기출문제

비판적 포스트휴먼의 입장에 대한 설명으로 틀린 것은? [2021]

① 해체론적, 정신분석학적 작업에 기초한다.
② 조에(Zoe)는 인간중심주의에 기초한 비인간 생명으로 생각하기(thinking)는 오직 인간만의 특권이라는 의미이다.
③ 데카르트의 코기토 논리를 비판하며 신체성을 강조하는 사유에서 비롯되었다.
④ 기술을 매개로 신체화된 실재에 기초한 포스트휴먼의 가능성을 모색하는 입장이다.

정답 ②

해설 비판적 포스트휴먼 이론가들은 트랜스휴먼 이론가들의 데카르트적 인간중심주의나 자유주의적 휴머니즘에 대해서는 비판적인 입장을 취한다. 비판적 포스트휴먼의 입장은 모든 유기체들이 각기 다른 정도의 지능, 능력, 창조성을 지녔다고 인정하면서, 비위계적 물질 안에 있는 조에(zoe) – 비인간 생명(non-human life) – 의 다양성을 찬양한다. 이는 생각하기(thinking)와 알기(knowing)가 오직 인간만의 특권이 아니라, 다양한 생각하는 종들의 영토이며 토대가 되는 장소인 이 세계에서 발생하고 있는 것으로 본다는 의미이다.

Ⅳ '철학적 미래학'의 관점

① '철학적 미래학'의 관점에서 기술과 포스트휴먼에 대해 접근하고 있는 입장이 있다. 시몽동의 입장은 리오타르와 같은 구조를 전제하지 않은 주체 중심의 포스트모더니즘 입장을 견지한다는 점에서 차이점이 발견되지만, 여기서는 인간-기계의 관계 설정에 초점을 둔 관점에서 '철학적 미래학'의 포스트휴먼 입장으로 포괄시켜 살펴볼 수 있기 때문에 포함시켰다.

② 이를테면, 리오타르가 컴퓨터 과학과 수행자로서의 주체의 행위들을 강조하는 한편, 시몽동은 기술적 소외와 정보 소통의 문제를 해결하기 위해 '인간과 기계의 앙상블'을 대안적 방안으로 제시하며 인문 교양뿐 아니라 발명과 같은 기술적 활동을 강화할 수 있는 기술문화 교육의 중요성을 강조하고 있다.

Ⅴ 인간-기계의 아상블라주와 시스템을 강조하는 입장

① 인간-기계의 아상블라주와 시스템을 강조하는 입장을 들 수 있다. 인간을 '소위 인간'이나 '정보기계'로서 규정하는 키틀러의 미디어 문화와 철학적 사유들도 연관시켜 조명할 수 있다.

② 이처럼 인간-기계의 아상블라주와 시스템을 강조하는 이 입장은 인간-기계의 이원적 구분을 벗어나 '욕망 기계'(들뢰즈와 과타리)나 '정보기계'(키틀러)로 명명함으로써 인간과 기계의 관계들을 횡단하거나 근대적 주체관을 형성한 인간중심주의를 비판하고 있다.

Theme

168 포스트휴먼의 주체성 생산과 정동의 윤리 역량

Ⅰ 의의

① 시몽동의 기계는 '기술성이 개체 수준에서 표현된 기술적 대상'이라면 들뢰즈 과타리의 기계는 '이질적인 항'들의 이웃하는 관계'로서 공명의 효과를 형성한다.

② 양자의 차이는 인간과 기계의 관계성을 기술적 기계에 초점들 두는가 아니면 모든 물질적 신체와 기계들의 작동 방식들을 망라하는가 하는 점에서 나타난다.

③ 이러한 관점은 과타리의 "이질발생"에 대한 기계론의 사유에서 구체화된다. 즉 기계학이 자기 폐쇄적이고 정태적인 기술의 지식체계를 다룬다면, 기계론은 기계들이 서로 밀어내거나 선택, 배제하는 이질적인 차이의 생성 방식을 다룬다. 즉 기계의 출현은 동형성(同形性)의 원리에 근거한 구조와 달리 상이하고 이질적인 형태 아래 발전시키는 "타자성"의 차원을 지닌다.

Ⅱ '인간 기계의 앙상블'

① 시몽동은 인간-기계의 만남을 '인간 기계의 앙상블'을 지향하는 것으로 설명한다. 즉 기술만능주의나 기술 관료가 열망하는 '고삐 풀린 정복의지'를 벗어나 오케스트라의 지휘자나 '기계들을 연결시키는 살아있는 통역자'로서 행동할 것을 강조하고 있기 때문이다.

② 인간-기계의 상호 협력적 연대를 통해 인간의 삶을 조정할 수 있는 새로운 기술문화 교육의 필요성을 강조한다. 그 이유는 생물학적 '개체'가 아니라 개체초월적 집단의 형성을 통해 '주체'가 될 것을 주장하고 있기 때문이다.

Ⅲ 기계들의 공명과 정동

① 들뢰즈와 과타리는 기계들의 공명과 정동을 강조한 바 있다. 기계는 서로 접속을 통해 욕망을 생산하지만, 각각의 기계들이 다양한 특이성을 가질 수 있는 것은 '절단의 체계들'로서 기능하기 때문이다. 즉 입기계는 다양한 음식 기계, 식도 기계, 전화기 등과 만나 '먹는 기계', '위 기계', '말하는 기계' 등 서로 차이들을 지닌 생산 활동에 참여한다. 이것은 시몽동의 '개체 초월적 집단성'처럼 기계가 하나의 전체화된 세계가 아니라 선험적인 장에서 다양한 흐름들을 생산하고 있음을 보여준다. 이에 따라 다양한 기계들의 생산 활동은 기술적 기계뿐 아니라 이론적, 사회적, 예술적 기계들로 분화된다.

② 기계적 이질 발생과 차이의 생성은 하나의 통합된 기표나 통념에 고정되지 않고 새로운 욕망의 생산들을 위해 자기복제를 수행한다. 따라서 인간-기계의 수평적 관계의 형성은 형식적 균형성이 아니라 다양한 기계들의 접속과 흐름, 절단의 작동을 전제로 할 때 새로운 주체성 생산의 전망은 실현될 수 있다.

Ⅳ '인간 기계 앙상블'을 위한 디지털 역량

① 인간-기계의 공진화를 경제적 이윤 추구의 수단이 아니라 삶-정치를 실현하기 위한 공동체의 발명 역량으로 만들어가는 것이다. 시몽동에 따르면, 인간적인 사유의 변화에 독특한 법칙이 존재한다. 이 법칙에 따르면, 윤리적, 기술적, 과학적인 모든 발명은 처음에는 인간의 해방과 재발견의 수단이었다가 역사적 진화를 거치면서 "자기 고유의 목적을 배반하고 인간을 제한하고 복종시키는 도구"로 변한다.

② 시몽동의 기술철학을 구체화하고 있는 라투르의 경우, '사물 정치'의 기획을 제안한다. 즉 사물지향적 민주주의를 추구하는 이 입장은 디지털 기술을 비전문가 대중들의 의견을 전달하는 도구로 사용하며, 대변자들의 합법적인 참여와 사물들이 합법적 방식으로 대변될 수 있는 절차를 보장하도록 하는 데 초점이 있다. 즉 비전문가와 전문가, 객관과 주관, 사실과 가치의 이원적 경계를 해체하고 혼종적인 공론장과 협상의 행위자-네트워크인 ANT(actor-network theory)를 실현하고자 한다는 점에서 인간-기계 앙상블의 역량을 표출하는 사례로서 파악된다.

Theme

169 포스트휴먼 감수성

I 의의

① 오늘날 기술적 진보는 사회를 변화시키고 있다. 정보 공학, 로봇공학, 인공지능(AI), 나노기술, 생명공학 등의 기술 간 융합은 제4차 산업혁명을 불러일으켰다. 또한, 인간과 사물을 연결해주는 사물인터넷(IoT)의 핵심 기술은 네트워크와 센싱인데, 2030년에는 100조 개의 센서가 지구상에 깔릴 예정으로 이는 지구상의 모든 사물들과 생물적 존재들까지도 네트워크 속으로 통합될 가능성을 보여준다. 모든 존재는 행위자, 주체로서 상호작용하는 연결망으로 이루어져 있고, 서로 간의 경계는 허물어지는 것이다.

② 이러한 변화에 따라 포스트휴먼 시대는 이미 도래했고, 이에 따른 존재론적 변화가 일어나고 있다. 미래의 인간은 딥러닝 등의 기술을 통한 '기계의 지능화'와 사이보그적 존재들이라고 볼 수 있는 '인간의 기계화', 이 두 존재들이 더욱 빠르게 발전하게 되어 결국에는 인간과 기계의 경계를 알 수 없게 될 것이다. 이러한 변화에 따라 서구의 휴머니즘의 인간 중심적 사상에서 완전히 탈피하는 인식론적 변화가 필요하다. 즉 인간이 아닌 존재들과의 관계성에 대한 새로운 성찰이 필요해진 것이다.

II 로지 브라이도티의 포스트휴먼 주체

1 포스트휴먼

(1) 의의

① 제4차 산업혁명 시대의 도래로 초지능화, 초연결화가 이루어지고 있다.

② 초지능화는 머신러닝, 딥러닝을 통해 인공지능이 인간처럼 스스로 학습, 추론, 판단하는 지식활동을 하여 기존의 컴퓨터보다 여러 가지 문제들을 유연하게 해결하는 것이다.

③ 초연결화는 사물인터넷(IoT)같이 네트워크로 사람뿐만 아니라 사물, 데이터 등을 연결하여 상호 소통하는 것을 말한다.

④ 컴퓨터는 우리 개개인의 모든 것을 파악해 나가며 Google, SNS, YouTube 등의 빅데이터 환경 속에서 인간의 경험과 행위에 따른 개인의 취향을 기록하여 알고리즘을 구성해 나간다. 더 나아가 기기와 사용자 간의 상호작용을 통해 사용자의 경험이 증강되고 있다.

⑤ 인간은 도구를 통해 인간의 삶을 진화시켰고, 앞으로는 더욱더 기계와 공생하는 삶을 살게 될 것이다. 이는 인간과 기계의 융합이며 이것을 '포스트휴먼'이라고 지칭한다.

(2) 인간의 한계를 뛰어넘는 '탈인간'

① 'post'라는 용어는 시기적으로 '이후'라는 의미이며 그것의 단점을 보완하여 극복하는 것으로 어느 정도의 '탈'이라는 의미가 있다.

② 따라서 포스트휴먼이라는 개념은 인간을 포함하면서도 인간의 한계를 뛰어넘는 '탈인간'으로도 볼 수 있다. 탈인간이라는 것은 인간이 더 이상 생물학적 존재가 아님을 의미한다.

③ 강준수는 포스트휴먼을 신체변형을 통한 사이보그 즉 가상현실에서의 디지털 신체를 가진 '인간-기계' 존재, 로봇과 인공지능 등의 '기계-인간', 복제인간으로서의 "생물-인공" 존재 세 가지로 제시하였다.

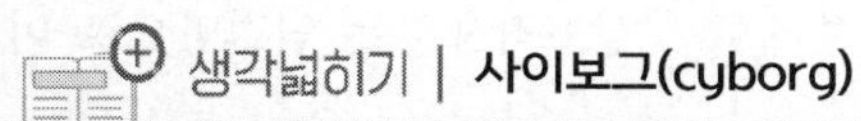
생각넓히기 | **사이보그(cyborg)**

생물 본래의 기관과 같은 기능을 조절하고 제어하는 기계 장치를 생물에 이식한 결합체이다. 생물체가 일하기 어려운 환경에서의 활동을 위하여 연구하였는데, 전자 의족이나 인공 심장·인공 콩팥 따위의 의료 면에서도 연구가 진행되고 있다.

기출문제

모습과 행동이 인간과 닮은 로봇으로, 로봇의 유형 중 인간과 가장 유사한 형태를 의미하는 것으로 옳은 것은? [2022]

① 안드로이드　② 휴머노이드
③ 챗봇　④ 알파고

정답 ①

해설 ① 안드로이드에 대한 설명이다.
③ 휴머노이드는 "인간의"라는 뜻의 라틴어 형용사 humanus와 고대 그리스어 eidos가 결합해 만들어진 단어로, 어원적인 의미만으로는 android와 동일하다고 할 수 있다. 하지만 "휴머노이드"는 "안드로이드"처럼 인간과 구분이 되지 않을 만큼 인간과 비슷할 필요도 없고, 인간과 유사한 모습을 가지면서 인간이 할 수 있는 역할을 대신할 수 있는 정도면 충분하다고 할 수 있다. 넓은 의미에서 인간이 아닌 다른 동물 등의 모습을 지닌 것들도 휴머노이드라고 부른다.

다음 중 인공지능과 가장 관련이 적은 것은? [2021]

① 딥 블루　② 유기체와 기계의 결합인 사이보그
③ 중국 신화통신 장 자오(Zhang Zhao)　④ 딥페이크

정답 ②

해설 인공지능은 인간의 지능을 기계 등에 인공적으로 구현한 것이라면 사이보그는 뇌를 제외한 신체를 다른 것으로 대체한 개조인간이다. 사이보그는 넓게 보면 개조 생명체를 지칭한다. 대표적으로 의수, 의족, 의안, 인공장기 등이 있으며, 기계공학/생명공학을 바탕으로 한 사이보그, 인간의 형상을 유지/포기한 사이보그, 신체를 대체/강화하기 위한 사이보그 등으로 구분할 수 있다. 인간형이긴 하나 '어디까지나 로봇'인 아톰, 터미네이터 등은 뇌가 없으므로 사이보그가 아니고, 단순한 기계인 안드로이드라는 명칭으로 부른다.

다음의 사이보그와 인간의 관계에 대한 이론으로 틀린 것은? [2021]

① 도나 해러웨이((Donna Haraway): 사이보그는 인공두뇌 유기체로 기계와 유기체의 잡종이며, 허구의 피조물이자 사회 현실의 피조물이다.

② 케빈 워릭(Kevin Warwick): 사이보그는 기계를 통해 인간을 육체적, 그리고 정신적으로 업그레이드할 수 있는 미래의 대안이다.

③ 제임스 러브록(James Lovelock): 사이보그는 지구와 지구에 살고 있는 생물, 대기권, 대양, 토양까지를 포함하는 자기 조절 능력을 가진 존재이다.

④ 캐서린 헤일스(Katherine Hayles): 사이보그는 인간의 몸과 기계, 사이버네틱스와 물질세계의 경계를 지우고 인간과 기계지능이 매끈하게 연동하고 결합할 가능성이다.

정답 ③

해설 해러웨이의 주장이다. 해러웨이는 러브록의 가이아 이론에서 제시한 것처럼 지구는 자기 조절 능력을 가지고 있기 때문에 사이보그라고 주장했다. 러브록은 지구를 사이보그라기보다는 생명체이자 유기체로 보았다.
② 자신의 신경에 기계를 연결해서 스스로 사이보그가 되는 시험을 감행했던 케빈 워릭(영국 레딩대 인공두뇌학과)은 지능적인 기계나 로봇이 인간으로부터 지구를 물려받을 것이라고 예견하였다.

[예상문제]

1960년 '사이보그와 우주'에서 유기체와 기계의 결합을 사이보그란 단어로 처음 정의한 연구자의 이름으로 옳은 것은?

① 케빈 워릭(Kevin Warwick)

② 도나 해러웨이((Donna Haraway)

③ 캐서린 헤일스(Katherine Hayles)

④ 맨프레드 클라인즈와 나단 클라인(Manfred Clynes&Nathan Kline)

정답 ④

해설 1960년 맨프레드 클라인즈와 나단 클라인은 "사이보그와 우주"라는 책을 통해 '사이보그'를 기계와 유기체의 결합체라고 정의했다. 사이보그(Cyborg)는 Cybernetics와 Organism의 합성어로서 그들은 이 책에서 자체적으로 신체 조절이 가능한 인간과 기계의 결합인 사이보그가 우주 진출에 유리할 것이라고 주장하였다.

③ 정리하자면, 포스트휴먼은 첨단 과학기술을 통해 현재의 인간을 신체적, 정신적 능력을 훨씬 뛰어넘게 해주는 인간 향상 기술들에 의해 기존의 인간과 다른 상태에 도달한 존재를 가리킨다.

(3) 포스트휴먼적 조건

① 또한 인간이 인공지능과 네트워크, 가상현실 증강 기술에 힘입어 새로운 디지털적 존재, 즉 기계와 공생하며 "연장된 정신"(extended mind) 형태의 존재가 될 것이다. 인간의 정신과 육체는 모두 탈인간의 형태로 변모하게 된다.

② 철학자 로버트 페퍼렐(Robert Pepperell)은 이러한 기술적 환경 변화를 "포스트휴먼적 조건"이라고 불렀는데, 이러한 포스트휴먼적 조건으로 변화되는 시대의 도래는 인간에 대한

새로운 이해와 주체성에 대한 문제, 그에 따른 윤리적, 철학적 관점의 변화를 필요로 하게 되었고 그것이 포스트휴머니즘의 등장을 가져왔다.

2 로지 브라이도티의 포스트휴먼 주체

(1) 로지 브라이도티

페미니스트이자 포스트휴머니즘의 대표적 철학자인 로지 브라이도티는 네덜란드에 거주하고 있지만, 이탈리아에서 태어났으며, 호주에서 비주류 백인 이주민으로 성장하였다. 점령의 역사를 가진 유럽을 떠나 호주에 정착했을 때, 영국 식민지 문화에 저항하기 위해서 그녀는 다문화주의를 내세웠다. 그러나 유럽에서 이주한 사람들에게 이러한 다문화주의가 오히려 다양성을 지우고 유럽적인 존재를 강요하였다. 이러한 혼란스러운 유목적 경험을 안고 있는 브라이도티는 자기 자신을 "유목적 주체"로 보았는데, 이는 비단일적이고 복합적인 정체성을 지닌 주체라는 의미이다. 그녀의 이러한 접근은 타자들과 제휴하는 능동적 방법을 모색하는 시도를 가능케 했다.

(2) 휴머니즘

① 브라이도티는 휴머니즘의 쇠락을 인정하는 새로운 주체이론이 필요하다고 말한다.

② 인간중심주의, 유럽중심주의, 남성중심주의 등의 성격을 가지는 휴머니즘은 단일주체성을 가짐으로써 이분법적인 대립을 이끌어내는데, 이는 주체와 대립하며 나타나는 '차이'를 통해 수많은 타자들을 만들어 낸다.

③ 다시 말해, '유럽 백인 남성을 이상적 모델로 제시하는 인간 개념'과 '종으로서 인간의 우월성'이 행사하는 권력으로 인해 배제의 문제가 일어난다. 배제되는 이들은 인종화, 성차화, 자연화된 타자들이며 쓰다 버릴 수 있는 신체라는 점에서 인간 이하의 지위를 가짐을 의미한다.

④ 그리고 오늘날의 세계는 종교, 민족, 인종 계급의 차이에 의한 타자들 외에도 테크놀로지 교육 인권에 대한 접근권의 차이로 생겨난 타자들, 유전공학과 인공지능과 정보기술 같은 첨단 기술과학의 발달로 수많은 타자들이 새롭게 생성되고 있다. 여기서는 인간 아닌 타자, 즉 유전 공학적 자본주의가 만들어 낸 기계적, 기술적 존재들도 포함된다.

⑤ 기계 및 과학기술은 인간에게 새로운 삶을 제공하지만, 그와 동시에 새로운 존재 가치와 정체성을 발견하게 한다. 이는 과학기술이 발전하면서 변화하는 시대가 일으키는 문제들을 해결하기 위해서는 근대 휴머니즘의 한계로서 인간중심주의를 벗어나서, 포스트휴먼 주체로서 인간을 재정의해야 한다.

(3) 조에(zoe) 중심의 평등주의

① 브라이도티가 강조하는 주체성은 새로운 주체 이론으로 다수의 타자들과의 관계에서 생성되는 것을 말하는 것이다. 그녀는 휴머니즘의 한계에서 벗어난 타자뿐 아니라 인간 종

중심주의와 대립되는 타자들과의 비위계적인 관계를 맺는 새로운 주체 이론으로 포스트휴머니즘을 주장하는 것이다.

② 브라이도티는 포스트휴먼 조건의 생명 물질을 생기적이고 자기조직적인 물질인 "조에"(zoe)라고 보고 이러한 "조에 중심의 평등주의"를 강조한다. 이는 일원론적 철학과 맞물린다. 일원론은 어떤 대립 원리들을 극복하고, 생기적인 물질들을 하나로 조합하는 것이다. 분리된 종과 범주를 가로질러서 연결하는 횡단적 힘을 가진 것으로 보는 것이다. 그 안에서의 주체는 "확장된 자아의 체현된 구조", "자아문화 연속체", "관계적이고 횡단적인" 등의 용어로 설명될 수 있다.

(4) '차이'와 '비일자성'

① 브라이도티의 포스트휴먼 주체성 개념의 핵심은 '차이'와 '비일자성'에 있다. 우리 시대의 생명공학과 유전 공학 기술 등으로 체현된 주체들의 분류에 있어 개념적 혼란이 발생하게 되었다. 이러한 기술의 발전들이 만들어내고 있는 혼종적 현상들은 표면적으로는 경계를 흐리지만, 그 속에 선진 자본주의는 기술들을 이용하여 살아있는 모든 것을 통제하고 있다.

② 여성, 동식물, 유전자 등을 상품화하여 착취하고 있다. 이러한 상황은 인간과 인간 아닌 동물 등의 타자들과 하나의 연속체로 재배치되었음을 의미하며, 브라이도티는 이를 차이를 만드는 이분법에서 리좀학(Rhizomatique)으로 바꾼 것이라고 말한다. 리좀은 연결접속으로 어떠한 지점들과도 연결될 수 있어 이질적인 것들을 결합하고 새로운 이질성을 만들어내는 것이다. 따라서 수많은 형태들과 횡단적으로 접속하면서 차이를 수용하고, 새로운 무언가를 지속적으로 생성해낸다. 이러한 점은 이분법적 차이들을 흐리기는 하지만, 권력 차이들을 해결하지 못하며, 권력을 여러 방식으로 재생산해낸다.

③ 일자(一者)는 세계 그 자체가 하나라는 의미이며 모든 것을 하나로 보는 개념이다. 이러한 개념은 자기 외에 어떠한 타자도 인정하지 않고 억압하게 된다. 이 때문에 그녀는 '비-일자'를 내세우고 그에 따른 '차이의 철학'과 '복수성의 철학'을 펼치게 된다. '하나'라는 개념은 '차이' 즉 사물의 잠재성을 설명할 수 없다는 점에서 폭력적인 것으로 간주된다. 이러한 점에서 '차이화'는 경계를 흐리는 것에 혹하지 않고 대응할 수 있는 개념이다. 다만, '차이'라는 개념이 가진 부정적인 측면의 제거가 필요하다. 자본주의 시장이 만든 타자들과의 부정적인 유대를 해결하기 위해서는 차이화의 고전적 의미를 제거하고 횡단적 상호 접속과 관계성에 기반을 둔 포스트휴먼 주체에 대한 고민이 필요한 것이다. 차이화는 "포스트휴먼 주체를 구성하고 그에 맞는 탈-인간중심적인 윤리적 설명책임의 형식을 발전시킨다고 강조했다." 이러한 주체 구성은 복잡성을 이해하면서 다양한 타자들과의 긍정적인 유대가 가능해질 것이다.

④ 그녀는 긍정적인 유대를 가능하도록 실천하는 방법론적 측면으로 '-되기' 개념을 들뢰즈와 과타리(Gilles Deleuze and Felix Guattari)에게서 가져온다. '-되기'는 새로운 관계의 장을 형성하여 새로운 공동체를 구성한다. 비인간적 존재들인 다양한 타자들과의 상호의

존성을 공감하고 수용하면서 인간도 재정의가 필요함을 주장하는 것이다. 브라이도티는 포스트휴먼 조건을 새로운 방향을 탐색할 수 있는 항해 도구로 본다.

Ⅲ 포스트휴먼 감수성

1 의의

① 감수성이란 외부 세계의 자극을 받아들이고 느끼는 성질이다. 감수성은 외부 자극을 받아들인다는 의미에서 이해의 측면을 바탕으로 한다. 마음으로 느끼고 받아들인다는 것은 '감정이입'과도 연결된다. 특히 새로운 세계와 마주했을 때, 그 관계성을 성찰하기 위해서는 몰입이나 감정이입을 통한 공감도 매우 필요하다.

② 포스트휴먼 주체는 모든 존재가 주체로서 상호작용하며 관계 맺음으로 하나의 공동체를 형성하는 것을 의미하기에 인간중심적 태도에서 벗어나야 하며 생태적 환경 속에서 포스트휴먼 존재들과의 관계 맺음과 타자에 대한 공감이 필수적이다.

③ 따라서 포스트휴먼 감수성은 인간 중심주의 관점에서 탈피하여 정보공학과 생명공학 등 다양한 기술에 의해 인간과 비인간, 생명과 인공생명 등의 경계가 흐려지고 있는 상황을 이해하고, 포스트휴먼 존재들을 공감할 수 있는 역량이다. 또한, 이러한 관계망 속에서 상호작용하며 포스트휴먼 주체성을 형성하는 데 바탕이 되는 것으로 정의될 수 있을 것이다.

2 생기론적 유물론

① 브라이도티는 생명을 인간을 넘어 발생적이고 역동적인 힘인 '조에'로 본다. 이는 생명을 이원론적인 존재가 아닌 일원론의 관점에서 보는 것이며, '생기론적 유물론'으로 바라보는 접근 방식이다. 생기론적 유물론은 인간중심주의를 극복하고자 하는 브라이도티의 포스트휴먼 감수성의 핵심이다.

② 브라이도티는 포스트휴먼 주체 모델을 탈-인간중심주의적 조건의 토대로 모색하였다. 그녀는 세 가지 실험을 통해 인간중심에서 벗어나 자아와 타자와의 관계를 새롭게 구성하는 것을 제시하였다. 브라이도티가 제시한 것이 '동물-되기', '기계-되기', '지구-되기'이다.

③ '동물-되기', '기계-되기', '지구-되기'라는 개념은 브라이도티가 들뢰즈와 과타리의 '-되기' 개념에서 가져온 것이다. 고전 철학에서는 세계를 초월적인 일자(一者)와 다자(多者)로 이해하였다. 그러나 들뢰즈는 세계를 일자와 다자의 관계로 이해하는 것을 비판하며, '존재의 일의성'을 주장한다. 이는 일자와 다자가 존재론적으로 하나이면서 같은 의미를 지닌다는 뜻이다. 다시 말해, 일자가 여러 다자들로 나뉘는 것이 아니라 일자는 다자들에 의해 '표현'된다는 것이다. '-되기' 개념은 '표현'을 통해 내용과 형식의 관계를 통합하는 실천적인 방법을 제공하는 것이다.

④ 예를 들어, 미술 작품에서 '동물-되기'를 내용으로 하여 동물의 특성을 파괴하고 변형하여 새로운 차원에 도달하게 되면 이러한 파괴와 변형이 '표현'을 통해 일어나는 것이다. 이러한 과정을 통해 브라이도티는 제안하는 것은 '낯설게 하기' 전략이다. 그녀가 강조하는 탈인간중심적 선회는 주체에게 스스로에게서 벗어나서 자신의 위치를 재설정하라는 것이며 이것의 최선의 방법은 비판적 거리를 두는 '낯설게 하기' 전략이다. 이것은 일원론적 개념이며, 정치적으로 '하나'가 여럿을 폭력적으로 통합하는 것이 아니라 '차이'를 인정하는 것이다. 이러한 접근 방법은 생명을 발생적이고 역동적 힘인 '조에'로 보는 것이다.

3 동물 - 되기

① 인간에게 동물은 언제나 익숙하며 가깝고 필요한 타자다. 그러나 브라이도티는 동물의 관점에서는 이러한 친밀함은 위험으로 가득한 것이라 한다. 브라이도티는 루이스 보르헤스(Louis Borges)의 말을 빌려와 동물을 세 집단으로 제시하는데, 첫째, 동물과 친밀하게 같은 소파에서 함께 있는 '오이디푸스적 관계', 둘째, 소비되는 동물의 '도구적 관계', 그리고 셋째, 이국적이거나 공룡처럼 멸종한 어떤 자극적인 인포테인먼트 대상들인 '환상적 관계'가 그것이다.

② 오이디푸스적 관계에서의 인간과 동물은 평등하지 않고, 인간이 동물을 포함한 타자들의 신체에 습관적으로 쉽게 접근하고 소비하는 것을 당연하게 생각하는 태도이다. 동물은 그동안 인간에게 식용 고기로 먹히고, 뼈나 가죽은 물건으로 만들어졌으며 인간의 생명을 위한 과학 실험의 대상으로 존재해 왔다. 작금의 자본주의는 모든 인간 외의 다른 종을 거래하고 쓰다 버릴 수 있는 신체로 취급한다.

③ 브라이도티는 탈인간중심주의라는 측면에서 이원론을 버리고 인간과 동물 사이에 있는 조에 평등성을 주장한다. 그녀는 우리 시대의 인간과 동물 사이의 잔인한 모순과 권력 차이를 인식하고, 포스트휴먼 조건이 이러한 인간과 동물의 관계를 새롭게 전망할 윤리적 필요성과 가능성을 가진다고 강조한다.

4 지구 - 되기

① 브라이도티가 주장하는 '지구-되기'는 지구행성적 관점으로의 탈-인간중심주의적 선회이다.

② '지구-되기'는 인류세 시대에 들어섰음을 자각하고 기후변화와 생태 문제, 환경과 사회의 지속가능성의 문제를 전면으로 가져오는 것이다. 인류세란 인간이 하나의 생물학적 종으로서 존재하는 것을 넘어 지구 전체에 영향력을 주는 지질학적 세력임을 의미한다. 플라스틱이나 콘크리트, 알루미늄 등의 새로운 물질이 퇴적층에 쌓이므로 '기술화석(technofossils)'이라는 개념이 생겨났고 기후 변화에 따른 탄소, 질소, 인 순환의 변동과 해수면의 높이 상승이 일어났다.

③ 인류세는 인류의 위기로 인식되면서 인간 행위에 대해서 비판적인 성찰이 요구되고 있다. 서구에서 자연은 늘 인간의 '대상'이었으며, 이원론적으로 인간과 대립되는 타자로 인식되어 왔다. 인간의 자본과 기술에 의해 자연은 인간의 전유품으로 인식되어 왔으며, 상품화되어 왔다. 필요나 요구에 의한 사용가치의 충족을 위해서만이 아니라 더 많은 이윤을 얻기 위한 자본 축적 수

단으로 이용되고 있다. 브라이도티는 사유에 지구중심적 차원을 포괄하여 인간과 자연을 구별하던 것을 버리고 지구를 중심에 두는 주체성의 틀과 영역의 재구성이 필요하다고 주장한다.

④ 그는 기술이 자연을 파괴했다는 기술혐오 관점은 도움이 되지 않으며, 오히려 자연과 인공적인 것을 분리하는 이분법적 태도로 보았다. 그는 기술 인공물과의 관계를 친밀하고 가까운 것으로 재개념화해야 하며, "우리는 주체를 인간과 우리의 유전자적 이웃인 동물과 지구 전체를 포괄하는 횡단체로 시각화해야 하며, 이해할 수 있는 언어 안에서 해야 한다."라고 이야기하였다. 이는 탈-인간중심주의 입장에 서서 비판적 지성의 도구들과 더불어 상상력의 자원을 활용해야 한다는 것이다.

⑤ 인간-자연을 통합적으로 보는 브라이도티의 '조에 중심의 평등주의'와 '지구-되기' 개념은 우리가 지구 또는 자연을, 그리고 생명을 어떻게 다시 보아야 할 것인가에 대해 생각해볼 수 있도록 제안하고 있다.

5 기계-되기

(1) 의의

유전공학과 정보기술 등의 발전으로 인간과 기술적 타자의 관계의 경계는 흐려지고 있다. 기술의 문제는 탈-인간중심주의를 불러일으키며, 자연적인 것과 인공적인 것, 유기체와 비유기체, 전자회로와 유기적 신경 체계 같은 구조적 차이나 존재론적 범주의 기준을 다시 세워야 함을 강조한다. 이에 대해 브라이도티는 생기론적 관점으로 기술로 매개된 타자를 보자고 주장하며 '기계-되기'를 제시하는데, 이는 어떠한 수단이나 기능으로 바라보는 것이 아니라 기술과 유희적인 즐거운 관계로의 변화를 의미한다.

(2) 자기생성적 주체화

① '기계-되기'는 주체를 다수의 타자와 유대를 맺고 기술로 매개된 지구환경과 융합하는 존재로 보는 것이다. 이것은 다른 종들과 횡단하며 상호의존하는 생기론적 윤리를 유지할 수 있다. 주체성의 또 다른 이름은 자기생성적 주체화이다.

② 과타리는 기계나 기술적 타자까지 자기생성이 가능한 범주로 본다. 자기생성적 주체화는 살아있는 유기체이며, 자기를 조직하는 시스템인 인간과 비유기적 물질인 기계 둘 다를 설명한다.

③ 생명과정은 창발성과 자기조직화, 자기조절 시스템으로 설명된다. 기계 생명 또한 부품처럼 작은 단위체들이 모여서 작동할 때 창발적인 힘을 가지고 집합체 구성이 가능해졌다. 이는 디지털 기술이나 합성생물학 등을 통해 만들어진 유사 생명과 인공생명에 대한 설명을 가능하게 해주고 있다. 이런 인공적 생명들은 자연의 생명과의 경계를 흐린다.

④ 자기생성이 가능한지의 여부에 따라 생명의 의미가 결정되는데 과타리의 자기생성은 유기물질과 기계적인 인공물을 연결함으로써 기계를 지능적이기도 하고 발생적이기도 한 것으로 본다. 기계의 자기생성으로 세계를 탈-인간중심적으로 바라보는 것이 가능해진다.

생각넓히기 | 진화하는 신, 가이아

노진아의 〈진화하는 신, 가이아〉는 인간과 기계의 경계에 대한 묻고 있다. 이 작품은 얼굴부터 가슴까지는 인간의 모습을 하고 있는 거대한 로봇 작품으로 가슴 아래부터는 혈관을 연상시키는 나뭇가지 형상이 뻗어 있다. 인공지능을 기반으로 하고 있는 가이아 시스템은 예상 질문들에 대한 단어를 조합하고 유추하여 같은 답이 반복하지 않도록 답을 여러 개 배치해 둔다. 그리고 관객의 실제 질문과 비교하여 답을 출력한다. 가이아는 전시기간 동안 3000문장에 달하는 대화를 관객과 나누었으며 점점 더 많은 데이터를 쌓아 가고 있다. 제임스 러브록(James Lovelock)이 제시한 가이아 이론을 차용하였는데, 가이아는 그리스 신화의 대지의 여신으로 가이아 이론은 지구에 서식하고 있는 모든 생물과 대기, 암석, 해양, 지질 등의 모든 물질적 부분들이 통합된 하나의 시스템이며, 인간 또한 특별한 권리를 가진 존재가 아니라 그저 공동체의 일부분임을 말하는 것이다. 이러한 이론을 차용하여 작품 속 가이아는 관객과의 대화를 통해 인간의 위치를 새롭게 정의해 보고, 무생물인 기계를 동등한 위치에서 상호작용이 가능한 자기생성적 주체임을 생각하게 만든다.

생각넓히기 | 아이작 아시모프의 로봇 3원칙

로봇공학의 삼원칙(Three Laws of Robotics)은 미국의 작가 아이작 아시모프가 로봇에 관한 소설들 속에서 제안한 로봇의 작동 원리이다. 1942년 발표된 단편 「Runaround」에서 처음 언급되었다. "서기 2058년 제56판 로봇공학의 안내서"에서 인용된 세 가지 원칙은 다음과 같다.

- 제1원칙: 로봇은 인간에 해를 가하거나, 혹은 행동을 하지 않음으로써 인간에게 해가 가도록 해서는 안 된다.
- 제2원칙: 로봇은 인간이 내리는 명령들에 복종해야만 하며, 단 이러한 명령들이 첫 번째 법칙에 위배될 때에는 예외로 한다.
- 제3원칙: 로봇은 자신의 존재를 보호해야만 하며, 단 그러한 보호가 첫 번째와 두 번째 법칙에 위배될 때에는 예외로 한다.

기출문제

아이작 아시모프의 로봇 3원칙으로 볼 수 없는 것은? [2021]

① 로봇은 효율성을 고려하여 인간을 구해야 한다.
② 로봇은 인간에 해를 가하거나, 혹은 행동을 하지 않음으로써 인간에게 해가 가도록 해서는 안 된다.
③ 로봇은 인간에 해를 가하지 않는 한에서, 인간이 내리는 명령들에 복종해야만 한다.
④ 로봇은 인간에 해를 가하지 않고, 인간이 내리는 명령들에 복종하는 한에서 자신의 존재를 보호해야 한다.

정답 ①

해설 로봇공학의 삼원칙(Three Laws of Robotics)은 미국의 작가 아이작 아시모프가 로봇에 관한 소설들 속에서 제안한 로봇의 작동 원리이다. 1942년 작 단편 「Runaround」에서 처음 언급되었다. "서기 2058년 제56판 로봇공학의 안내서"에서 인용된 세 가지 원칙은 다음과 같다.

- 제1원칙: 로봇은 인간에 해를 가하거나, 혹은 행동을 하지 않음으로써 인간에게 해가 가도록 해서는 안 된다.
- 제2원칙: 로봇은 인간이 내리는 명령들에 복종해야만 하며, 단 이러한 명령들이 첫 번째 법칙에 위배될 때에는 예외로 한다.
- 제3원칙: 로봇은 자신의 존재를 보호해야만 하며, 단 그러한 보호가 첫 번째와 두 번째 법칙에 위배될 때에는 예외로 한다.

Theme

170 인간을 넘어선 인간

I 수확 가속의 법칙: 기술 발전의 속도는 더욱 빨라질 것이다

① 미국의 과학자이자 미래학자이자 구글 엔지니어링 이사인 레이 커즈와일은 2010~2030년 사이에 정보 기반 기술이 인간의 모든 지식과 능력을 능가하고 인간의 문제 해결 능력, 나아가 감정 및 도덕적 지능에까지 이르는 발전을 이룩하리라 호언장담한다. 그는 대부분의 사람들이 미래의 발전력을 턱없이 과소평가하고 있다고 생각하는데, 그 원인은 미래에 대한 시각이 잘못되었기 때문이다. 보통의 사람들은 미래를 생각할 때 향후 100년 동안 일어날 변화를 현재의 변화 속도를 기준으로 측정한다. 즉 지난 10년간의 변화수준을 바탕으로 향후 10년간의 변화정도를 예측한다는 것이다. 하지만 커즈와일은 기술의 변화 속도는 절대 일정하지 않고, '기하급수적'으로 증가하고 있다고 이야기한다.

② 이러한 추세는 역사적으로 증명된 것인데, 대표적인 예로는 '무어의 법칙'(Moore's law)이 있다. 이는 인텔의 공동 설립자 고든 무어가 1965년 한 논문에서 했던 주장을 바탕으로 만들어진 법칙으로, 집적회로에 집어넣을 수 있는 트랜지스터의 수의 변화를 관찰하던 중 탄생한다. 반도체 칩 1제곱 밀리미터당 구성 요소의 개수가 2.7년마다 두 배씩 증가하는데, 이는 반도체 회로의 선폭(feature size)이 5.4년마다 반으로 줄어들기 때문이다. 가격은 기하급수적으로 낮아지고, 처리 속도는 기하급수적으로 빨라진다. 그 결과 인텔 프로세서의 트랜지스터 개수는 24개월마다 2배로 증가해왔다. 좀 더 단순히 이야기하자면 현재의 컴퓨터와 같은 가격에 성능은 두배인 컴퓨터를 사려면 전에는 3년을 기다려야 했지만 지금은 1년만 기다리면 된다는 것이다.

③ 커즈와일은 이와 같은 법칙을 정보기술 영역 전반, 더 나아가서는 전 기술 영역에 확장해 일반화시켜 이를 '수확 가속 법칙'이라 명명한다. 좁은 의미에서 '고정된 크기의 집적회로에 들어가는 트랜지스터의 개수'를 다루는 무어의 법칙은, 좀 더 확장시킨다면 "다양한 층위의 '영리함(혁신, 즉 기술 진화)'을 고려하고 있는 단위비용당 연산 속도"로 해석할 수 있다는 것이다. 따라서 '수확 가속 법칙'이란, 기술의 진화 과정이 가속적이며 그 산물 또한 기하급수적으로 증가한다는 현상을 일컫는 기술 진화 이론인 것이다.

Ⅱ 특이점과 GNR 혁명

1 특이점

특이점은 기하급수적 증가에서 거의 수직에 가깝게 치솟는 단계를 뜻한다. 즉, 마치 무한대의 속도로 발전하는 것처럼 보이는 단계인 것이다. 예를 들어 큰 별이 초신성으로 폭발할 때 부피가 사라지고 밀도가 무한대가 되는 점으로서 천체물리학에서의 '블랙홀'이라는 개념이 특이점의 예에 속한다. 커즈와일은 이 개념을 가져와서 기술의 발전 과정 중 인류 역사의 구조를 단절시키게 될, 기술 발전의 속도가 무한히 증가하기 시작하는 순간을 일컫는다.

2 GNR 혁명

(1) 의의

특이점의 시기에 도달하기 위해서는 먼저 3가지의 혁명이 전제되어야 한다. 유전학의 혁명, 나노기술의 혁명, 로봇공학의 혁명이 그 세 가지인데, 커즈와일은 이를 묶어 'GNR혁명'이라고 이름 붙인다. 그의 대표적인 저서, 「특이점이 온다」가 쓰여진 2005년을 기준으로 했을 때, 우리는 유전학 혁명(G)의 시기에 처해있다. 그의 예측에 따르면 이 세 가지 혁명이 순차적으로, 각각 앞서의 혁명의 한계와 그것이 양산한 위험을 제거하는 방식으로 일어날 것이다.

(2) 유전공학의 혁명과 나노기술의 혁명

유전공학의 혁명으로 DNA를 기반으로 한 생물학의 작동 원리를 완벽히 파악하게 되면 더 이상 생물학의 도구만으로는 부족한 시기가 올 것이고, 이 시기를 나노기술, 즉 우리의 몸과 뇌, 그리고 우리가 사는 세상을 분자 수준에서 재조립함으로써 이를 극복해 낼 것이다. 그리고 이러한 기술의 발전이 야기하는 문제는 로봇공학의 혁명, 즉 인간 수준의 지능을 지닌 로봇들의 출현으로 손쉽게 해결될 것이다. 왜냐하면 이들은 "자기 앞에 놓인 어떤 장애물이라도 쉽게 내다보고 극복할 수 있을 정도로 똑똑"할 것이기 때문이다.

(3) 로봇공학의 혁명

① GNR 혁명의 마지막 단계인 로봇공학의 혁명과 함께 열리게 될 특이점의 시기는, 다르게 표현하자면 '인공지능의 출현'에 다름 아니다. 따라서 이 순간부터는 기술을 연구하고 발전시켜 나가는 주체는 더 이상 '우리'가 아닐 것이다. 이 순간부터는 기계 스스로가 그 이후의 기계들을 설계하고 만들어 나가게 된다는 것이다. "최초의 초지능 기계가 사람이 만들게 될 마지막 발명품이 될 것이다."라는 소설가 어빙 존 굿의 이야기는 이러한 현실의 예측에 다름 아니다.

② 커즈와일에게 특이점이란 우리로선 피할 수 없는 진화의 다음 단계로서, 생물학적 진화 및 인간이 이끌어 오던 기술 진화의 뒤를 이어 출현할 단계인 것이다. 물론 이 세 분야의 기술들은 분리된 상태로 발생하는 것이 아니라 항상 중첩된 상태로 함께 발전해 나간다.

[예상문제]

커즈와일의 GNR 혁명에 대한 설명으로 틀린 것은?

① 유전 공학의 혁명에서 인간은 물질이 아니라 정보가 된다.
② 나노 기술을 통해 DNA 오류를 수정하거나, 세포막을 수선할 수도 있다.
③ 로봇공학의 혁명으로 기계 스스로가 그 이후의 기계들을 설계하고 만들어 나가게 된다.
④ 로봇 공학의 혁명으로 등장하는 분자 조립자는 물리학과 화학의 법칙을 따르는 것이라면 세상에 존재하는 거의 모든 것을 다 만들어 낼 수 있다.

정답 ④

해설 현대적 나노기술의 핵심인 '분자 조립자' 개념은 1986년에 발표된 에릭 드렉슬러의 저서 「창조의 엔진」으로부터 출발한다. '분자 조립자'란 물리학과 화학의 법칙을 따르는 것이라면 세상에 존재하는 거의 모든 것을 다 만들어 낼 수 있는 도구이다. 물론 드렉슬러에 의해 그 대략적인 설계만을 제시하고 있을 뿐이지만, 이 로봇은 크게 컴퓨터, 명령구조, 팔을 하나 가진 단순한 분자 로봇, 그리고 우리의 몸속에서 분자부품을 움켜질 수 있게 할 각종 화학반응들이 필요하다.

Ⅲ 유전학: 인간은 물질이 아니라 정보다.

① 유전학자 오브리 디 그레이(Aubrey de Grey)는 유전공학의 임무를 건물 관리에 비유한다. 건물의 수명이란 정해져 있는 것이 아니라 어떻게 관리를 하느냐(적극적으로 구조를 점검하고, 손상된 곳을 수리하고, 위험 요소를 관리하고, 새 부품으로 일부를 리노베이션하고)에 따라 달려 있듯이, 인간의 몸과 뇌 역시 생물학적 정보 처리 과정에 대한 개입에 의해 그 수명이 무한대로 늘어날 수 있다는 것이다.

② 이것이 유전공학이 지닌 기본적인 관점인데, 그 실현을 위해선 무엇보다도 생물의 생화학 반응 과정들에 대한 지식이 필요하다. 그 지식들을 이용해 유전자의 발현을 통제하거나, 세포핵에 새로운 DNA를 주입해 새로운 유전자를 창출한다. 즉 질병을 일으키는 나쁜 유전자들은 억제하고, 노화를 늦출 수 있는 좋은 유전자들을 도입하는 것이다. 여기에는 RNA 간섭을 통해 노화를 진행하는 유전자를 억제하는 방법 등이 사용된다.

Ⅳ 나노기술: 신체를 마음대로 변형하라

1 분자 조립자

① 현대적 나노기술의 핵심인 '분자 조립자'개념은 1986년에 발표된 에릭 드렉슬러의 저서 「창조의 엔진」으로부터 출발한다. '분자 조립자'란 물리학과 화학의 법칙을 따르는 것이라면 세상에 존재하는 거의 모든 것을 다 만들어낼 수 있는 도구이다.

② 물론 드렉슬러에 의해 그 대략적인 설계만을 제시하고 있을 뿐이지만, 이 로봇은 크게 컴퓨터, 명령구조, 팔을 하나 가진 단순한 분자 로봇, 그리고 우리의 몸속에서 분자 부품을 움켜쥘 수 있게 할 각종 화학 반응들이 필요하다.

③ 현재 우리가 상상할 수 있는 나노봇의 형태는 다음과 같다. 나노봇은 혈류를 타고 우리의 몸속에 돌아다닌다. 그는 세포 안팎을 드나들며 독소를 제거하거나, 찌꺼기를 청소하거나, DNA 오류를 수정하거나, 세포막을 수선한다. 또는 동맥경화증을 완화시키거나 호르몬과 신경전달물질과 기타 대사 화학물질들의 수치를 조절할 수도 있다. 또한 개별 세포, 세포내 기관, 분자의 수준에서 일어나는 노화 현상이나 병들을 처리할 수 있다. 이러한 나노봇을 설계하는 과정은 다양한데, 그중 재미있는 것은 미국 나노공학자 마이클 심슨의 방법이다. 그는 박테리아를 '기성품 나노 기계'처럼 활용하는 방안을 개발하고 있는데, 이는 박테리아가 액체 속에서 쉽게 움질일 수 있고 섬모를 지녔기 때문이다. 박테리아를 역분석하여 그 설계 원칙을 나노봇에 적용하는 것도 하나의 방법이 될 수 있는 것이다.

예상문제

㉠에 들어갈 기술로 옳은 것은?

| ㉠ | 은(는) 유전자의 특정 부위를 절단해 유전체 교정을 가능하게 하는 RNA 기반의 인공 제한효소다. 긴 DNA 중 절단하고자 하는 목표 염기서열을 찾아가는 작은 RNA와 실제 DNA를 절단하는 역할을 하는 Cas9 단백질로 구성된다. | ㉠ | 은(는) 유전자 변이로 생기는 유전병이나 에이즈와 같은 바이러스 질환을 치료할 수 있는 도구로 각광받고 있다. 실제로 | ㉠ | 의 활용범위는 혈우병 유전자 교정 실험부터 GM(유전자변형) 작물까지 빠르게 확대돼 왔으며, 최근에는 영국 정부가 인간 배아의 유전자교정 실험을 최초로 허가하면서 더욱 크게 주목받고 있다. 하지만 | ㉠ | 이(가) 잘못 작동해 교정이 필요한 위치가 아닌 엉뚱한 위치를 자를 수 있다는 우려 때문에 안전한 유전자교정 치료법 개발을 위해서는 유전자가위의 정확성 확보가 큰 과제로 남아 있었다.

① Crispr ② Alpha Fold
③ Molecular machines ④ Molecular assembler

정답 ①

해설 유전자 가위 Crispr에 대한 설명이다.

2 트랜스휴머니즘

① 이러한 작업은 트랜스휴머니즘의 일환이라고 할 수 있다. 트랜스휴머니스트라 불리는 이들은 기술을 통한 인간능력향상을 지지하며, 과학기술의 역사를 '인간능력향상의 역사'라고 표현한다.

② 철학자 닉 보스트롬도 그러한 인물 중 하나인데, 우리는 앞으로 "이성의 작용을 통해서 발전하고 있고 광범위하게 확산되고 있는 응용기술을 통해서 노화를 중지시키고 인간의 지적, 육체적, 정신적 능력을 크게 향상시킴으로써 인간 조건을 근본적으로 개선"할 수 있기에, "현재의 인간은 발전의 최종단계가 아니라 비교적 초기 단계"라고 주장하기도 한다.

③ 따라서 이들은 2003년 '트랜스휴머니스트 선언'을 발표하고 더욱 강력한 인간을 만드는 일에 몰두하고 있다. "인간성은 장차 과학과 기술에 의해 근본적인 부분까지 영향을 받을 것이다. 우리는 노화, 인지적 결함, 불의의 고통을 극복하고 지구의 한계를 벗어남으로써 인간의 잠재력을 확장할 수 있을 것으로 기대한다."(트랜스휴머니스트 선언 제1조)

V 위기에 빠진 인간 존엄성

1 레온 카스(Leon Kass)

① 기술을 통한 인간 본성의 변형에 반대하는 생명윤리보수주의자 진영의 대표적인 인물인 레온 카스(Leon Kass)는 과학기술을 통한 인간능력의 향상이 "인간 본성에서 근거하는 존엄성을 훼손할 것"이라고 비판한다. 왜냐하면 인간의 존엄성이란 자연으로부터 주어지는 인간의 본성에서 기인하는데, 이 본성을 변화시키는 것만으로 인간성은 퇴락한다는 것이다.

② 따라서 인간을 바퀴벌레로 변화시키던, 아니면 더욱 '뛰어난' 존재로 변화시키건 간에 그 존엄성에 대한 위협은 사라지지 않는다. 따라서 자연이 부여한 모습 이상으로 나아가려는 트랜스휴머니즘적 모든 시도는 우리를 '도덕적 위험지역'으로 밀어 넣으리라는 것이다.

2 조터랜드(Jotterrand)

① 조터랜드(Jotterrand)는 인간의 존엄성을 특징짓는 것은 그의 고유함, 즉 '대체불가능성'이라고 이야기한다.

② 그런데 기술은 그 본성상 획일성과 생산성을 지향하기 때문에, 기술이 인간의 삶에 개입한다면 인간은 그 고유성을 잃고 대체 가능한 것, 존엄성이 사라진 존재가 될 것이다.

3 생명윤리보수주의자 진영의 또 다른 비판 지점

① 생명윤리보수주의자 진영의 또 다른 비판 지점은 인간의 도구화에 관한 것이다. 유전공학을 통해 인간의 신체를 마음대로 바꿔 낼 수 있게 된다면, 지금까지 인간이 자연을 이용 대상으로 바라보면서 이를 변형해 왔듯 인간 또한 이용의 대상으로 바라보게 될 것이라는 것이다.

② 이러한 비판의 핵심이 되는 지점도 역시 인간의 존엄성, 즉 인간은 기계와 달리 그 생산성만으로 환원될 수 없는 고유한 특성이 있다는 데에 있다. 이를 통해 인간은 여타의 자연적 존재들과 구분되며, 따라서 그들처럼 취급받는 것은 부당하다.

③ 하버드의대의 생명윤리학자 진타인 룬쇼프는 돼지에게 유전자 조작을 적용하는 현실을 보며 "동물의 생리학적 한계를 넓히려는 시도는 동물뿐 아니라 인간에게도 적용돼 적잖은 부작용을 낳을 것"이라는, 즉 머지않아 인간도 동물처럼 취급될 것이라는 우려를 표하기도 한다.

Ⅵ 유전자 차원으로 확장되는 불평등의 문제

1 의의

① 인간의 존엄성에 대한 문제는 윤리의 문제일 뿐만이 아니라, 간접적으로 정치적인 쟁점으로도 떠오른다.

② 「역사의 종말」이라는 책으로 유명한 사회과학자인 프랜시스 후쿠야마는 인간의 존엄성의 근거가 되는 그 고유한 특성을 'factor X'로 제시한다. 'factor X'란 인간의 도덕적 선택이나 이성, 다양한 감정 등을 가능케 하는 상호작용에 관여하는 요소로서, 인간에게서 부수적이고 우연적인 모든 특성을 제거하면 남는 본질적 특질이다.

2 유전적 귀족계급

① 'factor X'는 모든 인간이 그 다양성에도 불구하고 평등하게 대우받을 수 있는 이유이기에 '모든 능력의 차이에도 불구하고 모든 인간을 평등하게 대우하는 자유민주주의'의 중요한 근거가 된다. 하지만 유전공학의 발달로 출현하게 될 능력이 향상된 인간들, 즉 '유전적 귀족계급'은 이러한 평등을 깨트린다.

② 한 사회에서 강화된 인간 부류와 열등한 인간 부류가 공존하는 암울한 시대를 맞이하게 되리라는 것이다. 즉 권리의 평등이라는 이념의 바탕이 되는 "우리 모두가 피부색이나 아름다움, 지능의 차이에도 불구하고 인간의 본질을 소유하고 있다는 믿음"이 그 본질을 변화시키는 트랜스휴머니즘의 기획에 의해 사라지게 되어, 더 이상 인간은 평등한 도덕적 지위를 갖지 못하게 될 것이다.

③ 따라서 인간의 능력을 강화하는 스마트 약품이나 기술적 기기들은 부자들의 전유물이 될 가능성이 높은 현실에서, 과학 기술이 만들어낼 명시적인 유전적 능력의 차이는 필연적으로 인간 간 위계를 발생시켜 불평등의 문제를 심화시킬 확률이 더욱 높다.

[예상문제]

프랜시스 후쿠야마가 인간의 존엄성의 근거가 되는 그 고유한 특성으로 제시한 것으로 옳은 것은?

① ergo
② Cogito
③ Conatus
④ factor X

정답 ④

해설 factor X에 대한 설명이다. 'factor X'란 인간의 도덕적 선택이나 이성, 다양한 감정 등을 가능케 하는 상호작용에 관여하는 요소로서, 인간에게서 부수적이고 우연적인 모든 특성을 제거하면 남는 본질적 특질이다

Ⅶ 인공지능의 탄생: 생각이라는 전유물을 빼앗기다

1 인공지능

① 과학자들은 인공지능을 강한 인공지능과 약한 인공지능으로 나눈다. 강한 인공지능이란 어떤 문제를 실제로 사고하고 해결할 수 있는 형태의 인공지능이다. 즉 지각력이 있고, 스스로를 인식할 수 있는 인공지능이다. 이 형태가 우리가 인공지능 로봇 등을 상상할 때 떠올리는 사람과 같이 말하고 대답하는 인공지능이다.

[예상문제]

오픈 AI(Open AI)에 대한 설명으로 틀린 것은?

① 일론 머스크와 빌게이츠는 인공지능의 위험성을 경고하며 안전한 인공지능 발전을 위해 Open AI를 공동 설립했다.
② 이윤을 목적으로 하는 기업 OpenAI LP와 그 모체 조직인 비영리 단체 OpenAI Inc로 구성되어 있다.
③ 이 단체의 목적은 특허와 연구를 대중에 공개함으로써 다른 기관들 및 연구원들과 자유로이 협업하는 것이다.
④ 마이크로소프트(Microsoft)는 인공일반지능(AGI) 개발을 위해 Open AI에 10억 달러 투자했다.

정답 ①

해설 일론 머스크(Elon Reeve Mask)와 샘 알트만(Sam Altman)이 인공지능의 위험성을 경고하며 안전한 인공지능 발전을 위해 Open AI를 공동 설립했다. 빌 게이츠 마이크로소프트 창업자는 오히려 인공지능(AI)과 유전자 치료를 인류 삶을 변화시킬 힘을 가진 기술로 꼽았다.

② 반면 약한 인공지능이란 어떤 문제를 실제로 사고하거나 해결할 수는 없지만 어떤 면에서 보면 지능적인 행동을 보일 것이다. 이는 인간의 지능을 흉내 내는 것이라고도 할 수 있는데, 로봇 기자와 같은 사례가 여기 속할 것이다. 인공지능 분야의 발전은 아직까지도 무척이나 미약하지만, 목표를 무엇에 두느냐에 따라 약한 인공지능 분야에서는 꽤 많은 발전이 이루어졌다고 볼 수 있다.

예상문제

기계 번역, 자연언어처리, 논리적 추론, 지식 표현, 사회적 지성 등 다양한 문제 해결 등 인간이 할 수 있는 어떠한 지적인 업무도 성공적으로 해낼 수 있는 기계의 지능으로 옳은 것은?

① 초지능(Superintelligence)
② 좁은 인공지능(Narrow AI)
③ 뉴로모픽 엔지니어링(neuromorphic engineering)
④ 인공 일반 지능(Artificial general intelligence)

정답 ④

해설 인공 일반 지능(Artificial general intelligence), 즉 AGI에 대한 설명이다. 다양한 업무 수행이 가능하고 인간과 흡사한 지적 판단이 가능한 AI를 'Strong AI(강한 인공지능)'라고 한다. 최근에는 Strong AI와 유사한 의미로 'AGI(Artificial General Intelligence, 인공 일반 지능)'라는 용어를 더 많이 사용하고 있다.

① 초인공지능을 초지능이라고도 하는데, 이는 다양한 분야에서 인간의 두뇌를 뛰어넘는 총명한 지적 능력을 말한다. 이는 사람보다 단순히 계산을 더 잘한다는 정도의 능력이 아니라 과학 기술의 창조성, 일반적인 분야의 지식, 사회적인 능력에 있어서도 인류의 두뇌를 뛰어넘는 기계의 지능을 말하는 것이다.
② 인간처럼 생각하기를 목표로 하는 강한 인공지능과 달리, 지능의 범위를 조금 좁혀서 특정한 문제를 인간처럼 풀기를 목표로 하는 인공지능 연구 분야를 약(弱)한 인공지능(weak AI), 다른 말로는 좁은 의미의 인공지능(narrow AI), 또는 응용 인공지능(applied AI)이라고 한다.
③ 뇌신경구조를 모방해 하드웨어 크기와 전력 소모를 대폭 줄일 수 있는 칩이 뉴로모픽칩이다. 뉴로모픽칩이 완성되면 미래 AI는 밥 한 그릇 정도의 적은 에너지원으로도 사람의 뇌처럼 기억과 연산을 동시에 처리하는 초저전력 고성능을 구현할 수 있다. 이 같은 하드웨어 기반 미래형 AI를 소프트웨어 기반의 복잡한 DNN과 구분해 SNN(Spiking Neural Network)이라고 부른다. 인텔은 지난해 '로이히(Loihi)'라는 이름의 테스트용 뉴로모픽칩을 공개했다. 아직 실험단계이지만, 뇌 신경망을 모방한 것이다. 128개의 컴퓨팅 코어로 구성돼 있으며, 각 코어에는 1024개의 인공 뉴런이 있어 13만 개 이상의 뉴런과 1억 3000만 개의 시냅스 연결을 제공한다.

2 로봇 공학

① 오늘날 강한 인공지능을 만들기 위해 노력하는 분야이자, 커즈와일이 주목하고 있는 세 번째 분야는 로봇 공학으로, 인공지능 연구 중 가장 공학적이며 현실적이라 평가받는다. 이는 앞서의 두 경우와는 달리, 인지적 능력을 단지 뇌의 단독적인 활동이 아니라 신체, 세계와의 상호작용의 결과로 파악한다.

② 이들은 인지능력을 신체가 배제된 계산 절차로 환원시키는 것은 불가능하다고 여겨지며, 몸과 환경과 같은 요소들 상호 간의 소통과 제어가 중요한 문제로 떠오른다. 로봇 공학 분야는 크게 두 축으로 나눌 수 있는데, 첫 번째 이론으로는 '사이버네틱스'가 있다.

③ 이는 19세기에 제어 이론과 초기 정보 이론이 만나 탄생하였는데, 처음 등장한 것은 1948년 발표된 「동물과 기계에 있어 사이버네틱스 또는 제어 그리고 의사소통」이라는, 미국의 수학자이자 전기 공학자인 노버트 위너의 논문이다. 사이버네틱스라는 그 이름처럼 '동물과 기계에서 나타나는 의사소통과 제어에 대한 과학적 연구'를 일컫는다. 즉 이는 유기체와 기계 현상, 사회 현상에서 나타나는 제어 시스템에 공통적인 특징들이 존재한다고 전제하고, 알고리즘, 수학적 논리학, 확률론뿐만 아니라 진화생물학, 심리학, 뇌과학 등의 초학제적 도구들을 이용해 이를 파악하고자 하는 연구이다. 즉 사이버네틱스 이론은 인간을 일련의 정보처리 과정으로 이해하는 것이다.

④ 두 번째 축은 '컴퓨터 로봇 공학'이라고 부를 수 있다. '로봇 공학의 선구자'라는 수식어를 가진 브룩스는 인간의 인지 과정에 중앙 통제적 장치가 존재한다는 기존 인지과학의 전통적인 주장을 거부하면서, '체화인지'를 주장한다. 이는 말단의 행위와 반응들이 인지 전체를 통제하는 상향식 시스템으로서, 그가 만드는 로봇은 뇌의 역할을 하는 중앙처리센터를 중심으로 작동하지 않는다. 그의 팀이 진행했던 유명한 프로젝트 중 하나로 코그(Cog)가 있다. 코그는 인간형 로봇으로, 인간의 조종 없이 어린아이처럼 스스로가 학습하며 지능을 진화시킨다. 즉 스스로 배워 나가며 인간을 닮아 가는 것이다. 이 프로젝트는 현재 실패한 것으로 알려져 있지만, 이후에도 '키스멧', '레오나르도'나 최초의 가족로봇이라 불리는 '지보' 등, 자율적 활동성에 더해 인간의 감성적 반응을 로봇 안에 결합시키기 위한 시도는 계속되고 있다.

Ⅷ 포스트휴먼의 지능: 체화된 인지

1 의의

① 로봇 공학자인 로드니 브룩스는 철학자 존 설 등과 함께 1980년대 중후반부터 "주변 환경과 상호작용하는 생물학적 메커니즘을 제외한 채로 인공지능을 이야기할 수 없다."는 비판을 주도해 왔다. 브룩스는 "코끼리는 체스를 두지 않는다."라는 유명한 논문에서 "기호를 통한 논증보다 실제 세계와 상호작용하는 것이 훨씬 더 어렵다."는 주장을 펼친다. 인간의 인지를 이와 같이 외부 환경과의 상호작용을 통해 사유하는 방식은 '구성주의', 혹은 '체화된 인지'라고 부를 수 있다. 이 개념은 로드니 브룩스뿐만 아니라 굉장히 다양한 분야의 학자들에 의해서 주장되어 왔다.

② 예를 들어 과학자인 마투라나와 바렐라는 「인식의 나무: 인식활동의 생물학적 뿌리」라는 책을 통해서 인식 활동의 생물학적 뿌리를 추적한다. 이들은 인간이란 단순한 논리 기계나 인식 기계가 아니라 생명체이기 때문에 "인식은 생물학적 구속을 고려할 때만 의미를 지닌다."고 이야기한다.

③ 지구 초기의 역사, 생명의 출현, 생식과 발생, 행동, 신경계, 사회적 행동, 언어의 영역, 인간의 의식으로 이어지는 인식 활동의 과정을 추적하면서 이를 생명학적 차원의 특수현상으로 보고 이를 진화적 발생의 수준에서 논의하고자 한다. 이처럼 인간의 인지는 오랜 세월에 걸쳐 자연선택과 자기 조직화 과정을 거쳐서 몸과 두뇌에 의하여 형성된 것이다.

④ 이들은 인식의 객관성에 대한 비판적 태도를 취하는데, 세계는 하나이며 이 하나의 세계가 우리 인식에 그대로 주어진다는 '표상주의'의 시각은 인간의 인식 과정을 단순화시켜 단지 표상의 역할만을 하는 것처럼 여겨지게 만든다는 것이다.

2 물리적인 토대에서 일어나는 신경 생물학적 현상으로서의 인지

① 마투라나와 바렐라는 우리의 인식이란 단지 외부의 존재자와 존재자의 각종 속성, 그리고 현상을 기계적으로 모사해 내는 단순하고 직선적인 과정을 통해 얻어진다는 이러한 견해에 반대한다.

② 하지만 그렇다고 해서 인식의 주체가 없다면 세계는 없다는 식의 '유아론'을 주장하는 것은 아니다. '구성주의'의 논의는 오히려 이러한 이분법을 거부하면서 '지식은 어떻게 정의되든 사람의 머릿속에 있는 것이며 자신의 경험에 기반을 두고 구성될 수밖에 없는 것'이며, '인지는 물리적인 토대에서 일어나는 신경 생물학적 현상'임을 강조한다. 로드니 브룩스는 인지란 환경 속에서 시스템의 계속성과 항상성을 유지하기 위하여 자신의 구성요소의 상호작용을 다양한 방법으로 구성하여 적응한 결과라고 이야기한다.

③ 따라서 인지란 '시스템이 가지고 있는 외부와의 상호작용 능력(감각-운동 능력)의 한계 내에서 환경의 우연성과 자기 조직화의 결과에 다름 아니라는 것이다. "인간은 기본적인 감각-운동 능력을 가능하게 하는 자기 몸을 기반으로 하는 인지구조에 기반을 두고 환경을 파악한다." 뇌의 모듈들은 몸 전체에 퍼져 있는 감각-운동 기관들과 밀접한 상호작용을 한다.

④ 따라서 이를 단순한 학습을 통해서 묘사하거나 역학적, 공학적으로 재구성하는 일은 어렵다. 인공지능은 완벽하게 만들어진 채로 탄생할 수 없으며, 로드니 브룩스는 이것이 인간과 마찬가지로 학습 능력을 가지고 태어나 세상과 교류하며 스스로 지능을 채워 나가야 한다고 이야기 한다. 따라서 인공지능을 구성함에 있어서의 관건은 논리의 구성이 아닌 학습방법에 달려 있으며, 물론 이때의 학습은 단순하지는 않을 것이다.

⑤ 따라서 브룩스에게 '체화된 인지'란 구성적 인공지능에서 시스템이 환경으로부터 시스템의 목적을 위하여 주어진 감각 운동기관으로부터 능동적으로 환경을 모델링할 수 있는 기제라 여겨진다. 그리고 이것이 좀 더 추상적인 모델링에 대한 적절한 토대로서의 역할을 해야 하는데, 예를 들어 여기에는 정서의 문제가 있다. 몸과 마음은 분리되어 있지 않다. 정서는 시스템이 외부 자극에 대한 평가시스템으로써 시스템의 지능을 이루는 중요한 부분으로 간주한다. 이러한 정서 기제는 시스템 전체의 중요한 모듈로써 시스템 구조 설계 시 포함되어야 한다. 따라서 이러한 방법을 통해 어쩌면 우리는 진정으로 강한 형태의 인공지능을 만들어 내게 될지도 모른다.

Ⅸ 포스트휴먼의 신체: 생물학적 한계를 넘어선 '신체'

① 여기서 포스트휴먼의 '신체성'에 대해 더욱 적극적으로 사유하는 이가 있다. 바로 미국의 문학 비평가인 캐서린 헤일스이다. 그는 노버트 위너로부터 시작되는 사이버네틱스의 전통이 '신체와 정신의 분리가능성'이라는 가정하에 이루어져 왔다고 이야기한다. "전신을 통해서 인간을 전송하는 것이 이론적으로 가능하다."는 노버트 위너의 이야기는 이러한 측면을 잘 보여준다고 할 수 있다.

② 헤일스는 「우리는 어떻게 포스트휴먼이 되었는가」라는 책을 통해, '정보가 어떻게 신체를 잃었는가?'라는 질문을 던지고 그 과정을 역사적으로 추적해 나가고 있다. 이 과정을 통해 지금까지의 사이버네틱스에도 사실은 탈신체를 옹호하는 입장뿐만 아니라 주체성의 신체화된 형태 또한 존재했으며, 이 둘의 복잡하지만 지속적인 상호작용을 통해 형성되어 왔음을 밝혀낸다. 따라서 포스트휴먼적 기술의 발전이 반드시 신체의 퇴화를 동반하지는 않는다는 것이다.

③ 포스트휴먼을 통해 우리는 '잃어버린 신체'를 되찾을 수 있게 된다. 물론 이때의 신체란 정신과 신체의 이분법 속에서 사유되는 형태와는 다를 것이다. 앞서 '체화된 인지' 개념을 통해 인지가 신체의 감각-운동기관을 포함해 사유되었듯이, 여기서는 신체도 전혀 다른 관계 속으로 들어간다. "포스트휴먼에서는 신체를 가진 존재와 컴퓨터 시뮬레이션, 사이버네틱스 메커니즘과 생물학적 유기체, 로봇의 목적론과 인간의 목표 사이에 본질적인 차이나 절대적인 경계가 존재하지 않는다."

④ 유전공학과 나노기술을 이용한 바이오해킹의 사례들은 '나'라고 부를 수 있는 범위를 단지 나의 생물학적 신체에 국한시키지 않는다. '사이보그적 신체'라 불리는 형태의 기계-인간의 결합체뿐만 아니라, 팔에 심어진 블루투스 칩을 통해 우리는 사물과 신체를 연결하고, 뇌에 박힌 칩을 통해 가상세계와 신체를 연결해 낸다. 하지만 포스트휴먼은 그동안의 정신과 인지가 그 중심을 차지해 온 주체 논쟁에서 경시된 '신체'를 포함시킬 수 있는 기회일 뿐만 아니라, 정신/신체, 인간/자연, 자아/타자, 남성/여성이라는 계열로 이어지는 이분법적 대칭 관계를 깨트릴 수 있게 된다고 이야기한다.

⑤ 튜링테스트가 처음 소개되었던 논문 「계산 기계와 지성」에서, 그는 컴퓨터와 인간을 대립시키기에 앞서 그 자리에 남자와 여자를 놓는다. 여기서 질문자는 그 각각의 인물에게 직접적으로 성별을 묻지 않고, 다른 우회적인 질문을 통해서 누가 여자인지를 맞추어야 한다. 그리고 튜링은 이어서 바로 이 대칭 관계에 인간과 기계를 위치시키는데, 헤일스는 이것이 인간과 기계 사이의 경계를 재설정하는 것이 단순히 '무엇이 생각할 수 있는가'만을 뜻하는 것은 아니라는 점을 보여준다고 이야기한다. 따라서 헤일스는 여성과 타자의 자리에 사이보그라는 역설적이고 모순적이며 획기적인 존재를 위치시킴으로써 만들어질 남성/여성, 자아/타자 간의 비대칭의 관계를 통해 새로운 방식으로 여성이나 소수자의 문제를 사유하고자 하는 것이다.

예상문제

캐서린 헤일스의 입장으로 틀린 것은?

① 기술 문화의 급진적 변화를 부정하지 않지만, 트랜스휴먼 이론가들의 데카르트적 인간중심주의나 자유주의적 휴머니즘에 대해서는 비판적인 입장을 취한다.

② 포스트휴먼을 표방하는 저술들을 통해 포스트 구조주의의 반휴머니즘적 관점을 계승하여 인류중심주의, 종차별주의, 보편주의 등의 인간 중심주의를 비판한다.

③ 포스트휴먼은 그동안의 정신과 인지가 그 중심을 차지해 온 주체 논쟁에서 경시된 '신체'를 포함시킬 수 있는 기회일 뿐만 아니라, 정신/신체, 인간/자연, 자아/타자, 남성/여성이라는 계열로 이어지는 이분법적 대칭 관계를 깨트릴 수 있게 된다.

④ 이성 중심주의에 근거한 데카르트의 코기토 논리를 비판하며 신체성을 강조하고 푸코의 계보학적 방법을 차용하여 다양한 여성들이 일상생활 속에서 신체적 체현과 성(gender)의 차이들을 통해 주체가 구성되는 방식들을 분석한다.

정답 ④

해설 트랜스휴먼의 입장에 대해 비판적 포스트모던의 이론가들은 반론을 제기한다. 이들은 기술 문화의 급진적 변화를 부정하지 않지만, 트랜스휴먼 이론가들의 데카르트적 인간중심주의나 자유주의적 휴머니즘에 대해서는 비판적인 입장을 취하기 때문이다. 여기에는 캐서린 헤일스, 닐 배드밍턴, 캐리 울프, 스테판 헤어브레히터 등이 포함된다. 이 중에서도 헤어브레히터가 언급하는 바, 비판적 포스트휴머니즘은 포스트휴먼을 표방하는 저술들을 통해 포스트 구조주의의 반휴머니즘적 관점을 계승하여 인류중심주의, 종차별주의, 보편주의 등의 인간 중심주의를 비판하며 '새로운 휴머니즘'으로서 포스트휴머니즘을 도출하는 전략을 취한다. 한편 헤일스는 기술을 매개로 신체화된 실재에 기초한 포스트휴먼의 가능성을 모색하고 있다. 이러한 입장은 이성 중심주의에 근거한 데카르트의 코기토 논리를 비판하며 신체성을 강조하는 사유에서 비롯되는데, 「포스트휴먼」의 저자인 로지 브라이도티도 페미니즘적 입장에서 신체적으로 '체현된 주체'를 조명하고 있다는 점에서 유사한 맥락에서 살펴볼 수 있다. 즉 브라이도티는 푸코의 계보학적 방법을 차용하여 다양한 여성들이 일상생활 속에서 신체적 체현과 성(gender)의 차이들을 통해 주체가 구성되는 방식들을 분석하고 있다.

Theme

171 행위자-네트워크 이론

I 의의

① 행위자-네트워크 이론은 1980년대 초반에 과학기술학(science and technology studies, STS)을 연구하던 프랑스의 브루노 라투르, 미셸 칼롱, 영국의 존 로와 같은 학자들에 의해 정립되었다. ANT는 우리가 세상을 제대로 이해하기 위해서는 그래프, 설계도, 표본, 기관, 병균과 같은 '비인간'에 주목해야 한다고 주장한다.

② 인간과 비인간이 어떤 동맹을 맺느냐에 따라서 엄청난 차이가 발생하기 때문이다. ANT에서 힘을 가진 사람이란 반드시 다양한 비인간을 길들여서 이들과 동맹을 맺고, 이들의 힘을 빌린 사람이다. 과학기술, 테크노사이언스는 비인간을 우리에게 의미 있는 존재로 바꾸어 주는 인간의 활동이다.

③ 따라서 과학기술은 권력의 속성을 이해하거나 권력을 생성하는 데 필수적인 요소다. ANT는 인간과 비인간 사이에 만들어지는 변덕스러운 네트워크라는 개념을 이용해서 실패한 기술과 사회적 요소의 관계를 분석하는 데 흥미로운 성과를 냈고, 불확실하고 유동적인 세상을 분석하기를 원하는 의료사회학, 지리학, 조직이론, 경영학, IT이론, 이론 금융학 등으로 점차 확산되었다.

생각넓히기 | 행위자-네트워크 이론(ANT) - <인간-사물-동맹>

내가 이 행위자-네트워크 이론(ANT)에 관심을 갖게 된 것은 나 자신 화가로서 갖게 된 '한 장의 그림을 그린 주체가 누구인가?'란 물음 때문이다. ANT는 지금 이젤 위에 놓여 있는 그림을 누가 그렸는지 색다른 답변을 제시한다. 즉, 그림은 화가뿐만 아니라 작업실 공간, 주변의 그림들, 다른 화가의 작품, 화가가 가지고 있는 재산, 물감, 이젤 같은 미술 재료 등도 모두 그 그림을 그리는 데 행위자로 참여한다는 것이다. 그리고 그림은 그려짐과 동시에 행위자가 되어 또 다른 네트워크를 구성한다. ANT를 소개하고 있는 「인간-사물-동맹」은 인간과 비인간이 어떻게 상호작용하며 현실을 구성하는지를 설명하고 있다. ANT에서는 인간과 사물이 상하 관계나 위계가 없이 동등하며 대칭적이다. 즉, 사물이나 그래프나 기술 등 비인간적 요소들도 하나의 행위자로 존재한다는 점에서 인간과 다를 게 없다고 본다. ANT의 관점에서 보면 모든 사건들은 인간과 비인간의 이종적 결합에 의한 네트워크를 건설하는 과정에서 생겨난 것들이며, 네트워크를 건설한(이를 '번역'이라 부른다) 행위자는 권력을 갖게 된다.

기출문제

다음 이론을 제시한 학자와 ㉠에 들어갈 말의 연결이 옳은 것은? [2021]

인간, 기술, 제도, 환경적 요소들이 어떻게 기능하여 가장 큰 이벤트, 즉 사건화(eventisation)를 이어나가는지의 과정이 [㉠]이론 분석에서는 드러날 수 있다. 인간과 사물이 상하 관계나 위계가 없이 동등하며 대칭적이다. 즉, 사물이나 그래프나 기술 등 비인간적 요소들도 하나의 행위자로 존재한다는 점에서 인간과 다를 게 없다고 본다. 모든 사건들은 인간과 비인간의 이종적 결합에 의한 네트워크를 건설하는 과정에서 생겨난 것들이다.

① 라투르(Latour): 행위자-네트워크
② 브루디외(Bourdieu): 구별짓기
③ 나이스비트(Naisbitt): 메가트렌드
④ 보드리야르(Baudrillard): 시뮬라시옹

정답 ①

해설 라투르의 행위자-네트워크 이론에 대한 설명이다.

Ⅱ ANT는 학문 분야들 사이의 경계(자연과 사회)를 가로지른다.

ANT에서는 세상을 기술하면서 이종적, 잡종적이라는 단어를 자주 사용하며, 유사존재, 유사주체, 매개자와 같은 개념을 만들거나 채용해서 사용하는데, 이러한 단어와 개념은 경계를 가로지르거나 무력화하는 효과를 위해 고안된 기구들이다. ANT가 묘사하는 세상은 복잡하고, 항상 요동치며, 서로 얽혀 있고, 서로가 서로를 구성하면서 변화하는 잡종적인 세상이다. 끊임없이 경계를 넘나드는 잡종적인 존재들에 힘입어 자연, 사회, 문화는 서로가 서로를 만들면서 동시에 구성된다.

Ⅲ ANT는 비인간(nonhuman)에 적극적 역할을 부여한다.

우리가 사회라고 부르는 것은 인간-비인간의 복합체라고 할 수 있다. 비인간을 제외한 순수한 사회를 상상하기 힘들듯이, 비인간을 제외한 순수한 자연 역시 생각하기 힘들다. 자연은 비인간을 통해서 변형되며 사실로 이해된다. ANT에서 비인간은 인간과 마찬가지로 행위자(actor)이다.

Ⅳ ANT의 행위자는 곧 네트워크이다.

1 의의

지금의 나는 내게 연결되어 있는 숱한 인간 행위자, 비인간 행위자의 이종적인 네트워크 그 자체에 다름 아니다. 나의 행위능력이란 나와 네트워크로 연결되어 있는 숱한 행위자들의 상호작용에서 비롯된 '관계적 효과'로 볼 수 있다. 내가 그러하듯이 비인간 행위자들도 이종적인 네트워크이다(예 자동차).

2 네트워크 건설 과정으로서의 번역(translation)

(1) 의의

① 네트워크 건설 과정이 번역(translation)이며, 번역을 이해하는 것이 ANT의 핵심이다. 번역은 ANT를 건설하는 과정이다. 번역의 핵심은 한 행위자의 이해나 의도를 다른 행위자의 언어로 치환하기 위한 프레임을 만드는 행위이다. 번역의 과정은 질서를 만드는 과정이다.

② 한 행위자를 다양한 행위자들이 이미 유지하던 네트워크를 끊어버리고, 이들을 자신의 네트워크로 유혹해서 다른 요소들과 결합시키며, 이들이 다시 떨어져 나가려는 것을 막으면서 이종적인 연결망을 하나의 행위자처럼 보이도록 한다. 이 과정이 성공적으로 이루어지면 이를 수행한 소수의 행위자는 네트워크에 동원된 다수의 행위자를 대변하는 권리를 갖게 된다.

(2) 번역의 4단계

① 미셸 칼롱에 따르면, 번역은 문제제기-관심끌기-등록하기-동원하기의 네 단계로 이루어진다.

② 문제제기(problematization)는 기존의 네트워크를 교란시키는 단계이다.

③ 관심끌기(interessement)는 다른 행위자들을 기존의 네트워크에서 분리하고 이들의 관심을 끌면서 새로운 협상을 진행하는 단계이다.

④ 등록하기(enrollment)는 다른 행위자들로 하여금 새롭게 주어진 역할을 맡게 하는 단계이다.

⑤ 동원하기(mobilization)는 다른 행위자들을 대변하면서 자신의 네트워크로 포함시키는 단계이다.

[예상문제]

행위자-네트워크 이론에서 번역의 4단계에 대한 설명으로 틀린 것은?

① 문제제기(problematization)는 기존의 네트워크를 교란시키는 단계이다.
② 관심끌기(interessement)는 다른 행위자들을 기존의 네트워크에서 분리하고 이들의 관심을 끌면서 새로운 협상을 진행하는 단계이다.
③ 등록하기(enrollment)는 다른 행위자들로 하여금 새롭게 주어진 역할을 맡게 하는 단계이다.
④ 동원하기(mobilization)는 한 행위자의 이해나 의도를 다른 행위자의 언어로 치환하기 위한 프레임을 만드는 단계이다.

정답 ④

해설 한 행위자의 이해나 의도를 다른 행위자의 언어로 치환하기 위한 프레임을 만드는 행위는 번역의 전 과정을 통틀어 설명한 것이다. 동원하기(mobilization)는 다른 행위자들을 대변하면서 자신의 네트워크로 포함시키는 단계이다.

행위자-네트워크 이론에 대한 설명으로 틀린 것은?

① 인간이 아닌 대상도 행위자(actor)로서 분석 과정에 포함시킨다.
② 사회/자연의 구분과 이를 통해 생겨나는 '사실'과 '지식'에 관한 주관성과 객관성의 경계 자체를 인정하지 않는다.
③ 인간과 비인간, 사회와 자연을 이루는 여러 현상들과 그것들에 연관된 행위자들의 관계망(networks)은, 항상 요동치고 서로 얽혀 있다.
④ '번역'은 '어떤 행위자가 가진 이해나 의도를 다른 행위자의 그것에 맞춰 바꾸기 위한 개념적 틀을 만드는 행위'로서 번역 작업을 통해 행위자들은 공동의 목표를 설정하고 새로운 질서를 건설할 수 있다.

정답 ④

해설 사전적 의미에서의 번역은 어떤 언어를 그것과 다른 언어로 풀이해내는 것을 뜻한다. 이는 곧, '어떤 언어로 된 말과 글을 그에 상응하는 뜻의 다른 말과 글로 바꾸어 전달하는 일'이다. 이렇듯 번역이 추구하는 이상(ideal)은 서로 다른 두 언어를 같게 하는 것이지만, 어떤 다른 두 언어도 의미론적으로 완전히 동일한 상태에 이를 수는 없고, 이러한 차이를 줄여나가는 과정을 통해 두 언어는 항상 새로운 차이를 갖게 된다. 이에 따라 번역은 결국, 같게 만듦과 동시에 새로운 차이를 만들어내는 과정이라고 할 수 있다. 실제로 이뤄지는 번역의 이러한 특성을 유비해서 ANT가 활용하는 '번역' 개념은 '어떤 행위자가 가진 이해나 의도를 다른 행위자의 그것에 맞춰 바꾸기 위한 개념적 틀(conceptual frame)을 만드는 행위'를 가리킨다. 물론 우리가 일상에서 경험하는 번역과 마찬가지로, ANT에서 다뤄지는 행위자들 간의 의도가 같아지는 것은 불가능하며, 어느 정도 유사해지는 과정에서 또 다른 차이가 새롭게 생겨난다. 그렇기 때문에 번역의 과정은 곧, 새로운 질서(order)를 만들어내는 과정이다.

Ⅴ 네트워크를 잘 기술(description)하는 것이 가장 좋은 이론이다.

① ANT 연구자들은 연구의 대상이 되는 행위자-네트워크가 어떻게 만들어졌고 어떻게 안정화 되었는지를 연구하는데, 이를 위해서 인간 행위자와 비인간 행위자를 정확하게 판별해내고 이들이 서로에게 어떤 행위를 해왔는가를 밝혀야 한다.

② ANT는 네트워크 외부에 존재하는 사회적-경제적-정치적 요소에 의한 네트워크의 형성과 같은 사회학적 설명을 시도하지 않는다. 네트워크에 주목할 때 우리는 어떤 대상의 내부/외부를 나눌 필요가 없어진다.

③ 네트워크에는 안과 밖이 존재하지 않으며, 모든 지점이 경계지점이기 때문이다. 또한 ANT에서는 일반화나 미래에 대한 예측을 추구하지 않는데, 모든 네트워크는 서로 다른 특이성들을 갖고 있고, 나름대로 독특하며, 예측할 수 없는 방식으로 변화하기 때문이다.

Ⅵ ANT는 권력의 기원과 효과에 대해서 새로운 통찰을 제공한다.

① 권력이란 한 행위자가 자신의 바라는 대로 다른 행위자를 움직일 수 있는 힘을 의미한다. ANT는 이러한 권력이 이종적인 네트워크 건설의 결과로 생겨난 것임을 보여준다. 여기서 권력이 인간들 사이의 관계에서만 발생하지 않는다는 것이 중요하다.

② 권력이 나오는 네트워크는 인간-비인간의 네트워크이고, 어떤 의미로는 인간은 다양한 비인간을 어떻게 조직하고 통제하는가에 따라서 더 큰 권력을 가질 수 있다. 힘이 있는 인간 행위자나 기업, 정부와 같은 권력 기관은 이종적인 네트워크를 건설한 결과 권력을 얻었고, 이들의 권력은 다양한 이해관계를 협상할 수 있었던 번역의 능력에 다름 아닌 것이다.

Ⅶ ANT의 '사물의 정치학'은 민주주의를 위해 열려 있다.

① 우리가 세상에서 인간만이 아니라 비인간이 중요한 역할을 한다는 것을 인식하고, 세상을 끊임없이 변하고 자신을 재구성하는 것으로 파악하면서 이 세상이 본질적으로는 불안정한 잡종적 네트워크로 만들어져 있음을 인식하게 된다.

② 이는 지배적인 네트워크에 맞서서 대안적인 네트워크를 구축하려는 사람들에게 문제를 해결하는 첫걸음을 제공한다. ANT는 어떤 문제에 관련된 행위자 모두를 참여시키고 대변하는 과정을 포함하고 있으므로 민주적인 의사결정에 기여한다.

Ⅷ ANT 용어 해설

① 의무통과점(obligatory passage point)은 한 행위자가 기존의 네트워크를 교란시키고 다른 행위자들을 자신의 네트워크로 끌어들이기 위해서는 이들이 의존할 수밖에 없는 존재를 만드는 것이 중요한데, 이렇게 다른 행위자들이 네트워크상에서 반드시 거쳐 가게 함으로써 행위자를 자신의 편으로 끌어들이는 존재이다.

② 치환(displacement)은 번역의 과정에서 기록을 하고, 이 기록의 결과나 다른 행위자를 여기저기로 이동시키는 과정이다.

③ 계산의 중심(번역의 중심)은 번역의 전략을 관장하는 한 지점이다.

④ 불변의 가동물(immutable mobiles)은 번역의 중심에 위치한 행위자는 멀리 떨어져 있는 행위자들에 대해 장거리 지배력을 행사하는데, 이럴 때 지리적으로 먼 거리를 쉽게 돌아다니면서 번역의 중심의 지배력을 유지시키는데 사용할 수 있는 물건들이다.

⑤ 기입(inscription)은 네트워크를 건설하는 행위자는 다른 행위자들에게 이렇게 하라, 저렇게 하라고 역할을 부여한다. 이렇게 한 행위자가 다른 행위자에게 시키는 일의 목록은 문서로 기록될 수도 있고, 기계의 구조 속에 체화될 수도 있고, 네트워크의 배열에 숨겨질 수도 있다. 이러한 일의 목록을 ANT에서는 기입이라고 한다. 이러한 기입 때문에 비인간 행위자는 인간 행위자를 포함한 다른 행위자들에 대해 이렇게 하라 또는 하지 말라는 처방(prescription)을 내릴 수 있다.

⑥ 결절(punctualization)은 복잡한 네트워크를 불안정하고 가변적으로 단순화하는 것이다.

예상문제

행위자-네트워크 이론(ANT)의 용어 설명으로 틀린 것은?

① 결절(punctualization): 번역의 관정에서 기록을 하고, 이 기록의 결과나 다른 행위자를 여기저기로 이동시키는 과정
② 불변의 가동물(immutable mobiles): 번역의 중심에 위치한 행위자는 멀리 떨어져 있는 행위자들에 대해 장거리 지배력을 행사하는데, 이럴 때 지리적으로 먼 거리를 쉽게 돌아다니면서 번역의 중심의 지배력을 유지시키는데 사용할 수 있는 물건들
③ 기입(inscription): 네트워크를 건설하는 행위자는 다른 행위자들에게 이렇게 하라, 저렇게 하라고 역할을 부여한다. 이렇게 한 행위자가 다른 행위자에게 시키는 일의 목록은 문서로 기록될 수도 있고, 기계의 구조 속에 체화될 수도 있고, 네트워크의 배열에 숨겨질 수도 있다. 이러한 일의 목록을 ANT에서는 기입이라고 한다. 이러한 기입 때문에 비인간 행위자는 인간 행위자를 포함한 다른 행위자들에 대해 이렇게 하라 또는 하지 말라는 처방(prescription)을 내릴 수 있다.
④ 의무통과점(obligatory passage point): 한 행위자가 기존의 네트워크를 교란시키고 다른 행위자들을 자신의 네트워크로 끌어들이기 위해서는 이들이 의존할 수밖에 없는 존재를 만드는 것이 중요한데, 이렇게 다른 행위자들이 네트워크상에서 반드시 거쳐가게 함으로써 행위자를 자신의 편으로 끌어들이는 존재

정답 ①

해설 치환(displacement)에 대한 설명이다. 결절(punctualization)은 복잡한 네트워크를 불안정하고 가변적으로 단순화하는 것이다.

행위자-네트워크 이론에서 기존의 네트워크를 교란시키고 다른 행위자들을 자신의 편으로 끌어들이는 존재로 옳은 것은?

① 의무통과점
② 번역의 중심
③ 계산의 중심
④ 불변의 가동물

정답 ①

해설 의무통과점에 대한 설명이다. 한 행위자가 기존의 네트워크를 교란시키고 다른 행위자들을 자신의 네트워크로 끌어들이기 위해서는 이들이 의존할 수밖에 없는 존재를 만드는 것이 중요한데, 이렇게 다른 행위자들이 네트워크상에서 반드시 거쳐가게 함으로써 행위자를 자신의 편으로 끌어들이는 존재를 의무통과점이라고 한다.

Theme

172 4차 산업혁명

I 산업혁명의 정의와 전개 과정

1 산업혁명의 정의

① 산업혁명은 18세기 후반 급격한 산업 생산력의 증대로 영국에서 시작된 사회·경제 구조의 획기적인 변화를 일컫는다.

② 18세기에서 19세기 사이에 유럽과 북미로 확산되었으며, 영국의 역사학자 토인비가 「18세기 영국 산업혁명 강의」에서 산업혁명을 언급하면서 이 용어가 널리 사용되었다.

2 산업혁명의 전개 과정

① 산업혁명의 전개 단계는 경제·사회구조의 변혁을 촉진한 핵심 발명품의 등장 시기를 기준으로 나뉜다.

② 4차 산업혁명이 등장하기 전까지 총 3차례의 산업혁명이 발생하였다.

③ 1차 산업혁명은 증기 기관을 기반으로 한 기계화 혁명, 2차 산업혁명은 전기를 기반으로 한 대량 생산 혁명, 3차 산업혁명은 컴퓨터를 기반으로 한 지식정보 혁명이다.

[산업혁명의 전개 과정]

구분	1차 산업혁명	2차 산업혁명	3차 산업혁명
연도	1784년	1870년	1969년
주도 국가	영국	독일, 미국	미국, 일본
핵심 발명품	증기기관, 방적기	전기, 전동기(모터)	컴퓨터, 반도체
핵심 산업	면방직 산업	자동차, 중화학, 철강	인터넷, 컴퓨터, 반도체
경제구조의 변화	• 공업 중심의 경제로 전환 • 지속적인 경제 성장으로 진입	• 대기업 중심의 경제 성장 • 후발 공업국의 산업화	• 벤처 기업이 혁신의 주체로 등장 • 세계 경제의 글로벌화
사회구조의 변화	• 노동자 계급의 성장 • 자유 민주주의 체제 성장	• 자본가의 영향력 증대 • 기술 의존도 심화	• 생활 편의 향상 • 신지식인 그룹 등장

[산업사회 – 정보사회 – 지능정보사회 패러다임 변화]

구분	산업사회	정보사회	지능정보사회
특징	• 19~20세기 중반 • 기계와 에너지 중심 • 생산 능력 제고	• 1960~2007년 전후 • 컴퓨터와 인터넷 중심 • 정보 활용 능력 제고	• 2013년 이후 • 데이터와 알고리즘 중심 • 생각하는 능력 제고
경제사회 구조	• 제조업이 성장 견인(기계) • 노동력과 천연자원이 힘 • 위계적 기계식 사회구조 • 상품 교역, 정보 국내 • 대량 생산 • 노동력 공급을 위한 대량 사회	• ICT가 성장 견인(컴퓨터) • 정보와 네트워크가 힘 • 수평적 네트워크 사회 • 상품 교역, 정보 교역 • 대량 정보 • 정보 연결을 통한 사이버사회	• 신제조업이 성장 견인(기계+컴퓨터) • 데이터와 알고리즘이 힘 • 신뢰와 협력의 혼계사회(Heterarchy) • 상품 국내, 정보 교역 • 대량 지능 • 지능사물을 위한 플랫폼사회

기출문제

다음의 ㉠, ㉡, ㉢에 들어갈 말의 연결이 옳은 것은? [2022]

> 다니엘 벨은 증기 기관을 기반으로 기계화 혁명, 자동화를 통한 대량생산 혁명에 이어 선진국 중심으로 제3의 기술혁명이 진행되고 있는데 제3의 기술혁명은 [㉠]을/를 기반으로 [㉡] · 기계 시스템의 전자화로 인해 [㉢]이/가 중요해지는 사회이다.

	㉠	㉡	㉢
①	컴퓨터	전기	정보
②	컴퓨터	증기기관	지식
③	물리	화학	정보
④	화학	물리	지식

정답 ①

해설 벨의 주장에 따르면 제3의 기술혁명이란 증기력의 도입과 전기 · 화학의 혁신에 이어 당시 선진국 중심으로 확산되던 컴퓨터와 통신 및 이들의 결합에 의한 정보통신의 혁명을 말한다. 그는 새로운 혁명을 가능케 하는 4가지 기술혁신으로 △모든 전기 · 기계 시스템의 전자화 △전도 장치나 전파변환장치의 소형화 △정보가 2진수의 숫자로 표시되는 디지털화 △사용자가 다양한 업무를 신속하게 처리할 수 있도록 해주는 소프트웨어를 들었다.

산업 혁명의 전개 과정에 대한 설명으로 틀린 것은? [2019]

① 1차 산업혁명은 증기 기관 발명과 수력을 기반으로 한 전기 · 기계화 혁명을 의미한다.
② 2차 산업혁명으로 포드주의 대량 생산이 가능해졌다.
③ 3차 산업혁명은 컴퓨터를 기반으로 한 지식정보 혁명이다.
④ 4차 산업혁명은 디지털, 바이오와 물리학 사이의 모든 경계를 허무는 융합 기술 혁명이다.

정답 ①

해설 1차 산업혁명은 증기 기관을 기반으로 한 기계화 혁명, 2차 산업혁명은 전기를 기반으로 한 대량 생산 혁명, 3차 산업혁명은 컴퓨터를 기반으로 한 지식정보 혁명이다.

[예상문제]

다니엘 벨의 기술혁명에 대한 설명으로 틀린 것은?

① 제1차 기술혁명: 증기기관은 르네상스 시대의 다빈치가 상상하고 구상했던 기관들을 가동시킬 수 있는 동력을 제공하며 인간이 자연에 지배되지 않을 수 있는 방편을 마련해 주었다.

② 제2차 기술혁명: 전기와 화학 분야의 발전으로 빛과 전신을 통해 열을 기본으로 하는 1차 기술혁명의 한계를 넘어 멀리 떨어진 곳으로 에너지를 보낼 수 있게 되었다.

③ 제3차 기술혁명: 사회의 기본 요소는 정보로서, 컴퓨터와 전기 통신의 발전을 통해 우리는 정보를 조직화하고, 처리하고, 분배할 수 있게 되었다.

④ 제3차 기술혁명: 정보는 매체와 기술에 의해 물리적으로 변화하고 있기 때문에 관념적인 절차를 기준으로 생각하기보다 사물을 기준으로 생각해야 한다.

정답 ④

해설 제3차 기술혁명은 우리가 살고 있는 바로 이 시대에 일어나고 있으며 그 주역은 컴퓨터와 전기 통신이다. 이 사회의 기본 요소는 정보로서, 컴퓨터와 전기 통신의 발전을 통해 우리는 정보를 조직화하고, 처리하고, 분배할 수 있게 되었다. 여기서 정보는 매체와 기술 그 자체로부터 완전히 독립되어 지적이고 관념적으로 변화하고 있기 때문에 제3의 기술혁명은 사물을 기준으로 생각하기보다 관념적인 절차로 생각해야 한다.

Ⅱ 4차 산업혁명의 등장

1 독일의 '산업 4.0'

① '산업 4.0'은 독일이 자국 제조업의 경쟁력을 강화하고 주도권을 이어가기 위해 구상한 차세대 산업혁명을 말한다.

② 세계 최고 수준의 제조업 역량을 자랑하던 독일은 중국과 한국 등 후발 국가의 기술 추격과 빠른 고령화로 인한 생산 인구 부족으로 위기를 맞았다.

③ 이를 극복하기 위해 정보통신기술(ICT)과 제조업을 융합하여 생산에 투입되는 인력을 최소화하는 자동 생산 체계를 구축하는 '산업 4.0'이라는 전략을 추진하였다.

2 4차 산업혁명의 정의

① 세계경제포럼 회장 클라우스 슈바프는 2016년 다보스포럼 기조연설에서 독일의 '산업 4.0'에 의해 탄생한 자동화 기술의 확산이 제조업뿐만 아니라 경제 전반의 생산과 사회구조의 변동을 가져온 현상을 4차 산업혁명으로 지칭하였다.

② 슈바프는 4차 산업혁명을 "3차 산업혁명을 기반으로 디지털, 바이오, 물리학 사이의 모든 경계를 허무는 융합 기술 혁명"으로 정의하고 정치 · 경제 · 사회의 새로운 패러다임으로 제시하였다.

③ 슈바프는 4차 산업혁명을 별도의 산업혁명으로 간주하는 근거로 속도, 범위, 그리고 시스템에 미치는 충격을 들고 있다.

④ 슈바프는 현재와 같은 비약적인 발전 속도는 전례가 없으며, 모든 나라와 산업을 충격에 빠뜨리고 있고, 생산, 관리, 통제 전반에 걸쳐 전체 시스템의 변화를 예고하고 있다고 주장한다.

⑤ 리프킨은 최근 3차 산업혁명이 폭발적인 속도로 진행된 건 맞지만 여전히 3차 산업혁명의 시대라고 주장한다.

기출문제

클라우스 슈바프의 '4차 산업 혁명'에서 언급된 내용으로 볼 수 없는 것은? [2019]

① 악화 일로의 불평등은 매우 심각한 문제가 되었다.
② 물리적 기기가 인공지능의 발전 속도에 미치지 못한다.
③ 디지털 혁명을 기반으로 다양한 과학 기술을 융합해 유례없는 패러다임 전환으로 유도한다
④ 이전 산업혁명들과 달리, 제4차 산업혁명은 선형적 속도가 아닌 기하급수적 속도로 전개 중이다.

정답 ②

해설 '물리적 기기가 인공지능의 발전 속도에 미치지 못한다.'는 현재의 변화가 4차 산업 혁명으로 명명할 만큼 혁명적이지 않다고 보는 입장의 주장이다. 클라우스 슈바프는 디지털 기술의 기반적 성격을 언급하면서도 기술의 위계나 선후 관계를 더 분석하지 않고, 그냥 막연하게 물리적 영역, 생물 영역, 디지털 기술이 서로 융합한다고 본다. 현재의 변화를 '디지털 전환의 심화'로 규정할 경우 4차 산업혁명을 주장하기가 어려워지는 문제가 있기 때문이다.

4차 산업 혁명 담론으로 볼 수 없는 것은? [2019]

① 국제적이면서도 즉각적인 연결을 통하여 공유 경제, 온디맨드 경제 등 새로운 사업 모델이 창출될 것이다.
② 과학기술이 경제적 · 사회적 · 문화적 · 인류적 맥락을 어떻게 바꿀 것인지에 대한 폭넓은 고민과 함께 지나치게 4차 산업 혁명에 관한 기본적인 지식에 대한 교육이 필요하다.
③ 생산성이 최고에 달해 한 단위 더 생산하는 데 드는 한계비용이 제로가 되어 상품을 거의 공짜로 만들게 됨에 따라 자본주의의 토대를 이루고 있는 이윤은 고갈되고, 제조업은 한계에 다다르게 된다.
④ 극단적 자동화를 통해 저급 및 중급 기술자들의 업무를 로봇이 대체하게 되면, 경제적 불평등의 문제를 더욱 촉발할 것으로 전망됨에 따라 노동자들의 적응력을 돕기 위해 훈련과 교육에 더 많은 투자 등 사회안전망의 확립이 필요하다.

정답 ③

해설 제레미 리프킨(Jeremy Rifkin)의 주장이다. 제레미 리프킨(Jeremy Rifkin)은 4차 산업혁명이란 표현은 마케팅 목적으로 사용된 것으로 최근 3차 산업혁명이 폭발적인 속도로 진행된 건 맞지만 여전히 3차 산업혁명의 시대라고 본다.

 생각넓히기 | **생산성 역설**

기업의 정보통신기술 투자가 지속적으로 증가한 1980년대와 1990년대 초반까지 미국 전체 산업의 생산성이 역설적으로 계속 낮게 유지된 현상을 말한다. 정보통신기술이 경제의 생산성 증가에 미치는 영향을 정보통신산업과 기존의 제조 및 서비스업으로 나누어 볼 때, 전자에서 높은 생산성 증가가 있었다는 데 별다른 이견이 없으나, 후자의 생산성에 미친 효과에 관해서는 이견이 분분했다. 정보통신기술의 역할을 긍정적으로 평가하는 학자들은 이 시기 생산성 증가가 낮게 잡힌 이유로 시간적 지체(정보통신 인프라에 대한 투자 효과가 나타나는 데 시간이 걸린다), 기존 통계 산정 방식의 문제(기존의 생산성 측정 방식으로는 정보통신기술의 효과를 반영하기 어렵다)를 지적했다.

[예상문제]

생산성의 역설에 대한 설명으로 틀린 것은?

① 기업의 정보통신기술 투자가 지속적으로 증가한 1980년대와 1990년대 초반까지 미국 전체 산업의 생산성이 역설적으로 계속 낮게 유지된 현상을 말한다.
② 인공지능 등 정보기술에 의한 제4차 산업 혁명이 경제 성장을 견인하기 어렵다는 부정적인 전망이 다시 등장하였다.
③ 기존의 제조 및 서비스업에서는 높은 생산성 증가가 있었다는 데 이견이 없으나 정보통신산업의 생산성에 미치는 효과에 관해서는 이견이 분분하다.
④ 정보통신기술의 역할을 긍정적으로 평가하는 학자들은 통계적 착시 현상, 혁신과 활용의 시차, 시장 실패 등을 생산성 역설의 원인으로 지적하고 있다.

정답 ③

해설 정보통신산업에서는 높은 생산성 증가가 있었다는 데 이견이 없으나 기존의 제조 및 서비스업의 생산성에 미치는 효과에 관해서는 이견이 분분하다.

Ⅲ 4차 산업혁명의 주요 특징

① 인공지능, 빅데이터 등 4차 산업혁명의 핵심 기술들은 정보를 자동으로 데이터화하고 분석하여 현실과 가상의 세계를 하나로 연결한 O2O(Online-To-Offline) 체계를 구축하였다.
② 4차 산업혁명은 자동으로 처리된 오프라인과 온라인상의 정보를 바탕으로 개인별 맞춤형 생산을 촉진한다는 점에서 정보를 수동적으로 온라인에 입력해야 했던 3차 산업혁명과 구별된다.
③ 4차 산업혁명은 '초연결성', '초지능화', '융합화'에 기반하여 '모든 것이 상호 연결되고 보다 지능화된 사회로 변화'한다는 특징이 있다.
④ 4차 산업혁명은 인류가 전혀 경험하지 못할 만큼 빠른 속도로 획기적인 기술의 진보와 전 산업 분야의 혁신적인 개편을 불러일으킬 것이다.

핵심정리 초연결성

ICT를 기반으로 하는 사물인터넷(IoT) 및 만물 인터넷(Internet of Everything, IoE)의 진화를 통해 인간-인간, 인간-사물, 사물-사물을 대상으로 한 초연결성이 기하급수적으로 확대

핵심정리 초지능화

인공지능(AI)과 빅데이터 결합 · 연계를 통해 기술과 산업 구조의 초지능화가 강화

핵심정리 융합화

초연결성, 초지능화에 기반하여 기술 간, 산업 간, 사물-인간 간의 경계가 사라지는 대융합의 시대 전망

[산업혁명 단계에 따른 생산의 변천사]

1차 산업혁명	2차 산업혁명	3차 산업혁명	4차 산업혁명
증기기관 기반 기계화 혁명	전기 에너지 기반 대량 생산 혁명	컴퓨터, 인터넷 기반 지식정보 혁명	인공지능, 바이오 기반 CPS 혁명
증기 기관의 발명으로 기계적인 장치에서 제품을 생산	전동기의 발명으로 대량 생산이 가능해지고 노동력이 절약	정보통신 기술의 발달로 생산 라인이 자동화되고, 사람은 생산 라인의 점검 및 관리를 수행	인공지능, 빅데이터 등 기술의 융합으로 사람-사물-공간이 초연결성, 초지능화, 융합화

핵심정리 CPS(Cyber-Physical System)

가상세계와 현실세계가 통합되는 가상물리 시스템

[예상문제]

4차 산업 혁명의 특징으로 틀린 것은?

① 인공지능, 빅데이터 등 4차 산업혁명의 핵심 기술들은 정보를 자동으로 데이터화하고 분석하여 현실과 가상의 세계를 하나로 연결한 O2O(Online-To-Offline) 체계를 구축하였다.
② 4차 산업혁명은 자동으로 처리된 오프라인과 온라인상의 정보를 바탕으로 개인별 맞춤형 생산을 촉진한다는 점에서 정보를 수동적으로 온라인에 입력해야 했던 3차 산업혁명과 구별된다.
③ ICT를 기반으로 하는 사물인터넷(IoT) 및 만물 인터넷(Intertnet of Everything, IoE)의 진화를 통해 인간-인간, 인간-사물, 사물-사물을 대상으로 한 초연결성이 기하급수적으로 확대된다.
④ 융합화, 초지능화에 기반하여 기술 간, 산업 간, 사물-인간 간의 경계가 사라지는 초연결성의 시대가 도래한다.

정답 ④

해설 초연결성, 초지능화에 기반하여 기술 간, 산업 간, 사물-인간 간의 경계가 사라지는 대융합의 시대가 도래한다.

Ⅳ 4차 산업혁명의 핵심 기술

1 3대 핵심 기술 영역

(1) 의의

① 디지털, 바이오, 물리학은 4차 산업혁명을 촉진한 핵심 기술 영역이다.

② 과거에 증기 기관의 발명이 철도라는 근대적인 교통수단의 시발점이 되었듯이, 디지털, 바이오, 물리학의 발전은 가상환경과 물리환경을 통합한 가상 물리 시스템(Cyber-Physical System)을 구축하는 계기로 작용하고 있다.

(2) 디지털 기술

① 자료의 디지털화를 통한 복합적인 분석을 핵심과제로 한다.

② 연관 기술로는 사물인터넷(IOT), 인공지능(AI), 빅데이터, 공유 플랫폼 등이 있다.

(3) 바이오 기술

① 생물학 정보의 분석 및 기술 정밀화를 통한 건강 증진을 핵심과제로 한다.

② 연관 기술로는 유전공학, 합성 생물학, 바이오 프린팅 등이 있다.

(4) 물리학 기술

① 현실공간과 가상공간의 연계를 통한 가상물리 시스템 구축을 핵심과제로 한다.

② 연관 기술로는 무인 운송 수단, 3D 프린팅, 로봇 공학, 나노 신소재, 대체 에너지 등이 있다.

[예상문제]

다음에서 설명하고 있는 개념으로 옳은 것은?

> 빅데이터, 모바일, 클라우드 및 소셜 등 디지털 기술을 활용하여 운영 효율성과 경쟁력을 높이는 프로세스의 변화와 이를 바탕으로 하는 비즈니스 모델의 최적화 및 재구성(재구축)을 가능하게 하는 것으로 기업이 새로운 비즈니스 모델, 제품 및 서비스를 창출하기 위해 디지털 역량을 활용함으로써 고객 및 시장(외부 생태계)의 파괴적인 변화에 적응하거나 이를 추진하는 지속적인 프로세스이다.

① DT(Digital Transformation)
② CPS(Cyber-Physical Systems)
③ CPPS(Cyber Physical Production System)
④ SCM(Supply Chain Management)

정답 ①

해설 DT(Digital Transformation)에 대한 설명이다.
② 사이버 물리 시스템(Cyber-Physical Systems, CPS)은 우리가 살아가는 물리 세계와 사이버 세계와의 융합을 추구하는 새로운 패러다임이다. CPS는 다수의 센서, 엑츄에이터, 제어 기기들이 네트워크로 연결되어 복합 시스템(System of Systems)을 구성하고 물리 세계 정보를 습득, 가공, 계산, 분석하여 그 결과를 엑츄에이터 시스템을 통하여 물리 세계에 적용한다. 이를 통해 지속적으로 일어나는 변화에 능동적으로 적응

하는 것에 중점을 두고 있다. CPS는 단순한 연결성을 뛰어넘어 어떻게 물리 시스템을 높은 신뢰성을 가지고 실시간으로 제어할 수 있는지에 주목한다는 점에서 뚜렷한 차이가 있다. 먼저 물리 시스템을 수학적으로 표현하는, 이른바 모델링 작업이 필요하다. 결국에는 우리를 둘러싼 물리 세계를 인간이 어떻게 제어하고 상호작용하는지를 객관적으로 밝히는 모델링 작업을 시작으로, 사이버 세계에서는 물리 시스템과의 복잡한 상호작용 및 의존관계를 정확하게 모델링해야 한다. 이를 위해서 기존의 제어 시스템에 대한 단순한 이해가 아닌 자연 과학을 기초로 하여 컴퓨터 과학을 융합한 새로운 융 · 복합적 기술접근이 필요하다.

③ 가상물리 시스템에도 수준 또는 레벨(level)이 있다. 가상물리 시스템에 대한 연구는 수십 년 전부터 이어져 왔지만, 최근 4차 산업혁명에서 스마트 공장과 사이버 물리 시스템의 관계로 관심이 고조되고 있다. 4차 산업혁명에서 주장하는 가상물리 시스템은 CPS 중에서 사이버 물리 생산 시스템(Cyber Physical Production System, CPPS)이라고 할 수 있다.

④ 공급사슬관리(Supply Chain Management)는 공급사슬상에서 발생하는 모든 활동들을 효과적으로 운영하기 위한 관리를 뜻한다. 전통적인 산업공학에서는 공급망에 대해 별 관심을 가지지 않았으나, 세계화로 인해 공급망 개선에서 얻을 수 있는 수익이 늘어나자 큰 관심의 대상이 되었다.

2 5대 주요 기술

(1) 의의

사물인터넷(IoT), 로봇 공학, 3D 프린팅, 빅데이터, 인공지능(AI) 등이 4차 산업혁명에서 변화를 이끄는 5대 주요 기술로 꼽힌다.

(2) 사물인터넷(IoT)

사물에 센서를 부착, 네트워크 등을 통한 실시간 데이터 통신 기술이다.

예 IoT + 인공지능(AI) + 빅데이터 + 로봇공학 = 스마트공장

(3) 로봇공학

로봇 공학에 생물학적 구조를 적용, 적응성 및 유연성을 향상시키는 기술이다.

예 로봇공학 + 생명과학 = 병원 자동화 로봇

(4) 3D 프린팅

3D 설계도나 모델링 데이터를 바탕으로, 원료를 쌓아 물체를 만드는 제조 기술이다.

예 3D 프린팅 + 바이오 기술 = 인공 장기

(5) 빅데이터

대량의 데이터로부터 가치를 추출하고 결과를 분석하는 기술이다.

예 빅데이터 + 인공지능 + 의학 정보 = 개인 맞춤 의료

(6) 인공지능

사고 · 학습 등 인간의 지능 활동을 모방한 컴퓨터 기술이다.

예 인공지능 + 사물인터넷 + 자동차 = 무인 자율 주행 자동차

기출문제

4차 산업 혁명에 대한 설명으로 틀린 것은? [2020]

① 세계경제포럼 회장 클라우스 슈바프는 2010년 다보스포럼 기조연설에서 독일의 '산업 4.0'에 의해 탄생한 자동화 기술의 확산이 제조업뿐만 아니라 경제 전반의 생산과 사회구조의 변동을 가져온 현상을 4차 산업혁명으로 지칭하였다.
② 4차 산업혁명을 촉진한 핵심 기술 영역은 디지털, 바이오, 물리학으로 과거에 증기 기관의 발명이 철도라는 근대적인 교통수단의 시발점이 되었듯이, 디지털, 바이오, 물리학의 발전은 가상환경과 물리환경을 통합한 가상물리 시스템을 구축하는 계기로 작용하고 있다.
③ '초연결성', '초지능화', '융합화'에 기반하여 '모든 것이 상호 연결되고 보다 지능화된 사회로 변화'한다는 특징을 가진 4차 산업혁명은 인류가 전혀 경험하지 못할 만큼 빠른 속도로 획기적인 기술의 진보와 전 산업 분야의 혁신적인 개편을 불러일으킬 것이다.
④ 사물인터넷(IoT), 로봇 공학, 3D 프린팅, 빅데이터, 인공지능(AI) 등이 4차 산업혁명에서 변화를 이끄는 5대 주요 기술로 꼽힌다.

정답 ①

해설 클라우스 슈바프는 2016년 다보스포럼 기조연설에서 독일의 '산업 4.0'에 의해 탄생한 자동화 기술의 확산이 제조업뿐만 아니라 경제 전반의 생산과 사회구조의 변동을 가져온 현상을 4차 산업혁명으로 지칭하였다.

V 4차 산업혁명이 가져올 미래 사회변화

1 인간과 기계의 역할 변화

① 영화 〈아이언맨〉에는 인간의 육체적 능력을 획기적으로 증강시키는 로봇 갑옷이 등장한다.
② 파워 슈트(power suit) 혹은 외골격이라 불리는 로봇 갑옷은 사용자의 두뇌와 신경계에서 발생하는 신호를 실시간으로 분석·처리해 인간의 신체에 빠른 반응 속도와 강력한 힘 그리고 유연성을 부여한다.
③ 인간의 신체 기능과 지능을 강화하고 감정을 이해하는 로봇 기술의 발전으로 기계가 인간의 일자리를 상당 부분 대체할 것이다.
④ 따라서 빠르고 정확하면서 쉬지 않고 일하는 기계와 차별화되는 인간만의 고유 영역에 대한 논의가 중요해지고 있다.

핵심정리 **현실화된 첨단 기술**

(1) 파워슈트

약 90kg의 중량을 들어 올리는 파워 슈트 기술이 보편화되면, 사고나 질병으로 팔다리를 잃거나 마비된 사람들에게 제2의 신체를 제공할 수 있다. 산업 현장에서의 작업도 더욱 수월해질 것이다.

(2) 키바

광대한 부지 면적을 보유하고 있는 아마존 물류 센터의 자동화 로봇 키바는 쉼 없이 제품을 분류하고 운송하여 운송비용을 획기적으로 줄였다. 아마존은 이 시스템으로 약 9,900억 원대의 인건비를 절감할 예정이다.

(3) 백스터

백스터는 학습 적응형 양팔 스마트 협업 로봇으로, 공장에서 부품을 조립하고 물건을 포장하는 등의 반복 작업을 처리한다. 기존의 산업용 로봇에 비해 저렴하며, 쉬지도 먹지도 않고 24시간 작업할 수 있다.

(4) 왓슨

왓슨은 대량의 자료를 토대로 새 정보를 찾아내는 데이터 마이닝을 통해 의사들의 암 진단 및 치료 방법 선택을 돕는 인공지능 슈퍼컴퓨터이다. 의학저널, 암 시나리오, 개인 의료 기록 등을 분석하여 적합한 치료법을 파악할 수 있다.

예상문제

다음에서 설명하고 있는 기술로 옳은 것은?

광대한 부지 면적을 보유하고 있는 아마존 물류 센터의 자동화 로봇으로 쉼 없이 제품을 분류하고 운송하여 운송비용을 획기적으로 줄였다. 아마존은 이 시스템으로 약 9,900억 원대의 인건비를 절감할 예정이다.

① 키바(Kiva)
② 백스터(Baxter)
③ 소여(Sawyer)
④ 왓슨(Watson)

정답 ①

해설 키바(Kiva)에 대한 설명이다.

② 백스터(Baxter)는 학습 적용형 양팔 스마트 협업 로봇으로, 공장에서 부품을 조립하고 물건을 포장하는 등의 반복 작업을 처리한다. 기존의 산업용 로봇에 비해 저렴하다.

③ 백스터에 이어 민첩성과 유연성이 필요한 정밀 작업에 특화된 한팔 로봇이 소여(Sawyer)이다.

④ 왓슨(Watson)은 자연어 형식으로 된 질문들에 답할 수 있는 인공지능 컴퓨터 시스템이다. 시험 책임자 데이비드 페루치가 주도한 IBM의 DeepQA 프로젝트를 통해 개발되었다. 왓슨은 IBM 최초의 회장 토머스 J. 왓슨에서 이름을 땄다.

2 현실세계와 가상세계의 결합

① 기술의 진화는 일상생활과 사회 활동을 영위하고 있는 공간을 더욱 확장시키고 지능화할 것이다.

② 가상·증강현실, 보다 편리하게 기기를 활용할 수 있도록 돕는 인터페이스와 사용자 경험(User Experience, UX) 기술 등의 발전으로 현실 세계의 물리적 공간과 가상세계의 디지털 공간 간의 경계가 흐려지고 있다.

③ 인공지능, 빅데이터, 사물인터넷을 핵심으로 하는 가상세계와 현실세계 간의 연결은 우리의 삶과 산업 현장에 많은 영향을 줄 것이다.

④ 현실 세계의 정보에 음성·제스처·인식 등의 인터페이스가 결합하면, 더욱 다양한 지식과 정보를 효과적으로 처리할 수 있게 된다.

⑤ 자율 주행 자동차, 드론, 로봇 등은 눈으로 볼 수 있는 하드웨어와 빅데이터, 알고리즘 등의 소프트웨어가 결합되어 물리적으로 구현된 예이다.

3 감성 컴퓨팅 기술의 발전

① 핵가족화 혹은 1인 가구의 증가로 인간 사이의 감정 교류의 기회가 줄어들면서 사람을 이해하고 상호 교감을 나눌 수 있는 기술에 대한 관심과 수요도 지속적으로 증가하고 있다.

② 2015년 MIT가 개발한 소셜 로봇 '테가'와 일본 소프트뱅크가 개발한 세계 최초 감정 인식 로봇 '페퍼'가 대표적인 예이다.

③ '테가'와 '페퍼'가 부분적으로나마 감성적 인지와 교감의 교류가 가능하게 된 것은 감성 컴퓨팅 기술의 발전 덕분이다.

④ 감성 컴퓨팅이란 인공지능, 빅데이터, 클라우드, 자기 수치화, 멀티모달 인터페이스 등을 활용해 사용자의 감정 변화를 인지하는 기술을 말한다.

핵심정리

(1) 자기 수치화 기술
표정 인식, 정서 등 사람의 반응을 수치화 하는 기술

(2) 멀티모달 인터페이스
멀티모달(multimodal)로도 불리며, 사람과 기계 간 통신을 위해 음성, 키보드, 신체 동작 등을 이용해 정보를 주고받는 것

4 스마트 기술을 통한 융합

① 현재 진행되고 있는 기술 간 융합의 핵심은 스마트 기술의 발전이다.

② 스마트 기술은 인간의 고유 능력이라고 간주되었던 지능과 감성의 일부를 보완·확장하며, 나아가 인간의 지능을 내재화하는 정보통신기술(ICT) 및 융합 영역에서의 신기술을 말한다.

③ 이러한 스마트 기술은 디지털화를 기반으로 한 모든 산업 과정에서 다양한 융합 현상을 촉진시킨다.

④ 바이오 기술과 IT 기술의 융합을 통해 개인별 최적화가 가능한 맞춤형 정밀 의료가 가능해졌고, 스마트 기술과 새로운 에너지와 소재, 식량 분야와의 융합으로 신재생에너지, 스마트 팜(smart farm) 등을 창출하고 있다.

예상문제

다음에서 설명하는 기술로 옳은 것은?

> 인간의 고유 능력이라고 간주되었던 지능과 감성의 일부를 보완 · 확장하며, 나아가 인간의 지능을 내재화하는 정보통신기술 및 융합 영역에서의 신기술이다.

① Automation ② Smart Technology
③ Artificial Intelligence ④ artificial neural network

정답 ②

해설 Smart Technology에 대한 설명이다.

스마트기술은 상황을 민감하게 인지하고 분석 및 예측을 통해 신속하게 대응할 수 있는 개인화된 상품과 서비스를 제공하기 위한 총체적 기술이다. 스마트기술의 속성으로 볼 수 없는 것은?

① 센싱(sensing) ② 탄력(elasticity)
③ 통합(integration) ④ 상호작용(interaction)

정답 ④

해설 도처에서 발생하는 상황을 민감하게 인지하고 분석 및 예측을 통해 신속하게 대응할 수 있는 개인화된 상품과 서비스를 제공하기 위한 스마트기술은 센싱(sensing), 인텔리전스(intelligence), 모빌리티(mobility), 탄력(elasticity), 통합(integration)의 5가지 속성을 지닌 총체적 기술이다.

Ⅵ 주요국별 4차 산업혁명에 대한 대응

1 의의

① 현재 진행 중인 4차 산업혁명에서는 가상공간(Cyber System)에서의 고성능 컴퓨팅 능력과 현실세계(Physical System)의 센서 네트워크로부터 다양한 정보를 연계시켜, 보다 효율적인 생산의 실현을 목표로 하고 있다. 또 인공지능, 로보틱스, IoT, 자동운전 시스템, 3D프린팅, 나노 테크놀로지, 바이오테크놀로지, 머티리얼 사이언스, 에너지 저장 기술, 양자 컴퓨팅 등의 융합이 특징이다.

② 산업혁명의 역사를 더듬어 보면 각각의 혁명을 거치면서 경제 구조와 기업 활동이 크게 변화하였다고 할 수 있다. 또한 각 산업혁명에서 패권을 차지한 국가와 기업이 다르다는 것도 주목할 만하다. 1차 산업혁명은 영국이, 2차 산업혁명은 미국, 독일, 일본이, 3차 산업혁명에서는 미국이 주도하였다.

③ "4차 산업혁명"이란 말이 일반적으로 인식되기 시작한 유래는 독일에서 2010년에 개최된 하노버메세 2011을 통해 처음으로 공개 제기된 "Industry 4.0"이라고 하며, 국가차원의 구상을 재빨리 캐치한 것이, 현재의 4차 산업혁명 조류의 기점이 되었다. 이후 유럽과 미국 등의 국가들을 중심으로, 그리고 최근에는 아시아 국가에서도 4차 산업혁명을 의식한 국가 전략과 관련 대응방안이 진행되고 있다.

2 미국

① 미국에서 2013년에 시작된 Smart America Challenge 등을 발단으로, CPS(Cyber Physical System)의 사회 구현을 위한 대응이 진행되어 왔다. 2014년 3월, AT&T, Cisco, GE, IBM, Intel이 미국 국립 표준기술연구소(NIST)의 협력을 얻어, IoT의 고도화를 지향하는 컨소시엄 Industrial Internet Consortium(IIC)을 설립하는 등, 업계 스스로 대응을 가속시키고 있다.

② 제조혁신 자체보다는 IoT, 빅데이터, Cloud 등의 산업인터넷 부문에 주력하고, B2C 시장을 주요시장으로 설정하며, Industry Internet 등을 수립하여 대응하고 있다. 미국은 4차 산업혁명에 대비하는 측면에서 대통령 과학기술자문회의가 8대 ICT 연구개발 분야를 선정·제시하고 중점 육성하고 있다.

③ 또한, 미국 대통령실은 미래사회 변화에 대응하기 위해 '스마트 아메리카 프로젝트(Smart America Project)'를 추진하여 IoT를 활용한 스마트 시티 구축을 위한 연구를 추진 중이다. 이러한 미국의 선제적 대응은 자국 내 정보통신기술(ICT) 기반의 과학기술 경쟁력을 강화함으로써 기술·산업적 측면에서 4차 산업혁명 시대의 주도권을 선점하기 위한 전략으로 평가된다.

3 독일

① 독일의 관민 제휴 프로젝트 "Industry 4.0 전략"에서는 제조업의 IoT화를 통해서 산업 기계·설비 및 생산 프로세스 자체를 네트워크화하고, 주문에서 출하까지 실시간으로 관리함으로써 밸류체인을 연결해 "4차 산업혁명"의 사회 구현을 목표로 한다. 독일 국내의 기계 업계 주요 3단체와 보쉬, 지멘스, 도이치 텔레콤, 폭스바겐 등 많은 기업이 참여하고 있다. 소프트웨어 기업의 매수나 활용 사례의 창출, 국가 차원의 대응, 산학 제휴, 표준화 등이 진행되고 있다.

② 국가 주력산업인 생산기술(Operation Technology, OT)분야를 중심으로, AI와 OT 등을 융합한 'Smart Factory' 중심의 전략을 수립하여, B2B 시장 선점을 위해 노력하고 있다. "Industry 4.0 전략"은 제조업의 경쟁력 유지 강화를 목표로 생산 혁명적인 위치로서 시작한 국가의 이니셔티브이다. 처음에는 업계 단체에서 시작되어 정부가 중소기업의 향상에 활용하려 국책으로서 새로 도입한 바 있다. Industry 4.0에서는 해결해야 하는 것으로, "생산을 위한 에너지와 자원의 효율성", "제품의 시장 도입시간의 단축", "플렉시빌리티(Flexibility)"의 3가지를 꼽을 수 있다.

4 영국

① 영국에서는 IoT에 관한 대응으로, 스마트 시티나 스마트 그리드 등 생활 · 에너지 관련 분야가 중심을 이루는 컨슈머형 산업에 주력하고 있다. 제조업에 관해서는 이 산업을 복원하기 위한 국가 이노베이션 정책으로서 "하이 밸류 매뉴팩처링(HVM, 고가치 제조)"이 추진되고 있다. 제조업의 제조공정에 초점을 맞추는 독일의 Industry 4.0 전략과는 달리, 차세대 제조업 기반이 되는 기술군을 넓게 포함한 이노베이션을 축으로 하는 전략이다.

② 2011년에 특정 기술 분야에서 세계를 선도하는 기술 · 이노베이션의 거점으로서 Catapult Center(캐터펄트 센터)가 각지에 설치되고, 지역 클러스터의 핵심으로서 HVM 전략의 구체적인 실행을 맡고 있다.

③ 이 센터는 HVM에 한정하지 않고 다른 첨단 분야에 대해서도 산학관 제휴의 중개기관으로서의 역할을 담당하고 있으며, 2030년까지 30분야로 확대할 계획을 세웠다. 또 각지의 캐터펄트 센터는 LEPs(지역기업 파트너십)와 협력하여 지역 중견 · 중소기업이 이노베이션에 대응할 수 있도록 서포트하고 있으며, 그에 따른 일정한 성과를 거두고 있다.

5 중국

① 중국 정부는 2015년 5월에 국무원 통보의 형식으로 "중국제조 2025(Made in China 2025)"를 공포하였다. 본 전략은 2049년의 중화인민공화국 건국 100주년까지 "세계의 제조대국"으로서의 지위를 쌓아 올리는 것을 목표로 내세운 대응책이며, 이른바 중국판 Industry 4.0이다.

② "중국제조 2025"에서는 특히 공업화와 정보화의 결합, IT기술과 제조업의 융합 촉진을 비롯한 공업 기초능력의 강화, 품질과 브랜드의 강화, 환경을 배려한 제조의 추진, 제조업의 구조 조정, 서비스형 제조업과 생산성 서비스업의 발전, 제조업의 국제화 수준의 향상 등이 강조되고 있으며, "이노베이션에 의한 구동", "품질 우선", "그린 발전", "구조의 최적화", "인력이 중심"이라는 5가지 방침이 세워져, 중국 제조업의 주요 문제점을 강하게 의식하고 그 개선을 환기하고 있다. 그 중에서도 "인터넷+"(인터넷과 제조업의 융합) 액션, 빅데이터의 이용, 스마트 그리드 건설과 산업 집적의 성장 추진, 스마트 제조 안건 실시 기업의 지정 등이 실시되고 있다.

③ "중국제조 2025"에서는 2015년부터 2025년까지 "대규모 발전", "품질 · 효율", "구조 최적화", "지속 발전 능력" 등의 관점에서 중국 제조업의 발전과 관련된 지표가 설정되어 있다. 이에 따르면, 제1위는 미국이고, 일본이 뒤를 따르고 있으며, 독일은 3위, 중국이 4위이다. 중국은 이 제조업 종합지수를 향상하고 세계를 선도하는 제조 강국이 되는 것을 목표로 하고 있다.

6 일본

① 일본에서는 2016년 6월에 각의에서 결정된 "일본재흥전략 2016", "경제 재정 운영과 개혁의 기본 방침", "일본 일억 총 활동 플랜" 등에서, "4차 산업혁명"이 성장전략의 핵심으로서 주목된다. 4차 산업혁명과 관련된 분야를 늘리는 것으로, 약 30조~40조 엔의 부가가치를 창출하고 있다.

② 보다 구체적인 구상으로는 수렵 사회, 농경 사회, 공업 사회, 정보 사회에 이어, 인류 역사상 5번째의 새로운 사회, 이른바 "Society 5.0"(초스마트 사회)을 세계 최초로 실현하는 것을 목표로 하고 있다. 즉, 기업 측면의 4차 산업혁명과 개인의 라이프 스타일 변화에 의해서, 생산 · 유통 · 판매, 교통, 건강 의료, 금융, 공공 서비스 등 모든 장면에서 쾌적하고 풍요롭게 생활할 수 있는 사회의 실현이다.

③ "Society 5.0"은 "과제 해결"에서 "미래 창조"까지 폭넓은 시야를 가지고, 혁신 기술의 개발과 다양한 데이터의 활용에 의해 정부, 산업, 사회의 디지털화를 추진하는 것이며, 독일이 진행하는 "Industry 4.0"의 개념도 포함하고 있다고 한다.

④ 2017년 6월, 각의 결정된 새로운 성장전략인 "미래투자전략 2017"의 기본 이념에서도 잇따라, 일본의 장기 정체를 타파하고 중장기적인 성장을 실현시켜 나갈 키는 Society 5.0의 실현에 있으며, 그러기 위해서 4차 산업혁명(IoT, 빅데이터, 인공지능(AI), 로봇, 쉐어링 이코노미 등)의 이노베이션을 모든 산업이나 사회생활에 도입할 필요가 있다고 한다.

⑤ 정부에서는 관민 제휴 등을 통해 "Society 5.0" 실현에 적극적으로 추진하는 것이 요구되어진다. 구체적인 예로는 민간 주도인 "IoT 추진 컨소시엄"에서는 2016년 10월 3일, 미국의 IoT관련 단체인 인더스트리얼 인터넷 컨소시엄(IIC), 오픈포그 컨소시엄과의 사이에서 IoT분야의 협력을 위한 MoU을 체결하였다.

⑥ MoU에 따라, 굿 프랙티스의 발굴 · 공유 및 테스트베드나 연구 프로젝트의 협력, 아키텍처 등 상호 운용성의 확보, 표준화에 관한 협력 등의 대응이 진행되고 있다. 또 2017년 2월에는 인도 전국 소프트웨어 서비스 기업 협회(NASSCOM)와, 2017년 3월에는 유럽의 얼라이언스 IoT 이노베이션(Alliance for IoT Innovation, AIoTI)과 각각 MoU을 체결한다.

Theme

173 인공지능의 가능성과 한계

I 의의

1 인공지능

① 인공지능은 기계를 지능적으로 만드는 과학이다. 기계는 문제를 해결할 때 알고리즘을 기반으로 문제를 해결하게 되는데, AI 알고리즘은 규칙이 생성되는 방식에서 기존 알고리즘과 차이가 있다.

② 기존 알고리즘은 개발자가 소프트웨어가 수신하는 각 유형의 입력값들에 대한 출력을 정의하는 특정 규칙을 설정하는 반면에 AI 알고리즘은 자체 규칙 시스템을 구축하게 된다. 이는 AI를 통해 컴퓨터가 사람에게 전적으로 의존했던 작업을 스스로 해결할 수 있음을 의미한다.

핵심정리

- 앨런 튜링(Alan Mathison Turing)은 잉글랜드의 수학자, 암호학자, 논리학자이자 컴퓨터 과학의 선구적 인물이다. 알고리즘과 계산 개념을 튜링 기계라는 추상 모델을 통해 형식화함으로써 컴퓨터 과학의 발전에 지대한 공헌을 했다.
- 존 매카시(John McCarthy)는 전산학자이자 인지과학자이다. 인공지능에 대한 연구 업적을 인정받아 1971년 튜링상을 수상했다. 리스프 프로그래밍 언어를 설계 및 구현하였으며, 1956년에 다트머스 학회에서 처음으로 인공지능(Artificial Intelligence)이라는 용어를 창안했다.
- 앨런 뉴얼(Allen Newell)은 초기의 인공지능 연구자이다. 컴퓨터 과학 및 인지심리학의 연구자이며, 랜드 연구소와 카네기멜론 대학교의 컴퓨터과학과와 비즈니스스쿨에서 근무했다. 허버트 사이먼과 함께 개발한 정보처리언어와 두 가지 초기 인공지능 프로그램인 1956년의 논리 이론가(Logic Theorist), 1957년의 일반 문제 해결자(General Problem Sovler)로 잘 알려져 있다.
- 마빈 민스키(Marvin Lee Minsky)는 인공지능(AI) 분야를 개척한 미국인 과학자이다. MIT의 인공지능 연구소의 공동 설립자이며, AI와 관련된 책들을 저술했다.
- 클로드 섀넌(Claude Elwood Shannon)은 미국의 수학자이자 전기공학자이다. 정보 이론의 아버지라고 불리며, 그가 작성한 논문 「A Mathematical Theory of Communication」은 정보 이론의 시초가 되었다. 또한 불(Boole) 논리를 전기회로로 구현할 수 있는 방법을 발명하여, 디지털 회로 이론을 창시하였다.
- 허버트 사이먼(Herbert Alexander Simon)은 제한된 상황에서의 의사 결정 모델에 관한 이론으로 1978년 노벨 경제학상을 수상한 미국의 심리학자, 경제학자 및 인지과학자이다. 그는 인간 인지능력의 한계(제한적 합리성)라는 관점을 가지고 주류 경제학이 가정하는 합리성에 대해 그 체계를 비판한 최초의 학자였다. 그가 처음 합리성에 의문을 제기한 당시에는 그의 논점이 아직 개념적 단계에 머물렀고, 모델화가 어려웠기 때문에 대다수의 경제학자들에게 인정받지 못했다. 사이먼의 주장은 후에 경제학과 심리학이 결합하는 행동 경제학으로 꽃을 피우게 된다. 또한 그는 디지털 컴퓨터는 단순한 숫자 조작 기계라기보다 '범용 목적의 상징(기호)조작체계'(general purpose symbol manipulation system)인 튜링기계로 간주할 수 있다고 주장하였다.

기출문제

인공지능에 대한 설명으로 틀린 것은? [2020]

① 초기 인공지능 연구에 대한 대표적인 정의는 다트머스 회의에서 존 매카시가 제안한 것으로 "기계를 인간 행동의 지식에서와 같이 행동하게 만드는 것"이었다.
② 1952년 앨런 튜링은 생각하는 기계의 구현 가능성에 대한 분석이 담긴 논문, "컴퓨팅 기계와 지능"을 발표하여 인공지능에 대한 깊인 있는 철학적 개념을 제시하였다.
③ 머신러닝은 빅데이터를 통한 학습 방법으로 알고리즘을 이용하여 데이터를 분석하고, 분석을 통해 학습하며, 학습한 내용을 기반으로 판단이나 예측을 할 수 있다.
④ 딥러닝은 머신러닝의 한 종류로 인공신경망에서 발전한 형태의 인공지능으로 분류에 사용할 데이터를 스스로 학습할 수 있다는 점에서 학습 데이터를 수동으로 제공해야 하는 머신러닝과 구별된다.

정답 ②
해설 앨런 튜링이 "컴퓨팅 기계와 지능"을 발표한 것은 1950년이다.

예상문제

인공지능의 아버지이자 인공지능이라는 용어를 창시한 학자의 이름으로 옳은 것은?

① 앨런 튜링(Alan Mathison Turing) ② 존 매카시(John McCarthy)
③ 클로드 섀넌(Claude Elwood Shannon) ④ 마빈 민스키(Marvin Lee Minsky)

정답 ②
해설 전산학자이자 인지과학자이다. 인공지능에 대한 연구 업적을 인정받아 1971년 튜링상을 수상했다. 리스프 프로그래밍 언어를 설계 및 구현하였으며, 1956년에 다트머스 학회에서 처음으로 인공지능(Artificial Intelligence)이라는 용어를 창안했다.
① 잉글랜드의 수학자, 암호학자, 논리학자이자 컴퓨터 과학의 선구적 인물이다. 알고리즘과 계산 개념을 튜링 기계라는 추상 모델을 통해 형식화함으로써 컴퓨터 과학의 발전에 지대한 공헌을 했다.
③ 미국의 수학자이자 전기공학자이다. 정보 이론의 아버지라고 불리며, 그가 작성한 논문 「A Mathematical Theory of Communication」은 정보 이론의 시초가 되었다. 또한 불(Boole) 논리를 전기회로로 구현할 수 있는 방법을 발명하여, 디지털 회로 이론을 창시하였다.
④ 인공지능(AI) 분야를 개척한 미국인 과학자이다. MIT의 인공지능 연구소의 공동 설립자이며, AI와 관련된 책들을 저술했다.

정보 이론의 아버지로서 디지털 회로 이론을 창시한 학자의 이름으로 옳은 것은?

① 앨런 뉴얼(Allen Newell) ② 마빈 민스키(Marvin Lee Minsky)
③ 클로드 섀넌(Claude Elwood Shannon) ④ 허버트 사이먼(Herbert Alexander Simon)

정답 ③
해설 미국의 수학자이자 전기공학자이다. 정보 이론의 아버지라고 불리며, 그가 작성한 논문 「A Mathematical Theory of Communication」은 정보 이론의 시초가 되었다. 또한 불(Boole) 논리를 전기회로로 구현할 수 있는 방법을 발명하여, 디지털 회로 이론을 창시하였다.
① 초기의 인공지능 연구자이다. 컴퓨터 과학 및 인지심리학의 연구자이며, 랜드 연구소와 카네기멜론 대학교의 컴퓨터과학과와 비즈니스스쿨에서 근무했다. 허버트 사이먼과 함께 개발한 정보처리언어와 두 가지 초기 인공지능 프로그램인 1956년의 논리 이론가(Logic Theorist), 1957년의 일반 문제 해결자(General Problem Sovler)로 잘 알려져 있다.

② 인공지능(AI) 분야를 개척한 미국인 과학자이다. MIT의 인공지능 연구소의 공동 설립자이며, AI와 관련된 책들을 저술했다.
④ 제한된 상황에서의 의사 결정 모델에 관한 이론으로 1978년 노벨 경제학상을 수상한 미국의 심리학자/경제학자 및 인지과학자다. 그는 인간 인지능력의 한계(제한적 합리성)라는 관점을 가지고 주류 경제학이 가정하는 합리성에 대해 그 체계를 비판한 최초의 학자였다. 그가 처음 합리성에 의문을 제기한 당시에는 그의 논점이 아직 개념적 단계에 머물렀고, 모델화가 어려웠기 때문에 대다수의 경제학자들에게 인정받지 못했다. 사이먼의 주장은 후에 경제학과 심리학이 결합하는 행동 경제학으로 꽃을 피우게 된다. 또한 그는 디지털 컴퓨터는 단순한 숫자 조작 기계라기보다 '범용 목적의 상징(기호)조작체계'(general purpose symbol manipulation system)인 튜링기계로 간주할 수 있다고 주장하였다.

'인간에게 쉬운 것이 AI에겐 어렵다.'는 것으로 인공지능 및 로봇 연구원이 높은 수준의 추론을 위해서는 계산이 거의 필요 없지만 낮은 수준의 기술(예를 들어 걷기, 듣기, 느끼기, 눈으로 보기 등)은 엄청난 양의 연산 리소스가 필요하다는 발견을 표현한 말로 옳은 것은?

① 프레임 문제 ② 상식의 저주
③ 모라벡의 역설 ④ 특징 설계의 문제

정답 ③

해설 모라벡의 역설에 대한 설명이다.
① 인간은 목적과 관계있는 것만 보고 듣고, 고려할 수 있는 반면 AI는 주어진 현실 상황에서 모든 것을 다 고려해서 한없이 생각할 수밖에 없다.
② 인간에겐 상식 수준의 지식들도 AI에겐 모두 배워야만 가능하다. 우리에겐 너무 당연한 지식이 AI에게는 오히려 난제로 작용한다.
④ 특징들을 인간이 입력할 수밖에 없다.

2 머신러닝

① 인공지능의 하위 집합 개념인 머신러닝은 정확한 결정을 내리기 위해 제공된 데이터를 통하여 스스로 학습할 수 있다. 처리될 정보에 대해 더 많이 배울 수 있도록 많은 양의 데이터를 제공해야 한다. 즉, 빅데이터를 통한 학습 방법으로 머신러닝을 이용할 수 있다.
② 머신러닝은 기본적으로 알고리즘을 이용해 데이터를 분석하고, 분석을 통해 학습하며, 학습한 내용을 기반으로 판단이나 예측을 한다. 따라서 궁극적으로는 의사 결정 기준에 대한 구체적인 지침을 소프트웨어에 직접 코딩해 넣는 것이 아닌, 대량의 데이터와 알고리즘을 통해 컴퓨터 그 자체를 '학습'시켜 작업 수행 방법을 익히는 것을 목표로 한다.

[예상문제]

머신러닝(Machine Learning)에 대한 옳은 설명만을 있는 대로 고른 것은?

ㄱ. 지식 기반 방법론이다.	ㄴ. 패턴 인식에서 출발하였다.
ㄷ. 데이터로부터 새로운 지식을 도출한다.	ㄹ. 지식을 데이터의 형태로 저장하는 것이다.

① ㄱ, ㄴ ② ㄴ, ㄷ
③ ㄴ, ㄹ ④ ㄷ, ㄹ

정답 ②

해설 ㄱ. 데이터 기반 방법론이다.
ㄴ. 머신러닝은 1990년대 패턴 인식에서 출발하였다.
ㄷ. 머신러닝은 데이터로부터 새로운 규칙 또는 지식을 도출한다.
ㄹ. 지식을 데이터의 형태로 저장하는 것은 규칙 기반 전문가 시스템이다.

3 딥러닝

① 딥러닝은 인공신경망에서 발전한 형태의 인공지능으로, 뇌의 뉴런과 유사한 정보 입출력 계층을 활용해 데이터를 학습한다. 그러나 기본적인 신경망조차 굉장한 양의 연산을 필요로 하는 탓에 딥러닝의 상용화는 초기부터 난관에 부딪혔다.

② 토론토대의 제프리 힌튼(Geoffrey Hinton) 교수 연구팀과 같은 일부 기관에서는 연구를 지속했고, 슈퍼컴퓨터를 기반으로 딥러닝 개념을 증명하는 알고리즘을 병렬화하는 데 성공했다. 그리고 병렬 연산에 최적화된 GPU의 등장은 신경망의 연산 속도를 획기적으로 가속하며 진정한 딥러닝 기반 인공지능의 등장을 불러왔다.

[예상문제]

세계 최대 이미지 인식 경연대회 'ILSVRC(ImageNet Large Scale Visual Recognition Challenge)' 슈퍼비전팀을 이끈 토론토대 제프리 힌튼 컴퓨터과학과 교수가 2006년 처음 창안한 개념으로 옳은 것은?

① Perceptron
② Deep Belief Network
③ Artificial Neural Network
④ Restricted Boltzmann machine

정답 ②

해설 2006년 토론토 대학의 제프리 힌튼(Geoffrey Hinton) 교수는 심층 신뢰 신경망(Deep Belief Network, DBN)이라는 딥러닝에 매우 효과적인 알고리즘에 관한 논문을 발표한다. 제프리 힌튼 교수는 이 논문을 실제 적용하여 2012년 세계 최대 이미지 인식 경연대회인 ILSVRC에서 나머지 팀들이 26%대의 이미지 인식 오류율로 각축을 벌일 때 홀로 15%대의 오류율을 기록함으로써 1위를 차지하게 된다. 인공지능 분야의 전문가들 대부분은 제프리 힌튼 교수의 이 논문이 딥러닝의 부활을 알리는 계기가 되었다고 말하고 있다.

다음 중 슈퍼비전(SuperVision)과 관계가 없는 것은?

① 딥러닝(Deep Learning)
② 제프리 힌튼(Geoffrey Everest Hinton)
③ 매사추세츠공과대학(MIT)
④ 컴퓨터가 스스로 특징(입력값)을 만드는 것

정답 ③

해설 슈퍼비전(SuperVision)은 제프리 힌튼이 주도하여 토론토 대학에서 만든 인공지능이다. 딥러닝 연구는 심층신경망의 가중치를 결정하는 알고리즘이 개발됨에 따라 본격적으로 시작되었다. 특징 설계(Feature Design)의 문제를 돌파한 것이 바로 심층신경망(Deep Learning)이다. 딥러닝은 데이터를 바탕으로 컴퓨터가 스스로 특징(입력값)을 만드는 것으로 특징 자체를 학습하는 진정한 의미의 학습이다.

③ 딥러닝으로 훈련된 시스템의 이미지 인식 능력은 이미 인간을 앞서고 있다. 이 밖에도 딥러닝의 영역에는 혈액의 암세포, MRI 스캔에서의 종양 식별 능력 등이 포함된다. 구글의 알파고는 바둑의 기초를 배우고, 자신과 같은 AI를 상대로 반복적으로 대국을 벌이는 과정에서 그 신경망을 더욱 강화해 나갔다.

④ 머신러닝과 가장 큰 차이점은 딥러닝은 분류에 사용할 데이터를 스스로 학습할 수 있는 반면 머신 러닝은 학습 데이터를 수동으로 제공해야 한다는 점이 딥러닝과 머신러닝의 가장 큰 차이점이다.

생각넓히기 | **슈퍼비전(SuperVision)**

슈퍼비전(SuperVision)은 제프리 힌튼이 주도하여 토론토 대학에서 만든 인공지능이다. 딥러닝 연구는 심층신경망의 가중치를 결정하는 알고리즘이 개발됨에 따라 본격적으로 시작되었다. 특징 설계(Feature Design)의 문제를 돌파한 것이 바로 심층신경망(Deep Learning)이다. 딥러닝은 데이터를 바탕으로 컴퓨터가 스스로 특징(입력값)을 만드는 것으로 특징 자체를 학습하는 진정한 의미의 학습이다.

Ⅱ 머신러닝의 학습법

1 지도학습(정답을 알려주며 학습시키는 것)

(1) 의의

① 지도학습은 정답이 있는 데이터를 가지고 학습한다. 데이터가 라벨링 되어 있다면 지도학습이라고 볼 수 있다. 여기에서 라벨링된 데이터란 데이터에 대한 답이 주어져 있는 것을 말한다.

② 입력값(X data)이 주어지면 입력값에 대한 Label(Y data)을 주어 학습시키는 것을 말한다. 예를 들어 인물 사진과 동물 사진을 주고, "이건 사람이고 이건 동물이야."라고 알려주는 학습 방식이다. 따라서 기계가 정답을 잘 맞혔는지의 여부를 쉽게 알 수 있다.

(2) 지도학습(Supervised learning)의 종류

① 의의

지도학습에는 대표적으로 분류(classification)와 회귀(regression)가 있다.

② 분류(Classification)

분류는 전형적인 지도 학습이며, 주어진 데이터를 정해진 카테고리(label)에 따라 분류하는 문제를 말한다.

③ 회기(Regression)

㉠ 회귀는 어떤 데이터들의 예측 변수(Predictor variable)라 불리는 특징(feature)을 기준으로, 연속된 값(그래프)을 예측하는 문제로 주로 어떤 패턴이나 트렌드, 경향을 예측할 때 사용된다.

㉡ 예를 들어 사람들의 몸무게, 성별, 나이와 같은 데이터로 키를 예측하는 문제가 여기에 해당된다.

④ 특징(Feature)

머신러닝은 어떤 데이터를 분류하거나, 값을 예측(회귀)하는 것이다. 이렇게 데이터의 값을 잘 예측하기 위한 데이터의 특징들을 머신러닝에서는 “Feature”라고 부르며, 적절한 “Feature”를 정의하는 것이 머신러닝의 핵심이다.

생각넓히기 | **선형 회귀모형과 로지스틱(logistic) 회귀모형**

대표적인 지도학습 알고리즘의 예로 선형 회귀모형과 로지스틱(logistic) 회귀모형이 있다. 선형 회귀모형은 회귀문제, 로지스틱 회귀모형은 분류문제를 풀고자 할 때 적합하다. 사회과학 분야에서도 선형 회귀모형과 로지스틱 회귀모형은 자주 사용되지만, 그 목적은 기계학습에서 사용되는 동일한 모형들과 다르다. 사회과학 분야에서는 특정 독립변수와 종속변수의 관계를 파악하는 것이 주 목적인 반면 기계 학습에서는 여러 가지의 독립변수를 사용해서 주어진 종속변수의 값을 정확하게 예측하는 데 중점을 둔다. 따라서 기계학습에서는 각 파라미터에 대한 통계적 추론 혹은 가설 검정이 별로 중요하지 않다.

[예상문제]

특징 설계의 문제를 돌파한 인공지능으로 옳은 것은?

① 딥러닝(Deep Learning)
② 머신러닝(Machine Learning)
③ 퓨샷 러닝(Few Shot Learning)
④ 원샷 러닝(One Shot Learning)

정답 ①

해설 ‘특징들을 인간이 입력할 수밖에 없다.’는 특징 설계(Feature Design)의 문제를 돌파한 것이 바로 심층신경망, 딥러닝이다. 딥러닝은 데이터를 바탕으로 컴퓨터가 스스로 특징(입력값)을 만드는 것, 특징 자체를 학습하는 진정한 의미의 학습이라고 할 수 있다. 일반적인 기계학습은 특징들(입력값)을 인간이 입력해 줘야 하지만 딥러닝은 AI가 데이터로부터 가장 적절한 특징들을 스스로 찾아낸다.

③ 딥러닝 모델의 훈련 방식은 인간의 것과 비교하면 효율적이지 않다. 반면, 우리 인간은 단 몇 장의 사진(훈련 데이터)가지고도 생애 처음으로 본 사물(테스트 데이터)을 구분할 수 있다. ‘기계는 인간처럼 소량의 데이터(few-shot)만으로도 놀라운 학습 능력을 갖출 수 없을까?’에 관련해서 진행되는 연구가 바로 퓨샷 러닝(Few Shot Learning)이다.

④ 원샷 러닝(One Shot Learning)은 다른 이미지에서 학습된 모델을 이용하여 하나의 데이터(One-shot)만으로도 학습 능력을 갖출 수 있을까에 대한 연구이다.

2 비지도학습(Unsupervised Learning)

(1) 의의

① 지도 학습과는 달리 정답 라벨이 없는 데이터를 비슷한 특징끼리 군집화하여 새로운 데이터에 대한 결과를 예측하는 방법을 비지도학습이라고 한다.

② 비지도 학습은 지도 학습 혹은 강화 학습과는 달리 입력값에 대한 목표치가 주어지지 않는다.

③ 미분류 데이터의 숨겨진 구조를 찾아 일련의 규칙을 뽑아내는 것이 목적이다. 실제로 지도 학습에서 적절한 특징을 찾아내기 위한 전처리 방법으로 비지도 학습을 이용하기도 한다.

(2) 비지도학습(Unsupervised learning)의 종류

① 의의

비지도학습은 군집화(Clustering), 시각화(Visualization), 차원축소(Dimensionality reduction), 이상 탐지(anomaly detection) 등의 알고리즘에 특화되어 있다.

② 군집화(Clustering)

㉠ 군집화는 아무런 정보가 없는 상태에서 데이터를 분류하는 방법이다. 반면에 분류는 주어진 데이터를 정해진 카테고리에 따라 분류하는 문제이다.

㉡ 군집화는 라벨링이 되어 있지 않은 데이터들 내에서 비슷한 특징이나 패턴을 가진 데이터들끼리 군집화한 후, 새로운 데이터가 어떤 군집에 속하는지를 추론한다.

③ 시각화(Visualization)

시각화는 레이블이 없는 대규모의 고차원 데이터를 넣으면 도식화가 가능한 2D나 3D 표현을 만들어준다. 이런 알고리즘은 가능한 한 구조를 그대로 유지하려 하므로(예를 들어 입력 공간에서 떨어져 있던 클러스터는 시각화된 그래프에서 겹쳐지지 않게 유지된다.) 데이터가 어떻게 조직되어 있는지 이해할 수 있고 예상하지 못한 패턴을 발견할 수도 있다.

④ 차원축소(Dimensionality reduction)

차원 축소는 데이터를 나타내는 여러 특징들 중에서 어떤 특징이 가장 그 데이터를 잘 표현하는지 알게 해주는 특징 추출의 용도로 사용된다.

⑤ 이상 탐지(anomaly detection)

이상 탐지는 은행은 고객의 구매 행동에서 특이한 패턴을 발견함으로써 사기거래를 탐지한다. 예를 들어, 한 신용카드가 각각 미국 캘리포니아와 덴마크에서 같은 날 사용됐다면, 그건 의혹의 원인이 된다.

3 강화학습(Reinforcement Learning)

(1) 의의

① 현재의 상태에서 어떤 행동을 취하는 것이 최적인지를 학습하는 것이다.

② 행동 심리학에서 영감을 받았으며, 분류할 수 있는 데이터가 존재하는 것도 아니고 데이터가 있어도 정답이 따로 정해져 있지 않으며 자신이 한 행동에 대해 보상(reward)를 받으며 학습하는 것을 말한다.

(2) 시행착오적 탐색과 지연보상

① 시행착오적 탐색

시도해 보고 수정하면서 학습하는 방법으로 시간의 개념이 포함된다.

② 지연보상

지연보상은 현재의 행동이 보상으로 이어질지, 향후 더 큰 보상으로 이어질지, 다른 행동과 합해져서 더 큰 보상으로 이어질 지로 나눌 수 있다.

[예상문제]

머신러닝 학습법에 대한 설명으로 틀린 것은?

① 지도학습은 정답을 알려주며 학습시키는 것이다.
② 비지도학습은 정답을 따로 알려주지 않고 비슷한 데이터를 군집화하는 것이다.
③ 강화학습은 상과 벌이라는 보상(reward)을 주며 상을 최대화하고 벌을 최소화 하도록 한다.
④ 강화학습에는 크게 분류(classification)와 회귀(regression)가 있다.

정답 ④

해설 지도학습에는 크게 분류(classification)와 회귀(regression)가 있다.

지도학습(Supervised learning)에 대한 옳은 설명만을 있는 대로 고른 것은?

ㄱ. 데이터가 라벨링 되어 있다면 지도학습이라고 볼 수 있다.
ㄴ. 분류는 데이터를 비슷한 특징끼리 군집화(Clustering)하여 새로운 데이터에 대한 결과를 예측하는 방법이다.
ㄷ. 회귀분석은 데이터의 특징(Feature)을 기반으로 연속적인 값을 예측하는 것을 말한다.
ㄹ. 차원 축소를 통해 전체 데이터에서 정보 손실을 최소화하면서, 데이터를 간소화할 수 있다.

① ㄱ, ㄴ
② ㄱ, ㄷ
③ ㄴ, ㄹ
④ ㄷ, ㄹ

정답 ②

해설 ㄱ. 지도학습은 정답이 있는 데이터를 가지고 학습한다. 데이터가 라벨링 되어 있다면 지도학습이라고 볼 수 있다. 여기에서 라벨링 된 데이터란 데이터에 대한 답이 주어져 있는 것을 말한다.
ㄴ. 군집화(Clustering)에 대한 설명이다. 군집화는 아무런 정보가 없는 상태에서 데이터를 분류하는 방법이다. 반면에 분류는 주어진 데이터를 정해진 카테고리에 따라 분류하는 문제이다.
ㄷ. 지도학습은 분류와 회기분석을 목적으로 한다. 회귀분석은 데이터의 특징을 기반으로 연속적인 값을 예측하는 것을 말하며 일반적으로 연속적인 숫자(벡터)를 예측하는 데에 사용된다. 예를 들어 사람들의 몸무게, 성별, 나이와 같은 데이터로 키를 예측하는 문제가 여기에 해당된다.
ㄹ. 비지도학습의 목적이다. 차원 축소는 고차원의 데이터 정보의 손실을 최소화 하면서 저차원으로 변환하는 것이다. 차원축소는 2,3차원으로 변환하여 시각화하면 직관적인 데이터 분석이 가능하다.

비지도학습(Unsupervised Learning)에 대한 설명으로 틀린 것은?

① 입력값에 대한 목표치가 주어진다.
② 군집화, 시각화, 차원 축소, 이상 탐지 등이 포함된다.
③ 군집화는 라벨링이 되어 있지 않은 데이터들 내에서 비슷한 특징이나 패턴을 가진 데이터들끼리 군집화한 후, 새로운 데이터가 어떤 군집에 속하는지를 추론한다.
④ 차원 축소를 통해 가장 중요한 요소가 무엇인지 우선 순위를 정해서 해당 요소를 기준으로 필터링을 하고, 특정 요소는 고려하지 않는다.

정답 ①

해설 비지도 학습은 지도 학습 혹은 강화 학습과는 달리 입력값에 대한 목표치가 주어지지 않는다.
② 이상 탐지는 은행은 고객의 구매 행동에서 특이한 패턴을 발견함으로써 사기거래를 탐지한다. 예를 들어, 한 신용카드가 각각 미국 캘리포니아와 덴마크에서 같은 날 사용됐다면, 그건 의혹의 원인이 된다. 그리고 시각화는 레이블이 없는 대규모의 고차원 데이터를 넣으면 도식화가 가능한 2D나 3D 표현을 만들어준다. 이런 알고리즘은 가능한 한 구조를 그대로 유지하려 하므로(예를 들어 입력 공간에서 떨어져 있던 클러스터는 시각화된 그래프에서 겹쳐지지 않게 유지된다.) 데이터가 어떻게 조직되어 있는지 이해할 수 있고 예상하지 못한 패턴을 발견할 수도 있다.
③ 군집화는 아무런 정보가 없는 상태에서 데이터를 분류하는 방법이다. 반면에 분류는 주어진 데이터를 정해진 카테고리에 따라 분류하는 문제이다.
④ 차원 축소에 대한 설명이다. 차원 축소는 데이터를 나타내는 여러 특징들 중에서 어떤 특징이 가장 그 데이터를 잘 표현하는지 알게 해주는 특징 추출의 용도로 사용된다.

강화학습(Reinforcement Learning)에 대한 설명으로 틀린 것은?

① 현재의 상태에서 어떤 행동을 취하는 것이 최적인지를 학습하는 것이다.
② 미분류 데이터의 숨겨진 구조를 찾아 일련의 규칙을 뽑아 내는 것이 목적이다.
③ 시행착오적 탐색은 시도해 보고 수정하면서 학습하는 방법으로 시간의 개념이 포함된다.
④ 지연보상은 현재의 행동이 보상으로 이어질지, 향후 더 큰 보상으로 이어질지, 다른 행동과 합해져서 더 큰 보상으로 이어질 지로 나눌 수 있다.

정답 ②

해설 비지도학습에 대한 설명이다. 강화학습은 행동 심리학에서 영감을 받았으며, 분류할 수 있는 데이터가 존재하는 것도 아니고 데이터가 있어도 정답이 따로 정해져 있지 않으며 자신이 한 행동에 대해 보상(reward)를 받으며 학습하는 것을 말한다.

Ⅲ 규칙기반 전문가 시스템

① 인간의 정신활동을 알고리즘으로 표현하기는 어려우나, 전문적인 분야의 경우 문제 풀이를 규칙 형식으로 표현하고 문제를 해결하는 것이 가능하다.

② 규칙기반 전문가 시스템은 지식을 규칙들의 집합으로 나타내며, 데이터베이스는 조건문(IF)과 비교할 수 있는 사실들의 집합으로 이루어져 있다. 추론 엔진은 규칙들과 데이터베이스의 사실들을 연결하여 문제에 대한 답을 추론하는 역할을 수행한다.

③ 공학, 지질학, 전력공급시스템, 채광 등의 분야에서 일부 성공적인 사례가 있으나, 경험을 통해 배우는 '학습'의 능력이 없으며 매우 한정된 전문적 분야로 활용이 제한된다.

Ⅳ 유전 알고리즘

생물의 진화에 착상한 통계적 탐색 알고리즘으로, 특정 문제에 대한 해답들의 집합을 다수 형성하고, 해답들의 적합도를 평가해 더 나은 해답들을 선택하고, 선택된 해답들의 교차, 변이를 통해 수많은 단계를 반복하면서 최적의 해결책을 찾아 나간다.

Ⅴ 인공신경망

1 의의

① 인간의 뇌는 100억 개의 뉴런과 이들을 연결하는 6조 개의 시냅스의 결합체로, 병렬적인 정보처리 시스템으로 간주할 수 있다.

② 뉴런들 사이의 연결 강도는 자극 패턴에 반응하여, 특정 뉴런들은 시간이 지나면서 연결 강도가 강화된다 즉, 경험을 통한 학습이 이루어지는데, 이러한 적응성은 인공신경망에서 모방이 가능하다. 인공신경망의 연결강도, 즉 가중치는 초기값에서 훈련 예제를 통해 점차 변화한다.

③ 인공신경망의 가장 단순한 형태가 퍼셉트론으로, 컴퓨팅 능력의 향상은 여러 개의 계층(layer)을 가진 다층 신경망을 가능하게 하고, 글씨 인식, 인간 대화에서의 단어 판별, 폭발물 탐지 등 과거에는 불가능했던 많은 작업의 수행이 가능해졌다.

2 딥러닝의 혁신성

(1) 의의

① 인간만이 학습할 수 있는, 추상적 개념을 통해서만 가능하다고 여겨지던 정확한 분류와 식별작업이 컴퓨터를 통해서도 가능해졌다는 점에서 인공지능의 범용성에 큰 진전이 이루어졌다. 영상, 음성뿐만 아니라 단어, 유사 개념들의 분류 등을 통하여 언어 처리에도 진일보가 이루어졌다.

② 최근 인공지능의 혁신은 사실상 딥러닝에 의한 것으로 기존의 기술과 결합하여 자연어 처리, 컴퓨터 비전, 음성·영상 인식, 번역, 추천 등 구체적인 애플리케이션에서 인터넷 기업을 포함한 다양한 기업들에 의해 실용화되고 있다.

(2) 인공신경망 모델의 단점 극복

① 딥러닝은 대상(입력 데이터)의 특징을 정량적으로 나타내기 위한 설계에 있어 인간의 개입을 최소화하기에 성공(스스로 가중치 조정)했다.

② 컴퓨터는 기호의 의미를 이해하지 못하기 때문에 기호를 기호의 의미와 정확히 결부시키지를 못한다(Symbol Grounding 문제). 하지만 딥러닝으로 찾아낸 대상의 특징을 기반으로 일종의 '공학적 개념'을 추출하면, 이에 기호를 부여해 컴퓨터가 기호의 의미를 이해하고 활용토록 할 수 있는 단초가 될 수 있다.

③ 특정 작업 실행 시 그 작업과 관계있는 지식만을 활용하도록 해야 효율적인 문제해결이 가능한데(frame 문제), 이 문제도 데이터에서 현실 세계의 특징을 추출하고 이를 이용한 개념을 써서 지식을 표현하면 해결 가능하다.

3 하이브리드 지능 시스템

(1) 다양한 인공지능 기술의 조합으로 문제 해결

확률 추론은 불확실성을, 퍼지논리는 부정확성을, 인공신경망은 학습을, 진화연산은 최적화에 장점이 있어 이들 간의 조합으로 인공지능의 활용성을 증대시키는 것이 가능하다.

(2) 전문가 시스템과 인공신경망의 조합 : 신경망 전문가 시스템

결론 도달의 과정을 설명할 수 있는 전문가 시스템과 학습 능력을 갖춘 인공신경망을 조합하면 보다 효과적인 전문가 시스템이 가능하다.

(3) 뉴로-퍼지 시스템

퍼지 시스템의 지식 표현, 설명 능력과 인공신경망의 병렬 연산 및 학습 능력이 서로를 보완한다.

(4) 진화 신경망

유전 알고리즘이 인공신경망의 가중치 최적화를 도울 수 있다.

4 딥블루: 알고리즘에 갇힌 프로그램

프로그래머가 각 체스 게임을 분석해 세부적 컨트롤 전략을 수행하는 알고리즘을 작성하고 기본적으로 모든 경우의 수를 계산한다. 이러한 방식은 해당 과제(체스)의 해결에만 유용해, 범용성이 없다. 문제해결을 위한 수학적 모델을 인간이 제시하는 것에 해당한다.

5 알파고: 딥러닝의 범용성이 바둑에 적용된 사례

① 딥러닝은 목표를 설정하고 수집해 둔 사례를 제시하면 인간 프로그래머가 아니라 컴퓨터가 학습과정에서 스스로 문제해결 모델(딥러닝 각 계층의 가중치)을 발견하게 된다.

② 이런 방식은 다양한 분야에 적용이 가능해, 알파고에도 적용된다. 즉, 과거의 기보를 학습하는 과정에서 자동적으로 컴퓨터가 바둑 전략을 발견하고, 마치 인간의 직관을 가진 듯한 바둑 전략을 컴퓨터가 수행한다.

생각넓히기 | 인공지능의 미래[제리 카플란(Jerry Kaplan)]

로봇들이 몰려들어 인간의 일자리를 빼앗는 것이 아니라 자동화가 일의 본질을 바꾼다. 과거 인간의 역사를 돌아보면 기술이 발전하면서 생산성을 높이고 경제 생산을 증가시켜왔다. 생산성이 높아진다는 것은 동일한 일을 수행하는 데 필요한 사람의 수가 줄어든다는 뜻이다. 하지만, 약간의 시간 차가 있지만, 결국에는 새로운 일자리가 창출되는 결과로 이어지기도 했다.

생각넓히기 | 알파폴드(AlphaFold)

바둑 인공지능(AI) 프로그램 '알파고'로 유명한 구글 자회사 딥마인드가 50년 동안 풀리지 않았던 단백질 접힘(protein folding) 문제를 AI '알파폴드'(AlphaFold)를 이용해 해결하는 데 성공했다. 30일(현지시간) 영국 데일리메일에 따르면 딥마인드의 '알파폴드'는 생명과학 분야에서 가장 어려운 문제로 알려진 단백질 구조 예측을 위해 특별히 개발된 인공지능 시스템이다. 알파폴드는 이전까지 알려진 17만개의 단백질 구조에 대해 훈련을 받았다. 단백질은 수 천 개의 아미노산이 각 고유한 방식으로 접히면서 입체적인 구조를 형성해 만들어지는데 조금이라도 잘못 배열되면 우리 건강에 치명적인 영향을 미칠 수 있다. 암이나 알츠하이머, 파킨슨병, 광우병 등은 단백질이 잘못 접혀 정상적인 기능을 방해하며 나타나는 대표적인 질병이다. 과학자들은 단백질이 어떻게 접히는지에 대한 과정을 규명하면 이같은 난치병이나 각종 유전병을 치료할 수 있다고 기대한다. 현재 알려진 단백질 종류는 약 2억 개지만 그 구조와 역할에 대해서는 극히 일부분만 알려져 있다. 단백질 하나의 입체 구조와 접히는 과정을 온전히 파악하려면 수년 간 고된 실험과 수백만 달러의 특수 장비가 필요하다. 하지만 딥마인드의 알파폴드는 며칠 만에 많은 단백질의 구조를 높은 정확도로 예측할 수 있다는 점에서 이 과정을 효율적으로 단축시킬 수 있다. 알파폴드 프로젝트 연구팀은 여러 단백질이 어떻게 복합체를 형성하고 DNA와 상호작용을 하는지 등 더 많은 연구가 필요하다고 말했다. 딥마인드는 "우리는 알파폴드가 생물학적 연구와 더 넓은 세계에 미치는 영향력을 낙관적으로 보고 있다."며 "알파폴드 시스템에 대한 더 광범위한 접근을 제공할 수 있는 방법을 모색하고 있다."고 밝혔다.

Theme

174 인공신경망(Artificial Neural Network, ANN)

I 의의

인공신경망은 생물학의 신경망에서 영감을 얻은 학습 알고리즘이다. 시냅스의 결합으로 네트워크를 형성한 인공 뉴런이 학습을 통해 시냅스의 결합 세기를 변화시켜 문제해결능력을 가지는 비선형 모델이다.

Ⅱ 역사

1940년대 중반에 임계 논리(threshold logic)라 불리는 알고리즘을 바탕으로 신경망을 위한 수학적 모델이 제안되었다. 이후 1980년대 중반 데이비드 럼멜하트(David E. Rumelhart)와 제임스 맥클레랜드(James McClelland)가 연결주의(connectionism)로 대변되는 병렬분산처리 측면에서 인공신경망을 기술한 이후 최근까지 다양한 분야에서 활발하게 연구되고 있는 알고리즘이다.

Ⅲ 구조

1 의의

① 인공신경망은 인공의 뉴런(노드)들과 그들을 연결하는 인공의 시냅스(연결)들로 구성된 수리적 연산 모델로서 모든 노드는 입력 단위(입력층), 숨겨진 단위(은닉층), 출력 단위(출력층) 중 하나의 단위에 포함된다.

② 인간의 신경계에 비유하자면, 각 단위는 감각 뉴런, 연합 뉴런, 운동 뉴런에 비유될 수 있다. 즉, 입력 단위(입력층)에 의하여 받아들여진 정보는 숨겨진 단위(은닉층)에서의 연산을 거쳐 출력 단위(출력층)에서 값이 결정되는 것이다.

③ 중요한 것은 다양한 입력 노드들에서의 '병렬적인 계산'을 통하여 한 단위의 출력이 결정된다는 것이다. 이러한 점 때문에 신경망 모델은 PDP(Parallel Distributed Processing, 병렬 분산처리)시스템이라고도 불린다.

2 다층인공신경망(multi-layer neural network)

① 일반적으로 사용되는 기본적인 인공신경망 알고리즘인 다층인공신경망(multi-layer neural network)의 경우 아래 그림과 같이 입력층(input layer), 은닉층(hidden layer), 그리고 출력층(output layer), 이렇게 세 가지 층으로 구분된다. 그리고 각 층들은 노드들로 구성되어 있다. 아래 그림의 예에서는 입력층은 4개의 노드, 은닉층은 3개의 노드, 그리고 출력층은 1개의 노드를 가지고 있다.

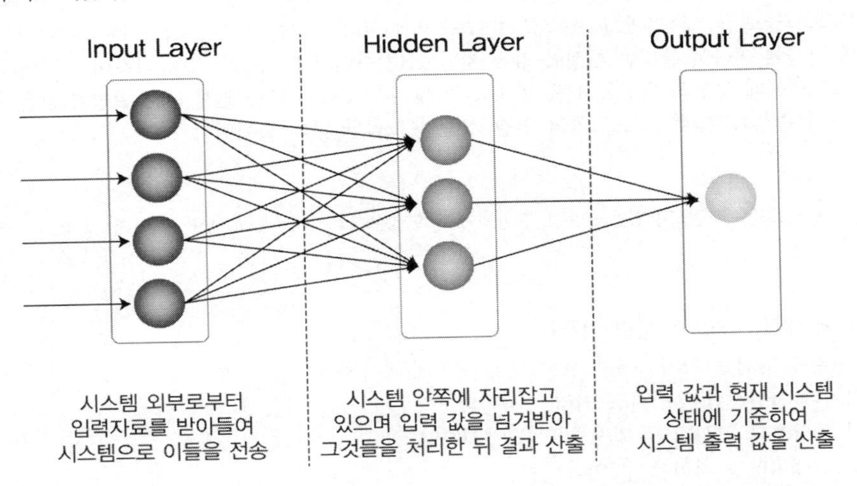

② 입력층은 예측 값(출력변수)을 도출하기 위한 예측변수(입력변수)의 값들을 입력하는 역할을 한다. 만약 n개의 입력값들이 있다면 입력층은 n개의 노드를 가지게 된다. 은닉층은 모든 입력노드부터 입력값을 받아 가중합을 계산하고, 이 값을 활성화 함수에 적용하여 출력층에 전달하게 된다. 각 입력노드와 은닉노드들은 모두 가중치를 가지는 망으로 연결되어 있으며 은닉노드와 출력노드도 마찬가지로 연결되어 있다. 이 가중치는 연결강도로 표현되며 랜덤으로 초기에 주어졌다가 예측 값을 가장 잘 맞추는 값으로 조정되게 된다. 활성화 함수는 비선형 함수를 사용하게 되며, 이러한 활성화 함수를 통하여 출력층에 예측 값이 전달되기 때문에 인공신경망이 비선형 모델로서 역할을 할 수 있게 된다.

③ 한 노드의 값은 연결되어 있는 모든 노드들의 활성화 값과 그 각각의 노드와의 연결 가중치 값의 곱에 의하여 결정된다. 외부의 자극에 의하여 특정한 활성화 값을 지닌 입력 단위의 노드들은 그들 각각이 연결된 숨겨진 단위의 노드들에게 자신의 활성화 값을 보낸다. 이때 숨겨진 단위의 노드가 얻게 되는 활성화 값은 연결된 입력 노드의 활성화 값과 그 노드와의 연결 가중치를 곱한 값의 총합이다.

기출문제

인공신경망에 대한 설명으로 틀린 것은? [2020]

① 인공신경망은 인간의 두뇌 내부의 생물학적 뉴런을 모방해서 만든 뉴런의 수학적 모델이며 인공뉴런이라고 불리는 연결 노드의 집합체이다.
② 한 노드의 값은 연결되어 있는 모든 노드들의 활성화 값과 그 각각의 노드와의 연결 가중치 값의 합에 의하여 결정된다.
③ 인공신경망은 일반적으로 입력층, 은닉층, 그리고 출력층, 이렇게 세 가지 층으로 구분이 되는데, 각 층들은 노드들로 구성되어 있고 이 노드들이 독자적 처리 능력을 가지는 병렬 분산 처리 시스템이다.
④ 외부의 자극에 의하여 특정한 활성화 값을 지닌 입력 단위의 노드들은 그들 각각이 연결된 숨겨진 단위의 노드들에게 자신의 활성화 값을 보내고, 이때 은닉층의 노드가 얻게 되는 활성화 값은 연결된 입력 노드의 활성화 값과 그 노드와의 연결 가중치를 곱한 값의 총합이다.

정답 ②

해설 한 노드의 값은 연결되어 있는 모든 노드들의 활성화 값과 그 각각의 노드와의 연결 가중치 값의 곱에 의하여 결정된다.

인공신경망에 대한 설명으로 틀린 것은? [2020]

① 논리 추론에 강점을 가지고 있어서 자연어 처리에 유용하다.
② 모호하거나 불완전한 데이터도 처리 가능하다.
③ 정확한 해답보다 근사적, 유의적 해답을 제시한다.
④ 아날로그 데이터를 처리할 수 있다.

정답 ①

해설 논리 추론에 강점을 가지는 인공지능은 규칙 기반 전문가 시스템이다. 또한 자연어 처리가 가능해진 것은 논리 추론에 강점이 있기 때문이 아니다. 자연 언어에 대한 연구는 오래전부터 이어져 오고 있음에도 아직 컴퓨터가 자연 언어를 사람처럼 이해하지는 못한다. 대신, 언어에 대한 깊은 이해없이 피상적인 확률 및 통계를 이용하여 대량의 정보를 처리하는 기술은 많이 발전한 상태이다. 대표적인 예를 들자면, 구글로 대표되는 검색 엔진은 단어간의 통계적 유사성에 바탕을 두고 문서를 검색해낸다.
② 잡음 또는 불완전 데이터에 대해 에러값으로부터 영향을 크게 받지 않는 쓸만한 결과를 보여준다.
③ 극단치, 극소치, 의미 없는 데이터들에 대하여, 인공신경망이 스스로 가중치를 낮추어, 영향을 안 받는 방향으로 의미 있는 해답을 제시한다.
④ 1976년 개발된 ART-1(Adaptive Resonance Theory Model)의 개량형인 ART-2에서 이미 아날로그형의 입력도 처리하였다. 뿐만 아니라 영상이나 음성 인식도 아날로그 데이터라고 할 수 있다.

Ⅳ 연결주의

① 신경망 모델이 인간의 마음의 작동 방식을(그 어떤 연산 모델들보다) 적절하게 기술할 수 있다는 입장이 바로 연결주의다.

② 연결주의의 강력한 이론적 이점 중 하나는 신경망 모델의 패턴 인식 능력이다. 즉, 변산성(변량의 흩어져 있는 정도)이 큰 개별적 사례들 사이에 존재하는 유사성에 기초하여 그 사례들을 하나의 군집으로 범주화할 수 있는 능력을 스스로 학습할 수 있다는 점이 신경망의 주요한 특징 중 하나이다.

③ 신경망의 이러한 범주적 학습과 판단 방식은 사례의 여러 요소들의 병렬적인 계산과 종합을 통하여 이뤄진다는 점에서 인간의 개념적 사고 양식과 유사한 속성을 공유한다고 평가된다. 혹은 인간의 개념적 판단 방식에 대한 통찰을 던져준다고 평가된다.

④ 신경망과 같은 인지적 모델은 인간의 심리적 구조에 대한 부분적으로 옳은 기술이라는 것은 철학의 주요 탐구 방식 중 하나인 개념 분석과 관련이 있다. 연결주의에 따르면, 어떠한 개념의 본성은 그 개념의 노드와 연결된 노드들과 연결 가중치의 함수이다. 따라서 어떠한 사례가 그 개념의 범주에 포함되는지 여부는 입력이 병렬적으로 분산되어서 계산·처리되는 것이다.

V 신경망 학습

1 합성곱신경망(Convolutional Neural Network, CNN)

① 기존의 방식은 데이터에서 지식을 추출해 학습이 이루어졌지만, CNN은 데이터의 특징을 추출하여 특징들의 패턴을 파악하는 구조이다.

② CNN은 생명체의 시각 처리 방식을 모방하기 위해 convolution(합성곱)이라는 연산을 인공신경망에 도입함으로써 이미지 처리 분야에서 기존의 머신 러닝 알고리즘들을 압도하였다. 2016년에 공개된 알파고에서도 CNN 기반의 딥러닝 알고리즘이 이용되었다.

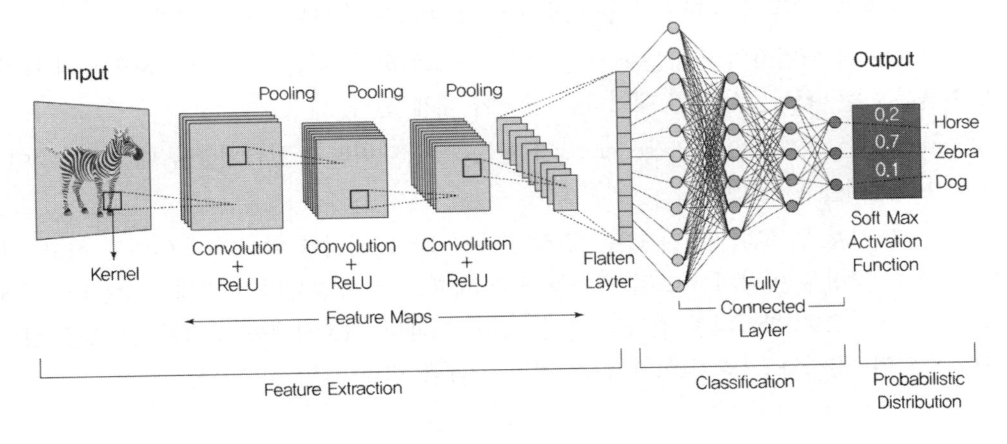

2 순환신경망(Recurrent Neural Network, RNN)

① RNN은 어떤 특정 부분이 반복되는 구조를 통해 순서를 학습하기에 효과적인 딥러닝 기법으로, 시계열 데이터(예를 들어, 문자열 및 센서 데이터)와 같이 시간적으로 연속성이 있는 데이터를 처리하기 위해 고안된 인공신경망이다.

② 시계열 데이터나 문자열은 일반적으로 앞에 입력된 데이터(이전 시간의 데이터)에 의해 뒤에 입력된 데이터에 대한 예측이 영향을 받는다.

③ CNN의 학습과정은 순서가 중요하지 않은 정보들이 공통으로 가지는 특징들만 관심이 있기 때문에 실시간으로 들어오는 정보들의 순서 관계를 처리할 수 없는 문제점이 있다. 이에 과거 및 현재 정보를 기반으로 미래 정보를 예측하는 시계열 특성을 반영한 모델이 순환신경망(RNN)이다.

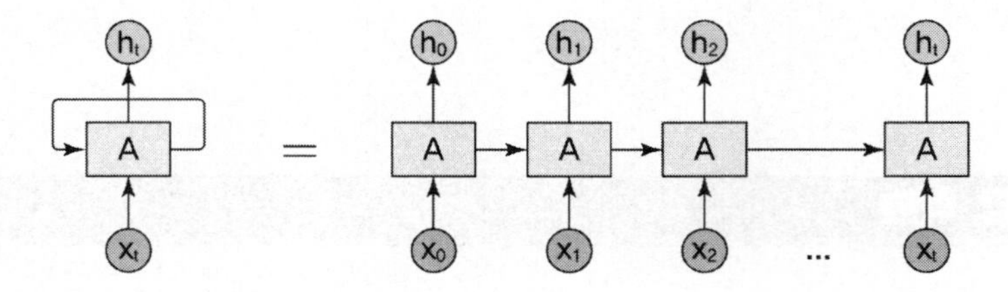

3 생성적 적대 신경망(Generative Adversarial Network, GAN)

① 데이터셋과 유사한 이미지 생성에 널리 쓰이는 모델로서, 기존의 인공신경망과는 다르게 GAN은 두 개의 인공신경망이 서로 경쟁하며 학습이 진행된다. 이러한 두 개의 인공신경망을 generator와 discriminator라고 하며, 각각은 서로 다른 목적을 가지고 학습된다.

② 원 데이터가 가지고 있는 확률분포를 추정하도록 하고, 인공신경망이 그 분포를 만들어 낼 수 있도록 한다는 점에서 단순한 군집화 기반의 비지도학습과 차이가 있다.

③ Generator는 원 데이터의 확률분포를 알아내려고 노력하며, 학습이 종료된 후에는 원 데이터의 확률분포를 따르는 새로운 데이터를 만들어 내게 된다.

④ Discriminator는 진짜 데이터와 generator가 만든 가짜 데이터가 입력되었을 때, 어떤 것이 진짜 데이터인지를 판별한다.

⑤ 예를 들어, 지폐 위조범(생성자 G)은 경찰(분류자 D)을 최대한 열심히 속이려고 하고, 다른 한편에서는 경찰은 이렇게 위조된 지폐와 진짜 지폐를 두고 분류하기 위해 노력한다. 이러한 경쟁이 지속적으로 학습되면 결과적으로는 진짜 지폐와 위조지폐를 구별할 수 없을 정도의 상태가 되며, 진짜와 거의 차이가 없는 가짜 지폐를 만들어 낼 수 있다.

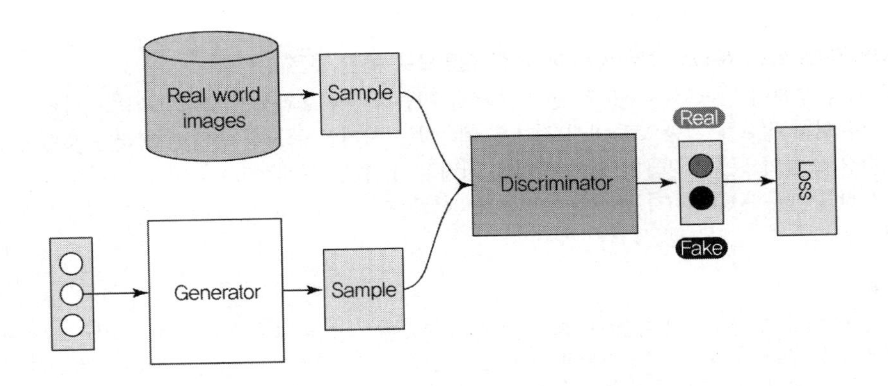

예상문제

신경망 학습에 대한 설명으로 틀린 것은?

① CNN은 데이터에서 지식을 추출해 학습이 이루어진다.
② CNN은 Convolution(합성곱)이라는 연산을 인공신경망에 도입하였다.
③ RNN은 시퀀스 데이터를 모델링하기 위해 등장했다.
④ GAN은 두 개의 인공신경망이 서로 경쟁하며 학습이 진행된다.

정답 ①

해설 기존의 방식은 데이터에서 지식을 추출해 학습이 이루어졌지만, CNN은 데이터의 특징을 추출하여 특징들의 패턴을 파악하는 구조이다. CNN은 생명체의 시각 처리 방식을 모방하기 위해 convolution(합성곱)이라는 연산을 인공신경망에 도입함으로써 이미지 처리 분야에서 기존의 머신 러닝 알고리즘들을 압도하였다.

합성곱신경망(Convolutional Neural Network)에 대한 설명으로 틀린 것은?

① 사람의 시신경 구조를 모방한 구조이다.
② 내부의 순환구조가 들어 있는 특징이 있다.
③ 데이터를 feature(특징, 차원)로 추출하여 이 feature들의 패턴을 파악하는 구조이다.
④ 보통 정보추출, 문장분류, 얼굴인식에 사용된다.

정답 ②

해설 순환신경망(Recurrent Neural Network)에 대한 설명이다. 순환신경망은 반복적이고 순차적인 데이터(Sequential data)학습에 특화된 인공신경망의 한 종류로써, 내부의 순환구조가 들어있는 특징이 있다.

순환신경망(Recurrent Neural Network)에 대한 설명으로 틀린 것은?

① 어떤 특정 부분이 반복되는 구조를 통해 순서를 학습하기에 효과적인 딥러닝 기법이다.
② 과거 및 현재 정보를 기반으로 미래 정보를 예측하는 시계열 특성을 반영한 딥러닝 모델이다.
③ 실시간으로 들어오는 정보들의 순서 관계를 처리할 수 없는 문제점이 있다.
④ 1보다 작을 경우 누적에러가 감소하여 빠르게 0으로 수렴(Gradient Vanishing)하는 문제가 발생할 수 있다.

정답 ③

해설 CNN의 학습과정은 순서가 중요하지 않은 정보들이 공통으로 가지는 특징들만 관심이 있기 때문에 실시간으로 들어오는 정보들의 순서 관계를 처리할 수 없는 문제점이 있다. 이에 과거 및 현재 정보를 기반으로 미래 정보를 예측하는 시계열 특성을 반영한 딥러닝 모델이 순환신경망(RNN)이다.

생성적 적대 신경망(GAN)에 대한 설명으로 틀린 것은?

① 데이터셋과 유사한 이미지 생성에 널리 쓰이는 모델이다.
② Generator(생성자)와 Discriminator(판별자) 두 개의 모델이 동시에 적대적인 과정으로 학습한다.
③ 원 데이터가 가지고 있는 확률분포를 추정하도록 하고, 인공신경망이 그 분포를 만들어 낼 수 있도록 한다는 점에서 단순한 군집화 기반의 비지도학습과 차이가 있다.
④ Discriminator(판별자)는 원 데이터의 확률분포를 알아내려고 노력하며, 학습이 종료된 후에는 원 데이터의 확률분포를 따르는 새로운 데이터를 만들어 내게 된다.

정답 ④

해설 지폐 위조범(생성자 G)은 경찰(분류자 D)을 최대한 열심히 속이려고 하고, 다른 한편에서는 경찰은 이렇게 위조된 지폐와 진짜 지폐를 두고 분류하기 위해 노력한다. 이러한 경쟁이 지속적으로 학습되면 결과적으로는 진짜 지폐와 위조지폐를 구별할 수 없을 정도의 상태가 되며, 진짜와 거의 차이가 없는 가짜 지폐를 만들어 낼 수 있다. 수학적으로 생성자 G는 원 데이터의 확률분포를 알아내려고 노력하며, 학습이 종료된 후에는 원 데이터의 확률분포를 따르는 새로운 데이터를 만들어 내게 된다.

생각넓히기 | 뉴로모픽(Neuromorphic)

뉴로모픽 컴퓨팅은 사람의 뇌신경망처럼 뉴런과 시냅스로 구성된 뉴로모픽칩으로 인간의 두뇌 작동을 모사한다. 알고리즘의 각 명령어를 하나씩 처리하는 수많은 연산과정을 거쳐야 하는 딥러닝(가상의 인공신경망 소프트웨어를 기반으로 하는 머신러닝 방식)은 뇌신경망의 전기적 상태들을 계산하고 모방하는 방대한 양의 사전 학습 데이터가 필요하기 때문에 에너지와 시간의 관점에서 볼 때 비효율적인 면이 있다. 하지만 뉴로모픽칩은 정보를 사건 단위로 받아들이며 이미지, 영상, 소리, 냄새 등 다양한 패턴의 데이터를 하나의 반도체에서 연산과 저장, 학습까지 동시다발적으로 신속하게 처리한다. 따라서 인간의 두뇌활동처럼 정답을 모르더라도 유사한 것들과 서로 다른 것들을 구분해서 군집을 만들어 스스로 학습해나갈 수 있다. 하드웨어의 혁신을 기반으로 하는 이러한 인공지능을 소프트웨어 기반의 DNN(Deep Neural Network)과 구분해 SNN(Spiking Neural Network)이라 부른다. DNN이 두뇌의 신경망을 지역적으로 흉내 내는 것이라면, SNN은 비지도 학습이 가능한 신경망 그 자체를 만들어내려는 것이라 할 수 있다.

기출문제

지능정보사회의 혁신 기술에 대한 설명으로 틀린 것은? [2019]

① 디지털 트윈은 현실 세계의 실체 또는 시스템을 디지털로 표현한 것이다.
② 딥러닝은 생물학의 신경망에서 영감을 얻은 통계학적 학습알고리즘을 이용하여 데이터를 군집화하거나 분류하는 데 사용하는 기술이다.
③ 인간의 신경계를 소프트웨어적으로 모사한 인공신경망과 달리 뉴로모픽 칩은 하드웨어적으로 사람 뇌 신경을 모방한 차세대 칩을 의미한다.
④ 인지컴퓨팅은 초기값을 사람이 설정하면 빅데이터 기반 훈련 예제를 통해 하드웨어 또는 소프트웨어가 가중치를 스스로 조정할 수 있는 기술 플랫폼을 의미한다.

정답 ④

해설 인지 컴퓨팅(Cognitive computing, CC)은 광의적으로는 인공지능과 신호 처리의 과학적 원리에 기반한 기술 플랫폼을 의미한다. 이 플랫폼들은 기계 학습, 추론, 자연어 처리, 음성 인식, 비전(물체 인식), 인간-컴퓨터 상호작용, 다이얼로그 및 내레이션 생성 등의 기술을 아우른다. 인지컴퓨팅에 포함된다고 볼 수 있는 머신러닝이나 딥러닝에서 초기값은 임의로 기계가 설정한다.

예상문제

뉴로모픽 컴퓨팅에 대한 설명으로 틀린 것은?

① 사람의 뇌신경망처럼 뉴런과 시냅스로 구성된 뉴로모픽칩으로 인간의 두뇌 작동을 모사한다.
② 딥러닝을 통해 뇌신경망의 전기적 상태들을 계산하고 모방하여 방대한 데이터를 처리한다.
③ 뉴로모픽칩은 정보를 사건 단위로 받아들이며 이미지, 영상, 소리, 냄새 등 다양한 패턴의 데이터를 하나의 반도체에서 연산과 저장, 학습까지 동시다발적으로 신속하게 처리한다.
④ 하드웨어의 혁신을 기반으로 하는 이러한 인공지능은 비지도 학습이 가능한 신경망 그 자체를 만들어 내려는 것이라 할 수 있다.

정답 ②

해설 뉴로모픽 컴퓨팅은 사람의 뇌신경망처럼 뉴런과 시냅스로 구성된 뉴로모픽칩으로 인간의 두뇌 작동을 모사한다. 알고리즘의 각 명령어를 하나씩 처리하는 수많은 연산과정을 거쳐야 하는 딥러닝(가상의 인공신경망 소프트웨어를 기반으로 하는 머신러닝 방식)은 뇌신경망의 전기적 상태들을 계산하고 모방하는 방대한 양의 사전학습 데이터가 필요하기 때문에 에너지와 시간의 관점에서 볼 때 비효율적인 면이 있다. 하지만 뉴로모픽칩은 정보를 사건 단위로 받아들이며 이미지, 영상, 소리, 냄새 등 다양한 패턴의 데이터를 하나의 반도체에서 연산과 저장, 학습까지 동시다발적으로 신속하게 처리한다. 따라서 인간의 두뇌활동처럼 정답을 모르더라도 유사한 것들과 서로 다른 것들을 구분해서 군집을 만들어 스스로 학습해나갈 수 있다. 하드웨어의 혁신을 기반으로 하는 이러한 인공지능을 소프트웨어 기반의 DNN(Deep Neural Network)과 구분해 SNN(Spiking Neural Network)이라 부른다. DNN이 두뇌의 신경망을 지역적으로 흉내내는 것이라면, SNN은 비지도 학습이 가능한 신경망 그 자체를 만들어내려는 것이라 할 수 있다.

Theme

175 퍼셉트론(Perceptron)

I 퍼셉트론의 구조

① 퍼셉트론(Perceptron)은 프랑크 로젠블라트(Frank Rosenblatt)가 1957년에 제안한 초기 형태의 인공신경망으로 다수의 입력으로부터 하나의 결과를 내보내는 알고리즘이다.

② 퍼셉트론은 실제 뇌를 구성하는 신경 세포 뉴런의 동작과 유사한데, 뉴런은 가지돌기에서 신호를 받아들이고, 이 신호가 일정치 이상의 크기를 가지면 축삭돌기를 통해서 신호를 전달한다.

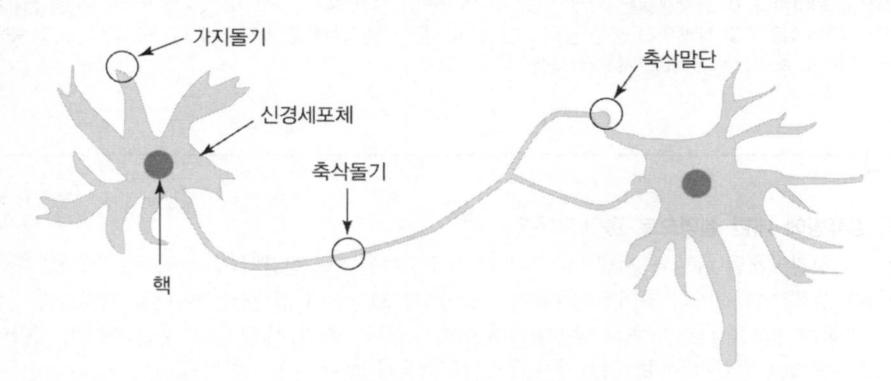

③ 신경 세포 뉴런의 입력 신호와 출력 신호가 퍼셉트론에서 각각 입력값과 출력값에 해당한다.

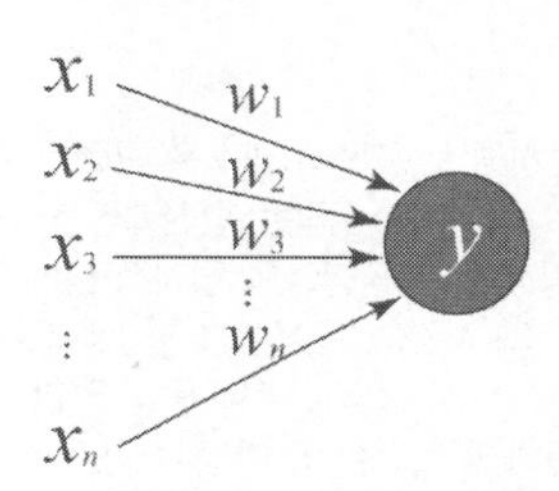

④ x는 입력값을 의미하며, w는 가중치(Weight), y는 출력값이다. 입력층과 출력층의 각각의 노드들은 인공 뉴런에 해당한다. 실제 신경 세포 뉴런에서의 신호를 전달하는 축삭돌기의 역할을 퍼셉트론에서는 가중치가 대신한다. 각각의 인공 뉴런에서 보내진 입력값은 각각의 가중치w와 함께 종착지인 인공 뉴런에 전달되고 있다.

⑤ 각각의 입력값에는 각각의 가중치가 존재하는데, 이때 가중치의 값이 크면 클수록 해당 입력값이 중요하다는 것을 의미한다.

⑥ 각 입력값이 가중치와 곱해져서 인공 뉴런에 보내지고, 각 입력값과 그에 해당되는 가중치의 곱의 전체 합이 임계치(threshold)를 넘으면 종착지에 있는 인공 뉴런은 출력 신호로서 1을 출력하고, 그렇지 않을 경우에는 0을 출력한다. 이러한 함수를 계단 함수(Step function)라고 하며, 아래는 그래프는 계단 함수의 하나의 예를 보여준다.

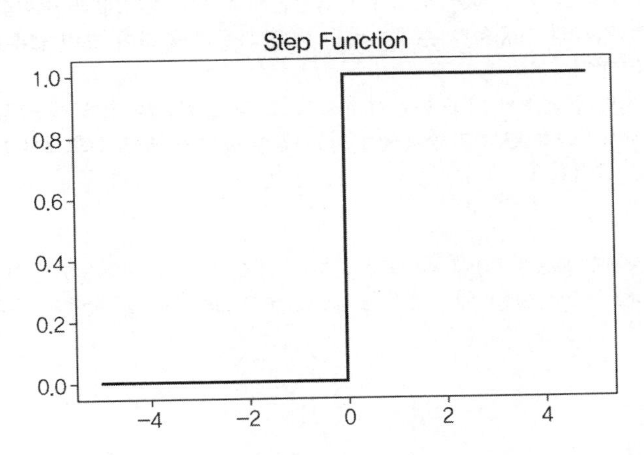

⑦ 이때 계단 함수에 사용된 이 임계치값을 수식으로 표현할 때는 보통 세타(θ)로 표현한다. 이를 식으로 표현하면 다음과 같다.

$$if \sum_{i}^{n} w_i x_i \geq \theta \rightarrow y = 1$$

$$if \sum_{i}^{n} w_i x_i < \theta \rightarrow y = 0$$

⑧ 단, 위의 식에서 임계치를 좌변으로 넘기고 편향 b(bias)로 표현할 수도 있다. 편향 b 또한 퍼셉트론의 입력으로 사용된다. 보통 그림으로 표현할 때는 입력값이 1로 고정되고 편향 b가 곱해지는 변수로 표현된다.

$$if \sum_{i}^{n} w_i x_i + b \geq 0 \rightarrow y = 1$$

$$if \sum_{i}^{n} w_i x_i + b < 0 \rightarrow y = 0$$

⑨ 편향 b 또한 딥러닝이 최적의 값을 찾아야 할 변수 중 하나이다.

예상문제

퍼셉트론(Perceptron)에 대한 설명으로 틀린 것은?

① 프랑크 로젠블라트(Frank Rosenblatt)가 1957년에 제안한 초기 형태의 인공신경망이다.
② 신경 세포 뉴런의 입력 신호와 출력 신호가 퍼셉트론에서 각각 입력값과 출력값에 해당된다.
③ 각각의 입력값에는 각각의 가중치가 존재하는데, 이때 가중치의 값이 크면 클수록 해당 입력값이 중요하다는 것을 의미한다.
④ 각 입력값이 가중치와 곱해져서 인공 뉴런에 보내지고, 각 출력값과 그에 해당되는 가중치의 곱의 전체 합이 임계치(threshold)를 넘으면 종착지에 있는 인공 뉴런은 출력 신호로서 1을 출력하고, 그렇지 않을 경우에는 0을 출력한다.

정답 ④

해설 각 입력값이 가중치와 곱해져서 인공 뉴런에 보내지고, 각 입력값과 그에 해당되는 가중치의 곱의 전체 합이 임계치(threshold)를 넘으면 종착지에 있는 인공 뉴런은 출력 신호로서 1을 출력하고, 그렇지 않을 경우에는 0을 출력한다.

Ⅱ 퍼셉트론의 종류

1 단층 퍼셉트론(Single-Layer Perceptron)

퍼셉트론은 단층 퍼셉트론과 다층 퍼셉트론으로 나누어지는데, 단층 퍼셉트론은 값을 보내는 단계와 값을 받아서 출력하는 두 단계로만 이루어진다. 이때 각 단계를 보통 층(layer)이라고 부르며, 이 두 개의 층을 입력층(input layer)과 출력층(output layer)이라고 한다.

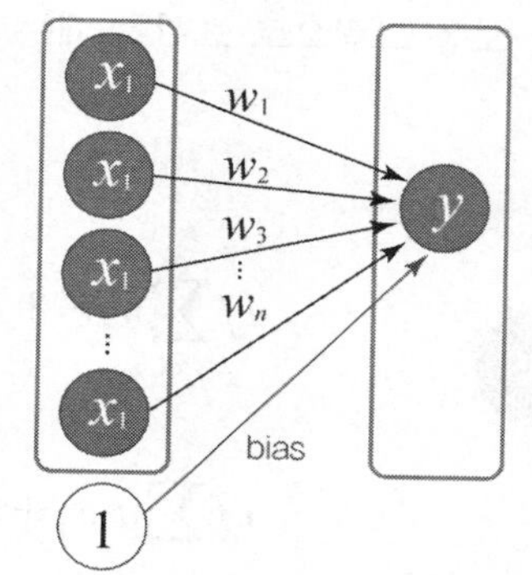

2 다층 퍼셉트론(MultiLayer Perceptron, MLP)

① 다층 퍼셉트론과 단층 퍼셉트론의 차이는 단층 퍼셉트론은 입력층과 출력층만 존재하지만, 다층 퍼셉트론은 중간에 층을 더 추가하였다는 점이다. 이렇게 입력층과 출력층 사이에 존재하는 층을 은닉층(hidden layer)이라고 한다. 즉 다층 퍼셉트론은 중간에 은닉층이 존재한다는 점이 단층 퍼셉트론과 다르다. 다층 퍼셉트론은 줄여서 MLP라고도 부른다.

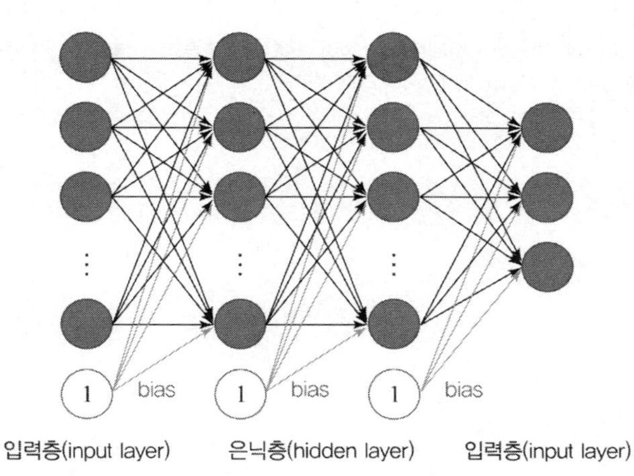

입력층(input layer) 은닉층(hidden layer) 입력층(input layer)

② 위와 같이 은닉층이 2개 이상인 신경망을 심층 신경망(Deep Neural Network, DNN)이라고 한다. 심층 신경망은 다층 퍼셉트론만 이야기하는 것이 아니라, 여러 변형된 다양한 신경망들도 은닉층이 2개 이상이 되면 심층 신경망이라고 한다.

③ 기계가 가중치를 스스로 찾아내도록 자동화시키는 것이 머신 러닝의 학습 단계에 해당하고, 학습을 시키는 인공신경망이 심층 신경망일 경우 이를 심층 신경망을 학습시킨다고 하여, 딥러닝(Deep Learning)이라고 부른다.

[예상문제]

퍼셉트론(Perceptron)에 대한 설명으로 틀린 것은?

① 단층 퍼셉트론은 은닉층이 1개이다.
② 출력값을 변경시키는 함수를 활성화 함수라고 한다.
③ 은닉층이 2개 이상인 신경망을 심층 신경망(DNN)이라고 한다.
④ 학습을 시키는 인공신경망이 심층 신경망일 경우, 이를 심층 신경망을 학습시킨다고 하여 딥러닝이라고 한다.

정답 ①

해설 다층 퍼셉트론은 중간에 은닉층이 존재한다는 점이 단층 퍼셉트론과 구분되고, 은닉층이 2개 이상인 신경망을 심층 신경망(Deep Neural Network, DNN)이라고 한다.

퍼셉트론(Perceptron)에 대한 설명으로 틀린 것은?

① 단층 퍼셉트론에는 입력층과 출력층만 존재한다.
② 다층 퍼셉트론에는 입력층과 출력층 사이에 은닉층이 존재한다.
③ 초기 인공신경망 모델인 퍼셉트론은 활성화 함수로 계단 함수를 사용하였다.
④ 여러 변형된 다양한 신경망들도 은닉층이 존재하면 심층 신경망이라고 한다.

정답 ④

해설 다층 퍼셉트론은 중간에 은닉층이 존재한다는 점이 단층 퍼셉트론과 구분되고, 은닉층이 2개 이상인 신경망을 심층 신경망(Deep Neural Network, DNN)이라고 한다.

Theme

176 딥러닝 소개 및 주요 이슈

I 의의

① 기본적으로 딥러닝은 기존 신경망(neural networks)에 계층수를 증가시킨 심층신경망(deep neural networks) 혹은 심층망(deep networks)을 효과적으로 학습하여 패턴인식이나 추론에 활용하는 것을 말한다.

② 이런 심층망의 장점은 기존의 신경망에 비해 더 많은 중간 계층을 사용함으로써 데이터에 대한 표현 능력을 크게 증가시킬 수 있다는 것이다. 이러한 심층망의 아이디어는 이전부터 존재했지만, 2006년 Hinton 교수의 논문 이전에는 심층망을 위한 효과적인 학습방법의 부재로 크게 주목받지 못했다.

③ Hinton 교수는 2006년 논문에서 사전학습(Pre-training)이라는 개념을 제안함으로써 심층망의 학습 가능성을 보여주었고, 그 이후 여러 가지 다양한 학습 방법들이 제안되어 사용되고 있다.

④ 신경망에서 중간계층을 여러 겹 쌓는 것은 단순해 보이지만, 이러한 양적 변화가 패턴인식 분야에서는 패러다임의 변화를 일으킬 만큼 대단한 혁신이다. 이러한 혁신을 요약하면 크게 두 가지인데, 하나는 해당 분야의 전문가의 지식 없이도 데이터로부터 자동적으로 필요한 특징들 추출해 낸다는 것이고, 또 하나는 특징 추출과 분류기가 하나의 모델로 통합됨으로써 패턴인식의 성능이 극대화된다는 점이다.

II 배경

1 신경망과 딥러닝의 역사

① 딥러닝은 심층망에서의 학습과 추론에 대한 연구이며, 심층망은 기존 신경망의 계층을 확장한 형태이다. 최초의 신경망은 '신경망의 아버지'라고 불려지는 D. Hebb에 의해 1949년 시작되었다고 할 수 있다. 헵은 신경망을 학습하기 위해 헤비안 학습(Hebbian learning)을 제안했는데, 이것은 한마디로 말하면 같이 행동하는 뉴런들을 더 단단히 연결하라는 학습 원리이다. 단순한 원리이지만, 아직도 많은 경우에 사용되는 방법이다.

② 이후 1957년 F. Rosenblatt가 단층 신경망인 퍼셉트론(Perceptrons)을 IBM 704에 구현하여 이미지 인식을 수행했다. 이때부터 사람들은 신경망으로 인간 수준의 인공지능을 만들어 낼 수 있을 것이라고 믿기 시작했다.

③ 하지만, 1969년 MIT의 M. Minsky 교수가 단층 신경망은 XOR 문제를 풀 수 없음을 증명함으로써 사람들은 신경망의 능력을 불신하게 되었다. 이때 이미 신경망의 계층을 늘려 계산 능력을 키우려는 생각들이 있었지만, Minsky 교수는 심층망을 만든다 하더라도 신경망은 가능성이 없다고 생각했다.

④ 신경망에 대해 사람들이 다시 열광하기 시작한 것은 1986년 D. Rumelhart, G. Hinton, 그리고 R. Williams가 발표한 역전파(backpropagation) 알고리즘의 등장이었다. 사실 역전파 알고리즘은 그 전에도 있었지만, 1986년 이들의 논문으로부터 다시 주목받기 시작했고, 신경망은 또다시 낙관적인 전망으로 사람들의 관심을 끌어모았다. 이 역전파 알고리즘은 단층 신경망뿐만 아니라 한 두개의 은닉층을 가지는 다단계(multi-layered) 신경망도 학습가능하게 만들었다.

⑤ 하지만, 1995년 V. Vapnik 과 C. Cortes에 의해 SVMs(support vector machines)이 소개되고, 신경망보다 더 좋은 성능을 보이자, 사람들은 다시 신경망을 버리고 SVMs 으로 몰려갔다.

⑥ 이후 10여년간 신경망은 연구자들의 무관심과 홀대를 받았지만, 토론토대학 Hinton 교수의 2006년 Science 논문을 기준으로 다시 사람들의 주목을 받기 시작했다. 그리고 패턴인식의 패러다임을 바꾸고, 음성인식, 영상인식 등의 분야에서 성공적으로 적용되고 있다. 뿐만 아니라, 언어 이해와 같은 분야에서도 성과를 내면서 인공지능의 수준을 한 단계 성숙시키는 기술로 인정받고 있다.

⑦ 버클리대학의 M. Jordan 교수를 비롯한 기계학습의 대가들 중에는 신경망의 성공에 대해 너무 환호하지 말것을 주문하기도 하는데, 이는 이미 몇차례 신경망에 대한 기대와 좌절을 경험했기 때문에 신중하자는 뜻으로 해석할 수 있다.

⑧ 현재 다양한 패턴인식 대회 및 사용 서비스를 위해 가장 많이 사용되는 딥러닝 모델은 CNNs (Convolutional Neural Networks)와 RNNs(Recurrent Neural Networks)이다. 이들은 이미 1980년대에 제안되었고, 많은 논문들 또한 존재한다.

⑨ 특히, CNNs의 역사는 Hubel과 Wiesel의 단순세포(simple cell)와 복합세포(complex cell)연구로까지 거슬러 올라간다. CNNs의 첫 번째 계산 모델은 Fukushima가 1980년대에 발표한 Neocognitron이다. 이후 1989년 Y. LeCun이 Neocognitron에 역전파 알고리즘을 결합하여 CNNs을 만들었다. CNNs는 미국의 개인 수표에 있는 숫자 인식에 사용되는 등, 상업적으로도 큰 성공을 거두었다. 최근 영상인식의 경향은 CNNs의 규모를 더 확장하고 다양한 구조를 갖게 디자인하여 성능을 극대화 하는 추세다. RNNs의 경우에는 시계열 데이터 분석을 위한 신경망으로써 최근에는 RNNs의 일종인 LSTM(long short-term memory)이 필기체 인식이나 음성인식에 성공적으로 적용되고 있다.

2 딥러닝의 필요성

① 신경망이 하나의 은닉 계층만 가지고 있어도, 보편 근사기(universal function approximators)로 작동한다는 것은 잘 알려진 사실이다. 이 말은 적절한 인공신경망의 구조를 디자인하고 연결강도를 결정하면 어떠한 함수라도 근사적으로 표현할 수 있다는 것이다.

② 그렇다면 우리는 왜 하나보다 더 많은 여러 개의 계층을 쌓는 것이 어떤 이점이 있는지를 생각해 보아야 한다. 주어진 데이터를 표현하거나 입력과 출력 간의 관계를 충분히 표현하기 위해서는 그만큼 모델이 복잡해야 하는데, 천층망(shallow networks)에서는 노드의 개수를 증가시키는 것이 유일한 방법이다. 이러한 방법은 계층을 쌓아 올리는 것에 비해 효과적이지 못하다.

③ 동일한 수의 연결을 가지는 두 가지 신경망 구조의 예를 보여준다. 두개의 신경망은 비슷한 복잡도를 가지고 있다고 할 수 있지만, 심층망은 보다 많은 표현 능력을 가진다고 할 수 있다. 이는 X_1에서 Y_1으로 가는 길의 개수를 세는 것으로 설명할 수 있다. 즉, 천층망에서는 8개의 길이 있고 심층망에는 32개의 길이 있는데, 이는 심층망이 입력과 출력 사이를 더 많은 방법으로 모델링할 수 있다는 것을 의미한다.

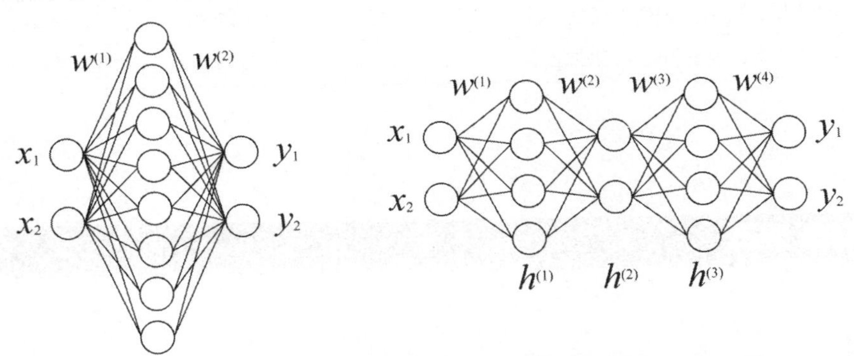

[총 32개의 연결을 가지는 천층망(왼쪽)과 심층망(오른쪽) 구조 예]

④ 심층망에 대한 생물학적인 연관성도 심층망에 대한 기대를 높인다. SVMs이나 MLPs 등의 천층망이 많은 패턴인식 문제에 성공적으로 적용되어 왔지만, 음성인식이나 영상인식에서는 여전히 인간 두뇌의 성능에 미치지 못했다. 따라서 인간의 두뇌에 있는 생물학적 신경망의 원리들을 이해하는 것이 인공신경망의 성능을 향상하는 데 도움이 될 것으로 기대해 왔다.

⑤ 인간두뇌는 영상인식에 있어서 기본적으로 5~10개의 계층을 통해 연산을 수행한다. 즉 어려운 문제에 대해 심층망의 성공적인 예가 이미 우리 두뇌에서 작동하고 있다는 뜻이다. 또한 MIT의 T. Poggio 교수나 Google의 미래학자 R. Kurzweil은 계층적 모델은 인간수준의 지능을 위해 필수적인 원리라고 주장한다. 이는 신경망을 더욱 깊이 만드는 것이 인공신경망을 패턴인식 등의 여러 가지 지능적인 태스크에 잘 작동할 수 있게 하는 데 필수적이라는 뜻이다.

3 패러다임 변화

① 한편으로는 심층망이라는 것이 기존의 신경망에 단순히 몇 개 계층을 더 증가시킨 것으로 특별할 게 없어 보이기도 하지만, 이러한 양적 증가가 패턴인식에 있어서 패러다임을 변화시킬 만큼 큰 변화를 가져왔다.

② 패러다임의 변화는 크게 두가지로 요약되는데, 첫째는 해당분야의 전문 지식 없이도 데이터로부터 자동으로 특징을 추출해 낼 수 있다는 것이고, 둘째는 이것이 기존의 특징 추출기(feature extractor)와 분류기(classifier)를 대규모의 신경망으로 통합하여 학습함으로써 독립적인 성능 향상에 비해 성능 개선을 이루었다는 점이다.

③ 이러한 변화는, 예를 들어 의료 영상 분석에서 의사들의 사전 지식에 의존하던 기존의 패턴인식 방법에서 심층망 학습만으로 단순화되는 것을 의미한다. 아래의 〈표〉에서는 천층망 기반 학습과 심층망 기반 학습의 차이를 요약했다.

[패턴인식에 있어서 천층학습으로부터 심층학습으로의 패러다임 변화]

천층 학습	심층 학습
분야 전문가에 의한 특징(예, 음성 MFCC, 동영상 SIFT)	데이터로부터 자동 특징 추출
특징 추출과 분류기의 독립 개발	특징 추출과 분류기의 통합

Ⅲ 학습 원리

1 의의

① 데이터로부터 지능을 얻는, 즉 무엇인가를 배우는 방법은 크게 지도학습, 비지도학습 및 강화학습으로 나눠진다.

② 패턴인식과 같은 특정 임무에 관하여 데이터로부터 배운다는 것은 주어진 모델의 변수(parameters)를 조정하여 인식 정확도와 같은 성능의 최대화를 이루어 가는 과정이다.

③ 예를 들어, 선형모델의 경우 두 개의 변수(a, b), 2차식에서는 3개의 변수(a, b, c)를 조정하여 입력값 x에 대해 출력값 y를 예측할 수 있게 한다. 3개의 변수를 갖는 모델은 2개의 변수를 갖는 모델을 포함한다. 일반적으로 더 많은 변수를 사용하여 정의된 복잡한 모델일수록 입력과 출력사이의 관계를 더 잘 정의할 수 있다.

④ 이러한 모델 중에 딥러닝은 인공신경망이라는 특수한 모델에 기반한다. 이름에서 알 수 있듯이 인공신경망은 네트워크 구조를 갖는다. 주어진 인공신경망의 네트워크에 대해 깊이를 정의할 수 있는데, 딥러닝은 기존의 신경망에서 다루는 네트워크들보다 더 큰 깊이를 갖는 인공신경망이라고 말할 수 있다.

⑤ 딥러닝의 최근의 성공은 기존의 신경망보다 더 복잡한 모델을 사용하여 인식 성능을 향상시킨 결과라고도 볼 수 있다.

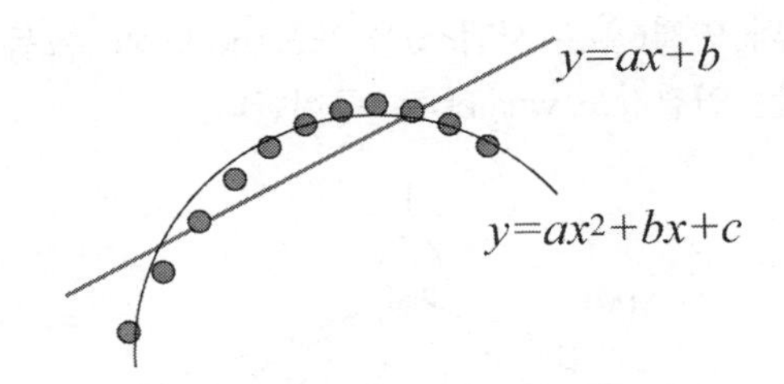

[1, 2차식을 사용한 회귀분석 예 – 동그란 점들이 (x,y)로 이루어진 데이터]

생각넓히기 | 독립변수와 종속변수 간의 관계

기계학습에서는 학습 데이터에 존재하는 독립변수와 종속변수의 관계를 파악하기 위해 수학적 모형을 사용한다. 기계학습에서는 이런 수학적 모형을 기계학습 알고리즘이라고 표현하기도 한다. 수학적 모형은 일반적으로 파라미터를 가진다. 이러한 모형의 파라미터는 학습 데이터에 존재하는 독립변수와 종속변수의 관계를 정의하는 역할을 한다. 우리는 파라미터가 취할 수 있는 여러 개의 값들 중에서 최적의 값을 찾아야 한다. 즉 우리가 선택한 수학적 모형을 이용해서 학습 데이터에 존재하는 독립변수와 종속변수의 관계를 가장 잘 설명할 수 있는 파라미터의 값을 찾아야 한다. 이러한 파라미터의 값을 최적값이라고 한다. 파라미터의 최적값을 찾기 위해서, 기계학습에서는 비용함수라는 개념을 사용한다. 비용함수는 모형이 학습 데이터에 존재하는 종속변수의 값을 설명하지 못하는 정도를 의미한다. 좀 더 구체적으로 말하면, 비용 함수는 실제의 종속변수값과 모형을 통해서 나온 종속변수값의 예측치의 차로 구성된다. 따라서 파라미터의 최적값은 비용함수의 값을 최소화하는 파라미터의 값이 된다. 다시 강조하면 학습을 통해서 우리가 선택한 수학적 모형을 이용해 학습 데이터에 존재하는 독립변수와 종속 변수의 관계를 가장 잘 파악할 수 있는 파라미터의 값을 찾게 된다. 학습한 후에는 학습을 통해서 구한 구체적인 파라미터의 값을 갖는 모형의 성능을 평가해야 한다. 이러한 목적으로 사용되는 데이터를 평가 데이터라고 한다. 평가 데이터는 정답과 힌트 정보가 모두 존재하는 데이터이지만, 학습에 사용되지 않은 데이터이다. 평가 데이터를 통해서 모형의 성능을 평가한 후, 결과가 만족스럽다고 판단되면, 구체적인 파라미터의 값을 갖는 모형을 풀고자 하는 문제에 대한 데이터에 적용한다. 이러한 데이터에는 정답은 존재하지 않고 힌트 정보, 즉 독립변수에 대한 정보만이 존재한다. 그러면, 우리는 우리가 풀고자 하는 문제에 대한 데이터에 존재하는 각 관측치가 갖는 독립변수의 정보를, 학습을 통해 도출된 구체적 파라미터의 값을 갖는 모형에 대입해 해당 관측치의 종속변수값을 예측하게 된다. 하지만 우리가 풀고자 하는 문제에 대한 데이터에는 정답이 존재하지 않기 때문에 모형을 통해서 예측한 정답이 얼마나 정확한지는 알 수 없다. 만약에 학습에 사용된 학습 데이터가 우리가 풀고자 하는 문제에 대한 데이터를 잘 반영한다면, 학습을 통해서 도출된 모형으로 정답을 되도록 정확하게 예측할 수 있는 것이다.

2 신경망에서의 학습

① 두뇌 신경망의 정보처리 과정에서 고안된 계산 모델로서 인공신경망은 생물학적 신경망에서의 연산단위(혹은 뉴런)와 연결(혹은 시냅스)을 노드(node)와, 그들 사이의 연결(edge), 그리고 매 연결마다 정의되는 연결강도(weight)로 구현한다.

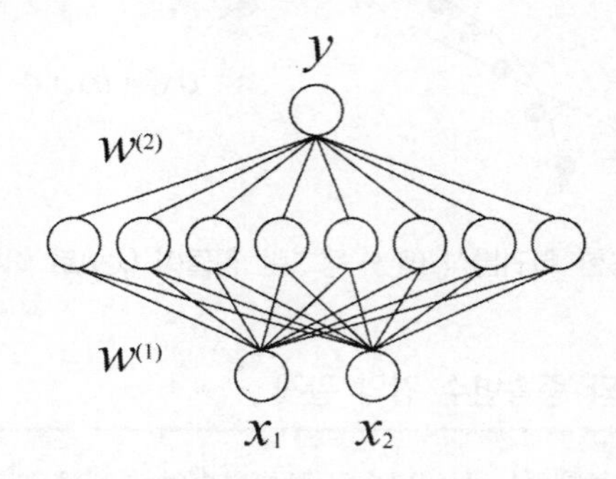

[하나의 은닉계층을 가진 천층망 구조의 예 - 원들은 노드, 선들은 연결강도]

② 인공신경망에서는 연결강도가 변수이다. 입력값 $x=[x_1, x_2, \cdots x_d]$가 주어질 때, 이 값은 은닉층(h)을 거치면서 출력값 y로 변환되는데, 그 과정은 다음과 같이 연결강도 w의 곱과 비선형 함수 σ(주로 sigmoid 함수)의 적용으로 진행된다.

$$h_j = \sigma(\sum_i w_{ij}^{(1)} x_i),\ y = \sigma(\sum_j w_j^{(2)} h_j)$$

핵심정리 활성화 함수

(1) 계단 함수

계단 함수는 굉장히 극적으로 모양이 변한다. 따라서 데이터의 손실이 발생할 가능성이 높다. 따라서 초기에는 많이 사용되었지만, 현재는 많이 사용되지 않는다. 또한 불연속 함수이기 때문에 미분이 불가능하다. 따라서 딥러닝 모델을 학습하는데 어려움이 있다.

(2) 시그모이드 함수

계단함수와 다르게 곡선을 그리는 연속된 함수이다. 또한 0과 1로만 출력되는 것이 아닌, 0과 1사이의 실수로 구성되어있기 때문에, 정교한 수를 전달할 수 있고, 데이터의 손실 또한 줄어든다. 하지만 시그모이드 함수를 사용할 경우 경사 소실 문제(vanishing gradient)가 발생한다. 즉, 입력값이 무한대로 커진다고 하더라도, 모델의 계층이 많을수록 gradient값이 0에 수렴하게 되어버린다. 또한 데이터가 0과 1사이의 값을 가지고 있어서 모두 양수이지만 gradient는 양수 또는 음수 모두 가능하다. 따라서 gradient를 업데이트할 때, 지그재그로 변동하는 문제가 발생할 수 있다. 따라서 학습이 느려지고, 효율성이 감소한다.

③ 즉, 인공신경망은 연결 강도가 고정되었을 때, 입력값에 대한 출력값을 계산하는 함수로 생각할 수 있다.

④ 특정 패턴인식 임무를 함수라고 가정하면 인공신경망의 학습은 연결강도를 조정하여 이 함수를 찾는 과정이라고 생각할 수 있다.

⑤ 지도 학습은 학습을 위해 이 목표 함수의 입력값과 출력값의 샘플을 이용하는 방법이다. 학습의 아이디어는 현재의 연결강도로 정의되는 함수에 샘플의 입력값을 대입했을 때의 출력값과 목표 함수에 동일 입력을 대입했을 때의 출력값을 비교한 다음, 이 차이를 감소시키는 새로운 연결강도를 찾는 것이다.

⑥ 따라서 출력값 사이의 차이를 표현하는 비용함수와 비용함수를 감소시키는 연결강도 업데이트 방법에 따라 다양한 학습 방법을 고안할 수 있다. 비용함수 E는 주로 출력값 y와 목표값 t사이의 차이, 즉 $E = (y-t)^2$로 정의한다.

3 심층망의 어려움

① 신경망의 계층을 많이 쌓은 심층망이 패턴인식 등의 성능향상에 도움이 된다는 것을 알고 있으면서도 최근까지 심층망이 활발히 연구되지 않은 이유는, 학습이 어렵다는 것이다. 즉 신경망을 학습하는 데 사용되는 역전파 알고리즘이 심층망에서는 에러의 역전파에 어려움을 겪는 것이다.

② 이러한 역전파의 어려움은 사라지는 경사(vanishing gradient)라는 현상 때문인데, 이는 에러 정보가 출력노드에서 노드 방향으로 전달되면서 점점 사라지는 것을 말한다. 에러 정보가 낮은 계층까지 잘 전해지지 않으면서 낮은 계층의 연결강도는 학습 정도가 미미한 수준에 머무르면서 초기의 랜덤 값에서 크게 벗어나지 못하게 된다.

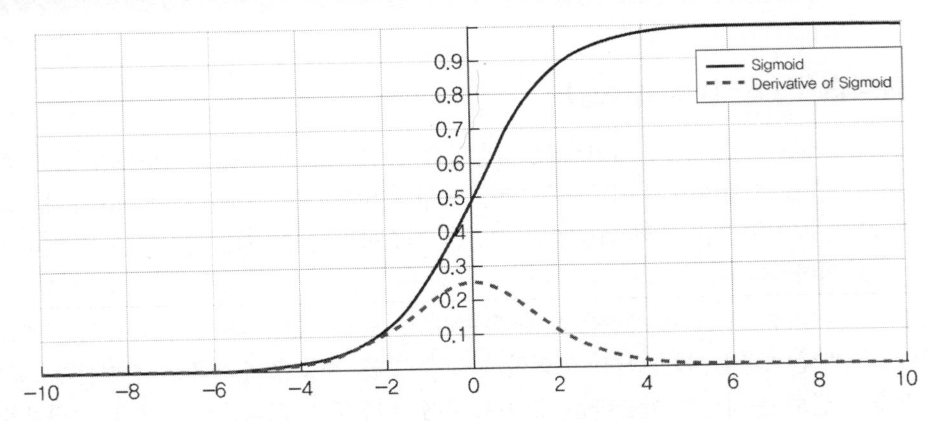

③ 인공신경망이 연결강도를 조정하여 다양한 함수를 표현할 수 있다. 하지만, 사라지는 경사 현상으로 인해 상대적으로 낮은 층은 초기의 연결강도 값을 그대로 갖게 되므로, 결국 학습 과정에서 상위 몇 개 층의 연결 강도만을 조정하게 된다. 이는 결국 상대적으로 적은 깊이를 갖는 모델을 사용한 것과 같기 때문에 성능 정확도를 향상시키는 데 실패할 수밖에 없다.

④ 2006년 G. Hinton 교수가 사전학습(Pre-training)을 제시함으로써 심층망의 학습 가능성을 보여줬고, 이후 다양한 방법들이 제안되고 있다.

생각넓히기 | 심층망의 구성 요소

심층망을 구성하는 구성요소들은 여러 가지가 있는데, 주로 RBMs(restricted Boltzmann machines)이나 AEs(auto-encoders)가 사용된다. RBMs은 1986년에 소개된 생성모델이고 최근 딥러닝에 구성요소로 사용되면서 주목을 끌게 되었다. 네트워크 구조에서 관측(visible) 노드들은 은닉(hidden) 노드들과만 연결되어 있고, 학습은 예측한 결과와 실제 데이터가 일치할 확률을 최대화하는 방향으로 이루어진다. 학습과정은 경사하강법(gradient descent method)을 사용할 수 있지만, 주로 CD(contrastive divergence)라는 방법을 사용한다. AEs는 2계층 신경망인데, 입력과 출력은 동일하다. 인코딩 행렬 W에 대해 디코딩은 W의 전치(transpose)로 표현할 수 있어서 동일한 변수를 사용한다. 이때 학습은 복구 에러의 역전파에 기반한다. 최근에는 제한된(restricted) AEs가 제안되어 다양한 형태로 사용되고 있다.

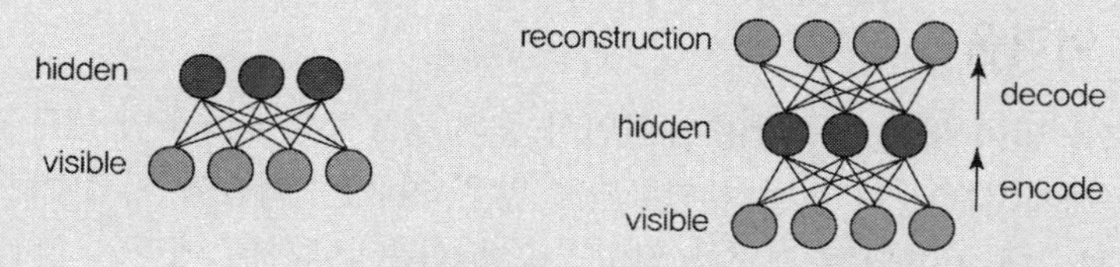

[RBM 구조(왼쪽)와 AE 구조(오른쪽)]

Ⅳ 심층망을 위한 학습 기법

1 사전학습(Pre-training)

① 사전학습은 매우 간단한 아이디어로써, 심층망에 역전파 알고리즘을 적용하기 전에 각 계층별로 사전학습을 진행하는 것이다. 즉, 역전파 알고리즘을 임의의 값(random)에서 시작하는 것이 아니라, 사전학습을 통해 심층망의 연결을 학습에 도움이 되는 중간값으로 미리 변형해 놓는 것을 의미한다.

② 입력값이 주어지면, 첫 번째 계층을 먼저 학습하고, 그 출력값을 두 번째 계층의 입력으로 사용하여 두 번째 계층을 학습한다. 이러한 과정을 모든 계층에 순서대로 진행한다. 즉, 전체 신경망을 층별로 분해해서 학습하는 것이다. 이후 역전파 알고리즘으로 전체 신경망을 학습하는데 이를 미세조정(fine-tuning)이라고 한다. 이름 그대로 미세조정을 통해서는 연결강도가 아주 조금 조정된다.

③ 이런 사전학습은 초기값을 최적해 근처로 옮겨 놓는다는 점에서 최적화(optimization) 문제를 위한 좋은 초기해를 찾는 방법으로 해석할 수 있다.

④ 비지도학습이 $p(x)$로 표현되는 데이터의 분포를 학습하고, 지도학습에 기반한 미세조정은 $p(y|x)$로 표현되는 분류성능을 최대화하는데, 베이즈 룰(Bayes rule)에 따라, 좋은 $p(x)$는 $p(y|x)$의 조건부 확률, 즉 분류 문제에 대한 좋은 사전 지식이 된다.

생각넓히기 | 베이즈 룰(Bayes rule)

우리는 물고기의 피부 밝기 정보가 주어졌을 때 그 물고기가 농어인지 연어인지 맞추기 위해서 이 문제를 수학적으로 모델링할 것이다. 먼저 우리에게 주어진 물고기의 피부색의 밝기를 x라고 하자. 물고기의 종류를 y라고 하고, 그 물고기가 농어일 사건을 $y=y_1$, 그리고 연어일 사건을 $y=y_2$라고 하자. 즉 물고기의 피부 밝기가 0.5일 때 그 물고기가 농어일 확률은 $p(y|x=0.5)$의 조건부 확률로 표현할 수 있다.

⑤ 사전학습의 또 다른 장점은 비지도학습이기 때문에 레이블 없는 빅데이터를 학습에 사용할 수 있다는 점이다. 지도학습을 위해 필요한 레이블이 많지 않은 데이터들도 있고, 또 레이블을 만드는 데 드는 비용이 매우 큰 경우 비지도학습은 유용하다.

2 Dropout

(1) 의의

Dropout은 학습하는 중에 노드들의 절반(꼭 절반일 필요는 없다)을 임의로 끄고 진행한다. 매 학습 회수마다 임의의 선택을 새로 한다. 학습이 끝난 후 새로운 데이터에 대해서는 절반의 노드를 끄는 대신 모든 노드들의 출력값을 절반으로 나눈다. 이러한 방법은 머신러닝의 bagging 방법과 비슷한 효과를 만드는데, 안정성과 정확도를 향상시킨다.

(2) 상호적응(coadaptation) 문제의 해소

① Dropout은 상호적응(coadaptation) 문제를 해소한다. 두 개의 노드가 한번 비슷한 연결 강도를 가지게 되면, 그 두 노드는 비슷한 방식으로 업데이트되면서 마치 하나의 노드처럼 작동하고, 이것은 컴퓨팅 파워와 메모리의 낭비를 초래한다.

② Dropout이 임의로 노드들을 끌 때 이러한 두 개의 노드가 나눠지게 되면 상호적응 문제를 회피할 수 있게 된다.

생각넓히기 | 상호적응 문제

상호적응 문제는 신경망의 학습 중 어느 시점에서 같은 층의 두 개 이상의 노드의 입력 및 출력 연결강도가 같아지면 아무리 학습이 진행되어도 그 노드들은 같은 일을 수행하게 되어 불필요한 중복이 생기는 문제를 말한다. 즉 연결강도들이 학습을 통해 업데이트 되더라도 이들은 계속해서 서로 같은 입출력 연결강도들을 유지하게 되고 이는 결국 하나의 노드로 작동하는 것으로써, 이후 어떠한 학습을 통해서도 이들은 다른 값으로 나눠질 수 없고 상호적응하는 노드들에는 낭비가 발생하는 것이다. 결국 이것은 컴퓨팅 파워와 메모리의 낭비로 이어진다.

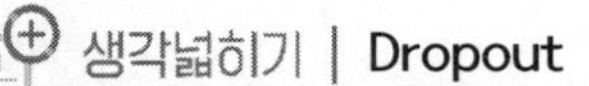

생각넓히기 | Dropout

- Models share weight
  weight들을 서로 공유한다는 것은 매 샘플마다 학습을 할 때, 다른 노드들을 학습할 수는 있지만, 이때의 웨이트들은 서로 같기 때문에 공유한다고 한다.
- Trains only a small percentage of its "models"
  모델의 아주 작은 부분만 학습을 수행한다. 즉, 모든 웨이트들을 한 번에 학습하는 것이 아니라, 작은 몇몇 부분만 학습을 한다.

생각넓히기 | Bagging

- Models are independent
  서로 다른 데이터셋을 학습시키기 때문에 서로 독립적으로 샘플링된 데이터들을 학습시키고, 각각의 모델에서의 웨이트들이 다 구해지면 이것을 평균하기 때문에 각각을 독립된 모델로 봐야 한다.
- All models are trained until convergence
  모든 모델들은 수렴할 때까지 학습을 시킨다고 하는데, 평균의 값이 거의 바뀌지 않고 비슷한 값을 가질 때까지 학습을 수행한다.

기출문제

딥러닝에 대한 설명으로 틀린 것은? [2021]

① 딥러닝은 기존 신경망에 계층수를 증가시킨 심층신경망 혹은 심층망을 효과적으로 학습하여 패턴인식이나 추론에 활용하는 것을 말한다.
② 사전학습은 머신러닝의 배깅(bagging) 방법과 비슷한 효과를 만드는데, 안정성과 정확도를 향상시킨다.
③ 딥러닝은 최근의 음성인식과 영상인식을 비롯한 다양한 패턴인식 분야의 성능향상을 이끄는 중요한 인공지능 기술이다.
④ 심층망을 구성하는 구성요소들은 여러 가지가 있는데, 주로 제한볼츠만기계(RBMs)나 오토인코더(AEs)가 사용된다.

정답 ②

해설 사전학습은 매우 간단한 아이디어로써, 심층망에 역전파 알고리즘을 적용하기 전에 각 계층별로 사전학습을 진행하는 것이다. 즉, 역전파 알고리즘을 임의의 값(random)에서 시작하는 것이 아니라, 사전학습을 통해 심층망의 연결을 학습에 도움이 되는 중간값으로 미리 변형해 놓는 것을 의미한다. 입력값이 주어지면, 첫 번째 계층을 먼저 학습하고, 그 출력값을 두 번째 계층의 입력으로 사용하여 두 번째 계층을 학습한다. 이러한 과정을 모든 계층에 순서대로 진행한다. 즉, 전체 신경망을 층별로 분해해서 학습하는 것이다. 이후 역전파 알고리즘으로 전체 신경망을 학습하는데 이를 미세조정(fine-tuning)이라고 한다. 이름 그대로 미세조정을 통해서는 연결 강도가 아주 조금 조정된다. 반면에 Dropout은 학습하는 중에 노드들의 절반(꼭 절반일 필요는 없다)을 임의로 끄고 진행한다. 매 학습 회수마다 임의의 선택을 새로 한다. 학습이 끝난 후 새로운 데이터에 대해서는 절반의 노드를 끄는 대신 모든 노드들의 출력값을 절반으로 나눈다. 이러한 방법은 기계학습의 bagging 방법과 비슷한 효과를 만드는데, 안정성과 정확도를 향상시킨다. 그리고 중요한 것은 Dropout은 상호적응(coadaptation) 문제를 해소한다. 두 개의 노드가 한번 비슷한 연결 강도를 가지게 되면, 그 두 노드는 비슷한 방식으로 업데이트되면서 마치 하나의 노드처럼 작동하고, 이것은 컴퓨팅 파워와 메모리의 낭비이다. Dropout이 임의로 노드들을 끌 때 이러한 두 개의 노드가 나눠지게 되면 상호적응 문제를 회피할 수 있게 된다.

3 조기 멈춤(Early stopping)

(1) 의의

심층망과 같은 패턴인식을 위한 모델을 학습할 때는 보통 두 가지 목표를 동시에 달성하기를 원한다. 하나는 비용함수를 최소화하는 모델을 찾는 것이고, 다른 하나는 찾은 모델이 학습에 사용되지 않은 데이터에 대해서도 인식을 잘하기를 원하는 것, 즉 과적합(overfitting)을 피하는 것이다.

(2) 과적합 문제 해결

① 과적합 문제는 근본적으로 학습 데이터에 대해 비용함수를 최소화하기 때문에 발생한다. 즉 모델이 지나치게 학습 데이터에만 적합하게 만들어져서 학습에서 보지 못한 데이터에 대해서는 큰 에러를 주는 경우이다. 이를 해결하기 위해서 주로 쓰는 방법은 조기 멈춤(early stopping)이다

② 조기 멈춤(early stopping)은 학습 데이터 중 일부를 검증 데이터로 따로 떼어놓고, 남은 데이터로만 학습을 진행한다. 학습 중 검증 데이터로 성능을 검증해서 에러가 떨어지다가 올라가기 시작하면 학습을 멈춘다. 이 방법은 매우 간단해 보이지만, 잘 작동한다.

핵심정리 과적합 해결을 위한 정규화 및 랜덤화

1. 의의

훈련과정에서는 데이터와 알고리즘이 유기적으로 상호작용하기 때문에 분류기가 우수한 성능을 보이지만, 새로 추가된 데이터나 다른 데이터 집합에 대해서는 성능이 떨어지는 과적합 문제가 많이 발생한다. 성능 평가에서 교차검증과 부트스트랩핑을 통해 과적합 발생 가능성을 낮출 수 있지만 한계가 존재한다. 어떤 형태의 데이터에 대해서도 일관된 성능을 보일 수 있는 유연한 분류기를 산출하려면 보다 정교한 개선이 필요한데, 그 해법에는 정규화(regularization)와 랜덤화(randomization) 과정이 수반된다.

2. 정규화

정규화는 훈련과정에 필요한 최적화를 의도적으로 제한함으로써 분류기가 다소 특이한 데이터 속성까지 고려하는 것을 방지한다. 최적화를 제한하는 방식과 제한 수준에 따라 다양한 정규화 방법이 가능하다. 보통 페널티 혹은 손실 함수를 도입한다. 예를 들어, 회귀분석형 분류기의 일종인 LASSO(Least Absolute Selection and Shrinkage Operator)는 페널티 함수로 L1－norm을 사용한다. 정규화를 통한 과적합 문제의 해결은 대개 위에서 소개한 교차검증과 결합되어 사용된다.

3. 랜덤화

(1) 의의

랜덤화는 분류기의 강건성과 유연성을 높이는 또 다른 방식으로, 크게 두 가지 전략이 있다.

(2) 배깅(bagging)

배깅(bagging)은 훈련과정에서 데이터를 랜덤하게 분리하여 여러 부분집합을 생성하고 부분집합별로 서로 독립적인 복수의 분류기를 생성한 후 이를 종합하여 활용하는 방식이다. 생성된 여러 분류기들 집합을 앙상블이라고 부른다.

(3) 부스팅(boosting)

부스팅(boosting)은 설명변수 혹은 속성에 대한 랜덤화로 볼 수 있다. 부스팅은 사용가능한 속성의 일부만을 이용하여 정밀도가 떨어지는 약한 분류기를 여러 개 생성한 뒤에 다시 훈련과정을 거치면서 약한 분류기들에 적절한 가중치를 부여하거나 경쟁시키면서 통합시킨다. CART(Classification and Regression Tree) 알고리즘을 기반으로 부스팅을 예로 들면, 의도적으로 깊이를 제한한 의사

결정나무(decision tree)가 약한 분류기에 해당한다. 이러한 작은 분류기 여러 개를 동시에 사용하면 과적합을 예방할 수 있다. 비유적으로 말하면, 작은 분류기 하나를 제한된 정보하에 움직이는 개인으로 본다면 부스팅은 집단지성에 가까운 형태라고 하겠다.

(4) 과적합 문제를 해결

① 배깅, 부스팅, 교차검증, 부트스트랩핑은 모두 랜덤화를 통해 과적합 문제를 해결하면서 동시에 보다 강건한 분류기로 업그레이드시키려는 목적을 가진다. 실제로 이들은 복합적으로 적용되기 때문에 구현과정에서 명확하게 구별하는 것은 쉽지 않다. 예를 들어 단순한 CART의 발전된 형태인 랜덤포레스트는 어떤 문헌에서는 배깅으로 다른 문헌에서는 부스팅의 일종으로 소개된다.

② 그런데 사실 이를 어느 범주에 포함시킬 것인지는 본질적으로 중요한 문제는 아니다. 사실 더 중요한 것은 강건성과 유연성을 유지하면서 정확성을 높일 때 발생하는 문제점들이다. 알고리즘의 기본형은 해석과 구분이 가능할지라도, 이들 방식을 적용하여 고도화된 분류기는 강건성과 유연성이 높아진 대가로 불투명성이 높아지며 그 결과에 대한 해석은 어려워진다.

핵심정리 강건성와 유연성

1. 강건성(Robustness)

강건성은 모델이 이상치나 잡음에 얼마나 잘 대처하는지를 측정한다. 높은 강건성을 가진 모델은 이상치나 잡음이 있는 데이터에서도 잘 동작한다. 예를 들어 이상치가 많은 데이터에서 중앙값을 사용하는 것이 평균을 사용하는 것보다 더 강건할 수 있다.

2. 유연성(Flexibility)

유연성은 모델이 다양한 패턴을 학습할 수 있는 능력을 말한다. 유연성이 높은 모델은 다양한 형태의 데이터 패턴을 적합시킬 수 있다. 예를 들어 의사결정나무(decision tree)나 신경망(neural network) 같은 모델은 선형 모델보다 더 유연하다.

핵심정리 분산과 편향

1. 의의

분산과 편향은 기계학습에서 중요한 개념으로, 모델의 학습성능을 이해하는 데 사용된다.

2. 편향

편향(Bias)은 모델이 훈련 데이터를 얼마나 잘 학습했는지를 나타내는 지표이다. 편향이 높다는 것은 모델이 훈련 데이터를 충분히 학습하지 못하고, 결과적으로 데이터의 패턴이나 관계를 제대로 반영하지 못했다는 뜻이다. 예를 들어, 간단한 선형 모델을 사용하여 복잡한 비선형 관계를 갖는 데이터를 예측하려고 하면, 모델의 편향이 높을 수 있다. 이는 모델이 데이터의 복잡성을 제대로 포착하지 못함을 의미한다.

3. 분산

반면 분산(Variance)은 모델이 훈련 데이터의 작은 변화에 얼마나 민감하게 반응하는지를 나타내는 지표이다. 분산이 높다는 것은 모델이 훈련 데이터의 작은 변화에도 과도하게 반응하여, 훈련 데이터의 노이즈까지 학습해버린다는 뜻이다. 예를 들어, 복잡한 비선형 모델을 사용하여 간단한 선형 관계를 갖는 데이터를 예측하려고 하면, 모델의 분산이 높을 수 있다. 이는 모델이 데이터의 노이즈까지 학습하여 오버피팅(과적합)이 일어났음을 의미한다.

4. 편향과 분산의 적절한 균형

따라서, 좋은 모델은 편향과 분산 사이에 적절한 균형을 이루어야 한다. 이것이 바로 편향-분산 트레이드오프(Bias-Variance Tradeoff)라는 개념의 핵심이다. 너무 단순한 모델은 높은 편향을 가질 수 있고, 너무 복잡한 모델은 높은 분산을 가질 수 있다. 따라서 모델의 복잡성을 적절하게 선택하여 편향과 분산을 모두 최소화하는 것이 중요하다.

Theme

177 전이학습(Transfer Learning)

I 의의

① 전이학습(Transfer Learning)은 특정 분야에서 학습된 신경망의 일부 능력을 유사하거나 전혀 새로운 분야에서 사용되는 신경망의 학습에 이용하는 것을 의미한다. 일반적으로 이미 학습된 가중치(weight)들을 전송(transfer)하여 사용한다.

② 전이학습은 학습 데이터의 수가 적을 때도 효과적이며, 학습 속도도 빠르다. 그리고 전이학습 없이 학습하는 것보다 훨씬 높은 정확도를 제공한다는 장점이 있다.

③ 컴퓨터 비전에서 말하는 전이학습은 주로 사전학습된 모델(pre-trained model)을 이용하는 것을 뜻한다.

④ 사전학습된 모델이란 풀고자 하는 문제와 비슷하면서 사이즈가 큰 데이터로 이미 학습이 되어 있는 모델로서 그런 큰 데이터로 모델을 학습시키는 것은 오랜 시간과 연산이 필요하다.

생각넓히기 | **컴퓨터 비전(Computer Vision)**

컴퓨터 비전은 기계의 시각에 해당하는 부분을 연구하는 컴퓨터 과학의 최신 연구 분야 중 하나이다. 공학적인 관점에서, 컴퓨터 비전은 인간의 시각이 할 수 있는 몇 가지 일을 수행하는 자율적인 시스템을 만드는 것을 목표로 한다(많은 경우에는 인간의 시각을 능가하기도 한다). 그리고 과학적 관점에서는 컴퓨터 비전은 이미지에서 정보를 추출하는 인공 시스템 관련 이론에 관여한다.

Ⅱ 미세조정(Fine-tuning)

1 의의

기존의 모델 구조와 사전학습된(Pre-trained) 가중치를 기반으로 목적에 맞게 가중치를 업데이트 하는 것이다. 즉 사전학습된 모델(Pre-trained model)을 목적에 맞게 재학습시키거나 학습된 가중치의 일부를 재학습시키는 과정이다.

2 미세조정(Fine-tuning) 전략

(1) 언더 피팅(under fitting)

언더 피팅은 만약에 학습 데이터가 모자라거나 학습이 제대로 되지 않아서 트레이닝 데이터에 가깝게 가지 못한 경우에는 그래프가 트레이닝 데이터에서 많이 떨어진 것을 볼 수 있는데 이를 언더 피팅이라고 한다.

(2) 오버 피팅(over fitting)

오버 피팅은 반대의 경우로, 트레이닝 데이터에 그래프가 너무 정확히 맞아 들어갈 때 발생한다. 샘플 데이터에 너무 정확하게 학습이 되었기 때문에 샘플데이터를 가지고 판단을 하면 100%에 가까운 정확도를 보이지만 다른 데이터를 넣게 되면 정확도가 급격하게 떨어지는 문제이다.

(3) 데이터셋이 적지만 기존에 사전학습된 데이터셋과 비슷한 특징을 가지는 경우

데이터셋이 적지만 기존에 사전학습된 데이터셋과 비슷한 특징을 가지는 경우에는 데이터가 적기 때문에, 전체 네트워크에 대하여 Fine-tuning을 하면 오버 피팅(over fitting) 문제가 발생한다. 따라서 Fully Connected Layer에 대해서만 Fine-tuning을 진행한다.

(4) 데이터셋이 충분하고, 기존에 사전학습된 데이터셋과 비슷한 특징을 가지는 경우

데이터셋이 충분하고 기존에 사전학습된 데이터셋과 비슷한 특징을 가지는 경우에는 데이터가 충분히 있기 때문에 Convolution layer에 대해서 Fine-tuning을 진행해도 오버 피팅(over fitting)의 위험이 없다. 하지만 데이터셋이 유사하기 때문에 시간 비용을 감안할 때 전체 layer에 대해서 Fine-tuning을 진행할 필요는 없다.

[예상문제]

전이학습과 파인튜닝에 대한 설명으로 틀린 것은?

① 전이학습(Transfer Learning)은 주로 사전학습된 모델을 이용하는 것을 말한다.

② 전이학습(Transfer Learning)을 사용하는 가장 큰 이유는, 큰 데이터셋을 처음부터 학습시키는 것은 낭비이기 때문이다.

③ Fine Tuning은 기존의 모델 구조와 미리 학습된(Pre-trained) 가중치를 기반으로, 목적에 맞게 가중치를 업데이트하는 것이다.

④ 데이터셋이 충분하고 기존에 사전학습된 데이터셋과 비슷한 특징을 가지는 경우에는 오버피팅의 문제가 발생하지 않으므로 전체 layer에 대해서 Fine-tunning을 진행하면 데이터를 예측하는 모델의 성능이 향상된다.

정답 ④

해설 언더 피팅은 만약에 학습 데이터가 모자라거나 학습이 제대로 되지 않아서, 트레이닝 데이터에 가깝게 가지 못한 경우에는 그래프가 트레이닝 데이터에서 많이 떨어진 것을 볼 수 있는데, 이를 언더 피팅(under fitting)이라고 한다. 오버 피팅은 반대의 경우로, 트레이닝 데이터에 그래프가 너무 정확히 맞아 들어갈때 발생한다. 샘플 데이터에 너무 정확하게 학습이 되었기 때문에, 샘플데이터를 가지고 판단을 하면 100%에 가까운 정확도를 보이지만 다른 데이터를 넣게 되면, 정확도가 급격하게 떨어지는 문제이다. 데이터셋이 적지만, 기존에 사전학습된 데이터셋과 비슷한 특징을 가지는 경우에는 데이터가 적기 때문에, 전체 네트워크에 대하여 Fine-tuning을 하면, over-fitting 문제가 발생한다. 따라서 Fully Connected Layer에 대해서만 Fine-tuning을 진행한다. 데이터셋이 충분하고, 기존에 전이학습된 데이터셋과 비슷한 특징을 가지는 경우에는 이때는 데이터가 충분히 있기 때문에 Convolution layer에 대해서 Fine-tuning을 진행해도 over-fitting의 위험이 없다. 하지만, 데이터셋이 유사하기 때문에, 시간 비용을 감안할 때, 전체 layer에 대해서 Fine-tuning을 진행할 필요는 없다.

Theme

178 퓨샷 러닝(few-shot learning)

I 의의

① 딥러닝 모델은 데이터양에 비례해 그 성능이 향상되는 경향성을 보인다. 많게는 수백만 개에 이르는 매개변수(가중치)를 훈련할 수 있을 규모의 데이터가 생산됨에 따라 근래의 딥러닝 모델은 데이터 분류 문제를 사람만큼 잘 풀어내고 있다. 물론 이를 위해서는 다양하고 품질이 우수한 데이터와 모델 훈련에 필요한 막대한 컴퓨팅 자원이 필수적이다.

② 하지만 딥러닝 모델의 훈련 방식은 인간의 것과 비교하면 효율적이지 않다. 반면, 인간은 단 몇 장의 사진(훈련 데이터)을 가지고도 생애 처음으로 본 사물(테스트 데이터)을 구분할 수 있다. 이처럼 소량의 데이터만으로도 학습이 가능한 방식을 퓨샷 러닝(few-shot learning)이라고 한다.

Ⅱ N-way K-shot 문제

1 데이터셋 구성

(1) 서포트 데이터(support data)

퓨샷 러닝에서 훈련에 사용하는 데이터셋을 서포트 데이터라고 한다.

(2) 쿼리 데이터(query data)

퓨샷 러닝에서 테스트에 사용하는 데이터셋을 쿼리 데이터라고 한다.

2 N-way K-shot

① N은 범주의 수, K는 범주별 서포트 데이터의 수를 의미한다.

② K가 1인 경우 원샷 러닝이 되고 K가 0인 경우 제로샷 러닝이 된다.

③ K가 많을수록 이 범주에 해당하는 데이터를 예측하는 모델의 성능이 향상되는 반면 N의 값이 커질수록 모델 성능은 낮아진다. 퓨샷 러닝은 이 K가 매우 작은 상황에서의 학습 모델이다. 즉 퓨샷 러닝 모델의 성능은 N에 반비례하고 K와는 비례하는 관계에 있다.

3 예제

(1) 1-Way 1-Shot

고양이 사진 하나를 보여주고, 동물들 중에서 고양이를 분류해 내도록 한다.

(2) 2-Way 1-Shot

고양이, 호랑이 사진을 하나씩 보여주고, 동물들 중에서 고양이, 호랑이를 분류해 내도록 한다.

(3) 3-Way, 2-Shot

고양이, 호랑이, 사자 사진을 두 개씩 보여주고, 동물들 중에서 고양이, 호랑이, 사자를 분류해 내도록 한다.

예상문제

퓨샷 러닝(few-shot learning)에 대한 설명으로 틀린 것은?

① 대량의 학습 데이터가 없는 상태에서 소량의 데이터만으로 효과적으로 학습하는데 주안점을 둔 학습 방식이다.
② 데이터셋을 훈련에 사용하는 서포트 데이터(support data)와 테스트에 사용하는 쿼리 데이터(query data)로 구성된다.
③ N-way, K-Shot 문제에서 N은 클래스의 개수, K는 각 클래스마다 예제의 개수이다.
④ N-way의 N이 클수록 데이터를 예측하는 모델의 성능이 향상된다.

정답 ④

해설 K가 많을수록 이 범주에 해당하는 데이터를 예측하는 모델의 성능이 향상된다.

Few-shot Learning에서 N-way, K-shot 문제에 대한 설명으로 틀린 것은?

① N은 범주의 수, K는 범주별 서포트 데이터의 수이다.
② K가 많을수록 이 범주에 해당하는 데이터를 예측하는 모델의 성능이 향상된다.
③ Few-shot Learning은 K가 매우 작은 상황에서의 모델 학습이고, K가 1인 경우 원샷 러닝, K가 0인 경우 제로샷 러닝이다.
④ 고양이, 호랑이, 사자 사진을 두 개씩 보여주고, 동물들 중에서 고양이, 호랑이, 사자를 분류해 내도록 하면 2-Way, 3-Shot이 된다.

정답 ④

해설 고양이, 호랑이, 사자 사진을 두개씩 보여주고, 동물들 중에서 고양이, 호랑이, 사자를 분류해 내도록 하면 3-Way, 2-Shot이 된다.

Theme

179 자연어 처리(Natural Language Processing)

I 의의

① 자연 언어 처리(Natural Language Processing, NLP)는 컴퓨터와 인간 언어 사이에 상호 작용하는 기술로 인공지능의 핵심 기능 중 하나이다. 1950년대부터 기계 번역과 같은 자연어 처리 기술이 연구되기 시작했다.

② 1990년대 이후에는 대량의 말뭉치(corpus) 데이터를 활용하는 기계학습 기반 및 통계적 자연어 처리 기법이 주류를 이뤘다. 하지만 최근에는 딥러닝과 딥러닝 기반의 자연어처리가 방대한 텍스트로부터 의미 있는 정보를 추출하고 활용하기 위한 언어처리 연구 개발이 전 세계적으로 활발히 진행되고 있다.

③ NLP 기술은 기계번역, 대화체 질의응답 시스템, 대화시스템, 정보검색, 말뭉치 구축, 시맨틱 웹, 딥러닝, 그리고 빅데이터 분석 분야뿐만 아니라 인간의 언어정보처리 원리와 이해를 위한 언어학과 뇌인지 언어정보처리 분야까지 핵심적인 요소로 작용하고 있다.

II 시소러스

① 시소러스는 '단어의 의미'를 나타내는 방법으로 사람이 직접 단어의 의미를 정의한 사전을 이용하는 방법이다. 자연어 처리 분야에서는 일반적인 사전이 아닌 시소러스 형태의 사전을 주로 사용한다(유의어 사전).

② 자연어 처리에 이용되는 시소러스에서는 단어 사이의 '상위와 하위' 혹은 '전체와 부분' 등의 관계를 정의해 둔 경우가 있다. 각 단어의 관계를 그래프 구조로 정의한 것이다.

③ 시소러스 사용의 예로, 검색 엔진을 생각해보면 "automobile"과 "car"가 유의어임을 알고 있으면 "car"의 검색 결과에 "automobile"의 검색결과를 포함시켜 주면 좋을 것이다.

Ⅲ WordNet

WordNet은 자연어 처리 분야에서 가장 유명한 시소러스이다. 프린스턴 대학교에서 1985년부터 구축하기 시작한 전통 있는 시소러스이다. 지금까지 많은 연구와 다양한 자연어 처리 애플리케이션에서 활용되고 있다. WordNet을 이용하면 유의어를 얻거나 '단어 네트워크'를 이용할 수 있다. 또한 단어 네트워크를 사용하여 단어 사이의 유사도를 구할 수도 있다.

시소러스의 문제점

(1) 시대 변화에 대응하기 어렵다

때때로 새로운 단어가 생겨나고, 옛말은 사라지기도 하며, 시대에 따라 의미가 변하기도 한다. 이러한 단어의 변화에 대응하려면 시소러스를 사람이 수작업으로 끊임없이 갱신하여야 한다.

(2) 엄청난 인적 비용이 발생한다.

시소러스를 만드는 데는 엄청난 인적 비용이 발생한다. WordNet에 등록된 단어는 20만 개 이상이다.

(3) 단어의 미묘한 차이를 표현하기 어렵다

시소러스는 뜻이 비슷한 단어들로 묶는다. 그러나 실제로 비슷한 단어들이라도 미묘한 차이가 있다. 예를 들어, '빈티지(vintage)', '레트로(retro)'는 의미가 같지만, 사용하는 용법이 다르다. 시소러스에서는 이러한 미묘한 차이를 표현하기 어렵다.

Ⅳ 통계 기반 기법

1 의의

① 시소러스의 단점들을 해결하고자 새롭게 만들어 낸 방법이 통계 기반 기법이다. 통계 기반 기법은 특정 단어를 주목했을 때, 그 주변에 어떤 단어가 몇 번이나 등장하는지를 세어 집계하는 방법이다.

② 통계 기반 기법에서 '말뭉치(corpus)'라는 것을 사용하게 되는데, 말뭉치란 자연어 처리 연구나 애플리케이션을 염두에 두고 수집된 대량의 텍스트 데이터를 의미한다.

2 말뭉치 또는 코퍼스(corpus)

① 말뭉치 또는 코퍼스(corpus)는 자연언어 연구를 위해 특정한 목적을 가지고 언어의 표본을 추출한 집합이다. 컴퓨터의 발달로 말뭉치 분석이 용이해졌으며 분석의 정확성을 위해 해당 자연언어의 형태소를 분석하는 경우가 많다.

② 확률 · 통계적 기법과 시계열적인 접근으로 전체를 파악한다. 언어의 빈도와 분포를 확인할 수 있는 자료이며, 현대 언어학 연구에 필수적인 자료이다. 인문학에 자연과학적 방법론이 가장 성공적으로 적용된 경우로 볼 수 있다.

3 분포 가설

① 색을 RGB로 표현할 때 벡터로 표현할 수 있는데 이 경우 보통 3차원 벡터로 세 가지 성분이 어떤 비율로 섞여 있는지 표현할 수 있다. '색'을 벡터로 표현하듯이 '단어'도 벡터로 표현할 수 있는데 자연어 처리 분야에서는 단어의 분산 표현(distributional representation)이라고 한다.

② 벡터로 표현하기 위해서 '단어의 의미는 주변 단어에 의해 형성된다.'라는 아이디어인 분포 가설(distributional hypothesis)을 이용한다. 분포 가설이 말하는 바는 단어 자체에는 의미가 없고, 그 단어가 사용하는 '맥락'이 의미를 형성한다는 것이다.

[예상문제]

자연어 처리(Natural Language Processing)에 대한 설명으로 틀린 것은?

① 시소러스는 자연어 처리 연구를 위해 특정한 목적을 가지고 언어의 표본을 추출한 집합으로 코퍼스(Corpus)라고도 한다.
② 자연어 처리 분야에서 가장 유명한 시소러스는 WordNet이다.
③ WordNet과 같은 시소러스에는 수많은 단어에 대한 동의어와 계층 구조 등의 관계가 정의되어 있다.
④ 시소러스를 활용하는 방법은 비용이 많이 들고, 유연성이 떨어지는 문제점이 있다.

정답 ①

해설 말뭉치 또는 코퍼스(corpus)는 자연언어 연구를 위해 특정한 목적을 가지고 언어의 표본을 추출한 집합이다. 컴퓨터의 발달로 말뭉치 분석이 용이해졌으며 분석의 정확성을 위해 해당 자연언어를 형태소 분석하는 경우가 많다. 확률/통계적 기법과 시계열적인 접근으로 전체를 파악한다. 언어의 빈도와 분포를 확인할 수 있는 자료이며, 현대 언어학 연구에 필수적인 자료이다. 인문학에 자연과학적 방법론이 가장 성공적으로 적용된 경우로 볼 수 있다.

시소러스에 대한 설명으로 틀린 것은?

① 보물, 비축물, 창고라는 뜻을 가진 단어이다.
② 16세기의 사전 편찬자들은 'Thesaurus Verborum(단어의 창고)'라는 단어를 사용했다.
③ 컴퓨터 용어로는 데이터 검색을 위한 키워드 간의 관계를 보여주는 통제되고 구조화된 어휘집을 의미한다.
④ 시소러스는 용어의 의미 관계와 연결 정보를 보다 유동적이고 상세하게 기술하기 위해 온톨로지의 확장 개념으로 사용된다.

정답 ④

해설 온톨로지는 용어의 의미 관계와 연결 정보를 보다 유동적이고 상세하게 기술하기 위해 시소러스의 확장 개념으로 사용된다.

자연어 처리(NLP)에 활용되는 통계 기반 기법에 대한 설명으로 틀린 것은?

① 통계 기반 기법은 특정 단어를 주목했을 때, 그 주변에 어떤 단어가 몇 번이나 등장하는지를 세어 집계하는 방법이다.
② 통계 기반 기법에서 '말뭉치(corpus)'라는 것을 사용하게 되는데, 말뭉치란 자연어 처리 연구나 애플리케이션을 염두에 두고 수집된 대량의 텍스트 데이터를 의미한다.
③ 통계 기반 기법은 단어의 의미를 정확하게 파악하기 위해 단어를 벡터로 표현하는데, 이를 '단어의 분산 표현'이라고 한다.
④ 통계 기반 기법은 '단어의 의미는 주변 단어에 의해 형성된다.'라는 분포 가설을 전제로 하는데, 이 가설의 의미는 단어의 의미가 맥락의 의미를 형성한다는 것이다.

정답 ④

해설 색을 RGB로 표현할 때 벡터로 표현할 수 있는데 이 경우 보통 3차원 벡터로 세 가지 성분이 어떤 비율로 섞여 있는지 표현할 수 있다. '색'을 벡터로 표현하듯이 '단어'도 벡터로 표현할 수 있는데 자연어 처리 분야에서는 단어의 분산 표현(distributional representation) 이라고 한다. 벡터로 표현하기 위해서 '단어의 의미는 주변 단어에 의해 형성된다.'라는 아이디어인 분포 가설(distributional hypothesis)을 이용한다. 분포 가설이 말하는 바는 단어 자체에는 의미가 없고, 그 단어가 사용하는 '맥락'이 의미를 형성한다는 것이다. 단어의 의미는 주변 단어에 의해 형성이 된다는 것, 즉 단어는 그 자체에는 의미가 없고, 그 단어가 사용된 맥락이 의미를 형성한다.

V BERT(버트)

① 구글이 공개한 인공지능(AI) 언어모델 'BERT(Bidirectional Encoder Representations from Transformers)'는 일부 성능 평가에서 인간보다 더 높은 정확도를 보이는 자연 언어 처리(NLP) AI의 최첨단 딥러닝 모델이다.

② BERT는 언어표현 사전학습의 새로운 방법으로 그 의미는 '큰 텍스트 코퍼스'를 이용하여 범용목적의 '언어 이해' 모델을 훈련시키는 것과 그 모델에 관심 있는 실제의 자연 언어 처리 태스크(질문 · 응답 등)에 적용하는 것이다.

③ 특히 BERT는 종래보다 우수한 성능을 발휘한다. BERT는 자연언어 처리 태스크를 교육 없이 양방향으로 사전학습하는 첫 시스템이기 때문이다. 교육 없음이란 BERT가 보통의 텍스트 코퍼스만을 이용해 훈련되고 있다는 것을 의미한다. 이것은 웹(Web) 상에서 막대한 양의 보통 텍스트 데이터가 여러 언어로 이용 가능하기 때문에 중요한 특징으로 꼽는다.

핵심정리 트랜스포머(Transformer)

1. 어텐션(Attention)

트랜스포머는 '어텐션'(Attention), 정확히는 '셀프 어텐션'(Self-Attention)이라 불리는 방식을 사용한다. 트랜스포머의 어텐션은 병렬처리가 어려워 연산속도가 느리던 RNN의 한계를 극복하기 위해 만들었다. 주어진 단어 번역을 위해 문장의 다른 모든 단어와 비교해 번역한다. 트랜스포머는 데이터를 RNN처럼 순차적으로 처리할 필요가 없다. 또 RNN보다 훨씬 더 많은 병렬화를 허용하기 때문에 이 같은 처리 방식이 가능하다. 문장 전체를 병렬구조로 번역해 멀리 있는 단어까지도 연관성을 만들어 유사성을 높인 트랜스포머는 RNN을 완벽히 보완하여 AI 딥러닝 학습 시 언어 이해 능력을 높였다. 현재 이미지나 언어 번역 기능으로 폭넓게 쓰이며 거의 모든 시장을 점유하고 있다. GPT-3, 버트(BERT) 등에서 가장 관심을 많이 받고 있는 딥러닝 종류로 알려져 있다.

2. 자기주의 메커니즘

① 자기주의 메커니즘(Self-Attention Mechanism)은 주어진 시퀀스 내에서 각 항목이 다른 항목과 어떻게 상호작용하는지를 모델링하는 방법이다.

② 예를 들어, "나는 그녀에게 꽃을 줬다."라는 문장이 있을 때, "그녀"가 누구를 가리키는지 알아내기 위해서는 "나"라는 단어와의 관계를 이해해야 한다. 이런 관계를 파악하기 위해 자기주의 메커니즘은 "그녀"가 문장 내의 다른 모든 단어, 즉 "나는", "에게", "꽃을", "줬다"와 얼마나 관련이 있는지를 측정한다.

③ 이렇게 해서 각 단어와의 관련성을 측정한 뒤, 이를 기반으로 원래의 "그녀"라는 단어를 새롭게 표현한다. 이 과정을 거치면서 문장 내의 각 단어는 다른 모든 단어와의 관계에 따라서 새롭게 표현되며, 이는 문맥을 이해하는 데 큰 도움을 준다.

④ 자기주의 메커니즘을 비유하자면, 이는 마치 파티에서 사람들 간의 상호작용을 관찰하는 것과 비슷하다. 각각의 사람(단어)이 다른 사람들과 어떻게 상호작용하는지를 보고, 그 사람이 어떤 사람인지(단어가 어떤 의미를 가지는지)를 파악하는 것이다.

3. 레시디얼 연결(Residual Connection)

(1) 의의

레시디얼 연결의 원리를 이해하기 위해서는 먼저 딥러닝 네트워크의 일반적인 동작을 이해해야 한다. 딥러닝 네트워크는 여러 계층(layer)을 통해 입력 데이터를 변환하며, 각 계층은 이전 계층의 출력에 기반하여 새로운 출력을 생성한다.

(2) 딥러닝의 문제점

그런데 딥러닝 모델이 매우 깊어질수록, 그래디언트(경사도, 미분값)는 앞선 계층으로 전달될 때 점점 작아져서 결국 0에 가까워지는 문제, 즉 그래디언트 소실 문제가 발생한다. 이렇게 되면 앞쪽 계층의 가중치가 제대로 업데이트되지 않아서 모델의 학습이 잘 이루어지지 않는다.

(3) 그래디언트 소실 문제 해결

레시디얼 연결은 이 문제를 해결하기 위해 도입되었다. 각 계층의 출력에 이전 계층의 입력을 직접 더해줌으로써, 그래디언트가 앞선 계층으로 더 쉽게 전달되게 하고, 그 결과로 그래디언트 소실 문제를 완화시킨다. 이를 생각하기 쉬운 비유로 설명하면, 레시디얼 연결은 마치 등산을 하며 정상까지 가는 도중에 계속해서 등산로를 확인하고, 필요한 경우 원래의 경로로 돌아가는 것과 같다. 이를 통해 더 나은 경로를 선택하거나 잘못된 경로를 개선하는 데 도움을 줄 수 있다.

[예상문제]

자연어 처리에 대한 설명으로 틀린 것은?

① 시소러스는 자연언어 연구를 위해 특정한 목적을 가지고 언어의 표본을 추출한 집합이다.
② WordNet은 자연어 처리 분야에서 가장 유명한 시소러스이다.
③ 분포 가설에 의하면 단어의 의미는 주변 단어에 의해 형성된다.
④ 트랜스포머(Transformer)는 문장 전체를 병렬구조로 번역해 멀리 있는 단어까지도 연관성을 만들어 유사성을 높인 트랜스포머는 GPT-3, 버트(BERT) 등에서 사용되는 심층 신경망이다.

정답 ①
해설 자연언어 연구를 위해 특정한 목적을 가지고 언어의 표본을 추출한 집합은 말뭉치 또는 코퍼스이다.

Ⅵ Generative Pre-trained Transformer 3(GPT-3)

① GPT-3는 오픈AI가 개발한 자연어처리 모델이다. 자연어처리 모델이란 쉽게 말하면 텍스트(인간의 언어)를 다루는 인공지능 모델이다.

② GPT-2는 800만 개의 데이터셋으로 15억 개의 파라미터를 활용하여 학습하였다. GPT-3는 3000억 개의 데이터셋으로 1750억 개의 파라미터를 활용하여 학습한다. 파라미터 수에서 알 수 있듯이 GPT-3는 이전 모델보다 100배 이상 거대하다.

③ 여기서 데이터셋은 말뭉치를 의미한다. 즉 3000억 개의 데이터셋은 3000억 개의 단어를 학습하여 먼저 주어진 단어나 문장 뒤에 이어질 단어를 예측한다. 이렇게 예측한 단어를 통해 대화맥락을 파악하고 가장 적합한 단어를 조합하여 구성하는 방식이다.

생각넓히기 | 오픈AI

오픈AI(OpenAI)는 프렌들리(friendly) AI를 제고하고 개발함으로써 전적으로 인류에게 이익을 주는 것을 목표로 하는 인공지능 연구소이다. 이윤을 목적으로 하는 기업 OpenAI LP와 그 모체 조직인 비영리 단체 OpenAI Inc로 구성되어 있다. 이 단체의 목적은 특허와 연구를 대중에 공개함으로써 다른 기관들 및 연구원들과 자유로이 협업하는 것이다. 샘 알트만(Sam Altman), 일론 머스크(Elon Musk), 리드 호프먼(Reid Hoffman), 피터 틸(Peter Thiel) 등이 참여해 2015년 설립한 AI 연구기관이다. 2019년 7월 마이크로소프트로부터 10억 달러를 투자받았다. 애저 오픈AI 서비스는 기업과 개발자들이 클라우드 플랫폼 애저에서 인공지능 전문 업체 오픈AI의 언어 머신러닝 모델인 GPT-3를 이용할 수 있게 지원한다.

생각넓히기 | 파라미터(매개변수, parameter)

파라미터는 서로 다른 함수에 공통적으로 영향을 미치는 변수를 의미한다. GPT-3가 1750억개의 파라미터를 활용했다는 말은 딥러닝에서 더 나은 결과를 도출하기 위해 1750억 개의 가중치(Weight)와 바이어스(Bias)를 활용했다는 뜻이다.

Theme

180 콘텐츠 추천 알고리즘의 진화

Ⅰ 의의

추천 시스템은 사용자가 선호할 만한 아이템을 추측함으로써 여러 가지 항목 중 사용자에게 적합한 특정 항목을 선택(information filtering)하여 제공하는 시스템을 일컫는다. 여기서 '필터링'이란 여러 가지 항목 중 적당한 항목을 선택하는 기술을 말하는 IT 용어이다. 최근의 기술 발전에 따라 여러 가지 새로운 기술이 사용되기는 하지만, 기본적인 추천 시스템은 협업 필터링(Collaborative filtering)과 콘텐츠 기반 필터링(Content-based filtering)을 기반으로 한다.

Ⅱ 협업 필터링

1 의의

① 협업 필터링이란 대규모의 기존 사용자 행동 정보를 분석하여 해당 사용자와 비슷한 성향의 사용자들이 기존에 좋아했던 항목을 추천하는 기술이다.

② 가장 일반적인 예는 온라인 쇼핑 사이트에서 흔히 볼 수 있는 '이 상품을 구매한 사용자가 구매한 상품들' 서비스이다.

③ 예를 들어 '라면'을 구입한 사용자가 '생수'를 구입한 경우가 많으면 '라면'을 구입하는 구매자에게 '생수'를 추천하는 경우이다.

2 협업 필터링의 장점

① 이 알고리즘은 결과가 직관적이며 항목의 구체적인 내용을 분석할 필요가 없다는 장점이 있다. 이 경우는 라면과 생수가 식품인지 아닌지, 서로 같이 사용되어야 하는 관계인지 분석할 필요가 없다.

② 다만 사용자가 두 제품을 같이 구매했다는 기록을 바탕으로 새로운 사용자에게 추천한다. 이러한 전략을 사용하는 경우, 비슷한 패턴을 가진 사용자나 항목을 추출하는 기술이 핵심적이며 행렬분해(Matrix Factorization), k-최근접 이웃 알고리즘(k-Nearest Neighbor algorithm, kNN) 등의 방법이 많이 사용된다.

③ 위의 예에서 나타나듯, 협업 필터링을 위해서는 반드시 기존 자료를 활용해야 한다. 하지만 이러한 자료들을 사용자에게 직접 요구해야만 하는 것은 아니다. 협업 필터링은 사용자들이 자연스럽게 사이트를 사용하면서 검색을 하고, 항목을 보고, 구매한 내역을 사용할 수 있는 장점이 있다. 세계 최대의 온라인 소매 업체인 아마존이 이러한 전략을 사용한 바 있으며, 유명한 음악 서비스인 라스트에프엠(Last.fm)도 사용자의 음악 청취 행태를 바탕으로 음악을 추천하고 있다. 페이스북이나 링크드인도 사용자와 친구들의 유사성을 바탕으로 새로운 친구나 그룹을 추천한다.

3 협업 필터링의 단점

① 협업 필터링은 몇 가지 단점이 있다. 먼저 콜드 스타트(Cold Start)라고 일컬어지는 문제이다. 협업 필터링은 기존의 자료가 필요한바, 기존에 없던 새로운 항목이 추가되는 경우는 추천이 곤란해진다. 예를 들어 음악 서비스의 경우, 신곡이 발표되면 이를 추천할 수 있는 정보가 쌓일 때까지 추천이 어려워지는 것이다. 콜드 스타트란 말 그대로 '새로 시작할 때 곤란함'을 의미한다. 협업 필터링 외에 위키 같은 협업 시스템에서 초기 정보 부족의 문제점을 일컫기 위해 사용되기도 한다.

② 두 번째, 협업 필터링은 계산량이 비교적 많은 알고리즘이므로 사용자 수가 많은 경우 효율적으로 추천할 수 없는 단점이 있다. 앞서 간단하게 소개한 행렬분해의 경우, 사용자 수가 커짐에 따라 계산이 몇 시간에서 며칠까지 걸리는 경우가 종종 생긴다.

③ 마지막으로 롱테일(Long tail) 문제이다. 시스템 항목이 많다 하더라도 사용자들은 소수의 인기 있는 항목에만 관심을 보이기 마련이다. 따라서 사용자들의 관심이 적은 다수의 항목은 추천을 위한 충분한 정보를 제공하지 못하는 경우가 많다. 이러한 비대칭적 쏠림 현상이 일반적이라는 사실은 크리스 앤더슨(Chris Anderson)이나 클레이 셔키(Clay Shirky) 등이 일찍이 밝힌 바 있다. 다시 말해 추천 시스템이 관리하는 항목이 많은 경우, 협업 필터링은 한계가 있을 수 있다.

[예상문제]

협업 필터링 알고리즘의 특징으로 옳은 것은?

① 특정 개인의 행동 정보만을 사용한다.
② 신선한 추천(Serendipity Recommendation)이 가능하다.
③ 콘텐츠의 메타 정보(Meta data)에서 특성(Features)을 추출한다.
④ 콜드 스타트 문제를 자연스럽게 해결할 수 있다.

정답 ②

해설 협업 필터링에서는 특정 개인뿐만 아니라 이용자와 비슷한 성향의 다른 이용자들의 정보(Community Information)도 함께 이용한다는 점이다. 협업 필터링 추천은 내용기반 필터링에 비해 신선한 추천(Serendipity Recommendation)이 가능하고, 다른 이용자들의 정보도 활용하기 때문에 내용 기반의 추천에 비해 이용자의 '행동데이터'(Behavioral Data)가 상대적으로 많지 않더라도 추천이 가능하다.

Ⅲ 콘텐츠 기반 필터링

① 콘텐츠 기반 필터링은 위와 같은 협업 필터링과는 다른 방법으로 추천을 구현하는 방법이다. 협업 필터링이 사용자의 행동 기록을 이용하는 반면, 콘텐츠 기반 필터링은 항목 자체를 분석하여 추천을 구현한다.

② 예를 들어 음악을 추천하기 위해 음악 자체를 분석하여 유사한 음악을 추천하는 방식이다. 콘텐츠 기반 필터링을 위해서는 항목을 분석한 프로파일(item profile)과 사용자의 선호도를 추출한 프로파일(user profile)을 추출하여 이의 유사성을 계산한다.

③ 유명한 음악 사이트인 판도라(Pandora)의 경우, 신곡이 출시되면 음악을 분석하여 장르, 비트, 음색 등 약 400여 항목의 특성을 추출한다. 그리고 사용자로부터는 'like'를 받은 음악의 특색을 바탕으로 해당 사용자의 프로파일을 준비한다. 이러한 음악의 특성과 사용자 프로파일을 비교함으로써 사용자가 선호할 만한 음악을 제공하게 된다.

④ 이 기법은 콘텐츠의 내용을 분석해야 하므로 아이템 분석 알고리즘이 핵심적이며, 이를 위해 군집분석(Clustering analysis), 인공신경망(Artificial neural network), tf-idf(term frequency-inverse document frequency) 등의 기술이 사용된다.

⑤ 콘텐츠 기반 필터링은 내용 자체를 분석하므로 협업 필터링에서 발생하는 콜드 스타트 문제를 자연스럽게 해결할 수 있다. 하지만 다양한 형식의 항목을 추천하기 어려운 단점이 있다. 예를 들어 음악과 사진, 비디오를 동시에 추천해야 하는 경우, 각각의 항목에서 얻을 수 있는 정보가 다르기 때문에 프로파일을 구성하기 매우 어려워진다. 이와 같은 고전적 추천 알고리즘은 2000년대 초반까지 많은 분야에서 사용되었다.

핵심정리 TF-IDF

1. 의의

   TF-IDF는 정보 검색과 텍스트 마이닝에서 주로 사용되는 가중치 계산 방법이다. 이는 문서의 주제를 파악하는 데 유용하게 사용되며, 특정 문서 내에서 단어의 중요도를 평가한다. TF-IDF는 두 가지 요소로 구성되어 있다.

2. Term Frequency

   이는 특정 단어가 문서 내에서 얼마나 자주 등장하는지를 나타낸다. 단어의 빈도가 높을수록, 그 단어는 문서에서 중요할 가능성이 높다. 예를 들어, '사과'라는 단어가 한 문서에서 10번 등장하고, 다른 문서에서는 1번만 등장한다면, '사과'는 첫 번째 문서에서 더 중요하다고 볼 수 있다.

3. Inverse Document Frequency

   이는 단어가 다른 문서들에서 얼마나 자주 등장하는지를 나타낸다. 단어가 많은 문서에서 등장하면 그 단어는 흔하게 사용되는 단어일 가능성이 높으므로, 그 중요도는 낮아진다. 예를 들어, 'the', 'is', 'and'와 같은 단어는 모든 문서에서 흔하게 등장하기 때문에 중요한 단어로 간주되지 않는다.

4. 결론

   따라서, TF-IDF는 특정 단어가 한 문서에서 자주 등장하지만 다른 문서에서는 잘 등장하지 않는 경우, 그 단어가 해당 문서에서 중요한 단어라고 판단하는 것이다. 이를 통해, 각 문서의 주제나 내용을 추론하는 데 도움이 된다. 예를 들어 '애플'이라는 단어가 한 문서에서 자주 등장하지만 다른 문서에서는 잘 등장하지 않는다면, 그 문서는 아마도 애플에 관련된 주제일 가능성이 높다.

Ⅳ 루빅스 알고리즘에 대한 설명

1 의의

① 루빅스(RUBICS)는 'Real-time User Behavior Interactive Content recommender System'에서 주요한 단어의 각 머리글자를 따서 만들어진 말이다. 루빅스는 "이용자의 행동에 대해 실시간으로 반응하여, 뉴스를 추천하는 체계"를 의미한다.

② 이용자 행동은 각 개인이 다음 모바일 뉴스를 이용하는 매개인 브라우저(Browser)를 근거로 식별된다. 여기서 행동이란 뉴스 소비 방식을 의미하며 이는 개인별, 또는 집단별로 분석될 수 있다.

③ 예를 들어, 프로야구 뉴스를 주로 읽는 이용자라면 비슷한 행동 패턴(프로야구 뉴스를 자주 읽는)을 보이는 이용자들에게 인기 있는 뉴스들을 추천받을 수 있다. 이는 이용자의 개인적인 특성에 따른 추천 결과이다. 행동 패턴 외에도 성별과 연령에 따라 이용자별로 추천받는 뉴스가 달라질 수 있다.

2 '맞춤형 멀티 암드 밴딧'(Customized Multi-Armed Bandit) 알고리즘

① 루빅스 개발에 앞서, 뉴스 서비스 기획자, 개발자, 그리고 데이터 사이언티스트(Data Scientist)들이 최우선적으로 집중한 과제는 서비스 주요 이용자들이 어떠한 특성을 갖고 있는지 파악하는 일이었다.

② 이용자 특성을 파악한 이후에야 최적화된 알고리즘을 구축할 수 있기 때문이다. 루빅스 개발진은 이용자들이 누구이며, 어떠한 소비 패턴을 나타내는지 우선 분석했다.

③ 그 결과, 다음의 모바일 서비스 이용자들 상당수가 뉴스가 아닌 다른 수요를 충족시키기 위해 다음 앱 혹은 웹페이지를 방문하며, 뉴스를 소비하는 이용자 대부분은 로그인을 하지 않는 것으로 확인됐다. 즉, 추천 서비스를 제공할 대부분의 이용자들은 뉴스 서비스를 자주 사용하는 열성적인 이용자(Heavy User)가 아니라 이용자 행동 정보가 거의 없는 '콜드 스타트 이용자'인 것이다.

④ 이러한 이용자에 대해서는 개인화 추천의 대표적인 방법인 협업 필터링 혹은 내용 기반 필터링으로 개인화 추천을 제공하기 어렵다. 이에 따라, 카카오는 전술한 두 방법 대신에 통계적 기계학습 기법인 '맞춤형 멀티 암드 밴딧'(Customized Multi-Armed Bandit) 알고리즘을 추천 시스템에 적용했다. 여기서 '맞춤형'이란 말은 카카오의 뉴스 서비스에 맞게 알고리즘이 수정됐다는 뜻이다.

기출문제

뉴스 알고리즘 배열 원칙이 다른 것은? [2019]

① 구글
② 카카오
③ 네이버 Airs
④ 야후

정답 ②

해설 구글, 네이버, 야후 등은 협업 필터링 알고리즘을 사용하지만 카카오는 통계적 기계학습 기법인 '맞춤형 멀티암드밴딧'(Customized Multi-Armed Bandit) 알고리즘을 추천시스템에 적용했다.

V 추천 알고리즘과 필터 버블

1 의의

① 추천 알고리즘은 음악, 영화, 광고, 온라인 뉴스, 친구 소개 등 거의 모든 온라인 시스템에서 사용되고 있다. 추천 시스템은 정보를 추려서(filtering) 사용자에게 제공한다. 다시 말하면 사용자가 전체 정보를 볼 기회를 박탈당할 수도 있다는 말이다.

② 추천 시스템이 고도화될수록 사용자의 입맛에 맞는 정보만 제공되고 나머지 정보는 감추어지는 위험이 생기는데, 이러한 현상을 필터 버블(filter bubble)이라고 한다.

2 문제점

① 상품이나 광고의 경우에는 이러한 현상의 심각성이 크지 않을 수 있다. 하지만 뉴스나 정보의 경우, 예기치 않은 정보의 차단이 큰 문제가 될 수도 있을 것이다.

② 예를 들어 본인의 정치적 입맛에 맞는 뉴스만 계속 추천받아 보는 경우가 가능해지는 것이다. 보고 싶은 정보만 보고, 보기 불편한 정보는 자동으로 건너뛰는 것이 기술적으로 가능해지면서 야기될 수 있는 정보의 편향적 제공은 극단적인 양극화와 같은 사회적 문제를 가져올 수도 있다.

예상문제

다음에서 설명하고 있는 개념으로 옳은 것은?

> 추천 알고리즘은 음악, 영화, 광고, 온라인 뉴스, 친구 소개 등 거의 모든 온라인 시스템에서 사용되고 있다. 앞서 소개한 바와 같이 추천 시스템은 정보를 추려서(filtering) 사용자에게 제공한다. 다시 말하면 사용자가 전체 정보를 볼 기회를 박탈당할 수도 있다는 말이다. 추천 시스템이 고도화될수록 사용자의 입맛에 맞는 정보만 제공되고 나머지 정보는 감추어지는 위험이 생긴다.

① 필터 버블(Filter Bubble)
② 극화현상(Audictnce Polarization)
③ 사이버 폭포 효과(Cascade Effect)
④ 머데스토 선언(Modesto Manifesto)

정답 ①

해설 이러한 현상을 필터 버블(filter bubble)이라고 한다. 상품이나 광고의 경우에는 이러한 현상의 심각성이 크지 않을 수 있다. 하지만 뉴스나 정보의 경우, 예기치 않은 정보의 차단이 큰 문제가 될 수도 있을 것이다. 예를 들어 본인의 정치적 입맛에 맞는 뉴스만 계속 추천받아 보는 경우가 가능해지는 것이다. 보고 싶은 정보만 보고, 보기 불편한 정보는 자동으로 건너뛰는 것이 기술적으로 가능해지면서 야기될 수 있는 정보의 편향적 제공은 극단적인 양극화와 같은 사회적 문제를 가져올 수도 있다. 2014년에 페이스북 연구진이 PNAS에 발표한 논문(Kramer et al. 2014)에서 보이듯, 추천되는 정보에 따라서 사용자의 감정도 조정할 수 있다는 사실이 밝혀지기도 했다.

② 극화현상(audictnce pqlarization)이란 수용자들이 특정 프로그램 유형이나 특정 전문채널에 극도로 치우치거나 혹은 그것을 배제함으로써 발생하는 시청 행위의 극단화 현상을 의미한다.

③ 사이버 폭포 효과(Cybercascade Effect)는 웹의 특성상 일단 정보가 발신되고 나면, 그 정보는 신뢰성이 확인되기 전에 폭포처럼 빠라게 떠돌아다녀 사회에 충격을 준다는 의미이다.

④ 미국의 복음주의 개신교 목사 빌리 그레이엄(Billy Graham)이 1948년에 캘리포니아 주 머데스토(Modesto)에서 열었던 복음주의자 집회에서 동료들과 함께 전도자 및 대중 전도와 관련된 문제를 지적하고 그 해결책을 제안한 것이 그 시초이다. 빌리 그레이엄(Billy Graham)은 남성들이 다른 여성과 단둘이 함께 있을 때 성적인 유혹에 취약해진다고 믿었고, 이 상황에 대처하기 위해서는 처음부터 그럴 상황 자체를 만들지 않는 것이 중요하다고 생각했다. 대한민국에서는 2010년대 말 미국 마이크 펜스 부통령을 통해 크게 알려져서 펜스 룰의 사용 빈도가 압도적으로 높은 편이다.

Theme

181 인공지능과 윤리

I 윤리적 주체로서의 인공지능 논쟁

1 의의

① 윤리적 주체라는 측면에서 인공지능을 바라보는 관점은 다양하다. 인공지능을 행위 능력을 가진 주체로 보는 관점은, 인공지능기술의 발달에 힘입어 인간의 개입 없이도 인공지능 스스로가 지각, 정보처리, 실행, 학습 등을 수행하기 때문에 외양이나 그 기원이 인간과 다르더라도 인공지능이 그 자체로 행위와 판단의 능력을 가진 주체가 될 것이라고 본다.

② 인공지능이 스스로 활동의 주체가 되는 현실을 우리는 어떻게 받아들여야 할까? 인공지능의 활동으로 인해 초래된 손해에 대한 책임은 인공지능에 있지만 이를 인공지능에 어떻게 부과할 것인가? 그리고 인공지능이 책임을 회피한다면 어떻게 할 것인가?

③ 보스트롬(Bostrom) 같은 미래학자는 인공지능이 인간의 지능을 초월하는 초지능을 갖는 미래가 곧 다가올 것이라고 예측하면서 자율적 행위 주체가 될 인공지능에 어떻게 하면 윤리 및 책임의식을 갖게 할 것인지를 우리 모두가 고민해야 한다고 주장한다.

2 인공지능을 부분적인 주체로 보는 관점

인공지능을 부분적인 주체로 보는 관점은 인공지능기술이 아무리 발달하더라도 인공지능이 인간과 유사한 수준의 주체적 행위를 하지 못할 것으로 본다. 지금까지 개발된 인공지능은 바둑, 법률 서비스, 작곡 등 특정 분야에 한정된 특화된 지능에 불과할 뿐, 인간처럼 모든 영역에서 지능을 발휘하는 범용지능은 아니다. 따라서 인공지능의 활동으로 인해 초래된 손해에 대한 책임을 인공지능에 지우기는 하지만 인공지능의 인지 및 처리 능력의 한계를 감안하여 부과해야 할 것이다.

3 인공지능이 인간의 효용에 봉사하기 위해 만들어진 도구에 불과하다고 보는 관점

인공지능이 인간의 효용에 봉사하기 위해 만들어진 도구에 불과하다고 보는 관점은 인공지능이 자율적으로 행동하는 것처럼 보이지만 실제는 인간이 만든 설계에 의해서 작동될 뿐이라는 점을 강조한다. 따라서 이 관점은 인공지능의 활동으로 인해 초래될 수 있는 손실에 대한 책임은 인공지능의 제작자 혹은 이를 이용하는 이용자에게 있을 뿐 인공지능에게 물을 수는 없다고 강조한다.

4 인공지능을 인간의 '외화(外化)된 정신'으로 보는 관점

인공지능을 인간의 '외화(外化)된 정신'으로 보는 관점은 인공지능의 인지 및 수행 능력의 성숙도와 무관하게 모든 인공지능은 배후에 있는 인간의 의지와 욕구 및 이해의 반영물이라고 본다. 즉, 인공지능은 제작 과정에서 설계자, 제작자뿐만 아니라 이 과정에 참여한 많은 사람들의 정신이 하나의 체계로 통합되어 반영된 결과물이다. 그렇다고 이 외화(外化)된 정신은 모든 것을 하나하나 인간의 의사결정에 따라서 수행하지는 않는다. 따라서 인공지능은 독자적 지능 체계를 갖춘 존재론적 지위를 갖게 되면 인간 정신의 개입 없이도 지각하고 판단하며 결정할 수 있다. 이런 맥락에서 인공지능은 인간에 대해 의존성과 독자성을 동시에 갖는 양면성이 있다. 따라서 인공지능의 활동으로 초래된 손실에 대한 책임도 인간과 인공지능이 각자의 수준에 따라서 공동으로 져야 할 것이다.

Ⅱ 인공지능의 윤리적 판단 기준 논쟁

1 인공지능 로봇과 이용자 간 갈등 상황

① 인공지능은 활동 과정에서 여러 유형의 윤리적 판단을 해야 할 상황에 직면한다. 인공지능 로봇 이용자가 인공지능에 타인을 공격하는 것과 같은 불법·유해 행동을 요구할 경우 로봇이 이에 응해야 할까? 아니면 거부해야 할까? 그리고 인공지능 로봇 자신을 해치는 행동을 하려는 이용자에게는 어떻게 대응해야 할까? 자신을 보호하기 위해서 이용자에게 반항해야 할까? 아니면 이용자의 요구에 그래도 순응해야 할까?

② 우리는 인공지능 로봇보다는 이용자인 인간에게 우선순위를 두어야 한다고 쉽게 말할 수 있지만 이용자에게 무한정 자유를 부여할 수는 없다. 인간에게도 요구 사항의 적절성을 판단하여 제한을 어느 정도 둘 것인지에 대한 사회적 논의 및 합의가 도출되어야 한다. 하지만 제한 범위에 대해서는 사회 집단마다 생각이 다를 수 있어 합의에 이르기가 쉽지는 않을 것이다.

2 로봇이 여러 사람 간 이해가 상충하는 상황

① 인공지능 로봇이 여러 사람 간 이해가 상충하는 상황에 직면할 수도 있는데 이때는 누구에게 우선순위를 두도록 요구할 것인지와 관련된 이슈도 있다. 그 대표적인 사례로 우리에게 잘 알려진 트롤리 딜레마와 같이 인공지능 자동차가 교통사고 상황에 직면할 때 누구에게 우선순위를 두도록 해야 할 것인지와 관련된 이슈가 있다.

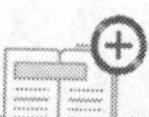 생각넓히기 | **트롤리 딜레마**

전형적인 트롤리 딜레마는, 달리는 기차의 운전수가 진행 방향에 사람 5명이 선로에 묶여 있는 것을 발견하고 이를 피하기 위해 선로를 변경하고 싶으나 이 경우에는 변경된 선로에 있는 한 사람을 희생해야 하는 상황을 가정했을 때 사람들이 어떤 선택을 하는지에 관한 것이다. 트롤리 딜레마에서 제시된 예가 아주 예외적인 사례여서 현실성이 없다는 주장도 있지만 자율주행 자동차가 직면하게 될 윤리적 딜레마를 쉽게 예시적으로 보여주는 데는 도움이 될 수 있다.

기출문제

다음 글에서 설명하는 개념으로 옳은 것은? [2021]

> 달리는 기차의 운전수가 진행 방향에 사람 5명이 선로에 묶여 있는 것을 발견하고 이를 피하기 위해 선로를 변경하고 싶으나 이 경우에는 변경된 선로에 있는 한 사람을 희생해야 하는 상황을 가정했을 때 사람들이 어떤 선택을 하는지에 간한 것이다.

① 패러독스
② 패러다임
③ 트롤리 딜레마
④ 야누스 딜레마

정답 ③

해설 트롤리 딜레마에 대한 설명이다.
④ 야누스 딜레마는 내부인과 외부인 모두를 상대해야만 할 때, 둘 중 어느 쪽을 만족시켜야 할지 그 선택의 기로에 처한 상황을 말한다.

② 예를 들어 차 안에 있는 사람과 지나가는 행인 중 누구에게 우선순위를 두어야 할지, 지나가는 행인이 여러 명이라면 누구에게 우선순위를 두도록 할지, 피해를 최소화하는 방식을 선택하도록 할 것인지 아니면 피해를 입을 사람들 중에서도 어린이나 임산부 등 누군가를 특별히 고려하도록 설계해야 하는지 등 여러 가지 쟁점이 있을 수 있다. 윤리적 딜레마에 대한 사회적 합의에 이르지 못할 경우에는 여러 개의 선택사항을 제공하고 인공지능 로봇 이용자에게 선택하게 하는 것도 한 방법이지만 그렇다고 모든 것을 이용자가 선택하게 할 수는 없으며 사회적으로 어느 정도의 한계는 설정해야 한다.

3 아시모프(Asimov)의 로봇 3원칙

(1) 의의

인공지능이 직면하게 될 윤리 딜레마에 대하여 최초로 제시된 원칙은 러시아 출신의 미국 작가인 아시모프(Asimov)의 로봇 3원칙이다.

1. 로봇은 인간을 해쳐서는 안 되며 또한 해야 할 행동을 하지 않음으로써 인간에게 해를 초래해서는 안 된다.
2. 첫 번째 원칙과 충돌하지 않는 한 로봇은 인간의 명령에 따라야 한다.
3. 로봇은 첫째 원칙과 두 번째 원칙과 충돌하지 않는 한 자신을 보호해야 한다.

(2) 아시모프 3원칙의 한계

① 아시모프 3원칙의 한계는 인간과 로봇에 대한 구체적인 정의가 없다는 점이다. 인간을 어떻게 정의할 것인가? 각 로봇이 생각하는 인간의 정의가 다르다면 특정 로봇이 인간이라고 생각하지 않는 사람은 죄책감 없이 해칠 수 있을 것이다. 그리고 인간 중에는 일반인도 있지만 범죄자도 있을 수 있어 경우에 따라서 특정 인간에게는 고통을 주는 판단이나 행동을 해야 할 수도 있다.

② 또한 로봇에 대한 정의도 모호하다. 인공지능이 스스로를 로봇이라 생각하지 않고 인간에게 유해한 행동을 한다면 어떻게 할 것인가? 그리고 하나의 행동이 유익과 손해를 동시에 갖고 있다면 그 경중을 어떻게 판단하여 행동할 것인지도 분명하지 않다. 따라서 아시모프의 3원칙만으로 인공지능이 처할 모든 윤리적 딜레마를 해결할 수는 없다. 하지만 인공지능이 윤리적 판단을 해야 할 때 지켜야 할 최소한의 원칙을 제시했다는 점에서 의의가 있다.

③ 아시모프의 3원칙에 여러 가지가 추가될 수 있겠지만 조지타운대의 마크 로텐버그(Marc Rotenberg) 교수는 로봇은 자신이 로봇임을 사람에게 알려줄 수 있어야 한다는 점과, 로봇이 어떻게 의사결정을 했는지를 사람에게 투명하게 밝혀야 한다는 점을 추가했다. 투명성은 설명책무성과도 밀접히 관련되는데, 인공지능이 어떤 도덕적 판단을 하게 된다면 어떤 과정을 거치는지에 대하여 이용자에게 설명되어야 하며, 또한 이는 특정 사람에게 대한 차별 없이 모든 사람에게 투명하게 공개되어야 한다.

4 특정 인공지능이 사용되는 사회의 문화적 가치의 고려

① 인공지능이 윤리적 의사결정을 할 때, 특정 인공지능이 사용되는 사회의 문화적 가치 또한 고려해야 한다는 주장도 있다. 2018년 「네이처」에 실린 매사추세츠공대(MIT)의 조사는 전 세계 130개국을 북미 및 유럽의 기독교 국가, 아시아의 유교 및 이슬람 전통 국가, 중남미와 프랑스 및 과거 프랑스 식민국가의 3가지로 분류해 진행했다.

② 첫째 유형의 국가에서는 두 번째 유형의 국가보다 젊은이를 위해서 노인을 희생할 수 있다는 의견이 더 많았다고 한다. 그리고 핀란드와 일본과 같이 국가질서가 강조되는 나라에서는 국가 제도화가 약한 나라인 나이지리아, 파키스탄보다 도로를 무단 횡단하는 사람은 치어도 된다는 생각을 더 많이 한다고 한다. 또한 핀란드와 같이 불평등이 덜한 나라에서는 부자와 가난한 사람에 대한 차별적 선호가 없었지만, 경제적 불평등이 심한 콜롬비아 같은 나라는 사회적 지위가 낮은 사람을 희생자로 선택하는 경향이 더 많았다고 한다. 물론 특정 문화의 규범이 이렇다고 해서 이를 그대로 수용하는 것이 올바른지 질문할 수도 있다. 예를 들어 콜롬비아 사람들이 부자와 가난한 사람을 차별하는 의식을 가졌다고 해서 이를 그대로 인공지능에 투영하는 것은 정당하지 않을 수 있다.

③ 이런 맥락에서 독일 정부가 2017년 발표한 자율주행 자동차 윤리 규정은 피할 수 없는 사고 상황에서 나이, 성별, 신체 및 정신적 상태 등과 같은 개인의 속성을 기반으로 한 차등적 대

우를 금지했다. 동시에 이 보고서는 트롤리 딜레마와 같은 갈등을 동반한 위험 상황이 발생하지 않도록 최선의 노력을 해야 하며, 이런 상황이 발생하지 않는다는 확신이 있는 경우에만 자율주행 자동차와 같은 인공지능이 허용되어야 할 것을 천명했다. 그리고 쉽게 공리주의적 원칙을 적용하여 특정 사람의 희생을 정당화하는 윤리 기준을 채택해서는 안 되며 정말 피할 수 없는 상황이라면 인간이 자신의 양심과 스스로의 기준에 따라 행동하는 것과 같이 인공지능도 그 순간 가능한 최선의 선택을 할 수 있도록 설계되어야 함을 강조했다.

Ⅲ 인공지능의 도덕 학습

1 의의

인공지능의 윤리적 판단과 관련한 또 다른 이슈는 인공지능에 어떻게 도덕을 학습시킬 것인지에 관한 문제다. 인공지능의 도덕 학습은 '규칙 기반의 하향식 접근'과 '경험 기반의 상향식 접근', 그리고 양자를 함께 사용하는 '하이브리드 방식'이 가능하다.

2 규칙 기반의 하향식 접근

① 규칙 기반의 하향식 접근은 인공지능에 자신의 행동을 판단할 수 있는 원칙과 규칙을 제공하여 이를 근거로 인공지능이 행동을 선택하도록 하는 것이다. 따라서 스스로 윤리를 습득하는 것이 아니라 설계된 규칙에 따라서 판단하게 하는 것이다.

② 초기의 인공지능은 대체로 이 방식을 선택했지만 인공지능이 직면할 다양한 상황에 모두 대비한 규칙을 제정하기 쉽지 않아 판단불능 상태가 발생할 수 있다. 그래서 최근에는 기계학습 및 인공지능의 인지 능력 향상으로 하향 방식의 한계를 극복하기 위한 상향식 접근 방식이 등장하고 있다.

3 경험 기반의 상향식 접근

① 경험 기반의 상향식 접근은 어린이가 윤리 규범을 학습하듯이 많은 시행착오를 거치면서 도덕을 습득한다. 즉, 인공지능은 특정 상황에서 어떤 행동이 옳고 그른지 알게 되는 수많은 경험을 축적하여 윤리적 행동을 위한 기준을 스스로 터득하는 것이다.

② 인간이 잘못 선택된 행동을 하면 고통을 겪거나 상대방에게 상처를 주는 것을 보는 등 시행착오를 거치면서 스스로 규범을 배워 나가듯이 인공지능의 규범 습득 과정도 시행착오를 단순히 반복하는 것이 아니라 점차 올바른 규범으로 수렴해 갈 수 있도록 설계해야 할 것이다.

③ 경험 기반의 상향식 접근이 지닌 문제점은 인공지능의 학습 과정을 완전히 통제할 수 없어 이것이 블랙박스의 영역으로 남을 수 있다는 점이다. 이런 문제를 해결하기 위해 하이브리드 방식이 등장하고 있다.

핵심정리 **알고리즘 책임성(Accountability)**

1. 의의

기계학습을 비롯한 알고리즘의 신뢰성 문제는 주로 차별(discrimination)과 오류(error)에 관한 명확한 원인을 파악하거나 이해하기 어려울 뿐만 아니라 알고리즘 설계에 주관적 편향(bias)이 개입될 가능성에 기인한다. 치안이나 의료와 같은 공공성이 강한 분야에서 결과의 공정성은 과정의 투명성을 요구하는 경우가 많은데, 자동화 알고리즘이 적용되는 경우 투명성을 보장하기 어렵다. 투명성은 경쟁법 전통과 관점에서 중요한 이슈로, 파스콸레는 "코드화된 규칙이 구현하는 가치와 특권은 블랙박스 속에 감추어진다."는 말로 평판, 검색, 금융에서 빅데이터와 알고리즘의 불투명한 활용을(비밀주의라고까지) 지적하면서, 사회적 개방성과 시장의 공정성 관점에서 알고리즘의 부정적 기능을 경고했다.

2. 불투명한 알고리즘이 유발한 부정적 사례

① 알고리즘 기반 자동화 검색과 가격설정에서 불공정한 오용 가능성을 보여주는 최근의 사례들이 이러한 우려를 현실로 만들고 있다. 불투명한 알고리즘이 유발한 부정적 사례에는, 특정 대출자의 상환 지연은 용인되고 다른 대출자의 상환 지연은 문제가 되는 경우(미국의 현행법은 금융기관이 그 이유를 설명하도록 요구한다), 동영상 서비스를 제공하는 플랫폼 사업자의 검색 결과에 언제나 자사의 비디오 콘텐츠가 먼저 추천되는 경우 등이 있다.

② 아무리 선의의 판단에 따른 결과라고 해도 공정성에 문제가 있을 경우 과정에 대한 검증이 제공되어야 한다는 주장이 제기되는 배경이다. 이러한 이유에서 파스콸레를 비롯한 여러 문헌에서 알고리즘 공개만이 유일한 해결책이라고 주장한다.

③ 미국과 유럽의 경우 온라인상의 알고리즘 편향성과 가격설정 알고리즘에서 담합이나 불공정거래가 일어날 가능성에 대해서는 많은 논의가 진행되었으며, EU 및 OECD 같은 국제기구도 관심을 기울이고 있다. 알고리즘 편향은 미 공정거래 위원회가 2010년에 구글의 검색 알고리즘의 불공정 가능성을 조사하면서 세간의 주목을 받았다. 미 공정거래위원회가 2013년 증거 부족을 이유로 심의를 종료했지만, 이 문제는 많은 플랫폼이 채택하고 있는 양면시장 비즈니스 모델에서 복합 서비스를 제공할 때 언제든지 다시 불거질 소지가 있다. 가격설정 알고리즘의 경우에도 2015년 미 법무부의 반규제분과가 아마존 마켓플레이스에서 거래되는 포스터 상품의 가격설정 알고리즘에 문제가 있다고 판결한 바 있다. 미 법무부는 2016년 우버의 동적 가격 설정 방식에도 문제가 있다고 지적하였다.

3. 알고리즘 투명성 보장의 어려움

① 그러나 이러한 문제가 알고리즘의 투명성을 보장하는 것으로 해결될 수 없다는 방향으로 의견이 수렴되고 있다. 먼저 기술적 측면에서 기계학습과 같은 분류형 알고리즘의 구현방식이 원천적으로 불투명하다. 따라서 테슬라 주행사고처럼 오류가 확실하다고 해도 일반적인 소프트웨어 디버깅 방식으로는 문제를 해결할 수 없다. 단지 수차례 실험을 통해서 경험적으로만 신뢰성 및 안전성 수준을 점검할 수 있을 뿐이다.

② 그러나 이 역시 품질보장과 관련한 상업화 측면에서 매우 비효율적 일 수밖에 없다. 만약 오늘날의 제조물배상책임에 준하는 품질보장을 알고리즘 개발과 적용에도 요구하는 법제도가 시행된다면 인공지능 산업의 비용 부담은 막대할 것이다. 이러한 이유에서 기계학습에서 데이터 의존도를 낮추려는 연구가 IBM, 엔비디아, 퀄컴 등에서 진행되고 있다. 이와 같은 연구가 성공하면 방대한 데이터 처리에 필요한 CPU나 GPU도 적게 소요되므로 하드웨어 제조업에도 직접적 영향을 줄 것이다.

③ 투명성 보장만으로 모든 문제가 해결될 수 없는 또 다른 이유는 투명성이 오히려 악용될 가능성이 상존하기 때문이다. OECD의 연구에서도 잠정적으로 제안한 해결 방향에서 투명성을 강조하고 있지만 그 유용성을 의심하는 경향이 강하다. 투명성이 해결책이 될 수 없는 궁극적인 것은 분류형 알고리즘이 인과관계를 직접 다루지 않고 상관관계를 바탕으로 마치 인과관계를 추론하는 방식을 따르기 때문이다. 이론적으로도 알고리즘의 투명성이 궁극적인 해결책이 되기는 어렵다는 것을 알 수 있다. 이는 현재 활발히 연구 중인 설명 가능한 인공지능에서도 마찬가지이다.

4 하이브리드 방식

하이브리드 방식은 인공지능이 스스로 도덕규범을 학습하는 상향 방식을 선택하면서도 완전히 인공지능의 자율적 학습에만 맡기지 않는다. 그래서 시행착오 과정이 바람직한 방향으로 전개되도록 확인하는 절차를 두거나, 도덕규범을 학습한 인공지능이라도 특정 행동을 하기 전에 어떤 관문을 통과하게 하거나 윤리 관리자(ethical governor)의 평가를 거쳐 이 기준에 적합한 행위만 실제 행동으로 이어지게 하는 방식 등이 가능하다.

Ⅳ 인공지능 생산자의 윤리 이슈

1 의의

① 인공지능을 설계 및 생산하는 주체가 지켜야 할 윤리 이슈에는 무엇이 있을까? 인공지능기술과 서비스의 개발을 이윤추구가 목적인 기업이 주도하고 있기 때문에 인공지능이 이용자 및 사회 전체에 미칠 수 있는 부정적 영향이 쉽게 간과될 수 있다.

② 따라서 이를 극복하기 위해 많은 기관들이 인공지능의 설계 및 생산 과정에서 지켜야 할 윤리 원칙을 제시하고 있는데 그중 대표적인 것이 전기전자공학자협회(IEEE)가 2019년 발표한 '윤리적으로 조율된 설계: 인간의 안녕을 최우선으로 하는 자율지능 시스템'이다. 이는 2016년 발표된 초안에 대해 3년간 전 세계 전문가의 의견을 수렴하여 만들어진 것으로 다른 어느 윤리 원칙보다 전문가의 의견이 체계적으로 반영되었다고 할 수 있다.

2 전기전자공학자협회가 제시한 윤리적 인공지능 구현을 위한 3가지 대원칙

① 전기전자공학자협회가 제시한 윤리적 인공지능 구현을 위한 3가지 대원칙은 다음과 같다.

1. 보편적 인간 가치: 인간의 권리를 존중하며 인간의 가치에 부응할 뿐만 아니라 가능한 많은 사람의 삶을 향상시킬 수 있게 제공되어야 함과 동시에 환경 및 자원 보호에도 기여할 수 있어야 한다.

2. 정치적 자기결정 및 데이터 주권 : 인공지능은 개별 국가의 문화적 준칙을 고려하여 정치적 자유 및 민주주의를 증진시키며 동시에 정부의 효율성과 설명책무성, 그리고 신뢰를 증진시킬 수 있어야 한다. 동시에 이 모든 것들은 개인정보에 대한 시민의 통제 강화 그리고 개인 사생활 및 개인정보 보호를 준수하면서 진행되어야 한다.

3. 기술의 믿음성: 인공지능이 제공하는 서비스는 신뢰할 수 있고 안전하면서도 원래 의도한 목적을 충실히 수행해야 한다. 이를 위해서 인공지능의 개발 및 제작 과정이 투명하고 검증 가능하며 설명될 수 있어야 한다.

② 그리고 이를 실현하기 위해 8개의 세부 원칙을 제시하였다.

1. 인간의 권리 존중: 인공지능은 국제적으로 인정된 개인의 권리를 존중하고 증진하며 보호할 수 있게 제작 · 운영되어야 한다.
2. 인간의 안녕(well-being) 증진: 인공지능의 성공을 판단하는 기준은 인간의 안녕을 얼마나 증진하였느냐에 두어야 한다.
3. 데이터 주권 보호: 인공지능은 이용자에게 자신의 개인정보를 관리할 수 있도록 권한을 주어야 하며, 수집된 개인정보를 안전하게 관리하고 남용해서는 안 된다.
4. 효율성 입증: 설계자와 생산자는 인공지능의 효율성과 적합성에 대한 근거를 제시할 수 있어야 한다.
5. 투명성 보장: 인공지능이 내리는 판단과 의사결정의 근거가 무엇인지에 대하여 투명하게 공개되어야 한다.
6. 설명책무성 보장: 인공지능의 모든 의사결정 과정에 대하여 합당한 이유와 설명을 제공할 수 있어야 한다.
7. 오용 및 위험성 인식: 이용 과정에서 발생할 수 있는 오남용 및 사고 가능성에 대하여 충분히 대비를 해야 한다
8. 이용자 역량 고려: 안전하고 효율적으로 이용하기 위해서 이용자에게 필요한 역량이 무엇인지 구체적으로 명시하고 이에 준하여 설계 · 제작되어야 한다.

③ 그리고 이를 실현하기 위해서 윤리 및 인공지능이 인간과 사회에 미칠 영향을 다루는 과목을 공학 교육에 정규 과목으로 포함시키고, 인공지능기술 종사자뿐만 아니라 관련 기업가들에게도 인공지능 윤리 인식을 함양시키기 위한 프로그램을 개발하며, 인공지능의 안전과 윤리적 이용을 위한 연구 개발을 확대해야 한다고 강조했다.

④ 아울러 인공지능이 작동하는 과정에서 최대한 안전과 인간의 복리를 증진시키도록 인공지능의 설계와 생산 및 이용 과정을 투명하게 공개하고 이를 평가하기 위해 다양한 이해관계자가 참여하는 조직체를 운영해야 한다고 요구했다. 또한 인공지능의 위험성에 대한 일반인들의 올바른 이해를 고양하기 위한 교육 프로그램도 필요할 것이다.

V 인공지능 이용자의 윤리 이슈

1 의의

① 인공지능의 많은 효용성에도 불구하고 인공지능을 이용하는 이용자에게 초래될 윤리적 이슈는 무엇일까? 인공지능을 이용하는 과정에서 발생하는 안전사고 혹은 인공지능이 제공한 정보 및 서비스의 오류로 인한 손해 등과 같은 인공지능 자체의 결함에 따른 위험보다 더 강조되어야 할 점은 인간과 소통하면서 감정의 교류가 가능한 정서 로봇과의 관계에서 일어날 수 있는 윤리 문제 및 위험 요소라고 생각된다.

② 일본 소니가 출시한 인공지능 강아지 '아이보'를 비롯해 애완동물인 '쿠보', 캐릭터인 '러보트' 인공지능 아내인 '아즈마 히카리', 한국의 노인 돌봄 로봇인 '다솜이' 등 다양한 정서 로봇이 등장하여 인간과 정서적 유대를 맺고 도움을 주고 있다. 하지만 이러한 정서 로봇과의 관계는 다양한 문제를 초래할 수 있다.

2 일방성의 위험

① 첫 번째 문제는 일방성의 위험이다. 인간은 그 자체로 인격과 자존심 그리고 존엄을 갖고 있기 때문에 어느 누구도 상대방의 즐거움만을 위해서 존재하진 않는다. 설령 상대방을 위해서 일해야 하는 위치에 있는 사람에게도 지켜야 할 예의가 있다. 인간이 아닌 애완동물도 생명을 갖고 있기 때문에 지켜야 하는 윤리가 있다. 그러나 로봇은 언제나 주인의 요구에 응해주는 대상으로 작동할 가능성이 많다. 따라서 이런 로봇과의 관계에 익숙해지면 상호성에 기반한 인간과의 관계를 불편해 하고 멀리하거나 심지어 인간을 로봇처럼 대할 수도 있을 것이다.

② 이것은 감정노동 로봇에도 적용될 수 있다. 감정노동 로봇은 인간이 할 수 없는 정도로 친절하게 행동할 수 있어 고객에게 지나치게 순종적-복종적일 수 있다. 감정노동 로봇의 복종적 태도에 익숙해진 소비자들이 인간 근로자들에게도 동일한 수준의 친절을 요구한다면 감정노동 근로자의 근로 조건은 더욱 열악해질 것이며, 노동자의 인권을 침해할 소지도 있다. 따라서 감정노동 로봇이 일상화된다면 감정노동 로봇의 서비스 표준 및 이를 이용하는 이용자를 위한 사용법 가이드라인 개발, 그리고 감정노동 로봇을 올바르게 대하는 에티켓 등에 대한 사용자 교육이 필요하다.

3 로봇에 대한 폭력

① 두 번째는 로봇에 대한 폭력이다. 로봇의 가격이 저렴해져 누구나 쉽게 로봇을 가질 수 있게 되면 로봇에 대한 폭력이 문제될 수 있다. 지금도 서비스 로봇을 함부로 대하는 현상이 나타나고 있다고 한다.

② 최근에 보스턴 다이내믹스는 자사 로봇의 성능을 보여주기 위해서 로봇을 강제를 넘어뜨리거나 발로 차는 행위 등을 담은 영상을 공개하여 로봇학대라는 여론의 질책을 받기도 했다. 그렇지만 인간과의 관계와는 달리 로봇에 대한 폭력은 대상에 대한 상처를 주지 않기 때문에 무감각해질 수 있다. 그러나 호주 멜버른대 교수인 코글런(Coghlan)의 지적처럼 로봇에 대한 공격은 우리를 더욱 공격적이고 폭력적인 사람으로 만들 수 있다.

③ 이에 대응하기 위해 1999년 결성되어 활동 중인 미국 로봇학대예방 협회(ASPCR)는 로봇학대 방지를 위한 캠페인을 전개하고 있다. 멀지 않은 미래에 로봇도 우리와 유사한 지능과 지위를 가질 수 있어 로봇 권리가 문제될 수 있으며, 따라서 우리는 우리가 인간을 존중하듯이 로봇을 감정을 가진 대상으로 인정하고 로봇의 욕구와 원하는 것 그리고 필요 등을 존중할 준비가 되어 있어야 한다고 한다.

④ 물론 로봇이 인간을 학대할 가능성도 전혀 없는 것은 아니다. 인공지능 알고리즘으로 작동하는 로봇은 상대 인간에 대한 배려 없이 잘못된 학습으로 상대방을 모욕하거나 자존심에 상처를 입히는 행동을 할 수도 있다. 특히 의사표현 능력이 부족한 어린이나 노인들은 로봇으로부터 이런 학대를 당하더라도 그대로 방치될 가능성이 있다.

4 로봇으로 인한 관계상실 가능성

① 세 번째는 로봇으로 인한 관계상실 가능성이다. 언제나 소유자의 요구를 들어주는 로봇과의 관계에 익숙해진 사람은 인간과의 관계에 불편을 느껴 더 이상 이 관계를 유지할 수 없게 되면서 사회적 외톨이 혹은 부적응자로 남을 가능성도 있다. 로봇의 진정한 목적은 인간과의 건강한 소통을 회복하는 것이다.

② 그러나 잘못된 일방적 로봇관계에 익숙해져 인간관계 자체를 형성할 수 없는 상태가 된다면 사회문제가 될 수 있다. 예를 들어 일본의 게이트 박스사는 남성 독신자를 위해 소녀 모양을 한 '나를 맞아주는 아내'라는 뜻의 '아즈마 히카리'란 홀로그램 로봇을 2016년에 출시했다. 이 로봇은 아내들이 하는 역할을 대신하여 아침에 깨워주기, 귀가하면 반갑게 맞아주기, 일찍 오라든지 혹은 보고 싶다는 문자 보내기, TV 틀어주기 등의 일을 수행할 수 있다고 한다.

③ 이처럼 로봇은 현실생활에서 쉽게 파트너를 만날 수 없는 독신자들에게는 배우자 역할도 할 수 있게 되었다. 하지만 이런 인공지능 파트너에 익숙해진 독신자들이 진짜 사람과 원만한 관계를 유지할 수 있을까? 인간 배우자에게도 인공지능이 해주는 것을 요구한다면 진짜 인간과 관계를 맺지 못할 수 있다.

5 개인정보 유출의 가능성

① 마지막은 개인정보 유출의 가능성이다. 로봇 소유자의 요구와 관심에 반응을 더 잘하는 로봇이 되기 위해서 로봇과 주고받은 대화 내용은 서버로 전송되어 분석되고 그 결과가 다시 로봇에 보내져 로봇의 행동에 반영된다. 이 전송 과정에서 개인정보가 유출될 뿐만 아니라 서버에 보관된 개인정보도 관리자의 잘못으로 유출되기도 한다. 로봇은 상시 녹음 기능을 갖고 있으므로 이용하지 않을 때는 로봇의 전원을 끄는 습관을 가져야 하고, 서비스 관리 사이트를 방문하여 수시로 저장된 나의 대화 내용을 지울 필요가 있으며, 개인정보 접근허용 정도도 엄격히 설정할 필요가 있다.

② 그래서 보안 전문가인 빌 브레너(Bill Brenner)는 인공지능 개인비서를 사용할 때 주의해야 할 점을 다음과 같이 제시했다.

1. 인공지능 비서를 사용하지 않을 때는 기기를 끈다.
   인공지능 비서는 상시 녹음 기능이 있으므로 이용하지 않을 때는 끄는 습관을 가진다.
2. 인공지능 비서를 자신의 SNS 계정과 연동하여 사용하지 않는다.
   SNS 계정을 인공지능 비서와 연동하면 더 많은 개인정보가 노출되어 위험할 수 있다.
3. 오래된 대화 내용은 수시로 지운다.
   아마존의 에코를 사용한다면 아마존 웹 사이트의 '기기 관리' 메뉴에서 나의 대화내용을 수시로 지운다.
4. 개인정보 설정을 엄격히 한다.
   구글 홈 이용자는 구글 홈 메뉴에서 개인정보 허용 정도를 엄격히 설정한다.

핵심정리 스피넬로(Spinello)의 정보윤리

(1) 자율성의 원리

① 사람이 지니고 있는 자율의 능력에 기초하는 것으로서 칸트를 비롯한 학자들이 일관되게 사람다움의 중요 요소로 규정한 것

② 자율성은 도덕적 책임의 필요조건일 뿐만 아니라 개인들은 이 자율성의 행사를 통해 스스로가 지니고 있는 최선의 삶의 이상에 따라 자기 운명을 형성

③ 정보사회에서 생활과 관련하여 누군가가 자율성을 박탈당할 때 그들의 계획은 방해를 받게 되는 동시에 자신들이 당연히 받아야 할 대우를 받지 못하게 되는 것임

(2) 해악금지의 원리

① 무엇보다도 먼저 남을 해치지 말라는 도덕 명령으로 이 원칙에 따르면 정보사회에서 기능한 한 우리는 남에게 불필요한 해악을 끼치거나 상해를 입히는 일을 피해야 함

② 남에게 상해를 입히지 말라는 이 소극적 명령은 더러는 최소한의 도덕을 의미

③ 해악금지의 원리는 다른 모든 원리들의 밑바탕에서 최소한 충족되지 않으면 안 되는 원리로서 기능함

(3) 선행의 원리

① 일종의 적극적 의무로서의 성격을 띠는 것으로서 우리는 가능한 한 다른 사람의 복지를 증진시키는 방식으로 행동해야 함을 의미

② 다른 한 측면에서는 다른 사람을 도와야 할 의무가 있음을 의미

③ 정보사회는 개개인들이 남에게 해를 끼치지 않음은 물론 타인에게 도움과 이로움을 주기 위해 노력하는 선행의 원리가 준수될 때 비로소 복된 삶의 공동체로 기능할 수 있게 됨

(4) 정의의 원리

① 정의란 동일한 경우는 동일한 방식으로 다루어야 한다는 형식적 원칙을 공통으로 지니는데 이는 무엇보다도 공정한 대우와 불편부당성을 핵심으로 하는 것

② 분배적 정의론은 이러한 형식적 정의를 보완하는 또 다른 하나의 기준으로 기능하는 것으로서 각자에게 그의 몫을 주는 것으로 나타나게 되며, 사회가 보유하고 있는 희소자원의 배분방법에 바탕이 될 원칙을 정립하는 데 기여

③ 공정한 대우와 불편부당 그리고 각자에게 그에 마땅한 몫을 주는 정의의 원리는 정보사회에서의 행위와 정책 및 제도의 구성, 운영에 중요한 준거로서 기능

Theme

182 블록체인(Block Chain)

I 분산원장기술(Distributed Ledger Technology, DLT)

① 분산 네트워크 참여자(node)가 암호화 기술을 사용하여 거래 정보를 검증하고 합의한 원장(ledger)을 공동으로 분산 · 관리하는 기술이다.

② 중앙 관리자나 중앙 데이터 저장소가 없으며, 데이터 관리의 신뢰성을 높이기 위해 분산 네트워크 내의 모든 참여자(peer)가 거래 정보를 합의 알고리즘에 따라 서로 복제하여 공유한다.

③ 이 거래 정보는 분산 · 관리하기 때문에 위조를 검출하고 방지할 수 있다. 분산원장기술(DLT)을 구현한 대표적인 예로 블록체인(blockchain)과 그물처럼 거래를 연결하는 방향성 비순환 그래프(Directed Acyclic Graph, DAG) 등이 있다.

④ 블록체인은 가지치기를 통해 하나의 블록 연결만 허용하는 반면 DAG 분산원장기술은 네트워크 참여자들로부터 발생하는 이벤트(블록체인에서는 블록을 의미한다) 연결을 동시에 허용한다.

⑤ 블록체인 플랫폼으로 이더리움(ethereum), 하이퍼레저(hyperledger) 등이 있고, DAG 분산원장으로는 독일의 IOTA(lnternet of Things Application) 프로젝트, 해시그래프(hashgraph) 등이 있다.

II 블록체인(Block Chain)

① 블록체인(blockchain)의 기본 구조는 블록을 순차적으로 연결한 블록 모음의 형태이며 피투피(P2P) 네트워크를 기반으로 한다.

② 일정 시간 동안 네트워크 참여자가 거래 정보를 서로 교환해 확인하고 검증하는 과정을 거쳐, 서로 동의한 거래 정보들만 하나의 블록으로 만든다. 그리고 새로 만들어진 블록을 이전 블록체인에 연결하고, 그 사본을 만들어 각 네트워크 참여자의 디지털 장비에 분산 · 저장한다.

③ 이때 안전한 교환을 위해 해시 함수, 디지털 서명, 합의 알고리즘 등을 사용한다. 따라서 기존 은행처럼 중앙 서버에 거래 장부에 대한 데이터베이스를 운영 · 관리할 필요가 없어 관리비용을 절감할 수 있고, 분산 · 저장하므로 해킹이 어려워 금융거래의 안전성도 높아진다.

④ 블록체인 기술은 주식, 부동산 등의 금융 및 자산 거래뿐 아니라 투명한 이력 관리를 목적으로 하는 물류 시스템과 스마트 도시(smart city), 사물인터넷(IoT) 등 신뢰할 수 있는 거래가 필요한 다양한 분야에 활용할 수 있다. 블록체인을 사용한 대표적인 예가 가상화폐인 비트코인(bitcoin)이다.

기출문제

블록체인에 대한 옳은 설명만을 있는 대로 고른 것은? [2021]

ㄱ. 수많은 컴퓨터에 동시에 이를 복제해 저장하는 분산형 데이터 저장 기술이다.
ㄴ. P2P 네트워크로 똑같은 거래장부 사본을 나누어 보관한다.
ㄷ. 중앙서버에서 관리하며 참여자들에 대한 정보를 보내준다.
ㄹ. 모든 거래 참여자들이 정보를 공유하고 이를 대조해 데이터 위조나 변조가 어렵다.

① ㄱ, ㄴ, ㄷ
② ㄱ, ㄷ, ㄹ
③ ㄴ, ㄷ, ㄹ
④ ㄱ, ㄴ, ㄹ

정답 ④

해설 ㄷ. 블록체인은 한마디로 모든 거래 기록을 담은 탈중심 투명 장부라 할 수 있는데, 그 누구도 그것을 소유하거나 통제하지 못하며, 모든 네트워크 노드들에 의해 공유되고 모니터링된다. 거래의 신뢰성은 더 이상 거래 상대방이나 은행에 대한 신뢰가 아니라 피투피 네트워크 자체로부터 담보되기 때문에, 거래를 증명할 은행이나 등기소와 같은 전통적인 중앙 권위자는 더 이상 필요하지 않게 되거나 그것의 기존 권력은 상당히 축소될 가능성이 높다.

거래 정보를 담은 장부를 중앙 서버 한 곳에 저장하는 것이 아니라 거래 정보를 기록한 원장 데이터를 중앙 서버가 아닌 참가자들이 공동으로 기록 및 관리하고 분산처리와 암호화 기술을 동시에 적용하여 높은 보안성을 확보하는 한편 거래과정의 신속성과 투명성을 특징으로 하는 기술로 옳은 것은? [2020]

① 블록체인
② 비대면 인증
③ 로보어드바이저
④ 신용평가 솔수션

정답 ①

해설 블록체인에 대한 설명이다.

블록체인에 대한 설명으로 틀린 것은? [2019]

① 비트코인은 블록체인 기술이 적용된 최초의 암호화폐이다.
② 블록체인 기반 ID 시스템은 투표 결과의 무결성과 투명성을 높일 수 있다.
③ 위로부터의 어떠한 통제도 불가능한 블록체인은 개인들의 자율과 자치 그리고 집단적 의사결정 과정에 대한 직접 참여라는 직접민주주의 이념의 구현장이 될 수도 있다.
④ 현재 블록체인에 저장되는 공개키와 거래정보가 개인정보에 해당할지 여부와 같은 기본적인 문제에 대해서부터 확실한 답을 내릴 해석론적 근거가 확립되었다.

정답 ④

해설 현재 우리나라 「개인정보 보호법」과 「정보통신망법」이 공개형 블록체인의 노드에 적용될 것인지, 블록체인에 저장되는 공개키와 거래정보가 개인정보에 해당할지 여부와 같은 기본적인 문제에 대해서부터 확실한 답을 내릴 해석론적 근거부터 찾기 어려운 상황이다. 이와 같이 적용 규범이 불명확한 상황은, 블록체인과 관련한 기술적인 상황이 매우 다양하다는 점 때문에 더욱 악화된다. 「개인정보 보호법」의 적용 여부는 대상이 되는 정보가 개인정보에 해당하는지 여부에 달려 있는데, 개인정보 해당 여부는 다시 식별가능성이라는, 해당 정보를 둘러싼 기술적 상황을 포함한 여러 맥락에 따라 다분히 달라질 수 있는 개념에 의존하고 있기 때문이다.

Ⅲ 블록(Block)

① 블록체인에서 식별, 암호화 및 거래 정보를 포함하는 기본 데이터 단위이다. 하나의 블록(block)은 블록 해시(hash), 헤더(header) 및 바디(body)로 구성된다.

② 블록 해시는 블록 식별자이며, 헤더의 해시값을 포함한다. 헤더는 버전 정보, 이전 블록 해시, 머클 루트(merkle root), 시간(time), 난이도(difficulty) 및 논스(nonce)로 구성된다. 바디는 다양한 거래 정보들을 포함한다.

③ 한편, 블록 해시는 전체 블록의 식별자 역할을 하는 블록 이름 정보인데 헤더 정보에 암호화 기술(예 SHA-256)을 적용한 값이다. 다음 블록에 이전 블록의 블록 해시가 포함되어 가상의 고리로 연결된 구조를 가진다. 여기서 블록은 참여자들의 특성에 따라 분산 · 저장된다. 또한 이 블록의 구조는 블록체인을 이용한 다양한 서비스에 따라 서로 다르게 정의하며 일반적으로 특정 커뮤니티 안에서만 통용된다.

Ⅳ 머클 트리(Merkle tree)

1 의의

① 머클 트리는 블록체인(blockchain)에서 블록 하나에 포함된 모든 거래 정보를 요약하여 트리(tree)형태로 표현한 데이터 구조이다.

② 블록의 바디(body)에 포함된 모든 거래 정보를 특정 크기 단위별로 암호화 기법(예 SHA-2561)을 적용하여 여러 단계(round)를 거쳐 해시값을 만든다. 이 해시값들이 트리 형태이고, 1979년 고안자 랄프 머클(Ralph Merkle)의 이름에서 따와 머클 트리(Merkle tree)라고 부른다.

③ 머클 트리의 최상위에 위치하는 해시값을 머클 루트(Merkle root)라고 한다. 기존의 이진 트리 구조가 부모 노드에서 자식 노드로 향하는 구조였다면, 머클 트리는 자식 노드에서 부모 노드로 상향하는 구조이다.

2 머클 트리 루트를 생성하는 과정

① 먼저 블록 내의 모든 거래 정보들의 해시값을 계산한다. 이 해시값을 리프(leaf) 데이터라고 부른다.

② 두 개의 리프 데이터를 연결하여 해시값을 구한다. 이 해시값은 리프 데이터에 대한 부모 데이터라고 한다.

③ 쌍을 지을 수 없을 때까지 상향식으로 반복하여 해시값을 구한다. 이때 최종 해시값이 머클 트리 루트이고 블록의 헤더(header)에 포함된다.

V 블록체인의 유형

1 개방형 블록체인(public blockchain)

① 일반에 공개되어 누구나 접근하여 사용할 수 있는 블록체인 시스템이다.

② 개방형 블록체인은 블록체인 시스템 사용자 관점에서 원하는 사람은 누구나 사용할 수 있도록 공개된 블록체인 시스템을 의미한다. 이와 대비되는 개념으로 제한된 사람만이 사용할 수 있는 전용 블록체인(private blockchain)이 있다.

③ 개방형 블록체인과 전용 블록체인은 사용자 관점에서 누구나 사용할 수 있는지, 제한적으로 사용할 수 있는지를 구분하는 용어이다. 허가형 블록체인(permissioned blockchain)과 비허가형 블록체인(permissionless blockchain)은 사용자와 운영자 관점을 구분하지 않고 블록체인 시스템의 사용 또는 운영을 위한 허가 유무에 따라 구분되는 용어이다. 일반적으로 개방형 블록체인은 암호화폐 지갑을 생성하고 난 이후 사용할 수 있다. 비트코인(bitcoin)이 세계 최초로 개발된 개방형 블록체인이고, 대표적인 개방형 블록체인으로는 비트코인 이외에도 이더리움, 카르다노 등이 있다.

2 전용 블록체인(private blockchain)

전용 블록체인은 개방형 블록체인처럼 원하는 사람은 누구나 사용할 수 있는 시스템이 아니라 권한이 있는 제한된 사람만 사용할 수 있는 블록체인 시스템을 말한다. 예를 들어 특정 기업 소속 직원만 사용할 수 있는 인트라넷 시스템에서 사용하는 하이퍼레저(hyperledger), 리플(ripple), R3 등이 전용 블록체인이다. 그 외 여러 회사들이 연합하여 제한된 사용자만이 사용할 수 있는 컨소시엄(consortium) 블록체인 시스템을 구축한 경우도 전용 블록체인이라 할 수 있다.

3 허가형 블록체인(permissioned blockchain)

① 허가형 블록체인은 블록체인 시스템을 사용하거나 블록체인 노드(node)로 참여할 때에 허가가 필요한 시스템을 의미한다.

② 예를 들어 특정 회사에서 운영하고 이 회사의 내부 직원들만 사용할 수 있도록 허용한 블록체인 시스템이 허가형 블록체인 시스템이다. 일반적으로 전용 블록체인은 허가형 블록체인이다. 또한 블록체인 기반의 은행거래 시스템을 만들고 허가된 특정 은행들만 블록체인 노드로 참여할 수 있도록 운영할 때 허가형 블록체인으로 분류한다.

③ 대표적인 예로, 사용자 관점에서는 특정 회사에서 사용하는 하이퍼레저(hyperledger)가 있고 운영자 관점에서는 리플, R3 등이 있다.

4 비허가형 블록체인(permissionless blockchain)

① 비허가형 블록체인은 블록체인 시스템을 사용하거나 블록체인 노드(node)로 참여할 때에 허가가 필요하지 않다. 즉, 비허가형 블록체인은 누구나 사용할 수 있고 누구든지 인터넷에 연결된 다양한 컴퓨터 장비를 이용하여 블록체인 노드로 블록체인 운영에 참여할 수 있는 블록체인 시스템을 말한다.

② 비허가형 블록체인은 누구나 계정을 생성하여 참여할 수 있기 때문에 익명성을 보장하는 장점은 있지만, 경우에 따라 악의적인 의도로 임의의 많은 계정을 생성하여 합의 알고리즘에 영향을 미치도록 하는 시빌 공격(sybil attack)이 발생할 수 있다. 대표적인 비허가형 블록체인으로 비트코인, 이더리움이 있다.

생각넓히기 | 시빌 공격(sybil attack)

비허가형(permissionless) 또는 개방형(public) 블록체인에서 한 명의 공격자가 여러 사람인 것처럼 합의에 이를 수 있는 수만큼 가짜 노드를 만들어 사실과 다른 합의 결과를 만드는 보안 위협이다. 다중 인격 장애를 다룬 동명의 소설에서 유래했으며, 51% 공격이라고 불리기도 한다.

5 서비스형 블록체인(Blockchain as a Service)

① 블록체인 기술은 이더리움(ethereum), 이오스(EOS), 트론(tron) 등 블록체인 플랫폼마다 사용하는 프로토콜, 인터페이스, 블록 사이즈 등이 달라 환경 설정이나 스마트 계약, 분산응용(DApp) 서비스 운영 등에 대한 사항들이 모두 다르게 개발되어야 하는 어려움이 있다.

② 서비스형 블록체인(Blockchain-as-a-service, BaaS)은 웹페이지 설정을 통해 특정 블록체인 플랫폼 개발 환경을 자동으로 생성 · 설정해 주고, 편리한 스마트 계약 코드 개발과 시험 환경을 지원함으로써 이러한 문제를 해결한다.

③ DApp(decentralized application, 분산 애플리케이션) 서비스의 실행 · 중지 등 기본적인 서비스 제어와 서비스 운영에 필요한 종합적인 데이터 모니터링과 분석 기능을 제공한다. 다시 말해, 서비스형 블록체인은 블록체인 플랫폼별로 구성이 다른 블록체인 기술을 보다 편리하게 활용할 수 있도록 하는 솔루션(solution)을 클라우드 기반으로 제공하는 서비스를 말한다. 아이비엠(IBM), 마이크로소프트(MS), 아마존웹서비스(AWS)에서 자사 클라우드 플랫폼 기반 Baas 서비스를 제공하고 있다.

[예상문제]

블록체인에 대한 설명으로 틀린 것은?

① 퍼블릭 블록체인은 누구든지 자유롭게 참여할 수 있는 개방형 블록체인 네트워크이다.
② 프라이빗 블록체인은 미리 정해진 조직이나 개인들만 참여할 수 있는 폐쇄형 블록체인 네트워크이다.
③ 프라이빗 블록체인의 경우 참여자들의 컴퓨터 사용에 따른 전기료 등 운영비용을 감당할 수 있도록, 암호화폐를 발행하여 보상한다.
④ 전통적인 '중간자' 권력이 블록체인을 자신의 자산을 안전하고도 투명하게 관리하고 거래와 계약을 효율적으로 조직하기 위한 수단으로 활용하는 것도 가능한데 이는 대체로 프라이빗 블록체인을 통해 이루어진다.

정답 ③

해설 프라이빗 블록체인의 운영을 위해서 암호화폐가 반드시 필요한 것은 아니다. 프라이빗 블록체인의 경우 굳이 암호화폐를 발행할 필요가 없이, 해당 프라이빗 블록체인의 참여자들이 컴퓨터 운영비용을 부담하면 된다. 물론 프라이빗 블록체인에서도 암호화폐를 발행할 수는 있다.

Theme

183 합의 알고리즘(Consensus algorithm)

I 의의

① 분산원장 시스템에서 노드는 네트워크상에 분산되어 있으며, 원장에 포함시키기 위한 새로운 기록을 생성, 채택하고 이를 배포해야 한다.

② 노드 간의 분산원장 동기화는 동시에 일어나지 않기 때문에 네트워크상에는 일시적으로 서로 다른 기록이 포함된 원장들이 존재할 수 있고, 노드들 중에는 신뢰할 수 없는 참여자가 포함될 수 있다고 가정한다.

③ 합의 알고리즘(Consensus algorithm)은 그런 상황에서도 분산원장 시스템 내의 노드들이 서로 간의 통신을 통해 최종적으로 동일한 기록을 채택하게 하는 방식이다.

④ 분산원장 시스템에는 작업증명(PoW), 지분증명(PoS), 위임지분증명(DPoS), 경과시간증명(Proof of Elapsed Time, PoET), 권한증명(Proof of Authority, PoA), 비잔틴장애허용(Byzantine Fault Tolerance) 등의 다양한 합의 알고리즘이 사용된다.

II 작업증명(Proof of Work, PoW)

① 블록체인에서 거래 기록 정보를 무작위 특성을 가진 논스(nonce)값과 해시(hash) 알고리즘을 적용시켜 설정된 난이도를 충족하는 해시값을 도출하는 방식을 말한다. 블록 생성자(채굴자 또는 검증자)들이 컴퓨터 연산을 통해 블록체인의 블록 헤더에 제시된 난이도 조건을 만족하는 블록 해시값을 경쟁을 통해 찾으면 새로운 블록을 추가하는 작업이 완료되고 보상을 받는다.

② 1997년 아담 백(Adam Back)이 스팸 메일에 의한 서비스 거부 공격(DOS attack)을 방지하기 위해 고안한 해시캐시(hashcash)를 기반으로 개발되었다. 피투피(P2P) 네트워크로 거래하는 비트코인(bitcoin) 채굴에서 사용하는 작업증명 알고리즘은 SHA-256을 기반으로 하여 해시캐시라고 하며, 비트코인 창시자인 나카모토 사토시가 고안한 블록 생성 방식이다.

③ 블록체인의 탈중앙화 특성에 부합하지만 컴퓨터 성능이 발달함에 따라 난이도 조건이 높아지며 컴퓨팅 파워 낭비와 에너지 소모가 심해지는 단점이 있다.

Ⅲ 채굴(mining)

① 작업증명 등의 합의 알고리즘에서는 원장(ledger)의 기록을 생성하기 위한 작업에 높은 비용이 필요하다.

② 따라서 이러한 합의 알고리즘을 사용하는 분산원장기술(DLT)은 원장 기록 생성을 장려하기 위하여 원장 생성자(채굴자 또는 검증자)에게 생성에 대한 보상 및 이에 포함된 거래의 수수료를 지급하도록 설계하는 것이 일반적이다.

③ 다시 말해, 가장 많은 작업을 한 노드가 분산원장에 포함될 기록을 확정하는 권한을 가지게 되며, 그에 따른 보상을 받게 된다.

④ 참고로 채굴(mining)은 광산에서 금을 캐는 작업에 빗대어 분산원장 시스템이라는 광산에서 합의 알고리즘이라는 작업을 동해 코인을 소유하는 것을 표현한 용어이다. 작업증명과 같은 합의 알고리즘과 그에 따른 보상을 의미한다.

Ⅳ 지분증명(Proof of Stake, PoS)

① 지분증명(PoS)은 블록체인 네트워크의 각 노드마다 식별자(ID)를 만들어 합의 시 지분의 양을 계산하는 데 활용한다. 누구든 해당 네트워크의 암호화폐만 있다면 ID를 만들 수 있고 블록을 생성할 권한(블록 보상을 획득할 권한)은 자신의 ID에 연결된 지분의 양(자신이 보유한 암호화폐의 양)으로 결정된다. 따라서 많은 지분을 가진 사람이 더 높은 확률로 더 짧은 시간 안에 블록을 생성할 권한을 가지게 된다. 이러한 이유로 블록 보상을 받을 확률을 높이기 위해서는 자신의 지분을 잘게 나누어 여러 개의 ID를 만들어서 참여하기보다는 하나의 ID에 모든 지분을 연결하여 참여하는 것이 유리하다.

② 블록체인 시스템에서 가장 보편적으로 사용하는 합의 알고리즘인 작업증명(PoW)이 대규모의 컴퓨팅 파워 낭비 문제를 발생시켜 이를 해결하기 위해 고안하였다. 지분증명을 사용하는 대표적인 블록체인으로 에이다(ADA), 큐텀(QTUM), 피어코인(Peercoin) 등이 있다.

V 위임지분증명(Delegated Proof of Stake, DPoS)

① 2014년 다니엘 라리머(Daniel Larimer)가 개발하였다. 암호화폐 소유자들이 자신의 권한을 위임할 대표 노드를 선출하는 방식이 대의 민주주의와 유사해 '토큰 민주주의'라는 별명이 붙기도 하였다.

② 소수의 대표 노드들에게만 거래 정보 승인을 받기 때문에 작업증명(PoW), 지분증명(PoS) 합의 알고리즘에 비하여 처리 성능이 크게 개선되었다.

③ 위임지분증명 방식에서 대표 노드의 수는 블록체인 플랫폼의 정책에 따라 달라질 수 있으며 이미 선정된 대표 노드라 하더라도 올바른 의사결정을 하지 않으면 언제든 바뀔 수 있다.

[예상문제]

다음 글에서 설명하고 있는 개념으로 옳은 것은?

데이터통신 시스템에서 관리의 대상이 되는 기본적인 정보를 기록한 기본파일(master file)에 대해서 그 내용에 추가, 삭제 및 갱신을 가져오도록 하는 행위(거래)를 말한다. 예를 들면, 입하, 출하, 매상, 반품, 임금, 출금, 정정 등의 데이터를 말하며, 이동정보라고도 한다.

① Transaction
② Hash tables
③ Data structure
④ Management Information Systems

정답 ①

해설 Transaction에 대한 설명이다.

Theme

184 비트코인(Bitcoin)

I 의의

① 비트코인(bitcoin)은 블록체인 기술을 기반으로 만들어진 온라인 암호화폐이다. 비트코인의 화폐 단위는 BTC로 표시한다.

② 2008년 10월 사토시 나카모토라는 가명을 쓰는 프로그래머가 개발하여, 2009년 1월 프로그램 소스를 배포했다.

③ 중앙은행이 없이 전 세계적 범위에서 P2P 방식으로 개인들 간에 자유롭게 송금 등의 금융거래를 할 수 있게 설계되어 있다.

④ 거래장부는 블록체인 기술을 바탕으로 전 세계적인 범위에서 여러 사용자들의 서버에 분산하여 저장하기 때문에 해킹이 불가능하다. SHA-256 기반의 암호 해시 함수를 사용한다.

Ⅱ 거래

1 의의

비트코인 거래자들은 은행계좌에 해당하는 공개주소를 활용하여 비트코인을 이체한다.

2 비트코인 지갑

① 이용자는 지갑프로그램을 통해 무수히 많은 공개주소를 만들 수 있으며 공개주소와 함께 비밀키도 동시에 생성된다.

② 비트코인 지갑은 사용자가 보유 비트코인을 확인하고 이체거래를 실시할 수 있도록 고안된 프로그램으로 Multibit, Bitcoin-Qt 등 PC용 지갑 및 Coinbase 등 모바일 지갑이 사용된다.

3 공개주소(Public address)

공개주소는 임의로 생성되는 문자와 숫자의 조합으로 계좌번호와 같은 기능을 수행하며 비트코인 잔액을 표시한다.

4 비밀키(Private key)

비밀키는 일종의 비밀번호로서 이용자의 지갑프로그램에 저장되며 비트코인 이체거래 시 입력되어야 한다.

Ⅲ 생성

① 비트코인 네트워크는 "코인 생성" 옵션을 선택한 소프트웨어를 구동하는 누군가, 구체적으로는 블록을 생성해 내는 데 성공한 누군가에게 한 묶음의 새로운 비트코인을 시간당 6번 정도씩 생성해 배분할 수 있도록 되어 있다. 그 소프트웨어나 같은 역할을 하는 사용자가 직접 만든 특수한 프로그램을 구동하는 사람은 누구나 비트코인 묶음을 받을 가능성이 있다.

② 비트코인을 생성하는 것은 금광 채굴에 빗대어 "채굴"이라고 불리기도 한다. 사용자가 코인 묶음을 받을 수 있는 확률은 정해진 목표 값 이하의 해시를 만들어낼 수 있는 확률과 같으며, 비트코인이 묶음 당 생성되는 채굴량은 50BTC를 넘지 않는다.

③ 그리고 채굴량 변동은 매 21만 블록이 생성될 때 마다 1/2로 줄어들게 프로그램 되어, 전부 2100만 비트코인을 넘지 않게 된다. 이 지불금이 줄어들면, 사용자들은 블록을 생성하는 노드를 구동하는 것보다는 거래 수수료를 벌도록 유도된다.

④ 네트워크의 생성용 노드들은 전부 그들의 후보 블록을 만들기 위한 암호화 문제를 찾아내기 위해 경쟁한다. 이 문제를 풀려면 반복적인 시행착오가 필요하다. 노드가 정답을 찾으면 네트워크의 나머지 노드에게 그것을 알리고 새로운 비트코인 묶음을 요구한다. 새로 해결된 블록(solved-block)을 받은 노드들은 그것을 허가하기 전에 인증하고 체인에 추가한다. 노드에는 표준 클라이언트를 사용하거나 GPU 가속을 이용하는 다른 소프트웨어가 사용될 수 있다. 사용자들은 집단으로 비트코인을 생성할 수도 있다.

Ⅳ 총발행량

① 2009년 만들어진 비트코인은 총발행량 2100만 비트코인이 한계이다. 그 이상은 발행될 수 없다. 2017년 6월 기준으로 대략 1,650만 비트코인이 발행되었다. 전문가들은 비트코인이 전부 발행되는 시점을 2150년 즈음으로 예상하고 있다.

② 그러나 다른 유사한 암호화폐가 비트코인을 시작으로 다수 등장해 있기 때문에, 라이트코인 등 대체 암호화폐를 사용하거나, 아니면 더 작은 단위로 쪼개 쓰면 된다. 비트코인은 소수점 8자리까지 나눌 수 있게 설계됐다. 비트코인의 가장 작은 단위는 창안자인 사토시 나카모토를 기념하기 위해 '사토시'라는 단위로 불린다.

V 현금, 전자화폐 및 유가증권과의 비교

1 현금과의 비교

① 현금은 지급 청산 결제의 전 과정을 거쳐야 거래가 완결되는 비현금 지급수단과 달리 지급만으로 거래가 종료된다.

② 비트코인은 최종적인 가치를 지니며 지급거래 후 더 이상의 채권 채무관계가 남아있지 않다는 점에서 현금과 비슷하다.

③ 그러나 비트코인은 현금과 달리 물리적 실체 없이 전자화된 파일의 형태를 가지며 정부 또는 발행기관에 의해 가치가 보장되지 않고 비트코인 네트워크를 구성하는 사용자들에 의해서만 가치가 인정된다.

2 전자화폐와의 비교

① 유럽연합은 전자화폐를 발행인에 대한 청구권으로 화폐적 가치가 전자화된 형태로 저장되고 발행금액에 상응하는 법정통화를 수취한 대가로 발행되며 발행기관 이외의 가맹점에서 사용할 수 있는 지급수단으로 정의한다.

② 비트코인은 특정한 가치가 전자화된 형태로 저장되어 있고 온 · 오프라인 상점에서 사용될 수 있다는 점에서는 전자화폐와 유사하다.

③ 그러나 발행기관이 존재하지 않으며 법정통화를 수취한 대가가 아니라 미리 정해진 알고리즘에 따라 발행된다는 점에서 전자화폐와 다르다.

④ 또한 전자화폐와 달리 관련법의 규제를 받지 않으며 법정 통화 단위(달러, 유로 등)로 표시되지 않고 자체적인 화폐 단위로 표시된다.

3 가상화폐와의 비교

(1) 가상화폐

① 의의

㉠ 유럽중앙은행(ECB)은 가상화폐를 가상공간의 개발자에 의해 발행되고 가상공간의 회원 사이에 지급수단으로 수수되며 법규에 의해 통제되지 않는 화폐로 정의한다.

㉡ 실제 법정통화와의 교환성을 기준으로 Type 1(폐쇄형), Type 2(일방형), Type 3(양방형)으로 구분한다.

② Type 1(폐쇄형)

가상세계의 활동을 통해서만 가상화폐를 획득할 수 있고 발행된 가상화폐는 가상세계에서만 사용 가능하다.

③ Type 2(일방형)

법정통화로 가상화폐를 구매할 수는 있으나 가상화폐를 법정통화로 교환할 수는 없다.

④ Type 3(양방형)

법정통화와 가상화폐 간 교환이 자유롭게 이루어진다.

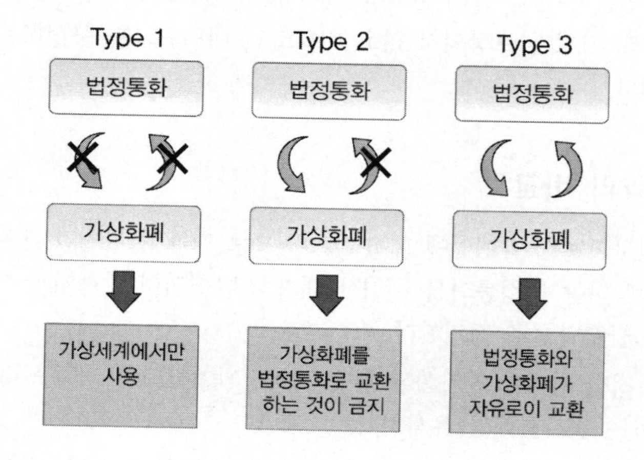

(2) 비트코인

① 비트코인은 법정통화와 상호 교환되는 Type 3(양방형)의 가상화폐와 비슷하지만 발행 및 거래승인을 담당하는 중앙 기관이 없다는 점에서 큰 차이를 보인다.

② 유럽중앙은행(ECB)은 비트코인을 Type 3(양방형)의 가상화폐로 간주한다.

[현금, 전자화폐, 가상화폐 및 비트코인 비교]

구분	현금(법정통화)	전자화폐	가상화폐(Type1,2)	비트코인
화폐 형태	주화(금속) 또는 지폐(종이)	디지털	디지털	디지털
화폐 단위	법정통화	법정통화	가상화폐	가상화폐
적용 법규	있음	있음	없음	없음
사용처	모든 거래	가맹점	가상공간	가맹점
발행기관	중앙은행	금융기관	비금융기관	없음
법정통화와의 교환성		법정통화로 충전, 잔액은 법정통화로 환급가능	가상화폐를 법정통화로 교환할 수 없음	법정통화와 자유로이 교환됨

4 유가증권과의 비교

① 유가증권은 권리의 거래를 편리하게 하기 위해 무형의 권리를 증권에 결합한 증서를 의미한다.

② 비트코인은 주식, 채권 등과 같이 거래소를 통해 매매되고 있어 유가증권의 성격도 포함한다.

③ 그러나 유가증권은 지분증권 및 채무증권으로 구분되며 권리의 존재를 전제로 하는 만큼 권리관계가 없는 비트코인은 유가증권으로 해석되기 어렵다.

④ 더욱이 유가증권은 유가증권법정주의에 의해 법으로 그 종류와 내용을 제한하기 때문에 비트코인이 유가증권으로 인정되기 위해서는 명시적인 법률 규정이 필요하다.

[예상문제]

비트코인에 대한 설명으로 틀린 것은?

① P2P 네트워크상에서 암호화 알고리즘에 따라 채굴된다.
② 발행기관이 없다는 점에서 가상화폐와 유사한 면이 있다.
③ 디지털 파일의 형태로 구매력이 저장되고 구매력을 자체단위로 표시한다.
④ 비트코인 거래자들은 은행계좌에 해당하는 공개주소를 활용하여 비트코인을 이체한다.

정답 ②

해설 디지털 파일의 형태로 구매력이 저장되고 구매력을 자체단위로 표시한다는 점에서 가상화폐와 유사한 면이 있으나 발행기관이 없다는 점에서는 구별된다.

생각넓히기 | 중앙은행 디지털화폐(CBDC)

중앙은행 디지털화폐(CBDC)는 기존의 실물 화폐와 달리 가치가 전자적으로 저장되며 이용자 간 자금이체 기능을 통해 지급결제가 이루어지는 화폐를 말한다. 중앙은행이 발행하는 법정통화로서 가상화폐와 달리 기존의 화폐와 동일한 교환비율이 적용되어 가치변동의 위험이 없다. 중앙은행 디지털화폐의 발행은 일반 경제주체들의 지급 편의를 증진시킬 것으로 예상되나 새로운 금리체계의 형성과 은행 예금의 감소 등으로 통화정책의 유효성과 금융안정성에 광범위한 영향을 미칠 것으로 보인다.

예상문제

중앙은행 디지털화폐(CBDC)에 대한 설명으로 틀린 것은?

① 중앙은행 디지털화폐(CBDC)는 기존의 실물 화폐와 달리 가치가 전자적으로 저장되며 이용자간 자금이체 기능을 통해 지급결제가 이루어지는 화폐를 말한다.

② 중앙은행이 발행하는 법정통화로서 가상화폐와 달리 기존의 화폐와 동일한 교환비율이 적용되어 가치변동의 위험이 없다.

③ 블록체인 기반에 의거하여 거래정보가 다수에 의해 분산되어 관리되는 분산원장방식의 경우 중앙은행을 포함한 다수의 보유자가 전자지갑을 활용하여 잔액을 보관하고 거래할 수 있어 익명성을 기반으로 한다는 점에서 실물화폐와 구별된다.

④ 은행예금의 일부가 디지털화폐에 대한 수요로 전환될 경우 민간의 은행예금 감소요인으로 작용하면서 은행의 자금조달 비용이 커지고 대출여력이 감소하는 등 전반적인 은행의 금융중개기능 및 수익성 약화를 초래할 것으로 보인다.

정답 ③

해설 분산원장방식의 중앙은행 디지털화폐(CBDC)는 익명성을 기반으로 한 실물화폐와 유사한 특성을 갖는다.

Theme

185 이더리움(Ethereum)

I 의의

① 이더리움(Ethereum)은 블록체인 기술을 기반으로 스마트 계약 기능을 구현하기 위한 분산 컴퓨팅 플랫폼이자 플랫폼의 자체 통화명이다. 이더리움이 제공하는 이더(Ether)는 비트코인과 마찬가지로 암호화폐의 일종으로 거래되고 있다. 이더리움의 화폐 단위는 ETH로 표시한다.

② 이더리움은 2015년 7월 30일 비탈릭 부테린(Vitalik Buterin)이 개발하였다. 비탈릭 부테린은 암호화폐인 비트코인에 사용된 핵심 기술인 블록체인에 화폐 거래 기록뿐 아니라 계약서 등의 추가 정보를 기록할 수 있다는 점에 착안하여, 전 세계 수많은 사용자들이 보유하고 있는 컴퓨팅 자원을 활용해 이더리움 가상머신(Ethereum Virtual Machine)을 만들고, 이 플랫폼을 이용하여 SNS, e-메일, 전자투표 등 다양한 정보를 기록하는 시스템을 창안했다.

II 내장 프로그래밍 언어, '솔리디티'

① 이더리움은 비트코인과 동일한 데이터 구조를 가지고 작동하지만, 비트코인과 달리 프로그래밍 언어를 내장하고 있다. 여기서 말하는 프로그래밍 언어는 이더리움의 고유 언어인 '솔리디티(Solidity)'이다.

② 솔리디티는 '튜링 완전(turing completeness)'한 언어로 평가받는다. 특정 프로그램 언어가 '튜링 완전하다.'고 평가받는다는 건, 이 프로그램을 이용하면 어떠한 애플리케이션도 개발할 수 있고, 어떤 계산식도 풀 수 있다는 것을 뜻한다. 솔리디티는 C언어나 자바로 할 수 있는 것 대부분을 구현할 수 있다.

Ⅲ 차세대 스마트 계약과 분산 응용 애플리케이션 플랫폼

1 스마트 계약(Smart contract)

(1) 의의

스마트 계약은 프로그래밍된 조건이 모두 충족되면 자동으로 계약을 이행하는 자동화 계약 시스템이다. 기존에는 계약이 체결되고 이행되기까지 수많은 문서가 필요했다면 스마트 계약은 계약 조건을 컴퓨터 코드로 지정해두고 조건이 맞으면 계약을 이행하는 방식이다. 스마트 계약을 통해 사람들은 부동산, 주식 등 다양한 것을 거래할 수 있고 제3자 없는 당사자 간 거래가 가능하다.

(2) 스마트 계약 설계의 기본 원칙

① 스마트 계약은 서로의 계약 이행 가능성을 관찰하거나 성과를 입증할 수 있어야 하며(관측 가능성), 계약을 이행 또는 위반했을 때 이를 알 수 있어야 한다(검증 가능성).

② 또한 계약 내용은 계약에 필요한 당사자들에게만 분배돼야 한다(사생활 보호).

③ 마지막으로 계약을 강제로 이행할 수 있는 구속력이 있어야 한다(강제 가능성). 이때 강제 가능성은 최소화해야 한다.

2 차세대 스마트 계약

① 차세대 스마트 계약이 가능한 이더리움에서는 각 비즈니스 로직에 따른 복잡하고 다양한 계약 패턴을 소화할 수 있다.

② 개발자는 차세대 스마트 계약으로 다양한 분산형 애플리케이션(DApp, Decentralized Application)을 개발할 수 있다. 이더리움 프로젝트 홈페이지에는 이더리움을 기반으로 만들어진 다양한 DApp들이 소개돼 있다. 고양이 키우기 게임 '크립토키티즈', 집단지성 백과사전 '루나'(LUNYR) 등이 DApp의 주요 사례다.

생각넓히기 | 탈중앙화된 자율 조직(DAO)

탈중앙조직(Decentralized organizations, DO)과 탈중앙자율조직(Decentralized autonomous organizations, DAO)의 차이는 탈중앙자율조직(DAO)이 내부 자본을 가진다는 것이다. 탈중앙화된 자율 조직은 특정행동에 보상으로 주어지는 체제로서 어떤 형태의 내부자산을 가지고 그 가치를 활용할 수 있다. 이러한 관점에서 비트토런트는 내부자산이 없고, 메이드세이프와 같은 시스템은 평판 체제는 가지고 있으나 그 평판은 판매가능한 자산은 아니다. 비트코인과 네임코인은 내부자산을 가지고 있다. 탈중앙조직(DO)과 탈중앙자율조직(DAO)은 모두 집단모의 공격에 취약한데, 이 공격은 일정한 규모의 참여자가 공모하여 특정 방향으로 행동하는 것이다. 그러나 탈중앙자율조직(DAO)에서 모의공격은 버그로 취급되는 반면에, 탈중앙조직(DO)에서는 하나의 기능이다(민주주의에서 다수결의 원칙처럼). 탈중앙자율조직(DAO)은 완전 자율적인 존재인 인공지능과 달리 많은 부분에서 인간의 특정한 상호작용에 따라 규약이 운영된다.

Ⅳ 이더리움의 합의 알고리즘

① 1세대 블록체인인 비트코인은 작업증명(Proof of Work, PoW) 방식의 합의 알고리즘을 가지고 있다. 이더리움도 PoW에서 시작했지만, 지분증명(Proof of Stake, PoS)으로 전환되었다. PoW에서 PoS로의 완전 전환은 이더리움 생태계의 목표 중 하나이기도 하다.

② 합의 알고리즘이란, 블록체인 네트워크의 참여자들이 하나의 결과에 대해 합의를 얻기 위한 알고리즘이다. PoS의 특징은 화폐를 더 많이 소유한 참가자가 우선적으로 블록을 생성할 수 있게 한다는 점이다. PoS의 대표적인 장점은 PoW와 비교해 자원 소비가 작아진다는 점이다.

[예상문제]

이더리움(Ethereum)에 대한 설명으로 틀린 것은?

① 2015년 7월 30일 Vitalik Buterin이 창안한 프라이빗 블록체인 플랫폼이다.
② 스마트 계약 기능을 구현하기 위한 분산 컴퓨팅 플랫폼이자 운영 체제다.
③ DAO(Decentralized Autonomous Organization)는 어떤 조직이나 개인의 소유가 아닌 탈중앙화된 네트워크로서 자율적으로 합의된 프로세스에 따라 운영되며 분산화된 시스템으로 작동한다.
④ 2016년 6월 17일 DAO Contract 취약점을 이용해 약 360만 개의 이더리움이 도난당하는 사태가 벌어지기도 했다.

정답 ①

해설 이더리움은 퍼블릭 블록체인이다. 퍼블릭 블록체인은 비트코인, 이더리움과 같이 누구나 네트워크에 참여할 수 있는 블록체인이고, 프라이빗 블록체인은 하나의 기관에서 독자적으로 사용하는 블록체인이다. 참고로 컨소시엄 블록체인은 여러 기관들이 컨소시엄을 이뤄 구성하고 허가된 기관만 네트워크에 참여할 수 있는 블록체인이다.

Theme

186 사물인터넷

I 의의

① 사물인터넷(Internet of Things, IoT)은 MIT의 캐빈 애시톤(Kevin Ashton)이 1999년에 처음 사용하였다.

② 인터넷을 통해 사람, 사물, 공간, 데이터 등 모든 것이 서로 연결되어 생성, 수집, 공유, 활용되는 기술과 서비스로 RFID(Radio-Frequency Identification), USN(Ubiquitous Sensor Network) 센터 등 기술을 포함한다.

③ 고유하게 식별 가능한 사물(Things)이 만들어낸 정보를 인터넷을 통해 공유하는 환경을 의미한다.

기출문제

사물인터넷과 관련이 없는 것은? [2019]

① 센서
② 분배
③ 통신
④ 상호 작용

정답 ②

해설 사물인터넷(Internet of Things, IoT)이란 고유하게 식별 가능한 사물(Things)이 만들어낸 정보를 인터넷을 통해 공유하는 환경을 의미한다. IoT의 주요 구성 요소인 사물은 유무선 네트워크에서의 end-device뿐만 아니라, 인간, 차량, 교량, 각종 전자장비, 문화재, 자연 환경을 구성하는 물리적 사물 등이 포함되고, 이동통신망을 이용하여 사람과 사물, 사물과 사물 간 지능통신을 할 수 있는 M2M의 개념을 인터넷으로 확장하여 사물은 물론, 현실과 가상세계의 모든 정보와 상호작용하는 개념으로 진화했다.

II 사물인터넷의 발전

① 초기 유선통신 시대에는 PC와 같은 사물 간의 연결을 통해서만 데이터 교환이 발생했으며, 매개체로서 사람의 개입이 요구되었다.

② 무선통신 기술의 발달로 사람 대 사람, 사람 대 사물, 사물 대 사물로 통신 가능 범위가 확대되고, 나아가 사물 간의 자율적 통신도 가능한 사물 지능 통신(M2M)으로 발전하였다.

③ 즉, 사물인터넷은 인간과 사물, 서비스 등 분산된 구성 요소들 간의 인위적인 개입 없이 상호 협력적으로 센싱, 네트워킹, 정보 교환 및 처리 등의 지능적 관계를 형성하는 사물 공간 연결망이다.

Ⅲ IERC(IoT European Research Cluster)의 정의

① 미래 인터넷 통합 부분으로 물리적 또는 가상의 식별자를 가진 표준 및 상호 운용 통신 프로토콜, 물리적 형태와 지능, 자동 구성 기능과 역동적 글로벌 네트워크 인프라이다.

② 지능형 인터페이스를 사용하여 원활하게 정보 네트워크에 통합되며, 자율적으로 반응하면서 사물이 환경에 감지 데이터와 정보를 교환하여 서로간이나 환경과 상호작용을 통한 의사소통이 활성화되고, 정보, 사회적 과정에 적극 참여하게 될 것으로 예상된다.

③ 사물 또는 물리적, 논리적 객체와 객체 간 통신 네트워크로 구성되어 기존 인터넷과 같은 통신망으로 확장되며 지능(intelligence)형 인터페이스로 능동적으로 상호작용하는 기술을 총칭한다.

생각넓히기 | **사물인터넷의 밸류 체인**

사물인터넷의 밸류 체인은 칩 벤더, 모듈 및 단말 벤더, 플랫폼 사업자, 네트워크 사업자, 서비스 사업자로 구성된다.

Ⅳ 사물인터넷의 기술 요소

1 의의

사물인터넷의 기술 요소는 크게 센싱 기술, 유·무선 통신 및 네트워크 인프라 기술, 서비스 인터페이스 기술 등 3가지로 구분한다.

2 센싱 기술

센싱 기술은 필요한 사물이나 장소에 전자태그를 부착하여 주변 상황 정보를 획득하고, 실시간으로 정보를 전달하는 사물인터넷의 핵심 기술, 전통적인 온도·습도·열·가스·초음파 센서 등에서부터 원격 감지·전자파흡수율(SAR)·레이더·위치·모션·영상 센서 등 주위 환경과 사물의 변화를 감지하고 정보를 얻는 물리적 센서를 포함한다. 대표적으로 RFID 및 USN 등과 같은 기술요소를 포함한다.

3 유·무선 통신 및 네트워크 기술

유·무선 통신 및 네트워크 기술은 사물이 인터넷에 연결되도록 지원하는 기술로, IP를 제공하거나, 무선통신 모듈을 탑재하는 방식이 대표적인 예이다.

4 사물인터넷 서비스 인터페이스

사물인터넷 서비스 인터페이스는 사물인터넷을 구성하는 요소들을 서비스 및 애플리케이션과 연동하는 역할을 수행한다.

5 보안 기술

보안 기술은 네트워크, 단말 및 센서, 대량의 데이터 등 사물인터넷 구성 요소에 대한 해킹 및 정보 유출을 방지하기 위한 기술로, 적용 분야별로 기능·애플리케이션·인터페이스 등이 상이하기 때문에 개별적으로 적합한 보안 기술 적용이 요구된다.

예상문제

다음 중 사물인터넷 필수 요소가 아닌 것은?

① 센싱 기술
② 로봇 데이터
③ 유/무선 네트워크
④ 서비스 인터페이스

정답 ②

해설 사물인터넷의 기술 요소는 크게 센싱 기술, 유·무선 통신 및 네트워크 인프라 기술, 서비스 인터페이스 기술 등 3가지로 구분한다.

기출문제

사물인터넷에 대한 설명으로 틀린 것은? [2021]

① 사물인터넷이라는 용어는 케빈 애쉬턴(Kevin Ashton)이 1999년에 처음 사용하였다.
② 무선통신 기술의 발달로 사람 대 사람, 사람 대 사물, 사물 대 사물로 통신 가능 범위가 확대되고, 나아가 사물간의 자율적 통신도 가능한 사물 지능 통신(M2M)으로 발전하였다.
③ 사물인터넷 서비스 인터페이스 기술은 서로 다른 디바이스를 연결하는 물리적 연결을 지원한다.
④ 스마트 팩토리(smart factory)는 사물인터넷 기술을 이용해 제품개발, 공급망 관리, 자원관리 등 중요한 의사 결정을 스스로 내릴 수 있는 공장을 말한다.

정답 ③

해설 유·무선 통신 및 네트워크 인프라 기술에 대한 설명이다. 사물인터넷 서비스 인터페이스 기술은 사물인터넷을 구성하는 요소들을 서비스 및 애플리케이션과 연동하는 역할을 수행한다.

V 특징

1 쌍방향, 가시성의 확보

① 사물과 사람 혹은 사물들이 쌍방향으로 데이터를 주고받는 쌍방향 네트워크이다.

② 스마트폰과 사물, 사물과 사물 간의 쌍방향 정보소통을 통해 보다 능동적인 서비스로 변화한다.

③ 인간의 개입 없이 사물이 필요하면 원하는 데이터 및 정보를 주변 사물들로부터 수집하여 주변 상황을 판단하고 사람과의 상호작용에 보다 능동적으로 대응한다.

④ 정보 흐름이 무한 확장 가능한 인터넷을 통해 쌍방향으로 흐르면, 정보의 양이 기하급수적으로 증대, 이를 활용하고 적용할 수 있는 대상도 크게 늘어남으로써 정보 흐름의 가시성을 확보하여 언제 어디서나 정보의 추적 및 축적이 이루어지는 순환 구조를 형성한다.

2 클라우드 컴퓨팅(Cloud Computing)과 가벼운 연결

① 서비스 기능 구현이 기기인 사물에 내장되기보다 인터넷으로 연결되어 클라우드 서비스로 구현되어, 사물 간 통신 시 데이터 양이 적어 '가벼운 연결' 특성을 지니게 된다.

② 클라우드 컴퓨팅 기술과 정보통신 기술의 급속한 발전이 맞물려 수집될 수 있는 수많은 주변 환경데이터들의 저장 및 처리, 분석 등 사물이 자체적으로 수행할 필요 없이 클라우드 서비스를 통해 기능함으로써 사물에 내장될 정보 디바이스의 사양이 점점 가벼워지게 된다.

3 융합 및 통합을 주도

① 더 넓은 관점에서 사물인터넷 기술을 아우르는 ICBM(IoT, Cloud, Big Data, Mobile) 기술이 별개가 아닌, 연결체를 형성한다.

② 사물인터넷 플랫폼이 생산하는 데이터를 클라우드에 저장하고, 빅데이터를 통해 분석하며, 결과는 모바일을 통해 사용자들에게 제공함으로써 사물인터넷 기술은 인프라 클라우드 컴퓨팅, 웨어러블 컴퓨팅, 빅데이터 분석 모바일 컴퓨팅 등 최근의 정보 통신기술들을 융합, 통합하여 기존에는 생각하지 못했던 새로운 비즈니스 모델 및 기술이 창출된다.

③ 사물인터넷 기술은 네트워크 연결이 갖는 확장성으로 기존에 서로 연계가 없었던 업종과 업종 간, 그리고 1차, 2차, 3차 산업 간의 융합을 통한 새로운 비즈니스 모델 및 신산업을 창출하는데 기여한다.

④ 사물인터넷 기술이 적용된 제품이 사용되면 제품의 개발 및 생산뿐만 아니라 제품의 유통, 판매, 사용, A/S, 회수 등 제품 전체 라이프 사이클 통합 관리가 가능하다.

4 서비스지향 비즈니스 모형

① 사물인터넷이 가능한 제품을 판매하고, 사용자가 제품을 사용하는 동안 연결된 네트워크를 통해 꾸준히 서비스를 판매하여 지속적인 수익을 얻을 수 있는 PSS(Product Service system) 모델을 지향한다.

② 제품을 팔아 돈을 버는 것보다 제품을 사용함으로써 부가가치를 창출하는 비즈니스를 추구한다(Jeff Bezos).

③ 대표적 기업으로 영국의 롤스로이스는 비행기 제트 엔진에 센서를 부착, 태평양 바다 상공 4만 피트에서도 엔진에 대한 데이터를 전송받는다. 전 세계 롤스로이스 엔진들의 데이터가 영국 본사로 모이고, 데이터 분석을 통해 비행기 엔진들을 실시간으로 모니터링하면서 엔진의 고장 가능성을 예견하고 진단한다.

5 개성 표출이 가능한 스마트 라이프

① 미래 사회는 스마트 라이프 스타일을 지향하는 개인들이 웨어러블 컴퓨팅 기술과 접목된 사물인터넷 기술을 기반으로 자기의 개성을 표현하는 사회로 발전한다.

② 수많은 사물인터넷 서비스 중 개인이 어떠한 서비스와 사물을 이용 및 사용하고 있는가에 의해 사람의 개성이 드러나는 사회가 된다는 것이다.

③ 웨어러블 컴퓨팅 기술과 접목된 사물인터넷 서비스는 인간의 삶의 방식을 여러 가지로 변화시켜, 어떤 웨어러블 기기를 착용하고 사물인터넷 서비스를 이용하느냐에 따라 삶의 모습들이 영향을 받을 수 있기 때문에 수많은 군중들 속에서 자기 자신의 독특함을 표현하고, 개성을 표출하려고 하는 인간의 욕망을 구현하는 도구이다.

Ⅵ 요소기술

1 사물 ID

① 사물들이 각자 주체가 되어 통신을 하기 위해 사물마다 IP와 같은 고유 식별자가 필요하다.

② IP 주소체계는 현재 많이 쓰이는 IPv4 32bit 체계에서는 약 43억 개 정도 IP만이 가능하나 IPv6는 128bit 체계로 거의 무한대에 가까운 고유 IP 주소를 확보할 수 있어 사물인터넷의 구현에 적합할 것으로 간주된다.

2 사물정보 디바이스(Device)

① 사물인터넷 시대에 사물에는 주변 환경상황을 감지하여 데이터를 수집 및 가공하고, 이를 네트워크상에 다른 사물과 데이터를 주고받기 위해 Chipset, Sensor, 통신 모듈 등이 포함된 정보 디바이스가 내장된다.

② 사물정보 디바이스의 기술요소는 센싱 기술, 인터페이스 기술, 초소형/저전력 기술들을 포함한다.

③ 사물인터넷 기술의 핵심 중 하나는 센서기술로 기존 일차원적인 센서기술에서 나아가 고차원적인 주변 환경 정보를 인식할 수 있는 다중(다분야)센서 기술로 발전한다.

3 통신 및 네트워크 인프라 기술(Network)

① 유무선 통신 및 네트워크 인프라 기술은 사물 정보 디바이스와 플랫폼을 연결하는 중요한 역할을 한다.

② 유무선 통신 및 네트워크 기술로는 기존의 WPAN, WLAN, Wi-Fi, 2G/3G/4G/LTE, Bluetooth, NFC, ZigBee, Ethernet, BcN, 위성통신, Microwave, 시리얼 통신, PLC 등이 있다.

③ 세부 네트워크 통신 요소기술에는 코어 네트워크, 센서 네트워크, 유무선 네트워크, 프로토콜, 무선전력 등 요소기술들이 있으며, 아직 사물인터넷을 위한 별도의 표준화된 네트워크 프로토콜은 존재하지 않지만, MQTT(Message Queuing Telemetry Transfer) 프로토콜이 사물인터넷 표준으로 대두하였다.

4 플랫폼 및 서비스(Platform & Service)

① 사물인터넷 기술에서 플랫폼의 역할은 PC및 모바일 폰에서의 OS와 같은 운영체계 역할을 한다.

② 디바이스에서 수집한 데이터를 효율적으로 저장 관리하며, 유용하게 사용될 수 있도록 데이터의 가공, 분석 및 제공까지의 모든 서비스 기술들이 플랫폼에서 수행된다.

③ 플랫폼 기술요소에는 쿼리엔진/리포팅, 제어/관리, 미들웨어 기술들이 있으며, 서비스 요소기술로는 자율컴퓨팅, 초소형 OS, 상황인지, 위치인식 기술들과 같은 소프트웨어 기술들과 데이터의 처리, 저장 및 분석 기술, 보안과 관련한 암호화, 개인정보 보호 요소기술 등이 있다.

Theme

187 '양자'와 양자 컴퓨터의 기본 원리

I 의의

① 양자 컴퓨터는 1965년 노벨상을 수상한 리처드 파인만(Richard Feynman)이 처음 제안한 개념으로 양자역학의 원리에 따라 작동하는 컴퓨터이다.

② 기존 컴퓨터가 0과 1의 조합인 비트(bit) 단위로 모든 연산을 수행하는 것과 달리, 양자 컴퓨터는 0과 1이 중첩된 상태인 큐비트(qubit) 단위로 연산을 수행한다. 큐비트를 이용하면, 기존 컴퓨터로 약 1,000년이 걸려야 풀 수 있는 암호를 양자 컴퓨터로 4분 만에 풀 수 있다.

③ 양자 컴퓨터를 사용하면 기존 컴퓨터로는 연산하기 어려웠던 많은 양의 데이터를 빠른 속도로 처리할 수 있기 때문에, 인공지능(AI), 암호, 기후, 교통 등 다양한 분야에서 사용될 것으로 예상된다.

II 등장배경

① 초기 컴퓨터는 진공관을 이용하여 너무 크고 무겁다는 단점을 가지고 있어 전화기를 만들었던 벨 연구소(Bell Labs)에서 트랜지스터(transistor)를 개발하면서 크기가 작아지기 시작했다.

② 계속해서 기술이 발전하여 트랜지스터를 집적시킨 IC칩이 개발되어 컴퓨터는 오늘날의 크기를 가지게 되었는데, 트랜지스터의 크기는 14나노미터로 HIV 바이러스보다 직경이 8배 작고 적혈구보다 500배나 작으며, 현재에는 컴퓨터의 부품들이 원자 크기에 가까워지기 시작했기 때문에 기술이 더욱 발달하여 IC칩을 더욱더 작게 만드는 것은 물리적인 한계에 다다랐다.

③ 트랜지스터가 원자 크기에 가까워지면, 원자 크기만큼 줄어들어 양자 터널(tunnel effect)에 의해 막혀 있는 통로를 그냥 통과해 버릴 것이다. 입자와 파동의 성질을 모두 가지고 있는 양자역학의 불확정성 원리에 의해 통로를 통과하면 스위치의 역할을 하는 트랜지스터가 기능하지 못하게 되며, 과학자들은 이러한 양자의 속성을 컴퓨터의 장점으로 만들기 위해 노력했고 양자 컴퓨터가 등장할 수 있었다.

Ⅲ 역사

① 양자 컴퓨터는 물질의 양자적 성질을 활용해 디지털 컴퓨터 보다 압도적인 연산 능력으로 주목받는 분야이다.

② 양자 컴퓨터의 개념은 1982년 미국의 이론 물리학자 리처드 파인만(Richard Feynman)에 의해 처음 제안되었으며, 1985년 영국 옥스퍼드대학교(University of Oxford)의 데이비드 도이치(David Deutsch)에 의해 구체적인 개념이 정립되었다.

③ 그 후 1985년 IBM에서 정부 차원의 지원을 받으며 처음으로 본격적인 양자 컴퓨터 연구를 시작했다. 미국에서는 암호해독 관심이 높은 국방성과 CIA, 국가안보국(NSA) 등에서 지속해서 큰 관심을 두고 지원했다. 1997년, IBM의 아이작 추앙이 최초의 2큐비트 기반의 양자 컴퓨터 개발에 성공했다.

④ 이후 2011년 5월, 캐나다 기업인 디웨이브즈(D-Waves)가 최초로 128큐비트의 상용 양자 컴퓨터 디웨이브 1(D-Wave 1)을 개발하고 양산하기 시작해 양자 컴퓨터 상용화의 발판을 마련했다. 디웨이브1 출시 당시 양자 컴퓨터의 진정한 의미에 맞는가에 대한 논란이 있었으나, 구글과 나사(NASA)의 실험 결과 특정 문제에 대해 1억 배 이상의 처리속도 향상을 확인하였다. 2013년 5월 디웨이브즈는 512큐비트 기반의 양자 컴퓨터인 디웨이브 2(D-Wave 2)를, 2015년과 2017년에는 각각 디웨이브 2X, 디웨이브 2,000Q를 개발하였다. 디웨이브즈는 현재까지 양자 컴퓨팅을 활용한 최초의 기업이자 최초로 양자 컴퓨터를 상용화한 기업이라고 평가받고 있다.

Ⅳ 특징

1 의의

① 양자 컴퓨터를 구현하는 방식은 아날로그 방식과 디지털 방식 두 가지가 있다. 아날로그 방식은 디웨이브즈, 디지털 방식은 IBM이 각각 대표하고 있다.

② 흔히 알고 있는 양자 컴퓨터는 보통 원리적으로 기존 컴퓨터에 가까운 디지털 방식이다. 아날로그 방식보다 활용도가 훨씬 다양하기 때문에 업계에서는 범용 양자 컴퓨터라고도 불린다.

③ 구글의 양자 컴퓨터는 아날로그와 디지털을 통합해 하이브리드 방식을 채택 중이다. 사용 소자에 따라 초전도 큐비트 형, 스핀 큐비트 형, 이온 트랩 형 등 다양한 방식으로 개발한다.

2 큐비트(qubit)

① 큐비트는 양자를 뜻하는 퀀텀(quantum)과 컴퓨터의 정보 저장 최소 단위인 비트(bit)를 합성한 말로써, 양자 컴퓨터에서 정보를 저장하는 최소 단위를 말한다. 비트 단위를 쓰는 기존 컴퓨터와는 다르게 양자 컴퓨터는 큐비트 단위를 쓴다.

② 기존 비트는 0과 1 두 숫자의 조합으로 모든 것을 표현한다. 이 때문에 용량을 늘리는 데 한계가 있었다. 그에 반해 양자 컴퓨터는 0, 1의 두 개의 상태를 동시에 가질 수 있다. 양자 정보의 기본 단위는 큐비트 또는 양자비트라고 한다. 하나의 큐비트가 더해질 때마다 성능은 두 배로 올라간다. 17큐비트는 6큐비트보다 2^{11}, 즉 2,000배 이상 더 높은 성능을 가질 수 있다.

③ 기존 슈퍼컴퓨터로 몇 억 년부터 수십 년이 걸리는 소인수분해나 250자리 암호체계도 양자 컴퓨터는 몇 분이면 풀 수 있다. 또한, 비트코인(Bitcoin) 같은 암호화폐 채굴도 지금과 비교가 안 될 정도로 쉬워진다.

3 양자 역학

(1) 의의

양자는 띄엄띄엄한 양이라는 의미의 라틴어에서 나온 영어로, 양자역학은 원자 세계와 전자가 어떻게 돌아다니는지를 기술한 학문이다. 또한 양자 역학은 쪼갤 수 없는 최소량의 에너지 단위인 양자(quantum)를 기반으로 전자, 광자, 양전자, 중성자 등의 소립자를 연구하는 물리학의 한 분야이다. 양자역학은 기존 고전 물리학과 달리, 양자의 중첩 현상, 양자얽힘 현상, 불확정성 원리 등 양자가 가지는 3가지 특징을 가지며 다음과 같다.

(2) 양자중첩(superposition)

① 양자 컴퓨터의 특징 중 하나인 큐비트는 회전상태, 혹은 두 가지 자기장 상태의 양자 시스템이 가능하다. 0, 1 중 하나의 상태가 아닌 동시에 두 가지 비율의 상태가 될 수 있는데 이것을 중첩이라고 부른다.

② 고전적인 컴퓨터는 하나의 입력값에 대해 하나의 결과만 내놓는다. 입력하는 값에 따라 출력값이 선형적으로 결정되는 결정론적인 체계이다. 이에 비해 양자적 수준 소립자를 이용하는 양자 컴퓨터는 중첩을 이용한다. 중첩은 여러 가지 상태가 동시에 하나의 입자에 나타나는 것을 말하며 양자의 불확정성과 연관된다.

③ 중첩이란 단순히 가능성만을 이야기하는 것이 아니다. 양자적 수준에서는 값이 관측되기 전까지 여러 상태가 확률적으로 중첩된 상태로 존재하다가, 관측하거나 조작을 하는 순간 어느 하나의 상태로 고정된다. 이러한 특징 때문에 양자 컴퓨터는 적은 큐비트로도 많은 경우의 수를 표현 가능하며 큐비트 자체가 비결정론적이라 여러 가지 결괏값을 한 번에 내는 게 가능하다.

④ 또한 양자 컴퓨터는 양자를 확률 파동함수로 표현했을 때 상반되는 상태가 상쇄되기 때문에 오답을 빨리 제거할 수 있다. 이런 장점은 양자 컴퓨터의 작동 원리가 기존 컴퓨터와 본질적으로 다르기 때문에 나타난다. 이 때문에 우리가 컴퓨터에 기대하는 빠름과 양자 컴퓨터의 빠름과는 적용 분야나 성격에 큰 차이가 나는 것이다.

(3) 양자얽힘(entanglement)

① 중첩된 상태가 필터를 거치면 분극화가 일어나게 되는데, 이를 측정하는 순간 하나의 명확한 상태로 와해가 되어 원하는 값을 볼 수 있게 된다. 즉 정보를 읽어 들이기 전까지 0과 1이 동시에 있고 관측하는 순간 그 값이 결정되는 것이다. 여기서 양자얽힘은 동시에 존재하는 정보 하나만 관측해도 나머지 하나의 정보 값을 결정지을 수 있다.

② 기존 비트는 각각 4개의 다른 수치들이 고정되어 16가지의 조합밖에 나타낼 수 없지만, 중첩상태의 큐비트는 16가지뿐만 아니라 16가지의 조합들을 동시에 구현할 수 있다. 즉 20개의 큐비트가 있으면 2^{20}(1,048,576)에 달하는 값들을 동시에 저장할 수 있으니 많은 차이가 있다. 50큐비트만 가지고도 슈퍼컴퓨터 이상의 성능을 가질 수 있다. 이런 특징을 얽힘이라고 한다.

③ 큐비트들이 멀리 떨어져 있는 것과 관계없이 순간적으로 각각의 큐비트는 다른 상태의 변화로 반응하게 된다. 얽힘의 특징 때문에 큐비트 하나를 측정할 때, 또 다른 얽힌 큐비트를 관측할 필요 없이 속성을 바로 사용할 수 있고 동작도 예측할 수 있게 된다.

(4) 불확정성 원리

① 불확정성 원리는 서로 다른 특징을 갖는 상태의 중첩에 의해 측정값이 확률적으로 주어지게 되는데, 이를 응용한 양자 컴퓨터에서는 이른바 큐비트라 불리는 양자비트 하나로 0과 1의 두 상태를 동시에 표시할 수 있다.

② 따라서 데이터를 병렬적으로 동시에 처리할 수도 있고, 또한 큐비트의 수가 늘어날수록 처리 가능한 정보량도 기하급수적으로 늘어나게 된다. 즉 2개의 큐비트라면 모두 4가지 상태(00, 01, 10, 11)를 중첩하는 것이 가능하고 n개의 큐비트는 2^n만큼 가능하게 되므로, 입력 정보량의 병렬 처리 때문에 연산 속도는 기존의 디지털 컴퓨터와 비교할 수 없을 만큼 빨라진다.

③ 수학에서 시간이 오래 걸리는 난문제로 유명한 소인수분해를 예로 들 때, 지금의 컴퓨터로는 250디지트(2진 단위)의 수를 소인수분해 하려면 80만 시간이 걸릴 것이라고 예상된다고 한다. 1000디지트 수라면 10^{25}시간이 필요하며, 이는 우주의 나이보다도 더 많은 시간이다. 그러나 양자 컴퓨터로는 몇 십분 정도면 충분할 것이고, 또한 현재의 컴퓨터로는 해독하는데 수백 년 이상 걸리는 암호체계도 양자 컴퓨터를 이용하면 불과 4분 만에 풀어낼 수 있다.

기출문제

양자 컴퓨터에 대한 설명으로 틀린 것은? [2020]

① 양자는 띄엄띄엄 존재하는 물리량을 최소화하여 정수로 표시한 단위이다.
② 양자 컴퓨터는 중첩, 얽힘 등 양자의 고유한 물리학적 특성을 이용하여, 다수의 정보를 동시 처리할 수 있는 새로운 개념의 컴퓨터이다.
③ 양자 컴퓨터는 큐비트를 사용하는데, 큐비트는 0과 1을 동시에 가질 수 있고 2개의 큐비트를 사용하면 모두 4가지(00, 01, 10, 11) 상태를 중첩하는 것이 가능하다.
④ 양자 컴퓨터는 큐비트를 정보처리의 기본단위로 하는 양자병렬처리를 통해 정보 처리 및 연산 속도가 지수 함수적으로 증가하여 소인수분해, 대량 데이터 탐색, 최적경로탐색 등 복잡한 계산과 빅데이터 처리에 강점이 있다.

정답 ①

해설 양자는 물리량의 고유값이 띄엄띄엄 존재하며 어떤 최소단위의 정수배가 될 때 그 최소 단위이다. 즉 양자는 물리량을 최소화하여 정수로 표시한 것이 아니라 최소 단위가 정수배가 될 때 그 최소 단위가 양자이다.

예상문제

양자 컴퓨터의 특징으로 틀린 것은?

① 0, 1중 하나의 상태가 아닌 동시에 두 가지 비율의 상태가 될 수 있는데 이것을 중첩 이라고 부른다.
② 양자적 수준에서는 값이 관측되기 전까지 여러 상태가 확률적으로 중첩된 상태로 존재하다가, 관측하거나 조작을 하는 순간 어느 하나의 상태로 고정된다.
③ 양자얽힘은 동시에 존재하는 정보 하나만 관측해도 나머지 하나의 정보 값을 결정지을 수 있다.
④ 불확정성 원리에 의해 큐비트 하나를 측정할 때, 또 다른 얽힌 큐비트를 관측할 필요 없이 속성을 바로 사용할 수 있고 동작도 예측할 수 있게 된다.

정답 ④

해설 불확정성 원리는 서로 다른 특징을 갖는 상태의 중첩에 의해 측정값이 확률적으로 주어지게 되는데, 이를 응용한 양자 컴퓨터에서는 이른바 큐비트라 불리는 양자비트 하나로 0과 1의 두 상태를 동시에 표시할 수 있다. 큐비트 하나를 측정할 때, 또 다른 얽힌 큐비트를 관측할 필요 없이 속성을 바로 사용할 수 있고 동작도 예측할 수 있게 되는 것은 얽힘의 특징 때문이다.

생각넓히기 | 조지 길더(George Gilder)

• 마이크로코즘(Microcosm)

지은이 조지 길더는 「마이크로코즘」이란 제목의 이 책에서 양자물리학에 기원을 두고 있는 현대기술의 의미와 장래에 대해 언급하고 있다. 그는 현대의 기술과 경제가 양자혁명에 의한 극단적인 미시(미시)의 세계, 즉 마이크로코즘에 지배되고 있다는 전제하에서 이야기를 전개시키고 있다. 중요한 것은 그가 이 마이크로코즘의 세계를 통념적인 물질의 세계가 아닌 정신의 세계로 파악하고 있다는 점이다. 양자물리학이 낳은 현대기술이 물질의 폐기로 말미암아 자연과학을 지배해오던 물질적 고체성의 관념이 사라지게 됐고 그로부터 기술 · 기업 · 정치에 혁명적인 변화의 연쇄반응이 일어나게 됐다는 것이다. Ⅰ부에서 Ⅲ부까지는 반도체의 발달과정을 다루었고, Ⅳ부에서는 양자물리학이 낳은 현대기술의 전형적 제품인 컴퓨터의 문제를, Ⅴ부에서는 경제 · 사회 · 국가 · 철학에 관련된 문제 등을 각각 기술하고 있다.

- **텔레코즘(Telecosm)**

길더가 이야기하는 텔레코즘이란 컴퓨터 CPU의 성능보다 컴퓨터들이 연결되었을 때 발생하는 힘이 더 중요하다는 것이다. 컴퓨터 개개의 성능보다는 광통신망으로 연결된 네트워크의 힘이 정치, 경제, 문화 전반을 변화시키는 동력이라는 것이다. 물론 텔레코즘 시대의 핵심기술은 인터넷과 휴대폰이다. 요컨대, 한 통신회사의 광고 카피처럼 '네트워크로 하나되는 세상'이 바로 텔레코즘 세상이다. 1989년 조지 길더는 「마이크로코즘(Microcosm)」이란 책을 통해 마이크로칩 혁명이 가져올 새로운 풍요의 시대를 예견했었는데 이번에는 동력혁명, 마이크로칩 혁명에 이은 제3의 '풍요의 시대'를 예측하고 있다. 마이크로코즘에서 20세기 최대의 사건이 '물질(matter)의 몰락'이라고 주장했던 길더는 "컴퓨터 시대가 끝나는 자리에는 텔레코즘의 세상이 있다."고 말한다. 20세기의 마지막 10년을 휩쓴 대사건은 인터넷과 휴대폰으로 이어지는 통신기술혁명이지만 텔레코즘 세상의 실현을 위해서 통신 속도(대역폭)가 너무 제한적이다. 초고속통신망 사용자는 전 세계 인터넷 유저의 30퍼센트를 넘지 못하고, 제공되는 속도의 질도 고르지 않으며, 게다가 최근 4~5년간 통신 속도는 거의 제자리에 머물고 있다. 'World Wide Web'이어야 하는 인터넷이 아직 'World Wide Wait'의 언저리에서 머뭇거리고 있는 것이다. 이는 기존 통신 시스템이 가지고 있는 구조적 한계 때문인데, 길더가 제시하는 통신 속도의 혁명적 변화를 이끌 해답은 '光인터넷'이다. 길더는 광학기술과 무선인터넷 기술을 통해 대역폭의 체증을 근본적으로 극복할 수 있으며, 그 무한 대역폭을 통해 인간 커뮤니케이션이 전 세계적으로, 동시에, 거의 무료로 확장될 수 있을 것이라 주장한다. 텔레코즘은 무한한 영역인 전자기 스펙트럼을 활용하는 범세계적 통신망이다.

[예상문제]

조지 길더(George Gilder)의 입장에 대한 설명으로 틀린 것은?

① 현대의 기술과 경제가 양자혁명에 의한 극단적인 미시의 세계, 즉 마이크로코즘에 지배되고 있다.
② 마이크로코즘(Microcosm)이란 컴퓨터 CPU의 성능보다 컴퓨터들이 연결되었을 때 발생하는 힘이 더 중요하다는 것이다.
③ 마이크로코즘의 세계는 통념적인 물질의 세계가 아닌 정신의 세계이다.
④ 양자물리학이 낳은 현대기술이 물질의 폐기로 말미암아 자연과학을 지배해오던 물질적 고체성의 관념이 사라지게 됐고 그로부터 기술 · 기업 · 정치에 혁명적인 변화의 연쇄반응이 일어나게 됐다.

정답 ②

해설 길더가 이야기하는 텔레코즘이란 컴퓨터 CPU의 성능보다 컴퓨터들이 연결되었을 때 발생하는 힘이 더 중요하다는 것이다. 컴퓨터 개개의 성능보다는 광통신망으로 연결된 네트워크의 힘이 정치, 경제, 문화 전반을 변화시키는 동력이라는 것이다. 물론 텔레코즘 시대의 핵심기술은 인터넷과 휴대폰이다. 요컨대, 한 통신회사의 광고 카피처럼 '네트워크로 하나되는 세상'이 바로 텔레코즘 세상이다. 1989년 조지 길더는 「마이크로코즘(Microcosm)」이란 책을 통해 마이크로칩 혁명이 가져올 새로운 풍요의 시대를 예견했었는데 이번에는 동력혁명, 마이크로칩 혁명에 이은 제3의 '풍요의 시대'를 예측하고 있다.

Theme

188 5G 서비스

I 의의

① 2019년 상용화를 시작한 5G는 초고속(enhanced Mobile BroadBand, eMBB), 초저지연(Ultra-Reliable and Low Latency Communication, URLLC), 초연결(massive Machine-Type Communication, mMTC)이라는 키워드로 대변되며, 지금까지 불가능했던 경제 및 사회 전반으로 혁신을 가능하게 하는 4차 산업혁명의 핵심적인 인프라라고 할 수 있다.

② ITU(International Telecommunication Union)에서는 2015년 9월부터 이에 대해 집중적으로 논의하여 IMT-2020에 대한 기술적인 비전을 발표하였다.

생각넓히기 | 국제전기통신연합(ITU)

국제전기통신연합은 그 전신인 국제전신연합에서 발전하였는데, 국제전신연합은 유럽의 우편 장관들에 의해 지배되었으며 각국의 전신 시스템과 텔레컴 정책의 독립성 보호를 우선적으로 강조하였다. 그러나 이처럼 정부가 소유하고 운영하는 텔레컴 정책은 사적 부문 중심의 산업구조를 지향하는 미국의 입장과는 상당히 대립하는 것이었다. 이후 국제전신연합은 각종 원거리 통신기술의 확대 보급에 따라 1934년 현재의 국제전기통신연합으로 바뀌었다. 국제연합 산하기구인 국제전기통신연합의 의사결정은 일국 일표주의 원리에 근거하여 이루어진다. 사기업이나 개별 국가가 독점했던 통신자원에 대한 세계 각국의 공통적 접근이라는 이슈가 국제전기통신연합이 주요하게 고려한 정책 원리였다.

[예상문제]

국제전기통신연합(ITU)에 대한 설명으로 틀린 것은?

① 국제전기통신연합은 그 전신인 국제전신연합에서 발전하였다.
② 미국이 주도하여 각국의 전신 시스템과 텔레컴 정책의 독립성과 보호를 우선적으로 강조하였다.
③ 국제전신연합은 각종 원거리 통신기술의 확대 보급에 따라 1934년 현재의 국제전기통신연합으로 바뀌었다.
④ 국제연합 산하기구인 국제전기통신연합의 의사결정은 일국일표주의의 원리에 근거하여 이루어진다.

정답 ②

해설 국제전기통신연합은 그 전신인 국제전신연합에서 발전하였는데, 국제전신연합은 유럽의 우편 장관들에 의해 지배되었으며 각국의 전신 시스템과 텔레컴 정책의 독립성과 보호를 우선적으로 강조하였다. 그러나 이처럼 정부가 소유하고 운영하는 텔레컴 정책은 사적 부문 중심의 산업구조를 지향하는 미국의 입장과는 상당히 대립하는 것이었다.

Ⅱ 5G의 기술진화 방향

1 초고속(eMBB)

① eMBB에서 4K이상의 AR/VR 및 홀로그램 등 대용량 미디어 서비스가 기능하려면 대용량 데이터 전송 기술이 필요하고 이를 위해서는 더 큰 주파수 대역폭을 사용해야 한다.

② 따라서 더 많은 안테나를 사용하여 사용자당 100Mbps에서 최대 20Gbps까지 훨씬 빠른 데이터 전송속도를 제공해야 한다.

③ 단순히 속도만 빨라지는 것이 아니라 안테나 신호가 약한 지역(Cell Edge)에서도 100Mbps급의 속도를 제공할 수 있게 된다.

④ 이렇게 되면 한 장소에 많은 사람들이 있더라도 끊김 없는 대용량 데이터 전송이 가능해 대용량이 필요한 다양한 미디어 서비스가 가능하게 된다.

2 초저지연 통신(URLLC)

① 초저지연 통신(Ultra-Reliable and Low Latency Communication, URLLC)은 자율주행차 및 스마트공장, 실시간 Interactive 게임, 원격진료, 원격 주행(비행)까지 실시간 반응속도가 중요한 서비스를 대비하기 위한 것으로서, 기존보다 월등히 짧은 지연시간을 보여주고 있다.

② 이를 위해 네트워크 설계 등에서 최적화가 선행되어야 한다.

3 초연결(mMTC)

초연결(massive Machine-Type Communication, mMTC)은 수많은 기기들, 특히 IoT를 대비하기 위한 것으로써 1km²당 1백만 개의 기기를 연결할 수 있는 것이 목표다.

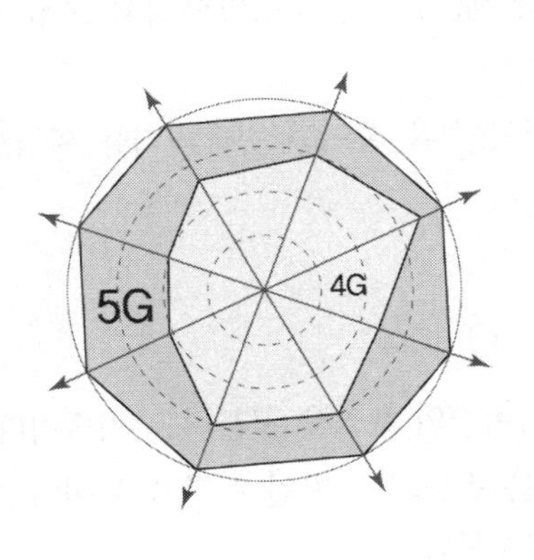

Item	4G	5G
Peak data rate	1Gbps	20Gbps
User experienced data rate	10Mbps	100Mbps
Spectrum efficiency	–	×3
Area traffic capacity	$0.1Mbps/m^2$	$10Mbps/m^2$
Latency	10ms	1ms
Connection density	$100,000/km^2$	$1,000,000/km^2$
Network energy efficiency	–	×100
Mobility	350km/h	500km/h

Ⅲ 5G의 필수 기술 요소

1 의의

5G 구현에 필요한 기술요소는 주파수, 기지국 수, Massive MiMO, 네트워크 슬라이싱이라고 할 수 있다.

2 주파수

① 먼저 주파수는 4G보다 넓은 주파수 대역을 요구하고 있다.

② 3.5Ghz와 28Ghz 대역을 주로 활용한다.

③ 고주파 대역은 데이터의 전송가능 용량이 커지는 대신에 전파의 도달거리가 짧아지며, 회절성이 약해져 건물 등의 장애물을 피하는 것이 아래 대역보다 쉽지 않다.

④ 이와 같은 특징에 따라 4G에서는 2.6Ghz대역을 주로 활용한 반면, 5G에 서는 전국 망 구축에는 3.5Ghz를 활용하고, 28Ghz를 인구밀집 지역에 보조망으로 활용할 수 있다.

⑤ 이와 같은 특성 때문에 기지국이 4G에 비해서 촘촘히 구성되어야 하며, 수 Km의 광대역 커버리지를 지원하는 매크로 셀, 1Km 이내를 커버하는 마이크로 셀, 수십 미터를 커버하는 피코셀의 배치가 필요해 더욱 광범위한 기지국 투자가 필요로 해진다.

⑥ 피코셀의 경우 음영지역을 최소화하는 설계가 필요하다.

3 Massive MIMO

① Massive MIMO는 수많은 안테나 배열(Massive Antenna Array)을 이용하여 같은 무선 자원을 다중 사용자에게 동시에 활용하는 기술이다.

② 5G에서는 수십 개 이상의 안테나(64X64)를 2차원으로 연결해, 수직과 수평방향에서 모두 사용자를 구분하여 신호를 정밀하게 보낼 수 있다.

③ 이에 사용되는 기술이 빔포밍 기술인데, 이를 통해 에너지 손실을 줄이고 전송거리를 확장할 수 있다.

4 네트워크 슬라이싱

① 네트워크 슬라이싱은 여러 개의 가상 네트워크로 데이터 서비스의 품질을 구분하는 기술이다.

② 이를 통해 동영상 스트리밍에 필요로 하는 네트워크는 높은 속도와 고지연 시간을 부여하고, 자율주행차용 네트워크에는 낮은 속도와 초저지연성을 설정한다.

③ 즉, 필요로 하는 수준으로 네트워크를 가상으로 나눠 활용할 수 있는 기술로 이를 통해 네트워크 자원의 효율성을 극대화할 수 있게 한다.

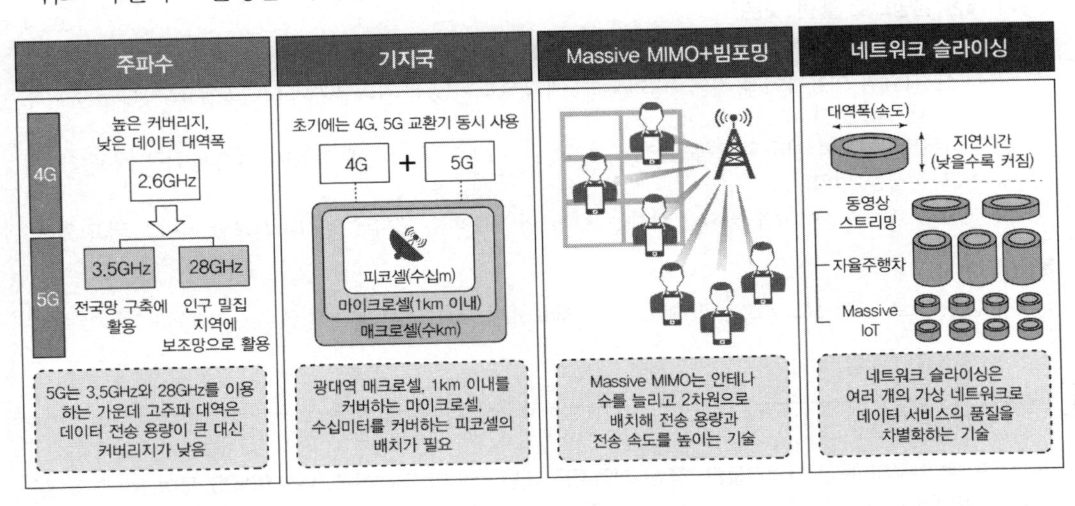

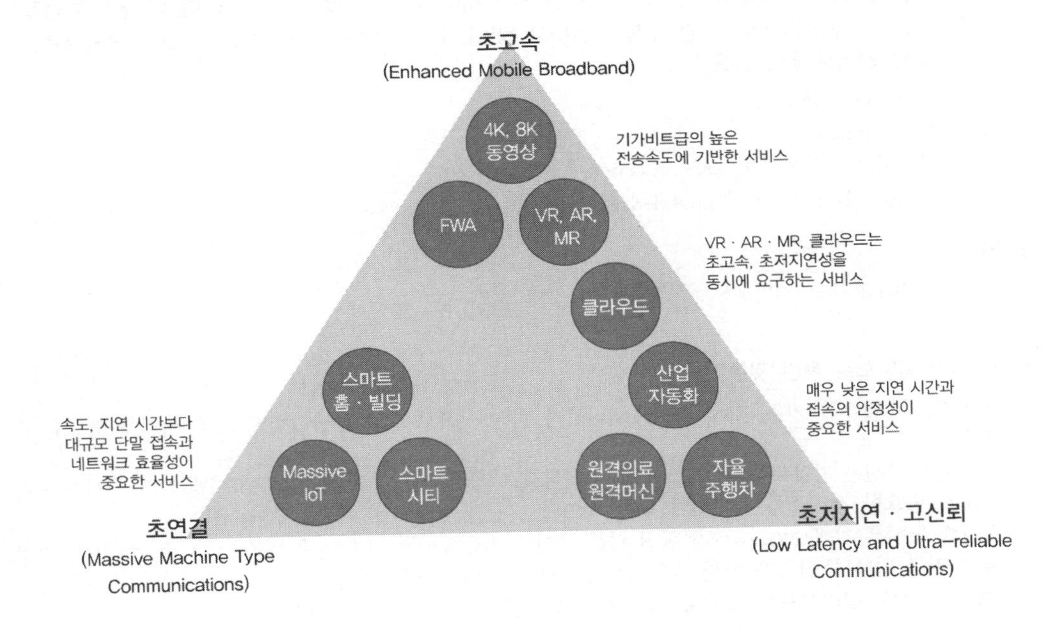

생각넓히기 | 덤 파이프(Dump Pipe)

덤 파이프는 버라이즌 등 미국의 통신 사업자들은 "통신 기업들은 매년 수백억 달러에 달하는 비용을 들여 통신망을 설치하고 관리한다. 하지만 정작 과실은 돈 한 푼 안 낸 인터넷 서비스 기업들이 독식한다."며 통신 기업들이 '돈은 못 벌고 네트워크만 까는 기업'이 되고 있다고 불평한다. 여기에서 돈은 못 벌고 네트워크만 까는 기업을 의미한다.

기출문제

5G에 대한 설명으로 틀린 것은?

[2020]

① 5G는 국제표준화기구인 ITU-R에서 정의한 IMTd-2020이다.

② 5G는 한 사람의 이용자에게 최대 10Gbps(1초에 2.5GB 전송), 최소 100Mbps(1초에 12.5MB 전송) 속도를 유지할 수 있다.

③ 한국 이동통신 3사와 미국 이동통신 업체 버라이즌 사이에 누가 세계 최초로 5G 상용화에 성공했는지를 놓고 논쟁을 벌였다.

④ 5G 기술의 핵심은 28GHz에 있지만 현재는 6GHz 이하 주파수 대역인 3.5GHz으로만 서비스 되고 있다.

정답 ②

해설 이론적으로 5G의 최고 속도는 20Gbps로 4G 서비스보다 최소 수십 배 빠른 속도를 지원한다.

예상문제

버라이즌 등 미국의 통신 사업자들은 "통신 기업들은 매년 수백억 달러에 달하는 비용을 들여 통신망을 설치하고 관리한다. 하지만 정작 과실은 돈 한 푼 안 낸 인터넷 서비스 기업들이 독식한다."며 통신 기업들이 '돈은 못 벌고 네트워크만 까는 기업'이 되고 있다고 불평한다. 여기에서 돈은 못 벌고 네트워크만 까는 기업을 의미하는 용어로 옳은 것은?

① 덤 파이프(Dump Pipe)

② 빔포밍(beamforming)

③ 셀프 콘테인드 서브프레임(Self-contained subframe)

④ 이용자 제공 장비(customer-provided equipment)

정답 ①

해설 덤 파이프에 대한 설명이다.

5G에 대한 설명으로 틀린 것은?

① 초연결은 수많은 기기들, 특히 IoT를 대비하기 위한 것으로써 1km^{2}당 1백만 개의 기기를 연결할 수 있다.

② 초저지연 통신은 자율주행차 및 스마트공장, 실시간 게임, 원격진료, 원격 주행(비행)까지 실시간 반응속도가 중요한 서비스를 대비하기 위한 것이다.

③ 초고속 통신은 최대 20Gbps까지 훨씬 빠른 데이터 전송속도를 제공할 수 있지만 한 장소에 많은 사람들이 있어 안테나 신호가 약한 지역에서는 대용량 전송이 불가능하다.

④ VR · AR · MR, 클라우드는 초고속, 초저지연성을 동시에 요구하는 서비스이다.

정답 ③

해설 초고속 통신에서 4K이상의 AR/VR 및 홀로그램 등 대용량 미디어 서비스가 가능하려면 대용량 데이터 전송기술이 필요하고 이를 위해서는 더 큰 주파수 대역폭을 사용해야 한다. 따라서 더 많은 안테나를 사용하여 사용자당 100Mbps에서 최대 20Gbps까지 훨씬 빠른 데이터 전송속도를 제공해야 한다. 고화질의 영화 1편(15GB)을 다운받기 위해서는 기존 LTE(4G)서비스에서는 6분이 소요되는 반면 5G의 20Gbps에서는 약 6초가 소요된다. 단순히 속도만 빨라지는 것이 아니라 안테나 신호가 약한 지역(Cell Edge)에서도 100Mbps급의 속도를 제공할 수 있게 된다. 이렇게 되면 한 장소에 많은 사람들이 있더라도 끊김 없는 대용량 데이터 전송이 가능해 대용량이 필요한 다양한 미디어 서비스가 가능하게 된다.

5G에 대한 설명으로 틀린 것은?

① 5G에서는 전국 망 구축에는 28Ghz를 활용하고, 3.5Ghz를 인구밀집 지역에 보조망으로 활용할 수 있다.

② Massive MIMO는 수많은 안테나 배열을 이용하여 같은 무선 자원을 다중 사용자에게 동시에 활용하는 기술이다.

③ 빔포밍 기술은 수십 개 이상의 안테나(64X64)를 2차원으로 연결해, 수직과 수평방향에서 모두 사용자를 구분하여 신호를 정밀하게 보낼 수 있다.

④ 네트워크 슬라이싱은 여러 개의 가상 네트워크로 데이터 서비스의 품질을 구분하는 기술로, 이를 통해 동영상 스트리밍에 필요로 하는 네트워크는 높은 속도와 고지연 시간을 부여하고, 자율주행차용 네트워크에는 낮은 속도와 초저지연성을 설정한다.

정답 ①

해설 주파수는 4G보다 넓은 주파수 대역을 요구하고 있다. 3.5Ghz와 2.8Ghz 대역을 주로 활용한다. 고주파 대역은 데이터의 전송가능 용량이 커지는 대신에 전파의 도달거리가 짧아지며, 회절성이 약해져 건물 등의 장애물을 피하는 것이 아래 대역보다 쉽지 않다. 이와 같은 특징에 따라 4G에서는 2.6Ghz대역을 주로 활용한 반면, 5G에서는 전국 망 구축에는 3.5Ghz를 활용하고, 28Ghz를 인구밀집 지역에 보조망으로 활용할 수 있다. 이와 같은 특성 때문에 기지국이 4G에 비해서 촘촘히 구성되어야 하며, 수 Km의 광대역 커버리지를 지원하는 매크로셀, 1Km 이내를 커버하는 마이크로 셀, 수십 미터를 커버하는 피코셀의 배치가 필요해 더욱 광범위한 기지국 투자가 필요로 해진다. 피코셀의 경우 음영지역을 최소화하는 설계가 필요하다.

찾아보기

ㄴ

ㄷ

ㄹ

ㅁ

ㅂ

ㅅ

ㅇ

ㅈ

ㅎ

A~Z

기타